한국사능력검정시험 1위

해커스한국사
history.Hackers.com

해커스임용
teacher.Hackers.com

듣기만 해도 외워지는 자동암기 한국사
해커스한국사 안지영

해커스 한국사능력검정시험
심화 기본서 종합 강의
무료수강권

A7AB632765K40000

유효기간: ~2025.12.31
교재 별도 구매 / 수강기간 : 60일

해커스 한국사능력검정시험
초단기 5일 합격 심화(3판)
무료 수강권

KK565D09B5933000

유효기간: ~2025.12.31
교재 별도 구매 / 수강기간 : 100일 / 강의 수 : 57강

쿠폰 등록 방법

| 해커스한국사
홈페이지 접속
(history.Hackers.com) | → | 우측
QUICK MENU | → | [쿠폰/수강권 등록]
클릭한 후,
위의 쿠폰번호 등록 | → | 해당 강의
결제 시
쿠폰사용 |

설보연 교육학 논술 연간 강좌 계획

강좌	강의 안내	교재
1~2월 **S**ucceed **기초 이론**	· 교육학 전체 파트를 구조화하여 교육학의 체계를 성공적으로 구축합니다. · 지루하고 방대한 교육학을 생생하고 한 눈에 보이도록 체계화합니다. · 교육학 파트별로 주요 핵심 이론과 기초적인 개념을 정리하고 상호 간 관계의 틀을 형성합니다. · 매 강의 진행되는 형성평가를 통해 깊이 있는 이해와 암기, 인출을 도모합니다.	해커스임용 설보연 SANTA 교육학 1, 2
3~4월 **A**chieve **심화 이론**	· 교육학 기초 이론을 토대로 한층 상세하게 심화된 이론의 학습을 성취합니다. · 교육학 파트를 넘나들며 관련 이론을 연결시켜 교육 정책과 방향에 대한 통찰력을 획득합니다. · 교육학 이론을 정교화하고 종합함으로써 어떤 문제도 충분히 대처할 수 있는 탄탄한 교육학의 기본기를 완성합니다. · 매 강의 심화 형성평가를 통하여 교육학 이론 암기와 인출을 연습함으로써 논술형 시험에 철저하게 대비합니다.	
5~6월 **N**ever forget **기출 분석**	· 교육학 이론에 대한 통찰과 이해를 바탕으로, 교육학 논술문제뿐 아니라 객관식, 서술형, 기출문제까지 초등, 중등, 5급 행정고시에 나온 교육학 기출문제를 철저히 정리하여 잊히지 않게 체화합니다. · 문제를 통해 교육학 이론의 구조를 체계적으로 다지고 확실히 정리합니다.	해커스임용 설보연 SANTA 교육학 찐 단권화 (이론+기출Ver.)
7~8월 **T**arget **영역별 모의고사**	· 교육학 파트별 핵심개념 단락 모의고사를 통해 어떤 문제도 대처할 수 있는 교육학 논술 능력을 체득합니다. · 꼼꼼한 개별 첨삭과 베스트셀러 작가 출신 교수의 논술 수업을 통해 어떤 문제에도 대응할 수 있는 실제 글쓰기 능력을 함양합니다. · 자기주도학습 전문가와 함께하는 수험 상담을 통하여 끝까지 높은 수준의 동기와 목표를 가지고 수험기간을 성공적으로 완주합니다.	해커스임용 설보연 SANTA 교육학 씬(Thin) 찐 단권화 (이론Ver.) / 프린트물
9~11월 **A**ccomplish **실전모의고사**	· 최신 교육학 출제의 흐름을 완벽히 파악한 문제와 밀도 있는 교육현장 분석, 글쓰기 능력함양을 통해 임용 시험 1차와 2차 능력이 체계적으로 향상됩니다. · 현장의 정책과 교육학 흐름, 기출문제를 완벽 분석하여 출제하는 실전 예상문제를 통해 확실한 합격을 준비합니다. · 매 수업 진행되는 실전모의고사와 파트별 핵심 테마 출제포인트 시험 및 이론 정리를 통해 빈틈없는 교육학 실력으로 합격을 현실화합니다. · 꼼꼼한 개별 첨삭과 베스트셀러 작가 출신 교수의 논술 수업을 통해 어떤 문제에도 대응할 수 있는 실제 글쓰기 능력을 발전시킵니다. · 즉각적이고 교정적인 피드백과 학습 상담을 통해 마지막까지 흔들리지 않고 꿈을 성취할 수 있도록 집중 케어합니다.	해커스임용 설보연 SANTA 교육학 찐 단권화 (이론+기출Ver.) or 해커스임용 설보연 SANTA 교육학 씬(Thin) 찐 단권화 (이론Ver.) / 프린트물

※ 강의계획은 상황에 따라 변경될 수 있으며, 세부계획은 강좌별 수업계획서를 참조

해커스임용

설보연 교육학 2

SANTA
Succeed, Achieve, aNd Teach All

해커스임용

설보연

약력

서울대학교 영어교육, 불어교육 전공
서울대학교 교육학 석사
서울대학교 교육학 박사 수료
현 | 해커스임용 교육학 논술 전임교수
전 | 청주교육대학교 교육학 강의
　　서울대학교 교육학 강의
　　강동고등학교 근무

저서

해커스임용 설보연 SANTA 교육학 씬(Thin) 찐 단권화(이론Ver.), 해커스패스
해커스임용 설보연 SANTA 교육학 찐 단권화(이론＋기출Ver.), 해커스패스
해커스임용 설보연 SANTA 교육학 2, 해커스패스
해커스임용 설보연 SANTA 교육학 1, 해커스패스
설보연 산타교육학 서브노트, 계획된 우연

Succeed, Achieve, aNd Teach All!
교육자라는 꿈을 향한 성공과 성취의 첫 걸음을 선물합니다.

저는 산다는 것은 아프고 힘든 과정이라고 생각합니다. 특히나 꿈을 꾼다는 것은, 그리고 그 꿈을 향해 나아간다는 것은 더욱이 고통스럽고 괴로운 과정이라고 생각합니다. 그러나 그러한 삶의 과정에서 만나는 들꽃 같은 순간과 찰나 같은 눈 맞춤, 어느 예상치 못한 응원이 우리를 행복하게 하고, 기꺼이 살아가게 합니다. '선생님'이라는 찬란한 꿈을 꾸고 그 꿈을 향해 가는 과정이 얼마나 어둡고 힘겨운지 알기에, 그런 예비 선생님들께 제가 할 수 있는 최선의 힘을 실어드리고 싶어 이 책과 수업을 준비하게 되었습니다.

<해커스임용 설보연 SANTA 교육학 2>는 이런 점이 좋습니다.

1. 심층 이해가 답이다! 깊은 이해와 적용 능력을 향상시키는 다양한 학습요소를 구현하였습니다.

최근 교육학 논술은 피상적인 암기로는 절대 정복할 수 없습니다. 심층적인 이해를 기반으로 반드시 알아야 하는 교육학의 핵심 개념들을 확실하게 학습하고, 이를 적용할 수 있는 역량을 키워야만 1차 교육학 논술과 2차 면접에 능동적으로 대응할 수 있습니다. 이를 위해 최신 경향이 반영된 교육학 이론을 체계적으로 수록하였으며, 교육학 이론과 정책의 흐름에 대한 통찰을 제공할 수 있는 차별화된 학습요소를 구현하였습니다. 각 파트 학습을 시작하시기 전에 파트별 출제 비중을 알려주는 '12개년 기출분석 Big Data', 학습의 방향과 교육학 이론의 흐름을 생생하게 전달하는 '설쌤의 Live Class', 교육학 이론을 한눈에 조망하는 '한눈에 구조화하기'를 차분하게 읽어 보신다면 큰 틀에서의 이해를 기반으로 유의미한 학습을 해나가실 수 있을 것입니다. 또한 이론의 심화 내용을 수록한 '개념확대 Zoom IN', 논술형 기출논제를 관련 개념마다 수록한 '기출논제 Check', 이론을 실제 교육현장과 연관 지어 생각해볼 수 있는 '논술에 바로 써먹는 교육학 배경지식' 요소를 통해 깊이 있는 이해를 기반으로 교육학의 큰 틀부터 세부적인 내용, 더 나아가 교육적 적용 및 활용방안까지 학습할 수 있을 것입니다.

2. 방대한 교육학을 한 손에! 파트별 핵심 구조도에 주요 키워드와 청킹 Tip을 담았습니다.

수많은 교육학 이론을 효과적으로 학습할 수 있도록 파트별 핵심 키워드를 중심으로 묶어 시각화한 구조도 '한눈에 구조화하기'를 수록하였습니다. 교육학 이론의 흐름과 체계를 학습할 수 있으며, 막막한 암기를 빠르고 재미있게 접근할 수 있도록 '청킹 Tip'까지 제안하였습니다. 수업을 들으며 저와 함께 구조화와 청킹 인출을 반복하다 보면 어느새 교육학의 수많은 개념들이 입에서 손에서 자연스럽게 흘러나오는 경험을 하게 될 것입니다. 각 파트를 학습하기 전에는 구조도를 통해 이론의 흐름과 주요 키워드를 파악하고, 학습 후에는 구조도를 활용하여 백지 인출연습과 키워드 암기학습을 해보세요. 보다 효율적·효과적으로 교육학을 파악하고 인출하실 수 있을 것입니다.

3. 임용 공부의 핵심은 인출! 부호화와 인출에 특화된 학습요소들을 수록하였습니다.

꼭 알아야 하는 핵심 개념을 확실하게 학습하기 위해서는 반드시 인출 중심으로 공부해야 합니다. 깊이 있는 이해와 인출 중심의 학습이 임용 성공의 열쇠라고 할 수 있지요. 인출은 힘들지만 가장 효과적·효율적인 학습방법이기 때문입니다. 본 교재에는 챕터별로 꼭 암기해야 할 키워드를 종합한 '핵심 Tag', 중요한 본문 내용을 한눈에 정리해주는 '요약정리 Zoom OUT', 파트별 핵심 개념의 핵심 키워드를 문제로 수록한 '키워드 인출로 핵심 빈칸 채우기'를 통해 효과적인 인출 학습이 가능하도록 하였습니다. 수업과 회독을 통해 각 이론을 이해한 후에는 '핵심 Tag', '요약정리 Zoom OUT', '키워드 인출로 핵심 빈칸 채우기', '한눈에 구조화하기' 등의 요소를 통해 계속해서 인출 중심으로 학습해 보세요. 스터디를 하며 서로 질문하는 요소로 활용해도 좋습니다. 깊이 있는 이해를 토대로 한 인출 중심 학습을 통해 보다 빠르고 안정적으로 교육학 논술을 정복하실 수 있을 것입니다.

뜨거운 마음으로 공부를 시작하였음에도 너무나 자주 낙담하고 너무나 자주 차가워지는 자신을 마주하게 되실지 모릅니다. 그런 스스로가 밉기도 하고 빛이 보이지 않는 시간이 원망스러울지도 모릅니다. 그럴 때면 잠시 쉬어가더라도 부디 포기하지 않으시길 바랍니다. 왜냐하면 우리의 쌓인 노력과 분투의 시간은 반드시 우리의 에너지가 되고 자양분이 되어 우리를 성장시키고, 더 나아가 선생님들이 현장에서 마주하게 될 학생들을 살릴 것이기 때문입니다. 지칠지 모르는 공부와 단련의 과정 속에 SANTA 교육학의 수업과 책이 작지만 따뜻한 위로이자 다시 일어서는 용기가 되었으면 하는 바람을 가져봅니다. 함께 성장하고 더불어 성취하는 삶의 여정이 되길 진심으로 응원합니다!

SANTA 설보연

목차

PART 6   교육행정

PART 7   교육심리

교육학 만점을 선물하는 SANTA 교재 활용법

STEP
1

학습방향 설정 파트별 빈출도와 출제경향 파악하기

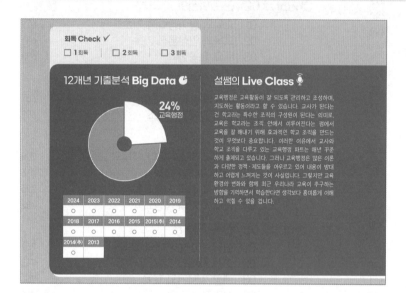

12개년 기출분석 Big Data

2024~2013학년도 12개년 기출문제를 토대로 파트 빈출도를 분석하여 수록하였습니다. 원 그래프를 통해 해당 파트의 출제 비중을, 표를 통해 12개년간 출제 여부를 한눈에 쉽게 확인할 수 있습니다.

설쌤의 Live Class

설쌤만의 노하우를 아낌 없이 담은 파트별 출제경향과 중요한 학습 포인트를 수록하였습니다. 파트별로 중점적으로 학습할 내용들을 생생하게 안내해주어 본격적인 학습 전에 학습의 방향을 올바르게 설정할 수 있도록 도와줍니다.

STEP
2

이론 구조화 핵심 키워드 위주로 전체적인 흐름잡기

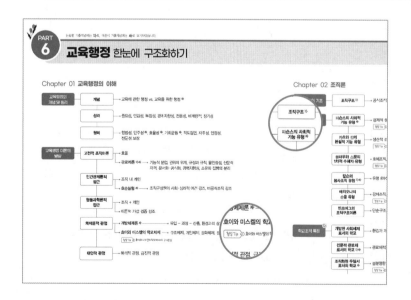

한눈에 구조화하기

핵심 키워드 중심으로 이론을 구조화하여 방대한 교육학 이론 흐름을 한눈에 파악할 수 있고, 백지 인출연습을 효과적으로 학습할 수 있습니다.

별

논술형/객관식 기출개념에 각각 ✿/✢로 표시하여 구분하였습니다. 특히 객관식 기출개념은 출제될 가능성이 높으므로, 중요도에 따라 학습해 보세요.

청킹 Tip

키워드 암기를 돕는 두문자 청킹방법을 수록하여 효과적인 암기 인출연습이 가능합니다.

STEP 3

이론 학습 최신 교육학 트렌드까지 반영하여 오픈형 논술 문제 완전정복

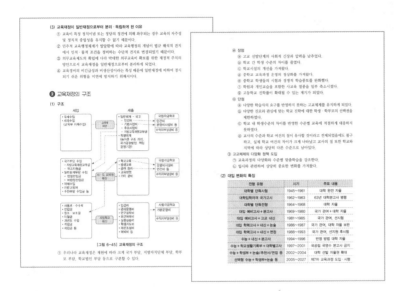

쉽고 체계적인 이론

방대한 교육학 각론서 내용들을 시험에 최적화된 구성으로 분석하여 체계적으로 정리하였습니다. 어려운 교육학 이론을 쉬운 말로 풀어 설명하여 빠른 이해를 돕습니다.

최신 교육학 동향 반영

실제 교육 현장에서의 교육학 동향이 시험에 반영되는 임용시험의 특징을 고려하여, 최근 주목받고 있는 교육학 최신 이론을 함께 수록하였습니다.

STEP 4

키워드 인출 빈칸을 채우며 핵심 키워드 암기하기

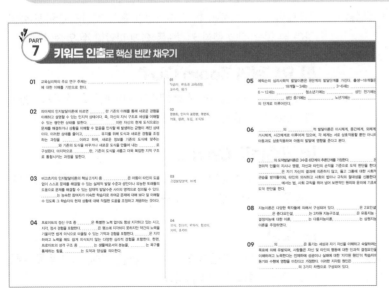

키워드 인출로 핵심 빈칸 채우기

파트별로 핵심이 되는 문장을 집약하여 빈칸 문제 형식으로 수록하였습니다. 학습의 초반에는 핵심 문장을 읽어 나가며 이론을 반복적으로 학습할 수 있어 이론 정교화에 도움이 됩니다. 또한 학습 후반에는 빈칸 채우기를 통한 인출연습을 할 수 있어 핵심 키워드 암기에 효과적입니다. 빈칸에 수록될 키워드를 꼼꼼하게 암기하며 논술형 시험을 철저히 대비해 보세요.

교육학 만점을 선물하는 **SANTA 교재 활용법**

BONUS Tip 산타가 알려 주는 학습요소 활용법

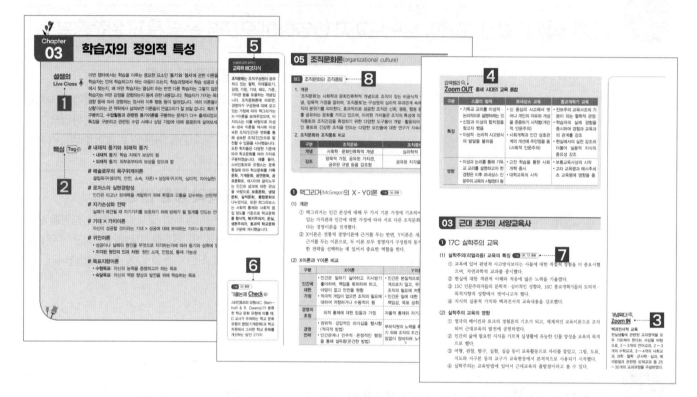

■ 셀쌤의 Live Class

챕터별 학습방향과 중요 포인트를 구체적으로 안내하여 개념을 쉽게 확립할 수 있도록 도와줍니다.

❸ 개념확대 Zoom IN

이론의 심화 내용을 수록하여 꼼꼼한 학습을 돕습니다.

❺ 논술에 바로 써먹는 교육학 배경지식

개념을 실제 교육현장에 적용하는 데 도움을 주는 배경지식을 수록하여 오픈형 시험 대비가 가능합니다.

❼ 기출연도 표시

기출개념에 기출연도를 표시하여 기출 이론을 쉽게 파악할 수 있습니다.

❷ 핵심 Tag

챕터별로 꼭 학습해야 할 필수개념만 뽑아 핵심만 간략히 설명하여 본 학습 전에 핵심 키워드를 쉽게 파악할 수 있습니다.

❹ 요약정리 Zoom OUT

주요 개념을 요약정리하여 핵심만 한눈에 확인할 수 있고, 반복학습으로 학습 효과가 극대화됩니다.

❻ 기출논제 Check

기출되었던 개념 옆에 관련 논술형 기출 논제를 수록하여 기출 경향을 편리하게 확인할 수 있습니다.

❽ 참고

알아두면 학습에 도움이 되는 자료, 개념, 사례, 원문 등을 수록하여 풍부한 학습이 가능합니다.

2024~2013학년도 교육학 기출문제 기출문제 풀이로 최종 점검

논술형 기출문제

2024~2013학년도 논술형 기출문제를 원문 형식 그대로 수록하였습니다. 이론 학습 후에 기출분석 단계에서 논술형 문제를 쉽게 확인하며 편리하게 학습할 수 있고, 시험 직전에는 실제로 기출문제를 풀어보며 실전 감각을 익히고 자신의 실력을 최종 점검할 수 있습니다.

키워드 찾아보기 필요한 개념의 위치를 빠르게 찾아보기

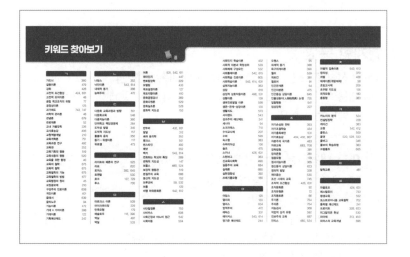

키워드 찾아보기

기본서를 발췌독할 때 편리한 학습이 가능하도록 키워드 색인 페이지를 수록하였습니다. 기출분석/문제풀이 후에 이론을 점검하거나, 단권화 작업 시 특정 개념을 찾아보고 싶을 때 색인 페이지를 통해 필요한 개념을 빠르게 찾아볼 수 있습니다.

중등임용 시험 Timeline

*아래 일정은 평균적인 일정이며, 각 시점은 변경될 수 있습니다.

사전예고 — 6~8월

시행계획 공고 — 9~10월

원서접수 — 10월

사전예고

- **대략적 선발 규모 (=가 T.O.)** : 선발예정 과목 및 인원
- **전반적 일정** : 본 시행계획 공고일, 원서접수 기간, 제1차 시험일 등
- 사전예고 내용은 변동 가능성 높음

원서접수

- 전국 17개 시 · 도 교육청 중 1개의 교육청에만 지원 가능
- 시 · 도 교육청별 온라인 채용시스템으로만 접수 가능
- **준비물** : 한국사능력검정시험 3급 이상, 사진

시행계획 공고

- **확정된 선발 규모 (= 본 T.O.)** : 선발예정 과목 및 인원
- **상세 내용** : 시험 시간표, 제1~2차 시험 출제 범위 및 배점, 가산점 등
- 추후 시행되는 시험의 변경 사항 공지

☑ **아래 내용만은 놓치지 말고 '꼭' 확인하세요!**
- ☐ 응시하고자 하는 과목의 선발예정 인원
- ☐ 원서접수 일정 및 방법
- ☐ 제1~2차 시험 일정
- ☐ 스캔 파일 제출 대상자 여부 및 제출 필요 서류
- ☐ 가산점 및 가점 대상자 여부 & 세부사항

제1차 시험
11월

제1차 합격자 발표
12월

제2차 시험
1월

최종 합격자 발표
2월

제1차 합격자 발표
- 제1차 시험 합격 여부
- 과목별 점수 및 제1차 시험 합격선
- 제출 필요 서류
- 제2차 시험 일정 및 유의사항

제2차 시험
- 교직적성 심층면접
- **수업능력 평가** : 교수 · 학습 지도안 작성, 수업실연 등(일부 과목은 실기 · 실험 포함)
- 제1차 합격자 대상으로 시행됨
- 시 · 도별/과목별 과목, 배점 등이 상이함

제1차 시험
- **준비물** : 수험표, 신분증, 검은색 펜, 수정테이프, 아날로그 시계
- 간단한 간식 또는 개인 도시락 및 음용수(별도 중식시간 없음)
- **시험과목 및 배점**

구분	1교시: 교육학	2교시: 전공 A		3교시: 전공 B	
출제분야	교육학	교과교육학(25~35%) + 교과내용학(75~65%)			
시험 시간	60분 (09:00~10:00)	90분 (10:40~12:10)		90분 (12:50~14:20)	
문항 유형	논술형	기입형	서술형	기입형	서술형
문항 수	1문항	4문항	8문항	2문항	9문항
문항 당 배점	20점	2점	4점	2점	4점
교시별 배점	20점	40점		40점	

최종 합격자 발표
- 최종 합격 여부
- 제출 필요 서류 및 추후 일정

교육학 논술 답안 작성 Guide

*아래 내용은 예시 방법 중 하나이며, 직접 답안 쓰기 연습을 해보면서 자신에게 맞는 방식을 찾는 게 가장 좋습니다.

STEP 1 논제 분석 🕐 권장 소요시간: 약 10분

(1) 문제지의 지시문, 예시, 배점(채점기준)을 통해 중심내용과 키워드를 확인한다.

(2) ❶ ~ ❸에 주어진 세부 단서를 파악하고 작성방향과 본론 개요를 구상한다.
  ❶ **지시문** : 작성해야 할 답안의 전체 주제와 구성요소
  ❷ **제시문** : 답안 작성의 바탕이 되는 학교 현장에서의 사례, 교사의 수업 관련 고민 등이며, 배점(채점기준)에 대한 세부 단서를 주는 내용
  ❸ **배점** : 답안에 포함되어야 할 문항별 세부 주제와 형식 조건

STEP 2 개요 작성 🕐 권장 소요시간: 약 5분

(1) 구상한 답안의 서술구조와 작성방향을 간략하게 개요표로 작성한다.

(2) 본론에 들어갈 내용을 주어진 가짓수에 맞춰 키워드 위주로 정리한다.

(3) 초안의 작성 목적이 문제가 요구한 항목별 답안과 관련 교육학 지식, 키워드를 빠짐없이 적는 것인 만큼, 문제지와 대조하며 누락한 내용이 없는지 확인한다.

[참고]
• 초안 작성 용지는 B4 크기의 2면으로 구성, 원하는 방식으로 자유롭게 작성 가능
• 시험 종료 후 답안지 제출 시 초안 작성 용지는 제출하지 않음

STEP 3 답안 완성 🕐 권장 소요시간: 약 35~40분

(1) 앞서 짜놓은 개요에 따라 답안 작성을 시작한다. 답안은 각 문항이 요구하는 중심 키워드를 포함하여 두괄식으로 작성하는 것이 좋다.

(2) 서론 – 본론 – 결론에 해당하는 내용을 순서에 맞게 작성한다.

(3) 답안 작성 완료 후 잘 작성되었는지를 마지막으로 한 번 더 검토한다.

[참고]
• 답안지는 B4 크기의 OMR 2면이며, 답안 작성란은 줄글 형식으로 제공됨
• 필요한 내용 위주로 간결하게 작성하고, 식별 가능한 글씨체로 작성해야 함

*해당 답안지는 예시 답안지입니다.

답안지 작성 관련 Q&A

Q 기본적인 답안 작성 방법이 궁금해요.

A 교육학 논술은 답안지 2면이 주어지며, 지정된 답안란에 답안을 작성하면 됩니다. 답안란을 벗어난 부분이나 초안 작성 용지에 적은 답안은 인정되지 않으므로 꼭 주어진 답안란에 작성합니다.

Q 반드시 알아야 하는 주의사항이 있나요?

A 답안란에 수정액 또는 수정테이프를 사용할 수 없으므로, 부분 수정이 필요한 경우 삭제할 부분에 두 줄(=)을 긋고 수정할 내용을 작성하거나 일반적인 글쓰기 교정부호를 사용합니다. 이때 주의할 점은 특정 부분을 강조하는 밑줄, 기호가 금지된다는 점입니다. 전체 수정이 필요할 경우에는 답안지를 교체할 수도 있습니다.

Q 글자 수나 분량의 제한은 없나요?

A 글자 수와 분량에는 제한이 없습니다. 다만 본문에 제시된 조건에 따라 문항에서 요구한 내용을 간결하고 명확하게 작성하는 것이 좋습니다.

Q 시험 종료 후 시험지와 답안지를 모두 제출해야 하나요?

A 답안지만 제출하며, 시험지와 초안 작성 용지는 제출하지 않습니다. 답안지를 제출할 때는 답안을 작성하지 않은 빈 답안지도 함께 제출해야 하며 성명, 수험번호, 쪽 번호를 기재해야 합니다.

답안 작성 연습 TIP

- 문제 풀이와 답안지 작성은 기본이론 학습을 완료한 후 일정 수준 이상의 인출이 가능할 때 시작하는 것을 권장합니다.
- 기출문제, 기출변형문제, 모의고사 등의 실제 임용 교육학 시험 대비용 문제를 풀이하는 것이 가장 좋습니다.
- 가능한 한 고사장과 비슷한 환경을 조성하고, 실제 시험시간에 맞게 답안을 작성하는 연습을 하는 것이 중요합니다.
- 채점 시 문항에서 요구하는 키워드와 주제를 정확한 내용으로 빠짐없이 포함했는지 확인해야 합니다.

교육학 기출분석 한눈에 확인하기

1. 과목별 기출경향 분석

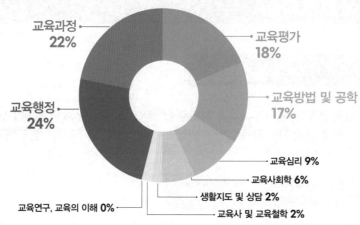

교육과정 22%
교육평가 18%
교육방법 및 공학 17%
교육심리 9%
교육사회학 6%
생활지도 및 상담 2%
교육사 및 교육철학 2%
교육연구, 교육의 이해 0%
교육행정 24%

출제빈도
교육행정 > 교육과정 > 교육평가 > 교육방법 및 공학 > 교육심리 > 교육사회학 > 생활지도 및 상담 = 교육사 및 교육철학 > 교육연구 = 교육의 이해

과목 / 학년도	교육행정	교육과정	교육평가	교육방법 및 공학	교육심리	교육사회학	생활지도 및 상담	교육사 및 교육철학
2024	학교운영위원회, 학생참여	잠재적 교육과정	능력참조평가, 컴퓨터 능력 적응검사(CAT)	온라인 수업 상호작용				
2023	관료제 (규칙과 규정)	경험중심 교육과정, 학문중심 교육과정	형성평가, 교수타당도 (내용타당도), 이원목적분류표		자기효능감, 숙달경험, 대리경험, 자기조절학습			
2022	학교 중심 연수	수직적 연계성, 교육과정 재구성	총평관, 진단평가, 준거지향/ 성장지향평가, 능력지향평가	딕과 캐리모형, 컴퓨터 기반 협력학습 외				
2021	의사결정모형	교육과정 운영	자기평가	온라인 수업				
2020	학교문화	영/중핵 교육과정		정착식 수업, 위키	사회적 구성주의			
2019	변혁적 지도성	학습경험 선정 원리, 잠재적 교육과정	리커트 척도, 문항 내적 합치도		다중지능이론			
2018	동료장학	숙의모형	준거/능력/ 성장지향 평가	문제중심 학습				

학년도＼과목	교육행정	교육과정	교육평가	교육방법 및 공학	교육심리	교육사회학	생활지도 및 상담	교육사 및 교육철학
2017	교육기획	내용조직 원리	내용 타당도	조나센의 CLEs				
2016	비공식 조직	경험중심 교육과정	형성평가		에릭슨, 반두라			
2015	센게 학습조직	백워드 교육과정		켈러 ARCS				자유교육
2015(추)	관료제, 이완결합체제		준거지향평가	ADDIE 모형		기능론		
2014	상황적 지도성	잠재적 교육과정	형성평가	협동학습		문화실조		
2014(추)	장학활동	발견학습				비행이론	행동주의/ 인간주의 상담기법	
2013					IQ, 기대X가치 이론, 매슬로우			

2. 학년도별 기출경향 분석

학년도	형식	주제	출제과목	출제영역	논점
2024	대화글	학습자 맞춤형 교육 지원을 위한 교사의 역량	교육과정	잠재적 교육과정	교사 A의 궁금한 점을 설명할 수 있는 교육과정 유형에 근거하여 학습 목표 설정, 교육 내용 구성, 학생 평가 계획 시 교사가 고려해야 할 점 각 1가지 [3점]
			교육방법 및 공학	온라인 수업 상호작용	전문가 C가 언급한 온라인 수업에서 학습자 상호작용의 어려운 점 1가지, 온라인 수업에서 학습자 상호작용의 유형 3가지와 유형별 서로 다른 기능 각 1가지 [4점]
			교육평가	능력 참조평가, 컴퓨터 능력적응 검사(CAT)	전문가 E가 학습자 맞춤형 교육을 위해 제시한 평가 유형의 적용과 결과 해석 시 유의점 2가지, 단순히 컴퓨터를 이용하는 검사 방법과 구별되는 컴퓨터 능력적응검사(Computer Adaptive Testing)의 특성 2가지 [4점]
			교육행정	학교운영위원회, 학생참여	전문가 G가 언급한 학교운영위원회의 법적 구성 위원 3주체, 이러한 3주체 위원 구성의 의의 1가지, 위원으로 학생 참여의 순기능과 역기능 각 1가지 [4점]

교육학 기출분석 한눈에 확인하기

학년도	형식	주제	출제과목	출제영역	논점
2023	평가 보고서	학생, 학부모, 교사의 의견을 반영한 학교 교육 개선	교육심리	자기효능감, 숙달경험, 대리경험, 자기조절학습	평가 보고서에서 자기효능감 형성에 영향을 미친다고 분석한 요인에 따른 교수전략 2가지, 자기조절 과정에서 목표 설정 및 계획 단계 이후의 지원 방안 2가지 [4점]
			교육평가	형성평가, 교수타당도(내용타당도), 이원목적 분류표	평가 보고서에서 언급한 형성평가를 교사 측면에서 활용할 수 있는 방안 2가지, 평가 보고서에서 제안한 타당도의 명칭과 이 타당도의 확보 방안 1가지 [4점]
			교육과정	경험중심 교육과정, 학문중심 교육과정	평가 보고서에서 학교 교육과정 편성·운영의 만족도를 높인 것으로 분석한 교육과정 이론의 장점 2가지, 학교 교육과정을 보완하기 위해 제안한 교육과정 이론의 교육내용 선정·조직 방안 2가지 [4점]
			교육행정	관료제 (규칙과 규정)	평가 보고서에서 언급한 관료제 이론의 특징 중 '규칙과 규정'이 학교 조직에 미치는 순기능 2가지, 역기능 1가지 [3점]
2022	대화글	학교 내 교사 간 활발한 정보 공유를 통한 교육의 내실화	교육과정	수직적 연계성 (범위, 통합), 교육과정 재구성	송 교사가 언급한 교육과정의 수직적 연계성이 학습자 측면에서 갖는 의의 2가지, 송 교사가 계획하는 교육과정 재구성의 구체적인 방법 2가지 [4점]
			교육평가	총평관, 진단평가, 준거지향/성장지향평가, 능력지향평가	송 교사가 총평의 관점에서 학생을 진단할 수 있는 실행 방안 2가지, 송 교사가 활용할 수 있는 평가 결과의 해석 기준 2가지와 그 이유 [4점]
			교육방법 및 공학	딕과 캐리 모형 컴퓨터 기반 협력학습 외	송 교사가 교실 수업을 위해 개발해야 할 교수전략 2가지, 송 교사가 온라인 수업에서 학생의 고립감 해소를 위해 활용할 수 있는 구체적인 교수·학습 활동 2가지를 각각 그에 적합한 테크놀로지와 함께 제시 [4점]
			교육행정	학교 중심 연수	김 교사가 언급한 학교 중심 연수의 종류 1가지, 학교 중심 연수를 활성화하기 위해 학교 차원에서 지원할 수 있는 구체적인 방안 2가지 [3점]
2021	편지글	학생의 선택과 결정의 기회를 확대하는 교육	교육과정	교육과정 운영 관점	교육과정 운영 관점을 스나이더 외(J. Snyder, F. Bolin, & K. Zumwalt)의 분류에 따라 설명할 때, 김 교사가 언급한 자신의 기존 관점의 장점과 단점 각각 1가지, 새롭게 관심을 가지게 된 관점에 적합한 교육과정 운영 방안 2가지 [4점]
			교육평가	자기평가	김 교사가 적용하고자 하는 평가 방식이 학생에게 줄 수 있는 교육적 효과 2가지, 이 평가를 수업에서 실행하는 방안 2가지 [4점]
			교육방법 및 공학	온라인 수업	김 교사가 온라인 수업을 위해 추가로 파악하고자 하는 학생 특성과 학습 환경의 구체적인 예 각각 1가지, 김 교사가 하고자 하는 수업에서 토론 게시판을 활용하여 학생을 지원할 수 있는 구체적인 방안 2가지 [4점]
			교육행정	의사결정 모형	A안과 B안에 해당하는 의사결정 모형의 단점 각각 1가지, 김 교사가 B안에 따라 학생들의 요구를 반영하기 위해 제안할 수 있는 구체적인 방안 1가지 [3점]

2020	교사 협의회 정리록	토의식 수업 활성화 방안	교육심리	사회적 구성주의	A 교사가 언급한 비고츠키 지식론의 명칭, 이 지식론에서 보는 지식의 성격 1가지와 교사와 학생의 역할 각각 1가지 [4점]
			교육과정	영 교육과정, 중핵 교육과정	B 교사가 말한 '영 교육과정'이 교육내용 선정에 주는 시사점 1가지, B 교사가 말한 교육내용 조직방식의 명칭과 이 조직방식이 토의식 수업에서 가지는 장점과 단점 각각 1가지 [4점]
			교육방법 및 공학	정착식 수업, 토의법, 위키	C 교사의 의견에서 제시된 토의식 수업을 설계할 때 활용할 수 있는 정착수업의 원리 2가지, 위키를 활용할 때 발생할 수 있는 문제점 2가지 [4점]
			교육행정	학교문화 (기계문화)	스타인호프와 오웬스(C. Steinhoff & R. Owens)가 분류한 학교문화 유형에 따를 때, D 교사가 우려하는 학교문화 유형의 명칭과 학교 차원에서 그러한 학교문화를 개선하는 방안 2가지 [3점]
2019	모둠활동 수업 후 교사의 성찰일지	수업 개선을 위한 교사의 반성적 실천	교육심리	다중지능 이론	#1과 관련하여 가드너(H. Gardner)의 다중지능이론 관점에서 A, B 학생의 공통적 강점으로 파악된 지능의 명칭과 개념, 김 교사가 C 학생에게 제공할 수 있는 개별 과제와 그 과제가 적절한 이유 각 1가지 [4점]
			교육과정	학습경험 선정 원리, 잠재적 교육과정	#2와 관련하여 타일러의 학습경험 선정 원리 중 기회의 원리로 첫째 물음을 설명하고 만족의 원리로 둘째 물음을 설명, 잭슨의 잠재적 교육과정의 개념을 쓰고 그 개념에 근거하여 김 교사가 말하는 '생각하지 못했던 결과'의 예 제시 [4점]
			교육평가	리커트 척도, 문항내 적합치도	#3에 언급된 척도법의 명칭과 이 방법을 적용하기 위하여 진술문을 작성할 때 유의할 점 1가지, 김 교사가 사용할 신뢰도 추정 방법 1가지의 명칭과 개념 [4점]
			교육행정	변혁적 지도성	#4에 언급된 바스(B. Bass)의 지도성의 명칭, 김 교사가 학교 내에서 동료교사와 함께 이 지도성을 신장할 수 있는 방안 2가지 [3점]
2018	학생들의 학업 특성 조사 결과에 대한 두 교사의 대화	학생의 다양한 특성을 고려하는 교육	교육과정	숙의모형	박 교사가 제안하는 워커(D. F. Walker)의 교육과정 개발 모형의 명칭, 이 모형을 교육과정 개발에 적용하는 이유 3가지 [4점]
			교육방법 및 공학	문제중심 학습	박 교사가 언급하는 PBL(문제중심학습)에서 학습자의 역할 2가지, PBL에 적합한 문제의 특성과 그 특성이 주는 학습 효과 1가지 [4점]
			교육평가	준거지향 능력지향 성장지향 평가	박 교사가 제안하는 평가유형의 명칭과 이 유형에서 개인차에 대한 교육적 해석 1가지, 김 교사가 제안하는 2가지 평가유형의 개념 [4점]
			교육행정	동료장학	김 교사가 언급하는 교내장학 유형의 명칭과 개념, 그 활성화 방안 2가지 [3점]
2017	신문 기사	2015 개정 교육과정의 실질적 구현방안	교육행정	교육기획	A 교장이 강조하고 있는 교육기획의 개념과 그 효용성 2가지 제시 [4점]
			교육과정	내용조직의 원리	B 교사가 채택하고자 하는 원리 1가지와 그 외 내용 조직의 원리 2가지(연계성 제외) 제시 [4점]
			교육방법 및 공학	조나센의 CLEs	C 교사가 실행하려는 구성주의 학습 활동을 위한 학습 지원 도구·자원과 교수활동 각각 2가지 제시 [4점]
			교육평가	내용타당도	D 교사가 고려하고 있는 타당도의 유형과 개념 제시 [3점]

교육학 기출분석 한눈에 확인하기

학년도	형식	주제	출제과목	출제영역	논점
2016	자기개발 계획서	교사가 갖추어야 할 역량	교육과정	경험중심 교육과정	'수업 구성'에 나타난 교육과정 유형의 장점 및 문제점 각각 2가지 [4점]
			교육평가	형성평가	김 교사가 실시하려는 평가 유형의 기능과 효과적인 시행 전략 각각 2가지 [4점]
			교육심리	에릭슨 (심리적 유예기), 반두라 (관찰학습)	에릭슨(E. Erikson)의 정체성발달이론에 제시된 개념 1가지(2점)와 반두라(A. Bandura)의 사회인지학습이론에 제시된 개념 1가지(1점) [3점]
			교육행정	비공식 조직	'학교 내 조직 활동'에 나타난 조직 형태가 학교 조직과 구성원에 미치는 순기능 및 역기능 각각 2가지 [4점]
2015	학교교육 계획서 작성을 위한 워크숍에서 교사들의 분임 토의 결과	A 중학교가 내년에 중점을 두고자 하는 교육	교육사 및 교육철학	자유교육	자유교육 관점에서의 교육 목적 논술 [4점]
			교육과정	백워드 교육과정	교육과정 설계 방식의 특징 3가지 설명 [4점]
			교육방법 및 공학	켈러 ARCS	학습 동기 향상을 위한 학습 과제 제시 방안 3가지 설명 [4점]
			교육행정	센게 학습조직	학습조직의 구축 원리 3가지 설명 [4점]
2015 (추시)	초임교사들을 대상으로 진행한 학교장 특강	다양한 요구에 직면한 학교 교육에서의 교사의 과제	교육사회학	교육의 기능론	기능론적 관점에서 학교 교육의 선발 · 배치 기능 및 한계 각각 2가지만 제시 [4점]
			교육행정	관료제, 이완결합체제	학교 조직의 관료제적 특징과 이완결합체제적 특징 각각 2가지만 제시 [4점]
			교육방법 및 공학	ADDIE 모형	일반적 교수체제설계에서 분석 및 설계 과정의 주요 활동 각각 2가지만 제시 [4점]
			교육평가	준거지향 평가	준거지향평가의 개념을 설명하고, 장점 2가지만 제시 [3점]
2014	초임교사와 경력교사의 대화	학생들이 수업에 소극적인 이유와 해결책	교육과정	잠재적 교육과정	학생들이 수업에서 소극적으로 행동하는 문제를 2가지 관점(① 잠재적 교육과정, ② 문화실조)에서 진단 [각 3점, 총 6점]
			교육사회학	문화실조	
			교육방법 및 공학	협동학습	수업에 소극적인 학생들의 학습 동기를 유발하기 위한 방안을 3가지 측면(① 협동학습 실행, ② 형성평가 활용, ③ 교사지도성 행동)에서 각각 2가지씩 논의 [9점]
			교육평가	형성평가	
			교육행정	상황적 지도성	

2014 (추시)	교사의 성찰일지	학교생활 적응 향상 및 수업 효과성 증진	교육사회학	비행이론	철수의 학교 부적응 행동의 원인을 청소년 비행이론에서 2가지만 선택하여 설명 [3점]
			생활지도 및 상담	행동주의 · 인간주의 상담기법	철수의 학교생활 적응을 향상시키기 위한 상담 기법을 2가지 관점(① 행동중심 상담, ② 인간중심 상담)에서 각각 2가지씩 논의 [각 3점, 총 6점]
			교육방법 및 공학	발견학습	최 교사가 수업 효과성을 높이기 위하여 선택한 2가지 방안(① 학문중심 교육과정 이론에 근거한 수업전략, ② 장학 활동) 논의 [각 3점, 총 6점]
			교육행정	장학활동	
2013 (추시)	교사와 학부모 상담 대화문	학습동기 유발	교육심리	IQ의 해석	IQ의 해석 [3점]
				기대 × 가치 이론	기대 × 가치 이론에 따른 원인 및 해결 방안 [6점]
				매슬로우	욕구위계이론에 따른 원인 및 해결 방안 [6점]

교육학 연간 학습 플랜

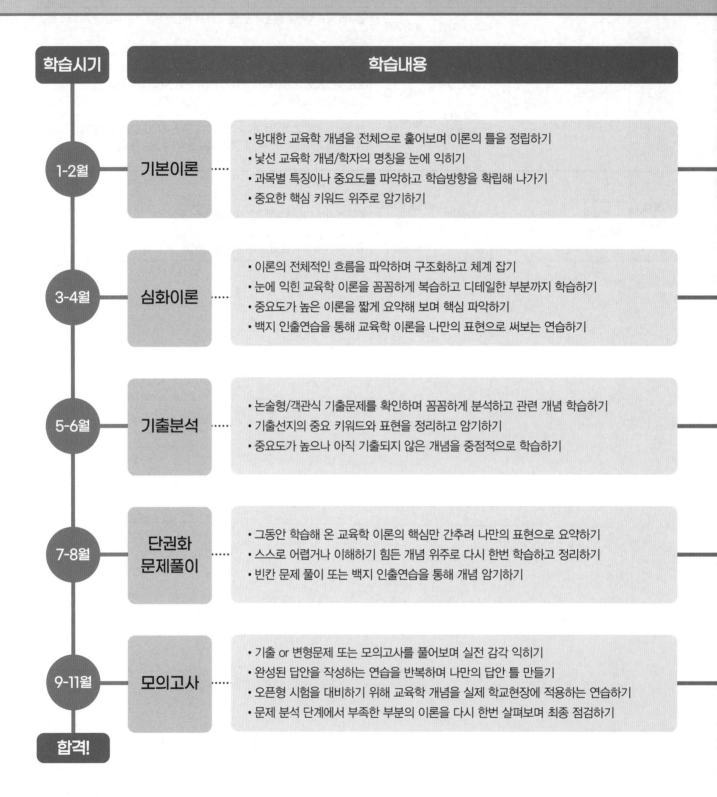

학습시기	학습내용
1-2월 **기본이론**	• 방대한 교육학 개념을 전체으로 훑어보며 이론의 틀을 정립하기 • 낯선 교육학 개념/학자의 명칭을 눈에 익히기 • 과목별 특징이나 중요도를 파악하고 학습방향을 확립해 나가기 • 중요한 핵심 키워드 위주로 암기하기
3-4월 **심화이론**	• 이론의 전체적인 흐름을 파악하며 구조화하고 체계 잡기 • 눈에 익힌 교육학 이론을 꼼꼼하게 복습하고 디테일한 부분까지 학습하기 • 중요도가 높은 이론을 짧게 요약해 보며 핵심 파악하기 • 백지 인출연습을 통해 교육학 이론을 나만의 표현으로 써보는 연습하기
5-6월 **기출분석**	• 논술형/객관식 기출문제를 확인하며 꼼꼼하게 분석하고 관련 개념 학습하기 • 기출선지의 중요 키워드와 표현을 정리하고 암기하기 • 중요도가 높으나 아직 기출되지 않은 개념을 중점적으로 학습하기
7-8월 **단권화 문제풀이**	• 그동안 학습해 온 교육학 이론의 핵심만 간추려 나만의 표현으로 요약하기 • 스스로 어렵거나 이해하기 힘든 개념 위주로 다시 한번 학습하고 정리하기 • 빈칸 문제 풀이 또는 백지 인출연습을 통해 개념 암기하기
9-11월 **모의고사**	• 기출 or 변형문제 또는 모의고사를 풀어보며 실전 감각 익히기 • 완성된 답안을 작성하는 연습을 반복하며 나만의 답안 틀 만들기 • 오픈형 시험을 대비하기 위해 교육학 개념을 실제 학교현장에 적용하는 연습하기 • 문제 분석 단계에서 부족한 부분의 이론을 다시 한번 살펴보며 최종 점검하기

합격!

교재 활용 Tip!

*기본서는 총 2권으로 구성되어 있습니다.
-1권: 교육의 이해, 교육과정, 교육방법 및 공학, 교육평가, 교육연구 / -2권: 교육행정, 교육심리, 교육사회학, 생활지도 및 상담, 교육사 및 교육철학

기본서 1회독

- 방대한 교육학 개념을 쉽고 체계적으로 정리한 이론 설명을 꼼꼼하게 정독하며 차근차근 학습하기
- '12개년 기출분석 Big Data'와 '설쌤의 Live Class'를 통해 올바른 학습방향 설정하기
- '핵심 Tag'에 수록된 개념 위주로 키워드 우선 암기하기
- 중점 학습요소 : 12개년 기출분석 Big Data, 설쌤의 Live Class, 핵심 Tag

기본서 2회독

- 과목별 구조도를 통해 이론의 흐름을 파악하여 구조화하고 핵심 키워드 위주로 백지 인출연습하기
- '개념확대 Zoom IN'을 통해 이론의 세부적인 내용까지 확인하며 꼼꼼하게 학습하기
- '요약정리 Zoom OUT'을 활용하여 이론을 요약하고 핵심 파악하기
- 중점 학습요소 : 한눈에 구조화하기, 개념확대 Zoom IN, 요약정리 Zoom OUT

기본서 발췌독

- 부록으로 수록된 2024~2013학년도 교육학 기출문제를 활용하여 논술형 기출문제 분석하기(1, 2권 모두 수록)
- 기출연도 표시가 된 기출개념을 꼼꼼하게 학습하고, 기출논제를 확인하여 스스로 답변 써보기
- 기출문제 분석 후 부족한 개념이 수록된 과목 위주로 다시 한번 살펴보며 개념 복습하기
- 중점 학습요소 : 2024~2013학년도 교육학 기출문제, 기출연도, 기출논제 Check, 키워드 찾아보기

기본서 3회독

- 챕터별 '핵심 Tag'에 기재된 키워드 위주로 핵심 개념을 파악하며 요약하기
- 과목별 구조도 중 1열만 보고 하위 내용을 모두 적어보는 백지 인출연습을 통해 개념 암기하기
- 교재에 수록된 빈칸 문제를 풀어보며 이론을 복습하고 중요 키워드 위주로 암기하기
- 중점 학습요소 : 핵심 Tag, 한눈에 구조화하기, 키워드 인출로 핵심 빈칸 채우기

기본서 발췌독

- '논술에 바로 써먹는 교육학 배경지식'을 통해 교육학 이론을 학교 현장에 적용해 보는 연습하기
- 문제풀이 후 부족한 부분이 있을 경우 '키워드 찾아보기'를 활용하여 관련 이론 쉽게 찾아보기
- 중점 학습요소 : 논술에 바로 써먹는 교육학 배경지식, 키워드 찾아보기

고민별 맞춤 학습 Solution

👨‍🏫 강의   " 전문가의 도움을 받으면서 효율적으로 공부하고 싶어."

💊 Solution

교수님의 생생한 강의를 들으면서 양질의 학습경험을 쌓아보세요. 교수님의 노하우가 담긴 부가 학습자료를 얻을 수 있고, 잘 정리된 교재를 통해 방대한 각론서를 보지 않아도 효과적인 학습이 가능합니다. 또한 질의응답, 모의고사 첨삭 등을 통해 전문적인 조언을 들을 수도 있습니다.

▶ **이런 분께 추천합니다!**
　임용 초수생, 양질의 모의고사를 풀어보고 싶은 수험생

💡 How to

- 이론학습, 기출분석, 모의고사 등 자신에게 필요한 강의를 선택해서 듣기
- 자신의 학습 성향과 환경에 따라 동영상 강의와 학원 강의 중 선택해서 듣기
- 질문이 생기면 해커스임용 사이트의 [나의 강의실] – [학습상담] – [학습 질문하기] 게시판에 직접 질문하기

✏️ 인출   " 이론 암기가 잘 안 돼. 뭔가 효과적인 방법 없을까?"

💊 Solution

인출학습을 통해 학습한 이론을 차근차근 떠올리며 효과적으로 암기해 보세요. 다양한 인출방법을 활용하여 스스로 이해한 내용을 나만의 표현으로 정리할 수 있고, 쓰기 연습까지 가능하므로 서답형 시험을 매우 효과적으로 대비할 수 있습니다.

▶ **이런 분께 추천합니다!**
- 기본 지식은 있으나 키워드 암기에 약한 수험생
- 서답형 글쓰기에 어려움을 느끼는 수험생

💡 How to

- **백지 인출** : 빈 종이 위에 이론에 대하여 이해 · 암기한 내용을 자유롭게 적어 나가기
- **구두 인출** : 학습한 이론에 대해 말로 설명하기
- **청킹** : 관련된 여러 키워드를 묶어서 암기할 경우, 키워드의 앞글자만 따서 외우기

📖 단권화 " 이론이 너무 방대해서 핵심만 간단하게 정리가 필요해."

💊 Solution

요약집 한 권을 정하거나 나만의 노트를 만들어서 학습한 내용을 한 곳에 정리하는 단권화 작업을 해보세요. 방대한 이론의 핵심을 한눈에 파악할 수 있고, 기출분석, 모의고사 등을 통해 여러 번 학습한 내용이 누적적으로 쌓이면서 꼼꼼하게 학습할 수 있습니다.

▶ **이런 분께 추천합니다!**
- 어느 정도 기본 지식을 갖춘 수험생
- 핵심만 간편하게 확인하기를 원하는 수험생

💡 How to

- **교재 활용** : 핵심만 간단히 정리된 교재에 나만의 설명을 덧붙여가며 정리하기
- **프로그램 활용** : 한글 · 워드 또는 마인드맵 제작 프로그램 등을 활용하여 정리하기
- **개념 구조화** : 핵심 키워드 중심으로 개념을 확장시키며 교육학 뼈대 잡기

Tip! 단권화는 학습 초반보다는 이론에 대한 개념이 어느 정도 잡힌 중후반부에 진행해야 학습 효과를 극대화할 수 있습니다.

👥 스터디 "다른 사람들과 소통하면서 부족한 부분을 보완하고 싶어."

💊 Solution

학습 시기와 목적에 부합하는 다양한 스터디에 참여해 보세요. 학습에 강제성을 부여할 수 있어 효과적인 학습관리를 할 수 있고, 스터디원과 함께 이야기하면서 모르는 지식을 알게 되거나 다양한 정보를 공유할 수도 있습니다.

▶ **이런 분께 추천합니다!**
- 여러 사람과 공부할 때 학습 효율이 높아지는 수험생
- 시험에 대한 다양한 정보를 얻고 싶은 수험생

💡 How to

- **인출 스터디** : 특정 이론에 대해서 서로 설명하면서 구두인출하는 스터디
- **인증 스터디** : 학습 내용 또는 공부 시간을 인증하는 스터디
- **모의고사 스터디** : 모의고사를 함께 풀어보고 서로 첨삭해주는 스터디

회독 Check ✓

☐ **1** 회독 | ☐ **2** 회독 | ☐ **3** 회독

12개년 기출분석 Big Data

24%
교육행정

2024	2023	2022	2021	2020	2019
○	○	○	○	○	○

2018	2017	2016	2015	2015(추)	2014
○	○	○	○	○	○

2014(추)	2013
○	

설쌤의 Live Class 🎙

교육행정은 교육활동이 잘 되도록 관리하고 조성하며, 지도하는 활동이라고 할 수 있습니다. 교사가 된다는 건 학교라는 특수한 조직의 구성원이 된다는 의미로, 교육은 학교라는 조직 안에서 이루어진다는 점에서 교육을 잘 해내기 위해 효과적인 학교 조직을 만드는 것이 무엇보다 중요합니다. 이러한 이유에서 교사와 학교 조직을 다루고 있는 교육행정 파트는 매년 꾸준하게 출제되고 있습니다. 그러나 교육행정은 많은 이론과 다양한 정책·제도들을 아우르고 있어 내용이 방대하고 어렵게 느껴지는 것이 사실입니다. 그렇지만 교육환경의 변화와 함께 최근 우리나라 교육이 추구하는 방향을 기억하면서 학습한다면 생각보다 흥미롭게 이해하고 익힐 수 있을 겁니다.

PART 6
교육행정

PART 6 교육행정 한눈에 구조화하기

Chapter 01 교육행정의 이해

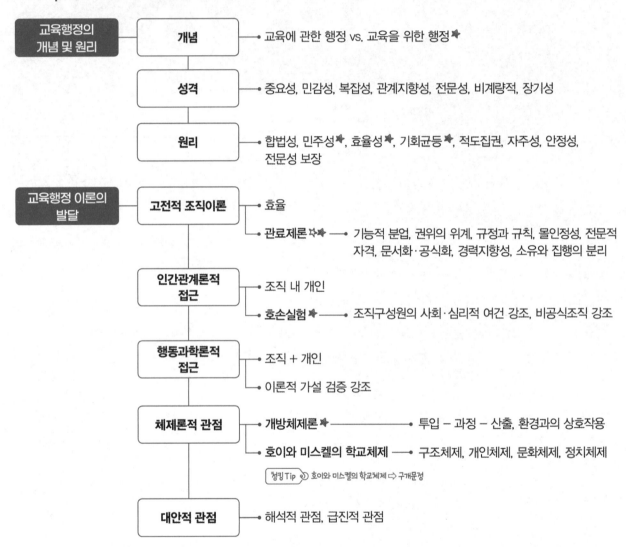

교육행정의 개념 및 원리

개념	교육에 관한 행정 vs. 교육을 위한 행정 ✿
성격	중요성, 민감성, 복잡성, 관계지향성, 전문성, 비계량적, 장기성
원리	합법성, 민주성 🏵, 효율성 🏵, 기회균등 🏵, 적도집권, 자주성, 안정성, 전문성 보장

교육행정 이론의 발달

고전적 조직이론
- 효율
- 관료제론 🏵✿ —— 기능적 분업, 권위의 위계, 규정과 규칙, 몰인정성, 전문적 자격, 문서화·공식화, 경력지향성, 소유와 집행의 분리

인간관계론적 접근
- 조직 내 개인
- 호손실험 ✿ —— 조직구성원의 사회·심리적 여건 강조, 비공식조직 강조

행동과학론적 접근
- 조직 + 개인
- 이론적 가설 검증 강조

체제론적 관점
- 개방체제론 ✿ —— 투입 – 과정 – 산출, 환경과의 상호작용
- 호이와 미스켈의 학교체제 —— 구조체제, 개인체제, 문화체제, 정치체제

청킹 Tip 》》 호이와 미스켈의 학교체제 ⇨ 구개문정

대안적 관점
- 해석적 관점, 급진적 관점

Chapter 02 **조직론**

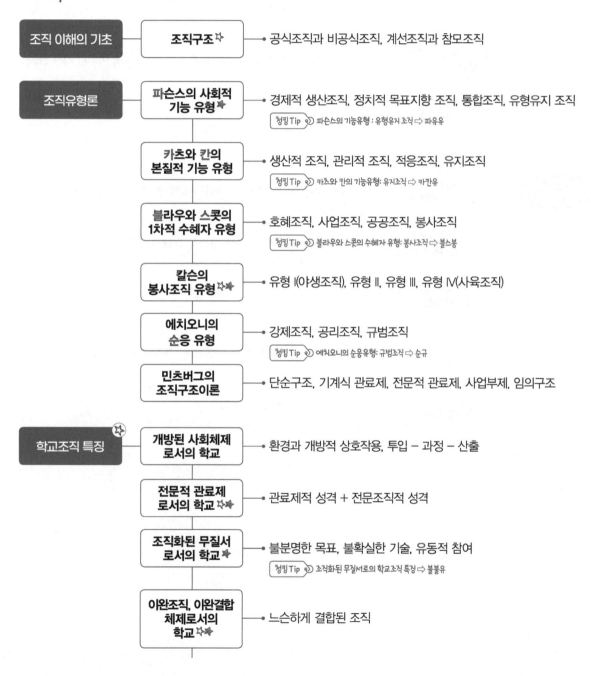

조직 이해의 기초

조직구조 ✿ → 공식조직과 비공식조직, 계선조직과 참모조직

조직유형론

파슨스의 사회적 기능 유형 ✹ → 경제적 생산조직, 정치적 목표지향 조직, 통합조직, 유형유지 조직
> 청킹Tip 🦉 파슨스의 기능유형 : 유형유지 조직 ⇨ 파유유

카츠와 칸의 본질적 기능 유형 → 생산적 조직, 관리적 조직, 적응조직, 유지조직
> 청킹Tip 🦉 카츠와 칸의 기능유형 : 유지조직 ⇨ 카칸유

블라우와 스콧의 1차적 수혜자 유형 → 호혜조직, 사업조직, 공공조직, 봉사조직
> 청킹Tip 🦉 블라우와 스콧의 수혜자 유형 : 봉사조직 ⇨ 블스봉

칼슨의 봉사조직 유형 ✿✹ → 유형 I(야생조직), 유형 II, 유형 III, 유형 IV(사육조직)

에치오니의 순응 유형 → 강제조직, 공리조직, 규범조직
> 청킹Tip 🦉 에치오니의 순응유형 : 규범조직 ⇨ 순규

민츠버그의 조직구조이론 → 단순구조, 기계식 관료제, 전문적 관료제, 사업부제, 임의구조

학교조직 특징 ✿

개방된 사회체제 로서의 학교 → 환경과 개방적 상호작용, 투입 – 과정 – 산출

전문적 관료제 로서의 학교 ✿✹ → 관료제적 성격 + 전문조직적 성격

조직화된 무질서 로서의 학교 ✹ → 불분명한 목표, 불확실한 기술, 유동적 참여
> 청킹Tip 🦉 조직화된 무질서로의 학교조직 특징 ⇨ 불불유

이완조직, 이완결합 체제로서의 학교 ✿✹ → 느슨하게 결합된 조직

논술형 기출개념에는 ✿로, 객관식 기출개념에는 ✿로 표기하였습니다.

PART 6 교육행정 한눈에 구조화하기

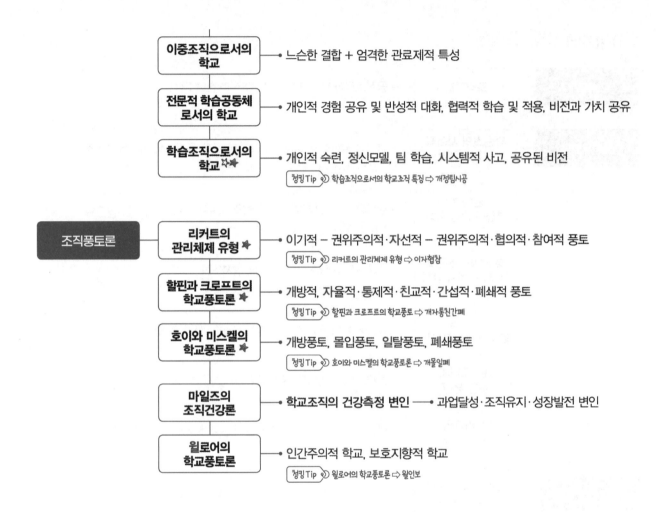

이중조직으로서의 학교 ● 느슨한 결합 + 엄격한 관료제적 특성

전문적 학습공동체로서의 학교 ● 개인적 경험 공유 및 반성적 대화, 협력적 학습 및 적용, 비전과 가치 공유

학습조직으로서의 학교 ✿✿ ● 개인적 숙련, 정신모델, 팀 학습, 시스템적 사고, 공유된 비전
〔청킹 Tip〕 학습조직으로서의 학교조직 특징 ➡ 개정팀시공

조직풍토론

리커트의 관리체제 유형 ✿ ● 이기적 – 권위주의적·자선적 – 권위주의적·협의적·참여적 풍토
〔청킹 Tip〕 리커트의 관리체제 유형 ➡ 이자협참

할핀과 크로프트의 학교풍토론 ✿ ● 개방적, 자율적·통제적·친교적·간섭적·폐쇄적 풍토
〔청킹 Tip〕 할핀과 크로프트의 학교풍토 ➡ 개자통친간폐

호이와 미스켈의 학교풍토론 ✿ ● 개방풍토, 몰입풍토, 일탈풍토, 폐쇄풍토
〔청킹 Tip〕 호이와 미스켈의 학교풍토론 ➡ 개몰일폐

마일즈의 조직건강론 ● 학교조직의 건강측정 변인 —— 과업달성·조직유지·성장발전 변인

윌로어의 학교풍토론 ● 인간주의적 학교, 보호지향적 학교
〔청킹 Tip〕 윌로어의 학교풍토론 ➡ 윌인보

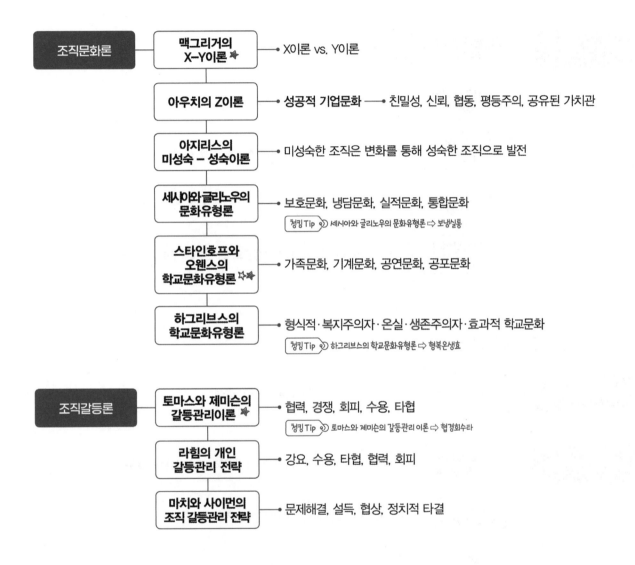

조직문화론

맥그리거의 X-Y이론 ✱
→ X이론 vs. Y이론

아우치의 Z이론
→ 성공적 기업문화 → 친밀성, 신뢰, 협동, 평등주의, 공유된 가치관

아지리스의 미성숙 – 성숙이론
→ 미성숙한 조직은 변화를 통해 성숙한 조직으로 발전

세시아와 글리노우의 문화유형론
→ 보호문화, 냉담문화, 실적문화, 통합문화
청킹Tip 세시아와 글리노우의 문화유형론 ⇨ 보냉실통

스타인호프와 오웬스의 학교문화유형론 ✩✱
→ 가족문화, 기계문화, 공연문화, 공포문화

하그리브스의 학교문화유형론
→ 형식적·복지주의자·온실·생존주의자·효과적 학교문화
청킹Tip 하그리브스의 학교문화유형론 ⇨ 형복온생효

조직갈등론

토마스와 제미슨의 갈등관리이론 ✱
→ 협력, 경쟁, 회피, 수용, 타협
청킹Tip 토마스와 제미슨의 갈등관리 이론 ⇨ 협경회수타

라힘의 개인 갈등관리 전략
→ 강요, 수용, 타협, 협력, 회피

마치와 사이먼의 조직 갈등관리 전략
→ 문제해결, 설득, 협상, 정치적 타결

PART 6

교육행정 한눈에 구조화하기

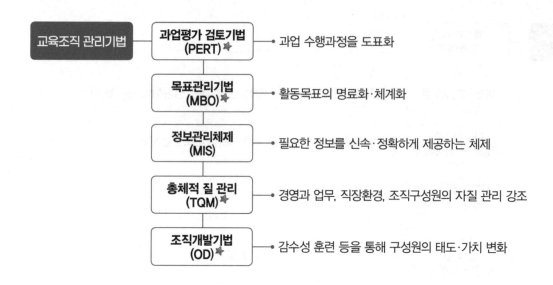

교육조직 관리기법 ── **과업평가 검토기법 (PERT)**🦋 ── 과업 수행과정을 도표화

목표관리기법 (MBO)🦋 ── 활동목표의 명료화·체계화

정보관리체제 (MIS) ── 필요한 정보를 신속·정확하게 제공하는 체제

총체적 질 관리 (TQM)🦋 ── 경영과 업무, 직장환경, 조직구성원의 자질 관리 강조

조직개발기법 (OD)🦋 ── 감수성 훈련 등을 통해 구성원의 태도·가치 변화

Chapter 03 **동기이론**

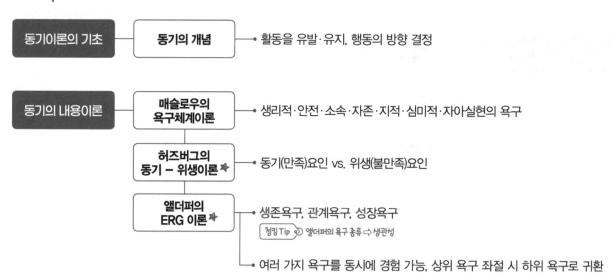

동기이론의 기초 ── **동기의 개념** ── 활동을 유발·유지, 행동의 방향 결정

동기의 내용이론 ── **매슬로우의 욕구체계이론** ── 생리적·안전·소속·자존·지적·심미적·자아실현의 욕구

허즈버그의 동기 – 위생이론🦋 ── 동기(만족)요인 vs. 위생(불만족)요인

앨더퍼의 ERG 이론🦋 ── 생존욕구, 관계욕구, 성장욕구

청킹 Tip 🔑 앨더퍼의 욕구 종류 ⇨ 생관성

── 여러 가지 욕구를 동시에 경험 가능, 상위 욕구 좌절 시 하위 욕구로 귀환

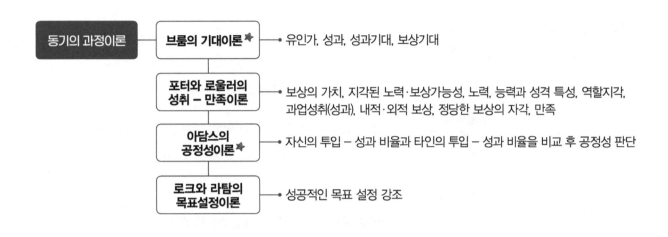

동기의 과정이론

- **브룸의 기대이론** ✦ → 유인가, 성과, 성과기대, 보상기대
- **포터와 로울러의 성취 − 만족이론** → 보상의 가치, 지각된 노력·보상가능성, 노력, 능력과 성격 특성, 역할지각, 과업성취(성과), 내적·외적 보상, 정당한 보상의 자각, 만족
- **아담스의 공정성이론** ✦ → 자신의 투입 − 성과 비율과 타인의 투입 − 성과 비율을 비교 후 공정성 판단
- **로크와 라탐의 목표설정이론** → 성공적인 목표 설정 강조

Chapter 04 **지도성이론**

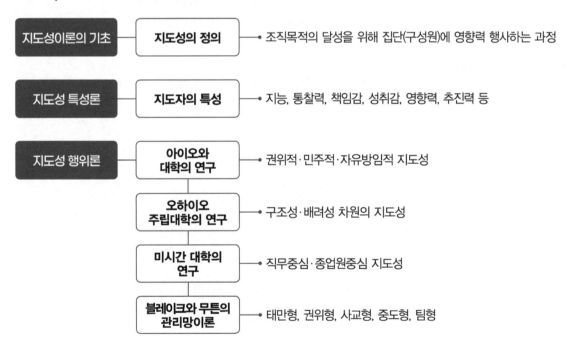

지도성이론의 기초

- **지도성의 정의** → 조직목적의 달성을 위해 집단(구성원)에 영향력 행사하는 과정

지도성 특성론

- **지도자의 특성** → 지능, 통찰력, 책임감, 성취감, 영향력, 추진력 등

지도성 행위론

- **아이오와 대학의 연구** → 권위적·민주적·자유방임적 지도성
- **오하이오 주립대학의 연구** → 구조성·배려성 차원의 지도성
- **미시간 대학의 연구** → 직무중심·종업원중심 지도성
- **블레이크와 무튼의 관리망이론** → 태만형, 권위형, 사교형, 중도형, 팀형

PART 6

교육행정 한눈에 구조화하기

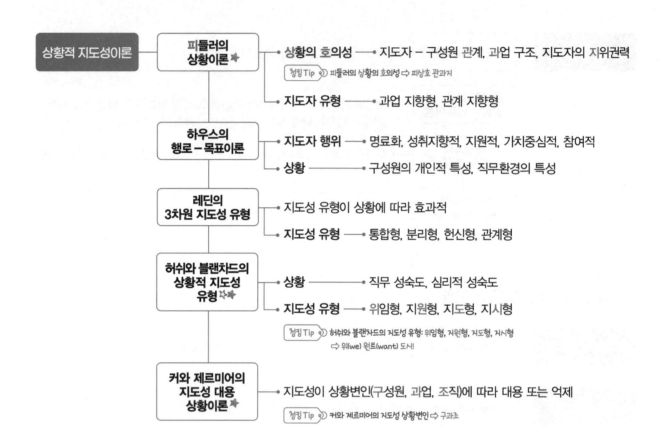

상황적 지도성이론

피들러의 상황이론 ⭐
- **상황의 호의성** — 지도자 – 구성원 관계, 과업 구조, 지도자의 지위권력
  - 청킹Tip 🔎 피들러의 상황의 호의성 ⇨ 피상호 관과지
- **지도자 유형** — 과업 지향형, 관계 지향형

하우스의 행로 – 목표이론
- **지도자 행위** — 명료화, 성취지향적, 지원적, 가치중심적, 참여적
- **상황** — 구성원의 개인적 특성, 직무환경의 특성

레딘의 3차원 지도성 유형
- 지도성 유형이 상황에 따라 효과적
- **지도성 유형** — 통합형, 분리형, 헌신형, 관계형

허쉬와 블랜차드의 상황적 지도성 유형 ⭐⭐
- **상황** — 직무 성숙도, 심리적 성숙도
- **지도성 유형** — 위임형, 지원형, 지도형, 지시형
  - 청킹Tip 🔎 허쉬와 블랜차드의 지도성 유형: 위임형, 지원형, 지도형, 지시형
    ⇨ 위(we) 원트(want) 도시!

커와 제르미어의 지도성 대용 상황이론 ⭐
- 지도성이 상황변인(구성원, 과업, 조직)에 따라 대용 또는 억제
  - 청킹Tip 🔎 커와 제르미어의 지도성 상황변인 ⇨ 구과조

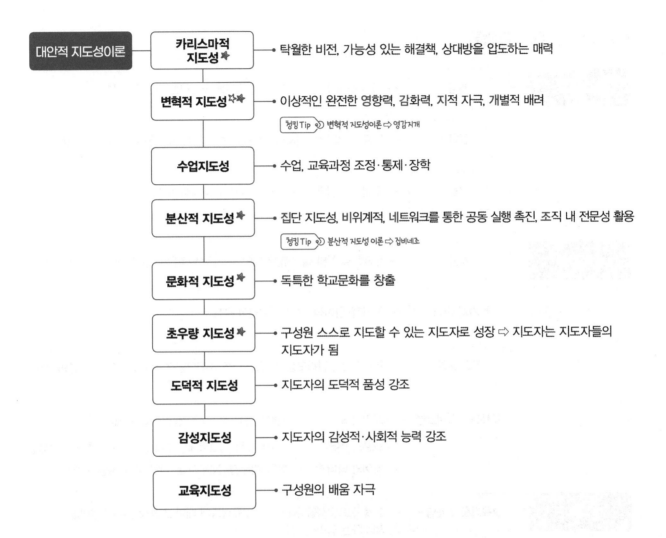

대안적 지도성이론	**카리스마적 지도성**✿	탁월한 비전, 가능성 있는 해결책, 상대방을 압도하는 매력
	변혁적 지도성✿✿	이상적인 완전한 영향력, 감화력, 지적 자극, 개별적 배려

청킹Tip 🔑 변혁적 지도성이론 ⇨ 영감자개

수업지도성	수업, 교육과정 조정·통제·장학
분산적 지도성✿	집단 지도성, 비위계적, 네트워크를 통한 공동 실행 촉진, 조직 내 전문성 활용

청킹Tip 🔑 분산적 지도성 이론 ⇨ 집비네조

문화적 지도성✿	독특한 학교문화를 창출
초우량 지도성✿	구성원 스스로 지도할 수 있는 지도자로 성장 ⇨ 지도자는 지도자들의 지도자가 됨
도덕적 지도성	지도자의 도덕적 품성 강조
감성지도성	지도자의 감성적·사회적 능력 강조
교육지도성	구성원의 배움 자극

논술형 기출개념에는 ✿로, 객관식 기출개념에는 🎯로 표기하였습니다.

교육행정 한눈에 구조화하기

Chapter 05 정책론

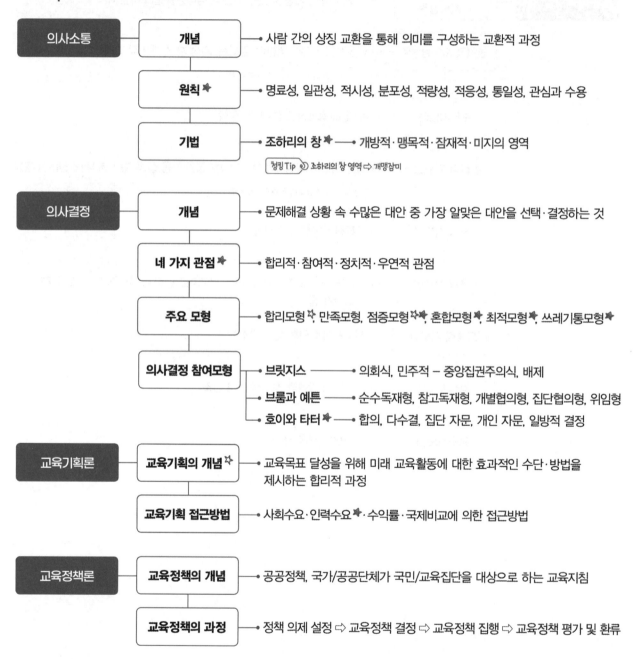

의사소통

개념	사람 간의 상징 교환을 통해 의미를 구성하는 교환적 과정
원칙 🎯	명료성, 일관성, 적시성, 분포성, 적량성, 적응성, 통일성, 관심과 수용
기법	**조하리의 창** 🎯 —— 개방적·맹목적·잠재적·미지의 영역

청킹 Tip 🔎 조하리의 창 영역 ⇨ 개맹잠미

의사결정

개념	문제해결 상황 속 수많은 대안 중 가장 알맞은 대안을 선택·결정하는 것
네 가지 관점 🎯	합리적·참여적·정치적·우연적 관점
주요 모형	합리모형 ✿ 만족모형, 점증모형 ✿🎯 혼합모형 🎯 최적모형 🎯 쓰레기통모형 🎯
의사결정 참여모형	**브릿지스** —— 의회식, 민주적 – 중앙집권주의식, 배제
	브룸과 예튼 —— 순수독재형, 참고독재형, 개별협의형, 집단협의형, 위임형
	호이와 타터 🎯 —— 합의, 다수결, 집단 자문, 개인 자문, 일방적 결정

교육기획론

교육기획의 개념 ✿	교육목표 달성을 위해 미래 교육활동에 대한 효과적인 수단·방법을 제시하는 합리적 과정
교육기획 접근방법	사회수요·인력수요 🎯·수익률·국제비교에 의한 접근방법

교육정책론

교육정책의 개념	공공정책, 국가/공공단체가 국민/교육집단을 대상으로 하는 교육지침
교육정책의 과정	정책 의제 설정 ⇨ 교육정책 결정 ⇨ 교육정책 집행 ⇨ 교육정책 평가 및 환류

Chapter 06 **교원인사행정론**

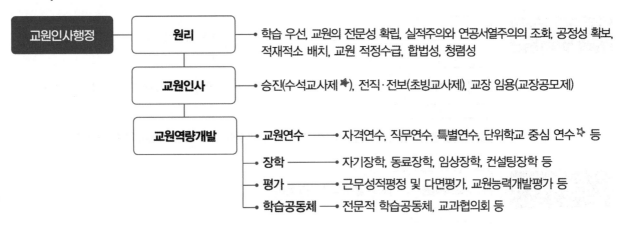

교원인사행정 ─ **원리** → 학습 우선, 교원의 전문성 확립, 실적주의와 연공서열주의의 조화, 공정성 확보, 적재적소 배치, 교원 적정수급, 합법성, 청렴성

교원인사 → 승진(수석교사제 ✱), 전직·전보(초빙교사제), 교장 임용(교장공모제)

교원역량개발 ─ **교원연수** ── 자격연수, 직무연수, 특별연수, 단위학교 중심 연수 ✿ 등

장학 ── 자기장학, 동료장학, 임상장학, 컨설팅장학 등

평가 ── 근무성적평정 및 다면평가, 교원능력개발평가 등

학습공동체 ── 전문적 학습공동체, 교과협의회 등

Chapter 07 **장학론**

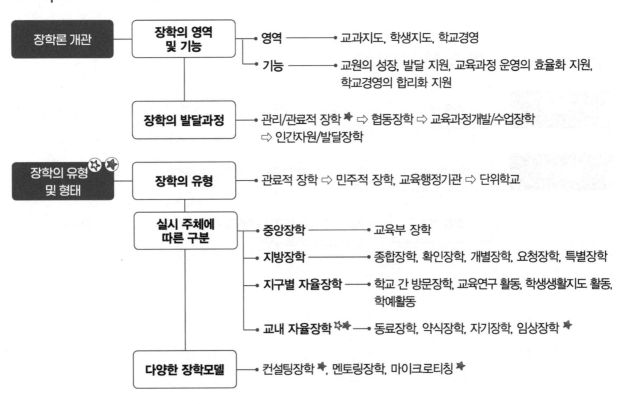

장학론 개관 ─ **장학의 영역 및 기능** ─ **영역** ── 교과지도, 학생지도, 학교경영

기능 ── 교원의 성장, 발달 지원, 교육과정 운영의 효율화 지원, 학교경영의 합리화 지원

장학의 발달과정 → 관리/관료적 장학 ✱ ⇨ 협동장학 ⇨ 교육과정개발/수업장학 ⇨ 인간자원/발달장학

장학의 유형 및 형태 ─ **장학의 유형** → 관료적 장학 ⇨ 민주적 장학, 교육행정기관 ⇨ 단위학교

실시 주체에 따른 구분 ─ **중앙장학** ── 교육부 장학

지방장학 ── 종합장학, 확인장학, 개별장학, 요청장학, 특별장학

지구별 자율장학 ── 학교 간 방문장학, 교육연구 활동, 학생생활지도 활동, 학예활동

교내 자율장학 ✿✱ ── 동료장학, 약식장학, 자기장학, 임상장학 ✱

다양한 장학모델 → 컨설팅장학 ✱, 멘토링장학, 마이크로티칭 ✱

PART 6

교육행정 한눈에 구조화하기

Chapter 08 **교육재정 및 교육경제**

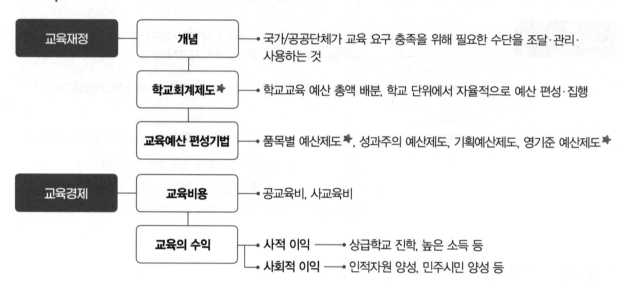

교육재정	**개념**	→ 국가/공공단체가 교육 요구 충족을 위해 필요한 수단을 조달·관리·사용하는 것
	학교회계제도✿	→ 학교교육 예산 총액 배분, 학교 단위에서 자율적으로 예산 편성·집행
	교육예산 편성기법	→ 품목별 예산제도✿, 성과주의 예산제도, 기획예산제도, 영기준 예산제도✿
교육경제	**교육비용**	→ 공교육비, 사교육비
	교육의 수익	→ 사적 이익 ── 상급학교 진학, 높은 소득 등 → 사회적 이익 ── 인적자원 양성, 민주시민 양성 등

Chapter 09 **교육법 및 교육제도**

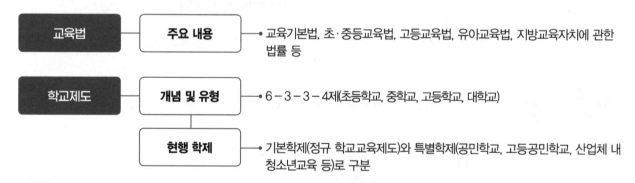

교육법	**주요 내용**	→ 교육기본법, 초·중등교육법, 고등교육법, 유아교육법, 지방교육자치에 관한 법률 등
학교제도	**개념 및 유형**	→ 6 - 3 - 3 - 4제(초등학교, 중학교, 고등학교, 대학교)
	현행 학제	→ 기본학제(정규 학교교육제도)와 특별학제(공민학교, 고등공민학교, 산업체 내 청소년교육 등)로 구분

Chapter 10 학교·학급경영

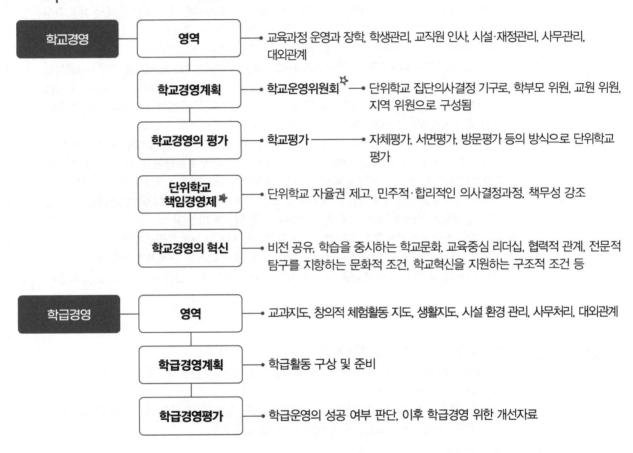

학교경영

영역	→ 교육과정 운영과 장학, 학생관리, 교직원 인사, 시설·재정관리, 사무관리, 대외관계
학교경영계획	→ 학교운영위원회☆ → 단위학교 집단의사결정 기구로, 학부모 위원, 교원 위원, 지역 위원으로 구성됨
학교경영의 평가	→ 학교평가 → 자체평가, 서면평가, 방문평가 등의 방식으로 단위학교 평가
단위학교 책임경영제✦	→ 단위학교 자율권 제고, 민주적·합리적인 의사결정과정, 책무성 강조
학교경영의 혁신	→ 비전 공유, 학습을 중시하는 학교문화, 교육중심 리더십, 협력적 관계, 전문적 탐구를 지향하는 문화적 조건, 학교혁신을 지원하는 구조적 조건 등

학급경영

영역	→ 교과지도, 창의적 체험활동 지도, 생활지도, 시설 환경 관리, 사무처리, 대외관계
학급경영계획	→ 학급활동 구상 및 준비
학급경영평가	→ 학급운영의 성공 여부 판단, 이후 학급경영 위한 개선자료

Chapter 01

교육행정의 이해

교육행정의 이해 챕터에서는 **교육행정의 개념과 특성, 원리를** 소개하고 **교육행정의 이론적 틀이 어떻게 발달했는지** 설명하고자 합니다. 교육행정학을 바라보는 이론적인 틀은 이후 등장하게 될 교육행정의 주요 영역인 조직이론, 동기이론, 지도성이론, 정책이론 등에서 여러 가지 이론이 어떠한 전제를 가지고 무엇을 강조하는지 이해하는 데 중요한 바탕이 됩니다. 따라서 이번 챕터에서는 큰 줄기를 중심으로 흐름을 이해하는 것이 중요합니다.

교육행정은 **교육활동이 잘 이루어지도록 관리·조성·지도하는 활동을 의미하지만,** 교육행정의 개념에 대한 정의는 어디에 초점을 두느냐에 따라 조금씩 다릅니다. 교육행정의 초점은 **행정에서 교육으로,** 다시 교육에서 학습으로 이동해왔으며, 이에 따라 **행정가 주도에서 교사 주도로,** 다시 **교사 주도에서 학습자 주도로** 이동해왔습니다.

교육행정의 이론 또한 고전적 조직이론, 인간관계론, 행정과학론, 개방체제이론 등으로 발달하면서 전제와 초점이 끊임없이 변화했습니다. 예컨대, **조직의 효율성을 극대화시키기 위해 작업조건의 과학적 관리(고전적 조직이론)** 또는 **구성원의 심리적 요소(인간관계론)를** 강조하던 데서 나아가 **모든 상황에 최적인 단 하나의 방법은 있을 수 없다는** 전제하에 상황대응론적 관점 **(행정과학론)이** 등장하며 지도성 이론, 동기이론에 큰 영향을 미쳤습니다. 이후 체제이론이 등장하며 **학교조직을 외부환경과 끊임없이 상호작용하는 사회적 개방체제라고** 간주했고, 이러한 전제를 바탕으로 학교조직 특성을 설명하고자 했습니다. 이러한 관점의 변화를 토대로 삼아 이후 다루게 될 조직론, 동기이론, 지도성이론 등을 이해한다면 많은 도움이 될 것입니다.

교육을 위한 행정(조건정비설)

- 교육목표를 효율적으로 달성하기 위해 필요한 인적·물적 조건을 정비하고 확립하는 수단적· 봉사적 활동으로 보는 견해임
- 교육활동의 특수성과 전문성이 강조되며, 행정은 교육활동의 목표를 설정·달성하는 데 필요한 인적·물적 조건을 구비하는 수단으로 간주함

교육행정의 원리

교육행정은 합법성·민주성·효율성·기회균등·적도집권·자주성·안정성·전문성 보장의 원리에 근거해서 이루어져야 함

고전적 조직이론

- 효율성을 강조하는 이론
- 조직의 능률과 생산성을 높이기 위해 뚜렷한 목표 설정, 직무구조화(분업)와 전문화, 표준화, 규정 및 규칙 등을 강조함
- 테일러의 과학적 관리론, 파욜 등의 행정관리론, 베버의 관료제론을 포함함

인간관계론

- 조직구성원의 심리 · 사회적 요소를 강조하는 이론
- 비공식조직의 역할, 규범, 기능을 부각시키고, 참여적 행정을 강조해 교육행정을 '교육을 위한 행정'으로 재개념화

행동과학론

- 개념, 원리, 모형, 연구 설계 등의 이론적 가설 검증을 통해 독자적 학문으로서 교육행정 이론화에 기여한 관점으로 조직과 개인을 통합하여 행정을 바라봄
- 행정에서 단 하나의 최선의 방법보다는 다양한 유형이 있을 수 있다는 상황대응론적 관점을 제시함

체제이론(개방체제)

- 조직은 사회적 개방체제로서 환경으로부터 투입을 받아 산출로 변환하며, 지역사회의 가치, 정치, 문화 등 외부 환경과 끊임없이 상호작용함
- 특히 학교조직은 '교수 · 학습'을 체제의 본질적 기능으로 두고 구조 · 개인 · 문화 · 정치체제가 상호작용하며 개방적인 조직의 성격을 띰

* 한유경 외(2018)

01 개념 및 원리

❶ 교육행정의 정의 및 개념

(1) 정의

① 교육행정(educational administration): 교육활동이 잘 되도록 관리·조성·지도하는 활동이다.

② 우리나라 교육행정은 교육의 양적 성장을 추진하는 과정에서 관료제 원리가 적용되고 '교육에 관한 행정'의 관점이 만연하였으나, 이후에는 교육활동의 특수성과 전문성이 강조되면서 '교육을 위한 행정'의 관점을 통해 교육행정을 바라보게 되었다.

③ 교육행정의 초점은 행정에서 교육으로, 다시 교육에서 학습으로 이동해왔으며, 이에 따라 행정가 주도에서 교사 주도로, 다시 교사 주도에서 학습자 주도로 이동해왔다.

(2) 개념

① 교육에 관한 행정 – 국가공권설(국가통치권설, 공권력설)*

㉠ 개념: 교육행정을 국가권력의 작용, 즉 총체적 국가행정의 관점에서 파악하려는 관점으로, '교육부가 수행하는 법적 기능 또는 행정 작용'이라고 정의하는 방식이다.

㉡ 명칭: 행정을 국가통치권의 하나라고 보는 법학적인 개념에 근거한다는 점에서 '법규 해석적 정의' 또는 '공권력설'이라고 하며, 국가통치권을 정부조직의 기능적 측면에서 분류하고 행정 작용을 법규적 차원에서 분류한다는 측면에서 '분류체계론' 또는 '교육행정영역 구분론'이라고도 한다.

㉢ 특징: 교육활동의 특수성과 전문성보다는 행정의 통합성이 강조되는 관점으로, 교육행정은 국가의 수많은 행정 영역 중에서 교육을 대상으로 하는 일반 행정 작용에 해당한다.

㉣ 한계: 교육행정의 특수성과 전문성을 무시하고 행정의 관료성과 획일성을 강조하며, 교육의 정치적 중립성과 자주성을 간과한다.

② 교육을 위한 행정 – 조건정비설(기능주의설) 기출 07, 13 중등 / 02 초등

㉠ 개념: 교육행정을 '교육목표를 효율적으로 달성하기 위해 필요한 인적·물적 조건을 정비 및 확립하는 수단적·봉사적 활동'이라고 보는 견해이다.

㉡ 특징: 교육활동의 특수성·전문성이 강조되며, 행정은 교육활동의 목표를 설정 및 달성하는 데 필요한 인적·물적 조건을 구비하는 수단의 역할로 본다.

㉢ 한계: 교육행정의 봉사활동, 기술적 측면, 정치적 중립 등이 강조되지만, 행정에 작용하는 권력적 측면은 소홀히 취급된다.

ⓔ 대표적 학자

학자	교육행정의 개념
몰맨 (Moehlman)	• 교육목표를 보다 효율적으로 달성하기 위한 일련의 봉사활동으로, 교육을 위한 수단적 · 봉사적 기능을 수행하는 활동임 • 수업이 학교의 근본적인 목적이며, 행정의 조직과 과정은 이 목적을 달성하기 위한 수단임
캠벨 (Campbell)	• 교육조직의 핵심 목표는 교수와 학습이기 때문에 교육행정은 교수와 학습의 증진을 핵심 목적으로 함 • 행정가의 모든 활동은 누구와 무슨 일을 하든 궁극적으로 이 목적에 기여하지 않으면 안 됨
김종철	• 교육행정은 사회적 · 공공적 · 조직적 활동에서 교육을 대상으로 하고 교육목표의 설정 및 달성을 위한 인적 · 물적 조건의 정비 및 확립, 목표 달성을 위한 계획의 결정 및 집행, 지도 · 통제 · 평가 등을 포함하는 일련의 봉사활동을 지칭함 • 교육조직에서의 집단적 협동행위를 위해 효과적으로 지원하는 것을 본질로 하는 작용임

③ 행정과정론 – 기능적 행정행위 요소에 주목
　　㉠ 개념: 교육행정을 교육기획, 조직, 장학, 교육인사와 재정, 시설관리 등 교육목적 달성을 위한 일련의 순환적인 조직운영 활동으로 보고, 행정이 이루어지는 과정 또는 단계에 주목하는 견해이다.
　　㉡ 국가공권설과의 비교: 초기의 행정은 명령, 지시, 통제 등을 주요 요소로 간주한 데 반해, 행정과정론의 관점에서는 행정의 민주화와 함께 의사결정(decision-making), 자극(stimulating), 영향(influencing), 평가(evaluating) 등을 주요 요소로 파악했다.
　　㉢ 특징: 순환적 행정과정의 경로 속에서 행정가가 실제로 수행하는 일련의 기능적인 행정행위(administrative behavior) 요소에 주목했으며, 시어스(Sears)는 파욜(Fayol)의 행정과정론을 바탕으로 교육행정과정을 '기획, 조직, 지시, 조정, 통제'의 다섯 가지 요소로 분석 · 제시했다.

④ 협동행위론(행정행위론) – 행정행위 중 구성원 간의 의사소통과 협동, 의사결정 과정에 주목* 기출 04 초등
　　㉠ 개념: 행정의 본질을 합리성을 토대로 한 집단적 협동행위로 간주해, 교육행정을 '교육목적을 최대한 효과적으로 달성하기 위해 합리성을 기초로 제반 조직과 조건을 체계적으로 정비 · 조성하는 협동적 활동'이라 정의한다.
　　㉡ 특징
　　　　ⓐ 행정 작용을 주로 행정행위, 특히 '의사결정과정'에 초점을 두고 정의하는 방식이다.
　　　　ⓑ 합리성을 추구한다. 이때 합리성이란 혼자서는 움직일 수 없는 돌을 두 사람이 굴리는 것과 같이 협동행위를 통하여 과업을 효과적으로 성취하는 것을 의미한다.
　　　　ⓒ 단위학교 책임경영제가 대두되며 협동행위로서 교육행정을 바라보는 관점이 강조되었다.

* 임연기, 최준렬(2020)

개념확대⊕
Zoom IN

단위학교 책임경영제(School-Based Management)
• **개념:** 단위학교가 자율권을 가지고 학교 내부의 민주적 · 합리적 의사결정과정을 통해 학교를 운영하며, 그 결과에 대해 책임을 지는 학교경영체제이다.
• **배경:** 교육 현장에 신자유주의적 요소가 도입되면서 국가 교육기관이나 교육청이 자원배분 등에 관한 결정권한을 단위학교에 부여하며, 학교의 자율성과 책무성을 동시에 요구하였다.
• **목적:** 교육과정, 교원인사 등 핵심권한을 단위학교에 직접 부여함으로써 수요자중심의 학교교육 다양화를 유도하고, 다양하고 특색 있는 학교운영과 선의의 경쟁을 통한 학교교육의 경쟁력을 제고하고자 한다.
• **내용:** 교육과정 자율화, 교직원 인사 자율화, 단위학교 예산제도, 자율학교 확대 등의 형태를 띤다.
• **의의:** 학교 자율화를 통해 단위학교 책임경영 체제가 구축되면 학생, 학부모 등 교육수요자의 요구가 반영된 다양하고 질 높은 공교육 서비스가 제공될 수 있어 교육력 강화를 도모하고 학교의 책무성을 강화할 수 있다.

개념확대⊕
Zoom IN

교육지도성
교육의 목적 달성을 보다 잘할 수
있도록 제반 조건(인적·물적·재정
적)을 마련하고, 그 환경을 조성하는
과업을 수행하는 과정에서 발휘되
는 지도성을 말한다.

* 윤정일 외(2015)

⑤ 교육지도성론(교육리더십론)
  ㉠ 개념: 교육행정을 '교육목적을 효과적으로 달성하기 위하여 교육지도성을 발휘하는 활동'이라고 정의한다.
  ㉡ 특징: 교육조건은 교육목표 달성을 위해 언제든지 조정될 수 있다고 보기 때문에 이러한 조건을 활성화시키는 지도성(리더십)을 강조한다.*
⑥ 성장지원론 – 학습조장설
  ㉠ 개념: 교육행정을 '궁극적 지향점을 학습자의 학습활동에 두고, 학습동기를 유발하고 활발한 학습활동을 유지·조장함으로써 교육적 성장을 달성할 수 있도록 제반 조건과 환경을 정비하는 활동'으로 정의한다.
  ㉡ 특징
    ⓐ 교육을 중심에 두고 행정을 '수단적 봉사활동'으로 본다는 점에서 조건정비설 및 교육지도성론과 같은 맥락에 해당한다.
    ⓑ 하지만 조건정비설 및 교육지도성론이 행정 작용의 본질을 조건정비 또는 지도성으로 보고 교육활동의 제반 조건 정비와 교육목적 달성을 위한 지도성 발휘를 강조하는 반면, 학습조장설은 학습의 주체와 학습활동 자체를 중시한다.

> **참고** 교육행정과 유사한 용어 – 교육경영

1. 등장 배경
 (1) 교육경쟁력 강화 요구
  ① 국가 간 경쟁이 치열해지고 교육이 국가경쟁력을 뒷받침하는 중요한 요소라고 인식되면서, 교육의 경쟁력을 확보해야 한다는 인식이 강해졌다.
  ② 대학의 구조조정, 학부제 시행, 대학 간 통합, 국립대학의 법인화 등의 변화도 이러한 맥락에서 이해될 수 있다.
 (2) 자율과 분권에 대한 요구
  ① 전통적으로 단위학교는 '중앙 교육행정기관(교육부) – 지방 교육행정기관(교육청 및 교육지원청) – 단위학교'로 이어지는 관료제적 통치 구조 속에서 최하위 기관의 위치에 있었다.
  ② 교육 자율화와 지방으로의 권한 위양 등으로 인해 공교육체제 운영에서도 '경영적 운영 원리'를 적용해야 한다는 생각이 확산되었다.
 (3) 학교의 책무성 요구
  ① 공교육체제로서 학교에 대하여 책무성을 요구한다는 것은 학교가 사회적으로 수행해야 할 공적인 책무를 제대로 이행하도록 촉구한다는 의미이다.
  ② 평가제도(학교평가, 교육기관 평가, 교사평가, 학교장 평가, 교육 프로그램 평가 등), 단위학교의 자율성 신장, 학교 유형의 다양화 등도 이러한 맥락에서 이해될 수 있다.
  ③ 다만, 학교에 책무성을 요구하기 위해서는 먼저 학교가 공적인 책무를 수행할 수 있도록 권한을 위임하고, 자율재량을 확대하며 창의적 학교운영의 기반을 제공해야 한다.
  ④ 교육에 경영개념과 원리를 적용하는 것은 그것이 책무성을 요구하기 위한 전제이며, 창의적 학교운영의 기반을 제공하는 것과 밀접하게 연결되어 있다.

(4) 교육의 다양화 요구

① 다양한 개성과 각기 다른 성장 방향, 속도, 의지, 패턴 등을 가지고 있는 학생들을 대상으로 하는 교육은 기본적으로 개별성과 다양성에 부응하는 활동이다.

② 경영의 핵심은 고객이라는 점에서 다양한 개별적 속성을 중시하는 교육과 고객의 다양한 요구에 민감하게 부응하고자 하는 경영적 가치가 결합가능성을 갖는다.

③ 입시 중심의 획일적 교육과정 운영, 효율주의에 기초를 둔 관료적 학교운영으로 초래된 교육의 획일화를 탈피하기 위한 다양한 교수·학습방법의 적용, 교육과정 운영의 다양성, 학교 유형의 다양화 등이 이러한 맥락에서 이해될 수 있다.

2. 개념

① **교육경영**: 교육의 가치와 목표 달성을 위한 조직 운영 전략을 수립하고 지식, 사람, 과업의 효율적 관리와 경쟁력 제고를 통해 교육성과를 극대화하는 봉사활동이다.

② **교육행정과의 비교**

구분	교육경영	교육행정
핵심용어	• 성과와 이윤 극대화 • 과학적 관리 • 서비스 활동 • 시장 경쟁	• 공공적 가치 추구활동 • 협동적 행위 • 관리 기술 • 합리적 행위

3. 핵심 가치

① 학교경영의 주체는 경영의 비전을 제시하고 거시적 안목에서 학교를 경영한다.

② 학교경영 전략을 수립한다.

③ 목표와 자원 등 학교경영에 투입되는 요소(input)를 확인한다.

④ 학교경영조직을 구조화하고 사람 및 기능을 관리하여 학교경영의 성과(output)를 극대화한다.

⑤ 학교경영의 모든 하위 요소들이 교수·학습활동과 교육과정을 지향하도록 경영의 구심점을 설정 및 조정한다.

❷ 교육행정의 성격 및 영역

(1) 성격

① 일반적 성격

㉠ 봉사적 성격: 교육행정이 교육목적을 달성하기 위해 필요한 인적·물적 제반 조건을 정비·확립하는 봉사활동이라는 '조건정비론적 입장'에서 교육행정은 목적 달성을 위한 하나의 수단으로서 봉사적 성격을 지닌다.

㉡ 조장적 성격: 교육행정은 적극적으로 사회 공공의 복지 향상을 목적으로 하는 조장 행정의 특성을 보이며, 지도·조언하는 조장적 성격이 크다.[*]

㉢ 민주적 성격: 교육행정에서 민주화되어야 할 대상은 '조직, 인사, 내용, 운영'으로, 행정조직은 자율성·민주성에 바탕을 두고 조직되어야 하고, 교원 인사는 '적재적소의 원칙'에 따라서 행해져야 하며, 선택과정 및 교과서를 다양화해야 하고, 자율적·창의적인 학교 교육활동이 이루어질 수 있도록 단위학교 책임경영제를 도입해야 한다.

[*] 임연기, 최준렬(2020)

② 독자적 성격
  ㉠ **중요성**: 교육조직은 여타의 조직에 비해 사회를 유지하는 데 중요한 역할을 수행한다.
  ㉡ **민감성**: 교육, 특히 공교육은 언제나 국민의 여론에 대해 민감한 특징을 보인다.
  ㉢ **복잡성**: 교수·학습을 주된 기능으로 하는 학교는 기능상 매우 복잡한 활동을 수행한다.
  ㉣ **관계지향성**: 조직의 목표를 달성하기 위하여 친밀한 인간관계가 필요하다.
  ㉤ **전문성**: 학교조직은 '교사'라는 전문가집단으로 구성되어 있다.
  ㉥ **비계량적**: 교육의 성과는 학생들의 지식, 기술, 태도의 변화를 포함한다는 점에서 쉽게 측정·계량할 수 없다.
  ㉦ **장기성**: 교육은 본질적으로 삶과 분리될 수 없는 속성을 지닌다는 점에서 미래지향적이고 장기적인 활동이다.

(2) 영역

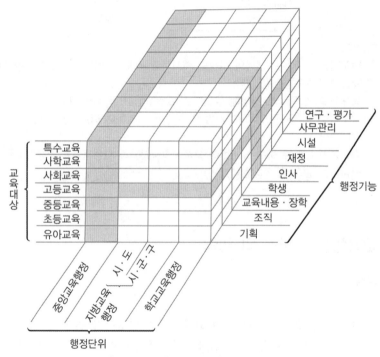

[그림 6-1] 교육행정 영역 구분

① 교육행정의 각 영역은 '구조(단위)적 측면, 기능적 측면, 교육대상'의 세 가지 차원에서 내용과 실체를 파악할 수 있다.

② 구조적 측면(행정단위): 중앙·지방·학교교육행정의 3단계로 나뉜다.

③ 기능적 측면(행정기능): 기획과 관련된 행정업무에서 출발하여 조직, 장학, 학생, 인사, 재정, 시설, 사무관리, 평가로 구분할 수 있다.

④ 교육대상: 유아교육행정, 초등교육행정, 중등교육행정, 고등교육행정, 사회(평생)교육행정, 사학교육행정, 특수교육행정으로 분류해 범주화할 수 있다.

③ 교육행정의 원리

(1) 합법성의 원리

① 개념: 교육행정의 모든 활동이 법률에 위반되어서는 안 되고 법률의 근거를 필요로 하며 실정법에 맞는 집행을 해야 한다는 것을 의미한다.

② 예시: 교육행정은 「헌법」 제31조의 규정을 비롯해 「교육기본법」, 「초·중등교육법」, 「고등교육법」, 「지방교육자치에 관한 법률」, 「교육공무원법」, 「사립학교법」 등의 법률과 그것을 기초로 하는 각종 대통령령, 교육부령 및 훈령 등에 의해 집행된다.

(2) 민주성의 원리 〔기출 00, 04 중등〕

① 개념: 합법성보다 훨씬 적극적인 개념으로, 국민의 의사를 행정에 반영하고 국민을 위한 행정을 해야 한다는 것을 의미한다.

② 예시: 교직원회의, 협의회, 연구회 등을 통해 의사소통의 길을 개방하고 협조나 이해를 토대로 사무를 집행하는 것 등이 이에 해당한다.

(3) 효율성의 원리 〔기출 00 대구〕

① 개념: 효과성(effectiveness)과 능률성(efficiency)을 포괄하는 용어로, 가장 능률적인 방법으로 최대의 목표를 달성하는 것을 의미한다.

② 특징: 교육의 책무성에 대한 인식이 높아지고 교육조직이 비대·복잡·다양화됨에 따라 더욱 중요시되었다.

(4) 기회균등의 원리 〔기출 07 초등〕

① 개념 및 법적 근거: 우리나라는 「헌법」 제31조 제1항 '모든 국민은 능력에 따라 균등하게 교육받을 권리를 가진다.' 및 「교육기본법」 제3조 '모든 국민은 평생에 걸쳐 학습하고, 능력과 적성에 따라 교육받을 권리를 가진다.', 제4조 '모든 국민은 성별, 종교, 신념, 사회적 신분, 경제적 지위 또는 신체적 조건 등을 이유로 교육에 있어서 차별을 받지 아니한다.'를 통해 교육의 기회균등을 법적으로 보장한다.

② 예시: 의무교육 실시, 장학금제도나 사회보장제도의 확립, 야간제·계절제·시간제 학교운영 등이 이에 해당한다.

개념확대 ⊕
Zoom IN

교육행정에서의 효과성과 능률성
- **효과성**: 투입과 산출의 비율을 따지지 않고 목표를 달성하는 정도를 말한다.
- **능률성**: 최소한의 인적·물적 자원과 시간을 들여서 최대의 성과를 거두는 것을 말한다.

(5) 적도집권(適度集權)의 원리

① 개념: 중앙집권(centralization)과 지방분권(decentralization) 사이에서 적도의 균형점을 확보할 것을 의미한다.

② 우리나라의 교육행정이 전통적으로 엄격한 중앙집권적 형태를 취해왔다는 점에서 최근 교육자치제 등에서 지방분권을 도모하려는 노력이 강조되어왔다.

③ 집권주의가 행정의 능률 향상에 필요한 형태인 반면, 분권주의는 민주주의적 권한의 위양과 참여의 기회를 보장하는 지표라는 점에서 집권주의와 분권주의 간의 적절한 균형을 도모할 필요가 있다.

(6) 자주성(중립성)의 원리

① 개념: 교육의 본질을 추구하기 위해 일반행정으로부터 분리 · 독립되고 정치와 종교로부터 중립성을 유지해야 한다는 것을 의미한다.

② 교육은 공적 활동이라는 점에서 일정한 당파의 이익을 취하거나 특정 종교의 수단으로 이용되어서는 안 된다.

③ 우리나라는 「교육기본법」 제5조 '국가 및 지방자치단체는 교육의 자주성 및 전문성을 보장하며, 지역의 실정에 맞는 교육의 실시를 위한 시책을 수립 · 실시하여야 한다. 학교운영의 자율성은 존중되며, 교직원 · 학생 · 학부모 및 지역주민들은 법령이 정하는 바에 의하여 학교운영에 참여할 수 있다.' 및 제6조 '교육은 교육 본래의 목적에 따라 그 기능을 다하도록 운영되어야 하며, 어떠한 정치적 · 파당적 또는 개인적 편견의 전파를 위한 방편으로 이용되어서는 아니된다'를 통해 교육의 자주성을 법적으로 보장한다.

(7) 안정성(일관성)의 원리

① 개념: 국민적인 합의과정을 거쳐 수립 · 시행되는 교육정책이나 프로그램은 장기적인 안목에서 계속성과 일관성을 유지해야 한다는 것을 의미한다.

② 교육활동은 관련 요인이 상당히 많고 모든 국민의 지대한 관심사이기 때문에, 한 가지 정책의 변화는 파급효과가 매우 크다는 점에서 교육행정의 안정성 · 일관성은 중요하다.

(8) 전문성 보장의 원리

① 개념: 교육은 독자성과 특수성을 가지고 있어 전문적인 지식과 기술을 필요로 하며, 장기간의 교육훈련을 쌓아야만 그 업무를 제대로 수행할 수 있다는 점에서 교육행정은 관련 이론 · 기술을 습득하여 충분히 훈련된 전문가가 담당해야 한다는 것을 의미한다.

② 교육활동은 전문적 지식과 기술을 필요로 하므로, 교육행정가에게 전문적인 지식과 기술, 장기간의 교육훈련을 요구한다.*

*한유경 외(2018)

개념확대⊕
Zoom IN

그 밖의 교육적 원칙
- **타당성의 원리**: 교육행정 활동은 타당성을 지녀야 하며 올바른 교육목표를 세우고 교육활동은 교육목적에 부합하는 합목적성을 갖추어야 한다.
- **적응성의 원리**: 상황에 적합하게 적응해야 한다.
- **균형성의 원리**: 원칙들 간에 적절한 균형을 유지해야 한다.

* 신현석·안선회, 2019

참고 **학습자 중심으로 재설정한 교육행정 원리***

1. 학습자 권리와 복지 추구의 원리

국민은 교육을 위한 행정작용의 대상으로서의 수동적 위치가 아니라 권리 향유의 주체로서 주도적으로 학습하는 배움의 주체이다.

2. 교수·학습 중심의 지원 원리

교수·학습 행위는 중핵적 요소로서 학교와 교육조직 운영에서의 이념적 목표이다.

3. 교육의 다양성 추구의 원리

교육을 위한 행정의 맥락에서는 교육 본연의 특성을 최대한 실현할 수 있도록 개성을 중시하며 교육의 다양성을 추구하는 원리가 적용되어야 한다.

4. 교육선택권 존중의 원리

교육의 다양성이 전제된 상황에서 학교 선택이나 교육내용 선택은 다른 사람과 구별되는 교육적 필요와 요구를 충족시킬 수 있는 중요한 수단이 된다는 점에서 개인의 교육선택권은 존중되어야 한다.

5. 단위학교 특성 존중의 원리

단위학교 조직의 규모, 인적 구성, 교육적 역량과 환경 여건은 각기 다르며, 학생의 학습준비도, 학습동기체제 및 학부모와 가정의 사회·경제적 배경도 다르다는 점에서 상황조건이 다른 학교를 대상으로 하는 학교행정이나 교육행정은 개별학교의 특성을 존중하는 방식으로 시행되어야 한다.

6. 학교현장 요구 수렴의 원리

교육을 위한 행정과 정책 추진은 학교에서 교사들의 교육활동과 학교행정 책임자들이 학습자를 위한 교육의 과정에서 직면하는 교육적 문제를 해결하고 지원하는 방향으로 추진되어야 한다.

7. 교직과 교원 존중의 원리

교육개혁의 본질은 교사로 하여금 '교육을 제대로 하도록' 지원·조장하는 활동이라는 점에서 교육행정이나 교육제도의 시행, 교원정책이나 교육개혁정책 추진 과정에서 교원들은 교육개혁의 주체로서 적극적 역할 수행을 할 수 있도록 존중되어야 한다.

❶ 고전적 조직이론의 관점 - 효율

(1) 과학적 관리론(scientific management) 기출 03 중등 / 08 초등

① 개괄: 인간의 작업과정을 분석한 후 과학적으로 관리하여 조직의 능률과 생산성을 극대화하고자 하는 이론이다.

② 등장 배경

㉠ 19C 후반 ~ 20C 초반 제국주의 전쟁과 대공황으로 위기에 빠진 미국에서 어떻게 하면 생산과 능률을 올리느냐에 초점이 맞추어져 관리의 과학화를 추진하였다.

㉡ 과학적 관리론의 대표적 인물인 테일러(Taylor)는 1889년 자신의 회사를 창설해 자신이 평소에 갖고 있던 관리기법과 개념을 적용해보았고, 이를 바탕으로 「과학적 관리의 원칙(The principles of scientific management)」(1911)을 출간했다.

㉢ 테일러는 노동자들의 조직적 태업과 관리자의 효과적이고 표준화된 계획의 부재가 기업 발전을 저해한다고 믿었고, 조직의 능률을 높이기 위해서는 조직관리 시스템 개선이 중요하다고 주장했다.

③ 전제

㉠ 인간은 효율적인 기계와 같이 프로그램화할 수 있다.

㉡ 노동자는 아주 단순해서 경제적 요인만으로도 과업동기가 유발되고 생리적 요인에 의해 성과가 크게 제한받는다.

④ 주요 원리

㉠ **과학적 직무분석**: 노동자의 작업을 과학적으로 분석해, 노동자가 완수해야 하는 일, 그 일을 완수하는 방법 및 걸리는 시간을 정한다.

㉡ **1일 작업량 설정**: 시간 및 동작 연구를 통해 모든 노동자에게 요구되는 1일 작업량을 정해주어야 한다.

㉢ **표준화된 조건**: 노동자가 과업을 성공적으로 수행할 수 있도록 작업조건과 도구를 표준화해야 한다.

㉣ **성공에 대한 높은 보상**: 노동자가 과업을 성공적으로 완수한 경우 높은 보상을 주어야 한다.

㉤ **실패에 대한 책임**: 노동자가 과업을 달성하지 못한 경우에 그 실패에 대한 책임으로 손해를 감수하도록 해야 한다.

㉥ **관리자와 노동자의 역할 분화**: 일을 효율적으로 할 수 있도록 계획을 수립하는 관리자의 역할과 그 계획을 충실히 이행하는 노동자의 역할을 분리한다.

⑤ 공헌
  ㉠ 생산 과정을 귀납적이고 실증적인 방법으로 연구하여 생산 현장의 과학화·능률화에 기여했다.
  ㉡ 분업과 전문화의 문제를 상세하게 다루어 조직 설계에 공헌했다. 오늘날 분업과 전문화는 현대화된 조직에서는 공통적으로 발견되는 핵심 원리가 되었다.
  ㉢ 표준 작업량을 기초로 임금을 차별화하는 방식을 고안하여 제시했는데, 이는 실적주의 보상제도(merit pay system)의 기원이 되었다.
⑥ 한계
  ㉠ 작업의 성질, 전통, 인간의 개성, 잠재력, 동기 요인, 심리·정서적 요인, 사람 간 상호작용 등을 무시하고 인간을 단순 기계적·합리적·비인간적 도구로 취급했다.
  ㉡ 구성원의 자발적 생산성을 저하시키고, 분업화와 기계적 접근을 강조하여 인간을 기계처럼 잘 짜인 프로그램에 의하여 움직여질 수 있는 수동적인 존재로 파악했다.
⑦ 교육행정에의 적용
  ㉠ 스펄딩(Spaulding)은 '교육의 가장 큰 취약점은 교육행정의 비능률이기 때문에 교육행정에도 기업경영의 원리를 적용해야 한다.'고 주장하면서 교육행정에 과학적 관리의 원리를 도입할 것을 강조했다.
    ⓔ 교사 1인당 학급 수, 학생 수를 늘려 수업 경비 절감
  ㉡ 보빗(Bobbit)은 학교에서의 의사결정, 과업관리, 급여 결정, 교수방법 결정, 교사선발 및 훈련, 장학 등에 과학적 관리를 적용할 것을 주장했다.
  ㉢ 보빗이 제시한 과학적 관리의 원리

보빗이 제시한 교육행정 원리	이를 현재 시점에서 재구성한 원리
조직의 관리자는 그 조직이 추구해야 할 목표를 분명히 설정해야 함	교육감이나 학교장은 자신의 지역이나 단위학교에서의 교육목표를 분명히 설정해야 함
관리자는 그 목표를 달성하기 위해 모든 노동자와 협력해야 함	단위학교에서는 학교장을 중심으로 교감과 부장교사, 교사, 기타 직원들과 협력하여 학교의 교육목표 달성을 위해 노력함
관리자는 특정 직무와 관련하여 최선의 방법을 찾아내야 하며, 노동자는 그 방법을 숙지해야 함	학교관리자는 최선의 교수방법을 탐색해야 하며, 교사는 최선의 교수방법을 숙지하여 교육에 임해야 함
관리자는 노동자에게 필요한 자격 기준을 마련해야 하며, 노동자는 그 자격 기준을 따르고, 그에 부합하지 않을 경우 조직에서 떠나야함	교사의 자질과 자격에 관한 기준이 명확하게 마련되어야 함

개념확대 ⊕
Zoom IN

신테일러리즘(Neo-Taylorism)과 교육책무성 시스템

• 1980년대 미국의 교육개혁 방향이나 1995년 이후의 우리나라 신자유주의 교육개혁 방향 속에는 고전주의 이론의 핵심이라 할 수 있는 '효율성 증진'의 요소를 발견할 수 있다.

• **미국의 아동낙오방지법(No Child Left Behind)**: 1980년대 초반 미국의 '위기에 처한 국가(A Nation at Risk)' 보고서가 그 당시 미국의 공교육 위기를 경고하면서 학생들의 학력 저하가 국가 경쟁력을 약화시킨다고 비판하면서 시작된 교육개혁이다. 표준화, 감독, 감시 등을 강화해 공교육의 중앙집권적 통제를 강조했으며, 엄격한 책무성 시스템을 도입해 학생들에게 평가를 실시하여 기준에 미달하는 학생과 담당 교사, 해당 학교에 대해서는 이에 상응하는 제재 조치를, 기준을 충족시켰을 때는 다양한 재정적 인센티브를 부여하는 정책이다.

• **우리나라의 교육책무성 시스템**: 2000년대 우리나라는 국가수준 학업성취도 평가 도입, 교원평가 확대, 교원성과급 제도 도입 등을 통해 교육내용을 측정 가능한 방식으로 전환하고, 이를 향상시키기 위해 교사의 직무를 표준화하고, 인정에 치우치지 않는 평가를 할 수 있는 체제를 마련해 학교조직의 효율성을 높이고자 했다.

Chapter 01 교육행정의 이해 **49**

보빗이 제시한 교육행정 원리	이를 현재 시점에서 재구성한 원리
노동자는 자신의 직무를 수행하기에 앞서 그에 합당한 준비교육과 훈련을 받을 책임이 있음	교사가 되기 위한 사전교육뿐만 아니라 교사가 이후에도 각종 연수를 충실히 이수해야 함
관리자는 노동자가 수행할 직무와 관련된 자세한 지침을 제공할 뿐만 아니라 도달해야 할 목표, 정해진 작업방법, 제공된 자원의 활용 여부를 점검해야 함	최상의 수업을 위해 명확한 교육과정의 내용과 교수방법 관련 지침, 다양한 인적·물적 자원이 제공되어야 하며 교사는 이를 충실히 활용해야 함
관리자는 노동자의 작업동기를 증진시키기 위한 성과급을 제공해야 함	교사의 동기를 증진시키기 위해 성과급 같은 각종 보상체계를 마련해야 함
어떤 조직이라 하더라도 그 조직이 효과적으로 운영되기 위해서는 관리자의 감독이 반드시 필요함	효과적 학교 운영에 있어 학교관리자의 리더십은 필수불가결한 요소임

ㄹ 과학적 관리론에 입각한 20C 산업사회의 교육은 공교육과 대량교육을 통해 교육기회를 신장시키고 교육비용을 감축시켜 능률성을 제고하는 데 기여했지만, 교육목표와 교육내용 등이 규격화·획일화되는 결과를 초래했다.

(2) 행정관리론(행정가 관리론, administrative management theory)

① 파욜(Fayol)의 산업관리론

ㄱ 테일러의 과학적 관리론이 노동자의 작업관리에 초점을 둔 반면, 파욜의 주된 관심은 관리자의 효율적 조직 관리에 있었다.

ㄴ 파욜은 행정이란 조직구성원 모두의 협력과 협조에 의해 이루어지는 것으로, 행정과정을 과학적으로 체계화하는 것이 중요하다고 보고 분업, 조정 등의 관리과정에 초점을 맞추어 행정의 과학화를 추구했다.

ㄷ 파욜은 『산업관리 및 일반관리(industrial and general administration)』라는 책을 출간해 관리자의 행동 및 관리자를 위한 원리를 제시했다.

ㄹ 파욜의 14가지 관리 원리

ⓐ 분업(division of work): 작업을 작은 부분으로 나누어 소수의 사람들이 각 부분을 담당하게 만든다.

ⓑ 권위(authority): 조직구성원의 책임과 권한이 상·하 관계로 분명하게 규정되어야 한다.

ⓒ 규율(discipline): 규율이란 본질적으로 조직과 구성원 간에 체결된 협약으로 이를 준수해야 한다.

ⓓ 명령의 통일성(unity of command): 명령은 한 사람의 상관으로부터 나와야 하며, 부하는 상관에게 명령에 대한 이행 정도를 보고해야 한다.

ⓔ 지휘의 통일성(unity of direction): 조직의 목표는 목표 달성에 책임을 맡고 있는 사람들이 세운 계획에 따라 달성되어야 한다.

ⓕ 조직의 이익 중시(subordination of individual interest): 개인의 이익보다 조직의 이익 또는 작업집단의 이익을 더 중시한다.

ⓖ 보상(remuneration): 보수는 공정하며 일관성 있게 제공되어야 한다.

ⓗ 집중(centralization): 의사결정 권한은 집중되어야만 적절한 조정도 가능하다. 분권화는 적정한 통제권하에서 실시되어야 한다.

ⓘ 명령의 계통(scalar chain): 조직 내에서 명령이 최상부에서 최하위로 흐르도록 계통이 확립되어야 한다.

ⓙ 질서(order): 모든 인적 · 물적 자원이 적재적소에 배치되어야 한다.

ⓚ 형평성(equity): 관리자의 행정행위는 형평성을 유지해야 한다.

ⓛ 안정성(stability): 직업의 안정성을 보장해야 한다.

ⓜ 주도성(initiative): 모든 구성원이 자신의 일에 주도적으로 임해야 한다.

ⓝ 단체정신(esprit de corps): 조직구성원은 단결심을 가지면서도 서로 조화를 이루어야 한다.

ⓤ 행정과정의 요소

ⓐ 기획(planning): 미래를 예측하고 행동계획을 수립하는 일

ⓑ 조직(organizing): 인적 · 물적 자원을 조직하고 체계화하는 일

ⓒ 명령(commanding): 구성원으로 하여금 과업을 수행하도록 하는 일

ⓓ 조정(coordinating): 모든 활동을 통합하고 상호 조정하는 일

ⓔ 통제(controlling): 정해진 규칙과 명령에 따라 일이 이루어지고 있는 지 확인하는 일

② 굴릭(Gulick)과 우르윅(Urwick)의 행정관리론

㉠ 굴릭과 우르윅은 파욜의 행정과정 5요소를 확장 · 발전시켜 행정과정을 'POSDCoRB'로 제시했다.

ⓐ 기획(Planning): 조직의 목적을 달성하기 위해 행동의 대상과 방법을 개괄적으로 확정하는 일

ⓑ 조직(Organizing): 공동의 목적을 달성하기 위해 공식적인 권한 구조를 설정하고 직무내용을 배분 · 규정하는 일

ⓒ 인사배치(Staffing): 설정된 구조와 직위에 적격한 직원을 채용 · 배치하고 작업에 적합한 근무조건을 유지하는 일

ⓓ 지휘(Directing): 조직의 장이 의사를 결정하고 그것을 각 부서에 대한 명령과 지시 등의 형태로 구체화하는 일

ⓔ 조정(Coordinating): 각 부서별 업무 수행의 관계를 상호 관련시키고 원만하게 통합 · 조절하는 일

ⓕ 보고(Reporting): 작업 진척 상황에 대한 기록, 조사, 연구, 감독 등을 통해 조직의 장이 자신과 하위 직원들에게 정보를 제공하는 일

ⓖ 예산편성(Budgeting): 조직의 목표 달성에 소요되는 제반 예산을 편성하고 회계, 재정 통제, 결산 등을 하는 일

㉡ 의의: 테일러가 과학적 관리론을 통해 노동현장의 합리화를 추구했다면, 파욜, 굴릭과 우르윅의 행정관리론은 기업 전체의 합리화를 추구함으로써 상호 보완적 성격을 띠게 되었다.

개념확대⊕
Zoom IN

오늘날 학교경영에 적용한 행정과정 5요소

학교장은 학교 교육목표를 '계획'하고, 그 계획에 따른 교육내용을 선정하여 '조직'하며, 그 내용을 담당할 교사를 '배치'하여 교수 · 학습활동이 이루어지도록 한다. 또한 그 교육활동을 교사로부터 '보고'받고 평가하여, 차년도에 계속할지를 결정하여 그 결과를 '예산'에 반영할 수 있다.

③ 교육행정에의 적용

　　㉠ 많은 학자들이 행정과정론에서 제시한 행정과정을 교육행정에 적용해 교육행정의 각 단계와 요소를 구분하였다. 대표적으로 그레그(Gregg)는 교육행정의 과정을 '의사결정, 기획, 조직, 의사소통, 영향, 조정, 평가'의 7단계로 구분했다.

　　㉡ 하지만 대다수는 행정가의 과업을 체계적으로 분류하는 수준에 그쳤으며, 교육행정 현상을 기술·설명·예언하기 위한 교육행정이론으로는 큰 발전을 이루지 못했다.

　　㉢ 한국 교육행정에의 적용

파욜의 원리	한국 교육행정에의 적용
분업	초·중등학교는 학교의 행정기능을 수행하는 교무분장 조직으로서 교무부, 연구부, 학생부 등의 각종 업무를 담당하는 구조로 이루어짐
권위, 명령의 계통	단위학교에서의 책임과 권한은 '교장 – 교감 – 부장교사 – 교사'로 이어지는 구조로 이루어짐
규율	「초·중등교육법」 제20조 1항에 '교장은 교무를 통할하고, 소속 교직원을 지도·감독하며, 학생을 교육한다.'라는 규정을 명시함으로써 교장의 권한을 분명히 함
보상	교원의 보수는 호봉제에 따라 공정하고 일관성 있게 제공됨
명령의 통일성	상급기관으로부터의 지시, 명령, 타 기관으로부터의 협조사항 등을 교장이 중간적 입장에서 교직원회의를 통해 전달하고 교장으로서 필요한 지시나 명령을 전달함

(3) 관료제론(bureaucracy theory) 기출 98, 04, 15, 23 중등

① 합법적 권위를 기초로 하여 성립하는 이상적인 조직 형태이다.

② 배경

　　㉠ 관료제(bureaucracy)는 책상과 사무실을 의미하는 'bureau'와 통치를 뜻하는 그리스어의 접미사 'cracy'를 붙여 '관리자의 통치'를 의미하는 용어로 구르네이(de Gournay)가 1745년에 처음 사용했다.

　　㉡ 이후 베버(Weber)는 기존 조직과 구분되는 관료제적 특징들을 추상하여 만든 순수한 이상형으로서의 조직 구조를 관료제로 개념화했다.

　　㉢ 베버는 조직구성원이 행동할 때 지향하는 규칙이 있으며(질서), 조직구성원은 이러한 규칙을 준수한다(권위)고 생각했다.

　　㉣ 이때 권위가 정당화되는 방법에 따라 권위의 유형을 '전통적 권위, 카리스마적 권위, 합법적 권위'의 세 가지로 구분하였으며, 가장 이상적인 '합법적 권위'를 기초로 한 조직의 특징을 제시했다.

③ 특징

　　㉠ 기능적 분업: 조직의 목적에 필요한 정규 활동은 일정한 방식에 의해 공식상의 직무로서 배분된다.

　　㉡ 권위의 위계: 직책은 분명한 위계구조를 이룬다.

개념확대⊕
Zoom IN

베버의 권위의 세 가지 유형
- **전통적 권위**: 과거부터 있어 온 전통에 근거해 복종하는 것이다.
- **카리스마적 권위**: 조직의 질서를 제공하는 인물이 지닌 신성하고 비범한 특징에 대한 믿음 때문에 복종하는 것이다.
- **합법적 권위**: 명문화된 합법적 규칙에 근거해 질서를 부여하는 인물이 내리는 명령에 복종하는 것이다.

ⓒ 규정과 규칙: 직원은 직무수행에서 엄격하고도 체계적인 규칙에 의해 통제받으며, 규칙의 적용은 일률적·비인격적이다.

ⓔ 몰인정성: 직원은 개인적 감정을 드러내지 않고 형식주의적인 비인격성에 입각해 직무를 수행한다.

ⓜ 전문적 자격: 직원의 자격은 시험이나 자격증에 의해 증명되고, 전문적인 기술 자격에 의해 선발·임용되며 선출되지 않는다.

ⓗ 문서화·공식화: 각 직책의 기능은 명백하게 전문화되어있다.

ⓢ 경력지향성: 직원의 보수는 직위에 따라 책정·지급되며, 승진은 상급자의 판단에 의하되 경력이나 실적에 의해 결정된다.

ⓞ 소유와 집행의 분리: 관리자는 직위나 그 직위에 수반되는 자원을 전용할 수 없다.

④ 순기능 및 역기능

관료제의 특징	순기능	역기능
분업과 전문화	전문성 향상	권태감의 누적
권위의 위계	순응과 원활한 조정	의사소통 장애
규정과 규칙	계속성과 통일성 확보	경직과 목표 전도
몰인정성	합리성 증진	사기 저하
경력지향성	동기의 유발	실적과 연공의 갈등

⑤ 관료제론과 교육행정

㉠ 학교도 일종의 관료적 조직으로, 학교조직만의 관료적 특성을 띤다.

㉡ 학교는 관료제보다는 구조적으로 느슨하게 결합된 특수 조직에 해당한다. 즉, 학교는 관료적 특징과 전문적 특징을 모두 가지고 있다고 할 수 있다.

㉢ 학교조직의 관료제적 특징

관료제적 특징	학교조직의 관료제적 특징
기능적 분업	학교의 업무는 크게 교수·학습활동을 중심으로 한 수업과 이를 지원하기 위한 각종 행정업무로 나누어짐
공식적 직무로서 교직원 역할의 정의	• 「초·중등교육법」 제20조에는 교장과 교감, 교사, 행정직원과 같은 직원의 역할이 명확하게 규정되어 있음 • 부장교사와 같은 학교의 보직교사의 경우, 그 명칭은 관할 교육지원청이 정하고 업무분장은 학교장이 정하도록 규정함
절차규정에 따른 운영	공식적 행위의 목적과 형태를 상술하여 교사의 재량에 제한을 두는 절차가 존재함
직책의 위계 구조	학교조직은 직제표에 따라 명확하고 엄격한 위계구조를 지님 예 교장 – 교감 – 학급담임의 구조, 교장 – 교감 – 교과담임의 구조, 교장 – 교감 – 부장교사 – 교사의 구조 등
승진 구조	교사는 전문적인 능력에 따라서 채용되고, 연공서열과 업적에 따라 승진이 결정됨

논술에 바로 써먹는
교육학 배경지식

베버의 **관료제**는 분업과 전문화, 몰인정성, 권위의 위계, 규정과 규칙, 경력지향성을 핵심적 특징으로 하며, 현대 모든 조직은 일정 부분 관료제의 속성을 지니고 있습니다. 그러나 베버의 관료제는 그 역기능을 고려하지 않았고, 비공식적 조직을 간과했으며, 내적 논리의 모순이 있다는 점에서 비판받고 있습니다.

기출 23 중등

기출논제 Check ⊘

보고서에서 언급한 관료제 이론[베버(Weber)]의 특징 중 '규칙과 규정'이 학교 조직에 미치는 순기능 2가지, 역기능 1가지

❷ 인간관계론적 접근(human relations approach, 1930~1950) - 조직 내 개인

(1) 폴렛(Follet)의 조직심리연구

① 고전이론은 '조직구성원의 행동을 최적화하기 위한 조직의 합리적 특징'에 초점을 두고 발전해왔지만, 문제는 사람들이 항상 합리적으로 행동하지 않는다는 데 있었다.

② 폴렛은 행정을 끊임없이 변화하는 상황에 역동적으로 대처하는 사회적 과정으로 인식해, 경영자가 올바른 조직 관리를 위해 지속적으로 구성원과 경영과정을 조정해야 함을 역설했다.

③ 행정관리의 1차적 과업은 노동자가 자발적으로 협동할 수 있도록 작업 상황을 마련하는 것이었다.

④ 이러한 연구결과는 과학적 관리론과 초기 산업심리학의 중간 정도에 위치한다.

(2) 마요(Mayo)와 로슬리스버거(Roethlisberger)의 호손(Hawthorne)실험

① 배경　　　　　　　　　　　　　　　　　　　　기출 07, 10, 12 중등 / 02 5급 행시

ⓐ 마요와 로슬리스버거는 1943년 초에 노동자의 결근 원인을 '짜임새 있는 인간집단'의 결여에서 찾았다.

ⓑ 모든 사회는 물질적 · 경제적 수요의 충족뿐만 아니라 조직의 협력 유지를 필요로 하는데, 기존의 관리 방식은 조직의 협력 유지를 간과해왔다고 보았다.

ⓒ 이에 따라 조직 내 인간관계의 중요성이 강조되기 시작했다.

② 호손실험

ⓐ 시카고에 있는 서부전기회사의 호손공장에서 수행된 연구로 네 가지 실험을 포함한다.

　ⓐ 조명실험: 생산현장에서 조명의 질과 양이 생산성과 어떤 관계가 있는지 분석하였다.

　ⓑ 전화계전기 조립실험: 다양한 작업조건과 생산성의 관계를 분석하였다.

　ⓒ 면접조사: 면접을 통해 근무환경에 대한 종업원의 의견을 조사하였다.

　ⓓ 건반배선 조립실험: 14명의 남성 노동자로 구성된 집단의 상호작용을 관찰하여 비공식조직이 정한 각종 규범이 생산성에 미치는 영향력을 분석하였다.

ⓑ 실험결과

　ⓐ 조명실험의 결과 노동자의 생산성과 조명강도는 관련이 없었다.

　ⓑ 전화계전기 조립실험의 결과 작업조건 개선은 노동생산성을 일관되게 지속시키지 못했다.

　ⓒ 면접조사 결과 종업원들은 공장의 물리적 조건보다는 개인적 · 사회적 감정과 태도 등 인간적 요인을 중요시하는 것으로 나타났다.

　ⓓ 건반배선 조립실험의 결과 생산성은 노동자의 능력과 기술보다 비공식조직에서 정해 놓은 비공식적 작업표준량에 의해 좌우되었다.

개념확대 ⊕
Zoom IN

공식조직과 비공식조직
공식조직(formal organization)은 공식적인 조직표나 기구표상에 나타나는 조직인 반면, 비공식조직(informal organization)은 공식조직 내에 존재하면서 공식조직에 의해 충족되지 못하는 여러 가지 심리적 기능을 수행하고, 공식조직의 기능에 직 · 간접적인 영향을 미치는 조직 내 조직이다. 이는 공식조직의 내부에서 자연발생적으로 생기는 조직이라는 의미에서 '자생조직'이라고도 한다.

ⓒ 결론

    ⓐ 고전이론에서 제시한 분업, 통솔 범위의 제한 등이 가장 효과적인 행정 관리 방식은 아니다.

    ⓑ 개인은 수동적 존재가 아니라 적극적으로 활동하는 인간이며, 경제적 요인만이 그들의 중요한 동기 요인은 아니다.

    ⓒ 노동자는 경영자의 자의적 결정으로부터 스스로를 보호하기 위해 비공식조직을 활용하며, 생산 수준은 개인의 능력보다는 비공식조직의 사회규범에 더 큰 영향을 받는다.

    ⓓ 비공식조직 또한 지도자를 갖고 있으며 비공식조직의 지도자는 공식적 지도자만큼 중요하다.

ⓔ 의의

    ⓐ 경제적·물리적 여건만을 중시하던 편협한 시각에서 벗어나서 인간의 사회·심리적 여건의 중요성을 확인하고 관심을 갖도록 했다.

    ⓑ 특히 조직구성원 사이에 존재하는 비공식조직의 역할과 규범, 기능을 부각시켰다.

    ⓒ 개인은 기계의 톱니바퀴와 같은 수동적인 존재가 아니라 적극적으로 활동하는 인간임을 강조했다.

ⓜ 비판

    ⓐ 조직 내의 인간적 측면만 지나치게 집착하여 조직의 구조적 측면이나 생산성·효과성 문제를 등한시했다.

    ⓑ 경영자와 노동자 간의 갈등 문제를 정확하게 파악하지 못했다.

    ⓒ 추상적이고 사소한 문제에 치중해 조직운영과 관련된 주요 문제점을 제대로 파악하지 못했다.

    ⓓ 조직을 폐쇄체제로 간주하여 연구하였고, 조직과 환경 간의 상호작용 관계를 명백하게 다루지 못했다.

③ 교육행정에의 적용

    ㉠ 1930년대 이후 진보주의 교육운동과 결합되어 교육행정에 민주적 원리를 적용하기 시작했다. 학교행정의 민주화는 교육의 사회적 책임, 민주적 지도성, 민주적 조직 형태, 모든 사람들의 적극적 참여, 민주적 교사의 역할 등의 개념을 모두 포괄한다.

    ㉡ 교육행정에서 인간관계의 중요성을 강조하여 고충 처리, 제안 제도 등 교사들의 인간적 요구에 초점을 둔 각종 인사제도를 도입했다.

    ㉢ 인간관계론적 관점을 토대로 교육행정을 '교육에 관한 행정'이 아닌 '교육을 위한 행정'으로 재개념화하였으며, 행정의 수단적·봉사적 성격이 새로 강조되었다.

    ㉣ 교육행정에서 교사의 동기, 의사결정과정, 교육 현장의 비공식조직 등에 대한 학문적 관심이 높아지게 되었다.

1970년대 인간관계론의 발전된 형태로 인간이 가지고 있는 능력자원을 최대한 발휘하게 하여 자아실현을 도움으로써 조직구성원의 직무만족도를 높이자는 사고의 전환이다. 인간 관계론은 공동의 의사결정을 도입하여 교사의 직무 만족도를 높이면 학교의 효율성이 증가 된다고 보는 반면(구성원 = 수단), 인적자원론은 공동의 의사결정을 도입하면 학교의 효율 성이 증가하고, 이를 통해 교사의 직무 만족도가 높아진다고 보는 입장이다(구성원 = 목적). 인적자원론은 이후 조직개발기법(OD) 등의 발전에 영향을 미쳤다.

❸ 행동과학론적 접근(behavioral science theory, 1950 ~ 1970) - 조직 + 개인

(1) 등장 배경 – 고전이론과 인간관계론 연구의 한계

① 관리자의 입장에서 조직의 목적을 달성하기 위하여 노동자를 효율화해야 한 다는 시각을 가지고 등장한 이론으로, 인간을 그 자체의 목적보다는 수단으로 취급했다.

② 행정을 조직 내의 문제로만 파악하여 조직과 환경의 상호작용에 대해 관심을 두지 않았다.

③ 조직 분석에 있어 좁은 범위의 변수에 초점을 맞추고 다른 변인을 고려하지 않아 이론적 정교함이 부족했다.

(2) 특징

① 심리학·사회학·행정학·정치학·경영학 등에서 도출된 이론들을 통하여 개인과 조직의 문제를 복합적으로 연구했고, 이론적 가설을 개념·원리·모 형·연구 설계 등을 이용해 경험적으로 검증 및 이론화함으로써 행정관리에 대한 학문적 발전을 주도했다.

② 행정의 과제는 조직의 목표 달성과 조직구성원의 개인적 욕구 충족을 통합할 수 있어야 한다는 관점을 제시했다.

③ 과학적 관리론이 상정하는 '행정에서 최선의 방법 찾기'가 어렵다는 것을 인정 하였다. 행정에서 여러 유형이 있을 수 있다는 관점을 제시해 동기 연구에서 '동기 – 위생이론', 지도성 연구에서 '상황적 리더십이론' 등이 등장하는 데 영 향을 미쳤다.

(3) 조직이론화 운동

① 버나드(Barnard)의 「행정가의 기능(The function of the executive)」(1938), 사이먼(Simon)의 「행정가의 행동(administrative behavior)」(1947)은 조직의 구조와 조직 내 개인 모두에 초점을 맞춰 조직구성원의 행동을 분석하고자 했다.

② 버나드의 행정이론

    ⊙ 조직 관리를 구조적 개념과 동태적 개념으로 구분했으며, 공식조직과 비 공식조직의 개념을 공식적으로 규정하여 양자 간 상호작용을 보여주었다.

        ⓐ **구조적 개념**: 개인, 협동체제, 공식조직, 복합적 공식조직, 비공식조직 등

        ⓑ **동태적 개념**: 자유의지, 협동, 의사소통, 권위, 의사결정, 동태적 균형 등

    ⊙ 한 체제 안에서 인간관계적 원칙과 고전적 관리원칙을 통합하는 '협동적 체제'가 중요함을 강조하며, 최고경영자는 효과성과 능률성을 모두 충족해 야 한다고 주장했다.

        ⓐ **효과성**: 조직중심적이고 조직의 목표 달성에 우선을 두는 입장

        ⓑ **능률성**: 구성원중심적이고 구성원의 만족과 사기를 강조하는 입장

    ⊙ 조직 관리의 중요한 측면으로서 의사결정과정을 최초로 강조했다.

③ 사이먼의 행정이론

    ⊙ 버나드의 이론을 확대하여 조직의 유인과 구성원의 기여가 조화를 이루는 조직 균형에 대한 개념을 확립했다.

    ⊙ 인간형을 의사결정과정에서 최적의 합리성만을 추구하는 '경제적 인간 (economic man)'과 만족스러운 범위 내에서 제한된 합리성을 추구하는 '행정적 인간(administrative man)'으로 구분하고, 현실적인 이익을 적 절하게 추구할 수 있는 행정적 인간형의 중요성을 강조했다.

    ⊙ 이 맥락에서 조직의 의사결정 또한 '합리모형'보다는 '만족모형'에 의해 이 루어진다고 주장했다. 즉, 조직이 당면하는 문제에 대한 단 하나의 최선의 해결방안은 존재하지 않으며, 조직은 여러 개의 방안 중에서 더욱 만족 스러운 방안을 선택한다고 설명했다.

(4) 공헌

① 행정학과 경영학의 이론을 차용·원용하던 수준에서 벗어나 교육행정에 대한 독자적 연구와 이론이 개발되었다.

② 교육행정 현상을 연구하여 정립한 지식과 이론을 통해 교육행정의 현상을 기술·설명하고 그 실제를 진단·처방할 수 있는 수준까지 발전시켰다.

❹ 체제론적 관점(The system theory, 1950~1980) - 개방체제

(1) 체제(system)

① **개념**: 여러 부분으로 이루어진 전체 또는 여러 요소의 총체를 말한다.

② **특징**: 시·공간적으로 존재하고 유기체와 같이 생성·진화·성장·소멸을 거 치며, 내적으로는 상위 체제와 하위 체제의 구조를 가지고 있고, 외부의 다른 체제와 구분되는 경계영역과 환경을 가진다.

③ **구분**: 사회는 수많은 체제로 구성되어 있으며 체제들 간에는 늘 상호작용이 있다. 어떤 체제가 환경과 자유로운 상호작용을 할 때의 체제를 '개방체제 (open system)'라고 하고, 그렇지 못한 체제를 '폐쇄체제(closed system)' 라고 한다.

개념확대⊕
Zoom IN

의사결정의 주요 모형
- 합리모형, 만족모형

• **합리모형**
  - **전제**: 자원, 정보, 지식 등이 충분하고 이를 바탕으로 합리 적인 최선의 대안을 선택할 수 있다.
  - **개념**: 최적화된 기준에 따라 문 제를 완전히 이해하고 고려할 수 있는 모든 대안을 포괄적으 로 탐색·평가하여 조직의 목 표와 목적의 달성을 극대화할 수 있는 가장 합리적인 대안을 선택하는 모형이다.

• **만족모형**
  - **전제**: 인간이 지니고 있는 문 제해결능력이 제한되어 있고 시간, 자원, 비용 등도 제한되어 있다고 보기 때문에 최적의 선 택은 이론적으로만 가능하다.
  - **개념**: 의사결정 시 최적의 대 안을 선택하기보다는 만족할 만 한 대안을 선택한다는 것을 강 조하는 모형이다.

(2) 개방체제론(open system) 기출 96, 02, 04, 09, 중등 / 97, 09 초등

① **배경**: 합리적 관점(과학적 관리론)과 자연체제 관점(인간관계론)을 통합하는 관점에서 개방된 사회체제로서 조직을 이해한다.

② **전제**: 조직은 외부환경의 영향을 받고 환경에 의존한다.

③ **개념**: 조직은 환경으로부터 투입을 받아 산출로 변환한다. 조직은 복합적·역동적이어서 구체화된 목표를 달성하기 위한 공식적인 구조를 가지고 있으며 조직구성원인 개인은 개별적인 욕구, 관심, 신념을 가진다.

④ **투입 – 산출모형**

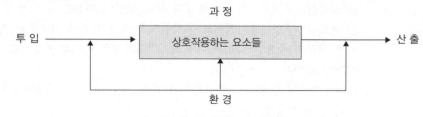

[그림 6-2] 투입 – 산출모형

㉠ **투입**: 상호작용하는 요소들이 체제의 목적을 달성할 수 있도록 체제 밖에서 안으로 들어가는 모든 요소를 말한다.

㉡ **과정**: 체제가 목적 달성을 위해 여러 자원과 정보를 활용해 산출로 만들고 가치를 창조하는 과정이다.

㉢ **산출**: 체제가 환경이나 인접한 체제로 내보내는 자원과 정보를 말한다.

㉣ **환경**: 체제와 일정한 접촉을 유지하고, 이에 일정한 영향을 주는 경계 밖의 주변 조건이나 상태를 말한다.

⑤ **개방체제로서의 학교조직**

㉠ 학교는 환경으로부터 교직원, 학생, 재정 등의 자원을 받아들여 이러한 투입들을 교육적 변형과정(transformational process)을 거쳐 교육받은 학생과 졸업생을 배출하는 사회체제이다.

㉡ 이러한 과정에서 외부 환경과 끊임없이 상호작용하며 정치, 역사, 문화, 지역사회의 가치 등의 영향을 받는 개방된 사회체제이다.

⑥ **공헌**

㉠ 단절된 사고를 지양하고 체계적·총체적 사고를 특징으로 한다는 점에서 교육계획이나 정책 수립, 교육적 의사결정 등 다양한 영역에서 유용성을 인정받았다.

㉡ 개방체제론적 관점에서 교육조직을 연구한 학자들은 코헨(Cohen), 마치(March), 올슨(Olsen), 와익(Weick) 등이 있는데, 그중 코헨은 학교조직을 '조직화된 무질서(organized anarchy)'로, 와익은 학교조직을 '느슨하게 결합된 형태(loosely-coupled system)'로 개념화하였다.

참고 카우프먼(Kaufman)의 체제접근모형

1. 개념

개방체제를 전제로 한 문제 해결방안 모색 전략으로, 조직 문제 해결을 위해 여러 가지 대안을 마련하고 여기서 최적의 해결방안을 얻어내는 일련의 과정을 제시하였다.

2. 체제접근 절차

① **문제 확인**: 요구분석단계로, 요구에 근거해 문제를 확인하고 문제해결을 위한 요건을 구체적으로 기술하는 단계이다. 요구란 '있는 것'과 '있어야 할 것' 사이의 불일치를 의미한다.

② **대안 결정**: 현재 상태에서 요구되는 상태에 이르기까지 필요한 요건을 자세히 분석하고 이를 바탕으로 문제 해결에 이르기까지의 목표를 설정하는 단계로, 목표관리기법(MBO)을 통해 행동목표를 설정한다.

③ **해결전략 선정**: 앞 단계에서 설정된 대안을 실현할 수 있는 전략을 선택하는 단계로, 기획예산제도(PPBS)를 활용해 투입과 산출을 분석한다.

④ **해결전략 시행**: 앞 단계에서 선택한 전략을 실제로 시행하는 단계로, 과업평가검토기법(PERT)과 비판적 경로분석기법(CPM)을 활용해 실행자료를 수집한다.

⑤ **성취효과 결정**: 앞 단계에서 실행한 전략의 성과를 평가하는 단계로, 성과가 있다고 판단되는 경우 성취효과 결정 단계에서 체제접근이 종료된다.

⑥ **수정**: 앞 단계에서 성과가 없는 것으로 판단되었을 때 시행하는 단계이다.

참고 브루코버(Brookover)의 사회체제접근 모형

1. 배경

콜맨 보고서(Coleman report, 1966)가 학교효과(school effectiveness)를 '검은 상자'로만 간주하고 분석대상에서 제외했다는 점을 비판하며 등장하였다.

2. 전제

① 학교는 '투입 – 과정 – 산출' 과정을 포함하는 사회체제이며, 학교의 문화적·규범적·사회심리적 요인이 교사의 수업행동에서 학생과의 상호작용으로 반영되어 학생의 학습효과에 영향을 미친다.

② 변인

구분	내용
투입변인	학생집단의 특성과 교직원 배경
과정변인	학교의 사회적 구조와 사회적 풍토
산출변인	성적, 자아개념, 자신감 등의 학습효과

3. 특징

① 과정변인으로서의 학교체제에 주목했으며, 특히 학교의 사회·심리적 풍토를 강조해 학교의 사회적 구조, 학습풍토, 구성원의 심리적 규범, 상호 기대, 평가 및 지각의 특성을 고려하였다.

② **학교의 특성**

㉠ **학교의 사회심리적 규범**: 학교구성원의 학교교육에 대한 일반적인 신념, 기대, 규범, 평가, 감정, 분위기 등으로, 이는 학교의 역사적 전통에서 파생된 것이다.

(3) 체제모형의 변화

① 1단계 – 레빈(Lewin)의 역할과 인성의 상호작용모형(1935)

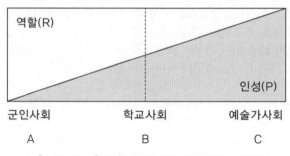

[그림 6-3] 역할과 인성의 상호작용 모형

ⓐ 인간행위(Behavior)가 인성(Personality)과 환경(Environment)의 함수관계에 의한 결과라는 점에서 착안하여, 인간행위를 'B = f (P · R)' 즉, 인성과 역할(Role)의 상호작용으로 가정한다.

ⓑ 행동에 영향을 주는 역할과 인성의 상호작용은 집단의 성격에 따라서 큰 차이를 나타낸다.

> 예 군대조직과 같은 집단에서는 인간의 행동이 제도적으로 규정된 역할에 의해 훨씬 더 많은 영향을 받으며, 예술가 조직의 경우 개인의 인성에 결정적 영향을 받는다.

ⓒ 공교육체제로서 관료제적 특성을 띠고 있는 학교는 제도적으로 규정된 역할과 기대에 부응해야 하는 측면이 강하다는 점에서 A 조직에 가까운 것처럼 보이지만, 사회적으로 인정된 전문성과 자율성을 갖고 있는 교원들은 전문가적 판단에 따라 행동할 가능성이 높다는 점에서 B 조직에 근접한 조직으로도 볼 수 있다.

* 윤정일 외(2015), 임연기, 최준렬 (2020)

② 2단계 – 겟젤스(Getzels)와 구바(Guba)의 사회과정모형(1957)*

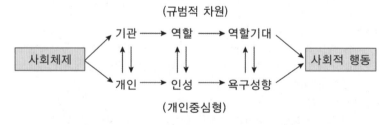

[그림 6-4] 겟젤스와 구바의 사회과정모형

① 사회체제 속에서 인간의 행동은 사회적 조건과 개인의 심리적 특성 간의 상호작용의 결과로 나타난다.
① 인간의 행동은 규범적 차원과 개인적 차원의 기능적인 관계에서 나타나는 사회적 행위이다.
 ⓐ 규범적 차원(조직적 차원): 체제의 목적을 달성하기 위한 과업분담체제로 지위와 역할, 역할에 따른 기대 등을 규정한 제도를 의미한다.
 ⓑ 개인적 차원(심리적 차원): 독특한 특성을 가지고 있는 개인을 포함하는 사회체제의 측면을 의미하며, 개인, 인성, 욕구성향을 의미한다.
③ 3단계 – 겟젤스(Getzels)와 텔렌(Thelen)의 수정모형(1960)

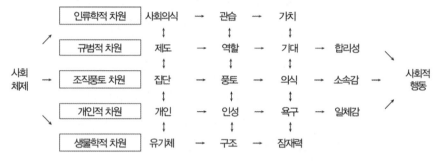

[그림 6-5] 겟젤스와 텔렌의 수정모형

① 겟젤스와 구바의 모형에 인류학적 · 조직풍토 · 생물학적 차원을 추가하여 보다 다양한 사회적 행동을 설명했다.
① 인간의 행위는 단순히 조직과 개인의 차원에서만 이루어지는 것이 아니라 전체 사회, 문화, 집단심리 등 복잡한 차원과 관련된 사회적 상호작용에 의해 이루어진다.
 ⓐ 인류학적 차원: 사회는 여러 제도로 구성되어 있으며, 한 제도에 소속된 개인의 행동은 보다 큰 차원의 사회의식(ethos)에 의해 영향을 받고 사회적 행동에 영향을 미친다. 사회의식은 한 개인이 소속한 집단과 관련 맺고 있는 보다 큰 사회체제의 문화를 의미한다.
 ⓑ 조직풍토 차원: 어떠한 조직이든 특수한 조직풍토 또는 집단의식이 있으며, 이들에 의해 개인의 사회적 행위는 아주 다르게 나타난다. 즉, 조직풍토가 특정한 역할을 수행하는 데 부적절하다면 그 사람의 사회적 행위는 다른 형태로 나타날 것이다.
 ⓒ 생물학적 차원: 유기체로서 인간의 신체구조와 내적 잠재력 등 물리적 · 정서적 조건이 개인의 인성과 욕구에 영향을 주고 사회적 행동에도 영향을 미친다.
© 개인의 행위가 목표로 나타나기 위한 조건
 ⓐ 합리성: 목표행위에 대한 역할 기대가 논리적으로 부합해야 한다.
 ⓑ 소속감: 집단의 제도적 목표 달성에 의식적으로 참여함으로써 공동체 의식을 가져야 한다.
 ⓒ 일체감: 제도적 목표와 자신의 욕구 성향을 일치시켜야 한다.

④ 4단계 – 호이(Hoy)와 미스켈(Miskel)의 학교체계모형(2008)

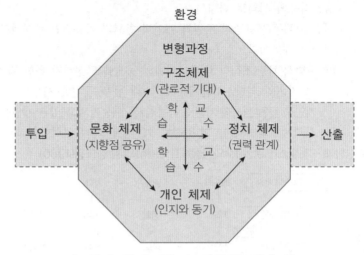

[그림 6-6] 호이와 미스켈의 학교체계모형

㉠ 과거의 사회체제이론들을 종합·발전시켜 학교조직 분석모형을 제시했다.
특히 학교조직을 분석하기 위한 기준으로 구조, 개인, 정치, 문화의 개념
을 사용했다.

㉡ 학교조직에서 행동은 구조적·개인적 요소들의 영향을 받을 뿐만 아니라
문화적·정치적 요소들의 영향도 받는다고 주장한다.

㉢ 학교조직의 네 가지 체제

구분	내용
구조체제	학교조직의 목적 달성을 위해 설계 및 조직된 공식적·관료적 기대
개인체제	학교구성원의 욕구, 목적, 신념, 역할에 대한 인지적 이해의 관점
문화체제	학교관리자와 교사를 비롯한 교직원이 일에 대해 공유하고 있는 지향점
정치체제	학교구조에서 '교장 – 교감 – 교사', '교사 – 교사' 간의 권력관계

㉣ 개방체제로서 학교조직의 특징

ⓐ 학교는 여러 요소가 서로 상호작용하여 외부로부터 투입물을 획득하고,
투입된 것을 변형시키며, 환경에 산출물을 내놓는다.

ⓑ 학교운영위원회와 같은 공식적 의사소통 구조와 정치적 성격을 지닌
비공식적인 활동을 통해 학교 내외에서 피드백을 제공한다.

ⓒ 체제는 경계(boundary)를 가지고 있다. 체제는 경계를 통해 환경과
구별된다. 개방체제는 폐쇄체제처럼 경계가 분명하지는 않지만 그렇다
고 없는 것은 아니다.

ⓓ 학교체제에서의 환경은 학교체제를 구성하는 내적 요소에 영향을 주는
것으로 교육청의 정책, 교육청에 근무하는 교육행정가, 다른 학교, 지
역사회 등을 포함한다.

ⓔ 체제를 구성하는 요소 간에 평형을 유지하기 위해 일단의 조절장치가 작동하는 과정을 '항상성(homeostasis)'이라고 하는데, 이를 통해 학교의 중요한 요소와 활동이 보호되고 전반적인 안정이 유지된다.

ⓕ 체제가 소멸되어 가는 경향성을 '엔트로피(entropy)'라고 하는데, 개방체제는 환경에서 에너지를 유입하여 엔트로피를 극복할 수 있다.

> 예 학교조직은 변화해가는 환경의 요구에 적응함으로써 환경에 대해 호의적인 입장을 유지하려고 노력한다.

ⓖ 이인동과성(equifinality)의 원리에 근거했을 때 조직을 구성하는 데 유일한 최선의 방식이란 있을 수 없고 동일한 결과에 도달하는 데도 한 가지 방법만 있는 것이 아니다.

> 예 학교가 학생들의 비판적 사고방식을 증진시키는 데는 여러 가지 방법들(발견학습, 개별과제, 상호작용 기술 등)을 선택하여 사용할 수 있다.

(4) 개방체제로서 학교조직에 대한 이론적 탐구

① 정치적 접근

㉠ 학교조직: 개방체제로서의 학교는 외부 환경과 끊임없이 상호작용하며, 정치적 작용은 체제의 존재 의의를 드러내는 작용이다.

㉡ 정치: 정치는 통제할 수 있는 힘을 확보하기 위해 목표에 대한 합의를 구하는 과정에서 정책 연대와 정치적 지원을 확보하기 위해 노력한다. 따라서 정책 결정과정뿐 아니라 정책 집행과정의 중요성도 주목한다.

㉢ 초점: 조직 내 집단 간 또는 개인 간의 갈등을 자연적이고 필요한 것으로 간주한다.

㉣ 공헌: 조직의 의사결정의 합리성을 가정하기보다는 제한적 합리성을 인정하여 최선의 방안보다는 '만족할 만한 방안'을 선택하는 경향을 보이고, 조직 운영이 합리적이지 않고 행정가의 행동이 제약받을 수 있음을 설명하는 등 학교의 실제를 이해하는 데 큰 도움을 주었다.

② 문화적 접근

㉠ 학교: 학교공동체를 가치와 생각, 헌신을 공유하는 사람들의 집합체로 본다는 점에서 학교를 '학습공동체'로서 이해했다.

> 예 배움의 공동체, 전문적 학습공동체, 학습조직 등

㉡ 문화: 집단의 문화는 집단구성원이 공유하는 의미 또는 이해의 집합체이다. 이때 '의미'는 구성원에게 암묵적으로 이해·공유되는 것으로, 집단별로 다르게 나타난다.

㉢ 초점: 학교문화, 교육적 가치, 기준, 신념, 상징, 문화적 지도성 등에 주목한다.

㉣ 공헌: 많은 연구에서 성공적인 학교조직은 그 조직을 특징짓는 '가치와 신념의 중심'이 있음을 밝혀내는 등 학교의 문화적 특성은 학교조직을 이해하는 데 있어 중요한 요소임을 보여주었다.

개념확대 ⊕ Zoom IN

이인동과성의 원리
서로 다른 지점에서 시작하여 서로 다른 통로를 거치더라도 체제는 동일한 결과에 도달할 수 있다는 것을 의미한다.

1. 개념
교사들이 함께 일하는 것에 가치를 두며, 협조를 통하여 교사의 교수·학습활동을 개선하는 데 지속적인 노력을 기울이는 것이다.

2. 특징
① 학생에게 초점을 두고 있으며, 교육과정상 학생이 이수해야 할 내용과 진도에 대한 책임을 공유한다.
② 새로운 교수·학습법 개발을 위해 노력한다.
③ 학생이 배워야 할 개념에 기초하여 학생에게 가장 알맞은 교육과정을 편성한다.
④ 배려의 문화와 결합되어 보다 장기적인 신뢰, 안정성, 타인에 대한 배려 등이 바탕이 되는 경우 공동체가 원활하게 작동된다.

3. 조건
① 분산적 리더십을 통해 학교 발전을 위한 참여 및 책임을 서로 공유할 수 있는 문화가 중요하다.
② 전문적 학습공동체를 유지하는 데 필요한 인적·재정적·물적 자원의 확보가 필요하다.
③ 교사전문가로 구성된 연결망은 전문적 학습공동체를 구성 및 유지하는 데 필요한 인적 자원을 제공해줄 수 있다.
④ 학생의 학업성취도의 성패를 한 가지 기준으로 하기보다는 다양한 교육책무성 지표를 설정하여 학생의 성장을 다양한 방식으로 나타낼 필요가 있다.

③ 교육적 접근
　㉠ 학교조직: 교육체제는 '교육'체제라는 점에서 다른 체제와 다르게 교육의 속성이 있어야 한다는 점에서 교육체제의 운영이 교육적 적합성을 지니는가에 초점을 두는 관점이다.
　㉡ 초점: 학교체제 운영에서 교육의 속성과의 정합성(coherence)을 찾는 관점으로 교육체제의 목적 합당성, 체제 산출의 교육적 타당성과 효과성, 체제의 기능과 체제의 요소 간 관계에 대한 구조·개인·정치·문화작용의 교육적합성, 체제 투입 요소와 체제 기능과의 관계에 체제 활동의 교육목적 기여도 등을 확인한다.
　㉢ 1980년대 이후 교육행정학 연구는 교육체제의 교육적 적합성을 추구하는 방향에서 학교의 교육공동체를 위한 교육지도성, 학습조직론 등의 중요 주제들을 제기해왔다.

❺ 대안적 관점과 이론

(1) 개괄

① 체제이론을 중심으로 한 실증주의적 이론들이 객관적이고 합리적인 지식만이 교육행정의 이론이 될 수 있다는 입장을 견지한다는 점을 비판하면서 등장한 다양한 관점을 통칭한다.

② 전통적 사회과학적 방법과 합리성에 대해 의문을 제기하고 주관성, 불확실성, 비합리성 등을 교육행정 현상의 분석을 위한 주요 개념으로 설정한다.

(2) 대표 이론

① 해석적 관점

  ㉠ 전제: 조직이 객관적 실체가 아니고, 인간에 의해 창조되고 의미가 부여된 사회문화적 가공물이기 때문에 가설 연역적 체제나 정교한 통계적 방법만으로는 이해할 수 없다.

  ㉡ 내용

    ⓐ 대표적 학자 그린필드(Greenfield)는 조직은 인간의 주관적 의미 구성체라는 점에서 교육행정 현상은 새로운 패러다임, 즉 대안적 관점을 통해 이해되어야 한다고 주장했다.

    ⓑ 조직의 구조와 역동성을 설명하거나 예측하는 대신 현상을 해석하고 이해하는 것을 목적으로 한다.

    ⓒ 주로 민속방법론(ethnomethodology), 현상학, 해석학 등의 연구방법을 사용한다.

  ㉢ 시사점: 연구결과의 객관성과 일반화가 어렵다는 문제점이 있지만, 교육행정이 기본적으로 가치의 문제를 다루고 있고, 정책과 의사결정 등 주요 행정 과업이 엄밀한 과학적 방법에 의해 설명될 수 없다는 점을 고려할 때 교육행정 현상을 이해하는 대안적 접근이 될 수 있다.

② 급진적 관점

  ㉠ 개념: 네오마르크시즘(Neo-Marxism)의 영향하에서 발전한 관점으로, 조직의 비합리적이고 특수한 측면과 주변적이고 소외된 측면에 초점을 맞춰 조직문제를 탐구한다.

  ㉡ 특징

    ⓐ 해석적 관점과 유사하지만 좀 더 객관적인 탐구를 추구한다는 점에서 차이가 있다.

    ⓑ 지식과 권력은 필연적으로 관련되어 있으며, 사실은 사회적이고 가치 개입적인 과정을 통해서만 해석될 수 있고, 사회구조와 공식적 위계는 노출된 만큼 은폐되어 있다는 점을 전제한다.

    ⓒ 급진적 관점의 대표적 이론에는 비판이론, 페미니즘 등이 있다.

구분	내용	교육행정에 미친 영향
고전이론 (효율)	• 과학적 관리론, 행정관리론, 관료제론 • 분명한 목표 설정, 직무구조화 및 분업화, 규정 및 공식적 계통, 표준화 강조 • 능률지상주의, 폐쇄체제 가정	• 업무분장을 통한 공식적 조직 및 분업화 • 교육목표 설정의 강조 • 표준화된 교육과정
인간관계론 (조직 내 개인)	• 경제적·물리적 여건뿐만 아니라 조직구성원의 사회·심리적 여건 강조 • 비공식조직의 역할, 규범, 기능의 강조 • 능률성, 폐쇄체제 가정	• 교육행정을 '교육을 위한 행정'으로 재개념화 • 동기이론, 의사결정과정, 교육현장의 비공식조직 등에 학문적 관심 유발
행동과학론 (조직 + 통합)	• 개념, 원리, 모형, 연구설계 등을 통한 이론적 가설 검증 • 행정에서 단 하나의 최선의 방법보다 여러 유형이 있을 수 있다는 관점을 제시해 상황대응론의 관점 견지	독자적인 학문으로서의 교육행정 이론화에 기여(상황론)
체제이론 (개방체제론)	• 체제는 여러 요소의 총체를 의미 • 학교 및 교육조직은 개방체제로서 환경과 끊임없이 상호작용함	조직화된 무질서 조직, 느슨하게 결합된 조직 등으로 학교조직에 대해 다양하게 개념화

Chapter 02

조직론

설쌤의
Live Class 🎤

조직론은 교육행정의 전 챕터를 통틀어서 가장 중요한 부분입니다. 우선 조직의 개념과 특징, 조직구조를 통해 조직이 무엇인지 이해한 후, 조직 유형론을 통해 학교조직이 어떤 유형에 해당하는지 살펴봄으로써 학교조직이 다른 조직과 비교해 어떤 특성이 있는지 파악할 수 있습니다. 이를 바탕으로 여러 학자들이 제시한 **학교조직의 특징**을 구체적 예시와 함께 이해해야 합니다. 특히 효과적인 학교조직의 속성을 연구한 결과를 토대로 제언된 **학습조직**이나 **전문적 학습공동체**는 꼼꼼히 살펴보시기 바랍니다. 이후 조직풍토론과 조직문화론에서는 학교장의 지도성 및 학교장과 교사 간의 관계 등에 따라서 학교조직도 서로 다른 학교문화 또는 풍토를 가지고 있음을 전제합니다. **학자 이름, 분류 기준, 학교문화 · 풍토 유형**을 중심으로 각 유형에 해당하는 구체적 사례들을 자신의 경험에 빗대어 함께 이해하면 각각의 개념들을 보다 쉽게 내면화할 수 있을 것입니다.

핵심 Tag 🏷️

공립학교의 조직 유형

학교조직은 유형유지 조직, 유지조직, 봉사조직, 사육조직, 규범조직에 해당함

학교조직의 특징

학교조직은 전문적 관료제, 조직화된 무질서 조직, 이완조직, 이중조직, 전문적 학습공동체, 학습조직의 특징을 가짐

학교조직풍토의 유형

- **리커트:** 이기적 – 권위주의적 · 자선적 – 권위주의적 · 협의적 · 참여적 풍토
- **할핀과 크로프트:** 개방적 · 자율적 · 통제적 · 친교적 · 간섭적 · 폐쇄적 풍토
- **호이와 미스켈:** 개방풍토, 몰입풍토(참여풍토), 일탈풍토, 폐쇄풍토
- **윌로어:** 인간주의적 학교, 보호지향적 학교

학교조직문화의 유형

- **세시아와 글리노우:** 보호문화, 냉담문화, 실적문화, 통합문화
- **스타인호프와 오웬스:** 가족문화, 기계문화, 공연문화, 공포문화
- **하그리브스:** 형식적, 복지주의자, 온실, 생존주의자, 효과적 학교문화

❶ 조직의 개념 및 특징

(1) 개념

① 조직: 둘 이상의 사람이 일정한 목표를 추구하기 위하여 의도적으로 구성한 사회체제로서, 목표 달성을 위한 특정 과업, 역할, 권한, 의사소통, 지원구조 등을 갖는 체제를 의미한다.

② 학자마다 다양한 관점이 존재하지만 조직의 공통적 구성요소에는 주로 공동의 목표, 책임과 업무의 분담, 의사소통 등을 들 수 있다.

(2) 특징

① 특정한 목표를 갖고 있고 의도적으로 만들어진 것이다.

② 둘 이상의 사람들로 구성되며, 구성원 간에는 서로 알거나 같은 구성원이라는 인식이 공유된다.

③ 역할과 협력, 권한, 의사소통, 지원에 관한 공식구조와 규범을 갖고 있다.

④ 환경과 구분되는 경계가 있으며, 경계 안팎의 환경과 지속적인 상호작용을 통해 적응 및 발전한다.

(3) 구성요소

① 구성원: 조직에 참여하는 사람들을 의미하며 각 구성원은 조직인으로서 조직에 적응하기도 하고 서로 다른 기술과 전문성을 가진 구성원이 참여함으로써 조직을 변화시키기도 한다.

② 목표: 바람직한 결과, 즉 구성원들이 과제 수행을 통해 영향을 미치고자 하는 상태를 의미하며 조직의 목표에 따라 질서가 유지되고 조직구성원의 행동이 규제된다.

③ 사회적 구조: 조직구성원 사이에 존재하는 정형화되거나 질서가 잡힌 관계의 양상을 의미하며, 규범적 구조(가치, 규범, 역할기대 등)와 행동 구조(활동, 상호작용, 감정 등)를 포함한다.

④ 기술: 투입을 산출로 변화시키는 메커니즘으로, 기계와 장비 등의 하드웨어와 전문적 지식, 기술 등의 소프트웨어를 포함한다.

⑤ 환경: 모든 조직은 경계를 가지고 있으며 조직 밖의 다양한 환경과 상호작용한다. 조직은 환경으로부터 에너지와 자원 등을 투입받고 이를 조직 내에서 전환하여 새로운 상품, 가치 등을 산출하여 환경으로 내보낸다.

② 행정조직의 원리

(1) 계층의 원리

① 개념: 계층은 조직목표를 달성하기 위한 업무를 수행함에 있어 권한과 책임 정도에 따라 직위가 수직적으로 서열화·등급화되어 있는 것을 의미한다.

② 방법: 지도력 또는 통솔력, 권한과 책임의 위임, 기능과 직무 규정 활용

(2) 기능적 분업의 원리

① 개념: 업무 수행의 효율을 높이기 위해 업무를 표준화·단순화·전문화하는 것으로, '전문화 원리' 또는 '분업화 원리'라고도 한다.

② 특징: 계층의 원리가 '종적 관계'를 규정하고, 기능적 분업의 원리는 '횡적 관계'를 규정함으로써 종적 분업과 횡적 분업의 구조를 도모하는 것이다.

(3) 조정의 원리

① 개념: 조직 내 업무 수행을 조절하고 조화로운 인간관계를 유지함으로써 협동의 효과를 최대한 거두려는 것을 의미한다.

② 방법: 위계질서에 의한 권한과 책임 명료화, 위원회 및 참모 조직 활용, 상위 통괄기구 설치, 규율 및 징계제도 활용 등

(4) 적도집권의 원리

① 개념: 중앙집권제는 중앙부서에 권한을 집중시켜 업무의 능률을 높일 수 있지만, 획일주의와 전제주의를 초래할 수 있고 분권제는 지방부서나 하부기관에 권한을 위임·분산시켜 지방의 특수성과 자율성을 촉진할 수 있지만 비능률을 초래할 수 있다는 점에서 둘 사이에 적절한 균형을 도모해야 한다는 것을 의미한다.

② 방법: 적도집권의 균형점은 조직의 목적과 기능, 구성원의 성격, 사회문화적 환경, 역사적 배경 등을 고려해서 결정해야 한다.

(5) 명령 통일의 원리

① 개념: 하급자가 한 상급자로부터 명령과 지시를 받고 그에게만 보고하는 것을 의미한다.

② 장점: 명령의 중복을 피하고 계층의 질서를 확립시켜줄 뿐만 아니라 업무처리의 능률을 가져오고 책임소재를 분명히 하는 데 도움이 된다.

③ 한계: 오늘날 전문인으로 구성된 참모의 기능이 확대·강화되어 명령의 기능을 포함하기도 하는 등 명령 통일의 원리가 지켜지지 않는 경우가 많다.

(6) 통솔 한계의 원리

① 개념: 한 지도자가 직접 통솔할 수 있는 하급자의 수에는 한계가 있다는 것을 의미한다.

② 방법: 통솔 인원으로 몇 명이 적절한가에 대해서 견해가 다양하지만, 상위층은 5명 내외, 하위층은 8~20명 정도가 적당하다는 의견이 지배적이다.

3 조직구조 기출 16 중등

(1) 공식조직과 비공식조직

① 공식조직과 비공식조직은 조직의 필수적인 두 가지 측면으로 상호 보완적인
관계를 갖는다.

② 공식조직과 비공식조직 비교

구분	공식조직	비공식조직
개념	공식적인 조직표나 기구표상에 나타나는 조직	공식조직 내에 자연발생적으로 생기는 조직으로 '자생조직'이라고도 함
형성	공적인 목표를 추구하기 위해 제도화된 공식 규범의 바탕 위에 성립함	• 구성원 간의 상호작용에 의해 자연발생적으로 성립 • 지연, 학연, 취미, 이해관계 등으로 형성됨
속성	• 공적 • 외면적 · 가시적인 조직 • 대개 건물이나 집무실 등을 가지고 있음	• 사적 • 내면적 · 비가시적 조직
특징	권한의 위계, 분명한 책임, 표준화된 업무 수행, 비인정적 인간관계	지역, 학연 등을 바탕으로 형성된 비공식규범과 권위의 위계 속에서 활동
운영원리	능률이나 비용의 논리에 의함	감정의 논리에 의함
대상	피라미드의 정점에서 하층에 이르기까지 전체 조직이 인식 대상	공식적 조직의 일부를 점유하며 그 속에 산재해있음
규모	계속 확대됨	친숙한 인간관계를 요건으로 하므로 항상 소집단을 유지함

③ 비공식조직의 순기능과 역기능

구분	내용
순기능	• 구성원의 태도, 이해, 관습, 습관, 제도를 형성함 • 공식조직에서 필요로 하는 조건을 형성하여 조직의 기능을 활성화함 • 공식조직 내 자유로운 의사소통을 원활하게 함 • 조직의 응집성을 높여줌 • 인간적 성실성, 자존감을 유지시켜 줌
역기능	• 파벌을 조성하고 공식조직의 목표 달성을 저해할 수 있음 • 공식조직의 의사소통을 차단 또는 왜곡하여 비합리적 의사결정이나 편파적 행정행위 등을 초래해 조직의 혼란을 가중시킬 수 있음

(2) 계선조직과 참모조직

구분	계선조직(line organization)	참모조직(staff organization)
개념	행정의 수직적 지휘명령 계통이 명확히 정립되어 업무를 직접 수행하는 1차적인 조직	계선조직의 기능을 원활하게 추진하도록 기획, 자문, 협의, 경고, 정보수집, 통제, 인사, 조사, 연구 등의 기능을 수행하는 조직(= 막료조직)
형태	계층적, 수직적	수평적
기능	목적 수행, 실제 집행	전문적 권고, 지원, 보조
권한과 책임	직접적인 지시와 명령권, 결과에 대한 책임	간접적인 권한 행사와 책임
예시	'장관 – 실 · 국장 – 과장 – 계장 – 계원'으로 이어지는 행정관료 조직	각종 위원회
장점	• 권한과 책임의 한계가 명확해 업무 수행의 효율성을 제고할 수 있음 • 단일기관으로 구성되어 신속하게 정책을 결정할 수 있음 • 업무처리가 간편하여 조직 운영비가 적게 듦 • 강력한 통솔력을 발휘할 수 있음	• 기관장의 통솔 범위를 확대시킴 • 전문적 지식과 경험을 활용하여 합리적인 결정을 할 수 있음 • 수평적 업무 조정을 가능하게 함 • 조직의 신축성을 기할 수 있음
단점	• 복잡하고 과다한 업무처리가 어려움 • 지도자의 주관적 · 독단적인 결정을 방지할 수 없음 • 전문가의 지식과 경험을 충분하게 활용할 수 없음 • 조직의 경직성을 초래할 수 있음	• 조직의 복잡성으로 조직구성원이나 부서 간 갈등, 불화가 생길 수 있음 • 조직 운영을 위한 경비지출이 많이 듦 • 계선과 참모 간에 책임전가 사태를 빚을 우려가 있음 • 의사전달의 혼란을 일으킬 수 있음

개념확대⊕
Zoom IN

**보조조직
(auxiliary organzation)**
• 서비스의 성격을 띠는 일종의 참모적 운영기관으로서 계선조직의 내 · 외부에서 계선조직의 기능을 부분적으로 심화 · 보조하기 위한 역할을 수행하는 조직이다.
• 대규모의 행정조직에서는 계선조직과 참모조직 외에 보조조직을 두기도 한다.
• **보조조직의 예시:** 교육정책 연구를 위한 연구조직이나 국정교과서 발행을 위한 국정교과서주식회사 등

조직유형론은 학교조직이 여러 조직 유형 중 무엇에 속하는 지를 중심으로 이해하는 것이 좋습니다. 학교조직은 체제 문화의 창조·보존·전달 기능을 수행하는 조직(**유형유지 조직**)이고, 사회규범을 내면화·유지하기 위한 조직(**유지조직**)이며, 고객(학생)에게 (교육)서비스를 제공하는 데 주요 관심이 있는 조직(**봉사조직**)입니다. 또한 평준화체제에서 조직(학교)이나 고객(학생) 모두 선택권을 갖지 못하는 조직(**사육조직**)이며, 규범적 권력을 사용해 구성원의 높은 헌신적 참여를 유도하는 조직(**규범조직**)입니다.

❶ 파슨스(Parsons)의 사회적 기능 유형 [기출] 10 중등

(1) 기준

사회체제이론을 바탕으로 조직이 수행하는 사회적 기능(사회적 목표)에 따라서 조직을 네 가지 유형으로 분류하였다.

(2) 사회적 기능 유형

구분	특성	예시
경제적 생산조직	사회의 적응기능, 즉 사회를 유지하기 위해 필요 자원 획득을 일차적인 책임으로 하는 조직	기업체 조직 등
정치적 목표 지향 조직	사회의 공동목표를 설정하고 달성하는 기능을 수행하는 조직	정부기관, 정당 등
통합조직	사회의 갈등을 해결하고, 구성원 간 결속을 유지하는 사회통합의 기능을 수행하는 조직	법원, 사회통제기관 등
유형유지 조직 (체제유지 조직)	체제의 문화를 창조·보존·전달하는 기능을 수행하는 조직	**공립학교**, 박물관 등

❷ 카츠(Katz)와 칸(Kahn)의 본질적 기능 유형

(1) 기준

조직의 본질적 기능이 무엇인지에 따라 조직을 네 가지 유형으로 구분하였다.

(2) 본질적 기능 유형

구분	특성	예시
생산적 (경제적) 조직	• 인간의 기본적 욕구충족에 필요한 산물을 제공하는 조직 • **본질적 기능**: 부의 창출, 물자의 제조, 서비스 제공	기업체 조직 등
관리적 (정치적) 조직	• 사회의 인적·물적 자원을 배분하거나 여러 하위 단체를 조정 및 통제하는 기능을 수행하는 조직 • **본질적 기능**: 사회의 통합 및 관리기능	정부기관, 정당, 노동조합 등
적응조직	• 사회변화에 따라 발생하는 문제를 해결하고 지식을 창출하거나 이론을 발전시키는 조직 • **본질적 기능**: 사회변화에 적응하도록 하는 것	대학, 연구기관 등
유지조직	• 사회일원으로 사회규범을 내면화하고 유지하는 조직 • **본질적 기능**: 사회의 안정성 유지, 인간의 사회화	**학교**, 병원, 종교단체 등

❸ 블라우(Blau)와 스콧(Scott)의 1차적 수혜자 유형

(1) 기준

조직의 혜택을 받는 주요 수혜자가 누구인가에 따라 조직을 분류하였다.

(2) 1차적 수혜자 유형

구분	특성(1차적 수혜자 및 주요 목적)	예시
호혜조직	• 구성원의 참여를 보장받는 데 관심이 있는 조직 • 1차적 수혜자: 구성원	노동조합, 정당, 전문 가단체 등
사업조직	• 이윤의 획득에 관심이 있는 조직 • 1차적 수혜자: 조직의 소유자	산업체, 상점, 은행 등
공공조직	1차적 수혜자: 일반대중	군대, 경찰, 소방서 등
봉사조직	• 고객에게 서비스를 제공하는 데 관심이 있는 조직 • 1차적 수혜자: 조직을 이용하는 고객(client), 이용자	**학교**, 병원, 사회사업 기관, 형무소, 법률구 조협회 등

❹ 칼슨(Carlson)의 봉사조직 유형 기출 03, 11 중등 / 05 초등

(1) 기준

고객의 참여결정권과 조직의 고객선택권 여부, 즉 조직과 고객이 서로를 선택할 수 있는 정도에 따라 봉사조직을 네 가지 유형으로 구분하였다.

(2) 봉사조직 유형

고객의 참여결정권

	유	무
조직의 고객선택권 유	유형Ⅰ 야생조직	유형Ⅲ
조직의 고객선택권 무	유형Ⅱ	유형Ⅳ **사육조직(온상조직, 보호조직)**

[그림 6-7] 칼슨의 봉사조직 유형

유형	특성	예시
유형Ⅰ (야생조직)	• 조직과 고객이 독자적 선택권을 갖는 조직 • 살아남기 위해 경쟁이 필수적임	사립학교, 개인병원, 공공복지기관 등
유형Ⅱ	조직이 고객을 선발할 권리는 없고 고객이 조직을 선택할 권리만 있는 조직	주립대학
유형Ⅲ	조직은 고객선택권을 갖고, 고객은 조직선택권을 가지고 있지 않은 조직	실제로는 없음
유형Ⅳ (사육조직)	• 조직이나 고객 모두 선택권을 갖지 못하는 조직 • 법적으로 존립을 보장받고 있음	**공립학교**, 정신병원, 형무소 등

❺ 에치오니(Etzioni)의 순응 유형

(1) 기준

'순응(compliance)'이라는 개념에 기초하여 조직 유형을 구분하였다.

(2) 순응

부하 직원을 통제하기 위하여 상급자가 행사하는 권력과 이에 대한 부하직원의 참여 태도 사이에 형성되는 관계를 의미한다.

(3) 행사 권력

① 강제적 권력: 통제의 수단으로 물리적 제재와 위협
② 보상적 권력: 물질적 보상
③ 규범적 권력: 상징적 보상을 사용하는 것

(4) 참여 수준

① 헌신적 참여: 매우 긍정적 태도를 가지고 적극적으로 참여하는 것
② 타산적 참여: 온건한 태도를 가지고 타산적으로 참여하는 것
③ 소외적 참여: 매우 부정적인 태도를 가지고 소극적으로 참여하는 것

(5) 순응 유형

총 아홉 가지 조직 유형 중 성격이 일치하는 세 가지 유형만 효과적인 조직 유형으로 간주하여 제시했다.

		참여 수준		
		소외적	타산적	헌신적
행사 권력	강제적	1 강제조직	2	3
	보상적	4	5 공리조직	6
	규범적	7	8	9 규범조직

[그림 6-8] 에치오니의 순응 유형

유형	목표	특성	예시
강제조직	질서 유지	• 부하 직원의 활동을 통제하기 위한 수단으로 물리적 제재나 위협을 사용 • 구성원은 소극적으로 참여	형무소, 정신병원 등
공리조직	이윤 추구	• 부하 직원에게 물질적인 보상체제를 사용하여 조직을 통제 • 구성원은 타산적으로 참여	공장, 일반회사, 농협 등
규범조직	새로운 문화의 창출·계승·활용	규범적 권력을 사용하여 구성원의 높은 헌신적 참여를 유도	**공립학교**, 종교단체, 종합병원, 전문직단체 등

❻ 민츠버그(Mintzberg)의 조직구조이론 [기출] 02, 10 중등 / 07 초등

(1) 기준

조직 구조의 핵심 부분을 다섯 가지로 제시하고 이들 간의 업무조정 방식을 기준으로 조직 유형을 구분했다.

(2) 조직의 구성요인

① **현업핵심층**: 조직 구조의 하부에 위치하며, 고객에게 제품이나 서비스를 생산하거나 제공하는 인력이다.
   예 공장근로자, 병원의 의사와 간호사, 항공기의 승무원, 학교교사 등

② **중간관리층**: 현업 핵심계층 바로 위에 자리하고 있으며, 감독 및 통제와 현업 근로자에게 필요한 자원의 제공을 담당하는 관리계층이다.
   예 공장의 감독, 학교장 등

③ **전략상층부**: 조직의 제일 상층부에 위치하며, 외부환경에 주목하며 조직의 비전 설정과 구조 설계를 담당하는 계층이다.
   예 기업 임원, 교육감(장), 법인이사회 등

④ **전문기술 부문**: 중간관리계층의 한쪽에 위치하며, 조직의 산출물과 프로세스에 대한 표준화, 측정 및 검사, 조직 활동 설계 및 계획, 직원 훈련 등을 담당하는 인력이다.
   예 기업의 회계나 품질관리 부서, 정부의 감사부서 등

⑤ **지원 부문**: 중간관리계층의 다른 한쪽에 위치하며, 다른 부문의 과업수행을 지원하거나 촉진시키는 역할을 하는 인력이다.
   예 학교식당 종사자, 시설 담당 직원, 운전기사 등

(3) 다섯 가지 조직 유형

유형	특성	예시
단순구조	소규모의 전략상층부에 의해 직접 감독이 이루어지며, 중간관리계층이나 기술 및 지원 부문이 없는 정교화되지 못한 조직	영세 소규모 기업, 도서벽지 소규모 학교 등
기계식 관료제	• 표준화된 작업과정을 통해 조정되는 조직 • 표준화를 주도하는 기술구조층이 핵심 부문이 됨 • 규칙과 규정의 적용, 공식적 의사소통, 위계적 의사결정의 베버형 관료제 조직	반복 업무 조직
전문적 관료제	• 기술의 표준화를 조정기제로 하는 조직 • 현업 핵심계층이 조직의 핵심이 되어 실무 전문가들의 기술과 지식에 의존하는 조직 • 전문가 스스로가 자신을 통제하고 작업 기준을 개발하기 때문에 분권화 및 이완된 형태를 보임	**체계화된 대규모 학교**, 전문가 조직 등

유형	특성	예시
사업부제	• 비교적 자율성이 높은 중간관리계층이 대부분의 과업을 수행하는 구조 • 산출의 표준화가 핵심 조정기제임	종합대학교의 각 단과대학, 종합병원의 각 전공분과, 대기업의 각 사업부 등
임의구조 (애드호크러시, adhocracy)	• 수평적 상호 조절을 통해 통합을 이루는 조직 • 모호한 권한체계, 불명확한 목표, 상호 모순적 책임 배분 등을 특징으로 하는 신축적 조직 형태 • 역동적이고 급변하는 환경에서 흔히 나타남	광고회사, 컨설팅회사, TF팀 등

참고 **베버(Weber)의 이상적 관료제 모형의 다섯 가지 특징**

1. **분업과 전문화(division of labor and specialization)**
   조직의 목적달성을 위한 과업이 구성원에게 공식적으로 배분된다. 이는 조직의 전문가 양성과 전문적 관리를 촉진하게 한다.

2. **몰인정성(impersonal orientation)**
   조직의 행위가 인정이나 감정에 지배되지 않고 엄정한 공적 정신에 의해 통제된다. 이것은 사실에 근거한 의사결정과 공평한 대우 및 합리성을 강화시켜 준다.

3. **권위의 위계(hierarchy of authority)**
   부서가 수직적으로 배치되고 하위 부서는 상위 부서의 통제와 감독을 받는다. 조직의 다양한 업무의 원활한 수행을 가능하게 하고, 하위자가 상사의 지시에 순응하게 한다.

4. **규정과 규칙(rules and regulation)**
   의도적으로 확립된 규정과 규칙을 통해 활동이 일관성 있게 규제된다. 이것은 조직 운영의 계속성, 안정성, 통일성을 높여준다.

5. **경력지향성(career orientation)**
   연공이나 업적 또는 양자를 조합한 승진 및 보수체계를 갖고 있으며, 경력이 많을수록 우대된다. 이것은 조직에 대한 구성원의 충성심을 유발시킨다.

참고 **홀(Hall)의 관료적 조직구조이론** 기출 08 초등

1. **개념**
   베버가 제시한 이상적 관료제 모형의 구성요인들이 조합되는 방식에 따라서 다양한 유형의 학교조직이 존재할 것이라고 가정했다.

2. **특징**
   ① 관료제의 여섯 가지 특징을 관료적 패턴과 전문적 패턴으로 구분하여 제시했다.

조직의 성격	특징
관료적	권위의 위계, 규정과 규칙, 몰인정성, 절차 상세화
전문적	기술적 능력, 전문화

   ② 조직의 성격을 관료적 또는 전문적으로만 기술하는 것은 개별 조직 간 차이를 무시한다는 점에서 조직의 성격은 관료성의 강약, 전문성의 강약을 조합해 규정했다.

③ 학교조직 유형: 관료성, 전문성의 정도를 기준으로 네 가지 조직 유형을 구분하였다. 즉, 관료적 패턴과 전문적 패턴의 두 가지 준거를 이용해 학교조직을 구분하였다.

구분		전문적 패턴	
		높음	낮음
관료적 패턴	높음	베버형	권위주의형
	낮음	전문형	혼돈형

유형	특징
베버형 구조	• 관료성, 전문성 높음 • 전문성과 관료성이 상호 보완적 관계에 있음 • 베버가 기술한 이상적 관료제 구조
권위주의형 구조	• 관료성 높음, 전문성 낮음 • 권위는 직위와 위계에 토대를 두고 있음 • 상급자가 최종 결정을 하며 권력은 집중되어 있음 • 규칙과 절차가 객관적으로 적용됨 • 처벌중심적 관료제와 유사
전문형 구조	• 관료성 낮음, 전문성 높음 • 실질적 의사결정이 구성원들에게 위임되어 있는 구조 • 구성원들은 조직의 중요한 의사결정을 할 수 있는 전문지식과 능력을 갖춘 전문가로 간주됨 • 규정은 행동과 결정의 지침으로 작용하며 교사들이 조직의 의사결정과정에 상당한 영향력을 행사함
혼돈형 구조	• 관료성, 전문성 낮음 • 혼란과 갈등이 일상의 조직 운영에서 나타남 • 모순, 반목 및 비효과성이 조직 전반에 퍼져있음 • 다른 구조 유형으로 이동하려는 강력한 압력이 존재

요약정리 🔍
Zoom OUT (공립)학교조직의 유형 종합

유형론	학교조직 유형	특징
파슨스의 사회적 기능 유형	유형유지 조직	체제의 문화 유형 유지 및 창조 · 보존 · 전달의 기능을 수행하는 조직
카츠와 칸의 본질적 기능 유형	유지조직	사회일원으로서 사회규범을 내면화 · 유지하기 위한 조직
블라우와 스콧의 1차적 수혜자 유형	봉사조직	1차적 수혜자가 조직과 접촉하는 일반대중으로서 고객에게 서비스를 제공하는 데 주요 관심이 있는 조직
칼슨의 봉사조직 유형	사육조직	조직이나 고객 모두 선택권을 갖지 못하는 조직으로, 법적으로 존립을 보장받음

유형론	학교조직 유형	특징
에치오니의 순응 유형	규범조직	규범적 권력을 사용해 구성원의 높은 헌신적 참여를 유도하는 조직
민츠버그의 조직구조이론	전문적 관료제	실무 전문가들의 기술과 지식에 의존하는 조직으로, 전문가 스스로 자신을 통제하고 작업 기준을 개발하기 때문에 분권화되고 이완된 형태를 보임

03 학교조직의 특징 `기출 15 중등`

❶ 개방된 사회체제(open system)로서의 학교

(1) 개방된 사회체제

환경과의 상호작용 속에서 '투입 – 과정 – 산출' 과정을 거치며, 이 과정에서 피드백을 얻어 생존·발전해 가는 조직을 의미한다.

(2) 개념

학교조직에는 다양한 인적·물적 자원이 투입되는데, 이러한 자원은 교육목적과 학교 규범 속에서 교수·학습이라는 전문적인 기술을 중심으로 상호작용함으로써 학생의 성장과 발전, 교원의 성취와 만족, 학교의 교육성과 등의 산출물을 만들어내어 외부 환경으로 내보낸다.

(3) 특징

학교를 사회체제로 보는 관점은 학교조직을 부분이 아니라 전체로 바라보며 환경과의 개방적 상호작용을 강조한다.

❷ 전문적 관료제(professional bureaucracy)로서의 학교

`기출 02, 04, 10, 15 중등 / 07, 12 초등`

(1) 개념

민츠버그는 학교조직을 관료제와 전문직제의 혼합적인 조직 형태라는 점에서 '전문적 관료제'라는 개념으로 설명했다.

(2) 학교의 관료제적 특징

학교는 업무의 분업화, 절차 규정에 따른 운영, 직책의 위계 구조 및 승진 구조, 국가수준의 표준화된 교육과정 및 교과 등 관료제적 특징을 갖는다.

(3) 학교의 전문조직적 특징

① 학교조직의 관료제는 구성원인 교사가 고도의 교육을 받은 전문가라는 점에서 일반적 관료제와 구별된다. 특히 교사는 독립적이고 한정된 교실에서 다양한 배경의 학생을 가르치면서 상당한 자유재량권을 행사한다는 점에서 전문조직으로서의 특징을 갖는다.

② 학교의 관료제적 특징과 전문조직적 특징 비교

관료제적 특징	전문조직적 특징
• 가르치는 교수활동과 학교의 행정을 다루는 일이 분리되어 있고 교무부, 학생부 등 여러 부서를 두어 직무를 분담함 (분업과 전문화) • '학교장 – 교감 – 부장교사 – 교사' 순으로 권한과 책임에 관한 명확한 서열적 위계가 존재함(서열적 위계) • 학교의 모든 활동은 각종 법률이나 규정 및 규칙에 근거하여 수행됨(규칙·규정 중시) • 경력이 많은 교원이 보수와 승진 등에서 유리함(경력지향성) • 교육활동이나 행정 업무는 사사로운 감정에 치우치지 않음(몰인정성)	• 교사는 교육에 관한 전문성을 근거로 독립적인 교실에서 상당한 자유재량권을 가지고 학생을 가르침 • 교장의 지시나 통제가 교사의 개별적인 교육활동에 영향을 미치는 데는 한계가 있음 • 교사는 학교의 전문적 교육활동에 관한 의사결정에 깊이 참여하기 때문에 어느 정도 분권화된 조직의 특성을 지님 • 학교에는 교육목표가 있지만 대개 추상적 표현으로 모호하게 되어 있어 직무수행의 통일된 표준을 설정하고 이에 근거해 교사들을 감독하는 것이 어려움

③ 조직화된 무질서(무정부, organized anarchy)로서의 학교

기출 03, 10 중등 / 06, 12 초등

(1) 개념

올슨(Olsen), 코헨(Cohen), 마치(March) 등이 제안한 개념으로, 조직화되어 있으나 의도적인 통제가 이루어지지 않고 모두가 동의하는 목표·기술이 있지 않으며 유동적인 참여가 이루어지는 조직을 의미한다.

(2) 조직화된 무질서

조직은 되어 있지만 덜 구조화되어 있고 합리적·과학적·논리적으로 파악되기 어려운 측면이 있으며, 목표나 기술 또는 구성원 관계가 기능적이지 못한 측면이 있는 형태를 의미한다.

> **예** 학교는 분업과 전문화에 기초한 역할분담, 권한과 책임의 위계구조, 교육목적과 그 실현을 위한 전문지식과 기술의 적용 등 공식구조로서의 외형을 갖추고 있지만, 실제에서는 그 관계가 명확하지 못하고 매우 모호하고 혼란스러운 양상을 띤다.

(3) 무질서 조직의 특징

① **불분명한 목표**: 교육조직의 목표 구체적이지 않고 불분명하며, 수시로 변하고, 대립적 목표가 상존하고, 구성원마다 다르게 규정한다.

개념확대 ⊕
Zoom IN

관료지향적 행정가들과 교육전문가인 교사들의 행동특성 차이 (Hoy & Miskel)
• 행정가들은 조직의 이익을 위해 행동하도록 기대되는 반면, 교사들은 고객인 학생과 학부모의 이익을 위해 행동하도록 기대된다.
• 행정가들은 위계를 강조하고 훈련된 복종과 조직에의 종속을 강조하는 반면, 교사들은 행동의 준거를 동료로부터 찾고 의사결정의 자율권 행사와 자율적 기준에 의한 통제를 강조하는 경향이 있다.

의사결정모형 – 쓰레기통모형

- **배경:** 보다 복잡하고 혼란한 상황, 즉 조직화된 무정부 상태나 느슨한 조직에서 의사결정이 이루어지는 행태를 설명하기 위해 코헨, 마치와 올슨이 제안한 의사결정모형이다.
- **개념:** 조직화된 무정부 조직 상태에서 '문제, 해결책, 선택기회 및 참여자'라는 4요소가 독자적으로 움직이다가 어떤 우연한 사건을 계기로 교차하여 결합하게 될 때 결정이 이루어진다고 보는 의사결정모형이다.
- **특징**
  - 조직의 목적은 사전에 설정되는 것이 아니라 자연스럽게 나타난다.
  - 수단과 목적은 독립적으로 존재하며, 우연 또는 생각지 못했던 기회에 서로 연결된다.
  - 문제와 해결책이 조화를 이룰 때 좋은 의사결정이 이루어진다.
  - 의사결정은 합리성보다는 우연성에 기초하여 이루어진다.
  - 의사결정자들은 조화를 이루는 것을 찾기 위해 기존의 해결책, 문제, 참여자 및 기회를 탐색한다.

기출 15 중등 추시

기출논제 Check ⊘

학교 조직의 관료제적 특징과 이완결합체제적 특징을 각각 2가지 제시

---

② **불확실한 기술:** 교육조직에서는 아주 많은 기술이 활용되지만 그것이 학습자에게 어떠한 영향을 미칠지에 대해서는 분명하게 말할 수 없으며, 특히 어떤 방법과 자료를 활용해야 학습자로 하여금 요구된 목표에 도달하게 할 수 있는지에 대해 교사와 행정가 등의 합의된 견해가 없다.

③ **유동적 참여:** 학생은 입학한 후 일정한 기간이 지나면 졸업하고 교사와 행정가도 정기적으로 이동하며, 학부모와 지역사회 관계자도 필요시에만 참여한다.

(4) 의사결정모형

조직화된 무질서 상태에서 의사결정은 우연성에 기반을 둔 '쓰레기통모형' 형태를 띤다.

④ 이완조직 · 이완결합체제(loosely - coupled system)로서의 학교

기출 00, 07, 10, 15 중등 / 07 초등

(1) 개념

와익(Weick)이 제안한 개념으로 느슨하게 결합된 이완조직은 서로 연결되어 있으나 각자 분리 · 독립되어 정체성을 보존하는 하부 단위의 연결체를 의미한다.

(2) 느슨한 결합

연결된 각 사건이 서로 대응되는 동시에 각각 자체의 정체성을 보존하면서 물리적 · 논리적 독립성을 갖는 경우를 의미한다.

(3) 특징

① 각 하부 단위들이 독립되어 있기 때문에 한 부분에서의 성패가 다른 부분과 연결되지 않는다. 즉 한 과목의 성패가 다른 과목과 연결되지 않으며 한 학급의 어려움 또한 다른 학급과 독립적인 사건으로 여겨진다.

② 교육목표와 평가방법이 모호하다는 점에서 교사에 대한 감독과 평가가 제한적이며, 교사는 전문직으로서 상당한 자율권을 갖고 있다.

③ 교육조직의 경우 학교장과 교사 간의 결합관계가 견고하지 않으며 상호 간의 영향력이 제한적이다. 즉 학교조직의 내적 구조는 서로 연결은 되어 있으나 각자가 독자성을 유지하면서 어느 정도 분리되어 있다.

⑤ 이중조직으로서의 학교

(1) 개념

오웬스(Owens)에 따르면 학교는 느슨하게 결합된 측면도 있지만 엄격한 관료제적 특성 또한 지니고 있다는 점에서 '이중조직'으로 설명했다.

(2) 특징

① 학교장과 교사는 매우 느슨한 결합구조를 가지고 있으며, 특히 수업과 관련해 교사는 상당한 자율권을 행사하고(이완조직), 수업행동에 미치는 많은 관료제적 장치(수업시간 운영, 학습집단 구성, 자원의 활용)를 가지고 있다.

② 반면, 수업을 제외한 많은 학교 경영활동(인사관리, 시설관리, 재무관리)의 측면에서는 엄격한 결합구조를 가지고 있다(관료제적 특성).

(3) 시사점

지나친 독립성의 보장은 조직의 생산성과 효율성을 떨어뜨릴 수 있는 반면, 엄격한 경직성 또한 교사들의 사기를 떨어뜨려 과업수행의 효과를 감소시킬 수 있다는 점에서, 교육행정가는 이러한 학교의 특성을 이해하고 양자의 순기능을 확보할 수 있는 능력을 갖추어야 한다.

> **예** 학교의 행정관리 차원의 조직관리는 관료적 엄격함을 유지하되, 교육활동과 관련된 전문영역에서는 자율성 및 권한과 책임의 부여 등 이원적 차원에서 지도성을 발휘해야 한다.

⑥ 전문적 학습공동체(learning community)로서의 학교

(1) 공동체로서의 학교

서지오바니(Sergiovanni)는 학교를 가치와 생각, 헌신을 공유하는 사람들의 공동체로 간주하고 공동체로서 학교는 구성원들이 충분히 숙고하고 성장하고, 탐구를 본질로 하는 학습이 삶의 한 과정이 되는 곳이라고 설명했다.

(2) 개념

전문적 학습공동체란 학습에 대하여 교사 간에 공유된 가치와 교수 · 학습활동에 대한 교사들의 풍부한 대화 및 협동을 근간으로 하는 학습공동체를 의미한다.

(3) 특징

① 개인적 경험의 공유 및 반성적 대화: 동료교사들과 교육활동에 관한 일상적인 대화를 통해 자신의 교수 · 학습 실제에 대해 성찰하는 기회를 갖게 된다.

② 협력적 학습 및 적용: 공동연구를 통해 실천하며 집단 성장을 도모한다.

③ 비전과 가치의 공유: 구성원 모두가 조직의 방향과 목적에 대한 비전과 가치의 공감대를 형성한다.

(4) 장점

① 동료교사와 교육활동에 관한 일상적 대화를 통해 자신의 교수 · 학습 실제에 대하여 성찰하는 기회를 가지고 실제 협력활동을 가짐으로써 교사의 전문성을 신장시키고 실제 교수 · 학습의 향상으로 이어질 수 있다.

② 동료교사들과 교육활동에 관한 목표를 공유하여 공동체 의식을 높이고, 교사 공동체를 통해 교사지도성을 함양시킬 수 있다.

③ 교원의 개인 역량에 의존하여 교육과정과 수업을 실행했던 학교 내의 문제를 함께 찾아 공동연구하며 공동으로 실천하는 과정을 통하여 협력적인 문화로 개선될 수 있다.

④ 행정업무 중심의 학교조직을 학습조직화함으로써 학생의 행복한 성장을 도울 수 있다.

❼ 학습조직(learning organization)으로서의 학교 <small>기출 15 중등 / 09 초등</small>

<small>기출 15 중등</small>

기출논제 Check ☑

A 중학교가 내년에 중점을 두고자 하는 학습조직의 구축 원리를 3가지 설명

(1) 필요성

지식정보화 사회의 도래로 지식 수명이 단축되고, 급격한 외부 환경 변화에 따른 교육 수요와 기대가 급변하고 있으며, 불확실한 미래에 대한 전문적·자율적인 대응 역량을 학교가 갖출 필요가 있다는 점에서 학습조직화의 필요성이 커졌다.

(2) 등장 배경

① 기존의 조직관리 방식에서 벗어나 교사들이 스스로 역동적 움직임의 주체가 되어 그 변화를 주도해 나가는 새로운 패러다임이 요구되었다.

② 교사의 학습능력과 학습자발성에 대한 신뢰, 존중, 주체적 학습활동의 강조 등은 센게(Senge)가 제시한 '학습조직'으로서의 학교 개념으로 발전되었다.

(3) 개념

학습조직이란 학교 내·외의 교사들이 정보를 공유하고 협력적 학습활동을 전개하여 지속적으로 새로운 지식을 창출해 학교의 환경에 적응해 나가는 조직이다.

(4) 특징

① 개인수준의 학습이 조직수준으로 확장된 형태이다.

② 구성원의 학습 자발성, 지식 및 학습 정보의 공유, 협력적인 학습활동, 새로운 지식의 창출과 활용, 개인과 집단 및 조직 전체가 유기적으로 상호작용하는 체제를 강조한다.

(5) 기본원리

① 개인적 숙련
  ㉠ 개념
   ⓐ 개인이 추구하는 지식, 기술, 태도를 형성하기 위하여 개인적 역량을 지속적으로 넓혀가고 심화시키는 행위를 의미한다.
   ⓑ 한 개인이 자신의 꿈, 비전과 현재의 상태를 자각하고 이 차이를 줄이기 위해 끊임없이 학습활동을 전개하는 행위로서 개인의 비전을 구체화·명료화하는 과정을 포함한다.
  ㉡ 개인적 숙련의 출발점: 미래의 자신이 원하는 모습을 기술하고, 현재의 자신의 모습을 직시한 후, 이들 간 차이(gap)를 확인한다.
  ㉢ 효과: 교사 스스로 전문적 신장의 필요성을 인식할 수 있도록 도와주고, 교사가 경험하고 있는 정체감의 위기와 상실해 가고 있는 교직의 의미를 다시 음미할 수 있도록 한다.

② 정신모델
  ㉠ 개념: 주변에서 발생하는 현상들을 이해하는 인식체계로, 개인이 무엇을 어떻게 보는지를 결정하고 어떻게 행동할지를 이끄는 인식의 틀이며, 교사들이 자신의 생각을 성찰하고 객관화하여 자신의 행동과 선택에 영향을 미치는 사고의 틀을 새롭게 하는 훈련을 의미한다.
  ㉡ 정신모델 훈련
    ⓐ 성찰: 개개인의 신념체계나 교직에 대한 가정이 어떻게 형성되었는지 인식하고 반문해 보는 과정이다.
    ⓑ 탐구: 자신의 세계관과 기본가정 및 신념체계를 타인과 공유하고 타인의 다양한 관점과 사고를 수용하면서 새로운 통찰력을 얻어 가는 과정이다.
  ㉢ 효과: 정신모델은 우리의 사고체계를 더 나아지도록 해주는 작용으로 성찰과 탐구의 과정을 거치면서 교사들은 자신의 교직관을 새롭게 정립하는 기회를 갖게 된다.
③ 팀 학습
  ㉠ 개념: 구성원이 팀을 이루어 학습하는 것으로, 개인수준 학습을 증진시키고 조직학습을 유도하는 것이다.
  ㉡ 신장방안
    ⓐ 팀 학습은 구성원들 간의 대화와 공통 사고로부터 시작되며, 대화와 토론을 통한 학습으로 인해서 학습의 시너지가 발생한다.
    ⓑ 가장 기본적인 출발은 학교 단위 차원의 팀 학습조직으로, 개별 학교가 스스로의 인적·물적 자원에 비추어 교과별·학년별에 초점을 맞추어 학습조직 팀을 구성하고 교사의 공동체 학습을 형성하도록 하는 것이다.
  ㉢ 효과: 개인이 해결할 수 없는 복잡한 문제나 핵심적인 문제를 해결할 수 있고, 서로의 학습을 촉진하는 효과가 있다.
④ 시스템적 사고
  ㉠ 개념: 조직에서 일어나는 여러 가지 사건들을 전체적으로 인지하고 이에 포함된 요소들 간의 관계를 순환적 인과관계 또는 역동적 관계로 이해하고 사고하는 접근방식이다.
  ㉡ 신장방안: 교사는 의사결정과정에서 거시적 관점을 생각해야 한다. 예컨대, 교사는 학생들의 요구에 어떠한 변화가 있는지 생각하고, 학교 자체의 변화와 학교와 관련된 학부모 및 지역사회의 요구에도 관심을 가져야 한다.
  ㉢ 효과: 교사가 학교교육 문제를 전체적 관점에서 볼 수 있도록 유도해 문제해결 능력을 신장시킨다.

⑤ 공유된 비전
  ㉠ 개념: 조직이 추구하는 방향이 무엇이며 그것이 왜 중요한지에 대해 모든 구성원들이 공감대를 형성하는 것으로, 조직구성원이 공통으로 가지고 있는 것을 바탕으로 각기 갖고 있는 열망을 한 방향으로 정렬하는 일련의 기술을 의미한다.
  ㉡ 신장방안: 구체적 질문과 도덕적 설득(⑩ 현재의 상황이 올바르다고 생각합니까? 만약 그렇지 않다고 생각한다면, 그렇게 되기 위해 우리는 어떤 방향으로 가야 합니까? 그리고 우리는 그것에 대하여 무엇을 할 수 있습니까?)을 통해 스스로 진단하고 토의하려는 자세가 중요하다.
  ㉢ 효과: 이런 과정을 통해 교사들은 성공적인 학교의 이미지를 공유하게 될 것이고, 이는 교사들에게 목표를 설정하고 이를 추구하는 행동을 하도록 활력이 될 것이다.

개념확대⊕
Zoom IN 센게 외 다양한 학습조직 이론

1. **토빈(Tobin)의 4가지 학습조직**
   ① **확실한 지도성**: 미래를 통찰하고 비전을 제시하며 일할 의욕과 여건 조성을 통하여 조직을 한 방향으로 이끄는 것이다.
   ② **기능적 문맹의 극복**: 원활한 업무수행에 필요한 기본적인 인간관계 및 팀 활동 기술, 커뮤니케이션 및 관리 기술의 습득, 기업의 경영철학, 이념, 비전 및 전략을 이해하고 전문지식과 기술을 이해해야 한다.
   ③ **기능적 근시안의 극복**: 문화적 장벽을 허물고 부서 간의 기능적인 역할을 통합할 수 있도록 교육과 훈련을 우선적으로 실시해야 한다.
   ④ **효과적인 학습팀 구성**: 조직에서 이루어지는 많은 일이 개개인의 전문성이 통합되어 시너지를 만들어낼 때 효과가 가장 크므로, 효과적인 학습 팀 구성이 조직생산성 향상에 중요한 요소로 작용한다.
   ⇨ 중간관리자의 역할은 통제자가 아닌 변화와 혁신을 주체적으로 촉진하는 역할이 재검토되어야 한다.

2. **왓킨스(Watkins)와 마식(Marsick)의 학습조직**
   ① 개인 · 집단 · 조직 · 사회적 수준에서 학습이 일어나는 것으로 이러한 각 수준에서 학습이 일어나기 위해 요청되는 7개의 필수 행동을 제시한다.
   ② **수준별 학습조직 요소**
     ㉠ **개인 수준**: 계속적 학습기회를 창출, 대화와 탐구 촉진
     ㉡ **집단 수준**: 협력과 팀 학습 조장
     ㉢ **조직 수준**: 학습을 포착하고 공유할 수 있는 체제 구축, 공통된 비전을 가질 수 있게 사람들에게 권한을 부여, 조직의 지도자는 적절한 학습지원적 지도성 발휘
     ㉣ **사회적 수준**: 시스템 사고를 통해 조직을 환경에 연결할 수 있어야 함

3. **고(Goh)의 학습조직**
   ① 학습조직의 특징을 다섯 가지 핵심 요건과 두 가지 지원 체제로 집약한다.
   ② **핵심 요건**: 목적과 비전, 공유하는 지도력, 실험정신, 지식의 전이, 팀워크와 협동
   ③ **지원 체제**: 조직구조와 근로자의 기술과 능력, 학습능력의 측정

4. 가빈(Garvin)의 학습조직

① 학습조직에서 학습의 본질은 행동의 변화에 있다고 제안한다.

② 학습조직의 구축 요인으로 '명확한 학습주제, 정보에 대한 개방성, 실패에 대한 학습, 지식의 내재화, 실천적 행동'의 다섯 가지를 제안한다.

요약정리 🔍
Zoom OUT 학교조직의 특징 종합

성격	특징
사회체제	• 학교조직을 부분이 아니라 전체로 바라보며 환경과의 개방적 상호작용을 강조하는 관점 • 학교조직은 다양한 인적 · 물적 자원이 투입되어 교육목적과 학교 규범 속에서 교수 · 학습이라는 전문적인 기술을 중심으로 상호작용한 후 학생의 성장과 발전, 교원의 성취와 만족, 학교의 교육성과 등의 산출물을 만들어 내어 외부 환경으로 내보내는 조직임
전문적 관료제	• 학교조직은 관료적 성격과 전문적 성격을 공유하는 조직임 • 학교는 업무의 분업화, 절차 규정에 따른 운영, 위계적 구조, 국가수준의 표준화된 교육과정 등의 관료제적 특징 가짐 • 교사들은 고도의 교육을 받은 전문가들이며, 독립적인 한정된 교실에서 교수 · 학습과 관련한 상당한 자유재량권 행사한다는 점에서 전문직제 형태를 보임
조직화된 무질서	• 학교는 조직화되어 있으나 의도적인 통제가 이루어지지 않고 모두가 동의하는 목표 · 기술이 있지 않으며 유동적인 참여가 이루어지는 조직임 • 올슨, 코헨, 마치 등이 제안
이완조직, 이완결합체제	• 학교는 상호 간에 반응하며 서로 연결되어 있으나 각자 분리 · 독립되어 정체성을 보존하는 하부 단위들의 연결체임 • 와익이 제안
이중조직	• 학교가 느슨하게 결합된 측면도 있지만, 엄격한 관료제적 특성을 동시에 가진다는 점에서 이중조직에 해당함 • 오웬스가 제안
전문적 학습공동체	• 서지오바니의 학교를 공동체로 이해하려는 관점에서 파생된 개념 • 학교는 학습에 대한 교사 간에 공유된 가치와 교수 · 학습활동에 대한 교사들의 풍부한 대화 및 협동을 근간으로 하는 학습공동체임 • 개인적 경험의 공유 및 반성적 대화, 협력적 학습 및 적용, 비전과 가치의 공유 등의 특징을 가짐
학습조직	• 효과적인 학교조직에 대한 연구결과를 바탕으로 한 개념 • 학교 내 · 외의 교사들이 정보를 공유하고 협력적 학습활동을 전개하며, 지속적으로 새로운 지식을 창출해 학교의 환경에 적응해 나가는 조직 • 개인적 숙련, 정신모델, 팀 학습, 시스템적 사고, 공유된 비전 등의 특징을 가짐

❶ 리커트(Likert)의 관리체제 유형 기출 07 초등

(1) 개관

① 리커트는 지도자와 구성원 간의 관계에 따라 조직관리 유형(조직풍토)을 체제 1부터 체제 4까지 연속선상에 표시했다. 이는 7개의 조직변수(지도성, 동기부여, 의사소통, 상호작용과 영향력, 의사결정, 목표설정, 관리통제)에 근거한다.

② 리커트는 조직풍토와 조직의 성과는 밀접한 관계를 가지기 때문에 조직의 변화를 위해서는 구조적 개혁보다는 조직풍토를 조절하는 경영과정이 중요함을 주장했다.

③ 따라서 행동과학적 연구에 기반을 두고 조직이 변화되도록 제언했다.

> 📌 조직이 X이론보다는 Y이론에 근거하여 구성원의 성숙한 행동에 대한 격려에 초점을 두고 동기부여 요인 충족을 위해 애쓸 것을 제언했다.

(2) 네 가지 조직풍토 유형

① 체제 1 유형: 이기적(착취적) – 권위주의적 풍토(exploitive-authoritative climate)

　　㉠ 관리자는 구성원에 대해 맥그리거의 X이론적 가정을 하고 있으며, 지도자와 구성원 간의 상호 신뢰가 적어 서로 지지하지 않는 체제이다.

　　㉡ 과업지향적이며 고도로 구조화된 권위적 관리 유형이다.

　　㉢ 구성원들은 공포, 처벌이나 제약에 의하여 동기화되며 통제구조는 최고 관리층에 집중되고 의사결정은 일방적·하향적으로 이루어진다.

② 체제 2 유형: 자선적 – 권위주의적 풍토(benevolent-authoritative climate)

　　㉠ 체제 1보다는 다소 개선되었지만 체제 1이 가진 대부분의 문제점을 여전히 갖고 있는 체제이다.

　　㉡ 관리자가 구성원에게 자비를 베풀 듯 신뢰를 주고 구성원을 정중하게 대하지만, 구성원을 의사결정에 참여시키지는 않는다.

　　㉢ 구성원들은 보상과 처벌에 의해 동기화되며, 통제 구조는 대부분 최고 관리층에 집중되지만 때로 위임하기도 한다.

③ 체제 3 유형: 협의적 풍토(자문적 풍토, consultative climate)

　　㉠ 체제 2에서 민주적 방향으로 발전·향상된 형태이나, 여전히 관리적 요소가 남아있는 체제이다.

　　㉡ 관리자가 구성원을 완전히 신뢰하지는 않지만 중요한 존재로 인식하고 의사소통은 위아래로 이루어지며, 주요 정책은 관리자가 결정하되 구체적 의사결정은 구성원들에게 많이 위임된다.

　　㉢ 학교목표 달성이나 학생의 자아실현, 교사의 자아충족을 최대화시키기엔 다소 미흡하지만 학교를 전문조직으로 개발시키려는 실질적 노력을 담고 있는 체제이다.

④ 체제 4 유형: 참여적 풍토(participative climate)
  ㉠ 관리자는 맥그리거의 Y이론을 가정하고 있으며 팀워크, 상호 신뢰, 상호
     작용에 기반을 둔 가장 이상적인 학교풍토이다.
  ㉡ 관리자가 구성원을 온전히 신뢰하고, 관리자와 구성원의 관계는 광범위하고
     우호적이며, 의사결정의 주체는 광범위하게 분담되어 있고 의사소통은 상
     하좌우로 원활하게 이루어진다.
  ㉢ 지지적 지도성, 고도로 동기화된 구성원, 의사결정의 분담, 원활한 의사소
     통, 원만한 인간관계, 높은 성취목표 등을 특징으로 한다.
  ㉣ 교사들은 높은 성취목표, 많은 협동심, 공동협력과 배분, 높은 합리성, 호
     의적인 태도, 높은 성취동기를 보인다.

② 할핀(핼핀, Halpin)과 크로프트(Croft)의 학교풍토론 [기출] 07 중등 / 02 초등

(1) 개관
① 할핀과 크로프트는 학교의 조직풍토를 설명·기술할 수 있는 조직풍토 기술
   척도(OCDQ; Organizational Climate Description Questionnaire)를
   개발하여 학교풍토를 연구했다.
② OCDQ는 교사집단의 특징과 교장의 행동에 대해 교사들이 어떻게 지각하고
   있는가를 조사하여 학교풍토를 기술한 것으로서, 학교조직에 대한 교사 스스
   로의 자기평가라고 할 수 있다.
③ OCDQ는 학교풍토를 측정하는 도구로 널리 사용되어 왔지만, 타당하지 않은
   하위 척도와 낮은 신뢰도 등의 한계가 지적되어왔다.
④ 조직풍토 기술척도

구분	유형	내용
교사 행동 특성	장애	교사가 교장을 자기 일을 방해하는 사람으로 지각하는 정도
	친밀	교사 간 업무 외의 우호적 인간관계 유지 및 사회적 욕구 충족 정도
	방임 (일탈)	교사가 주어진 업무를 이탈하려 하는 정도
	사기	교사가 일에 대한 욕구 충족과 성취감을 느끼는 정도
교장 행동 특성	과업 (실적)	일에 대한 철저한 지시와 감독의 정도
	냉담	공식적이고 엄정한 행동의 정도
	인화 (배려)	배려와 친절한 행동의 정도
	추진	역동적인 학교운영 정도

(2) 유형

① **개방적 풍토**: 목표를 향해 움직이고 학교구성원의 사회적 욕구를 충족시키는 활력 있는 풍토이다.

② **자율적 풍토**: 교장이 교사 스스로가 상호 활동 구조를 마련하도록 분위기를 조성하고 사회적 욕구 충족을 위한 방법을 모색하도록 보장하는 자유보장적 풍토이다.

③ **통제적 풍토**: 과업 수행을 강조하고 교사들의 사회적 욕구 충족을 소홀히 하는 풍토이다.

④ **친교적 풍토**: 교장과 교사들 간 우호적인 태도가 형성되고 사회적 욕구는 잘 충족되지만 조직의 목적 달성을 위한 집단활동이 부족한 풍토이다.

⑤ **간섭적 풍토**: 교장의 공정성이 결여되어 있고 교사들에게 과업만을 강조하여 과업 성취나 욕구 충족 모두에 부적합한 풍토이다.

⑥ **폐쇄적 풍토**: 교장이 일상적인 일과 불필요한 일을 강조하고 교사들은 거의 만족감을 느끼지 못하는 비효율적인 풍토이다.

❸ 호이(Hoy)와 미스켈(Miskel)의 학교풍토론 [기출] 11 초등

(1) 개관

① 할핀과 크로프트의 OCDQ와 학교풍토 구분은 논리적이지 못하고 정밀함이 부족하다는 비판을 받아왔는데, 호이와 미스켈이 이를 개정해 초등학교용 OCDQ-RE를 구안했다. 이는 초등학교 교사와 학교장의 행동에 대해 6개의 하위 검사, 42개의 문항으로 구성된 척도이다.

② 각 영역별 측정 변인

영역	측정	내용
교사 행동 특성	단체적 (동료적)	교사 간에 이루어지는 지시적이고 전문적인 상호작용의 정도
	친밀한	학교 안팎에서 교사 간에 형성된 긴밀한 개인적 관계 정도
	일탈적	교사 간에 조성된 소외와 격리 정도
교장 행동 특성	지원적	교사에게 진실한 관심을 보이고 지원하는 정도
	지시적	교사의 개인적 욕구에 전혀 관심을 두지 않는 엄격한 과업 지향
	제한적	교사 업무를 수행할 때 장애를 주는 정도

(2) 네 가지 학교풍토 유형

		학교장의 행동	
		개방	폐쇄
교사의 행동	개방	개방풍토 (open climate)	몰입풍토 (engaged climate)
	폐쇄	일탈풍토 (disengaged climate)	폐쇄풍토 (closed climate)

[그림 6-9] 호이와 미스켈의 4가지 유형의 학교풍토

① **개방풍토**: 교직원 간, 교직원과 학교장 간의 협동, 존경, 신뢰를 바탕으로 학교장은 교사의 제안을 경청하고 전문성을 존중하며, 교사는 일에 대하여 헌신적인 풍토이다.

② **몰입풍토**: 한쪽에서는 학교장의 통제가 비효과적으로 시도되고, 다른 한쪽에서는 교사의 높은 전문적 업무 수행이 이루어지는 풍토이다.

③ **일탈풍토**: 몰입풍토와 반대되는 풍토로, 학교장은 개방적이고 관심이 많으며 지원적인 반면, 교사는 학교장을 무시하거나 최악의 경우 태업하거나 무력화하려 하고 교사 간에도 불화하고 편협하며 헌신적이지 않은 풍토이다.

④ **폐쇄풍토**: 개방풍토와 반대되는 풍토로, 학교장은 일상적이거나 불필요한 잡무만을 강조하는 비효과적인 리더십을 엄격하고 통제적으로 나타내는 반면, 교사는 교장과 불화하고 업무에 대한 관심 및 책임감이 없고 헌신적이지 않은 풍토이다.

❹ 마일즈(Miles)의 조직건강론

(1) 개관

① 마일즈는 건강한 조직을 '효과적으로 기능을 수행하고 보다 완전하게 기능을 수행할 수 있는 체제로의 발전과 성장을 지속하는 노력을 구비한 조직'이라고 정의했다.

② 학교조직의 건강측정 변인을 '과업달성 변인, 조직유지 변인, 성장발전 변인'의 세 가지로 구분하여 제시했다.

③ 마일즈는 건강한 학교를 '구성원들에 의하여 합리적으로 명확하게 목표가 수용되어 목표집중을 하게 된 학교, 수직적·수평적 모든 의사소통이 적절히 유지되고 있는 학교, 조직의 모든 계층에 권력배분이 평등화된 학교, 그리고 인적·물적 자원을 잘 활용하는 학교'라고 하였다.

(2) 학교조직의 건강측정 변인

구분	요소	주요 내용
과업 달성 변인	목표에 대한 관심	• 건강한 조직이 되기 위해서는 목표가 합리적이고 명료해야 함 • 목표가 구성원에 의해 수용되어야 하고 현재의 능력 또는 가용자 원으로 달성이 가능하고 적절해야 함
	의사소통의 적절성	• 건강한 조직은 수직적·수평적 의사소통이 왜곡되지 않고 이루어짐 • 외부 환경과의 정보 교신이 원활하게 이루어져야 하고 구성원은 그들이 필요로 하는 적절한 정보를 신속·용이하게 얻을 수 있음
	권력의 적절한 분산	• 건강한 조직에서 구성원의 기본자세는 강압보다는 협동적 태도를 보이며 부하직원은 상사와 영향력을 주고받을 수 있음 • 집단 간 갈등이 있을지라도 집단 간 권력투쟁은 심각하지 않음
조직 유지 변인	자원 활용	• 건강한 조직은 구성원을 효과적으로 활용함 • 사람들은 자신의 과업에 대해 즐거움을 느낄 뿐만 아니라 조직에 공헌하는 과정에서 배우고, 성장하고, 발전한다는 느낌을 가짐
	응집력	• 건강한 조직에서는 조직과 구성원에 대한 신뢰를 바탕으로 오랫 동안 근무하게 하는 끈끈한 애착이 있음 • 구성원은 조직에 머물기를 원하며 조직의 영향을 받기를 원하고, 협동적 활동에서 자신의 영향력을 발휘하기를 원함
	사기	• 행복, 만족, 즐거움을 포함하는 개인의 정서적 성향으로서 불안, 스트레스, 불만 등의 정서와 반대되는 것 • 건강한 조직에서 사기를 유발하는 것은 중요함
성장 발전 변인	혁신성	건강한 조직은 관습과 일상에 젖어 정체된 상태로 남아있기보다는 끊임없이 변화하면서 성장과 발전을 도모하는 조직임
	자율성	• 건강한 조직은 외부 요구에 수동적으로 반응하지 않고 그 자체가 환경을 변화시키는 도구로 느낌 • 환경의 요구에 대해 적대적이 아니라 주체적으로 반응함
	적응력	건강한 조직은 충분한 안정성과 적응과정에서 발생하는 어려움을 관리하기 위한 내성을 갖춤
	문제 해결력	건강한 조직은 문제를 감지하고 가능한 해결책을 강구하며, 그들의 효과성을 측정하기 위한 훌륭한 구조와 절차를 가짐

(3) 발전

이후 홈스(Holmes), 호이, 펠드만(Feldman) 등은 마일즈의 조직건강모형에 기초하여 조직건강척도(OHQ; Organizational Health Questionnaire), 조직건강목록(OHI; Organizational Health Index) 등을 개발했다.

⑤ 윌로어(Willower) 외의 학교풍토론

(1) 개관

① 윌로어는 학교에서의 학생 통제방식을 기준으로 학교풍토론을 구분하였다.

② 학교의 학생 통제방식을 인간적 · 보호적 방식의 연속선으로 가정하고, 학생 통제이념질문지(PCI; Pupil Control Ideology)를 발전시키며, 학교풍토를 두 가지로 구분했다.

(2) 윌로어의 두 가지 학교풍토

구분	인간주의적 학교	보호지향적 학교
학교의 개념	학교는 학생이 협동적 상호작용과 경험을 통해 배우는 교육공동체	학교는 학생과 교사의 지위체계가 잘 정비된 권위적인 조직
학습과 행동	학습과 행동은 도덕적인 것이라기보다는 심리적 · 사회적인 것	학생의 행동은 도덕적 차원에서 판단됨
학생 지도방식	엄격한 교사의 통제보다는 스스로의 자제가 중요(민주적 통제방식)	학생은 무책임하고 훈련되지 않은 존재이므로 엄격한 규율과 체벌로 통제함

요약정리 🔍
Zoom OUT 조직풍토론 종합

문화론	개념 및 특징
리커트의 관리체제 유형	• 지도자와 구성원 간의 관계에 따라 조직관리 유형을 체제 1~4까지 연속선상에 표시함 • **조직풍토 유형**: 이기적 - 권위주의적 풍토, 자선적 - 권위주의적 풍토, 협의적 풍토, 참여적 풍토
할핀과 크로프트의 학교풍토론	• 교사집단의 특징과 교사들이 인식하는 교장의 행동을 자기평가 형태(OCDQ)로 조사해 교장, 교사의 행동특성을 측정하고 이를 바탕으로 학교조직 풍토를 제시함 • **조직풍토 유형**: 개방적 풍토, 자율적 풍토, 통제적 풍토, 친교적 풍토, 간섭적 풍토, 폐쇄적 풍토
호이와 미스켈의 학교풍토론	• 교사행동과 학교장의 행동을 측정하는 개정된 초등학교용 OCDQ-RE를 바탕으로 학교조직 풍토를 제시함 • **조직풍토 유형**: 개방풍토, 몰입풍토(참여풍토), 일탈풍토, 폐쇄풍토
마일즈의 조직건강론	건강한 조직에 초점을 두고 학교조직의 건강측정 변인을 '과업달성 변인, 조직유지 변인, 성장발전 변인'의 세 가지로 구분하여 제시함
윌로어의 학교풍토론	• 학교의 학생 통제방식을 인간적 · 보호적 방식의 연속선으로 가정하고 두 가지 학교풍토를 제시함 • **학교조직 유형**: 인간주의적 학교, 보호지향적 학교

05 조직문화론(organizational culture)

참고 조직문화와 조직풍토

1. 개관
'조직문화'는 사회학과 문화인류학적 개념으로 조직이 갖는 비공식적 규범, 가치와 신념, 암묵적 가정을 말하며, '조직풍토'는 구성원의 심리적 유대관계 속에서 지각되는 조직의 분위기를 의미한다. 효과적으로 성공한 조직은 신뢰, 평등, 협동 등의 중핵적 가치를 공유하는 문화를 가지고 있으며, 이러한 가치들은 조직의 특성에 의해 형성된다. 조직풍토와 조직건강을 측정하기 위한 다양한 도구들이 개발·활용되어 왔으며, 개방적인 풍토와 건강한 조직을 만드는 다양한 요인들에 대한 연구가 지속되고 있다.

2. 조직문화와 조직풍토 비교

구분	조직문화	조직풍토
개념	사회학·문화인류학적 개념	심리학적 개념
강조	암묵적 가정, 공유된 가치관, 공유된 규범 등을 강조함	공유된 지각을 강조함

① 맥그리거(McGregor)의 X-Y이론 `기출 06 초등`

(1) 개관
① 맥그리거는 인간 본성에 대해 두 가지 기본 가정에 기초하여 경영자가 갖고 있는 가치관과 인간에 대한 가정에 따라 서로 다른 조직문화가 나타날 수 있다는 경영이론을 전개했다.
② X이론은 전통적 경영이론에 근거를 두는 반면, Y이론은 새로운 경영이론에 근거를 두는 이론으로, 두 이론 모두 경영자가 구성원의 동기를 부여하기 위한 전략을 선택하는 데 있어서 중요한 역할을 한다.

(2) X이론과 Y이론 비교

구분	X이론	Y이론
인간에 대한 가정	• 인간은 일하기 싫어하고 지시받기 좋아하며, 책임을 회피하려 하고, 야망이 없고 안전을 원함 • 적극적 개입이 없으면 조직의 필요에 대하여 저항하거나 수동적이 됨	• 인간은 본질적으로 수동적이거나 게으르지 않고, 무책임하지 않으며, 조직의 필요에 저항하지도 않음 • 인간은 일에 대한 동기와 잠재력, 책임감, 목표 성취 의지 등을 가짐
경영의 초점	외적 통제에 대한 믿음과 가정	자율적 통제와 자기지향에 대한 가정
경영 전략	• 권위적·강압적인 리더십을 행사함 (적극적 방법) • 인간관계나 민주적·온정적인 행정을 통해 설득함(온건한 방법)	부하직원의 노력을 촉진시키고 지원하기 위해 조직의 조건과 운영 방법을 끊임없이 정비하려 노력함

❷ 아우치(Ouchi)의 Z이론

(1) 개관

① 1980년 이후 일본이 경제가 급속하게 발전함에 따라 아우치는 미국과 일본의 기업을 비교·연구한 연구결과를 토대로 Z이론을 발전시켰다.

② 맥그리거의 X-Y이론의 연장선 위에 있는 이론으로 X-Y이론이 경영자의 리더십 유형 간의 차이를 강조한 반면, Z이론은 전체 조직의 문화에 관심을 두는 이론이다.

③ 성공적인 기업은 친밀성, 신뢰, 협동, 평등주의, 공유된 가치관에 의해 내적으로 일관되게 다져진 독특한 기업문화를 가지고 있다.

(2) Z이론의 조직문화 특성

Z조직의 특성		Z문화의 핵심적 가치
장기간의 고용	→	조직에 대한 헌신
완만한 승진	→	경력 지향성
참여적 의사결정	→	협동심과 팀워크
집단결정에 대한 개인적 책임	→	신뢰와 집단충성
전체 지향	→	평등주의

[그림 6-10] Z이론의 조직문화 특성

① 장기간의 고용은 피고용자로 하여금 안정감을 갖고 조직에 헌신하도록 하며, 조직에 모든 정열을 바치게 한다.

② 완만한 승진은 피고용자로 하여금 다양한 기능과 역할을 수행하도록 함으로써 광범위한 경험과 다양한 경력을 쌓을 수 있는 기회를 제공한다.

③ 참여적 의사결정은 피고용자로 하여금 조직에 대한 주인의식을 갖고 구성원 간 협동심과 팀워크를 다질 수 있도록 한다.

④ 집단결정에 대한 개인 책임은 신뢰와 상호 지원의 분위기를 가져다준다.

⑤ 전체 지향은 평등주의 분위기를 조성하고 협동적으로 일하는 평등 공동체를 촉진한다.

❸ 아지리스(Argyris)의 미성숙 - 성숙이론

(1) 개관

① 아지리스는 지배적인 관료적 가치체제와 인간적 가치체제를 비교·연구한 결과 조직 관리자는 구성원을 성숙한 인간으로 취급하고 뛰어난 리더십으로 성숙한 문화풍토를 조성하기 위해 노력해야 한다고 제안했다.

② 맥그리거의 X-Y이론이 미성숙 - 성숙한 구성원의 특징과 적절한 경영전략을 제시하는 데 그쳤다면, 아지리스는 미성숙 - 성숙의 연속선을 제시하여 미성숙한 인간과 조직은 변화를 통해 성숙한 인간과 조직으로 발전한다고 강조했다.

(2) 미성숙 – 성숙의 연속선

미성숙한 인간과 조직의 특성		성숙한 인간과 조직의 특성
피동적인 태도	→	능동적인 태도
의존적인 성향	→	독립적인 성향
단순한 행동	→	다양한 행동
얕고 산만한 관심	→	깊고 강한 관심
단기적 비전	→	장기적 비전
종속적 위상	→	평등 지배적 위상
자의식의 결여	→	주체적 자의식

[그림 6-11] 아지리스의 미성숙 – 성숙의 연속선

(3) 조직별 특징

미성숙 조직	성숙 조직
• X이론에 근거하면서 관료적 가치체계를 따르는 조직	• Y이론에 근거하면서 인간적 가치체제를 따르는 조직
• 인간을 부정적이고 미성숙한 존재로 여겨, 의심 많은 인간관계가 형성되어 대인관계 능력을 저하시키고 집단 간 갈등을 야기함	• 인간을 긍정적이고 성숙한 존재로 여겨, 신뢰하는 인간관계를 형성하고 집단 간 협동 및 융통성을 향상시킴
• 조직의 문제해결력이 저하됨	• 조직의 효과성이 증대됨

(4) 시사점

① 산업조직에서 흔히 볼 수 있는 근로자의 미성숙한 행동은 조직 문화의 영향을 받는다. 즉, 인간을 미성숙한 개체로 보는 조직에서는 기업의 관리방법 자체가 개인의 성숙을 방해하고 개인은 환경에 대하여 최소한의 영향력밖에 행사하지 못하므로 수동적·의존적인 행동이 장려되어 미성숙한 존재로 남는다.

② 조직 관리자는 구성원을 성숙한 인간으로 대하고 성숙한 문화풍토를 조성하도록 해야 한다. 즉, 구성원에게 자율성을 부여하고 신뢰하며, 직장 내에서 전문성을 기르고 성숙하는 기회를 제공할 때 구성원의 자아실현욕구가 충족되고 조직의 목표도 달성할 수 있다.

❹ 세시아(Sethia)와 글리노우(Glinow)의 문화유형론

(1) 기준

① 세시아와 글리노우는 조직의 관심이 인간에게 있는지 성과에 있는지에 따라 조직문화를 네 가지로 구분하였다.

② 조직의 관심

㉠ 인간에 대한 관심: 조직이 구성원의 만족과 복지를 위해 노력하는 것이다.

㉡ 성과에 대한 관심: 구성원이 최선을 다해 직무를 수행하도록 하려는 조직의 기대이다.

(2) 조직문화의 네 가지 유형

성과에 대한 관심

		낮음	높음
인간에 대한 관심	높음	보호문화	통합문화
	낮음	냉담문화	실적문화

[그림 6-12] 세시아와 글리노우의 조직문화

구분	관심	특징	주요 가치
보호 문화	구성원의 복리를 강조하고 높은 성과를 강요하지 않는 조직	• 구성원이 조직 관리자에게 순응할 준비가 되어 있음 • 구성원의 충성심과 애정으로 생존 · 번창함	팀워크, 협동, 동조, 상사에 대한 복종 등
냉담 문화	인간과 성과 모두에 대해 무관심한 조직	• 특별한 상황과 환경에 의해 보호를 받지 못하면 생존할 수 없음 • 효과성과 능률성에 대한 관심보다 기득권과 이해관계에 의해 운영됨	음모, 파당, 분열, 불신, 불확실 혼란 등
실적 문화	구성원의 복지에 소홀하지만 높은 성과를 요구하는 조직	• 인간은 소모품으로 간주됨 • 개인의 성과가 높을 때만 보상을 제공함	성공, 경쟁, 모험, 혁신, 적극성 등
통합 문화	성과와 인간에 대한 높은 관심을 나타내는 조직	• 인간에 대한 관심이 온정적인 것이 아니라 인간의 존엄성을 바탕으로 한 진지한 관심임 • 구성원에게 모든 것을 할 수 있도록 자유를 허용하는 것을 기본원칙으로 함	협동, 창의성, 모험, 자율 등

⑤ 스타인호프(Steinhoff)와 오웬스(Owens)의 학교문화유형론

기출 13, 20 중등

(1) 기준

스타인호프와 오웬스는 공립학교에서 발견될 수 있는 네 가지 특유한 문화형질(culture phenotypes)을 통해 학교문화를 분류하고, 비유를 사용해 각 학교문화를 설명했다.

(2) 학교문화의 네 가지 유형

구분	비유	교장	관계
가족문화	가정, 팀	부모나 코치	• 구성원은 의무를 넘어 서로에 대한 관심을 가지고 가족의 일부로서 제 몫을 다할 것을 요구받음 • 학교는 애정어리고 우정적 · 협동적 · 보호적임

구분	비유	교장	관계
기계문화	기계	자원 획득을 위해 변화하는 기계공	• 모든 관계를 기계적으로 파악함 • 학교의 원동력은 조직 자체의 구조에서 나오고, 학교는 목표 달성을 위하여 교사를 이용하는 일종의 기계에 해당함
공연문화	공연장	곡마단 단장, 공연 사회자, 연기주임	• 공연뿐만 아니라, 청중의 반응이 중요함 • 교장의 훌륭한 지도 아래 탁월하고 멋진 가르침을 추구하는 문화
공포문화	전쟁터, 혁명상황, 악몽	자기 자리의 유지를 위해 무엇이든 희생의 제물로 삼을 존재	• 학교를 밀폐된 상자 또는 형무소라고 표현함 • 교사는 고립된 생활을 하고 사회적 활동이 거의 없으며, 구성원끼리 서로 비난하고 적의를 가짐

❻ 하그리브스(Hargreaves)의 학교문화유형론

(1) 기준

① 하그리브스는 학교문화의 중핵을 이루는 차원을 '도구적 차원'과 '표현적 차원'으로 구분한 후, 도구적 차원과 표현적 차원의 높고 낮음을 교차하여 다섯 가지 학교문화 유형을 제시했다.

② 두 가지 차원에 따른 학교문화

구분		도구적 차원(사회적 통제)		
		높음	적절	낮음
표현적 차원 (사회적 응집)	높음	온실		복지주의자
	적절		효과적	
	낮음	형식적		생존주의자

(2) 학교문화의 다섯 가지 유형

구분	차원의 제도	개념
형식적 학교문화	• 도구적 차원↑ • 표현적 차원↓	• 학생이 학습목표를 달성하도록 과도한 압력을 가하지만, 교사와 학생 간 응집력이 약함 • 학교생활은 교수·학습과 관련하여 질서화·계획화되어 있는 모습
복지주의자 학교문화	• 도구적 차원↓ • 표현적 차원↑	• 관대, 태평, 편안한 분위기로 비형식적이고 친구 같은 교사 – 학생 관계 강조 • 강한 보살핌이 중시되는 학교가 이런 유형에 해당함
온실 학교문화	• 도구적 차원↑ • 표현적 차원↑	• 학교구성원의 적극적 참여를 요구하며, 일과 자기계발에 대한 압력이 강함 • 교사들은 교육의 실험자 또는 개혁자로서 정열적이고 헌신적임 • 학교 내 친밀함의 확산 속에서 구성원은 감시와 통제하에 있음

생존주의자 학교문화	• 도구적 차원↓ • 표현적 차원↓	• 불안, 낙망, 사기 저하 등이 나타나며, 교사 – 학생 간의 관계가 친밀하지 않고 제대로 된 교육이 이루어지지 않음 • 이러한 유형의 학교는 붕괴의 처지에 놓이게 됨
효과적 학교문화	도구적 · 표현적 차원 적절함	• 구성원의 일과 행동에 대한 기대가 높으며, 이들의 노력에 대하여 학교는 지원적임 • 가장 이상적인 모습으로 묘사되는 학교 유형

참고 그라이너(Greiner)의 조직성장론

1. 개념

① 조직은 생성과 함께 진화기, 혁신기 등을 통한 성장을 거친다.
② 진화기는 성장을 이루기 위해 사용되는 지배적 경영 유형에 의해, 혁신기는 성장이 지속되기 전에 해결되어야 하는 지배적 경영문제로 특징지어진다.

2. 단계별 특징

단계	키워드	특성	위기	해결책
1단계	창의성에 의한 성장	창설자에 의해 주도되고 상품과 시장을 창조하는 일에 몰두함	• 리더십의 위기 • 조직이 성장하면서 비공식적 의사소통과 창설자의 헌신만으로는 해결할 수 없는 경영 문제가 발생하고, 리더십의 위기가 도래하며 첫 번째 혁신기가 시작됨	새롭고 강력한 경영자를 배치하고 지시를 통한 성장 단계로 나아감
2단계	지시에 의한 성장	새로운 경영자와 간부가 기관의 나아갈 방향에 대해 책임을 지게 되는 반면, 하위층의 감독자는 아직 자율적으로 의사결정하는 경영자라기보다는 기능적 전문가로 남아있음	• 자율성의 위기 • 경영자의 지시를 통해 배운 하위층의 감독자는 자율성을 요구하고, 이에 따라 자율성의 위기가 닥침	보다 많은 권한을 부하에 위임함
3단계	위임을 통한 성장	조직은 대체로 분권화된 조직구조를 개발하기 시작해 하위층의 의욕을 북돋움	• 통제의 위기 • 경영자가 고도로 다양화된 영역에 대하여 통제를 상실하면서 위기가 나타남	집권보다는 조정을 통해 조직을 체계화하는 것

단계	키워드	특성	위기	해결책
4단계	조정을 통한 성장	보다 광범위한 조정을 달성하기 위해 공식적 체제를 활용함	• 형식주의의 위기 • 조정체제는 무력해져 형식주의의 위기를 초래함	–
5단계	협동을 통한 성장	팀워크를 통해 성장을 도모하고, 경영에 있어서 많은 자발성이 강조되며 사회적 통제와 자율이 공식적인 통제를 대신함	–	–

요약정리 🔍
Zoom OUT 조직문화론 종합

문화론	개념 및 특징
맥그리거의 X-Y이론	• 인간 본성에 대한 두 가지 기본 가정에 기초하여 경영자의 리더십 유형 차이를 제시 • X이론: 전통적 경영이론에 바탕, 외적 통제·권위적 리더십 등 강조 • Y이론: 대안적 이론에 바탕, 자율적 통제·지원 및 지지 등 강조
아우치의 Z이론	• 전체 조직문화에 관심 • 성공적 기업은 친밀성, 신뢰, 협동, 공유된 가치관 등 독특한 기업문화를 가짐
아지리스의 미성숙 – 성숙이론	• 미성숙 – 성숙의 연속선을 제시함 • 미성숙한 조직(인간)은 변화를 통해 성숙한 조직(인간)으로 발전함
세시아와 글리노우의 문화유형론	• 조직의 관심(인간/성과)에 따라 조직문화를 네 가지로 구분함 • 보호문화, 냉담문화, 실적문화, 통합문화
스타인호프와 오웬스의 학교문화유형론	• 공립학교에서 발견되는 문화형질에 따라 학교문화를 네 가지로 구분함 • 가족문화, 기계문화, 공연문화, 공포문화
하그리브스의 학교문화유형론	• 학교문화를 도구적 차원과 표면적 차원에 따라 다섯 가지로 구분함 • 형식적 학교문화, 복지주의자 학교문화, 온실 학교문화, 생존주의자 학교문화, 효과적 학교문화

06 조직갈등론

❶ 갈등의 개념 및 과정

(1) 갈등(conflict)의 개념

① 행동주체(개인, 집단, 조직) 간의 대립적·적대적 상호작용을 의미하며, 심리적 대립감과 대립적 행동을 포함하는 개념이다.

② 행동주체는 개인, 집단, 조직 등을 포함한다는 점에서 개인갈등(심리적 갈등), 대인갈등(사람 간 갈등), 집단갈등(집단 간 갈등), 문화갈등(문화 간 충돌), 역할갈등(상반된 역할 부여에 따른 심리적 부담), 의사결정 갈등(대안의 선택 기준 모호) 등 다양한 형태를 지닌다.

(2) 갈등의 과정

① 갈등 상황: 갈등 야기의 잠재적 조건이 형성되는 단계이다.

② 지각: 행동주체가 갈등 상황을 지각하고 그 의미를 확인하는 단계이다.

③ 의도 형성: 행동주체가 갈등 상황의 지각에 따라 긴장, 불만, 적개심 등을 느끼고 갈등의 의도를 형성하는 단계이다.

④ 행동(갈등의 표출): 대립적·적대적 행동을 표면화하는 단계이다.

⑤ 해소 또는 억압: 갈등이 해소되거나 억압되는 단계이다.

⑥ 갈등의 여파: 갈등이 잘 해소되어 추후의 갈등 발생 가능성이 감소하거나, 갈등의 원인이 제대로 제거되지 않아 새로운 갈등을 야기하는 등의 영향이 나타나는 단계이다.

❷ 순기능적 갈등과 역기능적 갈등

(1) 의미

① 순기능적(건설적, 유익한) 갈등: 조직이 추구하는 목표나 가치를 지지하거나 촉진하는 결과를 가져오는 갈등을 의미한다.

② 역기능적(파괴적, 해로운) 갈등: 조직이 추구하는 목표나 가치를 해치는 결과를 가져오는 갈등을 의미한다.

③ 언제나 양자를 뚜렷하게 구분 지을 수 있는 것은 아니며, 둘은 시간의 흐름에 따라 변동될 수도 있다.

(2) 순기능적 갈등이 조직에 미치는 영향

① 조직의 생존과 성공에 필요한 쇄신적 변동을 유발하는 원동력이 된다.
② 적정 수준 자극 제공으로 조직이 자원배분 등을 자율적으로 조정할 수 있다.
③ 행동주체의 정체성 인식을 돕고 자기반성의 기회를 제공한다.
④ 행동주체가 정체된 사고방식에서 벗어나 능동적으로 행동하고 성장할 수 있는 기회를 제공한다.
⑤ 순기능적 갈등의 존재는 창조와 성장, 민주주의의 다양성, 자기실현 등을 반영한다.

(3) 역기능적 갈등이 조직에 미치는 영향

① 조직구성원의 협력적 노력을 좌절시킨다.
② 조직구성원의 사기를 떨어뜨리고 낭비를 초래한다.
③ 이러한 갈등이 심해지는 경우 조직이 와해될 수도 있다.

❸ 갈등관리 전략

(1) 성공적 갈등관리 방법

① 순기능적 갈등과 역기능적 갈등은 시간의 흐름에 따라서 변화하는 동태적인 특성을 갖는다.
② 따라서 갈등관리를 성공적으로 이끌기 위해서는 구체적인 필요에 맞게 관리 기법을 분화시키고 상황 적응적으로 활용해야 한다.

(2) 갈등관리 전략 구분

구분		전략	특징
갈등해소 전략	소극적	갈등 상황이나 그 체제를 근본적으로 변동시키지 않고 일부 요인에만 수정을 가함으로써 조직상 배열이 원활하게 운영되도록 하는 것	• 인간관계에 치중한 방법이 많이 쓰임 • 미온적 · 현상 유지적 전략
	적극적	조직상의 배열을 적극적으로 변동시켜 갈등 상황을 제거하는 것	적극적 · 변동 유발적 전략
갈등조성 전략		조직을 위해 순기능적이라고 판단되는 갈등을 조성하는 것	전통적 갈등관리 개념에는 포함되지 않음

(3) 토마스(Thomas)와 제미슨(Jamieson)의 갈등관리이론 `기출` 02, 03, 06 초등

① 개념: 조직의 목표달성과 조직구성원의 필요를 충족시키는 갈등관리 전략을 다섯 가지로 분류했다.
② 분류 기준
  ㉠ 협조성(협동성): 한쪽 당사자가 타인의 욕구(이익)를 충족시키려는 정도
  ㉡ 독단성(적극성): 자신의 욕구(이익)를 충족시키려는 정도

③ 갈등관리 전략

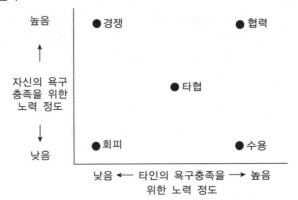

[그림 6-13] 토마스와 제미슨의 갈등관리 전략

구분		특징	상황
제1형	협력	• 양쪽의 관심사를 모두 만족시키려는 접근 • 양자 모두에게 이익을 주는 전략 • 양쪽이 모두 만족하는 갈등해결책을 적극적으로 찾는 최선의 방법	• 목표가 학습하는 것일 경우 • 합의와 헌신이 중요한 경우 (양쪽의 협력이 필요한 경우) • 양자의 관심사가 매우 중요하여 통합적인 해결책만이 수용되는 경우
제2형	경쟁	• 상대방을 희생시키고 자신의 이익이나 관심사를 충족하려는 전략 • 한쪽이 이익을 얻으면 다른 쪽이 손해를 보는 전략 • 행정가는 조직의 목표 달성을 강조하나 구성원의 개인적인 필요에 대해서는 협력하지 않는 방식	• 신속한 결정이 필요한 긴급 상황 • 조직의 성장에 매우 중요한 문제를 다루는 경우 • 중요한 사항이나 인기가 없는 조치를 시행하는 경우 • 타인을 부당하게 이용하는 사람에게 대항하는 경우
제3형	회피	• 자신과 상대방의 관심사 모두를 무시함으로써 갈등을 의도적으로 피하고자 하는 방식 • 갈등이 없었던 것처럼 행동하여 가능한 한 갈등을 무시하는 유형 • 조직의 목표를 강조하지도 않고 구성원의 필요에 협력하지도 않음	• 다른 사람의 관심을 이해할 시간적 여유가 없는 경우 • 다른 문제가 해결되면 해당 문제가 자연스럽게 해결될 수 있는 경우 • 갈등 해소에 따르는 부작용이 너무 큰 경우
제4형	수용 (동조)	• 자신이나 자기 부서의 관심사에 대해 양보하고 타인, 타부서의 관심사를 충족시켜 주는 방식 • 좋은 인간관계를 유지하기 위해 자신의 욕구 충족은 포기하고 상대방의 주장에 따름으로써 갈등을 해소함 • 행정가가 구성원의 필요를 위해 양보하고 자기를 희생함	• 자기가 잘못한 것을 알아차린 경우 • 보다 중요한 문제를 위하여 좋은 관계를 유지해야 하는 경우 • 조화와 안정이 특히 중요한 경우 • 다른 사람에게 더 중요한 사항인 경우

구분		특징	상황
제5형	타협	• 상호 희생과 타협을 통해 갈등을 해소함 • 양쪽이 서로 조금씩 양보하여 절충안을 찾으려는 방법 • 다수의 이익을 위해 조직의 목표와 개인의 필요 사이의 균형을 찾아 수용 가능한 해결책을 찾는 방법 • 양쪽이 다 손해를 보기 때문에 앙금이 남아 다른 갈등의 원인이 될 수 있음 • 현실적으로 가장 많이 활용됨	• 복잡한 문제에 대하여 일시적인 해결책을 얻고자 하는 경우 • 당사자들의 주장이 서로 대치되어 있는 경우 • 협력(제1형)이나 경쟁(제2형) 방법이 실패한 경우 • 시간이 부족하여 신속한 행동이 요구되는 경우

(4) 라힘(Rahim)의 개인 갈등관리 전략

개념	내용
강요(경쟁, forcing)	상대방을 압도하고 자기주장을 관철하려 함
수용(순응, accommodation)	자신의 주장을 양보하고 상대방의 주장에 따름
타협(compromising)	서로가 양보하고 자기만족을 조금씩만 꾀함
협력(collaborating)	서로 간의 관심사를 모두 만족시키려 함
회피(avoidance)	갈등 현장을 떠남으로써 자신과 상대방의 관심사를 모두 무시함

(5) 마치(March)와 사이먼(Simon)의 조직 갈등관리 전략

개념	내용
문제해결 (problem-solving)	당사자들이 직접 접촉하여 공동의 노력에 의해 정보를 수집하고 탐색활동을 통해 새로운 대안을 제시하며, 평가를 통해 당사자 모두를 만족시킬 수 있는 문제해결안을 찾는 것
설득 (persuasion)	개별 목표의 차이가 있기는 하지만 어느 수준(상위 수준)에 들어섬으로써 공동목표에 대한 합의가 이루어질 수 있으며, 이를 위해 설득이 필요함
협상 (bargaining)	토론을 통한 타협에 해당하나 협상에 의해 얻은 결정은 어느 당사자에게도 최적의 결정이 될 수 없다는 점에서 갈등의 원인을 제거하지 못하고 갈등을 일시적으로 모면하게 하는 잠정적 갈등 해소법이라 할 수 있음
정치적 타결 (정략, 책략, politics)	각 갈등 당사자가 정부나 이론, 대중과 같은 제3자의 지지를 얻어 협상하려는 것으로, 협상과 마찬가지로 갈등의 원인을 제거하지 못하고 표출된 갈등만을 해소하는 방법임

❹ 갈등조성 및 해소의 전략

(1) 갈등조성의 전략

개념	내용
의사전달 통로의 변경	특정한 의사전달 통로에 통상적으로 포함되던 사람을 일부러 제외하거나 본래 포함되지 않았던 사람을 새로 포함시키는 방법
정보 전달 억제 또는 정보 과다조성	정보 전달을 억제하거나 정보 과다현상이 나타나도록 하여 조직구성원이 모든 의사전달을 무비판적으로 받아들이는 무관심 상태를 타파함
구조적 분화	조직 내의 계층 수, 기능적 조직 단위의 수를 늘려 서로 견제의 역할을 수행하게 함으로써 갈등을 조성함
구성원의 재배치와 직위 간 관계의 재설정	구성원의 유동성을 높이고 직위 간 관계를 재설정함으로써 관련된 조직 단위의 동질성을 와해시키고, 의사결정권을 재분배하며 상호 감시기능을 확대시켜 갈등을 야기함
리더십 스타일의 변경	리더십의 유형을 적절히 교체함으로써 갈등을 야기하고 대상집단을 활성화함
구성원의 태도 변화	조직구성원의 태도 변화를 통해 간접적으로 갈등을 조성함

(2) 갈등해소의 전략

개념	내용
문제해결	• 갈등을 일으키고 있는 당사자들이 직접 접촉하여 갈등의 원인이 되는 문제를 공동으로 해결하게 하는 방법 • 당사자들이 협동적 문제해결 능력을 가지고 있을 때 효율적임
상위목표 제시	갈등을 일으키고 있는 당사자들이 공동으로 추구해야 할 상위목표를 제시함으로써 갈등관계에 있는 행동의 주체가 모두 목표를 위해 협력하도록 독려함
공동의 적 제시	상위목표 제시의 소극적 측면으로, 갈등 당사자에게 공동의 적을 확인시키고 이를 강조하면서 잠정적으로 갈등을 해소하거나 잠복시킴
자원의 증대	• 희소자원의 획득을 위한 경쟁에서 촉발되는 갈등을 해소하는 가장 효과적인 방법 • 조직 내의 전체 가용자원은 한정되어 있으므로 한 조직의 갈등해소를 위해 다른 조직의 자원을 전용하는 경우 갈등은 악화될 수 있음
회피	• 단기적으로 갈등을 회피하는 방법 • 갈등을 야기할 수 있는 의사결정을 보류 또는 회피하거나 갈등 상황에 처한 당사자들이 접촉을 피하도록 하는 것 또는 갈등행동을 억압하는 것
완화 또는 수용	• 갈등 당사자들의 차이점을 호도하고 유사점이나 공동의 이익을 강조함으로써 갈등을 해소하는 방법 • 회피와 상위목표 제시의 방법을 혼합함

개념확대 ⊕
Zoom IN

조직혁신을 저해하는 저항 극복 방안
• 조직혁신의 목표에 조직구성원들의 목표와 요구를 반영하여 변화에 따른 두려움이나 불확실성을 감소시킨다.
• 조직혁신에 관한 의사결정에 구성원들을 참여시켜 저항을 극복한다.
• 교육이나 의사전달을 통해 조직구성원에게 혁신의 당위성을 알리고 받아들이게 한다.
• 구성원들이 변화에 두려움을 가지고 있을 경우 변화를 인정하고 적극적으로 지지하는 사람들에게 인센티브 및 각종 지원을 제공한다.

개념	내용
타협	• 당사자들이 대립되는 주장을 부분적으로 양보해 공동의 결정에 도달하도록 하는 방법 • 갈등의 원인을 제거하지 않고 갈등을 일시적으로 모면하게 하는 것이기 때문에 잠정적인 갈등해소 방법임
협상	• 이해 당사자들이 서로 다른 선호체계를 가지고 있을 때 공동의 결정을 이끌어내는 과정 • 당사자들이 각기 자기 몫을 주장하는 '분배적 협상'과 당사자들이 모두 승리자가 될 수 있도록 공동의 이익을 키우는 방안을 탐색하는 '통합적 협상'으로 구분됨
상관의 명령	갈등 당사자 간의 합의를 전제로 하는 것이 아니고 표면화된 갈등행동만을 해소함
갈등 당사자의 태도 변화	• 갈등을 일으키거나 가능성이 있는 사람들의 인적 변수를 변화시킴으로써 갈등을 예방 또는 해소하는 방법 • 사람들의 태도를 변화시키는 데 시간과 비용이 많이 듦
구조적 요인의 개편	• 구조적 요인에 변화를 야기함으로써 갈등을 보다 근본적으로 해소하는 방법 • 인사교류, 조정담당 직위 또는 기구의 신설, 이의제기제도의 실시, 갈등을 일으키는 집단의 분리, 지위체제의 개편, 업무 배분의 변경, 보상체제의 개편 등이 있음

요약정리 🔍
Zoom OUT 조직갈등론

1. 순기능적 갈등과 역기능적 갈등

구분	순기능적 갈등	역기능적 갈등
개념	조직이 추구하는 목표나 가치를 지지하거나 촉진하는 결과를 가져오는 갈등	조직이 추구하는 목표나 가치를 해치는 결과를 가져오는 갈등
조직에 미치는 영향	적정한 수준의 자극을 제공하여 자원 재조정, 자기반성 기회, 쇄신적 변동의 원동력 등으로 이어짐	조직구성원의 사기 저하, 협동적 노력 좌절, 조직 와해 등으로 이어짐

2. 갈등관리 전략

구분	내용
토마스와 제미슨의 갈등관리 전략	협력, 경쟁, 회피, 수용(동조), 타협
라힘의 개인 간 갈등관리 전략	강요(경쟁), 수용(순응), 타협, 협력, 회피
마치와 사이먼의 조직 간 갈등관리 전략	문제해결, 설득, 협상, 정치적 타결(정략, 책략, politics)

3. 조직 차원의 갈등관리 · 해소 · 조성 전략

구분	내용
성공적 갈등관리 방법	구체적인 필요에 맞게 관리기법을 분화시키고 상황 적응적으로 활용해야 함
갈등조성 전략	의사전달 통로의 변경, 정보 전달 억제 또는 정보 과다조성, 구조적 분화, 구성원의 재배치와 직위 간 관계의 재설정, 리더십 스타일의 변경, 구성원의 태도 변화
갈등해소 전략	문제해결, 상위목표의 제시, 공동의 적 제시, 자원의 증대, 회피, 완화 또는 수용, 타협, 협상, 상관의 명령, 갈등 당사자의 태도 변화, 구조적 요인의 개편

07 교육조직 관리기법

❶ 과업(사업)평가 검토기법(PERT; Program Evaluation and Review Technique)

기출 04, 07 초등

(1) 개념
① 과업의 수행과정을 도표화하여 과업을 합리적 · 체계적으로 수행하는 방법이다.
② 구체적인 작업 활동인 '활동'과 활동들을 구별해주는 시점인 '단계'의 두 가지 요소로 구성되어 있다.
③ 과업의 진행과정에서 평가와 조정이 가능하여 작업을 체계적으로 할 수 있다.
④ 추진공정에 따라 과업을 순차적으로 수행할 수 있도록 자원과 예산분배 등을 체계화한다.

(2) 과정
플로차트(flow chart) 작성 ➪ 활동 소요시간 추정 ➪ 총 수행시간 추정

(3) 효과
① 세부 작업 활동의 순서 및 상호 관계를 유기적으로 파악할 수 있어 계획을 신중하고 체계적으로 수립할 수 있고, 계획을 신속하게 분석 · 평가할 수 있다.
② 작업과정을 파악하기가 용이해 작업추진 상의 어려운 점을 사전에 파악하고, 이에 따라 인적 · 물적 자원을 효과적으로 활용할 수 있다.
③ 작업과정 작성을 위해 모든 조직구성원이 참여한다는 점에서 구성원의 참여의식이 높아지고, 협조를 이끌어내기 용이하다.

❷ 목표관리기법(MBO; Management By Objectives) 기출 10 중등

(1) 개념

① 드러커(Drucker)가 소개하고 오디온(Odiorne)이 체계화한 것으로, 활동목표를 명료화·체계화함으로써 관리의 효율화를 기하려는 관리기법이다.

② 조직구성원이 공동으로 참여하여 목표를 수립·달성하고자 역할을 분담하여 노력하고, 성과에 대해 평가·보상하는 방식의 운영기법으로 구성원을 목표설정에 참여시켜 각자의 목표를 공동목표에 일치시키고 내면화하는 과정이 강조된다.

③ 명확한 목표의 설정, 책임한계의 규정, 구성원의 참여와 협조, 원활한 의사소통과 참여를 통한 의사결정, 업적평가 및 환류과정을 통해 관리계획을 개선하고 구성원의 동기유발과 조직의 효율성을 증진시키는 일련의 과정이다.

(2) 과정

조직목표 설정과 구성원의 역할 규정 ⇨ 미래 예측 ⇨ 구체적 목표 설정 ⇨ 목표 성취계획표 작성 ⇨ 일정표 작성 ⇨ 자원 배분 ⇨ 성과 평가기준 설정 ⇨ 성과 측정 및 평가 ⇨ 행동계획 수정

(3) 학교경영에서의 목표관리(EBO; Education By Objectives)

① 교장과 교감, 교직원의 공동참여를 통해 교육목표를 수립하고, 이를 달성해 나가는 학교경영방식의 하나로 활용될 수 있다.

② 교육목표 설정에서 공동참여, 목표 달성의 노력과 성과에 대한 보상, 교직원 각자의 자기통제를 통한 목표 도달이라는 순환적 과정을 거치는 학교경영기법으로 활용할 수 있다.

(4) 효과

① 모든 학교교육 활동을 학교교육 목표에 집중시켜 교육의 효율성을 제고시킬수 있다.

② 모든 교사들이 함께 참여해 목표를 설정하고 활동계획을 수립함으로써 교직원들의 참여의식을 높이고 인력자원 활용의 효율성을 도모할 수 있다.

③ 목표와 책임에 대한 명료한 설정으로 교직원의 역할 갈등을 해소하고 학교관리의 문제나 장애를 조기에 발견 및 치유할 수 있다.

④ 수시로 피드백 과정을 거쳐 활동의 과정과 결과에 대해 평가할 수 있다.

⑤ 학교운영의 분권화와 참여관리를 통하여 학교의 관료화를 방지하고 교직의 전문성을 살릴 수 있다.

(5) 교육경영에 적용하는 목표관리 절차

① **교육목적의 개발:** 학교의 교육목적은 교사들이 해야 할 업무와의 관계를 이해하고 업무수행의 지침으로 활용할 수 있도록 조작적으로 진술되어야 한다.

② **각 지위에 따른 목표수립:** 교장, 교감, 부장교사, 학급담임교사, 행정직원들의 지위에 따라 각자가 성취해야 할 목표를 설정한다.

③ **목적에 따른 목표의 통합:** 모든 부서가 동일한 전체적인 목표를 성취하기 위해 여러 가지 다른 직위의 목표를 조정·통합한다.

④ **측정 및 통계절차의 결정:** 계량적 평가 및 질적 평가를 통해 효과를 측정하고 평가결과를 교사업무의 개선에 활용한다.

(6) 한계

① 목표에 대한 지나친 중시와 단기적·구체적 목표에 대한 강조 때문에 과정을 중시하고 장기적·전인적 목표를 내세우는 학교교육 활동에는 부적합한 측면이 있다.

② 목표 설정과 성과 보고 등은 많은 노력과 시간을 필요로 한다는 점에서 교직원의 잡무 부담 가중과 불만의 원인이 되기 쉽다.

③ 측정 가능하고 계량적인 교육목표의 설정과 평가 때문에 학교교육을 오도할 가능성이 있다.

❸ 정보관리(경영정보)체제(MIS; Management Information System)

(1) 개념

① 의사결정자가 합리적인 결정을 내릴 수 있도록 필요한 정보를 적시에 신속하고 정확하게 제공하는 체제를 말한다.

② 규모가 크고 구조가 복잡한 현대 조직에 있어 운영상 필수적인 것으로 인식된다.

③ 단순한 사무관리 차원을 넘어서 정보의 수집, 저장, 처리, 전달 등과 관련된 인간, 도구, 방법의 통합적인 관리망을 의미한다.

④ 최근 컴퓨터를 활용한 정보관리체제(CMS) 등에서 볼 수 있듯이 스스로 의사결정자의 역할을 할 수 있는 정보체제로 확장되었다.

(2) 자료의 정보화 과정

① **체제의 요구조건 확인:** 필요한 내용, 자료의 원천, 자료수집·저장방법, 자료수집·분석·해석의 주체, 필요한 보호 및 안전조치 등을 확인한다.

② **정보관리체제 설계:** 목적과 목표 분석 ⇨ 의사결정 목록 개발 ⇨ 필요한 정보 분석 ⇨ 자료수집체제 구안 ⇨ 소프트웨어 개발 ⇨ 하드웨어 요구조건 설계

(3) 현황

① 대학교를 중심으로 수강신청, 등록금 관리, 성적 관리 등 초보적 활용에만 머물고 있다.

② 최근 초·중등학교에서도 컴퓨터를 활용해 수업계획, 재정·회계 관리, 시설 및 물자관리, 학생성적과 기록 관리 등을 전산화하여 자원 활용을 극대화하고 의사결정을 효율화하고 있다.

③ 조만간 교육계에서도 단순한 정보관리수단으로서가 아니라 학교교육계획과 의사결정을 포함한 모든 영역에서 획기적인 정보 활용을 위한 정보관리체제가 도입·활용될 것으로 전망된다.

❹ 총체적 질 관리(TQM; Total Quality Management) 기출 02 초등

(1) 등장 배경

① 국가 간의 경쟁전략으로 교육투자와 성과에 대한 인식이 증대됨에 따라 교육경영의 질을 높이기 위한 방안으로 TQM을 학교에 적용하게 되었다.

② 품질개선을 위해서는 노동의 질적 측면을 고려해야 한다는 일본식 품질관리 원리에 영향을 받으면서 발전했다.

(2) 개념

고객만족과 관리개선을 위해 고객지향적인 서비스 품질에 초점을 두고 전 직원의 참여를 통하여 지속적으로 서비스를 개선해 나가는 통합관리체계로, 제품이나 서비스의 품질뿐 아니라 경영과 업무, 직장환경, 조직구성원의 자질까지도 품질 개념에 넣어 관리해야 한다고 주장하는 경영이론이다.

(3) 전제

생산부문의 품질관리로는 기업이 성공할 수 없고, 기업의 조직과 구성원 모두가 품질관리의 실천자가 되어야 한다는 것을 전제한다.

(4) 강조

단위학교 책임경영제와 맞물려 학교에 자율권을 주고 책무성을 요구할 것을 강조하며, 학교경영에서 학교장의 강력한 지도성, 학교 구성원의 헌신, 총체적 참여, 팀워크, 지속적인 평가와 피드백 등을 강조한다.

5 조직개발(발전)기법(OD; Organization Development) 기출 01 초등

(1) 개념

① 사람 또는 조직문화 중심의 변화 전략으로 조직구성원의 잠재력을 최대한 개발하고 행태를 개선함으로써 조직 전체의 개혁을 이루려는 조직혁신의 접근 방법을 의미한다.

② 행동과학적 지식과 기술을 활용해 조직의 목적과 개인의 욕구를 결부시켜서 조직 전체의 변화와 발전을 도모하는 기법으로, 급격히 변화하는 환경에 조직이 잘 적응할 수 있도록 구성원의 태도, 가치, 신념, 구조 등을 변화시키는 데 목적을 두는 복합적 교육전략이다.

(2) 특징

① 조직이 환경변화에 대응하기 위한 노력: 조직이 새로운 기술, 도전에 보다 잘 적응할 수 있도록 구성원의 신념, 태도, 가치관 및 조직 구조를 변화시키고자 하는 노력이다.

② 변화를 위한 계획된 노력: 조직의 체계적 진단, 개선을 위한 전략적 계획 수립, 이를 위한 자원의 동원 등을 포함하는 계획된 노력이다.

③ 전체 조직의 변화를 위한 노력: 조직 문화 또는 분위기, 구성원의 가치관 등의 변화, 보수 체제의 변화 등을 포함하여 조직 전체에 걸쳐 행해진다.

④ 최고관리층으로부터 시작: 조직의 최고관리층은 조직발전의 과정과 그 결과에 대해 최종 책임을 지고 있기 때문에 조직발전 사업에 적극적으로 참여하고 헌신한다.

⑤ 효율성과 건전성 증진: 조직의 효율성에는 환경의 변화에 적절히 적응하고 대처할 수 있는 자기 혁신이 포함되고, 조직의 건전성에는 임무의 완수, 내적인 통합, 혁신의 의욕, 발전적 가치체계 등이 포함된다.

⑥ 행태과학적 지식 활용: 조직 진단에 있어 행태과학에서 다루는 개인의 동기, 의사전달, 문화적 규범, 인간관계, 집단관계, 갈등의 관리 등에 관한 지식이 사용되고, 이에 의해 전략을 세우게 된다.

(3) 대표적 기법

① 감수성 훈련(sensitivity training): 참가자들이 소집단을 구성해 집단 내에서 다양한 갈등, 조화, 지도성, 상호작용을 경험하는 훈련으로, 2주간 진행되며 이를 통해 인간관계 능력을 개선한다.

② 팀 빌딩(team-building): 팀원들의 작업 및 커뮤니케이션 능력, 문제해결 능력을 향상시켜 조직 효율을 높이려는 조직개발 기법으로, 레빈(Lewin)의 태도변화과정인 '해빙 ⇨ 변화 ⇨ 재동결'의 순서를 따른다.

③ 태도조사 환류기법(survey feedback method): 조직 전체에 걸쳐 구성원의 태도를 체계적으로 조사하고 그 결과를 조직 내 모든 계층의 개인과 집단에 환류시켜 그들이 환류된 자료를 분석하고 개선방안을 마련하도록 하는 조직개발 기법으로, 워크숍 등을 통해 이루어진다.

개념확대 ⊕
Zoom IN

감수성 훈련의 절차

• 훈련 참가자들을 다양한 직업, 나이, 출신을 가진 구성원들이 모일 수 있도록 여러 소집단 속에 속하도록 한다.

• 훈련 전 참가자들은 하고 싶은 것을 마음껏 할 수 있으며, 훈련 도중 참가자가 마음대로 떠날 수는 없고, 훈련집단의 모든 관리 운영은 참가자들이 자율적으로 수행할 수 있음을 알려준다.

• 참가자들은 자유롭게 훈련을 받으며, 토의는 정기적으로 매일 3회 실시한다.

• 참가자들은 원래 속해 있던 훈련집단을 해체하고 집단구성원들을 바꾸어 새로운 훈련집단을 만든다.

• 새로운 훈련집단에서의 훈련이 끝나면 각 참가자들을 원래 속해 있던 훈련집단으로 복귀시켜, 기존 훈련집단에 더욱 애착을 갖도록 한다.

조직개발기법 적용 사례 - 영기준 예산제도

• **개념**: 예산 편성 시 전년도 예산에 구애받지 않고 모든 사업이나 활동에 대해 새롭게 검토하여 우선순위를 설정한 후 이에 따라 자원을 배분하는 방법이다.
• **특징**
  - 금액 중심이었던 예산 편성 방식을 목표활동 중심으로 전환한다.
  - 전년도 기준이 아닌 사업을 기준으로 예산을 편성한다.
  - 점증주의적 예산과정을 탈피해 합리적으로 예산을 편성한다.
  - 기획예산제의 약점을 보완해 급변하는 경기 변동에 신축성 있게 대응하고자 한다.

④ 관리격자도(관리망)에 의한 조직발전(grid organization development): 블레이크(Blake)와 무튼(Mouton)이 개발한 관리격자도를 기초로 삼아 개인, 집단 간 관계, 조직전체의 효율화를 도모하려는 조직발전 기법으로, 관리 유형에 관한 세미나를 통해 기존 관리방식을 평가하고, 작업집단의 문화 분석기법을 익힌 후 이를 실제 작업관계에 적용하고 조직 전체에 대한 발전계획을 수립·시행한 뒤, 그 결과를 비판·측정·평가하는 순으로 진행된다.

요약정리⊖
Zoom OUT 교육조직 관리기법 종합

기법	개념 및 특징
과업평가 검토기법 (PERT)	과업의 수행과정을 도표화하여 과업을 합리적·체계적으로 수행하는 방법
목표관리기법 (MBO)	활동의 목표를 명료화하고 체계화함으로써 효율화를 기하려는 관리기법
정보관리체제 (MIS)	의사결정자가 합리적인 결정을 내릴 수 있도록 필요한 정보를 적시에 신속하고 정확하게 제공하는 체제
총체적 질 관리 (TQM)	제품이나 서비스의 품질뿐만 아니라 경영과 업무, 직장환경, 조직 구성원의 자질까지도 품질개념에 넣어 관리해야 한다고 주장하는 경영이론
조직개발기법 (OD)	조직의 효율성을 높이기 위해 감수성훈련 등을 통해 구성원의 태도, 가치, 신념, 구조 등을 변화시키고자 하는 복합적 교육전략

조직발전기법은 조직의 효율성을 높이기 위해 여러 학자들과 경영자들에 의해 제언된 조직변화의 이론이다. 그중 대표적으로 오웬스와 스타인호프가 정리한 조직발전의 10가지 개념적 특징은 아래와 같다.

개념	내용
발전목표	조직발전의 주된 목표는 조직 자체의 기능을 개선하기 위한 것이라는 점에서 조직의 능력을 효율화할 수 있는 풍토의 개선, 의사결정의 참여폭 확대, 새로운 프로그램 고안, 조직의 재구조화 등을 구체적 목표로 설정하고 추진해야 함
체제의 혁신	조직은 언제나 스스로를 혁신할 수 있고 자체능력을 증대시킬 수 있으며, 변화에 적응하고 목표 달성 수준을 제고할 수 있다는 긍정적 견해를 가지고 있어야 함
체제적 접근	조직을 복잡한 사회체제로 보는 관점에 근거를 두고 있으므로 조직체제의 전체를 강조하고 하위 체제 구성요소인 인간, 구조, 기술, 과업 간의 역동적 상호 관련성을 강조함
인간중심주의	조직발전의 초점은 인간행동에 영향을 미치는 신념의 체계로 요약되는 조직문화에 있으며 태도, 가치관, 감정, 개방적인 의사소통 등이 조직발전의 핵심적 관심사임
교육을 통한 혁신	교육을 통해 조직 내 사람들의 행동을 의미 있는 방향으로 변화시킴으로써 조직의 자기혁신을 자극시키는 것으로, 조직발전의 교육전략과 과정은 주로 조직풍토와 조직문화를 형성하는 요인에 초점을 둠
경험을 통한 학습	조직생활에서 실천학습 개념의 적용이 조직발전을 위한 학습의 기초이며, 실천학습은 사람들로 하여금 공통의 경험을 공유하도록 하고 그 경험에서 무엇을 배울 수 있는가를 알기 위해 경험을 재검토하는 것을 강조함
실제적인 문제 취급	조직발전론은 현존하는 긴급한 문제를 해결하기 위해 조직에 적용하는 것이라는 점에서 교육과정과 관련이 없는 어떤 특정한 문제나 보편적 문제를 포함시키지 않고 구체적인 조직의 문제를 취급함
체계적인 계획	조직발전에 있어 노력이 체계적으로 계획된 것이어야 하며, 이때 계획은 목표집단을 설정, 시간계획 수립, 이를 달성하기 위한 구체적·체계적 자원 조달계획 등을 포함해야 함
변혁 주도자 (변화 촉진자)의 참여	조직의 변화 청사진을 구상하고 조직 발전 프로그램의 수행을 돕는 자를 일반적으로 '상담자(consultant)'라고 하며, 조직발전은 변화 노력의 초기 단계에서 핵심적 역할을 수행하는 변혁 주도자의 참여에 의해 좌우되므로 상담자의 자질과 능력, 역할과 기능, 구성원과의 관계가 중요함
최고 의사결정자의 참여	최고 행정가가 조직발전에 관심을 가지고 헌신하며 가시적으로 참여할 때에만 부하직원의 참여 동기가 높아지고 발전 노력이 성공할 수 있음

동기이론(motivation theory)

설쌤의
Live Class 🎙

　　동기란 **스스로 추구하고자 하는 목표에 이르게 하는 욕구**이지요. 교육행정학에서의 동기는 교육심리에서 다루는 학습자의 동기와는 다르게 직무동기라고 볼 수 있습니다. 교육행정에서 동기이론을 다루는 이유는 조직구성원들이 동기부여되었을 때 조직목표 달성을 위하여 더욱 노력하고 조직의 효과성을 달성할 수 있기 때문입니다. 여러분들도 동기이론을 교육행정에서 공부해야 할 이유를 이해했다면 이제 동기이론을 공부하기 위한 동기부여가 충분히 됐을 거라 믿습니다.

　　동기이론은 크게 내용이론과 과정이론으로 구분됩니다. 내용이론은 **동기를 유발하는 내용, 즉 동기를 유발시키는 것이 '무엇'인가에 초점**을 두고 있는데, 매슬로우의 욕구체계이론을 시작으로 이전 이론의 한계점을 지적하며 각각 **허즈버그의 동기－위생이론, 앨더퍼의 ERG이론**이 등장했습니다. 각 이론이 이전 이론들과 어떻게 다른지를 중심으로 살펴본 후 교육행정에 주는 시사점이 무엇인지 생각해보시기 바랍니다. 과정이론은 **동기가 유발되는 과정, 즉 '어떻게 동기가 유발되는가에 초점**을 두고 있습니다. 대표적 이론인 **브룸의 기대이론, 아담스의 공정성 이론, 로크의 목표설정이론**은 성과와 보상에 대한 기대, 공정성, 목표가 동기부여에 중요한 역할을 한다고 설명합니다. 수석교사제, 교원성과급제, 목표관리기법(MBO) 등 최근의 많은 교육정책·관리기법들이 이러한 동기이론에 기반을 두고 있다는 점에서 함께 이해한다면 훨씬 도움이 되실 겁니다.

핵심 [Tag]🔖

허즈버그의 동기－위생이론
- 인간욕구를 동기요인과 위생요인의 이원적 구조로 구분
- 동기요인이 존재할 경우 직무에 만족하지만 부재 상태라고 해서 불만족하지 않으며, 위생요인이 존재할 경우 불만을 갖게 되지만 이런 요인이 없다고 해서 만족에는 크게 기여하지 못한다고 설명하는 이론

앨더퍼의 생존－관계－성장이론(ERG)
- 허즈버그 이론을 확장시켜 행동의 추상성을 기준으로 생존욕구, 관계욕구, 성장욕구로 분류
- 인간은 여러 가지 욕구를 동시에 경험할 수도 있으며 상위 욕구가 계속해서 좌절될 경우 낮은 수준의 욕구로 귀환된다고 설명하는 이론

브룸의 기대이론

- 개인의 동기는 노력을 쏟은 결과로 얻게 될 성취수준에 대해 인지된 '성과기대'와 성과로 얻게 될 보상에 대한 '보상기대' 간의 함수
- 인간은 자신이 노력하면 성과를 이룰 것이라는 성과기대와 그 성과에 대해 보상이 주어질 것이라는 보상기대, 그러한 성과와 보상이 높은 목표 매력성(유인가)을 지녔을 때 동기가 촉진된다는 이론

아담스의 공정성이론

- 한 개인이 타인에 비해 얼마나 공정한 대우를 받고 있다고 느끼는지에 초점을 두는 이론
- 개인은 자신이 수행한 일로 받은 성과와 이를 얻기 위해 자신이 투자한 투입에 대한 특정한 신념을 가지고 있으며, 자신의 성과 – 투입 비율이 타인의 비율과 동등할 때 공정한 대우를 받고 있다고 느끼고 직무에 만족을 느낀다는 이론

로크의 목표설정이론

- 인간은 '가치관과 목표'에 의해 동기부여됨
- 조직구성원이 직무수행 시 달성해야 할 목표를 분명히 하고 그 목표가 수용 가능한 것일 경우 동기가 유발된다는 이론

01 동기이론의 기초

❶ 동기의 개념 및 속성

(1) 개념

개인의 활동을 유발·유지시키며 행동의 방향을 결정하는 요인이다.

(2) 속성

학자에 따라 다양하게 정의되지만 주로 '인간행동의 활성화, 행동의 방향 제시, 행동의 지속 및 유지'라는 세 가지 요소를 공통으로 포함한다.

❷ 동기이론의 유형

(1) 내용이론

사람들의 행동을 야기하는 요인들이 무엇인가를 식별하는 데 관심을 가지고 그 요인들을 밝힌 이론이다.

(2) 과정이론

동기의 요인이 어떠한 상호작용 과정을 통해 행동을 유지·강화하는지에 관심을 가지고 그 과정을 밝힌 이론이다.

(3) 내용이론과 과정이론의 특징 및 예시

유형	특징	관련 이론	예시
내용이론	사람에게 동기를 부여하는 요인을 식별하는 데 관심을 둠	• 욕구체계이론 • 동기 – 위생이론 • 생존 – 관계 – 성장이론 (ERG 이론)	보수, 승진, 인정에 대한 욕구를 충족
과정이론	동기를 유발하기 위해 동기 요인이 상호작용하는 과정에 관심을 둠	• 성취 – 기대이론 • 기대이론 • 공정성이론 • 목표설정이론	작업투입, 성취요구, 보상에 대한 개인의 지각 명료화

02 동기의 내용이론(content theory)

❶ 매슬로우(Maslow)의 욕구체계이론(hierarchy of needs theory)

(1) 전제

① 인간의 욕구는 하나의 욕구가 충족되면 위계상 다음 단계에 있는 욕구가 나타나서 그 충족을 요구하는 식으로 체계를 이루고 있다.

② 가장 먼저 요구되는 욕구는 다음 단계에서 달성하려는 욕구보다 강하며, 그 욕구가 만족스럽게 충족되었을 때에만 다음 단계의 욕구로 전이되어 충족을 요구한다.

③ 인간은 충족되지 못한 욕구 때문에 항상 동기화되어 있으며, 욕구는 만족해야 할 순서대로 위계화되어 있다.

(2) 개념 및 특징

① 매슬로우는 욕구 5단계를 제시한 이후, 인간의 학습활동과 예술 활동을 설명하기 위해서 지적 욕구, 심미적 욕구를 추가한 7단계를 새롭게 제시하였다.

② 인간 욕구의 종류

　　㉠ 결핍욕구(deficiency needs)

　　　　ⓐ 욕구의 위계 중 우선적으로 충족되어야 하는 하위 4개 욕구로, 충족되면 더 이상 욕구로 작동하지 않으며 완전한 충족이 가능하다.

　　　　ⓑ 만족의 대상으로 외부로부터 오는 타율적 충족을 추구한다.

　　　　ⓒ 생리적 욕구, 안전의 욕구, 소속의 욕구(애정과 공감의 욕구), 자존(존경)의 욕구가 포함된다.

　　㉡ 성장욕구(growth needs)

　　　　ⓐ 결핍욕구가 충족되어야만 발현되는 상위 3개 욕구로, 완전한 충족이 불가능하고 계속적으로 추구하는 욕구이다.

　　　　ⓑ 만족의 대상이 자기 자신인 자율적 충족을 요구한다.

　　　　ⓒ 지적 욕구, 심미적 욕구, 자아실현의 욕구가 포함된다.

③ 욕구 단계

[그림 6-14] 매슬로우의 욕구 단계

개념		특징
결핍 욕구	생리적 욕구	• 생존과 직결된 욕구로 배고픔, 갈증, 배설, 수면 등이 있음 • 하나라도 채워지지 않으면 그 욕구를 충족시키려는 동기에 의해 지배당하며, 가장 강력함 예 배고픈 아이는 학교에 가더라도 공부에는 흥미를 기울이기 힘듦
	안전의 욕구	• 물리적·심리적 안전을 모두 포함함 • 물리적 침입이나 공격으로부터의 안전뿐만 아니라 심리적인 안정감까지 추구함 예 신분 보장, 직업 안정성, 의료 혜택, 연금제도, 산업재해로부터의 보장책에 대한 관심
	소속·애정의 욕구	• 타인과의 접촉, 모임, 사랑 등에 대한 욕구 • 생리적 욕구와 안전 욕구가 어느 정도 충족되어야 그 중요성을 느낌 • 사랑하고, 사랑받고 싶어지며, 어딘가에 소속되어 친밀한 관계를 추구하려 함 예 학교에 가서 친구들과 사귀고 어울리는 것
	자존의 욕구	• 타인으로부터의 존경(인정, 명예, 지위 등)과 자기존중(자아존중감, 자기 효능감 등)으로 구분됨 • 충족되면 자신감, 권위, 권력, 통제 등이 생겨남 예 교사가 교감으로, 교감이 교장으로 승진하는 것
성장 욕구	지적 욕구	새로운 것을 알고 이해하고자 하는 욕구
	심미적 욕구	아름다움, 질서, 조화, 완성 등을 추구하는 욕구
	자아실현의 욕구	• 계속적인 자기발전을 위해 자신의 잠재력을 최대한으로 발휘하는 데 초점을 둔 욕구 • 매우 광범위한 의미를 지님 • 전술한 모든 욕구가 충족되어야만 이 욕구가 발생함 예 교직을 천직으로 알고 학생들을 가르치는 과정에서 삶의 보람을 찾는 것

(3) 이론의 적용

① 욕구만족질문지(NSQ; Need Satisfaction Questionnaire)

㉠ 포터(Porter)는 매슬로우의 욕구체계이론을 측정하기 위해 욕구만족 질문지를 개발했다.

㉡ 매슬로우의 욕구체계이론을 그 당시 상황에 맞게 일부 수정하여 생리적 욕구를 제외한 자존의 욕구와 자아실현의 욕구 사이에 의사결정에 참여하고, 작업환경을 통제하며, 영향력을 발휘하고, 권위를 확보하고자 하는 욕구인 '자율욕구'를 포함시켜 '안전의 욕구, 소속의 욕구, 자존의 욕구, 자율욕구, 자아실현의 욕구'의 다섯 가지를 제시했다.

② 인간의 자아개념에 따른 특정 단계 욕구 중시

㉠ 서지오바니(Sergiovanni)와 카버(Carver)는 인간이 어떠한 자아개념을 갖고 있느냐에 따라 '실패회피자'와 '성공추구자'로 구분했다.

ⓛ 실패회피자: 책임을 지려 하지 않고 각광받기 싫어하며, 모험을 두려워하고
혁신적·헌신적 활동을 회피하고 독립적이거나 자율적인 것을 싫어하는
집단이다.

ⓒ 성공추구자: 자율과 자아실현의 표현은 물론 자신의 능력욕구 강화를 계속
적으로 추구하는 집단이다.

ⓔ 성공추구자는 상위 욕구를, 실패회피자는 하위 욕구를 강조한다.

(4) 교육행정에의 시사점

① 학교조직의 경영자에게 학교조직 구성원의 직무동기에 대해 체계적으로 설명
하여 교사가 학교조직의 목적 달성에 더 헌신할 수 있도록 지원한다.

② 인간의 욕구가 단계적이면서 복합적으로 작용한다는 사실에서 교사들의 동기
유발을 위한 복합적인 접근이 필요하다는 점을 시사한다.

③ 교육의 주체인 교사가 직무를 통해 자아실현의 욕구를 충족하도록 '인간중심'
조직문화와 풍토를 가꿀 것을 시사한다.

④ 교사가 발전하려는 모습으로 학생에게 역할 모델이 되기 위해 긍정적인 자기
이미지를 지닌 '성공추구자'가 될 수 있도록 독려해야 함을 시사한다.

(5) 매슬로우의 욕구체계이론에 대한 비판

① 연구 자료가 통계적으로 신뢰도가 낮고 일반화시키기에는 많은 문제점이 있다.

② 하위 단계의 욕구가 충족되어야 다음 상위 단계의 욕구가 발생한다고 전제하
고 있으나 여러 단계의 욕구가 동시에 발생할 수도 있다.

③ 경우에 따라서는 하위 단계의 욕구가 충족되지 않았는데도 상위 단계의 욕구
가 인간의 행동을 동기화할 수도 있다.

② 허즈버그(Herzberg)의 동기 - 위생이론(motivation - hygiene theory)

기출 02, 12, 13 중등 / 00, 07, 09 초등

(1) 개념

① 개인 내부에는 직무 만족에 기여하는 '동기요인'과 직무 불만족에 기여하는 '위
생요인'이 별개로 존재한다고 보는 이론이다.

② 직무 만족을 가져다주는 요인과 불만족을 가져다주는 요인은 반대의 개념이
아니라 별개의 개념이며, 두 가지 요인은 인간행동에 각각 다른 방법으로 영
향을 미친다.

③ 동기(만족)요인이 존재할 경우 만족하겠지만 부재 상태라고 해서 불만족하지
않으며, 위생(불만족)요인이 존재할 경우 불만을 갖게 되지만 이러한 요인이
없다고 해도 만족에는 크게 기여하지 못한다.

(2) 배경

① 피츠버그의 11개 산업체, 203명의 기술자와 회계사를 대상으로 직무수행의 만족·불만족요인을 묻는 면접을 실시한 결과, 인간을 동기화시키는 데에는 두 가지의 변인이 존재했다.

② 즉, 사람들에게 만족을 주는 요인과 불만족을 주는 요인이 별개로 존재했다.

③ 허즈버그는 작업에서 사람들이 나타내는 태도와 행동의 경향을 바탕으로 인간을 동기추구자와 위생추구자로 구분했다.

(3) 동기요인과 위생요인

요인	개념
동기요인	• 만족요인(satisfiers) • 직무 그 자체에서 도출된 내용적·내적·심리적인 것에 직접적으로 관련됨 • 사람들은 일을 하는 과정에서 성취감이나 책임감, 발전하고 있다는 느낌을 갖도록 설계하고, 일의 목표나 수행방식 등을 스스로 결정하도록 자유재량권을 주면 만족을 느낌 • 동기요인에 속하는 것들은 충족되지 않아도 불만은 없지만, 일단 충족하게 되면 직무태도와 직무만족에 긍정적 영향을 줄 수 있음 • 매슬로우가 말한 욕구계층 중 상위 욕구와 일치
위생요인	• 불만족요인(dissatisfiers) • 작업 환경에서 도출된 상황적·외적·물리적인 것에 직접적으로 관련됨 • 직무를 수행하는 환경과 관련된 요인으로 회사의 정책과 행정, 감독, 임금, 대인관계, 작업조건 등을 포함함 • 위생요인은 그것의 충족이 단지 직무에 대한 불만족의 감소만을 가져올 뿐 직무만족으로 이어지지는 않음(매슬로우의 욕구체계이론과의 차이점. 매슬로우는 생리적 욕구가 충족되면 안전의 욕구가 자동적으로 나타난다고 한 반면, 허즈버그는 위생요인이 충족되면 불만족 요인이 줄어들 뿐이지 만족요인은 나타나지 않는다고 하였음) • 매슬로우가 말한 욕구계층 중 하위 욕구와 일치

(4) 동기요인 추구자와 위생요인 추구자의 특징

① 동기요인 추구자: 작업을 통한 목표 달성, 승진, 자아실현 등의 측면에서 생각하며 욕구체계이론 중 상위 욕구에 관심을 두고 있다.

② 위생요인 추구자: 보수, 근무조건, 감독, 지위, 직업 안정, 사회적 관계 등의 측면에서 생각하며, 욕구체계이론 중 하위 욕구에 관심을 두고 있다.

(5) 교육행정에의 시사점

① 조직이론, 특히 조직 동기이론의 발달에 크게 기여했으며 조직 운영의 실제에서도 널리 활용된다.

② 학교조직 내에서 교사의 동기요인을 충족할 수 있도록 노력해야 함을 시사한다.

> 예 교사에게 권한과 자유재량권을 부여하여 자신의 능력을 발휘할 수 있는 기회를 주고, 직무 속에서 도전, 보람, 흥미, 심리적 보상 등의 개인적·전문적 목표를 성취할 수 있도록 해주어야 한다.

③ 교사의 동기요인, 즉 직무만족과 직무성과를 제고하기 위한 노력은 직무재설계 프로그램의 구안과 실행으로 이어졌다.

개념확대 ⊕
Zoom IN 직무재설계 프로그램의 종류

1. 직무풍요화(job enrichment)
① **필요성**: 교사는 보수나 근무조건의 개선보다는 가르치는 일 그 자체를 통한 발전감, 책임감, 도전감 등을 경험하면 동기가 활성화되기 때문에 직무 자체 또는 수행방식 등을 변화시키는 것이 필요하다.
② **개념**: 직무수행에 다양한 작업내용이 포함되고 보다 높은 수준의 지식과 기술을 필요로 하며, 작업자에게 자신의 성과를 계획·지휘·통제할 수 있는 자율성과 책임을 많이 부여하고, 개인적 성장과 의미 있는 작업경험에 대한 기회가 제공될 수 있게끔 직무의 내용을 재편성하는 것이다.
③ **효과**: 교사에게 직무수행상의 책임을 증가시키고, 권한과 자유재량권을 부여하며, 구성원들로 하여금 자신의 능력을 발휘할 수 있는 기회를 갖도록하여 직무수행의 과정에서 도전·보람·흥미·심리적 보상을 얻는다.
예 **학습연구년제**: 교원의 전문성 향상을 위해 1년간 학교현장의 업무부담에서 벗어나 소속 학교 외에서 연구활동을 할 수 있도록 지원하는 특별 연수제도로 우수교사의 학습욕구를 지원하여 전문성을 심화시키고 재충전할 수 있도록 하는 것이다.

2. 직무특성이론(job characteristic model)
① 욕구계층이론, 동기-위생이론, 기대이론에 바탕을 둔 이론이다.
② 직무에 내재된 특성(기술 다양성, 과업 정체성, 과업 중요성, 자율성, 피드백)이 구성원의 심리상태를 변화시키고, 이러한 심리상태가 개인의 직무동기와 만족, 직무효과까지 높여주는 과정을 설명한다.

3. 경력단계 프로그램
① **필요성**: 교직은 다른 직종에 비해 단순한 직급체계를 갖고 있어 대다수 교사들은 경력이 쌓여도 승진하거나 직위권력을 갖지 못해 조직에 영향력을 행사하기 어렵다.
② **개념**: 교사의 자격과 단계를 보다 세분화하여 지속적으로 새로운 지식과 기술, 전문성을 계발할 수 있는 기회와 보상을 제공하고 직무의 다양성과 책임을 증가시켜 궁극적으로 교직의 보람과 만족을 경험하게 하려는 것이다.
예 **수석교사제**: 일정한 경력과 능력을 가진 교사들 중에서 일정 인원을 선발해 학생을 직접 가르치는 일 외에 학교·교육청 단위에서 수업코칭을 하거나 교육과정, 교수학습, 평가방법을 개발·보급하며, 신임교사를 지원하고 지도하는 역할을 수행하는 것이다.

개념확대 ⊕
Zoom IN

직무재설계
직무수행과 관련된 의사결정과정에 구성원을 적극적으로 참여시키고, 자신의 성과를 계획·통제할 수 있도록 자율성과 책임감을 부여하며, 높은 수준의 지식 및 기술을 요하는 작업내용을 직무에 포함시켜 성취감을 느끼도록 하는 것이다.

(6) 비판
① 허즈버그의 연구 절차는 방법론상으로 제약적인 공개적 면담을 통해 알아낸 결과이므로 신뢰성이 약하며 주관적이다.
② 만족 차원과 불만족 차원이 상호 배타적이라고 전제했지만, 일부 후속연구에서는 동기요인이 만족요인과 불만족요인으로 동시에 나타나는 경우가 빈번하다.
③ 연구의 초점이 생산성이 아닌 피고용자의 만족에 초점을 둔다는 점에서 또는 불만족스러운 직무경험이 실제 성과수준의 개선 또는 저하로 연계되는지의 여부에 관한 심층적 연구가 바탕이 되지 않았다.

❸ 앨더퍼(Alderfer)의 생존 – 관계 – 성장이론(ERG; Existence - Relatedness - Growth theory)

기출 01 초등

(1) 개념

① 허즈버그와 매슬로우의 이론을 확장시킨 것으로, 욕구체계이론이 직면한 문제를 극복하고 보다 현실에 맞게 수정된 이론이다.

② 인간의 욕구를 욕구 충족을 위해 취하는 행동의 추상성을 기준으로 '생존욕구(E), 관계욕구(R), 성장욕구(G)'로 분류했다.

(2) 이론의 전제

① 인간은 욕구를 가지고 있으며, 이 욕구는 체계적으로 정돈될 수 있다.

② 낮은 수준의 욕구와 높은 수준의 욕구 간에는 근본적 차이가 있으며, 욕구가 조직에서 피고용자의 동기를 결정하는 중요한 요인이다.

(3) 욕구의 3단계

구분	개념 및 특징	예시	충족방법	매슬로우의 욕구 단계
생존 욕구	인간이 생존을 위해 필요로 하는 욕구	물질적 욕망인 보수, 부가급부, 직업안정, 근무조건 등	보수, 작업환경, 직업안정, 근무조건, 연금제도, 복리후생, 근무환경 개선	• 생리적 욕구 • 안전의 욕구
관계 욕구	• 인간이 사회적 존재로서 타인과 인간관계를 맺고자 하는 욕구 • 애정과 혐오를 표현하고 타인과 친근하고 따뜻한 개인적 관계를 발전시킴으로써 충족함	감독자, 동료, 부하, 가족, 친구 등과의 대인관계 등	교사 간 비공식조직 모임 활성화, 전문적 학습공동체 지원, 동료 교사 및 교장·교감과의 소통 기회 마련	• 소속의 욕구 • 존경의 욕구(타인으로부터의 존경)
성장 욕구	인간이 성장·발전하고 잠재력을 최대한으로 발휘하고자 하는 내적 욕구	자신의 능력을 최대한 발휘할 수 있거나 새롭고 창의적인 과업 등	교사 전문성 함양을 위한 연수, 교사 훈련프로그램 지원, 다양한 자율장학, 직업에 대한 자긍심 함양 기회, 직무풍요화	• 자아실현의 욕구 • 자존의 욕구(자기존경)

(4) 특징 – 매슬로우의 욕구계층이론과의 비교

① 매슬로우는 하위 단계의 욕구가 만족되어야 다음 단계의 욕구가 발생한다고 본 반면, ERG 이론은 여러 가지 욕구를 동시에 경험할 수 있다고 본다.

② 매슬로우의 이론에서는 욕구계층 간의 만족 – 진행의 요소에만 초점을 둔 반면, ERG이론에서는 상위 욕구의 계속적 좌절은 낮은 수준의 욕구로 귀환되도록 한다(욕구좌절, 좌절 – 퇴행 접근법). 즉, 상위 욕구가 계속해서 충족되지 않는 경우를 대신하여 하위 욕구를 집중적으로 충족하려고 한다.

③ ERG이론은 매슬로우의 이론과는 달리 하위 단계의 욕구가 충족되지 않더라도 상위 단계의 욕구가 발생할 수 있다고 주장했다.

⑩ 생존욕구가 충족되지 않았다 하더라도 일 자체를 흥미롭고 도전감 있게 느끼도록 동기부여하고 성장욕구를 자극하면 조직효과를 올릴 수 있다.

(5) 교육행정에의 시사점

ERG 이론에서는 두 가지 이상의 욕구가 동시에 작용할 수 있다는 점에서 교사가 직무수행의 과정에서 생존욕구가 완전히 충족되지 않더라도 일 자체를 흥미롭고 도전감 있게 제시해 주면 성장욕구를 충족하게 되어 동기부여가 될 수 있다.

요약정리 🔍
Zoom OUT 학자별 허즈버그, 매슬로우, 앨더퍼 이론 비교

	허즈버그의 동기 – 위생이론	매슬로우의 욕구체계이론	앨더퍼의 ERG 이론	
상위 욕구 ↑	동기요인	자아실현의 욕구	성장욕구	내적 동기
		자존의 욕구		
	위생요인	사회적 욕구 (소속의 욕구)	관계욕구	
		안전의 욕구		
↓ 하위 욕구		생리적 욕구	생존욕구	외적 동기

[그림 6-15] 허즈버그, 매슬로우, 앨더퍼 이론 비교(주삼환 등)

	허즈버그의 동기 – 위생이론	매슬로우의 욕구체계이론	앨더퍼의 ERG 이론	
상위 욕구 ↑	동기요인	자아실현의 욕구	성장욕구	내적 동기
		자존의 욕구		
		사회적 욕구 (소속의 욕구)	관계욕구	
	위생요인	안전의 욕구		
↓ 하위 욕구		생리적 욕구	생존욕구	외적 동기

[그림 6-16] 허즈버그, 매슬로우, 앨더퍼 이론 비교(윤정일 등)

❶ 브룸(Vroom)의 기대이론(expectancy theory) [기출 12 초등]

(1) 개념

① 유인가(Valence), 보상기대(Instrumentality), 성과기대(Expectancy)의 개념을 중심으로 이론의 틀을 구성하였기 때문에 '유인가 – 보상기대 – 성과기대이론(VIE theory)' 또는 '가치이론(value theory)'이라고도 한다.

② 개인의 동기는 노력을 쏟은 결과 얻게 될 성취수준에 대해 인지된 '성과기대'와 성과로 얻게 될 보상에 대한 '보상기대' 간의 함수이며, 양자는 개인이 느끼고 있는 유인가에 의해 조정된다.

③ 가장 큰 동기를 유발하기 위해서는 높은 긍정적 유인가, 높은 성과기대, 높은 보상기대가 필요하다.

(2) 이론의 전제

① 인간은 생각하고 추리하며 미래를 예측하는 능력을 사용하여 그들의 조직행동을 결정한다.

② 즉, 사람은 자신의 행동이 가져올 결과 또는 개인적인 보상에 대해 기대했던 가치를 주관적으로 평가한 다음에 어떻게 행동할 것인가를 선택한다.

③ 개인의 가치와 태도는 역할기대와 학교문화 같은 환경적인 요소와 상호작용하여 행동에 영향을 준다.

(3) 기대이론모형 및 네 가지 동기 결정요소

[그림 6-17] 기대이론모형

구분	개념 및 특징
유인가 (목표 매력성)	• 보상에 대해 가지는 매력 또는 인지적 가치 • 사람들이 자신의 이익을 위해 유익하거나 자신들의 권리에 대하여 중요하다고 생각하고 믿는 정도 • 특정 보상에 대한 개인적인 욕망의 강도

성과	• 행위를 하고 나서 얻을 수 있는 결과
	• **1차 수준의 성과**
	  – 사람이 어떤 일을 해서 직접적으로 또는 즉시 얻어진 결과
	  – 직무성, 생산성, 노동 이동 등
	• **2차 수준의 성과**
	  – 1차 수준의 성과가 가져올 보상
	  – 금전, 승진, 휴가, 인정 등

성과기대 (기대감, 노력과 성과의 연계)	• 과업에 관련된 노력이 어떠한 수준의 성과를 가져올 것인가에 대한 신념의 강도 • 내가 열심히 하면 성공할 수 있을까 하는 질문으로 표현할 수 있음
보상기대 (수단성, 성과와 보상의 연계)	• 좋은 과업수행은 주목을 받고 또 보상을 받을 것이라고 지각된 확률 • 개인이 수행과 보상 간에 밀접한 관련이 있다고 지각할 때 높음

(4) 시사점 – 동기부여 방안

① 높은 성과기대: 노력하면 성과를 얻을 수 있다는 믿음을 주어야 한다.

② 높은 보상기대: 높은 성과가 보상으로 이어질 수 있다는 보상기대를 갖게 하며, 보상에 대해 구체적으로 제안해야 한다.

③ 높은 유인가: 보상의 매력도를 높이고자 구성원들이 원하는 보상내용을 파악하고 이를 활용해야 한다.

❷ 포터(Porter)와 로울러(Lawler)의 성취 – 만족이론(performance - satisfaction theory)

(1) 배경

① 기존 브룸의 기대이론은 만족이 유인가의 투입 결과이며 성과는 과업 수행의 결과라고 말했을 뿐 만족과 유인가, 성과와 과업 수행 관계의 복합적인 면을 나타내지 못했다.

② 이에 포터와 로울러는 피고용자의 성과와 만족에 영향을 주는 요인들을 검토하기 위해 동기의 기대이론 개념을 확장시켜 새로운 모형을 제시했다.

(2) 성취 – 만족이론의 모형

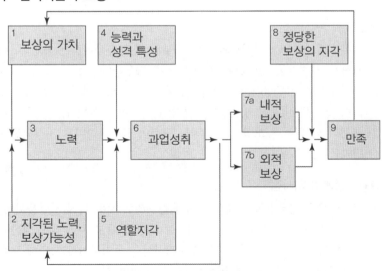

[그림 6-18] 성취 – 만족이론의 모형

① 피고용자의 능력 및 특성과 역할지각이 성과에 영향을 미친다.

② 성과의 수준은 내적 보상이나 외적 보상을 가져온다.

③ 개인은 실제로 받은 보상에 대하여 지각된 공정한 보상을 측정하고, 결과는 피고용자가 경험하는 만족의 수준으로 나타난다.

④ 개념모형 및 동기 결정 요소

구분	개념 및 특징
보상의 가치	브룸의 이론에서 '유인가'와 같은 개념으로 어떤 결과가 어느 정도 매력적인가 하는 것
지각된 노력, 보상가능성	• 브룸의 이론에서 '성과기대'와 '보상기대'의 개념을 합한 것 • '노력 ⇨ 성과', '성과 ⇨ 보상' 요소로 구분됨
노력	• 어떤 과업 수행에 개인이 얼마만큼 열심히 하는가, 즉 과업수행에 대한 에너지를 말하는 것 • 보상의 가치와 노력 대 보상의 확률에 대한 지각에 의해 노력의 강도가 결정됨
능력과 성격 특성	비교적 장기적이고 안정된 개인의 특징으로 과업수행을 위해 현재 개인이 갖추고 있는 것
역할지각	효과적인 직무 수행을 위해 요구되는 자신의 역할에 대한 인식
과업성취 (성과)	• 과업을 완성한 정도나 노력의 결과로 나타난 생산성을 말하는 것 • 능력과 성격 특성 및 역할지각에 의해 영향을 받음
내적·외적 보상	내적인 심리 보상과 외적인 물질 보상이 있으며, 이러한 보상은 과업수행을 바람직하게 이루었을 때 파생되는 것
정당한 보상의 지각	• 개인이 과업을 성취한 수준에 따라 마땅히 받아야 한다고 생각하는 수준이나 양의 보상 • 과업의 성취와 만족의 관계를 결정함
만족	받은 보상이 지각된 공정성 수준에 부합되거나 초과하는 정도

(3) 특징

① 직무수행능력은 과업성취와 그에 결부된 보상에 부여하는 가치, 어떤 노력이 보상을 가져다줄 것이라는 기대에 의해 좌우된다.

② 노력에 의한 직무성취는 개인에게 만족을 줄 수 있는데, 이때 만족을 주는 힘은 그에 결부된 내재적 및 외재적 보상에 의하여 강화된다.

③ 내재적 및 외재적 보상이 있더라도 그것이 불공정하다고 지각되면 개인에게 만족을 줄 수 없다.

(4) 교육행정에의 시사점

① 기대이론은 직무만족에 대해 탁월하게 예측해주며, 특히 사람들이 열심히 일하면 희망하는 결과를 얻을 수 있다고 생각할 때 더욱 열심히 일한다는 사실을 보여준다. 따라서 학교경영자는 교사들을 동기부여하기 위해 노력하면 성과를 얻을 수 있다는 큰 믿음을 줄 수 있어야 한다.

② 보상기대, 즉 성과와 보상의 연결 정도를 구체화하기 위해서 학교조직에서 직위 배분 결정에 교사의 참여와 투명한 결정과정이 중요하다.

③ 교사가 생각하는 보상에 대한 유의성, 즉 보상에 대한 매력의 정도를 증진시켜야 한다. 흔히 교사의 사기 진작을 위해 보수 인상을 들고 있는데, 그것이 전부는 아닐 수 있다는 점에서 경영자는 교사가 바라는 바의 인센티브를 적절하게 제공하는 것이 중요하다.

④ 자신이 해야 할 역할이 분명하면 노력을 집중시킬 수 있고 성과가 높아져 보다 나은 보상을 받을 수 있다는 점에서 교사가 역할기대를 분명히 할 수 있도록 지원해야 한다.

(5) 한계

① 기대 동기는 노력과 수행에 작용하는 중요한 요인이기는 하지만, 다른 연구들은 환경의 다른 요인도 보다 중요한 요인이 된다는 점을 보여준다.

② 개인이 어느 단계에서 어떤 일을 수행할 것인지 결정하기 전에 인지적 계산을 실시한다는 관점과 관련해 이론적·경험적 뒷받침이 부족하다.

❸ 아담스(Adams)의 공정성이론(equity theory) 기출 08 중등

(1) 배경

① 한 개인이 타인에 비해 얼마나 공정한 대우를 받고 있다고 느끼는지에 초점을 두고 정립된 이론이다.

② 아담스는 인간의 동기요인으로서 공정성의 개념을 중심으로 이론을 개발하였다.

(2) 주요 내용

① 개념 모형 및 요소

자신: A	타인: B
$\dfrac{성과}{투입}$ vs	$\dfrac{성과}{투입}$

[그림 6-19] 공정성이론의 모형

㉠ 성과: 과업을 수행한 결과로서 특정인이 받게 되는 보수, 승진, 직업 안정, 부가적 혜택, 근무조건, 인정 등을 포함한다.

㉡ 투입: 과업을 수행하기 위해 특정인이 기여하는 모든 것을 의미하며 교육, 경험, 능력, 훈련, 개인적 특성, 노력, 태도 등을 포함한다.

② 사람들은 자신이 수행한 일로 받은 성과와 이를 얻기 위해 자신이 투자한 투입에 대한 특정한 신념을 가지고 있으며, 자신의 투입-성과의 비율을 타인의 투입-성과의 비율과 비교한다.

③ 비율이 동등할 때 사람들은 공정한 대우를 받고 있다고 느끼고 직무에 대한 만족을 느끼는 반면, 이 비율이 동등하지 않은 경우 사람들은 불공정하다고 느끼고 직무에 대해 불만을 갖거나 불안과 긴장을 느끼게 된다.

④ 이 경우 사람들은 긴장을 감소시키고 공정성을 회복하도록 동기화되며, 다음 여섯 가지 행동 중 하나를 선택하게 된다.

구분	개념 및 특징
투입 조정 (투입의 변경)	• 비교 대상과 비교해 낮은 봉급을 받고 있다고 느끼면 직무에 대한 시간과 노력을 감소시킴 • 반면 과대 보상을 받는다고 느끼면 직무수행의 양과 질을 높임
성과 조정 (결과의 변경)	• 노력이나 투입의 증가 없이 보수, 근무조건의 개선을 요구함 • 다른 산업이나 조직과의 불공정성을 없애려 할 때 나타남 ⑩ 노조의 압력 등으로 임금인상이나 작업조건 개선
투입과 성과에 대한 인지적 왜곡	• 인지적 불협화이론에 의하면 개인은 긴장이나 불일치를 감소시키기 위해 양립할 수 없는 지각 중 하나를 수정하기 위해 노력함 • 투입과 성과를 실질적으로 변경시키지 않고 단지 이들을 인지적으로 왜곡시켜 지각함 ⑩ • 만일 타인이 자신보다 불균형하게 높은 성과를 받을 경우에 타인이 자신보다 많은 직무지식이나 지능을 가지고 있는 것으로 추론함으로써 자신의 지각을 왜곡시킴 　• 대학을 나온 사람이 고등학교를 나온 사람보다 월급이 적을 때, '그는 업무능력이 나보다 나으니까.'라고 여기거나 '그가 월급은 많더라도 승진의 기회는 내가 더 많으니까.'라고 생각함
비교대상의 투입과 성과의 변경 (비교대상의 투입과 성과에 대한 영향력 행사)	비교대상이 되는 타인에게 영향력을 행사하여 투입이나 산출을 낮추도록 하거나 혹은 높이도록 함
비교대상의 변경	비교대상을 다른 대상으로 변경함으로써 불공정함을 줄이고자 함
조직 이탈(퇴직)	• 직장을 그만두거나 다른 부서로 전근을 가려 하거나 결근하는 등의 행동을 함 • 불공정성이 극히 클 때 또는 개인이 이를 감당할 수 없을 때 나타남

(3) 교육행정에의 시사점

① 학교경영자는 조직에서의 사회적 비교 과정에 주의를 기울일 필요가 있다. 즉, 교사를 공정하게 대우하도록 노력해야 한다.

⑩ 예컨대 성과급을 결정할 때 교직의 특성상 그 성과를 객관적으로 정하기 곤란하다는 사실을 염두에 두고, 교사들이 최대한 합의할 수 있는 안을 만드는 노력을 들 수 있다.

② 학교경영자는 교사의 동기유발 시 지각의 중요성을 인식하고 공정한 조직문화풍토를 구축해야 한다. 냉소적·적대적인 학교풍토가 형성되면, 그에 속한 교사들은 서로에 대해 부정적으로 지각하며 이것이 동료의 성과를 왜곡되게 지각하도록 하는 요인이 될 수 있다.

③ 공정성 또는 불공정성에 관한 판단은 개인적인 차원에서만 이루어지는 것은 아니며, 조직 내·외의 다른 작업자와의 비교가 포함된다는 점을 유의한다.

⑩ 호봉이 오를수록 타 직종에 비해 상대적으로 급여 수준이 떨어지는 교사들의 보수체계는 교사들의 직무만족과 사기진작을 위해 국가적 차원에서 정책적 배려가 필요하다.

(4) 비판

① 공정성에 대한 판단이 주관적이다. 즉 공정성은 보는 사람마다 다를 수 있고, 그 판단은 기본적으로 개인이 한다는 점에서 일정한 규칙성을 보장할 수 없는 문제가 있다.

② 사람은 마땅히 받아야 할 것 이상을 받는 것보다 더 적게 받는 것에 민감하다. 덜 받는 것보다는 더 받는 것이 합리화하기가 더 쉽기 때문에 균형적 판단에 문제가 있다.

③ 공평성과 정의는 많은 사람에게 중요한 동기가 된다. 이는 중요한 동기요인이 되기 때문에 오히려 공정성을 높이는 방향으로 행동이 집중될 수 있다.

④ 로크(Locke)와 라탐(Latham)의 목표설정이론(goal setting theory)

(1) 배경

① 로크와 그의 동료에 의해 1968년에 '목표이론' 또는 '목표설정기법'으로 처음 소개되었으며, 동기에 대한 인지적 접근방법의 하나에 해당한다.

② 이론은 점차 목표관리기법(MBO), 기획예산제도(PPBS), 정보관리체제(MIS), 체제분석 등과 같은 경영기법에 광범위하게 적용되는 등 체계화되어왔다.

(2) 주요 내용

① 인간의 행동을 결정하는 인지적 요인에는 '가치관'과 '목표'가 있으며, 조직구성원이 직무 수행 시 달성해야 할 목표를 분명히 하고 그 목표가 수용 가능한 것이라면 동기가 유발된다. 다시 말해, 목표 달성이라는 성과는 만족과 보다 높은 동기를 가져오지만, 목표가 달성되지 않았을 경우에는 좌절과 보다 낮은 동기를 가져온다.

② 목표의 기능

ㄱ. 개인의 동기와 과업에 대한 주의력을 증진시켜 과업 수행을 높이는 결정적인 동인이 된다.

ㄴ. 개인이 행동에 투입하는 노력과 지속성을 증대시킨다.

ㄷ. 과업을 수행하는 방법을 효율화함으로써 동기와 과업 수행력을 증진시키는 기제가 된다.

ㄹ. 성공적인 목표 설정은 성공적인 과업 수행을 위해 필수적이다.

ㅁ. 목표는 주의와 행동을 지시하고 에너지를 동원하며 보다 많은 노력을 지속적으로 발휘하도록 한다.

③ 개념 모형

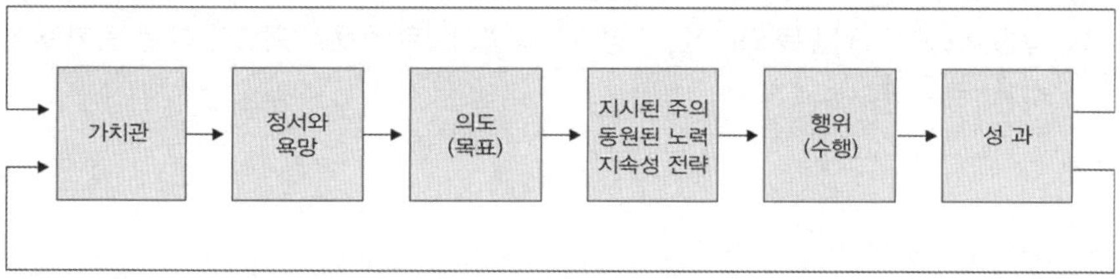

[그림 6-20] 목표설정이론의 일반 모델

개념확대 ⊕
Zoom IN

다양한 경영기법

• **목표관리기법(MBO)**: 활동의 목표를 명료화하고 체계화함으로써 효율화를 기하려는 관리기법으로, 구성원을 목표 설정에 참여시켜 각자의 목표를 공동목표에 일치시키고 내면화하는 과정이 강조된다.

• **기획예산제도(PPBS)**: 합리적 조직목표를 설정하고 이를 성취하기 위한 계획, 행동과정, 자원배분을 과학적으로 수립·설계함으로써 조직목표 달성의 효율성과 효과성을 향상하려는 체계적 기법이다.

• **정보관리체제(경영정보관리, MIS)**: 의사결정자가 합리적인 결정을 내릴 수 있도록 필요한 정보를 적시에 신속정확히 제공하는 체제로 이를 통해 조직목표를 보다 효율적·효과적으로 달성할 수 있도록 조직화된 통합관리체제이다.

○ 한 사람의 '가치관'은 그에 부합하는 일을 하고 싶어 하는 '정서와 욕망'을 창조하고, 정서와 욕망은 어떠한 '의도(목표)'를 설정하도록 한다.

○ 목표는 다시 '주의와 행동을 지시'하고 '에너지를 동원'하며 보다 높은 노력을 발휘하도록 하고, '지속적인 노력'을 증가시킨다.

○ 목표는 사람이 목표를 달성하기 위한 '행동을 수행'하도록 함으로써 실제 수행에 영향을 미치며, 그 결과 '성과'를 달성하고 이러한 성과는 피드백을 통해 과정 전반에 영향을 준다.

(3) 교육행정에의 시사점

① 구체적·도전적이며 달성 가능한 목표는 과업 수행 전략의 개발뿐만 아니라 동기를 증대시킬 수 있고, 실제로 증가시키고 있다는 것을 시사한다.

② 조직구성원에게 자발적으로 목표를 설정하도록 하는 것은 구성원의 동기를 유발시킬 수 있다.

(4) 비판

① 목표가 실제 행위 또는 성과를 결정하는 주요 요인임을 강조하지만, 목표가 어떠한 속성을 가져야 하는가에 대해서는 체계적인 해답을 주지 못한다.

② 여러 변인들이 결합하여 노력을 결정하는 방법에 대한 설명이 부족하다.

③ 목표 간 갈등의 문제를 설명하지 못한다.

참고 **스티어스(Steers)가 제시한 좋은 과업목표의 특징**

1. 목표의 구체성
막연한 목표보다는 구체적인 목표가 성과를 높일 수 있는 행동을 불러일으킨다.
예 '성적을 높여라'와 같은 막연한 목표보다는 '전 과목 평균 65점 이상 받아라'와 같은 목표가 행동 방향을 명확하게 제시하기 때문에 성과가 높아질 수 있다.

2. 목표의 곤란성
도전감이 문제해결에 많은 노력을 집중하도록 자극하기 때문에 쉬운 목표보다는 다소 어려운 목표가 동기를 유발시킨다.

3. 목표 설정에의 참여
구성원이 목표 설정 과정에 참여함으로써 성과가 향상될 수 있다.

4. 노력에 대한 피드백
노력에 대하여 피드백이 주어질 때 성과가 향상될 수 있다.

5. 목표 달성에 대한 동료들 간의 경쟁
동료들 간의 경쟁이 성과를 높일 수 있다.

6. 목표의 수용성
일방적으로 강요된 목표보다는 구성원이 자발적으로 수용한 목표가 더 큰 동기를 유발시킬 수 있다.

구분	이론	개념 및 특징
내용 이론	매슬로우의 욕구체계이론	• 인간의 욕구를 '생리적 욕구, 안전의 욕구, 소속의 욕구, 자존의 욕구, 지적 욕구, 심미적 욕구, 자아실현의 욕구'의 순으로 나열함 • 최하위의 욕구가 충족되어야 다음 단계의 욕구로 전이되어 충족을 요구함
	허즈버그의 동기 – 위생이론	• 직무 만족에 영향을 미치는 요인을 만족/불만족 요인으로 구분함 • 동기(만족)요인이 존재할 경우 만족하겠지만 부재 상태라고 해서 불만족하지 않으며, 위생(불만족)요인이 존재할 경우 불만을 갖지만 없다고 해서 만족에 기여하지 않음 • 욕구체계상의 하위 단계 욕구들이 위생요인에, 상위 단계 욕구들이 동기요인에 해당함
	앨더퍼의 ERG 이론	• 인간이 욕구 충족을 위해 취하는 행동의 추상성을 기준으로 '생존욕구, 관계욕구, 성장욕구'로 구분함 • 인간은 여러 가지 욕구를 동시에 경험할 수도 있고, 상위 욕구가 계속 좌절될 경우 하위 욕구로 귀환할 수도 있음
과정 이론	브룸의 기대이론	• '유인가 – 보상기대 – 성과기대이론(VIE)'이라고도 함 • 개인의 동기는 성취 수준에 대해 인지된 '성과기대'와, 성과로 얻게 될 보상에 대한 '보상기대'에 따라 달라짐 • 동기 유발을 위해서는 높은 긍정적 유인가, 높은 성과기대, 높은 보상기대가 필요함
	포터와 로울러의 성취 – 만족이론	• 피고용자의 능력과 역할지각이 성과에 영향을 미침 • 성과 수준은 내적·외적 보상을 가져옴 • 이를 토대로 공정한 보상을 측정해 직무 만족에 영향을 미침
	아담스의 공정성이론	• 한 개인이 타인에 비해 얼마나 공정한 대우를 받고 있다고 느끼는지에 초점을 두고 정립된 이론 • 나의 투입 – 성과와 타인의 투입 – 성과를 비교했을 때 비율이 동등할 경우 공정한 대우를 받는다고 지각함
	로크와 라탐의 목표설정이론	• '목표이론', '목표설정기법' 등으로도 불리며, 목표 설정을 강조함 • 조직구성원이 목표를 달성한 경우 동기가 유발된다는 점에서 성공적 목표 설정은 성공적 과업 수행을 위해 필수적임

Chapter 04 지도성이론

설쌤의
Live Class 🎙

앞서 살펴본 효과적인 학교문화·풍토 형성이나 구성원의 동기부여를 위해 무엇보다 중요한 것은 **효과적인 지도성**입니다. 따라서 효과적인 지도성을 규명하려는 학문적 노력은 오랜 기간 동안 진행되어 왔습니다.

지도성연구에 대한 접근법은 무엇에 초점을 두고 지도성을 정의하는지에 따라 구분됩니다. 예컨대, 위대한 지도자가 가진 선천적 자질이나 특성을 규명하려던 노력(**지도자 특성론**)이나 성공적인 지도자가 보이는 두드러진 행동을 찾아내려는 노력(**지도자 행동이론**)은 모두 상황과 관계없이 최선의 지도성이 지도자에게 존재한다는 가정을 포함합니다. 그러므로 상황에 따라 효과적 지도성이 달라질 수 있다는 전제하에 등장한 **지도성 상황이론**은 상황과 지도성을 각각 어떤 기준으로 분류했는지, 어떠한 상황에서 어떤 지도성이 효과적인지를 그림 또는 도표를 활용해 이해하시면 도움이 될 것입니다.

최근 지도성 이론은 **기존에 고정적이라고 간주했던 '상황'을 지도자의 역량으로 긍정적으로 변화시킬 수 있음을 가정한 이론들**입니다. 각각 초점을 어디에 두느냐에 따라 **변혁적 지도성**(상황변혁 및 개선), **문화적 지도성**(학교문화 창출) 등이 등장해왔습니다. 또한 학교조직은 교사라는 전문가집단이 높은 자율성을 갖고 일을 수행한다는 점에서 **지도성의 중앙집권적 사고를 부정하는** 데서 출발한 **분산적 지도성**(지도성의 분산과 실행), **초우량 지도성**(셀프 지도성 개발) 등이 있습니다. 최근 지도성이론들을 중심으로 '좋은 리더'에 대한 자신의 생각을 정리해본다면 앞으로의 교직생활에도 큰 도움이 될 것입니다.

핵심 Tag 🔖

지도성 대용 상황이론

과업수행은 구성원, 과업, 조직특성과 같은 상황변인에 달려있기 때문에 상황에 따라서는 지도자 행동의 영향력을 대용(대신)하거나 무력화(억제)하여 지도성이 아무런 효과를 주지 않을 수도 있다는 이론

변혁적 지도성

- 단순한 상호 교환적 관계를 넘어서 구성원의 헌신을 이끌어내고 새로운 비전을 기반으로 조직문화를 변화시키는 지도성
- 높은 수준의 윤리적·도덕적 행위 및 감화력으로 구성원에 대한 이상적인 영향력을 가지며 지적 자극, 개별적 배려 등을 통해 구성원을 동기화시키는 지도성

분산적 지도성
- 지도성이 조직구성원 전부 또는 다수에게 분산되어 있다고 간주하는 지도성
- 비위계적 지도성, 집단 지도성, 네트워크를 통한 공동 실행 촉진을 강조하며, 이를 통하여 조직 역량과 개인의 전문성 극대화를 추구하는 지도성

문화적 지도성
- 독특한 학교문화를 창출하는 것에서 나오는 지도성
- 인간의 의미 추구 욕구를 만족시킴으로써 구성원들을 조직의 주인으로 만들고 조직의 제도적 통합을 가능하게 함

초우량 지도성(슈퍼리더십)
조직구성원 각자가 스스로를 통제하고 삶의 진정한 주인이 될 수 있도록 하는데 중점을 두어 지도자가 구성원 개개인을 스스로 지도할 수 있는 지도자로 성장·변화시키는 지도성

도덕적 지도성
지도자가 자신의 도덕적 품성과 능력을 바탕으로 추종자의 존경과 신뢰를 획득하고 나아가 추종자의 능력을 계발하고, 추종자의 자율적 직무수행을 조장하여 추종자들을 '셀프리더'가 되도록 자극하고, 지도자 자신은 '리더(지도자)들의 리더(지도자)'가 되어 효과적·도덕적인 조직이 될 수 있도록 하는 지도성

01 지도성이론의 기초

❶ 지도성(리더십, leadership)의 정의

① '리더십'이라는 용어에는 '직무나 직책의 속성, 개인의 특성, 실제 행위'라는 세 가지 요소가 포함되어 있으며 상대가 되는 집단이나 개인이 관련되어 있다.
② 지도자의 위상, 행위, 개인적 특성에만 달려 있는 것이 아니라 집단과 상황의 특성에 의존하며, 그 내용은 다양할 수밖에 없다.
③ 지도성은 조직목적의 달성을 위해 추종자와 집단에 영향력을 행사하는 과정이다.
④ 지도성은 권력이 두 사람 이상의 관계에서 불균등하게 배분되어 있다는 전제하에 집단에 영향력을 발휘할 수 있는 권위를 가지고 있는 지도자와 관련된 속성이다.

❷ 지도자 영향력의 근원

① 지도성이 상대방에 행사하는 영향력의 과정을 의미한다는 점에서 지도성의 근원을 이해하기 위해서는 상대방의 태도나 행위에 영향을 미치는 능력을 의미하는 '권력'을 이해할 필요가 있다.
② 프렌치(French)와 레이븐(Raven)의 근원에 따른 다섯 가지 권력의 형태

권력의 형태	근거	특성
합법적 권력	규정, 법	• 조직의 위계 속에서 지도자의 지위나 역할에 부여된 것 • 지도자는 부하에게 영향력을 행사할 수 있는 권리를 가지고 있다고 상호 수락한 인식에 근거를 둠
보상적 권력	보상	• 지도자는 부하에게 보상을 줄 수 있는 능력을 갖고 있다는 점 때문에 조직 내에서 보상적 권력을 갖게 됨 • 권력의 강도는 지도자가 통제할 수 있는 보상의 양과 보상을 바라는 부하의 열망 강도에 따라 다름
강압적 권력	벌, 징계	• 보상적 권력과는 반대되는 것 • 지도자의 지시에 순종하지 않는 부하를 통제하고 벌을 줄 수 있는 지도자의 능력
전문적 권력	전문성	• 집단이 필요로 하는 특별한 능력이나 지식에 근거를 두는 지도자의 권력 • 지도자는 집단에 부과된 과제를 분석·수행·통제할 수 있는 능력을 소유한 것으로 간주됨
위탁적 권력 (카리스마적 권력)	인성	• 지도자 자신의 인성적 강점으로 추종자를 복종하게 만드는 지도자의 능력 • 다른 사람으로 하여금 지도자를 존경하고 충성하게끔 만드는 카리스마의 한 형태

③ 지위적 권력과 개인적 권력

권력의 형태	특성
지위적 권력	합법적 권위, 자원 및 보상 통제권, 징계권, 정보 통제권, 작업 및 작업환경의 조직 통제권 등을 포함
개인적 권력	과업 전문성, 우정 및 충성심, 지도자의 카리스마적 특성 등을 포함

③ 지도성에 대한 접근방법

① 그동안의 연구결과들을 바탕으로 지도성 이론의 전개과정을 역사적 관점에서 살펴보면, 지도성 연구에 대한 접근 방법은 크게 '특성론적 접근, 행동론적 접근, 상황론적 접근'으로 구분된다.

② 최근에는 변혁적 지도성(transformational leadership), 분산적 지도성(distributed leadership), 카리스마적 지도성(charismatic leadership), 슈퍼리더십(super-leadership), 수업지도성(instructional leadership) 등이 있다.

---

02 지도성 특성론(traits theory)

① 지도자의 특성

(1) 학자들이 제시한 지도자의 특성

스토딜 (Stogdill) (1948)	만(Mann) (1959)	스토딜 (1974)	로드(Lord) 외 (1986)	킬패트릭 (Kirpatrick)과 로크(1991)
• 지능 • 민감성 • 통찰력 • 책임감 • 주도권 • 인내심 • 지속성 • 자신감 • 사교성	• 지능 • 남성적 기질 • 적응성 • 지배성 • 외향성 • 보수적 경향	• 성취감 • 인내력 • 통찰력 • 진취성 • 자신감 • 책임감 • 협동성 • 포용력 • 영향력 • 사교성	• 지능 • 남성적 기질 • 지배성	• 추진력 • 동기부여 • 성실성 • 신뢰감 • 인지적 능력 • 과업지식

논술에 바로 써먹는
교육학 배경지식

지도성 특성론은 아리스토텔레스(Aristotle)의 '출생의 순간부터 사람들은 추종자와 지배자로 운명 지어진다.'는 주장에 바탕을 두고 있습니다. 이러한 지도성 위인론 또는 특성론은 1950년대까지 지도성 연구를 주도했습니다. 지도성 특성론자는 지도자적 특성을 구비한 사람과 그렇지 못한 사람의 두 유형으로 구분 짓고, 지도자가 공통적으로 구비하고 있는 특성을 식별하기 위해 노력했습니다.

(2) 베니스(Bennis)와 카츠(Katz)의 지도성 특성 연구

① 지도성의 특성에 관하여 최근 베니스와 카츠의 연구는 지도자의 인성적 특성보다는 과업에 관련된 능력에 초점을 둔 '사무능력, 인간관계능력, 상황파악능력'의 세 가지 특성을 제시했다.

구분	내용
사무능력	구체적 과업을 수행하기 위한 지식, 방법, 기술의 활용 능력
인간관계능력	사람들과 함께 일을 하는 데 필요한 지도자의 능력
상황파악능력	과업을 전체적으로 조망하고 파악하는 능력

② 지도성 특성론에 따르면 지도자를 위한 개발훈련은 무가치하며, 지도성 훈련이 필요하다면 선천적으로 지도자가 될 수 있는 특성을 가진 사람들에게만 도움이 된다고 본다.

② 한계

① 지도자의 특성에 대한 규명에 일관성이 결여되어 있다.
② 지도자와 추종자를 구별할 수 있는 명확한 특성을 발견하지 못했으며, 지도자에게서 발견된 특성이 추종자들에게도 발견되었다.
③ 지도성의 효과에 대한 추종자의 특성과 욕구의 영향을 무시했고, 지도자 특성 간의 상대적 중요도를 제시하지 못하였으며, 과업 환경 등과 같은 상황적인 요소를 고려하지 않았다.

03 지도성 행위론(behavioral theory)

❶ 아이오와(Iowa) 대학의 연구: 권위적·민주적·자유방임적 지도성

(1) 연구과정

① 레빈(Lewin) 등은 지도자 행위의 유형을 분류하고 각 유형이 집단의 태도와 생산성에 미치는 영향을 분석했다.

② 실험은 10대 소년들을 네 개의 집단으로 나누어 각각 통제집단과 권위적 지도자·민주적 지도자·자유방임적 지도자 집단으로 구분한 후 그 영향을 실험했다.

(2) 지도자 행동 유형의 차이

행위	권위적 지도성 (authoritarian leader)	민주적 지도성 (democratic leader)	자유방임적 지도성 (laissez-faire leader)
정책 결정	지도자 단독 결정	집단적 결정	정책 없음 (집단이나 개인적 결정에 대해 완전 자유)
과업기술과 활동 결정	지도자 단독 결정	지도자 암시 및 집단 결정	개인에 일임
계획 수립	지도자 단독 수행	계획 수립에 필요한 전망을 할 수 있도록 충분한 정보를 제공	체계적인 계획 수립이 없음
분업과 과업 할당	지도자가 명령	집단 결정에 일임	지도자가 관여하지 않음
평가	지도자 단독 수행, 지도자 개인의 칭찬과 비판	객관적 기준에 의한 평가	평가 없음 (다른 집단구성원에 의한 임의적 평가)

(3) 연구결과

① 참여자는 지도성의 세 가지 유형 중 민주적 지도자를 가장 선호하고 권위적 지도자를 가장 싫어했다.

② 권위적 지도자 집단의 경우 참여자의 공격적 행동이나 냉담한 행동을 유발시켰고, 자유방임형 지도자 집단에서는 좌절과 방향감각의 상실, 우유부단한 행동이 관찰되었다. 권위적 지도자 집단의 생산성은 초기에 급격히 상승했으나, 시간이 흐름에 따라 급격히 저하되었다.

❷ 오하이오(Ohio) 주립대학의 연구: 구조성·배려성 차원의 지도성

(1) 연구과정

① 집단과 조직목표를 달성하는 데 효과적인 지도자의 행위가 있다는 전제하에 연구를 진행했다.

② 다양한 집단의 지도자를 대상으로 연구한 후 지도자의 지도성 유형을 구분할 수 있는 지도자 행동 기술척도(LBDQ; Leader Behavior Description Questionnaire)를 개발했다.

③ LBDQ는 지도자의 행동을 기술한 30개의 문항으로 구성되어 있으며, 15개 문항은 구조성(과업) 차원, 나머지 15개 문항은 배려성(인화) 차원에 관한 것으로 응답 결과를 통해 지도자의 지도성 유형을 구분했다.

(2) 지도자 행동 유형의 차이

① 구조성과 배려성

구분	내용
구조성	지도자가 조직 수행목표에 초점을 두고 과업을 조직·설정·할당하고 집단의 성취를 평가하는 정도
배려성	지도자가 신뢰, 존경, 온화, 지원, 집단구성원에 대한 관심을 나타내는 정도

② 구조성중심 지도자는 구성원 각자에게 기대되는 역할을 분명히 하고, 임무를 배정하고, 미리 계획을 세우고, 일처리 방법과 절차를 확립하며, 결실을 보기 위해 일을 추진하는 반면, 배려성 중심 지도자는 구성원들의 아이디어를 청취하고, 친절하고, 사람들과 자주 만나며, 모든 직원을 공평하게 취급하고, 피고용자의 아이디어를 자주 활용한다.

③ 구조성과 배려성을 조합한 네 가지 지도성 유형

[그림 6-21] 구조성과 배려성을 조합한 지도성

(3) 연구결과

① 네 가지 유형의 지도성 중 높은 구조성과 높은 배려성을 가진 지도성 유형이 가장 효과적이었으며, 존경받지 못하는 대다수 지도자들은 구조성과 배려성 두 차원에서 모두 평균 이하에 해당했다.

② 교육감과 공군지휘관에게 LBDQ를 적용한 결과 교육감은 공군지휘관에 비해 배려성 차원을 더 강조하고 구조성 차원을 덜 강조한다.

❸ 미시간(Michigan)대학의 연구: 직무중심·종업원중심 지도성

(1) 연구과정

① 효과적인 지도자와 비효과적인 지도자를 식별할 수 있는 일관된 행동 양태를 발견하기 위해 지도자의 행위를 연구했다.

② 특징적인 리더십은 '직무중심 지도성'과 '종업원중심 지도성'으로 구분되었다.

(2) 지도자 행동 유형의 차이

구분	직무(생산) 중심 지도성	종업원(구성원) 중심 지도성
오하이오 연구와의 비교	구조성 중심 지도자와 유사함	배려성 중심 지도자와 유사함
개념	생산성을 높이기 위해 구성원에게 끊임없이 압력을 가하는 지도자	구성원의 만족감과 높은 수행목표를 지닌 효과적 작업집단을 만드는 데 최선을 다하는 지도자
강조	종업원의 과업 수행과 성취를 위한 방법 강조	종업원의 개인적 욕구 충족과 인간관계 개선을 강조
특성	• 과업의 표준을 엄격하게 설정함 • 과업을 세심하게 조직함 • 종업원이 따라야 할 상세한 작업방법을 규정함 • 종업원의 작업을 면밀히 조언함	• 종업원과 우호적 관계를 가짐 • 개인적 의사결정 대신 집단 의사결정 방법을 택함 • 높은 성취목표를 설정하고 구성원을 격려함 • 구성원을 세심하고 신중하게 대하려고 노력함

(3) 연구결과

① 직무중심 관리자가 있는 부서가 종업원중심 관리자가 있는 부서에 비해 생산성이 떨어졌다.

② 생산성이 높은 부서의 관리자는 구성원에게 조직의 목적 및 목표를 설명한 후 수행방법을 구성원에게 위임하고 있다는 사실을 발견했다.

❹ 블레이크(Blake)와 무튼(Mouton)의 관리격자도(관리망, managerial grid) 이론

(1) 연구과정

① 가장 효과적인 지도자는 생산과 인간에 대한 관심이 모두 높다는 가정하에 출발했다.

② 블레이크와 무튼은 관리망을 통해 지도자 성향의 차원을 생산에 대한 관심과 인간에 대한 관심으로 규정하고, 핵심적으로 다섯 가지 유형의 지도성을 추출했다.

(2) 지도자 행동 유형의 차이

① 블레이크와 무튼의 관리망

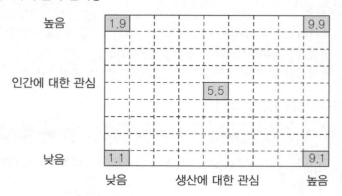

[그림 6-22] 블레이크와 무튼의 관리망

② 지도자 행동의 다섯 가지 유형

유형	개념 및 특성
1.1 태만형	지도자가 조직에 계속 고용될 수 있을 정도의 최소한으로 요구되는 과업만을 수행함
9.1 권위형 (과업형)	지도자는 권력, 권위, 통제를 통해 생산을 극대화하는 데 관심을 쏟음
1.9 사교형	지도자는 결과 생산성이 저하되는 일이 있어도 동료 간, 부하직원 간에 호감을 유지하는 데 관심을 쏟음
5.5 중도형	지도자는 현상에 순응하고 중도를 유지하거나 그럭저럭 잘해나가는 데 집중함
9.9 팀형	지도자는 집단구성원의 광범위한 참여를 통해 양적·질적 개선을 꾀하기 위한 목표중심적 접근방법을 활용함

⑤ 지도성 행위론의 시사점 및 한계

(1) 시사점

① 지도자의 특성이 아닌 지도자의 행동에 초점을 맞춰 집단구성원의 태도와 생산성에 효과적인 리더십 유형을 탐색하고자 했다.

② 과업지향은 '구조성, 직무중심, 생산에 대한 관심' 등의 용어와 유사하고 관계지향은 '배려성, 인화중심, 인간에 대한 관심' 등의 용어와 유사하다. 효과적인 지도자는 과업과 관계에 대한 관심이 모두 높다는 것을 보여준다.

(2) 한계

① 대다수 연구가 지도성 효과성에 영향을 미치는 많은 환경변인들을 통제하지 못했다.

② 효과적인 지도성 행동을 구체적이고 적절한 상황과 연계하지 못했다.

04 상황적 지도성이론(Situational leadership theory)

1 피들러(Fiedler)의 상황이론 기출 01, 13 중등 / 00, 07 초등

(1) 연구의 전제

① 어떤 상황에서는 관계 지향형 지도자가 효과적이며, 다른 상황에서는 과업 지향형 지도자가 효과적이다.

② 높은 집단 성취를 달성하는 데 있어 지도자의 효과는 지도자의 동기 체제와 지도자의 상황 통제능력의 정도에 달려 있다.

(2) 연구내용

① **지도자 유형**: 지도자를 대상으로 하는 '가장 싫어하는 동료 척도(LPC; Least Preferred Co-worker scale)'를 개발하여 점수가 높은 사람을 '관계 지향형 지도자'로, 점수가 낮은 사람을 '과업 지향형 지도자'로 구분했다.

지시 : 당신이 현재 혹은 과거에 함께 일했던 동료 중, 가장 함께 일하기 싫은 혹은 싫었던 동료 한 사람을 생각하면서, 그 사람에 대한 당신의 느낌을 아래 점수에 V표 하십시오.									
상쾌하다	8	7	6	5	4	3	2	1	불쾌하다
거부적이다	1	2	3	4	5	6	7	8	수용적이다
협력적이다	8	7	6	5	4	3	2	1	비협력적이다
말썽을 피운다	1	2	3	4	5	6	7	8	이룬다
도움이 된다	8	7	6	5	4	3	2	1	거추장스럽다
멀다	1	2	3	4	5	6	7	8	가깝다
효과적이다	8	7	6	5	4	3	2	1	비효과적이다
음침하다	1	2	3	4	5	6	7	8	명랑하다

[그림 6-23] LPC 질문지 예시

② **상황의 호의성**: 상황이 지도자로 하여금 집단에 대해 영향력을 발휘할 수 있도록 하는 정도를 의미한다.

㉠ **지도자 - 구성원 관계**: 지도자와 구성원 간 관계의 질을 의미하며, 구성원에 대한 지도자의 신뢰나 지도자에 대한 구성원의 존경도 등에 의해 평가된다.

㉡ **과업 구조**: 과업의 특성을 의미하며, 과업이 명확하게 규정되고 수행방법이 체계화되어 있으면 구조화되었다고 하고, 그렇지 않으면 비구조화되었다고 한다.

㉢ **지도자의 지위권력**: 지도자가 합법적 · 보상적 · 강압적인 권력을 가지고 구성원의 행위에 영향을 줄 수 있는 능력을 소유한 정도를 의미한다.

논술에 바로 써먹는
교육학 배경지식

지도자 행위론 또한 효과적 지도성 행동을 구체적 상황이나 환경과 연계시켜 설명하지 못했다는 점에서 모든 상황에 적용할 수 있는 최선의 지도자 특성과 최선의 지도자 행위를 발견하려는 노력은 실패했고, 효과적인 지도성 행위는 상황에 따라 다르다는 인식이 확대되었습니다. 즉, 상황적 지도성이론은 효과적인 지도성은 한 가지 요인만으로 설명할 수 없다는 점에서 지도자의 특성이나 행위는 지도성을 발휘하는 상황적 맥락 속에서 고려되어야 한다고 주장하였지요. 상황적 지도성이론에 따르면 효과적인 지도성은 지도자의 개인적 특성, 지도자의 행위, 지도성 상황의 요인 간의 상호작용에 의해 결정된다고 설명했습니다. 대표적 연구로는 피들러의 상황이론, 하우스의 행로 - 목표이론, 레딘의 3차원 지도성 유형, 허쉬와 블랜차드의 상황적 지도성 유형 등이 있습니다.

③ 연구모형

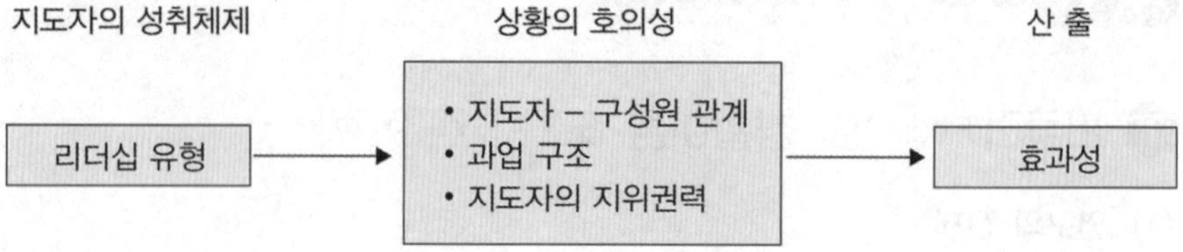

지도자의 성취체제	상황의 호의성	산 출

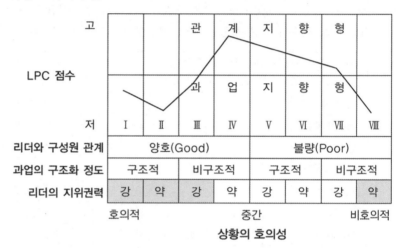

리더십 유형 → • 지도자 – 구성원 관계
• 과업 구조
• 지도자의 지위권력 → 효과성

[그림 6-24] 피들러의 상황이론

(3) 결론 및 시사점

① 과업 지향형 지도자는 지도자의 영향력이 대단히 크거나 작은 극단적인 상황(Ⅰ, Ⅱ, Ⅲ, Ⅷ)에서 가장 효과적이다.

② 관계 지향형 지도자는 지도자의 영향력이 중간 정도인 상황(Ⅳ, Ⅴ, Ⅵ, Ⅶ)에서 가장 효과적이다.

	고			관	계	지	향	형	
LPC 점수				과	업	지	향	형	
	저	Ⅰ	Ⅱ	Ⅲ	Ⅳ	Ⅴ	Ⅵ	Ⅶ	Ⅷ
리더와 구성원 관계		양호(Good)				불량(Poor)			
과업의 구조화 정도		구조적		비구조적		구조적		비구조적	
리더의 지위권력		강	약	강	약	강	약	강	약

호의적   중간   비호의적

상황의 호의성

[그림 6-25] 피들러의 상황에 따른 효과적인 리더십 유형

❷ 하우스(House)의 행로 – 목표이론(path - goal theory)

(1) 근거

동기에 대한 기대이론에 근거를 두고 있다.

(2) 개념

① 지도자가 상황적 요인을 고려하여 목표 달성을 위한 적절한 행로를 제시할 때, 구성원이 그것을 어떻게 지각하는가에 따라 효과성이 달라진다고 본다.

② 조직구성원이 그들의 과업 목적, 개인 목적, 목표 달성을 위한 행로를 지각하는 데 있어 지도자가 미치는 영향에 초점을 둔다.

③ 하우스는 40~50가지의 연구를 토대로 지도자 행동을 다섯 가지로 구분하여 제시했다.

(3) 지도자 행위

유형	개념 및 특성
명료화 행동	과업의 수행 목적, 이행 수단, 수행 기준, 타인의 기대, 상벌 등의 명료화를 통해 구성원의 욕구와 선호를 효과적인 수행과 결부되도록 함
성취지향적 행동	구성원에게 도전적인 목표를 설정해주고, 개선을 추구하며, 구성원이 높은 수준의 성취목표를 가지도록 자신감을 심어주는 행동을 함
지원적 행동	구성원의 복지에 관심을 가지며, 친절하고 지원적인 직무 환경을 조성하고, 구성원의 욕구와 선호를 배려하고 지원함
가치중심적 행동	구성원이 소중히 생각하는 가치에 호소하고, 자기효능감과 언행일치 행동을 증대시키며, 자신의 가치 기준을 지도자의 비전과 집단의 목적에 기여하는 데 두도록 유도함
참여적 행동	일에 관련된 문제에 관해 구성원과 상담하고, 그들의 의견을 구하며, 의사결정에서 구성원의 아이디어를 활용하려고 노력함

(4) 상황적 요인

능력, 인성, 욕구, 동기 등 '구성원의 개인적 특성'과 과업 성격, 집단 특성, 권위 체제 등 '직무환경의 특성'을 고려했다.

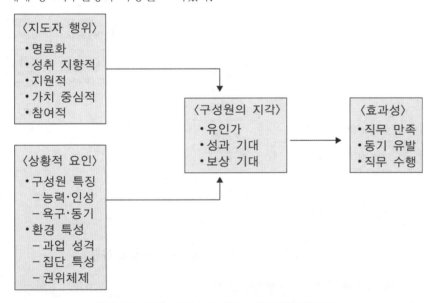

[그림 6-26] 하우스의 행로-목표이론의 구조

(5) 결론 및 시사점

① 지도자의 효과성을 과업 성취가 아닌 구성원의 심리적 관점에서 정의함에 따라, 지도자의 행동이 조직구성원의 직무 만족을 개선하고 지도자의 수용을 증진시키며 구성원을 동기화시킨다는 측면에서 효과적이다.

② 지도자는 조직구성원의 동기 유발을 위해 그들의 욕구에 가장 적합한 지도성 유형을 활용해야 한다.

❸ 레딘(Reddin)의 3차원 지도성 유형(tri - dimensional leadership effectiveness model)

(1) 배경

① 특정한 지도성 유형이 상황에 적절한 경우에는 효과적이고 상황에 부적절한 경우에는 비효과적임을 전제한다.

② 오하이오 주립대학의 연구에서 제시한 리더십의 '구조성 차원'과 '배려성 차원'에 '효과성 차원'을 추가하여 지도성 유형과 환경적 · 상황적 요구를 통합했다.

(2) 내용

① 지도성 유형: '관계형, 통합형, 분리형, 헌신형'의 네 가지 유형으로 나눌 수 있으며, 지도성 유형은 상황에 따라 효과적일 수도 있고 비효과적일 수도 있다.

② 효과성: '효과성'은 지도자가 그의 역할에 요구되는 산출을 달성하는 성공의 정도를 의미하며, 효과성에 영향을 주는 상황적 요소로서 '과업수행 방법과 관련된 기술, 조직행동에 영향을 주는 조직철학, 상급자, 동료, 구성원'의 다섯 가지를 들고 있다.

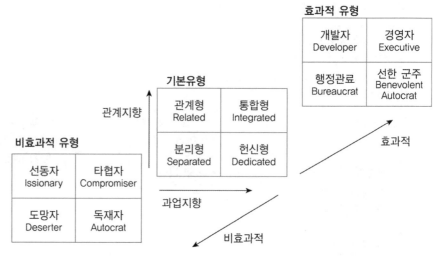

[그림 6-27] 레딘의 3차원 지도성 유형

지도자 유형	효과적 유형	비효과적 유형
통합형	• 경영자 • 부하직원에게 동기를 부여하고, 높은 표준을 설정하며, 개인차에 관심을 두고 팀 접근 방법을 선호하는 자	• 타협자 • 부당한 압력에도 지나치게 영향을 받는 보잘것없는 의사결정자 • 제약과 문제에 너무도 쉽게 굴복하는 자
분리형	• 행정관료 • 공명정대하고, 규칙과 규정을 성실하게 수행하는 자	• 도망자 • 무관심하면서 때로는 남의 일에 간섭하며, 책임을 포기하는 자

헌신형	• 선한 군주 • 해야 할 일을 알고, 적개심을 유발하지 않으면서 그것을 효율적으로 하는 역동적이고 적극적인 추진자	• 독재자 • 무감각하고 고압적이고 완고하고 타인을 불신하며, 단지 현안 문제에만 관심을 가진 자
관계형	• 개발자 • 타인을 신뢰하는 온화한 인간이며, 타인의 개인적인 발전에 관심을 가진 자	• 선동자(선교자) • 기본적으로 조화에 관심을 두나, 조직이 목적 없이 표류하는 동안에도 선의만을 떠드는 자

(3) 결론 및 한계

① 효과적인 지도자란 상황에 적합하게 자신의 지도성 유형을 바꾸어 나갈 수 있다고 결론지었다.

② 효과적인 지도자 행동에 부합하는 '적절한' 상황이 무엇인지에 대해 명확하게 제시하지 못한다는 한계가 있다.

③ 효과성을 최대한 달성하기 위하여 상황에 부합하는 지도성 유형을 결정하는 것을 지도자의 인식에 전적으로 의존할 수밖에 없다는 문제가 있다.

❹ 허쉬(Hersey)와 블랜차드(Blanchard)의 상황적 지도성 유형(situational leadership model)
기출 97, 08, 14 중등

(1) 전제

지도성의 효과성은 구성원의 성숙도와 지도자의 적절한 지도성 유형의 결합에 의해 좌우된다.

(2) 지도자의 행동 유형

① 과업중심 행동(task behaviors): 지도자는 부하 직원에게 무슨 과업을 언제, 어떻게 수행해야 할 것인가를 지시함으로써 일방적인 의사소통에 전념한다.

② 관계중심 행동(relational behaviors): 지도자는 사회·정서적인 지원, 즉 '심리적 위로'를 제공하고 일을 촉진시키는 행동을 함으로써 쌍방적 의사소통에 전념한다.

(3) 지도자 행동의 효과성에 영향을 주는 요인 – 구성원의 성숙도

구분	내용
직무 성숙도	교육과 경험에 의해 영향을 받게 되는 개인적 직무 수행능력
심리적 성숙도	성취욕구와 책임을 지려는 의지를 반영한 개인적 동기 수준

> 기출 14 중등
>
> **기출논제 Check** ☑
>
> 수업에 소극적인 학생들의 학습동기를 유발하기 위한 방안을 교사지도성 행동 측면에서 2가지씩 논하시오.

(4) 지도성 유형

① 지도자 행동과 구성원의 성숙도를 조합해 상황적 지도성 유형을 개발했으며, 지도자 행동은 '위임형, 지원형, 지도형, 지시형'의 네 가지로 나타난다.

② 지도자의 유형

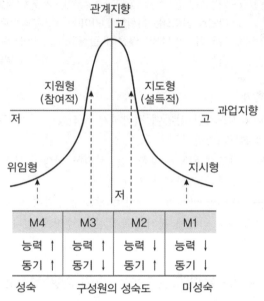

[그림 6-28] 허쉬와 블랜차드의 지도자 유형

(5) 결론 및 한계

① 지도자의 과업행동과 관계행동이 어떠한 상황에 적합한지 보여주며, 지도자 행동의 효과성을 구성원의 성숙도와 연결 지어 설명했다.

② 상황조절변인으로 성숙도를 포함했으나 이에 대한 개념이 애매하며, 하나의 변인만을 사용했다는 점에서 타당성이 떨어진다.

참고 커(Kerr)와 제르미어(Jermier)의 지도성 대용 상황이론(substitutes for leadership model)

1. 전제

① 기존의 상황적 지도성이론은 지도성이 상황에 의존하기는 하지만 여전히 공식적인 지도성이 필요하고 중요하다는 점을 가정한다.

② 그러나 특정한 상황에서는 지도성이 아무런 영향을 미치지 않을 수도 있다.

2. 내용 기출 11 초등

① 과업 수행은 지도자가 가지고 있는 어떤 것에 의존하지 않고 구성원, 과업, 조직 특성 등과 같은 상황에 달려있다. 즉, 어떤 상황에서는 지도자 행동의 영향력을 대용하거나 무력화하는 것들이 있고, 다른 상황에서는 지도자 행동의 영향력을 대용하거나 무력화하는 것이 존재하지 않는다.

② 상황을 '대용(substitute)상황'과 '억제(neutralizer)상황'의 두 가지로 구분했다.

개념	내용
대용상황	구성원의 태도, 지각, 행동에 영향을 미치는 지도자의 능력을 대신하거나 감소시키는 상황적 측면 예 교사들이 높은 능력과 경험, 식견을 가지고 있고, 수행 절차가 분명하며 일상적으로 수행하는 과업일 경우 학교장의 지도성이 필요하지 않음
억제상황	지도자의 행동을 대체하는 것이 아니라 지도자가 특정한 방식으로 행동하지 못하게 하거나 지도자 행동의 영향력을 무력화시키는 상황적 측면 예 학교장이 제공하는 인센티브에 대해 교사들이 무관심한 경우 학교장 행동의 영향력이 무력화됨

③ 지도성 대용상황으로 작용할 수 있는 상황변인을 구성원, 과업, 조직으로 구분했다.

개념	내용
구성원	구성원의 능력, 훈련, 경험과 지식, 전문 지향성, 보상에 대한 무관심 등
과업	구조화된 일상적 과업, 내재적 만족을 주는 과업, 과업에 의해 제공하는 피드백 등
조직	역할과 절차의 공식화, 규정과 정책의 신축성, 작업집단의 응집력, 행정가와 구성원 사이의 공간적 거리 등

3. 시사점
① 지도자의 행동이 어떤 상황에서는 중요한 영향을 주는 데 반해, 다른 상황에서는 왜 아무런 영향을 주지 못하는지 이해하는 데 많은 도움을 준다.
② 구성원의 태도, 행동, 역할 지각 등이 어떻게 결정되는지를 이해하기 위해서는 지도자 행동과 대용상황을 모두 고려하는 것이 필요하다.

❺ 상황적 리더십이론의 시사점 및 한계

(1) 시사점
① 지도자는 여러 가지 상황에서 다양한 과업을 수행하며, 과업의 성격이나 지도자가 속한 조직의 특성에 따라 지도자의 행동이 달라진다는 점에서 지도자 행동의 효과성을 구체적인 적절한 상황과 연계시켰다.
② 과업의 성격과 조직의 특성을 다양한 관점에서 분류하고, 각각의 경우에 행사하여야 할 지도자의 행동을 체계적으로 제시하고자 하였으며, 지도자 – 구성원 관계, 과업 구조, 지도자 지위권력, 구성원의 특성, 직무 환경, 구성원의 성숙도 등 다양한 상황변인들이 고려되었다.

(2) 한계
① 상황을 고정적으로만 해석하여, 지도자가 상황 변화에 어떻게 대처함으로써 조직의 효과성을 높일 것인가를 명확하게 설명해주지 못한다.
② 이러한 한계는 지도자로 하여금 자신의 특성과 행동 유형에 적합하도록 상황 자체를 변화시키려는 노력으로 이어졌다.

❶ 카리스마적 지도성(charismatic leadership) 기출 12 중등

(1) 배경

① '카리스마'는 본래 기독교적 용어로 '은혜', '무상의 선물'이라는 뜻이지만, 베버 (Weber)는 이를 사회과학의 개념으로 확립시켰다. 그에 따르면 '카리스마'는 초자연적·초인간적 재능이나 힘을 가리키며, 카리스마의 소유자에 대한 절대 적 신앙을 토대로 맺어지는 지배와 복종관계를 '카리스마적 지배'라고 말한다.

② 카리스마적 지도성은 베버의 생각에 기반을 두고 있으며, 최근 하우스(House) 와 하웰(Howell) 등에 의해 정교하게 발전했다.

(2) 주요 내용

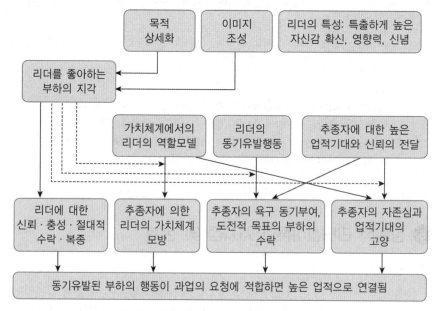

[그림 6-29] 카리스마적 지도성 모델

① 카리스마적 지도성: 탁월한 비전, 가능성 있는 해결책, 상대방을 압도하는 인 간적 매력을 소유한 지도자가 구성원의 헌신적 복종과 충성을 바탕으로 나타 내는 강력한 영향력을 의미한다.

② 하우스와 하웰은 카리스마적 지도자의 인성적 특성으로 성취지향성, 창의성, 혁신성, 높은 열정과 참여, 자신감, 높은 사회적 욕구, 높은 수준의 업무 참여 와 모험 성향, 민감성, 배려심, 구성원들이 모방할 만한 행동 모델 제시, 자기 희생을 제시했다.

③ 카리스마적 지도자는 지도자가 높은 능력을 갖고 있다는 느낌을 주는 행동을 통해 구성원으로 하여금 과업 수행과 관련된 강한 동기를 불러일으킨다.

④ 지도자는 구성원의 욕구, 가치, 선호, 포부를 개인 차원의 관심에서 집단 차원의 관심으로 바꾸어놓으며 구성원이 지도자의 비전에 전념하게 하고 기대 이상의 수행성과를 이끌도록 한다.

(3) 의의 및 한계

① 의의
  ㉠ 위기, 격동, 변화의 요구가 높은 조직 상황에서 큰 효과를 발휘할 수 있다.
  ㉡ 일부 지도자가 구성원에게 미치는 특별한 영향력을 효과적으로 설명할 수 있다.

② 한계
  ㉠ 지도자의 카리스마적 행동이나 개인적 매력 같은 요소에 기댄다는 점에서 지속성에 대한 확신이 어렵다. 따라서 이는 번즈(Burns)가 말한 변혁적 지도성의 초기 단계에 해당한다고 볼 수 있다.
  ㉡ 지도자와 구성원의 관계에만 과도하게 초점이 맞춰져 있다.
  ㉢ 지도성을 제한하고 촉진하는 상황적 변인이 무시되거나 간과되어 있다.

❷ 변혁적 지도성(transformational leadership) 기출 05, 12, 19 중등 / 05 초등

(1) 배경

① 지도자는 단순히 상황에 부합하는 방식으로 조직을 관리·경영하기보다 자신의 특성과 행동 유형에 부합하도록 상황을 만들어냄으로써 조직의 효과성을 이끌어내야 함을 전제한다.

② 미국의 정치학자인 번즈가 '새로운 지도성이론'이라는 이름으로 변혁적 지도성이라는 개념을 처음 주창했으며, 변혁적 리더십을 거래적 지도성과 비교·제시했다.

구분	거래적 지도성 (transactional leadership)	변혁적 지도성 (transformational leadership)
구성원의 동기 부여	구성원의 개인적 이익에 호소함으로써 구성원을 동기 부여함	구성원의 도덕적 가치에 호소하며, 그들의 성장욕구를 자극하여 동기화시킴으로써 구성원의 태도와 신념을 변화시켜 자신감을 갖게 함
구성원과의 관계	수행의 대가로 보상을 교환하는 상호 교환적 관계	단순한 상호 교환적 관계를 넘어서 구성원으로 하여금 조직목적에 헌신하도록 함
지도자의 특징	• 외적 지향적 • 규정을 따르고 외부상황을 따르며, 조직문화의 관례 내에서 움직임	• 내적 지향적 • 자기규제적(self-defining)이며 더 만족스러운 미래 비전을 토대로 조직문화의 관례를 재규정하거나 변화시킴 • 윤리적·도덕적 행동의 기준을 높이고 목적달성에 수반되는 위험을 구성원과 공유함

기출 19 중등
기출논제 Check ⊘

바스(B. Bass)의 지도성의 명칭(변혁적 지도성) 및 김 교사가 학교 내에서 동료교사와 함께 이 지도성을 신장할 수 있는 방안 2가지

③ 이후 바스(Bass)가 보다 정교한 형태의 변혁적 지도성을 전개하였으며, 이를 측정하기 위해 '카리스마, 개별적 배려, 지적 자극'의 세 가지 요인으로 구성된 지도성 질문지(MLQ; Multifactor Leadership Questionnaire)를 개발했다.

(2) 개념

구성원의 성장욕구를 자극하여 동기화시킴으로써 태도와 신념을 변화시켜 자신감을 갖게 하며, 더 많은 노력과 헌신을 이끌어 내어 기대 이상의 성과를 달성하게 하는 지도성을 의미한다.

* 주삼환 외(2015)

(3) 주요 내용*

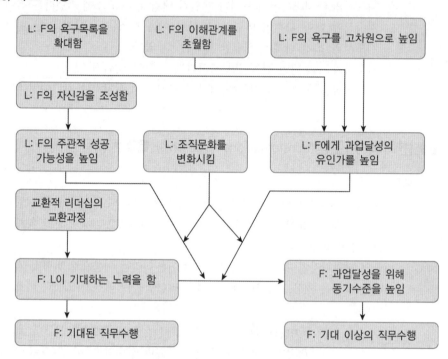

[그림 6-30] 변혁적 지도성 모델

① 이상적인 완전한 영향력(idealized influence): 지도자가 높은 기준의 윤리적·도덕적 행위를 보이고, 목표 수행 과정에서 발생하는 위험을 구성원과 함께 분담하며, 자신보다는 타인의 욕구를 배려하고, 개인의 이익이 아니라 조직의 이익을 위해 행동하는 것을 토대로 구성원의 존경과 신뢰를 받고 칭송을 얻는다.

② 감화력(inspirational motivation): 조직의 미래와 비전을 창출하는 데 사람들을 참여시키고 구성원이 바라는 기대를 분명하게 전달함으로써 조직의 문제를 해결할 수 있으며, 조직이 발전할 수 있다고 믿도록 구성원의 동기를 변화시켜 단체정신, 낙관주의, 열성과 헌신 등을 이끌어낸다.

③ 지적 자극(intellectual stimulation): 일상적인 생각에 대하여 의문을 제기하고 문제들을 재구조화하며 종래의 상황을 새로운 방식으로 접근함으로써 구성원이 혁신적이고 창의적이 되도록 유도한다.

④ 개별적 배려(individualized consideration): 성취하고 성장하려는 개개인의 욕구에 특별한 관심을 보임으로써 새로운 학습기회를 만들어 구성원으로 하여금 잠재력을 계발하고 자신의 개인적 발전을 모색하며 그에 대해 책임을 지도록 한다.

(4) 의의 및 한계

① 의의
  ㉠ 사람들이 이상적인 지도자의 특성으로 마음속에 그리고 있는 리더십과 가까운 형태이며, 대다수 연구에서 거래적 지도성보다 효과적이라는 사실이 증명되었다.
  ㉡ 특히 오늘날과 같이 학교의 재구조화가 요구되는 시대에 급격한 사회변화에도 적극적으로 대응하며 교육의 질을 높이기 위해서는 변혁적 지도성의 중요성이 더욱 강조된다.

② 한계
  ㉠ 지도자와 구성원의 관계에만 초점을 둔 것은 너무 협소하므로 조직 차원의 영향력 과정을 좀 더 광범위하게 고려할 필요가 있다.
  ㉡ 지도자의 강력한 지도성을 강조하여 지도자의 특성과 행동 유형에 적합하도록 상황을 변혁한다는 점에서 지도성을 제한·촉진하는 상황의 중요성을 경시했다.

❸ 수업지도성(instructional leadership)

(1) 배경

① 1980년대 미국에서 효과적인 학교를 연구하는 과정에서 등장한 개념으로, 효과적인 학교에는 수업과 교육과정에 초점을 두면서 강력하고 직접적으로 리더십을 행사하는 교장이 있다는 사실을 확인하고, 이러한 지도성을 표상화하기 위해 '수업지도성'이라는 개념이 탄생했다.

② 우리나라에서는 1990년대 중반에 이르러서야 수업지도성에 대한 체계적인 연구가 시작되면서 현재까지 많은 연구가 축적되지는 못했다.

(2) 주요 내용

① 수업지도성: 학생의 성취에 직접적으로 영향을 미치는 교장의 리더십 행위이다.

② 교수·학습의 증진을 강조하는 특별한 형태의 지도성으로 교육과정 내용, 교수방법, 평가 전략, 학업성취를 위한 문화규범과 같은 요인들을 변화시키려는 노력을 의미한다.

③ 수업지도성의 범위는 협의의 관점과 광의의 관점 또는 직접적 수업지도성과 간접적 수업지도성으로 구분하기도 한다.

④ 수업지도성의 구성요소

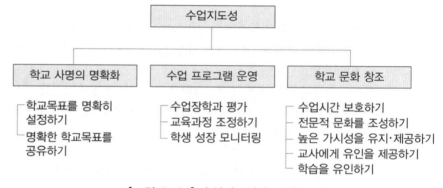

[그림 6-31] 수업지도성의 구성요소

(3) 수업지도성의 특성

① 교장이 학교에서 수업과 교육과정을 조정·통제·장학·개발하는 역할에 주로 초점을 맞춘다.

② 수업지도자로서의 교장은 강력하고 지시적이며 전문성과 카리스마로 조직을 이끌고, 목적 지향적으로 학생의 학업성취를 향상시키는 일에 전념한다.

③ 수업지도자는 학생뿐 아니라 교사에게도 높은 기대와 표준을 전달하여 '학업 지향적인' 문화를 만들어내는 존재이다.

(4) 의의

① 수업지도자의 다양한 역할 중 교육목표 달성을 위한 교수 · 학습 개선이 가장 핵심적인 과제라는 점에서 수업지도성은 중요한 리더십이다.

② 수업지도성과 관련한 대다수의 연구결과는 교장의 수업지도성이 학교교육의 효과성과 학업성취도에 긍정적인 영향을 미치는 것을 증명했다.

(5) 한계

① 학교장은 수업지도성 외에도 경영적 · 정치적 · 제도적 · 인간관계적 · 상징적 리더십을 행사해야 하는 존재라는 점에서 수업지도성만을 지나치게 강조하는 경우 학교장의 총체적인 리더십 행사에 역효과가 생길 수 있다.

② 수업지도성은 소규모의 초등학교에서 발휘될 수 있는 리더십 유형으로 대규모 학교나 중등학교에서는 현실적으로 발휘되기 어렵다.

③ 수업지도성을 행사하는 교장 간에도, 학교나 지역사회의 여건에 따라 수업지도성의 내용이 다를 수 있다.

④ 대다수 교장은 경영적 역할을 교장의 소임이라고 생각하는 경향이 강하다는 점에서 수업지도성이 단순한 주장을 넘어 현실적으로 행사될 수 있는가에 대해 의문이 제기된다.

> **참고** **변혁적 지도성과 수업지도성 비교**
>
> **1. 상향적 접근 vs. 하향적 접근**
> 변혁적 지도성은 지도성이 온전히 교장에게만 귀속되는 것이라고 보기보다는 조직구성원에게 공유될 수 있고 교장뿐만 아니라 교사도 행사할 수 있는 것이라고 보는 반면, 수업지도성은 교장의 단일한 지도성 행사를 강조한다. 또한 변혁적 지도성은 개별화된 지원, 지적 자극 등 조직구성원의 필요를 이해하는 일로부터 동기 유발을 시작하는 반면, 수업지도성에서는 지도자가 조직구성원을 적절히 통제하거나 조정하여 동기를 유발한다.
>
> **2. 변혁적 관계 vs. 거래적 관계**
> 변혁적 지도성은 조직구성원의 열망을 확장 · 통합하여 미래를 밝히고 창조하려고 하지만, 수업지도성은 학교 개선에 중점을 두기는 하나 조직구성원이 미리 정해진 목표를 향해 움직이도록 관리하고 조정한다.
>
> **3. 2차적 · 간접적 효과 vs. 1차적 · 직접적 효과**
> 변혁적 지도성은 학교구성원의 역량을 배가하여, 그들이 배가된 역량으로 조직에 공헌하도록 하는 반면, 수업지도성은 지도자가 교육과정이나 수업에 직접 영향을 미치거나 변화를 이끌어내어 학생의 학업성취를 제고하는 것을 목적으로 한다.

❹ 분산적(협응적) 지도성(distributed leadership) [기출 12 중등]

(1) 배경
① 수업지도성이나 변혁적 지도성은 본질적으로 지도자 중심적 이론인 반면, 분산적 지도성은 지도성에 대한 중앙집권적 사고를 부정하는 데에서 출발한다.
② 조직 내에서 지도성이 행사되는 과정을 사실 그대로 보여준다는 점에서 새로운 논의이다.
③ 스필레인(Spillane), 엘모어(Elmore), 그론(Gronn), 에버스(Evers), 라콤스키(Lakomski) 등이 주장한 개념으로, 지도자의 개인적 특성은 지도성을 구성하는 한 부분일 뿐 지도성 자체를 결정하는 필요충분조건이 아니라고 전제한다.
④ 전통적 지도성 연구에서 지도자가 없는 조직은 상상할 수 없지만, 현실에서는 조직구성원의 성향이나 과업 수행과정, 과업의 특성 등은 지도자의 대체제가 될 수 있다.

(2) 개념
지도성이 한 사람이 아니라 다수의 조직구성원, 또는 조직구성원 전부에게 분산되어 있으며, 여러 사람의 다양한 행동을 단순한 합 이상의 것으로서 전체적 (holistic) 관점에서 파악한다.

(3) 주요 내용
① 지도성의 영역이 구성원에까지 확대되어, 학교장과 학교구성원 모두가 집단 지도성을 실행하며 그에 대한 공동책임을 수행한다.
② 분산적 지도성은 협응적 행위에 관심을 가지며, 아래 세 가지 양상에 주목한다.
  ㉠ 조직에서 자발적으로 발생하는 열정적 참여가 협력적으로 어우러지는 형식
  ㉡ 조직구성원 간에 시너지가 발생하여 친밀한 노동관계를 공고하게 발전시키는 과정
  ㉢ 협응적 행위가 적절히 규제되는 구조적 관계와 제도화된 구조
③ 비위계적 지도성을 지향해 조직의 하위에 있는 구성원들도 주요 의사결정에 참여한다.
④ 다수의 지도자가 네트워크를 통해 상호 의존 및 신뢰와 협력을 기반으로 지도성을 공동으로 실행한다.
⑤ 이를 통해 조직 역량과 개인의 전문성 극대화를 추구한다. 특히 공동의 지도성 실행을 통한 교수·학습의 개선, 전문적 학습공동체의 구현을 구체적인 목표로 한다.

(4) 분산적 지도성 실행을 위한 조건

① 지도자

　ⓐ 지도자는 구성원 및 상황과 상호작용하며 분산적 지도성을 실행한다.

　ⓑ 공식적·비공식적 지도자를 포함한 다수의 지도자들에 의해 지도성이 실행되며, 이들은 공동의 목표를 위해 서로 상호작용한다.

② 구성원: 지도성 실행의 주체로서 서로에게 영향력을 행사하고, 상호 의존 및 신뢰와 협력의 조직문화를 만들어낸다.

③ 상황: 정례화된 활동(정기적 회의 등), 도구(학생 성적, 학교생활기록부, 교사 평가도구 등), 제도(비전, 목표, 학교규칙, 학교운영계획서), 구조(교직원회의, 각종 위원회) 등을 포함한다.

(5) 의의

① 학교 내 지도성 실행의 새로운 방식을 제시함으로써 지도성 실행을 개선할 수 있는 강력한 도구를 제공해준다.

② 지도성의 영역이 구성원까지 확대되고, 지도성 실행이 어떻게 공유·분산되는 지에 관심을 기울임으로써 학교운영과 교수·학습의 개선, 학생의 학업성취도 향상에 기여할 수 있다.

(6) 한계

① 상향적 참여와 공유 방식을 지향하지만, 실질적으로는 하향식 접근으로 이루어 진다는 점에서 하부 조직에 잘못된 지도성 이양이나 분산을 강요할 가능성을 배제할 수 없다.

② 책임과 권력 분산이 오히려 조직경영의 효과성을 저해할 수도 있으며, 학교장 의 법적 의무 및 책무성 이행과 상충될 수 있다.

❺ 문화적 지도성(cultural leadership) 기출 12 중등

(1) 배경

① 조직문화의 중요성: 모든 행정적 노력의 구심점이 되어 조직구조, 조직행동, 조직의 직무수행에 영향을 주고 직무수행을 개선하기 위한 기제가 된다.

　cf 학교문화: 교사, 학생, 학부모를 하나의 집단으로 묶는 공유된 가치, 신념, 의미체계

② 조직구조가 아닌 조직문화의 변화를 꾀하여 조직의 효과성을 개선하려는 지도 성이 강조되어, 독특한 학교문화를 창출하는 것에서 도출된 지도성으로서 등장 했으며 서지오바니(Sergiovanni), 커닝햄(Cunningham)과 그레소(Gresso) 등에 의해 발전되었다.

1. 학교조직에서 '문화'의 중요성

"학교는 구조적 의미에서 이완결합이지만 문화적 의미에서는 확고하게 결합되어 있다. 그래서 교사와 학생은 관료제적 규칙, 관리지침, 상황의존적 교환, 합리적 실체의 이미지보다는 규범, 집단의 관습, 신념의 유형, 가치, 사회화 과정, 사회적으로 구조화된 실체의 이미지에 의해 더 잘 움직여진다."

2. 다섯 가지 지도성 유형

서지오바니는 '기술적·인간적·교육적·상징적·문화적 지도성'의 지도성 유형을 제시하고, 그중 문화적 지도성을 가장 상위에 위치시켜 문화적 지도성의 힘이 가장 강하다는 것을 보여준다.

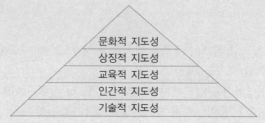

문화적 지도성
상징적 지도성
교육적 지도성
인간적 지도성
기술적 지도성

[그림 6-32] 서지오바니의 다섯 가지 지도성 유형

지도성 유형	지도자의 역할	내용
문화적 지도성	성직자	영속적 가치, 신념, 독특한 학교문화 창출을 통한 학교 정체성 확립 및 자체적 전통 수립
상징적 지도성	최고 책임자	• **개념**: 학교의 중대사에 대해 다른 사람에게 주의를 환기시키는 데에서 나오는 지도성으로 무엇이 중요하고 가치가 있는지를 알려줌 • **강조**: 학교비전과 목표 제시 및 선별적 관심을 강조함 • **특징**: 지도자는 학교 견학, 교실 방문, 학생과의 간담회, 학생 교육에 대한 특별한 강조, 행사나 의전의 관장 등 상징적 행사와 언사를 통해 학교의 비전과 목표에 주의를 환기시키고 특별한 행동을 유도함으로써 일종의 '대장'의 역할을 수행함
교육적 지도성	현장교육 전문가	• **개념**: 교육에 대한 전문적인 지식에서 나오는 지도성 • **특징**: 교육관련 전문적 지식 기반으로 교수·학습 지도, 교육프로그램 개발, 임상장학 등에 대한 전문적 지식과 능력을 통해 교육문제를 진단하고 교사들을 지도하며 장학, 평가, 직원 능력, 교육과정 개발을 효율적으로 수행함으로써 임상 실무자의 역할을 함

인간적 지도성	인간공학 전문가	• **개념**: 대인관계, 동기유발 등 유용한 사회적 · 인간적 자원을 활용하는 데에서 나오는 지도성 • **특징**: 인간관계, 사교능력, 동기화능력 등을 강 조하고 지원, 격려, 참여적 의사결정 등을 통해 사람들의 사기를 높이고 조직의 성장을 도모함 으로써 일종의 '인간공학 전문가'로 간주됨
기술적 지도성	전문 경영자	• **개념**: 견고한 경영관리 기술에서 나오는 지도성 • **강조**: 계획, 조직, 조정, 시간 관리 등을 강조 • **특징**: 계획, 조직, 조정, 시간 관리 등에 대한 우수한 능력을 지니는 일종의 '전문 경영자'로 간주됨

(2) 개념

인간의 가치와 의미 추구 욕구를 만족시킴으로써 구성원들을 조직의 주인으로 만들고 조직의 제도적 통합을 가능하게 하는 지도성이다.

(3) 주요 내용

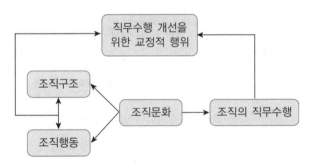

[그림 6-33] 리더십에 대한 문화적 접근

① **지도자의 역할**: 지도자는 독특한 정체성을 갖게 만드는 가치, 믿음, 관점을 창조 · 강화 · 유지하는 것을 중요시하고, 이를 통해 전통과 문화를 만든다. 지도자는 학교를 이완구조로 파악하고 교사들을 고도의 전문성 신장이 요구되는 전문 직업인으로 간주한다.

② **효과적 학교문화 형성을 위한 요소**: 버티컬 슬라이스(조직에서 각 계층 대표자들이 직위에 관계없이 허심탄회하게 토론하고 조정하는 의사소통방법), 비전, 동료 관계, 신뢰와 지원, 가치와 흥미, 폭넓은 참여, 지속적 성장, 장기적인 전망에 따른 현재의 생활, 질 높은 정보에 대한 용이한 접근, 개선의 유지와 지속, 개인적 권한부여 등

(4) 의의

인간 정신의 실체를 수용하고 의미와 의의의 중요성을 강조하며, 도덕적 질서를 만드는 가치와 규범에 관련된 전문직업적 자유의 개념을 인정함으로써 지도성의 핵심에 상당히 근접했다.

(5) 한계

거시적 관점(문화)에서 지도성을 연구함으로써 일단 확립된 문화가 조직구성원을 수동적 행위자로 만들고 능동적 조직 행위자의 가능성을 제한할 수 있다.

⑥ 만즈(Manz)와 심스(Sims)의 초우량 지도성(슈퍼리더십, super - leadership)

기출 11, 12 중등

(1) 전제

① 구성원들이 외적인 통제에 의해서보다는 자기 지도적(self-leading)이고 내적인 통제에 의해 보다 생산적·성공적인 직무수행이 가능하다.

② 결국 지도자가 발휘하는 지도성의 효과는 구성원들이 수용하는 정도에 따라 달라진다.

(2) 개념

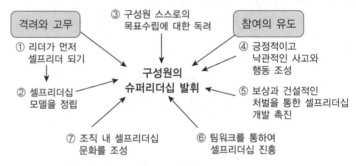

[그림 6-34] 슈퍼리더십에 이르는 7단계 모델

① 조직의 지도자가 구성원 개개인을 스스로를 지도할 수 있는 지도자로 성장·변화시키는 리더십이다.

② 개념 속에 셀프지도성(셀프리더십)이 내포되어 있으며 이러한 셀프지도성은 구성원 각자 자율적으로 자신의 지도력을 발휘할 수 있게 되는 것을 의미한다. 즉, 조직구성원 각자가 스스로를 통제하고 삶의 진정한 주인이 될 수 있도록 셀프지도성을 개발하는 데 중점을 두는 리더십 개념이다.

(3) 초점

지도자의 독특한 특성이나 능력보다는 구성원들이 스스로 지도자로서의 능력을 개발하고 활용할 수 있도록 하는 지도자의 능력에 초점을 두고 있다.

(4) 리더(지도자)의 역할

① 지도자는 구성원이 스스로 생각하여 해결책을 찾고 의사결정을 하도록 도와주는 사람이다.

② 지도자는 구성원에게 셀프지도성을 가르치고 그들이 조직 내에서 셀프지도성을 실천할 수 있는 기회를 제공해야 한다.

③ 이를 통하여 지도자가 구성원 개개인을 지도자로 성장시킴으로써 지도자가 '추종자들의 지도자'가 아니라 '지도자들의 지도자'가 되게 하여 구성원을 지도자로 변혁시키려는 지도성이다.

(5) 초우량 지도성 신장방안

① 교사는 일상적 업무에 대한 통제에 있어 높은 수준의 자율성을 경험하고 기대하며 전문 직업인으로서 일상의 과업에서 상당한 재량권을 행사한다는 점에서 학교는 초우량 지도성이 성공할 수 있는 조직이다.

② 교사에게 셀프지도성을 가르치고 조직 내에서 셀프지도성을 실천할 수 있는 기회를 제공해야 한다. 예컨대, 교사에 대한 외적 통제보다는 교사가 자기 주도적으로 통제할 수 있도록 내적 동기를 부여하고, 교사가 스스로 지도자로서의 능력을 개발할 수 있도록 한다.

❼ 서지오바니(Sergiovanni)의 도덕적 지도성(moral leadership)

(1) 개념

지도자가 자신의 도덕적 품성과 능력을 바탕으로 추종자의 존경과 신뢰를 획득하고, 나아가 추종자의 능력을 계발하고 추종자의 자율적 직무수행을 조장해, 추종자들을 '셀프리더'가 되도록 자극하고, 지도자 자신은 '리더들의 리더'가 되어 궁극적으로 효과적이고 도덕적인 조직이 될 수 있도록 하는 지도성이다.

> **참고** 서지오바니의 도덕적·관리적 측면에서 바라본 네 가지 학교의 유형

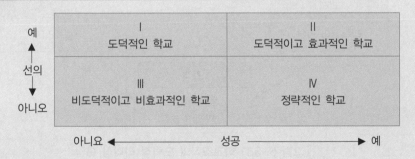

1. 분류 기준
도덕적 측면에서의 선의(善意)와 관리적 측면에서의 성공(成功)을 기준으로 한다.

2. 유형별 특징

① **Ⅰ유형(도덕적 학교):** 교직원은 선의에 의해 동기가 유발되지만 목적 성취는 성공적이지 못하다.

② **Ⅱ유형(도덕적이고 효과적인 학교):** 교직원은 선의에 의해 동기가 유발되며 목적 성취도 성공적인 가장 이상적 형태의 학교유형이다.

③ **Ⅲ유형(비도덕적이고 비효과적인 학교):** 교직원은 선의에 의해 동기가 유발되지 않았으며, 목적 성취도 성공적이지 못하다.

④ **Ⅳ유형(정략적인 학교):** 교직원은 선의에 의해 동기가 유발되지 않았지만 목적 성취는 성공적이다.

3. 시사점

① 단기적으로 성공을 지향하는 'Ⅳ유형'의 정략적인 학교보다는 선의를 강조하는 'Ⅰ유형'의 도덕적인 학교가 장기적으로 'Ⅱ유형'의 학교가 될 가능성이 더 높다.

② 학교장이 지향해야 할 도덕적 지도성은 성공보다는 선의를 중시하는 'Ⅰ유형'과 'Ⅱ유형'의 학교를 만드는 지도성이라고 할 수 있다.

(2) 내용

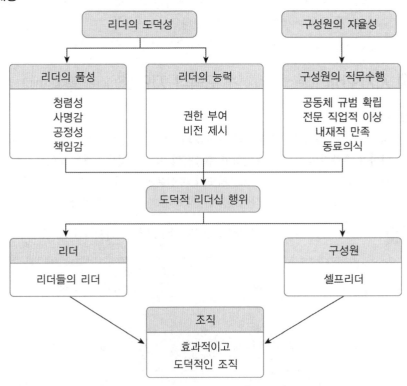

[그림 6-35] 학교조직의 도덕적 리더십 모델

① 전문 직업적 사회화, 목적 설정과 공유가치, 동료의식과 상호 의존성은 추종자들이 일에 헌신하도록 하는 데 필요한 규범적 권력을 제공하여 이완구조를 가진 학교에서 통제 문제를 해결할 수 있도록 하고, 궁극적으로 교사들을 추종자에서 자기관리자로 변혁시킬 수 있다.

② 전문 직업적 사회화, 목적설정과 공유가치 등은 지도성을 대신할 수 있으며 결국 지도자의 지도력은 불필요하게 된다.

③ 행정가들은 지시적인 대인적 지도성을 발휘하는 대신 교사들로 하여금 지도 자가 되도록 자극하고 조건을 확립하는 데 노력을 투자할 수 있게 된다.

⑧ 골만(Goleman)의 감성지도성

(1) 배경

① 감성지능(emotional intelligence)은 조직의 상위 계층으로 갈수록 더욱 중요하며, 특히 팀을 이끄는 지도자에게 중요한 요소이다.

② 지도자의 감성지능은 자기 자신과 주변과의 인간관계를 효과적으로 관리하는 능력을 의미하며, 감성적 지도자는 자기인식능력, 자기관리능력, 사회인식능력, 사회적 기술 능력이 뛰어난 지도자를 가리킨다.

(2) 개념

지도자가 자신이 가지고 있는 감성적 · 사회적 능력을 개발하고, 구성원의 감성을 이해하고 배려함과 동시에 비전을 제시하고 자연스럽게 구성원에게 영향력을 행사하는 것이다.

(3) 구성요소

구성요인	세부 요인	정의	하위 요인
개인역량	자기인식능력	자신의 감성을 명확하게 이해하는 능력	• 감성이해력 • 정확한 자기평가 • 자신감
	자기관리능력	자신의 감성을 효과적으로 관리하는 능력	• 자기통제력 • 신뢰성, 자기관리 및 책임의식, 적응력 • 성과달성 지향, 주도성
사회적 역량	사회적 인식능력	다른 사람의 감성을 명확하게 이해하는 능력	• 감정이입, 조직파악력 • 고객서비스 정신
	관계관리능력	다른 사람의 감성을 효과적으로 관리하는 능력	• 영감을 불러일으키는 능력 • 영향력, 타인 지원성, 연대감 형성 • 소통, 변화촉진력, 갈등관리능력

❾ 교육지도성

(1) 배경

교육의 궁극적 목적이 끊임없는 학습을 유발하는 것이라는 점에서 학생의 학습, 조직구성원의 배움을 넘어 공동체 내에서 학습이 인간관계를 매개하고 조직운영에 학습이 깊이 들어올 수 있도록 함을 목적으로 한다.

(2) 개념

① '교육을 위한 지도성'으로 교육자가 교육자로서의 권위와 기술을 발휘하여 구성원의 배움을 자극하고 학교 또는 특정 조직을 학습공동체로 만드는 활동을 의미한다.

② 교육의 주체는 교육자로서의 학교장뿐만 아니라 교사 전체를 포함한다.

(3) 지도성의 역할

교육지도자는 교육자로서의 권위와 기술을 활용해서 목적을 달성하는데, 교육자로서의 권위는 자기 학습에 철저하고 타인의 배움에 도움을 줄 때 인정받을 수 있으며, 교육자에게 요청되는 기술은 사람에 대한 사랑과 앎의 가치에 대한 존중이 결합된 '인격화된 기술'을 의미한다.

(4) 구성요소

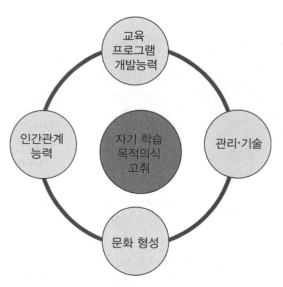

[그림 6-36] 교육지도성의 구성요소

① 자기학습: 교육지도자의 중요한 역할이 타인의 학습을 자극하고 지원하는 일이라는 점에서, 교육지도자는 타인의 학습을 독려하기 위해서 뿐만 아니라 복잡하고 다양한 상황에서 원칙적이면서도 융통성 있게 대응하기 위해 꾸준히 학습해야 한다.

② **목적의식:** 교육지도자는 배움을 통해 개인의 삶의 변화를 도모하고, 학교를 단순한 조직이 아닌 가치공동체로 변화시킴으로써 조직의 비전을 설정하며, 개인과 학교 조직의 변화를 꾀한다는 점에서 개인과 학교에 목적의식을 불어 넣어야 한다.

③ **교육프로그램 개발능력:** 사람마다 다양한 교육적 요구가 있고, 학교의 발전 방향에 부합하는 다양한 교육프로그램이 있다는 점에서, 교육리더는 개인과 학교의 발전에 부합하는 교육프로그램을 개발·운용할 수 있어야 한다.

④ **인간관계능력:** 교육은 사람 간의 인격적 결합이며, 교육지도자는 단순히 원만한 인간관계를 유지하는 수준을 넘어 교육적 인간관계를 형성하면서 지도성을 형성한다는 점에서, 교장은 학교 내에서 배움과 가르침을 통한 인격적 결합의 중심축이 되어야 한다.

⑤ **기술적(관리적) 능력:** 학교조직을 효율적으로 운영하는 일과 학교 내에서 교육적 가치를 정립하는 일이 반드시 상충관계에 있는 것은 아니며, 관리능력은 학교의 교육지도자에게도 필요하다.

⑥ **문화 형성능력:** 교육적인 학교는 사람이 아니라 공동체의 규범과 문화에 의해 운영되며, 최고의 교육지도자는 학생 간의 학습문화와 교사 간의 전문적 공동체 문화, 학교의 독특한 풍토를 형성해야 한다.

(5) 교육지도성 발휘 영역과 요소

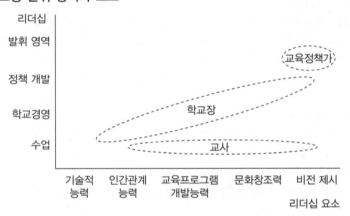

[그림 6-37] 교육리더의 지도성 발휘 영역과 요소

① 지도성 행사 주체는 학교장에 국한되지 않으며, 교육행정가나 교사도 교육지도성을 행사할 수 있다.

② 학교장은 학교운영을 위해 비전 제시, 문화창조력, 교육프로그램 개발능력, 동기부여 등 인간관계 및 관리적 능력을 모두 갖추어야 하며, 교사는 주로 학생을 대상으로 지도성을 행사한다는 점에서 이들에게 비전을 제시하고 동기를 유발시키고 교육 프로그램을 개발한다.

(6) 교육지도성의 변화 방향

① 학교 단위의 책임경영체제 및 학교자율화로 인해 교육조직 운영에서 지도성이 조직의 성패를 좌우하는 필수적 요소가 되었다.

② 교육지도자는 학교의 역할 변화에 민감해야 한다. 최근 사회 양극화에 따라 위기 학생이 속출하고, 지식기반 및 정보화 사회에 적합하도록 학생을 교육해야 한다는 등의 새롭게 등장하는 다양한 과제에 교육적으로 타당한 방식으로 대응해야 한다.

③ 교육지도자가 추종자의 동기를 유발하는 관행을 개선해야 한다. 인사권이나 낮은 차원의 상벌 기제에 의존하는 전통적 동기유발 방식으로는 교육과 학교의 혁신을 기대할 수 없다는 점에서, 교사와 학생이 자신이 하고 있는 일과 공부의 의의를 자각하고 그 일에 몰입할 수 있도록 학교 문화를 창조하는 일을 교육지도자가 수행해야 한다.

④ 교육지도자는 학교와 교육의 울타리를 넘나들며 학교의 안과 밖을 연결하는 네트워크의 형성자가 되어야 한다. 교육활동은 교내외의 많은 사람들의 힘과 도움 및 다양한 자원을 필요로 한다는 점에서 교육과 사회 간 유기적 관계를 형성하는 일에 기여해야 한다.

참고 **그 외의 지도성 이론**

1. 민주적 지도성
협응적 지도성이 민주주의가 조직의 생산성을 높이기 위한 수단으로서 구성원의 참여에 주목한다는 점에서 수단적이며 탈정치화 되어 있다는 점을 지적하며 등장했다. 민주적 지도성은 조직구성원 모두가 윤리적 존재로서 조직의 과업에 의미 있게 참여할 권리를 가지며, 마땅히 그들에게 기대를 가지고 존중하는 지도성을 말한다.

2. 서번트 지도성
타인을 위한 봉사에 초점을 두며, 종업원, 고객 및 공동체를 우선으로 여기고 그들의 욕구를 만족시키기 위해 헌신하는 지도성이다. 지도자를 다른 사람에게 봉사하는 하인(servant)으로 생각하고 구성원을 섬김의 대상으로 보아 명령과 통제로 일관하는 자기중심적 지도자가 아닌 신뢰와 믿음을 바탕으로 개방적인 가치관을 지닌 지도자로 보고, 지도자의 권력은 구성원으로부터 기인한다는 민주주의 원칙에 입각한 지도성이라고 할 수 있다.

요약정리 🔍
Zoom OUT 현대 교육행정에서 강조되는 대표적인 지도성이론 종합

용어	개념 및 특징
카리스마적 지도성이론	탁월한 비전, 가능성 있는 해결책, 상대방을 압도하는 매력을 소유한 지도자가 구성원의 헌신적 복종과 충성을 바탕으로 나타내는 강력한 영향력
변혁적 지도성이론	• 높은 수준의 윤리적 · 도덕적 행위 및 감화력으로 구성원에 대한 이상적인 영향력을 가지며 지적 자극, 개별적 배려 등을 통해 구성원을 동기화시키는 지도성 • 단순한 상호 · 교환적 관계를 넘어서 구성원의 헌신을 이끌어내고, 새로운 비전을 토대로 조직문화를 변화시킴
수업 지도성이론	• 수업과 교육과정의 조정 · 통제 · 장학 · 개발에 초점을 맞춘 지도성 • 학생과 교사에게 높은 기대와 표준을 전달하여 학업지향적 문화를 만들어냄
분산적(협응적) 지도성이론	• 지도성이 조직구성원 전부 또는 다수에게 분산되어 있다고 간주함 • 비위계적 지도성, 집단 지도성, 네트워크를 통한 공동 실행 촉진을 강조하며, 이를 통해 조직 역량과 개인의 전문성 극대화를 추구함
문화적 지도성이론	• 조직문화의 변화를 꾀하여 조직의 효과성을 개선하기 위해 독특한 학교문화를 창출하는 것에서 나오는 지도성으로서 등장함 • 인간의 의미 추구 욕구를 만족시킴으로써 구성원을 조직의 주인으로 만들고 조직의 제도적 통합을 가능하게 하는 리더십
초우량 지도성이론 (슈퍼리더십)	• 조직의 지도자가 구성원 개개인을 스스로를 지도할 수 있는 지도자로 성장 · 변화시키는 지도성 • 셀프리더십을 내포한 개념으로, 구성원 각자가 스스로를 통제하고 삶의 진정한 주인이 될 수 있도록 하는 데 중점을 둠
도덕적 지도성이론	• 지도자가 자신의 도덕적 품성과 능력을 바탕으로 추종자의 존경과 신뢰를 획득하고, 추종자들이 '셀프리더'가 될 수 있도록 독려함 • 지도자가 '리더들의 리더'가 되어 효과적이고 도덕적인 조직이 될 수 있도록 하는 지도성 기제
감성 지도성이론	지도자가 자신이 가지고 있는 감성적 · 사회적 능력을 개발하고, 구성원의 감성을 이해하고 배려함과 동시에 비전을 제시하고 자연스럽게 구성원에게 영향력을 행사하는 것
교육지도성	• 교육을 위한 지도성으로 교육자가 교육자로서의 권위와 기술을 발휘해 구성원의 배움을 자극하고 학교나 특정 조직을 학습공동체로 만드는 활동 • 교육지도자는 자기학습과 목적의식 고취를 핵심으로 두고, 교육 프로그램 개발, 문화 형성, 인간관계 능력, 관리 · 기술능력 등을 포괄해 교육지도성을 발휘함

Chapter 05 정책론

설쌤의
Live Class 🎙️

　교사는 교육활동을 하는 동안 다양한 의사결정에 참여하게 됩니다. 이번 챕터에서 다루게 될 교육정책과 교육기획 또한 의사결정 결과라고 할 수 있지요. 정책론에서는 **의사결정을 바라보는 네 가지 관점**(합리적 관점, 참여적 관점, 정치적 관점, 우연적 관점)과 이를 토대로 한 **다섯 가지 의사결정모형**(합리모형, 만족모형, 점증모형, 혼합모형, 쓰레기통모형)을 중심으로 살펴보시기 바랍니다. 한편 효과적인 의사결정을 위해서 누구를 어떤 방식으로 참여시켜야 하는지 고민해보아야 합니다. 이를 위해 제안된 주요 **의사결정 참여모형**(브릿지스 모형, 브룸과 예튼 모형, 호이와 타터 모형)을 이해하기 위해서 실제 교육정책 의제를 각 모형에 적용해 보는 것이 좋습니다.

　지금까지의 교육기획과 교육정책은 정책 결정과 집행을 담당하는 일부 교육 행정가에게만 중요한 것으로 인식되어 왔습니다. 하지만 최근 단위학교 자율경영의 강조와 함께 교육행정의 많은 권한이 단위학교로 이양되어 왔습니다. 이러한 흐름 속에서 학교행정가는 교육정책 결정 및 집행에 있어 중요한 역할을 담당하고 있으며, 이를 위해서는 관련 개념들에 대한 깊이 있는 이해가 중요합니다. 교육기획과 교육정책에 관련된 기본 지식과 정보를 살펴봄으로써 학교 내의 정책결정자 및 정책집행자로서, 교육정책에 영향을 미치는 각종 사회 변화와 관련 있는 능동적 이슈탐색자로서, 정책과정에 대한 영향력 있는 참여자로서 여러분들에게 요구될 다양한 역할에 대해 고민해볼 수 있었으면 합니다.

핵심 Tag 🏷️

합리모형

자원, 정보 등이 충분하고 이를 토대로 최선의 대안을 선택할 수 있음을 전제하여 고려할 수 있는 모든 대안을 포괄적으로 탐색·평가함으로써 조직의 목표 달성을 극대화할 수 있는 가장 합리적인 대안을 선택하는 의사결정모형

만족모형

인간의 능력, 시간, 자원 등은 제한되어 있고 최고의 선택은 이론적으로만 가능하다는 점에서 최선은 최고가 아니라 '만족스러운 상태'를 의미한다고 전제하고, 의사결정 시 만족할 만한 대안을 선택하는 의사결정모형

점증모형

기존 정책과의 일관성을 찾고 변화에 따른 충격을 최소화하며 현재의 개선책 모색을 위하여 의사결정 시 현실을 긍정하고 이전의 상태보다 다소 향상된 대안을 추구하는 의사결정모형

혼합모형

합리모형과 점증모형을 혼합한 형태로, 기본 방향의 설정은 광범위하게 검토한 후 특별히 관심을 기울여야 할 부분만 면밀히 검토하는 의사결정모형

최적모형

비합리성으로 배제했던 직관, 판단, 창의 등의 요인들도 최적의 의사결정을 위한 핵심요소가 될 수 있음을 전제하고, 의사결정 시 합리성과 초합리성을 동시에 고려하여 최적치를 추구하는 규범적 의사결정모형

쓰레기통모형

조직화된 무정부조직 상태에서 '문제, 해결책, 선택기회, 참여자'라는 네 가지 요소가 독자적으로 움직이다가 어떠한 우연적 사건을 계기로 교차하여 결합하게 될 때 결정이 이루어지는 상황을 설명하는 의사결정모형

01 의사소통

❶ 의사소통의 기초

(1) 의사소통의 개념과 중요성

① 개념: 사람 간에 상징(언어, 기호, 표지, 물건, 사무실 장식, 배치, 설계 등)을 교환함으로써 주위에 발생하고 있는 것에 대해 의미를 구성하고 기대를 개발하는 교환적인 과정이다.

② 중요성
  ㉠ 과학적 관리론이나 관료제이론 등의 고전적 조건이론에서는 의사소통의 역할을 소홀히 다루었으나, 인간관계론 및 행태론 등에서는 의사소통에 대한 중요성이 부각되었다.
  ㉡ 의사소통은 집단, 조직, 사회의 기능 수행에 있어서 필수적 과정이며 사회체제나 조직을 이해하는 데 가장 중요한 것이다.

(2) 의사소통의 기능

① 조정 및 통제의 수단: 구성원의 행동을 일사분란하게 하고 질서 확보를 위한 수단으로 이용될 수 있으며, 구성원의 직무와 관련하여 책임과 권한의 소재를 명확하게 규정하는 것과도 관련 있다.

② 합리적 의사결정의 수단: 구성원은 의사소통을 통해 의사결정과정에 참여할 수 있는데, 특히 의사소통의 내용이 정확하고 신속·적절하며 그 정보의 질이 우수할 경우 의사결정의 수준을 높일 수 있다.

③ 조직 통솔과 리더십의 발휘: 구성원을 통솔하고 조직목표에의 공헌과 추종을 유도할 수 있다.

④ 사기증진 및 동기유발: 구성원을 자극하고 격려함으로써 구성원의 동기유발과 사기를 증진시킬 수 있고, 조직목표를 달성하기 위한 구성원 간의 협동이나 몰입을 불러일으킬 수 있다.

개념확대 ⊕
Zoom IN

학교조직에서 의사소통의 기능
- 목표 및 기준 설정, 사실 및 정보 전달, 의사결정, 다른 사람에게 리더십을 발휘하는 것, 평가 등을 포함하여 학교 내에서 이루어지는 교수·학습과 같은 조직의 기본적인 업무 수행을 가능하게 한다.
- 새로운 아이디어 제기 및 학교의 프로그램, 구조 및 절차상의 변화에 대한 메시지 등을 포함하는 혁신을 가능하게 한다.
- 참여자들의 자기존중감, 상호 간의 관계 및 개인의 목표를 조직의 목표로 통합하기 위한 동기화에 영향을 미치는 사회화 및 현상유지 기능을 한다.

(3) 의사소통의 원칙 [기출] 10 초등

① **명료성의 원칙:** 의사전달의 내용이 명확해야 한다.

② **일관성(일치성)의 원칙:** 조직 내에서 전달되는 정보에 모순이 없어야 한다.

③ **적시성의 원칙:** 의사전달이 가장 효율적으로 이루어질 수 있는 적정한 시기를 놓쳐서는 안 된다.

④ **분포성의 원칙:** 의사소통이 시작되는 지점에서 목적지까지 모든 정보가 의사소통의 대상에게 골고루 도달되어야 한다.

⑤ **적량성의 원칙:** 정보의 양이 과다할 경우 의사소통에 혼란이 생길 수 있고, 과소할 경우에는 의사소통에 영향을 미칠 수 없다는 점에서 과다하지도 과소하지도 않은 적당량의 정보를 전달해야 한다.

⑥ **적응성(융통성)의 원칙:** 구체적인 상황에 적응할 수 있는 현실 적합성을 말한다.

⑦ **통일성의 원칙:** 의사소통이 조직 전체의 입장에서 동일하게 수용되어야 한다.

⑧ **관심과 수용의 원칙:** 발신자가 수신자의 주의와 관심을 끌 수 있어야 하고, 수신자에게 정보가 수용될 수 있도록 의사소통이 적절하게 이루어져야 한다.

(4) 과정 및 구성요소

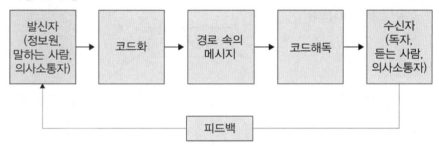

[그림 6-38] 의사소통 과정의 일반 모형

① **주요 개념**

  ㉠ **전달:** 지정된 경로 또는 매체를 통해 실제로 메시지를 보내고 받는 것이다.

  ㉡ **코드화:** 발신자가 의도한 메시지를 상징적 형태로 바꾸는 것이다.

  ㉢ **코드해독:** 수신자가 메시지를 다시 풀이하는 것으로 이 과정을 통해 개인은 메시지를 해석·이해하여 의미를 구성한다.

  ㉣ **피드백:** 발신자의 메시지에 반응하여 보내는 수신자의 메시지로 피드백이 있으면 메시지를 해석하는 것이 용이하게 되며, 의사소통을 연속적·순환적인 과정이 될 수 있도록 한다.

② **의사소통의 과정:** 발신자가 어떤 의도로 메시지를 코드화하고 그것을 어떤 경로로 수신자에게 보내면, 수신자는 그 메시지의 코드를 해독하고 원래의 발신자에게 피드백을 제공하는 과정으로 상호작용적·교섭적·쌍방향적·순환적이다.

❷ 의사소통의 유형

(1) 의사소통의 교류에 따른 유형

① 일방적 의사소통

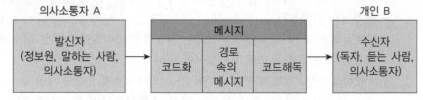

[그림 6-39] 일방적 의사소통 모형

　　㉠ 의미: 한쪽 방향으로만 의사소통이 이루어지는 것으로, 말하는 사람에서 시작되어 듣는 사람에서 끝나는 의사소통 형태이다.

　　　　🔲 강의식 수업, 교장의 지시 등

　　㉡ 장점: 즉각적인 업무효율성과 목적 달성에 유리하다.

　　㉢ 단점: 효과적으로 아이디어를 표현했다고 하더라도 그것이 의도대로 이해되지 않았을 수도 있다.

② 쌍방적 의사소통

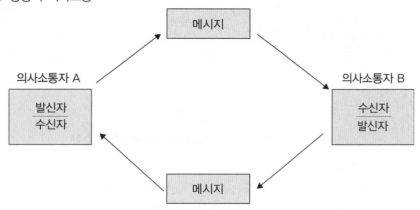

[그림 6-40] 쌍방적 의사소통 모형

　　㉠ 의미: 호혜적 상호작용으로, 계속적인 메시지 교환과 교섭을 요하는 의사소통 형태이다.

　　㉡ 세 가지 원칙

　　　　ⓐ 참여의 원칙: 자발적으로 대화에 참여해야 하며 모든 참여자가 질문하고, 새로운 생각을 시험하고, 다양한 관점을 들어보는 활동에 능동적으로 개입할 수 있는 기회가 제공되어야 한다.

　　　　ⓑ 실행의 원칙: 대화가 어렵고 합의가 힘들어 보일 때조차도 그 대화는 지속적이며 광범위하게 이루어져야 한다.

　　　　ⓒ 호혜성의 원칙: 수신자와 발신자가 의견 교환을 하는 것은 상호 존중과 관심을 바탕으로 이루어져야 하며, 관리자나 전문가의 의견을 당연한 것으로 간주해선 안 된다.

　　㉢ 대표적 유형: 대화, 질의응답, 토론, 대화를 통한 가르침 등

(2) 의사소통의 방향에 따른 유형

① 수직적 의사소통

○ 의사소통이 아래위로 이루어지는 것으로 의사소통의 방향에 따라 '하향식 의사소통'과 '상향식 의사소통'으로 구분된다.

ⓒ 하향식 의사소통

ⓐ 의미: '지시적 의사소통'이라고도 하며, 조직의 계층 또는 명령계통에 따라 상급자가 하급자에게 그의 의사와 정보를 전달하는 형태이다.

ⓑ 대표적 유형: 명령(지시, 훈령, 발령, 규정, 규칙, 요강, 고시, 회람), 일반 정보(편람, 핸드북, 뉴스레터, 구내방송, 강연 등)

ⓒ 상향식 의사소통

ⓐ 의미: 계층의 하부에서 상부로 정보와 의사가 전달되는 형태로 주로 중간 계층을 경유하여 최고 계층에 도달하게 된다.

ⓑ 특징: 중간 과정에서 의사소통이 차단·생략·왜곡되거나 압력을 받을 수 있으며, 효과성은 상급자의 개방성과 불가분의 관계에 있다.

ⓒ 대표적 유형: 보고, 제안, 의견 조사, 면접 등

② 수평적 의사소통

○ 동일 계층의 사람들 또는 상하관계에 있지 않은 사람들 사이에 이루어지는 의사소통으로 회의, 사전심사제도, 회람 등의 형태가 대표적이다.

ⓒ 장애 요인: 조직의 규모가 크고 전문화될수록 수평적 의사소통이 원활하지 않은 경우가 많은데, 이는 관료제가 지니는 할거주의, 조직의 목표 대신 부서의 목표 달성에만 초점을 두는 문화, 전문가의 편견, 수평적 관계의 낮은 영향력으로 인한 수평적 관계 경시현상 등으로 인해 발생한다.

ⓒ 해결 방안: 장애 요인을 해결하고 수평적 의사소통을 활성화하기 위해서는 목표관리 방법 등을 도입해야 한다.

> **예** 개인의 목표와 조직 전체의 목표를 일치시키기, 인사교류를 통해 부서 간 의사소통의 중요성 높이기, 회의 활성화, 다양한 방식으로 조직구성원의 친목을 도모하기 등

ⓐ 장·단점

ⓐ 장점: 구성원 간 또는 부서 간에 나타날 수 있는 대립이나 이해관계를 효과적으로 조정하는 역할을 한다.

ⓑ 단점: 수평적 의사소통의 지나친 강조는 비공식 집단이나 압력단체를 형성해 다른 부서와 원활한 협조체계를 저해하기도 하고 조직의 위계질서를 파괴할 수도 있다.

(3) 의사소통의 형식에 따른 유형

구분	공식적 의사소통	비공식적 의사소통
개념	• 공식조직 내에서 공식적인 계층제적 경로와 과정을 거쳐 공식적으로 행하는 의사소통 방식 • 고전적 조직론에서 강조함	계층제나 공식적인 직책을 떠나 조직구성원 간의 친분·상호 신뢰와 현실적인 인간관계 등을 통해 행하는 의사소통 방식
수단	• 공문서를 수단으로 함 • 명령, 지시와 보고, 품의	개별적인 인간적 만남, 각종 친목회에서의 의견 교환, 조직 내 소문
장점	• 상관의 권위가 유지됨 • 의사전달이 확실하고 편리함 • 전달자와 피전달자가 분명하고 책임 소재가 명확함 • 사전정보 입수로 의사결정이 용이함 • 의사결정에의 활용 가능성이 큼 • 정보나 근거의 보존이 용이함	• 신속하게 전달이 이루어짐 • 외적으로 나타나지 않는 배후 사정을 소상히 전달함 • 긴장과 소외감을 극복하고 개인적인 욕구를 충족할 수 있음 • 행동의 통일성을 확보할 수 있음 • 관리자에 대한 조언의 역할 가능 • 의견 교환의 융통성이 높음 • 공식적 전달을 보완할 수 있음
단점	• 의사전달이 융통성이 없고 형식화되기 쉬움 • 배후 사정을 소상히 전달하기 곤란함 • 변동하는 사태에 신속히 적응하기 어려움 • 기밀 유지가 곤란함	• 책임 소재가 불분명함 • 개인적 목적에 역이용될 수 있음 • 공식적 의사소통 기능의 마비 • 수직적 계층에서 상관의 권위 손상 • 조정·통제가 곤란함

(4) 의사소통망에 따른 유형

① 의사소통망의 연결구조별 개념 및 특징

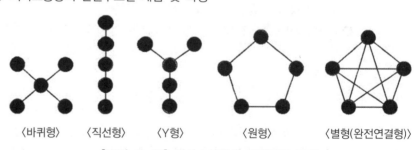

〈바퀴형〉　　〈직선형〉　　〈Y형〉　　〈원형〉　　〈별형(완전연결형)〉

[그림 6-41] 의사소통망의 연결구조 유형

유형	내용
바퀴형	• 1인의 전달자가 여러 사람에게 획일적·일방적으로 정보를 전달하는 방식 • 가장 구조화가 잘되고 집권적 형태
직선형 (연쇄형)	• 발신자와 수신자가 일직선으로 연결된 형태로, 종형과 횡형으로 구분 • 횡형은 정보전달방법에 따라 중간에 위치한 구성원이 중심적인 역할을 수행하는 반면, 종형은 정보가 단계적으로 최종 중심인물에 집결되는 경우에 구성원 간의 엄격한 서열관계가 존재할 수 있음 • 의사소통이 비교적 집중화되어 있음

Y형	• 1인의 전달자가 2인에게, 또는 2인의 전달자가 1인에게 의사소통 하는 형식 • 조직 내에 확고한 지도자나 중심적 인물이 있지는 않지만 비교적 다수의 구성원들을 대표할 수 있는 인물이 있는 경우 나타남 　예 계선과 참모의 혼합집단에서 주로 나타남 • 의사소통이 비교적 집중화되어 있음
원형	• 원탁모양으로 의사전달이 둥글게 전개되는 형태 • 계층관계가 형성되어 있지 않고 중심인물도 없이 나타날 수 있음 　예 태스크포스나 위원회 등 • 수평적 · 분권적 의사소통 이루어짐
별형 (완전 연결형)	• 원형이 확장된 형태로 모든 사람과 종적 · 횡적 · 대각선적으로 연결돼 의사전달이 활발히 전개되는 방식 • 비공식적 의사소통과 같이 모든 구성원들이 다른 구성원들과 자유롭게 정보를 교환하고 의사소통 하는 형태

② 집중화 의사소통과 분산화 의사소통

구분	집중화 의사소통	분산화 의사소통
효과적인 경우	단순 과업 수행	복잡한 과업 수행
구성원 사기	분산화된 의사소통에 비해 구성원의 사기가 높지 않음	집중화된 의사소통에 비해 구성원의 전반적인 사기가 높음
조직 형태	계층제적 조직에서 많이 나타남	비공식적 조직에서 많이 나타남

③ 의사소통의 기법

(1) 조하리(조해리, Johari)의 창 [기출] 04 중등

① 배경
　㉠ 대인관계의 유형을 설명하는 대표적인 이론으로, 조세프(Joseph)와 해리(Harry)에 의해 개발된 데서 그들의 이름 첫 글자를 합해 '조하리의 창'이라고 명명했다.

　㉡ 다른 사람과의 관계 속에서 자기 자신에 대해 더 잘 이해할 수 있도록 해주는 도구로서 커뮤니케이션, 개인 개발, 팀 개발 등에서 대인관계 역량을 향상시키기 위한 목적으로 주로 활용되었다.

② 개념
　㉠ '자기공개(self-disclosure)'와 '피드백'이라는 두 가지 개념을 설명하기 위해 고안된 의사소통 기법이다.

구분	내용
자기공개	자신의 입장을 분명하게 보여 주고 남에게 자신을 보여줌으로써 타인으로 하여금 나를 알 수 있도록 하는 행위
피드백	나에 대한 정보를 타인을 통해 얻게 되는 행위

ⓛ 인간은 자신에 대한 정보가 자신에게 잘 알려져 있는 영역도 있고 자신에게 알려져 있지 않은 영역도 있는데, 이들의 결합관계에서 '개방적 영역, 맹목적 영역, 잠재적 영역, 미지의 영역'의 네 가지 영역이 생기게 된다.

ⓒ 조하리의 창을 통해 인간은 자기 인식의 수준과 타인으로부터의 수용의 정도를 알 수 있다.

③ 조하리의 창의 네 가지 영역

자기공개 \ 피드백	정보가 자신에게 알려짐	정보가 자신에게 알려지지 않음
정보가 타인에게 알려짐	개방적 영역 (민주형, open)	맹목적 영역 (독단형, blind)
정보가 타인에게 알려지지 않음	잠재적 영역 (과묵형, hidden)	미지의 영역 (폐쇄형, unknown)

㉠ 개방적 영역(open area)
  ⓐ 자신에 관한 정보가 자신이나 타인에게 잘 알려져 있는 부분으로, 개방적인 상호작용을 하기 때문에 효과적인 의사소통이 가능한 영역이다.
    예 자기 이름, 성별, 직업 등
  ⓑ 타인과의 인간관계가 넓어짐에 따라서 상호 간의 빈번한 의사소통을 통해 영역이 점차 넓어지게 된다.
  ⓒ 이와 같은 사람의 조하리의 창은 민주형(타인들과 자신에 관한 정보와 감정을 개방적으로 확대하고 공유)이 된다.

㉡ 맹목적 영역(blind area)
  ⓐ 자신은 타인에게 잘 알려져 있지만 자기 스스로는 잘 모르는 부분으로, 타인으로부터 자신에 대한 의견을 알지 못할 때 더 넓어져 의사소통에서 자신의 주장을 앞세우고 타인의 의견은 불신·비판하여 수용하지 않는 영역이다.
    예 타인들이 아는 자신의 습관, 버릇, 말투, 행동 등
  ⓑ 적절한 타인의 피드백을 받아 고치려는 노력을 통해 무지의 영역이 줄어들게 된다.
  ⓒ 이와 같은 사람의 조하리의 창은 독단형(자신의 이야기는 많이 하면서 타인의 이야기에는 귀를 기울이지 않음)이 된다.

㉢ 잠재적 영역(hidden area)
  ⓐ 자신은 스스로를 잘 알고 있지만 타인에게는 알려져 있지 않은 부분으로, 타인이 취하는 자신에 대한 반응을 예측할 수 없기 때문에 타인에게 방어적인 태도를 취하게 된다.
    예 숨기고 싶은 자신의 생각, 감정, 경험, 실수, 약점 등
  ⓑ 마음의 문을 닫고 자신에 대해 타인에게 내보이지 않는 영역이다.
  ⓒ 이와 같은 사람의 조하리의 창은 과묵형(자기 자신에 대해 거의 노출시키지 않으면서 타인의 이야기를 주로 들음)이 된다.

ⓔ 미지의 영역(unknown area)
  ⓐ 자기 스스로와 타인에게 모두 알려지지 않은 부분으로, 자신에 대한 견해를 표명하지도 않으며 타인으로부터 피드백을 받지도 못한다.
    ⓔ 자신의 무의식, 아주 어린 시절의 기억 등
  ⓑ 이와 같은 사람의 조하리의 창은 폐쇄형(자신에 대해 거의 노출시키지 않으며 타인의 이야기도 들으려 하지 않음)이 된다.
  ⓒ 어느 누구도 어떤 개인을 완전히 알 수는 없기 때문에 이 영역은 결코 없어지지 않는다.*

④ 시사점
  ㉠ 자아개방은 의사소통에서 전달자가 과업을 추진하는 데 꼭 필요하고 또한 마음을 열고 의사소통을 할 수 있는 느낌을 준다는 점에서 효과적인 의사소통을 위해 중요하다.
  ㉡ 피드백 또한 자신이 전달한 정보를 정확하게 전달받고 이해했는가를 보여주는 신호라는 점에서 필수적이다.
  ㉢ 결국, 효과적인 의사소통을 위해서는 자아공개와 피드백이 활성화되어 있는 개방의 영역을 넓혀가는 것이 바람직하다.

* 임연기, 최준렬(2020)

(2) 대인 간 의사소통 유형

① 독단성 및 사교성을 기준으로 한 유형 구분*

* Reece & Brandt, 1984

유형	내용	특징
감정형	• 열정적이고 솔직담백하게 의사소통을 하는 유형 • 상대방의 이름을 부르고, 사적인 이야기를 하는 등 비격식을 좋아하며 자신의 의견을 극적이면서 설득력 있게 표현함	• 독단성 높음 • 사교성 높음
지휘형	• 솔직하고 엄격하며 독단적이고 단호한 유형 • 단호한 표정과 결단력 있는 음색으로 강력한 의견을 제시하며, 따뜻하게 보살펴 주는 태도를 숨기고 냉담하며 격식을 차림	• 독단성 높음 • 사교성 낮음
사려형	• 조용하고 혼자 있기를 좋아하는 유형 • 의사결정을 쉽게 하지 않고 격식을 차리고 신중한 태도로 의견을 제시하며, 서두르지 않고 계산된 의견을 개진하며 감정통제를 잘함	• 독단성 낮음 • 사교성 낮음
지원형	• 민감하고 참을성이 있으며 좋은 경청자가 되는 유형 • 주의를 기울여 경청하고 권력의 사용을 절제하고 친절하게 설득하고 온정을 표시하며, 사려 깊고 신중하게 의사결정과 의사표현을 함	• 독단성 낮음 • 사교성 높음

* Hellriegel & Slocum & Wood-
man, 1991

② 전달자와 수신자 간 피드백의 수준과 개방성 정도에 따른 유형 구분[*]

유형	내용
자기거부형	• 개인이 타인에게서 고립되어 자신의 생각, 의견, 태도, 감정을 타인에게 숨기려 하는 의사소통 유형 • 내성적인 사람이 활용할 가능성이 높음
자기보호형	• 자신에 대해서는 숨기면서도 남에 대해서는 알려고 하고 타인에 대한 평가만을 늘어놓는 의사소통 유형 • 피드백의 제공은 자신의 노출은 피하고 상대에게 평가받지 않으려는 방어전술일 수 있음
자기노출형	• 자신의 행동에 대한 반응을 상대방에게 확인시킴으로써 자신에게 관심을 두도록 하는 유형 • 자신이 받는 피드백에 거의 신경을 쓰지 않을 수도 있지만, 타인의 피드백에 큰 영향을 받을 수도 있음
자기실현형	자신에 대한 적당량의 정보를 제공하고 피드백을 요청하며, 방어적이지 않고 건설적 · 개방적인 피드백을 제공함
자기협상형	• 의사소통하는 상대방과 자신의 내적 기분이 일치하지 않아서 갈등을 느끼게 되는 문제를 자기 스스로 해결하기 위해 자신의 인지 내에서 타협하는 의사소통 유형 • 상대방의 반응이 자신과 동일한 경우에만 피드백을 제공하고 자신을 개방함

❹ 의사소통의 장애 요인 및 개선 방안

(1) 의사소통의 장애 요인

유형	내용
전달자 및 피전달자 관련 요인	• **준거체계의 차이**: 가치관 · 사고 기준의 차이로 인해 같은 의사소통 내용에 대하여 서로 다른 해석을 하는 경우 • **여과**: 지위상 격차로 인해 의사소통이 여러 단계를 거치는 동안 의사소통 내용이 왜곡되는 경우 • **선택적 지각**: 전달자의 자기방어기제로, 의사소통 시 전달자가 자기 스스로에게 불리한 사실은 은폐하고 소통하지 않는 경우 • **수용 거부**: 전달자에 대한 불신이나 편견 때문에 의사소통을 막아버리는 경우 • **소통 거부**: 원만하지 못한 인간관계나 능력 부족으로 인해 의사소통이 이루어지지 않는 경우
의사소통의 수단 및 매개체 관련 요인	• 의사소통의 내용이 양적으로 과다하여 내용 파악이 곤란한 경우 • 의사소통의 내용이 정보의 유실과 불충분한 보존으로 인하여 내용 파악이 곤란한 경우 • 언어와 문자 자체적인 한계로 의사소통의 불완전한 경우

조직구조 관련 요인	• 집권적 계층구조로서 수직적 의사전달이 제한받는 경우 • 조직 간 할거주의로 인해 수평적 의사전달이 저해 받는 경우 • 비공식 조직의 역기능으로 소문, 풍문 등에 의해 의사소통이 왜곡되는 경우 • 의사소통 채널의 부족으로 개방도가 미흡한 경우 • 의사소통의 집권화로 인해 의사소통의 권한이 특정인에게 집중되면서 의사소통의 흐름이 저하되는 경우

(2) 개선 방안

① 개인적 차원

㉠ **반복**: 같은 내용의 메시지를 여러 가지 경로를 통해 반복적으로 전달함으로써 의사소통의 장애를 피할 수 있다.

㉡ **감정이입**: 수신자가 메시지를 받은 후 어떻게 반응할 것인지를 발신자가 예견하는 것으로, 상대방의 입장에서 그가 메시지를 기호화하고 해석하는 것을 알아야 한다.

㉢ **이해**: 효과적 의사소통을 위하여 반드시 달성되어야 하는 것으로, 단순히 메시지 전달에 그치는 것이 아니라 그 메시지가 무엇을 담고 있는지 이해하는 것을 포함한다.

㉣ **피드백**: 수신자의 메시지 이해 정도를 확인하는 과정으로, 수신자와 발신자 간의 메시지에 대한 상호 이해를 증진시키는 역할을 한다.

㉤ **경청**: 효과적인 의사소통은 결국 '이해'하는 것이고, 이해는 경청을 통하여 가능하다.

② 조직적 차원

㉠ **조직구조 차원**: 계층 단계가 많은 조직의 경우 횡적 동료 간의 의사소통이 활성화되고 상향적·하향적 의사소통은 약화 및 왜곡되는 반면, 계층 단계가 적은 조직의 경우 상하 의사소통이 쉽고 의사소통을 굴절시키는 단계가 거의 없어 효과적 의사소통이 이루어질 수 있다. 따라서 효과적인 의사소통을 위해 조직구조를 이해할 필요가 있다.

㉡ **지위 차이 차원**: 상하관계는 자연스러운 수직적 의사소통을 제어하며, 특히 직위의 차이가 커질수록 의사소통은 줄어들고 수직적으로 소통할 기회는 줄어든다. 따라서 상위직에 있는 사람은 하위직에 있는 사람과 소통할 기회를 의식적으로 확대하려는 노력을 해야 한다.

㉢ **통신망 차원**: 다양한 의사소통망의 발달, 불확실성의 증대 등은 요구되는 정보의 양을 증대시키고, 정보량의 증대는 정보처리에 부담을 주어 생략, 처리 실수, 지연, 대충 훑어보기 등의 정보처리 문제를 발생시킨다. 이에 따라 효율적인 정보처리와 선택체제를 수립하는 것이 정보화 시대에서 조직의 중요한 과제가 된다.

❶ 의사결정의 기초

(1) 의사결정의 개념 및 유형

① 개념: 문제해결의 상황 속에서 고려할 수 있는 다양한 대안들 중 가장 알맞은 대안을 선택하고 결정해 나가는 행위를 말한다.

② 의의: 최근 교육에 대한 사회적 요구가 복잡·다양화되어 감에 따라 의사결정의 문제는 학교조직의 경영부터 교육부처의 교육정책 결정에 이르기까지 수많은 영역에서 중요한 기능을 담당해왔다.

③ 유형

　㉠ 의제의 성격에 따른 구분

구분	정형적 의사결정	비정형적 의사결정
의제의 성격	반복적이며 일상화된 문제	일상적이지 않으며 중요하거나 긴급한 문제
의사결정 방법	과거 선례와 절차를 통해 이루어지며, 창의력이나 판단력이 크게 요구되지 않음	대안의 탐색과 결과를 예상하기 매우 어렵고 복잡하며 고도의 판단력, 창의력이 요구됨
예시	입학식, 소풍, 체육대회, 졸업식 등 관례적으로 수행하고 있는 활동	교원정년의 단축, 학교 통폐합 등 특수한 문제

　㉡ 의사결정 주체에 따른 구분

구분	개인적 결정	집단적 결정
주체	최고경영자나 관리자가 혼자서 결정	공동의 의견을 수렴하여 결정
효과적인 경우	신속한 결정이 필요한 경우나 결정에 따른 이의나 논쟁이 없는 경우 또는 결정에 비밀을 요하는 경우	고도의 기술성·전문성이 요구되거나 구성원의 참여의식을 높이고자 하는 경우
장·단점	신속하게 진행되나 오류 가능성이 있음	신속하지 못한 경우가 많지만 오류 가능성이 낮고 의사결정에 대한 수용도가 높음

(2) 의사결정의 과정

① 문제 인식 및 정의: 의사결정자가 해당 문제에 대한 내용과 성격을 단기적 또는 장기적인 관점에서 인식하고 규정하는 단계이다.

② 문제 확인 및 분석: 인식된 문제에 대한 해결책을 모색하기 위해 필요한 자료, 정보, 지식 등을 수집하고 과학적으로 분석하는 과정이다.

③ 해결방안 탐색: 앞선 단계에서 수집·분석된 자료에 기초해 만족스러운 문제해결을 위한 적절한 기준 설정 및 조직의 목적이나 발전에 부합하는 방향에서의 해결방안 고려 및 구체화 과정이다.

④ 해결방안 평가 및 선택: 조직이 처한 상황과 다양한 변수들을 바탕으로 대안 간 우선순위를 결정하고, 대안들이 가져올 결과에 대한 분석·비교·검토 후 최선의 대안을 선택한다.

⑤ 대안 실행: 대안을 실행하기 위한 전략이나 계획 수립 및 실행 상황 관리 등을 평가하는 단계이다.

❷ 의사결정의 네 가지 관점 기출 04, 05 중등

(1) 합리적 관점(합리적 판단을 통한 의사결정)

① 근거: 모든 선택과 의사결정에는 가장 최적의 방식이 항상 존재한다는 합리성에 대한 절대적인 믿음에 근거한다.

② 의사결정: 이 관점에서 바라본 의사결정이란 목표 달성을 위한 수많은 대안 중 최적의 대안을 선택하는 것이다(합리모형).

③ 적합한 조직: 관료제 조직과 수직적 조직 구조를 가진 위계적인 체제에 의해 운영되는 중앙집권적 조직에 적합한 의사결정모형이다.

(2) 참여적 관점(합의를 통한 의사결정)

① 근거: 공동의 목표가 있고 이를 달성하기 위해 최선의 선택을 하려고 노력하며, 체제 내의 작용에 의해 의사결정이 이루어지고 당위적인 결과를 기대할 수 있다는 가정에 근거한다.

② 의사결정: 이 관점에서 바라본 의사결정이란 합리적인 이성적 판단이라기보다는 관련 당사자 간의 논의를 통한 합의의 결과이다.

③ 적합한 조직: 관료제적 조직보다는 관련자의 능력과 자율이 보장되는 전문직 조직, 즉 공동의 가치에 대한 인식, 전문가의 식견에 대한 신뢰, 관련자들의 합리성에 대한 신뢰가 전제되고 이러한 토대 위에서 결정이 이루어질 수 있는 조직 상황에 적합하다.

(3) 정치적 관점(타협을 통한 의사결정)

① 근거: 어떠한 조직도 특정 사람들의 결정에 의해서만 움직이는 것이 아니라, 다른 여러 가지 요인과 다양한 세력에 의하여 그 의사가 결정되고, 그에 의해 움직인다는 믿음에 근거한다.

② 의사결정: 조직에 대하여 영향력을 행사하려는 수많은 이해집단 간의 타협의 결과이다.

③ 특징: 달성하고자 하는 의도적 목표가 있다는 점에서 합리적 관점이나 참여적 관점과 일치하지만, 이들과는 달리 이익집단의 이질적인 목표들이 서로 경쟁하고 타협하여 특정한 목표를 지향하게 되며 개방체제를 전제한다는 점에서 차이가 있다.

④ 적합한 조직: 갈등이 항상 존재하고 협상과 타협이 기본적 규칙으로 되어 있는 조직에 적합하다.

(4) 우연적 관점(우연적 선택을 통한 의사결정)

① 근거: 의사결정이 목표 달성을 지향한다는 기존의 합리적 가정을 무시한다.

② 의사결정: 의사결정 행위는 목표 달성을 위한 체계적인 과정에 의해서가 아니라 필연적인 결과와는 무관한 수많은 요소가 우연히 동시에 한 곳에 모일 때 이루어진다(쓰레기통모형).

③ 특징: 의사결정이 목표를 달성하기 위한 과정이라는 가정을 부정하고, 여러 가지 요인이 복잡하게 조합된 결과로 나타난 하나의 우연적 현상이라는 점을 강조한다.

④ 적합한 조직: 목표가 불분명하고 목표 달성을 위한 방법적 체제나 관련 당사자의 참여 체제가 제대로 정비되지 않은 '무질서 속의 질서' 또는 '쓰레기통'으로 비유되는 특정한 조직 상황에 적합하다.

요약정리 ◯
Zoom OUT 의사결정의 네 가지 관점

구분	합리적 관점	참여적 관점	정치적 관점	우연적 관점
중심개념	목표 달성을 극대화하는 선택	합의에 의한 선택	협상에 의한 선택	선택은 우연적 결과
의사결정 목적	조직목표 달성	조직목표 달성	이해집단의 목표 달성	상징적 의미
적합한 조직 형태	관료제, 중앙집권적 조직	전문직 조직	대립된 이해가 존재하고 협상이 용이한 조직	달성 목표가 불분명한 조직
조직환경	폐쇄체제	폐쇄체제	개방체제	개방체제
특징	규범적	규범적	기술적	기술적

❸ 주요 의사결정모형

(1) 합리모형 기출 21 중등

① 개념: 의사결정자가 전지전능하다는 가정하에 최적화된 기준에 따라 문제를 완전히 이해하고, 고려할 수 있는 모든 대안을 포괄적으로 탐색·평가하여 조직의 목표와 목적의 달성을 극대화할 수 있는 가장 합리적인 대안을 선택하는 모형이다.

② 전제: 자원, 정보, 지식 등이 충분하고 이를 바탕으로 합리적인 최선의 대안을 선택할 수 있다는 것을 전제한다.

③ 특징: 계량적 방법이 강조되며 객관적·합리적인 선택을 강조한다.

기출 21 중등

기출논제 **Check** ☑

A안(합리모형)과 B안(점증모형)에 해당하는 의사결정 모형의 단점 각각 1가지 및 김 교사가 B안(점증모형)에 따라 학생들의 요구를 반영하기 위해 제안할 수 있는 구체적인 방안 1가지

④ 과정: 문제 확인 ⇨ 목적과 세부목표 설정 ⇨ 모든 가능한 대안 정립 ⇨ 각 대안의 결과 고려 ⇨ 대안 평가를 통한 최적의 대안 선택 ⇨ 결정된 사항의 실행 및 평가

⑤ 한계: 인간의 합리성을 전제하고 있다는 점에서 이상적·비현실적인 모형이며 현실에 적용하는 데 한계가 있다.

(2) 만족모형

① 개념: 인간의 제한된 합리성을 인식하고 사회·심리적 측면을 고려해서 의사 결정 시 최적의 대안을 선택하기보다는 만족할 만한 대안을 선택한다는 것을 강조하는 모형이다.

② 전제: 인간이 지니고 있는 문제해결능력이 제한되어 있고 시간, 자원, 비용 등도 제한되어 있다고 보기 때문에 최적의 선택은 이론적으로만 가능함을 전제한다.

③ 특징: 최선은 최고가 아니라 '만족스러운 상태'를 의미하는 것으로, 일정 수준의 만족할 만한 기준을 정해놓고 고려 가능한 대안들만을 모색한 후 주관적·현실적 수준에서 의사결정을 내린다.

④ 과정: 문제 인식 ⇨ 만족 수준 설정 ⇨ 만족 수준 이상의 대안 모색 ⇨ 준거대안 설정 ⇨ 제약조건하에서 다른 대안을 준거대안과 비교 ⇨ 최종 대안 채택

⑤ 한계: 만족화 기준을 형성하는 척도가 의사결정자의 주관에 의존하므로 현실적·보수적 관점의 모형으로 혁신적·창의적 문제해결방안을 기대하기 어렵다.

(3) 점증모형 기출 13, 21 중등 / 07 초등

① 개념: 의사결정 시 현실을 긍정하고 이전의 상태보다 다소 향상된 대안을 추구하는 모형이다.

② 전제: 인간의 지적능력 및 의사결정수단 기술에는 제약이 존재하며, 실제로 의사결정이 언제나 합리적으로 이루어지는 것은 아님을 전제한다.

③ 특징
　㉠ 대안 탐색에서 기존 정책과 크게 다르지 않고 조금 향상된 소수의 대안을 비교한다.
　㉡ 대안의 분석, 결과의 분석 시에도 분석이 가능한 대안만을 대상으로 한다.
　㉢ 설정된 목표는 대안의 선택과정에서 재조정 또는 수정한다.
　㉣ 기본 목표는 그대로 두고 현재보다 조금 나은 한계적 차이만 검토한다.
　㉤ 올바른 대안이 나타나지 않으면 계속적 분석과 평가를 통해 당면한 문제를 검토한다.

④ 장·단점
　㉠ 장점: 실제 교육조직이 처한 상황이나 여건을 충분히 고려해 기존 정책과 일관성을 찾고, 변화에 따른 충격을 최소화할 수 있으며, 현재 수준보다 더 나은 개선책을 모색할 수 있다.
　㉡ 단점: 과거 관례나 기존 정책을 바탕으로 구체적·실제적 소수의 대안들을 비교해나가는 방식이라는 점에서 보수적·소극적이다.

(4) 혼합모형 기출 13 중등

① **개념**: 기본적인 방향 설정과 전체의 윤곽은 광범위하게 포괄적으로 검토하고 (합리모형), 특별한 관심을 기울여야 할 부분만 면밀하게 검토(점증모형)하여 결정하는 방식으로 합리모형과 점증모형의 장점을 혼합한 방식이다.

② **장점**: 합리모형의 이성적 요소와 점증모형의 보수적 특성을 적절히 혼합하였다.

③ **단점**: 의사결정과정이 다소 불분명하고, 의사결정자의 기본 방향에 대한 통제를 제외하면 점증모형과 크게 다르지 않다.

(5) 최적모형 기출 13 중등 / 11 초등

① **배경**: 점증모형의 타성적이고 현실안주적인 성격을 비판하면서 그 대안으로 제시되었다.

② **개념**: 합리모형과 점증모형의 절충을 시도하고 있다는 점에서 혼합모형과 유사하나, 양자의 단순 혼합이 아니라 합리성과 초합리성을 동시에 고려하는 최적치(optimality)를 추구하는 규범적 모형이다.

③ **특징**
  ㉠ 의사결정은 때때로 초합리적인 직관, 판단, 창의 등과 같은 잠재적 의식이 개입되어 이루어진다는 점에서 초합리적 과정을 의사결정에서 필수불가결한 역할로 파악한다.
  ㉡ 의사결정 시 비로소 비현실적인 것이라고 해도 항상 가능성을 찾아 합리적 측면을 발견하고 그것이 최적인 것인지 확인한다.

④ **장 · 단점**
  ㉠ **장점**: 그동안 비합리성으로 배제해 온 요인들도 최적의 의사결정을 위한 핵심 요소가 될 수 있음을 확인함으로써 창의적 · 혁신적 의사결정을 정당화할 수 있는 이론적 근거를 마련했다.
  ㉡ **단점**: 달성 방법이 명확하지 않고 개념도 불명료한 초합리성에 의존하고 있어서 비현실적이고 이상적인 모형이다.

(6) 쓰레기통모형 기출 13 중등 / 00 초등

① **배경**: 효과적인 모형이라기보다는 학교조직에서 의사결정이 이루어지는 모습을 '기술'했다는 점에서 다른 의사결정모형과 구분되는 모형이다.

② **개념**: 조직화된 무정부 상태에서 '문제, 해결책, 선택 기회, 참여자'라는 네 가지 요소가 독자적으로 움직이다가 어떤 우연한 사건을 계기로 교차하여 결합할 때 결정이 이루어지는 상황을 설명하는 모형으로, 마치 여러 종류의 쓰레기가 우연히 한 쓰레기통에 모여지듯이 의사결정이 이루어진다.

③ **전제**: 학교조직은 다른 조직과 달리 목표가 불명확하고 구성원의 참여가 유동적이며 불분명한 기술을 가지고 있기 때문에, 이러한 유형의 조직에서 의사결정의 각 단계는 모호성을 수반하고 조직 내에서 이루어지는 원인과 결과 간 관계도 확인하기 쉽지 않음을 전제한다.

④ 요소

　㉠ **문제**: 일상생활에서 주의를 필요로 하거나 불만족되고 있는 요소로 해결책을 이끌어낼 수도 있고 그렇지 않을 수도 있으며, 해결책이 선택되었다고 문제가 반드시 해결되는 것도 아니다.

　㉡ **해결책**: 채택을 위해 이미 제안되어 있는 것으로, 문제와는 별개로 존재할 수 있으며 어떤 경우엔 해결책이 먼저 발견되고 이것이 오히려 해결해야 할 문제를 찾는 경우도 있다.

　㉢ **선택 기회**: 특정 개인이나 조직이 의사결정 할 것이라고 기대하는 경우를 말하며, 참여자에 의해 우연히 특정 시간에 여러 가지 문제와 해결책들이 뒤섞이는 과정에서 문제와 해결책이 서로 결합하는 상태를 말한다.

　㉣ **참여자**: 문제를 알건 모르건, 해결책을 알건 모르건 간에 결정에 관여하는 모든 사람을 의미하며, 결정의 전 과정에 걸쳐 유동적이기 때문에 문제 및 해결책이 빠르게 변할 수 있다.

⑤ 특징

　㉠ 의사결정과정이 특정 문제에서 시작하지도 않고 해결책으로도 끝나지 않으며, 조직에서 일어나는 의사결정은 상호 독립적 사건들의 산물이다.

　㉡ 조직의 목적은 사전에 설정되는 것이 아니라 자연스럽게 나타난다.

　㉢ 수단과 목적은 독립적으로 존재하며, 우연 또는 생각지 못했던 기회로 연결된다.

　㉣ 문제와 해결책이 조화를 이룰 때 좋은 의사결정이 이루어진다.

　㉤ 의사결정은 합리성보다는 우연성에 기초해 이루어진다.

　㉥ 의사결정자는 조화를 이루는 것을 찾기 위해 기존의 해결책, 문제, 참여자 및 기회를 탐색한다.

⑥ 장·단점

　㉠ **장점**: 존재하지도 않는 문제에 대한 해결책이 제안될 수 있는 이유, 문제를 해결하지 않으면서도 선택이 이루어지는 이유, 해결되는 문제가 거의 없는 이유를 설명하는 데 도움을 준다.

　㉡ **단점**: 모형이 전제하는 조직화된 무질서 상태가 조직의 모든 결정 형태에서 발견되는 것은 아니라는 점에서 모든 조직에서 일어나는 보편적 의사결정의 행태를 설명하는 데 한계가 있다.

(1) 의사결정 참여

① 의사결정 참여의 필요성

㉠ 구성원의 직무만족과 사기를 제고시키고 조직의 일체감을 증대시킨다.

㉡ 과업에 대한 사명감과 책임감을 더 크게 느끼도록 한다.

㉢ 의사결정에 대한 반감이나 저항을 줄이고, 순조로운 수행을 보장한다.

㉣ 구성원의 발전에 기여하고, 조직의 목적 달성이 용이해진다.

② 의사결정에의 참여는 참여자의 지식, 동질성, 집단의 규모, 의사결정의 목표, 문제의 성격 등에 따라 달라질 수 있다.

(2) 의사결정 참여모형

① 브릿지스(Bridges)의 참여적 의사결정모형

㉠ 수용영역(zone of acceptance)

ⓐ 구성원이 상급자의 의사결정을 기꺼이 받아들일 수 있는 정도를 의미한다.

ⓑ 참여문제는 어떤 문제에 대한 의사결정이 조직구성원에 의해 기꺼이 받아들여지는 '수용영역' 안에 있는지 또는 밖에 있는지와 밀접한 관련이 있다.

㉡ 의사결정에 구성원을 참여시키는 기준

ⓐ 적절성(이해관계): 구성원이 그 결정에 대해 높은 개인적 이해관계를 가지고 있는지 여부를 의미하며, 이해관계가 높을 시 결정에 참여하고 싶은 관심이 높아진다.

ⓑ 전문성: 구성원이 문제를 규명하고 해결하는 데 있어 어느 정도 유용하게 기여할 수 있는지 여부를 의미하며, 의사결정과정에서 유익한 공헌을 할 수 있는 전문적 지식을 가지고 있는 정도가 높을수록 전문성이 있다고 판단한다.

ⓒ 적절성과 전문성에 따른 의사결정

구분	상황1 (교사)	상황2 (학부모 · 학생)	상황3 (교육전문가)	상황4
이해관계 및 전문성	이해관계 ○ 전문성 ○	이해관계 ○ 전문성 ×	이해관계 × 전문성 ○	이해관계 × 전문성 ×
수용영역	영역 외부에 있음	한계조건에 위치	한계조건에 위치	영역 내부에 있음
구성원 참여정도	의사결정의 초기 단계인 문제인지 단계부터 구성원 을 자주, 적극적 으로 참여시킴	의사결정의 결과에 이해를 구한 후에 설득 및 합의를 도 출하여 저항을 최 소화하기 위한 목 적으로 가끔 참여 시키며, 최종 대안을 선택할 때에만 제한 적으로 참여시킴	질 높은 아이디 어나 정보를 얻기 위해 대안제시나 결과의 평가단계 에서 구성원을 제 한적으로 참여 시킴	구성원을 참여 시킬 필요 없음
의사결정 방식	의회식 (다수결의 원칙)	• 민주적 – 중앙집권 주의식 • 구성원의 의견을 청취 · 반영하되 최종 결정은 행정 가가 내림	민주적 – 중앙 집권주의식 (상황2와 동일)	배제
행정가 (상관) 역할	소수의 의견도 잘 반영토록 노력	문제해결, 통합, 의견 일치, 저항 줄이기	상황2와 동일	–

ⓐ 학교교육 의사결정 참여방법
　ⓐ 교사: 수용영역 외부에 있고 전문성과 높은 이해관계를 가지고 있다는
　　점에서 초기 단계부터 자주, 적극적으로 참여시키고 다수결의 원칙에
　　따른 의회식 방법으로 의사결정을 내린다.
　ⓑ 학부모와 학생: 수용영역의 한계조건에 놓여있고 전문성은 없으나 높
　　은 이해관계를 가지고 있다는 점에서 의사결정 결과에 대해 이해를 구
　　한 후 설득 및 합의를 도출하여 저항을 최소화하기 위해 구성원을 가끔
　　참여시키고, 최종 대안을 선택할 때만 제한적으로 참여시켜 민주적-중
　　앙집권주의적 방식을 통해 의사결정을 내린다.
　ⓒ 교육전문가: 수용영역의 한계조건에 놓여있고 전문성은 있으나 이해관
　　계가 낮다는 점에서 질 높은 아이디어나 정보를 얻기 위해 대안 제시나
　　결과의 평가단계에 구성원을 제한적으로 참여시켜 민주적-중앙집권주
　　의적 방식을 통해 의사결정을 내린다.

② 브룸(Vroom)과 예튼(Yetton)의 의사결정모형
 ⊙ 참여 정도 결정 기준: 구성원을 어느 정도까지 참여시킬 것인지는 상황에 비추어 결정해야 하며, 상황 진단은 두 가지 기준으로 측정할 수 있다.
  ⓐ 의사결정의 질: 의사결정의 중요성, 지도자의 정보 수준, 문제의 구조화 여부 등과 관련이 있다.
  ⓑ 의사결정의 수용: 구성원 수용의 필요성, 지도자 결정의 수용 가능성, 구성원의 조직목표 공유, 구성원 간의 갈등 등으로 구성된다.
 ⓛ 개념: 지도자 의사결정 유형은 문제나 상황에 따라 효과적일 수도 있고 그렇지 않을 수도 있다는 점에서 의사결정의 질과 수용도를 진단하여 해당 상황에서 가장 적합한 의사결정의 유형을 선택해야 한다.
 ⓒ 최적의 의사결정을 위한 상황 속성과 진단 규칙

관련성		상황 속성	질문 형식(나 = 리더)	응답 형식
의사결정의 질과 관련된 속성	A	의사결정 질의 중요성	의사결정의 질이 중요한 사안인가? (아닌 경우, G2 제외)	예/아니요
	B	문제와 관련된 지도자의 정보 수준	내가 혼자 의사결정을 내리기에 충분한 정보나 지식을 갖고 있는가? (아닌 경우, A1 제외)	예/아니요
	C	문제의 구조화 여부	문제가 구조화되어 있는가? (아닌 경우 A1, A2, C1 제외)	예/아니요
의사결정의 수용도와 관련된 속성	D	구성원 수용의 필요성	결정사항의 효과적 실천을 위해 구성원들의 결정사항 수용이 필요한가? (아닌 경우 A1, A2, C1 제외)	예/아니요
	E	지도자의 독단적 결정의 수용 가능성	나의 독단적 결정을 구성원들이 수용할 가능성이 있는가? (아닌 경우 A1, A2, C1, C2 제외)	예/아니요
	F	구성원의 조직목표 공유 여부	구성원들이 조직의 목표를 공유하는가? (아닌 경우 A1, A2, C1, C2 제외)	예/아니요
	G	구성원 간의 갈등 존재 여부	제시된 대안들에 대하여 구성원들 간에 갈등이나 의견의 불일치가 존재하는가? (아닌 경우 A1, A2, C1 제외)	예/아니요

 ⓔ 의사결정방식

유형	내용
A1형 (Autocratic 1, 순수독재형)	지도자가 자신이 가진 정보를 이용해 단독으로 결정하거나 문제를 해결하는 유형
A2형 (Autocratic 2, 참고독재형)	지도자가 구성원들로부터 얻는 정보를 바탕으로 단독으로 결정하거나 문제를 해결하는 유형

C1형 (Consultative 1, 개별협의형)	지도자가 구성원과 일대일의 관계에서 문제를 공유하고 의견을 들은 후 결정하며, 최종 결정에는 구성원의 의견이 반영될 수도 있고 그렇지 않을 수도 있음
C2형 (Consultative 2, 집단협의형)	지도자가 집단토론을 통해 아이디어나 제안을 얻고 문제를 공유하지만, 결정은 지도자가 단독으로 행하는 경우로, 최종 결정에는 부하의 의견이 반영될 수도 있고 반영되지 않을 수도 있음
G2형* (Group styles 2, 위임형)	지도자가 구성원 집단과 문제를 공유하고 모든 토론자는 대안을 제시하고 평가할 수 있으며, 지도자는 압력을 가하지 않고 공동 결정된 사항을 이행함

* 임연기, 최준렬(2020), 주삼환 외(2015)

ⓐ 속성 A: 리더가 처리해야 하는 사안 자체가 대안을 잘못 선택했을 때 조직이나 집단에 큰 손실이나 불이익을 가져오게 된다.

ⓑ 속성 B: 리더가 특정 사안을 처리하는 데에서 관련된 정보나 지식을 충분히 갖고 있는가를 묻는다.

ⓒ 속성 C: 리더가 현 상태와 바람직한 상태, 현 상태를 바람직한 상태로 전환할 수 있는 방법에 대해 잘 알고 있을 때를 말한다.

ⓓ 속성 D: 결정사항의 성공적 실행이 실행담당자들의 성취집념에 달려 있는 문제에 대하여 '하급자 수용이 중요한 문제'라고 정의한다.

ⓔ 속성 E: 리더가 혼자 독단적으로 결정을 내려 하급자들에게 결정사항을 통보하여 실행하도록 했을 때 하급자들이 그 지시된 결정사항을 수행할 가능성을 말한다.

ⓕ 속성 F: 하급자들이 자신이나 리더 또는 조직 내 특정인의 목표 달성을 추구하는지 아니면 공동목표 달성을 우선하는 가치관을 가지고 있는지의 여부를 말한다.

ⓖ 속성 G: 바람직한 대안이 무엇인가에 대하여 하급자들 간에 의견불일치 또는 갈등이 존재하는지의 여부를 말한다.

③ 호이(Hoy)와 타터(Tarter)의 참여적 의사결정모형 [기출 09 중등]

㉠ 개념: 브릿지스의 참여적 의사결정모형을 발전시킨 모형으로, 학교장은 특정 사안에 대한 교사의 관련성과 전문성을 확인하여 교사가 속한 수용영역을 판단하고, 구성원의 헌신에 대한 검증을 통해 의사결정에 대한 교사의 참여 정도를 다양하게 결정하는 모형이다.

㉡ 기준: 관련성 검증, 전문성 검증, 구성원 헌신 검증

㉢ 다섯 가지 상황

ⓐ 민주적 상황: 의사결정이 수용영역 밖에 있고 구성원의 헌신이 있다면 그들을 광범위하게 참여시켜야 한다. 이 상황에서 유일한 쟁점은 의사결정을 합의로 할 것인가 또는 다수결로 할 것인가의 문제이다.

ⓑ **갈등적 상황**: 의사결정이 수용영역 밖에 있고 구성원의 헌신이 없다면 발생되는 상황으로, 조직의 복지와 일치하지 않는 방향으로도 나아가게 하기 때문에 참여가 제한되어야 한다. 이 상황에서 의사결정 구조는 집단 자문 형태를 띤다.

ⓒ **이해관계자 상황**: 구성원이 쟁점에 대해 개인적 이해관계를 가지고 있지만 전문성이 부족하면 발생하는 상황으로, 구성원의 참여는 제한되어야 하고 가끔씩 참여가 이루어져야 한다. 이 상황에서 의사결정 구조는 집단 자문 형태를 띤다.

ⓓ **전문가 상황**: 구성원이 결정에 대해 아무런 개인적 이해관계를 가지고 있지 않지만 전문성을 가지면 발생하는 상황으로, 참여는 가끔 제한적으로 이루어져야 한다. 이 상황에서 의사결정 구조는 개별적 자문 형태를 띤다.

ⓔ **비협력적 상황**: 결정사항이 구성원과 관련이 없고 전문성을 가지고 있지 않다면 의사결정은 수용영역에 포함되어 참여를 피해야 한다. 이 상황에서 의사결정 구조는 일방적 의사결정 형태를 띤다.

ⓔ **구성원의 참여 방식**

ⓐ **합의**: 행정가는 구성원을 의사결정에 참여시키고 집단이 결정한다. 모든 집단구성원은 결정 및 평가할 때 똑같이 참여하나 전체 합의가 있어야만 결정이 이루어질 수 있다.

ⓑ **다수결**: 행정가는 구성원을 의사결정에 참여시키고 집단이 다수결의 원리로 결정한다.

ⓒ **집단 자문**: 행정가는 전체 집단의 의견을 경청하고 집단 제안들의 함의를 논한 후 구성원의 욕구를 반영하거나 반영하지 않겠다는 결정을 한다.

ⓓ **개인 자문(개별적 자문)**: 행정가는 결정사항에 대해 잘 알 수 있는 구성원과 개별적으로 상의한 다음 의견을 반영하거나 반영하지 않겠다는 결정을 한다.

ⓔ **일방적 결정**: 행정가는 구성원의 자문이나 참여 없이 결정한다.

ⓤ **참여적 의사결정을 위한 지도자(학교장)의 역할**

ⓐ **통합자(integrator)**: 의사결정의 합의를 얻기 위하여 구성원을 불러 모아 다양한 의견과 관점을 조화시킨다.

ⓑ **의회인(의회의원, parliamentarian)**: 소수의 의견을 보호함으로써 개방적 의사소통을 촉진하고 민주적 과정을 통해 집단 결정을 이끌어 내기 위하여 지도한다.

ⓒ **교육자(educator)**: 결정의 쟁점과 그 제약 요인을 집단구성원에게 설명하고 협의함으로써 변화에 대한 저항을 줄이고 결정을 수용하도록 한다.

ⓓ **간청인(의뢰인, solicitor)**: 전문가인 구성원으로부터 조언을 구한다. 행정가가 관련 정보의 산출을 인도할 때 결정의 질은 향상된다.

ⓔ **지시자(director)**: 구성원이 전문지식이나 개인적인 이해관계가 없는 경우 단독으로 의사결정한다.

ⓗ 호이와 타터의 참여적 의사결정모형의 도식화

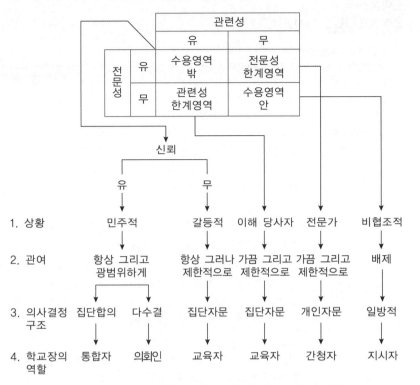

[그림 6-42] 호이와 타터의 참여적 의사결정모형

상황	수용영역	참여기준	참여 여부	의사결정 구조	지도자 역할	기능	목표
민주적	수용영역 밖	관련성O 전문성O 헌신O	항상 광범위하게	집단 합의	통합자	서로 다른 입장 통합	일치된 의견 도출
				다수결	의회인	공개토론 조성	집단결정도출 (소수의견보호)
갈등적		관련성O 전문성O 헌신X	항상, 그러나 제한적으로	집단 자문	교육자	쟁점 설명·논의	결정수용 촉구
이해 관계자	수용영역의 한계 (관련성O)	관련성O 전문성X	가끔 제한적으로				
전문가	수용영역의 한계 (전문성O)	관련성X 전문성O	가끔 제한적으로	개인 자문	간청자	자문 요청	결정의 질 향상
비협력적	수용영역 안	관련성X 전문성X	배제	일방적	지시자	–	효율적 성취

1. 주요 의사결정모형

의사결정모형	내용
합리모형	• 자원, 정보 등이 충분하고 이를 토대로 최선의 대안을 선택할 수 있음을 전제로 한 모형 • 최적화된 기준에 따라 문제를 완전히 이해하고 고려할 수 있는 모든 대안을 포괄적으로 탐색·평가하여 조직목표 달성을 극대화할 수 있는 가장 합리적인 대안을 선택하는 모형
만족모형	• 인간의 능력, 시간, 자원 등은 제한되고 최적의 선택은 이론적으로 가능함을 전제로 한 모형 • 최선은 최고가 아니라 '만족스러운' 상태를 의미한다는 점에서 의사결정 시 만족할 만한 대안을 선택하는 모형
점증모형	• 인간의 지적 능력 및 의사결정 수단 기술에는 제약이 존재하고 의사결정이 언제나 합리적으로 이루어지는 게 아님을 전제로 한 모형 • 의사결정 시 현실을 긍정하고 이전의 상태보다 다소 향상된 대안, 즉 현재의 개선책을 추구하는 모형
혼합모형	• 합리모형과 점증모형을 결합한 모형 • 기본 방향의 설정은 광범위하게 검토하되, 특별한 관심을 기울여야 할 부분만 면밀히 검토 후 결정하는 모형
최적모형	• 비합리성으로 배제했던 요인들(직관, 판단, 창의 등)도 최적의 의사결정을 위한 핵심 요소가 될 수 있음을 전제로 한 모형 • 합리성과 초합리성을 동시에 고려하여 최적치를 추구하는 규범적 모형
쓰레기통모형	조직화된 무정부 조직 상태에서 '문제, 해결책, 선택기회, 참여자'라는 네 가지 요소가 독자적으로 움직이다가 어떤 우연한 사건을 계기로 교차하여 결합하게 될 때 결정이 이루어지는 상황을 설명하는 모형

2. 의사결정 참여모형

모형	내용

브릿지스의 참여적
의사결정모형
	• **참여 정도 결정 기준**: 수용영역, 즉 의사결정이 구성원에 의해 기꺼이 받아들여지는 영역 안에 있는지를 의미하며 적절성과 전문성을 토대로 판단함
	  – **적절성**: 의사결정 문제에 대해 구성원이 가지고 있는 이해관계
	  – **전문성**: 의사결정 문제에 대해 구성원이 가지고 있는 전문성
	• **의사결정방식**: 의회식, 민주적 – 중앙집권주의적, 배제

브룸과 예튼의
의사결정모형
	• **참여정도 결정 기준**
	  – **의사결정의 질**: 의사결정의 중요성, 지도자의 정보 수준, 문제의 구조화 여부 등
	  – **의사결정의 수용**: 구성원의 수용 필요성, 지도자 결정의 수용 가능성, 구성원의 조직목표 공유, 구성원 간의 갈등 등
	• **의사결정방식**: 순수독재형, 참고독재형, 개별협의형, 집단협의형, 위임형

호이와 타터의 참여적 의사결정모형	• **참여 정도 결정 기준**: 관련성 검증, 전문성 검증, 구성원 헌신 검증 • **다섯 가지 상황**: 민주적 상황, 갈등적 상황, 이해관계자 상황, 전문가 상황, 비협력적 상황 • **구성원의 참여방식**: 합의, 다수결, 집단 자문, 개인 자문, 일방적 결정 • **학교장의 역할**: 통합자, 의회인, 교육자, 간청인, 지시자

03 교육기획론

❶ 교육기획(교육계획)의 개념 및 유형 [기출] 17 중등

(1) 개념

미래의 교육활동에 대한 사전 준비과정으로서, 미래의 교육활동에 대비해 교육목표 달성을 위한 효과적인 수단과 방법을 제시함으로써 교육정책 결정의 효율성과 안정성을 보장해주는 지적·합리적 과정이다.

(2) 특성

교육기획은 사전 준비과정에 해당한다는 점에서 미래지향적·지적·합리적 활동 이다.

[기출] 17 중등
기출논제 Check ☑
A 교장이 강조하고 있는 교육기획의 개념과 그 효용성을 2가지 제시

(3) 유형

① 계획 기간에 따른 유형: 계획 기간의 길고 짧음에 따라 장기 교육계획, 중기 교육계획, 단기 교육계획으로 구분되며 장기 교육계획의 경우 일반적으로 6년 이상의 계획을, 중기 교육계획은 계획 기간이 3~5년인 계획을, 단기 교육 계획은 3년 미만인 계획을 가리킨다.

② 수립 주체에 따른 유형: 수립 주체가 누구냐에 따라 국가 교육계획, 지방 교육 계획, 학교 교육계획 등으로 구분된다. 특히 최근에 단위학교 책임경영제가 보편화되어 단위학교의 특수성과 자율성을 강조하면서 학교 교육계획의 중요 성이 크게 부각되고 있다.

③ 계획 범위에 따른 유형: 계획 범위에 따라 부문 교육계획과 종합 교육계획으로 구분된다. 부문 교육계획은 한정된 교육부문 또는 영역에 대한 계획으로 특정 대상만을 포함하는 교육기획이고, 종합 교육계획은 교육의 여러 부문과 영역 을 종합적으로 다루는 교육계획이다.

(4) 교육기획의 원리

① 타당성의 원리: 교육기획은 의도하는 교육목표를 달성할 수 있는 적절한 수단 과 방법을 통해 수립되어야 한다.

② 효율성의 원리: 교육기획은 의도하는 교육목표를 달성할 수 있는 능률적이고 효과적인 수단과 방법을 동원할 수 있도록 수립되어야 한다.

③ 민주성의 원리: 교육기획은 일반 국민과 이해 관련 집단 등의 광범위한 참여 를 통해 민주적인 방식으로 이루어져야 한다.

④ 전문성의 원리: 교육기획은 교육전문가들의 적극적인 참여와 지속적인 검토 과정을 거쳐 수립되어야 한다.

⑤ 중립성의 원리: 교육기획은 교육 자체의 타당성과 효율성에 따라 수립되어야 하며, 어떠한 정치적·종교적·당파적 이해와 압력에 좌우되어서는 안 된다.

⑥ 융통성의 원리: 교육기획은 상황의 변화에 탄력적으로 대응할 수 있도록 신축 성(융통성) 있게 수립되어야 한다.

⑦ 안정성의 원리: 교육기획은 정책의 일관성과 안정성을 유지할 수 있도록 수립 되어야 하며, 지나치게 가변적인 계획으로 이루어져서는 안 된다.

⑧ 균형성의 원리: 교육기획은 안정성과 적응성, 민주성과 전문성 등을 적절하게 유지하는 방식으로 이루어져야 한다.

⑨ 통합성의 원리: 교육기획은 국가의 타 부문 기획과 통합되어 이루어져야 하며, 하위 부문을 종합적으로 고려하여야 한다.

⑩ 계속성의 원리: 교육기획은 의도한 교육목적을 실현하기 위해 계속적인 연구 와 평가를 통해 수립되어야 한다.

❷ 교육기획 접근방법

(1) 사회수요에 의한 접근방법

① 의미
- ㉠ 교육을 받고자 하는 모든 사람에게 교육의 기회를 부여해야 한다는 원칙 하에서 이루어지는 교육기획 방법이다.
- ㉡ 교육에 대한 개인적·사회적 수요를 기초로 하여 이루어진다는 점에서 교육 수요에 의한 접근이라고도 할 수 있다.
- ㉢ 교육기획 시에 국가의 인구, 가계소득, 미래의 학부모와 아동의 교육에 대한 수요를 예측한 후 이를 기초로 하여 학교설립과 교원양성, 기타 교육적 투입요소를 계획해 나가는 방법이다.

② 과정: 인구성장률이 모든 단계의 교육 유형의 성장률이 될 것이라고 전제하고 단순하게 교육인구를 추정한다.

③ 장점
- ㉠ 사회의 교육적 수요에 부응함으로써 적어도 단기적으로는 사회적·정치적 안정에 기여할 수 있다.
- ㉡ 기획의 과정이 비교적 단순하여 손쉽게 교육계획을 세울 수 있다.

④ 단점
- ㉠ 교육에 대한 사회적 필요와는 동떨어진 교육계획을 수립할 가능성이 있다.
- ㉡ 재정적 제약 등을 고려하지 않은 사회수요의 충족은 교육의 질적 수준을 하락시키는 요인이 되기도 한다.
- ㉢ 투자의 우선순위 등을 상세화하지 않고 모든 교육수요를 충족시킬 만큼 자원의 여유가 없을 때 어떻게 해야 되는가에 대한 방안을 제시하지 못한다.

(2) 인력수요에 의한 접근방법 기출 08 중등

① 의미: 경제성장에 필요한 인적 자본의 중요성을 전제로 경제성장을 뒷받침하는 인력수요를 예측하고 이를 충족시킬 수 있도록 교육적 측면의 공급을 조절한다.

② 과정: 목표 연도의 인력수요를 추정한 다음 그것을 교육자격별 인력수요 자료로 전환하고, 추정된 노동력의 교육자격별 구조와 현재의 교육자격별 노동력 구조를 비교하여 부족분을 교육 수준별·부문별로 보충한다.

③ 장점
- ㉠ 교육과 취업, 나아가 교육과 경제성장을 보다 긴밀하게 연결하여 교육계획을 수립할 수 있다.
- ㉡ 교육운영에서 낭비를 줄여 효율성을 높일 수 있다.

④ 단점
- ㉠ 교육과 취업이 반드시 1:1의 대응관계를 갖지 않고, 급변하는 사회에서는 교육수요나 인력수요의 구조도 급변하기 때문에 추정 자체가 어렵다.
- ㉡ 교육과 취업 간의 시차 때문에 수급 측면에서 차질을 빚기 쉽고, 예측의 어려움 등으로 기술상 많은 어려움이 있다.

(3) 수익률에 의한 접근방법

① 의미
- ㉠ 교육을 투자로 보고 그 투자에 대한 경제적 효과를 분석하는 방법이다.
- ㉡ 국가나 개인이 투입한 교육비용이 그들에게 얼마나 수익을 가져왔느냐를 추정하여 이루어지기 때문에 '비용 – 수익(편익) 접근방법' 또는 '비용 – 효과 분석'이라고도 한다.
- ㉢ 특정 단계 또는 특정 분야의 교육이나 제도 또는 운영방법 등에 대한 경제적 수익률을 측정하여 비교 수익률이 높은 부문이나 방식을 채택하는 접근방법 이다.

② 방법: 교육투입과 교육산출을 비교해 수익률을 판단하며, 교육투입은 교육에 투입되는 비용(교육비와 기회비용을 포함)이며 교육산출은 교육을 받은 후에 기대되는 수입을 의미한다.

③ 장점
- ㉠ 교육운영의 경제적 효율성을 제고시킬 수 있다.
- ㉡ 비용 – 수익 분석을 통해 교육투자의 합리성을 제고할 수 있다.

④ 단점
- ㉠ 교육투입과 교육산출을 계산하는 방식이 너무 다양해 측정이 용이하지 않다.
- ㉡ 수익률 계산에 따르는 어려움과 과거의 소득을 가지고 미래의 소득을 추정하는 기법 자체에 문제가 있다.

(4) 국제비교에 의한 접근방법

① 의미: 선진국 또는 경제와 교육 발전이 유사한 다른 국가의 경험을 비교·연구함으로써 자국의 교육 발전을 위한 방향과 전략 등을 수립하는 접근방법이다.

② 방법: 하비슨(Harbison)과 마이어스(Myers)의 연구를 기본 모델로 삼아 주로 보다 발전된 국가의 발전모형과 교육계획을 모방하여 전략을 수립한다.

③ 장점: 유사한 외국의 경험을 모방해 교육기획을 수립하기 때문에 그 과정을 단순화할 수 있다.

④ 단점: 국가마다 다른 교육제도나 운영방식, 전통과 사회·문화적 배경, 삶의 양식과 가치체계 등을 고려하지 않았다는 점에서 효과가 반감될 수 있다.

❸ 교육기획의 과정

(1) 기획 이전 단계

① 합리적 기획 체제 및 절차를 설정하고, 필요 시 기획의 형성과 이행에 참여하는 교육행정 조직을 재구조화해야 한다.

② 위의 과정을 거친 후, 적절한 권위에 의해 교육목표가 설정되어야 한다.

(2) 기획 단계

① 진단: 교육목표가 설정되면 기획담당자는 현재의 교육적 역량이 목표 수행에 적절하고 충분한지 판단해야 한다.

② 정책 형성: 현재 교육상황의 문제와 부적절성을 개선하기 위한 일련의 조치가 교육정책으로 나타나게 된다.

③ 장래 소요비용의 추정: 교육정책 형성 후 미래의 요구에 대한 비용을 추정한다.

④ 우선순위와 목표 설정: 과거의 사례에 기초해 교육발전에 도움이 되는 자원을 평가·추정하고, 한정된 자원 내에서 미래의 요구를 분석하여 우선순위를 설정하고 성취할 수 있는 목표를 설정한다.

⑤ 실현 가능성 검토: 목표가 설정되고 우선순위가 정해지면 그 목표가 일관성을 가지고 있고 실현 가능한 것인지 검토한다.

(3) 계획 형성 단계

① 교육계획이란 문제 및 과제가 왜 제기되었는지, 해결을 위한 방안과 제안은 어떻게 수행할 수 있는지에 관하여 체계적으로 진술하는 것을 의미한다.

② 계획안은 광범위한 국민의 참여, 계획 시행을 위한 법의 제정·개정, 계획 시행을 위한 행정·재정 개혁, 계획 수행을 위한 교육훈련, 광범위한 홍보 등을 포괄해야 한다.

(4) 계획 정교화 단계

① 교육계획은 명확하고 구체적으로 진술되어야 한다는 점에서, 행동단위 수준에서 명확하게 세분화·구조화되어야 한다.

② 계획 정교화 과정은 사업계획의 작성(programming), 프로젝트의 확인과 형성 등의 과정을 포함한다.

(5) 계획 실천 단계

① 실천화 단계에서는 인적·물적 자원에 대한 관리를 포함하며, 연간 예산이나 추진 계획을 사용하여 다양한 프로젝트를 수행하기 위한 구조적 설계를 개발·실천하는 단계이다.

② 계획은 치밀한 계획에 따라 시행되어야 하며, 시행 기간 중에 해결방안의 효율성 및 효과성을 조사하기 위한 실험과 검증을 실시할 수 있고, 세부계획을 수정하고 예기치 못한 사태에 대비하기 위하여 수시평가를 통해 실천과정을 점검해야 한다.

(6) 평가와 수정 및 재계획 단계

① 교육계획이 실천되고 있을 때, 성취도를 평가하고 편차를 측정하기 위한 평가체제가 작용한다.

② 이때 평가는 계획의 결함을 지적해주고, 계획 수정을 위한 자료를 제시하며, 재계획의 수립을 위한 진단 단계에 피드백하는 기능을 수행한다.

❹ 교육기획의 효과 및 한계

(1) 효과
① 교육정책 수행과 교육행정의 안정화에 기여한다.
② 교육행정 또는 교육경영의 효율성과 타당성을 높일 수 있다.
③ 한정된 재원을 합리적으로 배분할 수 있도록 해준다.
④ 교육개혁과 교육적 변화를 촉진하는 역할을 수행한다.
⑤ 합리적인 통제를 가능하게 한다.

(2) 한계
① 교육계획은 미래에 대한 정확한 예측을 기반으로 하는데, 인간의 합리성에는 한계가 있기 때문에 미래 예측에 한계가 있다.
② 교육계획 수립을 위하여 교육현황 등에 대한 다양한 정보와 자료가 필요한데, 정확하고 적절한 정보와 자료의 취득에는 한계가 있다.
③ 교육계획에서는 각종 예측과 추정을 위해 여러 가지 상황을 전제하는데, 급변하는 현대사회에서 이러한 전제 설정은 매우 어려우며, 전제를 설정하더라도 변화를 예상하기 어렵다.
④ 교육계획의 수립에는 많은 시간과 경비, 전문적 역량이 지속적으로 요구되지만 재원은 한정되어 있기 때문에 제약을 받는다.
⑤ 교육전문가에 의해 합리적으로 수립된 교육계획 또한 정치적·사회적 압력에 의해 변경되거나 실현되지 못하는 경우가 발생할 수 있다.
⑥ 교육계획의 목표는 대체로 추상적인 경우가 많아 이를 명확하게 계량화하기가 어렵기 때문에 그 달성 수단을 강구하거나 달성 여부를 평가하기가 어렵다.
⑦ 교육운영의 경직성으로 인해 교육계획을 수립하고 실행하는 데 있어서 자율성이나 창의성이 위축될 수 있다.

04 교육정책론

❶ 교육정책의 개념 및 특성

(1) 개념
① **정책**: 권위 있는 정부기관에 의해 이루어지는 공공성을 띠는 목적 지향적인 활동이며, 실제적인 행동과정을 포함한다.
② **교육정책**: 공공정책으로서 교육활동을 위하여 국가나 공공단체가 국민 또는 교육관련 집단 및 수혜집단을 대상으로 전개하는 교육지침이다.

(2) 교육정책의 특수성

① 교육활동은 목표와 성과가 장기적·계량적으로 측정하기 어렵다는 점에서, 교육정책은 단기적·계량적 성과를 예상할 수 있는 다른 분야의 정책들과는 구분되는 특성이 있다.

② 교육정책의 대상과 범위가 광범위하기 때문에 다양한 이해관계 및 특성을 고려하여 정책 수립 및 실행에 반영해야 한다.

③ 학교조직은 느슨하게 결합되어 독자적 자율성이 보장되어 있는 구조적 특성을 지니고 있다는 점을 교육정책 수립 및 실행 시에 반영해야 한다.

④ 교육정책은 실제 '교수·학습활동'과 '학생지도'라는 두 가지 핵심적인 과제를 본질적 과업으로 삼고 있다는 점에서 교육활동의 전문성 및 현장성에 기반을 두고 수립·실행되어야 한다.

(3) 정책 형성의 모형

① 교육정책은 교육에 관한 의사결정이라는 점에서 교육정책의 정확한 이해는 의사결정 행위에 대한 우선적인 논의를 필요로 한다.

② 정책 형성의 기본모형: 합리모형, 만족모형, 점증모형, 혼합모형, 최적모형 등

❷ 교육정책의 과정

(1) 정책 의제 설정

① 교육문제는 교육과 관련해 개인이나 집단에게 불만족이나 갈등 또는 긴장을 야기하는 상태나 조건을 의미한다.

② 교육문제가 불특정 다수에 의해 인식되고 문제의 심각성이 지속되어 사회적 쟁점으로 전환되면 정부에 의해 공식적인 정책문제로 전환될 수 있다.

③ 정책의제 설정 모형: 외부주도형, 동원형, 내부접근형(혼합된 형태)

> ⓔ • **외부주도형**: 전교조와 같은 이해당사자 집단이 이슈를 제기하고 이것이 정부의제로 채택된 경우
>   • **동원형**: 정부가 정책의제를 미리 결정한 후 국민을 이해·설득시키기 위해 공청회, 홍보 등을 하는 경우

④ 이 과정에서 이해당사자가 특정한 분야에 대해 정부에게 손을 떼도록 요구하는 '무의사결정'이 나타나기도 한다.

> ⓔ 사립학교법 개정안 논의 반대를 위한 노력

(2) 교육정책 결정

① 정책 결정이란 정책의제 설정 단계에서 정부의제로 채택된 정책문제에 대해 해결방안을 개발·분석하는 과정을 거쳐 최종적으로 선택하는 행위를 의미한다.

② 합리적·분석적 측면이 강조되는 '정책분석 단계'와, 정치적 요소가 강조되는 '정치채택 단계'가 결합되어 있다고 볼 수 있다.

③ 정책분석 단계에서는 다양한 의사결정모형이 적용될 수 있다.

(3) 교육정책 집행

① 교육정책의 집행은 결정된 정책을 구체적으로 실현시키는 과정을 의미한다.

② 정책의 내용은 크게 '정책목표'와 '정책수단'으로 이루어지는데, 정책 내용을 실현시킨다는 것의 핵심은 정책목표를 달성하기 위하여 선택된 정책수단을 구체적으로 실행한다는 것이다.

③ 정책수단이 실행되었는데도 정책목표가 달성되지 않는 경우는 정책목표와 정책수단 간의 인과관계가 처음부터 존재하지 않았거나(정책의 실패), 정책집행 과정에서의 문제 때문에 의도한 정책효과가 나타나지 않았을 때(집행의 실패)이다.

(4) 교육정책 평가 및 환류

① 정책 평가 단계에서는 정책이 의도한 '정책산출(output) - 정책성과(outcome) - 정책영향(impact)'을 가져왔는가의 여부를 분석하는 데 초점을 둔다.

② '정책산출'은 측정 가능한 가시적 결과를, '정책성과'는 비가시적 결과를 포함한 효과를, '정책영향'은 가장 광범위한 개념으로서 정책산출이 사회에 가져오는 장기적 효과를 말한다.

③ 던(Dunn)의 정책 평가 기준

ⓐ 효과성(effectiveness): 정책목표의 달성 정도를 말한다.

ⓑ 능률성(efficiency): 정책효과 대비 투입비용의 비율을 말한다.

ⓒ 공평성(equity): 사회집단 간 정책효과, 정책비용 배분 등에서의 형평성을 말한다.

ⓓ 대응성(responsiveness): 특정 정책이 정책수혜집단의 요구와 필요를 만족시키는 정도를 말한다.

ⓔ 적합성(appropriateness): 정책 목표가 어느 정도 바람직한가의 정도를 말한다.

ⓕ 적정성(adequacy): 특정 정책이 정책문제를 해결한 정도를 말한다.

❸ 교육정책의 참여자 및 학교행정가의 역할

(1) 교육정책의 참여자

① 법령에 의해 중앙부처 수준에서 교육정책과정에 대한 참여가 보장되어 있는 기관으로 국회, 대통령, 교육부 및 관련 행정부처, 사법부 등을 들 수 있다.

② 시민사회가 성숙해지고 인터넷과 언론 등 대중매체의 영향력이 커지면서 교육 정책과정에서도 비공식 참여자의 역할이 증가하고 있는데, 대표적으로 정당, 이익집단(교원단체, 학부모단체, 관련기관 연합체 등), 비정부기구(NGO), 일반 국민 및 시민단체, 정책전문가, 언론기관 등을 들 수 있다.

(2) 정책 결정 과정에서 학교행정가의 역할

① 학교행정가는 학교 내에서 일어나는 구체적인 문제 상황을 해결하기 위한 대책을 만드는 과정에서 실제로 정책결정자로서의 역할을 수행한다.

② 학교행정가는 국가나 교육청 수준에서 만들어진 새로운 교육정책을 집행해야 하는 역할을 요구받는다. 이 과정에서 교사 등 주요 정책참여자의 협력을 이끌어 내거나, 경우에 따라서는 직접 필요한 재원을 동원해야 하는 경우도 있다.

③ 학교행정가는 자신의 학교 밖에서 일어나고 있는 다양한 교육현상에 대하여 폭넓은 안목을 가지고 적극적 · 능동적으로 인지할 필요가 있다.

④ 학교행정가는 국가 및 교육청 수준의 주요 정책 결정에 다양한 방식으로 영향력을 행사한다. 특히 사회가 다원화될수록 정책 결정 과정에 다양한 이해당사자의 참여 기회가 확대되고 참여 필요성 또한 점점 확대되고 있다.

요약정리 🔍
Zoom OUT 교육기획과 교육정책

1. 교육기획

개념	미래의 교육활동에 대한 사전 준비과정으로, 교육목표 달성을 위한 효과적 수단과 방법을 제시함으로써 교육정책 결정의 효율성과 안정성을 보장해 주는 지적 · 합리적 과정
접근방법	사회수요, 인력수요, 수익률, 국제비교에 의한 접근방법
효과	• 교육정책 수행과 교육행정의 안정화에 기여함 • 교육행정의 효율성과 타당성을 높임 • 한정된 재원을 합리적으로 배분함 • 교육개혁과 교육적 변화를 촉진하는 역할을 수행함

2. 교육정책

개념	공공정책으로서 교육활동을 위해 국가나 공공단체가 국민 또는 교육관련 집단 및 수혜집단을 대상으로 전개하는 교육지침
특수성	• 교육활동은 목표와 성과가 장기적이고 계량적으로 측정하기 어려움 • 교육정책의 대상과 범위가 광범위함 • 학교조직은 느슨하게 결합되어 자율성이 보장되어 있는 구조적 특성을 지니고 있음 • 실제 '교수 · 학습활동'과 '학생지도'라는 두 가지 핵심적 과제를 본질적 과업으로 삼음
과정	정책의제 설정 ⇨ 교육정책 결정 ⇨ 교육정책 집행 ⇨ 교육정책 평가 및 환류

Chapter 06 교원인사행정론

설쌤의
Live Class 🎙️

조직의 3대 관리 요소는 '재정(money), 물자(material), 인력(man)'이며, 특히 교육은 사람을 대상으로 사람이 행하는 활동이라는 점에서 **사람을 관리하는 인사행정은 교육행정에 있어 가장 중요한 기능**이라고 할 수 있습니다. 따라서 이 챕터에서는 교원양성(자격)부터 교원선발(임용), 교원인사(전보 · 전직 · 승진), 교원역량개발, 근무조건에 대해 살펴보고자 합니다. 특히 도입된 다양한 **교원인사제도(수석교사제, 초빙교사제, 학습연구년제, 교장공모제, 교원성과급제, 교원 능력개발평가제 등)**를 중심으로 기존 교원인사제도의 문제점과 이를 개선하기 위해 어떤 제도적 노력이 진행되어왔는지 이해하고 넘어가시기 바랍니다. 또한 우수한 능력을 가지고 선발된 교원들의 역량 또는 전문성을 유지하고 높이기 위해 **연수, 평가, 장학, 학습공동체** 등 지금까지 다양한 시도들이 등장해왔습니다. 교원역량개발을 위한 다양한 접근들은 Chapter 7에서 다루어질 장학론과 연계해서 이해하시기 바랍니다.

핵심 Tag 🏷️

수석교사제
- 수업전문성을 가진 교사들이 우대받고 교직에 명예롭게 종사하는 교직풍토 조성 목적
- 교사의 자격 구분을 수업전문성의 수준에 따라 분화시켜 최상급의 교사를 '수석교사'로 명명하고 그들로 하여금 교내 장학, 상담, 연구 등의 기능을 수행하도록 하는 제도

초빙교사제
- 단위학교의 자율성을 확보하고 학교 간 경쟁체제를 유도하여 공교육의 질 향상 목적
- 공립학교의 학교장이 각 학교에 필요한 유능한 교사를 확보하기 위해 정기전보 내신자를 대상으로 교사를 초빙하는 제도

교장공모제
- 기존 교장 승진제도와 교장초빙제의 한계를 극복하기 위한 방안 중 하나
- 학교발전을 촉진할 유능한 교장을 임용하기 위해 공개모집 절차를 거쳐 지원한 후보자들 가운데 일정한 심사를 거쳐 교장 임용 후보자를 선발하고 임용하는 방식
- **유형:** 초빙형 · 내부형 · 개방형 공모제

교원역량개발 방식의 변화
- 학생의 교육적 성장을 통해 학교교육의 성과를 높이기 위한 목적으로 교사 전문성을 유지 · 개발시키는 것
- 과거 국가 주도, 공식적 형태로 교사의 교육내용에 대한 지식과 기술을 제공하던 방식에서 교사 주도, 비공식적 학습기회 제공 등을 통해 교사들의 자발적 · 내재적인 책무성을 높일 수 있는 방식으로 변화함

01 교원인사행정의 기초

❶ 교원인사행정의 기초

(1) 교원인사행정의 개념 및 영역

① 조직의 3대 관리 요소인 '재정(money), 물자(material), 인력(man)' 중에서 가장 중요한 요소에 해당한다.

② 교육조직의 목적을 효과적으로 달성하는 데 필요한 유능한 교육직원의 채용과 그들의 계속적인 능력 계발 및 사기 양양을 도모하는 일련의 과정이다.

③ 목적
　㉠ 교직원이 학생의 학습을 최대한 효과적으로 지원하도록 한다.
　㉡ 이를 위해 그들을 적재적소에 배치한다.
　㉢ 교원과 직원의 만족스러운 직업생활을 보장한다.
　㉣ 교직원 자신의 능력 계발과 발전을 조장하고 촉진한다.

④ 영역
　㉠ 임용 전까지의 인사행정: 교원수급계획, 교원양성, 자격, 모집, 시험, 임용 등
　㉡ 현직단계 중 교육력 신장: 현직연수, 각종 평가, 승진, 전보·전직 등
　㉢ 현직단계 중 교원의 근무여건 조성 및 사기양양: 교원의 권리와 의무, 보수와 근무조건, 교직단체 및 단체교섭, 교원신분보장 및 징계 등

(2) 교원인사행정의 원리

① 학습자의 학습 우선의 원리: 학생의 효과적인 학습을 위해 유능한 교직원을 확보하고 학습을 지원하기 위해 교육력을 개발하며, 최선을 다해 학습 효과를 높이도록 여건을 조성하고 사기를 높일 수 있는 방향으로 이루어져야 한다.

② 교원의 전문성 확립 및 교육력 신장의 원리: 교직은 전문직이며, 교원은 교육전문가라는 점에서 지식기반 사회, 평생학습 사회에서의 교육인사행정은 학생의 학습력과 창의력을 확립하기 위한 노력이어야 한다.

③ 실적주의와 연공서열주의의 조화·배합 원리: 직무수행능력을 중시하는 실적주의와 교육경력을 중시하는 연공서열주의가 조화롭게 반영될 필요가 있다.

참고 **실적주의와 연공서열주의 비교**

구분	실적주의(능력주의)	연공서열주의
개념	구성원의 직무수행능력과 수행태세 등의 가치 기준을 강조하고 당파성, 정실이나 혈연, 지연 등이 아니라 개인의 노력, 능력, 근무성적에 입각하여 인사가 이루어지는 제도	근무연수, 연령, 경력, 학력 등의 기준을 중시하여 인사가 이루어지는 제도

구분	실적주의(능력주의)	연공서열주의
장점	구성원의 발전을 꾀하고 유능한 사람을 임용·우대함	명백한 기준으로 객관성을 유지할 수 있으며, 행정의 안정성을 유지할 수 있음
단점	성실한 근무보다 점수에만 관심을 갖게 할 수 있으며, 특히 시험 타당도가 낮은 경우 충실히 근무한 구성원이 불리해질 수 있음	유능한 인재가 사장되고 성취동기가 저해되어 조직 전체의 침체를 초래할 수 있음

④ **공정성 확보의 원리**: 공정하고 체계적인 임용, 평가, 승진 규정을 만들어 객관성을 유지해야 하며, 학교 급별, 지역별, 성별, 종교 등의 이유로 차별을 받지 않고 누구나 자신의 능력과 노력에 따라 동등하게 대우받고 균등한 기회가 주어져야 한다.

⑤ **적재적소 배치의 원리**: 정실이나 혈연, 지연 등이 아니라 개인의 자격, 능력, 적성, 흥미, 희망 등을 고려해 교직원을 적절하게 배치해야 한다.

⑥ **교원 적정수급의 원리**: 출산율 감소 등 학교급별 학생 수 변화를 고려해, 학교급별로 교원의 수요와 공급을 적정하게 조정해야 하며, 이를 위해 교원수급에 대한 중·장기계획을 수립하고 수요를 정확하게 예측하는 것이 중요하다.

⑦ **합법성의 원리**: 「헌법」 제53조는 '대통령이 「헌법」과 법률이 정하는 바에 의하여 공무원을 임용한다.'고 규정하고 있으며, 교육인사행정은 「국가공무원법」, 「교육공무원법」 등 법률에 근거한다는 점에서 법령에 의해 이루어진다.

⑧ **청렴성의 원리**: 교육인사행정에서의 부패와 부정은 실적주의, 공정성, 적재적소 배치, 교육력 신장을 저해함으로써 결국 학생의 학습을 저해하고 교육에 대한 국민의 불만과 불신을 조장한다는 점에서 청렴성은 모든 원리의 기본 전제가 되어야 한다.

(3) 교육인사행정 관계 법령 및 기구

① 관계 법령

  ㉠ 교원인사행정에서 가장 기본이 되는 법률은 「국가공무원법」과 「교육공무원법」으로, 「교육공무원법」은 교육을 통해 국민전체에 봉사하는 교육공무원의 직무와 책임의 특수성에 비추어 그 자격 및 보수 연수 및 신분보장 등에 관하여 교육공무원에 적용할 국가공무원법 및 지방공무원법에 대한 특례를 규정함을 목적으로 제정되었다.

  ㉡ 이외에도 교원인사행정은 「교육기본법」, 「초·중등교육법」, 「사립학교법」, 「교원지위 향상을 위한 특별법」, 「교원의 노동조합 설립 및 운영 등에 관한 법률」 등에서 다루고 있다.

② 기구

  ㉠ 중앙 교육인사행정기구

    ⓐ **행정부**: 공무원의 인사·윤리·복무·연금·상훈 등을 관장한다.

    ⓑ **교육부**: 교육공무원과 사립학교 교직원에 대한 지휘·감독권을 가진다.

ⓒ 지방 교육인사행정기구

    ⓐ 시·도 교육청 교원정책과: 유치원, 초·중등학교, 특수학교 교원의 자격, 인사, 교육 및 후생복지 등에 관한 사무를 관장한다.

    ⓑ 교육지원청의 학무과와 관리과에서도 시·도 교육청과 유사한 사항을 관장한다.

(4) 교원의 범위

① 공무원의 종류

    ㉠ 「국가공무원법」 제2조에 의하면 공무원은 경력직 공무원과 특수경력직 공무원으로 구분된다.

    ㉡ 경력직 공무원은 실적과 자격에 의해 임용되며 평생 공무원으로 근무할 것이 예정되는 공무원을, 특수경력직 공무원은 직업공무원제의 적용을 받지 않는 경력직 공무원 외의 공무원을 의미한다.

    ㉢ 교원은 경력직·특정직 공무원에 속한다.

    ㉣ 경력직 공무원과 특수경력직 공무원의 직종

직종		내용
경력직	일반직	기술·연구 또는 행정 일반에 대한 업무를 담당하며 직군·직렬별로 분류되는 공무원
	특정직	법관, 검사, 외무공무원, 경찰공무원, 소방공무원, 교육공무원, 군인, 군무원, 헌법재판소 헌법연구관 및 국가정보원의 직원과 특수 분야의 업무를 담당하는 공무원으로서 다른 법률이 특정직으로 지정함
	기능직	기능적인 업무를 담당하며 그 기능별로 분류되는 공무원
특수 경력직	정무직	선거에 의해 취임하거나 임명에 있어서 국회의 동의를 요하며, 고도의 정책결정 업무를 담당하거나 이러한 업무를 보조하는 공무원으로서 법률 또는 대통령령에서 정무직으로 지정함
	별정직	특정 업무를 담당하기 위하여 별도의 자격 기준에 의해 임용되는 공무원으로서 법령에서 별정직으로 지정함
	계약직	국가와 채용계약에 의해 일정한 기간 동안 전문지식·기술이 요구되거나 임용에 있어서 신축성 등이 요구되는 업무에 종사하는 공무원
	고용직	단순한 노무에 종사하는 공무원

② 교육공무원의 구분
　　㉠ 교육공무원은 교원 및 조교와 교육전문직원으로 나뉜다.
　　㉡ 교원에는 초 · 중등학교의 교장, 교감, 교사, 대학총장, 학장, 교수, 부교수, 조교수, 전임강사, 유치원의 원장, 원감, 교사 등이 포함된다.
　　㉢ 교육전문직원에는 장학관, 장학사, 교육연구관, 교육연구사 등이 포함된다.

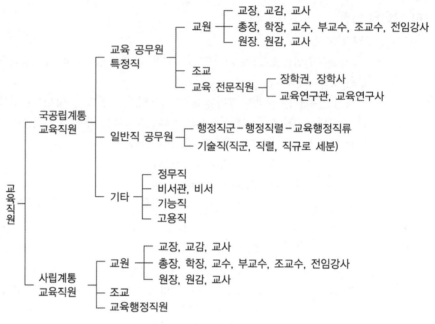

[그림 6-43] 교육공무원의 분류

❷ 교원자격 및 자격검정제도

(1) 교원수급의 결정 요인
① 교원 수요 결정 요인
　㉠ 교육 내적 요인: 취학률, 진급 및 진학률, 학교의 주당 수업시간, 교원의 주당 수업시간 및 업무량, 교과목 구성, 교사 대 학생 수, 교원의 법정 정원 충족률, 교원의 이직 및 퇴직률 등
　㉡ 교육 외적 변인: 인구 변화, 출생률, 교육예산, 타 직종의 취업상황 및 보수 수준 등
② 교원 공급 결정 요인: 교원양성기관의 체제 및 정원, 교원자격제도 및 자격증 소지자 비율, 임용을 위한 예산 제약 등 정책적 요인
③ 교원 수급에 영향을 미치는 외적 요인: 인구 이동, 경기 변동에 의한 교원 이직률 변화, 교육예산의 배분 등

(2) 교원양성제도

① 목적제와 개방제

  ⊙ 목적제: 전문적인 교원양성기관을 중심으로 폐쇄적인 교원양성을 실시하는 것으로, 국가 차원에서 교원양성의 양과 질을 직접 통제할 수 있어 교원 수급상의 문제를 효과적으로 해결할 수 있지만 획일성·통제성·경직성의 문제가 발생할 수 있다.

  ⓛ 개방제: 교원양성을 위해 특정 양성기관을 설치·운영할 필요 없이 모든 대학에서 교사를 양성하도록 하는 것으로, 자율성에 근거하여 다양성·개방성 융통성을 확보할 수 있지만 교직 윤리의식의 결여, 교육에 대한 소극적 태도, 전문성 경시 등의 단점이 있다.

  ⓒ 절충제: 목적제와 개방제의 장점을 절충하기 위한 형태이다.

② 유치원교원 양성기관

  ⊙ 2년제 전문대학 및 4년제 대학(방송통신대학 포함)에 설치된 유아교육과 및 교육대학원의 유아교육 전공과정을 통해 이루어진다.

③ 초등교원 양성기관

  ⊙ 폐쇄적인 목적형 교원양성체제이다.

  ⓛ 비교적 통일된 교육과정을 운영하고 있으며 목적형 양성체제에 걸맞게 교원의 질 관리도 체계화되어 있다.

④ 중등교원 양성기관

  ⊙ 개방형 교원양성체제에 가까운 절충제를 택하고 있으며, 사범대학 과정과 비사범대학 과정으로 나뉘어 이루어진다.

  ⓛ 중등교육은 1960~1970년대 교육인구의 급격한 팽창으로 양성교육기관의 지나친 난립이 초래되어 교원자격증이 남발되는 부작용이 발생했다.

⑤ 그 외의 교원양성기관

  ⊙ 전문대 졸업자에게는 실기교사 자격증을 부여한다.

  ⓛ 간호사 면허증을 소지한 대학의 간호학과 및 간호계 전문대학(교직과정 이수자) 졸업자에게는 보건교사 자격증을 수여한다.

  ⓒ 대학의 문헌정보학과·도서관학과 교직과정 이수자에게는 사서교사 자격증을 수여한다.

  ⓔ 대학의 상담·심리 관련학과 교직과정 이수자에게는 전문상담교사 자격증을 수여한다.

  ⓜ 대학의 식품학 또는 영양학 관련학과 교직과정 이수자는 영양사 면허증이 있는 경우 영양교사 자격증을 수여한다.

(3) 교원자격제도

① 교원자격제도의 필요성

㉠ 학생의 이익과 국가·사회의 안정성을 보장할 수 있다.

㉡ 교사 자신의 신분과 사회적 지위를 보장할 수 있다.

② 교원자격의 종류

㉠ 초·중등학교 교원의 종류와 자격 기준은 「초·중등교육법」 제21조 및 별표 1, 2에 명시되어 있으며, 교장, 교감, 정교사(1, 2급). 준교사. 전문상담교사(1, 2급), 사서교사(1, 2급), 실기교사, 보건교사(1, 2급), 영양교사(1, 2급) 등으로 구분된다.

㉡ 유치원 교원의 종류와 자격 기준은 「유아교육법」 제22조와 별표 1, 2에 명시되어 있으며, 원장, 원감, 정교사(1, 2급), 준교사로 구분된다.

㉢ 초·중등학교에 두는 보직교사와 순회교사, 교과전담교사 등은 자격이 아니라 일종의 직위이며, 산학겸임교사, 명예교사, 강사 등은 정규교사가 아니다.

㉣ 우리나라 교원자격검정은 무시험검정과 시험검정으로 구분되는데, 대부분의 교원자격증은 교원양성체제를 통한 무시험검정으로 발급되고 있다.

㉤ 무시험검정에 따른 최초 자격 취득과정과 종류

형태	과정		최초 자격 종류
정규 교원양성 기관 졸업	사범대학·일반대학 – 교육학과		중등학교 정교사(2급)
	사범대학 – 문헌정보학, 도서관학과		사서교사(2급)
	사범대학·교육대학 – 초등교육과		초등학교 정교사(2급)
	사범대학·교육대학 – 특수교육과		특수학교 정교사(2급)
	대학·전문대학 – 유아교육과		유치원 정교사(2급)
	교육대학원	각 교과교육	중등학교 정교사(2급)
		상담·심리교육	전문상담교사(2급)
		초등교육	초등학교 정교사(2급)
		사서교육	사서교사(2급)
		유아교육	유치원 정교사(2급)
교직과정 이수	일반대학 – 각 교과교육		중등학교 정교사(2급)
	유아교육		유치원 정교사(2급)
	특수교육 관련학과		특수학교 정교사(2급)
	문헌정보학·도서관학과		사서교사(2급)
	식품학·영양학과		영양교사(2급)
	상담·심리학과		전문상담교사(2급)
	대학 및 전문대 간호학과		보건교사(2급)

임시교원 양성소	임시 중등교원양성소	중등학교 정교사 2급
	임시 초등교원양성소	초등학교 준교사, 정교사(2급)
특수교육기관	교육부장관이 지정하는 4년제 대학의 공업, 수산, 해양, 농·공계 학과	중등학교 준교사
	전문대학 실과계 및 대학·전문대학 예체능 기능 이수자	실기교사
	방송통신대학 초등교육과	초등학교 준교사
학식과 덕망에 의한 인가	학식과 덕망이 높은 자로 초·중등·특수학교 교육부장관의 인가를 받은 자	교장, 유치원 원장

❸ 교사 신규 채용

(1) 교원 모집

① 적절하고 유능한 후보자가 교직에 지원하도록 유치하는 과정으로, '이끄는 기능(attracting function)'과 '선별기능(screening function)'을 동시에 수행하는 활동이다.

② 교원 모집이 효과적으로 이루어지기 위해서는 교원수급계획과 양성이 제대로 이루어져야 한다. 특히 우리나라 교원양성제도는 목적형 양성체제(초등)와 절충형 양성체제(중등)라는 점에서 올바른 가치관과 뛰어난 능력을 지닌 학생을 양성체제(교육대학, 사범대학, 교직과정 등)에 이끌고 선별하기 위한 과정이 중요한 의미를 지닌다.

③ 교육활동의 성패는 1차적으로 모집과 선발에 달려 있다는 점에서 교직에 대한 사회적 평가 및 신뢰를 높이고, 적극적인 모집활동 및 각 지역특성에 적합한 모집방안 수립, 공정·타당·신뢰성 있는 공개경쟁임용시험 운영 등을 위해 노력해야 한다.

(2) 교원 선발

① 모집이 어떤 직종에 종사하려는 후보자를 모으는 과정이라면, 선발은 후보자 중에서 최적임자를 선택하는 과정에 해당한다.

② 과정: 모집 ⇨ 지원자의 접수 및 검토 ⇨ 선발시험 ⇨ 면접 ⇨ 신체검사 ⇨ 경력 및 신원 조회 ⇨ 채용 결정 ⇨ 배치

③ 선발과정에서는 시험과 면접이 가장 중요한데, 선발시험은 정확한 직무분석에 기초해야 하고 신뢰도와 타당도가 높아야 한다.

(3) 교원의 신규 임용

① 국·공립학교 교원의 신규 임용

㉠ 교사임용후보자 공개전형(교원임용시험)을 통해 이루어진다.

㉡ 공개전형은 필기시험, 실기시험 및 면접시험 등의 방법에 의하며, 「교육공무원 임용후보자 선정경쟁시험규칙」 제7조에서 시험의 구체적인 방법을 규정하고 있다.

② 사립학교 교원의 신규 임용

㉠ 국·공립학교와는 다르게 '교육청 주관의 공개경쟁시험'을 반드시 거쳐야 하는 것이 아니다.

㉡ 「사립학교법」에서는 사립학교의 자율성을 보장하는 차원에서 임용권을 학교 경영자에게 부여하고 있으나, 교원의 신규채용은 공개전형에 의하도록 규정하고 있다(「사립학교법」 제53조의 2).

㉢ 「사립학교법」 시행령에 따르면 공개전형은 교원임면권자(학교법인 또는 사립학교 경영자)가 실시하되, 임면권자가 교육감에게 그 전형을 위탁하여 실시할 수 있다.

> **참고 수습교사제**
>
> **1. 개념**
> 교직 수행능력과 자질을 평가받으면서 동시에 실제 교직 생활에 대한 이해와 적응 능력을 키우도록 하는 제도로, 교원의 자격을 갖춘 신규 교사에게 정식 임용 이전에 일정기간의 시보 경험을 갖도록 하는 제도이다.
>
> **2. 해외 사례**
> 핀란드, 영국, 프랑스, 호주, 미국 등에서는 신임 교사들을 대상으로 1 ~ 2년 정도 수습 기간을 거치도록 한 후, 일정한 평가 과정을 거쳐 정식 교사로 임명되며 정년을 보장받는다.
>
> **3. 우리나라 교원인사행정에의 적용**
> 우리나라에서는 수습교사제가 신임교사들의 교직적격성을 재평가하고 교직 사회화를 도와주기 위한 제도적 장치로서 하나의 안(案)으로서 논의되어 왔다. 충청남도 교육청에서는 2010년부터 임용시험 합격자들을 대상으로 임용 발령 전 교육지원청에 소속을 두고 결원 교사가 발생하면 수업 및 업무를 지원해오고 있으며, 세종시 교육청에서는 2019년부터 시행되기 시작했다.
>
> **4. 장·단점**
> 현행 임용제도가 갖는 타당성 문제를 보완할 수 있으며, 신규교사가 교직에 적응하고 적격 여부를 판단하는 것을 도울 수 있지만, 교육현장에서 수습교사를 대상으로 한 평가의 신뢰성, 객관성 문제 및 임용시험과 수습교사제의 양립 문제 등의 문제가 있다.

❹ 교원인사

(1) 승진

① 동일 직렬 내의 하위 직급에서 상위 직급으로의 직위 상승을 의미하며, 직무 곤란도와 책임 증대, 보수 증액 등을 수반한다.

② 유사 개념과의 비교: 동일한 직급 내에서 호봉만 올라가는 승급과 구분되며, 횡적 이동인 전직 또는 전보와 구분된다.

③ 인사의 기능

　㉠ 구성원에게 보상 수단 또는 욕구 충족 수단을 제공한다.

　㉡ 인적 자원을 적절히 배치함으로써 조직의 목표를 효율적으로 달성한다.

　㉢ 조직구성원이 직무 수행을 위해 필요한 지식과 능력을 향상시키는 등 능력 계발의 수단이 된다.

④ 원칙: 연공서열주의와 실적주의(능력주의)의 장·단점을 고려하여 능력, 업적, 학력, 근속연수, 근무성적, 승진시험 등을 적절하게 혼합하는 것이 일반적이다.

⑤ 기준과 구조

　㉠ 「교육공무원법」 제13조는 '교육공무원의 승진임용은 동종의 직무에 종사하는 바로 하위직에 있는 자 중에서 대통령령이 정하는 바에 의하여 경력평정, 재교육성적, 근무성적, 그 밖에 실제 증명되는 능력에 의하여 한다.'고 규정하고, 승진임용의 구체적인 내용에 대해 「교육공무원승진규정」을 마련해 교육공무원의 경력평정, 근무성적평정, 연수성적평정, 승진후보자명부 작성 등에 대한 사항을 명시하고 있다.

　㉡ 교육공무원의 승진임용은 교육공무원의 승진후보자명부의 고순위자순으로 결원된 직에 대해 3배수의 범위 안에서 승진·임용하거나, 승진·임용·제청하여야 한다.

　㉢ 2007년 교육인적자원부는 「교육공무원승진규정」을 개편하여 경력평정 기간 및 점수 축소, 근무성적평정의 반영기간 및 비중 확대, 교사에 대한 동료교원 다면평가제 도입 등을 포함하는 등 연공서열 중심의 승진제도를 능력과 근무실적 중심의 제도로 개선하기 위해 노력했다.

개념확대 🔍
Zoom IN 수석교사제 　기출 12, 13 중등 / 00 초등

1. 개념

교사의 자격 구분을 수업전문성의 수준에 따라 분화시켜 최상급의 교사를 '수석교사'로 명명하고 그로 하여금 교내 장학, 상담 또는 연구 등의 기능을 수행하도록 하는 제도이다.

2. 목적

선임교사가 행정관리직, 즉 교장(감)이 되지 않고도 정년까지 수업, 장학, 신규교사 지도를 맡는 역할을 담당해 그간 일원화된 교원자격체제를 이원화하고, 수업전문성을 가진 교사가 우대받으며 교직에 명예롭게 종사할 수 있도록 하는 교직풍토를 조성하기 위해 실시되었다.

3. 현황

2008년부터 4년간 시범운영을 거친 뒤 2011년 6월 법제화되어 「초 · 중등교육법」 및 「교육공무원법」에 자격 및 임용 등이 규정되었다.

4. 선발 및 관리

사립학교 교원을 포함한 교원 중 15년 이상의 교육경력을 가지고 교수 · 연구에 우수한 자질과 능력을 가진 사람을 대상으로 선발하며, 단위학교 추천위원회를 통해 학교의 추천을 받은 교사들은 각 시 · 도 교육청의 선발위원회에서 1차 서류심사, 동료교원면담, 현장실사를 거친 후 2차 역량평가(심층면접)을 거쳐 선발된다. 이후 4년마다 업적평가 및 연수실적 등을 반영한 재심사를 받아야 하며, 심사기준을 충족하지 못할 경우 직무 및 수당 등을 제한할 수 있다.

5. 역할

매달 일정 금액의 연구활동비가 지급되고 담임업무를 맡지 않으며 수업시수는 학교별로 교사 1인당 평균 수업시수의 절반으로 줄어든다. 대신 동료교사들에 대한 교수 및 연구 활동 지원, 학교 및 교육청 단위의 수업컨설팅, 교육과정, 교수 · 학습, 평가방법 개발 및 보급, 교내연수 주도, 신임교사 멘토 역할 등 다양한 업무를 맡으면서 해당 교과의 수업 지원 활동을 하게 된다.

(2) 전직 · 전보

① 전직: 종별과 자격을 달리하는 임용으로 직급은 동일하나 직렬이 달라지는 횡적 이동을 말한다.

> **예** 교원이 장학사(관), 연구사(관) 등으로 이동하거나, 장학사(관), 연구사(관)가 교원으로 이동하는 경우, 학교 급 간(초등학교와 중등학교)에 교원이 이동하는 경우 등

② 전보: 동일 직위 및 자격 내에서 근무기관이나 부서를 달리하는 임용을 말한다.

> **예** 교장 · 교감 · 교사가 근무학교를 이동하는 경우, 장학관 · 장학사가 행정기관 간에 이동하는 경우 등

③ 기능

ⓐ 직무 순환은 관리능력을 계발시키는 현직 교육훈련 방법의 하나이다.

ⓑ 조직원의 욕구 좌절을 방지하고 동기부여의 기법으로서 유용하게 활용될 수 있다.

ⓒ 적재적소의 인사관리를 가능하게 한다.

ⓓ 승진 및 이전의 단계적 교육훈련 방법이 된다.

ⓔ 궁극적으로 조직의 효율성을 증대시킬 수 있다.

ⓕ 장기 보직으로 인한 외부 거래처와의 불필요한 유대 및 조직의 허점을 이용한 부정을 예방할 수 있다.

ⓖ 조직의 변화 · 변동에 따른 부서 간의 과부족 인원 조정이나 조직원의 개인적 사정에 따른 구제가 가능하다.

ⓗ 인사침체를 방지하고 권태로움에서 벗어나 업무를 쇄신하는 계기를 마련해준다.

④ 적용 기준
　　㉠ 교육공무원 인사관리규정의 제13~23조는 전직 및 전보임용의 기준 등에 대해 규정하고 있다.
　　㉡ 장학사 및 교육연구사로의 최초 전직임용은 각 교육기관, 교육행정기관 또는 교육연구기관의 추천을 받아 공개경쟁시험을 거쳐 임용되며, 전직임용에 관한 사항은 임용권자가 정한다.
　　㉢ 전보는 정기전보와 비정기전보로 구분된다. 비정기전보란 학교장의 전보요청 등의 사유로 교육상 전보가 불가피하다고 인정할 때 동일 직위 근속기간이 정기전보 기간 이내라 하더라도 전보하는 것을 말하며 능력 부족, 근무성적 저조, 징계처분 등의 사유를 포함한다.

개념확대 ⊕
Zoom IN　초빙교사제

1. 개념
공립학교의 학교장이 각 학교에 필요한 유능한 교사를 확보하기 위해 정기전보 내신자를 대상으로 교사를 초빙하는 제도로, 학교운영위원회의 심의를 거쳐 시행된다.

2. 목적
초빙교사제는 특성화교육을 통해 교육의 질을 높이고 공교육 정상화를 꾀한다는 취지로 도입되었으며, 단위학교 책임경영제의 확대로 단위학교로 권한이 위임되면서 단위학교의 자율성을 확보하고 학교 간 경쟁체제를 유도하려는 목적으로 실시되었다.

3. 현황
1996년 6월 「교육공무원법」에 의거해 신설되었으며, 1996년 9월부터 초빙교장제와 함께 실시되었다. 이후 자율학교 및 교장공모제 학교 등 일부 학교에서만 운용되다가, 2010년부터 전국의 초 · 중 · 고교로 확대 · 시행되어왔다. 「교육공무원법」 제31조 및 「교육공무원임용령」 제12조는 초빙교사의 임용 등을 규정하고 있다.

4. 장 · 단점
초빙교사제는 단위학교 책임경영 및 교장공모제와 연계되어 지역사회 및 단위학교의 교육철학에 부합하는 교사를 초빙할 수 있다는 장점이 있지만, 초빙교사의 임용과정에서의 공정성 문제, 사실상 교사들이 원하는 학교로 전보하기 위한 수단으로 전락할 가능성, 학교장의 권한이 커져 전횡을 일삼을 우려 등의 단점이 있다.

---

(3) 교장 임용

① 교장 승진 임용제도
　　㉠ 시 · 도 교육청의 심사와 교장자격연수를 거쳐 교장자격증을 획득하고 교장으로 임용되는 임용 방식이다.
　　㉡ 장 · 단점: 평가의 공정성 및 객관성이 높지만, 폐쇄적 교장 임용 방식으로 능력 있는 인재를 선발하는 데 한계가 있으며, 단위학교 여건 및 구성원의 요구에 부합하지 않을 수 있다.

② 교장공모제
  ㉠ 학교 발전을 촉진할 유능한 교장을 임용하기 위해 공개모집 절차를 거쳐 지원한 후보자들 중 일정한 심사를 통해 교장 임용 후보자를 선발하고 임용하는 방식이다.
  ㉡ 기존 교장 승진제도와 교장초빙제의 한계를 극복하기 위한 방안 중 하나로 2007년에 도입되었다.
  ㉢ 유형
    ⓐ **초빙형 공모제**: 교장자격증 소지자가 지원하는 공모제이다.
    ⓑ **내부형 공모제**: 교원 등으로 근무한 경력이 20년 이상인 교원, 또는 교원 등으로 근무한 경력이 15년 이상이며 교감자격증을 가진 교원이 지원하는 공모제이다.
    ⓒ **개방형 공모제**: 해당 학교의 교육과정 분야에서 3년 이상 종사한 사람이 지원할 수 있는 공모제이다.
  ㉣ 장점
    ⓐ 폭 넓은 인재를 발굴할 수 있다.
    ⓑ 단위학교 자치 역량을 강화할 수 있다.
    ⓒ 심사과정에서의 교육청과 단위학교 구성원의 참여가 증가할 수 있다.
    ⓓ 적격자 선발기능을 강화시킬 수 있다.
  ㉤ 한계
    ⓐ 경력 중시 풍토와 맞물려 학교 현장내의 갈등과 혼란이 야기될 수 있다.
    ⓑ 학교 단위 심사기능 및 능력 검증에 한계가 있다.

❺ 교원역량개발

(1) 필요성
  ① 교육발전에서 교원은 학생의 교육적 성장에 영향을 주고 교육의 성패를 결정하는 핵심적인 요인이었다.
  ② 이를 위해 오랫동안 능력과 자질이 우수한 인재들을 교직에 끌어들이고 그들의 능력을 지속적으로 개발하며 교직에 잘 정착하도록 정책적 노력을 기울여 왔다.
  ③ 교원역량의 개발은 전통적으로 교원인사를 통한 접근이 일반적이었으나, 최근 교사 공동체를 통한 방법 등 다양한 대안적 방법이 등장해왔다.

(2) 교원연수를 통한 교원역량개발
  ① 현직교육의 중요성
    ㉠ 현직교육은 직전교육의 미비 또는 결함을 보완할 수 있다.
    ㉡ 현직교육은 새로운 지식, 기능, 태도를 습득한다는 측면에서 중요하다.
    ㉢ 교원에게는 교육전문가로서의 계속적인 연찬을 통한 전문성 향상이 중요하다.

② 종류

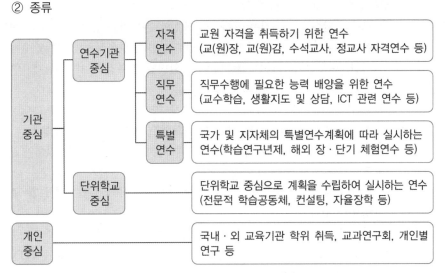

[그림 6-44] 연수 운영의 주체별 분류[*]

* 교육부, 교원 연수 중점 추진 방향, 2018-2019

㉠ 연수기관 중심 연수

ⓐ 자격연수: 교원의 자격을 취득하기 위하여 실시된다. 2급 정교사 과정, 1급 정교사 과정, 원장(감) 과정, 교장(감) 과정 등으로 구분되며, 현직 교사가 추가로 다른 교과의 자격증을 취득하는 경우 받게 되는 부전공 연수도 포함된다. 자격연수의 연수 기간은 30일 이상으로 하되 이수 기간은 180시간 이상이어야 한다.

ⓑ 직무연수: 교육의 이론·방법 및 직무 수행에 필요한 능력 배양을 위하여 실시되며, 직무연수의 과정과 내용 및 기간은 당해 연수원장이 정한다.

ⓒ 특별연수: 전문지식 습득을 위한 국내·외 특별연수 프로그램을 의미 하며, 국내 또는 국외의 교육기관 또는 연구기관에서 일정한 기간 동안 실시되는 것이 보통이다. 학위 취득을 목적으로 하는 대학위탁교육, 장기 해외유학, 장·단기 해외연수 등을 포함한다.

㉡ 단위학교 중심 연수 〔기출〕 22 중등

ⓐ 단위학교를 중심으로 계획을 수립하여 실시하는 연수를 의미한다.

ⓑ 전문적 학습공동체, 컨설팅장학, 교내 자율장학 중 임상장학, 동료장학, 교사 간 워크숍, 전문성을 갖춘 교사(수석교사 등)의 특강을 기반으로 한 자체연수, 교사 상호 간 수업 참관, 교사 간 마이크로티칭, 교사 간 수업연구, 동학년 또는 동교과 수업연구, 교사협의회, 연구과제 중심 동료장학, 학교교육에 대한 학부모의 참여를 높이기 위하여 전문적 지식 이나 경험이 있는 학부모, 교육과 관련하여 좋은 지식·정보·경험을 교직원들에게 나누어 줄 수 있는 학부모, 특정 분야에 종사하고 있는 학부모를 강사로 초대하여 진행하는 교직원들에 대한 자체연수 등이 속한다.

〔기출〕 22 중등

기출논제 Check ✔

김 교사가 언급한 학교 중심 연수의 종류 1가지, 학교 중심 연수를 활성화하기 위해 학교 차원에서 지원할 수 있는 구체 적인 방안 2가지

③ 우리나라 연수기관 중심 현직연수의 문제점
   ㉠ 교사의 단순 연수시간은 교수학습 개선에 유의미한 영향을 미치지 못했다.
   ㉡ 우리나라 현직연수의 문제점으로 불확실한 연수목적, 경직된 연수기회와 여건, 현실성이 부족한 연수내용, 획일적인 연수방법, 비합리적인 연수일정과 운영 등이 지적되어왔다.
   ㉢ 따라서 최근에는 단위학교를 중심으로 하는 연수를 활성화하고자 한다.
④ 교원역량개발에 효과적인 연수 방식(학습모델로 가기 위한 연수의 방향)
   ㉠ 교사들이 스스로 교직에 대한 비전과 가치관을 확립할 수 있어야 한다.
   ㉡ 현직연수의 내용은 학교 단위의 특수성이 반영되어야 한다.
   ㉢ 교사가 자율적으로 팀을 구성하여 연수하는 자율적인 연수 풍토를 조성할 필요가 있다.
   ㉣ 연수기관이 상호 지원하고 협력하는 연수 풍토를 조성할 필요가 있다.
   ㉤ 연수방법 또한 토의·토론학습의 적용을 확대·강화하여 토론문화 정착과 현장 문제 해결이 가능하도록 이루어져야 한다.

(3) 장학을 통한 교원역량개발

① 장학은 학교장을 중심으로 개별 학교에서 자체 계획에 따라 교사들이 개인적 또는 집단적으로 행하는 배움의 기회라고 할 수 있다.
② 학교 내에서는 약식장학, 자기장학, 동료장학, 임상장학 등을 실시할 수 있으며, 이를 통해 교사역량을 개발할 수 있다.

(4) 평가를 통한 교원역량개발

① 근무성적평정 및 다면평가
   ㉠ 교원의 근무 실적, 근무수행 능력 및 근무수행 태도를 객관적 근거에 의해 종합적으로 평가하는 것으로, 매년 12월 31일을 기준으로 정기적으로 실시한다.
   ㉡ 구성원의 능력 계발과 향상을 기하고, 승진·정보, 해고, 상벌 등과 같은 인사관리의 합리적이고 공정한 근거를 제공하는 데 목적이 있다.
   ㉢ 평가 기준
      ⓐ 직위별로 타당한 요소의 기준에 의하여 평정할 것
      ⓑ 평정자의 주관을 배제하고 객관적 근거에 의해 평정할 것
      ⓒ 신뢰성과 타당성을 보장하도록 할 것
      ⓓ 평정 대상자의 근무성적을 종합적으로 분석·평가할 것
   ㉣ 결과 및 활용: 합산점은 근무성적평정 점수와 다면평가 점수를 합산하여 100점 만점으로 산출하고, 평정 대상자의 요구가 있을 때에는 특별한 사정이 없는 한 본인의 최종 근무성적평정점을 알려 주어야 하며, 근무성적평정의 결과는 전보·포상 등 인사관리에 반영해야 한다.

② 교원능력개발평가
  ㉠ 학교교원의 지속적인 능력 신장을 목적으로 교원의 교육활동에 대해 학교 구성원인 교사, 학생, 학부모의 평가 및 만족도를 조사하는 것이다.
  ㉡ 교원 전문성 신장을 통해 공교육에 대한 신뢰를 높이는 데 목적이 있다.
  ㉢ 장·단점: 교사들이 자신의 전문성 신장에 더욱 관심을 기울이고, 학교 및 교사에 대한 학부모와 학생의 신뢰도가 높아질 수 있지만, 교사 간의 불신과 위화감이 발생할 수 있고 소신껏 교육활동을 펼치는 데 있어 제약이 될 수 있으며 온정주의에 기반을 둔 평가가 되기 쉽다.
  ㉣ 교원능력개발평가의 개요

구분	주요 내용		
평가대상	국·공·사립 초·중·고 및 특수학교 재직교원 (교육청 소속 교사, 기간제 교사, 강사 포함)		
평가 종류/ 평가 참여자	동료교원평가	교장 또는 교감 중 1인 이상 + 교사 3인 이상	
	학생만족도 조사	직접 지도를 받은 학생 ⇨ 개별 교원 대상	
	학부모만족도 조사	지도받는 학생의 학부모 ⇨ 개별 교원 대상	
평가 시기	매년 1회 이상		
평가 시행 주체 (주관)	• 학교장이 소속 교사에 대해 실시 • 시·도·교육감(교육지원청 교육장)이 교장, 교감에 대해 실시		
평가문항	평가지표당 각 2~5문항으로 구성(학교단위 선택 및 개발 가능)		
평가 방법	5점 척도 절대평가 방식과 서술형 응답식 병행		
결과 통보	교육감(장)학교장은 개별 교원에게 평가 지표별 평가 종류별 환산점 및 합산 점수를 통보 (학교 단위 전체 평가 결과값은 학교 정보공시제를 통하여 공개)		
결과 활용	• 능력개발 지원을 위한 맞춤형 연수 등 자료 활용 • 우수교원에 대한 별도 프로그램 제공 • 미흡 교원에 대한 단계별 연수 부과		
평가관리기구	교육청 및 학교에 교원능력개발평가관리위원회 설치 (교원, 학부모, 외부 전문가 등 5인 이상 11인 이내로 구성)		
평가 영역· 요소· 지표	교사	학습 지도	수업준비, 수업실행, 평가 및 활용 등 평가 요소	교수·학습전략 수립 등 12개 지표
		생활 지도	개인생활지도, 사회생활지도 (비교과교사의 경우 담당직무를 영역으로 학생 지원을 평가 요소로 함)	가정연계지도 등 6개 지표
	교장· 교감	학교 경영	학교 교육계획, 교내 장학, 교원인사, 시설관리 및 예산운영(교감은 시설관리 및 예산운용 지표 제외)	교장: 8개 지표 교감: 6개 지표

(5) 학습공동체를 통한 교원역량개발

① **학습공동체**: 학습에 대한 교사 간의 공유된 가치와 교수·학습활동에 관련한 교사들의 풍부한 대화 및 협동을 근간으로 하는 전문적 집단을 말한다.

② 기존 교원평가나 연수를 통한 교원역량개발이 교원의 자발적·내재적 책무성을 높이는 데 한계가 있어 이에 대한 대안적 접근으로서 등장했다.

③ 학습공동체를 통해 교원역량개발이 이루어지는 양상

　㉠ **전문적 대화**: 교사는 동료교사들과 교육활동에 관한 일상적인 대화를 통해 자신의 교수·학습 실제에 대해 성찰하고 교사가 전문가로서의 정체성을 갖는 데 중요한 영향을 갖는다.

　㉡ **전문적 협력 활동**: 교사는 동료교사들과 협력적으로 새로운 시도를 시험하고 협동해서 일하고, 정책 메시지를 해석하며 교수·학습에 관한 이론과 방법 등에 대해 성찰하고 교수·학습의 향상으로 이어지도록 한다.

　㉢ **교육활동 목표 공유**: 교사들 간 학교 정책과 개혁에 대한 비전을 공유한다.
　　⇨ 센게의 '학습조직'에서도 등장하는 비전 공유는 교수·학습의 실제에서 발생한 문제를 성찰하고 통찰력 있게 문제를 사고할 수 있도록 도움

　㉣ **교사지도성 함양**: 연구자로서 교사는 실행과 반성을 통해 새로운 지식을 창조하고 스스로를 성장시킨다.

④ **효과**

　㉠ 교사는 동료교사와의 교육활동에 관한 일상적 대화를 통하여 자신의 교수·학습의 실제에 대해 성찰할 수 있는 기회를 갖는다.

　㉡ 교사는 동료교사와 실제 협력활동을 가짐으로써 그들은 교수·학습에 관한 이론과 방법, 학생에 대한 가정(assumption)에 대해 다시 생각해보게 되고, 이는 교수·학습의 향상으로 이어질 수 있다.

　㉢ 동료교사 간의 교육활동에 관한 목표 공유를 통해 공동체 의식을 높이고, 교사공동체를 통해 교사리더십을 함양시킬 수 있다.

요약정리 Zoom OUT 교원역량개발의 다양한 방법

방법	예시
교원연수	직무연수, 자격연수, 특별연수 등
장학	자기장학, 동료장학, 임상장학, 컨설팅장학, 멘토링장학 등
평가	근무성적평정 및 다면평가, 교원능력개발평가 등
학습공동체	전문적 학습공동체, 교과협의회 등

6 교원 근무조건

(1) 교원의 권리·의무와 징계

① 교원의 권리와 의무

구분		내용
교원의 권리	적극적 권리 (조성적 권리)	• 복지후생제도의 확충 • 생활보장권 • 근무조건 개선 • 교육자유권
	소극적 권리 (법규적 권리)	• 쟁송제기권 • 교직단체활동권 • 신분보장권 • 불체포 특권
교원의 의무	적극적 의무	• 교육 및 연구활동의 의무 • 청렴의 의무 • 비밀엄수의 의무 • 선서·성실·복종의 의무 • 전문직으로서의 품위유지의 의무 • 친절공정의 의무
	소극적 의무	• 정치활동 금지의 의무 • 집단행위의 제한 • 영리업무 및 겸직금지의 의무 • 직장 이탈 금지의 의무 • 영예 제한(직무전념의 의무: 대통령의 허가 없이 외국 정부로부터 영예 또는 증여를 받지 못함)

② 교원의 징계

종류		기간	신분		보수	
중징계	파면	–	공무원 사회에서 배제	5년간 공무원 임용 결격사유	퇴직급여액의 1/2 지급 (5년 미만 근무자 3/4 지급)	
	해임	–	공무원 사회에서 배제	3년간 공무원 임용 결격사유	퇴직급여액 전액 지급	
	강등	–	• 1계급 아래 진급으로 내림 • 3개월 직무 제한 • 18개월+정직기간 동안 승진 제한	징계말소 제한기간 9년 (처분기간 경력 평정 제외)	18개월+ 정직처분기간 승급 제한	보수의 2/3 감액
	정직	1~3 개월	• 신분은 보유하나 직무 종사에 제한 • 18개월+정직기간 동안 승진 제한	징계말소 제한기간 7년 (처분기간 경력평정 제외)	18개월+ 정직처분 기간 승급 제한	보수의 2/3 감액

종류	기간	신분	보수
경징계	감봉	1~3개월	12개월 + 감봉처분기간 승진 제한	징계말소 제한기간 5년	12개월 + 감봉처분기간 승급 제한	보수의 1/3 감액
	견책	–	6개월간 승진 제한	징계말소 제한기간 3년	6개월간 승급 제한	–

(2) 교원의 보수 및 성과급제도

① 보수
  ㉠ 조직구성원이 근로활동을 통하여 조직의 목적 달성에 기여한 대가로 받는 금전적 보상으로 봉급과 그 밖의 각종 수당을 합산한 금액을 말한다.
    ⓐ 봉급: 직무의 곤란성과 책임의 정도에 따라 직책별로 지급되는 기본급여 또는 직무의 곤란성과 책임의 정도 및 재직기간 등에 따라 계급별·호봉별로 지급되는 기본 급여이다.
    ⓑ 수당: 직무 생활 여건 등에 따라 지급되는 부가 급여이다.
  ㉡ 교원 보수의 결정 원칙
    ⓐ 교원의 사회적 중요성을 반영해야 한다.
    ⓑ 유사 또는 동등한 수준의 자격을 요구하는 타 직업 종사자의 봉급에 손색이 없어야 한다.
    ⓒ 교원의 전문적 자격의 향상을 위한 계속교육이나 문화활동, 교원 자신과 그 가족의 상당한 생활 수준을 확보하는 수단이 되어야 한다.
    ⓓ 교직은 보다 높은 자격과 경험을 필요로 하며, 보다 큰 책임을 수반한다는 사실을 반영해야 한다.
  ㉢ 보수체계: 자격과 경력에 의한 보수 지급을 원칙으로 하는 단일호봉제를 채택하고 있다.

② 성과급
  ㉠ 학교조직에 공헌할 수 있는 잠재적 능력 또는 가능성이 아니라 현실화된 공헌도인 교원의 생산량을 기준으로 결정되는 보수를 의미한다.
  ㉡ 우수한 교원에 대한 보상을 통해 사기를 진작시키고 근무의욕을 고취시키는 등 교원을 동기부여하기 위한 목적으로 도입되었으며, 브룸(Vroom)의 기대이론과 아담스(Adams)의 공정성이론에 기초한다.
  ㉢ 성과급 체계: 2010년 교원성과급 지급 지침 변경 이후 교사성과 평가 기준에 경력을 반영하지 않으며 개인성과급과 학교성과급 체제로 이원화되었다가, 학교성과급의 신뢰성 및 타당성 문제로 학교성과급이 2015년 폐지되어 현재 단위학교 자체기준에 따라 70~100%의 차등지급률을 둔 개인성과급만 지급되어왔다.

(3) 교원의 근무조건

① 임금을 제외한 노동조건으로 근로자가 자기의 책임을 효율적으로 수행할 수 있도록 하는 환경을 포괄한다.

② 교사가 교육활동(교수·학습활동 및 학생지도 활동)에 전념할 수 있는 근무 조건을 조성하기 위해 업무를 간소화시키고 학교 단위 행정보조인력 지원 확대가 필요하다.

(4) 교직단체 및 단체교섭

① 보장 범위 및 근거: 교원의 단체결성권과 단체교섭권을 보장하고 있지만 단체 행동권은 제한하며, 「교육기본법」 제15조와 「교원지위향상을 위한 특별법」 및 「교원의 노동조합 설립 및 운영 등에 관한 법률」에 근거를 두고 있다.

② 교섭 협의의 범위

㉠ 임금, 근무조건, 복지 등 사회적·경제적 지위 향상 관련 사항으로 한정한다.

㉡ 단체교섭, 단체협약체결 과정에서 국민의 학습권이 침해되는 것을 방지하기 위해 관계 당사자가 국민 여론 및 학부모의 의견을 수렴해 교섭하도록 한다.

㉢ 단체교섭권과 관련지어 단체협약체결권을 인정하되, 법령·조례·예산에 의해 규정되는 내용과 법령 또는 조례에 의해 위임받아 규정되는 내용은 단체협약의 효력을 부인하고 성실이행의 의무를 부여한다.

㉣ 학습권이 침해되지 않는 범위 내에서 노동기본권을 보장한다.

③ 금지사항

㉠ 선거운동, 정치활동을 금지한다.

㉡ 교육현장이 정치적 영향을 받게 되는 것을 막기 위해 정치활동을 금한다.

㉢ 보편적 국제기준에 따라 노동기본권을 보장하고 교원의 신분적 특수성을 고려해 단결권, 단체교섭권은 인정하되 단체행동권은 불허한다.

㉣ 쟁의행위 금지에 따른 문제점을 보완하기 위해 중앙노동위원회에 별도의 교원노동관계 조정위원회를 설립한다.

(5) 교원의 휴직

종류	사유		요건	기간	경력인정 여부		봉급
					보수	승진	
직권휴직	병휴직	요양	신체·정신상의 장애로 인한 장기요양(불임·난임으로 인해 장기간의 치료가 필요한 경우 포함)	1년 이내	불인정	불인정	7할 (결핵성: 8할)
		공상	공상으로 장기요양	1년 이내	인정	인정	전액 지급
	병역의무 (병역)		병역복무를 위한 징집 또는 소집	복무기간	인정	인정	불지급
	기타 의무수행		법률규정에 의한 의무수행을 위한 직무이탈	복무기간	인정	인정	불지급
	생사소재 불명(행불)		천재지변·전시·사변 등으로 생사 불명	3개월 이내	불인정	불인정	불지급
	노조 전임자		교원노동조합의 전임자로 근무하게 될 때	전임기간	인정	인정	불지급
청원휴직	학위취득 (유학)		학위취득을 목적으로 해외 유학 또는 1년 이상 외국에서 연구	3년 이내 (3년 연장 가능)	인정	5할	5할
	장기연수 (연수)		교육부 장관이 지정하는 연구기관, 교육기관 등에서 연구	3년 이내	인정	5할	불지급
	기관고용 (고용)		국제기구, 외국기관, 재외국인 교육기관 고용	고용기간	상근 10할, 비상근 5할	상근 10할, 비상근 5할	불지급
	육아휴직 (양육 휴직)		만 8세 이하 또는 초등학교 2년 이하 자녀를 양육하기 위해 필요하거나, 여성 교육공무원이 임신 또는 출산하게 된 경우	자녀 1명당 3년 이내 (분할휴직 가능)	최초 1년 인정 (둘째 이후 전기간 인정)	최초 1년 인정 (둘째 이후 전기간 인정)	최대 1년까지 월봉금액의 80%에 해당하는 금액(150만원 상한, 70만원 하한) 지급
			만 8세 이상(초등학교 3년 이상) 만 19세 미만의 아동을 입양하는 경우	자녀 1명당 6개월 이내	인정	인정	
	간병휴직 (가사 휴직)		사고나 질병 등으로 장기간 요양이 필요한 조부모, 부모(배우자의 부모 포함), 배우자, 자녀 또는 손자녀를 간호하기 위해 필요한 경우	1년 이내 (재직기간 중 3년 이내)	불인정	불인정	불지급

종류	사유	요건	기간	경력인정 여부		봉급
				보수	승진	
청원 휴직	동반휴직	배우자가 국외 근무를 하게 되거나 해외 유학, 연수를 하게 된 경우	3년 이내로 하되 3년의 범위에서 연장 가능	불인정	불인정	불지급
	자율연수 휴직	「공무원연금법」 제25조에 따른 재직기간 10년 이상인 교원이 자기개발을 위해 학습·연구 등을 하게 된 경우	1년 이내 (재직기간 중 총 1회)	불인정	불인정	불지급

Chapter 07 장학론

셀쌤의
Live Class 🎙

교육행정이라고 하면 장학론을 떠올릴 정도로 **장학은 교육행정에서 중요한 위치를 차지**하고 있습니다. 아직도 학교현장에서는 장학에 대한 부정적 시각이 남아있는 게 현실이지만, 오늘날 무한경쟁시대의 교육의 질 향상이라는 시대적 요청을 고려할 때 장학의 위치는 매우 중요하다고 할 수 있습니다. 그동안 장학은 수업의 질 향상을 통한 학교 개선이라는 본질적인 목적을 달성하기 위해 비전문가에 의한 점검, 통제의 시대를 거쳐 전문가에 의한 협동, 민주적 인간관계 장학에 이르기까지 여러 단계의 발달과정을 거쳐 발전해왔습니다.

특히 현재 단위학교에서 교내 **자율장학**의 일환으로 시행되는 다양한 형태의 장학인 **약식장학, 동료장학, 자기장학 개념과 방법을 이해**하고, 현대 장학 패러다임의 변화에 맞춘 보다 민주적이고 **전문적인 방법의 장학 유형들인 임상장학, 컨설팅장학, 마이크로티칭, 멘토링장학이 무엇이고 기존 장학들과 비교해 어떤 특징들을 가지고 있는지** 꼼꼼히 살펴보는 것이 좋습니다. 이를 통해 자신이 장학담당자라고 가정하고 앞서 조직론에서 다루었던 다양한 학교문화에 적용할 수 있는 장학 대안이 어떤 것들이 있을지 구체적으로 고민해본다면 이 챕터의 내용을 보다 깊이 있게 내면화할 수 있을 것입니다.

핵심 Tag 🔖

교내 자율장학
- 단위학교 내에서 교사의 수업개선을 위해 교장, 교감, 부장교사 및 동료교사가 행하는 지도·조언활동으로 교사의 필요와 상황에 따라 참여할 수 있음
- 종류: 동료장학, 약식장학, 자기장학, 임상장학

임상장학
실제 교수행위를 직접 관찰하여 자료를 수집하고 수업 개선을 위해 장학담당자와 교사 간의 대면적 상호작용 속에서 교사의 행위와 활동을 분석하는 장학활동

컨설팅장학
교사전문성 향상을 목적으로 교원 등의 자발적 의뢰를 바탕으로 전문성을 갖춘 교내·외의 사람들이 진단·협의·조언·자문·지원하는 장학활동

멘토링장학
경험과 지식이 있는 교사가 멘토를 담당하여 경험과 지식이 적은 교사를 1:1로 지원하고 교수·학습 개선을 넘어 교사의 전문성 신장과 학교 적응을 돕는 장학활동

마이크로티칭
소규모 학생들을 대상으로 짧은 시간 동안 한두 가지 내용을 가르치는 축소된 수업을 통해 장학담당자가 교사들에게 실제 수업사태를 기술·분석하여 교수기술을 제공해주는 형태의 장학활동

01 장학론 개관

❶ 장학의 개념 및 목적

(1) 개념

교육활동의 개선을 위해 주로 교원을 대상으로 하여 이루어지는 제반 지도·조언 활동을 의미한다.

(2) 목적

교육활동의 개선을 목적으로 하며 교수·학습활동의 개선이 핵심이다.

❷ 장학의 영역 및 기능

(1) 영역

영역	내용
교과지도 영역	교육과정 개발, 교수·학습활동, 각종 교재·교구 및 매체 개발 등
학생지도 영역	학생의 심리적 이해, 생활지도, 진로지도 등
학교경영 영역	학교교육 계획, 교육조직 관리, 교육과정 관리, 교육조건 관리, 교육성과 관리 등

(2) 기능

① 교원의 성장·발달을 돕는 기능: 교원으로 하여금 교직생활과 관련된 제반 영역에서 필요한 가치관, 신념, 태도, 지식, 기능, 행동 등을 갖추도록 도와주는 기능을 한다.

② 교육과정 운영의 효율화를 돕는 기능: 교육목적을 달성하기 위하여 학생에게 제공되는 교육내용 및 교육활동에 대한 개발, 운영, 평가에 있어서 효과를 높이도록 도와주는 기능을 한다.

③ 학교경영의 합리화를 돕는 기능: 학교체제 내 인적·물적·재정적 자원을 효과적으로 유지·통합·운영하고, 제반 교육활동 기능을 최적화하도록 도와주는 기능을 한다.

❸ 장학의 발달과정

(1) 관리장학 시대(1750~1930) `기출` `05 중등`

① 미국에서 공교육 제도가 정착되어 학교가 팽창하기 시작하면서 검열관(inspector) 등 학교 외 인사들이 학교의 법령 준수 여부 등을 검열했다.

② 장학은 근본적으로 행정의 연장이며, 권위주의적이고 강제적인 방법으로 이루어졌다.

③ 과학적 관리론과 관료제론이 장학에도 영향을 미치면서, 학교조직을 관료제의 틀 속에 넣어 관료적인 성격이 부각되었으며, 단위학교보다는 교육행정기관이 주도하는 통제 중심의 장학을 시행했다.

(2) 협동장학 시대(1930~1955)

① 1930년대 인간관계론이 등장하고 및 진보주의 운동이 활발해지면서, 미국 내 장학의 중심이 장학사에서 교사로 중심이 바뀌었다.

② 장학사도 종래의 권위주의적 모습에서 벗어나 교사와 편안한 인간관계를 맺고 그들이 만족감을 느낄 수 있도록 하는 것이 핵심적인 역할이 되었다.

③ 한계: 협동적 장학이 어떻게 실천되어야 하는가에 대한 고민이 뒤따르지 못해 인간관계의 증진이 생산성 증가로 이어지지 못했으며, 실질적 결과물이 없는 자유방임적 장학으로 비판받았다.

(3) 수업장학 시대(1955~1970)

① 1957년 구소련의 스푸트니크(Sputnik)호 충격으로 미국은 교육과정 개발에 박차를 가하면서 교육과정 개발자로서의 장학사의 역할이 중요시되었다.

② 장학담당자는 각 과목의 전문가로서 교육과정을 편성하고 교사와 함께 새로운 교육 프로그램을 만드는 것이 주요 임무가 되었으며, 장학에 초점을 수업에 맞추어 임상장학, 마이크로티칭, 현장연구 등의 장학 기법이 등장했다.

③ 임상장학: 교사 – 장학사 간의 합의된 내용을 서로 협력하여 진행한다는 점에서 보다 민주적인 장학으로 평가받았으며, 장학의 초점이 수업에 맞추어짐으로써 비디오테이프의 사용, 교사 – 학생 간 상호작용 평가, 새로운 교수방법을 위한 현장연구 등이 활발히 진행되었다.

④ 마이크로티칭: 소규모의 학생을 대상으로 5~15분간 한 가지 내용을 가르치는 축소된 수업을 통해 장학담당자가 교사들에게 실제 수업사태를 기술·분석하여 교수기술을 제공해주는 형태의 장학으로, '수업 – 장학지도 – 재수업'으로 연결되는 순환과정을 통해 교수방법, 수업 절차 등을 수정해나가는 형태이다.

⑤ 교육행정의 이론화운동과 함께 보다 과학적인 방법으로 장학연구가 진행되었다.

(4) 발달장학 시대(1970~) 기출 95 중등 / 01, 09 초등

> ### 개념확대⊕
> ### Zoom IN 발달장학
>
> #### 1. 개념
> 교사의 발달 정도에 따라 다른 장학방법을 적용하여 교사의 발달수준을 높인다는 원리에 근거한 장학을 의미한다.
>
> #### 2. 특징
> 교사의 발달 정도에 따라 장학에 대한 교사 참여 정도를 높인다.
> 예 낮은 수준의 교사에게는 지시적 장학을 적용하고, 중간 정도의 교사에게는 협동적 장학을 적용하고, 높은 수준의 교사에게는 비지시적 장학을 적용한다.

3. 버튼(Burden)의 교사의 경력발달단계별 장학방법

경력발달단계	경력 기간	장학방법
생존단계	1년 이내	구체적·기술적인 교수기능에 대하여 도움이 필요하므로 지시, 시범, 표준화와 같은 지시적 방법이 효과적임
조정단계	2~4년	장학지도자와 교사가 책임을 공유하고 상호 협의하는 것을 중시하므로 협동적 동료장학이 유익함
성숙단계	5년 이상	교사 스스로가 주도적 역할을 담당하므로 자기장학과 같은 비지시적 방법이 효과적임

① 인간관계론 시기의 협동장학에 대한 새로운 대안이 모색되어, 장학은 새로운 관리장학의 형태를 띠거나, 발전된 협동장학의 형태를 띠었다.

② 인간자원 장학(인적자원론적 장학)은 조직의 목표 달성을 위해 인간에 대한 관심을 가진 협동장학과 달리, 학교의 목표 실현을 통한 교사의 만족을 추구한다는 점에서 인본주의적 특징을 보인다. 장학에서 교사들의 자발적 참여를 통해 학교효과성 및 직무만족 향상을 이끌어낼 수 있는 지도성을 특히 강조했다.

③ 신과학적 관리론에 바탕을 둔 '수정주의 장학'은 인간관계론보다는 과학적 관리의 통제와 효용 등을 강조하며 교사의 능력 계발, 직무수행 분석, 비용-효과분석 등이 강조되었으며, 교사 개인에 대한 관심보다는 학교경영에 더 큰 관심을 보였다.

④ 오늘날에는 다양성과 자율성을 특징으로 하는 선택적 장학이 강조되고 있다.

⑤ 글래손(Glatthorn)의 선택적 장학

ⓐ 전제: 장학의 대상인 교사의 발달수준과 장학의 필요가 교사마다 다르기 때문에 교사에 따라 장학의 방법이 각기 달라야 한다.

ⓑ 개념: 교사의 필요와 상황에 따라 여러 가지 장학 유형들 중 교사가 원하는 것을 스스로 선택·결정할 수 있도록 하는 장학을 말한다.

> 예 초임교사나 경험이 있는 교사 중 특별한 문제를 갖고 있는 교사들에게는 임상장학을, 다른 장학방법을 원하지 않는 교사들에게는 약식장학을, 경험 있고 능숙하며 자기분석능력이 있고 혼자 일하는 것을 좋아하는 교사들에게는 자기장학을 선택할 수 있다.

ⓒ 구성요소

ⓐ 집중적 개발: 교사의 성장을 위해 장학사 또는 멘토교사가 함께 일하고 관찰·분석·상의·지도하는 방식이다.

ⓑ 협동적 개발: 소규모의 교사 집단이 서로의 전문성 발달을 위하여 공동으로 협력하는 방식이다.

ⓒ 자기주도 개발: 교사들은 자기 자신을 장학하도록 하고 교장은 교사가 이러한 방식으로 작업하도록 지원하는 방식이다.

개념확대⊕
Zoom IN

서지오바니(Sergiovanni)의 인간자원 장학의 특징

• 교사 개인의 욕구와 학교 목적 및 과업을 통합하는 데 중점을 둔다.

• 교사의 직무만족도를 중시한다. 직무만족은 중요하고 의미 있는 일을 성취할 때 생기며 이러한 성취가 학교효과성의 중요한 구성요소가 된다.

• 교사는 학교효과성을 증대시키는 잠재가능성과 책임감을 갖고 있다는 점에서 학교경영자는 교사들이 학교목표 달성을 위해 스스로의 능력을 최대한 발휘할 수 있는 환경을 조성해야 한다.

• 장학을 통해 교사의 능력을 향상시키면 학생의 능력이 향상되고 궁극적으로 인간자본이 형성될 것이라고 생각한다.

시기	장학방법	장학사의 역할	교육행정이론과의 관련
1750~1910년	시학	감시자 · 확인자, 감독자	과학적 관리론
1910~1920년	과학적 관리장학		
1920~1930년	관료적 장학		
1930~1955년	협동장학	조사자 · 지원자	인간관계론
1955~1965년	교육과정개발 장학	교육과정 개발자	행동과학, 체제론
1965~1970년	수업장학	수업 전문가	
1970~1980년	인간자원 장학	조력자	인간자원론
1980년~현재	신과학적 관리장학		

02 장학의 유형 및 형태

❶ 장학의 유형

① 장학은 실시 주체에 따라 '중앙장학(교육부), 지방장학(시 · 도 교육청 및 교육 지원청), 지구별 자율장학(지구별 자율장학 협의회), 교내 자율장학(단위학교)' 등으로 구분된다.

② 그러나 평가에 초점을 맞춘 '관료적 장학'으로부터 교사의 수업 개선에 초점을 맞춘 민주적 장학으로 초점이 바뀌어왔고, 이에 따라 실시 주체도 교육행정기관으로부터 단위학교로 초점이 이동함에 따라 교육현장에서는 '자율장학'을 중심으로 운영되고 있다.

③ 실시 주체에 따른 장학 구분 외에도 임상장학, 컨설팅장학, 멘토링장학, 마이크로티칭 등 교육활동의 개선을 목적으로 여러 가지 장학모델이 등장해왔으며, 현장중심 · 교사중심의 방향으로 발전하고 있다.

❷ 실시 주체에 따른 구분

(1) 중앙장학

① 중앙행정기관인 교육부에서 이루어지는 장학활동으로, 교육활동의 전반적인 기획, 조사, 연구, 관리, 지도감독을 통해 중앙의 교육행정 업무를 보좌하는 참모활동을 주축으로 한다.

② 초·중등교육과 관련된 많은 업무를 지방으로 이양하였기 때문에 중앙장학은 예전에 비해 위축되었다.

(2) 지방장학

① **종합장학**: 국가 시책, 교육청 시책을 비롯하여 중점 업무 추진상황, 교수·학습지도, 생활지도 등 학교운영 전반에 대하여 종합적으로 지도·조언하는 장학활동이다.

② **확인장학**: 종합장학의 결과로 시정할 점과, 계획상 시간이 소요되는 사항의 이행 여부를 확인·점검하는 장학활동이다.

③ **개별장학**: 각 학교에 따라 학교현장의 현안문제를 중심으로 확인·지도·조언하는 장학활동이다.

④ **요청장학**: 개별 학교의 요청에 의해 해당 분야의 전문 장학담당자를 파견하여 지도·조언에 임하는 장학활동이다.

⑤ **특별장학**: 현안 문제 해결을 위해 필요하다고 판단되는 경우 또는 사전예방 차원의 전문적·집중적 지원이 필요한 경우 실시되는 장학활동이다.

(3) 지구별 자율장학

① 각 지구 내에 인접한 학교 또는 교원 간의 교육활동 개선을 위하여 상호 협력하는 장학활동이다.

② 각 지구별 특성을 살린 역점사업과 다양한 협동적 교육활동, 수업연구, 수업공개 등을 추진하고 결과를 일반화함으로써 창의적으로 학교를 경영하도록 하는 데 목적을 둔다.

③ 지구 자율 장학회별 간사학교가 중심이 되어 지구 내 학교 간 협의를 통하여 장학활동 과제 및 과제별 주관학교를 선정한 후 지역 특성에 맞게 자율적으로 추진한다.

④ 지구별 자율장학활동의 종류

활동	구체적 내용
학교 간 방문장학	교육활동 상호 참관(공개 보고회, 공개수업 등) 및 교육정보 교환, 학교경영, 학습지도, 특별활동 개선방안 협의, 학교별 우수사례 발굴 홍보 및 일반화 협의, 지구별 교육 현안과제 협의 조정, 교원 – 학생 상호 간 학예활동 참관 및 체육 교류활동 등
교육연구 활동	수업 및 평가방법 개선을 위한 공개수업, 논술지도를 위한 협의회, 교과협의회(학습동아리), 방과후학교 협의회 구성 및 운영, 교육현장의 문제점, 해결방안 및 공동 관심사에 관한 현장연구 발표, 교수·학습자료 및 평가 자료 공동 제작 및 활용 등
학생 생활지도 활동	교내외 생활지도 방법 개선 협의, 초·중·고등학교 지구별 통합협의회 활동, 연말연시 방학 중 합동 교외지도, 지구별 학생선도협의회 운영, 청소년 단체 합동수련 활동 등
학예활동	문예 백일장, 미술 실기대회, 독후감 쓰기 발표대회, 특별활동 발표회 및 전시회, 기타 소질 적성 계발 및 건전한 학생문화 정립을 위한 행사 등

개념확대⊕
Zoom IN

기타 장학의 종류

• **담임장학**: 각 학교를 담당하는 장학사가 해당학교 교육활동 전반에 대해 수시로 실시하는 장학활동으로 주로 상담, 협의, 참관, 확인, 평가 등의 방법으로 이루어진다.

• **표집장학**: 학교별 또는 주제별로 학교를 무선표집하여 학교경영 또는 주제활동을 점검·협의·지원하기 위한 장학활동이다.

• **교과장학**: 교과별로 교과 담당 장학사가 학교의 해당 교과활동을 중심으로 실시하는 장학활동으로 주로 수업참관, 수업협의 등의 방법으로 이루어지거나 교과 장학담당자가 교과 관련 교육정책 수립, 교육과정운영 지도, 교구설비의 확보와 사용계획 수립·조정·보급, 자료개발과 연구·실험·시범학교의 운영, 각종 교원연수 및 학교의 교과관련 교육행사를 지도하는 장학활동이다.

• **일반장학**: '종합장학' 또는 '특별장학'이라는 용어에 대비되는 의미의 장학으로, 학교 교육활동 또는 사업내용에 대하여 협의·검토하며, 지도·조언하는 장학활동이다.

• **방문장학**: 학교의 요청 또는 교육행정기관의 필요에 따라 해당 학교 담당 장학사나 해당 업무 담당 장학사가 학교를 방문하여 실시하는 장학활동이다.

• **통신장학/사이버장학**: 교육과정 운영, 학교경영, 기타 학교에서 질의·협의를 요청한 사항에 대해 인터넷이나 원격통신 매체를 이용하여 지도·조언하거나, 교육행정기관의 필요에 따라 학교에 필요한 정보와 자료를 전달하는 지도·조언 활동이다.

(4) 교내 자율장학 기출 96, 97, 12, 14, 18, 22 중등 / 05, 06, 07 초등

① 단위학교 내에서 교사의 수업개선을 위해 교장, 교감, 부장교사 및 동료교사가 행하는 지도·조언활동을 말한다.

② (협동적) 동료장학

　㉠ 개념: 교사가 자신의 전문성 개발을 위해 서로 협동하는 장학의 형태이다.

　㉡ 등장 배경: 전문직으로서 교직을 바라봤을 때, 교사의 문제에 대해 가장 잘 알고 도와줄 수 있는 동료전문가일 수 있다는 점에서 동료장학이 등장했다.

　㉢ 유형: 장학방법에는 동일 교과·학년 교사 또는 관심분야가 같은 교사끼리 수업에 대한 아이디어를 공유하고 수업준비를 돕는 것이 일반적이다.

　㉣ 특징

　　ⓐ 교사의 자율성과 협동성을 기초로 한다.

　　ⓑ 학교의 형편과 교사의 필요와 요구에 기초하여 다양하고 융통성 있게 운영된다.

　　ⓒ 대상 교사, 학생의 장·단점을 이해하고 실제적 경험을 바탕으로 지도·조언한다.

　㉤ 장점

　　ⓐ 교사들이 경험을 공유함으로써 교수능력의 향상을 도모할 뿐만 아니라, 협동적인 인간관계의 수립을 통해 공동성취감 등을 향상시킬 수 있다.

　　ⓑ 장학사 인력 부족 문제, 장학담당자의 방문 평가에 대한 교사의 거부감 문제를 어느 정도 해결할 수 있다.

　　ⓒ 수업을 개선하기 위해 교사들이 공동으로 노력하게 함으로써 학교의 인적 자원을 최대한 활용할 수 있다.

　　ⓓ 수업개선 전략의 설계와 시행에 대한 책임감 부여는 교사 개인이 수업개선에 공헌할 수 있다는 인정과 성취감을 느끼게 해줄 뿐 아니라 학교 개선에도 긍정적 효과를 가져올 수 있다.

　　ⓔ 성공적인 수업 혁신은 동료관계를 증진시키고 교사 간의 적극적 인간관계는 교육활동과 교사 전문성 신장에 효과적이다.

③ 약식장학(일상장학)

　㉠ 개념: 교장이나 교감이 간헐적으로 학급 순시나 수업 참관을 통해 교사의 수업 및 학급경영 활동을 관찰하고 이에 대해 지도·조언을 제공하는 활동이다.

　㉡ 한계: 학교 개선을 위해 교사의 수업과 관련해 지도·조언하는 것은 교장, 교감의 중요한 역할 중 하나이지만, 실제 현장에서 교사에게 수업 개선의 측면보다는 감시와 통제라는 관료적 장학으로 비춰지기도 했다.

　㉢ 개선안: '수업 개선'이라는 장학의 본래 목적을 달성하기 위해 불시에 학급을 방문·관찰하는 것보다는 수업의 어떤 부분에 초점을 맞추어 관찰할 것인지, 또 어떤 특성을 가진 학급을 방문할 것인지 등 체계적 계획을 세워 행하고, 관찰내용을 교사에게 피드백할 수 있어야 한다.

④ 자기장학
  ㉠ 개념
    ⓐ 교사 개인이 자신의 전문적인 발달을 위하여 스스로 체계적인 계획을 세우고 실천하는 과정이다.
    ⓑ 장학의 형태 등과 관련하여 교사에게 많은 재량권을 부여한다.
  ㉡ 근거: 전문가로서 교사는 자신이 필요로 하는 정보와 지식을 선택하여 성장할 수 있는 능력을 충분히 가지며, 올바른 업무 수행을 위하여 급변하는 사회의 정보와 지식을 끊임없이 충전하는 과정이 필요함을 근거로 한다.
  ㉢ 방법: 수업 녹화 후 분석, 학생의 수업평가 분석, 대학원 진학, 수업 관련 연수 및 워크숍 참여, 수업 관련 전문가의 자문과 조언, 교내·외 전문적 학습공동체 참여 등을 활용한다.
⑤ 임상장학 [기출] 93, 04, 12 중등
  ㉠ 개념
    ⓐ 실제적인 교수 행위를 직접 관찰하여 자료를 수집하고 수업 개선을 위해 장학담당자와 교사 간의 대면적 상호작용 속에서 교사의 행위와 활동을 분석하는 수업장학의 한 양상이다.
    ⓑ 코건(Cogan)은 의학에서 사용되는 용어인 '임상(clinical)'이라는 단어를 사용해 의사들이 실제 병상에서 환자를 관찰하고 치료에 임하듯 실제 학급에서 수업 상황을 직접 관찰하고 수업 상의 문제를 직접 확인해 교사에게 전문적 도움을 줌으로써 수업 개선을 함께 도모하는 것이다.
  ㉡ 단계
    ⓐ '관찰 전 계획 ⇨ 수업 관찰 및 협의 ⇨ 수업 관찰 후 평가'의 순환적 양상을 띤다.
    ⓑ 구체적으로 '교사와 장학담당자 간의 관계 확립 ⇨ 교사와의 협의를 통한 수업계획 작성 ⇨ 수업 관찰 전략 수립 ⇨ 수업 관찰 ⇨ 교수·학습과정 분석 ⇨ 교사와의 협의회 전략 수립 ⇨ 협의회 ⇨ 새로운 계획 수립' 순으로 진행된다.
  ㉢ 특징
    ⓐ 인간은 본래 일에 대한 동기와 잠재력, 책임감, 목표의식을 가지고 있다는 'Y이론'의 입장에서 장학담당자와 교사 간의 지속적이고 성숙한 상호 관계성의 형성과 유지를 강조한다.
    ⓑ 교사의 필요와 요청에 의해 교사와 장학담당자가 1:1의 친밀한 관계 속에서 행해지며, 장학담당자와 교사 간의 동료적 관계 형성과 유지를 강조한다.

논술에 바로 써먹는
교육학 배경지식

장학의 목적이 교사들의 교수·학습 역량 강화라는 점에서 가장 중요한 것은 **교사들의 '자발적 참여'**입니다. 이러한 점에서 다양한 장학모델 또한 대부분 **자발성과 전문성을 강조**하며 등장했으며, 최근 교원 역량개발은 전문적 학습공동체 등 교사들의 자발적 참여를 특히 강조하는 형태로 나아가고 있습니다.

03 다양한 장학모델

❶ 컨설팅장학 `기출` 09 경기, 12 중등 / 08 초등

(1) 개념

교사전문성 향상을 목적으로 교원 등의 자발적 의뢰를 바탕으로 전문성을 갖춘 교내·외의 사람들이 진단·협의·조언·자문·지원하는 장학활동이다.

(2) 특징

중앙집권적 교육개혁 방식에 대한 반성에서 시작된 학교컨설팅을 통한 이론적 논의와 교원 전문성 신장을 목적으로 하는 기존 장학 및 현직연수의 개선을 위한 실천적 논의가 시·도 교육청 차원에서 제도화된 형태이다.

(3) 기본원리

교원의 자발적 의뢰에 기초해야 하며(자발성), 의뢰 과제에 대한 내용적·방법적 전문성을 갖춘 전문가집단이(전문성), 한정된 시간 동안(한시성), 의뢰 교사와 독립적 관계를 유지하며(독립성), 의뢰 과제에 대해 자문하는 활동을 통해(자문성) 전문성을 심화시킬 수 있다(학습성).

(4) 절차

① **착수:** 의뢰인과의 첫 만남이며, 예비문제를 진단·협약한다.
② **진단:** 컨설턴트를 중심으로 문제 진단하고, 진단에 필요한 자료수집을 한다.
③ **실행계획 수립:** 문제해결을 위한 다양한 대안 및 적합한 해결방안을 선정한다.
④ **실행:** 해결방안에 근거해 의뢰인이 직접 실행에 옮기고, 컨설턴트는 실행과정 속에서 자문, 조언, 모니터링 등의 형태로 의뢰인을 돕는다.
⑤ **종료:** 컨설팅 과정과 결과에 대해 평가하고 보고서 작성 등을 통해 피드백이 이루어진다.

(5) 유형

① 운영 범위에 따라서 교내에서 실시되는 '교내 컨설팅장학'과 교육청 단위에서 이루어지는 '소지구 컨설팅장학'으로 구분된다.
② 의뢰 과제의 성격에 따라 '진단형, 대안수립형, 해결과정 지원형, 교육훈련형 컨설팅장학'으로 구분된다.
③ 의뢰 영역에 따라 '교수·학습, 교육과정 운영, 생활지도, 학급 및 학교 경영 등의 컨설팅장학'으로 구분된다.

② 멘토링장학

(1) 개념

경험과 지식이 있는 교사가 멘토를 담당해 경험과 지식이 적은 교사를 1:1로 지원하고 교수·학습 개선을 넘어 교사의 전문성 신장과 학교 적응을 돕는 장학활동이다.

(2) 특징

멘토는 인간적 교감과 신뢰성을 바탕으로 진심어린 소통과 도움을 주고, 멘티는 멘토에 대한 존경을 바탕으로 스스로에게 필요한 것을 배우고자 하는 자발적인 의지를 갖는다.

(3) 필요성

① 멘토 역할을 하는 경력 교사의 조언 등을 통해 초임 교사의 전문성 함양 및 발휘에 도움을 준다.
② 멘토링을 통해 정서·심리적 안정을 얻어 초임교사의 학교문화 적응을 돕는다.
③ 초임교사는 여러 가지 문제 상황에 대한 대처 및 해결 도움을 받을 수 있다.

(4) 활성화 방안

① 퇴임 교원 등을 활용한 멘토 지원단을 조직한다.
② 멘토 대상 정기교육을 실시한다.
③ 멘토링 운영 매뉴얼을 작성·공유한다.
④ 멘토링 우수사례 발굴 및 사례집을 발간한다.

③ 마이크로티칭 〔기출 08 초등〕

(1) 배경

1963년 미국 스탠포드 대학교에서 교사양성교육 중 교수법 훈련의 한 가지 방안으로 고안되면서 시작되었다.

(2) 개념

소규모 학생들을 대상으로 짧은 시간 동안 한두 가지 내용을 가르치는 축소된 수업을 통해 장학담당자가 교사들에게 실제 수업사태를 기술·분석하여 교수 기술을 제공해주는 형태의 장학이다.

(3) 방법

수업 시 고려해야 하는 다양한 요소(학생 수, 시간, 수업장소, 교수법 등)를 반영하여 실제 수업장면과 유사한 형태로 축소한 후, 예비적·압축적인 방식으로 소규모 모의수업을 진행한다.

⑩ 소규모의 학생들에게 5~15분간 한두 가지 내용을 가르치고 비디오 등을 통하여 녹화한 후 동료 및 전문가와 함께 관찰하여 수업을 분석·평가하고 피드백을 반영해 재수업을 진행함

(4) 목적

수업을 진행할 예비 또는 현직 교사들의 수업진행능력 향상을 통한 수업전문성 신장을 목적으로 한다.

(5) 장점

① 녹화된 화면을 통해 자신의 성취에 대하여 즉각적인 피드백을 받을 수 있다. 즉, 자신의 수업 스타일을 객관적으로 관찰하고 동료 교수자와 교육전문가로부터 실제 수업 사태를 기술·분석한 내용을 바탕으로 다양한 피드백을 제공받음으로써 수업내용을 수정·보완하며 강의를 개선하는 데 도움이 된다.

② 구체적인 교수기능 훈련에 체제 접근과 관찰 및 모방 학습의 원리를 적용한 기법이자 실제 수업상황을 여러 측면에서 고도로 압축한 수업체제로, 훈련시간을 단축시켜 교사의 심리적 부담을 덜어주고 재수업 횟수 증가에 용이하므로 연습을 통한 수업능력 향상에 용이하다.

③ 우호적인 환경 속에서 특정 주제 또는 수업에 대하여 새로운 접근방법이나 기법, 방략, 절차 등을 연습할 수 있어 위험부담을 줄이고 가치 있는 경험을 할 수 있다.

(6) 단점

① 수업을 처음부터 끝까지 경험하지는 못한다는 점에서 실제 교실로의 전이가 어려울 수 있다.

② 대규모 학생들이 참여할 때 학생들 간의 개인차를 설명하기가 어려울 수 있다.

(7) 절차

① 모의수업을 실시하여 녹화한 후 비디오를 반복적으로 보면서 수업내용을 관찰·분석하고, 분석내용을 토대로 수업 실시자에게 피드백을 제공한다.

② 세부 절차

　㉠ 수업계획: 수업대상, 장소, 교실의 크기, 수업내용 및 진행 방식 등에 대해 자세하게 계획하고 준비한다. 특히 기능적 측면에서 어떤 부분의 교수법을 향상시키고자 하는지에 대한 목표를 설정한다.

　㉡ 수업진행: 모방학습 대상이 되는 교수자의 수업을 관찰한 후 습득한 교수법을 활용해 실제 진행하고자 하는 수업과 유사한 형태로 모의수업을 진행한다. 이때 추후 피드백을 위해 녹화나 녹음 등을 진행할 수 있다.

　㉢ 피드백 및 평가: 보완점과 개선방향에 대해 논의를 진행하는 단계로, 수업을 진행한 예비교사 또는 교사의 자기평가, 체크리스트를 통한 평가, 수업 녹화 또는 녹음내용 분석을 통한 평가, 동료나 지도교사의 조언과 평가 등 다양한 방식으로 이루어진다.

　㉣ 재수업 진행: 지적된 문제점들을 수정·보완하여 다시 수업을 진행하고 해당수업에 대해서도 분석 및 피드백을 진행한다. 이때 재수업은 이전 피드백 단계에서 논의되었던 사항들이 반영될 수 있도록 피드백이 이루어진 후 빠른 시일 내에 다시 진행하는 것이 좋다.

헌터(Hunter)의 과학적 장학

1. 개념

과학적 학습의 과정에 따른 장학방법으로, 7단계 수업모델(선행 준비, 목표와 목적, 투입, 모델링, 이해도 확인, 지도에 의한 연습, 독립적인 연습)을 토대로 한 장학이다.

2. 특징

① 학습의 단계와 일치시킨 교사중심적·지시적 수업의 성격을 띤다.

② 이론에 치우치지 않은 현장연구에 바탕을 둔 장학모델이다.

③ 장학과정에서 수업관찰과 수업내용이 중요한 요소이다.

3. 내용

'완전수업(mastery teaching)'이라고 언급되는 이 장학모델은 사전협의회, 수업관찰, 사후협의회의 내용을 갖추고 있다.

04 장학의 발전 방향과 과제

❶ 장학의 문제점

① 교육정책이나 장학방침의 조령모개식 변동으로 안정성이 결여되어 합리적인 목표를 세우고 장학활동을 일관성 있게 추진하기가 어렵다.

② 장학 체제와 조직 구조가 상부 교육행정기관의 행정 보조수단으로 되어있고, 장학활동이 시책사업에 대한 홍보와 확인 위주로만 이루어지고 있어 '수업 개선'이라는 궁극적 목표를 달성하기 어렵다.

③ 감독과 시찰 위주의 권위주의적 장학 관행으로 야기된 장학에 대한 좋지 못한 인식 때문에 교사들이 장학활동을 기피하고 적극적으로 수용하지 못하고 있다.

④ 장학담당자의 수가 부족하고 업무량이 지나치게 많아 현장교사의 실질적 자문가 역할을 수행하지 못하고 있으며, 전문가 양성 프로그램이나 교육과정이 정비되어 있지 않아 전문성 신장이나 자질 계발이 어렵다.

❷ 장학의 발전 방향

① 단위학교의 자율성을 확대해 단위학교가 학습조직으로서 기능하고 교내에서 자발적·실질적인 장학활동이 이루어질 수 있도록 한다.

② 장학의 방향이 민주적·합리적 형태로 변화하여 장학활동이 실제 교사들의 수업개선으로 이어질 수 있도록 하며, 이를 위해서는 장학이 역할로서보다도 과정으로서 이해될 필요가 있다.

③ 장학을 보는 관점

장학을 보는 관점		역할로서의 장학(role)	과정으로서의 장학(process)
초점		누가 하는가?	어떻게 하는가?
참여자 간 관계		상하관계 전제	협동관계 전제
장학의 성격		주어지는 장학	함께 하는 장학
주된 장학 형태		상급 행정기관 주도의 장학	학교현장 주도의 자율장학
용어의 예	임상장학	• 의사와 환자의 관계 부각 – **장학담당자**: 의사 – **교사**: 환자 ⇨ 거부감	• 의사가 환자를 치료하는 과정상의 특징 활용 – **대면적**: 일대일 관계 – **체계적**: 계획적, 도구 사용 – **윤리적**: 문제해결 노력
	지도 vs. 협의	장학지도	장학협의

④ 글리크만(Glickman) 등은 전통적인 장학과 새로운 장학을 각각 '장학 I'과 '장학 II'로 구분하여 장학이 변화되어야 할 방향을 설명하며, 장학의 발전 방향이 장학 I에서 장학 II로 점차 바뀌어 나가야 할 것을 강조했다.

장학	권위의 근거	구체적 모습	가정	장학 전략
장학 I	관료적 권위	위계 규칙과 규정 명령	교사는 조직 위계의 하급자로서 교사의 목표와 이익은 장학담당자와 다름	교사들이 정해진 기준에 잘 따르고 있는지 직접 장학하고 면밀히 감독함
	개인적 권위	• 인간관계 기술 • 인간관계 지도력 • 동기기술	조화로운 인간관계는 교사를 만족스럽게 하고 교사의 목표는 장학담당자와 다르지만 타협할 수 있음	화목한 학교풍토를 조성하고 교사의 욕구에 대한 보상을 해줌
장학 II	전문적 권위	• 기술적 지식 • 연구결과	전문적 지식은 교사가 실천함으로써 창출되며, 내부 권위는 전문인으로서의 교사의 사회화와 내면화된 가치에서 나옴	전문적 가치를 수용하도록 교사들과 대화를 하며 지원, 지지, 전문성 개발의 기회, 자유 재량을 제공함
	도덕적 권위	• 공유된 공동체 가치 • 아이디어 • 이상	학교는 공유된 가치, 신념, 헌신적 특성을 가진 전문적 학습공동체이며, 동료 간 협력관계는 전문직의 덕목임	공동체로서 가치와 신념을 파악하고 상호 의존성에 근거한 협력적인 동료관계와 실천 공동체로서의 형성을 촉진함

1. 학교책무성의 개념
① 학교가 자율과 권한을 가지고 학교교육을 수행하고, 학교교육의 계획, 과정, 결과를 외부에 설명·공개하는 것을 의미한다.
② 공교육체제로서 학교에 대하여 책무성을 요구한다는 것은 학교가 사회적으로 수행해야 할 공적인 책무를 제대로 이행하도록 촉구한다는 의미를 갖는다.
③ 평가제도(학교평가, 교육기관평가, 교원평가 등), 단위학교의 자율성 신장, 학교유형의 다양화 등도 책무성 요구와 연결된다.

2. 학교책무성 요구 전제조건
① 학교가 공적인 책무를 수행할 수 있도록 권한을 위임하고 자율재량을 확대시키며, 창의적 학교운영의 기반을 제공해야 한다.
② 교육경영개념과 원리를 적용해야 한다.

3. 장학 외의 다양한 책무성 확보 기제

유형	개념 및 특징
학교 평가	교육 관련 주체의 활동 내용을 일정 기준에 따라 점검하는 활동으로, 평가의 대상에 따라 학교평가, 교육행정기관평가, 교원능력개발평가, 학업성취도 평가 등으로 구분함
정보 공개	교육기관이나 교육행정기관의 활동내역을 알려주는 정보를 정리하여 정보수요자에게 제공하는 활동으로, 현재 우리나라에서는 이를 위해 정보공시제도를 운영함
감사	학교나 교육행정기관 및 그 소속 구성원의 직무 수행과정 및 결과에서 위법 및 부당함이 있는지 감시하는 활동으로, 주로 위법성 여부가 점검의 대상이 됨
학교 컨설팅	학교교육을 개선하기 위하여 일정한 전문성을 갖춘 사람들이 학교와 학교 구성원의 요청에 따라 제공하는 독립적인 자문활동으로서 학교 경영과 교육의 제반 영역에 대해 전문적·기술적 조언과 지원을 제공하는 활동으로, 다른 책무성 확보 기제들과는 다르게 학교컨설팅은 오직 의뢰인의 자발성과 내면적 자기 개선 의지를 필수적 전제조건으로 함

요약정리 🔍
Zoom OUT 다양한 장학방법 종합

구분		개념 및 특징
지방장학	종합장학	시책사업, 중점 업무 추진상황, 교수·학습지도, 생활지도 등 학교 운영 전반에 관해 종합적으로 지도·조언하는 장학활동
	확인장학	종합장학의 결과 시정할 점과 계획상으로 시간이 소요되는 사항의 이행 여부를 확인·점검하는 장학활동
	개별장학	각 학교에 따라서 학교현장의 현안문제를 중심으로 확인하고 지도·조언하는 활동
	요청장학	개별학교의 요청에 의해 해당 분야의 장학담당자를 파견하여 지도·조언에 임하는 장학활동
	특별장학	현안 문제 해결을 위해 필요하다고 판단되는 경우나 사전예방 차원의 전문적·집중적 지원이 필요한 경우 실시되는 장학활동
지구별 자율장학		지구 내 인접한 학교 또는 교원 간에 교육활동의 개선을 위해 상호 협력하는 장학활동으로, 학교 간 방문장학 등을 포함함
교내 자율 장학	동료장학	교사들이 자신의 전문성 개발을 위해 서로 협동하는 장학 형태
	약식장학	학교장(감)이 간헐적으로 학급 순시나 수업 참관을 통해 교사의 수업 및 학급경영 활동을 관찰하고 이에 대해 지도·조언을 제공하는 활동
	자기장학	교사 개인이 자신의 전문적 발달을 위하여 스스로 체계적인 계획을 세우고 실천하는 과정
임상장학		실제적인 교수행위를 직접 관찰하여 자료를 수집하고 수업 개선을 위해 장학담당자와 교사 간의 대면적 상호작용 속에서 교사의 행위와 활동을 분석하는 수업장학의 한 유형
컨설팅장학		교사전문성 향상을 목적으로 교원 등의 자발적 의뢰를 바탕으로 전문성을 갖춘 교내·외의 사람들이 진단·협의·조언·자문·지원하는 장학활동
멘토링장학		경험과 지식이 있는 교사가 멘토를 담당해 경험과 지식이 적은 교사를 1:1로 지원하고 교수·학습의 개선을 넘어 교사의 전문성 신장과 학교 적응을 돕는 장학활동
마이크로티칭		소규모 학생들을 대상으로 짧은 시간 동안 한두 가지 내용을 가르치는 축소된 수업을 통해 장학담당자가 교사들에게 실제 수업사태를 기술·분석하여 교수기술을 제공해주는 형태의 장학활동

Chapter 08

교육재정 및 교육경제

설쌤의
Live Class 🎙

교육재정 및 교육경제 챕터에서는 단위학교 책임경영제의 강조와 함께 도입된 학교회계제도, 도급경비 등의 개념을 이해하고, 다양한 학교예산 편성기법(품목별 예산제도, 성과주의 예산제도, 기획예산제도, 영기준 예산제도)의 개념과 특징을 살펴보기 바랍니다.

핵심 `Tag`🏷

학교회계제도

단위학교 책임경영이 강조되며 도입된 예산제도로, 재원별로 지정된 목적에 따라 제한적으로 편성·집행해 오던 학교교육 예산을 총액으로 배분하고, 교사 등 학교구성원의 참여와 학교 운영위원회의 심의를 통하여 자율적으로 우선순위를 정하여 세출예산을 편성·집행하는 제도

품목별 예산제도(LIBS)

지출대상을 인건비, 시설비, 운영비 등과 같이 품목별로 세분화하여 지출대상과 그 한계를 명확히 규정함으로써 예산집행에 있어 유용이나 부정을 방지하고자 하는 통제 지향 예산제도

성과주의 예산제도(PBS)

예산과목을 사업계획별, 활동별로 분류한 다음 세부사업별로 업무 측정 단위를 선정하여 양적으로 표시하고, 단위원가에 업무량을 곱하여 예산액을 표시함으로써 그 집행의 성과를 측정·분석·평가할 수 있도록 하는 예산제도

기획예산제도(PPBS)

합리적인 조직목표를 설정하고 그를 성취하기 위한 계획, 행동과정, 자원배분을 과학적으로 수립·설계함으로써 조직목표 달성의 효율성과 효과성을 향상하려는 체계적 기법

영기준 예산제도(ZBBS)

예산편성 시 전년도 예산에 구애받지 않고 모든 사업이나 활동에 대해 새롭게 검토하여 우선 순위를 설정한 후 이에 따라 자원을 배분하는 방법

❶ 개념 및 특성

(1) 개념 및 근거

① 교육재정: 국가 및 공공단체가 교육 요구를 충족하기 위해 필요한 수단을 조달·관리·사용하는 경제활동이다.

② 「헌법」 제31조 제6항, 「교육기본법」 제7조 제1항, 「사립학교법」 제43조 제1항 등에서 법적 근거를 찾을 수 있다.

③ 우리나라는 교육재정의 확보와 지원을 법률로 정하고 있으며, 교육행정과 일반행정을 분리하기 위해 지방교육재정을 특별회계로 활용하여 운영하고 있고, 단위학교 책임경영제 실현을 위한 학교회계제도를 도입·운영하고 있다.

(2) 특성

① 재정은 가계나 민간기업과 같은 민간 개별 경제와는 달리 기업과 국민 소득의 일부를 조세에 의해 정부수입으로 이전시키는 강제적 성격을 가지고 있다.

② 재정은 국가활동과 정부의 시책을 효과적으로 달성할 수 있는 방향으로 사용되어야 하는 공공성을 지니고 있다.

③ 재정은 가계지출과는 달리, 먼저 필요한 지출의 규모를 결정하고 이에 상응하는 수입의 확보를 기하는 양출제입(量出制入)의 원칙이 적용된다.

④ 재정은 민간경제보다 존속기간이 길며 영속성을 특징으로 한다.

⑤ 재정은 국방·교육·치안·보건 등과 같은 무형재를 생산하는 특성을 지니고 있다.

⑥ 재정은 수입과 지출의 균형성을 유지해야 한다는 특성을 지니고 있다.

⑦ 재정은 정부가 제공하는 봉사나 혜택의 여부에 관계없이 모든 국민이 일괄적·포괄적으로 대가를 지불하고, 이는 공공서비스의 급부로부터 얻는 이익에 의해 보상되는 일반보상의 특성을 갖는다.

⑧ 재정은 국가가 주도하는 자원배분 행위라는 점에서 정치적 및 경제적 행위로서의 특성을 갖는다.

⑨ 재정은 한 사회의 변화와 발전 속도와 상호작용하면서 역사적으로 재정행위도 변화·발전하는 역사성의 특성을 갖는다.

⑩ 재정의 일반적 특성 외에도 교육재정은 교육의 특수성으로 인해 비긴급성 및 비생산성이라는 특성을 갖는다.

(3) 교육재정이 일반재정으로부터 분리 · 독립하게 된 이유

① 교육이 특정 정치이념 또는 정당의 정견에 의해 좌우되는 경우 교육의 자주성 및 정치적 중립성을 유지할 수 없기 때문이다.

② 민주적 교육행정체계가 발달함에 따라 교육행정의 개념이 법규 해석적 견지에서 인적 · 물적 조건을 정비하는 수단적 견지로 변경되었기 때문이다.

③ 의무교육제도의 확립에 다라 막대한 의무교육비 확보를 위한 재정적 주치의 방안으로서 교육재정을 일반재정으로부터 분리하게 되었다.

④ 교육경비의 비긴급성과 비생산성이라는 특성 때문에 일반재정에 비하여 경시되기 쉬운 위험을 미연에 방지하기 위해서이다.

❷ 교육재정의 구조

(1) 구조

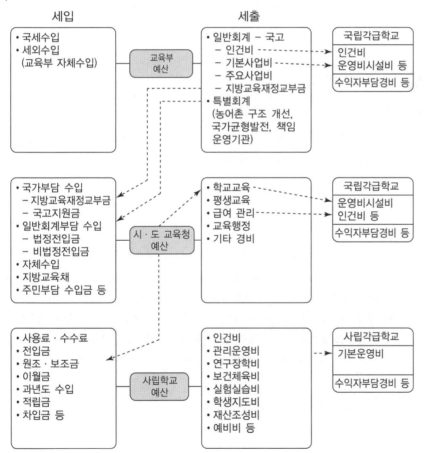

[그림 6-45] 교육재정의 구조

① 우리나라 교육재정은 재원에 따라 크게 국가 부담, 지방자치단체 부담, 학부모 부담, 학교법인 부담 등으로 구분할 수 있다.

② 재원에 따른 교육재정
  ⑦ 국가: 국세수입 - 교육부 자체 수입
  ⓛ **지방자치단체:** 국가부담 수입(지방교육재정교부금 및 국고지원금) + 지방자치단체부담 수입(지방교육세 전입금, 특별시와 광역시 담배소비세 전입금 및 공립도서관 운영비 등 비법정전입금) + 교육청 자체 수입(학생 납입금과 교육청의 재산수입 등)

③ 지방교육재정 체제는 과세권이 없는 교육자치단체가 교육비 집행을 담당하고, 그 재원의 대부분을 중앙정부가 조달하고 있는 형태이다.

④ 초·중등교육을 위한 교육재정은 중앙정부와 지방자치단체, 지방교육자치단체 자체에서 조달된 재원을 지방교육자치단체가 단위학교에게 표준교육비를 근거로 일정 방식으로 지급하고, 최종적으로는 단위학교에서 학생교육을 위해 지출하는 구조로 되어 있다.

⑤ **표준교육비:** 단위학교가 그에 상응하는 표준적 교육 여건(교직원 수, 교구, 시설, 설비 등)을 확보한 상태에서 교육과정이 제시하는 정상적 교육활동을 수행하는 데 필요한 인건비, 관리운영비 등의 최저 소요 경비를 의미한다.

❸ 교육재정정책

(1) 제도적 특징

① 지원 구조가 단순하고, 지방교육재정교부금이 법제화되어 있기 때문에(내국세의 20.27%) 지방교육재정을 안정적으로 지원할 수 있는 제도적인 장치가 마련되어 있다.

② 단위학교에 재정운영의 자율성을 부여하는 학교회계제도를 운영하고 있다.

(2) 문제점

① 중앙정부가 여전히 지방교육재정의 재원 대부분을 책임지고 있는 상황에서 지방정부는 교육재정 세입의 대부분을 중앙정부에 의존해야 하며, 교육재정 확충 자율성과 재정 운영의 자율성을 확보하는 데 한계가 있다.

② 경기침체에 따른 민간소비 축소 등 내수 부진으로 인한 내국세 세수의 부진은 지방교육재정교부금의 총량 규모를 감소시켜, 지방교육재정의 건전성을 저해하고 초·중등교육의 질 제고에 있어 장애 요인이 될 수 있다.

❹ 학교회계제도 [기출] 09 중등

(1) 학교예산의 개념과 성격

① 개념: 학교예산은 1회계년도 동안 학교가 교육활동계획을 실천해 나가는 데 필요한 수입과 지출의 체계적인 예정 계획표를 의미한다.

② 성격
  ㉠ 학교예산은 교육활동계획의 기초이다.
  ㉡ 학교예산은 학생들의 복리증진과 교육적 환경 개선에 우선적으로 사용되어야 할 필요가 있다.
  ㉢ 학교예산은 교육활동을 위한 봉사적·지원적 성격을 가진다.
  ㉣ 학교예산은 공공예산으로서 면밀한 계획하에 성립되어야 한다.

(2) 학교회계제도

① 목적: 단위학교 책임경영이 강조되며 학교 단위의 자율적 재정운영을 보장하여 다양한 교육활동을 효과적으로 지원함으로써 학교교육의 질을 높이고자 한다.

② 개념: 재원별로 지정된 목적에 따라 제한적으로 편성·집행해 오던 학교교육예산을 총액으로 배분하고, 교사 등 학교구성원의 참여와 학교운영위원회의 심의를 통해 자율적으로 우선순위를 정하여 세출예산을 편성·집행하는 제도이다.

③ 내용
  ㉠ 학교회계의 세입은 국가의 일반회계 또는 지방자치단체의 교육비특별회계로부터의 전입금, 학교운영지원비, 학교발전기금으로부터의 전입금, 수업료(사립초등학교 및 사립고등학교), 기타 납부금 및 학교운영지원비 외에 학교운영위원회의 심의를 거쳐 학부모가 부담하는 경비, 국가 또는 지방자치단체의 보조금 및 지원금, 사용료 및 수수료, 이월금, 물품매각대금, 기타 수입 등을 포함한다.
  ㉡ 학교회계의 세출을 학교운영 및 학교시설의 설치 등을 위하여 필요한 일체 경비를 포함한다.
  ㉢ 학교회계의 회계연도는 매년 3월 1일에 시작하여 다음해 2월 말일에 종료한다.

④ 장점
  ㉠ 자율적인 예산운영을 통한 다양한 교육활동으로 학교교육의 질적 수준이 높아질 수 있다.
  ㉡ 교사와 학부모가 학교재정 운영에 참여하여 투명성과 신뢰성이 높아진다.
  ㉢ 모든 세입과 세출을 일원화하여 학교재정의 효율적 운영이 가능해지고, 회계 관련 업무가 간소화되었다.
  ㉣ 학교회계제도의 시행과 함께 사용료를 학교에서 직접 사용할 수 있도록 함으로써 학교가 지역사회 주민들이 이용하는 평생학습센터 기능을 할 수 있게 되었다.

일상경비와 도급경비제도

1. 일상경비

일상적으로 사용되는 경비로 교육청에서 지원되는 교직원 인건비, 시설비 및 여비 등 일상적으로 발생하는 경비를 의미한다. 일상경비는 컴퓨터 교단 선진화 사업, 결식학생 중식지원비 등 목적이 분명히 정해져 있는 목적성 경비 또는 일상경비로 지원되며 정해진 목적 이외에 다른 용도로 사용될 수 없다.

2. 도급경비제도

- **의미**: 표준예산비를 기준으로 총액으로 경비를 지급하는 제도이다.
- **목적**: 학교예산을 자율적으로 운용할 수 있도록 하는 것으로서 단위학교 책임경영의 중요한 방안으로 시행되고 있다.
- **특징**
  - 도급경비는 정해진 목적이 외에는 사용할 수 없는 일상경비와는 달리 학교에서 자율적으로 사용목적을 정할 수 있는 경비이다.
  - 쓰고 남은 경비가 있을 때는 다음 연도로 이월하여 사용할 수 있도록 하여 신축적인 예산집행을 가능하게 하였다.
- **종류**: 학교운영비, 급식실 운영비, 과학실 보조원 인건비, 교무실 보조원 인건비 등이 있다.

(3) 학교회계 운영의 기본 원칙

① 예산총계주의 원칙: 모든 세입·세출은 예산에 편성되어야 한다.

② 회계연도 독립의 원칙: 학교회계의 각 회계연도 경비는 당해 회계연도의 세입으로 충당해야 한다.

③ 예산 사전 의결의 원칙: 학교예산 편성과 관련하여 회계연도 개시 이전에 학교운영회의 심의를 거쳐야 한다.

④ 예산 공개의 원칙: 학교예산은 재정운영 공시제도 등을 통해 공개되어야 한다.

⑤ 예산의 목적 외 사용 금지 원칙: 학교예산은 편성된 목적대로 집행되어야 한다.

⑥ 건전재정 운영의 원칙: 학교재정 운영의 건전성과 효율성을 확보해야 한다.

⑦ 수입금 직접 사용 금지의 원칙 : 모든 수입은 예산에 편성하여 집행되어야 한다.

(4) 학교회계 예산 운용 과정

① 학교회계 예산(안) 편성: 학교회계 예산편성 기본지침을 단위학교에 시달 ⇨ 교직원의 예산요구서 제출 ⇨ 연간 총 전입금 및 분기별 자금교부계획 통보 ⇨ 학교장은 예산안 조정 작업 및 예산안을 확정해 학교운영위원회에 제출

② 예산안 심의 및 확정: 학교운영위원들에게 예산안 통지 ⇨ 학교운영위원회는 예산안을 심의하여 학교장에게 결과 통지(회계연도 개시 5일 전까지) ⇨ 학교장은 학교회계 세입·세출예산 확정

③ 학교예산 집행: 확정된 예산은 정해진 목적에 따라 자금 수급 등 학교의 재정 여건을 감안해 합리적·효율적으로 집행한다.

④ 학교회계 결산: 회계연도 종료(매년 2월 말 기준) ⇨ 징수행위 및 지출원인행위가 된 사항의 세입금수납 및 세출금 지출 마감(회계연도 종료 후 20일 이내) ⇨ 학교장은 학교회계 세입·세출결산서를 작성해 학교운영위원회에 제출(회계연도 종료 후 2월 이내) ⇨ 학교운영위원회는 결산 심의 후 그 결과를 학교장에게 통보(회계연도 종료 후 3월 이내)

⑤ 교육예산 편성기법

(1) 품목별 예산제도(항목별 예산제도, LIBS; Line Item Budgeting System)

기출 11 중등

① **개념**: 지출대상을 인건비, 시설비, 운영비 등과 같이 품목별로 세분화하여 지출 대상과 그 한계를 명확히 규정함으로써 예산집행에 있어 유용이나 부정을 방지하고자 하는 통제 지향 예산제도이다.

　📖 학교회계 예산 중 교직원 인건비, 학교회계 직원 인건비, 특정 업무비 등

② **특징**
　㉠ 가장 많이 활용되고 있으며, 우리나라의 예산제도도 품목별 예산제도를 근간으로 하여 기획예산제도 등을 부분적으로 수용하고 있다.
　㉡ 지출의 대상을 명확하게 세분하여 금액으로 표시하여 담당자의 재량행위가 필요 없다.

③ **장점**
　㉠ 행정부의 세출예산에 대한 엄격한 사전·사후 통제가 가능하고, 회계책임을 분명히 할 수 있다.
　㉡ 예산에 대한 공무원의 자유재량 행위를 제한할 수 있다.
　㉢ 차기 예산을 편성하는 데 필요한 정보를 얻을 수 있다.

④ **단점**
　㉠ 지나치게 자유재량을 제한해 예산집행 시 예상치 못한 사태에 신축성(융통성) 있게 대응하기 어렵다.
　㉡ 세부적 지출대상에 중점을 두므로 정부사업의 전체 개요를 파악하기 어렵다.
　㉢ 예산편성 시 예산항목에만 관심을 가지기 때문에 정책이나 사업의 우선순위를 등한시할 수 있다.

(2) 성과주의 예산제도(PBS; Performance Budgeting System)

① **배경**: 종래 품목별 예산제도가 물품 종류와 수량만을 표시하는 데 치우쳐 구입목적, 사업성과 등을 파악할 수 없다는 단점을 극복하기 위해 고안된 제도이다.

② **개념**: 예산과목을 사업계획별·활동별로 분류한 다음 세부 사업별로 업무 측정단위를 선정하여 양적으로 표시하고, 단위원가에 업무량을 곱하여 예산액을 표시함으로써 집행 성과를 측정·분석·평가할 수 있도록 하는 예산제도이다.

③ **특징**
　㉠ 사업계획의 목적에 따라 비용을 책정하는데, 이 비용의 범위 내에서는 각 품목 간에 상호 융통을 허용한다.
　㉡ 성과지표를 계량화하여 제시하고, 이에 미달한 경우 그 사유를 밝히고 미달된 사업에 대한 대책을 성과보고서 등을 통해 보고해야 한다.
　㉢ 예산서는 '업무계획', 예산운영은 '관리의 도구'로 인식된다.

④ 방법
  ㉠ 당해 부처가 담당하는 업무 · 사업을 분류한다.
  ㉡ 각 업무의 성과를 가능한 한 계량화 · 표준화하여 업무 측정단위로 표시한다.
  ㉢ 하나의 업무 측정 단위를 생산해 내는 데 필요한 단위원가를 계산한다.
  ㉣ 단위원가에 업무량을 곱해 예산액을 산출하는 것이다.
⑤ 장점
  ㉠ 일반인이 그 기관이 어떤 사업을 어떻게 추진하고 있는지 용이하게 이해할 수 있다.
  ㉡ 정책이나 계획수립이 용이하고, 예산심의가 편리하다.
  ㉢ 예산집행에 있어서 융통성을 기할 수 있다.
  ㉣ 예산집행의 결과를 다음 회계연도에 반영함으로써 효율적인 예산편성에 기여할 수 있다.
⑥ 단점
  ㉠ 업무 측정 단위의 선정, 성과 측정이 어렵고, 단위원가 계산도 곤란하다.
  ㉡ 교육 분야에 적용하는 데 여러 가지 어려움이 예상된다.
  ㉢ 예산통제가 어렵고 회계책임이 불분명하며, 공금 관리에 어려움이 있다.

(3) 기획예산제도(PPBS; Planning – Programming – Budgeting System)
  ① 개념: 합리적인 조직목표를 설정하고 그를 성취하기 위한 계획과 행동과정, 자원배분을 과학적으로 수립 · 설계함으로써 조직목표 달성의 효율성과 효과성을 향상하려는 체계적 기법을 말한다.
  ② 특징
    ㉠ 장기적 계획의 수립(planning)과 단기적 예산편성(budgeting)을 실행계획(programming)을 통해 유기적으로 통합 · 연결시킴으로써 정책의 기획 · 집행 · 평가를 합리화하고, 자원배분에 관한 의사결정을 일관성 있게 행하는 예산제도이다.
    ㉡ 교육기회가 급격히 팽창되어 교육재정 부족현상이 심화되었던 1960년대 후반에 미국에서 학교경영체제 혁신을 위한 한 방법으로 도입되었다.
    ㉢ 단순히 예산편성 방식이나 제도를 의미하기보다는 학교체제의 목표에 중점을 두고 교육과정 개발 등 학교에서의 의사결정을 돕도록 하는 전반적인 학교관리체제를 의미한다.
    ㉣ 절약, 능률, 효과성, 경제적 합리성, 합목적성, 과학적 객관성 등을 이념으로 한다.
    ㉤ 1년 단위로 운영되고 있는 전통적 예산제도에서 탈피하여 다년도 예산을 기본으로 하겠다는 5년 단위 연동예산(rolling budget)이다.

③ 방법
  ㉠ 기획(planning): 조직 전반에 걸친 장기적 목표를 수립·선택하고 비용과 이익 면에서 다양한 행동과정을 체계적으로 분석하는 과정으로, 조직의 기본목표와 기본사업 항목 등을 구체적으로 설정한다.
  ㉡ 프로그래밍(programming): 기획을 통하여 결정된 계획을 수행하는 데 따라야 할 특정한 행동과정을 결정하는 과정으로, 실행계획 및 중·단기 실천계획을 수립한다.
  ㉢ 예산편성(budgeting): 계획과 프로그래밍을 실현할 수 있는 특정한 재정계획을 수립하는 과정으로, 연도별 프로그램과 예산계획을 기초로 목표 달성을 위한 활동에 대한 첫 해의 자금지출을 조직적으로 짠다.
④ 장점
  ㉠ 사업계획의 목적, 대안, 효용 및 소요 자원이 잘 연결되어 있어 상부의 의사결정이 용이하며, 모든 것을 중앙 집권적으로 처리할 수 있기 때문에 의사결정과정을 일원화할 수 있다.
  ㉡ 사업계획과 예산편성을 유기적으로 연결해주기 때문에 자원배분이 합리적으로 이루어질 수 있다.
  ㉢ 장기 사업계획에 대한 신뢰성을 높일 수 있다.
  ㉣ 목표 달성을 위한 각종 대안들이 비용과 효과 면에서 분석·검토됨으로써 상호 간의 이해가 증진될 수 있다.
⑤ 단점
  ㉠ 정보가 최고 의사결정자에게 집중됨으로 인하여 지나치게 중앙집권화될 가능성이 있다.
  ㉡ 명확한 목표 설정이 어려운 부문의 경우에는 도입하기 곤란하고, 사업별 예산을 하위 예산별로 구분하고 자원을 재배분하는 환산작업이 까다로워 예산편성·집행이 어렵다.
  ㉢ 목표 달성 정도를 계량화하기 어렵고 계량적 분석기법의 도입에 한계가 있다.

1. 개요

기획예산제도는 계획의 합리성을 증진시킴으로써 예산의 절약과 지출의 효율화를 도모할 수 있다는 점에서 학교경영체제를 효율화하는 중요한 기법으로 활용할 수 있다.

2. 학교경영에서 PPBS를 적용하는 경우의 절차

① **학교교육 기본계획 수립:** 학교교육체제의 경영목표를 반영하는 기본계획을 수립한다.

② **구체적 교육계획 수립:** 기본계획을 토대로 목표를 달성하기 위한 학년별·학급별·교과별 프로그램을 구체적으로 설계한다.

③ **최적의 프로그램 선정:** 프로그램을 가용자원, 특히 예산과 관련해 검토한 후 최적의 프로그램을 선정한다.

④ **추진계획 수립:** 프로그램별로 구체적인 추진계획을 수립한다.

⑤ **예산계획 수립:** 추진계획에 따른 장·단기의 예산계획 및 연도별 예산을 편성하고 자금조달계획을 수립한다.

⑥ **분석 및 평가:** 완성된 프로그램을 분석해 계획의 성공 여부를 평가한다.

3. 효과 및 한계

(1) 효과

① 학교목표와 프로그램, 예산을 체계화할 수 있다.

② 연도별 교육목표와 이를 달성하기 위한 교육 프로그램 소요 자원을 확인할 수 있다.

③ 목표나 과목 등에 따라 자원을 적절하게 배분하며, 교육목표의 우선순위에 따라 자원을 합리적으로 조정할 수 있다.

(2) 한계

① 기업이나 공공기관과는 달리 교수·학습목표나 활동은 정서적·심리적 요소를 많이 포함한다.

② 대다수 교육활동은 복합적이고 장기적 효과를 나타낸다는 점에서 단기실적을 평가하기 어렵다.

③ 중앙집권화를 조성해 교수·학습활동을 위축시킬 가능성이 있다.

④ 아직까지 정보관리체제의 미비로 효과의 측정이 곤란하다.

(4) 영기준 예산제도(ZBBS; Zero-Base Budgeting System) 기출 09 중등 / 05 초등

① **배경:** 미국의 피르(Pyhrr)에 의해 창안되어 1969년 텍사스 기계제조회사에 최초로 적용되었으며, 미국의 카터(Carter) 대통령이 1976년에 이를 국가예산 편성방식의 하나로 도입하면서 확대되었다.

② **개념:** 예산편성 시 전년도 예산에 구애받지 않고 모든 사업이나 활동에 대해 새롭게 검토하여 우선순위를 설정한 후 이에 따라 자원을 배분하는 방법이다.

③ **특징**

㉠ 예산 편성 시 전년도 예산은 없는 것으로 보거나 전혀 고려하지 않고 모든 사업을 계획목표에 맞추어 재평가하며, 우선순위에 따라 예산을 편성한다.

㉡ 금액 중심이었던 예산편성방식을 목표활동 중심으로 전환하고, 전년도 기준이 아닌 사업을 기준으로 예산을 편성하여 예산의 낭비요인을 제거했다.

㉢ 점증주의적 예산과정을 탈피하여 합리적으로 예산을 편성하고, 기획예산제의 약점을 보완하며, 급변하는 경기변동에 신축성(융통성) 있게 대응하는 것에 목적이 있다.

④ 절차
  ㉠ 의사결정단위의 설정 및 확인: '의사결정단위'란 예산단위를 말하는 것으로, 단위사업을 의미한다. 각 조직체는 의사결정단위 설정을 통하여 조직의 주요 활동 요소가 무엇인지 확인·결정해야 한다.
  ㉡ 의사결정패키지의 작성: '의사결정패키지'란 관리자가 각각의 의사결정단위를 분석·평가한 후 우선순위를 정해 어느 단위에 어느 정도의 예산을 배정할 것인가를 결정하는 데 도움을 주기 위한 문서이다. 의사결정패키지를 토대로 관리자는 사업의 폐지, 예산증액(감축) 수준 중 하나를 선택한다.
  ㉢ 우선순위 결정: 영기준 예산제에서 가장 중요한 과정으로, 의사결정패키지가 결정되면 자원을 가장 효율적으로 사용할 수 있는 순위와 수준을 결정하는 과정이다.
  ㉣ 실행예산의 편성: 사업 및 활동이 확정되면 각 조직체는 그에 대한 실행예산을 편성하는데, 전통적 예산제도 하에서는 삭감 시 예산편성을 다시 해야 하는 문제가 있지만, 영기준 예산제도에서는 우선순위에 따라 삭감하므로 문제가 없다.

⑤ 장점
  ㉠ 전년도 예산을 그대로 답습하지 않으므로 재정의 경직성을 극복할 수 있다.
  ㉡ 예산편성과정에서 계층 간 의사소통이 원활하고 참여의 폭이 확대된다.
  ㉢ 최고관리자에게 업무 수행에 관한 상세한 정보를 제공함으로써 내용 파악을 용이하게 한다.
  ㉣ 의사결정단위가 조직 단위, 기능, 사업일 수도 있다는 점에서 타 예산제도와 공존이 가능하다.

⑥ 단점
  ㉠ 모든 사업과의 활동을 영(zero) 상태에서 분석해야 하므로 시간과 노력의 부담이 크다.
  ㉡ 우선순위를 검토하고 결정하는 데 어려움이 있다.
  ㉢ 현행 경비 수준에서 재평가하기 때문에 새로운 프로그램을 개발하기 어렵고 사업효과를 측정하는 데도 어려움이 있다.
  ㉣ 사업담당자가 불리한 것은 은폐하고 유리한 것만을 제시할 우려가 있고, 현실적으로 예산결정과정에 영향을 미치는 정치적 요인 등을 도외시한다.
  ㉤ 각종 법령이나 규정에 의해 이미 지출하도록 설정되어 있는 경직성 경비가 많을 경우 실효성이 떨어질 수 있다.

참고 일몰예산제도

1. 개념
   일몰법의 정신을 반영하는 예산제도로, 행정기관의 사업이나 권한, 조직에 대해 사업시행 후 일정 기간이 경과한 시점에서 재검토하여 이미 목적을 달성하여 존속이 불필요하거나 부적절한 것, 당초의 목적을 달성하는 데 실패한 것, 상황의 변동 등으로 존재 이유가 희박해진 것 등을 폐지하는 제도적 장치이다.

2. 목적
   ① 사업의 효과성이나 타당성이 감소해도 타성이나 관습에 의해 그대로 존속하는 것을 방지한다.
   ② 새로운 사회적 타당성이 있는 신규사업을 시도하기 위한 것이다.

3. 장점
   ① 불필요한 예산의 낭비를 막는다.
   ② 사회적 타당성이 높은 신규 사업을 시도할 수 있도록 하다.
   ③ 효율적인 기관의 설치를 도와준다.

4. 단점
   ① 정부의 각종 활동을 억제할 수 있다.
   ② 정치성을 배제하기 어렵다.

요약정리
Zoom OUT 교육예산 편성기법 종합

예산제도	개념 및 특징
품목별 예산제도 (LIBS)	지출대상을 인건비, 시설비, 운영비 등과 같이 품목별로 세분화하여 지출 대상과 그 한계를 명확히 규정함으로써 예산집행에 있어 유용이나 부정을 방지하고자 하는 통제 지향 예산제도
성과주의 예산제도 (PBS)	예산과목을 사업계획별·활동별로 분류한 다음 세부 사업별로 업무 측정 단위를 선정하여 양적으로 표시하고, 단위원가에 업무량을 곱하여 예산액을 표시함으로써 그 집행의 성과를 측정·분석·평가할 수 있도록 하는 예산제도
기획예산제도 (PPBS)	합리적인 조직목표를 설정하고 그를 성취하기 위한 계획과 행동과정, 자원배분을 과학적으로 수립·설계함으로써 조직목표 달성의 효율성과 효과성을 향상하려는 체계적 기법
영기준 예산제도 (ZBBS)	예산편성 시 전년도 예산에 구애받지 않고 모든 사업이나 활동에 대해 새롭게 검토하여 우선순위를 설정 후 이에 따라 자원을 배분하는 방법

02 교육경제

❶ 교육경제와 인적자본론(human capital theory)

(1) 전제
① 교육경제학은 교육행위를 위한 투입과 이를 통한 산출물 간의 생산관계에 대한 경제적 분석을 시도한다는 점에서 교육자원의 투입과 산출의 효율성에 관심이 있다.
② 교육경제학의 이러한 논의의 기저에는 인적자본론이 존재한다.

(2) 인적자본론의 특징
① 개인의 소득이 인적자본의 개인적 특성에 기인하고, 동시에 노동의 한계생산성이 적용된다는 전제에서 출발한다.
② 신고전경제학의 '근로자의 이동이 자유로운 완전 경쟁시장'을 전제로 한다.
③ 모든 사람이 동등한 기회를 가져야 한다는 것을 기본 가정으로 한다.
④ 미래의 상대적으로 높은 소득을 위해 현재의 소득을 희생함을 전제한다.

(3) 인적자본론의 한계
① 인적자본론은 교육의 순기능적 입장만을 강조하여, 과잉학력에 대한 설명 부족 등의 한계를 갖는다.
② 인적자본론의 한계를 지적한 이론으로서 선별가설이론, 직업경쟁이론, 이중노동시장이론, 급진적 접근 등이 있다.

❷ 교육비용

(1) 개념
교육서비스를 생산·공급하기 위해 희생되는 비용을 의미한다.

(2) 구조

[그림 6-46] 교육비용의 분류

① 우리나라의 경우 교육비용을 크게 '직접교육비'와 '간접교육비'로 구분하고, 직접교육비는 다시 '공교육비'와 '사교육비'로 구분되며, 공교육비는 다시 '공부담 공교육비'와 '사부담 공교육비'로 구분한다.

② 공교육비는 부담주체에 따라 정부나 재단, 사회 등이 부담하고 운영하는 경우 '공부담 공교육비'라고 하고, 개인이나 가계가 부담하는 등록금 등은 '사부담 공교육비'라고 한다.

❸ 교육의 수익

(1) 교육과 사적 이익

① 교육을 받으려는 가장 중요한 이유 중 한 가지는 교육투자를 통한 상급학교로의 진학이 더 좋은 직장, 더 높은 소득 등으로 이어진다는 경제적 이유에 있다.

② 교육의 투자가치는 교육을 받기 위해 투입한 비용과 교육을 받음으로써 얻는 산출효과 등을 비교하여 분석함으로써 얻게 된다.

③ 교육에 대한 개인적 투입과 산출은 경제적 가치로 환산이 가능한 경제적 요인과 경제적 가치로 환산은 불가능하지만 개인적으로 부담하고 얻게 되는 비경제적 요인으로 구분한다.

(2) 교육과 사회적 이익

① 교육은 지식의 보전 및 연구를 통한 인적 자원 양성뿐만 아니라, 민주적 시민의식 고양, 기술 및 문화의 창조·보급, 사회통합, 국가경제 성장 등 국가 및 사회적 차원에서도 다양한 경제적 효과를 갖는다.

② 교육에 대한 국가적·사회적 투입과 산출 역시 경제적 요인과 비경제적 요인으로 구분되며, 이를 분석함으로써 교육의 경제적 가치를 추정하고 교육에 대한 국가 및 사회적 차원의 투자가 필요함을 증명할 수 있다.

Chapter 09
교육법 및 교육제도

설쌤의
Live Class 🎙

교육행정의 모든 활동은 법률에 위반되어서는 안 되고 법률의 근거를 필요로 한다는 점(합법성의 원리)에서 교육행정을 이해하기 위해서는 「헌법」, 「교육기본법」, 「초·중등교육법」 등 교육 관련 법령을 숙지해야 합니다. 교육법 및 교육제도 챕터를 통해 교육법이 무엇이고 어떠한 것들을 규정하고 있는지 살펴보시기 바랍니다.

핵심 Tag 🔖

초·중등학교 규칙

- 학교의 자치규범으로 학교생활지도의 법적 기초가 되는 규칙으로, 학교의 장이 법령의 범위 안에서 지도·감독기관의 인가를 받아 제정할 수 있음
- 수업연한·학년·학기 및 휴업일, 학급편제 및 학생정원, 교과·수업일수 및 고사와 과정 수료의 인정, 입학·재입학·편입학·전학·휴학·퇴학·수료 및 졸업, 조기진급 및 조기 졸업, 수업료·입학금·기타 비용 징수, 학생포상 및 학생징계, 학생자치활동의 조직 및 운영, 학칙 개정 절차, 기타 법령에서 정하는 사항 등의 10개 항목을 포괄함

교육권

「헌법」 제31조 제1항의 교육을 받을 권리와 「교육기본법」의 학습권(제3조), 교육기회 균등(제4조), 의무교육(제8조), 교육당사자에 관한 규정(제2장)에 보장된 권리로 협의의 교육권은 학생의 학습권을, 광의의 교육권은 「헌법」상 인정되는 교육에 관한 국민의 기본적 인권을 의미함

❶ 교육법의 개념 및 구조

(1) 개념

① 사회생활에서의 한 규범이자 교육목표를 달성하기 위한 교육행위의 준칙이며, 국가 권력에 의해 강행되는 규범이다.

② 실질적 의미의 교육법

ㄱ. 「헌법」에 규정된 교육에 관한 기본원리를 구현하기 위한 「교육기본법」 등 교육 관계 법령이 있다.

ㄴ. 교육당사자의 권리와 의무에 관한 규범, 즉 학생의 학습권, 교사의 교육의 자유, 학부모의 교육권, 학교설치자의 관리 권한, 국가 및 지방자치단체의 감독 권한 등에 관한 법규가 있다.

ㄷ. 교육제도, 교육행정 또는 교육정책에 관한 법규로 지방자치제도, 학교 제도, 학교 및 교육행정조직, 교직원의 지위 및 인사, 교육재정 및 시설, 교육과정 편성, 학사관리 및 교육평가에 관한 법규가 포함된다.

(2) 원리

① **교육권 보장의 원리**: 인간다운 생활을 보장하기 위한 기본권으로, 이를 보장하기 위해 '취학의무제도'와 '의무교육 무상제도'가 있다.

② **교육제도 법정주의**: 「헌법」 제31조 제6항은 교육제도, 교육재정, 교원의 지위 에 관한 기본적인 사항을 법률로 정하고 있다.

③ **교육의 자주성 및 중립성 원리**: 교육은 자주적으로 결정되어야 하며, 교육은 정치세력과 종교집단으로부터 부당한 압력이나 영향을 받지 않고 자주적으로 운영되어야 한다.

④ **교육 전문성의 원리**: 「헌법」 및 교육관계법에서는 교육의 자주성·중립성과 함께 전문성을 보장한다.

⑤ **교육기회 균등의 원리**: 교육관계법에서는 의무교육 무상원칙, 장학제도, 단선 형학교체제 확립 등을 통해 능력에 따라 균등하게 교육받을 권리를 보장한다.

⑥ **교육행정의 민주성 원리**: 교육행정과정에서 구성원의 기본권을 존중하며 기본 권이 침해된 경우 적절한 권리 구제장치가 마련되어야 한다.

❷ 교육법의 주요 내용

(1) 기본법

① 「헌법」상의 교육

ㄱ. 교육을 받을 권리 및 교육기회균등의 보장: 모든 국민은 능력에 따라서 균등 하게 교육을 받을 권리를 가진다(제31조 제1항).

ⓛ **의무교육 무상실시 및 보호자의 의무**: 모든 국민은 그 보호하는 자녀에게 적어도 초등교육과 법률이 정하는 교육을 받게 할 의무를 진다(제31조 제2항). 의무교육은 무상으로 한다(제31조 제3항).

ⓒ **교육의 자주성 · 전문성 · 정치적 중립성 및 대학의 자율성 보장**: 교육의 자주 · 전문성 · 정치적 중립성 및 대학의 자율성은 법률이 정하는 바에 의하여 보장된다(제31조 제4항).

ⓔ **평생교육의 진흥**: 국가는 평생교육을 진흥하여야 한다(제31조 제5항).

ⓜ **교육제도 법정주의**: 학교교육 및 평생교육을 포함한 교육제도와 그 운영, 교육 재정 및 교원의 지위에 관한 기본적인 사항은 법률로 정한다(제31조 제6항).

② **「교육기본법」상의 교육**

ⓐ 「헌법」상의 교육 관련 규정을 바탕으로 교육에 관한 국민의 권리 · 의무, 국가 및 지방자치단체의 책임을 정하고, 교육제도와 운영에 관한 기본적 사항을 규정한다.

ⓒ 「교육기본법」은 3장, 29개 조문으로 이루어져있으며, 교육제도와 운영의 기본원칙, 교육당사자의 권리와 책무, 교육의 진흥에 관해 규정하고 있다.

(2) 학교교육에 관한 법

① **초 · 중등교육법**: 초 · 중등교육에 관한 사항을 규정함을 목적(1조)으로 규정되었으며, 부칙을 제외하고 모두 5장 68개조로 구성되어 있다.

② **고등교육법**: 「교육기본법」 제9조의 규정에 따라 고등교육에 관한 사항을 규정함을 목적(1조)으로 규정되었으며, 부칙을 제외하고 모두 4장 64개조로 구성되어 있다.

③ **유아교육법**: 「유아교육진흥법」을 발전적으로 폐지하고, 2005년 3월 24일 「교육기본법」 제9조의 규정에 따라 유아교육에 관한 사항을 정함을 목적으로 제정된 법으로, 모두 5장 34개조로 구성되어 있다.

④ **지방교육자치에 관한 법률**: 교육의 자주성 및 전문성과 지방교육의 특수성을 살리기 위하여 지방자치단체의 교육 · 과학 · 기술 · 체육 · 기타 학예에 관한 사무를 관장하는 기관의 설치와 그 조직 및 운영 등에 관한 사항을 규정함으로써 지방교육의 발전에 이바지함을 목적(제1조)으로 1991년 제정된 후 2006년 전부 개정되었으며, 부칙을 제외하고 모두 5장 42개조로 구성되어 있다.

⑤ **기타 학교교육 관련 법령**: 그 밖의 학교교육 관련 법률로는 「교육기본법」에서 교육의 진흥과 관련하여 규정한 제18조(특수교육), 제19조(영재교육), 제22조 (과학 · 기술교육)에 근거한 「장애인 등에 대한 특수교육법」, 「영재교육진흥법」, 「과학교육진흥법」, 「산업교육진흥 및 산업협력촉진에 관한 법률」 등이 있다.

(3) 평생교육에 관한 법

① 평생교육법: 1999년 평생학습기회를 확대하기 위해 종전의 「사회교육법」을 전면 개정하여 제정한 것으로, 모두 5장 32개 조문으로 구성되어 있다.

② 학점 인정 등에 관한 법률 및 독학에 의한 학위취득에 관한 법률: 다양한 평생교육시설에 의한 교육과 학습경험이 공정하게 평가받아 교육기관과 연계될 수 있도록 하기 위해서 학점은행제, 독학학위제도 등을 규정하고 있다.

(4) 사립학교에 관한 법

① 사립학교법: 사립학교에 관한 사항, 학교법인의 설립·운영, 사학 교원의 인사, 사학행정에 관한 내용을 주로 규정하고 있다.

② 「헌법」에 사립학교에 관한 명문 규정은 없으며, 「교육기본법」 제25조(사학의 육성)에서는 국가 및 지방자치단체가 사립학교를 지원·육성하고, 설립목적이 존중되도록 할 것을 규정한다.

(5) 학교 규칙

① 학교의 자치규범으로 학교생활지도의 법적인 기초가 되는 규칙으로, 법령에 위배되거나 학교교육의 본질에 반하지 않는 한 구속력을 가진다.

② 초·중등학교의 규칙은 학교의 장이 법령의 범위 안에서 지도·감독기관의 인가를 받아 제정할 수 있다(「초·중등교육법」 제8조).

③ 초·중등학교 규칙에 기재해야 하는 사항
  ㉠ 수업연한·학년·학기 및 휴업일
  ㉡ 학급편제 및 학생 정원
  ㉢ 교과·수업일수 및 고사와 과정수료의 인정
  ㉣ 입학·재입학·편입학·전학·휴학·퇴학·수료 및 졸업
  ㉤ 조기진급 및 조기졸업
  ㉥ 수업료·입학금·기타의 비용 징수
  ㉦ 학생포상 및 학생징계
  ㉧ 학생자치활동의 조직 및 운영
  ㉨ 학칙 개정 절차
  ㉩ 기타 법령에서 정하는 사항 등의 10개 항(「초·중등교육법」 시행령 제4조 제1항)

❸ 교육당사자의 교육권과 의무

(1) 교육권

① 교육권의 법적 근거는 「헌법」 제31조 제1항의 교육을 받을 권리와 「교육기본법」의 학습권(제3조), 교육기회 균등(제4조), 의무교육(제8조), 교육당사자에 관한 규정(제2장) 등을 들 수 있다.

② 협의의 교육권은 학생의 학습권으로 제한하지만, 광의의 교육권은 「헌법」상 인정되는 교육에 관한 국민의 기본적 인권을 의미한다.

(2) 학생의 학습권과 의무

① 교육의 다른 당사자인 보호자, 교원은 학교설립·경영자, 국가는 학생의 학습권을 보호해주어야 한다.

② 학습권은 인간의 성장·발달을 방해받지 않을 권리로 의무교육제도, 교육기회의 균등, 학습권 보장을 위한 인적·물적·재정적 제도 정비 요구권, 학교선택권, 교육내용 선택·결정 및 참여권, 징계 절차에서의 권리 보호 등을 포함한다.

③ 「교육기본법」 제12조 제1항 및 제3항은 학생의 기본적 인권 존중과 함께 학생의 의무로 '학교 규칙 준수 의무', '교원의 교육·연구 방해 금지 의무', '학내질서 문란 금지 의무'를 규정하고 있다.

(3) 부모 등 보호자의 교육권과 의무

① 보호자의 교육권은 의무로서의 교육권과 권리로서의 교육권으로 구분된다.

② 자녀의 교육을 받을 권리를 보장하는 일차적 의무를 이행해야 한다는 의무와, 자녀 교육의 선택 및 결정과 관련한 권리(학교선택권, 교육내용 결정·선택권, 교육조건정비 등에 대한 요구권, 학교교육에 대한 참여권)를 포괄한다.

③ 「교육기본법」 제13조 제1항은 보호자의 교육권과 책임을 명시하고 있으며, 제2항은 보호자의 의견제시권을 보장한다. 또한 「초·중등교육법」 제31조는 학교운영위원회 참여와 관련된 규정으로 학교 참가권을 인정한다.

④ 보호자의 교육권이 인정되더라도 교육과정 편성, 수업내용, 교육방법, 교재선정, 평가 등은 교사의 전문적인 결정사항이므로 보호자의 개입은 제한된다.

(4) 교사의 교육권과 의무

① 교사가 학생을 교육할 권리는 자연법상으로 부모의 신탁(信託)에 의한 것이고 실정법상으로는 국가에 의한 자격증제도나 채용 등으로 인정된다.

② 교사는 학생의 교육을 받을 권리의 직접대리자로서 학생에 대하여 교육할 권리를 가지며, 교육의 기준을 지킬 의무가 있다.

③ 교사의 교육권은 학생교육에 관한 교육의 자유가 핵심 내용으로 하여, 교육방법상의 자유와 수업내용 및 교재를 선택할 자유 등을 규정하고 있다.

④ 교사의 교육권은 공교육제도의 확립으로 국가가 학제, 교육과정, 교과서 검·인정 등에 관한 정책을 수립·시행함에 따라 그 범위 내에서 제한을 받게 된다.

(5) 학교설립자·경영자의 교육관리권과 의무

① 국가, 지방자치단체, 학교법인 및 사인(私人) 등 학교설립자·경영자는 학생의 교육받을 권리를 보장할 수 있도록 교육조건을 정비하고 관리해야 하는데, 이를 '학교설립자·경영자의 교육관리권'이라 한다.

② 학교설립자·경영자는 교육시설을 설치하여 교육을 받을 기회를 제공한다는 의미에서 권리를 가진다기보다는 의무를 지는 입장이다.

(6) 국가의 교육권과 의무

① 국가의 교육권은 공교육의 조직·편성·운영권을 포괄한다.
② 국가의 교육권은 교육조건 정비와 행정적 지원을 본질로 하면서, 학생의 교육 받을 권리를 보장하기 위한 적절한 감독·통제를 한다.

❹ 교원의 법적·윤리적 쟁점들

(1) 체벌의 한계와 책임

① 체벌: 교원이 교육활동 중 특정한 교육목적을 달성하기 위해 학생의 신체에 직접 또는 간접적으로 영향력을 행사하는 행위이다.
② 이때 '직접적'이란 특정의 물리적 도구 또는 교사 본인의 신체 일부분을 사용 하여 학생의 신체에 대해 직접 접촉과 고통을 가하는 것을 뜻한다.
③ '간접적'이란 학생에 대한 신체 접촉 없이 학생 스스로 고통을 느끼도록 하는 자세 또는 행동을 강제하는 것을 뜻한다.
④ 관련 규정: 「초·중등교육법」 제18조 제1항과, 동법시행령 제31조 제8항
⑤ 한계
　㉠ 「초·중등교육법 시행령」 제31조 제8항은 '학교의 장은 법 제18조 제1항 본문에 따라 지도할 때에는 학칙으로 정하는 바에 따라 훈육, 훈계 등의 방법으로 하되 도구, 신체 등을 이용하여 학생의 신체에 고통을 가하는 방 법을 사용해서는 아니 된다.'고 규정하여 직접 체벌을 금지하고 있다.
　㉡ 「교육기본법」 제12조 제1항의 '학생을 포함한 학습자의 기본적 인권은 학 교교육 또는 사회교육과정에서 존중되고 보호된다.'를 광의로 해석할 경우 학생에 대한 모든 체벌은 학생인권 침해로 허용되기 어렵다고 볼 수 있다.
⑥ 우리 교육관계 법령에 있어서 체벌문제는 아직 미완의 단계라 체벌의 허용범 위를 두고 다툼이 크며, 형법 및 민법상 책임과 관련하여 어느 정도의 체벌까 지 책임을 면할 수 있는가에 대해서도 불확실하고 구체적 사안에 따라 개별적 으로 판단되고 있다.

(2) 학교안전사고와 교원의 책임

① 학교안전사고: 교육활동을 포함하여 학교장의 관리·감독에 속하는 업무가 직접 원인이 되어 교직원과 그 밖의 교육활동참여자에게 발생하는 모든 사고 및 질병 등을 의미한다.
② 관련 규정: 「학교안전사고 예방 및 보상에 관한 법률」 제2조
③ 학교안전사고의 범위
　㉠ 학교 교육과정 또는 학교장이 정하는 교육계획 및 교육방침에 따라 학교의 안팎에서 학교장의 관리·감독하에 행해지는 수업·특별활동·재량활동· 과외활동·수련활동 또는 체육대회 등의 활동
　㉡ 등·하교 및 학교장이 인정하는 각종 행사나 대회 등에 참가하여 행하는 활동

ⓒ 통상적인 경로 및 방법에 의한 등·하교시간, 휴식시간 및 교육활동 전후의 통상적인 학교 체류시간, 학교장의 지시에 의해 학교에 있는 시간, 학교 외의 장소에서 교육활동이 실시될 경우 집합 및 해산 장소와 집 또는 기숙사 간의 합리적 경로와 방법에 의한 왕복 시간 중의 활동

④ 피해자 구제방법

㉠ 경미한 사고가 발생하였을 경우 당사자 간의 자체적 합의에 의해 해결한다.

㉡ 각 시·도 교육청별로 운영 중인 학교안전공제회를 통해 해결한다.

ⓒ 피해자가 손해배상을 제기하여 법원의 판결에 의해 해결한다.

⑤ 학교안전사고에 있어서 직접적 관련이 있는 담임교사 및 학교장이 교원으로서 법적 책임을 부담할 수 있다.

㉠ 대법원 판례에 따른 교원의 손해배상 책임 조건

ⓐ 학교안전사고가 교육활동 및 이에 밀접불가분의 관계에 있는 생활관계에서 발생할 것

ⓑ 교원이 사고발생을 예측했거나 비록 실제로 예측하지 못했지만 통상 교원에게 요구되는 주의 의무를 기울였다면 예측할 수 있었을 것으로 인정될 것

ⓒ 교원이 보호·감독 의무를 하지 않거나 소홀히 했을 것

㉡ 학교설립·운영자의 경우 교원의 사용자로서의 책임뿐만 아니라 학교시설물의 설치·보존에 있어서의 점유자 또는 소유자로서 책임도 부담한다.

ⓒ 학교안전사고가 발생할 경우 학교 자체적 해결, 학교안전공제회를 통한 법적 해결, 법원에서의 소송에 의한 해결 등의 방법으로 해결할 수 있다.

02 학교제도

❶ 개념 및 유형

(1) 개념

① 한 나라의 교육목표를 달성하기 위해 구성된 제도이다.

② 우리나라의 학제는 '6 – 3 – 3 – 4제'로 초등학교, 중학교, 고등학교, 대학교의 4단계가 하나의 계통을 이룬다.

(2) 유형

① 단선형: 모든 국민이 하나의 학제를 통하여 교육을 받도록 제도화한 것으로, 보통교육과 민주교육의 실현에 적합한 학제이다.

② 복선형: 상호 관련을 갖지 않는 두 가지 이상의 학제가 병존하는 것으로, 학제 간에는 이동을 인정하지 않으며 입학 자격에 제한을 두는 경향이 있다.

③ 분기형: 단선형과 복선형을 절충한 형태로, 저학령기의 학교는 모두 통일된 하나의 학교계통을 두고, 상급학교 단계에서 복수의 학교 계통으로 나누어지는 특징을 보인다.

예 특성화 고등학교와 일반계 고등학교, 전문대학과 종합대학 등

❷ 현행 학제

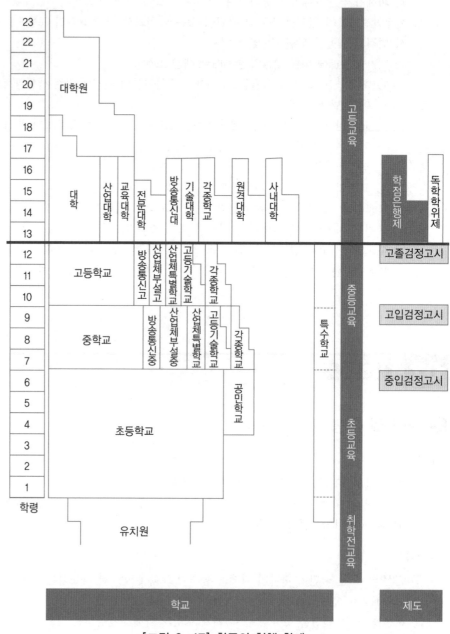

[그림 6-47] 한국의 현행 학제

(1) 기본학제

① 유치원, 초등학교, 중학교, 고등학교, 대학으로 이어지는 정규 학교교육제도이다.

② 현재 우리나라에서 초등학교와 중학교는 의무교육기관으로서의 성격을 지닌다.

③ 고등학교는 특수목적 고등학교(외국어고, 과학고, 국제고, 마이스터고, 예체능고 등), 특성화 고등학교(애니메이션, 요리, 미디어 등), 자율형 고등학교(자율형사립고, 자율형공립고), 일반계 고등학교로 구분된다.

④ 대학은 대학, 산업대학, 교육대학, 전문대학, 방송통신대학, 기술대학, (대학과정의) 각종 학교 등이 있다.

(2) 특별학제

① 기본학제의 보완적 기능을 수행하거나 사회교육의 성격을 가지고 정규학교의 교육과정에 준하는 교육을 실시하기 위한 학교제도를 의미한다.

② 초등학교 과정: 「초·중등교육법」 제40조는 공민학교에 대해 규정하였는데, 공민학교의 수업연한은 3년이며, 입학자격은 초등교육을 받지 못한 학령초과자이다.

③ 중학교 과정

  ㉠ 「초·중등교육법」 제44조는 고등공민학교에 대해 규정하였는데, 고등공민학교의 수업연한은 1~3년이며, 입학 자격은 초등학교 또는 공민학교를 졸업한 자이다.

  ㉡ 산업체에 근무하는 청소년에 대한 중학교 과정의 교육을 위하여 산업체에 인접한 중학교에 야간수업을 주로 하는 특별학급을 두거나, 대통령령이 정한 산업체는 당해 산업체에서 근무하는 청소년 교육을 위해 중학교를 설립·경영할 수 있다.

④ 고등학교 과정

  ㉠ 1974년 발족된 방송통신 고등학교는 원래 고입 선발고사에서 탈락한 학생에게 진학의 기회를 제공해주기 위해 마련한 것으로 수업연한은 3년, 입학자격은 중졸자 및 동등 이상 학력 인정자이다.

  ㉡ 산업체에 근무하는 청소년에 대한 고등학교 과정의 교육을 위해 산업체에 인접한 고등학교에 야간수업을 주로 하는 특별학급을 두거나, 대통령령이 정한 산업체는 당해 산업체에서 근무하는 청소년교육을 위해 고등학교를 설립·경영할 수 있다.

  ㉢ 전문계 고등학교만으로 불충분한 산업사회의 수요에 따른 기능공 양성을 위한 방계 직업교육기관으로, 수업연한은 1~3년이며, 입학자격은 고등공민학교나 중학교 졸업자 및 동등 이상 학력인정자이다.

⑤ 고등학교 이하의 각 급 학교는 관할청의 인가를 받아 특수교육을 필요로 하는 학생을 위한 특수학급을 둘 수 있으며, 특수학교의 수업연한, 입학자격 등에 관하여 각 교육수준별 정규학교의 규정을 준용하도록 한다.

(3) 학교 외 교육제도

① 대안교육

　㉠ 기존의 교육시스템에 만족하지 않고 기존 학교교육의 한계와 문제점을 극복하고자 독특한 교육 이념을 가지고 특별한 조직, 내용, 방법으로 교육하는 활동의 총칭이다.

　㉡ 대안교육의 유형

　　ⓐ 학교형: 제도적 인가 여부와 상관없이 기존의 학교의 형태와 유사한 방식으로 유지되는 대안교육으로, 이미 인가를 받은 특성화 고등학교, 기숙형 대안학교 및 대안학교로 부르는 많은 학교가 이에 속한다.

　　ⓑ 센터형(프로그램형): 특정 공간이나 활동을 중심으로 시간과 관계가 구성되는 대안교육으로서, 학교형과는 달리 연령에 따라 구분하지 않으며, 시간과 세부 공간 역시 제한되지 않는다.

　　ⓒ 탈학교형: 시·공간의 얽매임 없이 가르침과 배움을 통해 관계를 맺고 활동을 해나가는 대안교육의 유형으로, 홈스쿨링이 이에 해당한다.

② 홈스쿨링(home – schooling)

　㉠ 미국에서는 1970년대 후반부터 등장했으며, 우리나라에서는 1990년대 후반부터 알려졌다.

　㉡ 자녀를 학교에 보내지 않고 부모가 직접 교육자가 되어 가정에서 아이들을 가르치는 것을 의미한다.

　㉢ 홈스쿨링을 하는 부모와 아이들은 말 그대로 자신들의 교육적 요구에 따라 언제, 어디서, 무엇을, 누가 가르치고, 어떻게 배울 것인가를 결정 및 구성해나갈 수 있다.

(4) 현행 학제의 문제 및 개편 방안

① 경직성: 기본학제와 특별학제의 기능적 연계성이 부족하며, 학교학년제의 고정화로 농촌의 과소학교나 도시의 과대학교에 효율적으로 대처하지 못한다.

② 비효율성: 단선형 학제로서 과도한 진학수요를 유발하고, 교육기간의 장기화로 사회 진출 시기가 지연된다.

③ 지체성: 중등교육의 정체성이 모호하고 산업구조 변화에 다른 교육적 요구에 부응하지 못하고 있다.

④ 청소년 발달에의 부적합성: 청소년의 성장·발달이 빨라지고, 사춘기 연령이 낮아지는 추세에 비해 학제상의 연령 구분은 변하지 않아 불일치가 발생한다.

학교 · 학급경영

설쌤의
Live Class 🎙

단위학교 책임경영제의 강조로 학교경영의 중요성이 예전에 비해 두드러졌습니다. 이에 따라 **단위학교 경영과 관련된 개념들, 학교운영위원회, 학교경영계획, 학교평가가 무엇인지 이해할** 필요가 있습니다. 또한 그동안 학교교육의 문제점과 개선방안에 대한 논의들이 주로 정책적인 측면에서 하향식으로 진행되어왔던 것과는 달리, 최근 **학교혁신은 혁신 네트워크를 구축하여** **단위학교의 혁신 노력을 지원하고, 학교장의 리더십을 통해 혁신적 학교문화 조성을 지원하는** **등 단위학교의 자율권을 확대하는 방향**으로 나아가고 있습니다. 이러한 맥락에서 학교운영위원회의 개념과 구성, 학교혁신의 개념과 최근의 학교혁신 흐름을 이해하고, '좋은' 학교를 만들기 위해 어떤 노력들이 수반되어야 하는지 고민해보기 바랍니다.

핵심 `Tag`🔗

학교운영위원회
학교운영과 관련된 중요한 의사결정에 학교구성원을 참여시킴으로써 단위학교의 교육목표를 민주적 · 합리적 · 효과적으로 달성하기 위한 집단 의사결정 기구로, 교원 대표, 학부모 대표, 지역사회 인사로 구성됨

학교평가
학교교육의 질 향상을 위한 학교운영의 책무성 제고, 단위학교 교육활동 개선 지원 및 교육정책 효과 진단, 학교교육활동 우수 사례의 발굴 및 보급을 통한 일반화를 목적으로 도입된 제도로 자체평가, 서면평가, 방문평가, 교육지원청 평가를 포괄하는 개념

단위학교 책임경영제(SBM)
다양하고 특색 있는 학교운영과 경쟁력 제고를 통한 학교교육의 질 향상을 목적으로 단위학교가 자율권을 갖고 학교 내부의 민주적 · 합리적인 의사결정과정을 통해 학교를 운영하며 그 결과에 대해 책임을 지는 학교경영체제

학교혁신
학교 교육목표의 합리적 · 효과적인 달성을 위하여 학교의 체제나 제도 및 구성원의 생각이나 행동 등을 이전의 상태와는 다른 방식으로 새롭게 고치는 것으로, 기존 제도나 활동에 새로운 변화를 주어 학교 교육활동을 더 나은 방향으로 이끌고자 하는 접근

변화하는 학교의 특징
비전 공유, 학습을 중시하는 학교문화, 교육중심 리더십, 협력적 관계, 전문적인 탐구를 지향하는 문화적 조건, 학교혁신을 지원하는 구조적 조건 등을 포함함

01 학교경영

❶ 개념 및 과정 [기출] 20 초등

(1) 개념

① 단위학교가 학교를 하나의 경영 단위로 하여 교육목표를 설정하고 달성하기 위해 인적·물적 자원 등을 효율적으로 활용하여 교육성과를 극대화하는 일련의 활동이다.

② 학교행정이 고도의 확실성을 가지고 구조화·기획화된 결정을 달성하기 위한 경영관리 과정으로 객관성과 강제성을 띠고 있으나, 학교경영은 기획되거나 구조화되어 있지 않은 채로 하나의 결론을 매듭지어 나가는 경영관리의 과정이며 주관성과 융통성을 가진다.

(2) 영역

영역	내용
교육과정 운영과 장학	• 교육목표를 달성하기 위한 교육과정의 운영 문제와 시간의 편성 • 교사의 교수기술 향상과 교육과정 운영 개선 • 학급 및 학년경영 합리화를 위한 전문적 보조활동으로서 수업장학, 임상장학, 약식장학
학생관리	입학, 재학, 퇴학, 특히 의무취학을 위한 여러 문제, 생활지도
교직원 인사	교직원의 채용, 능력 발전, 사기 양양 문제
시설·재정관리	• 교지, 교사, 운동장 등의 여러 시설과 교재, 교구 등 여러 설비를 실제 교육에 알맞도록 정비하는 문제 • 학교를 운영·관리하기 위해 필요한 제반 회계, 경리를 교육실정에 맞도록 합리화하는 것
사무관리	학교경영활동을 수행하는 과정에서 수반되는 제반 기록과 장부 작성 및 보관, 공문서 처리 등
대외관계	학부모, 지역사회, 교육청과의 관계

(3) 과정

① 계획: 학교경영목표 및 방침 설정, 학교경영목표 달성을 위한 구체적인 활동 계획 수립 등을 수행한다.

② 실천(조직·지시·조정): 교육목표를 효율적으로 달성하기 위해 계획에 따라 인적·물적 자원을 조직·배분하며, 모든 교육활동들이 효율적·합리적으로 이루어질 수 있도록 지원·관리한다.

③ 평가: 설정된 목표에 비추어 학교경영 업무의 수행과정과 산출을 분석·검토하며, 이 과정에서 모색된 개선 방안을 다음 경영계획에 반영한다.

❷ 학교경영계획 [기출] 24 중등

(1) 개념 및 원리

① 개념: 학교의 교육목표를 합리적 · 효율적으로 달성하기 위해 학교를 어떻게 운영해야 할 것인가에 대한 청사진으로, 단위학교가 주체가 되어서 계획하는 종합적 교육기획을 말한다.

② 계획 원리

   ㉠ 연계성의 원리: 국가 및 지역 교육계획과 연계성을 유지하면서 수립해야 한다.

   ㉡ 합리성의 원리: 합의적 의사결정 절차를 통해 작성되어야 한다.

   ㉢ 종합성의 원리: 학교교육 목표 달성을 위해 관련된 모든 요소를 포함해야 한다.

   ㉣ 참여의 원리: 모든 교직원이 참여하여 의견을 제시 · 조정하고, 학부모도 참여할 기회를 주는 것이 바람직하다.

   ㉤ 현실성의 원리: 인적 · 물적 · 재정적 자원의 한계 내에서 달성할 수 있는 목표를 세워야 한다.

③ 내용: 요구 및 실태 파악, 목표와 방침의 설정, 조직계획, 활동계획, 평가계획 등을 포함한다.

(2) 학교자치기구

① 학교운영위원회

   ㉠ 학교운영과 관련된 중요한 의사결정에 학교구성원을 참여시킴으로써 단위학교의 교육목표를 민주적 · 합리적 · 효과적으로 달성하기 위한 집단 의사결정 기구이다.

   ㉡ 문민정부의 1995년 5 · 31 교육개혁에서 초 · 중등교육의 자율적 운영을 위한 학교공동체 구축 방안의 하나로 제안되었으며 1996년 국 · 공립 초 · 중등학교에, 2000학년도에는 사립 초 · 중등학교에 설치가 의무화되었다.

   ㉢ 구성

      ⓐ 교원 대표, 학부모 대표, 지역사회 인사로 구성된다.

      ⓑ 학교의 규모 등을 고려해 5~15명 이내의 범위에서 구성된다.

      ⓒ 구성 비율은 일반적으로 학부모 위원 40~50%, 교원 위원 30~40%, 지역 위원 10~30%의 범위 내에서 구성된다.

   ㉣ 기능

      ⓐ 「초 · 중등교육법」 제32조 제1항에 명시된 사항을 심의하고, 학교발전기금의 조성 · 운용 및 사용에 관한 사항에 대해 심의 · 의결한다.

      ⓑ 사립학교의 경우 학교운영위원회가 '자문 기능'을 한다.

[기출] 24 중등

기출논제 Check ✅

전문가 G가 언급한 학교운영위원회의 법적 구성 위원 3주체

ⓜ 심의·의결·자문사항
　　ⓐ 심의(국·공립학교): 학교헌장 제·개정, 학교예산, 교육과정, 교원인사, 기타 영역
　　ⓑ 심의·의결(국·공립학교): 학교발전기금 조성·운영에 관한 사항
　　ⓒ 자문(사립학교): 학교헌장 및 학칙 제·개정에 관한 사항(학교법인의 요청이 있는 경우), 초빙교원의 추천에 관한 사항을 제외한 국·공립학교의 심의 및 심의·의결사항

ⓗ 자격 및 선출
　　ⓐ 교원 위원: 해당 학교에 재직하는 교원(교장은 당연직 위원)으로, 교직원 전체 회의에서 무기명 투표로 선출한다.
　　ⓑ 학부모 위원: 해당 학교에 자녀를 둔 학부모로서, 학부모 전체 회의에서 직접 선출한다.
　　ⓒ 지역 위원: 해당 학교가 소재하는 지역을 생활근거지로 하는 자로서, 학부모 위원 또는 교원 위원의 추천을 받아 학부모 위원과 교원 위원의 무기명 투표로 선출한다.

② 학부모회
　ⓐ 학교 교육활동에 대한 폭넓은 의견 교환과 여론 수렴, 학교교육에의 참여를 위해 조직 및 운영된다.
　ⓑ 전체 학부모회, 학년별 학부모회, 학급별 학부모회 등으로 조직되어 활동된다.
　ⓒ 역할
　　ⓐ 앞으로 정부가 펼쳐나갈 교육개혁의 방향을 감시하고 비판·협력할 수 있는 기능을 수행한다.
　　ⓑ 보다 다양한 단체와 네트워크를 형성하며 교육개혁의 과제를 수행한다.
　　ⓒ 지역사회의 교육환경 개선에 관심을 가진다.
　　ⓓ 학부모 활동을 조직적·효과적으로 진행할 수 있도록 학부모 교육에 관심을 가진다.
　ⓔ 학교운영위원회와 학부모회의 차이점

구분	학교운영위원회	학부모회
설치 근거	「초·중등교육법」	학부모회 규약(자율조직)
성격	심의·자문기구	의결·집행 기구
조직권한	중요한 학교운영사항 심의·자문	학부모회 활동에 관한 사항 결정
구성원	교원 위원, 학부모 위원, 지역 위원	학부모
목적	학교운영에 필요한 정책결정의 민주성, 투명성, 타당성 제고	학교 교육활동을 위한 지원활동 및 상호 친목 도모

❸ 학교경영의 평가

(1) 개념 및 의의
① 학교를 교육활동이 수행되는 하나의 단위로 보고, 그 속에서 학생에게 기대되는 지적·정의적·신체적 발달이 학교 내부에서의 교육활동을 통해 어떻게 나타나는가를 중심으로 측정되는 학교효과 평가이다.
② 교육기관에 대한 책무성 강조로 학교교육의 질 관리를 위해 더욱 강조되었다.
③ 기능
  ㉠ 학교가 추진하는 교육활동이 어떤 교육적 가치를 창출하며, 학교구성원이 본연의 역할을 잘 수행하고 있는지 점검한다.
  ㉡ 그동안 추진해 온 교육목표의 달성 정도를 확인하고 발전을 위한 전략을 수립하는 데 기여한다.

(2) 평가의 영역 및 과정
① 영역
  ㉠ 투입평가: 교육목표 달성의 적정 수준 결정을 위해 필요한 정보를 얻는 것을 목적으로 한다.
  ㉡ 과정평가: 일정 기간 동안 각종의 교육활동이 순조롭게 잘 진행되고 있는가를 확인하는 평가이다.
  ㉢ 산출평가: 학교경영계획에서 설정한 학교경영목표가 어느 정도 달성되었는가를 판단하며, 학교평가, 학년평가, 학급평가를 포함한다.
② 과정: 평가계획 수립 ⇨ 평가 실시 ⇨ 평가결과 활용

> **참고** **학교평가**
>
> **1. 목적**
> 학교교육의 질 향상을 위한 학교운영의 책무성 제고, 단위학교 교육활동 개선 지원 및 교육정책 효과 진단, 학교 교육활동 우수사례의 발굴·보급을 통한 일반화 등을 목적으로 한다.
>
> **2. 근거**
> 「초·중등교육법」 제9조 제2항은 '교육부장관은 교육행정의 효율적 수행을 위해 필요한 경우에는 지방자치단체의 교육·과학·기술·체육·기타 학예에 관한 사무를 관장하는 지방행정 교육기관과 학교에 대하여 평가를 실시할 수 있다.'라고 규정하여 학교평가의 추진 근거를 마련했다.
>
> **3. 방법**
> ① **자체평가**: 학교평가 자체평가표에 의해 단위학교가 작성하는 것
> ② **서면평가**: 평가자가 학교교육계획서, 자체평가보고서, 만족도 설문조사, 학교홈페이지 등에 기초하여 평가하는 것
> ③ **방문평가**: 평가자가 학교를 방문하여 관찰 및 면담자료 등 질적 자료를 중심으로 평가하는 것
> ④ **교육지원청 평가**: 교육지원청 장학 결과에 의해 이루어지는 것

개념확대⊕
Zoom IN

학교효과
학교 교육활동과 관련 있는 변인이 학생의 행동발달에 미치는 영향을 의미한다.

④ 단위학교 책임경영제(SBM; School - Based Management) 기출 09 중등

(1) 배경

교육현장에 신자유주의적 요소가 도입되면서, 국가 교육기관이나 지역 교육청이 자원 배분 등에 관한 결정 권한을 단위학교에 부여함으로써 학교에 자율성과 책무성을 동시에 요구하게 되었다.

(2) 개념

① 단위학교가 자율권을 가지고 학교 내부의 민주적 · 합리적인 의사결정과정을 통해 학교를 운영하며, 그 결과에 대해서 책임을 지는 학교경영체제를 의미한다.
② 학교가 학생 · 학부모 등 교육 수요자의 요구가 반영된 고객 중심의 학교경영을 가능하게 한다는 점에서 학교경영의 중요성을 부각시켰다.

(3) 목적

교육과정, 교직원인사 등 핵심 권한을 단위학교에 직접 부여하여 수요자 중심의 학교교육 다양화를 유도하고, 다양하고 특색 있는 학교운영과 선의의 경쟁을 통한 학교교육의 경쟁력을 제고하는 것을 목적으로 한다.

(4) 특징

① 단위학교 책임경영은 단위학교 자율화를 확대하는 방향으로 추진되었다.
② 구체적으로 교육과정 자율화, 교직원 인사 자율화, 단위학교 예산제도, 자율학교 확대 등의 형태로 나타났다.
③ 의사결정의 권한을 단위학교로 이양하여 학교운영의 자율성과 학교구성원의 책무성을 높이고자 했다.
④ 각 지역과 단위학교에 적합한 교육을 실시할 수 있어 교육자치제를 실현할 수 있다.

(5) 의의

① 학교자율화를 통해 단위학교 책임경영 체제가 구축되면, 학생 · 학부모 등 교육 수요자의 요구가 반영된 다양하고 질 높은 공교육 서비스를 제공할 수 있다.
② 이를 통해 교육력 강화를 도모하고 학교의 책무성을 강화할 수 있다.

(6) 단위학교 책임경영제 실현방안

구분	실현방안
조직	학교자치기구(학교운영위원회, 학부모회)
인사	교장공모제, 초빙교사(교원초빙)제
재무	학교회계제도
평가	학교평가

❺ 학교경영의 혁신

(1) 학교혁신

① 학교교육 목표의 합리적·효과적인 달성을 위하여 학교의 체제나 제도 및 구성원의 생각이나 행동 등을 이전의 상태와는 다른 방식으로 새롭게 고치는 활동을 말한다.

② 기존의 제도나 활동에 새로운 변화를 주어 학교 교육활동을 더 나은 방향으로 이끌고자 한다.

(2) 학교혁신에 대한 접근

① 정부 주도 모델

　㉠ 미국에서는 1980년대 초반 미국의 '위기에 처한 국가(A Nation at Risk)' 와 2002년 부시행정부에 의해 주도된 '낙오아동 방지 방안(NCLB; No Child Left Behind)' 교육개혁부터 시작되었다.

　㉡ '위기에 처한 국가' 보고서는 그 당시 학생들의 학력 저하 및 미국의 공교육 위기를 경고하면서, 평등정책을 수월성 정책으로 전환할 것을 요구했다.

　㉢ 지금까지 학교교육을 통해 학생들이 어떤 능력을 획득하게 되었는지에 대해 냉철하게 분석된 바가 없었고, 학교는 그저 가르치게 되어 있는 것을 가르칠 뿐이므로 정부가 직접 개입하여 엄격한 기준으로 학교를 평가해야 함을 전제한다.

　㉣ 우리나라의 경우: 미국에 비해서는 책무성 부과 수준이 낮지만, 한국에서도 다양한 기제들(학교평가, 정보공개, 컨설팅, 장학, 감사 등)을 이용하여 학교의 책무성을 강조해왔다.

　㉤ 주요 내용

　　ⓐ 미국의 NCLB 정책은 고부담 책무성 전략을 구사하였는데, 학생에게 평가를 실시하여 기준 미달 학생, 교사, 학교에 대해서는 제재조치를, 고성과 학교, 교사 등에는 다양한 재정적 인센티브를 부여했다.

　　ⓑ 지속적으로 기준을 달성하지 못하는 경우 학교 구조조정, 교직원 대다수 교체, 학교운영 위탁 등의 제재가 따른다.

② 시장 주도 모델

　㉠ 1980년대 초반 영국 대처정부에 의해 가장 먼저 시작되었으며, 1990년대 초 미국에서 학교교육에 시장원리를 도입하면서 다양하게 추진되었다.

　㉡ 공교육의 실패 요인은 경쟁이 없는 독점적 지위 때문임을 전제한다.

　㉢ 우리나라의 시장 주도 모델: 학교선택제, 고교유형 다양화(자율형 공립고, 자율형 사립고 등), 고교평준화 제도 개선 등이 있다.

　㉣ 공립학교에 어느 정도 경쟁시스템을 도입하여, 학교 선택 방식으로 책무성을 요구한다.

ⓜ 주요 내용
ⓐ 영국에서는 1988년 교육개혁법으로 국가 공통 교육과정을 도입해 연령 단계별로 평가를 실시하고, 시험 결과로 학교별 순위를 공개하여 학부모의 학교선택권을 높이고자 했다.
ⓑ 미국에서는 학교교육의 민영화, 시장의 경쟁원리 도입, 학교선택제 확대 등을 통하여 학교 유형을 다양화하고 학생의 학교선택권을 다양하게 확대시켰다.

③ 교사 주도 모델
㉠ 정부 주도의 학교혁신 접근에 대한 반발로 1980년대 중반 이후 카네기재단에서는 「준비된 국가: 21세기의 교사(A nation prepared: teacher for the 21st century)」라는 보고서를 통해 학교혁신이 교사 주도로 수행되어야 함을 강조했다.
㉡ 성공적인 학교 변화를 위해서는 현장에서 실제 혁신을 이끄는 교사가 개혁의 중심이 되어야 함을 전제한다.
㉢ 주요 내용
ⓐ 교사의 권한(empowerment)을 강화하고, 특히 교수·학습과정에 대한 교사의 자율권을 확대한다.
ⓑ 기존 학교 행정구조에서 수석교사제, 수업리더 등의 형태로 교사 역할을 재정립함으로써 학교 안의 교사들에게 새로운 책임을 맡긴다.
ⓒ 교사리더십 강화가 특히 중요한데, 교사의 수업지식에 대한 리더십 지위를 부여함으로써 교사는 정부의 관리대상이 아닌 교수법의 전문가로서 스스로 학교혁신을 추동한다.

④ 네트워킹 모델
㉠ 홈즈 그룹(Holmes group)의 「Tomorrow's teachers reports」(1986)에서 제안된 형태로 이론적 논의되었지만, 이론적 논의 수준에 머물러있다.
㉡ 전제
ⓐ 예산 삭감, 학습성과 저조, 공교육에 대한 신뢰 부족 등의 위협 요인에 학교가 혼자서 변화의 위협을 감당할 수 있는 자원과 노하우가 부족하다.
ⓑ 학교와 다른 교육기관들 간의 협력을 통해 현재 당면한 문제들을 해결하고 학교혁신을 꾀할 수 있다.
㉢ 주요 내용
ⓐ 일선학교와 대학의 협력, 자원의 공유와 실천가와 이론가 간 상호 교류, 공동목표 설정 등을 통해 학교가 강력한 전문성을 가질 수 있도록 돕는다.
ⓑ PDS(Professional Development School): 대학 – 학교 간의 협력 학교로, 대학교수, 초·중등교원, 교육행정가들이 공동 주체로 참여해, 이론과 실제를 결합하고자 노력한다.
ⓒ 공동 의사결정, 관리 협력, 교사와 교수의 협력, 상호 탐구 등을 강조한다.

⑤ 학교공동체 모델
  ㉠ 학습을 중심으로 협력이 조직화된 학교에서 바람직한 혁신의 결과로 교사의 더 높은 헌신과 학생들의 활발한 학습참여가 나타남을 전제로 한다.
  ㉡ 교사 간 협동적 관계 및 학교 내 사회적 규범의 중요성을 강조하며, 특히 교사의 학습공동체를 강조했다.
  ㉢ 주요 내용
    ⓐ 높은 수준의 교육은 특정한 교수법이나 학교구조 변화로 가능한 것이 아니라, 보다 근본적으로 교사들의 헌신과 역량 및 학생들의 배우고자 하는 의지에 달려있다.
    ⓑ 이를 위해서는 학교가 전문적 학습공동체로서 조직 역량을 갖춰야 한다.
    ⓒ 전문적 학습공동체로서의 학교의 특징
      • 교사들이 분명하고 공통된 목표를 공유한다.
      • 목표달성을 위해 서로서로 협동할 수 있는 기회를 제공한다.
      • 교사들은 학생의 학습에 대해 개인적이기보다는 집단적인 책임감을 갖는다.
    ⓓ 학교의 조직 역량을 키우기 위해 교육체제, 학교시스템, 학교구성원의 모든 역할과 기능이 학생의 학습에 대한 책무를 다할 수 있는 방향으로 구성할 필요가 있다.
    ⓔ 학교혁신의 방향은 다양한 주체들이 참여하고 합의하여 관점을 공유해 나갈 수 있도록 해야 한다.

(3) 학교혁신 전략
① 성공적 학교혁신을 위한 원칙
  ㉠ 정부 주도의 획일적인 방식보다는 개별 학교의 다양한 학교구성원이 참여하는 자생적 변화의 방향이어야 한다.
  ㉡ 학교혁신을 새로운 개혁 모델에서 찾을 것이 아니라 기존에 진행되고 있는 다양한 개혁 과제들과 어떻게 관련되는지에 주목해야 한다.
  ㉢ 외부 전문가의 도움과 물적 지원을 적극적으로 활용해야 한다.
② 변화에 대한 저항 요인

구분	내용
문화적 장애요인	전통적 신념이나 가치체계와의 불일치, 양립 불가능성 등
사회적 요소	집단의 연대의식, 외부자에 대한 거부, 규범에의 순종, 갈등 회피, 집단 내부만을 바라보는 경향 등
조직적 차원	권위에 위협이 되는 경우, 조직구조, 상급자의 행동, 변화와 관련된 조직풍토 등
심리적 차원	인식, 항상성, 순종, 개인적 특성 등

③ 변화하는 학교의 특징
  ㉠ 비전 공유
    ⓐ 학교교육의 중점과 교수활동에 관하여 교사 간 공유하는 기준과 가치가 설정되어야 한다.
    ⓑ 성공적인 학교의 공통적 특징 중 하나는 학교구성원이 학생 및 교사의 역할, 학생의 학습능력, 교수·학습활동 개선과 관련해 공통적 규범 및 신념을 가지고 있었다.
    ⓒ 이러한 학교분위기에서 교사들의 전문적이고 새로운 교수행위는 일관성, 효과성을 띠며 교수·학습활동의 개선을 이끌 수 있다.
  ㉡ 학습을 중시하는 학교문화
    ⓐ 학교교육의 근본은 학생의 학업성취에 있다는 점에서 학생의 교육활동에 초점을 두는 분위기가 형성되어야 한다.
    ⓑ 학습을 중시하는 학교문화는 교사에게 교수활동에 대한 반성 과정을 타당하게 인정하고 적극적으로 수용하는 자세를 갖게 한다.
    ⓒ 학교혁신을 위해 교사가 학생의 교육활동과 관련된 자신의 아이디어를 동료들과 자유롭게 논의할 수 있는 풍토와 구조를 만들어야 한다.
  ㉢ 교육중심 리더십
    ⓐ 기존 학교지도성은 학교교육의 핵심인 교수활동을 중점에 두지 않았기 때문에 학교혁신을 이끌어내기 어렵다.
    ⓑ 학교혁신을 위해 학교장은 학생 및 교직원의 배움을 중심으로 학교를 이끌고, 지속적인 배움을 중요시하는 학교문화를 창조할 수 있는 교육중심의 리더십이 요구된다.
    ⓒ 학교장은 교사의 새로운 시도를 격려·지원하고, 교사가 동료교사의 노력을 적극적으로 지원하고 공동의 지혜를 모을 수 있도록 지원해야 한다.
  ㉣ 협력적 관계
    ⓐ 학교혁신을 위해 구성원 간의 공식적 관계보다는 학습향상에 필요한 전문성을 키워갈 수 있는 협력적 관계가 강조된다.
    ⓑ 교사 간 협력은 단순한 친밀감 이상을 의미하며, 교수·학습활동과 관련되어 있어야 한다.
    ⓒ 교사들의 협력적 관계를 유지하기 위해서는 전문적 공동체의 형성이 중요하다.
④ 전문적 탐구를 지향하는 문화적 조건
  ㉠ 탐구 지향적인 학교문화를 발전시킴으로써 학교에서도 혁신이 가치 있는 것으로 여겨질 수 있을 것이다.
  ㉡ 혁신에 대한 보상과 작은 실패에 대한 관용이 교사에게 지적 활력을 불어 넣어줄 수 있을 것이다.

⑤ 학교혁신을 지원하는 구조적 조건
  ㉠ 교사의 지적 호기심과 위험 감수 등의 문화적 조건은 이를 지원하는 구조적 조건이 수반되어야 한다.
  ㉡ 이를 위해서는 학교 크기, 학교 내 의사결정 권한, 협의회 시간, 교사 전문성 개발을 위한 기회 등이 중요하다.

(4) 혁신학교

① 2009년 경기도에서 시작하여 전국 지역으로 확산되고 있는 학교 혁신운동의 일환이다.
② 자기주도적 삶을 살아가는 학생의 존엄한 성장을 도모하고, 새로운 학교교육 모형 창출과 확산을 통해 행복한 교육공동체 문화 조성을 목표로 삼고 있다.
③ 학급인원, 학교운영, 교육과정 운영에 있어서 일정 부분 자율성을 가지며, 교직원의 안정적 근무와 행정인력을 지원하기 위해 예산이 지원된다.
④ 기존 입시 위주의 획일적이고 구조화된 교과운영에서 벗어나 교육의 자발성, 창의성, 공공성, 민주성을 제고하기 위한 움직임이다.
⑤ 학교장과 교사가 민주적인 절차와 합의에 따라서 자율적으로 학교와 수업을 운영하기 위해 노력한다.
⑥ 학교구성원뿐 아니라 혁신학교가 속한 지역사회의 관계자 모두가 교육혁신의 주체와 대상으로 참여하는 공동체문화를 형성한다.
⑦ 현황
  ㉠ 전국적으로 '창의인재 씨앗학교(대전)', '서로나눔학교(울산)' 등 다양한 명칭으로 혁신학교 사업이 진행되어왔다.
  ㉡ 2018년을 기준으로 전국적으로 1,340개교가 운영되며, 유치원 13개교, 초등학교 799개교, 중학교 407개교, 고등학교 134개교, 특수학교 4개교에서 혁신학교가 운영되었다.

요약정리 🔍
Zoom OUT 성공적 학교혁신의 원칙 및 특징

구분	내용
성공적 학교혁신을 위한 원칙	• 개별 학교의 다양한 학교구성원이 참여하는 자생적 변화여야 함 • 새로운 개혁 모델보다는 기존에 진행되고 있는 다양한 개혁 과제들과 어떻게 관련되는지에 주목함 • 외부 전문가 및 물적 지원을 적극적으로 활용함
변화하는 학교의 특징	비전 공유, 학습을 중시하는 학교문화, 교육중심 리더십, 협력적 관계, 전문적 탐구를 지향하는 문화적 조건, 학교혁신을 지원하는 구조적 조건 등

02 학급경영

❶ 개념 및 과정

(1) 개념 및 원리

① 담임교사가 학급의 교육목표를 효과적으로 달성하기 위해 인적·물적 자원을 활용하여 계획·조직·지도·통제·평가하는 일련의 학급 운영활동이다.

② 의의
  ㉠ 학급은 교육이 실제로 이루어지는 곳이다.
  ㉡ 학급은 학생들이 매일 생활하는 장소이다.
  ㉢ 학급경영방식이 학생의 학업성취와 인격 형성에 크게 영향을 미친다.
  ㉣ 학급은 교사의 전문성을 신장·발전시키는 곳이다.
  ㉤ 학교교육의 발전은 학급을 기반으로 한다.

③ 원리
  ㉠ 타당성의 원리: 교육 원리, 상위 교육시책 및 교육운영 방향, 사회적 요구, 학생의 특성과 요구 등에 비추어 타당하고 일관성이 있어야 한다.
  ㉡ 민주성의 원리: 학급경영 및 기획과정에는 학생 및 학부모의 광범위한 협조와 이해 및 지지를 바탕으로 운영되는 것이 바람직하다.
  ㉢ 효율성의 원리: 최소의 노력(투입)으로 교육목표 달성(산출)을 극대화하며 학생의 만족도를 높이도록 계속적인 평가와 피드백이 이루어져야 한다.
  ㉣ 현실성의 원리: 학급경영은 예산, 실시방법, 적용시기 및 범위 등의 실현가능성과 구성원의 욕구 충족, 사기 양양, 교육활동 개선 등의 실용성이 있어야 한다.
  ㉤ 전문성의 원리: 학급경영 계획과 프로그램 작성 및 실천과 결과의 평가에 대한 주도권과 궁극적인 책임은 학급경영의 전문가인 담임교사가 가지고 행해야 한다.
  ㉥ 통합성의 원리: 다양한 요구, 원리, 과업들의 상호 연계가 모순되지 않게 교과지도, 특별활동, 생활지도 등이 통합 운영되어야 한다.

(2) 영역 및 과정

① 영역
  ㉠ 교과지도 영역: 교과지도, 특수아 및 부진아 지도, 가정학습 지도
  ㉡ 창의적 체험활동 지도 영역: 창의적 체험활동(자율, 적응, 봉사, 동아리활동) 지도, 학교행사, 단체활동 지도
  ㉢ 생활지도 영역: 인성지도, 진로지도, 건강지도, 안전지도
  ㉣ 시설 환경 관리 영역: 시설 및 비품관리, 게시물 관리, 물리적 환경 관리
  ㉤ 사무처리 영역: 각종 장부 관리, 성적 관리, 각종 잡무 처리
  ㉥ 대외관계 영역: 학부모 및 지역사회와의 관계 유지, 봉사활동

② 과정
  ㉠ 학급경영계획의 수립
    ⓐ **학급경영목표 및 방침 결정**: 학교·학년목표나 교육방침 등의 일관성을 유지하고, 학급의 교육적 수준 및 학생 실태 파악을 기초로 설정한다.
    ⓑ **필요한 기초자료의 수집**: 학교생활기록부나 건강기록부뿐만 아니라 설문조사, 면담 등을 통해 학생 개개인에 대한 구체적인 자료를 수집한다.
    ⓒ **필요한 조직 구성**: 학급활동에 필요한 학급자치조직을 어떻게 구성할지에 대한 계획을 수립한다.
    ⓓ **학급환경 구성계획**: 학생이 생활하고 학습하는 공간으로서 교실 등의 학급환경을 계획한다.
    ⓔ **학생지도 계획 수립**: 학습지도 계획, 생활지도 계획, 창의적 체험활동 지도계획, 기타 지도계획 등으로 나누어 구체적으로 수립한다.
    ⓕ **학급경영 평가계획**: 영역 또는 활동별로 학급경영 성과를 진단 및 평가할 수 있는 방법을 구체적으로 계획한다.
    ⓖ **학급경영안 작성**: 진행해 온 구상과 조사 및 계획을 바탕으로 일정한 양식을 통해 학급경영안을 기록·작성한다.
  ㉡ 학급환경의 정비
    ⓐ **좌석 배치**: 좌석을 어떻게 배열할지, 배열된 좌석에 학생들을 어떻게 배치할지, 어떠한 주기로 좌석 배치를 변경할지 등을 포함한다.
    ⓑ **교실환경의 정비**: 유용성, 심미성, 안전성, 융통성, 연계성, 경제성 등을 고려하여 교실환경을 구성한다.
  ㉢ 학급생활의 지도
    ⓐ **학급의 교과지도**: 교과별 시간 배당기준에 따라 구체적인 수업계획을 세우고, 매일의 교과지도 활동을 체계적으로 전개한다.
    ⓑ **학급의 생활지도**: 학생들로 하여금 자기 자신의 이해와 현실 환경에 대한 이해를 통해 건전한 적응을 하며, 자신의 가능성을 지속적으로 발달시켜 건전하게 성장할 수 있도록 기술적·조직적으로 진행한다.
    ⓒ **학급에서의 행동지도**: 학습활동에의 몰입 여부와 학급 생활규칙의 준수 여부에 초점을 두고 이루어진다.
    ⓓ **학급 자치활동 지도**: 자치활동을 통하여 대화와 토론을 통한 타협, 양보와 관용의 태도, 자주정신으로 자신의 권리를 행사하는 태도 등을 기를 수 있도록 지도한다.
    ⓔ **학급 사무관리**: 학급일지, 가정통신문, 학교생활기록부, 출석부 등과 같은 교육활동의 과정에서 수반되는 기록과 공문서 처리 등을 담당한다.
  ㉣ 학급경영 평가: 학급경영 계획면, 학습지도면, 생활지도면, 환경구성면, 교사활동면 등으로 구분하여 실시한다.

❷ 학급경영계획 및 조직

(1) 학급경영계획

① 앞으로의 학급활동을 구상하고 준비하는 활동을 말한다.

② 절차: 학급경영 목표 및 방침 결정 ⇨ 기초자료의 수집 ⇨ 학급운영 조직계획 ⇨ 학급환경 구성 ⇨ 학생지도 계획 ⇨ 학급경영 평가계획 ⇨ 학급경영안 작성

(2) 학급운영조직

① 교사와 학생들의 원활한 상호작용을 높여 교육적 효과를 극대화시킨다.

② 학급구성원 모두의 자발적·적극적 참여를 유도하며 교수·학습을 통해 학교 교육을 효율화·극대화할 수 있는 방향으로 조직되어야 함을 원칙으로 한다.

③ 학생의 교육적 수준, 선호도와 적성, 교우관계 등을 세심하게 고려하여 편성해야 하며, 필요 시 학생의 의견을 충분히 수렴한다.

❸ 학급경영평가

(1) 개념

① 학급운영의 성공 여부를 판단하고 그 원인을 분석함으로써 이후의 학급경영을 위한 개선자료로 활용하는 과정을 말한다.

② 학급경영 개선에 필요한 유용한 자료를 학급경영자에게 제공함으로써 합리적 의사결정을 도울 수 있다.

(2) 기능 및 과정

① 기능
  ㉠ 학급경영활동의 성취도 확인
  ㉡ 학급경영의 문제점 진단
  ㉢ 교사 및 학급구성원의 동기 유발
  ㉣ 학급경영의 개선을 위한 정보 제공 및 책무성 확인
  ㉤ 학급경영에 대한 제반 의사결정에 도움

② 과정: 평가목적 설정 ⇨ 평가대상 및 영역 확정 ⇨ 평가의 준거 및 기준 설정 ⇨ 준거와 기준에 관련된 자료수집 ⇨ 준거자료에 비추어 사정 ⇨ 평가대상의 가치 판정 ⇨ 평가결과의 활용(환류)

본 교재 인강 · 무료 기출해설 특강
teacher.Hackers.com

01 우리나라에서 교육행정의 개념은 교육의 양적 성장을 추진하는 과정에서 관료제적 원리가 적용되고 _____ 행정의 관점이 만연해졌으며, 이에 대한 반작용으로 _____ 행정이 점차 요구되어 온 것으로 이해할 수 있다.

01
교육에 관한, 교육을 위한

02 교육행정을 보는 관점 중 조건정비설(기능주의설)은 교육조직의 핵심 목표는 _____이기 때문에 교육행정을 교육목표를 효율적으로 달성하기 위해 필요한 인적 · 물적 조건을 정비 및 확립하는 _____ 활동이라고 보는 견해이다.

02
교수 · 학습, 수단적/봉사적

03 학교조직은 교사라는 _____집단으로 구성되어 있으며, 교육의 성과는 학생의 지식, 기술, 태도의 변화를 포함한다는 점에서 쉽게 _____할 수 없고, 교육효과는 _____으로 나타난다는 점에서 특수성을 가진다.

03
전문가, 측정/계량, 장기적

04 교육행정의 원리 중 합법성보다 훨씬 적극적인 개념으로 국민의 의사를 행정에 반영하고 국민을 위한 행정을 해야 한다는 것은 _____의 원리이며, 효과성과 능률성을 동시에 포괄하는 용어로 교육의 책무성을 강조하며 가장 능률적인 방법으로 최대의 목표를 달성하는 것은 _____의 원리이다. 또한 교육행정은 교육활동의 본질 및 교육의 특수성을 이해하고 교육행정에 관한 이론과 기술을 습득한 전문가가 담당해야 한다는 것은 _____의 원리이다.

04
민주성, 효율성, 전문성 보장

05 고전적 조직이론은 _____을 특히 강조하는 이론으로, 조직의 능률과 생산성을 높이기 위해 뚜렷한 목표설정, 직무구조화 · 전문화 · 표준화, 규정 및 규칙 등을 강조한다.

05
효율성

06 _____는 합법적 권위를 기초로 하여 성립하는 이상적인 조직 형태를 토대로 등장한 개념으로 기능적 _____, 권위의 _____, 규정과 규칙, 몰인정성, 전문적 자격, _____, 경력지향성, 소유와 집행의 분리 등의 특징을 갖는다.

06
관료제, 분업, 위계,
문서화 · 공식화

07 인간관계론에 따르면 기존의 고전이론에서 제시한 효과적 행정관리에 필요한 요인들은 가장 효과적인 방식이 아니며 인간의 _____ 요인이 중요하다. 또한 생산 수준은 개인의 능력보다 _____조직의 사회규범에 더 큰 영향을 받는다.

07
사회/심리적, 비공식

08 _____은 인간관계론의 발전된 형태로 구성원의 직무만족을 조직성과를 위한 수단으로 보는 관점에서 벗어나, 조직성과를 통해 구성원의 직무만족을 추구하는 관점으로, 이후 조직개발기법(OD) 등의 발전에 영향을 미쳤다.

08
인적자원론

09 행정과학론은 개념, 원리, 모형, 연구설계 등의 이론적 가설 검증을 통해 독자적 학문으로서 교육행정 이론화에 기여한 관점으로, 조직과 개인을 _____하여 행정을 바라보았다. 그 결과 행정에서 상황대응론적 관점, 즉 행정에서 _____의 방법을 찾기 어렵다는 것을 인정하고 다양한 유형이 있을 수 있다는 관점을 제시해, 동기– 위생이론, 상황적 리더십이론 등의 등장에 영향을 미쳤다.

09
통합, 최선

10 체제이론에 따르면 학교 및 교육조직은 _____로서 환경과 끊임없이 상호작용한다. 예컨대, 호이와 미스켈의 학교체계모형에서 학교조직은 _____을 체제의 본질적 기능으로 두고 _____·_____·_____·_____ 체제 요소와 영향을 주고받는다.

10
개방체제, 교수·학습, 구조,
개인, 문화, 정치

11 카우프먼의 체제접근모형은 학교조직을 _____체제로 보고 이를 전제로 한 문제 해결방안 모색 전략으로, 조직문제 해결을 위해 '문제 확인, _____, 해결전략 선정, 해결전략 시행, _____, 수정'의 순서로 진행되는 일련의 과정을 제시했다.

11
개방, 대안 결정, 성취효과 결정

12 브루코버의 사회체제접근 모형은 학교조직을 '투입 – _____ – 산출' 과정을 포함하는 사회체제로 간주하고, 학교의 문화적 · 규범적 · 사회심리학적 요인이 교사의 수업행동에서 학생과의 상호작용으로 반영되어 _____에 영향을 미친다는 전제하에서 학교체제에 주목했다.

12
과정, 학습효과

13 조직은 둘 이상의 사람들이 공동의 _____를 추구하기 위해 의도적으로 구성한 사회체제를 의미하며, 조직구성원들은 각각 역할을 가지고 책임과 업무를 분담한다.

13
목표

14 행정조직의 원리 중 _____는 중앙집권제와 분권제 사이에서 적절한 균형을 도모해야 한다는 것을 의미한다.

14
적도집권의 원리

15 _____은 제도화된 공식규범의 바탕 위에 성립하며 공식적인 목표를 달성하기 위한 조직표상의 조직을 의미하는 반면, _____은 구성원 간의 상호작용에 의해 자연발생적으로 성립되는 조직이다.

15
공식조직, 비공식조직

16 _____조직은 조직 내 자유로운 의사소통을 원활하게 하고 조직의 응집성을 높여주지만, 때때로 조직의 의사소통을 _____해 비합리적 의사결정을 하거나 파벌을 조성해 조직의 목표 달성을 저해할 수 있다.

16
비공식, 차단/왜곡

17 _____은 행정의 수직적 지휘명령 계통이 명확하게 정립되어 업무를 직접 수행하는 1차적 조직을 의미하는 반면, _____은 전자의 기능을 원활하게 추진하기 위한 기획, 자문, 협의, 경고, 정보수집, 연구 등의 기능을 수행하는 조직이다.

17
계선조직, 참모조직

18 파슨스의 사회적 기능 유형에 따르면 공립학교는 체제의 문화를 창조 · 보존 · 전달 하는 기능을 수행하는 _____ 조직에 해당한다.

18
유형유지

19 카츠와 칸은 조직의 _____이 무엇인지에 따라 조직을 네 가지 유형으로 구분했는데, 학교는 사회 일원으로 사회규범을 내면화하고 유지하는 조직이라는 점에서 _____조직에 해당한다.

19
본질적 기능, 유지

20 블라우와 스콧의 조직 유형 구분에 따르면 학교조직은 1차적 수혜자가 _____ _____으로, _____하는 데 주요 관심이 있는 조직이다.

20
조직과 직접적으로 접촉하는
일반대중,
고객에게 서비스를 제공

21 칼슨은 고객의 _____과 조직의 _____ 여부에 따라서 조직을 네 가지 유형으로 구분했는데, 이에 따르면 공립학교는 _____조직에 해당한다.

21
참여결정권, 고객선택권, 사육

22 에치오니의 순응 유형에 따르면 학교조직은 _____ 권력을 사용하여 구성원의 높은 헌신적 참여를 유도하는 조직이라는 점에서 _____조직에 해당한다.

22
규범적, 규범

23 민츠버그의 조직 유형 구분에 따르면 대규모의 체계화된 학교는 기술의 표준화를 조정기제로 하며, 실무전문가들의 기술과 지식에 의존하는 조직으로 전문가 스스로 자신을 통제하고 작업 기준을 개발한다는 점에서 _____에 해당한다.

23
전문적 관료제

24 학교조직은 관료제적 특징과 전문직제의 형태를 모두 보인다는 점에서 _____ _____ 성격을 가지고 있다. 예컨대 업무의 분업화, 절차규정에 따른 운영, 위계적 구조, 국가수준의 표준화된 교육과정 등은 _____ 특징에 해당하며, 고도의 교육을 받은 교사들이 독립적이고 한정된 교실에서 교수·학습과 관련한 상당한 자유재량권을 행사한다는 점에서는 _____의 형태를 보인다.

24
전문적 관료제적,
관료제적, 전문직제

25 올슨, 코헨, 마치 등이 제안한 개념으로, 학교는 조직화되어 있으나 의도적인 통제가 이루어지지 않고, 모두가 동의하는 _____나 _____이 있지 않으며 _____인 참여가 이루어진다는 점에서 _____ 형태를 보인다.

25
목표, 기술, 유동적,
조직화된 무질서

26 학교조직과 관련해 와익이 제안한 개념으로, 학교장과 교사 간의 결합관계가 견고하지 않으며, 상호 영향력이 제한적이라는 점에서 학교는 _____에 해당한다.

26
이완조직

27 오웬스에 따르면 특히 수업과 관련하여 교사는 상당한 자율권을 행사하고 있다는 점에서 _____조직에 해당하지만, 수업행동에 미치는 많은 관료제적 장치를 갖고 있으며 수업을 제외한 많은 학교 경영활동에서는 엄격한 결합구조를 가지고 있다는 점에서 학교는 _____에 해당한다.

27
이완, 이중조직

28 서지오바니는 학교를 가치, 생각, 헌신을 공유하는 사람들의 공동체로 간주하는데, 효과적인 학교는 학습에 대한 교사 간의 공유된 가치와 교수·학습활동에 대한 교사의 풍부한 대화 및 협동을 근간으로 한다는 점에서 _____로 볼 수 있다. 이러한 학교에서는 구성원 모두가 비전과 가치를 공유하고 협력적으로 학습하며, 교육활동에 관한 일상적 대화를 통해 교육활동에 대해 성찰하는 기회를 가진다.

28
전문적 학습공동체

29 효과적인 학교조직 형태로서 센게가 제안한 개념인 _____은 학교 내·외의 교사가 정보를 공유하고 협력적 학습활동을 전개하고, 지속적으로 새로운 지식을 창출하여 학교의 환경에 적응해 나가는 조직을 의미하며 개인적 숙련, 정신모델, _____ 학습, 시스템적 사고, _____ 비전 등의 특징을 가진다.

29
학습조직, 팀, 공유된

30 리커트는 지도자와 구성원 간의 관계에 따라 조직풍토 유형을 네 가지로 구분했다. 그중에서 가장 이상적인 학교풍토로 가정한 체제 4 유형은 _____ 풍토로 맥그리거의 Y이론을 가정하고 있으며, 관리자가 구성원을 온전히 신뢰하고 관리자와 구성원의 관계는 광범위하고 우회적인 풍토이다. 이러한 학교풍토에서 교사들은 높은 성취목표, 많은 협동심, 공동협력과 배분, 높은 성취동기를 보인다.

30
참여적

31 할핀과 크로프트는 학교조직풍토 기술척도 OCDQ를 개발해 이를 토대로 학교를 여섯 가지 유형으로 구분했다. 이에 따르면 _____ 풍토는 교장과 교사들 간의 우호적 태도가 형성되고 사회적 욕구는 잘 충족되지만 조직의 목적 달성을 위한 집단 활동이 부족한 풍토에 해당한다.

31
친교적

32 호이와 미스켈은 학교풍토를 측정하는 OCDQ 척도를 수정해 초등학교용 OCDQ-RE를 구안하고, 이를 토대로 학교풍토 유형을 네 가지로 구분했다. 이에 따르면 _____ 풍토는 학교장의 통제가 비효과적으로 시도되고 다른 한쪽에서는 교사의 높은 전문적인 업무 수행이 이루어지는 풍토인 반면, _____ 풍토는 학교장은 개방적이고 관심이 많으며 지원적인 반면, 교사는 학교장을 무시하고 교사 간에도 불화하고 편협하며 헌신적이지 않은 풍토이다.

32
몰입, 일탈

PART 6 키워드 인출로 핵심 빈칸 채우기

33 윌로어는 학교에서의 _____방식을 기준으로 학교풍토를 두 가지로 구분했다. _____ 학교는 학생이 협동적 상호작용과 경험을 통하여 배우는 교육 공동체로 민주적 학생 지도방식을 취해 교사의 엄격한 통제보다 스스로의 자제가 중요한 반면, _____ 학교는 학생과 교사의 지위체계가 잘 정비된 권위적 조직으로 학생을 무책임하고 훈련되지 않은 존재로 가정하고 엄격한 규율과 체벌로 학생을 통제한다.

33
학생 통제, 인간주의적, 보호지향적

34 맥그리거는 _____에 대한 가정에 따라 서로 다른 조직문화가 나타날 수 있다는 경영이론을 전개했는데, _____은 인간은 일하기 싫어하고 지시받기 좋아한다고 가정하고 외적 통제를 강조하는 반면, _____은 인간은 일에 대한 동기와 잠재력, 책임감, 목표 성취 의지를 갖고 있다고 가정하고 자율적 통제와 자기지향을 강조한다.

34
인간 본성, X이론, Y이론

35 아우치의 Z이론은 전체 조직문화에 관심을 두고 성공적인 기업이 갖고 있는 문화적 특성을 분석했다. 이 이론에 따르면 Z조직이 갖고 있는 장기간의 고용은 구성원이 조직에 _____하도록 하고, 참여적 의사결정은 구성원들 간 _____를 다질 수 있도록 하며, 전체 지향은 협동적으로 일하는 _____주의적 분위기를 조성한다.

35
헌신, 협동심/팀워크, 평등

36 맥그리거의 이론과는 달리, 아지리스의 _____이론은 연속선을 제시해 조직 관리자가 구성원을 _____한 인간으로 취급하고 뛰어난 리더십으로 성숙한 문화풍토를 조성하기 위하여 노력할 때, 인간과 조직은 _____한 인간과 조직으로 발전한다고 강조했다.

36
미성숙 – 성숙, 성숙, 성숙

37 세시아와 글리노우의 문화유형론은 조직문화를 네 가지로 구분한다. 구성원의 복리를 강조하고 높은 성과를 강요하지 않는 문화를 _____, 인간과 성과 모두에 대해 무관심한 문화를 _____, 구성원의 복지에 소홀하지만 높은 성과를 요구하는 조직문화를 _____, 성과와 인간에 대한 높은 관심을 나타내는 조직문화를 _____라고 한다.

37
보호문화, 냉담문화, 실적문화, 통합문화

38 스타인호프와 오웬스는 공립학교에서 발견될 수 있는 네 가지 특유한 문화형질을 통해 학교문화를 구분했다. 그중 _____문화는 학교의 원동력이 조직 자체의 구조에서 나오고 학교는 목표 달성을 위해 교사들을 이용하는 일종의 기계에 해당한다고 보고, 학교장을 자원 획득을 위해 변화하는 _____으로 간주한다.

38
기계, 기계공

39 하그리브스는 학교문화의 중핵을 이루는 차원을 도구적 차원인 사회적 _____와 표현적 차원인 사회적 _____으로 구분하고, 학교문화를 _____ 학교문화, _____ 학교문화, _____ 학교문화, _____ 학교문화, _____ 학교문화로 구분했다. 그중 도구적 차원과 표현적 차원이 모두 높은 학교문화는 _____ 학교문화에 해당하는데, 이러한 학교문화에서는 학교구성원의 적극적 참여가 요구되고, 교사들은 교육개혁자로서 정열적·헌신적이며, 학교 내 친밀함의 확산 속에서 구성원은 감시와 통제하에 있다.

39
통제, 응집, 형식적, 복지주의자, 온실, 생존주의자, 효과적, 온실

40 _____은 행동주체 간의 대립적 상호작용을 의미하는 것으로 심리적 대립감과 대립적 행동을 포함하는 개념이다. 이는 문제해결, _____ 목표의 제시, 자원의 증대, 타협 및 협상 등을 통해 해소될 수 있다.

40
갈등, 상위

41 토마스는 협조성과 독단성을 기준으로 조직의 목표달성과 조직구성원의 필요를 충족시키는 갈등관리 방식을 다섯 가지로 구분했는데, 그중 _____은 조화와 안정이 특히 중요하거나 자기가 잘못한 것을 알아차린 상황에서 선택할 수 있는 방식으로 자신이나 자기 부서의 관심사에 대해 양보하고 타인이나 타부서의 관심사를 충족시켜주는 방식이다.

41
수용

42 갈등해소 전략 중 하나인 _____는 갈등을 일으키는 당사자들이 공동으로 추구해야 할 행동으로, 갈등관계에 있는 행동의 주체가 모두 목표를 위해 협력하도록 독려하는 전략이다.

42
상위목표 제시

43 교육조직 관리기법 중 과업평가 검토기법은 과업의 수행과정을 _____로 만들어 과업을 합리적·체계적으로 수행하는 방법으로, 구체적인 작업 활동인 _____과 이를 구별해주는 시점인 _____의 두 가지 요소로 구성되어 있다.

43
도표/플로차트, 활동, 단계

44 교육조직 관리기법 중 하나인 _____기법은 활동의 목표를 명료화하고 체계화함으로써 관리의 효율화를 기하려는 관리기법으로, 명확한 목표 설정, 목표 설정 과정에서 구성원의 참여와 협조, 업적평가 및 환류과정 등을 강조한다.

44
목표관리

45 교육조직 관리기법 중 _____체제는 의사결정자가 합리적인 결정을 내릴 수 있도록 필요한 정보를 적시에 신속하고 정확하게 제공하는 체제를 일컫는 것으로, 최근 스스로 의사결정자의 역할을 할 수 있는 정보체제로 확장되었다.

45
정보관리

46 고객만족과 관리개선을 위해 고객지향적인 서비스 품질에 초점을 두고 전 직원의 참여를 통하여 지속적으로 서비스를 개선해 나가는 통합 관리체계를 의미하는 _____는 국가 간 경쟁전략으로 교육투자와 성과에 대한 인식이 증대됨에 따라 교육경영의 질을 높이기 위한 방안으로 학교조직에 도입되었으며, 단위학교 책임경영제와 맞물려 학교에 자율권을 주고 _____을 요구할 것을 강조하였다.

46
총체적 질 관리, 책무성

47 조직발전기법은 감수성 훈련, 팀 빌딩, 관리격자도 조직발전 등 _____적인 지식과 기술을 활용해 조직의 목적과 개인의 욕구를 결부시켜 조직 전체의 변화와 발전을 도모하는 기법으로, 급격히 변화하는 환경에 조직이 잘 적응할 수 있도록 구성원의 _____을 변화시키는 데 목적을 두는 복합적 교육전략이다.

47
행동과학, 태도/가치/신념

48 동기이론 중 _____은 사람들의 행동을 야기하는 요인들이 무엇인지 식별하는 데 관심을 가지고 그 요인들을 밝힌 이론이고, _____은 동기의 요인이 어떠한 상호작용 과정을 통해 행동을 유지·강화하는가에 관심을 가지고 그 과정을 밝힌 이론이다. 욕구체계이론, 동기–위생이론, 생존–관계–성장이론 등이 _____에 속하며 기대이론, 공정성이론, 목표설정이론 등이 _____에 속한다.

48
내용이론, 과정이론, 내용이론, 과정이론

49 매슬로우는 인간의 욕구를 크게 결핍욕구와 성장욕구로 나누었는데, 결핍욕구는 욕구의 위계 중 우선적으로 충족되어야 하는 하위 욕구들로 생리적 욕구, _____의 욕구, 소속의 욕구, _____의 욕구가 있다. 성장욕구는 결핍욕구가 충족되어야 발현되는 상위 욕구로 지적 욕구, 심미적 욕구, _____의 욕구를 포함한다.

49
안전, 자존, 자아실현

50 허즈버그의 두 요인 이론은 개인 내부에 직무 만족에 기여하는 _____요인과 직무 불만족에 기여하는 _____요인이 별개로 존재한다고 보는 이론이며, 전자가 존재할 경우 만족하겠지만 부재 상태라고 해서 불만족하지 않으며, 후자가 존재할 경우 불만을 갖게 되지만 없다고 해서 만족에는 크게 기여하지 못한다고 본다.

50
동기, 위생

51 허즈버그의 두 요인 이론에 바탕을 둔 직무재설계 프로그램의 일환인 _____는 직무수행에 다양한 작업내용이 포함되고 보다 높은 수준의 지식과 기술을 필요로 하며 작업자에게 자율성과 책임을 많이 부여할 수 있게끔 직무내용을 재편성하는 것을 의미한다. 학습연구년제 등이 이에 해당한다.

51
직무풍요화

52 앨더퍼의 ERG 이론은 인간의 욕구를 행동의 추상성을 기준으로 _____욕구, _____욕구, _____ 욕구로 구분하고, 인간은 여러 가지 욕구를 동시에 경험할 수 있으며 상위 욕구가 계속해서 좌절될 경우 _____ 욕구로 귀환될 수 있다는 내용을 밝혀냈다.

52
생존, 관계, 성장, 낮은 수준의

53 브룸의 기대이론은 개인의 동기가 노력을 쏟은 결과 얻게 될 성취수준에 대하여 인지된 _____와 성과로 얻게 될 보상에 대한 _____ 간의 함수이며, 양자는 개인이 느끼고 있는 _____에 의해 조정된다는 점을 보여준다.

53
성과기대, 보상기대, 유인가

54 아담스의 _____ 이론은 한 개인이 타인에 비해 얼마나 _____한 대우를 받고 있다고 느끼는지에 초점을 두고 정립된 이론으로, 사람들은 자신이 수행한 일에서 받은 _____와 이를 얻기 위해 자신이 투자한 _____의 비율을 타인의 비율과 비교해 동기화된다는 점을 보여준다.

54
공정성, 공정, 성과, 투입

55 로크와 라탐의 목표설정이론에 따르면 목표는 주의와 행동을 지시하고, 구성원이 보다 많은 노력을 지속적으로 발휘할 수 있도록 한다는 점에서, 조직구성원의 동기유발을 위해 직무 수행 시 달성해야 할 목표를 _____ 하고, 그 목표가 _____해야 한다는 점을 보여준다.

55
분명히, 수용 가능

56 아이오와 대학에서는 지도자 행위의 유형을 _____, _____, _____ 지도성으로 구분하고 각 유형이 집단의 생산성에 미치는 영향을 분석한 결과, _____지도자를 가장 선호하고, _____ 지도자를 가장 싫어하는 것으로 나타났다.

56
권위적, 민주적, 자유방임적, 민주적, 권위적

57 오하이오 주립대학에서는 집단과 조직목표를 달성하는 데 효과적인 지도자의 행위가 있다는 전제하에서 지도성 유형을 _____과 _____을 기준으로 네 가지 유형으로 구분했는데, 두 가지 기준이 모두 높은 경우 효과적인 것으로 나타났다.

57
구조성, 배려성

58 미시간 대학에서는 지도자 행위를 생산성을 높이기 위하여 구성원에게 끊임없이 압력을 가하는 _____ 지도자와 구성원의 만족감과 높은 수행목표를 지니는 효과적인 작업집단을 만드는 데 최선을 다하는 _____ 지도자로 구분했는데, 연구결과 _____ 관리자가 있는 부서가 _____ 관리자가 있는 부서에 비해 생산성이 떨어지는 것으로 나타났다.

58
직무중심, 종업원중심, 직무중심, 종업원중심

59 블레이크와 무튼은 가장 효과적인 지도자는 생산과 인간에 대한 관심이 모두 높다는 가정하에 지도자 행동 유형을 다섯 가지로 구분했다. 그중 _____ 지도자는 집단구성원의 광범위한 참여를 통해 양적·질적 개선을 꾀하기 위한 목표중심적 접근방법을 활용하는 지도자를 의미한다.

59
팀형

60 효과적인 지도성 행위는 상황에 따라 다르다는 전제하에서 _____이론이 등장했다. 예컨대, 피들러의 이론에 따르면 _____ 지향형 지도자는 지도자의 영향력이 대단히 크거나 작은 극단적인 상황에서, _____ 지향적 지도자는 지도자의 권력과 영향력이 중간 정도인 상황에서 효과적이다.

60
상황적 지도성, 과업, 관계

61 하우스의 행로 – 목표이론은 지도자가 상황적 요인을 고려하여 목표 달성을 위한 적절한 행로를 제시할 때, 구성원이 그것을 어떻게 _____하는지에 따라서 효과성이 달라진다고 보는 이론이다.

61
지각

62 레딘의 3차원 지도성 유형에 따르면 리더십은 구조성 차원과 배려성 차원에 따라 크게 _____, _____, _____, _____의 네 가지 유형으로 나뉠 수 있고, 상황의 호의성에 따라 효과적 또는 비효과적 유형이 될 수도 있다고 밝혔다. 예컨대, 통합형 지도자 유형은 효과적인 상황에서는 _____가 되지만, 비효과적인 상황에서는 _____로 전락한다.

62
관계형, 통합형, 분리형, 헌신형, 경영자, 타협자

63 허쉬와 블랜차드의 상황적 지도성 유형은 지도성의 효과성이 구성원의 _____와 지도자의 적절한 지도성 유형의 결합에 의해 좌우된다고 가정하고, 이를 토대로 지도자 행동을 _____, _____, _____, _____의 네 가지로 구분하여 제시했다.

63
성숙도, 위임형, 지원형, 지도형, 지시형

64 커와 제르미어의 _____은 특정한 상황에서는 리더십이 아무런 영향을 미치지 않을 수도 있음을 가정하고, 상황을 대용상황과 억제상황의 두 가지로 구분하여 상황에 따라 지도자 행동의 영향력을 대용하거나 무력화하는 것들이 존재함을 보여준다.

64
지도성 대용 상황모형

65 _____ 이론은 높은 수준의 윤리적 · 도덕적 행위 및 감화력으로 구성원에 대한 이상적인 영향력을 가지며 지적 자극, 개별적 배려 등을 통해 구성원들을 동기화시키는 지도성을 의미한다. _____ 지도자는 단순 상호 · 교환적 관계를 넘어 구성원들의 헌신을 이끌어내고, 새로운 비전을 토대로 조직문화를 변화한다.

65
변혁적 지도성, 변혁적

66 _____ 이론은 효과적인 학교에는 수업과 교육과정에 초점을 두어 강력하고 직접적으로 리더십을 행사하는 교장이 있다는 사실을 확인하고 이러한 지도성을 표상화하기 위해 등장한 개념으로, 교수 · 학습 증진을 강조하는 특별한 형태의 지도성이며 교육과정 내용, 교수방법, 평가 전략 등과 같은 요인을 변화시키려는 노력을 포괄한다.

66
수업지도성

67 _____ 이론은 리더십이 조직구성원 전부 또는 다수에게 분산되어 있다고 간주하며, 구성원들의 자발적 참여, 동료들 간 친밀한 관계를 통한 시너지 발생, 협응적 행위 등을 강조한다.

67
분산적 지도성

68 _____ 이론은 서지오바니, 커닝햄 등에 의해 발전된 개념으로, 조직문화의 변화를 꾀하여 조직의 효과성을 개선하기 위해 독특한 학교문화를 창출하는 지도성이다. 인간의 가치와 의미 추구 욕구를 만족시킴으로써 구성원들을 조직의 주인으로 만들고 조직의 제도적 통합을 가능하게 하는 지도성을 의미한다.

68
문화적 지도성

69 만즈와 심스에 의해 발전된 _____이론은 구성원들이 외적 통제보다는 자기지도적이고 내적 통제에 의해 보다 성공적인 직무수행이 가능하다는 전제하에 조직 지도자가 구성원 개개인을 스스로를 지도할 수 있는 지도자로 성장·변화시키는 리더십을 의미한다.

69
초우량 지도성

70 서지오바니의 _____ 이론은 지도성의 과정에서 지도자의 도덕성과 추종자들의 자율성 확보를 통하여 지도자가 자신의 도덕적 품성과 능력을 바탕으로 추종자의 존경과 신뢰를 획득하고, 나아가 추종자의 능력을 계발하며, 추종자의 자율적 직무수행을 조장하여 추종자들을 _____가 되도록 자극하고, 지도자 자신은 '리더들의 리더'가 되어 궁극적으로 효과적·도덕적인 조직이 될 수 있도록 하는 지도성 기제이다.

70
도덕적 지도성, 셀프리더

71 골만의 _____ 이론에 따르면 감성지능은 팀을 이끄는 지도자에게 중요한 요소라는 점에서 지도자는 자신이 가지고 있는 감성적·사회적 능력을 개발하고, 구성원들의 감성을 이해하고 배려함과 동시에 비전을 제시하고 자연스럽게 영향력을 행사해야 한다.

71
감성지도성

72 _____은 '교육을 위한 지도성'으로, 교육자가 교육자로서의 권위와 기술을 발휘하여 구성원의 _____을 자극하고 학교 또는 특정 조직을 _____공동체로 만드는 활동을 의미한다. 교육지도자는 자기학습과 목적의식 고취를 핵심으로 두고, 교육 프로그램 개발, 문화 형성, 인간관계능력, 관리기술능력 등을 포괄해 리더십을 발휘한다.

72
교육지도성, 학습, 학습

73 의사소통의 원칙 중 _____의 원칙은 의사전달이 가장 효율적으로 이루어질 수 있는 적정한 시기를 놓쳐서는 안 된다는 것을 의미하고, _____의 원칙은 정보의 양이 과다할 경우 의사소통에 혼란이 생길 수 있고 과소할 경우에는 의사소통에 영향을 미칠 수 없다는 점에서 과다하지도 과소하지도 않은 적당량의 정보를 전달해야 한다는 것을 의미한다.

73
적시성, 적량성

74 의사소통은 형식에 따라 공식조직 내에서 계층적 경로와 과정을 거쳐 행하는 명령, 지시, 보고 등의 _____ 의사소통과, 조직 구성원 간의 친분, 상호 신뢰와 현실적인 인간관계 등을 통해 이루어지는 _____ 의사소통으로 구분된다.

74
공식적, 비공식적

75 의사소통은 의사소통 망에 따라서 ____형, _____형, ___형, _____형, ___형으로 나눌 수 있는데, 이 중 가장 의사소통이 집중화된 형태는 _____형이며, 가장 분산화된 형태는 ___형이다.

75
원, 직선, Y, 바퀴, 별, 바퀴, 별

76 조하리의 창에 따르면 인간은 자신에 대한 정보가 자신에게 잘 알려져 있는 영역도 있고, 자신에게 알려져 있지 않은 영역도 있다는 점에서 _____ 영역, _____ 영역, _____ 영역, _____ 영역의 네 가지 영역으로 구분할 수 있다. 네 가지 영역에 해당하는 조하리의 창은 각각 민주형, 독단형, 과묵형, 폐쇄형에 해당한다.

76
개방적, 맹목적, 잠재적, 미지의

77 의사결정의 네 가지 관점 중 _____ 관점은 공동의 목표가 있고 이를 달성하기 위해 최선의 선택을 하려고 노력하며, 체제 내의 작용에 의해 의사결정이 이루어지고 당위적인 결과를 기대할 수 있다는 가정에 근거해, 의사결정을 합리적인 이성적 판단이라기보다는 관련 당사자 간의 논의를 통한 _____의 결과로 본다.

77
참여적, 합의

78 의사결정모형 중 현실을 긍정하고 이전의 상태보다 다소 향상된 대안을 추구하는 모형을 _____이라고 하고, 해당 모형의 타성적·현실 안주적 성격을 비판하면서 합리성과 초합리성을 동시에 고려하는 최적치를 추구하는 규범적 모형을 _____ 이라고 한다.

78
점증모형, 최적모형

79 의사결정모형 중 _____모형은 효과적인 모형이라기보다는 학교조직에서 의사결정이 이루어지는 모습을 기술한 모형으로, 조직화된 무정부 상태에서 _____, _____, _____, _____라는 네 가지 요소가 독자적으로 움직이다가 어떤 우연한 사건을 계기로 교차하여 결합할 때 결정이 이루어지는 상황을 설명하는 모형이다.

79
쓰레기통, 문제, 해결책,
선택 기회, 참여자

80 브릿지스의 참여적 의사결정모형에서는 의사결정에 구성원을 참여시킬지 여부를 결정하기 위해 의사결정 문제에 대해 구성원이 갖고 있는 _____과 _____을 토대로 수용영역 내부에 있는지 외부에 있는지를 판단하고 의사결정 참여 정도 및 방식을 결정한다.

80
적절성, 전문성

81 호이와 타터의 참여적 의사결정모형에서 학교장은 특정 사안에 대한 교사의 관련성과 전문성을 확인하여 교사가 속한 수용영역을 판단하고 구성원의 헌신에 대한 검증을 통해 구성원의 참여방식을 _____, _____, _____, _____ 중 하나로 결정하고, 학교장은 각각의 상황에서 _____, _____, _____, _____, _____의 역할을 한다.

81
합의, 다수결, 집단 자문,
개인 자문, 일방적 결정,
통합자, 의회인, 교육자,
간청인, 지시자

82 _____은 미래의 교육활동에 대한 사전 준비과정으로서 미래의 교육활동에 대비하여 교육목표 달성을 위한 효과적인 수단과 방법을 제시함으로써 교육정책 결정의 효율성과 안정성을 보장하는 지적 · 합리적 과정으로, 교육행정의 효율성과 타당성을 높일 수 있다.

82
교육기획

83 _____은 공공정책으로서 교육활동을 위해 국가나 공공단체가 국민 또는 교육 관련 집단 및 수혜집단을 대상으로 전개하는 교육지침으로, 교육정책의 _____ 설정, 교육정책의 결정, 교육정책 _____, 정책 _____ 및 환류 순으로 이루어진다.

83
교육정책, 의제, 집행, 평가

84 교원인사행정의 원리와 관련해서 개인의 노력, 능력, 근무성적에 입각하여 인사가 이루어지는 원리를 _____라고 하며, 근무연수, 연령, 경력, 학력 등의 기준을 중시하며 인사가 이루어지는 제도를 _____라고 한다. 교원인사행정에 있어 위 두 가지 원칙은 조화롭게 반영될 필요가 있다.

84
실적주의, 연공서열주의

85 _____는 교사의 자격 구분을 수업전문성의 수준에 따라 분화시킨 제도로 선임교사가 교장이나 교감이 되지 않고도 정년까지 수업, 장학, 신규교사 지도를 맡는 역할을 담당하여 일원화된 교원자격체제를 이원화하고, 수업전문성을 가진 교사가 우대받으며 교직에 명예롭게 종사할 수 있도록 하는 교직풍토를 조성하기 위하여 실시되었다.

85
수석교사제

86 _____는 단위학교 책임경영의 확대로 단위학교의 자율성을 확보하고 학교 간 경쟁체제를 유도하려는 목적으로 실시된 제도로, 공립학교의 학교장이 각 학교에 필요한 유능한 교사를 확보하기 위하여 정기전보 내신자를 대상으로 하는 교사를 학교운영위원회의 심의를 거쳐 초빙하는 제도이다.

86
초빙교사제

87 _____는 학교발전을 촉진할 유능한 교장을 임용하기 위하여 공개모집 절차를 거쳐 지원한 후보자들 중 일정한 심사를 거쳐 교장임용 후보자를 선발하고 임용하는 교장 임용방식으로 기존 교장 승진제도와 교장초빙제의 한계를 극복하기 위한 방안 중의 하나로 2007년에 도입되었다. 이는 크게 _____, _____, _____의 세 가지 유형으로 나눌 수 있다.

87
교장공모제, 초빙형 공모제,
내부형 공모제, 개방형 공모제

88 _____는 학교 교원의 지속적인 능력 신장을 목적으로 교원의 교육활동에 대해 학교구성원인 교사, 학생, 학부모의 평가 및 만족도를 조사하는 제도로, 교사들이 자신의 전문성 신장에 더욱 관심을 기울이고 학교와 교사에 대한 학부모와 학생의 신뢰도가 높아질 수 있지만 온정주의에 기반을 둔 평가가 되기 쉽고 교사들이 소신껏 교육활동을 펼치는 데 있어서 제약이 될 수 있다.

88
교원능력개발평가

89 교원역량을 개발하는 방법 중 _____를 통한 교원역량개발은 학습에 대한 교사 간의 공유된 가치와 교수·학습활동에 관련된 교사들의 풍부한 대화 및 협동을 근간으로 교원역량을 개발하는 것이다. 기존의 교원평가나 연수를 통한 교원역량개발이 교원의 자발적이고 내재적 책무성을 높이는 데 한계가 있어 대안적 접근으로 등장하였다.

89
학습공동체

90 _____은 교육활동의 개선을 위해 주로 교원을 대상으로 한 교과지도, 학생지도, 학교경영 영역에서 이루어지는 제반 지도·조언 활동으로 교원의 성장과 발달을 돕고, 교육과정 운영의 효과를 높이도록 지원하며, 학교경영의 합리화를 돕는다.

90
장학

91 _____은 교사의 발달 정도에 따라 다른 장학방법을 적용해 교사의 발달수준을 높인다는 원리에 근거한 장학으로, 버든은 생존단계의 교사에게는 _____ 장학을, 조정단계의 교사에게는 _____ 장학을, 성숙단계의 교사에게는 _____ 장학을 적용할 것을 제안했다.

91
발달장학, 지시적, 협동적,
비지시적

92 서지오바니의 _____ 장학은 교사 개인의 욕구와 학교 목적 및 과업을 통합하는 데 중점을 두어, 조직의 목표 달성을 위해 인간에 대한 관심을 가진 협동장학과 달리 학교의 목표실현을 통한 _____을 추구한다.

92
인간자원,
교사의 만족

93 글래손의 _____은 교사의 발달수준과 필요에 따라 다른 장학방법이 적용되어야 한다는 전제하에 교사의 필요와 상황에 따라 여러 장학 유형들 중 교사가 원하는 것을 스스로 선택·결정할 수 있도록 하는 방식을 의미한다.

93
선택적 장학

94 각 지구 내 인접한 학교 또는 교원 간에 교육활동의 개선을 위해 상호 협력하는 장학활동인 _____은 간사학교가 중심이 되어 지구 내 학교 간 협의를 통해 장학활동 과제 및 과제별 주관학교를 선정한 후 지역 특성에 맞게 자율적으로 추진하는 장학으로 학교 간 방문장학, 교육연구 활동, 학생 생활지도 활동, 학예활동 등을 포함한다.

94
지구별 자율장학

95 단위학교 내에서 교사는 수업 개선을 위하여 _____장학, _____장학, _____장학, _____장학 등 다양한 형태의 교내 자율장학에 참여할 수 있고, 필요한 경우 컨설팅장학이나 멘토링장학을 요청할 수 있다.

95
동료, 약식, 자기, 임상

96 장학의 유형 중 _____은 실제적인 교수행위를 직접 관찰하여 자료를 수집하고 수업 개선을 위해 장학담당자와 교사 간의 대면적 상호작용 속에서 교사의 행위와 활동을 분석하는 수업장학의 한 양상이며, _____은 교사전문성 향상을 목적으로 교원 등의 자발적 의뢰를 바탕으로 전문성을 갖춘 교내·외의 사람들이 진단·협의·조언·자문·지원하는 장학활동이다.

96
임상장학, 컨설팅장학

97 장학의 유형 중 _____은 경험과 지식이 있는 교사가 멘토를 담당해 경험과 지식이 적은 교사를 일대일로 지원하고 교수·학습 개선을 넘어 교사의 전문성 신장과 학교 적응을 돕는 장학활동을 의미한다.

97
멘토링장학

98 장학의 유형 중 _____은 소규모 학생을 대상으로 짧은 시간 동안 한두 가지 내용을 가르치는 축소된 수업을 통해 장학담당자가 교사들에게 실제 수업 사태를 기술·분석하여 교수기술을 제공해주는 형태의 장학을 의미한다.

98
마이크로티칭

99 단위학교 책임경영이 강조되며 학교 단위의 자율적 재정운영을 보장하기 위해 등장한 _____는 재원별로 지정된 목적에 따라 제한적으로 편성·집행해 오던 학교교육 예산을 총액으로 배분하고 학교구성원의 참여와 학교운영위원회의 심의를 통해 자율적으로 우선순위를 정해 세출예산을 편성·집행하는 제도이다.

99
학교회계제도

100 교육예산 편성기법 중 _____는 합리적인 조직목표를 설정하고 그를 성취하기 위한 계획과 행동과정, 자원배분을 과학적으로 수립·설계함으로써 조직 목표 달성의 효율성과 효과성을 향상하려는 체계적 기법으로, 사업계획과 예산 편성을 유기적으로 연결해주기 때문에 자원배분이 합리적으로 이루어질 수 있다.

100
기획예산제도

101 교육예산 편성기법 중 _____는 예산편성 시 전년도 예산에 구애받지 않고 모든 사업이나 활동에 대해 새롭게 검토하여 우선순위를 설정한 후 이에 따라 자원을 배분하는 방법을 의미한다.

101
영기준 예산제도

102 「헌법」에서는 교육에 관한 기본원칙을 규정했으며 _____에서는 교육제
도와 운영의 기본원칙, 교육당사자의 권리와 책무 교육의 진흥에 관해 규정했다.
이외에 학교교육에 관한 법률은 구체적으로 _____, _____,
_____ 등에서 규정하고 있다.

102
교육기본법, 초 · 중등교육법,
고등교육법, 유아교육법

103 「헌법」제31조 제1항의 교육을 받을 권리와 「교육기본법」의 학습권 제3조, 교육기
회 균등 제4조, 의무교육 제8조, 교육당사자에 관한 규정 제2장에 보장된 권리인
_____은 협의로는 학생의 학습권을, 광의로는 헌법상 인정되는 교육에 관한 국
민의 기본적 인권을 포괄하는 개념이다.

103
교육권

104 _____은 학교생활지도의 법적 기초가 되는 학교의 자치규범으로, 초 · 중등
학교의 경우 학교의 장이 법령 범위 안에서 지도 · 감독기관의 인가를 받아 제정할
수 있다.

104
학교규칙

105 _____은 학교의 교육목표를 합리적 · 효율적으로 달성하기 위해 학교를
어떻게 운영해야 할 것인가에 대한 청사진으로, 단위학교가 주체가 되어 계획하는
종합적 교육기획이며 _____, 합리성, 종합성, _____, 현실성의 원리에 근거
하여 수립되어야 한다.

105
학교경영계획, 연계성, 참여

106 _____는 학교운영과 관련된 중요한 의사결정에 학교구성원을 참여
시킴으로써 단위학교의 교육목표를 민주적 · 합리적 · 효과적으로 달성하기 위한
집단 의사결정 기구로 _____ 대표, _____ 대표, 지역사회 인사로 구성되며,
학교헌장 제 · 개정, 학교예산, 교육과정 등과 관련해 _____ 및 자문 기능을
갖는다.

106
학교운영위원회, 교원, 학부모,
심의 · 의결

107 _____는 학교교육의 질 향상을 위한 학교운영의 책무성 제고, 단위학교 교육
활동 개선 지원 및 교육정책 효과 진단, 학교 교육활동 우수사례의 발굴·보급을
통한 일반화를 목적으로 시행되는 평가로 _____평가, 서면평가, 방문평가,
지역청평가 등의 방법을 적용할 수 있다.

107
학교평가, 자체

108 다양하고 특색 있는 학교운영과 경쟁력 제고를 통한 학교교육의 질 향상을 목적으로
등장한 _____는 단위학교가 자율권을 가지고 학교 내부의 민주적·
합리적인 의사결정과정을 통하여 학교를 운영하며 그 결과에 대해 책임을 지는
학교경영체제를 의미한다.

108
단위학교 책임경영제

109 학교 혁신의 다양한 접근 중 _____ 모델은 학습을 중심으로 협력이 조직
화된 학교에서 바람직한 혁신의 결과, 즉 교사들의 더 높은 헌신과 학생의 활발한
학습참여가 나타난다는 전제하에 교사 간의 _____ 관계 및 학교 내 사회적
규범의 중요성을 강조하고, 전문적 학습공동체로서 학교를 강조했다.

109
학교공동체, 협동적

110 변화하는 학교는 학교교육의 중점과 교수활동에 관하여 교사 간 비전을 _____
하고 _____을 중시하는 학교문화가 형성되어 있고, 학교장의 교육중심 리더십
하에서 교사들은 교수·학습활동과 관련해 전문적으로 _____해야 한다.

110
공유, 학습, 협력

회독 Check ✓

☐ **1** 회독 | ☐ **2** 회독 | ☐ **3** 회독

12개년 기출분석 Big Data

9%
교육심리

2024	2023	2022	2021	2020	2019
	○			○	○

2018	2017	2016	2015	2015(추)	2014
	○				

2014(추)	2013
	○

설쌤의 Live Class 🎙️

교육심리 파트는 학습자 그리고 학습 전반에 일어나는 학습자의 특성 및 학습 그 자체에 대한 학문입니다. 교육심리는 실제 학교 현장에서도 수업을 설계할 때 활용도가 높은 과목이기 때문에 교수자의 입장에서, 또 학습자의 입장에서 각 이론을 분석하면서 학습해 본다면 이해가 쉬울 것입니다.

PART 7
교육심리

교육심리 한눈에 구조화하기

Chapter 01 학습자의 발달

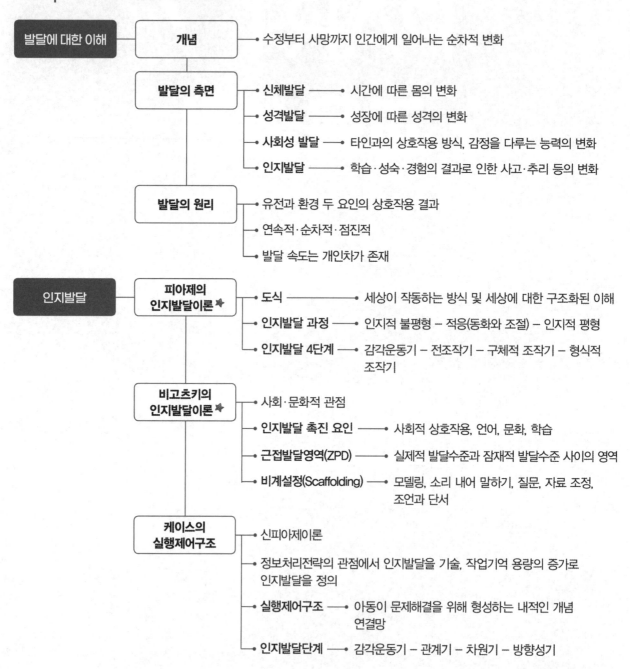

발달에 대한 이해 ── **개념** ──────── 수정부터 사망까지 인간에게 일어나는 순차적 변화

발달의 측면
- **신체발달** ──── 시간에 따른 몸의 변화
- **성격발달** ──── 성장에 따른 성격의 변화
- **사회성 발달** ──── 타인과의 상호작용 방식, 감정을 다루는 능력의 변화
- **인지발달** ──── 학습·성숙·경험의 결과로 인한 사고·추리 등의 변화

발달의 원리
- 유전과 환경 두 요인의 상호작용 결과
- 연속적·순차적·점진적
- 발달 속도는 개인차가 존재

인지발달 ── **피아제의 인지발달이론 ✿**
- **도식** ──────── 세상이 작동하는 방식 및 세상에 대한 구조화된 이해
- **인지발달 과정** ──── 인지적 불평형 – 적응(동화와 조절) – 인지적 평형
- **인지발달 4단계** ──── 감각운동기 – 전조작기 – 구체적 조작기 – 형식적 조작기

비고츠키의 인지발달이론 ✿
- 사회·문화적 관점
- **인지발달 촉진 요인** ──── 사회적 상호작용, 언어, 문화, 학습
- **근접발달영역(ZPD)** ──── 실제적 발달수준과 잠재적 발달수준 사이의 영역
- **비계설정(Scaffolding)** ──── 모델링, 소리 내어 말하기, 질문, 자료 조정, 조언과 단서

케이스의 실행제어구조
- 신피아제이론
- 정보처리전략의 관점에서 인지발달을 기술, 작업기억 용량의 증가로 인지발달을 정의
- **실행제어구조** ──── 아동이 문제해결을 위해 형성하는 내적인 개념 연결망
- **인지발달단계** ──── 감각운동기 – 관계기 – 차원기 – 방향성기

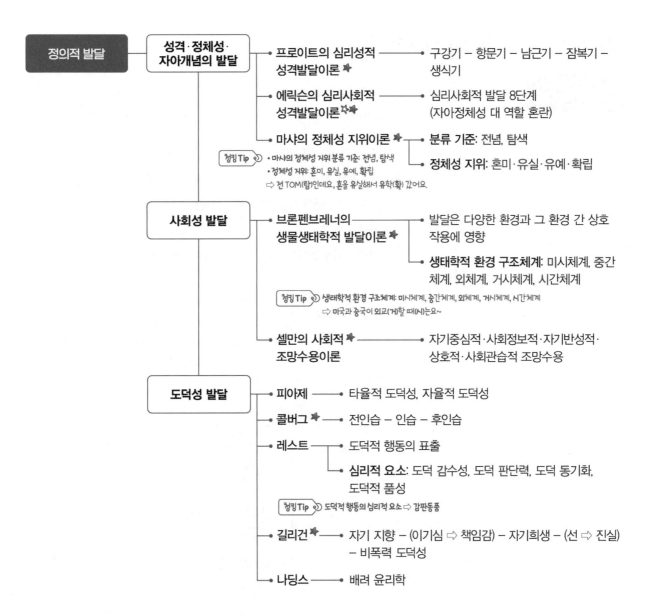

정의적 발달 ── **성격·정체성·자아개념의 발달**
- **프로이트의 심리성적 성격발달이론** ✿ ── 구강기 – 항문기 – 남근기 – 잠복기 – 생식기
- **에릭슨의 심리사회적 성격발달이론** ✿✿ ── 심리사회적 발달 8단계 (자아정체성 대 역할 혼란)
- **마샤의 정체성 지위이론** ✿
  - **분류 기준**: 전념, 탐색
  - **정체성 지위**: 혼미·유실·유예·확립

청킹Tip · 마샤의 정체성 지위 분류 기준: 전념, 탐색
· 정체성 지위: 혼미, 유실, 유예, 확립
⇨ 전 TOM(탐)인데요, 혼을 유실해서 유학(확) 갔어요.

사회성 발달
- **브론펜브레너의 생물생태학적 발달이론** ✿
  - 발달은 다양한 환경과 그 환경 간 상호작용에 영향
  - **생태학적 환경 구조체계**: 미시체계, 중간체계, 외체계, 거시체계, 시간체계

청킹Tip 생태학적 환경 구조체계: 미시체계, 중간체계, 외체계, 거시체계, 시간체계
⇨ 미국과 중국이 외교(거)할 때(시)는요~

- **셀만의 사회적 조망수용이론** ✿ ── 자기중심적·사회정보적·자기반성적·상호적·사회관습적 조망수용

도덕성 발달
- 피아제 ── 타율적 도덕성, 자율적 도덕성
- 콜버그 ✿ ── 전인습 – 인습 – 후인습
- 레스트
  - 도덕적 행동의 표출
  - **심리적 요소**: 도덕 감수성, 도덕 판단력, 도덕 동기화, 도덕적 품성

청킹Tip 도덕적 행동의 심리적 요소 ⇨ 감판동품

- 길리건 ✿ ── 자기 지향 – (이기심 ⇨ 책임감) – 자기희생 – (선 ⇨ 진실) – 비폭력 도덕성
- 나딩스 ── 배려 윤리학

PART 7 교육심리 한눈에 구조화하기

Chapter 02 학습자의 인지적 특성

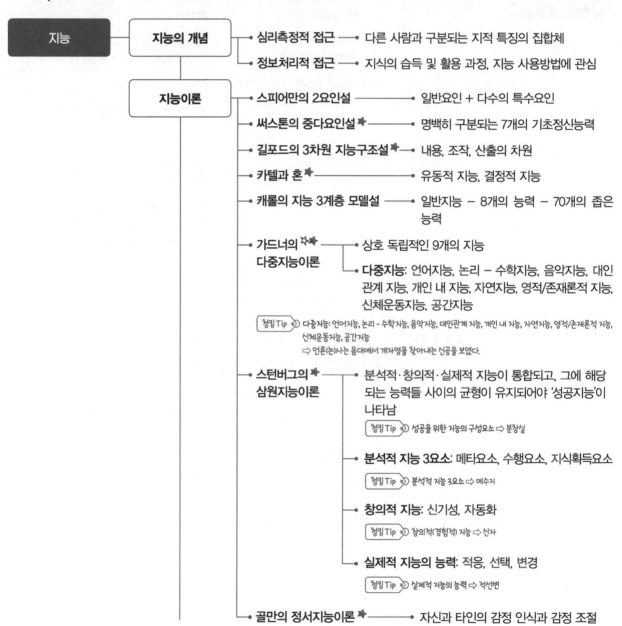

지능

지능의 개념
- 심리측정적 접근 ── 다른 사람과 구분되는 지적 특징의 집합체
- 정보처리적 접근 ── 지식의 습득 및 활용 과정, 지능 사용방법에 관심

지능이론
- 스피어만의 2요인설 ──────── 일반요인 + 다수의 특수요인
- 써스톤의 중다요인설 ✿ ────── 명백히 구분되는 7개의 기초정신능력
- 길포드의 3차원 지능구조설 ✿── 내용, 조작, 산출의 차원
- 카텔과 혼 ✿ ─────────── 유동적 지능, 결정적 지능
- 캐롤의 지능 3계층 모델설 ──── 일반지능 – 8개의 능력 – 70개의 좁은 능력

- 가드너의 ✿✿ ─── 상호 독립적인 9개의 지능
  다중지능이론
  ─── **다중지능**: 언어지능, 논리 – 수학지능, 음악지능, 대인 관계 지능, 개인 내 지능, 자연지능, 영적/존재론적 지능, 신체운동지능, 공간지능

  청킹Tip ✎ 다중지능: 언어지능, 논리 – 수학지능, 음악지능, 대인관계 지능, 개인 내 지능, 자연지능, 영적/존재론적 지능, 신체운동지능, 공간지능
  ⇨ 언론(논)사는 음대에서 개자영을 찾아내는 신공을 보였다.

- 스턴버그의 ✿ ─── 분석적·창의적·실제적 지능이 통합되고, 그에 해당 삼원지능이론 되는 능력들 사이의 균형이 유지되어야 '성공지능'이 나타남

  청킹Tip ✎ 성공을 위한 지능의 구성요소 ⇨ 분창실

  ─── **분석적 지능 3요소**: 메타요소, 수행요소, 지식획득요소

  청킹Tip ✎ 분석적 지능 3요소 ⇨ 메수지

  ─── **창의적 지능**: 신기성, 자동화

  청킹Tip ✎ 창의적(경험적) 지능 ⇨ 신자

  ─── **실제적 지능의 능력**: 적응, 선택, 변경

  청킹Tip ✎ 실제적 지능의 능력 ⇨ 적선변

- 골만의 정서지능이론 ✿ ─────── 자신과 타인의 감정 인식과 감정 조절

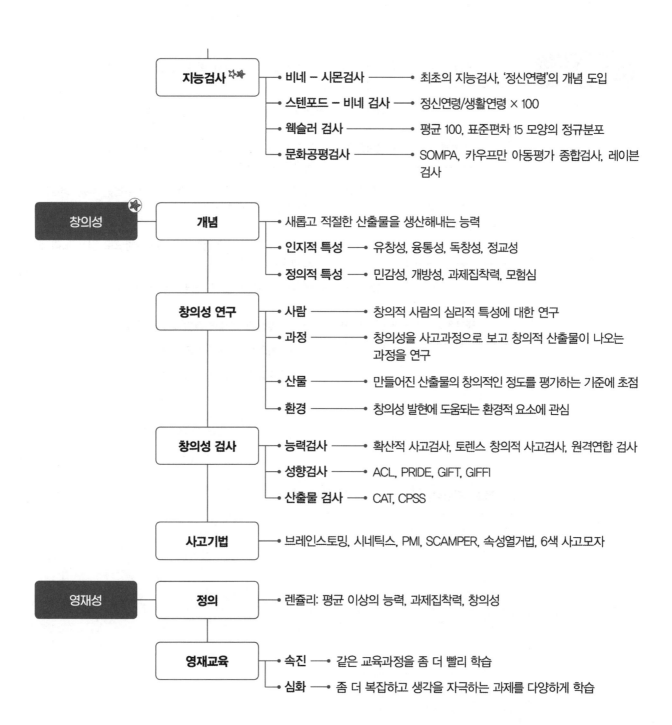

지능검사 ✧✦
- 비네 – 시몬검사 ──── 최초의 지능검사, '정신연령'의 개념 도입
- 스텐포드 – 비네 검사 ── 정신연령/생활연령 × 100
- 웩슬러 검사 ──── 평균 100, 표준편차 15 모양의 정규분포
- 문화공평검사 ──── SOMPA, 카우프만 아동평가 종합검사, 레이븐 검사

창의성

개념
- 새롭고 적절한 산출물을 생산해내는 능력
- 인지적 특성 ── 유창성, 융통성, 독창성, 정교성
- 정의적 특성 ── 민감성, 개방성, 과제집착력, 모험심

창의성 연구
- 사람 ──── 창의적 사람의 심리적 특성에 대한 연구
- 과정 ──── 창의성을 사고과정으로 보고 창의적 산출물이 나오는 과정을 연구
- 산물 ──── 만들어진 산출물의 창의적인 정도를 평가하는 기준에 초점
- 환경 ──── 창의성 발현에 도움되는 환경적 요소에 관심

창의성 검사
- 능력검사 ──── 확산적 사고검사, 토렌스 창의적 사고검사, 원격연합 검사
- 성향검사 ──── ACL, PRIDE, GIFT, GIFFI
- 산출물 검사 ── CAT, CPSS

사고기법
- 브레인스토밍, 시네틱스, PMI, SCAMPER, 속성열거법, 6색 사고모자

영재성

정의
- 렌줄리: 평균 이상의 능력, 과제집착력, 창의성

영재교육
- 속진 ── 같은 교육과정을 좀 더 빨리 학습
- 심화 ── 좀 더 복잡하고 생각을 자극하는 과제를 다양하게 학습

PART 7

교육심리 한눈에 구조화하기

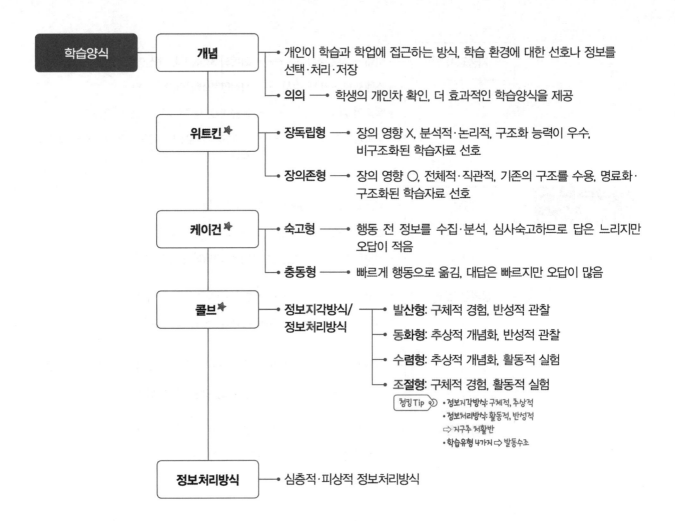

| 학습양식 | **개념** | ├ 개인이 학습과 학업에 접근하는 방식, 학습 환경에 대한 선호나 정보를 선택·처리·저장 |
| | | └ **의의** ── 학생의 개인차 확인, 더 효과적인 학습양식을 제공 |

위트킨 ✿
- **장독립형** → 장의 영향 X, 분석적·논리적, 구조화 능력이 우수, 비구조화된 학습자료 선호
- **장의존형** → 장의 영향 ○, 전체적·직관적, 기존의 구조를 수용, 명료화·구조화된 학습자료 선호

케이건 ✿
- **숙고형** ── 행동 전 정보를 수집·분석, 심사숙고하므로 답은 느리지만 오답이 적음
- **충동형** ── 빠르게 행동으로 옮김, 대답은 빠르지만 오답이 많음

콜브 ✿
- **정보지각방식/정보처리방식**
  - **발산형**: 구체적 경험, 반성적 관찰
  - **동화형**: 추상적 개념화, 반성적 관찰
  - **수렴형**: 추상적 개념화, 활동적 실험
  - **조절형**: 구체적 경험, 활동적 실험

  청킹Tip
  • 정보지각방식: 구체적, 추상적
  • 정보처리방식: 활동적, 반성적
   ⇨ 지구추 처활반
  • 학습유형 4가지 ⇨ 발동수조

정보처리방식
- 심층적·피상적 정보처리방식

Chapter 03 학습자의 정의적 특성

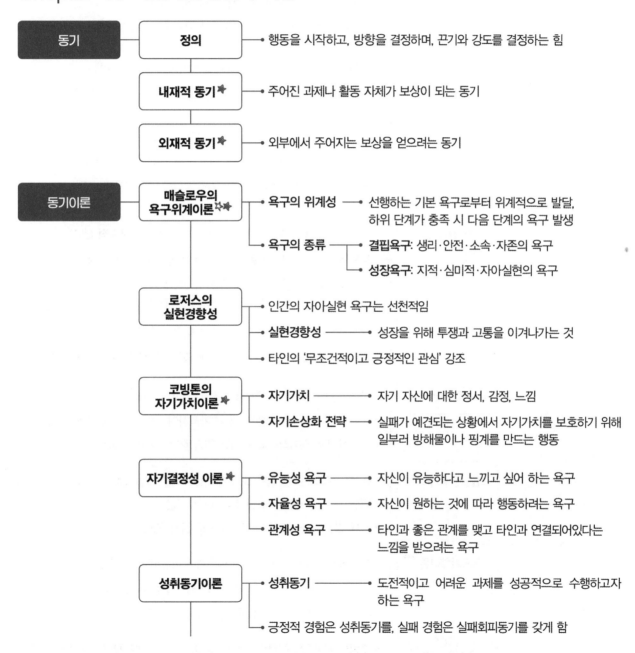

동기

- **정의** → 행동을 시작하고, 방향을 결정하며, 끈기와 강도를 결정하는 힘
- **내재적 동기** ✦ → 주어진 과제나 활동 자체가 보상이 되는 동기
- **외재적 동기** ✦ → 외부에서 주어지는 보상을 얻으려는 동기

동기이론

- **매슬로우의 욕구위계이론** ✿✦
  - 욕구의 위계성 → 선행하는 기본 욕구로부터 위계적으로 발달, 하위 단계가 충족 시 다음 단계의 욕구 발생
  - 욕구의 종류
    - **결핍욕구**: 생리·안전·소속·자존의 욕구
    - **성장욕구**: 지적·심미적·자아실현의 욕구

- **로저스의 실현경향성**
  - 인간의 자아실현 욕구는 선천적임
  - **실현경향성** → 성장을 위해 투쟁과 고통을 이겨나가는 것
  - 타인의 '무조건적이고 긍정적인 관심' 강조

- **코빙톤의 자기가치이론** ✦
  - 자기가치 → 자기 자신에 대한 정서, 감정, 느낌
  - 자기손상화 전략 → 실패가 예견되는 상황에서 자기가치를 보호하기 위해 일부러 방해물이나 핑계를 만드는 행동

- **자기결정성 이론** ✦
  - 유능성 욕구 → 자신이 유능하다고 느끼고 싶어 하는 욕구
  - 자율성 욕구 → 자신이 원하는 것에 따라 행동하려는 욕구
  - 관계성 욕구 → 타인과 좋은 관계를 맺고 타인과 연결되어있다는 느낌을 받으려는 욕구

- **성취동기이론**
  - 성취동기 → 도전적이고 어려운 과제를 성공적으로 수행하고자 하는 욕구
  - 긍정적 경험은 성취동기를, 실패 경험은 실패회피동기를 갖게 함

PART 7

교육심리 한눈에 구조화하기

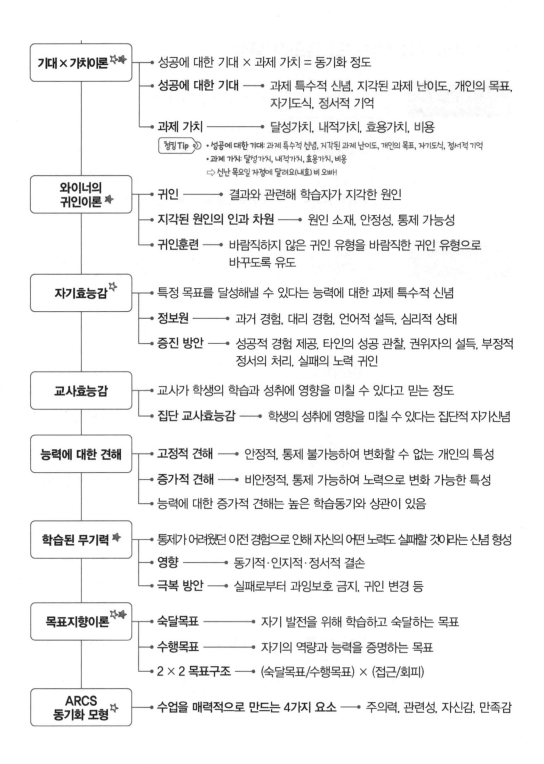

기대 × 가치이론 ✿✿
- 성공에 대한 기대 × 과제 가치 = 동기화 정도
- 성공에 대한 기대 — 과제 특수적 신념, 지각된 과제 난이도, 개인의 목표, 자기도식, 정서적 기억
- 과제 가치 — 달성가치, 내적가치, 효용가치, 비용

> **청킹 Tip** • 성공에 대한 기대: 과제 특수적 신념, 지각된 과제 난이도, 개인의 목표, 자기도식, 정서적 기억
> • 과제 가치: 달성가치, 내적가치, 효용가치, 비용
> ⇨ 신난 목요일 자정에 달려요(내호) 비 오빠!

와이너의 귀인이론 ✿
- 귀인 — 결과와 관련해 학습자가 지각한 원인
- 지각된 원인의 인과 차원 — 원인 소재, 안정성, 통제 가능성
- 귀인훈련 — 바람직하지 않은 귀인 유형을 바람직한 귀인 유형으로 바꾸도록 유도

자기효능감 ✿
- 특정 목표를 달성해낼 수 있다는 능력에 대한 과제 특수적 신념
- 정보원 — 과거 경험, 대리 경험, 언어적 설득, 심리적 상태
- 증진 방안 — 성공적 경험 제공, 타인의 성공 관찰, 권위자의 설득, 부정적 정서의 처리, 실패의 노력 귀인

교사효능감
- 교사가 학생의 학습과 성취에 영향을 미칠 수 있다고 믿는 정도
- 집단 교사효능감 — 학생의 성취에 영향을 미칠 수 있다는 집단적 자기신념

능력에 대한 견해
- 고정적 견해 — 안정적, 통제 불가능하여 변화할 수 없는 개인의 특성
- 증가적 견해 — 비안정적, 통제 가능하여 노력으로 변화 가능한 특성
- 능력에 대한 증가적 견해는 높은 학습동기와 상관이 있음

학습된 무기력 ✿
- 통제가 어려웠던 이전 경험으로 인해 자신의 어떤 노력도 실패할 것이라는 신념 형성
- 영향 — 동기적·인지적·정서적 결손
- 극복 방안 — 실패로부터 과잉보호 금지, 귀인 변경 등

목표지향이론 ✿✿
- 숙달목표 — 자기 발전을 위해 학습하고 숙달하는 목표
- 수행목표 — 자기의 역량과 능력을 증명하는 목표
- 2 × 2 목표구조 — (숙달목표/수행목표) × (접근/회피)

ARCS 동기화 모형 ✿
- 수업을 매력적으로 만드는 4가지 요소 — 주의력, 관련성, 자신감, 만족감

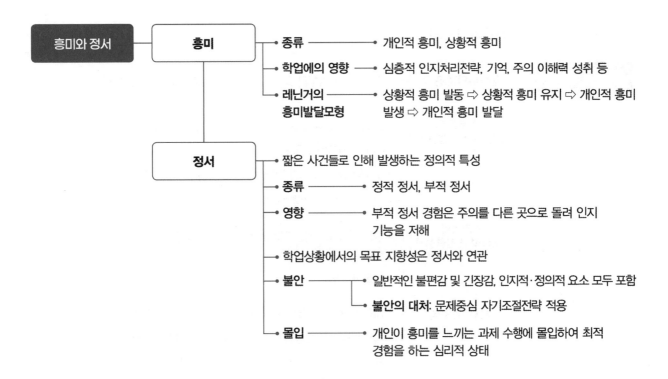

흥미와 정서

흥미
- **종류** → 개인적 흥미, 상황적 흥미
- **학업에의 영향** → 심층적 인지처리전략, 기억, 주의 이해력 성취 등
- **레닌거의 흥미발달모형** → 상황적 흥미 발동 ⇨ 상황적 흥미 유지 ⇨ 개인적 흥미 발생 ⇨ 개인적 흥미 발달

정서
- 짧은 사건들로 인해 발생하는 정의적 특성
- **종류** → 정적 정서, 부적 정서
- **영향** → 부적 정서 경험은 주의를 다른 곳으로 돌려 인지 기능을 저해
- 학업상황에서의 목표 지향성은 정서와 연관
- **불안**
  - 일반적인 불편감 및 긴장감, 인지적·정의적 요소 모두 포함
  - **불안의 대처**: 문제중심 자기조절전략 적용
- **몰입** → 개인이 흥미를 느끼는 과제 수행에 몰입하여 최적 경험을 하는 심리적 상태

논술형 기출개념에는 ✿로, 객관식 기출개념에는 ✿로 표기하였습니다.

교육심리 한눈에 구조화하기

Chapter 04 학습의 이해

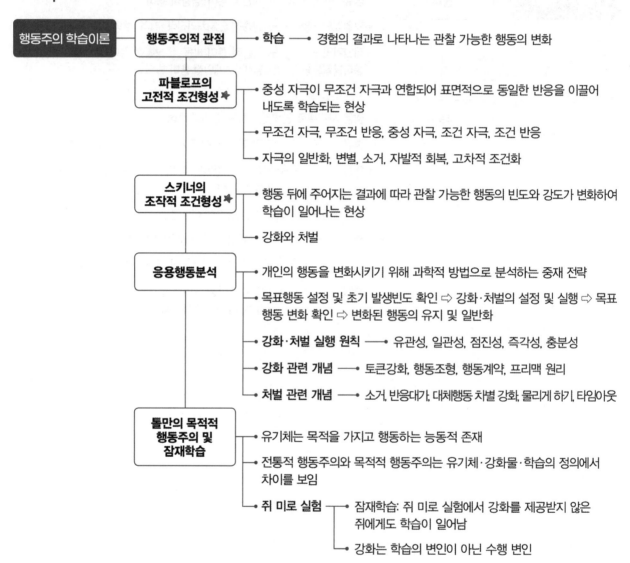

행동주의 학습이론 ── **행동주의적 관점** → 학습 ── 경험의 결과로 나타나는 관찰 가능한 행동의 변화

파블로프의 고전적 조건형성 ✿
- 중성 자극이 무조건 자극과 연합되어 표면적으로 동일한 반응을 이끌어 내도록 학습되는 현상
- 무조건 자극, 무조건 반응, 중성 자극, 조건 자극, 조건 반응
- 자극의 일반화, 변별, 소거, 자발적 회복, 고차적 조건화

스키너의 조작적 조건형성 ✿
- 행동 뒤에 주어지는 결과에 따라 관찰 가능한 행동의 빈도와 강도가 변화하여 학습이 일어나는 현상
- 강화와 처벌

응용행동분석
- 개인의 행동을 변화시키기 위해 과학적 방법으로 분석하는 중재 전략
- 목표행동 설정 및 초기 발생빈도 확인 ⇨ 강화·처벌의 설정 및 실행 ⇨ 목표행동 변화 확인 ⇨ 변화된 행동의 유지 및 일반화
- **강화·처벌 실행 원칙** ── 유관성, 일관성, 점진성, 즉각성, 충분성
- **강화 관련 개념** ── 토큰강화, 행동조형, 행동계약, 프리맥 원리
- **처벌 관련 개념** ── 소거, 반응대가, 대체행동 차별 강화, 물리게 하기, 타임아웃

톨만의 목적적 행동주의 및 잠재학습
- 유기체는 목적을 가지고 행동하는 능동적 존재
- 전통적 행동주의와 목적적 행동주의는 유기체·강화물·학습의 정의에서 차이를 보임
- **쥐 미로 실험**
  - 잠재학습: 쥐 미로 실험에서 강화를 제공받지 않은 쥐에게도 학습이 일어남
  - 강화는 학습의 변인이 아닌 수행 변인

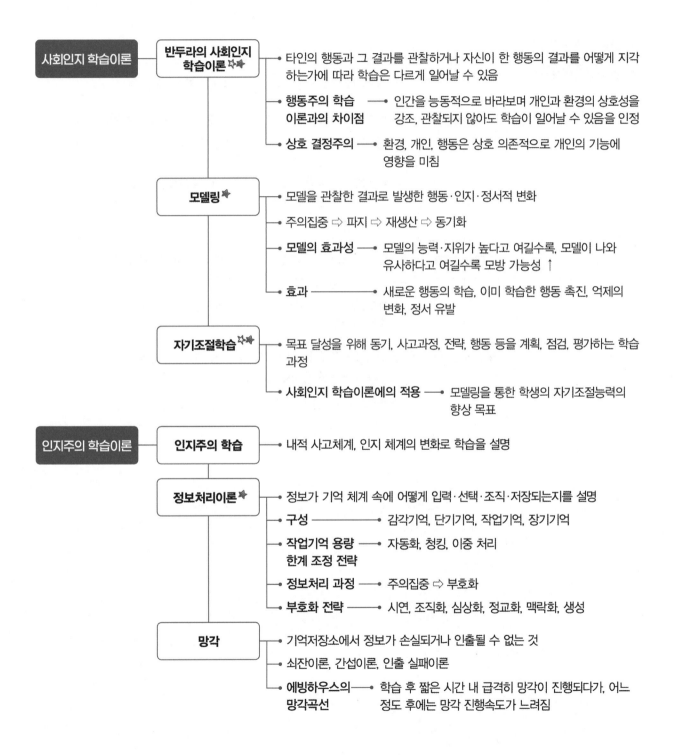

사회인지 학습이론

반두라의 사회인지 학습이론 ✦✦
- 타인의 행동과 그 결과를 관찰하거나 자신이 한 행동의 결과를 어떻게 지각하는가에 따라 학습은 다르게 일어날 수 있음
- **행동주의 학습 이론과의 차이점** → 인간을 능동적으로 바라보며 개인과 환경의 상호성을 강조, 관찰되지 않아도 학습이 일어날 수 있음을 인정
- **상호 결정주의** → 환경, 개인, 행동은 상호 의존적으로 개인의 기능에 영향을 미침

모델링 ✦
- 모델을 관찰한 결과로 발생한 행동·인지·정서적 변화
- 주의집중 ⇨ 파지 ⇨ 재생산 ⇨ 동기화
- **모델의 효과성** → 모델의 능력·지위가 높다고 여길수록, 모델이 나와 유사하다고 여길수록 모방 가능성 ↑
- **효과** → 새로운 행동의 학습, 이미 학습한 행동 촉진, 억제의 변화, 정서 유발

자기조절학습 ✦✦
- 목표 달성을 위해 동기, 사고과정, 전략, 행동 등을 계획, 점검, 평가하는 학습 과정
- **사회인지 학습이론에의 적용** → 모델링을 통한 학생의 자기조절능력의 향상 목표

인지주의 학습이론

인지주의 학습
- 내적 사고체계, 인지 체계의 변화로 학습을 설명

정보처리이론 ✦
- 정보가 기억 체계 속에 어떻게 입력·선택·조직·저장되는지를 설명
- **구성** ────── 감각기억, 단기기억, 작업기억, 장기기억
- **작업기억 용량 한계 조정 전략** → 자동화, 청킹, 이중 처리
- **정보처리 과정** → 주의집중 ⇨ 부호화
- **부호화 전략** → 시연, 조직화, 심상화, 정교화, 맥락화, 생성

망각
- 기억저장소에서 정보가 손실되거나 인출될 수 없는 것
- 쇠잔이론, 간섭이론, 인출 실패이론
- **에빙하우스의 망각곡선** → 학습 후 짧은 시간 내 급격히 망각이 진행되다가, 어느 정도 후에는 망각 진행속도가 느려짐

논술형 기출개념에는 ✿로, 객관식 기출개념에는 ✿로 표기하였습니다.

교육심리 한눈에 구조화하기

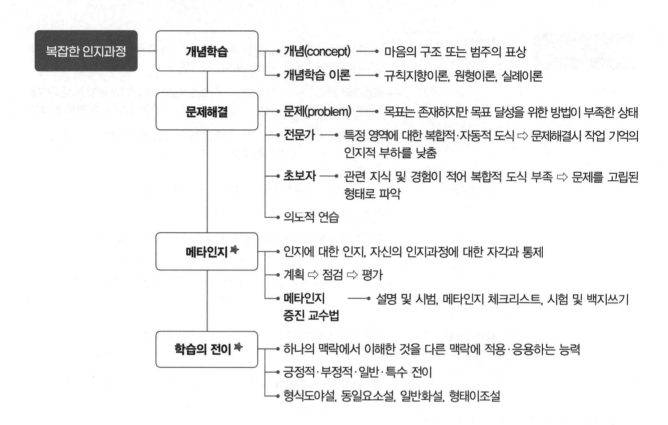

복잡한 인지과정	**개념학습**	• **개념(concept)** ── 마음의 구조 또는 범주의 표상
		• **개념학습 이론** ── 규칙지향이론, 원형이론, 실례이론
	문제해결	• **문제(problem)** ── 목표는 존재하지만 목표 달성을 위한 방법이 부족한 상태
		• **전문가** ── 특정 영역에 대한 복합적·자동적 도식 ⇨ 문제해결시 작업 기억의 인지적 부하를 낮춤
		• **초보자** ── 관련 지식 및 경험이 적어 복합적 도식 부족 ⇨ 문제를 고립된 형태로 파악
		• 의도적 연습
	메타인지 ✿	• 인지에 대한 인지, 자신의 인지과정에 대한 자각과 통제
		• 계획 ⇨ 점검 ⇨ 평가
		• **메타인지 증진 교수법** ── 설명 및 시범, 메타인지 체크리스트, 시험 및 백지쓰기
	학습의 전이 ✿	• 하나의 맥락에서 이해한 것을 다른 맥락에 적용·응용하는 능력
		• 긍정적·부정적·일반·특수 전이
		• 형식도야설, 동일요소설, 일반화설, 형태이조설

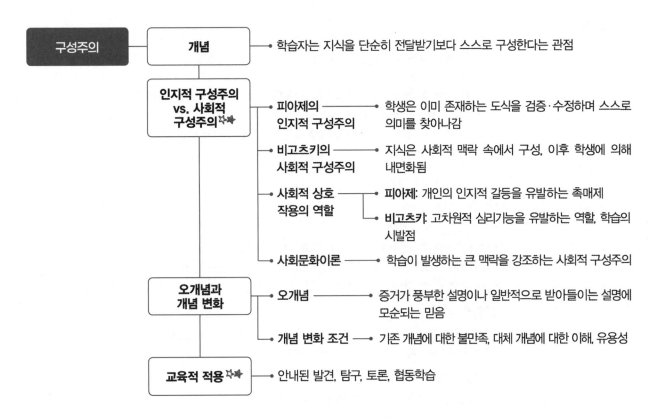

구성주의

개념 ● 학습자는 지식을 단순히 전달받기보다 스스로 구성한다는 관점

인지적 구성주의 vs. 사회적 구성주의 ✿✦

- **피아제의 인지적 구성주의** ● 학생은 이미 존재하는 도식을 검증·수정하며 스스로 의미를 찾아나감

- **비고츠키의 사회적 구성주의** ● 지식은 사회적 맥락 속에서 구성, 이후 학생에 의해 내면화됨

- **사회적 상호 작용의 역할**
  - **피아제**: 개인의 인지적 갈등을 유발하는 촉매제
  - **비고츠카**: 고차원적 심리기능을 유발하는 역할, 학습의 시발점

- **사회문화이론** ● 학습이 발생하는 큰 맥락을 강조하는 사회적 구성주의

오개념과 개념 변화

- **오개념** ● 증거가 풍부한 설명이나 일반적으로 받아들이는 설명에 모순되는 믿음

- **개념 변화 조건** ● 기존 개념에 대한 불만족, 대체 개념에 대한 이해, 유용성

교육적 적용 ✿✦ ● 안내된 발견, 탐구, 토론, 협동학습

Chapter
01 학습자의 발달

설쌤의
Live Class 🎙

인간은 어떤 단계를 거쳐서 발달하고, 발달과 학습은 어떠한 관계일까요? 이번 챕터에서 다뤄지는 학자와 이론은 교육심리의 기본이 되는 내용이므로 정확하게 이해하는 것이 중요합니다. 특히 **피아제와 비고츠키**의 이론은 객관식 기출에 단골로 등장했을 뿐 아니라 앞으로 나올 많은 이론의 기초가 되기도 하므로 둘 사이의 공통점과 차이점을 숙지하고 있어야 합니다. 또한 **각 발달 단계의 특징과 해당 단계를 고려한 교육활동**에 대한 문제가 다수 출제된 바 있으므로, 이론에 대한 기본적인 이해를 바탕으로 발달단계의 세부사항을 암기하고 해당 시기의 학생들을 위해 교육활동을 어떻게 설계할지에 대해 고민하며 학습하시기 바랍니다.

핵심 `Tag`》

발달과 학습
- 피아제 vs. 비고츠키
- **피아제:** 인지적 불평형, 적응(동화와 조절), 인지발달 4단계
- **비고츠키:** 사회적 상호작용, 사적 언어, 근접발달영역(ZPD), 비계 설정
- **신피아제 이론:** 케이스의 실행제어구조 이론, 연령의 증가에 따른 작업기억 용량의 증가

정의적 발달
- 프로이트의 심리성적 발달이론 vs. 에릭슨의 심리사회적 성격발달이론
- **마샤의 정체성 지위이론:** 혼미, 상실, 유예, 성취

도덕성 발달
- **콜버그:** 도덕적 추론능력으로서의 도덕성
- **레스트:** 도덕성 행동의 표출, 도덕적 행동을 일으키는 4가지 심리과정
- **길리건:** 돌봄의 윤리, 여성의 도덕성
- **나딩스:** 배려 윤리학, 어머니의 윤리, 배려와 배려 관계
- **레쓰:** 가치명료화 접근

1. 교육심리학의 정의 및 특성

(1) 정의

교육학적 관점에서 심리학적인 사실, 이론, 방법을 활용하는 학문으로 교육현장에 내재하는 모든 심리적 과정을 과학적으로 연구하고자 한다.

(2) 특성

① 심리학의 이론적인 측면과 교육학의 실천적 · 가치지향적인 특성을 갖는다.

② 일반 심리학의 응용학문을 넘어 독립적인 연구대상, 연구주제, 이론체계, 연구방법을 가진 독자적인 학문이다.

③ 심리학과 교육학 비교

구분	심리학	교육학
개념	인간의 생각과 행동을 과학적으로 연구하는 이론적 학문	가르치고 배우는 과정을 통해 인간을 완성하고자 하는 실천적 학문
목적	인간행동에 대한 보편적 원리와 법칙을 확립하고자 함	개별 학습자의 특성을 변화시키고자 함
특성	가치중립적이며 인간의 여러 행동에 대해 기술 · 설명 · 예측하려 함	가치지향적, 처방적

2. 교육심리학의 주요 연구주제

(1) 학습자에 대한 이해

① 발달에 대한 이해

㉠ '무엇이 어떤 과정을 거쳐 발달하는가'에 관한 것으로 인지, 성격, 사회성, 도덕성의 시기에 따른 발달적인 변화와 수준에 대한 이해를 연구한다.

㉡ 학습자가 무엇을 생각하고 어떻게 생각하는지, 학습자에게 어떠한 도움이 필요한지 이해하고 있어야 적합한 수업을 설계하고 교수방법을 선정할 수 있다.

② 특성에 대한 이해

㉠ '학습자는 어떠한 특성의 차이를 갖는가'에 관한 것으로 학습자의 개인차를 연구한다.

㉡ **인지적 특성**: 지능, 창의성 등

㉢ **정의적 특성**: 성격, 사회성, 도덕성, 자아개념, 동기, 목표, 기대, 신념, 정서 등

㉣ **기타 특성**: 특수 아동, SES, 문화적 배경 등

(2) 학습에 대한 이해

① 행동주의

㉠ 바람직한 행동을 증가시키고 바람직하지 못한 행동을 감소시키고자 한다.

㉡ 학습자를 수동적인 존재로 여긴다.

㉢ 학습을 '직접 경험에 따른 행동의 변화'로 정의하며, 자극 – 반응의 관계로 설명한다.

② 사회인지 학습

㉠ 학습에서 사회적 · 인지적 측면을 함께 고려한다.

㉡ 학습자를 주체적 · 능동적 존재로 여기기 시작한다.

㉢ '환경 – 개인적 특성 – 행동'의 삼원적 관계가 상호작용하여 학습이 발생한다.

③ **인지적 관점**
　　㉠ 인간의 사고과정의 변화 및 행동 잠재력의 변화도 학습으로 여긴다.
　　㉡ 학습자는 제시된 정보를 사전 경험과 지식에 따라 능동적으로 재구성한다.
　　㉢ 지각, 인식, 이해, 기억, 정보처리 등을 연구한다.
(3) **교수자에 대한 이해**
　① 교육은 학습자와 교수자의 상호작용 과정이므로 교수자의 특성에 관해 연구한다.
　② 교수자의 특성은 교수활동뿐만 아니라 학습자의 학업성취도와 행동에도 영향을 미친다.
　③ **교수자의 특성**: 인성, 심리적 안정감, 교수효능감, 교수자의 기대 등
(4) **평가에 대한 이해**
　① 평가는 학습목표의 달성을 측정할 뿐만 아니라 앞으로의 학습목표를 설정하는 기반이 된다.
　② 학습자의 동기와 학습을 증진하고 교수자가 자신의 수업을 개선하는 데 도움을 주는 등 교육 전반에 영향을 미친다.
　③ **평가의 특성**: 검사 유형, 문항 구성, 검사의 해석

01 발달에 대한 이해

❶ 발달의 개념

(1) **발달**

수정에서부터 사망에 이르기까지 인간(또는 동물)에게 일어나는 순차적 · 순응적 변화이다.

(2) **발달의 측면**
　① **신체발달**: 시간의 흐름에 따른 몸의 크기, 형태, 신체구조 및 기능의 변화이다.
　② **성격발달**: 개인의 성장에 따라 일어나는 성격에 관한 변화이다.
　③ **사회성 발달**: 다른 사람과 상호작용하는 방식, 감정을 다루는 능력의 변화이다.
　④ **인지발달**: 학습, 성숙, 경험의 결과로 나타나는 사고, 추리, 의사결정의 변화이다.

(3) **발달의 원리**
　① 성격 · 사회성 · 인지발달 − 성숙과 학습의 영향
　　㉠ 성숙은 시간의 흐름에 따라 유전적 · 자연적 · 자발적으로 연령에 따라 일어나는 생물학적 변화이며, 학습은 사회와의 상호작용 및 경험을 의미한다.
　　㉡ 즉, 발달은 유전(성숙)과 환경(학습) 두 요인의 상호작용에 영향을 받는다.

② 학습 – 발달에 기여 / 경험 – 발달의 강화
　　㉠ 사회적 상호작용이 발달에 반드시 필요하며, 발달은 언어에 의하여 크게
　　　좌우된다.
　　㉡ 유전적 소질이 같을 때 환경의 자극(학습과 경험)을 더 많이 받은 아동이
　　　더욱 빠르게 발달한다.
③ 연속적 · 순차적 · 점진적 순서
　　㉠ 발달은 일련의 순서에 따라 이루어지며 발달의 과정에는 시간이 필요하다.
　　㉡ 발달은 보통 예측 가능한 형태로 이루어지나, 연령이 높아질수록 학습의
　　　영향력이 커져 예측이 어려워지는 경향이 있다.
　　㉢ 일시적인 변화가 아닌 오랫동안 유지되는 변화를 발달이라고 부른다.
④ 개인차 존재
　　㉠ 발달은 일생에 걸쳐 일어나지만 발달 속도는 개개인에 따라 다르다.
　　㉡ 발달의 개인차는 유전과 환경의 차이에서 기인한다.
⑤ 발달영역 간 관계
　　㉠ 발달의 각 영역은 상호 밀접한 연관성을 지닌다.
　　㉡ 신체적 · 지적 · 성격발달 등이 각각 독립적으로 이루어지는 것이 아니라,
　　　서로 밀접한 연관을 가지고 발달한다.
⑥ 긍정적인 변화
　　㉠ 발달은 가치판단을 포함한 개념으로, 긍정적인 변화를 발달이라고 한다.
　　㉡ 아동은 발달을 통해 보다 적응적 · 효과적이며 복잡한 행동을 하게 된다.

02 인지발달

❶ 인지의 정의

① 감각기관을 통해 받아들인 정보를 변형 · 저장 · 사용하는 과정이다.
② 지각, 사고 기억, 추론을 포함하는 개념이다.

❷ 피아제(Piaget)의 인지발달이론

기출 03, 05, 07, 08, 10, 11 중등 / 03, 05, 06, 07, 09, 10 초등

(1) 인지발달에 대한 기본 입장

① 인지발달 = 도식(schema)의 발달
　　㉠ 도식: 생각이나 행동의 조직된 패턴을 의미한다.

개념확대 ⊕
Zoom IN

감각과 지각
• **감각(Sensation):** 감각기관의
　자극에 기인하는 단순한 자각이다.
• **지각(Perception):** 환경을 표
　상하고 이해하고자 감각을 식별 ·
　조직화 · 해석하는 과정으로, 인지
　과정 중 하나이다.

ⓛ 세상이 작동하는 방식이나 세상에 대한 구조화된 이해이며, 환경에서의 수많은 정보를 받아들이고 적절하게 반응하기 위해 사용하는 지식의 틀을 도식이라고 한다.

> **예** • **공에 대한 '운동감각적 도식':** 공이 말랑말랑하고 둥글다. 공을 던지려면 팔을 휘둘러야 한다.
> • **공에 대한 '유목화 도식':** 공은 농구공, 축구공의 상위 개념이다.
> • **공에 대한 '상징 도식':** 한글로는 '공', 영어로는 'ball'

② 도식발달의 방향성
　ⓐ 단순한 것에서 복잡화·정교화되는 방향으로 발달한다.
　ⓛ 비논리적 사고가 논리적 사고로 발달한다.
　ⓒ 구체적 대상물 및 실제 상황에 한정된 이해로부터 추상적 개념 및 가상적 상황에 이르기까지 확장된 이해로 발달한다.

③ 인지발달에 영향을 미치는 네 가지 요인
　ⓐ **생물학적 성숙:** 유전적 프로그램에 의해 생물학적 변화가 전개되는 것으로, 세상을 이해하고 알아가는 데 가장 많은 영향을 미치는 요인 중 하나이다.
　ⓛ **활동:** 환경을 탐험·시험·관찰하고, 환경으로부터의 정보를 조직화하는 과정을 통해서 사고과정의 변화가 생긴다.
　ⓒ **사회적 경험:** 사회적 전달 또는 다른 사람으로부터 배우는 과정에서 인지발달이 이루어진다. 학습자는 사회적 경험을 통하여 다른 사람의 도식에 맞서 자신의 도식을 시험해 볼 수 있다.
　ⓓ **평형화:** 환경으로부터 들어온 새로운 정보와 인지적 도식 간의 정신적인 균형을 추구하는 것이다.

(2) 인지발달 과정

① **개관:** 피아제는 인간은 두 가지 기본 경향을 물려받는다고 결론지었다. 첫 번째 경향은 '조직화(organization)'를 추구하는 것으로, 행동과 사고를 결합, 배열, 재결합, 재배열하여 논리적인 체계로 통합하는 것을 말한다. 두 번째 경향은 환경에 대한 '적응(adaptation)'이다. 피아제는 평형화를 추구하는 조직화와 적응과정을 통해 인지가 발달한다고 보았다.

② **조직화(organization)**
　ⓐ 기존의 도식은 환경과의 직접적인 접촉 외에도 내적 과정인 조직화를 통해 변화한다.
　ⓛ 조직화는 아동이 기존의 도식을 새롭고 더욱 복잡한 지적 구조로 통합하는 과정이다. 즉, 간단한 구조는 지속적으로 결합되고 조정되며 더욱 정교해지고, 그 결과 더욱 효율적이게 된다.
　　> **예** '응시하기', '뻗기', '잡기'를 하는 영아가 초기에는 전혀 연관이 없는 이 세 가지 도식을 하나의 복잡한 구조인 '시각을 이용한 뻗어 잡기'로 구조화할 수 있다.
　ⓒ 인간은 사고과정을 도식으로 조직화하려는 생득적 경향성을 가지고 있다.

② 아동은 새로운 도식을 형성하면 상호 연결된 하나의 인지체계를 만들어 내기 위해 다른 도식들과 연결시키면서 재배열한다. 이러한 과정을 통해 도식은 지속적으로 결합·조정되어 더욱 복잡하고 적응적인 구조로 끊임없이 조직화된다.

③ 적응(adaptation)
　㉠ 사람은 심리구조를 조직화하려는 경향 이외에도 환경에 적응(adaptation)하려는 경향을 타고난다. 적응은 평형화 유지를 위해 도식과 새로운 경험을 조정하는 과정이다. 도식을 유지하거나 바꾸면서 이루어진다.
　㉡ 적응에는 동화(assimilation)와 조절(accommodation)이라는 2개의 기본과정이 있다.
　　ⓐ 동화(assimilation): 새로운 정보를 기존의 도식에 맞추는 것으로, 이미 알고 있는 것에 새로운 정보를 맞추려다 보니 새로운 정보를 왜곡하는 경우가 발생하기도 한다.
　　　예 '네 발로 걸어 다니는 동물은 강아지다.'라는 도식을 가지고 있는 아동이 고양이를 보고 강아지라고 부르는 것
　　ⓑ 조절(accommodation): 기존 도식이 새로운 정보를 받아들이는 데 적합하지 않을 때 기존의 도식을 바꾸거나 새로운 도식을 만들어내는 것을 의미한다.
　　　예 고양이를 보며 강아지라고 부르는 아이에게 엄마가 "강아지는 멍멍 짖어야지 강아지야. 고양이는 야옹야옹 울어."라고 설명하면, 아이는 강아지와 고양이의 차이점을 이해하고 '네 발로 걷고 멍멍 짖어야지 강아지다.'라고 기존의 도식을 수정함
　㉢ 동화와 조절의 관계
　　ⓐ 아동은 새로운 정보가 많이 다르지 않은 경우 조절보다는 동화한다.
　　ⓑ 하지만 기존의 도식과 일치되지 않는 경험과 정보를 동화시키다 보면 결국 인지적 갈등이 발생되면서 조절이 촉진되어 인지적 구조와 주변 환경 간의 평형 상태(적응 상태)에 이를 수 있다.

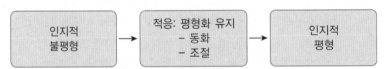

[그림 7-1] 적응의 과정을 통해 평형화 유지하기

④ 평형화(equilibrium)
　㉠ 기존의 이해를 통해 새로운 경험을 이해·설명할 수 있는 인지적 상태로, 자신의 지식 구조로 세상을 이해할 수 있는 평안한 상태를 말한다.
　㉡ 환경으로부터 들어온 정보와 인지적 도식 간의 정신적 균형을 추구하는 것이라고 할 수 있다.
　㉢ 인간은 평형화에 대한 선천적인 욕구를 가진다.
　㉣ 피아제에 따르면 조직화, 동화, 그리고 조절은 일종의 복잡한 균형을 이루기 위한 행위로 볼 수 있다. 그의 이론은 사고에서의 실제적인 변화는 균형을 찾으려는 행위인 평형화(equilibrium) 과정을 통해 이루어진다.

⑤ 인지적 불평형(disequilibrium)
  ㉠ 자신의 현재 도식으로는 문제를 해결하거나 상황을 이해할 수 없음을 인식할 때 발생하는 균형이 깨진 상태이다.
  ㉡ 불평형 상태를 줄이기 위해 적응(동화와 조절)의 인지활동을 하므로 인지적 불평형은 발달의 주요 원동력이 된다.

(3) 인지발달 4단계
  ① 감각운동기(sensorimotor period) – 출생~2세
    ㉠ 감각운동적 도식발달
      ⓐ 주로 감각이나 운동을 통해서 환경을 경험하는 시기이다.
      ⓑ 이 시기의 영아의 사고는 보고, 듣고, 움직이고, 만지고, 맛보는 것으로 이루어져 있다.
    ㉡ 목표지향 행동
      ⓐ 자신의 목표를 달성하기 위해 의도적인 행동을 한다.
      ⓑ 목표가 되는 하나의 도식에 도달하기 위해서 수단이 되는 다른 도식을 사용할 수 있으며, 하위 수준의 몇 가지 도식이 상위 수준의 도식으로 조직화되어 목표를 수행할 수 있다.
        ❷ 장난감이 들어있는 통을 열기 위해서 뚜껑을 열고, 통을 거꾸로 뒤집고, 장난감이 끼였으면 통을 흔들고, 장난감이 바닥에 떨어지는 것을 보는 하위 도식을 사용하여 '장난감 통' 도식을 형성한다.
    ㉢ 대상영속성(object permanence) 습득
      ⓐ 대상영속성: 물체가 자신의 지각 여부와 관계없이 환경 속에 존재한다는 것을 이해하는 능력을 말한다. 즉, 대상이 시야에서 사라지더라도 계속 존재한다는 것을 인식하는 능력이다.
      ⓑ 대상영속성의 획득은 사물의 이미지를 마음속으로 그릴 수 있는 심적 표상의 구축이라는 중요한 능력의 출발점이다.
    ㉣ 모방
      ⓐ 반복된 관찰, 연습을 통해서 모델이 행한 행동을 모방할 수 있다.
      ⓑ 자발적 모방 이후 현재 옆에 없는 사람의 행동을 모방하는 '지연 모방(deferred imitation)'이 나타난다. 지연 모방을 할 수 있다는 것은 기억 속에 저장된 모델의 행동에 대해 정신적 상징 또는 심상을 구성한 후 인출할 수 있음을 의미한다.
  ② 전조작기(preoperational period) – 2~7세
    ㉠ 표상적 사고능력
      ⓐ 전조작기는 상징도식이 활발하게 발달하는 시기이다.
      ⓑ 이 시기의 유아는 마음속에 어떤 것을 그릴 수 있는 정신능력, 표상적 사고를 한다.
        ❷ '사탕'이라는 단어를 들으면 머릿속으로 사탕을 떠올리며 침을 꿀꺽 삼킨다.
      ⓒ 전조작기의 유아는 아주 단순한 수준의 정신적 조작만 가능하며, 비논리적 추리를 하고 몇 가지 인지적 결점을 가지고 있다.

ⓛ 자기중심성(egocentrism)
    ⓐ 자신의 관점과 다른 사람의 관점을 분리하여 생각하지 못하는 것으로, 세상을 자신의 시각에서부터 바라보기 때문에 타인의 시각을 인식하는 데 어려움을 겪는 현상이다.
    ⓑ 자기중심성은 물활론(무생물에 대해 생명체의 특징을 부여하는 것)적 사고의 원인이 되며, 물리적인 사건에 인간의 목적을 자기중심적으로 부여한다.
    ⓒ 자기중심성은 전조작적 사고에서 나타나는 가장 큰 결점으로, 자기중심적 편견으로 인해 물리적·사회적 세계의 반응에 조절을 하지 못하고 잘못된 추론을 수정하지 못하며 다른 지적인 결함을 초래한다.
ⓒ 보존(conservation)개념의 결여
    ⓐ 보존개념: 대상의 외양이 변했다 하더라도 어떤 물리적 특성은 그대로 남아있다는 것을 말한다.
    ⓑ 보존개념이 없는 것은 직관적 사고(현저한 지각적 특성으로 대상을 파악하려는 사고)를 극복하도록 도와주는 두 가지 인지적 측면인 '탈중심화'와 '가역성'이 결여되어 있기 때문이다.
    • 탈중심화(decentering) 결여
     – 탈중심화: 문제의 한 가지 이상의 측면을 동시에 집중할 수 있는 능력으로, 자신과 타인의 관점에서 모든 측면에 주의를 배분하여 대상에서 얻어진 정보를 통해 보다 적절한 추론을 끌어내는 것이다.
     – 유아기의 아동은 '중심화(centration)' 경향을 가지고 있는데, 이는 어떤 상황의 한 면에만 주의를 집중해 다른 측면이 무시되어 비논리적 추리를 하게 되는 것을 뜻한다. 이 시기의 아동은 중심화가 자기 자신에게 향해있으므로 논리적인 적절한 추론을 이끌어내지 못한다. 따라서 직관적 단계에 있는 아동은 액체 보존 문제를 풀 때 높이 또는 너비 한 측면에만 집중하여 잘못된 결론을 내린다.
    • 가역성(reversibility) 결여
     – 가역성: 사고가 진행되어 온 과정을 거꾸로 되짚어볼 수 있으며, 진행되어 온 행위를 거꾸로 말소해 나감으로써 원상을 회복하여 사고하는 능력이다.
     – 피아제는 유아가 구체적 조작기에 들어서야만 가역성을 획득한다고 보았다. 유아가 동일한 양의 물을 모양이 다른 그릇에 담으면 양이 다르다고 판단하는 등 액체 보존 문제를 풀지 못하는 이유는 가역성이 부족한 까닭으로 풀이된다.
     🔴예 똑같은 양의 물이 담긴 두 개의 긴 컵 보여준 뒤 하나의 컵에 든 물은 낮고 넓은 컵에 옮겨 담은 후에 물의 양이 똑같은지 물으면, 전조작기 아동은 물의 양이 달라졌다고 생각한다. '물의 높이가 처음보다 낮아졌기 때문에 줄어들었다.'고 설명하거나 '물이 모두 퍼져버려서 많아졌다.'라고 설명한다.

③ 구체적 조작기(concrete operational period) – 7~11세
  ㉠ 구체적인 상황에서의 논리적 사고 발달
    ⓐ 구체적 조작기는 인지발달에서 주요한 전환점으로, 사고는 이전보다 훨씬 더 논리적이고 융통성이 있으며 조직화되어 성인의 추론능력과 유사해지는 시기이다.
    ⓑ 전조작기의 정적이고 자기중심적인 사고에서 벗어나 보존개념, 가역성, 탈중심화의 사고능력을 가지게 된다.
    ⓒ 아동은 직접적으로 인식할 수 있는 구체적인 정보를 다룰 때에는 체계적·논리적인 사고를 하지만, 가설적인 형태의 문제를 다룰 때에는 여전히 어려움이 있다.
  ㉡ 유목화(분류)
    ⓐ 부분과 전체의 논리적 관계, 상하의 위계적 관계를 이해하는 것이다.
    ⓑ 한 무리에 속하는 물체의 한 가지 특성에 주목하고, 그 특성에 따라서 물체를 묶을 수 있다.
  ㉢ 서열화(seriation)
    ⓐ 길이나 무게와 같은 양적인 측면을 중심으로 항목을 순서대로 분류 및 배치하는 능력이다.
      ⓔ 길이가 다른 막대기를 가장 작은 것부터 가장 큰 것까지 규칙적인 순서로 배치하여 효율적으로 서열화한다.
    ⓑ 관련 개념으로 연속으로 배열된 요소들 간의 관계를 이해하는 '전환적 추론(transitive inference)'이 있으며, 정신적 서열화가 발달한다.
      ⓔ A막대가 B막대보다 크고, B막대가 C막대보다 크다는 것을 본 뒤, A막대가 C막대보다 크다는 것을 추론해낸다.
④ 형식적 조작기(formal operational period) – 11세 이후
  ㉠ 논리적으로 추상적인 문제 해결
    ⓐ 추상적·과학적 사고능력이 발달하는 시기이다.
    ⓑ 구체적 조작기의 아동은 '현실에서의 조작'만 가능했다면, 형식적 조작기 청소년은 '조작에 대한 조작'이 가능해진다. 즉, 사고의 대상으로 더 이상 구체적 사물이나 사건을 필요로 하지 않게 된다.
  ㉡ 가설연역적 추론
    ⓐ 문제를 직면했을 때 논리적이고 유연한 추론을 통하여 결과에 영향을 미칠 수 있는 모든 변수들을 고려한 가설을 세우고, 실제 세상에서 그 추론을 확인하기 위해 조직적으로 변수를 분리하고 결합할 수 있다.
    ⓑ 구체적 조작기의 아동도 연역적으로 사고할 수 있지만 사고가 친숙한 사물이나 상황에 제한되는 반면, 형식적 조작기의 청소년은 가설을 가지고 추상적으로 사고할 수 있는 능력을 가지게 된다.
  ㉢ 명제적 사고: 구체적 조작기의 아동은 현실 세계에서 찾을 수 있는 구체적인 증거에 입각해서만 표현의 논리를 평가할 수 있는 반면, 형식적 조작기의 청소년은 현실 세계의 상황을 고려하지 않고도 명제의 논리(언어적 진술)를 평가할 수 있다.

예 '내 손에 있는 칩은 초록색이거나 초록색이 아니다.'라는 명제를 듣고 형식적 조작기의 청소년은 명제가 진실이라고 대답하지만, 구체적 조작기의 아동은 칩의 구체적인 속성에 집중하고 칩이 보이지 않으면 명제가 불확실하다고 대답한다.

② 청소년기 자아중심성

ⓐ 청소년기에는 자신과 타인에 대한 추상적인 관점을 구분하지 못하는 새로운 형태의 자아중심성이 나타난다.

ⓑ 상상적 관중(imaginary audience): 자신이 모든 사람의 주의와 관심을 받는다고 믿으며, 자기의식(self – consciousness)이 심해지고 외모의 섬세한 부분까지 신경을 쓰거나 대중의 비판에 매우 민감해 한다.

ⓒ 개인적 신화(personal myth)

• 다른 사람이 자신을 관찰하며 판단한다고 확신하기 때문에 자신의 중요성을 과장한다.

• 자신이 특별하고 독특하다고 느끼며, 다른 사람이 이해할 수 없는 경험을 자신이 겪거나 자신이 가장 영예로운 수준 또는 절망의 깊은 곳에 있다고 생각한다.

참고 조작과 인지발달단계

1. **조작(operation)**
   실제로 행동을 수행하지 않고 사고에 의하여 수행하는 행동, 즉 논리적인 정신작용을 의미한다.
   예 직접 수행하지 않고도 공 5개 중에서 3개를 빼면 2개가 남는다는 것을 이해하는 것

2. **조작에 따른 인지발달단계**
   ① **전조작기**: 논리적인 정신작용이 발달하기 전이다.
   ② **구체적 조작기**: 구체적인 물리적인 상황에서만 논리적인 사고가 가능하다.
   ③ **형식적 조작기**: 모든 상황에서 논리적인 사고가 가능하다.

---

(4) 피아제 이론의 교육적 시사점과 한계

① 교육적 시사점

㉠ 사고능력의 신장

ⓐ 피아제가 말하는 교육의 목표는 지식의 양을 증가시키는 것이 아니라 발견 · 발명할 수 있는 가능성을 증가시키는 것이다.

ⓑ 특정 사실이나 개념 전수보다 각 발달단계에 적합한 사고능력 신장에 중점을 두어야 한다.

㉡ 학습자의 자발성 중시

ⓐ 피아제는 아동이 스스로 지식을 구성해야 한다고 주장한다. 즉, 아동을 새로운 대상과 사건에 대해 반응함으로써 그것의 근본적인 특성을 이해하는 '구성주의자(constructivist)'로 이해하고 있다.

ⓑ 따라서 주입식 교육 대신 학습자가 능동적으로 탐구 · 조작하며 발견할 수 있는 기회를 제공하고 환경을 조성해 주는 것이 필요하다.

개념확대 ⊕
Zoom IN

피아제 인지발달단계의 전제
• 각 단계는 서로 질적으로 다른 인지구조와 능력의 출현으로 특징지어진다.
• 각 단계의 순서는 모든 아동이 동일하며, 이전 단계의 발달을 완성한 후에 다음 단계로 넘어갈 수 있다.
• 각 단계에 도달하는 나이는 아동의 경험, 문화, 성숙도에 따라 다를 수 있다.

ⓒ 눈높이 교육의 실시
　　ⓐ 교사는 아동의 인지발달단계를 이해하는 지적 공감을 갖추고 인지발달
　　　 단계에 적절한 교육을 실시해야 한다.
　　ⓑ 감각운동기의 영아에게는 많이 만지고 빠는 것이 공부가 되며, 전조작기
　　　 유아에게는 가상놀이를 통해 상징도식을 확장시키는 것이 좋고, 구체적
　　　 조작기의 아동에게는 직접 경험하는 체험학습이 효과적인 학습으로 작용
　　　 한다.
ⓓ 대립전략(confrontation strategy) 사용
　　ⓐ 학습자는 자신이 이미 가지고 있는 도식과 새로운 자극 사이에 갈등이
　　　 생길 때 인지적 불균형을 경험하고, 평형 상태를 이루기 위해 동화와
　　　 조절의 인지활동을 한다.
　　ⓑ 따라서 학습자에게 새로운 내용을 제시하여 동화와 조절의 인지활동을
　　　 활발하게 할 수 있도록 유도해야 한다.
ⓜ 적절히 도전적인 과제
　　ⓐ 새로운 자극은 동화와 조절의 인지활동이 활발하게 일어나도록 하고
　　　 결과적으로 인지발달을 가져온다. 하지만 새로운 정보가 기존 도식과
　　　 많이 다를 경우 도식을 조정하는 과정을 포기하기도 한다.
　　ⓑ 따라서 발달단계를 훌쩍 뛰어넘는 선행학습은 지양하고, 현실적으로
　　　 해결이 가능한 도전적인 과제를 제시해야 한다.
ⓗ 사회적 상호작용 촉진
　　ⓐ 또래와의 상호작용은 인지불균형을 쉽게 유발하기 때문에 인지발달을
　　　 효과적으로 촉진한다.
　　ⓑ 상호작용 과정에서 자신의 도식을 시험해 볼 수 있는 기회가 생기기 때
　　　 문에 다양한 상황에 맞는 정확한 도식을 구성하는 데 도움이 된다.
　　ⓒ 특히 어른들은 일방적으로 지시하는 경향이 있어 자연스러운 발달에
　　　 방해가 될 수도 있다는 점에서 또래와의 상호작용은 인지발달에 매우
　　　 효과적이다.

개념확대 ⊕
Zoom IN　피아제 이론과 오개념 수정

1. **오개념**
　(1) **의미**
　　　증거 또는 일반적으로 받아들이는 설명과 모순되는 믿음을 말한다.
　(2) **오개념 발생 원인**
　　① **사전경험**: 자신의 경험을 이해하기 위해 잘못된 오개념을 형성한다.
　　　　⑩ 공을 던졌을 때 힘을 주는 방향으로 공이 움직이는 것을 경험하면, 한 물체가 움직일
　　　　　 때 여러 방향에서 힘이 작용하여 특정 방향으로 물체가 움직일 수도 있다는 개념을
　　　　　 가지기 어렵다.
　　② **현상**: 어떤 대상이나 현상이 동시에 일어날 때, 하나가 다른 것의 원인이 된다
　　　　는 인과관계로 추론하는 경향이 있다.
　　　　⑩ 양팔저울의 균형을 이루었을 때, 지렛대 양쪽의 타일의 수가 같았다면 지렛대 양쪽의
　　　　　 타일 수가 같을 경우 타일이 균형을 이룬다고 결론 짓는다.

③ **사회:** 사회에서 일반적으로 가지고 있는 믿음은 오개념을 형성하는 데 기여한다.

　　예 아프리카 대륙은 지리적·문화적 다양성이 있음에도 불구하고, 미국의 많은 사람들은 아프리카는 대부분 사막으로 이루어져 있다고 생각한다.

④ **언어:** 언어의 잘못된 사용은 오개념을 형성하게 한다.

　　예 해와 달이 '뜨고 진다'는 표현을 듣고 아동은 해와 달이 지구 주위를 돌고 있다고 믿을 수 있다.

(3) 평형화와 오개념의 저항

① 오개념은 학습자가 이미 가지고 있는 도식 속에 평형 상태로 존재하고 있으므로, 오개념의 수정은 도식을 재구성하는 인지적 불평형 상태를 의미한다.

② 학습자는 도식을 조절하는 것보다 이미 존재하는 도식에 동화시키는 것이 간단하기 때문에 쉽게 오개념을 수정하지 않는다.

2. 피아제 이론과 오개념 수정을 위한 교수

(1) 명료화

학습자가 자신의 오개념을 충분히 인식할 수 있도록 자신의 생각을 표현할 수 있는 기회를 제공한다.

(2) 인지적 불평형화

학습자가 가진 오개념과 상충되는 사례나 문제를 제시하여 인지적 갈등 상황을 유발함으로써 자신의 생각에 대해 불만족을 갖도록 한다.

(3) 조절

학습자에게 제시된 사례나 문제를 해결하는 데 적절한 대체 개념을 제시하고, 학생이 자신의 생각을 조절할 수 있도록 도와준다.

(4) 평형화

다양한 사례나 문제를 통해서 새롭게 획득한 개념을 적용할 수 있는 기회를 제공하여 새로운 개념이 실생활에서 유용함을 느낄 수 있도록 해준다. 이때 학습자는 평형화를 재정립하며 자신의 새로운 경험을 동화시킬 수 있어야 한다.

② 피아제 이론에 대한 비판

㉠ 발달에 있어 문화의 영향을 간과하였다. 문화는 아동이 겪게 되는 경험의 종류, 아동이 발달시키게 되는 가치, 사용하는 언어, 성인이나 타인과 상호작용하는 방식을 결정짓는다.

㉡ 아동의 논리적 능력은 피아제가 제안한 것보다 구체적 영역에서의 경험과 지식에 더욱 강하게 의존한다.

㉢ 어린 아동의 능력을 과소평가했다. 실제 상황에서 유사한 과제를 아동이 해결할 수 있음에도 불구하고, 아동에게 추상적인 지시와 요구사항을 제공하기 어렵게 했다.

㉣ 연령이 높은 청소년의 능력을 과대평가하였다. 형식적 조작기의 청소년은 추상적인 현상에 대해 논리적으로 사고할 수 있다고 하였지만, 실제로는 어려움을 많이 겪거나 구체적 조작기에 머물러 있는 중·고등학생이 있다.

㉤ 인지발달에 있어 인간의 전 인지영역을 고려하지 못했다. 수학이나 과학적 사고의 발달은 다루고 있으나, 음악·문화·예술 등 정서성이 포함된 인지발달은 언급하지 않았다.

기출 20 중등

기출논제 **Check** ☑

A 교사가 언급한 비고츠키 지식론의 명칭, 이 지식론에서 보는 지식의 성격 1가지와 교사와 학생의 역할 각각 1가지

❸ 비고츠키(Vygotsky)의 인지발달이론

기출 03, 04, 06, 12, 13, 20 중등 / 00, 01, 04, 05, 08, 10 초등

(1) 사회·문화적 관점

① 인지발달은 사회·문화적 맥락에서 일어난다.

② 아동은 타인과의 관계를 맺음으로써 영향을 받아 성장하는 사회적 존재이며 아동의 인지능력 대부분이 부모, 교사 등의 유능한 협력자와의 상호작용을 통해 발달한다.

③ 인지발달은 언어·수학체계, 기억 전략과 같은 사회적 발명품의 사용방법을 배우는 것이다.

(2) 인지발달 촉진 요인

① 사회적 상호작용

    ㉠ 인지발달의 원천: 비고츠키는 사회적 상호작용이 인지발달을 촉진시키는 직접적 요인이라고 주장하였다.

    ㉡ 사회적 상호작용을 통한 지식의 구성

        ⓐ 피아제와 비고츠키는 아동이 새로운 원리를 학습 및 발견하는 데 있어 능동적 참여자라는 것에는 동의하였지만, 피아제와 달리 비고츠키는 아동에게 정말 중요한 '발견'의 대부분은 스스로의 탐색이 아닌 사회적 상호작용을 통해서 이루어진다고 보았다.

        ⓑ 가르침을 전수하는 능숙한 교사와, 교사의 가르침을 내면화하여 자신의 수행을 조절하고자 하는 제자 간 협동적 대화의 맥락에서 인지발달이 이루어진다. 즉, 사회적 상호작용을 통해 수천 년에 걸쳐 축적된 외부의 지식이 아동에게 내면화되는 것이다.

② 언어

    ㉠ 피아제는 언어를 현재의 생물적 인지발달 수준을 보여주는 척도로 여기며 아동의 사고과정에서 언어가 중요한 역할을 하지 않는다고 생각한 반면, 비고츠키는 인지발달에 있어 언어의 역할을 강조하였다.

    ㉡ 사회적 언어

        ⓐ 기존 지식에 접근: 비고츠키는 비계 설정을 포함하여 대부분의 사회적 상호작용이 언어를 통해 이루어지며, 언어는 학습자로 하여금 타인이 이미 갖고 있는 지식에 접근할 수 있도록 준다고 보았다. 언어를 통해 사회적 상호작용을 하고 문제해결이 어려울 때 도움을 청할 수 있다.

        ⓑ 인식의 도구 제공: 사회적 언어는 아동에게 세계에 대해서 생각할 수 있는 인식의 도구가 된다.

    ㉢ 사적 언어(private speech)

        ⓐ 혼잣말의 형태로 나타나는 언어를 말한다.

        ⓑ 외부의 사회적 지식을 내부의 개인적 지식으로 바꾸어 주는 기제이며, 자기 자신의 생각을 조절하고 반영하는 수단이다.

ⓒ 자기 - 안내의 한 형태이다. 자기의 생각과 행동을 안내하기 위한 수단 으로 사적 언어를 사용하며, 이는 아동 스스로 문제를 해결하고 목표에 달성할 수 있도록 돕는다.

> 예 높은 곳에 사탕을 놓아서 직접 꺼낼 수 없게 하자 어린 아이는 사탕을 꺼내려 고 적극적으로 노력하는 과정에서 혼잣말("의자가 필요해." 등)을 사용하며 행동을 완수한다.

ⓓ 어린 아동에게 쉽게 발견되며 복잡하거나 직접적으로 해결하기 어려운 과제일수록 더 많이 사용된다. 아동은 실제 능력보다 어려운 문제에 직 면했을 때 사적 언어를 통해 자신의 생각을 조절하고자 한다.

ⓔ 성장하면서 사적 언어는 내적 언어로 변화되면서 더 이상 밖으로 소리 내어서 말하지 않는다. 하지만 여전히 머릿속으로 끊임없이 혼잣말을 하며, 내적 언어는 사고와 행동을 조절하고 모든 고등정신기능을 가능 하게 하는 토대이다.

③ 문화
  ㉠ 발달이 일어나는 상황적 맥락 제공: 비고츠키는 세상의 모든 아동이 같은 유형의 지능을 발달시키는 것은 아니며, 문화적인 특성과 요구에 맞추어 환경을 이해하고 이와 관련된 문제를 해결하기 위해 자신의 두뇌와 지적 능력을 이용하는 방법을 배운다고 보았다.
  ㉡ 신념과 가치 전수: 문화는 특정 신념과 가치도 전수하기 때문에 아동에게 무엇을 생각해야 할지도 가르친다.
  ㉢ 지적 적응 도구 제공
    ⓐ 지적 적응 도구: 아동이 유능한 사람과의 상호작용을 통하여 학습하고 내재화한 사고나 문제해결 방식을 의미한다.
    ⓑ 문화는 아동이 가지고 태어나는 기본적 정신기능(주의력, 감각, 지각, 기억)을 보다 적응적으로 사용하도록 도와주는 지적 적응 도구를 아동 에게 제공한다.
    ⓒ 아동은 문화에 의해 새롭고 정교한 고도의 정신기능을 발달시킨다.

④ 학습
  ㉠ 피아제는 발달이 학습보다 선행하므로 학습이 이루어지기 위해서는 일정 수준의 발달이 전제되어야 함을 주장한 반면, 비고츠키는 학습이 발달을 주도한다고 보았다.
  ㉡ 근접발달영역에서의 학습: 학습은 근접발달영역의 범위 내에서 이루어져야 한다. 근접발달영역에서의 학습은 학생의 인지활동을 자극하고 학생이 잠 재적 성장수준으로 나아갈 수 있도록 해준다.

(3) 근접발달영역(ZPD; Zone of Proximal Development)
① 아동이 타인의 도움 없이 스스로 문제를 해결할 수 있는 실제적 발달수준과 성인이나 유능한 또래들의 도움으로 문제를 해결할 수 있는 잠재적 발달수준 사이의 영역이다.

개념확대 ⊕
Zoom IN

피아제와 비고츠키의 혼잣말에 대한 입장 차이
• **피아제 - 자기중심적 언어 (egocentric speech)**
  - **미성숙의 증거**: 피아제는 혼잣 말이 전조작기에 나타나는 언 어 형태로, 전조작기의 자기중 심적 사고에서 비롯된 비사회 적 언어라고 하였다.
  - **사회적 언어로의 발달**: 아동이 인지적으로 발달함에 따라 논 리적 사고를 하면 자기중심적 언어는 자연스럽게 사라지고 사회적 언어가 발달한다.
• **비고츠키 - 사적 언어 (private speech)**
  - **인지발달 촉진**: 비고츠키는 혼 잣말이 미성숙의 증거가 아니 며, 인지발달에 중추적인 역할 을 한다고 보았다. 아동은 사 적 언어를 통해 자신의 사고와 행동을 조절하고 안내한다.
  - **내적 언어로 발달**: 아동이 성장 함에 따라 사적 언어는 내적 언어로 발달하고, 내적 언어는 고등정신기능의 기초가 된다.

② 타인의 도움으로 성공할 수 있는 영역
　　㉠ 혼자서는 해결할 수 없지만 성인의 지도나 더 유능한 또래들과의 협력에 의해 성취할 수 있는 과제의 범위를 말한다.
　　㉡ 비고츠키는 교수·학습이 근접발달영역 안에서 이루어져야 성공적일 수 있으며 인지발달을 촉진할 수 있다고 하였다.
③ 학습이 이루어져야 할 수준
　　㉠ 학생은 학습 시 주어진 내용이 이미 알고 있는 것이어서 지루함을 느끼는 상황에 놓여서도 안 되고, 학습할 수 있는 수준이 되지 않았거나 학습 할 수 없는 것이어서 좌절감을 느끼는 상황에 놓여서도 안 된다.
　　㉡ 따라서 자신의 인지발달수준을 조금 넘어서는 수준의 학습내용이 제시되어야 하고 교사 또는 또래의 도움이 제공되어야 한다.
④ 근접발달영역에 영향을 주는 요인
　　㉠ 학습자 개인차
　　　　ⓐ 현재의 발달수준이 같더라도 근접발달영역은 개인에 따라 다를 수 있다.
　　　　ⓑ 즉, 실제적 발달수준은 동일하더라도 도움이 주어지는 상황에서 보이는 잠재적 발달수준의 차이는 개인에 따라 다를 수 있다.
　　㉡ 교수의 질
　　　　ⓐ 동일한 발달수준을 가진 아동의 근접발달영역은 교수·학습활동의 질에 따라 달라질 수 있다.
　　　　ⓑ 적절한 시기에 양질의 교육을 받은 아동은 질 낮은 교육을 받은 아동에 비하여 근접발달영역이 커지므로 교사는 학습자에게 질 높은 교육을 제공할 필요가 있다.
⑤ 근접발달영역의 4단계

단계	특징
1단계: 유능한 타인의 도움	자신보다 유능한 부모, 선생님, 또래의 도움을 통해 과제 해결을 시작
2단계: 자신의 도움	• 과제에 익숙해진 아동은 자기주도적으로 과제를 해결함 • 이때 부모와 교사는 아동이 잘못 수행하는 부분에 대해서 적절한 피드백을 제공해 줌
3단계: 내면화 및 자동화 단계	• 과제 수행이 완전하게 내면화·자동화된 단계 • 이 단계에서 아동이 기존의 근접발달영역을 벗어남
4단계: 새로운 근접발달영역으로의 복귀	기존의 잠재적 발달수준을 실제 발달수준으로 변화시킨 아동은 새로운 근접발달영역을 형성하고 학습을 시작

(4) 비계 설정(발판, scaffolding)

① 능숙한 참여자의 도움으로 미숙한 학습자가 문제를 잘 이해할 수 있도록 학습자의 현재 상황에 대한 적절한 도움을 조정·제공하는 것이다.
② 비계 설정은 근접발달영역에서 제공되는 더 뛰어난 친구나 성인의 도움을 뜻한다.

③ 효과적인 비계 설정
　　㉠ 비계 설정 시 유의점
　　　ⓐ 학습자 스스로 학습할 수 있도록 지원해 주는 것으로 국한해야 한다. 교사와 부모는 도움을 줄 수는 있지만 실제로 학습하는 주체는 학습자 자신이어야 한다.
　　　ⓑ 초기 단계에는 많은 도움을 제공하다가 점차적으로 줄이면서 스스로 해결할 수 있는 단계로 나아가야 한다.
　　　ⓒ 비계 설정은 근접발달영역 내에서 이루어져야 한다. 이를 위해 아동에게 적합하고 도전적인 과제를 제시하고, 아동의 요구와 능력에 맞추어 도움을 조정해야 한다.
　　㉡ 효과적인 비계 설정의 구성요소
　　　ⓐ 공동의 문제해결: 아동은 다른 사람들과 함께 과제를 해결할 때 가장 잘 배울 수 있다. 따라서 아동에게 문화적으로 의미가 있고 흥미로운 협동적 과제에 참여하도록 한다.
　　　ⓑ 상호 주관성: 어떤 과제에 대해서 서로 다르게 알고 있던 과제 참여자들이 공유된 이해에 도달하는 것을 의미한다. 과제를 수행할 때 서로가 항상 협의·타협하는 과정을 통해 목표에 효과적으로 도달할 수 있다.
　　　ⓒ 따뜻한 반응: 효과적인 비계 설정은 아동의 정서적인 부분도 고려한다. 교사나 부모의 따뜻한 반응, 언어적 칭찬, 적절한 자신감 유발 등은 아동의 집중력과 도전정신 향상에 도움이 된다.
　　　ⓓ 자기조절 증진하기: 다양한 사회적 상호작용 과정에서 스스로의 사고와 행동을 조절하는 자기조절능력을 증진할 수 있도록 해야 한다. 따라서 아동이 문제해결을 어려워 할 때만 개입하고, 스스로 문제를 해결할 수 있을 때에는 가능한 도움을 멈추고 기다려 주어야 한다.

개념확대⊕ Zoom IN 비계 설정의 유형

유형	예시
모델링	미술교사가 학생들에게 새로운 화법을 사용하여 그림을 그리도록 말하기 전에 먼저 시범보이기
소리 내어 생각하기	물리교사가 칠판에 운동량 문제를 풀면서 자신의 생각을 소리 내어 말하기
질문	물리교사가 학생들에게 중요한 시점에 질문을 던져 학생들이 문제를 보다 구체적으로 이해할 수 있도록 하기
자료 조정	체육교사가 농구 슛하는 기술을 가르치는 동안 농구대의 높이를 낮췄다가, 학생들이 능숙해짐에 따라 농구대의 높이를 조절하기
조언과 단서	미취학 아동이 신발끈 묶는 것을 배울 때 교사가 줄을 엇갈리면서 끼우도록 옆에서 힌트를 주기

(5) 비고츠키 이론의 교육적 시사점과 한계

① 교육적 시사점

　㉠ 협동학습의 적극적 활용

　　ⓐ 협동학습은 학생이 서로 사회적 상호작용을 할 수 있도록 하고 자신이 이해를 언어로 설명하는 기회를 제공한다.

　　ⓑ 비고츠키는 또래와의 상호작용이 아동의 사고를 향상시키는 데 매우 중요하다고 보았다. 또래와의 상호작용은 근접발달영역 내에서 이루어지는 동시에 서로에게 좀 더 발전된 모델을 제공하기 때문이다. 따라서 함께 과제를 수행하면서 서로 배울 수 있는 협동학습을 지지하였다.

　　ⓒ 협동학습은 아동의 내적 언어를 소리 내어 말하도록 이끌며, 이는 집단 구성원의 다른 추론과정에 대한 통찰을 얻을 수 있게 하여 인지발달에 도움이 된다.

　　ⓓ 협동학습을 할 때 이질적인 집단 구성이 필요하다. 집단구성원 간의 능력 수준이 다를 경우, 낮은 수준의 학생은 높은 수준의 학생으로부터 도움과 피드백을 받을 수 있으며, 높은 수준의 학생은 교사의 역할을 하면서 자신의 잠재적 발달수준을 높일 수 있다.

　㉡ 학습자의 근접발달영역 내에 있는 학습활동 만들기

　　ⓐ 수업은 발달에 선행하도록 계획해야 한다.

　　ⓑ 교사는 실제 발달수준보다는 발달 가능한 잠재력을 고려하여 근접발달영역 내에서 수업을 계획하고 학습활동을 만들어야 한다.

　㉢ 학습과 발달 촉진의 발판 제공

　　ⓐ 교사가 학습자에게 다양한 비계 설정을 제공하면 학습자가 해결할 수 있는 문제의 범위가 넓어진다. 실제 발달수준이 동일한 학습자라도 교수의 질에 따라 잠재적 발달수준이 달라진다.

　　ⓑ 학생이 문제해결을 어려워하면 교사는 부분적으로 해답을 제공하거나 적극적으로 시범을 보임으로써 학생이 자신의 사고과정을 소리 내어 말할 수 있도록 허용해야 한다.

　　ⓒ 이때, 교사는 격려와 칭찬을 적절히 제공하고, 직접 신체적 조작을 하며 과제물을 해결할 수 있는 학습활동을 통해 학생의 적극적 참여를 이끌어 내야 한다.

　㉣ 장애아 통합교육 강조

　　ⓐ 비고츠키는 장애아동을 분리하여 특수교육하는 경우 더 높은 수준의 발달을 기대하기 어려우며, 신체적 · 정신적 장애가 있는 아동이 일반 아동과 함께 상호작용하며 교육 받을 경우 발달에 효과적일 수 있음을 주장하였다.

② 비고츠키 이론에 대한 비판

　㉠ 문화적 영향력이 인지발달에 미치는 과정에만 초점을 맞추었기 때문에 생물학적 인지발달이 문화의 영향의 영향을 받은 인지발달에 어떠한 영향을 미치는지 언급하지 않았다.

ⓒ 인간의 창의성과 개혁성을 간과하였다. 아동의 발달이 사회문화, 즉 환경의 산물이므로 개체의 능동적인 발달이 일어나기 어렵다고 주장하였다. 이는 발달의 일차적인 힘이 개인 밖에서 온다고 설명하는 것으로, 이러한 관점에서 보면 개인이 발달을 위해 능동적으로 할 수 있는 것이 거의 없다.

요약정리 Zoom OUT 피아제와 비고츠키 이론의 비교

구분	피아제	비고츠키
아동관	• 꼬마 과학자 • 세상에 대해 스스로 학습하고 지식을 구성하는 독립적인 발견자	• 사회적 존재 • 사회 · 문화적 환경과의 상호작용을 통해 학습하는 능동적 학습자
지식 형성과정	개인 내적 지식이 사회적 지식으로 확대 또는 외면화	사회적 지식이 개인 내적 지식으로 내면화
인지발달의 보편성	인지발달은 모든 문화권에서 보편적인 과정을 거침	인지발달은 각 문화의 특성에 따라 다양하게 나타남
환경	물리적 환경 중시	사회 · 문화적 및 역사적 환경 중시
문화와 인지발달	문화적 맥락은 인지발달에 크게 영향을 미치지 않음	문화적 맥락 안에서 인지발달이 이루어짐
사회적 상호작용과 인지발달	• 사회적 상호작용은 인지적 불평형 상태를 유발하고 인지발달에 기여 • 동등한 수준의 또래와의 상호작용이 중요	• 사회적 상호작용은 언어를 습득하고, 고등정신을 학습하는 인지발달의 원천 • 어른이나 뛰어난 또래와의 상호작용 중요
학습과 인지발달	발달에 기초하여 학습 진행	학습이 발달을 주도
언어와 인지발달	• 언어는 인지발달의 부산물 • 인지발달 후 언어가 발달	• 인지발달과 언어발달은 상호 독립적 • 언어는 학습과 발달을 매개하는 역할
혼잣말	• 자기중심적 언어 • 미성숙하고 자기중심적인 성향을 대변하는 표상	• 사적 언어 • 자신의 사고와 행동을 지도하기 위한 수단 • 문제해결을 위한 사고의 수단

❹ 케이스(Case)의 실행제어구조 이론(신피아제 이론)

(1) 기본 입장

① 피아제의 인지발달이론과 정보처리이론을 결합한 것으로, 인지발달이 단계적으로 일어난다는 점에서는 피아제와 의견이 일치하나 사고가 어떻게 변화하는가에 대해서는 다른 의견을 보인다.

② 아동이 성장함에 따라 더욱 효과적인 기억 전략을 발전시키고, 회상한 바를 점검하는 능력 역시 발달한다.

③ 연령이 증가함에 따라 자동화, 생물학적 성숙, 중심개념구조의 습득이 일어나 작업 기억 용량이 증가한다.

(2) 실행제어구조

① 아동은 문제해결자이며, 아동이 문제를 해결해 나가는 방법을 대표하는 내적 청사진이 '실행제어구조'이다.

② 실행제어구조는 아동이 문제를 해결하기 위해 형성하는 내적 개념 연결망으로, 문제상황의 표상, 목표의 표상, 전략의 표상을 포함한다.

(3) 인지발달단계

① 감각운동기(0~18개월): 피아제의 감각운동기에 해당한다.

② 관계기(18개월~5세): 사물, 사건, 사람들 간의 관계를 이해하고 표상화할 수 있게 된다.

③ 차원기(5~11세): 물리적·사회적 자극이나 내상을 주요 차원에 따라 비교·분석하고 표상할 수 있다.

④ 방향성기(11세 이상): 둘 이상의 차원들 간 상호작용을 파악할 수 있다. 유추와 비유와 같은 구체적 하위 차원들을 추상적으로 관련짓는 상위 차원 조작에 의한 문제해결이 가능하게 한다.

03 정의적 발달

❶ 성격 · 정체성 · 자아개념의 발달

(1) 프로이트(Freud)의 심리성적 성격발달이론 기출 03, 04, 06 초등

① 기본 입장

㉠ 심리적 결정론(psychic determination)

ⓐ 인간의 모든 행동은 원인 없이 일어나지 않는다. 사소하고 이해하기 어려운 행동도 우연히 일어나지 않으며, 심리적 원인에 의해 결정된다.

ⓑ 개인의 자유에 따른 선택보다는 오로지 원인이 결과를 결정한다는 인과율을 지지한다.

㉡ 무의식(unconsciousness)에 대한 가정

ⓐ 당시 심리학의 주류는 의식에 초점을 두었지만, 프로이트는 무의식에 집중하여 새로운 심리학의 영역을 개척하였다.

ⓑ 인간의 심리적 세계에는 자각되지 않은 무의식적인 정신현상이 존재하며, 인간의 행동은 의식보다 무의식에 의해 더 많은 영향을 받는다.

ⓒ 성적 추동(sexual drive)에 대한 가정

ⓐ 인간의 가장 기본적 욕구로 무의식의 주된 내용을 구성한다.

ⓑ 성적 욕구는 사회의 도덕적 기준에 위배되므로 억압되어 무의식에 존재하지만 인간행동에 지대한 영향을 미친다.

ⓔ 어린 시절의 경험 중시

ⓐ 어린 시절, 특히 부모와의 상호작용 경험은 성격 형성의 기초가 된다.

ⓑ 성인 시절의 성격과 행동은 어린 시절의 경험을 통해 형성한 무의식적 성격구조가 발현된 것이다.

② 정신의 구조

㉠ 의식(consciousness)

ⓐ 특별한 노력 없이도 항상 지각하고 있는 사고, 지각, 정서 경험을 포함한다.

ⓑ 의식적인 경험은 인간의 정신구조에서 아주 일부만을 차지한다.

㉡ 전의식(preconsciousness)

ⓐ 평소에 지각하지 못하지만 약간의 노력을 기울이면 쉽게 의식으로 떠올릴 수 있는 기억과 경험을 포함한다.

ⓑ 무의식의 내용을 의식으로 연결하는 역할을 한다.

㉢ 무의식(unconsciousness)

ⓐ 지각하려 노력해도 쉽게 의식되지 않는 다양한 심리적 경험을 포함한다.

ⓑ 억압된 욕구, 부정적 감정, 공포, 수치스러운 경험 등의 보관소로 정신구조의 대부분을 차지한다.

③ 성격의 구조

[그림 7-2] 프로이트의 성격의 구조

㉠ 원초아(id) – 생물체로서의 본능

ⓐ 현실 여건을 고려하지 않고 욕구를 즉각적으로 충족시키는 '쾌락원리'에 따라 작동한다.

ⓑ 자기중심적이며 비현실적인 원시적 사고과정으로, 초기의 기초적 심리과정인 '1차 과정'을 보인다.

㉡ 자아(ego) – 욕구를 통제하는 힘

ⓐ 환경에 대한 현실적인 적응을 담당하는 기능을 한다.

ⓑ 현실을 고려하고 미래를 예상하여 행동을 통제 · 선택하는 '현실원리'에 따라 작동한다.

ⓒ 자아는 지각, 추론, 판단, 언어, 기억 등의 인지적 기능과 감정 조절, 만족 지연과 같은 적응적 기능을 담당한다. 이는 현실적 · 합리적이고 이성적인 사고과정으로 '2차 과정'으로 불린다.

ⓒ 초자아(superego) - 도덕과 양심

　　ⓐ 아동의 마음에 내면화된 부모의 가치관과 사회적 규범이다.

　　ⓑ 초자아는 행동의 선악을 판단하는 도덕적 규범이나 가치관으로서 '도덕 원리'에 따라 작동한다.

④ 성격발달의 단계

　㉠ 성적 충동(리비도, libido)은 타인과의 접촉을 통하여 쾌락과 애정을 얻고 자 하는 욕구로, 프로이트는 연령의 증가와 함께 리비도가 집중되는 신체 부위가 다르다는 것을 바탕으로 심리성적 발달단계를 제시하였다.

　㉡ 각 단계에서 본능이 충분히 충족되지 못하거나 과도하게 충족될 경우 그 단계에서 고착(fixation)이 일어나며 여러 이상행동과 성격의 원인이 된다.

　㉢ 구강기(oral stage) - 출생~1세

　　ⓐ 리비도가 입 주변에 집중되는 시기로 무엇이든 빨거나, 깨물고, 삼키는 데에서 쾌감을 얻는다.

　　ⓑ 욕구의 과도한 충족: 의존적이고 자기중심적이며 요구가 많은 성격을 보인다.

　　ⓒ 욕구의 과도한 좌절: 공격적인 성격, 빈정거림, 냉소, 논쟁적 행동을 보인다.

　　ⓓ 욕구의 적절한 충족: 자신감, 관대함, 외부세계에 대한 신뢰가 형성된다.

　㉣ 항문기(anal stage) - 1~3세

　　ⓐ 리비도가 항문에 집중되는 시기로 유아는 배설활동을 통해서 쾌감을 얻는다.

　　ⓑ 배변훈련 시 부모의 칭찬과 승인을 경험하며 배변하고자 하는 욕구를 조절하고, 부모의 현실적인 요구를 이해하며 자아를 발달시킨다.

　　ⓒ 욕구의 과도한 충족 또는 좌절: 완벽주의적, 인색, 청결에 집착하거나 불결하고 분노를 쉽게 느끼는 양가감정적인 성격을 띤다.

　　ⓓ 욕구의 적절한 충족: 독립적·자기주장적·협동적인 성격을 띤다.

　㉤ 남근기(phallic stage) - 3~6세

　　ⓐ 리비도가 생식기관인 성기에 집중되는 시기이다. 자신의 성기에 대해 호기심을 느끼고 만져보면서 쾌감을 얻는다.

　　ⓑ 엘렉트라 콤플렉스: 여자아이의 경우는 어머니에 대해 경쟁심을 느낀다.

　　ⓒ 오이디푸스 콤플렉스: 아들이 어머니에 대한 애정을 독점하려고 하면서 아버지에 대해서는 자신이 거세당할지도 모른다는 거세불안을 느낀다. 거세불안을 해결하기 위해 아동은 아버지와 자신을 '동일시'한다.

　　ⓓ 초자아의 형성: 아버지와의 동일시는 아동이 아버지, 즉 기성세대의 가치관과 도덕을 받아들여 내면화하도록 하여 초자아를 형성하게 한다.

　　　• 오이디푸스 콤플렉스의 해결: 초자아가 발달하고, 건전한 성 정체감이 형성된다.

　　　• 오이디푸스 콤플렉스의 미해결: 권위적인 인물에 대한 과도한 복종, 두려움, 지나친 경쟁심이 형성된다.

ⓑ 잠복기(latent stage) – 6세~사춘기

    ⓐ 리비도가 집중되는 신체 부위가 없다.

    ⓑ 학업과 동성친구에 대한 관심이 증가하여 학교생활, 친구 교제, 운동 등에 열중한다.

    ⓒ 자아가 성숙하고 초자아가 확립되는 시기로 현실적인 성취와 원만한 대인관계를 위한 적응능력이 발달한다.

    ⓓ 잠복기의 좌절: 열등감, 회피적인 성격이 형성된다.

ⓢ 생식기(genital stage) – 사춘기~성인

    ⓐ 리비도가 다시 강력해지고 이성에게 집중되는 시기이다. 이성과의 연인 관계를 통해서 성적 욕구를 충족시키고자 한다.

    ⓑ 급격한 신체 발달을 겪으며 부모로부터의 심리적 독립, 자기정체성의 확립과 같은 중요한 발달과제를 가진 시기이다.

    ⓒ 프로이트는 생식기에 성격 형성이 완결된다고 보았다.

(2) 에릭슨(Erikson)의 심리사회적 성격발달이론 기출 02, 03, 04, 07, 16 중등 / 01, 11 초등

① 기본 입장

    ㉠ 심리사회적 발달이론: 성격발달은 인간의 신체적·심리적 변화와 사회적·역사적 영향이 상호작용하는 개인의 정서적 욕구(심리)와 사회적 환경의 관계 속에서 발달을 설명한다.

    ㉡ 점진적 분화의 원리(점성의 원리)

        ⓐ 발달이 선천적으로 예정된 시점에 따라 이루어진다는 것으로, 발달이 정해진 시기에 이루어지지 못하면 결함으로 남는다.

        ⓑ 에릭슨은 점진적 분화의 원리에 근거하여 인간이 발달 시기에 따라 겪는 중요한 인생 과업을 어떻게 해결하며, 제대로 해결하지 못했을 때 성장한 후 어떤 어려움을 겪는지 설명하고자 하였다.

    ㉢ 자아의 중요성

        ⓐ 인간의 발달과 관련하여 가장 중요한 것은 자아이며, 자아는 자율적인 성격구조이다.

        ⓑ 에릭슨은 인간의 생애주기를 8단계로 나누어 각 단계에 나타나는 자아의 특성에 집중하였다.

② 에릭슨의 심리사회적 발달 8단계

    ㉠ 1단계 – 신뢰감 대 불신감: 출생~18개월

        ⓐ 어머니의 돌봄이 일관성, 신뢰성, 예측성을 갖추면 신뢰감을 형성한다.

        ⓑ 어머니의 돌봄이 일관성이 없고, 예측할 수 없고, 믿을 수 없게 되면 불신감이 생긴다.

        ⓒ 이 시기에 형성된 신뢰감은 타인과의 유대감이나 애착 형성의 토대가 되며, 이후 발달단계를 원만하게 넘을 수 있는 발판이 된다.

    ㉡ 2단계 – 자율성 대 수치심 및 의심: 18개월~3세

        ⓐ 이 시기의 유아는 여러 개의 상반되는 충동 사이에서 스스로 선택하려 하는 의지를 나타내는 자율성을 보인다.

기출 16 중등

기출논제 Check ☑

에릭슨(E. Erikson)의 정체성 발달이론에 제시된 개념을 토대로 '교사가 갖추어야 할 역량'이라는 주제에 대하여 논하시오.

ⓑ 부모가 자녀로 하여금 자율적으로 무엇인가 할 수 있도록 이끌어주고 지지해주면 유아는 자율성을 획득한다.

ⓒ 부모가 너무 엄격하거나 과보호하는 경우 무능감을 느끼게 되고, 기대만큼 적절하게 수행하지 못한 스스로에게 수치심을 가지게 된다.

ⓒ 3단계 – 주도성 대 죄책감: 3~6세

ⓐ 이 시기의 아동은 언어·운동능력의 두드러진 발달을 보이며, 새로운 환경에서 대해서 매우 공격적으로 탐색하기 시작한다.

ⓑ 목표나 계획을 세우고 달성하려는 목표지향적 행동을 보이면서 자신이 독립적인 존재임을 확인하고 주도성이 발달한다.

ⓒ 부모가 자유롭게 움직이고 탐색하는 것을 허락하면서 주도성이 격려받으며 발달한다.

ⓓ 부모가 아동의 주도적 활동을 과도하게 억제하거나 처벌하면 새로운 활동을 나쁜 것이라 여기고 좌절감과 함께 죄책감이 발달한다.

* 김아영 외(2015)

ⓔ 4단계 – 근면성 대 열등감: 6~12세*

ⓐ 이 시기의 아동은 인내심과 과제나 해야 할 일을 완수했을 때 느끼는 긍정적인 감정(기쁨, 성취감) 사이의 관계를 이해하기 시작한다. 따라서 이 시기의 주요 발달과제는 아동이 자신의 할 일을 스스로 성실하게 해내는 것이다.

ⓑ 아동은 인지적·사회적 기술을 습득하고, 이것을 숙달시키는 과정에서 근면성이 발달한다. 그러나 동시에 이 과정에서 다른 아동들과 비교되기도 하고 실패의 두려움도 경험한다.

ⓒ 이 시기에 성공을 경험하면 근면성과 유능감을 키우게 되지만, 자신이 숙제나 과제를 제대로 할 능력이 없음을 인지하거나 실패할 경우에는 열등감을 느끼게 된다.

ⓓ 이 시기에 형성된 근면성은 성인이 되었을 때에도 직장인으로서 자신의 과업을 성실하게 이끌 수 있는 토대가 된다.

* 김아영 외(2015)

ⓜ 5단계 – 자아정체성 대 역할 혼란: 청소년기*

ⓐ 이 시기의 주요 발달과제는 자아정체성을 형성하는 것이다. 자아정체성이란 자신이 누구이며, 자신의 삶에서 중요한 것은 무엇인지에 대하여 스스로 규정한 신념체계이다.

ⓑ 청소년기의 자아정체성은 이후의 진로와 직업 선택, 배우자 선택 등의 생애 전체에 영향을 주는 매우 중요한 요소이며, 가치관, 이데올로기, 신념에 대한 헌신 등을 포함한다.

ⓒ 에릭슨에 따르면, 청소년이 개인적 선택(신념, 가치, 행동 등) 및 직업 선택에 있어 자신의 결정을 미뤄두고 다양한 탐색을 해보는 시기를 '유예'라 한다.

ⓓ 따라서, 청소년은 자아정체성을 확립하기 위해 '자기 자신을 찾아 나서는 길고 험한 여정'을 시작하는데, 긍정적인 자아정체성을 형성하기도 하지만 혼란과 시행착오로 절망감을 느끼는 심리적 유예(psychological moratorium)를 겪기도 한다.

ⓔ 특히 복잡한 환경 속의 청소년은 어린 시절의 불행한 경험이나 불우한 현재의 여건으로 인하여 정체감 형성에 실패하면 정체성 위기(혼란)(indentity crisis)를 겪는다.

ⓗ 6단계 – 친밀감 대 고립감: 성인 전기(20대부터)
　ⓐ 이 시기는 취업과 결혼이라는 통과의례를 겪고, 성숙되고 책임감 있는 성인과 사회인으로서의 역할을 바르게 수행하고 주변인과 원만한 대인관계를 맺는 것이 주요 과업이다.
　ⓑ 청년기에 형성된 긍정적인 자아정체성은 성인 전기에 진정한 친밀감을 추구할 수 있도록 해준다.
　ⓒ 청년기에 자아성체성을 확립하지 못한 사람은 타인에게 친밀감을 갖지 못해 고립에 빠지고, 깊고 신뢰 있는 인간관계 유지가 어렵다.

ⓢ 7단계 – 생산성 대 침체: 성인 중기~60대
　ⓐ 이 시기는 가정에서는 자녀를 양육하고, 직장에서는 중견직원으로서 자신의 역할과 소임을 다하여 사회에 기여하는 것이 주요 과업이다.
　ⓑ 과업 성취를 통해 자기의 존재가치를 확립할 수 있으며 생산성을 발달시킨다.
　ⓒ 생산성을 발달시키지 못하면 침체하게 되고 타인에 대한 배려심과 관대함이 결여된다.

ⓞ 8단계 – 자아통합 대 절망: 노년기
　ⓐ 인생의 마지막 단계로 신체적으로 노쇠하고 직장에서 은퇴하며, 친구나 배우자의 사망으로 인생의 무상함 또는 무력감을 느낀다.
　ⓑ 이 시기의 신체적·사회적 퇴화를 받아들일 때 자신의 삶을 돌아보며 보람을 느끼고 의미를 찾는다면, 자신이 삶이 완성되었다고 여기면서 자아통합을 한다.
　ⓒ 삶을 돌아보았을 때 삶이 무의미하고 후회하고 아쉬움만이 가득하면 절망을 느낀다.

③ 교육적 시사점
　㉠ 취학 전 아동
　　ⓐ 자율성을 발달시킬 수 있도록 충분한 기회(놀이, 과제 등)를 제공하고, 자기 능력에 대한 의심을 가지지 않도록 세심하게 배려한다. 또한 수용할 수 없는 행동을 하거나 부족하더라도 수치심을 주지 않도록 한다.
　　ⓑ 연령이 증가함에 따라 주도성을 발휘할 수 있도록 스스로 선택할 기회를 주고 성취감을 느낄 수 있는 활동을 격려한다. 아동의 주도적 활동을 억제하거나 과도하게 벌을 주어 자신이 잘못된 행동을 선택했다는 죄책감을 느끼지 않도록 한다.
　㉡ 초등학생
　　ⓐ 성공적으로 완수할 수 있는 과제를 제시하여 근면성을 획득하도록 한다.
　　ⓑ '나는 할 수 있다.'라는 성취감을 느낄 수 있는 활동을 격려하고, 실패할 경우에도 죄책감을 느끼기보다는 학습의 자연스러운 일부임을 인식하도록 교실 분위기를 조성한다.

ⓒ 중 · 고등학생

    ⓐ 이 시기 청소년은 급격한 신체적 · 정서적 변화로 혼란을 느끼고 감수성이 예민해지므로 교사는 공평하고 중립적인 입장에서 학생을 지도해야 하며, 다른 학생들 앞에서 드러나지 않는 방식으로 칭찬하고 잘못된 부분을 지적해야 학생들이 긍정적인 자아정체성을 형성할 수 있다.

    ⓑ 다양한 경험과 상황을 통해서 자신의 가치와 신념을 시험 · 탐색할 수 있도록 격려해야 한다. 교육적 · 직업적 관심에 대해 학생과 대화함으로써 자아정체성 형성을 적극적으로 도와야 한다.

    ⓒ 이를 위해 교사는 직업 선택과 역할에 대한 많은 모델을 제시한다. 문학작품과 역사 속의 모델의 삶과 성취를 소개하거나 강연자를 초청하여 자신의 직업선택 과정에 대한 이야기를 들어본다.

    ⓓ 학생이 개인적인 문제를 해결함에 있어 필요한 자원을 찾을 수 있도록 지원한다. 교내 상담교사 및 프로그램과 연결하거나 학생이 받을 수 있는 외부 지원도 가능하다면 제공한다.

    ⓔ 학생들에게 실제적인 피드백을 제공하며, 발전할 때마다 격려해주어야 한다. 또한, 학생들의 실수를 안 좋은 예시로 제공하는 것이 아닌 교사의 잘못이나 실수했던 경험을 포함하여 부정적 예시를 새로 만들어 학생들에게 제공한다.

참고 **주도성 · 근면성 · 정체성 형성 촉진하기**

1. 미취학 아동의 주도성 촉진하기
① 아동이 스스로 선택하고 그에 따른 행동을 하도록 장려한다.
② 각 아동에게 성공을 경험할 기회를 제공한다.
③ 다양한 역할로 가상놀이를 장려한다.
④ 아동이 자신의 힘으로 무엇인가 시도하다가 행한 실수에 대해 인내심을 가진다.

2. 학령기 아동의 근면성 촉진하기
① 학생에게 현실적인 목표를 세우고 스스로 실행할 기회를 제공한다.
② 학생이 자신의 독립성과 책임감을 나타낼 기회를 준다.
③ 위축된 학생에게는 도움을 제공한다.

3. 청소년의 정체성 형성 촉진하기
① 직업 선택과 성인의 역할에 대한 다양한 모델을 제공한다.
② 학생이 개인적 문제를 해결하는 데 필요한 자원을 찾을 수 있도록 돕는다.
③ 타인을 불쾌하게 하거나 학습에 방해가 되지 않는 한에서 그들의 일시적인 유행에 대한 인내심을 갖는다.
④ 실제적 피드백을 주고 발전할 때마다 격려함으로써 많은 청소년들이 '두 번의 기회'를 필요로 할 수 있다.

요약정리 🔍
Zoom OUT 프로이트와 에릭슨의 공통점과 차이점

1. 공통점
① 정신분석학에 기초를 둔 발달이론으로서 성격발달의 일련의 단계를 제시한다.
② 원만한 성격발달을 위해서는 각 단계에서 욕구와 적절히 충족되어야 함을 주장한다.

2. 차이점

구분	프로이트	에릭슨
발달이론	심리성적 성격발달이론	심리사회적 성격발달이론
발달이론의 초점	무의식과 외상적 생애 초기 경험이 정신병리로 이어지는 과정에 초점을 둠(이상심리학)	자아가 주체가 되어 생애 전체의 발달적 위기를 극복하는 건강한 성격발달 과정에 초점을 둠
성격발달의 중추	원초아가 중요한 역할	자아가 중요한 역할
성격형성에 영향	부모의 역할 중시	사회적 환경(부모, 친구, 동료 등 다양한 사회관계) 중시
발달단계	남근기에 성격의 토대 결정, 청소년기에 성격발달 종료	유아기에서 노년기에 이르는 전 생애 발달의 관점
청소년기에 대한 관점	관심 없음	자아정체성을 형성하는 중추적인 시기

(3) 정체성과 자기개념 발달

① 정체성의 발달
   ㉠ 정체성(identity): 자신이 누구이고, 자신의 존재 의미가 무엇이며, 인생을 통해 무엇을 성취하고자 하는지에 대한 생각을 말한다.
   ㉡ 살아가며 겪는 경험들이 정체성에 영향을 줄 수 있는 요소가 된다.
      🔘 가족, 또래집단, 조직화된 동아리나 모임, 지역사회를 포함한 모든 사회적 경험이 정체성 형성에 기여한다. 또한 정체성의 형성과 발달은 개인의 상황에 따라 매우 다른데, 소수 민족집단에 속한 아동의 경우에는 민족정체성(ethnic identity)이 정체감에 영향을 미치는 중요한 요소가 될 수 있다.

② 자기개념(self-concept)의 발달
   ㉠ 자기개념: 자신이 누구인지를 정의하는 특성, 능력, 태도, 가치의 총체로 개인이 스스로에 대해 갖고 있는 신념이나 지식과 같은 인지적 평가이며, '자아개념'이라고도 한다.
   ㉡ 위계적 구조: 자기개념은 학업적·사회적·신체적 자기개념으로 구분되며, 이러한 자기개념을 모두 합한 상위 개념인 '일반적 자기개념'이 존재한다.
      🔘 수학에서의 자기개념이나 영어에서의 자기개념의 상위에는 학업적 자기개념이 존재한다.
   ㉢ 영역 특수적 성격
      ⓐ 자기효능감과는 일치하지만, 자신의 가치에 대한 전반적인 평가와 정서적 반응을 말하는 자아존중감(self-worth)과는 구분된다.

ⓑ 자기효능감이 행동의 과정을 조직과 완성하는 데 초점이 맞추어져 있고 동기와 관련된 구체적·상황적 관점을 나타낸다는 점에서 자기개념과 차이를 보인다.

🔵 예 영어능력에 대한 높은 자기개념을 가진 학생일지라도 음악 분야에 있어서는 낮은 자기개념을 가질 수 있다.

② 발달적 특징

ⓐ 어린 아동은 타인과의 비교 경험이 부족하고 부모로부터 많은 지지를 받기 때문에 높은 자기존중과 비현실적일 정도의 긍정적인 자기개념을 가지는 경향이 있다.

ⓑ 초등학교 아동은 또래와 비교를 통하여 자신의 수행을 보다 정확하게 평가할 수 있게 되어 자아존중감은 떨어지고, 현실적인 자아존중감을 가지게 된다.

ⓒ 청소년기는 자기개념과 정체성이 상호 영향을 미치며 발달하게 된다.

(4) 마샤(Marcia)의 정체성 지위이론 `기출` `09 중등 / 99, 05 초등`

① 정체성 지위

㉠ 에릭슨의 정체성 개념을 확장한 것으로, 개인의 정체성 형성 과정뿐만 아니라 정체성 형성 수준의 개인차에 대해서도 전달하고자 하는 개념이다.

㉡ 정체성 지위는 과업에 대한 '전념'과 '탐색'의 두 가지 기준에 따라 네 가지 상태로 분류된다.

ⓐ 전념(commitment): 무엇인가에 헌신하고 있는가?

ⓑ 탐색(exploration): 자신에게 무엇이 중요한지 알기 위하여 다양한 신념, 가치, 행동을 탐색하고 있는가?

② 정체성 지위의 네 가지 상태

㉠ 정체성 혼미(identity diffusion)

ⓐ 어떤 가능성도 탐색하지 않고 어떤 활동에도 전념하지 않은 상태로, 타인이 어떤 일을 하는지, 내가 어떤 일을 해야 하는지에 대한 관심이 없다.

ⓑ 정체성 혼미 상태에서는 정체성의 위기를 느끼지 않으며 미성숙하고, 자아존중감이 낮고, 혼돈에 빠져있으며, 청소년 비행에 쉽게 휩쓸리기도 한다.

ⓒ 지역사회 봉사활동, 실제 사회의 업무 체험, 다양한 인턴십과 멘토링 등이 정체성 형성에 도움이 된다.

㉡ 정체성 상실(= 정체성 유실, identity foreclosure)

ⓐ 정체성 형성에 있어 탐색과정 없이 헌신하는 것으로, 정체성 확립을 위해 다양한 신념, 가치 등을 시험해 보지 않은 채 특정한 목표, 가치, 생활방식에 전념한다.

ⓑ 정체성 상실 상태의 학생은 대체로 융통성이 없으며 관대하지 못하고, 독단적·방어적이다.

ⓒ 비교적 매우 안정적인 청년기를 보내는 것 같으나, 성인기에 들어서서 뒤늦게 정체성 위기를 경험하는 경우도 있다.

© 정체성 유예(identity moratorium)
  ⓐ 정체성 유예는 직업이나 가치 선택에 있어 판단을 미뤄두고 다양한 탐색을 해보는 것이다. 현재 정체성 위기나 변화를 경험하고 있으며 정체성을 확립하기 위해 탐색을 한다.
  ⓑ 여러 대안을 탐색하지만 불확실한 상태에 머물러 있기 때문에 구체적인 과업이나 역할에 전념하지 못하는 지연현상을 겪는다.
  ⓒ 정체성 유예 상태에서는 안정감이 없지만, 정체성 성취로 나아가는 과도기적 단계이므로 시간이 지나면 정체성을 확립하게 된다.
② 정체성 성취(= 정체성 확립, identity achievement)
  ⓐ 개인의 현실적 선택사항을 고려하고 충분히 탐색한 후 결정을 내리고, 자신이 선택한 것에 대해 전념하는 상태이다.
  ⓑ 정체성 성취 상태에서는 현실적이고 대인관계에 안정감이 있으며, 자아존중감이 높고, 스트레스에 대한 저항력도 높다.
③ 교육에의 시사점
  ⊙ 교사는 학생이 정체성을 형성할 수 있도록 자기의 연령 수준에 맞는 무엇인가에 전념하도록 격려해야 한다.
  ⓒ 다양한 사례를 통해 성인 역할모델을 발견하거나, 다양한 가치 또는 문화 등을 체험하고 탐색할 수 있는 기회를 제공해야 한다.

요약정리 🔍
Zoom OUT 마샤의 정체성 지위

정체성 지위	전념	탐색
정체성 혼미	×	×
정체성 상실(유실)	○	×
정체성 유예	×	○
정체성 성취(확립)	○	○

논술에 바로 써먹는
교육학 배경지식

청소년기 학생의 자아정체성을 높이는 방법에는 어떤 것이 있는지 고민해 봅시다.
- 자신의 모습을 있는 그대로 수용하게 함
- 장래 목표를 분명하게 설정하도록 함
- 성장하면서 겪는 갈등을 이해하고 격려함
- 긍정적 자아정체성 형성을 위해 다른 사람들 앞에서 드러나지 않는 방식으로 칭찬하고 지적해야 함
- 다양한 상황에서 자신의 가치와 신념을 탐색하도록 격려함
- 학생 스스로 문제를 해결할 수 있도록 격려함
- 직업흥미검사, 적성검사 등의 다양한 검사를 통해 자신의 특성을 탐색하도록 함
- 지역사회 봉사활동, 진로체험, 교과통합 진로교육 프로그램 등을 통해 진로를 탐색함
- 역할모델 발견 및 다양한 체험과 탐색 기회를 제공함

❷ 사회성 발달

(1) 사회성의 개념

① 사회에서 타인과의 공동생활에 원만하게 적응할 수 있는 인성적 특성이다.

② 아동은 성장·발달과정에서 다양한 사회적 관계를 맺음으로써 사회적 판단과 자기통제 등의 사회적 행동을 습득하고 자신이 소속된 사회구성원으로서의 역할을 하게 된다.

(2) 사회성 발달 요인

① 가정환경

  ㉠ 인간이 태어나서 속하는 최초의 사회로 가정은 아동기의 인생 기반이 확립되는 곳이며, 성장 후에도 개인 생활에 결정적인 영향을 준다. 어린 시절 부모의 양육방식은 자녀가 성인이 되었을 때에도 동기, 성적, 교사와의 관계 등에 영향을 미친다.

  ㉡ 특히 유아기에 형성하는 부모와의 애착관계는 이후 자신과 타인을 이해하고 사회에 적응하는 기초가 된다.

참고 바움린드(Baumrind)의 부모의 양육방식에 따른 자녀의 성격과 사회성 발달

1. 권위적 양육방식

① **높은 자애로움과 높은 통제:** 부모가 자녀에게 확고하면서도 세심하게 배려한다.

② 부모는 일관성 있게 지시하며 자녀의 반발을 억제하는 엄격한 통제방식을 사용하는 한편, 자녀의 의견에 귀를 기울이며 의견에 따라 행동을 바꾸기도 한다.

③ 권위적 양육방식은 아동이 안정적이고 도전적인 성향을 가지게 하므로 성격발달에 가장 효과적이다.

2. 독재적 양육방식

① **낮은 자애로움과 높은 통제:** 엄격하고 절대적인 기준으로 자녀를 통제한다.

② 자녀에게 무조건 순응하도록 요구하며 자녀와 대화하지 않는다.

③ 독재적 양육방식에서 아동이 위축되거나 반항적으로 행동하기 쉽다.

3. 허용적 양육방식

① **높은 자애로움과 낮은 통제:** 부모는 자녀의 충동과 행동에 대해 수용적·긍정적이다.

② 통제나 처벌을 거의 하지 않고, 성숙한 행동(책임, 예의)도 거의 요구하지 않으며, 자녀가 스스로 행동을 조절하도록 한다.

③ 허용적 양육방식은 자녀에게 무한한 자유를 주기 때문에 아동은 자기통제가 부족하고 충동적이다.

4. 무관심한 양육방식

① **낮은 자애로움과 낮은 통제:** 자녀에게 어떠한 자애로움과 통제 없이 자유방임적이다.

② 부모는 자녀에게 다정한 태도를 보이지도 않으며 어떠한 처벌과 통제도 하지 않고 자녀를 자유방임한다.

③ 무관심한 양육방식하의 아동은 목표나 동기가 없고 쉽게 좌절하며 자기통제가 부족하다.

② 또래집단
  ㉠ 아동이 성장함에 따라 사회적 상호작용의 범위가 넓어지면서 또래와의 상호작용이 중요한 역할을 한다.
  ㉡ 또래 관계에 영향을 미치는 세 가지 유형

유형	내용
태도와 가치	또래집단은 다양한 주제에 관한 태도와 가치를 나눔
사회성 발달	• 또래집단은 서로에게 적합한 사회적 행동에 대한 피드백을 제공하며 또래관계를 통해서 아동은 자신의 사회적 기술을 연습할 기회를 가짐 • 아동은 또래와의 상호작용을 통하여 협동심을 기르고 규칙에 대한 개념을 형성함
정서적 지지	또래집단은 아동의 소속감의 원천이며, 또래의 지지를 받는 아동은 건강한 자아개념을 형성할 수 있음

  ㉢ 부모와의 의사소통이 적을수록, 또래집단의 응집력이 강할수록 또래집단의 영향이 커지며, 또래집단의 문화가 학업성취나 학교에 대하여 부정적일 경우 또래집단이 아동에게 부정적인 영향을 미치기도 한다.
③ 교사
  ㉠ 교사는 아동의 사회화에 중요한 영향을 미치며, 정보나 기술 가치의 전달자이자 아동과 개인적인 접촉을 통해 사회규범을 보여주는 역할을 한다.
  ㉡ 특히, 교사는 아동의 역할모델이 되고 동일시 대상이 된다. 교사가 직접적으로 가르치는 내용뿐만 아니라 교사가 보여주는 인격이나 아동을 대하는 태도도 아동의 사회성 발달에 영향을 미친다.
  ㉢ 현대사회에서 맞벌이 가정이나 한부모 가정이 늘어나면서 교사의 사회성 발달에 대한 영향이 더욱 중요해지고 있으며, 교사는 학생의 대인관계나 정서문제에 적극적으로 도움을 주어야 한다.

(3) 브론펜브레너(Bronfenbrenner)의 생물생태학적 발달이론 기출 03, 12 초등

① 생물생태학적(bioecological) 모형
  ㉠ '생물(bio)'이라는 요소는 발달에 유전적 영향이 있음을 의미하며, '생태학적(ecological)'이라는 요소는 발달은 다양한 환경과 그 환경 간의 상호작용에 영향을 받는 것을 의미한다.
  ㉡ 생물생태학적 모형의 중심에는 개인이 있으며, 개인의 발달은 유전적인 배경과 환경에 의해 이루어진다.
  ㉢ 이 모형은 발달에 영향을 주는 사회적 문화적 맥락에 대해 기술한 이론이다. 모든 사람들은 외부체계 내부에 존재하는 중간체계 안의 미시체계 내에서 발달하며, 이러한 체계들은 문화라는 거시체계에 포함된다. 모든 발달은 시간체계라고 불리는 시간의 기간에 의해 영향을 받는다.
② 생태학적 환경
  ㉠ 환경은 하나가 다른 하나의 안에 겹쳐져 들어있는 포개진 구조로 정의된다. 환경의 중심에는 개인이 있으며, 가족과 같은 미시체계에서부터 차례로 중간체계, 외체계, 거시체계까지 여러 체계가 포개져 있다.

개념확대 ⊕
Zoom IN

'맥락'의 의미
'맥락'이란 발달과 학습의 형성에 있어 개인의 사고, 감정, 그리고 행동에 영향을 주는 개인을 둘러싼 내부적, 외부적 환경 및 상호작용 등의 모든 상황들을 말한다. 아동은 성장하는 동안 맥락의 영향을 받는다. 맥락은 사람들의 행동이 어떻게 해석되는가에도 영향을 미친다.

ⓛ 미시체계부터 거시체계까지 이루어지는 모든 발달들은 시간체계 속에서 발생하며 영향을 받는다.

ⓒ 각 체계는 상호작용하고, 아동과도 상호작용하며 아동의 발달에 영향을 준다.

ⓔ 개인의 발달에 영향을 미치는 지배적인 환경은 연령이 증가함에 따라 미시체계에서 바깥층으로 점차 이동한다.

③ 생태학적 환경의 구조체계*

* 김아영 외(2015)

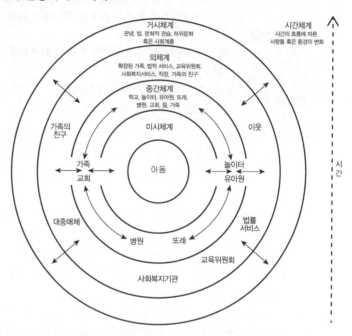

[그림 7-3] 생태학적 환경의 구조체계

ⓝ 미시체계(microsystem)
  ⓐ 아동의 발달에 가장 강력한 영향을 주는 환경이다.
    📕 아동이 부모와 건강한 관계를 맺고 있는 경우는 그렇지 않은 경우보다 아동의 발달에 긍정적 영향을 미친다.
  ⓑ 아동이 직접 접하는 직접적인 관계 및 활동으로 부모, 형제자매, 교사, 학교, 친구, 인터넷, 놀이활동 등을 포함한다.
  ⓒ 아동은 미시체계 내 타인에게 영향을 받는 동시에 이들에게 영향을 미치기도 한다.
    📕 아동은 부모에게 영향을 주고, 부모 또한 아동에게 영향을 준다.

ⓛ 중간체계(mesosystem)
  ⓐ 미시체계 모든 요소들 간의 상호작용과 관계의 집합이다.
  ⓑ 중간체계에서의 모든 관계는 상호적이다.
    📕 교사는 부모에게 영향을 주고, 부모는 교사에게 영향을 주며, 또 이런 상호작용은 아동에게 영향을 준다.
    📕 학부모와 교사, 아동의 친구와 아동의 형제와의 관계 등은 서로 연결되어 영향을 미친다.

ⓒ 중간체계는 미시체계와 독립적으로 작동하지 않으며, 서로 영향을 주고 받을 수밖에 없다.
- 예 학부모와 교사의 관계가 좋은 경우는 그렇지 않은 경우보다 아동의 발달에 긍정적 영향을 미친다.

ⓒ 외체계(exosystem)
ⓐ 아동이 직접 접촉하지는 않지만 아동에게 간접적인 영향을 미치는 모든 사회적 구조, 즉, 공식적 · 비공식적인 사회구조를 모두 포함하는 체계이다.
ⓑ 아동이 직접 관계하지는 않으며 아동 경험의 외부에 있는 요소들이지만 그럼에도 아동에게 간접적으로 영향을 미친다.
ⓒ 미시체계와 중간체계 모두에 영향을 주는 사회적 영향을 포함한다.
ⓓ 부모의 일터, 부모의 건강이나 고용상태, 가족의 종교, 가족의 친구들, 대중매체, 여가활동에 대한 지역사회의 자원, 사회복지기관, 지역정부기관, 교사들이 학교 행정가나 학교 이사회와 맺고 있는 관계(기간과 미시체계 사이의 연결도 포함됨) 등을 포함한다.
- 예 부모가 일터에서 상사와 다투고 온 날은 부모가 아이들의 장난에 인내심을 덜 발휘한다.
- 예 지역사회가 부모역할 교실을 운영하여 부모들이 다른 사람으로부터 정서적 지지를 얻고 다른 부모들을 보면서 서로 부모역할을 학습할 수 있는 기회를 주는 것은 건강한 외체계를 형성한다.

ⓒ 거시체계(macrosystem)
ⓐ 아동이 속하여 자란 문화이며 개인에게 영향을 미치는 관습, 법, 규범, 관념, 사회의 가치, 전통 등을 포함한다.
ⓑ 문화는 모든 다른 체계에 영향을 준다. 아동의 삶에 직접적으로 개입하지는 않지만 간접적으로 매우 강력하고 지속적인 영향을 준다.
ⓒ 일생을 거쳐 개인의 지각과 믿음에 영향을 미치는 문화적 요인들이 포함된다.
- 예 사회 · 경제적 지위, 부, 빈곤, 인종, 지리적 위치, 이데올로기 등
ⓓ 아동과 관련된 가치를 포함한다. 즉, 아동을 어떻게 다루어야 하는지, 아동에게 무엇을 가르쳐야 하는지, 아동이 추구해야 하는 목표가 무엇인지를 규정하는 이데올로기이다.
- 예 비폭력적 문화를 가진 사회(거시체계)에서는 가족 내 아동학대(미시체계)의 발생률이 훨씬 낮다.
- 예 아동보호에 관한 법과 처벌이 강력한 경우, 아동은 사회 내에서 보다 안전한 위치에 있을 수 있게 한다.
- 예 사회가 가족문제나 자녀양육을 중요하다고 보는 공통된 가치를 가지고 부모가 가사노동에 참여하도록 돕는 유급휴가, 육아휴직을 할 권리를 보장하는 사회정책을 갖추는 것은 아동발달을 바람직한 방향으로 돕는 거시체계이다.

ⓜ 시간체계(변화하는 체계, chronosystem)
  ⓐ 생물생태학적 모형의 마지막 수준으로 발달에 영향을 미치는 '변화'를 의미한다.
  ⓑ 시간의 차원으로, 일생 동안 일어나는 인간의 변화와 사회·역사적 환경의 변화를 포함한다.
  ⓒ 모든 발달은 시간에 의해 영향을 받으며 시계열 안에서 이루어진다.
    🔵예 아동의 입학, 이사, 부모의 이혼 등과 같은 일생에서 경험하는 변화

* 신명희 외(2017)

(4) 셀만(Selman)의 사회적 조망수용이론* 기출 10 중등

① 사회적 조망수용능력(social perspective taking ability)
  ㉠ 타인의 관점, 입장, 사고, 감정 등을 추론하여 이해하는 능력을 의미한다.
  ㉡ 사회적 조망수용능력은 자신과 타인, 사회관계, 사회조직에 대하여 인지하는 '사회인지'의 발달을 뜻한다. 사회인지란 사회관계를 인지하는 것으로, 타인의 사고와 의도, 정서를 생각할 수 있는 사회적 조망수용능력의 발달은 타인과 잘 지낼 수 있는 성숙한 사회행동을 가능하게 한다.
  ㉢ 사회적 조망수용능력은 나이에 따라 발달하는 것이 일반적이나 가정환경, 사회적 상황 등의 영향을 받으면서 발달하므로 나이에 상관없이 발달이 이루어질 수 있으며 청소년이나 성인도 0단계나 1단계에 머물 수 있다.

② 사회적 조망수용능력이 발달한 아동의 특징
  ㉠ 타인의 정서를 간접적으로 경험하는 감정이입(empathy) 능력과 동정심(compassion)을 가지고 있으며, 어려운 사회적 문제를 효과적으로 잘 처리하는 사회적 문제해결(social problem solving) 능력도 지니고 있다.
  ㉡ 감정이입은 다른 사람의 정서에 대해 간접적으로 경험하는 것으로 자신과 타인의 유사성을 인식할 수 있게 하는 능력임에 반해, 조망수용능력은 자기와 타인 간의 차이를 인식하게 한다.
  ㉢ 자신과 타인을 객체로 이해하고, 타인의 관점에서 자신의 행동을 인지함으로써 타인의 의도, 태도, 감정을 추론할 수 있다. 즉, 타인의 의도, 감정이 예측 가능하기 때문에 이에 따라 적절하게 반응하고 행동할 수 있으므로, 사회적 조망수용능력의 발달은 타인과 원만하게 지낼 수 있는 성숙한 사회행동을 가능하게 한다.

③ 조망수용 단계
  ㉠ 셀만은 대인관계에서 갈등을 유발하는 사례에 나타난 행위자의 행동 동기와 타인과의 관계에 대한 반응을 분석하여 사회적 조망수용능력의 발달단계를 5단계로 구분하였다.
  ㉡ 연구자가 딜레마를 제시했을 때 조망수용 단계에 따라 아동의 답변이 달라진다.

© 홀리의 딜레마[*]

[*] Selman & Lieberman, 1975

> 홀리는 나무타기를 좋아하는 8살 소녀로, 이 근방에서 가장 나무를 잘 탄다. 어느 날 홀리는 높은 나무에서 내려가다 아래쪽 나뭇가지를 잘못 디뎌 나무에서 떨어져 버렸다. 다행히 다치지는 않았으나 홀리가 떨어지는 것을 본 홀리 아빠는 화가 나셨고, 홀리는 아빠와 앞으로는 나무에 오르지 않겠다고 약속을 했다.
>
> 그날 늦게, 홀리는 션을 만났다. 션의 새끼고양이는 나무에 올라갔다가 내려오지 못하고 있었는데, 당장 무언가 하지 않으면 션의 새끼고양이는 떨어질 것만 같았다. 션의 고양이를 구할 수 있을 만큼 나무를 잘 탈 수 있는 사람은 홀리뿐이지만, 그녀는 아까 아빠와 약속했던 것을 기억하고 있었다. 홀리는 어떻게 해야 할까?

② 조망수용 단계의 특징 및 홀리의 딜레마에 대한 아동의 답변

구분	내용
0단계: 자기중심적 조망수용 (미분화된 조망수용) (egocentric viewpoint)	• 3~6세 • 타인을 자기중심적으로 보기 때문에 타인이 자신과 다른 관점(생각, 느낌)을 가지고 있다는 것을 이해하지 못함 • 타인과 자신의 견해와 동일한 생각을 가진다고 여김. 즉, 다른 사람들이 다른 관점을 가지고 있을 수 있음을 깨닫지 못함 　예 학교폭력 가해자는 피해자가 괴로움을 느낀다는 것을 알지 못함 • **홀리의 딜레마에 대한 답변:** "아빠도 고양이를 좋아하기 때문에 고양이를 구해주면 좋아할 거예요."
1단계: 주관적 조망수용 (사회정보적 조망수용) (social- information subjective perspective taking)	• 6~8세 • 타인과 자신이 동일한 상황에 대해서 조망이 다를 수 있다는 것은 이해하지만, 여전히 자신의 입장에서 이해하려고 함 • 자신의 행동을 타인의 조망에서 평가하기 어려움 　예 학교폭력 가해자는 왜 폭력을 가했는가에 대한 질문에 대해 '피해자가 잘못을 했으니 때릴 수도 있다', '재미로 때렸다', '단순한 장난이다', '내가 장난으로 때린 것이라는 것을 피해자도 알고 있으니 괜찮다' 등으로 대답할 수 있음 • 사람들이 다른 정보를 가지고 있으면 다른 조망을 가지게 된다고 생각함 • **홀리의 딜레마에 대한 답변:** "아빠는 홀리가 왜 나무에 올라갔는지 모르면 화를 낼 거예요. 하지만 홀리가 좋은 의도로 나무에 올라갔다는 걸 안다면 화를 내지 않을 거예요."

2단계: 자기반성적 조망수용 (self-reflective perspective taking)	• 8~10세 • 타인의 조망을 고려할 수 있고 타인도 자신의 조망을 고려할 수 있다는 것을 이해함. 다른 사람이 자신의 행동에 대해 어떻게 생각하는지 알 수 있으며, 다른 사람이 서로 다르게 생각하고 느낀다는 것을 앎. 다른 사람의 입장이 되어서 그 사람의 의도와 목적, 행동을 이해할 수 있음 예 학교폭력 가해자는 피해자가 아프고 괴로울 수 있음을 이해하고 피해자가 자신을 미워할 것임을 앎 • 같은 정보를 가지고 있어도 사람들이 다른 조망을 가질 수 있음을 이해함. 다른 사람의 입장에서 자신의 생각, 감정, 행동을 볼 수 있음. 다른 사람도 동일하게 할 수 있음을 이해함 • 하지만 타인과 자신의 조망을 동시에 고려하지는 못함 • **홀리의 딜레마에 대한 답변:** "홀리는 나중에 아빠가 자기가 한 일을 이해해 줄 거라고 생각해서 나무에 올라갈 거예요. 아빠는 홀리가 나무에 오른 이유를 알더라도 홀리의 안전에 더 관심이 있기 때문에 홀리를 야단칠 거예요."
3단계: 상호적 조망수용 (제3자적 조망수용) (mutual perspective taking)	• 10~12세 • 동시 상호적으로 자신과 타인의 조망을 각각 이해할 수 있음 • 타인과의 상호작용 속에서 발생하는 문제에 대해 제3자의 입장에서 객관적으로 생각할 수 있음 • 즉, 자신과 상대방의 입장에서 벗어나 이해관계가 없는 제3자의 입장에서 자신과 상대방이 어떻게 보일지를 생각할 수 있음 예 학교폭력 가해자는 교사나 부모가 자신의 행동에 대해 부정적으로 생각한다는 것을 인지하며, 자신이 교사나 부모로부터 벌을 받을 수 있다는 것을 이해함. 또한 자신의 폭력행위 때문에 부모가 경찰서에 불려가는 등의 피해를 입을 수 있음을 인지함 • **홀리의 딜레마에 대한 답변:** "홀리는 고양이를 좋아하니 나무에 올라가서 고양이를 구하고 싶겠지만, 약속했으니 나무에 오르면 안 되는 걸 알고 있어요. 아빠는 홀리가 나무에 오르지 않겠다고 약속한 것은 기억하겠지만 현재 홀리의 상황은 모르고 있어요." "홀리는 자신이 나무에 오르면 아빠가 야단칠 것임을 알지만 고양이를 구하지 못하면 션의 마음이 아플 것이므로 고양이를 구하기 위해 나무에 오를 거예요. 아빠는 홀리가 왜 나무에 올랐는지 잘 알지만 자신이 야단치지 않으면 또 나무에 오를 것으로 생각하여 홀리를 야단칠 거예요."
4단계: 사회관습적 조망수용 (social and conventional system perspective taking)	• 12~15세 • 동일한 상황에 대해 다른 조망을 가진다고 해서 그 조망이 틀렸다고 생각하지 않음 • 자신이 타인의 조망을 완전하게 이해하지 못한다는 것을 이해함 • 제3자의 입장을 넘어 사회구성원이 갖는 일반화된 관점을 이해함 • 사회체계를 사회의 많은 구성원이 공유하는 견해의 결과라고 생각하기 시작하므로 사회합의나 타인의 견해 등에 대해 관심이 많아지게 됨. 자신과 타인을 포함하여 개인은 물론 집단과 전체 사회체계의 조망을 이해하는 최상의 사회 인지를 획득함

예 학교폭력 가해자는 폭력이 사회적 관점에서 바람직한 행동이 아님을 인지하고, 자신의 행위가 사회질서를 어지럽히는 일이라는 것, 위법 행위로 인해 처벌 받을 수 있다는 것을 이해함. 학교폭력 행위는 학생기록부에 기록될 수 있고 전과자가 될 수 있으므로 자신의 취직이나 사회 진출에 문제가 생길 것을 알게 됨

· **홀리의 딜레마에 대한 답변**: "홀리는 나무에 올라야 하고, 그로 인해 벌을 받아서는 안 된다고 생각해요. 홀리는 약속 때문에 고민하겠지만, 고양이를 구하지 않으면 생명을 경시하는 거예요. 또 아빠와 한 약속은 이번 일을 고려하지 않은 약속이기도 하니까요." "위험에 처한 동물을 살리는 것은 훌륭한 행동이므로 홀리가 나무에 오른 것을 탓하면 안 돼요. 홀리의 아빠도 마음속으로는 그렇게 생각할 거예요."

❸ 도덕성 발달

(1) 도덕성의 개념

① 개인의 옳고 그름을 구별하고, 이런 구분에 따라 행동하며, 공정한 행동을 한 것에 대해 자부심을 느끼거나 자신의 기준을 위반하는 행동에 대해 죄책감, 불쾌감을 느끼는 것을 의미한다.

② 도덕성은 크게 정서적·인지적·행동적 요인으로 구성되어 있다.

   ⊙ **정서적 요인**

      ⓐ 도덕적 사고와 행동을 동기화하는 죄책감이나 타인의 감정에 대한 관심과 같은 감정들로 이루어진 감정적 요인으로 행동의 옳고 그름에 따라 다양하게 존재한다.

      ⓑ 정신분석학: 동일시와 초자아의 작용에 초점을 맞추었다.

   ⓛ **인지적 요인**

      ⓐ 옳고 그름을 개념화하고 어떻게 행동할 것인지를 결정하는 방식에 초점을 둔다.

      ⓑ 인지발달론: 도덕적 사고 관점에서 인지구조의 평형화 과정에 주목하며 피아제의 인지발달단계 이론을 시작으로 콜버그, 레스트의 연구를 통해 확장 및 정교화되었다.

   ⓒ **행동적 요인**

      ⓐ 거짓말하고, 속이고, 다른 도덕적 규칙들을 위반하려는 유혹을 경험할 때 실제로 어떻게 행동할 것인지를 반영한다.

      ⓑ 행동주의: 모델링과 조건화 과정에 초점을 맞추었다.

③ 도덕적으로 성숙한 사람은 도덕적 원칙들을 내면화하고 따르며, 사회 명령을 준수하는 것에 대하여 보상을 기대하거나 위반하는 것에 대한 처벌이 두렵기 때문에 명령을 따르는 것이 아니다.

(2) 피아제의 도덕성 발달이론

① 피아제는 규칙에 대한 존중, 공정성의 두 가지 측면에 따라서 도덕적 추론의 단계를 설정했다.

② 전도덕기(premoral period)와 두 가지 도덕성

　ⓘ 생애 첫 5년 동안 아동은 사회적으로 정의된 규칙에 대한 존중이나 인식이 없으며, 이 시기를 '전도덕기'라고 부른다.

　ⓛ 규칙을 의도적으로 무시하는 것이 아니라 규칙에 대한 생각 자체를 하지 못하는 시기이다.

　ⓒ 아동은 전도덕기를 지나 인지발달과 함께 타율적 도덕성과 자율적 도덕성을 함께 발달시킨다.

③ 도덕성 발달단계

* Çam, Seydoogullari, Çavdar, Çok, 2012

　㉠ 타율적 도덕성(heteronomous morality) - 4~8세*

　　ⓐ 이 단계의 아동은 인지발달에서 전조작기에 해당한다.

　　ⓑ 규칙과 질서는 권위있는 사람에 의해 만들어져 절대적이고 수정 불가능한 것으로 인식하는 도덕적 사실주의를 따른다.

　　ⓒ 아동은 외부의 규율과 법칙의 권위에 의존하여 행동의 결과에 따라서 선악을 판단하는 구속의 도덕성을 발달시킨다.

　　　예 아버지를 돕다 실수로 잉크를 많이 흘린 A와 아버지 몰래 징난을 치다 잉크를 조금 흘린 B 중, 잉크 자국이 큰 A가 더 나쁘며 처벌 받아야 한다고 생각한다.

　　ⓓ 이 시기 아동은 자기중심성을 벗어나지 못해 직관적인 사고를 하므로, 눈에 보이지 않는 의도나 동기보다는 '잉크 자국의 크기'라는 시각적 요소에 근거해 판단한다.

　㉡ 자율적 도덕성(autonomous morality) - 8~12세

　　ⓐ 인지발달의 구체적 조작기 이후에 해당한다.

　　ⓑ 아동은 규칙이나 질서가 타인과의 협의를 통해서 만들어지고 수정될 수 있는 것이라고 생각한다.

　　ⓒ 행동의 결과보다는 의도를 기준으로 선악을 판단한다.

　　　예 아버지를 돕다 실수로 잉크를 많이 흘린 A와 아버지 몰래 장난을 치다 잉크를 조금 흘린 B 중, 행동의 의도를 고려하여 아동 A보다 아동 B의 행동이 더 나쁘다고 판단한다.

　　ⓓ 자율적 도덕성을 가진 아동은 성인의 권위나 질서에 무조건 복종하지 않고, 자신의 도덕적 선택에 따라서 행동한다.

(3) 콜버그(Kohlberg)의 도덕성 발달이론 기출 06, 13 중등 / 02, 07 초등

① 도덕성을 인지구조의 발달에 따라 함께 발달하는 도덕적 추론능력으로 보았다.

② 도덕적 딜레마 상황에서 어떠한 도덕적 추론과정을 보이는지에 따라서 도덕 발달단계를 알 수 있다고 보았다.

③ 3수준 6단계

　㉠ 3개의 수준은 사회적 인습을 기준으로 설정되었으며, 사회적 인습을 고려할 수 있는지 없는지, 또는 그것을 뛰어넘을 수 있는지에 따라 구분된다.

　㉡ 일정 수준의 발달단계까지 도달하고 나면 이전 단계로 퇴보하는 경우는 없으며, 주로 그 단계에서 머물며 도덕적 추론을 한다.

〈수준 1〉 전인습 수준 (인습 이전 수준, precon- entional ethics)	사회적 인습을 무시하는 것이 아니라 전혀 고려하지 못하는 시기로, 인습에 대한 인식 자체가 없기 때문에 권위적 인물의 지시나 명령, 자신과 타인의 손익을 기준으로 도덕판단을 함	

	**1단계:
	복종과
	처벌 지향**
		• 행위의 옳고 그름은 결과에 달려있음
		• 처벌이 두려워서 권위자의 명령과 지시에 복종하지만
		  들키지 않거나 처벌받지 않는 경우 자신의 행동을 나쁜
		  것으로 여기지 않으며, 처벌이 가혹할수록 행위는 나쁜
		  것이라고 봄
		  📌 친구를 왜 도왔는지 물으면 "선생님이 시켜서 그랬어요."
		    라고 대답한다.

	**2단계:
	개인적
	쾌락주의
	(도구적
	상대주의
	지향)**
		• 도덕판단의 기준은 자신과 타인과의 욕구충족임
		• 자신의 욕구를 충족시키는 행동이 옳은 행동이며, 보상을
		  얻거나 개인적인 목적을 만족시키기 위해서 규칙을 지킴
		  📌 이번에 1등을 해서 엄마한테 선물을 받아야 해. 그러려면
		    컨닝하는 것도 괜찮아.
		• 자신의 욕구가 충족될 경우 타인의 욕구도 고려하며, 이
		  단계의 아동은 공평성·상호성이 중요하다고 여김
		  📌 친구를 왜 도왔는지 물으면 "친구가 예전에 저를 도와줘서
		    요."라고 대답한다.

**〈수준 2〉
인습 수준
(convent-
ional
ethics)**
	• 도덕적 추론이 자신의 결과에 의존하지 않고, 옳고 그름에 대한 사회
	적인 관습을 받아들임
	• 자신의 가족, 자신이 속한 집단, 국가의 기준과 기대에 근거해 도덕적
	  가치판단을 하며 타인을 의식하고 사회의 법이나 규칙의 절대성을
	  신봉함
	• 따라서 타인의 기대와 사회의 질서를 절대적으로 존중하고 따르고자
	  하며 정당화하는 모습을 보임	

	**3단계:
	착한
	소년/소녀
	지향
	(대인 간
	조화)**
		• 타인을 기쁘게 하고 타인에게 인정받는 행동이 도덕적
		  으로 옳은 행동임. 특히, 권위자로부터 칭찬 받는 행동이
		  도덕적 행동이라고 여김
		• 이 단계의 아동 및 청소년은 다른 사람의 관점이나 의도를
		  이해할 수 있으며, 행동의 결과가 아닌 의도에 근거하여
		  도덕적 판단을 함
		  📌 선생님에게 칭찬을 듣고 친구들로부터 인정받기 위해 친구
		    를 돕는다.

	**4단계:
	사회질서와
	권위 지향**
		• 법과 질서를 준수하는 것이 도덕적으로 옳은 행위이므로
		  권위와 성문화된 규칙, 사회질서의 유지를 지향하며, 사회
		  속에서 개인의 의무를 다하고자 함
		• 법, 규칙, 사회질서에 대한 존중을 보이고 무조건 지키는
		  것이 옳다고 여김
		  📌 도시가스 회사의 직원이 가스 요금을 미납한 독거노인의
		    집의 가스밸브를 잠그고 "우리 회사의 규정을 지킨 것일
		    뿐이다."라고 말한다.

콜버그 이론의 특징과 비판점

• **특징**
- 피험자에게 도덕적 딜레마 상황을 제시하고 개인의 차이점을 파악하여 도덕성 발달이론을 체계화했다.
- 모든 사람의 도덕적 추론능력 발달단계는 동일하다.
- 발달속도에 개인차가 존재하며, 발달은 점진적·지속적으로 이루어진다.
- 이전 단계로의 퇴보는 없고, 교육적 개입을 통해 바로 다음 단계로만 진입 가능하다.

• **비판점**
- 서로 다른 단계의 추론을 동시에 보이기도 한다.
- 상황에 따라서 이전 단계로의 퇴보도 보인다.
- 어린 아동의 도덕적인 사고는 콜버그가 예측했던 것보다 더 앞서 있다.
- 영역 특수인인 지식에 영향을 받는다.
- 인터뷰를 통한 연구를 하여 실제 행동이 아닌 추론에 초점을 두고 있으므로 도덕성의 행동적 측면이 반영되지 않았으며, 도덕성을 인지적으로만 파악하였다.
  ⇨ 레스트의 도덕성 이론으로 발전
- 남성편향적 가치체계, 여성적 사고의 특성을 제대로 반영하지 못하고 있으며, 여자는 개인적인 관계, 인간관계, 인간에 대한 관심에 기초하여 판단하였다.
  ⇨ 길리건의 도덕성 이론으로 발전
- 인지적 측면에만 초점을 맞추고 있으며 도덕성의 정의적 측면을 반영하지 못한다.

		• 법, 사회질서를 뛰어넘어 보편적 원리와 윤리에 기초해 도덕 판단을 함 • 집단이나 집단구성원의 권위에서 벗어나고, 본인 나름대로 타당하다고 판단되는 도덕적 가치와 도덕원리를 따라 행동함 • 이 단계의 사람들의 행동 기저에는 그 사람의 양심이 있음
〈수준 3〉 후인습 수준 (인습 이후 수준, postconv- entional ethics)	5단계: 사회계약 지향	• 법은 사회적 계약(약속)에 따라 만들어진 것이므로, 고정불변한 것이 아니라 약속을 다시 하면 얼마든지 수정될 수 있음을 이해할 수 있음 • 4단계의 '법과 질서의 고착'에서 벗어나 사회적 유용성에 대한 합리적 고려로 법이 변경될 수 있음을 인정함 • 법을 넘어서 자유로운 합의와 계약이 의무를 강제하는 요소가 될 수 있음을 이해함
	6단계: 보편적 원리 지향	• 가장 높은 발달단계로 옳은 행동은 논리적 포괄성·보편성·일관성을 지닌 개인 각자의 도덕적 원리에 기준한 도덕 판단에 근거함 • 도덕적 원리는 정의, 상호성, 인간 권리의 평등성, 개개인의 존엄성과 같은 보편적 원리를 의미함

하인즈의 아내는 암에 걸려 죽어가고 있었다. 어느 약사가 개발한 새로운 약만이 아내를 살릴 수가 있다. 이 약의 원가는 200달러인데, 약사는 하인즈에게 2000달러를 요구한다. 하인즈는 돈을 구하기 위해 최선을 다했으나 겨우 1000달러밖에 마련하지 못했다. 하인즈는 약사에게 애원하였으나 약사는 약을 싸게 팔 수도, 외상을 줄 수도 없다고 거부한다. 절망에 빠진 하인즈는 약국의 창고로 들어가 약을 훔친다. 하인즈의 행동은 정당한가?

단계	단계별 답변 예시
1단계	훔치는 건 벌을 받아야 하는 일이니까, 하인즈가 약을 훔친 건 옳지 않다.
2단계	아내의 생명을 구하기 위해서는 약을 훔칠 수밖에 없다.
3단계	약을 훔친 것은 좋은 남편이 할 만한 일이다. 아내를 죽게 한다면 비난을 받을 것이다.
4단계	아내를 살리려고 한 행동이라도 훔치는 것은 법을 어기는 것이므로 하인즈의 행동은 옳지 않다.
5단계	훔치는 것은 잘못된 것이지만, 목숨을 구하기 위해 한 행동이므로 정당하다.
6단계	생명은 그 무엇보다 귀하고 우선시되어야 하므로 하인즈의 행동은 정당하다.

④ 교육적 적용
  ⊙ 도덕적 발달수준에 기초한 교육: 콜버그의 이론에 따르면 학생의 인지발달 수준보다 더 높은 도덕적 판단을 기대하는 것은 무리이므로, 학생의 도덕적 발달수준을 고려한 교육내용을 제공한다.
  ⊙ 도덕적 판단능력을 기르는 교육: 특정 상황에서 해야 할 행동을 단순히 가르치는 것보다는, '왜 그렇게 행동해야 하는지'에 대해 생각해보도록 하여 학습자가 스스로 도덕적 판단을 할 수 있도록 가르친다.

ⓒ +1단계 전략: 도덕적 딜레마 상황 제시를 통해 도덕적 인지갈등을 유발한다. 이후 한 단계 높은 단계에 있는 학생들과의 토론을 통해 자신과 타인의 도덕적 사고를 비교하고, 상위 수준의 도덕적 사고에 노출시킴으로써 도덕적 발달수준을 높일 수 있다.

ⓔ 구체적 갈등 상황 제시: 교사는 도덕적 갈등 상황을 보다 구체적으로 설정하여 제공하여야 하며, 학생이 도덕적 갈등 상황을 대면했을 때 모든 측면에서 고려하여 판단할 수 있도록 분위기를 조성해야 한다.

ⓜ 도덕적 토론(딜레마)수업: 도덕적 문제에 관한 토론을 통해 도덕적 사고력과 판단력을 증진시킬 수 있도록 한다. 교사는 학생들의 도덕적 사고를 자극하고 촉진할 수 있도록 필요한 발문을 제공하며, 탐색, 교수, 제시, 강조, 안내 등과 같은 역할을 수행한다.

(4) 레스트(Rest)의 도덕성 이론

① 도덕성을 '사람들이 함께 모여 살 때 서로의 복지를 위해 어떻게 행동해야 하는가를 알려주는 원리이자 안내'로 정의하며 도덕적 행동의 표출에 주목하였다.

② 도덕성을 인지적 측면에 국한하지 않고 행동적 측면도 포함하여 종합적으로 파악하고자 하였다.

③ 도덕적 행동이 표출되기 위해서는 '도덕 감수성, 도덕 판단력, 도덕 동기화, 도덕적 품성' 네 가지의 심리적 요소가 필요하며, 네 가지 심리적 과정 중 하나 또는 둘 이상의 요소가 결여될 경우 도덕적 행동은 실패한다.

④ 도덕적 행동을 일으키는 4가지 심리과정

ⓐ 제1요소 – 도덕 감수성(moral sensitivity)

ⓐ 상황 속에 내재된 도덕적 이슈를 인지하고 상황을 해석하며, 자신의 행동이 타인에게 미칠 수 있는 영향이나 결과에 대해 미리 예측할 수 있는 능력이다.

ⓑ 어떤 상황을 도덕적인 관점에서 지각하고 해석하지 못하거나, 자신의 행동이 타인의 복지에 미칠 영향을 고려하지 못한다면 도덕적 행동은 불가능하다.

ⓛ 제2요소 – 도덕 판단력(moral judgement): 제1요소에서 자신의 행동이 타인에게 미칠 영향을 지각한 후, 그 행동이 도덕적으로 옳고 정의로운지 판단하는 능력이다.

ⓒ 제3요소 – 도덕 동기화(moral motivation): 제2요소에서 자신의 행동이 옳다고 판단하였더라도 도덕적 가치를 다른 가치들보다 더 우위에 두고자 하는 동기부여가 충분히 이루어졌을 때 도덕적 행동이 표출될 수 있다.

ⓔ 제4요소 – 도덕적 품성(moral character): 자아 강도(ego-strength), 인내심, 용기 등의 특성들을 포함한다. 제1~3요소가 갖추어졌더라도 실제로 도덕적 행동을 실천하는 의지가 약하거나, 외부의 압력에 견디는 인내심이나 용기가 부족하다면 도덕적 행동 실현은 어렵다.

(5) 길리건(Gilligan)의 도덕성 발달 [기출] 20 초등

① 콜버그 이론에 대한 비판
  ㉠ 콜버그의 도덕성 발달이론은 추상적인 도덕원리를 강조하고 백인 남성과 소년만을 대상으로 하였다는 점을 비판하였다.
  ㉡ 남성의 경우 4, 5단계의 도덕성 발달단계에 도달하지만 여성의 경우 대부분 3단계의 도덕성 발달수준을 보이므로 여성의 도덕성 발달이 남성에 비해 낮다는 주장을 비판하였다.

② 돌봄의 윤리와 대인지향적 도덕성의 제안
  ㉠ 남성은 추상적인 판단에 기초한 정의(justice) 관점으로 도덕적 판단을 하는 반면, 여성은 인간관계와 타인을 돌보는 것을 바탕으로 한 배려와 책임감을 중심으로 도덕적 판단을 한다.
  ㉡ 여성은 추상적인 도덕적 원리보다는 인간에 대한 책임을 강조하며 타인의 요구에 민감히 반응하고 타인과의 관계를 고려하는 대인지향적인 도덕적 사고를 한다. 또한 여성은 자신을 희생하더라도 인간관계를 유지하고자 하는 강한 배려지향적 성향을 가진다.
  ㉢ 즉, 여성은 타인을 이해하고, 도와주고, 협력하는 것에 높은 가치를 두는데, 이는 콜버그 도덕성 발달단계의 '인습 수준'에 해당한다. 따라서 여성의 도덕성이 남성에 비해 낮게 판단될 가능성이 있다.
  ㉣ 따라서 길리건은 여성에게 나타나는 '돌봄의 윤리'를 제안하였다.

③ 길리건은 여성의 도덕성이 자신의 필요에 몰두하는 이기적 단계에서 시작해 자신의 욕구보다는 타인의 입장을 중요시하는 도덕성 단계를 거쳐 타인은 물론 자신의 책임의 중요성을 인식하고 자신과 관련된 모든 사람에게 최선의 방법을 모색하는 도덕성으로 나아간다고 주장하였다.

④ 여성의 도덕성 발달단계

단계	특징
수준 1: 자기 지향 (orientation to individual survival)	• 자신의 이익과 생존에 자기중심적으로 몰두하는 단계 • 자기 자신의 필요에만 관심을 가짐 • 어떤 상황이나 사건이 자신의 욕구와 갈등을 일으킬 때에만 도덕적 사고와 추론을 시작하며 어느 쪽이 자신에게 중요한가, 즉 자신의 이익이 판단의 기준임
전환기 1: 이기심에서 책임감으로(from selfishness to responsibility)	• 애착과 다른 사람과의 관계 형성이 중요해지는 단계 • 도덕적 판단 기준이 독립적이고 이기적인 것에서 관계와 책임감으로 옮겨 가기 시작함 • 책임감과 배려를 도덕적 판단 기준으로 통합해 감

수준 2: 자기희생으로서의 선(goodness as self-sacrifice)	• 타인에 대한 배려, 책임감, 자기희생을 지향 • 사회적 조망이 발달하면서 자신의 욕구를 억제하고 타인의 요구에 응하려 노력하게 됨 • 개인이 다른 사람과의 관계를 유지하기 위해 자신의 주장을 포기함 • 다른 사람에게 상처를 줄 때 불평형이 일어나고 자기희생과 타인에 대한 배려를 선한 것으로 간주함 • 이 수준에서의 타인은 사적인 관계이며, 공적인 관계의 타인을 의미하지는 않음
전환기 2: 선에서 진실로 (from goodness to truth)	• 도덕적 판단 기준이 자기 주변의 타인에서 보다 넓은 범위의 타인의 욕구와 통합되는 것으로 발전 • 왜 다른 사람을 위해서 자신을 희생해야 하는가에 대한 의문을 가짐
수준 3: 비폭력 도덕성 (the morality of nonviolence)	• 대인 간 도덕적 추론의 마지막 단계 • 개인의 권리 주장과 타인에 대한 책임이 조화를 이룬 상태로, 전체 인류에 대한 공감을 갖춤 • 인간관계의 상호의존성을 인식하고 전체 인류에게로 공감을 확장함 • 의사결정 과정에 적극적으로 참여하고 다른 사람에게 상처를 주는 것을 피함 • 자신에 대한 이해와 도덕성에 대한 재정의를 형성 • 비폭력, 평화, 박애 등이 이 시기 도덕성의 주요 지표

⑤ 교육적 적용

㉠ 학생들이 보살핌과 관련한 도덕적 주제에 대해 생각하고 토론할 수 있는 기회를 교육과정을 통해 제공한다.

㉡ 돌봄의 주제로 교육과정 준비(조직)하기: 자신을 돌보기, 가족과 친구 돌보기, 낯선 사람과 세계를 돌보기 등을 주제로 포함할 수 있다. 낯선 사람과 세계를 돌보기라는 주제를 사용할 때는 범죄, 전쟁, 빈곤, 인내, 생태계 등에 관한 것이 단원이 될 수 있으며 미국 중부의 거대한 회오리바람으로 수천 명이 거리에 나앉게 된 사건이나 아이티, 일본의 지진 이야기가 단원의 시작점이 될 수 있다.

⑥ 최근 도덕성 발달 이론의 연구 경향 및 시사점

㉠ 성차에 대한 연구들이 일관된 결과를 보이지 않았다.

㉡ 길리건의 주장을 지지하며 남성보다 여성이 더 친사회적이고 다른 사람을 돕는 반응을 보였다는 결과가 있었으나, 남성도 도덕적 판단에서 타인을 배려한다는 결과 또한 보고되었다. 남녀 간의 도덕적 판단 시 사용되는 배려의 정도는 차이가 없었다는 연구도 존재한다.

㉢ 길리건의 이론은 도덕성 발달에 대한 시각을 넓혀 준 것으로 이해할 수 있으며, 남성과 여성은 모두 도덕적 판단에서 배려와 정의의 관점을 가진다고 볼 수 있다.

* 교육부, 도덕과 교육 총론, 2018

돌봄과 배려의 도덕성을 신장하기 위한 교육방법에는 어떤 것이 있을지 생각해봅시다.

- **역사와 문학의 활용**
  역사와 문학은 배려의 목소리를 반영하고 있는 과목이므로 수학, 과학과 같은 교과들과 동등하게 가르침으로써 정의와 배려의 도덕성을 균형 있게 발달시킬 수 있다.
- **교사와 인간적 관계 형성**
  특히 여성 교사의 역할이 중요시되는데, 학생들과의 긍정적이고 인간적인 만남을 통해 배려의 윤리를 형성하고 습관화할 수 있다.
- **내러티브적 접근**
  학생들이 실제 삶에서 겪는 도덕적 경험을 이야기 하도록 기회를 제공하고, 학생 스스로 도덕적 이야기의 저자가 되도록 하여 배려의 윤리 발달을 꾀할 수 있다.
- **학생의 관계적인 사고 함양에 중점을 둔 수업**
  상대방과 관계를 맺는 과정 속에서 상대방을 어떻게 배려하고 응답할지를 배운다.
- **'자기 배려'를 교육하기**
  자신이 문제점을 지니고 있더라도 자신을 있는 그대로 받아들이는 자기수용, 자아존중, 윤리적인 자기대화(ethical self-talk)를 통해 학생이 스스로를 하나의 인격적 주체로 볼 수 있도록 지도한다.
- **배려 관련 정서적 습관 지도**
  도덕적 행위를 효과적으로 자극시킬 수 있는 감정이입, 공감, 연민, 동정심, 책임감 등을 적절한 대상에게, 적절한 이유를 가지고 느낄 수 있도록 지도한다.
- **배려공동체로서의 학교 형성**
  학생들이 지속적으로 배려하고 배려 받을 수 있는 상황에 노출시킴으로 배려하는 태도를 함양한다.

* 차우규, 2006

(6) 나딩스(Noddings)의 배려 윤리학*

① 배려 윤리
  ㉠ 나딩스는 길리건이 제기한 배려윤리를 도덕 철학 및 도덕 교육에 중점을 두어 발전시켰다. 기존 윤리가 원리와 법칙, 전제와 논리적 정당화, 공정성과 정의 등에만 관심을 둔 것을 비판하며, 이에 대한 대안으로 배려 윤리를 제시하였다.
  ㉡ 배려 윤리는 여성주의적 관점에서 비롯된 어머니의 윤리이자 실천윤리(practical ethics from the feminene view)로 볼 수 있다. 전통적 의미의 여성성, 즉 수용성(receptivity), 관계성(relatedness), 반응성(responsiveness)에 바탕을 둔다.
  ㉢ 원리와 도덕적 추론이 아닌 도덕적 태도(moral attitude), 선에 대한 열망(longing for goodness)으로부터 시작하는 윤리이다.

② 배려
  ㉠ 배려란 사람이나 사물 등의 대상에 주의를 기울이고 염려하는 것뿐만 아니라 자기 자신의 준거 체제로부터 다른 사람의 준거 체제로 들어가는 것까지 포함한다.
  ㉡ 배려는 관계적으로서 배려하는 사람과 배려 받는 사람 사이의 연결 또는 만남으로 정의할 수 있다.
  ㉢ 배려 관계는 윤리적 기초가 되고, 배려 받는 사람이 배려에 대한 반응을 보일 때 배려가 완성되므로 상호성이 중요시되며, 이러한 관계를 현실화하는 데 기쁨(joy)이 중요한 역할을 한다.
  ㉣ 참된 배려 관계가 이루어지기 위해 배려하는 사람에게 몰두(engrossment)와 동기적 전치(motivational replacement)의식 상태가 요구된다.

③ 교육적 적용
  ㉠ 배려 중심의 교육과정 재편성: 학교 교육과정이 '배려'라는 주제를 중심으로 재편성하고, 주위에서 보는 모든 것들을 배려할 수 있는 학습 환경을 창출할 것을 강조하였다.
  ㉡ 교육내용: 윤리적 이상의 지향, 진정으로 좋은 사람을 추구하는 교육, 전사의 모델이 아닌 어머니의 모델에서 비롯되는 교육 요소를 반영한다.
  ㉢ 배려 윤리 교육의 구체적 방법*
    ⓐ 모델링(modeling): 배려의 본보기를 보여주고 경험하면서 본받게 한다.
    ⓑ 대화(dialogue): 대화를 통해 서로 이해하고, 신뢰를 형성하고 생각을 교환하며, 상호 간 배려를 지속하여 배려하는 사람과 배려 받는 사람이 성장하도록 한다.
    ⓒ 실천(practice): 협동작업이나 지역사회 봉사활동 등을 통해 배려의 행위를 실천하며 배려를 학습하도록 한다.
    ⓓ 인정·격려(confirmation): 다른 사람 속에 있는 최선의 것을 인정·격려하여 최상의 동기를 불러일으키고, 보다 나은 자아로의 상승을 가져오게 한다.

(7) 레쓰(Raths)의 가치명료화 접근(values – clarification approach)

① 가치명료화 방법: 자신의 가치에 대해 자기 인식을 명료히 하는 것이 목표이다.

② 이론의 강조점

    ㉠ 현대 사회는 이전보다 선택해야 할 것들이 훨씬 많다.

    ㉡ 개인과 사회가 많은 혼란으로 인해 고통을 겪고 있으므로 가치명료화 접근을 통해 이런 상황을 변화시키고자 한다.

③ 가치 명료화 단계: 학생은 가상 상황 속에서 아래의 7단계의 활동에 참여한다. 활동에 참여하면서 여러 가지 선택지 속에서 자신의 가치를 발견하는 노력을 하게 된다.

단계	내용
1단계	여러 가지 대안 탐색
2단계	대안으로부터 가치 선택
3단계	선택된 대안의 가치 검토
4단계	가치의 존중
5단계	가치의 재확인
6단계	가치 실현
7단계	반복 실천

요약정리 🔍
Zoom OUT 학자별 도덕성 발달에 대한 관점

학자	내용
피아제	• 규칙에 대한 존중, 공정성의 측면에 따라 도덕적 추론 단계 설정 • **도덕성 발달:** 전도덕기 ⇨ 타율적 도덕성 ⇨ 자율적 도덕성
콜버그	• 도덕적 딜레마 상황에서 보이는 도덕적 추론능력으로 도덕성을 정의 • **도덕성 발달:** 3수준 6단계 • 전인습(복종과 처벌 지향/개인적 쾌락주의) ⇨ 인습(착한 소년 · 소녀 지향/사회질서와 권위 지향) ⇨ 후인습(사회계약 지향/보편적 원리 지향)
레스트	• 도덕적 행동의 표출에 주목 • **도덕적 행동을 일으키는 4가지 심리과정:** 도덕 감수성, 도덕 판단력, 도덕 동기화, 도덕적 품성
길리건	• 여성의 도덕성 발달에 주목 • 배려와 책임감을 중심으로 한 돌봄의 윤리 • 수준 1(자기 지향) ⇨ 전환기 1(이기심에서 책임감으로) ⇨ 수준 2(자기희생으로서의 선) ⇨ 전환기 2(선에서 진실로) ⇨ 수준 3(비폭력 도덕성)
나딩스	• 배려 윤리 • 수용성, 관계성, 반응성에 바탕을 둠 • 원리/도덕적 추론이 아닌 도덕적 태도, 선에 대한 열망으로부터 시작하는 윤리
레쓰	• 선택해야 할 것이 많아 혼란스러운 개인을 위해 자기가치를 명료하게 할 수 있는 7단계 활동을 제안 • 대안 탐색 ⇨ 가치 선택 ⇨ 선택된 대안의 가치 검토 ⇨ 가치의 존중 ⇨ 가치의 재확인 ⇨ 가치 실현 ⇨ 반복 실천

Chapter 02 학습자의 인지적 특성

이번 챕터에서는 학습자의 인지적 특성에 대해 알아보려 합니다. 먼저 지능이론부터 접근해야 합니다. **전통적인 지능이론**부터 현재 학교 현장에서 주목하는 **다중지능**까지 지능 관련 이론을 순차적으로 이해하고, 각 **지능이론의 시사점을 교육 현장과 연결** 지어 생각해 봅시다. 최근의 교육 현장에서는 전통적 지능관보다는 다중지능이나 실용지능, 감성지능과 같은 새로운 관점의 지능을 지지하는 추세라는 것을 잊지 마세요. 또한 2015 개정 교육과정의 목표는 '창의 · 융합형 인재'의 양성이었고, 2022 개정 교육과정의 목표는 '포용성과 창의성을 갖춘 주도적인 사람' 의 양성인 만큼 창의성은 중요한 교육의 화두이니 잘 살펴보실 필요가 있습니다. **학습자의 학습유형** 관련 이론에서는 '나는 어떤 유형에 해당할까', '이러한 유형의 학습자에게는 어떤 활동을 제공해야 학습의 효과를 높일 수 있을까'를 고민해 보세요. 바로 그런 내용을 묻는 문제가 출제될 수 있기 때문입니다. 세부 개념이 많고 관련 용어가 생소할 수 있으므로 천천히 살펴보며 세부 요소들까지 꼼꼼히 암기하는 것이 좋습니다.

핵심 Tag🏷

가드너의 다중지능이론
- 인간의 지능은 9개의 상호 독립적인 능력으로 구분할 수 있음
- **다중지능 종류:** 언어 · 논리 – 수학 · 공간 · 신체운동 · 음악 · 대인관계 · 개인 내 · 자연 · 영적/존재론적 지능

스턴버그의 삼원지능이론
분석적 · 경험적 · 실제적 지능이 통합되고 균형이 유지될 때 '성공 지능'이 나타남

정서지능이론
- 자신이나 타인의 감정을 인지 · 표현 · 통제 · 조절하는 개인의 능력
- **골만의 구성요소:** 자기감정 인식, 자기감정 조절, 타인감정 인식, 타인감정 조절
- **샐로비와 메이어의 구성요소:** 정서의 인식과 표현, 정서의 사고촉진, 정서지식의 활용, 정서의 반영적 조절

전통적 지능검사 vs. 문화공평검사
- **전통적 지능검사:** 비네 – 시몬 검사, 스탠포드 – 비네 검사, 웩슬러 검사
- **문화공평검사:** 다양한 사회 · 문화적 배경을 지닌 아동의 능력을 평가하기 위해 개발

창의성
- **개념**: 새롭고 적절한 산출물을 생산해내는 능력
- **창의적 사고기법**: 브레인스토밍, 시네틱스, PMI, SCAMPER, 속성열거법, 6색 사고모자

위트킨의 장독립형과 장의존형
전체적인 장에 포함된 자극을 지각하는 데 장이 얼마나 영향을 주는가에 따른 구분

케이건의 숙고형과 충동형
개념적 속도(반응속도와 반응오류)에 따른 구분

콜브의 학습유형
- 정보지각방식(구체화/개념화)과 정보처리 방식(실험/관찰)에 따른 구분
- 확산자, 융합자, 수렴자, 적응자

❶ 지능의 개념

(1) 심리측정적 접근

① 지능에 대한 심리측정적 접근이란 지능을 다른 사람과 구분하는 지적 특질의 집합체로 보는 관점이다.

② 지적 특질이 무엇인지 정확하게 알아내고 측정하여 개인의 지적 차이를 기술하는 것이 목표이다.

③ 지능의 구조에 대해서 합의하지 못하였으며, 다양한 이론이 존재한다.

    ㉠ 단일 요인 접근

        ⓐ 지능은 하나의 요인으로 구성되어 있다.

        ⓑ 대표 이론: 비네(Binet)와 시몬(Simon)의 정신연령(mental age) 검사

    ㉡ 다중 요인 접근

        ⓐ 지능은 한 개가 아닌 몇 가지 정신능력으로 구성되어 있다.

        ⓑ 대표 이론

이론	내용
초기 다요인적 이론	스피어만(Spearman)의 2요인설, 써스톤(Thurstone)의 중다요인론
후기 다요인적 이론	길포드(Guilford)의 3차원 지능구조설, 카텔(Cattel)과 혼(Horn)의 지능이론
최근의 위계적 모델	캐롤(Carroll) 지능의 3계층 모델설

(2) 심리측정과 정보처리적 접근의 결합

① 정보처리적 접근의 의미

    ㉠ 심리측정적 접근이 매우 협의의 지적인 내용물이나 아동이 현재 알고 있는 지식에 초점을 맞추고 있다는 점을 비판한다.

    ㉡ 지식이 습득 및 유지되는 과정, 문제해결을 위해 사용되는 과정, 인간이 지능을 사용하는 방법에 대해 관심을 가져야 한다고 주장한다.

② 최근의 지능이론: 가드너(Gardner)의 다중지능이론, 스턴버그(Sternberg)의 삼원지능이론

❷ 지능이론

(1) 스피어만의 2요인설(일반요인설)

① 스피어만은 지능의 요인분석을 통하여 지능은 모든 수행에 보편적으로 적용되는 일반적인 요인(g요인)과 상황에 따라 특수하게 필요한 다수의 특수요인(s요인)으로 구성된다고 밝혔다.

② g요인(general factor, 일반요인)

   ③ 내용을 초월하여 공통적으로 작용하는 능력으로, 여러 수준의 모든 정신적 과정과 관계있는 정신능력이다.

   ⓛ 머리가 좋다는 것은 g요인을 많이 가지고 있다는 뜻이며, g요인은 모든 정신적 과정에 관련되어 있기에 g요인이 낮은 사람이 특정 영역에서 높은 지능을 보일 수 없다.

③ s요인(specific factor, 특수요인): 상황에 따라 특수하게 요청되는 요인으로, 과제의 수준과 종류에 따라 관련이 있을 수도 있고, 없을 수도 있다.

(2) 써스톤의 중다요인설(기초정신능력설, PMA; Primary Mental Ability) 기출 11 중등

① 기본 입장

   ③ g요인이 모든 정신적 과정에서 군림한다는 스피어만의 주장에 반대하며, 요인분석을 통해 실제로 명백히 구분되는 7가지 기초정신능력으로 지능이 구성되어 있다고 주장한다.

   ⓛ 기초정신능력은 하나의 단일요인(g요인)으로 묶일 수 없으며, 서로 어느 정도 내적 상관관계가 있으면서 동시에 독립적인 기능을 가지고 있다.

② 7가지 기초정신능력

구분	내용
언어이해력	어휘의 수, 읽기, 문장과 격언과 같은 단어로 표현될 생각을 이해하는 능력
언어유창성	시를 짓거나 낱말 수수께끼를 풀 때 낱말을 빨리 생각해내는 능력
수리력	수학적으로 사고 · 조작하는 능력
공간지각능력	각종 상징이나 기하학적 도형의 정신적으로 조작할 수 있는 능력
추리력	논리적으로 사고하는 능력
지각 속도	도안과 그림 사이의 공통점과 차이점을 빨리 발견하는 능력
기억력	짝진 낱말 표를 빨리 암기할 수 있는 능력

③ 중다요인설의 의의: 지능이 7개의 요인으로 이루어져있다는 주장은 학생마다 특정 영역에서 과제 수행 시 보이는 능력의 개인차를 해석할 수 있는 근거를 제공하므로 언어능력이 우수한 학생, 수리능력이 우수한 학생, 공간지각능력이 우수한 학생의 개인차를 설명할 수 있다.

(3) 길포드 3차원 지능구조설 기출 01, 03, 09 초등

① 써스톤의 다중요인설을 확장시켜 지능을 더욱 복잡하게 설명하는 이론으로, 지능의 구조를 3개의 차원으로 구분한다.

② 3차원에 따른 정신능력

차원	내용
내용	• 개인이 무엇에 의하여 사고하는가? • 시각적 정보, 청각적 정보, 상징적 정보(글자나 부호체계), 어의적 정보 (생각이나 어의의 형태), 행위적 정보(사회적 지능, 자신 및 타인에 대한 이해)
조작	• 개인이 어떻게 사고하는가? • 인식, 기억 파지(retention, 재생할 수 있도록 저장), 기억 저장, 확산적 사고(창조적 사고와 생산), 수렴적 사고(관계와 유추), 평가(평가와 결정)
산출	• **단위**: 시각 · 청각 · 상징적 · 어의적 자료의 이해 • **분류**: 단위들을 공통적인 특징에 따라 유목화 • **관계**: 2개 이상의 단위를 통합 • **체제**: 단위 정보가 서로 관련되어 일체의 지식을 구성 • **변형**: 기존의 정보를 해석 또는 변환 • **함축**: 정보에서 생기는 의미와 시사점 파악

③ 지능구조설의 의의

㉠ 지능의 계열을 확장시켜 연구자와 교사가 지능의 협소한 의미에서 벗어날 수 있는 계기를 마련하였다.

㉡ 학습, 문제해결력, 창의력과 같은 문제들을 새롭게 볼 수 있는 틀을 마련하였으며, 특히 발산적 사고와 관계성 탐구와 같은 지적 능력의 중요성을 강조하였다.

㉢ 여러 요인이 통합되어 있는 지적 능력을 설명하고 측정할 수 있는 토대를 마련하였다.

> 예 '그림의 얼굴표정이 무엇을 의미하는지 제시하라.'는 과제는 행위적 정보, 인지, 함의의 요인이 포함되어 있다.

(4) 카텔과 혼 지능이론 기출 11 중등 / 03, 09, 11 초등

① 스피어만의 g요인과 써스톤의 기본정신능력은 '유동적 지능'과 '결정적 지능' 두 요인으로 구분될 수 있다고 주장했다.

② 유동적 지능(fluid intelligence)

   ⊙ 생물학적으로 결정되는 생리적·신경적 요인으로, 생리적 발달이 지속되는 청년기까지는 계속적으로 증가하나 청년기에 절정을 이루고 성인기 이후 감퇴한다.

   ⓒ 개인이 살고 있는 문화적 내용이나 체계적 학습활동과는 관계없는 개인의 독특한 사고력, 기억력, 정보처리속도 등의 능력에서 나타난다.

③ 결정적 지능(crystallized intelligence)

   ⊙ 환경, 경험, 문화, 교육의 영향을 받아 발달되는 지능으로, 연령의 영향을 받지 않으며 환경적 자극이 있다면 성인기 이후에도 꾸준히 발달할 수 있다.

   ⓒ 일종의 환경 적응능력으로서 언어능력, 상식, 문제해결력 등의 능력에서 잘 나타난다.

   ⓒ 유동적 지능이 높아도 경험이나 교육적 기회가 제한되면 결정적 지능이 낮다.

(5) 캐롤의 지능 3계층 모델

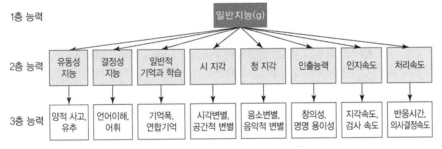

[그림 7-4] 캐롤의 지능 3계층 모델

① 지능의 위계적 모델: 지능은 위계적인 구조로 이루어져 있으며, 모든 지적 수행에 영향을 미치는 일반지능 아래에, 특정한 지적 영역의 수행에 영향을 미치는 특별한 능력 요인들로 구성된다.

② 지능의 3계층 위계

   ⊙ 캐롤은 지능의 위계적 모델을 구체화하여 지능의 3계층 모델로 만들었다.

   ⓒ 지능을 피라미드 모양으로 형상화하여 첫 번째 층에는 일반지능(g), 아래 두 번째 층에는 8개의 광범위한 능력들, 마지막 세 번째 층에는 두 번째 층의 요인들을 보여주는 특정 행동인 70여 개의 좁은 능력으로 정의했다.

③ 지능의 3계층 이론의 의의

   ⊙ 2층에 위치한 지적 능력의 패턴에 따라 개인들이 각각 특정한 지적 장점과 단점을 지닐 수 있다.

   ⓒ 평균 이하의 일반지능을 가지고 있더라도 특정 영역에서 수행을 돕는 2층의 능력이 매우 높다면 3층의 좁은 영역에서 실제로 뛰어난 수행을 보일 수도 있다.

(6) 가드너의 다중지능이론(multiple intelligence theory)

기출 03, 04, 19 중등 / 00, 04, 05, 07, 09, 10 초등

기출 19 중등

기출논제 Check ✓

#1과 관련하여 가드너(H. Gardner)의 다중지능이론 관점에서 A, B 학생의 공통적 강점으로 파악된 지능의 명칭과 개념, 김 교사가 C 학생에게 제공할 수 있는 개별 과제와 그 과제가 적절한 이유를 각각 1가지씩 제시하시오.

① 인간의 지능은 9개의 서로 다른 종류의 지능으로 구성되어 있으며, 각각 뇌의 특정 부위와 관련되어 있고 이들 중 여러 개는 IQ 검사에 의해 측정되지 않는다는 이론이다.

② 지능의 정의
- ㉠ 지능이란 '문화적으로 가치 있는 물건을 창조하거나 문제를 해결하는 데 유용하게 쓰일 수 있는 정보를 처리하는 생물·심리학적인 잠재력'이다.
- ㉡ 이러한 정의를 통해 가드너는 지능의 문화적 맥락·시대적 맥락을 강조하고 있으며, 인간 두뇌의 해부학적 구조를 통하여 다중지능이론을 제시하였다.
- ㉢ 문화적 맥락을 강조했다는 것은 인간의 지능이 문화적으로 상대성을 지닌다는 의미이며, 이는 각 문화권마다 가치 있다고 여겨지는 지적 능력이 다르기 때문이다.

③ 9개 지능의 상호 독립성
- ㉠ 9개의 지능은 각자의 능력이 구분되며 뇌의 특정 영역과 관련되어 있으며, 각기 다른 발달적 경로를 따른다.
- ㉡ 뇌의 특정 부분에 손상이 보통 다른 영역에는 영향을 미치지 않고 특정한 능력에만 영향을 주는 것이 증거이다.
  - 예 **석학증후군(서번트 신드롬, servant syndrome):** 자폐증같은 광범위성 발달장애나 지적장애 등의 뇌 장애를 가진 사람들 중 특정 분야에서 천재적인 재능을 발휘하는 현상
- ㉢ 각각의 지능은 서로 다른 시점에 성숙한다.
  - 예 많은 위대한 작곡가와 운동선수는 어린 시절에 재능을 나타나지만, 논리 – 수학 지능은 더 늦게 나타난다.
- ㉣ 지능은 독립적이지만 특정 영역에서는 여러 개의 지능들이 복합적으로 작용할 수 있다.

④ 인간의 잠재능력 확장
- ㉠ 기존의 IQ 검사 점수에서 벗어나 인간 개인이 지니고 있는 고유한 잠재능력의 범위를 확장시켰다.
- ㉡ 모든 학생은 최소한 하나의 우수한 지능을 가지고 있으며, 어떤 과목이든 이 지능을 통해 가르치면 성공적으로 학습할 수 있다는 교육철학이 담겨있다.
- ㉢ 지능은 교육을 통해 향상될 수 있지만 그 속도는 다를 수 있다.

⑤ 다중지능의 핵심 성분과 발달

구분	내용
언어지능 (linguistic intelligence)	• 단어 의미, 소리, 언어의 구조, 언어 사용방법에 대한 민감성 • **직업분야:** 소설가, 저널리스트 • **발달:** 아동 초기 폭발적으로 발달한 후 노년기까지 유지됨
논리 – 수학지능 (logical – mathematical intelligence)	• 논리적 · 수리적 유형에 대한 민감성과 구분 능력 • **직업분야:** 수학자, 과학자 • **발달:** 청소년기와 성인기 초기에 절정에 달한 후, 40세 이후 뛰어난 수학적 통찰력은 감퇴함
공간지능 (spatial intelligence)	• 시 · 공간 체계에 대한 예민한 지각 • **직업분야:** 건축가, 조각가 • **발달:** 아동 초기 위상학적 사고가 9~10세경 유클리드식 사고로 전환됨
신체운동지능 (bodily – kinesthetic intelligence)	• 몸의 움직임을 통제하고 사물을 능숙하게 다루는 능력 • **직업분야:** 무용가, 운동선수 • **발달:** 성분(강도, 유연성)과 영역(발레, 야구, 체조)에 따라 다름
음악지능 (musical intelligence)	• 음정, 리듬, 음색 등을 만들고 평가하는 능력 • **직업분야:** 작곡가, 연주자 • **발달:** 가장 조기에 발달되는 지능
대인관계 지능 (interpersonal intelligence)	• 타인의 기분, 기질, 동기, 욕망을 구분하고 대응하는 능력 • **직업분야:** 심리상담가, 정치지도자 • **발달:** 생후 3년 동안의 애착과 유대가 발달에 매우 중요함
개인 내 지능 (intrapersonal intelligence)	• 자신의 감정에 충실하고 정서를 구분하는 능력 • **직업분야:** 인생의 거의 모든 성공에 기여하는 지능 • **발달:** 생후 3년 동안 자아와 타인 간의 경계를 형성하는 것이 발달에 중요함
자연지능 (naturalist intelligence)	• 다양한 종을 구분하고 인지할 수 있는 능력 • **직업분야:** 농부, 생물학자, 동 · 식물학자 • **발달:** 아동에게 자연과 관련된 다양한 경험을 제공하는 것이 중요함
영적/존재론적 지능 (existential intelligence)	• 삶의 의미, 죽음, 인간적 조건의 등에 대한 민감성 • **직업분야:** 철학자, 신학자 • **발달:** 해당하는 뇌 부위가 없으며, 아동기에는 거의 발달하지 않음

⑥ 교육적 시사점

　㉠ 교육과정

　　ⓐ 9가지 다중지능이 골고루 반영되도록 교육과정을 다양화한다.

　　ⓑ 9가지 다중지능을 통합할 수 있는 교육내용이 포함되어야 하며, 여러 지능의 통합적 발달을 통해 전인교육이 가능하다.

　　ⓒ 학생들의 지능과 관심의 차이를 인정하고, 스스로 배울 것을 선택할 수 있도록 장려한다.

　㉡ 교수방법

　　ⓐ 학생 간 지능의 구성 차이를 인정하고, 개인차를 고려한 맞춤형 교육을 실시한다.

　　ⓑ 학생의 강점 지능을 활용하여 여러 과목을 가르치는 교수방법인 2차적 통로를 사용한다.

　　　📝 신체운동지능이 뛰어난 학생에게 수학을 가르칠 때 운동적 요소를 사용할 수 있다.

　　ⓒ 학생의 지능발달에 도움이 되는 환경을 제공한다.

　㉢ 평가

　　ⓐ 학생 간의 차이보다는 한 개인의 지능의 강점과 약점에 관심을 가지고, 학생의 지능발달을 위해 평가와 교육과정, 교수방법을 연계시킨다.

　　ⓑ 다양한 형태의 수행평가를 통해 학생의 강점을 파악하고, 적절한 학습 방법을 제공한다.

개념확대⊕
Zoom IN 다중지능이론의 적용

1. 다중지능이론을 적용한 교육 프로젝트

구분	내용
중학교 PIFS	• 실천적 지능 프로그램(PIFS; Practical Intelligence For School) • 학문적 지능을 개인 내 지능, 대인관계 지능과 결합해 학교교육에 부적응하는 학생이 실천적 지능을 획득하여 성공적인 학교생활을 하는 것을 목표로 함 • 가드너의 다중지능이론과 스턴버그의 삼원지능이론에 기초하여 학교생활에 필요한 실천적 지능의 모형을 만들고자 함 • 초인지 기술과 학교의 다양한 교육활동에 대한 학생의 이해능력을 키우고자 함
고등학교 Arts PROPEL	• 음악, 미술, 작문을 대상으로 한 고등학교 예술 교육과정 및 평가 프로그램 • 영역 프로젝트와 프로세스폴리오에 중점을 둠 　– **영역 프로젝트**: 학생이 특정 예술 형태에 참여해 음악, 미술, 작문에 대한 풍부한 경험을 할 수 있게 함 　– **프로세스폴리오**: 작품 구상에서 완성품, 소감까지 전 과정을 수집하여 프로세스폴리오에 저장함

2. 다중지능이론을 적용한 수업활동 예시
① **언어지능**: 이야기 꾸며 말하기, 브레인스토밍, 테이프 레코딩
② **논리 - 수학지능**: 내용에 나오는 숫자 계산하기, 분류하기, 소크라테스 문답법
③ **공간지능**: 학습내용을 그림 · 그래프 또는 심상으로 보기, 학습자료에 색칠하여 요소 구분하기
④ **신체운동지능**: 신체동작으로 말하기, 학습내용을 연극으로 표현하기, 신체를 활용해 학습하기
⑤ **음악지능**: 학습내용과 연관된 노래하기, 학습주제와 맞는 음악으로 분위기 조성하기
⑥ **대인관계 지능**: 집단학습, 협동학습
⑦ **개인 내 지능**: 수업 중 명상하기, 스스로 목표 설정하기
⑧ **자연지능**: 수업자료나 내용에서 요소 간 공통점 · 차이점 · 특징 발견하기

(7) 스턴버그 삼원지능이론(triarchic theory of intelligence)

기출 02, 07, 09 중등 / 06, 08 초등

① **정보처리적 접근**
　㉠ 사람들이 세상에 대해 어떻게 학습하고, 알고 있는 것을 어떻게 조작하고, 알게 된 것을 어떻게 활용하는지에 대해 관심이 있다.
　㉡ 스턴버그는 기존의 지능이론이 지능의 내용에 초점을 맞춘 것에서 벗어나 인간이 어떤 문제를 해결하고, 지적으로 행동하기 위하여 정보를 어떻게 모으고, 사용하는지의 관점에서 지능을 연구하였다.

② **지능의 삼원론**
　㉠ 모든 사람에게 공통적으로 나타나는 인지과정을 강조한 이론이다.
　㉡ 지능은 '분석적 지능, 경험적 지능, 실제적 지능'의 3가지로 구성된다.
　㉢ 지능의 전통적인 개념에 창의적 측면과 실제적 측면을 강조하였으며, 현실세계에서 효과적으로 기능하는 것이 지적 행위이다.
　㉣ 세 가지 지능은 지적 과정에서 하나의 체계로 통합되어 작용한다.
　㉤ **성공지능(successful intelligence)**: 개인 목표를 달성하는 데 도움을 주는 지능으로, 분석적 · 경험적 · 실제적 지능이 통합되고 그에 해당하는 특별한 능력들 사이의 균형이 유지될 때 나타난다.

③ **분석적 지능(구성요소적 지능, 요소이론, analytic intelligent)**
　㉠ 개인의 지적 행동과 관련된 정신과정에 대한 지능으로, 문제를 분석, 판단, 평가, 비교, 대조하는 능력을 말한다. '어떻게' 지적 행동이 발생되는가에 초점을 둔다.
　㉡ 모든 지적 행동을 가능하게 하는 정보처리과정을 설명하기 위한 것으로, 세 가지 기본적인 정보처리 요소를 제시한다.
　　ⓐ **메타요소(상위 요소, metacomponent)**
　　　• 인간의 고등정신과정을 의미한다. 해결해야 될 과제의 본질을 파악하고, 그것을 해결하기 위해 계획을 세우고, 해결 과정을 점검 · 평가하는 기능을 수행한다.
　　　• 수행요소와 지식획득요소를 실질적으로 통제하며 일반적인 메타인지, 인지전략과 유사한 기능을 한다.

ⓑ 수행요소(performance component)
- 메타요소인 고등정신과정을 실행하기 위한 하위 수준의 과정으로, 메타요소에 의해 설계된 계획이나 전략을 실제 실행에 옮긴다.
- 과제를 수행할 때 과제를 입력시키고, 관계를 추리하고, 가능한 해결 전략을 비교하고, 최선의 해결책의 탐색하는 요소이다.
ⓒ 지식획득요소(knowledge-acquisition component)
- 새로운 정보를 학습하는 데 사용하는 요소이다.
- 새로운 것을 학습할 때 적절한 정보와 무관한 정보를 구분하고, 새로운 정보를 기존의 정보에 관련시키는 정신과정의 기능을 가지고 있다.

예 학생이 기말 보고서를 작성할 때, 우선 주제를 선정하고 해당 주제에 대한 세부 내용 및 구성 방식에 대해서 계획을 세운다(메타요소). 그 뒤 인터넷이나 문헌 등을 통해서 주제와 관련된 다양한 정보를 수집하고, 정보의 적절성을 따져 선택적으로 집중한다(지식획득요소). 실제 보고서를 작성하고(수행요소), 정보가 부족하다고 판단될 경우(메타요소), 새로운 정보를 다시 수집한다(지식획득요소).

④ 창의적 지능(경험적 지능, 경험이론, experiential intelligent)
㉠ 새로운 환경을 효과적으로 다루고 익숙한 문제를 능숙하게 해결하는 능력과 관련된 지능으로, 경험을 통해서 증진된다.
㉡ 경험적 지능의 두 가지 능력
ⓐ 신기성(novelty)을 다루는 능력: 통찰력과 새로운 상황을 효과적으로 다루는 능력이다.
ⓑ 정보처리를 자동화(automation)하는 능력: 새로운 해결책을 신속하게 일상적인 과정으로 바꾸어 인지적 노력 없이 적용 가능한 능력이다.
㉢ 창의적인 사람은 새로움에 직면했을 때, 다른 사람보다 능숙하게 사고하며, 정보처리과정을 자동화하여 더 복잡한 상황을 위해 작업기억을 자유롭게 함으로써 효과적으로 문제를 해결한다.
㉣ 새로운 상황을 효과적으로 다루는 세 가지 통찰력
ⓐ 선택적 부호화: 사고나 문제해결과정에서 중요하고 적절한 정보에 주의를 기울이는 능력이다.
ⓑ 선택적 결합: 처음에는 서로 관련 없는 요소들을 연관시켜 새로운 것을 창출해내는 능력이다.
ⓒ 선택적 비교: 이미 갖고 있는 정보와 새로운 정보 사이의 관계를 비교하고, 기존 정보를 새로운 각도에서 파악하여 새로운 것을 유추해낼 수 있는 능력이다.
⑤ 실제적 지능(맥락이론, 상황이론, practical intelligence)
㉠ 외부 세계와 관련된 지능으로, 환경에 적응하고, 환경을 자신에게 맞도록 변경하고, 개인의 목표와 일상생활 및 세계의 요구에 적절한 환경을 선택하는 능력을 의미한다.

ⓛ 지적인 사람은 일상생활에서의 요구에 적합하도록 자신의 사고를 기술적으로 적응하며, 상황에 적응할 수 없을 때에는 상황을 조성하거나 변화시킨다.

ⓒ 조성할 수 없을 때에는 자신의 기술과 가치, 목표에 적합한 새로운 환경을 선택한다.

ⓔ 실제적 지능은 문화 또는 하위 문화에 따라 다르고, 시대에 따라 다르며, 생의 주기에서 어떤 시기에 있는지에 따라서 다르다.

ⓜ 실제적 지능은 정규교육을 통해 향상되는 것이 아니라 개인의 경험을 통해 획득되고 발전한다.

(8) 정서지능이론 [기출 02 중등]

① 정서지능(emotional intelligence)의 개념

  ㉠ 자신이나 타인의 감정을 인지하는 개인의 능력을 말한다.

  ㉡ 자신과 타인에 대한 정서적 정보를 정확하고 효과적으로 처리할 수 있는 능력이다.

  ㉢ 샐로비(Salovey)와 메이어(Mayer)에 따르면 정서지능은 자신과 타인의 정서를 점검하고 변별하며 자신의 행위와 사고를 유도하는 데 그 정보를 이용하는 능력이다.

  ㉣ 가드너의 다중지능 중 '개인 내 지능', '대인관계 지능'을 중시한다.

② 구성요소

  ㉠ 샐로비와 메이어*

    ⓐ 초기에는 정서지능이 3요소임을 주장하였다. 정서지능 3요소는 정서의 평가와 표현(자신, 타인), 정서의 조절(자신, 타인), 정서의 활용(융통성 있는 계획, 창의적 사고, 주의 집중의 재조정, 동기화)이다.

    ⓑ 이후 정서지능에 대해 4영역 4수준 16요소 모형으로 설명하였다.

* Mayer, J. D., Salovey, P., & Caruso, D. (2000). Models of emotional intelligence. Handbook of intelligence, 2, 396-420.

영역	의미	수준	특징
영역 I. 정서의 인식, 평가, 표현 (perception, appraisal, and expression)	자신과 타인의 감정과 기분을 정확하게 이해하고 표현하는 능력	자신의 정서 파악하기	신체적 상태, 느낌 및 생각 속에서 감정을 식별해내는 능력
		외부의 정서 파악하기 (타인의 정서 파악)	언어, 외모, 소리, 행동 등을 통해 타인의 감정, 예술작품, 디자인 속 감정을 파악하는 능력
		정서를 정확하게 표현하기	감정과 연관된 욕구에 대해 정확하게 표현하는 능력
		표현된 정서 구별하기	감정표현의 정확성을 구별하는 능력(솔직한 표현과 솔직하지 못한 표현 구별, 사랑과 미움의 표현 구별, 언어와 행동의 차이 구별)

영역	의미	수준	특징
영역 II. 정서를 통한 사고의 촉진 (using emotions to facilitate thinking/ emotional facilitation of thinking)	중요한 사건에 주의를 기울이게 하여 사고를 형성하고 촉진할 수 있는 능력	정서 정보를 이용하여 사고의 우선순위 정하기	감정은 중요한 정보에 주의를 기울이게 만들며 사고의 우선 순위를 정하게 함
		정서를 이용하여 감정에 대해 판단하고 기억하기	정서는 생동감이 있고 충분히 이용 가능하기에 감정에 대한 판단과 기억에 유용함. 어떤 느 낌과 관련된 판단이나 기억을 통해 정서를 불러일으켜 행동 을 계획, 지속, 완성하게 함
		정서를 이용하여 다양한 관점을 취하기	감정 상태의 변화는 개인의 관 점을 긍정적인 것에서부터 부 정적인 상태로까지 다양하게 변화시키기 때문에 여러 관점 에 대한 고려를 장려함. 자신의 기분을 변화시킴으로써 자신의 관점도 변화시킴
		정서를 활용하여 문제해결 촉진하기	감정 상태가 특정 문제에 대한 해결법을 제시할 수 있음 예 행복한 감정 상태는 귀납적 추론과 창의성을 촉진한다.
영역 III. 정서의 이해와 분석 (understand- ing and analyzing emotional information)	정서를 이해하고 정서 정보가 담고 있는 지식을 활용하는 능력	미묘한 정서 간의 관계를 이해하고 명명하기	'좋아하는 것'과 '사랑하는 것'과 같이 미묘한 감정에 이름을 붙 이고, 단어와 감정 사이의 관계 를 인식함
		정서 속에 담긴 의미 해석하기	'슬픔은 주로 상실감을 동반한 다.'와 같이 관계에서 감정들이 전달하는 의미들을 해석함
		복잡하고 복합적인 감정 이해하기	사랑과 증오를 동시에 느끼거 나, 두려움과 놀라움이 공존하 는 경외심, 애증과 같이 두 가지 이상의 복합된 감정을 이해함
		정서 간의 전환 이해하기	분노에서 만족으로 바뀌거나, 분노에서 수치심으로 전환되는 것 같이 감정 사이에 전환이 가 능함을 인식함. 대인관계에서 감정의 진행을 추론함

		정적·부적 정서들을 모두 받아들이기	감정에는 긍정적인 정서와 부정적인 정서가 있다는 것을 이해하고 받아들이기
영역 Ⅳ. 정서의 반성적 조절 (reflective regulation of emotions)	정서적–지적 성장의 향상을 위하여 정서를 의식적으로 조절하는 능력	자신의 정서로부터 거리를 두거나 반영적으로 바라보기	감정들의 정보성 또는 유용성에 따라 감정을 반영하거나 분리함
		자신과 타인의 관계 속에서 정서를 반영적으로 들여다보기	타인과의 관계 속 자신의 감정이 얼마나 명확하고, 전형적이며, 합리적인지, 자신에게 얼마나 영향을 미치는지를 파악함. '이 기분은 내가 너무 내 감정을 의식하기 때문이야.'와 같이 정서에 대해 내적으로 관찰함
		자신과 타인의 정서를 조절하기	부정적인 감정을 조절하고, 정보의 과장이나 축소 없이 즐거운 감정을 향상시킴으로써 자신과 다른 사람들의 감정을 관리함

ⓛ 골만(Goleman)

구분	인식	조절
개인적 능력	• 자기감정 인식 – 자신의 정서를 인식함 – 자기 확신을 가짐	• 자기감정 조절 – 자신의 정서를 조절함 – 자신에게 지속적으로 동기를 부여함
사회적 능력	• 타인감정 인식 – 타인의 감정을 인식함 – 타인의 감정을 공감함	• 타인감정 조절(관계 조절) – 타인과 관계를 형성함 – 팀워크와 협동심을 유발함

③ 정서적 지능을 높일 수 있는 교수·학습방법
　㉠ 토의 및 토론, 협동학습 기반 프로젝트 학습, 협동학습, 목표기반 시나리오를 통해 사회적 상호작용을 함으로써 문제해결 과정에서 정서적 인지와 조절, 자기 통제, 정서 표현능력을 향상시킨다.
　㉡ 감정을 주제로 한 수업
　　ⓐ 감정인식수업: 다양한 표정과 표정에 나타난 감정을 구별하며 인식하게 한다.
　　ⓑ 감정조절수업: 화, 분노, 질투, 충동, 조바심 등 부정적 감정이 인식되는 경우 감정을 조절하는 방법에 대해 생각하고 연습한다.
　　ⓒ 감정 조사하기: 동화, 소설, 영화 속에서 나타난 관심 있는 인물과 주인공의 정서 처리능력과 방법에 대해 조사, 분석하고 표현해본다.

기출 13 중등 추시

기출논제 Check ⊘

영희의 IQ에 대한 올바른 해석에 기반을 두고 영희의 문제를 해결하고자 할 때, 영희가 학습동기를 잃게 된 원인과 그 해결 방안을 논하시오.

개념확대 ⊕
Zoom IN

지능지수 해석 시 유의점
- 점수가 개인검사에 기초한 것인지 집단검사에 기초한 것인지 확인한다. 개인검사의 경우 한 번에 한 학생을 대상으로 전문적으로 훈련받은 검사자가 실시한다. 학생은 보통 어른과 함께 활동할 때 더 주의를 집중하고 더 잘하고자 하는 동기를 가진다. 집단검사의 경우, 학생이 검사 지문을 이해하지 못해서, 연필이 부러져서, 다른 학생이 방해해서, 응답 방식이 혼란스러워서 검사를 제대로 치르지 못하는 경우가 있다.
- 지능지수는 단지 개인의 지적 기능 중 한 가지 지표로 생각해야 한다. 지능지수가 개인의 모든 지적 능력을 대변하지 않는다. 지능지수가 높다고 모든 과목에서 우수할 것이라고 기대하면 안 되고, 반대로 지능지수가 낮다고 모든 과목에서 저조한 성적을 보일 것이라 과잉해석을 해서도 안 된다.
- 지능지수는 하나의 점수 범위로 생각되어야 한다. 지능검사의 신뢰도는 높은 편이지만, 5∼10점 정도의 오차범위가 존재할 수 있다.
- 지능검사는 부정확할 수도 있다는 합리적·융통적인 생각을 가져야 한다. 지능검사 결과는 과거 경험, 학습에 의해서 영향을 받기도 하며 학생의 정서, 지능검사 당시의 환경에 따라서도 영향을 받을 수 있다.
- 지능지수는 개인의 절대적 지적 수준이 아니라 상대적 지적 수준을 의미한다.
- 지능지수의 하위 요인 변산을 고려한다. 지능지수는 하위 요인의 평균으로 나타나기 때문에 동일한 지능지수를 갖는 학생이라도 하위 요인에서 차이를 보일 수 있다.

---

③ 지능검사 〔기출 02, 07, 09, 12, 13 중등 / 02, 11 초등〕

(1) 지능검사

① 비네 – 시몬 검사
  ㉠ 정규 교육과정을 따라가지 못해 정규 교육과정과 구별되는 특수한 지도가 필요한 학생을 선별하기 위해 만들어진 최초의 지능검사이다.
  ㉡ 해당 연령집단의 평균능력에 기초한 지능점수인 '정신연령'이라는 개념을 도입하였다.

② 스탠포드(Stanford) – 비네 검사
  ㉠ 스탠포드의 털만(Terman) 교수에 의해서 기존의 비네 지능검사에 지능지수(IQ)의 개념이 도입된 최초의 검사이다.
  ㉡ 지능지수란 정신연령과 생활연령 간의 비율에 100을 곱한 것으로, '비율 IQ'로 불린다.

> 지능지수(IQ) = 정신연령/생활연령 × 100

  예 어떤 아동의 정신연령이 10세, 실제 연령(생활연령)이 8세라면, 아동의 지능지수는 10/8 × 100, 즉 125가 된다.

  ㉢ 지능지수(IQ)의 해석

지능지수 75	평균 속도보다 느린 정신 성숙도
지능지수 100	정신 성숙도가 연령대 평균
지능지수 125	평균 속도보다 빠른 정신 성숙도

  ㉣ 검사의 문제점
    ⓐ 사람의 실제 나이는 지속적으로 증가하나, 정신연령은 15세 이후 거의 증가하지 않기 때문에 연령대에 따라서 지능지수가 가지는 의미가 달라진다. 따라서 아동에게는 유용하지만 성인에게 적용하기 어렵다.
    ⓑ 너무 어렵거나 쉬운 문제들을 제외시켰기 때문에 아주 우수한 아동이나 청소년을 선별하기에는 부적합하다.
    ⓒ 언어능력에 손상이 있는 사람의 지능지수는 측정하기 어렵다.

③ 웩슬러(Wechsler) 검사 편차 IQ
  ㉠ 편차지능지수(deviation IQ)
    ⓐ 스탠포드 – 비네 검사의 문제점을 해결하기 위해 제안된 지능검사로, 현재 가장 널리 쓰이는 방식이다.
    ⓑ 검사에서 점수를 받은 사람이 같은 연령의 집단 내에서 다른 사람들과 비교하여 얼마나 위 또는 아래에 분포하고 있는지 그의 상대적 위치로 지능지수를 규정한다.
    ⓒ 편차지능지수는 검사점수가 평균이 100, 표준편차가 15인 종 모양의 정규분포를 형성한다는 것을 가정한다.

> 지능지수(IQ) = 100 + (15 × 표준편차)

  예 학생이 평균보다 2 표준편차 높은 점수를 받았다면, 지능지수가 130이 된다.

ⓛ 편차지능지수의 해석

±2 수준	+2 이상	−2 이하
정상지능	영재	장애

ⓒ 언어성 검사와 동작성 검사

ⓐ **언어성 검사**: 상식, 숫자 외우기, 어휘, 이해, 산수, 공통성

ⓑ **동작성 검사**: 빠진 곳 찾기, 차례 맞추기, 토막 짜기, 모양 맞추기, 바꿔 쓰기

ⓔ 인지능력을 넘은 역동적 검사

ⓐ 웩슬러는 지능이 지적 요소를 비롯한 성격적 요소, 정서, 사회성, 운동 능력 등이 모두 포함된 폭넓은 능력이라고 보았다.

ⓑ 지능뿐만 아니라, 흥미, 목표의식, 인내력과 같은 요소까지 측정하여 피험자의 성격 특성, 심리적 상태에 대해 정보도 제공한다.

(2) 문화적 · 경제적 차이를 고려한 지능검사 – 문화공평검사

① 등장 배경

ⓐ 기존의 검사도구가 문화적 · 계층적 편견을 포함하고 있어 내용이나 절차가 피검자의 상황과 맥락의 특수성을 반영하지 못하고, 수집된 자료의 의미가 문화적 · 경제적 차이에 따라 불공정하게 해석된다는 문제점이 있었다.

ⓑ 문화적 · 경제적 배경의 영향에 따라서 점수가 달라지지 않도록 검사에서 문화적 · 경제적 요인을 제거한 검사들이 등장하였다.

② SOMPA(System Of Multicultural Pluralistic Assessment)

ⓐ 5~11세 아동 중 특히 저소득층 아동들에게 유용한 검사로, 웩슬러 아동용 지능검사를 해석하는 데 의료적 · 사회적 · 문화 · 인종적 요소를 고려한 척 도를 포함하여 문화적 · 경제적 차이를 극복하고자 하였다.

ⓐ **사회적 요소**: 주로 면접 형태로 교우관계, 학교 외 생활 등을 파악한다.

ⓑ **의료적 요소**: 시각, 청각, 예민성, 몸무게, 키 등 아동의 전반적인 건강 상태를 파악한다.

ⓑ 검사방식을 다양하게 하여 특정 집단에게 불리하지 않도록 검사를 제작하 였으며, 지능점수만으로 파악할 수 없는 아동의 지적 · 신체적 발달을 종 합적으로 파악하고자 한다. 다양한 사회적 · 문화적 · 인종적 배경을 지닌 아동에 대해 보다 포괄적이고 정확한 이해를 하는 것에 목적을 둔다.

ⓒ 의의

ⓐ 백인 중류 계층이 아닌 학생들에게 직접적 · 실제적인 사용이 가능하다.

ⓑ 인종, 문화, 언어, 사회적 배경 등이 지능검사뿐 아니라 학업수행에도 영향을 미칠 수 있다는 것에 초점을 두었다.

③ 카우프만 아동평가 종합검사(K-ABC; K-Assessment Battery for Children)
  ⑦ 아동의 학습잠재력과 성취도를 측정하기 위해 고안된 검사이다. 기존의 지능검사가 아동의 연령에 상관없이 동일한 검사문항을 사용한다는 문제점을 보완하여 아동의 연령에 따라 사용되는 검사의 수와 종류가 달라진다.
  ⑥ '순차처리 척도, 동시처리 척도, 인지처리과정 척도, 습득도 척도, 비언어성 척도'의 5가지 척도와 16개의 하위 검사로 구성되어있다.
  ⑥ 기존의 내용중심 검사와 달리 아동이 왜 그러한 정도의 수행을 했는지에 대해 설명해주기 때문에 교육적 처치가 가능하다.
  ⑧ 비언어성 검사를 포함하고 있으므로 청각장애, 언어장애, 외국인 아동에게 유용한 측정치를 제공한다.

④ 레이븐(Raven) 지능검사
  ⑦ 만 3~6세 대상의 색채누진행렬 지능검사(CPM; Coloured Progressive Matrices), 초등학교 1~6학년 대상의 표준누진행렬 지능검사(SPM; Standard Progressive Matrices)가 있다.
  ⑥ 시·공간적 지각력과 추론능력을 통하여 지적 능력을 평가하는 것으로, 검사를 수행하는 데 시각기능과 인지능력을 요구한다.
  ⑥ 언어이해력과 무관한 범문화적 검사로서 문화적·경제적 영향을 최소화할 수 있으며 신체발달장애 아동, 언어발달장애 아동, 지적장애 아동, 청각장애 아동에게도 사용할 수 있다.

02 창의성 기출 02, 03, 04, 05, 08 중등 / 96, 01, 02, 10, 12 초등

❶ 창의성의 개념

(1) 창의성의 정의

① 새롭고(novel), 적절한(appropriate) 산출물을 생산해내는 능력이다.
② 창의성 산물이란 일상적인 것이 아니라 기발하고 독창적일 뿐 아니라 동시에 유용하고, 적절하고, 가치가 있는 것이다.
③ 창의성의 특성
  ⑦ 인지적 특성

특성	내용
유창성	가능한 많은 양의 아이디어를 산출할 수 있는 능력
융통성	사고방식이나 관점을 변화시켜 다양한 해결책을 찾아내는 능력
독창성	기존의 것과 다른 새롭고 독특한 아이디어를 생산하는 능력
정교성	다듬어지지 않은 아이디어를 수정 및 검토하며 정교하게 조직하는 능력

ⓒ 정의적 특성

특성	내용
민감성	주변 환경과 사물에 대해 호기심을 느끼고, 변화에 예민하게 반응하며, 끊임없이 궁금증을 느끼고 탐색하고자 하는 태도
개방성	모든 가능성을 수용하려는 태도
과제집착력	끝까지 포기하지 않고 어려움을 감내하며 과제를 해결하려는 태도
모험심	실패나 실수를 두려워하지 않고 새로운 것에 도전하려는 태도

(2) 창의성의 원천

① 애머빌(Amabile) 세 요소 모델

ⓐ 영역 관련 기술(domain – relevant skill): 수행해야 할 과제영역과 관련된 지식과 전문적 기술, 특수한 재능이나 소질 등을 의미한다.

ⓑ 창의성 관련 과정(creativity – relevant processes): 문제해결과정에서 복잡한 문제에 대처하기 위해 자신의 사고과정을 적절하게 분해할 수 있는 인지양식, 새로운 아이디어를 만들어 내기 위한 발견법 등의 전략을 사용하는 것, 과제에 꾸준히 집중할 수 있는 작업양식 등을 포함한다.

ⓒ 내적 동기(Intrinsic motivation): 창의적인 결과물을 만들고자 하는 강한 내적 동기로, 과제에 대한 도전감과 같이 과제 자체에 내재되어 있는 속성으로부터 기인한다.

② 스턴버그와 루바트(Lubart)의 투자이론(investment theory)

ⓐ 창의성의 발현을 위한 '지능, 지식, 인지양식, 성격, 동기, 환경적 맥락'의 6가지 요소를 제시한다.

ⓑ 창의적인 사람은 '싸게 사고(buy low)', '비싸게 파는(sell high)' 사람이다. 이는 새롭거나 흔하지 않지만 잠재성이 있는 아이디어를 구하여 가장 적절한 시기에 생산된 산물을 공개하는 것을 의미한다.

ⓒ 창의성은 6개 요소의 단순한 합이 아니라 다양한 형태로 결정된다.

ⓐ 어떤 요소의 수준이 일정 수준이 되지 않으면 다른 요소의 수준에 상관없이 창의성 발현이 불가하다.

ⓑ 한 요소에 강점이 있으면 그 요소가 다른 요소의 약점을 상쇄하는 부분적인 보상이 발생한다.

ⓒ 각 요소는 창의성에 고유한 방식으로 기여하는 반면, 어떤 요소는 다른 요소가 있어야만 기능할 수 있으며, 이러한 협력체제에 따라 창의성이 합이 아닌 곱의 형태로 발현될 수 있다.

③ 칙센트미하이(Csikszentmihalyi)의 창의성 체계 모델
  ㉠ 창의성이란 기존의 영역에서 새로운 변형을 만드는 행위나 사고 또는 결과물로, 창의성이 발현되기 위해서는 3가지 요소가 필요하다.
  ㉡ 창의성 발현의 3요소
    ⓐ 영역(domain): 일반적으로 인류 전체가 공유하는 상징적 지식으로, 일련의 상징, 규칙, 절차 등을 의미한다.
      예 수학은 하나의 영역이며 대수와 정수론도 하나의 영역이 될 수 있다.
    ⓑ 활동현장(field): 각 영역에서 새로운 아이디어나 창작물을 인정할지 여부를 결정하는 사람들로 문지기 역할을 한다.
      예 미술 영역에서의 미술관장, 비평가, 문화를 관장하는 재단
    ⓒ 개인(person): 창의적인 사람은 경험에 대해 개방적이고 주변 환경에서 일어나는 일에 주의를 기울이며, 잠재적인 새로움을 인식하는 복합적인 성향을 가지고 있다.

❷ 창의성 연구

(1) 창의적 사람 – '창의적인 사람은 어떤 심리적 특성을 갖는가?'
① 창의적인 산출물을 만들어내는 창의적인 사람들의 심리적인 특성을 밝히고, 분석·비교하는 데 초점을 둔다.
② 창의적인 사람에게는 민감성, 유창성, 독창성, 정교성과 같은 지적 특성과 호기심, 모험심, 자발성, 집착, 끈기, 자신감 등의 정의적 특성이 나타난다.

(2) 창의적 과정 – '창의적인 사고의 단계는 무엇인가?'
① 창의성을 일종의 사고과정으로 보고 창의적 산출물이 어떤 과정을 통해 나오는지에 관심을 가진다.
② 왈라스(Wallas) 창의적 과정 4단계
  ㉠ 준비단계(preparation)
    ⓐ 문제를 정의·분류하고, 관련 기본적인 정보를 모으고, 여러 가능성을 탐색하고, 다양한 해결방법을 모색하는 단계이다.
    ⓑ 교사는 학생에게 목적과 동기를 유발하고 개방적 사고를 갖고 문제에 접근할 수 있도록 도우며, 문제에 대해 도전적·건설적인 태도를 지닐 수 있도록 격려한다.
  ㉡ 배양단계(incubation): 일정 기간 동안 어떤 문제에 대해서 곰곰이 생각하거나, 인식하지 못하지만 무의식 수준에서 아이디어를 탐색하는 단계이다.
  ㉢ 영감단계(inspiration)
    ⓐ 문제에 대한 기발하고 결정적인 해결책 및 아이디어가 떠오르는 단계이다.
    ⓑ '아하(A – ha)' 단계로도 불리며, 시인이나 예술가뿐 아니라 과학자도 이와 같은 영감을 통해 문제를 해결한 경우가 많다.

　　ㄹ 검증단계(verification)

　　　　ⓐ 영감단계에서 생산된 아이디어의 적절성을 검증하거나 아이디어가 수정·재수정·정교화를 거쳐 탄생하는 단계이다.

　　　　ⓑ 검증과정에서는 확산적 사고뿐만 아니라 수렴적 사고도 중요한 역할을 한다.

　③ 쏘이어(Sawyer)의 창의적 과정(creative process): '문제 찾기, 지식 얻기, 관련된 정보 모으기, 부화 단계, 아이디어 생성하기, 아이디어 결합하기, 가장 적절한 아이디어 선택하기, 아이디어 외현화하기'의 8단계로 구성되어 있다.

(3) 창의적 산물 – '창의적 산물을 어떤 기준으로 평가할 것인가?'

　① 창의성이란 궁극적으로 창의적인 산물이 만들어 지는데 의의가 있다는 것을 전제로 하고, 만들어진 산출물이 얼마나 창의적인지 어떤 기준으로 평가할지에 초점을 둔다.

　② CAT(Consensual Assessment Test), CPSS(Creative Product Sematic Scale) 등의 창의적 산출물 평가방법을 마련하고, 타당성 등을 평가한다.

(4) 창의적 환경 – '어떤 환경이 창의성에 도움이 되는가?'

　① 환경적인 요소 또한 창의성 발현에 상호 관련성을 가지고 있다.

　② 창의적인 환경이란 단순히 가정, 학교, 사회적인 영향뿐 아니라 지식의 정도, 새로운 아이디어를 자극할 수 있는 기회, 문화, 다양한 교수매체, 동기유발, 창의성을 지원하는 사회적 분위기 등을 포함한다.

❸ 창의성 검사

(1) 창의적 능력검사

　① 반응의 다양성, 문제해결방법, 아이디어 생성능력 등의 확산적 사고에 기초한 검사방식이다.

　② 확산적 사고 검사(test of divergent thinking)

　　㉠ 길포드의 지능구조이론에서 제안된 확산적 사고에 근거하여 개발된 가장 오래된 방식의 창의성 검사이다.

　　㉡ '대안적 용도 고안하기, 이야기 제목 붙이기, 결론 구성하기' 3가지 과제를 통하여 확산적 사고의 구성요인인 민감성, 독창성, 유창성, 융통성, 재구성 등을 측정한다.

　③ 토렌스 창의적 사고검사(TTCT; Torrence Test of Creative Thinking): 확산적 사고에 기초하여 개발한 창의성 검사도구로, 언어성 검사와 비언어성 검사(도형검사)로 구성되어 있다.

1. 언어성 검사

유형	종류	예시
1	질문하기	그림을 보고 질문할 수 있는 것을 생각해보게 하기
2	원인 예측하기	그림에 나타난 상황의 원인 추측하기
3	결과 예측하기	그림에 나타난 상황의 결과 추측하기
4	작품 향상시키기	보조자료인 인형을 더 재미있게 가지고 놀 수 있도록 인형의 형태를 변화시켜 보기
5	특이한 사용법 열거하기	기존의 사용법 외에 물건의 특이한 사용법 생각하기
6	특이한 질문	답이 여러 가지로 나올 수 있는 질문을 생각해보기
7	가정해보기	'비가 내리는데 모든 빗방울이 공중에 멈췄다.'와 같이 상황을 가정하고 어떤 일들이 생길지 써보기

2. 비언어성 검사(도형검사)

유형	종류	예시
1	그림 구성 활동	'곡선 모양이 어떤 사물의 중요한 일부가 되도록 그려보세요.'와 같이 도형이나 그림의 일부를 제시하고 이를 사용하여 그림 그리기
2	그림 완성 활동	미완성 도형들에 선을 추가하여 흥미있는 사물이나 그림 그리기
3	반복된 이미지 활동	'10분 동안 삼각형을 이용하여 많은 그림을 그려보세요.'와 같이 반복된 이미지를 활용하여 그림 그리기

④ 매드닉(Mednick) 원격 연합 검사(RAT; Remote Association Test)
  ㉠ 창의적 아이디어는 일반적인 상관에서 벗어난 둘 이상의 새로운 결합에서 나온다는 '연합이론'에 근거한 검사방식이다.
  ㉡ 창의성이란 예측하기 어려운 것을 잘 예측하고, 새로운 연합을 위해 서로 관련이 없는 요소들을 잘 구성할 수 있게 이끈다는 입장이다.
  ⓔ 3개의 단어를 제시하고, 3개의 단어와 서로 관련이 있는 네 번째 단어를 생각해 내도록 하는 검사이다. 예를 들어, 크림, 스케이트, 물이라는 단어를 제시하고 세 가지 단어 모두와 관련된 단어를 생각해 내도록 한다.

(2) 창의적 성향 검사

① 개인의 태도나 흥미와 같은 성향을 통해 창의성을 설명할 수 있다고 보는 것으로, 인지능력보다는 태도, 인성, 흥미 등을 측정한다.
② ACL(Adjective Check List) 검사: 개인의 성향을 이해하기 위한 대표적인 성격검사 도구로 심리적 욕구, 자아기능성, 지능, 창의성과 관련된 성격 특성을 프로파일로 제시하여 검사 및 측정한다.

③ PRIDE(Preschool and Primary Interest Description) 검사
ⓘ 창의적 인물들의 특성을 열거하고 어린 자녀를 대신하여 부모가 아이의
성격이나 생애사적 정보를 검사할 수 있는 도구이다.
ⓛ 동일한 검사내용으로 초등학생용 GIFT, 청소년용 GIFFI가 있다.

(3) 창의적 산출물 검사
① 창의적인 사람의 사고과정보다 실제로 산출된 결과물을 평가한다.
② CAT(Consensual Assessment Test) 검사
ⓘ 산출물에 대해서 해당 영역의 전문가들이 독립적·주관적으로 평가한 뒤,
결과를 수합하는 방식이다.
ⓛ 애머빌의 평가자집단에 대한 5가지 조건
ⓐ 평가자는 평가영역에 경험이 많고 친밀한 전문가여야 한다.
ⓑ 평가자는 사전에 평가에 대한 교육을 받거나, 기준을 제시받거나, 서로
상의할 수 있는 기회가 없어야 한다.
ⓒ 평가자는 산출물을 전문성이 아닌 창의성 관점에서 평가해야 한다.
ⓓ 평가자는 서로 다른 순서로 산출물을 평가해야 한다.
ⓔ 평가자는 창의성 외에 최소한의 기술적·심미적 측면까지 고려해야 한다.
③ CPSS(Creative Product Semantic Scale) 검사
ⓘ 창의적 산물에 대해서 54쌍의 양극의 형용사를 보고 평가하는 체크리스트
방식이다.
ⓛ '새로움, 실용성, 정교성'의 3차원으로 이루어져 있다.

❹ 창의적 사고기법

(1) 브레인스토밍(brain storming)
① 문제해결을 위해서 제한 시간 동안 최대한 많은 생각을 해보는 기법이다.
② 모든 사람은 창의력을 갖고 있지만 환경적 제약 조건으로 선천적인 창의력을
발휘할 수 없다는 기본전제를 가지고 있다.
③ 따라서 환경적 제약을 제거하고 개인의 부정적인 태도를 변화시키면 창의력
개발이 가능하다는 입장에서 출발한다.
④ 기본원리
ⓘ 비판 금지: 자신이나 타인의 의견을 성급하게 판단하거나 비판하지 않는다.
ⓛ 자유분방: 어떤 생각이라도 자유롭게 하고 그 발표의 자유도 허용한다.
ⓒ 양산: 가능한 많은 아이디어를 산출한다. 브레인스토밍에서는 생각의 질
보다 양이 중요하며, 양이 많아지면 질적으로도 우수한 아이디어가 나올
확률이 크다.
ⓔ 결합 및 개선: 두 개 이상의 아이디어를 결합시켜 새로운 아이디어를 만든다.

(2) 시네틱스(synetics)

① 서로 다른 성질이나 전혀 관련이 없는 요소를 비교하여 문제해결책을 찾도록 하는 기법이다.

② 유추와 비유를 통하여 개인이 당연하다고 받아들였던 요소를 이상한 것으로 파악하거나, 이상한 것으로 받아들이던 것을 친밀한 것으로 받아들임을 통해 사고에서의 민감성을 증진시킨다.

③ 유추의 유형

ㄱ 직접적 유추: 친근하게 알고 있지만 전혀 관련이 없는 두 가지 요소를 비교하여 해결에 대한 아이디어를 얻는 방법이다.

> 예 '우산과 인형이 어떤 면에서 비슷한가?'에 대해 생각해 보게 하는 것

ㄴ 개인적 유추: 의인적인 유추로 자신을 문제에서 다루는 대상이 되었다고 상상하며 감정이입을 경험하고 표현해보도록 하는 방법이다.

> 예 "네가 만약 컴퓨터 마우스라면 어떤 감정이 들겠니?"라고 묻는 것

ㄷ 상징적 유추: 두 개의 모순되거나 반대되는 단어를 연결 지어 현상을 기술하도록 하는 방법이다.

> 예 '컴퓨터는 어떻게 부끄러움을 타고 어떻게 공격적인가?'에 대해 생각해 보게 하는 것

ㄹ 환상적 유추: 현실에서 해결하기 어려운 문제를 접할 때 상상이나 공상을 현실의 세계와 연관 지어 기발한 아이디어를 도출하는 방법이다.

> 예 '비행기를 타지 않고 날 수 있는 방법은 무엇일까?'에 대해 생각해 보게 하는 것

(3) PMI(Plus, Minus, Interesting)

① 어떤 상황에 대해 긍정적인 면을 살펴보고(plus), 부정적인 면을 살펴 본 뒤에 (minus), 마지막으로 주목할 만한 가치가 있지만 중립적인 측면(interesting)을 생각하도록 함으로써 아이디어를 생성·평가하는 기법이다.

② 일반적으로 생성된 아이디어에 대해 좀 더 깊게 분석해보고자 할 때 사용하는 수렴적 사고기법이다.

(4) SCAMPER

① 질문의 목록에 따라 체계적으로 새로운 아이디어를 자극하는 방법이다.

② 실생활에 많은 도움을 주는 기법으로 창의성 함양에 널리 사용되어 왔으며, 특히 많은 양의 아이디어를 얻을 수 있다는 장점이 있다.

③ 질문 목록

구분	질문
Substitute(대체)	사람, 성분, 장소, 과정 등을 대체하면 어떨까?
Combine(결합)	별개의 사물, 사람, 목적, 재료들을 어떻게 결합시킬까?
Adapt(적용)	원래 기능과는 다른 용도에 응용·활용할 수 없을까?
Modify, Magnify, Minify(수정, 크게, 작게)	향기, 색, 맛을 바꾸거나 모양을 크게·작게 하면 어떨까?

Put to uses(활용)	다른 용도로 활용할 수 있는 방법은?
Eliminate(제거)	부품 수를 줄이거나 구성요소 중 어느 것을 뺀다면?
Reverse(반전)	앞, 뒤, 좌, 우, 안, 밖, 위, 아래, 원인, 결과 등을 거꾸로 한다면?

(5) 속성열거법

① 문제가 되는 대상이나 아이디어의 다양한 속성을 목록으로 작성하여 세분된 속성에 주의를 기울이고 새로운 아이디어를 얻는 데 용이하게 해주는 아이디어 창출기법이다.

② 3가지 속성

속성	내용
명사적 속성	전체, 부품, 재료, 제조법 등 **예** 우산: 천, 손잡이, 우산살
형용사적 속성	성질 **예** 우산: 뾰족하다, 미끄럽다, 축축하다
동사적 속성	기능 **예** 우산: 비를 막아준다, 시야를 가린다, 들고 다닌다

③ 속성열거법의 단계

단계	내용
1단계	주제를 명확하게 기술하기
2단계	주제를 분석하여 속성별 항목을 자세하게 나열하기
3단계	나열한 항목들을 검토하여 아이디어 도출하기
4단계	아이디어를 평가하고 종합하기

(6) 6색 사고모자

① 서로 다른 사고 유형을 상징하는 6가지 색의 모자를 쓰고, 자신이 쓰고 있는 모자의 색깔이 표상하는 사고 유형을 하게 하는 창의력 기법이다.

② 한정된 역할을 제시하여 자아의 손상 없이 자유롭게 사고하고 말할 수 있다.

③ 문제해결에 필요한 다른 유형의 사고를 해보면서 새로운 관점을 획득하고, 습관적인 사고의 틀을 벗어날 수 있다.

④ 6색 모자와 사고방식

구분	내용
흰색 모자	사실적 사고(중립적 · 객관적인 정보와 사실)
빨간 모자	감정적 사고(감정, 느낌, 직관, 육감)
노란 모자	긍정적 사고(긍정적 · 희망적 측면)
검은 모자	부정적 사고(부정적 측면, 잠재된 위험 요소)
초록 모자	새로운 아이디어(창의적 아이디어, 새로운 해결책)
파란 모자	사회자 역할(목표, 개관, 순서, 규율, 결론 및 요약)

논술에 바로 써먹는
교육학 배경지식

창의력 신장을 위한 수업방법에는 어떤 것들이 있을지 생각해 봅시다.

- **확산적 사고의 수용 및 장려**
  - 학생이 제시한 독창적인 아이디어가 좋은 결과를 가지고 오지 못하더라도 비난하지 않고 강화를 준다.
  - 학생이 실제적인 지식을 마스터하도록 동기를 유발하고 이를 통해 확산적 사고의 기초를 다진다.
- **이의제기의 너그러운 수용**
  - 학생이 이의제기를 할 때 뒷받침할 근거를 제시하게 한다.
  - 교사는 학생의 제안과 질문을 신중하게 받아들인다.
- **학생 스스로의 판단 신뢰**
  학생들이 스스로 답변할 수 있는 질문을 할 때에는, 질문을 조금 바꾸거나, 더 명확히 하여 학생들이 자신의 생각을 명료화할 수 있도록 한다.
- **누구나 창의성을 가지고 있다는 점 강조**
  - 위대한 예술가나 발명가의 위업을 마치 초인간적인 성취인 것처럼 묘사하지 않는다.
  - 각 학생의 산출물에서 창의적인 노력을 인정해 준다.
- **창의적인 계획을 뒷받침하기 위한 시간, 공간, 자료 제공**
  - 학생이 다양한 수업자료를 가지고 다른 많은 환경에서 공부해 볼 수 있는 기회를 제공한다.
  - 자유로운 교실환경을 구성하여 학생의 자율성을 지지해주어야 한다.
- **창의적 사고 자극**
  - 브레인스토밍 등 여러 창의적 사고기법을 수업에 적용한다.
  - 모든 가능성이 고려될 때까지는 제안된 사항에 대한 판단을 유보한다.

요약정리 🔍
Zoom OUT 창의적 사고기법

사고 기법	특징
브레인 스토밍	• 제한된 시간 동안 최대한 많은 아이디어를 생각해내기 • 비판 금지, 자유분방, 양산, 결합 및 개선
시네틱스	• 비유와 유추를 활용해 확산적 사고를 촉진 • 전혀 관련없는 요소를 비교하여 문제해결책을 찾음 • 직접적 유추, 개인적 유추, 상징적 유추, 환상적 유추
PMI	• 생성된 아이디어에 대해 분석할 때 사용하는 수렴적 사고기법 • 좋은 점, 나쁜 점, 주목할 가치가 있는 점을 살펴봄
SCAMPER	• 질문 목록에 따라 체계적으로 새로운 아이디어를 자극 • Substitute, Combine, Adapt, Modify/Magnify/Minimize, Put to uses, Eliminate, Reverse
속성열거법	• 대상이나 아이디어의 속성을 목록으로 세분화함 • 명사적 속성, 형용사적 속성, 동사적 속성
6색 사고모자	• 각 모자의 색깔이 표상하는 사고 유형을 실시하는 기법 • 측면적 · 수평적 사고를 하게 함

---

03 영재성

❶ 영재의 정의

(1) 털만(Terman)

'천재의 유전학적 연구'에서 학교의 상위 1%에 드는 뛰어난 학생을 연구대상으로 하였으며, 그들의 평균 IQ는 140이었다.

(2) 홀링워스(Hollingworth)

상위 1%(IQ 130~180)의 학생을 영재라고 하였다.

(3) 렌쥴리(Renzulli)

① 가장 널리 인지되고 있는 영재성의 정의이다.
② 성공한 성인의 특성으로 영재를 정의했다.
③ 기존의 털만, 홀링워스, 타넨바움 등은 아동의 일반지능으로 대표되는 뛰어난 성취 잠재력을 영재성을 결정짓는 주요 변인으로 보는 반면, 렌쥴리는 뛰어난 성취를 보이는 성인으로부터 영재성의 요소를 가져왔다.

④ 영재성의 세 가지 요소

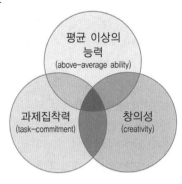

[그림 7-5] 영재성의 세 가지 요소(렌쥴리의 세 고리 모형)

요소	내용
평균 이상의 능력	특정 영역에서의 평균 이상 능력
과제집착력	과제를 해결하려는 의지와 노력
창의성	사고의 유창성, 독창성, 융통성, 개방성 등

⑤ 높은 일반지능을 강조하는 입장에 비해 다양한 수준의 학생을 영재로 정의할 수 있다는 점에서 포괄적이다.

(4) 미국 교육부(1972)의 정의

① '영재란 뛰어난 능력을 갖고 있어서 훌륭한 성취를 보일 가능성이 있다고 판별된 아동으로, 그 자신과 사회에 기여하기 위해 정규 교육과정 이상의 변별적인 특별 프로그램이나 도움을 필요로 하는 아동'으로 정의한다.

② 영재성의 영역: 일반적인 지적 능력, 특정 학업적성능력, 창의적·생산적 사고, 리더십, 시각 및 행위예술, 운동감각 등이 있다.

❷ 영재교육

(1) 속진(acceleration)

① 영재학생이 동일한 교육과정을 좀 더 빨리 학습하도록 하는 것으로, 학년을 속진하기도 하고, 대부분의 수업을 또래와 들으며 일부 과목만 속진할 수도 있다.

② 장·단점

  ㉠ 장점: 경제적인 면에서 효과적이며, 영재학생에게 지적 호기심을 제공할 수 있다.

  ㉡ 단점

    ⓐ 교육과정의 수직적 운영으로 인하여 폭넓은 학습경험을 하지 못할 수 있다.

    ⓑ 학습과정보다 내용 지식을 습득하는 것에 치중할 수 있다.

    ⓒ 속진 프로그램에 참여한 나이가 어린 학생들이 나이가 많은 학생들과 수업을 들어야 할 경우, 사회성 발달에 문제가 생길 수 있다.

(2) 심화(enrichment)

① 또래 학생들과 함께 학습하되, 영재학생이 좀 더 복잡하고 생각을 자극하는 과제를 다양하게 학습하도록 하는 것을 의미한다.

② 장·단점

　㉠ 장점

　　ⓐ 학습자의 흥미, 관심에 따라서 연구과제를 설정할 수 있고, 실생활과 관련된 문제를 중심으로 학습하기 때문에 학습자의 동기를 유발하여 자발적인 학습과 창의적인 결과물을 낼 수 있다.

　　ⓑ 고차원적인 사고기술을 개발한다.

　㉡ 단점

　　ⓐ 재정적인 부담이 크며, 프로그램 개발이 쉽지 않다.

　　ⓑ 정규 교육과정과의 연속성이 결여될 수 있다. 정규 교육과정과 어떻게 연계시킬지에 대한 고민이 필요하다.

　　ⓒ 심화과정을 잘 가르칠 수 있는 전문교사가 부족하다.

③ 렌줄리의 3부 심화학습

　㉠ 영재에게 학습 선택의 자유와 개별화 교수의 학습 환경을 제공해 주는 것을 기본원리로 삼는다.

　㉡ 학생의 흥미와 학습양식을 존중하며 실생활에 기초한다.

　㉢ 넓은 범위의 학생에게 다양한 수준과 형태의 심화학습을 제공하여 경쟁적 분위기보다 협동적인 분위기를 조장하며, 점진적인 심화 단계를 거치면서 체계적으로 학습하도록 한다.

　㉣ 심화학습 3단계

　　ⓐ 1단계 – 일반탐색활동: 학생을 정규 교육과정에서는 다루지 않는 다양한 주제, 사건, 장소, 관심 분야 등에 노출시킨다.

　　ⓑ 2단계 – 집단훈련활동: 문헌분석, 토론, 조사, 실험, 실습, 사고력 훈련 등을 통해 다양한 사고과정, 학습 전략, 대인관계 기술, 연구방법 등을 발전시키는 단계이다.

　　ⓒ 3단계 – 현실문제에 대한 개인 및 소집단 조사 활동: 1, 2단계 학습을 바탕으로 스스로 문제를 선택함으로써 독창적인 산출물을 생산해내는 단계이다.

04 학습양식

참고 학습양식의 개념 및 의의

1. 개념
① 학습과 학업에 접근하는 방식으로, 학습 환경에 대한 선호 또는 정보를 선택 · 처리 · 저장하는 방식이다.
② 가치중립적인 개념으로 어떠한 유형이 어떤 유형보다 우월하거나 열등하다고 할 수 없다.

2. 의의
① 자신의 학습양식을 이해하고 있는 학생은 신중하게 자신의 학습을 관리하고 효과적으로 학습하며 자의식을 개발할 수 있다.
② 하지만 학생이 선호하는 학습양식이 학생에게 효과적이라는 것을 보장하지는 않으므로, 교사는 학생의 학습양식을 파악하고 때로는 학생에게 새롭고 더 효과적인 학습양식을 제공할 필요가 있다.
③ 교사는 개별 학생들이 어떻게 학습에 접근하는지 파악함으로써 학생의 차이를 인정 · 수용 · 조절할 수 있다.

❶ 위트킨(Witkin)의 장독립형과 장의존형 기출 02, 06 중등 / 07, 10, 11 초등

(1) 장에 영향을 받는 정도에 따른 구분
① 위트킨은 전체적인 장(환경, 맥락, 배경) 속에 포함된 자극을 지각하는 데 장이 얼마나 영향을 주는지에 따라서 '장독립형(field-independent)'과 '장의존형(field-dependent)'으로 인지양식을 나누었다.
② 장독립형은 어떤 사물을 지각할 때 배경(장)의 영향을 별로 받지 않는 인지양식으로 전체를 부분으로 분리시켜 잘 지각하며, 장의존형은 배경(장)의 영향을 많이 받는 인지양식으로 전체로서 형태를 지각하는 경향이 있다.
③ 잠입도형검사(EET; Embedded Figure Test): 장독립형-장의존형 인지양식을 판별하기 위해 개발한 검사로, 장독립형 사람들은 어떤 복잡한 도형 안에서 특정 도형을 쉽게 찾아내지만, 장의존형 사람들은 도형을 찾지 못하거나 오래 걸린다.
④ 장독립형과 장의존형은 각각 인지양식에 맞는 구체적인 상황에 따라 그 가치가 달라질 수 있기 때문에 어느 것이 더 좋다고 말할 수 없다.

(2) 장독립형과 장의존형의 차이

① 학습자의 차이

구분	장독립형	장의존형
지각 방식	분석적 · 논리적으로 지각	전체적 · 직관적으로 지각
학습 특성	• 구조화 능력이 우수 • 상황을 분석하고 재조직 · 구조화 하는 능력이 우수 • 비구조화된 학습자료 선호	• 기존의 구조를 수용 • 비구조화된 학습자료에 어려움을 겪음 • 명료하게 구조화된 학습자료 선호
관심	개념 그 자체에 관심	자신의 경험과 관련된 자료에 관심
사회적 학습	사회적 내용의 자료를 다루려면 외부의 도움 필요	사회적 정보를 더 잘 학습하고 다룸
문제해결	문제해결에 대한 명료한 지시가 없어도 문제해결이 가능	문제해결에 대한 명료한 지시가 필요
목표	자기 자신이 세운 목표에 강화	외적으로 부과된 목표를 선호
동기유발 방식	**내적 동기**: 활동의 선택, 목표 추구를 통해 동기화 되는 경향, 외부 비판에 민감하지 않음	**외적 동기**: 언어적 칭찬, 외적 보상이 효과적인 동기유발, 외부 비판에 민감

② 효과적인 수업전략 및 동기유발 전략

구분	장독립형	장의존형
보상방법	점수, 경쟁 등 비사회적 보상	언어적 칭찬 등 사회적 보상
과제 성격	과제가 자신에게 얼마나 유용한지에 대해서 설명	과제가 다른 사람에게 얼마나 가치 있는지 보여주기
제시 자료	구조를 디자인할 자유를 제공	명백히 구조화된 자료를 제시
교수법	탐구 – 발견식 수업, 프로젝트법 사용	직접교수법
지도법	독자적으로 문제를 해결할 기회 제공	교사의 시범, 설명, 개별지도를 제공
학습내용	수학, 과학개념을 학습	개념을 이야기 형식으로 제시, 학습자의 경험과 연관시키기
동기유발 전략	학습목표 및 활동을 스스로 선택	외적인 보상(별, 스티커, 상) 제공

② 케이건(Kagan)의 숙고형과 충동형 [기출] 12 중등

(1) 개념적 속도에 따른 구분

① 개념적 속도: 반응속도와 반응오류 관한 것으로, 숙고형(reflective style)은 대답은 느리지만 틀린 답이 적은 학습 유형이며, 충동형(impulsive style)은 대답은 빠르지만 틀린 답이 많은 학습 유형이다.

② 닮은 그림 찾기 검사(MFFT; Matchig Familiar Figure Test)에서 숙고형은 분석적으로 과제를 다루기 때문에 정확도가 높으나 시간이 오래 걸리며, 충동형은 과제를 빨리 해결하고자 하여 오답이 많다.

(2) 숙고형과 충동형의 차이

숙고형	• 행동하기 전에 정보를 수집하고 분석하는 것을 선호함 • 문제해결 시 가능한 대안을 차분하게 심사숙고하여 실수가 적으나 느림 • 다차원적인 복잡한 과제에서 높은 수행 수준을 보임
충동형	• 빠르게 행동으로 옮기는 것을 선호함 • 문제해결 시 문제를 성급하게 해결하려고 하여 빠르나 실수가 많음 • 단순한 문제에서 높은 수행 수준을 보임

(3) 지도방안

숙고형	어렵고 까다로운 문제에 부딪혔을 때 건너뛰는 전략을 가르침
충동형	• **인지적 자기교수**: 문제해결과정을 말로 표현하도록 하여 충동성을 줄임 • 사지선다의 경우 오답이라고 생각하는 것에 먼저 표시하여 충동성을 줄임 • 신중하게 사고하는 연습을 함

③ 콜브(Kolb)의 학습유형 [기출] 11 초등

(1) 정보지각방식(perception)과 정보처리방식에 따른 구분

① 정보지각방식의 유형

㉠ 구체적 경험을 통해 지각하는 유형(Learning by feeling): 직접 경험하고 깨달은 일을 통해 학습하는 것을 선호하고, 사람들과 함께 학습하는 것을 좋아하며, 대인관계를 중시한다.

㉡ 추상적으로 개념화하는 유형(Learning by thinking): 논리와 아이디어를 사용해 학습하고 문제를 해결한다. 체계적으로 계획을 세우고, 이론을 개발하고, 정확하고 논리적인 사고를 하고, 추상적인 생각과 개념을 중요시한다.

② 정보처리방식의 유형

㉠ 활동적으로 실험하는 유형(Learning by doing): 문제를 관찰하기만 하는 것이 아니라 실제로 문제를 해결하고자 실험을 시도한다. 문제해결, 실제적 결론, 기술적 과제를 선호한다.

㉡ 반성적으로 관찰하는 유형(Learning by watching): 판단을 유보하고 주의 깊게 관찰하며, 여러 관점에서 사물을 파악하고 아이디어를 낸다. 행동하기 보다 관찰을 좋아하며, 정보를 수집해 범주를 창출해 낸다.

개념확대 ⊕
Zoom IN

메켄바움의 자기교수법
(self-instruction)

• **개념**: 교사의 인지적 모델링과 학습자의 사적 언어를 활용한 교수법이다.

• **특징**
 − 교사가 반성적 인지양식을 시범으로 보여주고, 학습자가 이를 연습해 내면화하도록 유도한다.
 − 조작적 조건형성의 원리, 관찰학습의 원리를 모두 활용하며 특히 자기강화를 강조한다.

• **절차**
 − **외현적 모델링**: 성인 모델이 큰 소리로 말하며 과제를 수행하고, 학생은 관찰한다.
 − **안내를 통한 외현적 모델링**: 성인 모델이 하는 말을 학생이 큰소리로 따라 말하며 과제를 수행한다.
 − **외현적 시연**: 학생이 혼자 큰 소리로 말하며 과제를 수행한다.
 − **내재적 시연**: 학생이 마음속으로 혼잣말을 하며 과제를 수행한다.

(2) 네 가지 학습유형

[그림 7-6] 콜브의 학습유형

① 발산형 학습자(확산자, diverger)
 ㉠ 구체적 경험을 통해 지각하고, 반성적으로 관찰하는 유형이다.
 ㉡ 상상력이 뛰어나고 한 상황을 여러 관점에서 파악 가능하며, 아이디어가 많다.
 ㉢ 흥미 분야가 넓어 다양한 분야의 정보를 수집하고, 교사나 동료 학습자와 원만한 대인관계를 맺는다.

② 수렴형 학습자(수렴자, converger)
 ㉠ 추상적으로 개념화하여 지각하고, 활동적으로 실험하는 유형이다.
 ㉡ 아이디어와 이론을 응용하는 능력과 의사결정, 문제해결능력이 우수하다.
 ㉢ 가설을 세우고 연역적으로 추론하며 과제에 대해 체계적으로 접근한다. 사회문제나 대인 관계에는 능숙하지 않지만 기술적·과학적 과제에 강하다.

③ 동화형 학습자(융합자, assimilator)
 ㉠ 추상적으로 개념화하여 지각하고, 반성적으로 관찰하는 유형이다.
 ㉡ 논리적 사고, 귀납적 추리에 능숙하고 넓은 범위의 아이디어를 종합하며, 다각적으로 이해할 수 있어 이론적으로 모형을 만드는 것을 잘한다.
 ㉢ 과학적·체계적인 사고를 하며, 분석적·추상적 사고능력이 우수하다.

④ 조절형 학습자(적응자, accommodator)
 ㉠ 구체적 경험을 통해 지각하고 활동적으로 실험하는 유형이다.
 ㉡ 계획을 잘 실행하고 새로운 경험을 추구하며 새로운 상황에 잘 적응한다.
 ㉢ 모험적·감각적이며 실험적·논리적인 분석보다는 느낌에 따라 행동한다.
 ㉣ 문제해결 시 자신이 기술적으로 분석하기보다는 다른 사람에게 의존한다.

❹ 심층적 정보처리방식과 피상적 정보처리방식

(1) 개관

① 학습상황에서 정보를 처리하는 방식에 따라 '심층적 정보처리방식'과 '피상적 정보 정보처리방식'으로 구분된다.

② 교실 수업 환경이나 맥락이 정보처리방식을 어느 정도 변화시킬 수는 있지만 학생의 개인적 차이 또한 정보처리방식을 결정하는 중요한 요소로 여겨진다.

(2) 심층적 정보처리방식(deep - processing approach)

① 학습에 대한 관점: 심층적 정보처리방식을 지닌 학습자는 학습활동을 기저에 깔린 개념이나 의미를 이해하는 방법으로 바라본다.

② 학습자 특성: 학습 그 자체를 위해 학습하는 경향이 있기 때문에 어떻게 평가 될지에 대한 걱정을 덜 하는 편이며 동기화되어 있다.

(3) 피상적 정보처리방식(surface-processing approach)

① 학습에 대한 관점: 피상적 정보처리 방식을 지닌 학습자는 학습을 단순히 기억 하는 것으로 접근하며 깊은 이해를 시도하지 않는다.

② 학습자 특성: 일반적으로 학습 그 자체보다는 성적이나 외부 요소에 동기화되어 있다.

요약정리 🔍
Zoom OUT 학습양식 종합

학자	구분 기준	유형	내용
위트킨	장에 영향을 받는 정도	장독립형	• 배경의 영향을 별로 받지 않는 인지양식 • 분석적·논리적으로 지각하며 구조화 능력이 우수 • 개념 그 자체에 관심이 있고, 스스로 세운 목표에 의해 강화됨
		장의존형	• 배경의 영향을 많이 받는 인지양식 • 전체적·직관적으로 지각하며 기존의 구조를 수용하여 비구조화된 학습자료를 어려워 함 • 외적으로 부과된 목표를 선호
케이건	개념적 속도	숙고형	• 행동하기 전 정보를 수집·분석하는 것을 선호 • 심사숙고하여 실수가 적으나 속도는 느림 • 다차원적·복잡한 과제에서 수행 수준 높음
		충동형	• 빠르게 행동으로 옮기는 것 선호 • 문제해결 속도는 빠르나 실수가 많음 • 단순한 문제에서 수행 수준 높음
콜브	정보지각방식, 정보처리방식	발산형	• 구체적 경험을 통해 지각, 반성적으로 관찰 • 상상력이 뛰어나고 아이디어가 많으며 대인관계가 원만
		수렴형	• 추상적으로 개념하여 지각, 활동적으로 실험 • 아이디어 및 이론을 응용하는 능력, 의사결정, 문제해결 능력 우수 • 가설을 세우고 연역적으로 추론하며 체계적으로 과제에 접근
		동화형	• 추상적으로 개념하여 지각, 반성적으로 관찰 • 논리적 사고, 귀납적 추리에 능숙, 이론으로 모형을 잘 만듦 • 과학적·체계적·분석적·추상적 사고능력 우수
		조절형	• 구체적 경험을 통해 지각, 활동적으로 실험 • 계획 실행, 새로운 경험을 추구하여 새로운 상황에 잘 적응 • 모험적·감각적이며 느낌에 따라 행동

Chapter 03 학습자의 정의적 특성

설쌤의 Live Class 🎙️

이번 챕터에서는 학습을 이루는 중요한 요소인 '동기'와 '정서'에 관한 이론들이 주를 이룹니다. 학습자는 언제 학습하고자 하는 마음이 드는지, 학습과정에서 학습 성공과 실패의 원인을 어디에서 찾는지, 왜 어떤 학습자는 열심히 하는 반면 다른 학습자는 그렇지 않은지, 학습 상황에서 학습자는 어떤 감정을 경험하는지 등에 관한 내용입니다. 학습자가 가지는 목표 지향성이나 귀인 경향 등에 따라 경험하는 정서와 이후 행동 등이 달라집니다. 여러 이론들이 등장하지만 '학습 상황'이라는 큰 맥락에서 살펴보면 이론들의 연결고리가 잘 보일 겁니다. 특히 **학생의 동기 상태를 구분**하고, **수업활동과 관련된 동기이론을 구분**하는 문제가 다수 출제되었으니 각 동기 상태의 특징을 구분하고 관련된 수업 사례나 상담 기법에 대해 꼼꼼하게 살펴보세요.

핵심 `Tag` 🏷️

내재적 동기와 외재적 동기
- **내재적 동기**: 학습 자체가 보상이 됨
- **외재적 동기**: 외부로부터의 보상을 얻으려 함

매슬로우의 욕구위계이론
결핍욕구(생리적, 안전, 소속, 자존) + 성장욕구(지적, 심미적, 자아실현)

로저스의 실현경향성
인간은 타고난 잠재력을 계발하기 위해 투쟁과 고통을 감수하는 선천적인 욕구가 있음

자기손상화 전략
실패가 예견될 때 자기가치를 보호하기 위해 방해가 될 핑계를 만드는 언어적·행동적 전략

기대 × 가치이론
자신이 성공할 것이라는 기대 × 성공에 대해 부여하는 가치 = 동기화의 정도

귀인이론
- 성공이나 실패의 원인을 무엇으로 지각하는가에 따라 동기와 성취에 영향을 미침
- **지각된 원인의 인과 차원**: 원인 소재, 안정성, 통제 가능성

목표지향이론
- **수행목표**: 자신의 능력을 증명하고자 하는 목표
- **숙달목표**: 자신의 역량 향상과 발전을 위해 학습하는 목표

01 동기

❶ 동기의 개념

(1) 정의

행동을 시작시키고, 방향을 결정하며, 끈기와 강도를 결정하는 힘이다.

(2) 구성요소

① 생물학적 요소
  ㉠ 유전성, 본능, 각성 상태, 뇌신경의 보상체계, 변연계나 망상체 등
  ㉡ 주요 연구: 정서와 흥미

② 학습된 요소
  ㉠ 조건형성, 강화체계 등
  ㉡ 주요 연구: 행동주의(고전적 · 조작적 조건화), 내적 보상, 외적 보상

③ 인지적 요소
  ㉠ 사고, 지각, 추론 등
  ㉡ 주요 연구: 기대 × 가치이론, 귀인이론, 성취동기, 목표설정이론, 학습된 무기력 등

❷ 내재적 동기와 외재적 동기 [기출 00, 02, 04, 07 중등 / 00 초등]

(1) 개념

① 내재적 동기: 외부의 보상과 상관없이 주어진 과제를 하거나 활동하는 그 자체가 보상이 되는 동기이다.

② 외재적 동기: 외부로부터 보상을 얻으려는 것과 관련된 동기이다.

③ 특징

내재적 동기	외재적 동기
• 개인의 욕구, 흥미, 호기심, 즐거움과 같은 심리적 요인에 의한 동기화	• 사회적 압력, 보상, 처벌과 같은 환경적 요인에 의한 동기화
• 과제를 하거나 활동하는 그 자체가 보상	• 과제와 상관없이 외부의 보상을 추구
• 인간은 자신의 능력을 발달시키고, 성취를 즐기도록 동기화되는 존재라고 주장하는 인본주의, 인지심리학자가 강조	• 인간은 외부의 보상이나 처벌에 의해 동기화 되는 존재라고 주장하는 행동주의 심리학자가 강조

(2) 내재적 동기와 외재적 동기의 성격

① 개별적
- ㉠ 내재적 동기와 외재적 동기는 연속선상의 극단에 있는 것이 아니라 각각 학생에게 개별적으로 작용한다.
- ㉡ 외재적 동기가 낮으면 내재적 동기가 높고 외재적 동기가 높으면 내재적 동기가 낮은 것이 아니라, 어떤 학생은 외재적·내재적 동기가 모두 높을 수도 있고, 어떤 학생은 외재적 동기만 높고 내재적 동기는 낮을 수도 있다.

② 변화가능성
- ㉠ 내재적 동기와 외재적 동기는 상황과 시간에 따라서 달라질 수 있다.
- ㉡ 외재적 동기로 인해 학습을 시작한 학생이 활동에 재미를 느끼며 내재적 동기를 가질 수도 있으며, 반대의 경우도 성립한다.
- ㉢ 수업의 내용이나 상황에 따라서 내재적 동기가 강할 수도, 외재적 동기가 강할 수도 있다.

③ 내재적 동기와 학습
- ㉠ 내재적 동기를 가지고 있는 학생은 외재적 동기만 가진 학생에 비하여 더 높은 학업성취를 보인다.
- ㉡ 내재적 동기를 가진 학생은 학습 결과와 상관없이 지속적으로 학습활동을 수행하며, 기계적 암기학습이 아닌 개념학습을 주도한다.

④ 외재적 동기의 활용
- ㉠ 내재적 동기가 외재적 동기에 비하여 바람직하지만, 모든 수업 상황에서 학습자가 내재적 동기를 가지고 동기를 유지하는 것은 어렵다.
- ㉡ 이때 교사는 학습자를 외재적으로 우선 동기화한 후 내재적 동기를 가질 수 있도록 유도할 수 있어야 한다.

(3) 내재적 동기 증진 방안

① **외적 제약 사용의 최소화**: 보상이나 감독과 같은 외적 제약을 최소한으로 사용하고, 사용이 필요한 경우에는 점진적으로 사용을 줄인다.

② **과제 선택의 자유와 가능성**: 수행할 과제의 종류나 수준을 선택할 수 있도록 복수의 유형이나 수준을 제시하거나, 과제 수행 절차나 순서에 자유를 준다.

③ **실패에 대한 노력 귀인 권장**: 실패에 대한 노력 귀인은 좀 더 노력하면 좋은 결과를 얻을 수 있다는 기대를 상승시키고 수행에 대한 내재적 동기를 높일 수 있다.

④ **수행 결과에 대한 구체적·정보적 피드백**: 다른 사람과의 비교보다 수행의 질적 측면에 초점을 두고 구체적·즉각적인 피드백을 준다. 또한 절대적인 수준보다는 개인의 향상에 초점을 둔 피드백이 필요하다.

⑤ **적정 수준의 과제난이도**: 내재적 동기는 적당히 도전감이 있고 호기심을 불러일으키는 상황에서 유발되므로 학생에게 적당히 어려운 과제를 제시한다.

⑥ **즐거운 수행 환경 마련**: 학생이 편안하고 즐거운 마음으로 학습할 수 있는 쾌적한 환경을 조성한다.

① 매슬로우(Maslow) 욕구위계이론(hierarchy of needs theory)

기출 13 중등 / 03 초등

(1) 인본주의적(humanistic) 접근

① 1940년대 인간의 성적 욕구를 강조하는 정신분석학과 인간을 수동적 기계로 보는 행동주의에 대한 대안적인 접근으로 탄생하였다.

② 행동주의 강화이론에서 외적인 동기화만을 강조하고, 인간의 내적인 측면을 고려하지 않는 것에 반발하여 개인의 욕구나 내적 상태를 강조하였다.

(2) 자기실현(self – actualization)

① 개인의 자기개념과 자기상은 특정 행동을 시작하고 행동의 방향을 설정하며, 행동의 강도와 끈기를 결정하는 데 중요한 역할을 한다.

② 개인의 잠재적 능력을 실현하려는 심리적 욕구이자 삶의 궁극적인 목표이다.

(3) 욕구의 위계성

① 자기실현의 궁극적인 목표를 달성하려는 욕구는 그것에 선행하는 기본적인 욕구로부터 위계적으로 발달한다.

② 하위 단계가 충족이 되어야 다음 단계의 욕구가 생긴다는 점에서 위계적이지만, 하위 욕구가 충족되지 않은 상태에서도 상위 수준의 욕구를 위해 노력한다는 증거를 바탕으로 비판받기도 하였다.

(4) 욕구의 종류

① 결핍욕구(deficiency needs)

㉠ 욕구의 위계 중 우선적으로 충족되어야 하는 하위 4개 욕구로 '생리적 욕구, 안전의 욕구, 소속의 욕구, 자존의 욕구'가 포함된다.

㉡ 충족되면 더 이상 욕구로 작동하지 않으며, 완전한 충족이 가능하다.

㉢ 욕구 만족의 대상으로 외부로부터 오는 타율적 충족을 추구한다.

㉣ 욕구의 종류

종류	내용
생리적 욕구	인간을 삶을 유지하기 위한 가장 기초적 욕구로 의식주, 성, 수면 등의 욕구
안전의 욕구	신체의 위협이나 위험, 불안, 공포, 박탈로부터 벗어나고자 하는 욕구
소속의 욕구	사회적 존재로서 친밀한 대인관계를 맺고, 애정과 소속감을 느끼고자 하는 욕구
자존(자아존중감)의 욕구	타인에게 가치 있는 존재가 되고 존중받고자 하는 욕구로, 타인의 인정을 추구

② 성장욕구(growth needs)
　㉠ 결핍욕구가 충족되어야만 발현되는 상위 3개 욕구로 '지적 욕구, 심미적 욕구, 자아실현의 욕구'가 포함된다.
　㉡ 완전한 충족이 불가능하고 계속적으로 추구하는 욕구이다.
　㉢ 만족의 대상이 자기 자신인 자율적 충족을 요구한다.
　㉣ 욕구의 종류

종류	내용
지적 욕구	새로운 것을 알고 이해하고자 하는 욕구
심미적 욕구	아름다움, 질서, 조화, 완성 등을 추구하는 욕구
자아실현의 욕구	자신이 타고난 능력 또는 성장 잠재력을 실행하려는 욕구로, 현재보다 더 나은 상태를 추구하며 자신의 능력을 최대한으로 발휘하며 자신을 완성시키고자 함

③ 매슬로우는 욕구 5단계를 제시한 이후, 인간의 학습활동과 예술활동을 설명하기 위해서 '지적 성취, 심미적 욕구'를 추가한 7단계를 새롭게 제시하였다.

[그림 7-7] 매슬로우의 욕구위계이론 7단계

(5) 교육적 시사점

① 학생의 결핍욕구에 대한 교사의 관심
　㉠ 경제적 상황으로 인해 밥을 못 먹고 다니는 학생에게 지적 욕구를 갖도록 요구하는 것은 어렵다. 마찬가지로, 가정폭력에 시달리거나 학교에서 따돌림을 당하는 학생에게 수업에 열심히 참여하도록 요구하는 것도 무리가 있다.
　㉡ 따라서 교사는 학생의 결핍욕구가 채워졌을 때, 성장에 대한 욕구를 가질 수 있다는 것을 이해하고 학생의 욕구 상태에 대한 관심을 가져야 한다.
② 안전하고 따뜻한 교실 분위기 조성
　㉠ 교사는 학생이 안전하다고 믿을 수 있는 안정감 있는 교실 환경을 만들어 주어야 한다.
　㉡ 교사의 따뜻한 태도는 학생의 소속감과 애정의 욕구를 충족시켜 줄 수 있다.

❷ 로저스(Rogers)의 실현경향성(actualizing tendency)

(1) 이론의 가정
자아실현 욕구란 타고난 잠재력을 계발하기 위한 지속적인 노력의 욕구로, 이는 선천적인 것이라고 간주한다.

(2) 실현경향성
① 성장을 위해서는 '투쟁과 고통(struggle and pain)'이 수반되며, 이러한 고통을 이겨 나가는 것을 '실현 경향성(actualizing tendency)'이라고 한다.
② 실현 경향성은 개인이 새롭고 도전적 경험을 하도록 하며, 이는 타율성을 벗어나 자율성을 추구하는 것이라고 할 수 있다.

(3) 타인과의 상호작용
타인의 무조건적이고 긍정적인 관심(unconditional positive regard)은 개인이 충분히 기능하는 인간(fully functioning individual)으로 성장할 수 있게 하므로, 개인의 실현경향 과정에서 중요한 역할을 한다.

(4) 교육적 적용
① 학생에게 공정한 관심을 준다. 특히 학생을 성적이나 성격 행동 등에 따라서 차별적으로 관심을 주거나 대우해서는 안 된다.
② 학생이 무조건적이고 긍정적인 관심을 받고 있다고 느낄 수 있는 심리적인 환경을 조성해 준다.

❸ 코빙톤(Covington)의 자기가치(self - worth)이론 기출 12 초등

(1) 자기가치
① 자기 자신에 대한 정서나 감정, 느낌 또는 자신에 대한 평가이다.
② 지각된 유능감, 자기효능감이 구체적 상황에서 자신에 대한 인지적 평가 또는 믿음이라면, 자기가치는 확산적이고 덜 구체적 상황에서 자신에 대한 정서적 · 감정적인 반응이다.

(2) 자기가치 보존에 대한 욕구
① 인간은 자신을 가치 있는 존재로 인식하고 자기가치를 보호하려는 선천적인 욕구를 가지고 있다.
② 사람들은 자신을 가치 있는 유능한 존재로 평가되기를 원하는 욕구를 가지고 있으며, 자기가치에 대한 욕구가 인간행동을 결정한다고 본다.
③ 자신에 대해 자신과 타인으로부터 유능하다고 평가받을 경우 자아존중감과 자부심이 향상되지만, 반대로 자신에 대해 자신과 타인으로부터 무능하다고 평가받을 경우 자아존중감이 떨어지며 수치심을 느낀다.

(3) 자기장애(self-handicapping) 전략 - 자기손상화 전략

① 실패가 예견되는 상황에서 자기가치를 보호하기 위해 수행에 방해가 될만한 방해물이나 핑계거리를 만들어 두는 행동을 말한다. 이는 성공 시 자기가치를 증가시키고, 실패해도 자신이 유능하다는 이미지를 보호한다.

② 언어적 자기장애 전략
  ㉠ 실제 수행에 영향을 미칠 수 있는 부적응적인 행동을 하지 않지만, 수행의 결과가 저조할 때 이에 대한 변명거리를 찾는다.
  ㉡ 실제로 노력했더라도 노력하지 않았음을 강조하여 실패 상황에서 타인이 자신을 무능하다고 평가하는 것을 피하고 자기가치를 보호한다.
  ㉢ 실제로 자신의 능력은 우수하나 실패의 원인이 시험 불안 등의 걱정에 있다고 변명하여 자기가치를 보호한다.

③ 행동적 자기장애 전략
  ㉠ 실제 수행에 방해가 될 만한 부적응적 행동을 함으로써 저조한 수행 결과를 방해 행동으로 귀인한다. 실제로 방해가 될만한 행동을 하는 것이므로 언어적 자기전략에 비해 학업 수행과 동기에 부정적인 영향을 미친다.
  ㉡ **지연**: 시험공부를 시험 직전까지 일부러 미루는 전략이다. 시험을 잘 봤을 경우 자신의 능력에 귀인할 수 있으며, 실패 시 노력 부족으로 귀인하여 자기가치를 보호한다.
  ㉢ **성취 불가능한 목표 설정**: 현실적으로 성취하기 어려운 목표를 설정하는 전략이다. 목표를 성취했을 경우 자신의 우수한 능력에 귀인할 수 있고, 실패 시 외부 요인(불가능한 목표)으로 귀인하여 자기가치를 보호한다.

(4) 교육적 시사점

① 능력은 고정된 것이 아니라 노력에 의해 향상될 수 있는 것임을 강조한다.
② 능력은 유동적이며, 능력을 신장시키는 데 있어 노력의 역할이 크다는 믿음을 갖게 한다.
③ 실패가 단순히 진단적인 기능을 하도록 한다. 자기가치 보호의 욕구는 평가에 대한 염려가 클수록 높아지므로, 실패했을 경우 향상 가능성을 강조하면서 부족한 부분을 수정하는 진단적인 기능에 초점을 둔다.
④ 도움을 요청하고 도움을 줄 것을 권장한다. 자기가치를 보호하기 위해 학생은 도움이 필요할 경우에도 도움을 청하지 않는 경향이 있으므로, 학생이 이해하지 못하는 것에 대해서 분명하게 질문하는 방법을 가르치거나, 도움을 계속적으로 줄 수 있는 학급 내 전문가를 훈련시킨다.

❹ 데시(Deci)와 라이언(Ryan)의 자기결정성 이론(self - determination theory)

기출 13 중등 / 02, 10, 11 초등

(1) 기본 입장

① 자기결정성: 환경에 대하여 어떤 행동을 취할 것인지 스스로 결정하는 것으로 개인의 의지를 사용하는 과정이다.

② 자기결정성 이론은 인간은 '유능성(자기효능감) 욕구, 자율성(자발적 통제) 욕구, 관계성(친애욕구, 소속감) 욕구'의 세 가지 기본 심리욕구를 가지고 있다고 가정한다.

③ 세 가지 욕구가 개인의 환경에서 지지될 때 개인의 학습 · 성장 · 발달에 대한 내재적 동기가 높아진다.

④ 동기를 외재적 동기나 내재적 동기로 이분하여 설명하는 것이 아니라 '자기결정의 정도'에 따라 설명한다.

(2) 자기결정성과 학습

① 학생들은 자신이 외재적 보상이나 처벌 때문이 아니라 자신의 의지에 의해 행동한다고 믿고 싶어한다.

② 학생들은 과제 자체에 대한 흥미 때문에 특정 과제를 수행하는 경우도 있지만, 외재적 보상 때문에 시작한 행동이 점차 내면화되어 결국 외재적 보상이 없어도 행동을 지속하는 경우가 있다.

(3) 유능성(competence) 욕구

① 자신이 능력 있는 사람이라는 믿음을 갖고 싶은 욕구로, 실제로 획득한 기술이나 역량 자체라기보다는 '자신이 유능하다고 느끼고 싶어 하는 지각'이다.

② 사회적 환경과 지속적 · 효과적으로 상호작용할 기회가 주어질 때 충족되며, 유능성 욕구가 충족된 학생은 학교에 대한 긍정적 태도와 높은 수행 수준을 보인다.

③ 유능성 욕구를 충족하기 위해 성공 경험과 지식과 기술이 증가하고 있다는 증거를 제시한다.

방법	내용
도전적 과제 제공	적절한 난이도를 가진 과제를 제공하여 해결과정에서 자신의 능력을 확인하고, 그 능력이 향상되고 있음을 느끼도록 함
교사의 귀인	학생이 실패했을 때, 학생의 능력이 아닌 노력으로 귀인함 예 "이 문제가 너에게 어렵구나."보다 "더 노력하면 잘할 수 있을 거란 걸 알아."라고 말해준다.
칭찬과 비판	학생의 수준, 과제의 난이도를 고려한 칭찬과 비판을 함 예 학업성취도가 우수한 학생이 쉬운 문제를 풀었을 때 칭찬하면, 학생은 교사가 자신이 유능하지 못하다고 믿는 것으로 지각한다.

구체적 · 즉각적 피드백	정보적인 피드백을 제공하여 학생이 현재 자신의 학습 수준과 앞 으로 나아가야 할 길을 확인할 수 있도록 함
도움 제공	학생의 유능감을 감소시키지 않도록 학생이 도움을 요청할 때 교 사는 적절한 도움을 제공함

(4) 자율성(autonomy) 욕구

① 자기결정성 이론의 핵심으로, 스스로 결정하고 행동하려 하며 외적 보상이나
압력보다 자신이 원하는 것에 따라 행동하려는 욕구이다.

② 스스로 목표를 세우고 자신에게 중요하고 가치 있는 것을 결정하며 의사결정
이 자유로운 상황에서 개인은 자율성을 자각할 수 있다.

③ 자율성 욕구의 충족을 위해 자율성이 지지되는 환경을 선택할 수 있는 기회를
제공한다.

방법	내용
교실의 규칙과 절차 만들기	자율성은 필요할 때 환경을 바꿀 수 있는 능력이며, 따라서 학생 들이 교실의 규칙과 절차를 만드는 과정에 의견을 제시하여 자신 의 학습 환경을 조성할 수 있도록 함
학습목표 설정	스스로 목표를 설정하고 모니터링하면서 학습과제에 대해 자율성 을 가질 수 있도록 격려함
학생의 참여	교사가 주도하기보다 학생 참여의 수준이 높은 수업을 함

(5) 관계성(relatedness) 욕구

① 다른 사람들과 좋은 관계를 맺고자 하는 욕구로서 사회 환경 속에서 다른 사람
들과 연결되어 있다는 느낌, 사랑과 존경받을 가치가 있다는 느낌을 추구한다.

② 선생님, 부모, 친구와의 안정적인 관계는 관계성 욕구를 충족시키며, 관계성
욕구가 충족된 아동은 학교활동에 더욱 몰입할 수 있다.

③ 관계성 욕구의 충족을 위해 친밀한 사회 관계, 무조건적인 긍정적 존중과 진
정한 헌신을 제공한다.

방법	내용
인정과 믿음	학생을 있는 그대로 인정하고 학생이 더 나은 존재로 향상될 수 있다는 믿음을 보여줌
학생의 흥미와 복지에 대한 관심	학생의 흥미를 존중하고 관심을 보이며 배려함
협동학습과 긍정적 상호작용	다른 학생들과의 협동학습을 통해서 긍정적인 상호작용을 하고 함께 과제를 해결해 나갈 수 있는 기회를 제공함

1. 개관

자기결정성 이론은 여러 가지 하위 이론으로 이루어진 이론이다. 자기결정성 이론을 이루는 하위 이론 중 하나로 '유기적 통합이론'이 있다.

2. 기본 개념

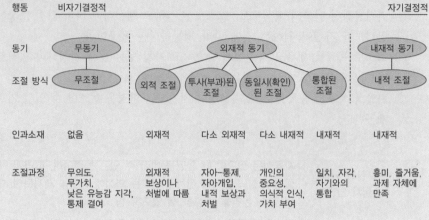

행동	비자기결정적					자기결정적
동기	무동기	외재적 동기				내재적 동기
조절 방식	무조절	외적 조절	투사(부과)된 조절	동일시(확인)된 조절	통합된 조절	내적 조절
인과소재	없음	외재적	다소 외재적	다소 내재적	내재적	내재적
조절과정	무의도, 무가치, 낮은 유능감 지각, 통제 결여	외재적 보상이나 처벌에 따름	자아-통제, 자아개입, 내적 보상과 처벌	개인의 중요성, 의식적 인식, 가치 부여	일치, 자각, 자기와의 통합	흥미, 즐거움, 과제 자체에 만족

[그림 7-8] 자기결정성과 내재화[*]

(1) 동기의 내재화된 정도에 따른 동기 유형의 구분

동기는 전혀 동기가 없는 무동기에서부터 수동적인 복종, 적극적인 개입까지 다양한 유형으로 존재한다고 본다. 이러한 동기의 다양성은 개인이 수행해야 하는 행동의 가치가 내재화된 정도를 반영한다.

(2) 내재화는 자연스러운 경향

사람들은 자신의 경험을 내재화하려는 경향을 가지고 있다. 즉, 처음에는 외적 자극이나 지원을 통해 특정 행동을 하다가 점차 스스로 자신의 행위를 조절하고자 한다.

(3) 자기결정성과 내재화

자기결정성 이론의 기본적인 세 가지 욕구인 '유능성 욕구, 자율성 욕구, 관계성 욕구'의 충족은 내재화를 촉진시킨다. 즉, 자기결정성이 높을수록 목표를 내재화한다.

3. 동기의 유형

(1) 무동기(amotivation)

① 자기결정성이 전혀 없는 유형으로, 행동하려는 의지가 결핍되어 있다. 학생은 행동을 전혀 하지 않거나 의지가 없는 상태에서 어쩔 수 없이 행동한다.

② 무동기 상태에 있는 학생은 행동에 가치를 부여하지 않고, 그 일에 자신이 적합하다고 생각하지 않으며, 원하는 결과에 대한 기대도 없다.

③ 학습된 무기력 상태에 빠져있으며, 자기인식이 낮고, 자기평가도 하지 않는다.

(2) 외재적 동기 – 외적 조절(external regulation)

① 외재적 동기 중 가장 자기결정성이 낮은 유형으로, 외적 보상이나 마감시간과 같은 외적 제약에 의해 행동한다.

② 자기결정이 전혀 포함되어 있지 않으며, 학습에 의해 동기화된 것이 아니라 외부적인 요구나 보상 또는 처벌을 피하기 위해서 행동과 과제를 수행한다.

③ 불안 수준이 높고, 성공과 실패를 알려지지 않은 어떤 이유 또는 통제를 가하는 사람에게 귀인하는 경향이 있다.

* Deci & Ryan, 2000

(3) **외재적 동기 – 내사된 조절/부과된 조절(introjected regulation)**
  ① 행동의 원인을 내재화하기 시작하는 단계로, 자신의 의지가 어느 정도 개입되어 있으나, 실제로는 외부 요인에 기초하고 있다.
  ② 타인에게 인정받거나 타인의 비판을 피하는 것, 죄책감이나 자기 비난을 피하기 위해 행동한다.
  ③ 자기결정이 어느 정도 포함되어 있기는 하지만 여전히 자아에 완전히 통합된 상태가 아니므로 통제감, 구속감과 관련되어 있다고 할 수 있다.

(4) **외재적 동기 – 확인된 조절(identified regulation)**
  ① 행동의 목표를 완전히 내재화하지 않았지만 그 가치를 수용한 상태이다.
  ② 스스로 공부하는 것의 중요성과 가치는 인정하거나 부여된 목표나 개인적 중요성으로 스스로 선택하고 행동을 취하는 경우이다.
  ③ 공부하는 자체의 기쁨 또는 자기만족 보다는 어떤 목표 달성을 위해 과제를 하는 것으로, 외재적 동기로 분류된다.

(5) **외재적 동기 – 통합된 조절(integrated regulation)**
  ① 외재적 동기 중 가장 자율적이며 가장 완전하게 내재화된 형태이다.
  ② 완전히 개인의 자율에 의해서 행동을 하는 단계이며 내재적 동기와 공통점이 많지만, 여전히 행위 자체의 고유한 속성(과제수행의 즐거움) 때문에 행동을 하는 것은 아닌 상태이므로 외재적 동기로 분류한다.
  ③ 자기조정이 매우 성숙된 단계로, 자기반성적 사고가 가능한 청소년기 이후에 획득할 가능성이 있다.

(6) **내재적 동기(intrinsic motivation)**
  ① 자기결정성이 가장 높은 단계의 동기로, 행동의 목표가 완전히 내재화된 상태이다.
  ② 과제 자체에 대한 관심과 만족감 때문에 공부하는 단계로 즐거움과 재미를 얻기 위해서 공부하는 단계에 해당한다.
  ③ 이들은 도전감 있는 과제를 선호하고 호기심으로 과제를 수행하기도 하며, 과제 수행의 결과를 자신의 기준에 의해 판단하는 경향이 있다.

❺ 성취동기(achievement motivation)이론

(1) **성취동기의 개념**
  ① 머레이(Murray)가 성취욕구를 '어려운 일을 달성하려는 것, 숙달하려는 것, 탁월하려는 것, 다른 사람과 경쟁하고 이기려는 것, 장애물을 극복하려는 것에 대한 욕구'라고 정의하는 것에서 출발하였다.
  ② 성취동기는 도전적이고 어려운 과제를 성공적으로 수행하고자 하는 욕구이며 비교적 안정적인 속성을 가지고 있다.
  ③ 성취동기는 개인의 욕구, 스스로 설정한 성취 수준에 도달해 만족을 얻는 것 등 내재적 요인에 의해 시작되며, 사회적 압박이나 기대, 물질적 보상과 같은 외부적·환경적 요인에도 영향을 받는다.

(2) 맥크렐랜드(Mclelland)의 성취동기

① 머레이의 성취욕구를 '성취동기'라는 용어로 명명하였으며 탁월하려는 욕구, 우수함과 성공을 위한 열망으로 정의하였다.

② 동기는 조건화된 정서(경험과 결합된 정서)와 관련이 있으므로 긍정적 경험은 긍정적 정서를 조건화시키며, 이는 성취하고자 하는 동기를 발현시킨다.

③ 실패한 경험은 실패에 대한 공포를 조건화시키며, 이는 실패를 회피하려는 동기를 발현시킨다.

기출 13 중등 추시

기출논제 Check ☑

기대 × 가치 이론을 활용하여 영희가 학습 동기를 잃게 된 원인과 그 해결 방안을 논하시오.

❻ 기대 × 가치이론(expectancy - value theory) 기출 11, 13 중등

(1) 앳킨슨(Atkinson)의 기대 × 가치이론

① 모든 개인은 성공에 접근하려는 동기(Ms; Motive to achieve success)와 실패를 회피하려는 동기(Maf; Motive to avoid afraid)를 가지고 있으며, 모든 수행 상황에서 접근 - 회피의 갈등이 발생한다.

② 목표 달성에 대한 기대와 목표의 가치는 성공접근경향(Ts; Tendency to achieve success)과 실패회피경향(Taf; Tendency to avoid failure)을 결정하며, 성취동기(결과동기)는 성공접근경향과 실패회피경향의 '차'이다.

③ 변인 간 관계의 수식

> 성취동기 = 성공접근경향(Ts) - 실패회피경향(Taf)
>
> 성공접근경향(Ts) = 성공접근동기(Ms) × 지각된 성공 확률(Ps) × 성공의 유인가(Is)
>
> 실패회피경향(Taf) = 실패회피동기(Maf) × 지각된 실패 확률(Pf) × 실패의 부적 유인가(If)

㉠ **지각된 성공 확률(Ps):** 성공에 대한 기대로, 성공의 유인가는 성공의 가치를 의미한다.

㉡ **지각된 실패 확률(Pf):** 실패할 것이라는 기대로, 실패의 부적 유인가는 실패가 가져올 수치심과 창피함을 의미한다.

④ 성취동기가 높은 사람의 특징

㉠ **과업 지향적:** 자신의 일을 능동적·효율적으로 수행하고자 하는 경향이 강하다.

㉡ **모험심:** 도전적으로 자기의 능력을 시험해보려 하며, 달성하기 쉬운 과제나 너무 어려운 과제보다는 적당히 도전적인 과제에 흥미를 가진다.

㉢ **확신과 자신감:** 자신이 해낼 것이란 확신이 있기 때문에 창의적인 활동을 즐기고 혁신적이다.

㉣ **책임감:** 수행의 결과를 타인이나 환경 탓으로 돌리지 않고 자신의 책임으로 보려고 한다.

㉤ **미래지향적:** 과거의 경험이나 현재의 평가를 행동 기준으로 삼기보다는 미래에 있을 상황을 예견하고, 그에 따라 현재의 행동을 결정한다.

(2) 에클스(Eccles)와 위그필드(Wigfield)의 기대 × 가치이론

① 앳킨슨의 기대×가치 개념에 기초한 성취동기이론으로, 성공에 대한 기대와 가치가 과제 선택, 실제 수행, 노력, 끈기에 영향을 준다는 이론이다.

② 에클스는 자신이 성공할 것이라는 기대에다가 성공에 대해 부여하는 가치를 곱한 값만큼 동기화된다고 설명한다. 이때 '곱'의 의미는 학습자가 성공을 기대하지 않는다면(기대가 '0'이라면) 활동이 자신에게 얼마나 가치 있는지와 상관없이 학습에 대해 동기가 부여되지 않는다는 의미이다.

③ 즉, 동기는 성공에 대한 기대와 더불어 과제 수행의 결과로 얻게 되는 즉각적 혹은 미래의 개인적 이득이나 가치가 수반되어야 높아진다.[*]

④ 기대와 가치에 영향을 주는 요소

㉠ 사회인지적 관점과 상황적인 관점을 반영하여 기대와 가치는 과제 특수적 신념(능력에 대한 신념), 지각된 과제 난이도, 개인의 목표, 자기 도식, 정서적 기억에 의해 영향을 받는다고 설명한다.

요소	내용
과제 특수적 신념	개인이 특정 과제 수행을 위해 필요한 능력을 얼마나 가지고 있다고 믿는가
지각된 과제 난이도	해당 과제의 난이도에 대한 주관적 판단
개인의 목표	학습자가 가지고 있는 장기적 목표와 단기적 목표를 모두 포함
자기 도식	스스로의 능력에 대한 자기 개념으로 개인적 정체성과 사회적 정체성을 모두 포함하는 개념
정서적 기억	이전 경험에 대한 해석을 통해 얻게 되는 정서적인 반응 및 기억

㉡ 성공에 대한 기대는 과제를 성취할 수 있다는 미래의 결과에 대한 믿음으로, 능력에 대한 자기개념, 자기효능감과 관련이 있다. 이러한 기대는 과제 일반적일 수도, 과제 특수적일 수도 있다. 따라서 현재 마주한 과제를 잘 할 수 있는지와 관련된 과제 특수적 신념과는 구별해야 한다.

㉢ 가치는 개인이 과제나 활동에 참여하여 얻을 수 있다고 믿는 이득, 보상, 혜택으로, 특정 과제에 대한 가치는 아래의 네 가지 가치의 상호작용에 의해 결정된다.

ⓐ 달성가치: 과제를 잘 수행하는 것이 나의 삶에서 가지는 가치로, 삶에서 중요한 역할(정체성 및 개인욕구의 실현)을 할 때 동기가 높아진다.

ⓑ 내적가치(흥미): 과제를 수행하는 것이 나에게 즐거움을 주는지에 대한 가치로, 흥미를 느낄 때 동기가 높아진다.

ⓒ 효용가치: 과제가 실용적이며, 미래의 목표를 달성하는 데 얼마나 도움이 되는지에 관한 가치로, 유용하다고 생각될 때 동기가 높아진다.

ⓓ 비용: 과제에 참여함으로써 지불해야 하는 시간, 노력, 감정 등으로, 비용보다 가치가 더 많다고 생각될 때 동기화된다.

[*] 최병연, 고영남, 조현정, 박용한, 이신동 (2023). 최신교육심리학 2판, 서울: 학지사.

(3) 최근의 기대 × 가치이론 연구 동향

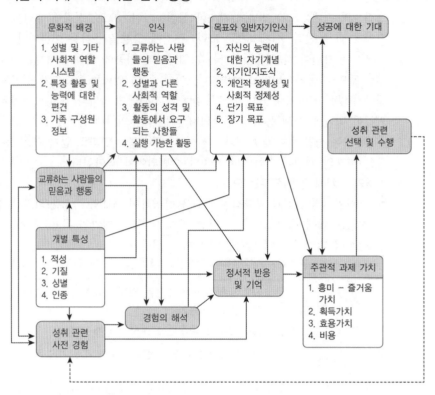

* Eccles & Wigfield, 2020

[그림 7-9] 최근의 기대 × 가치이론 연구 동향*

① 최근의 기대 × 가치이론은 개인의 기대 및 가치가 상황 특수적(situationally specific)이면서 문화 지향적(culturally bound)임을 제안하며 위와 같은 모델을 제시하였다. 개인이(학습자가) 속한 사회문화적 맥락과 이에 따른 정서적 경험이 주관적 과제 가치부여에 미치는 영향에 주목하였다.

* Eccles & Wigfield, 2020

② 특징*

ⓐ 기존의 기대×가치이론에 귀인이론, 성격이론, 가족사회화 이론(family socialization theory), 자아이론(identity theory) 등을 포함하여 보다 포괄적인 연구 모델을 만들고자 하였다. 모델을 구성하는 각 요소는 상황, 시간 변화, 발달과정, 개인 차이에 따라 부여되는 중요도(weight)가 달라질 수 있다.

ⓑ 기존에는 '비용'을 과제의 가치를 형성하는 하나의 하위 요소로서, '과제를 회피하게 하는 부정적 인식'이라고 정의하였다. 그러나 최근 연구에서는 비용에 주목하여 과제 비용은 과제 가치와 구별되는 독립적인 구인으로 새롭게 정의하고 세분화하였다.

구분	내용
노력비용	과제가 나의 시간과 노력을 쏟을 만큼 가치있는가에 대한 인식
기회비용	과제를 위해 포기해야하는 다른 활동에 대한 지각
정서비용	과제를 수행함으로써 예상되는 부정적 정서에 대한 인식

ⓒ 다른 사람들이 학생의 성취나 참여에 대해 제공하는 평가뿐 아니라, 그간 주목 받지 못하였던 '학생 스스로가 자신의 성취를 어떻게 이해하고 해석하는가?'에 대한 문제도 새로운 모델에 포함하고자 하였다.

ⓔ 아동이 처한 상황적 · 문화적 배경이 아동의 기대 × 가치 체계 발달과정에 미치는 영향에 주목하였다. 사회적 성 역할(gender difference)이나, 인종 차이, 사회적 계층 차이, 개인주의 문화와 공동체주의 문화의 차이, 각 문화에서의 부모-자녀 상호작용의 차이 등이 아동의 기대 × 가치에 영향을 미칠 수 있다고 제안했다. 또한 기대 - 가치 모델의 각 요소들이 문화에 따라서 다른 의미를 지니고 서로 다른 관계를 맺을 가능성을 제시하였다.

ⓜ 상황 특수적인 기대가치 이론(SEVT; Situated Expectancy-Value Theory)은 상황적 맥락 속 각 모델의 요소들이 시간에 따라 개인 내에서 어떻게 영향을 미치는가에 좀 더 집중하였다. 개인의 상황 특수적 기대가치는 개인이 속한 상황 안에서 단기적(수업, 주제)으로 또는 중장기적(학기, 학년)으로 다르게 형성될 수 있다.[*]

(4) 교육적 시사점[*]

① 교사는 상황에 따라 학생의 기대와 과제가치 판단에 영향을 줄 수 있는 다양한 요소들을 고려하여 중재하여야 한다.

② 성공에 대한 적절한 기대와 학습에 대한 긍정적 가치 형성을 위한 방법

　ⓐ 피드백 제공: 능력에 대한 합리적 인식 도움, 발전에 대한 긍정적 인식

　ⓑ 과제

　　ⓐ 도전적, 적합한 수준의 난이도 과제 제시

　　ⓑ 현재 학생에게 긍정적인 가치를 가짐과 동시에 장기목표에도 부합하도록 관련시키기

　ⓒ 교사의 가치부여: 교사가 학습 또는 과제에 어떤 가치를 부여하고 있는지 안내

　ⓓ 비용 줄이기: 노력 비용을 줄일 수 있는 학습활동 제시(쓸모없는 활동에 참여시키지 않기)

❼ 와이너(Weiner)의 귀인이론(attribution theory) 기출 03, 05 중등 / 00, 06 초등

(1) 기본 입장

① 귀인: 결과와 관련된 '지각된' 원인으로, 성공이나 실패의 실제 원인이 아니라 학습자가 설명하는 원인이며, 이는 학습자의 정서와 기대에 영향을 미치고 결과적으로 실제 수행에도 영향을 준다.

② 귀인이론의 기본 가정

　㉠ 동기는 세상과 자기 자신을 이해하고 숙달하려는 목표에 의해 유발된다.

　㉡ 사람들은 자신 및 타인의 행동에 대한 인과적 결정요인을 이해하려고 노력한다.

[*]Beymer, P. N., Benden, D. K., & Sachisthal, M. S. (2022). Exploring the dynamics of situated expectancy-value theory: A panel network analysis. Learning and Individual Differences, 100, 102233.

[*]최병연, 고영남, 조현정, 박용한, 이신동 (2023). 최신교육심리학 2판, 서울: 학지사

(2) 귀인의 과정

① 선행조건

　⊙ 사람들은 결과에 대해 원인을 찾으려고 하는 경향성이 있다.

　⊙ 선행조건은 결과에 대한 원인을 선택하는 데 영향을 미치는 환경적 요인 (정보, 사회적 규준, 상황의 특성)과 개인적 요인(인과적 도식, 귀인 편향, 사전지식, 개인차)이 있다.

② 지각된 원인: 선행조건에 의해 학습자는 능력, 노력, 과제 난이도, 운과 같은 몇 가지 요인 중 하나로 귀인한다.

③ 지각된 원인의 인과 차원

　⊙ 원인 소재: 성공과 실패의 원인을 자신의 내부(능력, 노력)에 두는가 외부 (과제 난이도, 운)에 두는가의 차원이다.

　⊙ 안정성: 성공과 실패의 원인이 시간의 경과나 과제에 따라서 변하는가(노력, 운) 변하지 않는가(과제 난이도, 능력)의 차원이다.

　⊙ 통제 가능성: 성공과 실패의 원인이 자신의 의지에 따라서 통제될 수 있는 가(노력) 없는가(과제 난이도, 능력, 운)의 차원이다.

④ 인과 차원에 따른 귀인

인과 차원 분류			지각된 원인	예시 (기말 영어시험을 못 봤을 때)
내적	안정	통제 불가능	능력	나는 언어 자질이 너무 부족해.
		통제 가능	장기간의 능력	내가 평소에 공부를 열심히 하지 않아서야.
	불안정	통제 불가능	시험 당일의 건강, 기분	시험 당일 배가 너무 아팠어.
		통제 가능	일시적 노력	기말 영어시험 준비를 안했어.
외적	안정	통제 불가능	과제 난이도	기말 영어시험의 난이도가 너무 높았어.
		통제 가능	교사의 편견, 편애	선생님이 수준에 적합한 문제를 냈어야지.
	불안정	통제 불가능	운	시험 당일 운이 없었어.
		통제 가능	교사, 친구의 도움	친구들이 놀러 와서 공부를 못했어.

개념확대 ⊕

Zoom IN 지각된 원인의 인과 차원에 따른 정서

지각된 원인	정서	
	결과: 성공	결과: 실패
능력	희망(성공 기대), 긍정적 자아개념, 자신감	절망(실패 예측), 무기력, 부정적 자아개념, 의기소침
불안정한 노력	열의, 자부심	수치, 죄책감

안정된 노력	평온	수치, 죄책감
외부인	감사	공격, 분노
운	놀라움	놀라움

⑤ 주 효과

㉠ 귀인의 인과 차원은 이후의 기대와 감정에 대한 심리적 영향을 미친다.

㉡ 원인 소재 차원은 자존감, 자부심, 자기가치와 관련된 정서에 영향을 미친다.

㉢ 안정성 차원은 성공에 대한 기대를 변화시키고 성공에 대한 기대로 희망감을, 실패에 대한 예측으로 무기력이나 절망감을 불러일으킨다.

㉣ 통제 가능성 차원은 사회적 맥락에서 죄책감이나 수치심을 유발한다.

⑥ 결과: 기대와 정서는 이후 행위의 강도, 끈기, 선택 등의 동기적 특성을 결정지어 실제 수행에 직접적인 영향을 미치게 된다.

(3) 귀인의 경향성

① 학습자는 자신의 성공이나 실패의 원인을 귀인할 때 늘 비슷한 방식으로 반응하는 경향이 있으며, 이는 앞으로 선택하는 과제의 종류, 과제의 수행 정도, 과제 지속력에 영향을 미친다.

② 성취도가 높은 학생은 성공을 능력과 같은 내적 요인으로 귀인하는 반면, 성취도가 낮은 학생은 실패를 능력 부족으로 귀인하고 오히려 성공은 운과 같은 외적 요인에 귀인하는 경향이 있다.

③ 실패를 누적적으로 경험한 학습자일수록 학업의 실패를 내적 요인, 즉 자신의 무능력이나 노력의 부족으로 귀인하는 경향이 높다.

(4) 귀인훈련

① 바람직한 귀인 유형은 학습자의 동기를 향상시키며 결과 또한 향상시키므로, 바람직하지 않은 귀인을 바람직한 귀인 유형으로 바꾸어야 한다.

② 귀인훈련의 단계

㉠ 1단계

ⓐ 노력 귀인을 하도록 한다.

ⓑ 바람직하지 않은 귀인

• 실패 ⇨ 능력 귀인 ⇨ 낮은 자존감, 무력감 ⇨ 성공에 대한 기대 저하 ⇨ 성취 회피

• 성공 ⇨ 운 귀인 ⇨ 놀라움 ⇨ 성공에 대한 기대 증가하지 않음 ⇨ 성취동기 부족

ⓒ 바람직한 귀인

• 실패 ⇨ 노력 귀인 ⇨ 죄책감, 수치감 ⇨ 성공에 대한 기대 유지 ⇨ 성취 증가

• 성공 ⇨ 노력과 능력 귀인 ⇨ 높은 자존감, 유능감 ⇨ 성공에 대한 기대 유지 ⇨ 성취 증가

ⓛ 2단계

　　ⓐ 전략 귀인을 활용한다.

　　ⓑ 학습자가 충분히 노력하였음에도 불구하고 실패하였을 경우 노력 귀인을 하는 것은 적절하지 않다.

　　ⓒ 실패의 원인을 학습방법이나 학습 전략으로 귀인하는 전략 귀인을 하도록 하고, 학생의 학습방법이나 습관을 점검하고 바꾸어 보도록 조언한다.

ⓒ 3단계

　　ⓐ 포기 귀인을 유도한다.

　　ⓑ 충분히 노력하였고 다양한 학습방법과 전략을 했음에도 실패했을 경우 학습자의 기대 자체를 수정하고 새로운 관심이나 길로 안내한다.

❽ 자기효능감(self - efficacy) 기출 23 중등

기출 23 중등

기출논제 Check ☑

평가 보고서에서 자기효능감 형성에 영향을 미친다고 분석한 요인에 따른 교수전략 2가지(숙달경험, 대리경험), 자기조절 과정에서 목표 설정 및 계획 단계 이후의 지원 방안 2가지

(1) 자기효능감의 개념과 특징

① 자기효능감: 특정한 목표를 달성해 낼 수 있다는 능력에 대한 신념이다.

② 선견(forethought)의 개념: 자기효능감은 앞으로 수행할 행동이 성공적일 것이라는 확신이므로 선견의 개념이며, 특정한 행동 이후의 결과에 대한 기대와 구별된다.

③ 수행 결과에 영향: 자신이 앞으로 수행할 행동의 결과가 긍정적이라고 믿을수록 과제 수행 시 희망과 확신을 가지고 적극적으로 임하며, 노력과 시간을 투자한다.

④ 과제 특수적: 자기개념이 자기에 대한 전반적인 평가라면, 자기효능감은 특수 영역이나 과제에 대한 자신의 능력에 대한 평가이다. 하지만, 자기효능감은 관련된 경험들을 변화시켜 다른 영역으로 전이되기도 한다.

⑤ 학업적 자기효능감

ⓐ 학습자가 학업적 과제 수행을 위해 필요한 행위를 조직하고 실행해 나가는 자신의 능력에 대해 내리는 판단이다.

ⓑ 학업적 자기효능감이 높은 학습자

　　ⓐ 도전적인 과제를 선택하고, 주어진 과제를 성공적으로 수행하기 위해 많은 노력을 들이며, 어려운 일이 있어도 끈기 있게 과제를 지속한다.

　　ⓑ 우수한 자기조절능력을 보이며, 효율적인 인지 전략을 사용하여 높은 수행 수준을 보인다.

ⓒ 학업적 자기효능감이 낮은 학습자: 익숙하거나 쉬운 과제를 선택하고, 목표 도달 실패 시에 쉽게 포기하므로 낮은 수행 수준을 보인다.

(2) 자기효능감에 영향을 미치는 요소

① 자기효능감의 정보원(source)

   ㉠ 과거 경험: 비슷한 과제에 대한 과거의 경험을 떠올리며, 과거의 자신의 성공 경험은 해당 과제를 잘할 수 있다는 자기효능감을 증진시킨다.

   ㉡ 대리 경험: 자신과 비슷한 모델의 성취와 그 성취결과에 대한 보상을 받는 것을 관찰하는 경우 자기효능감이 증진된다.

   ㉢ 언어적 설득: 권위자나 중요한 타인, 즉 부모나 선생님이 '너는 할 수 있다.' 라고 격려하거나 긍정적인 피드백을 주는 것은 자기효능감을 높일 수 있다.

   ㉣ 심리적 상태: 실패에 대한 생각으로 유발된 불안은 작업기억의 용량을 차지하고 따라서 자기효능감을 저하시키는 반면, 과제 수행에 대한 기대는 자기효능감을 높일 수 있다.

② 정보는 자동적으로 자기효능감에 영향을 미치는 것이 아니라 자신의 능력 수준, 투여한 노력 정도, 과제 난이도, 교사나 동료의 도움, 상황적 요인을 종합적으로 고려한 인지적 평가를 통해 자기효능감에 영향을 미친다.

(3) 자기효능감이 인지와 행동에 미치는 영향

구분	높은 자기효능감	낮은 자기효능감
과제 지향	도전적인 과제를 선호	도전적인 과제 회피
노력	도전적인 과제를 할 때 더욱 노력	도전적인 과제를 할 때 덜 노력
인내심	목표에 도달하지 못해도 포기 안 함	목표에 도달하지 못하면 포기함
믿음	• 자신이 성공할 것이라고 믿음 • 실패 시 스트레스와 불안을 스스로 통제 • 환경을 스스로 통제할 수 있다는 믿음	• 무능하다는 느낌에 집중 • 실패 시 스트레스와 불안을 느낌 • 환경을 통제하고 있지 못하다고 믿음
전략 사용	비생산적인 전략이라고 생각되면 즉시 사용하지 않음	비생산적인 전략을 계속 사용
수행	같은 능력을 가정할 때 낮은 자기효능감을 가진 학생보다 높은 수행	같은 능력을 가정할 때 높은 자기효능감을 가진 학생보다 낮은 수행

(4) 자기효능감과 귀인

① 자기효능감이 높은 학습자

   ㉠ 실패를 노력 부족, 잘못된 지시문의 이해, 불충분한 공부 등의 내적이고 통제 가능한 요인으로 귀인한다.

   ㉡ 따라서 다음 번 수행에서는 성공하기 위해서 적절한 학습 전략을 세우고 충분한 노력을 한다.

② 자기효능감이 낮은 학습자

   ㉠ 실패를 자신의 능력 부족으로 귀인한다.

   ㉡ 능력은 통제 불가능한 요소이기 때문에 두려움과 절망을 느끼고, 과제를 수행할 때도 마지못해 하거나 회피하려는 경향이 있다.

(5) 자기효능감을 증진하는 방안

① 성공 경험 제공
  ㉠ 교사는 학생의 능력 수준보다 약간 낮은 과제를 제시하여 성공 경험을 하게하고, 서서히 과제의 수준을 높이면서 점진적인 자기효능감 증진을 유도해야 한다.
  ㉡ 장애물 또는 난관을 극복하거나 도전적인 과제를 성공하는 경험도 매우 효과적이다.

② 타인의 성공을 관찰
  ㉠ 자신과 비슷한 타인의 성취를 관찰하는 모델학습의 기회를 제공하여 성공에 대한 대리 경험을 하도록 한다.
  ㉡ 혼자 해결할 수 없는 과제를 협동학습을 통해 함께 해결하는 경험은 직접적인 성취 경험이자, 동료의 성취 경험을 관찰할 수 있는 기회가 된다.
  ㉢ 성취 경험을 발표하고 동료의 성취 경험을 직접 듣는 것도 효과적이다.

③ 권위자(교사, 부모)의 설득: 교사나 부모의 긍정적인 평가 피드백은 학습자가 자신의 능력에 대한 신뢰를 증진시킬 수 있는 효과적이고 용이한 방법이다.

④ 부정적 정서 처리: 학습자가 실패나 어려운 과제를 마주할 때 생기는 긴장이나 불안에 대해 대응하는 대처기술을 훈련시킨다.

⑤ 실패의 노력 귀인: 실패를 경험했을 경우, 실패의 원인을 능력보다는 자신이 통제할 수 있는 요인인 노력으로 귀인하도록 한다.

❾ 교사효능감*

* 김아영, 2010

(1) 교사효능감의 개념과 특징

① 교사효능감
  ㉠ 교사들이 자신의 교수활동 관련 능력에 대해 지니고 있는 신념으로 '주어진 교육 목표를 이루기 위해 요구되는 활동들을 계획·조직·실행하는 데 있어 필요한 자신의 능력에 대한 교사 개인의 신념'으로 정의할 수 있다.*
  ㉡ 교사 자신의 수행능력에 대한 믿음이나 학생의 학습에 대한 책임감과 효율적 훈육에 대한 확신감 등의 개념을 포함한다.

* Skaalvik & Skaalvik, 2010

② 영향력: 교사효능감은 교육 성과에 영향을 미치는 중요 요인으로, 수업 전·중·후의 교사 활동에 영향을 미쳐 학생의 학업성취도에까지 영향을 미친다.

③ 구성요인*

    ㉠ 교수효능감(efficacy in teaching): 가르치는 직무 수행을 위하여 요구되는 교사의 능력에 대한 평가와 관련된 효능감을 의미한다.

    ㉡ 학급경영 효능감(efficacy in classroom management): 교실의 질서를 유지하기 위해 요구되는 일련의 행동을 조직하고 실행하는 교사들의 능력에 대한 믿음을 말한다.

    ㉢ 학생참여 효능감(efficacy in student engagement): 학생들의 행동을 통제하고, 규칙을 따르게 하고, 반항하는 학생들에게 대응하고, 학생들의 행동에 대한 명확한 기대를 갖고, 수업에 지장을 주는 학생들을 조용하게 하는 것들을 포함한다.

(2) 집단 교사효능감(collective teacher efficacy)

① 집단 교사효능감

    ㉠ 학생들 성취에 영향을 미칠 수 있다는 집단적 자기신념을 의미한다.

    ㉡ 개별 교사효능감의 평균이나 합계가 아닌, 하나의 단위로서 교사집단의 능력에 대한 개인의 지각을 반영한 개념이다. 즉 교사집단이 학생의 성취에 대해 미치는 집단적 영향력을 의미한다.

② 집단 교사효능감의 영향력

    ㉠ 집단 교사효능감이 강화될수록 교사들은 학생을 위한 교육기회를 향상시키려는 노력을 지속한다.

    ㉡ 집단 교사효능감은 교사의 직무만족도와 직업의 지속에도 중요한 영향을 미친다.

❿ 드웩(Dweck)의 능력에 대한 견해(mindset)

(1) 이론의 배경

① 아동은 실패에 대한 귀인 양상이 다르다. 무기력한 아동은 실패를 능력 부족으로 귀인하며, 숙달지향적 아동은 보다 생산적인 것에 귀인한다.

② 귀인은 결국 아동이 능력에 대해 가지고 있는 생각에 의해 영향을 받는다.

③ 어린 아동은 주로 능력이 노력을 통하여 향상될 수 있다는 견해를 가지며, 나이가 들수록 능력은 고정적이라는 견해를 가지게 된다.

④ 아동이 능력에 대해 어떤 생각을 갖고 있는지가 실패에 대한 귀인에 영향을 주고, 이에 따라 후속 상황에서의 목표에 대한 기대와 그들이 취할 행동이 결정된다.

* Tschannen-Moran & Hoy, 2001

개념확대 ⊕
Zoom IN

집단 교사효능감을 높이는 방법*
- **성공적 수행:** 변화를 위한 일을 교사들이 함께 성공적으로 수행했을 때
- **대리 경험:** 다른 성공적인 학교로부터 학습할 때
- **사회적 설득:** 교육지원청으로부터 변화에 대한 격려를 받았을 때.

* Schunk Meece & Pintrich, 2012

논술에 바로 써먹는
교육학 배경지식

교육지원청이나 교육부에서는 교사효능감 및 집단 교사효능감 증진을 위해 노력하고 있습니다. 구체적으로 어떤 방안이 있을지 생각해봅시다.
- 교원을 위한 상담 프로그램의 운영
- 각종 연수 프로그램 운영을 통한 교사 전문성 신장
- 우수교사 표창 등의 포상 및 우수 사례 발표회 실시

* Dweck & Master, 2012

교사효능감이 높은 교사의 특징
• 가르치는 일을 중요하고 의미 있게 여기며, 개인적 성취감을 맛본다.
• 학생의 발전을 기대하며 학생의 학습에 대한 개인적 책임감을 가지고 도움이 되는 교수법을 연구한다.
• 민주적인 방법으로 목표를 정하고 전략을 수립하며, 도전적 활동을 개발하고 학생이 성공하도록 돕는다.
• 학생과 교사 스스로에 대해 긍정적으로 여기고, 교사 스스로가 학생의 학습에 영향을 미친다고 확신한다.
• 도전적 상황에서 타협하지 않고 구체적이고 도전적 목표를 선택하며 문제를 가진 학생도 끈기있게 가르친다.
• 효능감이 높은 교사는 수업과 상호작용을 통해 학생의 학습을 북돋아 주는 반면, 효능감이 낮은 교사는 활동에서 통제를 강조하며 학생을 가르칠 때 외적 유인체계나 부정적 제약을 많이 사용한다.

* Dweck & Leggett, 1988

(2) 능력에 대한 두 가지 견해 (고정적 vs. 증가적)*

구분	고정적(실체적) / 총체적 신념 (entity view of ability)	증가적 / 향상적 / 성장 신념 (incremental view of ability)
정의	지능은 고정되어 있음: 능력은 안정적이고 통제 불가능한 특성, 즉 변화시킬 수 없는 타고난 개인의 특성	지능은 성장함: 능력은 비안정적이고 통제가능하며, 개인의 노력으로 변화시킬 수 있는 특성
목표지향	수행목표 (학습을 희생하더라도 똑똑해 보이고자 함)	숙달목표 (힘들거나 위험소지가 있더라도 새로운 것을 배우고자 함)
과제 선택	똑똑하게 보여서 자존심을 세울 수 있는 상황을 찾음. 너무 많은 노력을 기울이거나 실패 부담을 안지 않고 잘할 수 있는 일을 선택	시험성적, 점수보다 자신의 문제해결 과정을 향상시키고, 좋은 전략을 세울 수 있는 일을 선택
성공의 의미	다른 사람보다 똑똑해지는 것	향상과 숙달
실패의 귀인	낮은 지능(타고난 능력)	부족한 노력과 서투른 전략
노력의 정의	노력은 낮은 지능을 의미함	노력이 지능을 활성화하고 사용함
학습 전략	피상적·기계적인 학습전략	심층적 인지전략, 메타인지전략
부족함에 대한 반응	회피적, 방어적으로 대응. 자기 손상화 전략(self-handicapping)을 사용	학습의 기회로 인식. 자신의 부족함을 인정하고 직면함
실패 후 사용 전략	덜 노력, 더 방어적	더 많은 노력, 자기계발
실패 후 수행	나빠짐	같거나 향상됨

지능이론	목표지향	지능에 대한 자신감	행동 양상
고정적 견해	수행목표	높음	• 숙달목표 지향 – 도전을 좋아함 – 강한 끈기
		낮음	• 무기력 – 도전을 회피 – 끈기가 약함
증가적 견해	학습목표	높거나 낮음	• 숙달목표 지향 – 도전을 좋아함(학습 촉진) – 강한 끈기

⓫ 학습된 무기력(learned helplessness) `기출 00 초등`

(1) 기본 입장

① 초기단계에 피할 수 없는 전기쇼크를 경험한 개들이 후속 상황에서는 피할 수 있는 상황임에도, 쇼크를 피하려는 행동을 보이지 않았던 셀리그만(Seligman)의 동물연구에서 시작한 개념이다.

② 통제가 어려웠던 이전 경험에 근거하여 자신의 어떤 노력도 실패할 것이라는 기대로, 개인이 과제를 달성할 능력이 없고 환경을 거의 통제할 수 없다고 생각하는 개인을 무력화시키는 신념이다.

③ 학습된 무기력 상태의 학습자는 자신의 실패가 당연하다고 생각하며, 학습에 대해 어떠한 시도조차 하지 않는다.

(2) 학습된 무기력의 영향

① **동기적 결손**: 자발적으로 반응(학습, 노력)하려는 동기를 저하시킨다.

② **인지적 결손**: 자신의 반응이 실제로 효과가 있다는 것을 인지하지 못한다.

③ **정서적 결손**: 우울증이나 불안, 자존감의 저하와 같은 정서적 동요를 경험한다.

④ 학습된 무기력을 가진 학생은 동기적 · 인지적 · 정서적 결손으로 인해 성공에 대한 기대가 낮고 수동적으로 학습에 참여하며, 어려움에 봉착하면 쉽게 포기하고, 우울, 식욕 감퇴, 학습성취도의 저하와 같은 부적응적 특징을 보인다.

(3) 학습된 무기력에서 벗어나도록 돕는 방안

① **실패로부터 과잉보호 금지**
  ㉠ 실패 후라도 통제 가능한 결과를 경험하면 무기력이 생기지 않고, 노력, 결단, 수행의 증가가 나타나기도 한다.
  ㉡ 실패로부터의 과잉보호는 오히려 실패를 통제할 경험과 기회를 박탈한다.

② **통제감을 경험할 수 있는 환경 제공**: 개인이 이전에 통제를 경험했던 행동을 자주 생각하고, 무기력을 유발하는 사건들에 대해 작은 통제라도 경험해본다.

③ **반복적으로 어려운 과제를 부과하지 않기**
  ㉠ 교사나 부모와 같이 학생에 대한 통제권을 가진 사람이 반복적으로 어려운 과제를 부여하는 것을 피한다.
  ㉡ 특히, 학생이 반복적인 실패를 경험한 적이 있다면 과제 난이도를 조절해 성공 경험을 부여하는 것이 필요하다.

④ **실패 수용을 위한 사전 정보 제공**: 실패가 예견되는 상황이라면 실패를 수용할 준비를 할 수 있도록 사전에 상황에 대한 정보를 제공한다.

⑤ **구체적인 피드백**: 학생의 수행 결과에 대해 분명하고 구체적인 피드백을 제공하여 자신의 능력이나 실패의 원인을 정확하게 파악할 수 있도록 한다.

⑥ **귀인 변경**
  ㉠ 실패를 능력 부족으로 귀인하는 학생에게 노력 부족이나 학습전략 부족 등 통제할 수 있는 요인으로 귀인을 바꿀 수 있도록 한다.
  ㉡ 실제로 능력 부족이 원인일 경우는 과제 난이도를 낮춘다.

⑫ 드웩(Dweck)의 목표지향이론(goal orientation theory)

기출 12, 23 중등 / 01, 08, 10 초등

(1) 목표지향

① 성취행동에 개입하는 목적과 이유로, 목표 달성에 있어 수행의 성공 및 실패를 판단하는 기준을 반영한다.

② 목표는 크게 '숙달목표'와 '수행목표'로 나뉘며, 지능에 대하여 고정적인 신념을 가진 학생은 수행목표를 증가적 신념을 가진 학생은 숙달목표를 추구한다.

③ 두 가지 종류의 목표는 각기 다른 방식으로 인지적 과정·정서·행동에 영향을 미치지만 상호 배타적이지 않고 동시에 추구되기도 한다.

기출 23 중등

기출논제 Check ✓

평가 보고서에서 자기효능감 형성에 영향을 미친다고 분석한 요인(숙달경험, 대리경험)에 따른 교수전략 2가지

(2) 숙달목표와 수행목표

① 숙달목표(mastery goal orientation)

  ⊙ 자신의 기준과 자기발전을 위하여 학습하고 숙달하고자 하는 목표로, 역량 향상과 개발에 초점을 둔다.

  ⊙ 실수를 얼마나 하는지, 서투르게 보이는지 등에 관심이 없고 학습의 향상을 위해 시간과 노력을 투자하므로 과제에서 참여의 질이 높다.

  ⊙ 도전을 기꺼이 추구하고 어려움이 있어도 과제에 대한 지속성이 높으며, 다른 사람과 비교당하거나 평가받는 것을 걱정하지 않는다.*

  ⊙ 주요 목표: '무엇을 학습하였는가?', '얼마나 향상되었는가?'

* Midgley, 2001

② 수행목표(performance goal orientation)

  ⊙ 자신의 역량과 능력을 증명하려는 목표로, 다른 사람과 비교하여 자신이 어떻게 평가될 것인지에 초점을 둔다.

  ⊙ 좋은 시험 점수나 성적을 받고 다른 친구들과 경쟁하거나 비교하여 친구를 능가하는 데 관심이 있다.

  ⊙ 좋은 평가를 받기 위해 쉬운 과제를 선택하거나 평가 기준이 명확하지 않은 과제를 하는 것을 좋아하지 않는다.*

  ⊙ 주요 목표: '얼마나 좋은 성적을 얻었는가?', '다른 사람들의 평가는 어떠한가?'

* Anderman & Anderman, 2010; Stipek. 2002

(3) 목표에 따른 결과

구분	숙달목표	수행목표
귀인	• 긍정적·적응적 귀인 • 노력, 적절한 전략, 충분한 지식 • 학습결과는 개인의 노력과 결부되는 것	• 부정적·부적응적 귀인 • 능력(능력부족으로 인한 실패귀인) • 학습의 결과는 개인의 능력에 따른 것
정서	• 노력으로 인한 성공 ⇨ 자부심 • 노력 부족으로 인한 실패 ⇨ 죄책감 • 학습에 대한 긍정적 태도 • 학습에 대한 내재적 흥미	• 실패 후의 부정적 정서 예 공포, 시험불안 • 학습에 대한 무관심한 태도 • 학습에 대한 외재적 동기
인지	• 심층적인 인지처리전략 사용 • 계획, 인식, 자기점검과 같은 자기조절 전략 사용	표면적·기계적인 학습전략 사용

| 행동 | • 도전적인 과제 선택
• 새로운 과제에 개방적·모험적 태도
• 높은 수준의 성취도
• 적응적인 도움행동 추구 | • 쉬운 과제 선택
• 새로운 것을 시도하는 것을 주저
• 낮은 수준의 성취도
• 적응적인 도움행동 부족 |

(4) 접근과 회피

① 수행목표는 외재적 동기와 마찬가지로 항상 나쁜 것이 아니며, 적극적인 학습 전략과 높은 자기효능감과 관련되어 있다는 연구 결과들이 있다.

② 또한 내재적 동기와 외재적 동기를 동시에 가질 수 있는 것처럼 숙달목표와 수행목표를 동시에 가질 수도 있다.

③ 이러한 최근의 발견을 설명하기 위해 숙달 목표와 수행목표에 접근 및 회피 구분을 첨가한 '2×2목표 구조'가 제안되었다.

④ 2×2목표 구조[*]

* Pintrich & Schunk, 2002

목표지향성	접근(approach)에 초점	회피(avoidence)에 초점
숙달	과제의 숙달과 학습, 이해가 목표 예 '나는 수업에서 가능한 많은 것을 배우고 싶어.'	과제를 이해하지 못하는 상황을 피하려는 목표 예 '나는 오늘 배운 것을 이해하지 못하면 안 돼.'
수행	우수하고, 이기고, 최고가 되는 게 목표 예 '나는 오늘 시험에서 다른 친구들보다 좋은 점수를 얻을 거야.'	자신이 무능해 보이거나, 지는 것을 피하려는 목표 예 '나의 목표는 다른 친구들보다 낮은 점수를 받지 않는 거야.'

⑤ 숙달접근목표: 과제를 이해하고 숙달하고자 하며, 학습자의 학습과 향상에 초점을 맞춘 목표로, 과제를 이해하고 학습하기 위해 필요한 적절한 도움을 요청하고, 심층적인 인지전략을 사용하며, 학습과제에 자신감을 가지고 접근한다.

⑥ 숙달회피목표: 과제를 완벽하게 이해하거나 학습하지 못하는 상황을 피하려는 목표로, 숙달회피목표를 가진 학생은 정답을 정확히 맞히는 것에 초점을 둔 완벽주의자적 경향을 보인다.[*]

* Anita W. (2015) 교육심리학

⑦ 수행접근목표(performance – approach goals)

　㉠ 타인과의 비교에서 상대적으로 유능하다고 평가받으려는 목표이며, 수행접근목표를 가진 학생은 자신감이 있고 높은 자기효능감을 가지고 있다.

　㉡ 피상적인 전략을 사용하고, 목표에 이르는 정도까지만 노력을 기울이며, 목표를 이룰 수 없다고 생각 될 때 노력을 하지 않거나 부정행위를 하는 역기능도 존재한다.

⑧ 수행회피목표(performance – avoidance goals)

　㉠ 자신이 무능해 보이는 것을 피하려는 목표로, 수행접근목표를 가진 학생이 반복적인 실패 경험을 하면 수행회피목표를 가지게 된다.

　㉡ 수행회피목표를 가진 학습자는 방어적이고, 실패 회피전략을 채택하며, 자기효능감이 낮고, 자신감이 부족하고, 시험과 과제에 대한 불안이 높다.

　㉢ 실패를 반복할 경우는 학습된 무기력 상태의 학습자가 된다.

(5) 숙달목표에 기여하는 교실 환경

① 유능감 증진 기회 제공: 학생으로 하여금 해당 학습내용에 대한 기초 이해뿐만 아니라 다른 영역에서의 유능성을 발달시킬 수 있도록 한다.

② 자기지시적 학습기회 제공: 사회적 비교 평가를 피하고 학생 스스로 자신이 수행한 과제를 평가하도록 도와주며, 유능성을 획득하면 학생에게 책임을 이전한다.

③ 학습에 대한 기대와 내재적 가치 강조: 학생이 배우는 것의 가치와 흥미를 알 수 있도록 하고, 학생의 흥미를 위해 학습과제를 스스로 선택하게 한다.

④ 협동과 협력기회 제공: 효율적으로 같이 공부하는 것과 서로 돕는 것을 강조하여 집단 작업을 하도록 한다.

⑤ 능력/노력 피드백 제공: 숙달에 초점을 맞추어 피드백이나 보상을 제공하고, 학생이 능력 향상을 보일 경우 이를 인정해주고, 향상을 위해 재시험을 보는 것을 허용한다.

(6) 사회적 목표(social goal)

① 청소년기로 접어들면서 더 강조되고 중요해지는 목표로, 또래 친구와의 관계 형성과 유지를 목표로 한다.

② 사회적 목표는 학습과 관련 없는 다양한 욕구와 동기를 포함하기 때문에 학습에 방해가 되는 요소가 되기도 한다.

> **예** 모둠활동에서 친구의 마음을 상하게 하지 않기 위해 틀렸다거나 잘못됐다는 의견을 말하지 않는 것, 친구들과 즐기거나 '공부벌레'라고 불리지 않기 위해 공부와 멀리하는 것

③ 학습에 가치를 두는 또래 집단에 속하는 경우의 사회적 목표는 학습을 지원하는 요소가 될 수 있다.

(7) 과제회피목표*

① 과제회피 목표를 가진 학습자의 경우는 숙달목표, 수행목표 둘 다 추구하지 않는다.

② 과제를 빨리 끝내버리거나 과제 자체를 회피하고 하지 않으려고 하는 경향이 있다. 학습이나 과제 해결에 큰 노력이나 힘을 들이지 않고 가급적 빨리 끝내는 것에 중점을 둔다.

③ 열심히 노력할 필요가 없거나, 과제가 쉬워 게으름을 피울 수 있을 때 성공적이라 느낀다.*

요약정리 🔍
Zoom OUT 목표 구조의 종류와 특징

구조	특징	문항 예
숙달 접근	• 과제 숙달에 초점 • 학습에 대한 내재적 흥미와 긍정적 태도, 높은 학습참여도 • 학습의 내재적 가치 존중 • 자기조절, 심층적 정보처리와 관련된 학습전략 • 도전적 과제 선호 • 실패는 노력 부족으로 귀인	"나는 수업에서 가능한 한 많은 것을 배우고 싶다." "어떤 수업이든 배울 수 있다면 다 의미가 있다."
숙달 회피	• 과제 숙달의 실패나 학습부진을 기피 • 오류를 범하는 것을 기피 • 학습전략의 퇴보를 기피 • 정답을 정확히 맞히는 것에 초점을 둔 완벽주의자적 경향	"나의 좋은 공부습관을 잃지 않는 것이 나에게는 중요하다." "시험문제에서 틀리는 것 없이 다 맞히는 것이 중요하다."
수행 접근	• 유능하게 평가받는 것에 초점 • 자기가치감을 높이는 방향으로 학업에 임함 • 학습은 목표달성을 위한 수단 • 피상적·단기적 학습 전략 선호 • 규준적으로 정의된 성공을 지향 • 도전적 과제 기피 • 실패는 능력 부족으로 귀인	"나의 목표는 다른 학생보다 좋은 성적을 받는 것이다." "이번 기말 시험에서는 무조건 1등을 해야 한다."
수행 회피	• 다른 학생보다 무능한 사람으로 평가되는 것을 기피 • 꼴찌가 되지 않는 것, 낙제하지 않는 것 • **방어적 실패 회피 전략 채택**: 무관심, 속임수	"나의 목표는 다른 학생들과 비교하여 나쁜 성적을 받지 않는 것이다." "이번 시험의 목표는 재시험만은 피하는 것이다."

개념확대 ⊕
Zoom IN

능력에 대한 견해와 목표 지향
능력에 대한 고정적 견해를 가진 학생은, 능력에 대해 긍정적 평가를 받기 위해 수행목표를 지향하는 경향이 있다. 반면 지능이 변화 가능하다는 능력에 대한 증가적 견해를 가지는 학생의 경우 능력을 향상시키기 위해 학습목표를 지향하는 경향이 있다.

⑬ ARCS 동기화 모형 〔기출〕 15 중등

(1) 개념

① 켈러(Keller)가 제안한 것으로, 학습동기를 유발하기 위한 체계적 지침을 제공하는 모형 중 하나이다.

② 수업을 매력적으로 만들기 위해 네 가지 개념적 요소를 제안하면서 ARCS를 제안하였다.

③ ARCS에서 제안하는 동기유발을 위한 중요 요소는 '주의력(Attention) 집중, 학습할 내용의 관련성(Relevance), 학습에 대한 자신감(Confidence), 학습에 따른 만족감(Satisfaction)'이다.

(2) 동기유발의 주요 요소

① 주의력

㉠ 학습 동기가 유발·유지되기 위해서는 주어진 학습자극에 주의를 기울여야 하고, 기울인 주의가 유지될 필요가 있다.

㉡ 이를 위해서 학습자극을 적절히 변화시키는 것이 필요하고 호기심을 환기시키는 과정이 요구된다.

㉢ 호기심을 유발하는 것은 수업을 구성하고 이어나가는 데 매우 중요하다.

㉣ 주의력 환기 전략

ⓐ 지각적 주의 환기

• 새롭거나 기존의 것과 모순되거나 불확실한 사건, 놀라운 정보를 수업에 사용함으로써 학습자의 주의를 유발·유지하는 전략이다.

• 학습자의 관심을 끌기 위해서 무엇을 해야 하는지에 대해 제안한다.

㉺ 일상적이지 않은 내용이나 사건을 활용하여 수업을 구성하는 것이나 역설을 활용하는 등

ⓑ 탐구적 주의 환기

• 학습자의 호기심과 탐구심을 자극하여 학습에 대한 동기를 갖게 하는 전략을 말한다.

• 어떻게 호기심을 자극할 수 있는지에 대해 제안한다.

㉺ 문제중심의 수업을 구성하여 문제를 해결해가는 과정에서 학습할 수 있도록 수업을 설계한다. 학생들의 궁금증을 유발할 수 있는 신비로운 사건이나 예시를 제공한다.

ⓒ 다양성

• 수업의 요소를 변화시킴으로써 학습자의 흥미를 지속시키는 전략을 말한다.

• 어떻게 학습자의 주의를 유지할 수 있는지에 대해 제안한다.

㉺ 교수 단위를 짧고 간결하게 구상해서 변화를 제공하거나, 연습 또는 평가 방법을 수업 사이사이에 넣어 환기시키는 방법

② 관련성

  ⊙ 앞서 말한 전략들을 통해 초반에 주의가 기울여지고 나면 이후 학생들은 왜 과제를 공부해야 하는가에 관심을 가지게 된다.

  ⓛ 개인적인 필요나 가치에 대해 지각한 학습자와 그렇지 않은 학습자는 매우 다른 수준의 동기를 보이게 되는데, 이때 관련성이 중요한 결정 요소가 된다.

  ⓒ 관련성은 과제가 나의 개인적 흥미나 목적과 어떻게 관련되는가에 대하여 고민해보는 노력을 말한다.

  ⓔ 관련성 향상 전략

    ⓐ 친밀성

      • 학습자의 경험과 관련이 있거나 학습자가 추구하는 가치와 관련이 있는 친밀한 용어나 예시, 개념 등을 사용하는 전략을 말한다.

      • 친밀하다는 것은 인지적 관점에서 보면, 과제의 내용에 대해 이미 알고 있거나, 이미 가진 지식이나 정보, 기술, 가치 등은 인지구조 속에 존재하고 있기 때문에 새로운 것과 연결되었을 때 더 잘 이해할 수 있게 되고 보다 구체적인 도식 구조를 형성할 수 있게 된다.

      ⑩ 이미 알고 있는 인물의 사례를 들어 새로운 개념을 가르치기와 같은 방법

    ⓑ 목표지향성: 수업이나 과제를 통해 결과적으로 성취하고자 하는 목표를 제시하거나 학습자 스스로가 목표를 설정하는 방법을 통해 과제의 가치나 자신과의 연관성을 찾는 전략이다.

      ⑩ 학습과제를 실시하기에 앞서 과제가 궁극적으로 추구하는 목적이 무엇인지와 어떠한 실용성을 가지는지를 명확하게 알려주는 방법

    ⓒ 필요나 동기와의 부합성: 교수의 과정 또는 방법 측면의 관련성을 강조하는 전략으로, 학습자의 필요나 동기와 결합되는 교수전략을 활용하는 것을 말한다.

      ⑩ 비경쟁적 학습 상황을 선택하게 하기, 협동적 상호 학습 상황 제시하기, 모든 학생과 소통하며 인격적으로 대우하기, 성공적인 성취를 이룬 사람들의 일화 제공하기 등

③ 자신감

  ⊙ 동기를 유발·유지하기 위해서는 학생이 학습 상황에서 자신감을 느껴야 할 필요가 있다.

  ⓛ 완벽한 성공이 보장되지는 않더라도 적절한 정도의 도전감과 노력을 통해 성공할 수 있다는 자신감을 제공하는 수업을 구상할 필요가 있다.

  ⓒ 자신감 향상 전략

    ⓐ 학습의 필요조건 제시

      • 학습자에게 수행에 필요한 조건과 평가 기준을 제시해 줌으로써 학습자가 성공의 가능성 여부를 학습하기 전에 어느 정도 짐작할 수 있도록 도와주는 전략을 말한다.

- 이러한 조건과 평가 기준의 사전 공지는 어떠한 실력의 증진이 필요한지, 어떻게 목표를 달성할 수 있는지에 대한 기준으로 작용하여 자신감을 심어줄 수 있다.
  - 예 평가의 기준을 알려주고 연습의 기회를 제공하는 것, 시험의 조건이나 필요한 선수 지식, 기술, 태도 등에 대해 명확하게 알려주는 것
- ⓑ 성공의 기회 제시
  - 학습과정과 수행조건에서 성공의 경험을 할 수 있는 적절한 수준의 과제를 제시하여 성공의 기회를 제공하는 전략을 말한다.
  - 학습자가 자신의 능력에 확신을 갖도록 도와주기 위해 학습경험을 설계할 필요가 있다.
    - 예 다양한 수준의 난이도 제공으로 학습자가 스스로 시간 및 상황의 복잡성을 조절할 수 있는 기회를 제공하는 것, 쉬운 내용에서부터 어려운 내용으로 수업을 조직 및 강화하는 방법
- ⓒ 개인적 조절
  - 학습자가 개인적 조절감을 가질 수 있는 평가방법이나 교수자의 피드백을 사용하여 성공의 내적 요인을 부각하는 전략이다.
  - 앞서 말한 성공이 외부의 운이나 과제 난이도 등, 자신이 통제하지 못하는 요소로부터 기인한다고 생각하는 학습자에게 성공 자체가 반드시 자신감을 높여주지는 못하므로 개인적 조절감을 가질 수 있게 지도해야 한다.
    - 예 학습자가 학습하고자 하는 부분을 학습할 수 있게 자율성을 제공, 성공을 개인적 노력으로 돌릴 수 있게 하는 교수자의 피드백이나 칭찬, 온라인 학습 상황에서 이전 학습 보기나 이후 학습 보기와 같은 버튼, 재생속도 버튼을 제공하는 것
- ④ 만족감
  - ㉠ 학습자가 노력하는 과정에 대해 얻는 만족감이나 결과로부터 얻는 만족감은 학습의 지속 여부를 결정하는 중요한 요인이 된다.
  - ㉡ 만족감에 영향을 주는 요소
    - ⓐ 자연적 활용
      - 학습자의 내적 동기를 유지시키는 것으로, 새롭게 습득한 지식이나 기능을 실제 또는 모의 상황에 적용해 볼 수 있는 기회를 제공해주는 전략을 말한다.
      - 적용의 기회는 학습 후 가능한 한 빨리 제공하는 것이 효과적이다.
        - 예 실제로 적용해 볼 수 있는 연습문제 제시, 이후 이어지는 학습내용에 활용할 수 있도록 수업을 설계하는 방법, 지식을 적용할 수 있는 모의상황을 마련하거나 게임 등을 통해 지식을 풀어낼 수 있는 기회 제공
    - ⓑ 외적 보상: 학습행동을 계속 유지시킬 수 있는 강화와 피드백을 제공하는 전략이다.
      - 예 새로운 학습을 성공적으로 수행한 학습자에게 긍정적 피드백이나 강화를 제공

ⓒ 공정성: 수행의 과정이나 결과가 공정했다고 인식하는 것은 학습동기 유지에 매우 중요한 요소이기에 학업 성취에 대한 기준과 결과가 일관성 있고 공정하게 유지되도록 하는 전략을 말한다.

　　예 최종 연습문제와 성적을 위한 최후 검사 간 난이도나 내용이 일치한다는 것을 보여주는 방법, 초반에 언급한 수업목표와 달성 방법이 수행과제의 결과를 평가하는 데 일관되게 활용되었음을 알려주는 것

요약정리 🔍
Zoom OUT 동기이론 종합

1. 동기이론의 분류

구분	내용
욕구에 기초한 이론	• 모든 인간에게는 기본적인 욕구가 있고 이러한 욕구를 충족시키거나 이러한 욕구가 충족된 상황에서 동기가 유발될 수 있음을 설명함 • 종류: 욕구위계이론, 자기가치이론, 실현경향성 이론, 자기결정성 이론, 성취동기이론 등
인지적 접근의 이론	• 개인이 상황이나 자신의 능력을 어떻게 인식하는지에 따라서 동기가 달라질 수 있음을 설명함 • 종류: 기대 × 가치이론, 귀인이론, 자기효능감, 능력에 대한 견해, 학습된 무기력 등
개인이 추구하는 목표에 따른 이론	• 인간 개개인은 모두 각자 추구하고자 하는 목표가 있고, 이러한 목표가 동기유발에 영향을 미칠 수 있음을 설명함 • 종류: 목표지향이론, ARCS 동기화 모형

2. 대분류에 따른 세부 동기이론

구분	이론명	주요 학자	주요 내용
욕구에 기초한 이론	욕구위계이론	매슬로우	• 인간이 지닌 욕구들의 위계를 설정한 이론 • 크게 결핍욕구와 성장욕구로 구분됨
	자기가치이론	코빙톤	인간은 자신을 가치 있는 존재로 인식하고 자기가치를 보호하려는 선천적인 욕구를 지닌다고 간주하는 이론
	실현경향성 이론	로저스	인간은 자아실현하고자 하는 선천적 욕구를 가지고 있다고 간주하는 이론
	자기결정성 이론	데씨 & 라이언	인간이 자율성, 유능성, 관계성의 세 가지 기본 욕구를 지닌다고 간주하는 이론
	성취동기이론	머레이 & 맥크렐랜드	인간이 도전적이고 어려운 과제를 성공적으로 성취하고자하는 욕구를 지닌다고 간주하는 이론

논술에 바로 써먹는
교육학 배경지식

동기이론은 주요 기준에 따라서 크게 욕구에 기초한 이론, 인지적 접근을 중심으로 한 이론, 목표지향이론, ARCS 모형 등으로 구분해 볼 수 있습니다. 여기서 ARCS 모형 외의 다른 이론들은 학생의 동기를 이해하기 위해 밀접한 연관을 가진 중요 요소들의 성격을 정리한 데에 반해, ARCS 모형은 학생의 동기를 유발시킬 수 있는 방법들에 대해 제안한다는 점에서 차이가 있습니다. 이러한 구분은 각 이론이 지향하는 큰 틀에서의 구분이며 이해를 위한 구조를 제공해주지만, 궁극적으로 동기이론들은 서로 복합적으로 연관될 수 있음을 유념할 필요가 있습니다.

구분	이론명	주요 학자	주요 내용
인지적 접근의 이론	기대 × 가치이론	앳킨슨	• 성취동기이론에서 인지적 측면을 포함한 이론으로 성취동기를 성공접근 경향과 실패회피 경향의 차이로 설명함 • 각각의 경향을 다시 동기, 기대 및 가치의 개념으로 설명하는 이론
		에클스 & 위그필드	동기를 성공에 대한 기대와 가치의 곱으로 설명하는 이론
	귀인이론	와이너	성공이나 실패의 원인이 무엇이라고 지각하는지를 중심으로 동기를 설명하는 이론
	자기효능감	반두라	특정 과제를 성공적으로 수행할 수 있다는 자신의 능력에 대한 믿음으로 동기를 설명하는 이론
	능력에 대한 견해	드웩	능력이 고정적이라고 생각하는지, 변화 가능하다고 생각하는지에 따라 동기를 설명하는 이론
	학습된 무기력	셀리그만	통제할 수 없는 상황에 지속적으로 노출될 경우 통제감을 상실하게 되고 무기력함(학습된 무기력)을 느끼게 되는 상황을 설명함
개인이 추구하는 목표에 따른 이론	목표지향이론	로크 & 라탐	인간이 지향하는 목표가 어떠한지에 따라 동기를 설명하는 이론
	ARCS 동기화 모형	켈러	'어떻게 하면 동기를 유발할 수 있는가?'에 답하기 위해 '주의력'의 집중, 학습할 내용의 '관련성', 학습에 대한 '자신감', 학습에 따른 '만족감'의 네 가지 요소를 제시한 이론

03 흥미와 정서

1 흥미(interest)

(1) 흥미의 종류

① 개인적 흥미(individual interest): 특정 주제나 영역에 대한 개인의 선호로, 지속적·안정적인 개인의 성격적·개인적 특성이다.

② 상황적 흥미(situational interest): 일시적이고 상황 특수적인 흥미로 과제, 활동, 교실, 등 맥락적 요인에 의해 영향을 받으며 보다 짧게 유지된다.

(2) 학업에 대한 흥미의 영향

① 학업에 대한 개인적 흥미의 영향: 심층적 인지처리전략(정교화, 조직화, 비판적 사고, 시간·노력 조절전략)에 영향을 미친다.

② 학업에 대한 상황적 흥미의 영향: 기억, 주의, 이해력, 깊은 인지적 관여, 성취에 영향을 미친다.

(3) 레닌거(Renninger)의 흥미발달 4단계 모형

① 흥미발달 4단계: 상황적 흥미 발동 ⇨ 상황적 흥미 유지 ⇨ 개인적 흥미 발생 ⇨ 개인적 흥미 발달

② 우연히 발생된 상황적 흥미가 유지되며 개인적 흥미가 생겨나고 발달한다고 설명한다.

(4) 교육적 적용

① 학습내용을 학생의 개인적 흥미와 연결 짓는 것이 도움이 된다.

② 가르칠 내용이 정해져 있을 경우 상황적 흥미를 일으키는 것이 중요하다.

③ 화려한 자료를 활용하는 것은 흥미가 낮은 학생의 흥미를 발동시키는 데에는 효과적일 수 있으나 흥미의 유지에는 효과가 낮으며, 애초에 높은 흥미를 가진 학생에게는 효과적이지 않다.

④ 흥미의 발동뿐만 아니라 유지도 매우 중요하다. 흥미의 유지를 위해서는 실생활 문제와의 연결, 공상을 통한 문제해결, 과제의 유용성을 강조하기와 같은 방법을 활용할 수 있다.

@ 우주선의 선장이 되어 우주를 항해하는 과제를 하며 수학 지식을 학습하게 함

❷ 정서(emotion)

(1) 개념
① 짧은 사건들로 인해 발생하여 사고와 행동을 바꾸어 놓는 정의적인 특성이다.
② 정서가 어떠한지에 따라 정보처리과정이나 문제해결과정이 달라지고, 학생의 자기조절과정을 촉진 또는 제한하는 역할을 한다고 알려져 있다.
③ 정서의 구분
  ㉠ 정적 정서
    ⓐ '행복한, 만족스러운, 흥미' 등과 같은 정서로 학생들의 학습에 긍정적 영향을 미친다.
    ⓑ 총체적·직관적인 문제해결과 관련이 있다.
  ㉡ 부적 정서
    ⓐ '슬픈, 지루한, 불안함' 등과 같은 정서로 일반적으로 학생들의 학습에 부정적 영향을 미친다.
    ⓑ 분석적·세부적인 절차의 정보처리와 연관이 있다.
    ⓒ 기피나 회피를 유발하지만 세부 사항에 초점을 두고 실수를 하지 않으려는 것 등을 포함하는 순응적인 기능도 있다.

(2) 학업에 대한 정서의 영향
① 학업 상황에서 성공과 실패 경험은 자부심, 희망, 지루함, 분노, 수치심 등과 같은 다양한 정서를 야기할 수 있다.
② 학업 상황에서 정서적 경험의 중요성: 부정적인 정서 경험은 주의를 학업이 아닌 다른 곳으로 돌려서 이후 학습과 관련된 인지기능을 저해할 수 있다는 연구 결과들이 존재한다.
  예 지루함의 경우 주의집중의 어려움, 내재적 동기 부족, 노력 부족, 정보에 대한 얕은 처리, 자기조절학습의 부족과 연결되어 있다.
③ 정서는 학습과정에 영향을 주는 변인임과 동시에 학습과정의 결과변인이기도 하다.

(3) 목표지향성과 정서
① 학업 상황에 있어 특히 목표지향성과 정서가 어떠한 연관을 가지는지에 대한 논의가 계속되고 있다.
② 숙달목표 지향과 정서
  ㉠ 숙달목표를 가진 학생은 활동하는 그 자체가 발전하는 것으로 생각하고 통제감을 느끼기 때문에 실패를 두려워하지 않고 과제에 초점을 맞춘다.
  ㉡ 이러한 학생은 학습의 과정에서 즐거움, 희망, 자부심 등을 느끼며 덜 지루해한다.

③ 수행접근목표 지향과 정서
　　㉠ 수행접근목표를 가지는 학생은 자신이 타인보다 우월하고 똑똑하다는 걸 보여주길 원하기 때문에 주로 자부심과 연관되어 있다.
　　㉡ 실패할 경우에는 좌절감을 느끼게 된다.
④ 수행회피목표: 수행회피목표를 가진 학생은 바보처럼 보이지 않는 것을 목표로 하기 때문에 일반적으로 실패에 대한 두려움, 불안, 절망감, 수치심을 학업 상황에서 많이 느낀다.

(4) 긍정적 정서 경험을 위한 제안

① 통제 가능성의 지각
　　㉠ 학생이 수업 상황에서 자신이 결정하거나 통제할 수 있는 부분이 전혀 없다고 여길 경우, 좌절감이나 지루함을 느끼게 될 확률이 높아진다.
　　㉡ 따라서 학업 운영의 규칙을 함께 설정하고 이에 맞추어 가거나, 선택권을 제공하는 것이 긍정적 정서 경험을 야기하는 데 도움이 될 수 있다.
② 적정 수준의 난이도: 난이도가 너무 낮을 경우 지루함이 유발되고, 너무 높을 경우 좌절감이 유발되므로 도전 가능한 적정 수준의 난이도를 가진 과제를 제시해야 한다.
③ 과제특수적 상황에 대한 인식: 학업 상황에서 느끼는 정서는 일반적인 것이 아니라 수업 방식이나 주제에 따라 달라질 수 있음을 인식하고 종합적으로 고려하여 접근해야 한다.

(5) 불안(anxiety)

① 일반적인 불편감이나 긴장감을 말한다.
② 상태불안: 특히 학교 상황에서의 특정 상황은 불안을 더욱 유발할 수 있는데, 이런 특정 상황에서의 불안을 말한다.
③ 불안은 인지적 요소와 정의적 요소 모두를 포함한다.
　　㉠ 인지적 요소: 걱정하거나 부정적으로 사고하는 것이다.
　　㉡ 정의적 요소: 손에 땀이 나거나 위장장애가 생기는 것이다.
④ 불안에 대한 대처 – 문제중심 자기조절전략: 불안을 유발하는 학업 상황을 명확하게 인지하고, 이를 해결하기 위해 목표와 공부계획을 세우며, 효과적인 학습전략을 활용하여 학업을 체계적으로 수행해나감으로써 불안을 해소한다.
⑤ 교사의 역할
　　㉠ 교사는 최대한 학생이 불안을 덜 느낄 수 있도록 조력하고, 불안을 느끼는 학생이 이를 이겨나갈 수 있도록 도와야 한다.
　　㉡ 학생지도 시 유의점
　　　　ⓐ 경쟁 상황에 대한 신중한 대처
　　　　　• 학생들끼리 성취를 직접적으로 비교하는 교수법이나 지나친 성취에 대한 압박은 학생들의 불안을 높일 수 있다.
　　　　　• 경쟁적인 과제를 수행하더라도 모든 학생이 성공 경험을 할 수 있는 설계를 하거나 협동학습을 활용하는 등의 방법이 필요하다.

ⓑ 명확한 지시
- 모호한 학습 환경이나 상황은 학업에 대한 불안감으로 연결될 수 있으므로 시험 등과 관련된 지시사항을 종이에 구체적으로 작성해 나누어주거나, 수업방법에 대해 확실히 이해했는지 확인해야 한다.
- 새로운 형태의 과제를 진행한다면 예시를 제시하여 모호성을 낮추어야 한다.

ⓒ 효과적인 자기조절전략 제시
- 학생이 학업 상황에서 마주하는 불안을 해소하는 중요한 방법 중 하나는 자기조절능력을 기르는 것이다.
- 학업과 관련한 목표나 계획을 세워보는 기회를 제공하고, 학습하는 과정에서 중요한 부분이 무엇인지를 고민해보게 하며 시험 후에는 무엇을 잘못했고 잘했는지에 대해 확인할 기회를 제공하는 방법을 통해 학생들의 메타인지와 자기조절능력을 향상시켜야 한다.

ⓓ 성적을 위한 시험 사용 제한: 학생은 시험과 관련된 불안을 많이 느끼므로, 시험을 성적의 도구로만 사용하는 게 아니라 자신의 학업 상태를 점검하는 과정으로 연습할 수 있는 기회를 제공한다.

(6) 칙센트미하이(Csikszentmihalyi)의 몰입(flow)

① 몰입이란 개인이 흥미를 느끼는 과제수행에 몰입하여 '최적 경험(optimal experience)'을 하는 심리 상태이다.

② 활동이 주는 즐거움 때문에 반복적으로 그 활동을 하려고 하는 것으로 행위에 완전히 몰입한 집중 상태를 의미한다.

③ 몰입 상태를 위한 조건
  ㉠ 자신이 가진 능력/기술 수준과 도전하는 과제 수준의 적절한 조화
      ⓐ 과제의 수준이 너무 높고 기술 수준이 너무 낮은 경우: 불안 상태에 빠짐
      ⓑ 과제의 수준이 너무 낮고 기술 수준이 너무 높은 경우: 지루함을 느낌
  ㉡ 명확하고 근접한 목표와 과제의 진행 상태에 대한 즉각적인 피드백

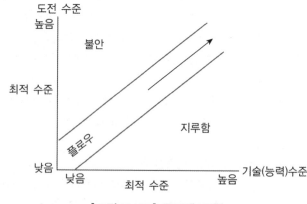

[그림 7-10] 플로우 모형

개념확대 ⊕
Zoom IN

플로우 경험의 특징*
- **도전과 기술의 균형:** 개인이 자신의 능력에 맞는 수준의 과제에 도전하며, 그 도전을 이루기 위해 특정 기술을 사용할 때 도전 수준과 사용기술의 균형 상태에서 플로우 경험이 가능하다.
- **행위와 지각의 일치:** 행위와 행위에 대한 지각이 일치하여, 마치 행위가 자동적으로 물흐르듯 진행되는 경험을 한다.
- **제한된 자극에 대한 주의집중:** 플로우 상태에 있는 사람은 자신의 과제에만 빠져 집중하게 된다.
- **자의식의 상실:** 행위를 하는 동안 자기 스스로를 인식하지 못할 만큼 행위와 자신이 하나가 되는 것을 경험한다.
- **행위와 환경에 대한 통제감:** 플로우는 외부의 요구가 아닌 자발적 요구에 의해 경험하게 되는 상황이므로 개인이 저절로 통제감을 가지게 된다.
- **자기목적적 경험:** 행위 자체가 목표가 되고 즐거움과 만족감을 느끼며 외적 보상은 필요하지 않게 된다.
- **분명하고 일관된 과제 요구 및 명확하고 모호하지 않은 피드백:** 수행하는 활동의 목표와 과제 요구를 명확하게 파악하여 자신이 잘 수행하고 있는지에 대한 구체적인 피드백을 스스로 제공한다.
- **시간의 변형된 느낌:** 평소 자신이 지각하는 것과는 다르게 시간을 빠르게 또는 느리게 왜곡하여 지각한다.

* Csikszentmihalyi, 1993

Chapter 04 학습의 이해

설쌤의 Live Class 🎙️

이번 챕터에서는 **학습과 학습자를 바라보는 관점**이 시간에 따라 어떻게 달라졌는지 알아 보려 합니다. 주로 교육현장에서는 어떤 이론이 어떻게 적용되고 있는지 구분하고, 해당 이론을 적용 하여 교육활동을 구성할 수 있는지를 확인하는 내용들이 출제되었습니다. 기본 개념만 정확히 이해하면 전략이나 활동을 구분하는 것은 어렵지 않으니, 특정 이론과 관련된 학습전략이나 교육현장에서 실제로 실시되는 교수활동의 예시 등을 정리하며 공부해 보세요.

핵심 Tag🏷️

 # 강화와 처벌
- **강화**: 행동이 다시 나타날 가능성을 증가시켜 주는 사건
- **처벌**: 행동이 다시 나타날 가능성을 감소시켜 주는 사건

 # 모델링
- 모델을 관찰한 결과로 인지·정서·행동의 변화가 나타나는 것
- '주의집중 – 파지 – 재생산 – 동기화'의 과정을 통해 일어남

 # 자기효능감
특정한 목표를 달성해낼 수 있다는 능력에 대한 신념

 # 자기조절학습
학습자가 주도권을 가지고 학습목표의 달성을 위해 자신의 인지·정서·행동을 계획· 조절·통제함

 # 메타인지
인지에 대한 인지로, 자신의 인지과정에 대한 자각과 통제를 의미함

01 행동주의(behaviorism) 학습이론

❶ 행동주의적 관점

(1) 학습의 정의

① '경험의 결과로 나타나는 관찰 가능한 행동의 변화'로 학습을 정의한다.
② '행동주의'라는 이름에서 알 수 있듯 눈에 보이는 행동에 집중하여 학습을 이해하려는 관점이다.

(2) 행동주의 학습이론의 종류

파블로프(Pavlov)의 '고전적 조건형성', 스키너(Skinner)의 '조작적 조건형성', 응용행동분석, 톨만(Tolman)의 '목적적 행동주의 및 잠재학습이론'이 대표적이다.

❷ 파블로프의 고전적 조건형성(classical conditioning) 기출 06 중등 / 09 초등

(1) 고전적 조건형성

① 본래 아무 반응을 일으키지 못했던 중성 자극이 본능적인 생리반응이나 정서 반응을 유발하는 무조건 자극과 연합되어 표면적으로 동일한 반응을 이끌어 내도록 학습되는 현상을 설명하는 개념이다.
② 고전적 조건형성을 위해 가장 중요한 연합은 무조건 자극과 중성 자극의 연합이다.
③ 무조건 자극과 중성 자극이 연합되었는지가 고전적 조건형성 여부를 결정한다.
④ 파블로프는 음식에 따른 소화, 침 분비를 연구하던 중에 연구자의 발자국 소리(음식과 연합된 중성 자극)만 들어도 개가 침을 흘리는 현상을 발견하고 고전적 조건화의 개념을 형성하게 된다.

(2) 고전적 조건형성 과정

① 무조건 자극(UCS; Unconditioned Stimulus): 본능적인 생리반응 또는 정서 반응을 일으키는 사물이나 사건을 말한다.
   예 음식, 불
② 무조건 반응(UCR; Unconditioned Response): 무조건 자극에 의한 본능적 생리반응 또는 정서반응을 말한다.
   예 침 분비, 회피행동, 두려움
③ 중성 자극(NS; Neutral Stimulus): 무조건 자극과 연합되기 이전의 사물이나 사건(어떠한 조건 반응도 일으키지 못함)을 말한다.
   예 조건화 되기 이전의 종소리
④ 조건 자극(CS; Conditioned Stimulus): 무조건 자극과 연합된 사물이나 사건을 말한다.
   예 종소리

⑤ 조건 반응(CR; Conditioned Response): 무조건 반응과 동일하지만 학습된 생리반응 또는 정서반응을 말한다.

> 예 종소리에 대해 침 분비, 종소리에 대한 회피행동 또는 두려움

(3) 개념으로 정의하는 고전적 조건형성 과정

① 중성 자극과 무조건 자극의 연합

㉠ 원래 아무런 반응을 일으키지 않는 중성 자극이 무조건 자극과 연합된다.

㉡ 이때 효과적인 연합을 위해서는 중성 자극이 먼저 제시되고 무조건 자극이 제시되는 것이 좋으며, 자극의 연합이 반복되어야 하고 두 자극 간 간격이 너무 길어서는 안 된다.

> 예 종소리가 나고 음식을 제시하는 것을 반복하는 것

② 조건 자극으로 변화 및 조건 반응 유발: 중성 자극이 무조건 자극과 연합하게 되면 중성 자극만으로도 무조건 자극을 이끌어낼 수 있게 된다.

> 예 종소리와 음식이 충분히 연합된다면, 종소리만 들어도 침을 들리게 된다. 이런 상황에서의 종소리는 더 이상 중성 자극이 아니라 조건 자극으로 개념화되었으며, 조건 자극에 의해 발생하는 침흘리는 반응은 조건 반응이라고 명명한다.

(4) 관련 현상

① 자극의 일반화(generalization): 똑같지 않은 비슷한 자극이 동일한 조건반응을 이끌어 내는 것을 의미한다.

> 예 종소리에 침을 흘리는 개가 노크소리에도 침을 흘리는 경우, 수학에 대한 두려움이 화학에까지 일반화되어 화학에도 두려움을 느끼는 경우

② 변별(discrimination): 유사한 자극에 서로 다른 반응을 보이는 것을 의미한다.

> 예 종소리에 침을 흘리는 개가 노크소리에는 침을 흘리지 않는 현상, 화학 시험에서는 긴장했지만 영어 시험에서는 긴장하지 않는 현상

③ 소거(extinction): 무조건 자극이 주어지지 않고 조건 자극만 반복적으로 주어져 조건 자극이 더 이상 조건 반응을 이끌어 내지 못하게 되는 것을 의미한다.

> 예 음식이 주어지지 않고 종소리만 계속적으로 주어질 경우 원래 침을 분비하게 했던 종소리가 더 이상 침을 분비하지 못하게 되는 것, (원래 계속된 실패로 시험이 긴장을 일으켰으나) 실패(무조건 자극) 없이 여러 번 시험(조건 자극)을 치게 될 경우 긴장이 소거되는 것

④ 자발적 회복(spontaneous recovery): 소거가 완료된 후 일정 기간 훈련을 중지했다가 조건 자극을 다시 제시하면 조건 반응이 재출현하는 것을 의미한다.

> 예 음식 없이 종소리를 계속해서 들려주어 더 이상 침을 흘리지 않는 개에게(소거) 몇 달 뒤 갑자기 종소리를 들려주면 침을 흘리는 현상

⑤ 고차적 조건화(higher-order conditioning): 조건 자극이 형성되고 나면 조건 자극은 무조건 자극과 같은 역할을 하게 되기 때문에 제2의 중성 자극과 짝지어질 경우, 제2의 조건 자극이 되어 조건 반응을 형성할 수 있다. 이 방식으로 제3, 제4의 조건 자극을 형성하는 것을 '고차적 조건화'라고 한다.

> 예 종소리에 침을 흘리는 강아지에게 불빛(제2의 중성 자극)과 종소리(무조건 자극)를 연합시켜 불빛(제2의 조건 자극)만으로도 침을 흘리는 상황(조건 반응)

❸ 스키너의 조작적 조건형성(operant conditioning)

기출 00, 01, 02, 03, 04, 06, 08, 09, 11, 12 중등 / 00, 01, 02, 03, 06, 08, 10, 11, 12 초등

(1) 조작적 조건형성
① 행동한 뒤에 주어지는 결과에 따라 관찰 가능한 행동의 빈도와 강도가 변화함으로써 학습이 일어나는 현상을 설명하는 개념이다.
② 고전적 조건화와 다르게 행동 전에 주어지는 자극이 아닌 행동 뒤에 따르는 결과에 따라 이후의 행동이 변화되는 것에 주목하여 학습을 설명한다. 조작적 조건화 또한 행동주의의 일환이기 때문에 관찰 가능한 행동의 변화에 초점을 맞추어 행동을 설명한다.

(2) 조작적 조건형성 과정
① 강화(reinforcement)
  ㉠ 행동이 다시 나타날 가능성을 증가시키는 사건을 말한다.
  ㉡ 정적 강화(positive reinforcement): 좋아하는 것을 수여함으로써 특정 자극을 얻기 위해 행동이 증가하는 것이다.
    예 칭찬을 받기 위해 물건을 정리하는 행동이 증가하게 되었을 때 '칭찬'이 정적 강화물로 작용한 것이다.
  ㉢ 부적 강화(negative reinforcement): 싫어하는 상황을 없애줌으로써 특정 자극을 제거하기 위해 행동이 증가하는 것이다.
    예 숙제를 면제받기 위해 집중하는 것은 '숙제'라는 싫은 상황을 없애기 위하여 집중하는 것으로 부적 강화가 일어난 것이다.
② 처벌(punishment)
  ㉠ 행동이 다시 나타날 가능성을 감소시키는 사건을 말한다.
  ㉡ 수여성 처벌(presentation punishment): 특정 행동에 자극을 수여함으로써 행동을 감소시키는 것으로, 싫어하는 것을 수여하는 것이다.
    예 떠들어 체벌하는 경우 '체벌'이라는 싫은 것을 수여하여 떠드는 현상이 줄어든다.
  ㉢ 제거형 처벌(removal punishment): 특정 행동에 자극을 제거함으로써 행동을 감소시키는 것으로, 좋아하는 것을 제거하는 것이다.
    예 떠들 경우 벽보고 서있게 하여 놀 수 있는 시간을 제거한다.
③ 강화 계획
  ㉠ 행동의 결과로 제시되는 강화물을 어떻게 제공하는가에 대한 계획으로, 강화인의 빈도와 주어지는 시점에 대한 패턴을 의미한다.
  ㉡ 조작적 조건화에서는 행동의 결과로 강화가 어떻게 주어지는지에 따라서 이후의 행동이 매우 다른 형태를 보일 것이라는 판단하에, 강화 계획에 대해서도 개념화를 진행하였다.
  ㉢ 계속적 강화: 모든 행동이 강화되는 것을 말한다.
  ㉣ 간헐적 강화: 간헐적으로 행동이 강화되는 것으로, 간헐적 강화는 다시 시간을 중심으로 한 강화와 행동의 빈도를 중심으로 한 강화로 구분된다.

ⓐ 간격 강화
- 강화 간 시간을 중심으로 세워진 강화 계획으로, 행동의 빈도와 관계 없이 일정 시간 간격이 지나면 강화가 주어지는 것을 의미한다.
- 간격 강화는 다시 시간이 고정되어 있는지 변동되는지에 따라 '고정 간격 강화'와 '변동간격 강화'로 구분된다.
  - **고정간격 강화**: 고정된 시간마다 강화를 제공(예상 가능)
    - 예 매 시간 수업을 마칠 때마다 초콜릿을 주는 것
  - **변동간격 강화**: 변동된 시간마다 강화를 제공(예상 불가능)
    - 예 어느 날은 2교시를 마치고 초콜릿을 주지만, 또 어떤 날은 4교시를 마치고 초콜릿을 주는 것

ⓑ 비율 강화
- 강화할 행동의 빈도를 중심으로 세워진 강화 계획으로, 시간이 아닌 행동이 일어나는 횟수에 따라 강화가 주어지는 것을 의미한다.
- 비율 강화는 다시 강화가 주어지는 비율이 고정되어 있는지 변동되는 지에 따라 '고정비율 강화'와 '변동비율 강화'로 구분된다.
- 일반적으로 높은 행동 빈도를 장기간 이끌어낸다고 알려져 있는 강화 계획은 비율 강화이며, 고정비율 보다는 변동비율 강화가 효과적인 것으로 알려져 있다.
  - **고정비율 강화**: 일정한 횟수의 반응 후 강화를 제공(예상 가능)
    - 예 심부름을 3번 할 때마다 용돈을 천 원씩 주는 것
  - **변동비율 강화**: 변동된 횟수의 반응 후 강화를 제공(예상 불가능)
    - 예 **카지노의 슬롯머신**: 어떤 때에는 손잡이를 10번 당겨야 토큰이 나오지만, 또 다른 때에는 100번을 당겨야 토큰이 나오기도 함

개념확대 ⊕
Zoom IN 고전적 조건화와 조작적 조건화 비교

구분	고전적 조건화	조작적 조건화
주요 행동	• 비자발적 행동 • 정서적·생리적 행동에 초점 • 유기체는 행동을 조직하지 않음	• 자발적 행동 • 결과에 따른 행동에 초점 • 결과에 따라 유기체가 행동을 결정
학습에 대한 설명	중성 자극이 무조건 자극과 연합될 때 학습 발생	행동의 결과가 그 이후의 행동 변화를 결정
주요 학자	파블로프	스키너
교실 상황에의 적용	원래 중성적이었던 교실과 따뜻한 교사의 배려가 연합되면 교실이 긍정적인 정서를 유발	학생이 질문에 답을 하면 칭찬(강화)을 제공하고 그럴 경우 답을 하려는 시도 증가

❹ 응용행동분석(ABA; Applied Behavior Analysis)

(1) 개념

행동주의 학습원리를 적용하여 개인의 행동을 체계적으로 변화시키기 위해 측정 가능한 과학적인 방법으로 분석하는 중재 전략을 의미한다.

(2) 응용행동분석의 과정

① 목표행동 설정 및 초기 발생빈도 확인: 변화시키려는 목표행동을 설정하고 명확하게 진술하여 행동이 정해진 시간 안에 얼마나 발생하는지 빈도를 측정함으로써 초기 수치를 확인한다.

② 강화 · 처벌의 설정 및 실행: 목표행동에 대해 강화나 처벌을 설정하고 행동이 나타날 때 실행한다.

③ 목표행동 변화 확인: 강화나 처벌의 실행 후 목표행동이 어떻게 변화했는지를 측정한다.

④ 변화된 행동이 유지 및 일반화: 목표행동이 변화할 경우 강화나 처벌을 계속적 강화에서 간헐적 강화로 변경하여 변화된 행동이 유지될 수 있도록 한다.

(3) 강화 · 처벌의 실행 원칙

① 유관성: 목표행동과 유관하게 주어져야 한다.
② 일관성: 일관성 있게 주어져야 한다.
③ 점진성: 점진적으로 주어져야 한다.
④ 즉각성: 행동 후 즉각적으로 주어져야 한다.
⑤ 충분성: 충분한 정도로 주어져야 한다.

(4) 처벌 실행 시 원칙

① 사전 공지 및 협의: 특정 행동에 대해 어떤 처벌이 실시될 것인지를 미리 공지해야 하며, 가능한 한 많은 학생과 협의를 통해 결정한다.

② 대체행동 제안: 처벌은 옳지 않은 행동이 무엇인지만을 알려주기 때문에 이를 대체할 수 있는 옳은 행동(대체행동)을 알려주고, 이를 실행했을 때 강화를 주어야 한다.

③ 비공개적 실행: 공개적 처벌의 실행은 의도치 않은 부작용을 이끌어낼 수 있다.

④ 학습의 처벌화 금지: 숙제하기와 같은 학습을 처벌로 사용해서는 안 된다.

(5) 강화 관련 개념

① 토큰강화(token reinforcement)

㉠ 바람직한 목표행동 수행 시 다른 물건으로 교환 가능한 토큰(상징물)을 제공하는 방법이다.

㉡ 교사가 목표행동을 결정한 뒤 토큰을 정한 후 학생에게 어떤 상황에서 토큰을 받게 되는지, 토큰이 몇 개가 되었을 때 강화물로 교환할 수 있는지 알려준다.

㉢ 장점: 강화물이 포화되는 현상을 어느 정도 막을 수 있다.

② 행동조형(shaping)
ⓐ 바람직한 목표행동을 점진적으로 수행할 수 있도록 유도하는 방법이다.
ⓑ 과정: 교사가 최종 목표행동을 달성하기 위해 행동을 단계적으로 구분 ⇨ 단계적 조형과정에서 제공할 강화물을 결정 ⇨ 한 단계씩 숙달될 수 있도록 강화를 제공, 점진적으로 행동을 조형하여 최종 목표행동을 유도
ⓒ 방법
ⓐ 점진적 접근: 행동을 세부적으로 계열화하고 각 단계마다 적절한 양의 강화를 주는 방법이다.
ⓑ 체계적 둔감화: 불안을 일으키는 자극에 대해 불안을 가장 적게 일으키는 자극부터 가장 많이 일으키는 자극의 순서로 불안위계표를 작성하고 역조건화를 통해 불안을 형성한 조건형성을 깨뜨리는 방법이다.
ⓒ 역조건화: 역조건형성을 통해 나쁜 습관을 바람직한 습관으로 대치하는 방법으로, 고전적 조건화를 사용한다.
ⓓ 상반행동 강화: 상반행동을 강화하여 문제행동을 감소시키는 방법이다.
③ 행동계약(contingency contracting)
ⓐ 어떤 행동에 어떤 강화가 주어질지에 대하여 교사와 학생 간의 합의 하에 계약을 맺는 방법이다.
ⓑ 장점: 학생 스스로 목표를 설정하는 데 참여·노력하는 과정을 통해 자기 조절능력과 협상능력이 증진될 수 있다.
④ 프리맥(premack)의 원리: 행동에 대한 상대적인 선호 차이를 이용하는 것으로, 상대적으로 덜 좋아하는 행동(향상시키고자 하는 행동)을 마친 이후에 더 좋아하는 행동을 할 수 있게 하는 방법이다.
🔘 숙제하기보다 축구하기를 좋아하는 학생에게 숙제를 하면 축구를 할 수 있게 해주기

(6) 처벌 관련 개념
① 소거(extinction): 문제행동을 강화 요인을 제거하여 감소시키는 방법이다.
🔘 선생님이 본인에게 집중하도록 하기 위해 떠드는 행동을 하는 아이의 경우 선생님의 집중(문제행동 강화 요인)을 제거하여 관심을 주지 않음으로써 떠드는 행동이 줄어든다면 이는 소거가 일어난 것이다.
② 반응대가(response cost): 바람직하지 못한 행동을 했을 경우 보유하던 정적 강화를 상실하도록 하는 방법이다.
🔘 숙제를 미룰 경우 원래 할 수 있었던 인터넷을 못하게 하는 방법
③ 대체행동 차별강화: 문제행동에 대한 대체행동을 찾아 강화하여 문제행동을 감소시키는 방법이다.
🔘 떠드는 행동 대신 질문에 답하는 행동을 했을 때 칭찬을 하여 대답하는 행동을 강화시키는 상황
④ 물리게 하기: 문제행동을 질릴 때까지 계속하게 해서 감소시키는 방법이다.
🔘 게임을 과도하게 하는 학생에게 밤새도록 게임만 하도록 하여 물리게 하는 방법
⑤ 타임아웃: 잘못된 행동을 한 아동을 다른 장소에 잠시 격리시키는 방법이다.
🔘 일부러 수업 방해 행동을 지속하는 학생을 교실 뒤편으로 잠시 분리할 경우

❺ 톨만(Tolman)의 목적적 행동주의 및 잠재학습

(1) 목적적 행동주의(purposive behaviorism)

① 톨만의 목적적 행동주의는 전통적 행동주의에서 나아가 유기체를 목적을 가지고 행동하는 능동적인 존재로 바라보고 있으며, 강화물이나 학습에 대한 관점에도 차이를 보인다.

② 특성

ㄱ 행동주의에서 나아가 행동에는 목적이 있음을 강조한다.

ㄴ 학습의 결과가 반드시 외적 행동으로 나타나지 않을 수 있다는 입장이다.

ㄷ 외적 강화 없이도 학습이 일어날 수 있다고 본다.

ㄹ 단순한 행동의 학습을 넘어 체계적인 정보를 습득하는 것이 가능하다.

개념확대⊕
Zoom IN 전통적 행동주의와 목적적 행동주의의 비교

구분	전통적 행동주의	목적적 행동주의
유기체를 바라보는 관점	강화와 처벌, 환경에 일방적인 영향을 받는 수동적인 존재	목적을 가지고 행동하는 능동적인 존재
강화물에 대한 관점	학습의 필수조건	학습되어 있던 것이 행동으로 나타나게 만드는 유인책
학습의 정의	• 직접 경험에 의해 일어남 • 관찰 가능한 행동의 변화 • 자극에 의한 변화된 반응	• 행동 잠재력의 변화 • 관찰이 불가능할 수 있음 • 유기체 내부의 인지과정을 강조함

(2) 톨만의 쥐 미로 실험

① 실험 내용

ㄱ 세 조건의 쥐들을 미로에 두고 출발점에서 목표점까지 가는 길에 보이는 오류 횟수나 도착시간을 측정하였다.

ㄴ 출발점에서 목표점까지 찾아가는 과정을 반복적으로 시행하면서 오류나 시간이 어떻게 변화하는지를 측정하였다.

② 실험 조건

ㄱ 강화를 항상 제공(제1조건): 목표점에 도달할 경우 항상 강화인(먹이)을 제공

ㄴ 강화를 제공하지 않음(제2조건): 목표점에 도달해도 강화인을 제공하지 않음

ㄷ 중간부터 강화 제공(제3조건): 실험 초기에는 목표점에 도달해도 강화인을 제공하지 않다가 11일째 되는 날부터 목표점에 도달할 경우 강화인을 제공

③ 실험 결과: 중간부터 강화를 제공받은 집단의 쥐들이 강화를 받은 날을 기점으로 급격하게 수행이 향상되었으며 이후에는 강화를 항상 제공받은 쥐들보다 높은 수행을 보이는 것을 확인할 수 있었다.

④ 결과 해석

　㉠ 제3조건의 쥐가 강화를 제공받지 않은 상황에서도 학습이 일어나고 있었으며, 이를 '잠재학습(latent learning)'으로 개념화하였다.

　㉡ 학습경험을 통해 쥐는 미로에 대한 정신적 표상(인지도, cognitive map)을 학습하였고, 강화물은 학습된 인지도가 행동으로 표출되게 돕는 촉진제의 역할을 수행하였다.

　㉢ 강화란 학습의 변인이 아니라 수행의 변인이다.

　㉣ 강화보다는 유의미한 학습으로 정신적인 표상을 바꿀 수 있도록 교수자가 도와야 한다는 것을 보여준다.

요약정리🔍
Zoom OUT 행동주의 학습이론 종합

1. 고전적 조건화

개념	내용
무조건 자극	본능적인 생리반응 또는 정서반응을 일으키는 사물이나 사건
무조건 반응	무조건 자극에 의한 본능적 생리반응 또는 정서반응
중성 자극	무조건 자극과 연합되기 이전의 사물이나 사건 (어떠한 조건 반응도 일으키지 못함)
조건 자극	무조건 자극과 연합된 사물이나 사건
조건 반응	무조건 반응과 동일하지만 학습된 생리반응 또는 정서반응

2. 조작적 조건화 형성

개념	내용
강화	행동이 다시 나타날 가능성을 증가시켜주는 사건
정적 강화	• 특정한 자극을 얻기 위해 행동이 증가 • 좋아하는 것을 수여 예 칭찬을 받기 위해 물건을 정리행동이 증가
부적 강화	• 특정 자극을 제거하기 위해 행동이 증가 • 싫어하는 상황을 없애줌 예 숙제를 면제 받기 위해 집중함
처벌	행동이 다시 나타날 가능성을 감소시켜주는 사건
수여성 처벌	• 특정한 행동에 자극을 수여함으로써 행동을 감소시킴 • 싫어하는 것을 수여 예 떠들 경우 체벌
제거형 처벌	• 특정한 행동에 자극을 제거함으로써 행동을 감소시킴 • 좋아하는 것을 제거 예 떠들 경우 벽보고 서있기

❶ 반두라(Bandura)의 사회인지 학습이론 `기출 06, 07, 08, 16 중등 / 12 초등`

(1) 개념

다른 사람의 행동과 그 결과를 관찰하거나 자신이 한 행동의 결과를 어떻게 지각하는가에 따라 학습이 다르게 일어난다고 본다.

(2) 보보인형(Bobo doll) 실험

① 관찰을 통해 학습할 수 있다는 것을 보여준 반두라의 실험이다.
② 보보인형을 대하는 모델의 행동대로 아이들이 보보인형을 대한다는 것을 보여주었다.

(3) 사회인지 학습이론과 행동주의 학습이론의 차이점

① 행동주의의 조건화 개념은 행동의 변화를 설명하는 데 매우 유용하지만 사회적 상황의 영향을 간과하고 있다.
② 행동주의는 경험의 결과로 나타나는 관찰 가능한 행동의 변화로 학습을 정의하지만 사회인지 학습이론에서는 관찰되지 않는 학습이 일어날 수도 있음을 고려한다.
③ 행동주의 학습이론에서는 중요하게 여기지 않은 기대, 믿음과 같은 인지적 요소를 사회인지 학습이론에서는 강조한다.
④ 행동주의는 외적 강화물에만 관심을 가지지만, 사회인지 학습이론에서는 내적 만족감 등도 강화 요인이 될 수 있다는 입장이다.
⑤ 행동주의는 환경이 행동을 결정한다고 생각하지만(일방적 관계) 사회인지 학습이론은 인간을 능동적인 정보처리자로 간주하고 개인과 환경 간의 상호성을 강조한다.

(4) 상호 결정주의(reciprocal determinism)

① 환경, 개인, 행동 간의 관계가 쌍방향적이라는 관점을 말한다.
② 환경, 개인, 행동이 분리된 것처럼 보이지만, 상호 의존적으로 개인의 기능에 영향을 미침을 강조한다.
③ 기존의 행동주의가 환경에 의해 행동이 변화되는 일방향적인 관점을 고수한 반면, 사회인지 학습이론에서의 상호 결정주의는 환경, 개인, 행동 간의 관계가 일방향적인 것이 아니라 서로 영향을 준다는 관점이다.
④ 구성요소의 예시

요소	예시
환경	모델의 행동, 모델 행동의 결과, 주변 상황 등
개인	자기효능감, 기대, 목표 등
행동	개인의 반응적 행동

❷ 모델링(modeling) 기출 05, 06, 07, 23 중등 / 12 초등

(1) 개념

① 한 명 또는 여러 명의 모델을 관찰한 결과로 발생한 행동·인지·정서의 변화를 말한다.

② 사회인지 학습이론에서는 사회에 대한 인지가 가장 중요한 학습 원천이므로, 모델을 통한 학습의 과정인 모델링이 중요한 개념이 된다.

③ 유사개념: 관찰학습, 대리학습

(2) 모델링이 일어나는 과정

① 주의집중(attention): 모델의 행동에 주의를 기울이는 단계이다.

② 파지(retention): 주의집중한 정보를 기억 속에 저장하는 단계이다.

③ 재생산(reproduction): 관찰하여 파지했던 행동을 실제로 수행해보고 피드백을 받는 단계이다.

④ 동기화(motivation): 관찰한 행동을 재생산할지의 동기를 부여하는 단계이다.

  ㉠ 직접강화: 재생산한 행동에 대해 직접적으로 강화를 받는다.

  ㉡ 대리강화: 모델이 특정행동을 했을 때 강화받는 모습을 관찰한다.

  ㉢ 자기강화: 외부의 강화가 아닌 스스로 만족하여 동기화된다.

(3) 모델의 효과성 결정 요인

① 지각된 능력이나 지위: 모델이 능력이 있다고 판단될 경우 모방의 가능성이 증가한다.

  예 세계적 지도자, 프로 운동선수

② 지각된 유사성: 모델이 나와 유사한 점을 많이 가졌다고 생각할 경우 모방의 가능성이 증가한다.

  예 자신과 유사한 상황에서 노력하여 성공한 모델

(4) 모델링의 효과

① 새로운 행동의 학습: 모델 관찰을 통해 새로운 행동을 학습할 수 있다.

  예 교육장면에서 교사의 행동이나 생각을 언어적 설명과 함께 보여주면 학생은 새로운 행동을 학습할 수 있게 된다.

② 이미 학습한 행동의 촉진: 이미 알고 있던 행동을 이끌어 낼 수 있다.

  예 횡단보도 따라 건너기나, 공연장에서 박수치기와 같은 상황

③ 억제의 변화: 대리처벌이나 대리강화를 관찰했을 때 옳지 않은 행동을 약화 또는 강화시킨다.

  예 교실에서 떠드는 친구가 교사에게 야단을 맞는 모습을 보면, 학생들이 조용해지는 현상

④ 정서 유발: 모델의 정서 표출이 개인의 정서적 반응을 변화시킬 수 있다.

  예 높은 다이빙대에서 떨고 있는 모델을 관찰하면 자신도 떨리는 정서를 느끼게 된다.

기출 23 중등

기출논제 Check ✓

평가 보고서에서 자기효능감 형성에 영향을 미친다고 분석한 요인(숙달경험, 대리경험)에 따른 교수전략 2가지

❸ 자기조절학습 기출 08, 23 중등 / 08, 12 초등

(1) 개념

목표를 세우고 도달할 수 있도록 이끌어 주는 동기, 사고과정, 전략, 행동 등을 계획, 점검, 평가하는 일련의 학습과정을 의미한다.

(2) 사회인지 학습이론에의 적용

① 교육의 궁극적인 목표는 모델링의 과정을 거친 학생의 자기조절능력 향상이다.
② 유능한 인물의 관찰을 통해 올바른 행동을 내면화하여 자신의 것으로 만드는 자기조절능력을 강조하고 있다.

(3) 자기조절학습의 하위요소

요소	내용	구체적 전략
인지조절	• **인지 전략**: 시연, 정교화, 조직화 • **메타인지 전략**: 계획, 점검, 조절, 평가	• 시험준비를 위해 복습 계획서를 세우고 점검하기 • 매일/일주일 목표 세우기, 할 일 목록 만들기
동기조절	• 과제가치 인식, 숙달목표 지향, 자기효능감, 통제 인식	• 이번 학습으로 이루고자 하는 나의 목표가 무엇인지 생각해보기
행동조절	• 행동 통제, 시간 관리, 도움 추구, 물리적 환경 추구	• 타이머를 사용해서 자기학습시간 측정하고 점검하기

(4) 자기조절학습의 과정

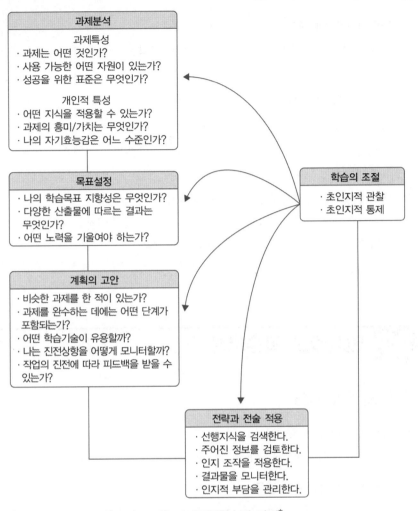

[그림7-11] 자기조절학습의 과정*

① Woolfolk et al.: 과제분석(과제특성·개인적 특성) ⇨ 목표수립과 계획 고안 ⇨ 학습참여(과제를 달성하기 위한 전략을 사용하기) ⇨ 학습의 조절(초인지적 관찰/초인지적 통제)

② Eggen & Kauchak: 자신의 학습목표 설정(목표설정) ⇨ 자신의 행동 관찰(자기관찰) ⇨ 자신의 행동을 평가하기(자기평가) ⇨ 자신에게 상 주기(자기강화)

③ Winne & Hadwin: 과제 분석 ⇨ 목표 수립과 계획 고안 ⇨ 과제 달성 전략 실행 ⇨ 학습 조절

④ Zimmerman: 사전고려(목표수립, 계획 만들기, 자기효능감, 동기) ⇨ 수행(자기통제, 자기감독) ⇨ 반성(자기평가와 적용, 사전고려/계획)

* The cycle of self-regulated learning(Woolfolk 외, 2006), 김아영 외(2015) 재인용

④ 이론의 교육적 적용

(1) 다양한 모델의 제시

모델이 많을수록 모방 가능성도 높아지므로 다양한 모델을 제시할 필요가 있음을 보여준다.

(2) 교사의 모범이 중요

교사는 중요한 모델일 수 있기에, 행동이나 태도를 모범적으로 할 필요가 있다. 바람직한 학습전략이나 태도에 대해 시범을 보여준다면 학생들의 긍정적 변화를 이끌 수 있다.

(3) 내적 만족 및 자기조절능력의 향상 이끌기

바람직한 행동이 내적 만족을 이끌어 동기화될 수 있게 이끌고, 궁극적으로 학생이 자기조절능력을 높일 수 있게 도와주어야 한다.

03 인지주의 학습이론

① 인지주의 학습

(1) 학습에 대한 인지적 관점

내적 사고체계, 인지체계의 변화로 학습을 설명하고자 한다.

(2) 인지주의 학습이론의 종류

정보처리이론, 작업기억 용량의 한계를 조정하기 위한 전략, 장기기억의 구분, 과정적 측면에서의 정보처리, 망각 등에 관한 이론을 설명한다.

② 앳킨슨(Atkinson)과 쉬프린(Shiffrin)의 정보처리이론(information processing theory) 기출 01, 04, 07, 08, 09, 10, 12, 13 중등 / 01, 02, 03, 04, 05, 06, 07, 09, 10, 11 초등

(1) 개념

정보가 기억체계 속에 어떻게 입력되고 선택 · 조직 · 저장되는지를 설명하는 학습이론으로, 정보처리모형을 통해 설명한다.

(2) 정보처리모형의 구성(기억의 저장소)

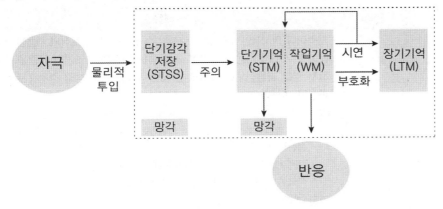

[그림 7-12] 정보처리모형

① 감각기억(SM; Sensory Memory)
  ㉠ 감각기관을 통해 지각된 정보에 대한 의미분석이 시행되기 전까지 일시적으로 정보를 유지하는 곳을 말한다.
  ㉡ 무제한의 용량을 가지고 있으나 지속시간은 매우 짧다.
  ㉢ 의식 내에서 입력된 정보의 처리가 즉각적으로 이루어지지 않으면, 시각적 정보는 약 1초, 청각적 정보는 약 2~4초 안에 사라진다.

② 단기기억(STM; Short – Term Memory): 짧은 기간 동안 유지되는 기억으로, 반복되거나 다른 방법으로 처리되지 않으면 10~20초 이내에 사라진다.

③ 장기기억(LTM; Long – Term Memory): 며칠 이상, 몇 년 이상 오래 지속되는 기억으로, 무제한의 용량을 가진 것으로 여겨진다.
  🔘 여러 언어를 사용하는 사람은 그들의 장기기억에 단어나 문법 등과 관련된 매우 많은 정보가 저장되어 있다.

④ 작업기억(WM; Working Memory)
  ㉠ 감각 · 단기 · 장기기억이 기억의 저장소적 측면을 강조했다면 작업기억은 작업이 일어나는 기능적 측면을 강조한다.
  ㉡ 집행 기능을 강조한 개념으로 정보들을 일시적으로 저장하고, 각종 인지과정을 계획 · 수행하는 작업장으로서의 기능을 수행하는 단기기억이다.
  ㉢ 정보들을 조작 가능한 형태로 띄울 수 있는 시스템을 의미한다.
  ㉣ 의도적인 사고활동이 일어나는 장소를 의미한다.
  ㉤ 정보들을 상황에 맞게 조작하고 변형하며, 필요한 정보만을 활성화시키고 필요 없는 정보를 억제하는 등의 역할을 수행하는 시스템을 말한다.
  ㉥ 용량의 한계를 가지므로 너무 복잡하거나 학생의 작업기억 용량을 넘는 수업을 할 경우 효과적인 수업이 될 수 없다.

(3) 작업기억 용량의 한계를 조정하기 위한 전략

전략	내용
자동화	• 자각이나 의식적인 노력 없이 수행할 수 있는 정신적 조작의 사용을 의미 • 많이 반복해서 사용하는 과정 등을 통해 별도의 작업기억 용량을 활용하지 않고 자동적으로 발휘할 수 있는 인지능력이 생길 경우 자동화의 과정이 이루어짐 ⑩ • **능숙한 운전실력**: 운전을 처음 배울 때는 안전벨트부터 시동을 걸고 조작하는 방법을 하나씩 신경써서 되짚어야 하지만, 많은 반복을 통해 별도의 정신적 에너지를 들이지 않고도 조작할 수 있게 된다. • 전문가들은 많은 부분에서 문제를 해결하는 데 자동화 과정이 일어나 효율적으로 문제에 접근하고 문제를 해결한다. • **관련 과제**: 스트룹(Stroop) 과제 – **과제 수행방법 및 결과**: 익숙한 언어를 활용하여 파랑색으로 '빨강'이라는 단어를 적어두고(비일치 조건) 글자가 적힌 색을 말해보라는 지시를 내릴 경우, 일치조건에 비해 반응 속도가 현저히 낮아지는 반면, 모르는 언어를 활용할 경우 두 조건 사이의 반응 속도는 차이가 없다. – **결과의 의미**: 모국어를 읽는 것이 매우 자동화되어 있기 때문에, 자동적으로 글자가 읽히는 반면, 언어를 모를 경우 글자를 읽는 자동화의 과정이 없기 때문에 이러한 효과가 사라지게 된다.
청킹 (의미덩이 짓기, chunking)	• 정보의 개별 단위를 보다 크고 의미 있는 단위로 묶는 정신적 과정을 의미 • 덩이짓기에 따라 단기기억의 용량은 늘어날 수 있고, 이러한 청킹의 활용은 제한된 작동 기억의 수용량을 증가시킨다.[*] ⑩ • 202846870598로 제시했을 때보다 2028-4687-0598로 묶어서 제시할 경우 정보처리가 수월함 • '태정태세문단세'처럼 왕의 이름을 앞글자만 따서 외우는 방법 • 제목을 중심으로 먼저 전체 내용을 파악하는 것
이중 처리	• 시각과 청각의 두 가지 구성요소가 작업기억에서 함께 정보를 처리하는 방식 ⑩ • 발표를 할 때 시각자료와 함께 설명하게 되면 시각자료가 없이 설명하는 것보다 훨씬 효과적으로 작업기억을 활용할 수 있다. • 지구에 대해 처음 배울 때 인공위성에서 본 지구의 모습을 보면서 설명을 들으면 훨씬 더 잘 기억하게 된다.

* 신재흡(2023), 교육과심리, 교육과학사

(4) 장기기억의 구분

① 언어 설명 여부에 따른 구분

㉠ 선언적 기억(declarative memory)

ⓐ 자각하고 회상해낼 수 있는 기억, 사실, 정의, 절차, 규칙에 대한 지식을 말한다.

ⓑ 의미기억(semantic memory): 개념, 원리, 관계에 대한 기억이다.

⑩ '한국의 수도는?'에 응답할 때 사용하는 기억

© 일화기억(episodic memory): 개인의 경험과 관련된 기억, 시·공간에 대한 기억이다.
  ⓔ '어제 한 일은?'에 응답할 때 사용하는 기억
ⓛ 비선언적 기억(non-declarative memory)
  ⓐ 의식하지 못하는 유형의 기억이므로, 자동적으로 발현된다는 특성을 가지고 있다.
  ⓑ '운동기억', '절차기억'이라고도 불린다.
    ⓔ 자전거 타기
② 장기기억 속의 지식
  ⊙ 선언적 지식(declarative knowledge): 무엇이 어떻다는 것을 아는 것으로 사실이나 개념, 규칙에 대한 지식이다.
  ⓛ 절차적 지식(procedural knowledge): 무엇을 어떻게 하는가 등과 같은 방법에 관한 지식이다.
  © 조건적 지식(conditional knowledge): 선언적 지식과 절차적 지식을 언제 어떻게 활용할 것인지에 관한 지식이다.

(5) 과정적 측면에서의 정보처리
① 주의집중(attention)
  ⊙ 감각기억에서 단기기억으로의 변화를 위해 자극에 의식적으로 집중하는 주의집중 과정이 필요하게 된다.
  ⓛ 실제로 감각기억의 용량은 무제한하기 때문에 의식적 주의집중을 통해 처리하고자 하는 정보를 단기기억, 작업기억으로 가져오는 과정이 필요하다.
② 지각(perception)
  ⊙ 자극과 경험에 의미와 해석을 부여하는 과정을 말한다.
  ⓛ 여기서 의미는 기존에 가지고 있는 지식과 실세계로부터의 물리적 표상에 기초하여 구성된다.
  © 지각 과정에 대한 설명

이론	설명
무의식적 추론이론	감각기관에 들어온 모호한 자극을 지각할 때 '있음직함'의 원리에 따라 그 자극일 가능성이 가장 큰 물체로 지각함. 무의식적 가정이나 추론의 결과물로써 지각을 설명함
지각 조직화의 원리	게슈탈트(형태주의)이론. 사물을 지각할 때 유사성, 근접성, 완결성 등의 원리를 이용해 부분적 요소들을 조직화하며 더 큰 사물을 형성하고 지각할 수 있음
환경의 규칙성	반복적으로 경험한 주변 환경의 특징에 대한 인간이 가지고 있는 배경지식이 지각에 영향을 미침 ⓔ 수평이나 수직을 다른 기울기보다 더 쉽게 지각함

개념확대 ⊕
Zoom IN

지각의 과정에 나타나는 형태주의 원리
- **개관**: 감각기억에서 단기기억으로 전환되는 과정에서 주의집중을 하게 되면 자극을 탐지하고 그것에 의미를 부여하는 '지각(perception)'이 일어나게 된다.
- **형태주의 지각 원리**
  - **도형 – 배경 원리**: 하나에 집중하면 다른 하나는 배경이 되는 원리이다.
  - **근접성 원리**: 서로 가까이 있는 것들끼리 묶어서 지각하는 원리이다.
  - **유사성 원리**: 색이나 모양, 크기가 유사한 것들끼리 묶어서 지각하는 원리이다.
  - **완결성 원리**: 벌어진 도형을 완결시켜 지각하는 원리이다.

③ 부호화(encoding)
  ㉠ 처리된 정보들을 장기기억에 표상하는 과정을 말한다.
  ㉡ 부호화를 위한 전략: 효과적인 부호화를 위해서는 장기기억 속에 이미 저장되어 있는 정보들과의 연결성, 즉, 유의미성이 높아야 한다.

전략	내용
시연 (rehearsal)	• 정보의 형태를 바꾸지 않고 소리 내거나 마음속으로 계속해서 반복하는 과정 • 기계적인 학습의 형태이며 유의미성이 높지 않아 효과가 낮음
조직화 (organization)	• 학습할 내용 중 서로 관련이 있거나 의미가 연결되는 것끼리 범주화하거나 유형을 묶어 제시하는 학습전략 • 잘 조직화된 내용은 요소 사이의 관계를 서술하고 있기 때문에 인지적 부하가 줄어들고 부호화와 인출이 더 효과적으로 일어남

구체적 세부 전략	
도표	많은 양의 정보를 체계적으로 파악 가능하고 관련 있는 것끼리 묶을 수 있기 때문에 정보 간 관계를 빨리 이해할 수 있음
구조도	관련 개념들을 위계화해서 제시하여 정보에 대한 구조 파악 및 전체적인 흐름을 파악할 수 있게 함
목차나 개요	학습내용 전체에 대해 목차나 개요를 만드는 것은 전체 내용에 대한 흐름을 제시하여 이해를 촉진시킴
모형 제시	관계 간의 모형을 만들어 직접 관찰이 불가능한 관계를 제시하면 학습내용에 대한 이해를 촉진시킴

전략	내용
심상화 (imagination)	• 심상화는 개념에 대한 마음속 그림을 만드는 과정임 • 내용에 대해 영상적 처리를 할 수 있도록 시각자료를 제시하는 학습전략 • 학습내용과 관련된 사진, 그림, 영상자료나 다이어그램, 모형 제시 등이 속함 • 이중부호화이론(Paivio, 1991)에 의해 그 가치를 인정받고 있음. 이중부호화이론은 장기기억이 언어정보와 심상정보를 저장하는 두 가지의 다른 기억체계를 가지고 있으며, 언어적 정보에다 시각적 표상을 첨가하면 더 유의미하게 부호화됨을 강조함 • 문제해결에 도움을 줄 수 있음 　예 도형을 보여주지 않으면서 오각형의 면적을 구하라는 문제를 내면 어렵게 느끼나 도형을 보여주면 문제해결이 보다 쉽게 느껴짐
맥락화	새로 배울 내용을 맥락(상황)과 연결 짓는 학습전략 　예 특정 문법이 활용되는 글을 작성하게 하고 이 과정에서 문법을 알려줌

	새로운 정보를 기존에 알고 있던 지식과 연결하여 새로운 정보의 유의미성을 증가시키는 학습전략으로, 이를 통해 새로운 정보를 정교화(구체화)하게 됨	
정교화 **(elaboration)**	**구체적 세부 전략**	
	사례 제시	구체적인 여러 사례를 제시하게 되면 학생의 사전 지식과 새로운 정보 간 연결이 촉진됨
	유추	유추를 사용하여 비유적으로 설명하면 학생이 이미 알고 있던 내용에 새로운 정보 연결이 용이해짐
	자신의 말로 설명하기	설명된 내용을 그대로 반복하는 것이 아니라 자신의 언어로 설명하는 과정에서 기존에 형성되어 있던 지식과 새로운 지식의 연결이 촉진됨
	기억술	• **장소법**: 새로운 정보를 자신과 친숙한 장소에 연결하여 심상을 구성하는 방법 • **연상법**: 어떤 사실을 단어나 숫자와 관련지어 기억하는 방법 • **핵심 단어법**: 학습한 단어의 의미와 단어를 심상으로 결합하여 부호화하는 방법 • **음운 기억법**: 새로운 정보를 익숙한 리듬이 있는 기존의 노래에 가사로 넣어 따라부르며 정교화하는 방법
도식 활성화	• 새로운 지식이 기존 지식과 연결될 수 있도록 적절한 사전지식을 활성화시키는 부호화 전략 • 학생이 이미 알고 있는 것과 학습해야 하는 것 사이에 개념적 다리를 놓도록 도와주는 학습전략은 모두 도식 활성화의 한 형태라고 할 수 있음 예 주제에 관해 이미 알고 있는 것이 무엇인지를 묻기, 학생들에게 주제와 관련이 있는 개인적 경험을 말하도록 요구함	
생성	새로운 정보와 관련된 정보를 스스로 만들어 내는 학습전략 예 스스로 도표를 만들어 보거나 심상화를 통해 정보를 나타내 보기	

개념확대⊕
Zoom IN

칵테일 파티 효과
(Cocktail party effect)
• 파티장의 시끄러운 주변 소음과 대화 속에서도 대화를 하는 상대방의 이야기를 선택적으로 지각하여 집중하는 현상을 말한다.
• 수용자가 자신에게 의미 있는 정보에 주의를 기울여 받아들이는 현상이다.
• 선택적 주의(selective attention)와 선택적 지각(selective perception)에 의해 이루어진다.

④ 인출(retrieval)
  ㉠ 장기기억에 저장된 정보를 작업기억으로 가져오는 과정이다.
  ㉡ 방법
    ⓐ 회상(recall): 어떠한 단서나 도움이 제공되지 않은 상태에서 장기기억의 정보를 인출하는 방법
      예 주관식 시험 문제는 회상을 사용한 인출의 예
    ⓑ 재인(recognition): 단서나 도움이 제공되는 상황에서 장기기억의 정보를 인출해 내는 방법
      예 객관식 시험문제는 재인을 이용한 인출의 예
    ⓒ 회상보다 재인이 쉬우며, 사람들은 회상보다 재인을 더 잘한다. 회상하지 못한다고 해서 모두 망각된 것은 아님을 의미한다.
  ㉢ 부호화가 잘된 정보는 장기기억에 저장되어 필요할 경우 인출에 활용될 가능성이 높다.
  ㉣ 부호화 특수성(encoding specificity)의 원리: 장기기억에 저장된 정보를 인출할 수 있도록 도와주는 단시(인출단서)의 맥락이 부호화 맥락과 일치할 때 인출이 가장 잘된다.
    예 슬픈 음악을 듣고, 슬픈 기분을 느낄 때 슬펐던 일을 더 잘 기억해낸다.
    예 미리 여러 번 연습했던 곳에서 운전면허 시험을 볼 때 실기 시험을 더 잘 보는 경향이 있다.
  ㉤ 설단현상(tip-of-tongue phenomenon): 장기기억에 정보는 저장되어 있으나 해당 정보에 대한 접근이 제대로 되지 않아 발생하는 인출 실패의 한가지 현상이다.
    예 친구와 대화를 하다가 원래 알고 있던 다른 친구에 대해 이야기할 때 그 친구의 이름이 갑자기 떠오르지 않고 이름이 혀끝에서 맴도는 것

❸ 망각(forgetting)

(1) 개념
기억저장소에서 정보가 손실되거나 인출될 수 없는 것을 말한다.

(2) 망각에 대한 이론
① 쇠잔이론(decay theory): 기억을 사용하지 않으면 시간이 경과함에 따라 기억 흔적이 약해진다고 설명하며, '불용이론'이라고도 한다.
② 간섭이론(interference theory): 관련된 다른 내용의 기억이 회상하고자 하는 내용의 인출을 방해하여 망각이 일어난다고 설명하는 이론이다.
  ㉠ 순행간섭(proactive interference): 이전에 학습한 내용이 이후 학습할 내용의 인출을 방해하는 간섭현상이다.
  ㉡ 역행간섭(retroactive interference): 이후에 학습한 내용이 이전에 학습한 내용의 인출을 방해하는 간섭현상이다.

③ 인출 실패이론(retrieval failure theory): 저장된 정보에 대해 접근하는 적절한 인출단서가 없기 때문에 기억 실패하는 것으로 망각을 설명하는 이론이다.

(3) 에빙하우스(Ebbinghaus)의 망각곡선(forgetting curve)

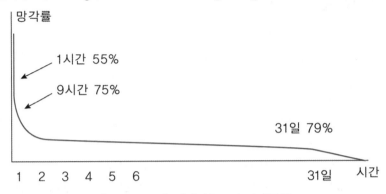

[그림 7-13] 에빙하우스의 망각곡선

① 망각곡선은 시간이 경과함에 따라 기억의 보유량을 측정하여 나타낸 그래프이다.
② 무의미한 단어 철자를 활용하여 완벽하게 외운 다음 시간이 지날수록 얼마나 기억해낼 수 있는지를 측정하여 그래프로 표현하였다.
③ 실험결과
  ㉠ 학습완료 후, 망각은 매우 빠른 속도로 진행된다.
  ㉡ 학습 후 약 1시간이 경과 기억의 잔량은 45%에 불과하게 되고, 9시간 후 25%, 한달 후 약 21%가 되었다.
  ㉢ **결론**: 학습 후 짧은 시간 내에 망각이 급격하게 진행되다가 어느 정도가 지나면 망각이 천천히 진행됨을 알 수 있다.

> **참고** **학습에 대한 신경망이론**
>
> 급격한 뇌 과학의 발달과 함께 신경망으로 학습을 설명하고자 하는 이론이다. 신경 세포 간 연결의 강도 변화나 새로운 연결의 형성, 기존 연결의 사라짐 등과 같은 뇌 속 신경망의 변화가 학습의 과정에 일어난다고 설명한다.

04 복잡한 인지과정

❶ 개념학습

(1) 개념(concept)의 정의
① 개념이란 마음의 구조 또는 범주의 표상이다.
② 개념의 역할
    ㉠ 인간은 개념을 형성함으로써 특정 범주에 해당되는 예와 비예를 구분한다.
    ㉡ 살아가며 겪는 수많은 경험을 모두 일일이 저장하기 어렵기 때문에 개념을 통해 마음의 구조나 범주를 구성함으로써 세계를 단순화하여 이해하며, 이러한 과정에서 작업기억의 과부하를 줄이게 된다.
        예 만약 '면적'에 대한 개념을 형성할 경우 학생은 면적이 표면의 크기를 의미한다는 마음의 구조를 가지게 되었고, 특정 너비나 방향과 무관하게 표면의 크기와 관련된 모든 예시를 면적이라는 범주로 이해하게 된다. 면적이라는 개념이 형성되면 특정 대상물에만 적용되는 것이 아닌, 대표성을 가진 범주로서의 역할을 할 수 있게 된다.

(2) 개념학습 이론
① 학생들이 어떻게 개념을 형성하는가에 대해 서로 다른 해석을 제시하였다.
② 규칙지향이론(rule theory)
    ㉠ 개념의 특성을 사용하여 규칙을 만듦으로써 개념을 형성한다고 설명한다.
        예 '정사각형은 특정 특징(닫혀 있음, 변의 개수가 4개임, 모든 변의 길이가 같음, 모든 각의 길이가 같음)을 가져야한다는 규칙에 근거하여 정사각형 개념을 형성한다.
    ㉡ 명확히 정의된 규칙이 없는 개념들의 형성에는 적용되기 어렵다는 한계를 가지고 있다.
③ 원형이론(prototype theory)
    ㉠ 잘 정의된 규칙이 없을 때 활용되는 개념 형성방법에 대한 이론으로, 범주를 가장 잘 대표하는 표상인 원형을 구성하여 개념을 형성한다고 설명한다.
        예 진돗개가 개의 표상이 될 수 있다.
    ㉡ 하지만 반드시 특정 사례가 원형일 필요는 없으며, 경험을 통하여 복합적으로 구성된 표상이 원형이 될 수 있다.
④ 실례이론(exemplar theory)
    ㉠ 개념을 형성할 때 꼭 하나의 원형을 구성할 필요가 없다고 여긴다.
    ㉡ 특정 개념에 대하여 여러 실제 예시들을 저장함으로써 개념을 형성할 수 있다고 설명한다.
        예 삽살개, 진돗개, 닥스훈트 등의 이미지(실례)를 저장함으로써 '개'의 개념을 형성할 수 있다.

⑤ 교실에서의 개념 형성

　㉠ 이론의 적용: 교실에서 학생에게 개념을 잘 가르치는 방법은 중요한 특성이나 적용될 수 있는 규칙을 명확하게 제시하거나(규칙지향이론 적용), 특정 개념의 사례나 비사례를 주의 깊게 선택하여 학생들이 원형을 형성할 수 있게 돕거나(원형이론), 실례를 통해 개념을 형성할 수 있게(실례이론) 돕는 것이다.

　㉡ 개념 형성을 위한 효과적 도구

　　ⓐ 비사례 제시: 개념에 적합한 사례를 제시하는 것보다 개념에 속할 것 같지만 속하지 않는 비사례를 제시하는 것이 개념을 명확하게 하는 데 도움이 된다.

　　　예 포유류의 개념을 형성하는 데 있어 고래의 사례를 제시할 수 있다.

　　ⓑ 개념 간 비교: 유사하지만 차이가 있는 두 개념을 비교하여 도표나 도식을 통해 제시한다면, 이미 형성되어 있는 개념을 활용함으로써 장기기억 속에 저장된 정보를 활용하여 효과적으로 새로운 개념을 형성할 수 있다.

❷ 문제해결

(1) 문제(problem)의 정의

① 달성하고자 하는 목표가 존재하지만 목표를 달성하는 분명한 방법이 부족한 상태이다.

② 문제의 구분

　㉠ 잘 정의된 문제(well-defined problem): 명확한 답이나 해결책이 있는 문제이다.

　　예 수학문제나 과학문제와 같은 교과목에서 배우는 지식들의 많은 부분은 잘 정의된 문제라고 할 수 있다. 주소가 확실한 친구집 찾아가기와 같은 실생활 문제도, 다양한 방법(버스, 지하철 등)이 존재하기는 하지만 명확한 해결책이 있으므로 잘정의된 문제라고 할 수 있다.

　㉡ 잘 정의되지 않은 문제(ill-defined problem): 하나 이상의 가능한 해결책이 있으며, 잘 정의된 문제에 비해 불명확한 목표를 가지는 문제로, 일반적으로 해결할 수 있는 문제해결전략이 없다.

　　예 건강한 교우관계 형성하기, 여가와 직장 사이에서 균형잡힌 삶 살기 등 대부분의 실생활에서 마주하는 문제

(2) 문제 상황과 문제해결과정

① 문제 상황: 항상 맥락적이기 때문에, 잘 정의된 문제와 잘 정의되지 않은 문제를 구분하는 것은 개인적 상황에 따라 달라진다.

　예 '원뿔의 부피 구하기'와 같은 문제는 이미 수학적인 지식이 있는 학생에게는 잘 정의된 문제이지만, 관련된 지식이나 경험이 없는 학생에게는 잘 정의되지 않은 문제로 다가올 수 있다.

② 문제해결과정에서의 전문가와 초보자
  ㉠ 전문가(expert): 특정 영역에서 높은 기술이나 지식을 가진 사람으로, 특정 영역에 있어 상당히 정교화되고 복합적인 도식을 지니고 있으며, 이러한 도식이 일종의 묶음의 단위로 현실에서 작용하기 때문에 작업기억의 인지적 부하를 낮출 수 있다.
  ㉡ 전문가와 초보자의 차이

구분	전문가	초보자
특징	복합적·자동적으로 발휘되는 도식을 지님	관련된 지식이나 경험이 적어 복합적 도식이 부족함
문제에 대한 표상 및 이해	문제와 관련된 상황이나 맥락을 빠르게 파악해 복합적으로 문제를 머릿속에 그림	문제를 맥락 속에서 종합적으로 고려하기보다는 고립된 형태로 파악함
문제해결의 효율성	자동적으로 적용 가능한 도식이 존재하기 때문에 신속하게 문제를 해결함	신속하게 적용할 수 있는 도식이 부족하기 때문에 느리게 문제를 해결하고, 고립된 형태로 문제를 파악했기 때문에 효율적 해결방법보다는 그럴듯해보이는 해결방법을 적용함
문제해결을 위한 계획	일반적으로 많은 문제를 자동적·효율적으로 접근하지만, 친숙하지 않은 문제를 마주할 경우 신중하게 계획함	대부분의 문제가 친숙하지 않아 간단하게 계획하고, 문제해결을 위한 방법을 빠르게 시행함
문제해결 과정에 대한 점검	높은 메타인지를 가지고 있으므로 자신의 문제해결과정에 대한 명확한 판단을 내리고 효율적인 전략을 선택함	제한된 수준의 메타인지를 갖고 있기 때문에 비효율적 전략을 고집하는 경우가 많음

③ 전문성을 계발하기 위한 전략 – 의도적 연습(deliberate practice)
  ㉠ 의도적 연습은 단순히 기계적으로 어떤 내용을 학습하는 것이 아니라 의도적 연습 계획을 가지고 많은 노력을 실천하고 전문가로부터의 피드백을 통해 수정해 나가는 과정이다.
  ㉡ 특성
    ⓐ 목표와의 직접적 연관: 효과적인 의도적 연습이 되기 위해서는 향상되기를 원하는 부분이 무엇인지를 명확하게 파악하고, 이와 직접적으로 관련된 기술을 연마해야 한다.
    ⓑ 체계적인 연습 계획: 높은 수준의 전문성 획득을 위하여 연습의 계획을 체계적으로 세우고 실천해야 한다.
    ⓒ 실제 환경에서의 실천: 맥락적으로 동떨어진 환경이 아니라 실제 전문성을 발휘해야 하는 환경에서 연습한다.

ⓓ **심도있는 피드백의 제공:** 의도적인 연습을 위해서는 높은 수준의 전문가가 연습의 과정에서 제공하는 심도있는 피드백이 매우 중요하다. 이러한 피드백의 과정을 통하여 메타인지를 증진시키고 더 효과있는 전략이 무엇인지에 대해 배울 수 있고 이를 반영하여 더 나은 의도적 연습을 수행할 수 있게 된다.

❸ 메타인지(metacongnition)의 이해 `기출` 03 중등 / 04, 05, 06, 07, 10, 12 초등

(1) 메타인지
'인지에 대한 인지'로 자신의 인지과정에 대한 자각과 통제를 의미한다.
- 📌 집에서 공부를 할 경우 공부가 잘 되지 않을 것이라는 판단에 도서관을 가는 행동도 메타인지를 발휘한 경우인데, 공부가 잘 되지 않을 인지적 상황에 대해 인지적으로 판단을 내렸기 때문이다. 일정을 잊어버리지 않기 위해 스케줄러를 사용하는 것도 메타인지가 적용된 예시라고 할 수 있다.

(2) 메타인지의 과정과 영향
① 메타인지의 과정

단계	활동
계획	• 목표 설정 • **계획수립:** 시간 배분, 사용 전략, 과제 수행 방법
점검	• 계획대로 수행되고 있는지 감독 • 중요한 사항 발생 시 체크
평가	• 학습 완료 후 결과 확인 • 목표 성취 여부 판단
계획의 재수립	필요시 평가의 결과를 반영해서 계획 재수립

㉠ 효과적인 메타인지 기술을 발휘하기 위해서는 계획하고 점검하며 평가하고, 필요시 평가의 결과를 반영하여 계획을 재수립하는 과정이 필요하다.

② 메타인지와 학습능력
  ㉠ 일반적으로 높은 메타인지능력을 가진 학생은 높은 학습능력을 보인다.
  ㉡ **주의의 중요성에 대한 자각:** 메타인지가 높은 학생은 주의집중하지 않으면 정보가 처리되지 않는다는 것에 대해 자각하고 있기 때문에 수업을 듣거나 학습할 때 주의집중 여부를 확인한다.
   - 📌 주의집중이 가지는 중요성을 자각하는 학생은 주의집중할 수 있는 환경에 가서 공부를 하거나 집중해야 할 때는 듣고 있던 가요를 끄는 등의 활동을 하게 되고, 이는 높은 성취로 연결된다.

ⓒ **정확한 정보 획득의 중요성 자각:** 메타인지가 높은 학생은 자신이 무엇인가 잘못 자각할 수 있다는 것을 안다. 따라서 항상 정보가 정확한지에 대해 고민하고 자신이 오해한 부분은 없는지를 고민하며 정확한 정보를 찾으려 노력하며, 이러한 과정에서 많은 사례나 관련 개념을 마주하게 되고 정확한 정보를 얻게 되어 성취도 높아진다.

ⓔ **효과적인 기억전략 사용:** 메타인지가 높은 학생은 자신이 활용하는 기억전략이 효과적인지 아닌지에 대해 점검하고, 효과적이지 않다고 생각될 경우 이를 조정하는 과정을 거쳐 보다 나은 기억 전략을 활용하게 된다.

ⓜ **맥락에 맞는 전략 사용:** 메타인지가 높은 학생은 자신이 활용하는 학습전략이 효과적인지를 계속해서 점검하기 때문에 상황과 맥락에 더욱 적절한 학습전략을 활용하게 되고, 이는 학습의 효율성을 향상시켜 높은 성취를 이끌게 된다.

(3) 메타인지를 높일 수 있는 교수방법

① **설명 및 시범:** 교수자가 직접 자신의 상태를 점검하고 학습전략을 언제 어떻게 사용할 수 있는지를 설명한 뒤, 시범을 보이게 되면 학생들의 메타인시를 증진시킬 수 있다.

② **메타인지 체크리스트:** 학생에게 메타인지 전략과 과정에 대해 체크리스트를 마련하여 배포하면 자신의 학습을 돌아보고 점검하는 과정을 통해 메타인지를 높일 수 있다.

③ **시험 및 백지쓰기:** 시험치기나 백지에 내용을 모두 써보기와 같은 방법은 자신이 해당 내용을 얼마나 잘 알고 있는지에 대한 정보를 제공해 준다. 공부를 모두 끝냈다는 판단이 들 때 시험을 치거나 자료를 참고하지 않고 백지에 써보는 과정을 통해 공부를 모두 끝냈다는 판단이 옳은지 아닌지 여부를 점검할 수 있다.

④ 학습의 전이(transfer) 기출 06 중등 / 04, 08 초등

(1) 개념

① 하나의 맥락에서 이해한 것을 다른 맥락에 적용·응용하는 능력이다.

② 전이의 구분

　㉠ **긍정적 전이**: 어떤 상황에서 일어난 학습이 이후 상황의 학습을 촉진시킬 때 일어나는 전이이다.
　　예 포유류의 개념을 이해하고 고래를 포유류라고 판단내리는 상황

　㉡ **부정적 전이**: 어떤 상황에서 일어난 학습이 이후의 수행을 방해할 때 일어나는 전이이다.
　　예 어류의 개념을 이해하고 고래를 어류로 판단내리는 상황

　㉢ **일반 전이**: 한 맥락에서 학습한 지식이나 기술이 여러 다른 맥락에 적용할 수 있는 능력을 말한다.
　　예 발레와 무용은 모두 균형감각이나 음악적 감각을 높이는 데 영향을 주어 발레를 배울 경우 무용도 잘할 수 있게 되는 것

　㉣ **특수 전이**: 하나의 맥락에서 학습한 정보를 원래의 맥락과 비슷한 맥락에서 적용할 수 있는 능력을 말한다.
　　예 발레에서 특정 기술을 연마하는 것은 발레에서 다른 기술을 더 잘 연마하는 데 도움이 되는 것

(2) 관련 이론

① **형식도야설**

　㉠ 능력심리학에 기초하고 있는 이론으로 인간의 마음을 구성하는 기본능력(기억력, 추리력, 주의력, 의지력, 상상력 등)을 연습을 통해 강화시킬 수 있으며, 이러한 일반정신능력을 잘 훈련시키면 그 효과가 여러 분야에 자동적으로 전이된다는 이론이다.

　㉡ 이러한 정신능력은 수학, 논리학, 라틴어와 같은 특정과목으로 단련될 수 있다고 주장한다.

② **동일요소설**: 형식도야설을 비판하면서 손다이크(Thorndike)가 제안한 이론으로, 특정 교과에 의하여 향상되는 일반 정신능력이 아니라 이전의 학습과 새로운 학습의 과제나 상황이 동일한 요소를 많이 포함할수록 전이가 잘 일어난다는 입장이다.

③ **일반화설**: 주드(Judd)가 제안한 이론으로, 동일요소설에서 동일한 요소를 강조하는 것과는 다르게 학습의 기저에 있는 일반 원리나 법칙을 학습하게 되면 이후 학습에서의 전이가 잘 일어난다는 입장이다.

④ **형태이조설**: 형태주의 이론과 연관이 있는 이론으로, 상황을 구성하는 요소들 간의 관계를 파악하거나 문제의 구조적 성질을 이해하였을 때 전이가 잘 일어난다고 설명한다.

05 구성주의(constructivism)

❶ 구성주의의 이해

(1) 개념
① 학문에 따라서 다양한 방식으로 사용되고는 있지만, 일반적으로 다른 근거로부터 지식을 전달받기보다는 학습자가 스스로 지식을 구성한다고 주장한다.
② 지식을 그대로 암기하기보다는 구성한다는 원칙에 동의하고 이를 중심으로 학습의 과정을 이해하려는 학습이론이다.

(2) 의의
구성주의는 다른 학습이론이 설명하지 못하는 여러 현상들을 설명할 수 있다는 점에서 의의를 갖는다.

예 모델에 대한 모방이 없이도 학습은 일어날 수 있고 학습자는 종종 오개념을 형성하기도 한다. 수업시간에 동일한 내용을 다루더라도 학습자에 따라 매우 다른 이해의 양상을 보이는 현상을 기존의 학습이론인 행동주의나 사회인지 학습이론은 설명하지 못하지만, 구성주의는 학습자의 고유한 이해 구성이나 오개념 형성에 대한 설명이 가능하다.

❷ 인지적 구성주의(cognitive constructivism)와 사회적 구성주의 (social constructivism)
기출 03, 09, 20 중등 / 00, 03, 05, 06 초등

(1) 피아제(Piaget)의 인지적 구성주의
① 학생이 환경과 상호작용하거나 이미 존재하는 도식을 검증하고 수정하면서 스스로 의미를 찾아나가는 것을 강조하는 입장이다. 피아제가 제안한 도식의 형성 개념이 중요한 의미를 지닌다.
② 사회적 상호작용의 역할: 인지적 구성주의에서는 학생 스스로의 인지 변화에 초점을 두기 때문에 사회적 상호작용이 개인의 인지적 갈등을 유발할 수 있는 촉매제의 역할을 한다고 생각한다.
③ 교실에의 적용: 지식을 직접 전달하기 보다는 학습을 지원할 수 있는 환경을 제시해주어야 하는데, 개인 스스로의 변화를 중요하게 여기기 때문에 교사의 역할이 무엇인가에 대해 명확한 답은 없는 상태이다.

(2) 비고츠키(Vygotsky)의 사회적 구성주의
① 지식이 사회적 맥락 속에서 구성된 이후 학생에 의하여 내면화되는 것을 강조하는 구성주의적 입장으로, 사회적 상호작용이 중요한 의미를 지닌다.
② 사회적 상호작용 역할: 모든 고차원적 심리기능(비판적 사고, 논리적 사고)을 유발하는 역할을 수행한다. 인지적 구성주의가 사회적 상호작용을 촉매제의 역할로 본 것에 반해 사회적 구성주의는 사회적 상호작용이 학습의 시발점이 된다고 간주한다.

기출 20 중등

기출논제 Check ✅

A 교사가 언급한 비고츠키 지식론의 명칭과, 이 지식론에서 보는 지식의 성격 1가지와, 교사와 학생의 역할 각각 1가지

---

③ 교실에의 적용: 교사는 사회적 상호작용을 통하여 지식을 구성할 수 있도록 교수환경을 설정해야 하고 학생이 문제해결과정에서 의견을 교환·협력할 수 있는 학습환경을 만들어 주는 것이 중요해진다.

(3) 사회문화이론(sociocultural theory)

① 사회적 구성주의의 한 형태이지만, 학습이 발생하는 더 큰 맥락을 강조한다.

② 학생들의 태도나 가치, 행동 등은 모두 사회·문화적 영향을 받는다.

> 예 어떤 문화권에서는 엄지손가락을 들고 '따봉'을 외치는 것이 긍정적으로 사용될 수 있지만, 어떤 문화권에서는 전혀 다른 의미로 사용되기도 한다. 또한 어떤 문화권에서는 어른의 말에 반박하는 의견을 내는 것이 당연하지만 어떤 문화권에서는 예의 바르지 않다고 비춰질 수도 있다.

요약정리
Zoom OUT 인지적 구성주의 vs. 사회적 구성주의

구분	인지적 구성주의	사회적 구성주의
지식 형성	• 개별주체의 내적 인지과정 강조 • 개인적으로 지식을 구성하는 것을 강조	• 지식은 사회적 구인(social construct)이라고 간주 • 지식은 사회적 상호작용을 통해 구성됨을 강조
교수	개인의 인지활동을 중시하므로 개인이 이해·해석하도록 안내	사회적인 상호작용을 강조하므로 학생과 공동으로 지식을 구성해야 하고 활발한 사회적 상호작용이 일어날 수 있는 환경 조성
학습	선행지식을 활용한 인지적 재구성	사회적으로 합의된 지식과 가치를 배우기 위한 상호작용 학습
동료 학습자	반드시 필요하지는 않지만 개인의 지식 구성에 도움을 줄 수 있음	지식 구성 과정의 매우 중요한 존재임

③ 오개념과 개념 변화

(1) 오개념(misconcept)

① 증거가 풍부한 설명이나 일반적으로 받아들이는 설명에 모순되는 믿음을 말한다.

② 오개념의 원인

㉠ 사전 경험: 사전에 어떤 경험을 하였는지가 오개념 형성의 중요한 원인이 된다.

> 예 부적 강화를 학습할 때 '부적'이라는 단어가 부정적인 의미를 가지고 있음을 알기 때문에 종종 부적 강화를 강화가 아닌 처벌로 생각하는 경우가 생기고, 이는 오개념으로 이어지게 된다.

ⓛ **우연한 현상:** 어떤 대상이나 사건들이 동시에 발생할 경우나 기존의 오개념을 적용해도 우연히 맞는 상황이 생길 때, 학생은 하나의 사건이 하나의 원인이 된다고 생각하는 경향이 생긴다.

> **예** 곱하기만 알고 있는 학생이 '1 ÷ 1'을 곱셈과 같은 식으로 풀어 1이라는 답을 적을 경우 우연히 맞게되고, 이는 나누기에 대한 오개념을 형성하게 된다.

ⓒ **사회적 오개념:** 사회에서 일반적으로 가지고 있는 믿음이나 오개념도 개념 형성에 영향을 미친다.

> **예** 인간 학습에 있어 결정적 시기가 존재한다는 오개념은 사회에서는 일반적으로 믿어지지만, 학자들 사이에서는 인간의 학습에 있어서 결정적 시기보다는 민감기가 있다는 주장이 훨씬 지지받는다.

ⓔ **언어의 사용:** 언어의 사용은 오개념에 영향을 줄 수 있다.

> **예** 우리는 '해가 뜬다'라는 언어를 사용하는데, 이는 해의 무게에 대한 오개념을 형성할 수도 있고, 해가 지구 주위를 돌고 있다는 오개념 형성에 영향을 줄 수도 있다.

(2) 개념 변화를 위한 교수

① 학생들의 오개념을 변화시키고, 이미 존재하는 개념을 발달시키는 과정에는 피아제의 불평형화, 조절, 동화의 개념이 활용된다.

② 개념 변화 조건

ⓐ **기존 개념에 대한 불만족:** 이미 존재하는 개념이 불만족스러운 상황에 처해야 하고 이러한 상황 속에서 불평형화가 야기되어야 한다.

ⓑ **대체개념에 대한 이해:** 불평형 상황을 해결할 수 있는 대체개념을 잘 이해할 수 있어야 한다.

ⓒ **유용성:** 새로 형성된 개념이 실세계에서 유용하게 활용되는 현상을 경험해야 하고, 이러한 과정에서 평형화가 생기며, 다른 예시나 경험을 새로 형성한 도식에 동화시킬 수 있어야 한다.

❹ 구성주의의 교육적 적용 `기출 03, 09, 17, 20 중등 / 00, 03, 05, 06 초등`

(1) 안내된 발견(guided discovery)

① 교사가 학습목표를 확인하고 정보를 조직하며 학생을 목표로 안내하는 교수법을 말한다.

② 안내된 발견을 위한 수업 구성요소

ⓐ 학생이 관심을 가지고 교사의 안내를 잘 따르기 위해서는 학생의 호기심을 자극할 수 있는 실생활 문제를 제시할 필요가 있다.

ⓑ 학생 스스로의 구성이 중요하기 때문에 개념을 이해할 수 있는 명확하고 관찰 가능한 예시들을 제공할 필요가 있다.

ⓒ 학생 간의 상호작용뿐만 아니라 개념 형성을 돕고 오개념 형성을 줄일 수 있는 질문을 설계해야 한다.

ⓔ 평가를 반드시 실시하여 오개념의 여부를 확인하고 학생에게 오개념 수정의 기회를 제공해야 한다. 또한 평가하는 내용이 학습목표와 일치해야 한다.

(2) 탐구(inquiry)

① 사실과 관찰내용을 수집하고 실생활문제를 조사하는 수업전략이다.

② 탐구의 과정: 질문이나 문제의 확인 ⇨ 질문에 대답 및 문제해결을 위한 가설 설정 ⇨ 가설 시험을 위한 자료수집 ⇨ 결론 도출 ⇨ 일반화

③ 탐구문제 예시

    ㉠ 산소 소비의 이점을 얻기 위해 필요한 운동량은?(탐구문제)

    ㉡ 간접흡연은 해롭다.(탐구조사의 결과)

    ㉢ 진의를 위한 범죄조사 및 대재앙 설명 시도(탐구문제)

(3) 토론(discussion)

① 찬성과 반대의 입장으로 나뉘는 주제에 대하여 서로의 입장을 설득하기 위해 근거를 들며 자신의 주장을 논리적으로 펼치는 말하기로, 사고를 자극하고 학습자의 태도와 신념을 바꾸며 이해의 재구성을 돕는다.

② 토론을 통해 향상되는 기술

    ㉠ 다른 사람의 의견을 경청하기

    ㉡ 다른 관점을 포용하는 능력 발전시키기

    ㉢ 민주적 과정 학습하기

(4) 협동학습(cooperative learning)

① 학습능력이 서로 다른 학생들이 동일한 학습목표를 향해 소집단 내에서 함께 활동하는 수업방법으로, 지식 구성의 촉진을 위한 사회적 상호작용을 유발할 수 있는 교수전략이다.

② 협동학습의 특성

    ㉠ 오늘날 학교에서 가장 인기 있는 수업전략의 하나이다.

    ㉡ 소집단 활동이므로 일반 교수활동에 비교하여 학습활동 참여 유도가 용이하다.

    ㉢ 협력적 사고 향상에 효과적이다.

③ 효과적 협동학습에서의 교사의 역할

    ㉠ 협동학습이 활발하게 일어날 수 있는 목표를 설정하고 목표, 지시사항 및 과제 수행 시간을 명시한다.

    ㉡ 각 소집단에 나눠주기 쉬운 교육자료를 준비한다.

    ㉢ 학생들의 활동을 모니터링하여 너무 뒤처지는 학생은 없는지, 활발하고 긍정적인 상호작용이 일어나고 있는지를 확인한다.

    ㉣ 협동학습의 결과로 결과물을 만들도록 요구한다. 이러한 지시는 학생들이 어떠한 목표를 향해 협력해야 하는지를 알려주고, 수업이 잘 이루어졌는지에 대한 평가자료로도 활용할 수 있다.

01 교육심리학의 주요 연구 주제는 _____, _____, _____, _____
에 대한 이해를 기반으로 한다.

01
학습자, 학습과 교육과정,
교수자, 평가

02 피아제의 인지발달이론에 따르면 _____란 기존의 이해를 통해 새로운 경험을
이해하고 설명할 수 있는 인지적 상태이다. 즉, 자신의 지식 구조로 세상을 이해할
수 있는 평안한 상태를 말한다. _____이란 자신의 현재 도식으로는
문제를 해결하거나 상황을 이해할 수 없음을 인식할 때 발생하는 균형이 깨진 상태
이다. 이러한 상태를 줄이고, _____ 유지를 위해 도식과 새로운 경험을 조정
하는 과정을 _____이라고 하며, 새로운 정보를 기존의 도식에 맞추는
_____와 기존의 도식을 바꾸거나 새로운 도식을 만들어 내는 _____로
구성된다. 마지막으로 _____란, 기존의 도식을 새롭고 더욱 복잡한 지적 구조
로 통합시키는 과정을 말한다.

02
평형화, 인지적 불평형, 평형화,
적응, 동화, 조절, 조직화

03 비고츠키의 인지발달이론의 핵심 2가지 중 _____은 아동이 타인의 도움
없이 스스로 문제를 해결할 수 있는 실제적 발달 수준과 성인이나 유능한 또래들의
도움으로 문제를 해결할 수 있는 잠재적 발달수준 사이의 영역으로 정의될 수 있다.
_____는 능숙한 참여자가 미숙한 학습자로 하여금 문제에 대해 보다 잘 이해할
수 있도록 그 학습자의 현재 상황에 대해 적절한 도움을 조정하고 제공하는 것이다.

03
근접발달영역, 비계

04 프로이트의 정신 구조 중 _____은 특별한 노력 없이도 항상 지각하고 있는 사고,
지각, 정서 경험을 포함한다. _____은 평소에 지각하지 못하지만 약간의 노력을
기울이면 쉽게 의식으로 떠올릴 수 있는 기억과 경험을 포함한다. _____은 지각
하려고 노력을 해도 쉽게 의식되지 않는 다양한 심리적 경험을 포함한다. 한편,
프로이트의 성격 구조 중 _____는 생물체로서의 본능을, _____는 욕구를
통제하는 힘을, _____는 도덕과 양심을 의미한다.

04
의식, 전의식, 무의식, 원초아,
자아, 초자아

05 에릭슨의 심리사회적 발달이론은 8단계의 발달단계를 가진다. 출생~18개월은
_____, 18개월~3세는 _____, 3~6세는 _____,
6~12세는 _____, 청소년기에는 _____, 성인 전기에는
_____, 성인 중기에는 _____, 노년기에는 _____
의 단계로 이루어진다.

06 _____의 _____적 발달이론은 미시체계, 중간체계, 외체계,
거시체계, 시간체계로 이루어져 있으며, 각 체계는 서로 상호작용할 뿐만 아니라
아동과도 상호작용하며 아동의 발달에 영향을 준다고 본다.

07 _____의 도덕발달이론은 3수준 6단계의 추론단계를 가정한다. _____은
권위적 인물의 지시나 명령, 자신과 타인의 손익을 기준으로 도덕 판단을 한다.
_____은 자기 자신의 결과에 의존하지 않고, 옳고 그름에 대한 사회적
관습을 받아들이되, 타인의 의식하고 사회의 법이나 규칙의 절대성을 신봉한다.
_____에서는 법, 사회 규칙을 뛰어 넘어 보편적인 원리와 윤리에 기초해
도덕 판단을 한다.

08 지능이론은 다양한 학자들에 의해서 구성되어 있다. _____은 2요인설,
_____은 중다요인설, _____는 3차원 지능구조설, _____은 유동지능·
결정지능에 대한 이론, _____는 다중지능이론, _____는 삼원지능
이론을 주장하였다.

09 _____의 _____은 동기는 세상과 자기 자신을 이해하고 숙달하려는
목표에 의해 유발되며, 사람들은 자신 및 타인의 행동에 대한 인과적 결정요인을
이해하려고 노력한다는 전제하에 성공이나 실패에 대한 '지각된 원인'이 학습자의
동기와 수행에 영향을 미친다고 가정한다. 이러한 지각된 원인은 _____,
_____, _____의 3가지 차원으로 구성되어 있다.

10 _____의 창의적 과정 4단계 중 _____단계는 문제를 정의하고, 분류하고, 관련된 기본적인 정보를 모으고, 여러 가지 가능성을 탐색하고, 다양한 해결방법을 모색해보는 단계이다. _____ 단계는 일정 기간 동안 어떤 문제에 대해서 곰곰이 생각하거나, 때로는 인식하지 못하지만 무의식 수준에서 아이디어를 탐색하는 단계이다. _____ 단계는 문제에 대한 기발하고 결정적인 해결책이나 아이디어가 떠오르는 단계이다. _____ 단계는 영감 단계에서 생산된 아이디어의 적절성을 검증하거나 실제로 아이디어가 수정, 재수정, 정교화를 거쳐 탄생하는 단계이다.

10
왈라스, 준비, 배양, 영감, 검증

11 렌쥴리에 따르면, 영재성은 _____, _____, _____의 3가지 요소로 구성된다.

11
평균 이상의 능력, 과제집착력, 창의성

12 콜브에 따르면 학습유형은 _____, _____, _____, _____의 4가지 유형으로 나누어볼 수 있다. 이때 추상적으로 개념화하여 지각하고, 반성적으로 관찰하는 유형은 _____에 해당한다.

12
발산형, 수렴형, 동화형, 조절형, 동화형

13 목표지향이론에 따르면, _____목표는 자신의 기준과 자기발전을 위하여 학습하고 숙달하고자 하는 목표로서 자신의 역량 향상과 개발에 초점을 두는 반면, _____목표는 자신의 역량과 능력을 증명하고자 하는 목표로서 다른 사람과 비교하여 자신이 어떻게 평가될 것인지에 초점을 둔다.

13
숙달, 수행

14 _____이란 특정 목표를 달성해 낼 수 있다는 능력에 대한 신념이라고 정의할 수 있다. 이 중 _____은 학습자가 학업적 과제 수행을 위해 필요한 행위를 조직하고 실행해 나가는 자신의 능력에 대해 내리는 판단이다.

14
자기효능감, 학업적 자기효능감

15 _____ 전략이란, 실패가 예견되는 상황에서 자기가치를 보호하기 위해 수행에 방해가 될 만한 방해물이나 핑계거리를 만들어 두는 행동을 의미한다. 이는 성공 시 자기가치를 증가시키고, 실패 시에는 자신이 유능하다는 이미지를 보호하게 해준다.

15
자기장애

16 자기결정성 이론은 인간은 _____, _____, _____의 3가지 기본 심리 욕구를 가지고 있다고 가정한다.

16
유능성, 자율성, 관계성

17 학습에 대한 중요 이론에는 크게 네 가지가 있다. _____은 관찰 가능한 행동의 변화로 학습을 설명하는 관점이며, _____은 모델링과 같은 관찰학습에 의해 나타나는 변화로 학습을 설명하고, _____은 인간 인지 과정을 변화에 초점을 두며, 대표적으로 정보처리모형이 있다. 마지막으로 _____는 학습자가 스스로 구성하는 학습에 초점을 둔다.

17
행동주의 학습이론,
사회인지 학습이론,
인지주의 학습이론,
구성주의 학습이론

18 고전적 조건화는 아무런 반응을 일으키지 못했던 _____이 _____을 이끌어 내는 _____과 연합되어 조건 반응을 이끌어 내는 _____으로 변하는 과정을 말한다.

18
중성 자극, 무조건 반응,
무조건 자극, 조건 자극

19 정보저장소의 개념인 단기기억에서 나아간 개념으로, 정보를 융합·처리하는 등의 집행 기능을 강조한 _____은 용량의 한계를 가지고 있으며, 이를 조정하기 위한 전략들에는 _____, _____, _____ 등이 있다.

19
작업기억, 청킹, 자동화,
이중 처리

20 '인지에 대한 인지'라는 개념의 _____는 _____, _____, _____, _____ 등과 같은 일련의 과정을 모두 포함하는 개념이다. 일반적으로 이는 높은 수준의 학업성취와 밀접한 관련을 가진다.

20
메타인지, 목표설정과 계획,
실행, 감독, 계획의 수정

회독 Check ✓

□ **1**회독 □ **2**회독 □ **3**회독

12개년 기출분석 Big Data 🥧

6%
교육사회학

설쌤의 Live Class 🎙

교육사회학은 교육 현상을 사회학적 관점에서 비판적으로 이해하고 탐구하는 학문입니다. 논술형으로 바뀐 이후의 출제 빈도가 많지는 않지만, 언제든 출제될 수 있는 파트이지요. 좁게는 학교 내부, 넓게는 학교와 사회와의 관계를 설명하는 여러 학자들이 제시한 다양한 이론과 개념을 정확히 암기·이해하여 실제 사례에 적용시킬 수 있게끔 학습하는 것이 필요합니다. 예비교사로서 성장하는 과정 중 학교라는 사회에서 겪었던 경험들을 새로운 시각에서 살펴볼 수 있는 이론들이 제시되는 만큼 재미있게 학습해 보는 시간이 되었으면 합니다.

2024	2023	2022	2021	2020	2019

2018	2017	2016	2015	2015(추)	2014
				○	○

2014(추)	2013
○	

PART 8
교육사회학

PART 8

교육사회학 한눈에 구조화하기

Chapter 01 교육사회학 이론

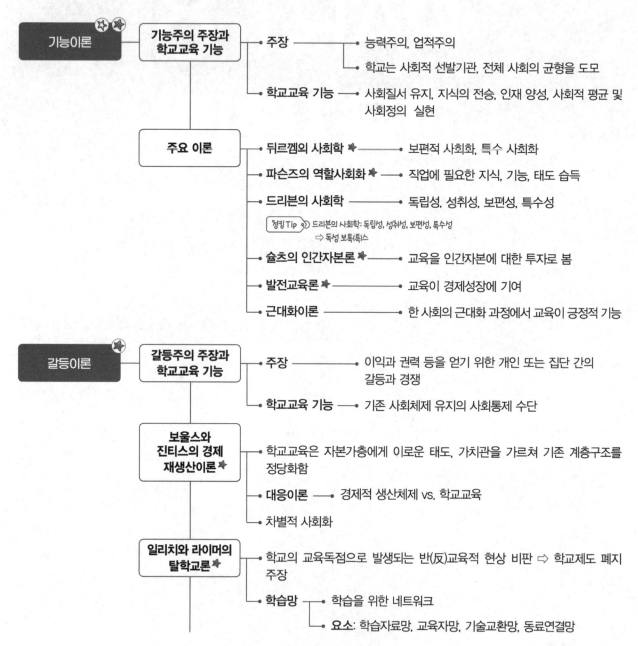

기능이론

기능주의 주장과 학교교육 기능
- 주장
  - 능력주의, 업적주의
  - 학교는 사회적 선발기관, 전체 사회의 균형을 도모
- 학교교육 기능 — 사회질서 유지, 지식의 전승, 인재 양성, 사회적 평균 및 사회정의 실현

주요 이론
- 뒤르켐의 사회학 ✿ — 보편적 사회화, 특수 사회화
- 파슨즈의 역할사회화 ✿ — 직업에 필요한 지식, 기능, 태도 습득
- 드리븐의 사회학 — 독립성, 성취성, 보편성, 특수성
  - 청킹Tip ☞ 드리븐의 사회학: 독립성, 성취성, 보편성, 특수성
    ⇨ 독성 보톡(톡)스
- 슐츠의 인간자본론 ✿ — 교육을 인간자본에 대한 투자로 봄
- 발전교육론 ✿ — 교육이 경제성장에 기여
- 근대화이론 — 한 사회의 근대화 과정에서 교육이 긍정적 기능

갈등이론

갈등주의 주장과 학교교육 기능
- 주장 — 이익과 권력 등을 얻기 위한 개인 또는 집단 간의 갈등과 경쟁
- 학교교육 기능 — 기존 사회체제 유지의 사회통제 수단

보울스와 진티스의 경제 재생산이론 ✿
- 학교교육은 자본가층에게 이로운 태도, 가치관을 가르쳐 기존 계층구조를 정당화함
- 대응이론 — 경제적 생산체제 vs. 학교교육
- 차별적 사회화

일리치와 라이머의 탈학교론 ✿
- 학교의 교육독점으로 발생되는 반(反)교육적 현상 비판 ⇨ 학교제도 폐지 주장
- 학습망
  - 학습을 위한 네트워크
  - **요소:** 학습자료망, 교육자망, 기술교환망, 동료연결망

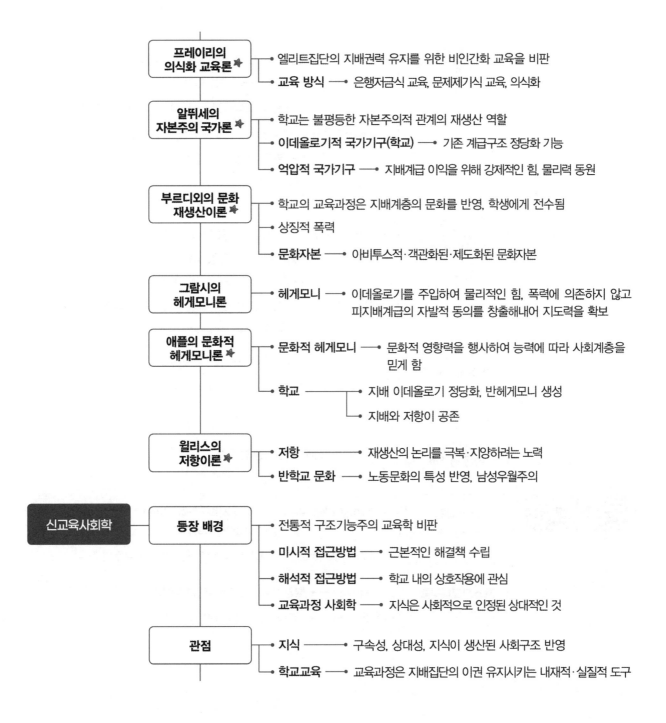

**프레이리의
의식화 교육론** ✦
- 엘리트집단의 지배권력 유지를 위한 비인간화 교육을 비판
- **교육 방식** ── 은행저금식 교육, 문제제기식 교육, 의식화

**알뛰세의
자본주의 국가론** ✦
- 학교는 불평등한 자본주의적 관계의 재생산 역할
- **이데올로기적 국가기구(학교)** ── 기존 계급구조 정당화 기능
- **억압적 국가기구** ── 지배계급 이익을 위해 강제적인 힘, 물리력 동원

**부르디외의 문화
재생산이론** ✦
- 학교의 교육과정은 지배계층의 문화를 반영, 학생에게 전수됨
- 상징적 폭력
- **문화자본** ── 아비투스적·객관화된·제도화된 문화자본

**그람시의
헤게모니론**
- 헤게모니 ── 이데올로기를 주입하여 물리적인 힘, 폭력에 의존하지 않고
피지배계급의 자발적 동의를 창출해내어 지도력을 확보

**애플의 문화적
헤게모니론** ✦
- 문화적 헤게모니 ── 문화적 영향력을 행사하여 능력에 따라 사회계층을
믿게 함
- 학교 ┬ 지배 이데올로기 정당화, 반헤게모니 생성
      └ 지배와 저항이 공존

**윌리스의
저항이론** ✦
- 저항 ── 재생산의 논리를 극복·지양하려는 노력
- 반학교 문화 ── 노동문화의 특성 반영, 남성우월주의

신교육사회학

등장 배경
- 전통적 구조기능주의 교육학 비판
- **미시적 접근방법** ── 근본적인 해결책 수립
- **해석적 접근방법** ── 학교 내의 상호작용에 관심
- **교육과정 사회학** ── 지식은 사회적으로 인정된 상대적인 것

관점
- **지식** ── 구속성, 상대성, 지식이 생산된 사회구조 반영
- **학교교육** ── 교육과정은 지배집단의 이권 유지시키는 내재적·실질적 도구

PART 8 교육사회학 한눈에 구조화하기

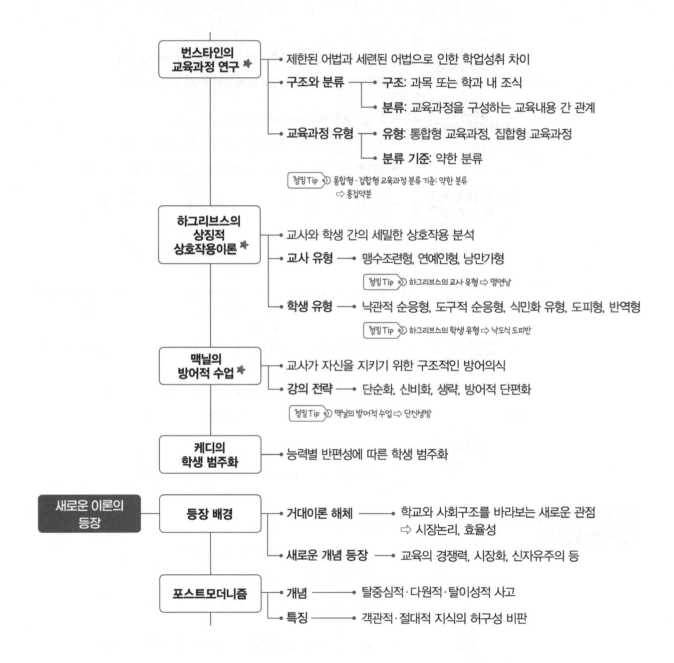

번스타인의 교육과정 연구 ✿
- 제한된 어법과 세련된 어법으로 인한 학업성취 차이
- 구조와 분류 ── 구조: 과목 또는 학과 내 조직
  - 분류: 교육과정을 구성하는 교육내용 간 관계
- 교육과정 유형 ── 유형: 통합형 교육과정, 집합형 교육과정
  - 분류 기준: 약한 분류
- 청킹 Tip 통합형·집합형 교육과정 분류 기준: 약한 분류 ⇨ 통집약분

하그리브스의 상징적 상호작용이론 ✿
- 교사와 학생 간의 세밀한 상호작용 분석
- 교사 유형 ── 맹수조련형, 연예인형, 낭만가형
  - 청킹 Tip 하그리브스의 교사 유형 ⇨ 맹연낭
- 학생 유형 ── 낙관적 순응형, 도구적 순응형, 식민화 유형, 도피형, 반역형
  - 청킹 Tip 하그리브스의 학생 유형 ⇨ 낙도식 도피반

맥닐의 방어적 수업 ✿
- 교사가 자신을 지키기 위한 구조적인 방어의식
- 강의 전략 ── 단순화, 신비화, 생략, 방어적 단편화
  - 청킹 Tip 맥닐의 방어적 수업 ⇨ 단신생방

케디의 학생 범주화
- 능력별 반편성에 따른 학생 범주화

새로운 이론의 등장

등장 배경
- 거대이론 해체 ── 학교와 사회구조를 바라보는 새로운 관점 ⇨ 시장논리, 효율성
- 새로운 개념 등장 ── 교육의 경쟁력, 시장화, 신자유주의 등

포스트모더니즘
- 개념 ── 탈중심적·다원적·탈이성적 사고
- 특징 ── 객관적·절대적 지식의 허구성 비판

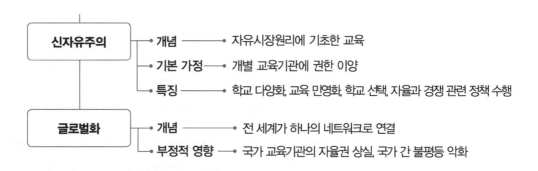

신자유주의 ──┬─ 개념 ──────── 자유시장원리에 기초한 교육
　　　　　　├─ 기본 가정 ───── 개별 교육기관에 권한 이양
　　　　　　└─ 특징 ──────── 학교 다양화, 교육 민영화, 학교 선택, 자율과 경쟁 관련 정책 수행

글로벌화 ──┬─ 개념 ──────── 전 세계가 하나의 네트워크로 연결
　　　　　　└─ 부정적 영향 ──── 국가 교육기관의 자율권 상실, 국가 간 불평등 악화

Chapter 02 교육과 학력상승

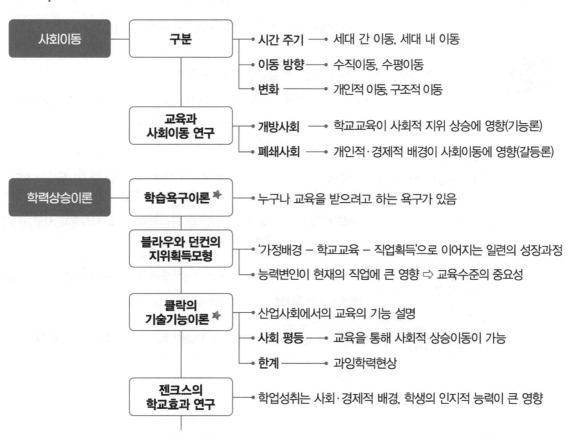

사회이동 ──┬─ **구분** ──┬─ **시간 주기** ── 세대 간 이동, 세대 내 이동
　　　　　　　　　　　├─ **이동 방향** ── 수직이동, 수평이동
　　　　　　　　　　　└─ **변화** ───── 개인적 이동, 구조적 이동
　　　　　　　└─ **교육과
사회이동 연구** ──┬─ **개방사회** ── 학교교육이 사회적 지위 상승에 영향(기능론)
　　　　　　　　　　　　　　　　　　└─ **폐쇄사회** ── 개인적·경제적 배경이 사회이동에 영향(갈등론)

학력상승이론 ──┬─ **학습욕구이론** ✱ ── 누구나 교육을 받으려고 하는 욕구가 있음
　　　　　　　　├─ **블라우와 던컨의
지위획득모형** ──┬─ '가정배경 – 학교교육 – 직업획득'으로 이어지는 일련의 성장과정
　　　　　　　　　　　　　　　　　　　　└─ 능력변인이 현재의 직업에 큰 영향 ⇨ 교육수준의 중요성
　　　　　　　　├─ **클락의
기술기능이론** ✱ ──┬─ 산업사회에서의 교육의 기능 설명
　　　　　　　　　　　　　　　　　　├─ **사회 평등** ── 교육을 통해 사회적 상승이동이 가능
　　　　　　　　　　　　　　　　　　└─ **한계** ───── 과잉학력현상
　　　　　　　　└─ **젠크스의
학교효과 연구** ── 학업성취는 사회·경제적 배경, 학생의 인지적 능력이 큰 영향

PART 8

교육사회학 한눈에 구조화하기

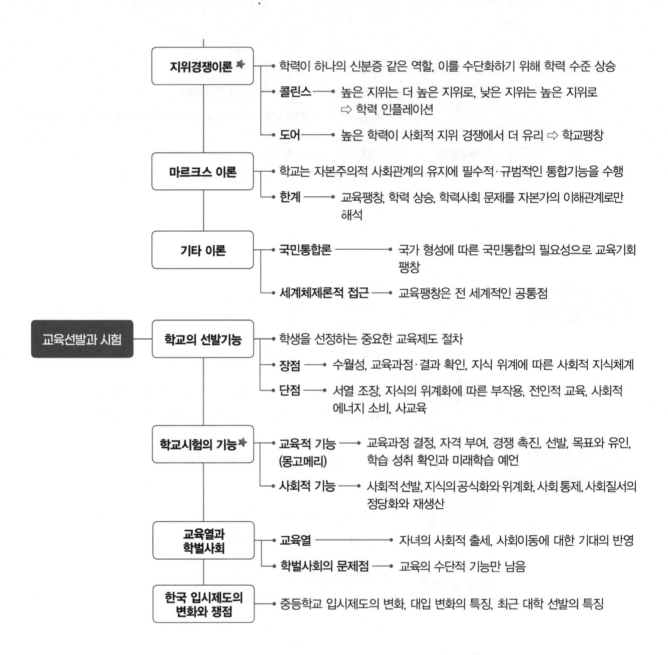

지위경쟁이론 🏵
- 학력이 하나의 신분증 같은 역할, 이를 수단화하기 위해 학력 수준 상승
- 콜린스 ──▶ 높은 지위는 더 높은 지위로, 낮은 지위는 높은 지위로 ⇨ 학력 인플레이션
- 도어 ──▶ 높은 학력이 사회적 지위 경쟁에서 더 유리 ⇨ 학교팽창

마르크스 이론
- 학교는 자본주의적 사회관계의 유지에 필수적·규범적인 통합기능을 수행
- 한계 ──▶ 교육팽창, 학력 상승, 학력사회 문제를 자본가의 이해관계로만 해석

기타 이론
- 국민통합론 ──────▶ 국가 형성에 따른 국민통합의 필요성으로 교육기회 팽창
- 세계체제론적 접근 ──▶ 교육팽창은 전 세계적인 공통점

교육선발과 시험

학교의 선발기능
- 학생을 선정하는 중요한 교육제도 절차
- 장점 ──▶ 수월성, 교육과정·결과 확인, 지식 위계에 따른 사회적 지식체계
- 단점 ──▶ 서열 조장, 지식의 위계화에 따른 부작용, 전인적 교육, 사회적 에너지 소비, 사교육

학교시험의 기능 🌼
- 교육적 기능 (몽고메리) ──▶ 교육과정 결정, 자격 부여, 경쟁 촉진, 선발, 목표와 유인, 학습 성취 확인과 미래학습 예언
- 사회적 기능 ──▶ 사회적 선발, 지식의 공식화와 위계화, 사회 통제, 사회질서의 정당화와 재생산

교육열과 학벌사회
- 교육열 ──────▶ 자녀의 사회적 출세, 사회이동에 대한 기대의 반영
- 학벌사회의 문제점 ──▶ 교육의 수단적 기능만 남음

한국 입시제도의 변화와 쟁점
- 중등학교 입시제도의 변화, 대입 변화의 특징, 최근 대학 선발의 특징

Chapter 03 교육과 평등

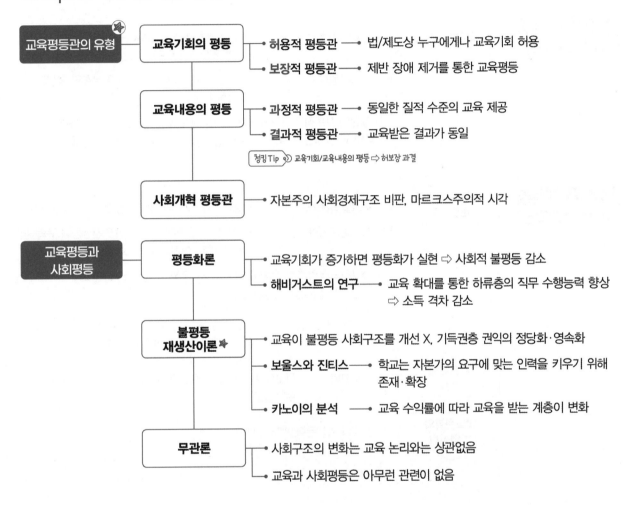

교육평등관의 유형

교육기회의 평등
- **허용적 평등관** → 법/제도상 누구에게나 교육기회 허용
- **보장적 평등관** → 제반 장애 제거를 통한 교육평등

교육내용의 평등
- **과정적 평등관** → 동일한 질적 수준의 교육 제공
- **결과적 평등관** → 교육받은 결과가 동일

청킹Tip 교육기회/교육내용의 평등 ⇨ 허보장 과결

사회개혁 평등관 → 자본주의 사회경제구조 비판, 마르크스주의적 시각

교육평등과 사회평등

평등화론
- 교육기회가 증가하면 평등화가 실현 ⇨ 사회적 불평등 감소
- **해비거스트의 연구** → 교육 확대를 통한 하류층의 직무 수행능력 향상 ⇨ 소득 격차 감소

불평등 재생산이론
- 교육이 불평등 사회구조를 개선 X, 기득권층 권익의 정당화·영속화
- **보울스와 진티스** → 학교는 자본가의 요구에 맞는 인력을 키우기 위해 존재·확장
- **카노이의 분석** → 교육 수익률에 따라 교육을 받는 계층이 변화

무관론
- 사회구조의 변화는 교육 논리와는 상관없음
- 교육과 사회평등은 아무런 관련이 없음

논술형 기출개념에는 ✿로, 객관식 기출개념에는 ✦로 표기하였습니다.

교육사회학 한눈에 구조화하기

Chapter 04 교육과 교육격차

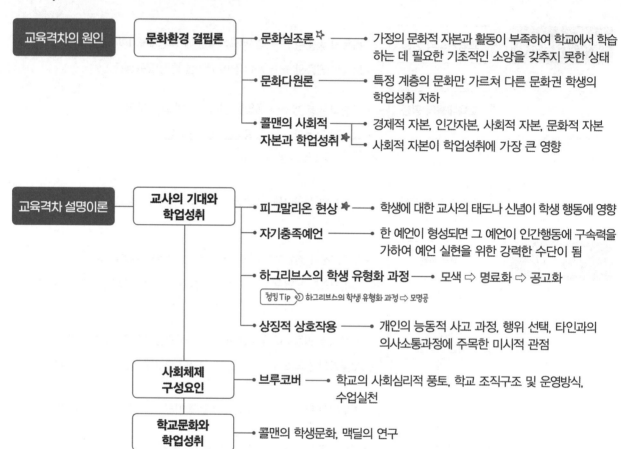

교육격차의 원인 ─ **문화환경 결핍론**
- 문화실조론 ✿ ── 가정의 문화적 자본과 활동이 부족하여 학교에서 학습하는 데 필요한 기초적인 소양을 갖추지 못한 상태
- 문화다원론 ── 특정 계층의 문화만 가르쳐 다른 문화권 학생의 학업성취 저하
- 콜맨의 사회적 자본과 학업성취 ✦
  - 경제적 자본, 인간자본, 사회적 자본, 문화적 자본
  - 사회적 자본이 학업성취에 가장 큰 영향

교육격차 설명이론
- **교사의 기대와 학업성취**
  - 피그말리온 현상 ✦ ── 학생에 대한 교사의 태도나 신념이 학생 행동에 영향
  - 자기충족예언 ── 한 예언이 형성되면 그 예언이 인간행동에 구속력을 가하여 예언 실현을 위한 강력한 수단이 됨
  - 하그리브스의 학생 유형화 과정 ── 모색 ⇨ 명료화 ⇨ 공고화
    [청킹 Tip] 하그리브스의 학생 유형화 과정 ⇨ 모명공
  - 상징적 상호작용 ── 개인의 능동적 사고 과정, 행위 선택, 타인과의 의사소통과정에 주목한 미시적 관점
- **사회체제 구성요인**
  - 브루코버 ── 학교의 사회심리적 풍토, 학교 조직구조 및 운영방식, 수업실천
- **학교문화와 학업성취**
  - 콜맨의 학생문화, 맥딜의 연구

Chapter 05 교육과 비행 · 문화

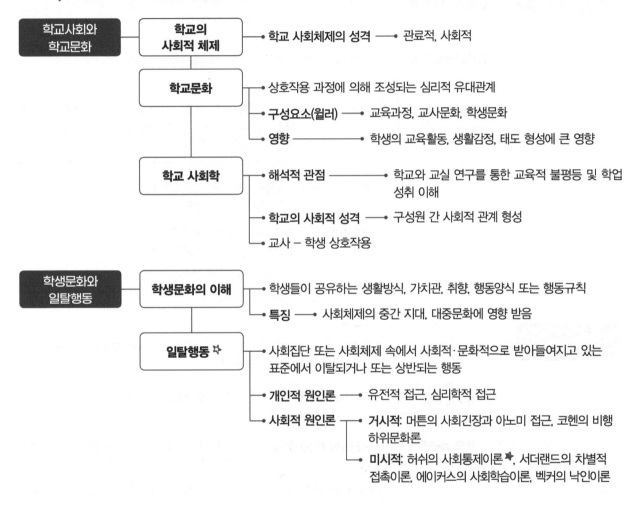

학교사회와 학교문화

학교의 사회적 체제
- 학교 사회체제의 성격 —— 관료적, 사회적

학교문화
- 상호작용 과정에 의해 조성되는 심리적 유대관계
- **구성요소(월러)** —— 교육과정, 교사문화, 학생문화
- **영향** —— 학생의 교육활동, 생활감정, 태도 형성에 큰 영향

학교 사회학
- 해석적 관점 —— 학교와 교실 연구를 통한 교육적 불평등 및 학업 성취 이해
- **학교의 사회적 성격** —— 구성원 간 사회적 관계 형성
- 교사 – 학생 상호작용

학생문화와 일탈행동

학생문화의 이해
- 학생들이 공유하는 생활방식, 가치관, 취향, 행동양식 또는 행동규칙
- **특징** —— 사회체제의 중간 지대, 대중문화에 영향 받음

일탈행동 ✿
- 사회집단 또는 사회체제 속에서 사회적·문화적으로 받아들여지고 있는 표준에서 이탈되거나 또는 상반되는 행동
- **개인적 원인론** —— 유전적 접근, 심리학적 접근
- **사회적 원인론**
  - **거시적**: 머튼의 사회긴장과 아노미 접근, 코헨의 비행 하위문화론
  - **미시적**: 허쉬의 사회통제이론 ✿, 서더랜드의 차별적 접촉이론, 에이커스의 사회학습이론, 벡커의 낙인이론

논술형 기출개념에는 ⭐로, 객관식 기출개념에는 ⭐로 표기하였습니다.

교육사회학 한눈에 구조화하기

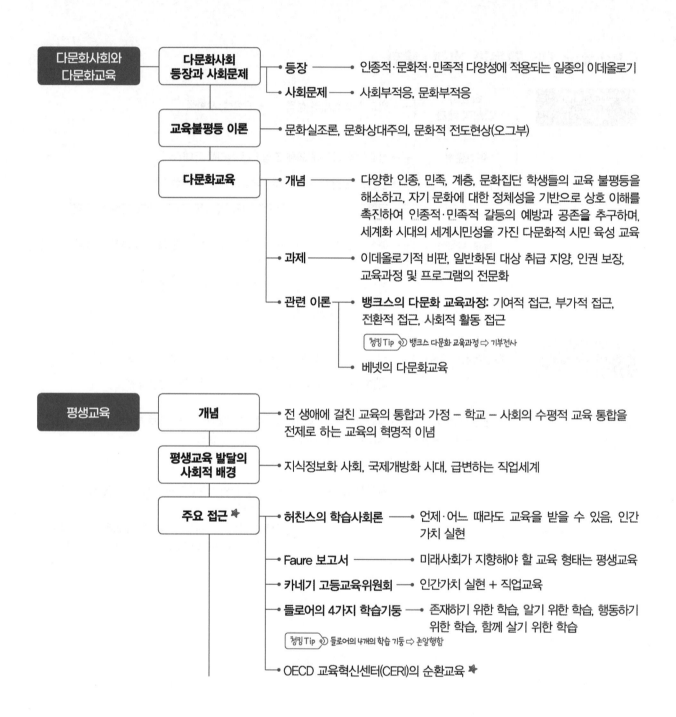

다문화사회와 다문화교육

다문화사회 등장과 사회문제
- 등장 ── 인종적·문화적·민족적 다양성에 적용되는 일종의 이데올로기
- 사회문제 ── 사회부적응, 문화부적응

교육불평등 이론 ── 문화실조론, 문화상대주의, 문화적 전도현상(오그부)

다문화교육
- 개념 ── 다양한 인종, 민족, 계층, 문화집단 학생들의 교육 불평등을 해소하고, 자기 문화에 대한 정체성을 기반으로 상호 이해를 촉진하여 인종적·민족적 갈등의 예방과 공존을 추구하며, 세계화 시대의 세계시민성을 가진 다문화적 시민 육성 교육
- 과제 ── 이데올로기적 비판, 일반화된 대상 취급 지양, 인권 보장, 교육과정 및 프로그램의 전문화
- 관련 이론 ── **뱅크스의 다문화 교육과정:** 기여적 접근, 부가적 접근, 전환적 접근, 사회적 활동 접근
  - 청킹Tip 뱅크스 다문화 교육과정 ⇨ 기부전사
  - 베넷의 다문화교육

평생교육

개념 ── 전 생애에 걸친 교육의 통합과 가정 – 학교 – 사회의 수평적 교육 통합을 전제로 하는 교육의 혁명적 이념

평생교육 발달의 사회적 배경 ── 지식정보화 사회, 국제개방화 시대, 급변하는 직업세계

주요 접근 ⭐
- 허친스의 학습사회론 ──── 언제·어느 때라도 교육을 받을 수 있음, 인간 가치 실현
- Faure 보고서 ──── 미래사회가 지향해야 할 교육 형태는 평생교육
- 카네기 고등교육위원회 ─── 인간가치 실현 + 직업교육
- 들로어의 4가지 학습기둥 ──── 존재하기 위한 학습, 알기 위한 학습, 행동하기 위한 학습, 함께 살기 위한 학습
  - 청킹Tip 들로어의 4개의 학습 기둥 ⇨ 존알행함
- OECD 교육혁신센터(CERI)의 순환교육 ⭐

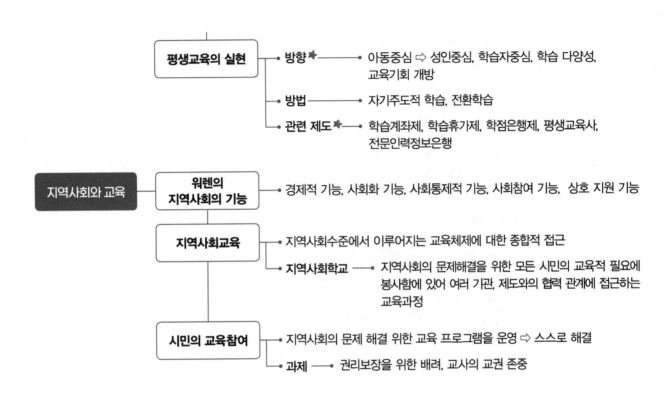

평생교육의 실현

- **방향** ✦ ─── 아동중심 ⇨ 성인중심, 학습자중심, 학습 다양성, 교육기회 개방
- **방법** ─── 자기주도적 학습, 전환학습
- **관련 제도** ✦ ─── 학습계좌제, 학습휴가제, 학점은행제, 평생교육사, 전문인력정보은행

지역사회와 교육

워렌의 지역사회의 기능 ─── 경제적 기능, 사회화 기능, 사회통제적 기능, 사회참여 기능, 상호 지원 기능

지역사회교육

- 지역사회수준에서 이루어지는 교육체제에 대한 종합적 접근
- **지역사회학교** ─── 지역사회의 문제해결을 위한 모든 시민의 교육적 필요에 봉사함에 있어 여러 기관, 제도와의 협력 관계에 접근하는 교육과정

시민의 교육참여

- 지역사회의 문제 해결 위한 교육 프로그램을 운영 ⇨ 스스로 해결
- **과제** ─── 권리보장을 위한 배려, 교사의 교권 존중

Chapter
01
교육사회학 이론

설쌤의
Live Class 🎙

교육사회학 이론 챕터에서는 다양한 견해를 가진 교육사회학 이론들이 소개됩니다. **기능이론,
갈등이론, 신교육사회학의 개념과 각각의 이론들에 부합하는 학자들이 주장하는 이론들에 나오는
용어, 개념, 특징을 잘 이해하기 바랍니다.** 교육사회학 전반의 흐름을 파악하고 다양한 이론을
숙지하는 것이 필요합니다.

핵심 [Tag]

기능주의의 주장 – 능력주의, 업적주의
- **학교교육의 기능:** 효율적 분배, 사회질서 유지, 기능 전승, 인력 공급, 사회의 유지·존속,
  사회 평균 및 정의 실현

기능주의 주요 이론
- **뒤르껨의 사회학:** 보편적 사회화, 특수 사회화
- **파슨즈의 사회학:** 역할 사회화
- **드리븐의 사회학:** 독립성, 성취성, 보편성, 특수성(특정성)
- **슐츠의 인간자본론:** 교육은 인간자본에 대한 투자, 과잉교육현상 설명 X
- **발전교육론:** 교육이 경제성장에 기여
- **근대화이론:** 교육이 근대화 과정에 긍정적인 기능

갈등주의 주장 – 경쟁과 갈등
- **학교교육의 기능:** 사회통제 수단, 불평등체제 유지·존속

갈등주의 주요 이론
- **보울스와 진티스의 경제 재생산이론:** 경제적 생산체제와 학교교육을 비교
- **일리치와 라이머의 탈학교론:** 학습을 위한 네트워크
- **프레이리의 의식화 교육론:** 침묵의 문화, 은행저금식·문제제기식·의식화 교육, 프락시스
- **알뛰세의 자본주의 국가론:** 학교는 이데올로기적 국가기구
- **부르디외의 문화 재생산이론:** 상징적 폭력, 문화자본의 종류 3가지(아비투스, 객관화, 제도화)
- **그람시의 헤게모니론:** 헤게모니 = 이데올로기 주입식 지배방식
- **애플의 문화적 헤게모니론:** 학교는 상대적 자율성을 갖고 있어 반헤게모니 생성
- **윌리스의 저항이론:** 간파와 제약을 통해 반학교 문화를 형성, 남성다움과 육체적 노동 강조

신교육사회학 등장 배경

전통적 교육사회학 비판, 미시적 접근, 해석적 접근, 교육과정사회학

신교육사회학 주요 이론

- **번스타인의 교육과정 연구**: 어법의 종류(제한/세련), 집합형·통합형 교육과정, 가시적·비가시적 교수법
- **하그리브스의 상징적 상호작용이론**: 교사 유형(맹수조련형, 연예인형, 낭만가형), 학생 유형(낙관적 순응형, 도구적 순응형, 식민화 유형, 도피형, 반역형)
- **맥닐의 방어적 수업**: 단순화(간편화), 신비화, 생략, 방어적 단편화
- **케디의 학생 범주화**: 능력별 반편성의 준거(능력, 사회계급)

1 기능주의 주장과 학교교육 기능

(1) 주장 – 능력주의, 업적주의

① 현대 산업사회는 기능적으로 분화되어 있으며, 분화된 사회에서의 교육은 전통사회의 교육과는 전혀 다른 특성을 지닌다.

② 학교는 능력 또는 업적에 기초한 자유경쟁의 가장 대표적인 기관으로, 각 개인의 능력이나 흥미에 따라 미래 생활을 위한 다양한 준비를 시킴으로써 장래의 직업적·사회적 지위를 배분하는 사회적 선발기관이다.

③ 교육은 인간의 모든 조건을 균등화시킴으로써 전체 사회의 균형을 도모하는 역할을 한다.

④ 기능론자의 학교교육에 대한 낙관적 견해

    ㉠ 학교는 지식과 기능의 효율적 분배기구이며, 사회질서 유지를 위한 필요 지식 및 행동을 전수한다.

    ㉡ 사회구성원으로서의 개인의 통합, 응집력 증진, 적성과 능력에 알맞은 역할과 지위 분류 및 배분, 사회 요구, 지식, 기술, 행동양식을 전승한다.

    ㉢ 개인을 사회에 적응·통합시킴과 동시에 사회가 요구하는 인력을 양성하여 공급한다.

    ㉣ 효과적 교육을 통해 사회를 유지하고 존속시킨다.

    ㉤ 가정의 사회·경제적 지위가 낮아도 학교교육에서의 공정한 경쟁을 통해 개인의 능력을 발휘할 수 있다.

    ㉥ 개인적으로는 세대 내 사회적 지위 이동을, 국가·사회적으로는 사회적 평균 및 사회 정의를 실현할 수 있다.

(2) 학교교육 기능

① 학교는 산업사회의 기능적 요구를 충족시키기 위한 지식과 기능의 효율적인 분배기구이다.

② 사회질서를 유지하는 데 필요한 지식 및 행동을 전수하는 것을 목적으로 한다.

③ 사회구성원으로서 개인의 통합과 응집력의 증진, 적성과 능력에 알맞은 역할과 지위의 분류 및 배분 사회 각 분야에서 요구하는 지식, 기술, 행동양식을 전승하는 기능을 수행한다.

④ 개인을 사회에 적응·통합시킴과 동시에 사회가 요구하는 인력을 양성하고 공급하게 된다.

⑤ 학교는 사회가 교육적 역할을 기능적으로 수행하도록 고안해 낸 사회제도이며 효과적인 교육을 통해 사회의 유지·존속을 위한 역할을 한다.

⑥ 가정의 사회·경제적 지위가 낮더라도 학교교육에서의 공정한 경쟁을 통해 개인의 능력을 발휘할 수 있으며, 개인적으로는 세대 내의 사회적 지위 이동을, 국가·사회적으로는 사회적 평균 및 사회정의를 실현할 수 있다.

기출 15 중등 추시

기출논제 Check ✓

기능론적 관점에서 학교 교육의 선발·배치 기능 및 한계를 각각 2가지만 제시

❷ 주요 이론

(1) 뒤르껨(Durkheim)의 사회학 [기출] 08 중등 / 06 초등

① 보편적 사회화
  ㉠ 한 사회의 공통적 감성과 신념인 '집합의식'을 새로운 세대에 내면화시키는 것을 의미한다.
  ㉡ 한 사회가 해체되는 일 없이 존속하는 것뿐만 아니라 한 사회의 독특한 특성을 유지하는 데에 있어서도 필수적인 것이다.
  ㉢ 아동의 도덕 사회화를 위해 보편적 사회화를 중시한다.
② 특수 사회화: 사회적 연대와 도덕교육을 강조한다.

> **참고** **뒤르껨의 교육에 대한 정의**
>
> 교육은 사회생활을 위한 준비를 아직 갖추지 못한 어린 세대에 대한 성인 세대의 영향력 행사이다. 교육의 목적은 전체로서의 정치 · 사회와 아동이 장차 소속하게 되어 있는 특수 환경의 양편이 요구하는 지적 · 도덕적 · 신체적 특성을 아동에게 육성 및 계발하는 데 있다.

(2) 파슨즈(Parsons)의 사회학 [기출] 07 중등 / 01 초등

① 역할 사회화: 아동에게 장차 성인이 되어 담당하게 될 역할을 수행하기 위해 반드시 필요한 정신적 자세와 자질을 기르는 것으로, 직업에 필요한 지식, 기능, 태도를 습득하는 것이다.
② 학교의 기능
  ㉠ 학교는 유형유지 조직이다.
  ㉡ 사회화를 통한 사회적 안정, 통합, 합의의 증진이 이루어진다.
  ㉢ 학교교육의 기능은 (역할)사회화와 선발이다.
③ 한계점: 교육 갈등을 무시하고, 평가 공정성을 지나치게 신뢰한다는 한계점이 있다.

> **참고** **사회적 선발과 배치**
>
> 1. 파슨즈는 뒤르껨과 마찬가지로 학교교육의 사회화 기능을 강조하는 동시에 산업사회에서의 인력 배치기능을 부각시킴으로써 사회적 선발기능을 강조하였다.
> 2. 산업사회에서는 사람들의 능력과 자진에 따라 적합한 지위와 역할을 분배하는 것이 사회의 존속과 발전을 위해 빼놓을 수 없는 요건이 되었다.
> 3. 학교의 사회적 선발기능은 사회와 개인 모두에게 있어 매우 중요한 기능이며, 이러한 인력의 선발 · 분류 · 배치의 기능은 학교교육이 수행하는 기능 중 가장 현실적 · 구체적인 기능이다.
> 4. 교육체제는 직업세계의 분화에 따라 다양한 분야에 적합한 사람을 선발하여 길러내는 역할을 효과적으로 수행해야 한다.

(3) 드리븐(Dreeben)의 사회학

① 사회화를 '사회적 규범(독립성, 성취성, 보편성, 특수성)의 내면화'로 규정한다.

② 규범은 '상황별로 구체화된 행동의 표준으로서 개인이 특정 상황에서 어떻게 행동해야 하는지를 지시하는 원칙, 전제 또는 기대'라고 정의한다.

③ 학교에서 학생이 습득하게 되는 사회적 규범(학생 규범론)

　　㉠ 독립성(independence)

　　　　ⓐ 학교에서 과제를 스스로 처리하고 자신의 행동에 대하여 책임을 지게 함으로써 습득된다.

　　　　ⓑ 학교의 공식적인 시험을 통해 습득된다.

　　㉡ 성취성(achievement)

　　　　ⓐ 학생이 할 수 있는 최선을 다하여 과제를 수행해야 한다는 전제를 받아들이고 그 전제에 따라 행동할 때 습득하며, '교수 - 학습 - 평가'라는 체제 속에서 형성된다.

　　　　ⓑ 공동으로 수행하는 활동에도 적용되어 학생들이 성취감을 형성할 수 있다.

　　㉢ 보편성(universalism)

　　　　ⓐ 모든 아이들이 똑같은 규칙의 지배를 받는다는 규범으로, 학교에서의 규범의 동질성을 확보하기 위한 것이다.

　　　　ⓑ 학생이 학교생활을 하는 과정에서 각 개인을 학습구성원으로서 똑같이 취급된다는 사실을 알게 됨으로써 습득된다.

　　　　ⓒ 동일 연령의 학생이 같은 학습내용과 과제를 공유하며 형성한다.

　　㉣ 특수성(특정성, specificity)

　　　　ⓐ 정당한 사유가 있다면 예외도 인정받는 것을 뜻하며, 일반적으로 인정될 수 있는 개인의 특수한 사정에 따라 예외가 인정된다.

　　　　ⓑ 흥미와 적성에 맞는 분야에 대한 교육을 집중적으로 수행함으로써 습득된다.

　　　　ⓒ 합리적 근거를 가질 때에만 허용된다.

④ 특수 사회화

　　㉠ 개인이 속하게 되는 특수한 직업집단이 요구하는 지적 · 도덕적 특성을 함양하는 것을 말한다.

　　㉡ 교육을 통해서 개인은 자신이 속하여 살아가게 될 직업집단의 규범과 전문지식을 미리 학습해야 한다는 것이다.

　　㉢ 한 사회가 유지되기 위해서는 다양한 직업집단이 필요하며, 산업화가 진행됨에 따라 사회의 분업화가 지속된다는 사실과 연관된다.

(4) 슐츠(Schultz)의 인간자본론 기출 13 중등 / 07 초등

① 개념

ㄱ 슐츠는 교육비 지출을 투자의 한 형태로 분석하였고, 인간자본론을 체계화했다.

ㄴ 교육을 '증가된 배당금'의 형태로 미래에 되돌려 받을 인간자본에의 투자로 보면서, 인간이 교육을 통해 지식과 기술을 갖추게 될 때 인간의 경제적 가치는 증가한다고 주장한다.

ㄷ 학력에 따른 수입의 차이는 교육에 의한 지식과 기술의 차이 즉, 생산성의 차이 때문이라고 설명된다.

② 교육에 대한 관점

ㄱ 인간자본론은 교육을 장래에 회수하게 될 수익금의 형태로 보상받게 될 인간자본에 대한 투자로 본다.

ㄴ 슐츠는 교육이 경제발전에 기여할 수 있다고 보며, 동일한 경제적 투자를 하더라도 그 효과가 다르게 나타나는 원인을 '교육받은 인구'의 차이라는 변인으로 설명하였다.

ㄷ 인간자본과 생산성 사이에는 높은 상관관계가 있다고 보고 학교에서 배운 지식은 직장에서 그대로 사용되어 생산성이 향상된다고 가정한다.

③ 의의

ㄱ 인간자본론자의 주장은 많은 사람들에게 교육은 더 이상 소비가 아닌 경제발전을 위한 투자라는 인식을 심어주게 되었고, 경제발전을 꾀하는 나라들은 교육에 대한 재정적 투자와 지원을 확대하기에 이르렀다.

ㄴ 이처럼 인간자본론은 국가발전의 측면에서 교육에 대한 투자와 국가의 경제적 발전 사이에 높은 상관관계가 있다는 것을 밝히는 데에도 적용되었다.

ㄷ 부족한 교육투자와 저조한 취학률이 저개발국의 저발전의 원인이며, 저소득층이나 저발전 국가의 교육기회를 확대시키면 이들의 빈곤이 해소되고 불평등이 감소될 것이라는 논의로 발전하게 되었다.

④ 인간자본론에 대한 비판

ㄱ 과잉교육(over-education)현상을 설명하지 못함

ⓐ 선진자본주의 국가에서뿐만 아니라 개발도상국에서도 중·고등교육의 팽창으로 인해 직업에서 필요로 하는 기술 수준보다 근로자의 학력이 불필요하게 높거나, 사회적으로 필요한 것보다 더 많은 고학력자들이 배출되고 있는 과잉교육현상이 심각한 사회문제로 대두되고 있다.

ⓑ 산업화가 급속히 이루어지는 시기에는 다양한 교육수준을 가진 사람들이 자신의 교육수준에 맞추어 다양한 직종에서 취업할 수 있는 기회를 얻게 되었고, 교육은 개인적·사회적으로 높은 수익을 보장하는 투자로 간주될 수 있었다.

ⓒ 그러나 산업화가 어느 정도 진전됨에 따라 성장 속도는 느려지고 교육받은 노동력을 흡수할 수 있는 충분한 취업의 기회는 제공되지 못했다.

ⓓ 따라서 전반적인 교육수익률은 저하되었고, 수익을 기대한 교육받은 인구의 증가로 인해 이전 단계에서는 낮은 수준의 교육으로 취업이 가능하던 직종의 교육수준이 높아지게 되었다.

ⓔ 즉, 높은 교육수준으로 전보다 낮은 지위의 직업에 하향 취업하게 되는 과잉학력의 문제가 대두되었다.

ⓕ 교육투자의 사적·사회적 수익률은 다른 형태의 수익률에 비하여 낮아지며, 교육투자는 그 사회의 발전에 저해 요인이 된다고 여겨진다.

ⓖ 고학력자의 과잉공급으로 인해 교육 자격의 인플레이션 현상이 발생함으로써 지금까지 초등학교나 중학교 졸업자가 하던 일을 고등학교 졸업자가 대신하게 되었으며, 고등학교 졸업자가 주로 담당하던 일을 대학교 졸업자가 맡기도 한다.

ⓗ 이처럼 인간자본론으로는 고학력자의 실업률이 높고 과잉 고급인력의 하위직으로의 이동이 많은 경우에도 교육에 대한 수요가 지속적으로 높고, 과잉교육 추세가 장기화·만성화되고 있는 것을 설명할 수 없다.

ⓛ 인간자본론의 한계 비판이론

ⓐ 선별이론(screening theory)

- 교육을 통해 얻어지는 것은 높은 생산성이 아닌 학력, 간판과 같은 자격이며 이것이 높은 임금을 받을 수 있는 지표로 작용한다고 본다.

- 고용주의 입장에서 볼 때 채용 이전에 노동자를 선별할 수 있는 정보가 부족한 상태에서 학력은 노동자의 잠재적 생산성 수준을 나타내는 지표 역할을 한다.

- 고용주들은 인지적 기술이나 능력보다 오히려 비인지적 측면인 학교 졸업장이나 출신 학과 등과 같은 것을 고용이나 승진 등에서 더욱 중요하게 고려한다.

- 졸업장은 실질적 기능이나 기술 수준을 나타내는 것이 아니라 단지 잠재적 능력을 의미하는 상징적 지표에 불과한 것이다.

- 이때 학력이 높은 사람이 더 생산적이라고 간주되어 고학력자가 선호되므로 교육수요자 입장에서는 보다 나은 직업을 얻기 위해 고학력을 획득하려 하기 때문에, 직업의 기술수준보다 노동자의 학력이 훨씬 높아진 과잉교육현상이 야기된다.

- 즉, 취업을 위한 학력수준이 높아지는 것은 그 직종의 실제적인 기술수준이 높아졌기 때문이 아니라 교육수준이 전반적으로 높아졌기 때문이다.

ⓑ 직업경쟁이론
- 교육이 노동자의 생산성보다는 훈련 가능성을 나타내는 지표 역할을 한다고 본다.
- 직업에 필요한 대부분의 기술이 노동자가 노동시장에 들어오기 전에 획득되는 것이 아니라 고용된 후 현직에서의 경험 및 훈련을 통하여 획득된다고 가정한다.
- 일반적으로 고용주는 훈련 경비가 적게 드는 노동자를 고용하게 되는데, 교육을 많이 받은 사람에게는 훈련 경비가 보다 적게 들기 때문에 경제적 측면에서 고학력자를 선호하게 된다고 본다.
- 따라서 교육을 많이 받을수록 취업경쟁에서 유리한 위치를 정하게 되므로 교육수요는 더욱 높아지고, 결국 교육받은 노동력의 과잉공급이 발생하여 직업의 기술 수준보다 노동자의 학력이 훨씬 높아지는 과잉교육현상이 나타나게 된다.

(5) 발전교육론 <u>기출 11 초등</u>

① 개념

㉠ 교육이 국가발전에 이바지할 수 있다는 전제하에 국가 발전 전략의 일환으로서 교육발전에 관한 각종 계획을 수립·실행해가고자 하는 일련의 사고체계 또는 패러다임을 말한다.

> **참고** **패러다임(paradigm)**
>
> 미국의 과학사학자이자 철학자인 쿤(Kuhn)이 새롭게 제시하여 통용된 개념으로 '패러다임'은 '사례·예제·실례·본보기' 등을 뜻하는 그리스어 '파라데이그마(paradeigma)'에서 유래했다. 이러 의미에서 쿤은 패러다임을 한 시대를 지배하는 과학적 인식·이론·관습·사고·관념·가치관 등이 결합된 총체적인 틀 또는 개념의 집합으로 정의하였다.

㉡ 발전교육론의 이론적 기초는 교육이 '경제성장'에 기여한다는 것을 경험적으로 증명하려는 데에서 출발한다.

㉢ 주요 내용

ⓐ 정치·경제·사회·문화 등 국가발전과 교육의 관계를 연구하면 교육이 국가발전에 최대한으로 공헌할 수 있도록 교육의 역할을 중시한다.

ⓑ 교육을 통해 인간의 자율적 상상력을 기르려는 본래의 목적보다는 우선적으로 지식의 획득, 가치관의 형성 또는 개인이 가지고 있는 잠재적 능력의 발휘 등 교육의 사회적 적합성을 우선시한다.

ⓒ 근본적으로 노동세계 및 기타 학교 밖의 사회의 유지·존속·발전에 관심이 있으며, 교육의 발전보다는 결과를 중시한다.

ⓓ 교육은 목적이 아니라 사회의 형성과 사회평등을 실현하기 위한 국가발전의 한 수단일 뿐이다.

개념확대 ⊕
Zoom IN

국가발전의 개념

- **가치판단의 내재**
  - '발전' 또는 '진보'는 '사회 변화' 또는 '변동'이라는 개념이 가치중립적 성격을 지니고 있는 것과는 달리 가치판단이 내재되어 있는 개념이다.
  - '사회 발전' 또는 '진보'는 사회가 보다 살기 좋고 긍정적인 방향으로 변화하고 있다는 것을 전제로 한 개념이다.

- **국가발전의 의미**
  - 경제적·정치적·사회문화적 변화를 통하여 전체 사회구성원의 삶의 조건을 보다 나은 방향으로 변화시켜 누구나가 인간으로서의 자유와 행복, 삶의 의미를 느끼며 살 수 있는 사회적 기반을 조성하는 것이다.
  - 국가의 정치, 경제, 사회문화 등 여러 영역에서의 목표 달성을 위하여 국가의 물적·인적 자원을 최대한 활용하여 효율성을 증대시키는 과정이다.
  - 국가발전은 국가목표의 실현을 위한 의도적·계획적인 변화 추구 행위로서, 발전의 목표에 따라 인간발전론과 기술발전론으로 나눌 수 있다.

- **인간발전론(human development theory):** 인간발전론의 목적은 사람들의 범세계주의화, 거주지 차별의 철폐, 사회이동성의 증진, 조화된 생활양식의 창조, 사회가치의 고른 분배 등과 관련된 것으로서 '국민 형성(nation-building)'을 목표로 한다.

- **기술발전론(technological development theory):** 기술발전론의 발전목표는 개발도상국의 기본적 문제를 단시간에 해결하여 자원을 증가시키고 경제적 부를 이룩하는 것으로 대개 '근대화(modernization)'라는 용어와 동의어로 쓰인다.

② 한계점
    ㉠ 교육을 그 자체의 목적으로서가 아니라 경제와 정치 및 사회 정책의 도구로 본다는 점에서 비판의 대상이 되며, 교육의 본질적 가치를 외면하고 수단적 가치만을 강조함으로써 교육을 도구화했다는 비판을 받고 있다.
    ㉡ 경제발전을 위주로 한 교육관의 교육가치는 인력수급에 지나치게 편중하여 인간교육을 소홀히 할 우려가 있다.
    ㉢ 즉, 교육이 인간성장을 위한 본연의 목적을 2차적인 것으로 간주하고, 정치 · 경제 · 사회정책 실현을 위한 수단으로 이용될 때 교육의 도구화가 이루어진다.

(6) 근대화이론

① 개념: 한 사회가 전통적 사회에서 근대사회로 이행하는 근대화 과정에서 교육이 긍정적으로 기능한다.
② 교육에 대한 관점
    ㉠ 교육이란 효과적인 사회제도이며, 사회구성원의 태도와 가치를 변화시킴으로써 더 많은 생산력을 조장하고 효율적으로 일하도록 하는 기제라고 본다.
    ㉡ 인간자본론이 경제성장에 필요한 노동력의 질적 개선을 위한 수단으로써 인간자본에 대한 투자를 강조하는 데 반해, 근대화이론은 문화를 통해 개인이 경제발전의 결정적인 요인인 합리적인 행위를 습득한다는 베버(Weber)의 사상을 받아들여 전통사회에서 근대사회로 이행하기 위한 요소인 가치, 신념, 태도를 강조한다.
    ㉢ 이러한 맥락에서 근대화이론가는 사회의 근대화를 경제성장과 연결 짓는 과정에서 발생하는 많은 방해요인들이 학교교육을 통해 극복될 수 있다고 믿는다.
    ㉣ 학교교육이 근대성과 경제적인 생산성에 대한 방향성과 능력을 기르게 하는 많은 방법들을 지니고 있다고 본다.

02 갈등이론 기출 05 중등 / 00, 11 초등

① 갈등이론의 주장과 학교교육 기능

(1) 주장 – 경쟁과 갈등

① 갈등이론은 사회의 실체를 개인 또는 집단 간의 끊임없는 세력 다툼, 경쟁, 저항이 발생하는 관계로 본다.

② 이익과 권력 등 가치 있는 것을 둘러싼 개인 또는 집단 간의 경쟁에서 야기되는 '불화'가 사회의 본질이다.

③ 사회는 구성원의 동의에 의해서가 아니라 강제에 의해 통합되고, 갈등이 변동의 요인이며, 변동은 항상 일어나고 있다는 것을 가정한다.

④ 인간이 소유하고자 하는 대상물은 제한되어 있고 인간의 소유욕은 무한하다는 모순을 해결할 수 없어 인간 간의 경쟁과 갈등이 불가피한 것으로 본다.

⑤ 모든 사회집단은 각각 다른 목적이나 이해관계를 가지고 움직이며, 이에 따르는 갈등은 잠잠하거나 표면화·폭력화되기도 한다.

(2) 학교교육 기능

① 학교교육이 개인의 사회적 지위 향상의 수단이기보다는 기존 사회체제 유지를 위한 사회통제의 수단으로 가능해 왔다고 주장한다.

② 학교교육이란 현존하는 지배계층의 이해관계를 유지하기 위한 하나의 사회적 조정 장치이자 계층 생산의 매개변수에 불과하다는 것이다.

③ 따라서 학교는 사회적 지위 이동을 통하여 평등을 실현하는 기관이기보다는 현존하는 불평등체제를 유지·존속시키는 역할을 한다고 본다.

④ 갈등론자의 학교교육에 대한 비판적 견해

　㉠ 갈등론자는 교육의 불평등과 불공정성을 파헤치고 사회적 불평등이 현행 학교교육을 통해 어떻게 강화·유지되는가를 밝히려는 것을 주요 관심사로 두었다.

　㉡ 교육은 사회에 존재하는 모든 계급에 평등하게 주어지기보다는 사회 기저에 깔려있는 불평등과 불공평성을 강화·유지함으로써 평등사회 실현은 하나의 이상에 불과하다고 현행 학교교육을 비판한다.

　㉢ 학교를 계급과 결부된 가치와 태도, 즉 지배 엘리트들의 이익 유지에 도움을 주며 현 상태를 받아들이고 그에 순응하는 태도를 길러주는 곳으로 간주함으로써 사회적 불평등을 영속시키고 하층 계급으로 하여금 스스로에 대한 열등감을 확인시켜 주는 기관으로 보고 있다.

2 주요 이론

(1) 보울스(Bowles)와 진티스(Gintis)의 경제 재생산이론(economic reproduction theory)

기출 04, 08, 12 중등

① 미국 대중교육은 자본주의 경제체제를 유지·발전시키는 데 기여하는 유능한 근로자를 양성하고, 불평 및 반항집단을 동화하는 데 공헌했다.

② 학교교육에서 보편적 가치를 가르치는 것은 인재를 공정하게 선별해 사회에 배치하는 것이 아니라, 오히려 자본가층에게 이로운 태도와 가치관을 가르쳐 기존의 계층구조를 정당화하고 지속시킨다고 비판하였다.

③ 학교는 '억압적' 자본주의 사회의 유지에 필요한 가치관과 특성을 주입시킨다.

④ 대응이론(상응이론, correspondence theory)

ㄱ 노동자가 자신의 작업 내용을 스스로 결정할 수 없듯이, 학생도 자기가 배워야 할 교육과정에 대하여 아무런 결정권이나 통제권을 갖지 못한다.

ㄴ 노동이 외적 보상인 임금을 획득하기 위하여 이루어지듯이, 교육도 학습의 결과로서 외적 보상인 성적, 졸업장 취득 등과 같은 것을 목적으로 하기 때문에 노동과 교육은 목적이 아니라 수단이 된다.

ㄷ 생산 현장이 각자에게 잘게 나누어진 분업 형태를 띠듯이, 학교도 계열을 구분하고 지식을 과목별로 잘게 나눈다.

ㄹ 생산 현장에 여러 직급별 단계가 있듯이, 학교도 학년에 따라 여러 단계로 나눠지며 다양한 교육수준은 다양한 직업구조에 대응된다.

> **요약정리**
> **Zoom OUT 대응이론의 대응 내용**
>
> | 구분 | 경제적 생산체제 | 학교교육 |
> | --- | --- | --- |
> | 교육과정 결정권 | 노동자가 자신이 작업할 내용을 스스로 결정하지 못함 | 학생도 자기가 배울 교육과정을 선택하지 못함 |
> | 교육의 수단화 | 노동은 외적 보상인 임금 획득을 목적으로 함 | 교육도 성적, 졸업장 취득과 같은 외적 보상을 목적으로 함 |
> | 계열 구분과 지식의 분절 | 노동현장은 분업화되어 노동자에게 나누어진 업무를 부여함 | 학교도 계열을 구분하고 지식을 과목별로 잘게 나눔 |
> | 학년 구분과 교육수준 차이 | 노동현장에서 여러 직급별 단계 존재 | 학교의 학년 구분, 다양한 교육수준 존재 |

⑤ 차별적 사회화

ㄱ 각 개인이 위계적 경제구조 속에서 경험하는 불평등하고 억압적인 사회관계는 학교교육에서 그대로 반영되고 있다고 말한다.

ㄴ 학교는 생산현장에서 필요로 하는 규범과 인성 특성을 학생에게 내면화 시키는데, 이러한 작업은 학생 개개인의 귀속적 계급 위치에 따라 학교에서 차별적인 사회화 과정을 통해 이루어진다.

ⓒ 차별적 사회화는 학생의 사회계급에 따라 학교행정가와 교사가 갖는 교육목표나 기대의 차이에서 비롯된다.

ⓔ 가정에서도 사회계급별로 부모의 양육방식에 따라서 생산 현장에서 요구되는 사회관계가 그대로 사회화되어 나타난다.

(2) 일리치(Illich)와 라이머(Reimer)의 탈학교론(deschooling theory) 기출 11, 12 중등 / 02, 04, 10 초등

① 현대사회에서 교육이 학교제도에 의해 독점됨으로써 나타나는 반(反)교육적 현상을 비판하며, 교육이 본연의 모습과 기능을 되찾기 위해서는 현재와 같은 학교제도가 폐지되어야 한다고 주장한다.

② 일리치는 현대사회제도가 물질 지배주의, 인간소외, 비인간화 현상 등의 문제에 대한 원천이며, 사회제도 중에서도 학교제도가 가장 중요한 역할을 담당하고 있다고 말한다.

③ 학교제도의 교육 독점을 극복하기 위해서는 학교제도를 폐지하는 것만으로는 불가능하며, 학교제도로 야기된 현대문명의 비판을 극복할 수 있는 방안이 강구되어야 한다고 주장한다.

④ 대안책 – 학습망(학습을 위한 네트워크, learning networks)
ⓐ 새로운 학습망을 구안하는 데 있어 모든 사람들이 학습에 필요한 자원을 쉽게 이용할 수 있고, 학습하거나 가르치는 기회를 평등하게 향유할 수 있도록 하는 데 주안점을 둔다.
ⓑ 배우기 위한 시간이나 의지를 가지게끔 회유하거나 강제하는 교사를 고용하는 대신에 학생들의 자발성에 의존해야 하며, 주입식 교육을 지양하고 실제 세계와의 새로운 결합방식을 제시해야 한다.

⑤ 학습망을 만들기 위한 요소
ⓐ 학습자료망: 학습자가 학습자료에 쉽게 접근하도록 한다.
ⓑ 교육자망: 학습자가 원하는 전문가들의 인명록을 모아둔다.
ⓒ 기술교환망: 기술을 가지고 있는 인명록을 비치하여 기술 교환이 가능하도록 한다.
ⓓ 동료연결망: 함께 학습하고 싶은 학습동료를 쉽게 찾을 수 있도록 한다.

⑥ 한계: 주장은 교육적인 활동이 결코 단순한 과정에 의해 이루어질 수 없다는 사실을 간과하고 있으며, 현실성이 결여된 낭만주의적 급진주의 성향이라는 비판을 받고 있다.

(3) 프레이리(Freire)의 의식화 교육론 기출 11 중등 / 12 초등

① 의식화 교육론은 제3세계의 억압적 상황에서 교육을 통하여 인간해방과 사회구조의 변혁을 추진하려는 실천적 시도이다.

② 1940~1950년대에 걸쳐 브라질에서 프레이리에 의해 시도된 피억압자의 해방을 위한 교육원리로, 이후 제3세계 여러 나라의 민중교육에 큰 영향을 미쳤다.

개념확대⊕
Zoom IN

일리치의 탈학교
'탈학교'라는 말은 단순히 학교를 모두 없애버려야 한다는 것은 아니다. 그가 학교라고 부르는 것은 특정 연령층을 대상으로 취학의무가 부과되고 있는 공교육제도, 즉 의무적으로 주어지는 교육과정에의 전일제 출석을 요구하는 제도에 한정된다.

논술에 바로 써먹는
교육학 배경지식

일리치와 라이머의 탈학교론에서 학교를 대신할 수 있는 대안책인 '학습을 위한 네트워크'에 대해 알아두세요.
• **학습망**: 학습을 위한 네트워크로, 학습에 필요한 자원을 쉽게 이용할 수 있고 학습하거나 가르치는 기회의 평등을 추구한다. 주입식 교육 지양하며, 학생의 자발성에 의존한다.
• **학습망을 만들기 위한 요소**: 학습자료망, 교육자망, 기술교환망, 동료연결망

의식화 교육론의 사상적 배경

1. 마르크스(Marx)주의자의 소외론
- **자본주의 경제체제의 모순:** 마르크스주의자는 자본주의의 경제체제의 모순으로 인하여 인간성이 억압되며, 그로 인하여 인간 소외현상이 발생한다고 보았다.
- **혁명적 변화**
  – 마르크스주의자는 혁명적 변화를 통해 자유인으로 서기 위한 근원적 변화의 첫 단계가 소외의 극복이라고 하였다.
  – 의식화는 구조적 억압을 타파하는 소외 극복 과정이라 할 수 있다.

2. 프로이트 좌파의 구조적 억압
- 프로이트 좌파는 아동이 양육 초기에 권위적인 구조로 인해 자신의 행동에 제약을 받고 있다고 보았다.
- 이로 인하여 사회구조의 모순을 발견하지 못한다고 주장한다.
- 그래서 권위주의적인 사회구조 속에서 인간 의식이 어떻게 억압되고 있는지를 밝히고자 한다.

3. 남미의 해방신학 및 프랑스의 실존주의
- **남미의 해방신학:** 프레이리는 카톨릭 신자로서 종교는 억압적 사회구조에서 인간을 해방시키는 데 기여해야 한다는 해방신학에 영향을 받고 있다.
- **프랑스 실존주의:** 실존주의의 영향으로 인간은 자유를 선택할 수 있으며, 자유인으로서 행동할 것을 강조한다.

③ 주요 내용
- ㉠ 프레이리는 엘리트집단은 지배권력을 지속적으로 유지하는 데 급급하여 민중을 현실 속에 매몰시킴으로써 지배체제에 대한 도전 가능성을 차단하였다고 본다.
- ㉡ 민중들은 외부 권위를 수동적으로 받아들이고, 명령에 복종하며 자유롭고 창조적인 의식을 억압당하는 '수동적 의식'을 발전시켰으며, 사회 전반적으로 '침묵의 문화(culture of silence)'를 풍미하게 하였다.
- ㉢ 침묵의 문화
  - ⓐ 억압자가 피억압자를 정복·조정·문화적 침략·분할 지배하여 선택 능력을 잃어버리고 민중의 언어와 논리, 비판과 탐구, 사고와 표현 또한 빼앗겨 버린 후, 억압자의 문화, 행동양식, 가치관을 내면화한 채 살아가게 된 문화적 종속 상태를 말한다.
  - ⓑ 프레이리는 지배권력이 기술적으로 가공되고 신화화된 언어를 민중에게 부과 및 강요했다고 보았으며, 이를 통해 민중은 결국 지배권력에 순응히며 살게 되었고 존재 근거를 상실하게 되었다고 보았다. 이러한 민중의 존재방식과 상태를 '침묵의 문화'라고 한다.
  - ⓒ 은행저금식 교육 형태로 나타나며, 사회 변천의 역사과정에서 억압적 사회문화와 교육문화를 통해 생성된다.
- ㉣ 은행저금식 교육(banking education)
  - ⓐ '학생'이라는 텅 빈 저금통장에 교사가 '지식'이라는 돈을 저축하는 식의 교육을 뜻한다.
  - ⓑ 교사와 학생의 관계가 일방통행적이다.
  - ⓒ 교사는 모든 것을 알고 있고, 학생은 아무것도 모르는 존재이다.
  - ⓓ 학생은 무지·무능하므로 언제나 교사를 통해서만 세상을 접할 수 있다.
  - ⓔ 이러한 교육방식은 인간을 주체로 만드는 것이 아니라 주어진 현실에 단지 적응하는 수동적·객체적 존재로 만든다.
  - ⓕ 프레이리는 압박자와 피압박자의 관계가 은행저금식 교육을 통해 학교교육에 반영되고 있다고 보았다.
  - ⓖ 인간을 인간화시키는 교육방식으로 '문제제기식 교육'을 도출하였다.
- ㉤ 문제제기식 교육(problem-posing education)
  - ⓐ 비인간화시키는 억압 질서를 극복하는 교육방식을 말한다.
  - ⓑ 교사와 학생은 수직적 관계가 아니라 공동탐구자가 된다.
  - ⓒ 교육내용은 학생으로부터 제기되며, 저장되어야 할 문제로서 다시 그들에게 되돌려지는 것이다.
  - ⓓ 문제제기식 교육은 학생을 스스로 각성할 수 있는 존재로 간주하고 자기와 세계를 객관화하여 성찰함으로써 자신을 억압하고 있는 구조적 모순을 타파하는 데 스스로 헌신하도록 한다.
  - ⓔ 교사와 학생의 관계는 동등한 대화적 관계로 설정된다.

ⓕ 교사는 학생 간의 대화 속에서 학생의 의식 각성에 조력하면서 교사도 배우는 자가 되고, 동시에 학생도 배우고 가르치는 자가 된다.

ⓖ 프레이리는 이러한 문제제기식 교육을 통해 인간이 의식화되면 의식을 실천하는 존재로 변한다고 보았다.

ⓗ 피압박자들이 억압적 상황을 극복하고 스스로 인간해방을 추구하도록 하는 교육적 원리로 보았다.

ⓑ 의식화

ⓐ 인간이 처한 억압적 구조의 모순을 스스로 간파하고 변화시키려는 주체적 각성으로, 자신의 상황을 비판적으로 인식하고 주체적으로 참여하는 의식의 각성을 뜻한다.

ⓑ 의식화는 의식의 각성을 도모하는 비판적 교육에서 이루어진다.

ⓒ 비판적 교육은 인간을 사회현실과 변증법적 관계로 파악하여 현실에 대하여 비판적 태도를 갖고 끊임없이 변화시키려는 의지를 길러준다.

ⓓ 여기에서 적극적 실천인 '프락시스(praxis)'의 개념이 도출되고 적극적 실천은 성찰과 행동의 통합, 이론과 실천의 통일을 의미한다.

ⓢ 의식화 교육

ⓐ 프레이리는 문자 해독은 단순한 글자의 습득만을 의미하는 것이 아니라 글자를 통하여 세계와 만남을 이룰 수 있고, 세계 안에서 인간의 삶을 비판적으로 이해할 수 있다고 보았다.

ⓑ 문자 교육은 문자를 매개로 하여 억압적 구조를 이해하고 그것에 대면하며 참여하는 계기를 만들어 놓는다.

ⓒ 문맹퇴치 교육은 성인 문맹자에게 문자를 기계적으로 주입하는 방식으로 진행되지 않고 그들의 삶과 밀접하게 관련되어 있는 주제들을 그들 스스로 생성해내는 방식으로 진행되었다.

ⓓ 교육이 인간을 구조적 억압으로부터 해방시키고 사회변혁을 추구할 수 있다는 가능성을 전제한 점에서 교육의 변혁적 기능성을 높이 평가한다.

(4) 알뛰세(Althusser)의 자본주의 국가론 기출 07, 12, 13 중등 / 00 초등

① 자본주의 국가는 기존의 불평등한 관계를 정당화 · 재생산하기 위해서 억압적 국가기구의 권력행사뿐 아니라 이념적 국가기구를 작동시킨다고 주장한다. 학교는 자본주의적 생산관계를 재생산하는 것보다 중요한 역할을 하는 이데올로기적 국가기구이다.

② 국가기구의 두 가지 종류

㉠ 이데올로기적 국가기구(ISA; Ideological State Apparatus) - 학교

ⓐ 종교, 교육, 가족, 정치, 법률, 대중매체 등으로 구성된다.

ⓑ 지배와 종속의 계급관계를 은폐하고 위하는 역할을 한다(기존의 계급 구조 정당화 기능).

ⓒ 의무 교육제도는 가장 강력한 재생산 장치이며, 지배 이데올로기를 국민에게 전파 · 내면화하여 자본주의적 사회질서를 유지 · 존속시키는 역할을 담당한다.

ⓛ 억압적 국가기구(RSA; Repressive State Apparatus)
  ⓐ 사법제도, 군대, 경찰, 정부 등으로 구성된다.
  ⓑ 지배계급의 이익을 위해 강제적인 힘이나 물리력을 동원한다.

(5) 부르디외(Bourdieu)의 문화 재생산이론(cultural reproduction theory)

기출 02, 03, 06 중등 / 06, 09, 11 초등

① 학교가 제공하는 교과내용과 사회계급의 관련성을 해결함으로써 문화를 축으로 이루어지는 사회 재생산과정을 분석하였다.
② 부르디외는 학교의 교육과정이 지배계층의 문화를 반영한다고 보았다.
③ 학교는 자율성의 명목을 통해 문화가 갖는 계급관계가 드러나지 않은 상태에서 정당한 것으로 인정받은 지배계급의 문화를 별 저항 없이 학생들에게 전수한다고 주장하였다.
④ 문화 재생산이론은 자본주의 사회질서의 재생산 과정에서 학교교육이 수행하고 있는 역할을 규명하려 했다는 점에서 경제 재생산이론과 문제의식을 같이한다.
⑤ 그러나 문화 재생산이론의 학자들은 보울즈와 진티스가 자본주의 경제와 교육 간의 관계를 설명하기 위해 설정한 대응이론이 근본적으로 잘못되었다고 본다.
⑥ 문화 재생산이론은 학교교육을 포함한 문화 현상이 경제구조에 의해 일방적으로 결정된다는 '경제결정론'을 비판하면서, 경제결정론이 갖고 있는 한계를 극복하기 위한 대안으로 제시되었다.
⑦ 주요 내용
  ㉠ 문화 재생산론은 불평등한 계급관계를 재생산하는 데 있어 문화의 매개적인 역할을 중요시한다.
  ㉡ 학교에서 학생에게 가르치는 문화는 지배계급의 문화이며, 학교는 계급중립적인 문화를 다루는 곳으로 인정된 상대적으로 자율적인 기관이라고 여긴다.
  ㉢ 상징적 폭력(symbolic violence)
    ⓐ 학교교육에서 노동계급 학생으로 하여금 지배문화를 상식적이고 자연스러운 것으로 취급하게 만드는 교묘한 과정을 뜻한다.
    ⓑ 문화를 설명함에 있어 지배계급의 경제적·정치적 이해관계가 임의적이고 우연한 것이 아니라, 사회질서의 필연적이고 자연스러운 요소라고 주장한다.
    ⓒ 교육내용을 지배계급의 문화를 중심으로 구성하여 지배계급의 문화를 보편적으로 여겨지도록 한다.
  ㉣ 문화자본(cultural capital)
    ⓐ 학교에서 이루어지고 있는 문화적 재생산 메커니즘(인간의 행동에 영향을 미치는 심리의 작용이나 원리)을 분석하기 위해 '문화자본'이라는 개념을 고안하였다.
    ⓑ 문화자본의 종류
      • 아비투스 문화자본(체화된 문화자본): 어릴 때부터 자연스럽게 체득된 지속적인 성향이다.

- 객관화된 문화자본: 형태가 있는 문화자본이다.
    - **예** 책, 예술품, 클래식 전집 등
- 제도화된 문화자본: 자신이 갖고 있는 문화자본이 사회적으로 인정받을 수 있는 상태로 공식적으로 증명되는 문화자본이다.
    - **예** 졸업장, 자격증 등
ⓒ 각 개인은 자신이 속한 가정의 계급위치에 따라 상이한 의미체계, 사고방식, 성향 등을 물려받고, 여기에는 일정한 사회적 가치·지위가 부여된다. 상이한 문화자본 중 지배계급의 문화자본이 가장 가치 있는 문화자본으로 여겨진다.
ⓓ 지배적인 문화자본으로서의 학교
- 지배적인 문화자본을 정당화하고 재생산함에 있어 학교가 중요한 역할을 한다. 지배계층은 학교라는 사회기관의 형식적·비형식적 교육과정을 통해 그들의 사회적 지위를 정당화한다고 주장한다.
- 학업성취의 계급별 차이는 문화자본의 불평등한 소유와 분배라는 구조적 요인에 기인하고 있음에도 불구하고 능력, 적성과 같은 개인적 성격 탓으로 돌리고 있는 학교교육의 현실을 비판한다.
- 학교는 위계화된 지식체계를 통해서 지배계급의 언어와 상징조작 능력을 습득하고 있는 학생에게 보상을 줌으로써 지배적인 문화자본을 정당화하며, 궁극적으로 계급관계를 재생산하는 결과를 낳게 된다.
ⓜ 아비투스(habitus)
ⓐ 계급이나 계급분파, 사회계급 내의 파벌이 그들만의 특징적인 문화 양식이나 지배 유형을 생산하고 발전시켜 내면화된 문화자본으로 만드는 것으로, 파벌이 지속적으로 생성력이 있는 원칙과 세계관을 형성하고, 이를 아동에게 사회화시키는 것을 포함한다.
ⓑ 아비투스는 계급적 행동 유형과 가치체계를 반영하고 있고, 의식이나 언어보다 더 근본적이다.
ⓒ 부르디외는 아비투스가 개인행동의 통제적 규칙성을 예측하게 해주며, 구조와 개인을 연결시켜주는 것이라고 보았다.

요약정리 Q
Zoom OUT 재생산이론 비교

구분	경제 재생산이론	문화 재생산이론
대표적 학자	보울스와 진티스	부르디외
교육에 대한 견해	교육 – 경제 구조대응	교육 – 문화 재생산
교육의 자율성	없음	있음
주요 관심	사회 재생산	문화 재생산
이데올로기의 기능	직접적 교육내용	문화자본으로서의 교육내용

(6) 그람시(Gramsci)의 헤게모니론

① 그람시는 자본주의 사회의 계급 지배방식에 대한 장점을 깊이 있게 분석하며 헤게모니의 개념을 발전시켰다.

② 헤게모니(hegemony)

　㉠ 이데올로기를 주입하여 물리적 힘이나 폭력에 의존하지 않고 피지배계급의 자발적 동의를 창출해내어 지도력을 확보하는 지배방식을 의미한다.

　㉡ 지적·도덕적 영향력과 지도력을 바탕으로 한 동의에 의한 지배를 뜻하는 말로, 단순히 힘에 의한 지배와는 다르다.

　㉢ 계급 지배는 강압적인 힘의 사용만으로는 지속될 수 없으며, 전체 사회에 대한 지적·도덕적 지배를 구축하고 모든 사회부분을 이데올로기적으로 흡수할 수 있어야 가능하다고 본다.

③ 지배가 지속되기 위해서는 대중들의 이데올로기적 합의가 필요하다.

④ 따라서 부르주아 지배는 단순히 힘에 의한 지배가 아니라 부르주아 세계관과 이데올로기에 대한 프롤레타리아 계급의 동의에 바탕을 두고 있다고 본다.

⑤ 그람시는 철학의 궁극적 과제가 현실의 이해가 아니라 현실의 변화에 있다는 마르크스의 명제를 인정하며, 마르크스 사상을 사회와 역사에 대한 비판으로 받아들임으로써 의식의 실천(praxis)을 강조하였다.

(7) 애플(Apple)의 문화적 헤게모니론 기출 10 중등 / 04 초등

① 문화적 헤게모니: 학교교육이 지배계급이 선호하는 가치를 전하고 문화적인 영향력을 행사하여 능력에 따라 사회계층을 믿게 한다는 지배방식이다.

② 학교는 교육과정을 통해 지배 이데올로기를 정당화한다.

③ 학교는 자본가와 경영자층의 문화를 재생산하는 기관이다.

④ 학교는 사회질서를 경제뿐만 아니라 문화적으로도 재생산한다.

⑤ 애플은 경제적 재생산이론에 대하여 학교를 순전히 피동적인 존재로만 보는 것은 잘못된 것이라고 여기며, 학교는 상대적 자율성(relative autonomy)을 지니고 있어 지배 헤게모니를 비판하는 반헤게모니를 생성하기도 하는 곳이라고 했다.

⑥ 헤게모니와 반헤게모니를 생성하는 학교는 지배와 저항이 공존하는 곳이다.

(8) 윌리스(Willis)의 저항이론(resistance theory) 기출 00, 05 중등 / 07, 11 초등

① 재생산이론은 결정론적 관점을 취함으로써 인간의 능동성·자발성을 간과하고 있으며, 지배의 과정을 지나치게 단순하게 파악하고 있다는 비판을 받았다.

② 이러한 비판이 체계화되고 재생산의 논리를 극복·지양하려는 노력은 '저항 (resistance)'이라는 개념이 등장하면서 구체화되기 시작했다.

③ 저항: 중등학교 학생의 반(反)학교적 학생문화를 구성하는 저항행동을 세밀하게 관찰하여 그 의미를 밝히려는 문화기술적 연구에서 처음으로 제기되었으며, 이후 이론적 정교화와 실증적 증거를 제시하기 위해 논의가 확산되고 있다.

문화기술적 연구

1. 특징

① **참여자의 구성과 관점을 탐구**: 현상에 대한 연구자의 선입견이나 고정관념을 배제하고, 참여자의 구성과 관점에 따라 탐구하려고 노력한다.

② **일상적인 것에 대한 연구**: 익숙한 것, 당연시되는 것, 일상적인 것이 가진 의미에 대하여 관심을 갖고, 왜 다른 일이 아니라 그 일이 일어나는가를 밝히려 한다.

③ **상황과 맥락 간의 관계**: 현상을 이해하기 위해 상황과 맥락 간의 관계를 살핀다.

④ **사회이론적 지식 활용**: 연구자가 가진 사회이론 관련 지식을 활용해 탐구를 이끌어 나간다.

⑤ **연구자의 자질**: 연구자는 그 자신이 연구의 주된 도구라는 점을 인식해야 한다.

⑥ **미시적 접근**: 교육현상 이해에 적용 가능한 연구들이 증가하며 학교교육을 둘러싼 다양한 문화에 대한 미시적 접근이 새로운 연구영역으로 자리하게 되었다.

2. 문화기술적 연구와 계량적 연구의 비교

대비의 측면	문화기술적 연구	계량적 연구
가설 형성	연구의 과정 중	연구의 시초
가설의 수정	가능	불가능
질문의 성격	기술적, 과정적	기술적, 인과적
자료의 성격	질적 자료	양적 자료
자료수집 방법	자연적 참여관찰, 개방적 면접	비참여관찰, 질문지, 실험
맥락에 대한 관심	주된 관심	부차적 관심
일반화	비통계적 접근	통계적 접근
타당도	주된 관심	주된 관심이 아님
신뢰도	주된 관심이 아님	주된 관심
의미에 대한 접근	내부 의미	외부 의미

④ 주요 내용

㉠ 윌리스는 영국의 중등학교 내의 '반학교 문화'를 형성하는 노동계급 남학생에 관한 문화기술적 연구를 통해서, 학교의 공식적 · 잠재적 교육과정의 의미와 가치에 대한 그들의 반대 행동은 대부분 '저항'이라는 이데올로기에 의해서 촉발된 것이며, 그들의 부모가 작업장에서의 경험을 통해 형성한 문화를 근원으로 하고 있다는 점을 밝히고 있다.

㉡ 반학교 문화: 지적 활동의 가치와 중요성을 거부하고 이론보다는 실천을 훨씬 중요하게 취급하는 노동문화의 특성을 반영하고 있으며, 남성다움이 강조되고 그 강인함은 노동문화의 남성우월주의를 반영하고 있다.

㉢ '간파(penetration)'와 '제약(limitation)'라는 두 가지 개념을 사용하여 능동적으로 학교문화에 저항하는 학생들이 어떻게 해서 기존의 자본주의 사회관계를 강화시켜 주는 논리와 세계관을 드러내게 되는지에 대해 설명하였다.

ⓐ 간파(penetration)
- 노동계급의 학생은 이미 작업세계에 대한 정보와 경험이 학교에서의 진로지도와 학교교육의 내용이 다르다는 것을 터득함으로써 그들이 장차 속하게 될 작업과 위치를 파악하고 있다.
- 그들은 자신이 장차 하게 될 일은 육체적 노동이기 때문에 학교에서 가르치는 정신노동의 가치를 거부하고, 그들 스스로가 육체노동을 남성들이 하는 괜찮은 직업으로 인식한다.
- 이렇게 노동계급의 학생이 학교의 공식적인 문화에 저항하고 학교에서의 성취를 의미 없는 것으로 여기며 결국에는 학교생활에서 실패하게 되지만, 그들의 실패는 자발적인 선택의 결과로 빚어진 것이며 그들의 정체감은 결코 우수 학생이 지닌 특성에 대하여 열등감을 가지고 있지 않다.
- 즉, 노동계급의 학생은 학교 공부를 잘해봤자 자신들의 처지가 근본적으로 달라지지 않는다는 현실 인식에 의해 학교 공부의 가치와 중요성, 나아가 자본주의 사회질서의 중요 요소인 정신노동의 우위와 경쟁적 개인주의를 거부한다.
- 이것은 그들이 불평등한 존재 조건을 꿰뚫어 볼 수 있었다는 것을 의미한다.

ⓑ 제약(limitation)
- 정신적 노동과 육체적 노동의 구분이 존재하는 자본주의 사회의 현실에서는 노동자 계급의 자녀들이 아무리 노력한다고 하더라도 그들의 사회적·경제적 성공에는 한계가 있듯이 학교교육을 통한 사회이동에도 한계가 있다.
- 이러한 제약은 학생의 정체감에 내재된 남성우위적인 태도와 가치에 따라 정신적 노동을 허약한 여자들이나 하는 일쯤으로 여기고 육체적 노동에 의미를 부여하는 것으로 나타난다.
- 노동계급 남학생들의 학교에서의 실패가 그들의 주체적 선택에 의한 것이라 할지라도, 이들은 자본주의 사회의 위계화된 직업구조에서 육체노동에 종사하는 노동계급에 위치하게 된다.
- 결국 그들은 지적인 활동을 거부함으로써 비판적 사고가 사회변화의 힘으로 작용할 수 있다는 사실을 간과한다.
- 현실에 대한 간파가 담고 있는 변화의 가능성이 새로운 사회질서의 창출로 연결되지 못하고 중단되고 만다.

⑤ 저항이론의 의의
㉠ 재생산의 메커니즘이 결코 일방적이거나 완전하지 않으며, 언제나 그 안에 반대의 요소를 내포하고 있다는 사실을 통찰했다.
㉡ 저항이론가들은 노동자계급의 피지배자가 자본주의 사회관계에서 구조적·이데올로기적 장치의 결과일 뿐만 아니라, 그들이 스스로를 형성해 가는 과정이기도 하다는 점을 지적함으로써 재생산 개념을 재규정하였다.

Zoom OUT 기능론과 갈등론의 관점 비교

1. 사회관에 대한 관점 비교

기능론	갈등론
사회의 모든 요소들은 안정 지향적임	사회의 모든 요소들은 변화 지향적임
각 요소들은 상호 의존적 · 통합적인 기능	모든 사회는 불일치와 갈등이 발생함
사회변화는 점진적 · 누적적으로 진행	사회변화는 급진적이며 비약적으로 진행
지위 배분은 개인의 성취능력에 의해 이루어짐	각 기관들은 지배집단의 이익에 봉사함
사회의 가치 · 규범 · 관습 등은 구성원의 합의에 의한 것임(보편적 · 객관적 성격)	사회의 갈등의 원인은 재화의 희소성과 불평등한 분배에 기인함

2. 학교교육에 대한 관점 비교

기능론	갈등론
학교는 사회 안정과 질서에 기여하는 제도	학교는 기존의 위계질서를 공고히 하며, 지배계급의 이익에 종사하는 도구
학교는 사회가 요구하는 기술, 지식 등과 공동체의식을 전수	학교는 기존의 질서를 재생산함으로써 사회 불평등을 영속화
학교는 사회구조적 모순을 해결해 주며, 사회 평등화를 도모	교육이 이데올로기적 상부구조로서 경제적 토대의 대응체라는 유물론적 해석에 근거
교육은 독립적 · 자율적이라는 자유주의적 이데올로기에 근거	학교는 피지배계층에게 기존 불평등한 위계구조에 순응하도록 강요하는 이데올로기적 기관
학교는 개인의 재능과 노력에 따라 공정한 평가를 하며, 아울러 정당한 사회적 보상이 주어짐	학교는 인간을 강요하고 억압함으로써 타율적 · 수동적인 존재로 전락시킴
학교는 지위의 사다리며, 공정한 사회이동을 촉진	학교는 지적 기술보다 지배계층이 선호하는 가치관, 규범, 태도 등을 은밀히 강조
학교교육을 통해 각종 사회문제를 해결	학교에서 행하는 능력주의 이데올로기는 피지배계층의 아동을 효과적으로 탈락시키고, 지배질서의 정당성을 강조하기 위한 위장된 이념에 불과

03 신교육사회학

① 등장 배경

(1) 전통적 교육사회학 비판
① 경험적·실증적 연구방법을 적용하여 교육 및 교육제도에 관해서 연구하는 구조기능주의적 교육학이 비판을 받았으며, 새로운 시각에서 새로운 방법을 적용하여 교육연구를 해야 할 필요성을 주장하는 학자들이 나타났다.
② 그들의 교육사회학을 구교육사회학에 대비시켜 '신교육사회학'이라고 불렀다.
③ 신교육사회학은 참신한 문제의식, 신선한 연구주제, 독특한 연구방법을 제시하면서 의욕적인 연구활동을 전개하였다.

(2) 미시적 접근방법
① 신교육사회학은 현재 사회의 불평등은 구조기능주의 이론이나 갈등주의 이론의 거시적 관점만으로는 해결하기 어려우며, 보다 근본적인 해결책을 수립해야 한다고 본다.
② 이를 위해 지식을 통한 사회적 통제와 지식이 조직·구성·분재되는 과정을 이해하고 그것을 변화시키거나, 학교 내부의 교육과정과 수업 진행과정, 교사 – 학생 간 관계를 세밀하게 탐구하는 미시적 접근방법으로 연구하여 해결책을 강구해야 된다고 주장한다.

(3) 해석적 접근방법
① 구조적·거시적인 접근 방식을 거부하면서 등장한 사회학적 관점이다.
② 해석적 접근에 입각한 교육현상에 대한 연구는 그 대상이 학교 내 상호작용, 교육과정의 선택 및 조직, 학교조직 등과 같은 미시적인 것들이다.
③ '지식이 학교에서 어떻게 다루어지고 있는가?'하는 문제와 학교조직 내에서 상호작용하는 요소들 간의 구조적인 관계 및 수업상황의 이해와 수업상황의 의미가 결정되는 방법 간의 관계를 밝히려는 시도를 하고 있다.

(4) 교육과정사회학
① 개념
   ㉠ 학교교육에서 다루어지는 교육과정으로 지식의 사회학적 특징을 비판적으로 분석하는 연구분야이다.
   ㉡ 애플(Apple), 영(Young)등의 신교육사회학자들에 의해서 발전되었다.
   ㉢ 교육현실에 대한 가치중립적 탐구와 실증주의적 교육사회학에 대한 방법론적 비판을 제기하였다.
   ㉣ 교육과정사회학은 교육이 결코 가치중립적인 활동이 아니며, 학교교육에서 다루는 지식이 누구에게나 동일한 무게의 가치를 지니지 않는다고 보았다.

② 이론적 특징

　　㉠ 교육과정사회학은 지식의 존재 구속성과 상대성을 지적하며 지식은 그것이 생산된 사회구조를 반영한다고 보았다.

　　㉡ 지식, 문화, 이데올로기, 규범 등의 지적 과정을 통한 지배와 억압의 구조를 파헤침으로써 교육과 사회 불평등에 대한 이해의 폭을 넓혔다.

　　㉢ 제도와 기능주의적 시스템을 중심으로 한 교육사회학 논의를 교육내용, 과정, 미시적 내부 긴장, 갈등, 이데올로기적 분석으로 발전해 왔다.

　　㉣ 교육과정을 연구하는 데 실재론적 방법론을 발전시켰으며, 이는 역사적·구조적인 분석방법을 교육과정 연구에 도입하고 점차 확장되었다.

　　㉤ 정치학적 분석 프레임 및 방법이 도입되었고 점차 확장되었다.

　　㉥ 상호 문화주의적인 접근에 따라 지식의 상호작용적·문화적 접근이 점차 강조되어 왔다.

　　㉦ 최근의 교육과정사회학은 권력과 지식의 계층화, 정치이념 변화와 교육과정에 관심을 가지고 있다. 특히 교육과정이 어떠한 사회구조의 영향을 받고 있는가에 대한 비판적 검토와 함께, 새롭게 창출되는 지식이 사회여론과 구조를 어떻게 변혁시켜 나갈 것인가에 대한 질문을 동시에 다루고 있다.

개념확대⊕
Zoom IN

이데올로기(ideology)
일반적으로 사람이 인간·자연·사회에 대해 규정짓는 현실적이며 이념적인 의식의 형태를 가리킨다. 사회 내의 '상식적' 관념 및 널리 퍼진 신념으로, 많은 경우 간접적으로 지배계급의 이해관계에 봉사하고 그들의 위치를 정당화하는 것으로 설명하기도 한다.

참고　영의 지식과 통제

1. 개요

　① **상대적 지식:** 지식은 보편적 진리가 아니라 사회적으로 인정된 상대적인 것으로 본다.

　② **학교 지식:** 영은 학교에서 가르치는 지식은 역사적·사회적 상황 속에서 선정·조직되는 것이므로 지식에 대해 무엇이, 왜, 어떻게 선정되었는가를 밝혀야한다고 주장하였다. 또한 학교 지식은 구조적으로 왜곡되고, 사회 불평등을 정당화하는 것이라고 본다.

2. 영의 주지주의 교육과정에 관한 비판

　(1) 차별화된 지식

　　① 기능주의 이론에서 지식의 선정과 조직은 산업사회의 가치나 목표에 부합되는 보편적 가치를 지닌 것으로 간주한다.

　　② 따라서 지식에는 이데올로기가 내포되어 있어 사회계급에 따라 차별화된 지식이 제공되며, 지식 접근에서도 사회적 통제가 작용하고 있다고 본다.

　　③ 한 사회에서 교육과정을 결정하는 데에는 계급적 배경이 영향을 미치는데, 권력을 가진 지배집단이 타당하다고 인식하는 지식이 교육과정으로 선정된다고 본다.

　(2) 지식의 위계화

　　① 사회에서 지위가 높은 집단이 그들의 문화에 알맞은 지식을 공식적인 지식으로 학교에서 가르치게 되면 지식의 위계화에 따른 지위의 정당성이 공식적으로 인정된다.

　　② 이렇게 층화된 지식이 지니는 사회집단 간의 이해관계가 학교의 교육과정을 통해 구체화되어 왔는데, 주지주의 교육과정(지식의 습득을 강조하는 교육)은 지식이 내포하고 있는 계급 이데올로기를 보여주는 증거라고 주장한다.

(3) 추상적 지식

① 학교에서 가르치는 지배집단의 추상적 지식은 일상세계에서 습득될 수 있는 것이 아니라 개별적 지적 탐구를 통해야만 이해할 수 있는 것이므로 하류계층 아이들에게는 불리하다.

② 따라서 주지주의 교육과정을 비주지주의 교육과정보다 높은 수준의 것으로 취급하고 있는 학교에서는 지식의 위계화를 사회계급의 위계화로 연결시키는 원리로 작용하게 된다.

❷ 신교육사회학의 관점

(1) 지식에 대한 관점

① 지식은 존재 구속성과 상대성을 가지며, 그것이 생산된 사회구조를 반영한다.

② 지식·문화·이데올로기·규범 등의 지적 과정을 통한 지배와 억압의 구조를 파헤치고자 한다.

③ 지식의 상호작용적·문화적 접근을 강조한다.

(2) 학교교육에 대한 관점

① 교육이 결코 가치중립적인 활동이 아니며, 학교교육에서 다루는 지식이 누구에게나 동일한 무게의 가치를 지니지 않는다고 보았다.

② 교육과정을 기존 사회지배계층의 이해관계가 반영되어 지배집단의 이권을 세대에 걸쳐 유지시켜 주는 내재적·실질적 도구라고 여긴다.

③ 기존 지배집단은 교육과정을 통하여 그들에게 유리한 지식을 선정·조직하여 학생들에게 분배함으로써 기존의 이권을 유지시키려 한다고 여긴다.

❸ 주요 이론

(1) 번스타인(Bernstein)의 교육과정 연구 〔기출 04, 13 중등 / 06, 08, 10, 12 초등〕

① 교육과정과 어법

ㄱ 의사소통 방식에서 하류계급의 의사소통 방식의 특징인 '제한된 어법(restricted linguistic codes)'과 중류 계급의 '세련된 어법(elaborated linguistic codes)'은 가정에서의 사회화에 의해 습득되는 것이지만, 이러한 의사소통의 형태는 학교가 수행하는 사회계급의 재생산 기능과 관련되어 있다.

ㄴ 두 언어 유형은 말의 복잡성 정도, 어휘의 다양성 정도 등 외부적인 특징에 있어서도 차이가 나지만, 사고와 감정을 조작하는 수단으로서의 언어에 대해 상이한 태도를 나타낸다.

ⓒ 중류 계급에서 사용하는 세련된 어법은 인과적·논리적 관련을 가지고 있으며 정확한 문법구조를 사용하는 반면, 하류 계급에서 사용하는 제한된 어법은 막연한 상투적 표현을 자주 사용하며 논리적 관련이 낮다.

ⓔ 번스타인은 이렇게 사회계급에 따라서 상이한 언어 유형을 가진 아이들이 학교에서 적응하는 데에는 차이가 있을 수밖에 없다고 보며, 학교교육과 계급별 언어 유형 사이에 상관관계가 있음을 발견하였다.

ⓜ 학교교육과 계급별 언어 유형 간 상관관계

ⓐ 교과서에 쓰인 언어나 교사가 사용하는 언어는 주로 중류층이 사용하는 '정교한 어법'이기 때문에 어법 차이는 인지 양식의 차이를 불러 일으켜 하류 계급의 아동은 교과내용을 따라가는 데 상대적으로 불리하다.

ⓑ 반면 중류층 아동은 가정에서 익숙한 언어코드를 학교에서 사용하므로 하류 계급의 아동보다 학업성취도가 높은 경향이 있다.

ⓒ 번스타인은 학교의 교육과정이 지배집단의 어법을 수용하여 지배집단 자녀들의 학업성취를 유리하게 함으로써 기득권을 유지하는 데 기여한다고 주장한다.

ⓓ 또한 중류층의 언어, 인지 양식, 사회관계 등과 같은 문화가 우월함을 합법화함으로써 자본주의 사회에서의 위계구조가 그대로 유지되는 데 기여했다고 보았다.

② 구조와 분류

㉠ 구조(frame)

ⓐ 과목 또는 학과 내 조직의 문제로 가르칠 내용과 가르치지 않을 내용의 구분이 뚜렷한 정도, 계열성의 엄격성, 시간배정의 엄격도 등을 포함하는 개념이다.

ⓑ 교육내용의 선정 및 조직, 진도 등에 대해 교사와 학생이 소유하고 있는 통제력의 정도를 말한다.

ⓒ 구조화가 강할 경우 교사나 학생의 요구가 반영되기 어렵고, 구조화가 약할 경우 가르칠 내용이 사전에 결정되어 있지 않아 교사와 학생에게 상당한 재량권이 주어지며 교사와 학생의 능동적 상호작용이 가능하다.

㉡ 분류(classification)

ⓐ 교육과정을 구성하는 교육내용 간 관계를 나타내는 개념으로 과목 간· 전공분야 간·학과 간의 구분을 말한다.

ⓑ 교육과정을 구성하고 있는 각 교과들의 독립성 정도라고 할 수 있다.

ⓒ 강한 분류일 경우 엄격히 구분된 과목 및 전공분야 또는 학과들로 구성되어 있어 과목 간·전공분야 간·학과 간의 상호 관련이나 교류가 없으며, 상급으로 갈수록 지식이 세분화·전문화된다. 약한 분류일 경우 교과 간의 구분이 뚜렷하지 않고 횡적 교류가 많아 교과가 통합되거나 융합될 수 있으며 상급으로 갈수록 지식이 추상화·통합화된다.

③ 교육과정 유형
  ㉠ 집합형(collective) 교육과정
    ⓐ 엄격히 구분된 과목 및 전공분야 또는 학과들로 구성되어 있어 과목 간·전공분야 간·학과 간의 상호 관련이나 교류가 없다.
    ⓑ 횡적 관계는 무시되고 오로지 종적 관계만이 중시된다.
    ⓒ 교육이 상급과정으로 올라감에 따라 점점 전문화·세분화되어 학습영역이 좁아진다.
    ⓓ 학생과 교사가 어느 분야에 속해 있는지가 분명하며 소속 학과에 대한 충성심이 요구된다.
    ⓔ 횡적 인간관계보다 종적 인간관계가 훨씬 중요하며, 상하 간의 위계질서는 뚜렷하고 엄격하다.
    ⓕ 따라서 교육과정의 계획과 운영에 학생이 참여할 기회는 극히 적어 교육과정에서 학생이 자유롭게 선택하고 결정할 수 있는 여지가 거의 없다.
    ⓖ 집합형 교육과정의 가시적 교수법과 평가
      • 가시적 교수법: 지식의 전달과 학생들의 학업성취를 중시하는 보수적·전통적인 교사중심 교수법이다.
      • 학습상의 위계질서가 뚜렷하며 전달 절차의 규칙이 엄격하게 계열화되어 있고, 학습내용의 선정 준거가 명시적이다.
      • 교사 주도의 교육이며, 학교나 학급의 통제원리로 기능한다.
      • 명확한 기준과 정교한 측정방법에 의한 객관적 평가방법을 중시한다.
  ㉡ 통합형(integrated) 교육과정
    ⓐ 과목 및 학과 간의 구분이 뚜렷하지 않아 횡적 교류가 많아진다.
    ⓑ 여러 개의 과목들이 어떤 상위 개념이나 원칙에 따라 큰 덩어리로 조직된다.
      예 대학에서 학과 간의 울타리가 낮아져 강좌를 상호 개방하고, 나아가 생화학, 역사사회학 등 혼합학문이 생겨나는 것
    ⓒ 인간관계는 횡적인 관계가 중시된다.
    ⓓ 교사와 학생의 재량권이 늘어나고, 교사와 교육행정가의 관계에서도 교사의 권한이 증대된다.
    ⓔ 통합형 교육과정의 비가시적 교수법과 평가
      • 비가시적 교수법: 학습자의 내적 변화를 중시하는 학습자중심의 교수법이다.
      • 공부와 놀이를 구분하지 않고 객관적 기준이나 방법에 의한 평가가 존재하지 않으며, 아동의 내적인 상태와 과정을 고려하는 평가방식을 취한다.
      • 따라서 다른 학생과의 비교를 중요시하지 않는다.

Zoom OUT 번스타인의 구조와 분류, 교육과정

1. 구조와 분류

구분	내용

구조
(frame)
	• 교육과정의 내용 선정 및 조직, 진도 등에 대해 교사와 학생이 소유하고 있는 통제력의 정도
	• 과목 또는 학과 내 조직의 문제로 가르칠 내용과 가르치지 않을 내용의 구분이 뚜렷한 정도, 계열의 엄격성, 시간배정의 엄격도 등을 포함하는 개념
	• 구조화가 철저하면 교사·학생의 욕구 반영이 어렵고, 느슨하면 욕구 반영이 용이함
	  – **약한 구조**: 가르칠 내용이 사전에 결정되어 있지 않아 교사와 학생에게 상당한 재량권이 주어지며 교사와 학생의 능동적 상호작용이 가능함
	  – **강한 구조**: 교사나 학생의 욕구 반영이 어려움

분류
(classification)
	• 교육과정을 구성하고 있는 각 교과들의 독립성 정도
	• 교육과정을 구성하는 교육내용 간 관계를 나타내는 개념으로 과목 간·공분야 간·학과 간의 구분을 말함
	  – **약한 분류**: 교과 간의 구분이 뚜렷하지 않고 횡적 교류가 많아 교과가 통합·융합될 수 있으며, 상급으로 갈수록 지식이 추상화·통일화됨
	  – **강한 분류**: 엄격히 구분된 과목 및 전공분야 또는 학과들로 구성되어 있어 과목 간·전공분야 간·학과 간 상호 관련이나 교류가 없고 상급으로 갈수록 지식이 세분화·전문화됨

2. 교육과정

구분	내용
통합형 교육과정 ⇩ 비가시적 교수법	• 과목 및 학과 간의 구분이 뚜렷하지 않아 횡적 교류가 많아짐 • 여러 개의 과목들이 어떤 상위 개념이나 원칙에 따라 큰 덩어리로 조직됨 • 인간관계는 횡적인 관계가 중시됨 • 교사와 학생의 재량권이 늘어나고, 교사와 교육행정가의 관계에서도 교사의 권한이 증대됨
집합형 교육과정 ⇩ 가시적 교수법	• 엄격히 구분된 과목 및 전공분야 또는 학과들로 구성되어 있어 과목 간·전공분야 간·학과 간의 상호 관련이나 교류가 없음 • 횡적 관계는 무시되고 오로지 종적 관계만이 중시됨 • 교육이 상급과정으로 올라감에 따라 점점 전문화·세분화되어 학습영역이 좁아짐 • 학생과 교사가 어느 분야에 속해 있는지가 분명하며, 소속 학과에 대한 충성심이 요구됨 • 교육과정의 계획과 운영에 학생이 참여할 기회는 극히 적어 교육과정에서 학생이 자유롭게 선택하고 결정할 수 있는 여지가 거의 없음

(2) 하그리브스(Hargreaves)의 상징적 상호작용이론 _{기출} 05, 08 중등 / 10 초등

① 주장

ⓐ 하그리브스는 학교를 구성하는 주요 행위자들인 교사와 학생 간의 복잡한 상호작용의 모습을 밝히고자 했다.

ⓑ 학교에는 교장, 교사, 학생들이 있으며, 학교를 정확하게 이해하기 위해서 그들 간의 상호작용을 세밀히 분석하는 것이 중요하다고 보았다.

② 주요 내용

ⓐ 교사와 학생의 상호작용의 정도를 통해서 교사와 학생의 특징을 구분하였다.

ⓑ 이는 교사와 학생들 간의 복잡한 상호작용이 있으므로 교사와 학생의 정의적 성격을 그대로 특징지어서는 안 된다는 것을 말한다.

ⓒ 교사의 자아개념이나 자기역할개념에 따라 교사의 유형이 결정되며, 이에 따라 교실의 분위기와 수업방식이 달라진다.

ⓓ 교사은 자신의 역할에 잘 적응하고 있다고 판단되는 학생을 모범생으로 인식하는 반면, 부적응하는 학생은 나쁜 학생으로 간주하는 경향이 있다.

ⓔ 학생도 그들 나름대로 '이상적인 교사상'을 가지고 교사를 평가하고 등급을 매기는데, 이에 따라 교사를 대하는 태도가 달라진다.

ⓕ 학생은 자신의 자아개념과 상대에 대한 지식을 바탕으로 나름대로의 대응방식을 정하고 이에 따라 행동한다.

③ 하그리브스의 교사의 자아개념에 따른 교사 유형 분류

유형	교사가 바라보는 학생상	교수·학습방법(교사의 역할)
맹수조련형 (liontamers)	행동이 거칠고 아무것도 모르는 학생	• 지식을 가르치고 윤리적 행동을 훈련 • 길이 잘 든 모범생으로 만드는 것
연예인형 (entertainers)	학생이 원래 학습하기를 원하는 것은 아님	• 흥미 위주의 교수자료를 풍부하게 만들고 다양한 교수매체를 활용함 • 친구처럼 대하면서 격의 없는 관계를 유지하려고 노력
낭만가형 (romantics)	학생은 누구나 학습하기를 좋아함	• 학습 여건을 조성하여 스스로 선택할 수 있도록 다양한 학습기회를 만들어 줌 • 수업내용도 학생과 상의하여 결정하는 것이 좋다고 여김

ⓐ 맹수조련형: 대표적인 권위주의형으로, 학생의 훈육을 중요시하고 교사가 전달하는 지식을 그대로 학생들이 신속하게 받아들이기를 원한다.

ⓑ 연예인형: 학생이 원래 학습하기를 원하는 것은 아니지만, 재미있는 교수자료와 학습방법을 잘 적용하면 흥미 있게 학습할 수 있다고 믿는다.

ⓒ 낭만가형

  ⓐ 학생은 천성적으로 학습의욕을 가지고 있지만, 교사들의 잘못된 학습방법과 자료 때문에 학습의욕을 잃게 되는 것이라고 주장한다.

  ⓑ 이에 교사는 학생의 학습의욕을 존중·조장해야 하며, 학생이 원하는 것을 학습할 수 있도록 해야 한다고 말한다.

④ 하그리브스의 학생 유형 분류

유형	내용
낙관적 순응형	학교의 목적과 수단을 모두 수용하는 유형
도구적 순응형	학교교육을 오로지 대학에 가기 위한 수단(도구)으로 여기며 일정한 거리를 두고 학교생활을 받아들임
식민화 유형	자포자기 순응, 학습의욕 상실을 보이는 유형
도피형	학교생활을 피하며 자퇴를 하거나 심할 경우 자살시도도 함
반역형	새로운 학교 규칙과 전통을 만들기 위해서 저항하는 유형

(3) 맥닐(McNeil)의 방어적 수업 〔기출〕 13 중등 / 06 초등

① 한 명의 교사가 수십 명의 학생들을 가르치는 학급상황에서 교사는 학생으로부터 자신을 지켜야 한다는 구조적인 방어의식을 갖게 된다.

② 교사의 방어의식은 교과지도에서 방어적 수업으로 나타나며, 생활지도에서는 학생다움을 요구하는 각종 규제로 구체화된다.

③ 방어적 수업을 위한 강의 전략
  ㉠ 단순화(단편화): 수업의 내용을 단편적인 지식과 목록으로 구성함으로써 토론과 반대의견을 제시하지 못하도록 한다.
  ㉡ 신비화: 복잡한 주제는 학생은 다루기 어렵다고 말하여 신비화시킨다.
  ㉢ 생략: 시사문제나 논쟁의 여지가 있는 주제를 다룰 경우 반대의견, 토론을 할 만한 자료, 자료를 보는 관점 등을 언급하지 않고 생략한다.
  ㉣ 방어적 단편화: 학생을 이해시키기 위해서 다양한 방법이 필요하고 많은 시간이 드는 주제를 다룰 경우 이를 간단히 언급만 하고 넘어가는 전략으로, 이 주제는 깊이 공부하지 않아도 된다고 말함으로써 정당화시킨다.

(4) 케디(Keddie)의 학생 범주화

① 케디의 연구는 수업과정에서 교사가 학생들을 어떻게 범주화하고 있는지를 분석함으로써 교사가 학생을 지각하는 방식이 지니고 있는 문제점을 지적한다.

② 능력별 반편성
  ㉠ 케디에 의하면 교사가 갖고 있는 학생에 대한 고정관념이 교실 내에서 교사와 학생의 실제 수업에 영향을 미친다고 한다.
  ㉡ 능력별 반편성에서 '그런 종류의 아이들'이라고 딱지(label)가 붙은 학생에 대해서는 실제로 교사가 그들을 잘 알지도 못하면서 그러한 범주에 따라 학생들을 다룬다.
  ㉢ 서로 다른 능력별 집단에 편성되어 있는 학생들이 교사에 의하여 다르게 취급되고 있음을 보여준다.
  ㉣ 능력별 반편성에서 교사가 학생을 구분하는 두 개의 기본적인 준거는 '능력'과 '사회계급'인데, 사회계급은 학생들의 행위를 분류하는 잠재적 요인으로 작용하고 있다.
  ㉤ 교사가 학생을 분류하는 기준은 학생의 사회계급과 관련해 지적·사회적·도덕적 행동을 판단하고 추측한 학생의 능력이다.

ⓗ 교사는 그들이 지각한 학생의 능력에 따라서 교과내용을 다르게 선택하고 다른 방식으로 가르친다.

ⓢ 이는 교사가 학생을 구분하는 범주는 학교 밖의 사회적 권력분배 구조에 원천이 있음을 시사한다.

04 새로운 이론의 등장

❶ 등장 배경

(1) 거대이론의 해체

① 마르크스 이론이 비판받으면서 갈등이론의 논리가 심각한 타격을 받게 되었다.

② 학교가 불평등을 재생산한다는 논리가 사라지면서 학교와 사회구조의 관계를 설명하는 관점이 새롭게 형성되기 시작했다.

(2) 새로운 개념의 등장

① 비판의 언어가 사라진 자리에 '시장논리', '효율성'이라는 또 다른 거대담론이 형성되기 시작하였다.

② 이른바 '교육의 경쟁력', '시장화', '신자유주의'라는 새로운 개념이 학교교육을 설명하는 논리로 부각되기 시작하였다.

❷ 포스트모더니즘(postmodernism)

(1) 개념

① 사회를 설명하는 거대이론이 해체되면서 객관적 · 절대적 지식이 갖는 허구성을 비판하며, 회의주의 · 주관주의 · 상대주의적 특징을 강조하는 철학적 사조를 의미한다.

② 자아와 사회를 구성하는 요소로 이미지, 기호, 언어의 중요성을 강조하였다.

③ 백인 · 남성 · 대도시 중심의 지배적인 거대이론과 여성 · 유색인종을 억압해 온 사회 및 경제계의 조작된 이미지들을 비판하는 데 주력하였다.

④ 탈중심적 · 다원적 · 탈이성적 사고

ⓐ 거대이론이 갖고 있던 기준 해체, 다원적인 사회 특성에 대한 반영, 과학적 접근의 부정, 객관적 질서보다는 주관성 강조 등을 표방하고 있었다.

ⓑ 이성에 대한 신뢰 해체, 기존 질서와 권력 정당화 지식을 거부하며, 현실적인 객관적 측면들이 존재한다는 것을 부정한다.

(2) 특징

① 객관적 · 절대적 지식의 허구성 비판
  ㉠ 객관적으로 존재하는 자연적 실체는 없으며, 현실은 하나의 개념적 구성이고, 과학적 관습과 언어로 이루어진 가공물이다.
  ㉡ 객관적 · 자연적인 실체에 대한 부정으로부터 출발하며, 이는 때로 진실과 같은 것은 존재하지 않는다고 말하는 것으로 표명된다.
② 인간 진보수단으로서의 과학과 기술에 대한 계몽주의적인 신념을 부정하고, 오히려 과학과 기술이 전쟁, 대량살상, 환경파괴와 같은 부정적 기능을 수행한다고 비판한다.
③ 이성과 논리 역시 개념적 구조물에 불과하며, 이성과 논리가 사용되는 특정한 지적 전통 안에서만 유효하다.
④ 인간심리의 거의 모든 면은 철저하게 사회적으로 결정된다고 주장한다.
⑤ 언어 속에는 그 언어를 사용하는 주체가 반영된다고 주장한다.
⑥ 교육이 인간의 해방이나 주체적 변화에 도움을 주기보다는 인간을 도구화 · 객체화하는 데 사용되었다는 점을 주장하며, 참된 교육의 발전 방향은 서열화 · 객체화보다는 학생, 학부모, 교사 등 교육주체들의 동등한 참여를 보장하는 것으로 나아가야 한다고 보았다.

③ 신자유주의

(1) 개념

① '신자유주의'는 1970년대 표면화된 이후 오늘날 세계적 담론과 정책을 주도하는 핵심적 용어가 되었다.
② 신자유주의 교육정책은 자유시장원리에 기초한 교육을 구현하여 교육의 시장화 · 상품화를 강조한다.
③ 교육에서 시장의 자유경쟁원리를 도입하여 교육의 질을 높일 것을 요구했다.
④ 우리나라 교육정책에서도 1995년 '5 · 31 교육개혁안'을 필두로 신자유주의 교육체제가 형성되기 시작하였다.

> **참고** 5 · 31 교육개혁안
>
> **1. 서론**
> 5 · 31 교육개혁에서 제시한 정부의 역할은 '권위' 관계에 기초해서 폐쇄적으로 운영되던 교육이 '열린 교육', '자율과 경쟁'이 살아 숨쉬는 교육으로 나아갈 수 있도록 교육을 둘러싼 제도적 환경을 근본적으로 바꾸는 것이다.
>
> **2. 주요 내용**
> **(1) 열린 교육체제**
>   ① '누구나, 언제, 어디서나 원하는 교육을 받을 수 있는 체제'를 의미하며, 이는 모든 국민의 자아실현을 극대화할 수 있는 교육복지국가의 건설을 의미한다.
>   ② 여기서 열림의 대상은 교육시기, 교육장소는 물론 교육기관 간 · 교육기간 내 모든 사람에게 적용된다.

③ 따라서 평생교육, 첨단통신기술을 통한 공간의 극복, 학점은행제와 시간제 등록, 전·편입학, 최소 전공 학점제, 다전공과 복합학문, 일반계, 실업계와 특수목적 고등학교 간의 전학 등과 더불어 장애인, 도서벽지 및 농·어촌 학생에게도 교육기회가 열린다.

④ 열린 교육체제는 평생학습 사회를 포함하며, 실제로 양자는 동전의 양면과 같다.

(2) 수요자중심 교육

① 기존의 공급자 위주의 교육체제를 수요자·학습자 위주로 바꾸자는 것이다.

② 지금까지 학교와 교원들의 입장과 편의에 따라 교육과정과 교육방법을 결정해 왔으나 이제는 학생의 능력과 이해 정도, 학생과 부모의 욕구와 바람, 사회적 수요를 고려하여 정하자는 것이다.

③ 따라서 각 학교급의 입학과정과 교육과정에서 학생의 선택권이 크게 신장되었다.

④ 중·고등학교의 학생 선발에서 '선 복수지원 후 추첨' 방식을 도입한 것, 대학 입학 전형 과정에서의 복수지망, 전·편입학 기회 확대, 수준별 교육과정 확대 등이 해당된다.

(3) 교육의 자율성

① 기존의 과도한 교육규제에 대한 반체제적 의미를 갖는다.

② 지나치게 중앙집권적·위계적·규제적인 교육운용체제를 보다 분권적·민주적·자율적으로 바꾸어 보자는 의미이다.

③ 이에 따라 교육규제완화위원회를 구성하여 교육 규제를 대폭 줄이고, 학교운영위원회 제도를 통해 단위학교를 자치공동체로 만들려는 노력이 전개되었다.

④ 자율화는 교육현장의 자주성과 창의성을 제고할 수 있다는 믿음과 결부된다.

⑤ 학교장 및 교사 초빙제, 대학입학 전형 자율화, 입학정원 및 학사관리 자율화 등의 조치가 이러한 맥락에서 창안된 것이다.

(4) 교육의 다양화·특성화

① 교육개혁이 겨냥했던 주요 방향은 기존의 획일적 교육을 특성화·다양화하자는 것이다.

② 획일성은 창의적 교육 환경을 만드는 데 가장 큰 적이며, 참된 경쟁력을 갖추기 위해서는 특성화·다양화가 불가피하다는 새 인식이 패러다임의 중요한 대목이다.

③ 교육소비자와 학습자의 다양한 욕구와 바람에 부응할 수 있다.

④ 그동안 한결같이 거대화만 추구하고, 엇비슷한 학과 구성과 천편일률적인 교육과정을 답습하여 경쟁력 상실을 초래한 것에 대한 반성이다.

⑤ 여태껏 모든 학생을 주요 과목 중심으로 평하여 서열화해 왔으나, 이제 이들을 다양한 특성과 자질에 따라 여러 줄로 세우고, 이들이 지니고 있는 모든 잠재적 가능성을 고르게 발전시키자는 취지이다.

⑥ 새로 도입한 학교생활기록부도 교과목뿐만 아니라 특별활동, 봉사활동 등 비교과목도 중시하며, 학생들의 다양하고 특성화된 능력을 발전시키는 데 주안점을 두고 있다.

(5) 교육의 정보화

① 학교현장의 정보화를 위해서는 '컴퓨터의 보급, 실효성 있는 컴퓨터 교육, 교육 및 학습용 소프트웨어'라는 3박자가 함께 만나야 한다.

② 교육정보화를 위해 정부는 '멀티미디어지원센터', '첨단학술정보센터'를 만들고 원격교육지원체제를 구축했으며, 민간 차원의 '교육정보화 공동체운동'을 지원하기도 했다.

(2) 기본 가정

① 시장경쟁의 도입은 재정, 인력배치, 정책결정에 관한 권한을 개별 교육기관에 이양하는 것을 포함한다.
② 모든 학교는 입학생의 특성과 무관하게 성공적으로 경쟁할 수 있다고 본다.
③ 학부모 선택의 개념은 문제가 없는 것으로 여긴다.
④ 신자유주의자들은 시장을 학업성취 부진과 불평등에 대한 해결책으로 본다.

(3) 특징

① 학교교육이 자본의 대상이 되고 상품화될수록 교육의 공공성은 더욱 침해받는다.
② 공급자 간 경쟁이 지속화되면 상품의 질적 수준이 상승하고 비용은 줄어들 것이라는 효율성의 가정이 교육에도 적용될 수 있다고 믿는 한, 교육은 소비자의 구매 능력에 따라 질적 차이를 제공할 수밖에 없다.
③ 학교 다양화, 교육 민영화, 학교 선택, 자율과 경쟁 등을 내세우는 정책들은 우리의 공교육을 사적인 시장의 공간으로 전환시켜 왔다.
④ 그러나 연구에서는 신자유주의적 교육정책은 전반적인 학업성취, 기회균등, 민주주의, 교직의 구조개혁에 대한 효과에서 부정적이라는 점이 확인되었다.
⑤ 우리나라에서도 신자유주의 교육정책에 대한 비판들이 쏟아지고 있다. 학교 선택의 상징처럼 평가받는 자율형 사립고 정책은 계층 간 교육기회의 불평등을 심화시키고, 시험점수 위주의 경쟁을 강화하고, 학부모들의 공교육비 부담률을 더욱 높이는 등 공교육의 정상화와는 거리가 먼 역기능을 수행한다는 비판들이 제기되었다.

④ 글로벌화

(1) 개념

① 우리는 정보통신과 교통의 발달로 국가 간의 경계가 허물어지고 전 세계가 하나의 네트워크로 연결된 사회에서 살고 있다.
② 글로벌화는 다양한 영역에서의 변화를 요구하고 있으며, 우리의 삶의 특질을 바꾸고 있다.

(2) 교육에 미치는 부정적 영향

① 국가 교육기관의 자율권 상실
　⊙ 국제 다자기구에 의한 강압이나, 기업 또는 소비자의 요구 등에 의해 각 국가의 교육기관은 자율권을 상실하게 된다.
　ⓒ 교육개방의 시대를 맞이하여 학생의 국제 간 이동이 자유롭고, 외국 교육기관의 국내로의 진출이 허용되면서 민족·국가중심의 교육체제는 국제시장의 논리에 의해 상당 부분 자율적인 권한을 침해받는다.

② 능력주의 경쟁의 위기
　　㉠ 능력주의 경쟁이라는 가설도 글로벌화로 심각하게 도전받게 된다.
　　㉡ 국제학위, 국제엘리트, 국제학교 등이 누구에게나 열려 있는 교육기회를 제공한다기보다는 자본을 확보한 상위 집단의 독점물이 될 수밖에 없다.
　　예 가정이 가난하더라도 자신이 노력을 기울이면 능력에 따른 사회적 이동을 할 수 있다는 믿음은 글로벌화로 인해 더욱 약화될 수밖에 없다.
③ 문화적 식민주의 경향 강화
　　㉠ 국가 간의 불평등을 더욱 영속화시킨다는 점에서 문화적 식민주의 경향을 강화시킨다고 평가할 수 있다.
　　㉡ 국가 간 관계에서 개발도상국의 교육시스템은 부유한 국가들에 종속되어 있으며, 선진국의 경제에 활용되는 인적 자원 공급 역할을 더욱 강화한다.
　　㉢ 교육적·문화적으로 국가 간 종속관계가 더욱 강화되며, 문화적 식민주의의 경향을 더욱 강화시키는 역작용을 불러일으키게 된다.
④ 국가 간 불평등의 고착화
　　㉠ 교육체제 역시 강대국 중심의 이데올로기를 적극 수용하면서 부유한 국가에서 교육받은 이들은 고급 인력이 되는 구조가 고착화된다.
　　㉡ 결과적으로 국가 간 불평등은 더욱 심해지는 양상을 보일 수 있다.

참고 　**교육사회학 이론의 유형 - 거시적 접근, 미시적 접근**

1. 거시적 접근
① 사회를 개인과 독립적으로 존재하는 실체로 파악하여, 사회구조 분석을 통해 사회의 한 부분인 교육을 설명하고자 한다.
② 거시적 접근법에 따르는 이론은 개인을 사회의 영향하에 움직이는 수동적인 존재로 파악한다.
③ **거시적 접근의 유형**: 기능이론, 갈등이론

2. 미시적 접근
① 인간이 객관적인 법칙의 지배를 받는 수동적인 존재가 아니라, 대상에 의미를 부여하고 스스로 규칙과 제도를 만들어 가는 능동적·주체적인 존재라고 규정한다.
② 사회구조 분석보다 행위자를 더 중시하여 개인행위자들이 대상에 대해 어떤 의미를 부여하고 있는지를 파악하여 교육현상을 설명한다.
③ **미시적 접근의 유형**: 해석적 접근, 신교육사회학

Chapter 02

교육과 학력상승

설쌤의
Live Class 🎙️

교육과 학력상승 챕터에서는 **사회이동과 학력상승**에 관한 이론이 제시됩니다. 이론을 **한국 사회**의 **교육현상**과 연관 지어 살펴보는 것이 필요합니다. 학력상승이 왜 일어나는지를 설명하는 이론들을 숙지하고, 이를 사회의 현상들과 접목시켜 접근해 보세요.

핵심 Tag🏷️

사회이동의 의미
- **시간 주기에 따른 구분**: 세대 간 · 세대 내 이동
- **이동 방향에 따른 구분**: 수직 · 수평이동
- **변화에 따른 구분**: 개인적 · 구조적 이동

학력상승이론
- **학습욕구이론**: 매슬로우의 욕구이론에 기초, 누구나 교육을 받으려는 욕구
- **블라우와 던컨의 지위획득모형**: 지위획득연구, 능력변인이 현재 직업에 큰 영향
- **클락의 기술기능이론**: 학교는 산업사회가 요구하는 인재를 양성
- **젠크스의 학교효과 연구**: 가정의 사회 · 경제적 배경과 학생의 인지적 능력이 학업성취에 큰 영향
- **콜린스의 지위경쟁이론**: 학교팽창의 이유 ⇨ 권력과 지위를 획득하려는 집단 간의 경쟁
- **도어의 졸업장병**: 높은 학력과 졸업장은 경제적 소득과 지위 획득을 위한 수단
- **마르크스 이론**: 학교는 기존 자본주의 사회의 유지 · 존속을 위하여 길들여진 노동력을 양성하는 기능을 수행
- **국민통합론**: 국민통합의 필요성에 의한 교육기회의 확대
- **세계체제론적 접근**: 교육팽창 현상은 전 세계적으로 공통

학교시험의 기능
- **몽고메리의 시험의 6가지 교육적 기능**: 교육과정 결정, 자격 부여, 경쟁 촉진, 선발, 목표와 유인, 학습 성취 확인과 미래학습 예언
- **시험의 사회적 기능**: 사회적 선발, 지식의 공고화와 위계화, 사회 통제, 사회질서의 정당화와 재생산

교육사회학

PART 8

해커스임용 설보연 SANTA 교육학 2

01 사회이동

❶ 사회이동의 의미

(1) 시간 주기에 따른 구분

① 세대 간 이동(intergenerational mobility)

⑴ 세대와 세대 사이에서 일어나는 사회이동을 의미한다.

> 예 부모 세대와 자식 세대 사이에 사회적 지위가 차이 나는 경우

⑵ 대개의 사회이동 연구는 세대 간 이동에서 학교교육이 어떠한 역할을 수행했는지를 분석한다.

② 세대 내 이동(intragenerational mobility): 한 개인이 나이가 들어감에 따라 초기의 직업 지위가 변화되고 지위 수준에서의 이동이 이루어지는 경우를 말한다.

> 예 30대에는 평사원이었다가 40대에 임원이 되고, 50대에는 회사 대표가 된다고 할 때, 이 사람은 한 인생 내에서 다양한 사회적 지위를 경험하며 상향이동을 한 경우

(2) 이동 방향에 따른 구분

① 수직이동(vertical mobility): 사회이동의 방향이 위 – 아래인 변화로, 상향이동과 하향이동이 있다.

② 수평이동(horizontal mobility): 동일한 계층적 위치 내에서의 평면적 이동을 의미하는 것으로, 직업을 바꾸거나 근무처가 물리적 · 지리적으로 변경되는 등의 현상을 포함한다.

(3) 변화에 따른 구분

① 개인적 이동(individual mobility): 주어진 사회 계층구조 내에서 개인의 노력과 의지에 의한 계층적 지위 변화를 의미한다.

② 구조적 이동(structural mobility): 사회의 구조적 변화에 따른 계층적 지위 변화를 의미한다.

> 예 사회적 혁명으로 모든 것을 잃은 귀족 지주의 경우 하향이동을 함

> **참고** **교육과 사회이동의 관계 분석**
>
> 일반적으로 교육과 사회이동의 관계를 분석할 경우에는 위에서 제시한 다양한 사회이동이 모두 포함되지 않고 주로 세대 간 이동, 수직이동, 개인이동을 다루고 있다. 이를테면 교육을 통해서 아버지 세대의 사회 · 경제적 배경, 직업 지위와 본인의 직업 지위가 어떻게 변화되는지를 밝히고자 하는 영역이 사회이동에 관한 연구의 핵심을 차지하고 있다.

❷ 교육과 사회이동 연구

(1) 개방사회 – 사회이동에 대한 교육의 기능론적 관점
① 사회적 재화가 개인의 능력이나 노력과 같은 성취적인 요인에 의해 배분되는 사회이다.
② 교육을 통해 사회이동이 가능하다고 보았으며 학교교육이 사회적 지위 상승에 긍정적인 영향을 끼친다고 주장하였다.

(2) 폐쇄사회 – 사회이동에 대한 교육의 갈등론적 관점
① 사회적 재화가 계층, 성, 인종, 지역 등과 같은 변수의 귀속적인 요인에 의해 배분되는 사회이다.
② 사회이동에 있어서 교육은 도움이 되지 않으며 오히려 개인의 사회·경제적인 배경이 사회이동에 훨씬 강력한 영향을 미친다고 보았다.

02 학력상승이론

❶ 학습욕구이론 [기출] 11 초등

(1) 개념
① 인간의 기본적인 욕구를 분석한 매슬로우의 욕구이론에 기초하며, 인간은 누구나 자신이 타고난 가능성과 소질을 실현하려는 욕구, 사물의 뜻을 알고 이해하려는 욕구, 아름다움을 추구하려는 욕구 세 가지를 갖고 있다고 본다.
② 세 가지 욕구는 매슬로우의 일곱 가지 기본욕구인 '생리적 욕구, 안전의 욕구, 소속의 욕구, 자존의 욕구, 자아실현의 욕구, 지적 욕구, 심미적 욕구' 가운데 뒤쪽에 속해 있는 것이다.
③ 자아실현의 욕구, 지적 욕구, 심미적 욕구는 앞선 욕구인 생리적 욕구와 안전의 욕구 등이 충족된 이후에야 추구될 수 있는 것이며, 이는 인간이면 누구나 교육을 받으려는 욕구를 보인다는 주장으로 요약될 수 있다.
④ 경제적으로 어려운 시절을 보내고 안전에 대해 보장되면 그 이후에는 자연스럽게 교육을 받고자 하는 욕망이 상승되며, 이러한 원리로 우리나라의 학력이 상승하는 결과를 초래한 '학력상승 현상'을 설명할 수 있다.

(2) 학습욕구이론에 대한 비판
① 학습욕구이론은 교수·학습이 상위 학력을 추구하기 위한 수단으로 전락했다.
② 학습욕구이론은 비인간화된 교육을 실시한다는 학교교육의 본질적인 기능에 대한 비판 등으로 인해 그 설명력이 낮다.

② 블라우(Blau)와 던컨(Duncan)의 지위획득모형(사회이동모형)

(1) 개념

① '가정배경 – 학교교육 – 직업획득'으로 이어지는 일련의 성장과정에 관한 연구를 '지위획득연구'라고 칭한다.

② 세대 간·세대 내 사회이동의 정도를 연구: '아버지의 교육수준, 아버지의 직업 수준, 본인의 교육, 본인의 첫 번째 직업, 본인의 현재 직업'이라는 5개의 변인을 시간적 순서에 따라 배치하고, 앞선 변인이 후행하는 변인에 어느 정도의 영향력을 행사하였는지에 대한 연구이다.

(2) 결과

① 가정배경과 능력변인 중 능력변인이 현재의 직업에 상대적으로 큰 영향력을 발휘하고 있었다.

② 개인이 받은 교육과 첫 직업은 그의 직업적 성공에 큰 영향을 미치며, 배경요 인보다 상대적으로 영향력이 더 강하다는 결론을 내렸다.

(3) 지위획득연구(status attainment model, 1967)

① 사회적 관점: 사회적 재화가 개인의 능력이나 노력 등과 같은 성취적인 요인에 의해 배분되는 사회인 '개방사회'에 주목한다.

② 교육의 역할

 ㉠ 교육을 통한 사회이동이 가능하다고 여긴다.

 ㉡ 학교교육이 사회적 지위 상승에 긍정적인 영향을 끼친다고 주장한다.

③ 연구내용

 ㉠ 블라우와 던컨은 아버지의 교육, 아버지의 직업, 본인의 교육, 본인의 첫 직업, 본인의 현재 직업의 통계적 관련성을 경로분석 방법을 적용하여 분석하였다.

 ㉡ 이 모형에서 가정배경에 해당하는 변수는 아버지의 교육수준과 아버지의 직업 지위이며, 두 변수는 높은 관련성(r=.516)을 보여 주고 있다.

 ㉢ 본인의 교육수준에 대해서는 아버지의 교육과 직업 변수가 각각 .310과 .279의 영향력을 행사하고 있다.

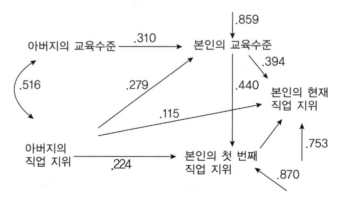

[그림 8-1] 블라우와 던컨의 사회이동모형

ⓔ 아버지의 교육수준이 자녀의 교육수준 결정에 직업보다 상대적으로 높은 영향을 보여주고 있다.

ⓜ 본인의 첫 직업 지위에 관해서 본인의 직업을 결정하는 데 가장 큰 영향력을 행사하는 변인은 본인의 교육수준이 .440이며 그 다음이 아버지의 직업으로 .224의 영향력을 가진다.

ⓗ 본인의 현재 직업에 관해서 본인의 교육, 첫 번째 직업, 아버지의 직업 순으로 영향력을 보여주었다.

ⓢ 이러한 결과를 제시하면서 블라우와 던컨은 미국사회에서 직업 획득은 본인의 교육수준에 의해서 결정되는 바가 크며, 아버지의 교육수준과 직업수준이 미치는 직접적인 효과는 미약하기 때문에 능력주의 사회의 특성을 반영하고 있다는 결론을 내리고 있다.

❸ 클락(Clark)의 기술기능이론(technical functional theory)

기출 04, 12 중등 / 09 초등

(1) 개념

① 산업사회에 있어 교육의 기능을 설명하기 위해 제시한 이론이다.

② 학교는 산업사회가 요구하는 기술자와 전문가를 양성하여 배출하는 기능을 통해 산업사회의 유지와 발전에 기여한다고 본다.

③ 따라서 학교는 산업사회를 지탱하는 핵심적인 장치가 되어 기술사회 변화에 따라 학교제도가 발달한다.

④ 한 직종의 기술 수준이 높아지면 그에 상응하는 교육의 수준도 높아질 수밖에 없으므로 산업사회의 기술 전반에 따라 학력도 높아지게 된다는 것이다.

⑤ 과학의 발달로 인하여 높은 수준의 기술을 요구하는 직업의 비율이 늘어나고, 동일 직업 내에서도 요구되는 기술수준이 계속 상승한다.

⑥ 취업을 위한 교육의 수준이 계속 높아지고, 학교도 이에 상응하여 보다 높은 수준의 전문기술과 인력을 훈련시킨다.

⑦ 점점 많은 인구가 오랜 기간 동안 학교교육을 받게 됨으로써 전반적인 학력이 상승하게 되고 이로 인해 학교가 팽창하게 된다.

(2) 사회평등에 대한 입장

① 교육을 통해 사회적 상승이동이 가능해진다고 본다.

② 교육을 받게 되면 높은 기술을 가지게 되어 같은 직종 내에서도 지위와 소득이 상승하고, 보다 높은 소득을 보장해 주는 다른 좋은 직종으로 전직이 가능하다.

③ 교육 기회를 확대할수록 계층의 상승이동이 촉진되어 사회적 불평등이 감소되므로 교육은 사회 평등에 기여한다.

(3) 한계점

① 학교가 산업사회의 요구에 상응하여 인력을 배출한다고 보고 있으므로 직업세계의 기술수준과 학교교육의 수준은 일치해야 한다.

② 그러나 실제로 많은 고학력자들이 자신의 학력보다 낮은 수준의 일을 하거나, 자신에게 맞는 일을 찾지 못해 실업자로 전락하고 있다.

③ 이러한 과잉학력현상은 한 사회의 기술수준과 학력수준이 일치한다는 기술기능이론의 주장을 지탱하기 어렵게 만들고 있다.

❹ 젠크스(Jencks)의 학교효과 연구

① 성인이 되었을 때 얻는 소득수준이 학교교육의 수준에 따라 비례적으로 상승하는지를 연구했고, 이 질문에 대한 젠크스의 연구결과는 대단히 부정적이었다.

② 수입을 결정하는 데 교육수준은 무시할 정도로 영향력이 적었다는 점을 밝히면서 교육, IQ, 가정배경, 직업 지위 등은 본인 소득수준의 19% 정도만 설명하고 있음을 제시했다.

③ 학생의 학업성취에 가장 큰 영향을 주는 요인은 가정의 사회·경제적 배경과 학생의 인지적 능력임을 밝혀냈다.

④ 교육은 소득에 의미 있는 영향력을 행사하지 못하며, 교육을 통한 사회평등화가 제대로 구현되기 어렵다는 점을 제시했다.

❺ 지위경쟁이론(job competition theory) 기출 00, 02, 03, 04, 09, 12 중등 / 00, 06 초등

(1) 개념

① 학력이 하나의 신분증 같은 역할을 수행하며, 이를 수단으로 하여 사회적 지위를 획득할 수 있기 때문에 사람들이 경쟁적으로 학력을 높이려고 함으로써 전반적인 학력수준이 상승한다고 본다.

② 근대사회의 등장과 함께 기존의 계급적 질서와 신분제 사회가 무너지고, 능력주의에 기초한 선발이라는 새로운 이념이 등장하게 되었다.

③ 학교교육은 본질적인 기능과는 별도로 기존의 사회적 계층화 현상을 유지시켜주기 위한 수단적인 기능인 선발과 배치의 기능을 충실히 수행할 것으로 기대받았다.

④ 학교교육에 대한 수단적 기능의 강조는 졸업장, 즉 학력 증명을 개인의 능력과 노력의 수준을 나타내 주는 공인된 '품질 증명'으로 바꾸어주었다.

⑤ 학교가 사회적 지위 획득의 중요한 사회적 통로 역할을 수행하기에 이르렀다.

⑥ 학력수준이 상대적으로 높아야 하며, 동일한 학력수준이더라도 명문학교나 일류학교 졸업장은 사회적 신분의 상승과 유지를 위한 필수적인 자격이 되었으며, 이러한 주장은 한국사회의 학력주의화에 대해서 높은 설명력을 갖고 있다.

(2) 콜린스(Collins)의 지위경쟁이론

① 콜린스는 직업이 요구하는 교육 요건이 꾸준하게 높아져 온 것은 사실이지만 이것이 곧 직업의 기술수준이 향상되었음을 입증하는 것은 아니라고 한다.

> **예** 미국의 경우 1937년에는 고용주 중 11%가 숙련 노동자의 자격 요건으로 고등학교 졸업을 요구했으나 1967년에는 32%가 고등학교 졸업을 요구했다고 한다. 이처럼 직업이 요구하는 교육수준이 높아지는 것은 기술기능이론이 주장하듯이 기술수준이 높아졌기 때문이 아니다.

② 그럼에도 불구하고 학교가 팽창하는 것은 권력과 지위를 획득하려는 집단 간 경쟁 때문이다.

③ 교육은 지위 획득의 통로로 작용하기 때문에 각기 다른 지위집단은 자녀에게 보다 많은 교육을 받게 함으로써 지위를 향상시키려고 한다.

④ 상대적으로 높은 지위를 차지하고 있던 집단은 자신의 높은 지위를 유지하기 위해 계속 학교 교육기간을 늘려가고, 낮은 지위에 있는 집단은 자신의 지위를 보다 높이기 위해 점점 더 많은 교육을 받으려 하므로 학력 경쟁이 끊임없이 계속되어 학력 인플레이션 현상이 나타나게 된다.

(3) 도어(Dore)의 졸업장병

① 학교교육(학력)에 대한 수단적 기능이 강조된다.

② 학력이 높을수록 사회적 지위 경쟁에서 더 유리하기 때문에 학력 취득을 위한 경쟁이 벌어진다고 주장하였다.

③ 높은 학력과 졸업장이 개인에 대한 능력의 판단 기준일 뿐만 아니라 경제적 소득과 지위획득 수단으로 여겨진다. 이로 인해 높은 학력을 취득하여 위해 끊임없이 경쟁하고, 권력과 지위를 획득하려는 집단 간의 경쟁으로 인하여 학교가 팽창하게 된다.

❻ 마르크스(Marx) 이론

(1) 개념

① 학교교육의 시작과 그 팽창을 불러일으키는 원인은 자본주의 사회구조 자체에 내재해있으며, 학교는 기존의 자본주의 사회가 유지·존속하는 데 필요한 교육받은 인력을 공급함으로써 기존의 불평등 사회구조를 재생산하는 기능을 수행한다고 주장한다.

② 보울스(Bowles)와 진티스(Gintis)는 학교교육은 자본가의 요구에 의하여 시작·팽창되었으며, 자본주의 사회를 유지하기 위해 길들여진 노동력을 양성하는 기능을 수행하고 있다고 비판했다.

③ 마르크스 이론은 과다교육된 노동력 또는 과잉 자격 노동자의 양산을 자본주의 사회에서 요구되는 '노동예비군(reserve army of labor)'을 확보하기 위한 조처로 설명한다.

마르크스주의 경제학에 의하면, 자본가 계급은 생산 장면에서 요구되는 인력 이상으로 노동력을 확보해 둠으로써 노동력의 초과 수요를 언제든지 충족시킬 뿐만 아니라, 과잉공급된 노동력을 통해 현재 취업 중인 노동자들의 임금을 통제하고 해고의 가능성을 시사함으로써 순종적 인간관계를 유지한다. 다시 말해서 취업 중인 노동자들은 자신들을 대체할 수 있는 노동자들이 실업 상태로 대기 중임을 알기 때문에 임금, 근무조건 등에서 요구 수준을 조절할 수밖에 없으며, 해고의 위험을 덜기 위해서 복종적인 인간관계를 감수할 수밖에 없다.

ⓐ 생산양식이 변화함에 따라 요구되는 노동력이 달라지고 확보해 두어야 할 노동예비군의 기술과 지식수준도 상승하기 때문에 산업의 발달과 생산과정의 변화에 맞추어 교육과잉도 저급에서 상급으로 전환되었다.

ⓑ 교육의 확대가 초등교육에서 시작하여 점차 상급 교육기관으로 확산되는 것은 산업의 발달에 따라 요구된 인력의 자질이 상승되어야 하고, 미리 확보해 두어야 할 노동예비군도 고급화될 필요가 있었기 때문이다.

ⓒ 학교교육은 수준별로 각기 서로 다른 이유로 팽창을 경험하였는데, 초·중등교육의 경우 하급 노동자 양성을 위해 확대되었으며, 고등교육의 경우 자본가나 경영자 같은 상급 지도자 양성을 위한 조치였다.

(2) 학교 기능에 대한 비판

① 학교는 학생에게 특정 기술, 기능, 훈련 기회만을 제공하는 것이 아니라 자본주의적 사회관계의 유지에 필수적·규범적인 통합기능을 수행하는 기관이며, 교육팽창은 이러한 사회구조적 역동의 결과이다.

② 마르크스 이론 역시 학교팽창의 원인을 산업화에서 찾고 있으며, 길들여진 노동력의 계속적인 공급과 지배계급의 지적·도덕적 우위를 유지하여 자본주의 헤게모니를 장악하기 위한 계급 통제로 인해 야기된 것으로 파악하였다.

(3) 한계점

교육팽창, 학력 상승 등의 문제를 자본가들의 이해관계로만 해석하기에는 무리가 따른다.

❼ 기타 이론

(1) 국민통합론

① 학교팽창에 대한 기존의 설명 방식이 주로 경제적 요인을 거론하는 것에 반해, 정치단위인 국가의 이데올로기적 작용으로 학교팽창을 설명하고 있다.

② 국가의 형성과 이에 따른 국민통합의 필요성 때문에 교육기회가 늘어나고 팽창이 가능해졌다는 설명을 핵심으로 한다.

③ 한계: 현대국가 건설 초기의 초등교육 의무화와 중등교육의 확대에 대해서는 어느 정도 설명력을 갖고 있지만, 고등교육의 팽창과 과잉교육의 문제, 학력 인플레이션의 문제를 설명하는 데에는 난점이 있다.

(2) 세계체제론적 접근

① 교육이 저절로 팽창하지 않는다는 전제로 경제·사회·문화·정치적 요인과 같은 학교 외적 요인이 학교팽창을 합리적으로 예측하는 데 적절하지 못하며, 교육팽창 현상이 전 세계적으로 공통적으로 일어나는 현상이라는 점에 착안하고 있다.

② 개별 국가의 사회현상도 세계적인 맥락하에서 조망되어야 비로소 제대로 된 설명이 가능하다는 전제를 갖고 있다.

---

03 교육선발과 시험

❶ 학교의 선발기능

(1) 개념

① 선발

　㉠ 학교 입학 시기에 학생을 선정하는 중요한 교육제도 절차를 말한다.

　㉡ 선발은 객관적이고 공정하며 투명한 절차로 이루어질 것이라고 가정된다.

② 시험

　㉠ 선발의 객관성과 효율성을 기하기 위한 하나의 방법으로, 학생의 수학능력을 평가하고 이를 기준으로 선발·배치한다.

　㉡ 시험은 비록 입학 시기에 선발이라는 과정에서 치러지기는 하지만, 교육과정의 중요 기능으로서 교육결과를 측정·평가·재배치하는 과정이라는 점에서 의미를 갖는다.

(2) 선발기능의 장·단점

① 장점

　㉠ 수월성에 근거한 교육체제 확립: 개인 간 지적 능력 및 지식에 대한 이해, 활용 능력에 차이가 있다는 점을 전제했을 때 선발은 지적 수월성에 근거하여 교육체계를 작동하도록 한다고 볼 수 있다.

　㉡ 교육과정 및 교육결과 확인

　　ⓐ 선발대상인 학생이 교수·학습과정에 충실하게 참여하였고 그 과정에서 달성해야 할 학습성과를 제대로 성취하였는가를 살펴보는 것을 주요 기능으로 한다.

　　ⓑ 학습성과는 평가자와 평가대상자에 대한 결과의 달성 여부뿐 아니라, 선발과 평가의 과정과 결과가 미치는 학교교육의 사회적 영향이 어떠한지도 파악하도록 해준다.

© 지식 위계에 따른 사회적 지식체계 제시
- ⓐ 평가를 토대로 하는 선발과정은 지적 능력이 뛰어난 학생을 걸러내는 과정이다.
- ⓑ 구체적인 교과지식의 내용을 다루면서, 어떤 지식이 더 중요하고 그렇지 않은지를 판단하는 일련의 작용으로 구성된다.
② 교육과정 순환에서의 피드백: 교육과정의 순환고리에서 평가의 결과가 곧 다른 교육목표의 설정으로 이어질 수 있도록 한다는 점에서 평가활동을 중심에 둔 선발은 학교교육의 선기능을 담당하고 있다.
◎ 사회적 지위 분배 및 재배치를 위한 중요한 수단 제공: 평가를 통한 선발은 사회적 지위에 적절한 능력을 가진 개인을 선정·배치하는 수단이 된다.

② 단점
⑦ 상대평가에 따른 개인 능력의 서열 조장: 현재의 선발시스템은 달성해야 할 교육목표를 얼마나 달성했는가를 측정하고 평가하는 과정의 결과라기보다는, 참여하는 학생 모집단 내의 순위를 더 중요하게 여긴다.
© 지식의 위계회에 따른 부작용 초래: 애초에 '의도한 교육목표가 달성되었는가?'의 여부에 관심을 기울이기보다는, '평가를 통하여 선발되는가?'의 여부가 평가와 선발에 참여하는 학생들의 관심사이기 때문에 시험에 나오는 지식은 중요하고 그렇지 않은 지식은 덜 중요하거나 하찮은 것으로 인식할 가능성이 있다.
© 지식 중심의 교수·학습방법 강조로 전인적 교육태도를 취하기 어려움
- ⓐ 교사는 중요한 지식을 가르치지만, 정작 강조하고 반복하게 되는 내용은 시험에 나올 법한 내용들이다.
- ⓑ 교사는 책무성을 중요한 교직 수행의 준거로 요구받고 있는데, 책무성 기준은 교수·학습의 결과인 '측정된 평가'에 따르며, 우리나라의 중등학교의 경우 학생의 '진학 결과'에 따라 좌우된다.
- ⓒ 이러한 상황에서 아이들의 전인적인 발달을 위해 노력하기가 힘들며, 평가의 결과에 보다 많은 시간과 노력을 기울이게 된다.
② 심각한 사회적 에너지 소비
- ⓐ 시험에 의한 선발에 관심이 집중되고, 사회적 지위나 위계만큼 복잡한 서열이 학생의 학업성취를 둘러싸고 조장되는 것은 심각한 사회문제를 야기한다.
- ⓑ 시험성적은 개인의 관심사일 뿐만 아니라 학부모, 교사, 학교의 관심사이며, 시험과 대학진학에 대한 열정이 학교교육과 사회적 배움에 과연 긍정적으로 연결되는지에 대해서 생각해 볼 필요가 있다.
◎ 평가 결과를 강조한 사교육과 학교 간의 경쟁관계 구축: 학교교육이 학생에게 다양한 능력과 활동을 요구하고 있다고 해도 정작 입시와 선발과정에서 요구되는 편향된 평가 방식에 따라 사교육기관이 학생의 학업성취도에 큰 영향을 미치고 있다.

나라별 다양한 선발 방식

1. 프랑스
바칼로레아는 프랑스의 고등학교 졸업시험이자, 대학입학 자격시험이다. 8과목 모두 논술형으로 제시되기 때문에, 단순히 교과지식을 암기하여 적용하는 것은 불가능하다. 80% 정도의 학생이 평가에 통과하게 되고 그 학생들은 그랑제콜(프랑스의 고등교육기관)을 제외한 어느 대학교든 지원할 수 있다는 점에서 프랑스 선발체제는 유연한 입시 선발과정을 갖는다고 본다.

2. 독일
독일의 대학입시는 고등학교의 졸업시험인 아비투어(arbitur)의 성적이 중요한 기준이 된다. 아비투어는 중등학교 졸업시험으로 성격상 대학입학시험이라기보다는 일차적으로 '고등학교 수준의 학력을 갖춤과 동시에 다른 중등학교 졸업자들보다 뛰어난 능력을 갖추고 있다'는 것을 의미한다. 따라서 성공적으로 졸업시험에 합격하고도 대학에 진학하지 않고 취직을 할 때, 개인의 학업성취를 증명하는 상당히 중요한 기준으로 작동한다.

3. 미국
미국의 대부분 대학은 SAT를 기초로 하는 입학사정관 전형을 학생 선발의 방법으로 채택하고 있다. 한국의 수학능력시험이 졸업을 앞둔 시기에 치러지는 시험이라면 SAT는 준비가 된 고교생들이 언제든 치를 수 있는 시험이라고 인식되어 있다. 중복해서 치를 수 있다는 점, 적어도 졸업 1년 전에는 시험 결과를 확보하고 자신의 수학능력과 적성을 고려하여 학교에 지원한다는 점, 시험 성적과 함께 학생의 다양한 과외활동이 포함되어 입학전형자료로 제출되어야 한다는 점이 특징적이다.

4. 핀란드
핀란드에서는 공식적으로 입시제도를 둔다고 보기 어렵다. 그러나 고등학교 졸업단계에서는 대학입학 자격시험(matriculation examination)을 두고 있다. 대부분의 대학은 시험 성적을 중심으로, 경우에 따라서는 고등학교 내신 성적을 고려하여 학생을 선발한다. 150년 동안 유지된 전통적인 핀란드의 대학입학시험은 입학시험이라기보다는 고교 졸업시험의 성격으로, 합격하면 대학 및 고등교육기관 응시 자격이 부여된다. 시험 관리는 개별 학교에서 담당하며, 지역별 국가시험위원회가 구성되어 운영·관리된다. 시험이 치러지는 기간은 8일이며, 과목당 시험시간은 6시간이다. 1년에 두 차례 응시할 수 있으며, 합격한 학생에게 합격 여부, 성취수준, 등급이 통지된다.

❷ 학교시험의 기능

(1) 시험의 교육적 기능 – 몽고메리(Montgomery)의 6가지 기능
① **교육과정 결정**: 교육과정이 시험을 결정하는 것이 아니라 시험이 교육과정을 결정하게 되며, 학생은 시험에 출제되는 것만을 공부하려고 한다.
② **자격 부여**: 시험을 통해 국가적으로 인정하는 자격을 부여하는 순기능을 수행한다.
③ **경쟁 촉진**: 여러 가지 경쟁을 통해서 사람들을 선발하는 역할을 한다.
④ **선발**: 시험은 선발을 목표로 하고 시험을 통해 상급학교로 입학하거나 사회진출을 위한 선발의 기능을 수행한다.

⑤ **목표와 유인**: 시험이 학습자에게 학습목표를 지시함과 동시에 그 목표에 도달하고자 하는 여러 가지 동기를 촉발하여 유인하기도 한다.

⑥ **학습 성취 확인과 미래학습 예언**: 시험성적을 통해 교사가 상급학교 진학을 상담·지도하게 된다.

(2) 시험의 사회적 기능

① **사회적 선발**: 공교육 제도의 보편화로 시험이 사회적 선발기제의 핵심으로 기능하며, 대한민국 사회에서는 시험성적이 사회적 지위 획득으로 연결된다.

② **지식의 공식화와 위계화**: 시험에 나온 지식은 공식적으로 중요한 지식이 되고 중요도에 의해서 지식의 계층이 나누어지고 위계화된다.

③ **사회 통제**: 지식뿐만 아니라 사회적 규범과 가치관을 통제하는 수단으로서 시험이 이용된다.

④ **사회질서의 정당화와 재생산**: 기존 질서를 정당화하는 지식이 시험에 출제될 경우, 학생은 해당 지식을 가치 있는 것으로 받아들이게 되고 결과적으로 시험을 통해 기존 질서를 정당화하고 재생산할 수 있다.

(3) 시험의 정의

① 부르디외의 견해
　㉠ 시험을 통해 지식의 사회적 의미를 규정하고 표현방식을 학생에게 강요한다.
　㉡ 지배문화와 가치관을 주입시키는 가장 효과적인 도구이다.

② 마르크스의 견해
　㉠ 시험은 지식에 대한 관료적 세례와 같은 역할을 한다고 본다.
　㉡ 세속적 지식을 성스러운 지식으로 변형시키는 공식적 의식과 같은 것이다.
　㉢ 의미 없는 지식도 시험 출제를 통해 품격이 격상 되고 높은 중요도를 가진 것처럼 존중되지만, 시험에 나오지 않는 지식은 중요성이 반감되고 격하되어 지식의 위계가 발생한다.

❸ 교육열과 학벌사회

(1) 교육열과 사회문제

① 교육열은 자녀의 사회적 출세, 사회이동에 대한 높은 기대의 반영이다.

② 학벌사회의 특징이 강화되면서 한국사회는 학벌에 따라서 권력이 차등 분배되고 그에 따라 사회적 차별과 불평등, 계급이 발생하는 사회가 되었다.

③ 사회적 차별과 불평등은 단순히 불평등한 권력 배분에서 끝나는 것이 아니라 경제적 차원에서도 불평등한 분배로 나타난다.

(2) 학벌사회의 문제점

① 성적 향상이 교육의 지상가치가 된다. 교육적 가치와 자아실현, 성장, 인성 등과 같은 부분은 도외시되고, 교육을 받은 결과로 나타나는 학업성취도가 가장 중요한 가치로 등장하게 되어 교육의 본질은 훼손되고 수단적 기능만 남게 된다.

② 교육의 자본화, 자본의 교육화의 치환이 가능하다. 교육이 사회적 불평등을 치유하기는커녕 기존의 계층 간 격차로 인한 자본동원능력의 차이가 학업성적으로 이어지고, 또 그러한 학업성적이 유리한 사회적 계층으로 진급하는 조건이 된다.

③ 학생 특성에 따른 학습을 체계적으로 실시하는 것이 불가능하다. 학생의 진로, 적성에 따른 교육적 처치는 의미가 없게 되며, 오로지 상류대학 진학만이 목표가 되어 버리고 교육적 배려와 관심은 뒷전에 밀려난다.

④ 초등학교 – 중등학교 – 대학교 및 직장으로 연결되는 사회적 성공의 통로를 단일화한다. 결국 좋은 학교 진학을 통해서 좋은 직장을 접하게 되는 구조가 강화되며, 사교육을 통한 입시경쟁이 심화됨으로 인해 다양한 능력과 실력을 인정하는 체제가 불가능하게 된다.

❹ 한국 입시제도의 변화와 쟁점

(1) 중등학교 입시제도의 변화

① 명문중학교와 입시

㉠ 1948년 교육기본법이 제정된 이후 중학교 입학은 누구에게나 허용되는 것이었지만, 입학시험을 치르고 엄격하게 학생의 수학능력을 분별하는 상황에서 중학교 진학은 쉬운 것이 아니었다.

㉡ '좋은 대학'에 진학하는 것을 목표로 경쟁이 발생하면서 '명문중학교'가 탄생하고 치열한 입시와 경쟁이 이어져 왔다.

㉢ 명문고 진학을 위해 중학교에서의 편법적인 시험 준비 수업이 이루어졌을 뿐만 아니라 개인교습이 활개하는 배경이 되기도 했다.

㉣ 결국 1969년 중학교 입시는 없어졌고, 선발과정의 유연성을 확대하면서 중학교 교육의 완전 취학을 이루는 계기로 작용했다.

② 명문고등학교와 고교평준화 정책

㉠ 고교평준화는 1974년에 도입된 중등학교 교육 정상화 정책이다.

㉡ 고교입시제도 개선은 '180만여 명의 중학생을 입시지옥에서 구출하자'는 사회적 요구의 대응이었다.

㉢ 고교평준화 정책은 일반계 고등학교에 진학하는 학생을 무작위 추첨하여 배정하도록 한 것인데, 핵심은 중학교 교육의 정상화를 위해 고교진학과정에서 학생을 시험으로 선발하지 않는다는 것을 전제하고 있다.

   ② 장점
     ⓐ 고교 선발단계의 사회적 긴장과 압력을 낮추었다.
     ⓑ 학교 간 학생 수준의 차이를 줄였다.
     ⓒ 학교시설의 개선을 가져왔다.
     ⓓ 중학교 교육과정 운영의 정상화를 가져왔다.
     ⓔ 중학교 학생들의 시험과 경쟁적 학습풍토를 완화했다.
     ⓕ 학원과 개인교습을 포함한 사교육 열풍을 일부 축소시켰다.
     ⓖ 고등학교 진학률이 확대될 수 있는 계기가 되었다.
   ⑩ 단점
     ⓐ 다양한 학습자의 요구를 반영하지 못하는 고교체제를 유지하게 되었다.
     ⓑ 다양한 진로와 관심에 맞는 학교 진학에 대한 학생·학부모의 선택권을 제한하였다.
     ⓒ 학교 내 학생수준의 차이를 반영한 수준별 교육에 적절하게 대응하지 못하였다.
     ⓓ 교시의 수준과 학교 여건의 질이 유사할 것이라고 전제되었음에도 불구하고, 실제 학교 여건의 차이가 크게 나타났고 교사의 질 또한 학교와 지역에 따라 상당히 다른 수준으로 남아있다.
  ③ 고교체제의 다양화 정책 도입
   ㉠ 교육과정의 다양화와 수준별 맞춤학습을 강조한다.
   ㉡ 입시와 관련하여 상당히 중요한 변화를 가져왔다.

(2) 대입 변화의 특징

전형 유형	시기	주요 내용
대학별 단독시험	1945~1961	대학 완전 자율
대학입학자격 국가고시	1962~1963	63년 대학본고사 병행
대학별 단독전형	1964~1968	대학 자율
대입 예비고사 + 본고사	1969~1980	국가 관여 + 대학 자율
대입 예비고사 + 고교 내신	1981~1985	국가 관여, 선시험
대입 학력고사 + 내신 + 논술	1986~1987	국가 관여, 대학 자율 보완
대입 학력고사 + 내신 + 면접	1988~1993	국가 관여, 선지원 후시험
수능 + 내신 + 본고사	1994~1996	반영 방법 대학 자율
수능 + 학교생활기록부 + 대학별고사	1997~2001	국공립 국영수 본고사 금지
수능 + 학생부 + 논술/추천서/면접 등	2002~2004	대학 선발 자율권 확대
선택형 수능 + 학생부+논술 등	2005~2027	제7차 교육과정 도입·시행
선택형 수능 + 입학사정제	2008~2027	대입 자율화, 사교육비 경감
통합형·융합형 수능 + 고교 내신 5등급 체제 (예정)	2028~	공정성 확보, 통합적·융합적 교육 유도

① 해방 이후 대학의 입시는 대학자율로 정부의 개입이 거의 없었다.

② 초등학교와 중학교의 취학률이 완전 취학에 가까워진 1960년대 말~1970년대 초가 되면서 국가차원의 대학입시 간섭이 증가하는 모습이 보였다.

③ 1980년대 대학졸업정원제 등의 시행으로 대학정원이 획기적으로 늘어나고, 1990년대를 전후하여 대학 설립에 관한 법제 정비 등으로 대학교 수가 증가하며 대학교 취학률이 점증했다.

④ 대학교는 정부의 정책을 통한 입시 간섭에 강하게 반발하면서도 대학 간 입시 체제의 차별화를 통하여 이전 단계의 공교육체제에 강한 영향력을 행사했다.

⑤ 대학이 입시에서 자율성을 요구하는 이유는 우수한 학생을 선발하여 대학교의 사회적 영향력을 키울 수 있는 기반으로 삼고자 했기 때문이다.

⑥ 대학입시정책의 변화는 지원시기의 다변화, 학업성적 이외의 활동을 포괄적으로 적용하는 전형방법의 다양화, 사교육 개입을 최소화하려는 정부 의지 반영, 경력 및 진로지도와 연계되는 학생의 잠재능력을 측정·평가하는 방법의 도입 등을 통해 나타나고 있다.

교육과 평등

설쌤의
Live Class 🎤

교육과 평등 챕터에서는 **다양한 평등관과 그 개념, 평등에 관한 학자들의 견해**에 관해 설명하고 있습니다. 평등의 종류와 개념에 대해 적절한 예시 및 실제 사례와 관련지어 학습한다면 좀 더 쉽게 다가갈 수 있을 것입니다. 특히 코로나19 상황을 지나온 시점에서 **에듀테크의 접근성에 대한 교육기회의 평등**에 대해 생각해 볼 필요도 있습니다.

핵심 `Tag`

교육기회의 평등

- **허용적 평등관**: 교육기회를 법이나 제도상으로 누구나에게 허용 ⇨ 계급, 성, 인종, 민족, 지역 간의 불평등 해소
- **보장적 평등관**: 학교 진학을 가로막는 사회적 · 경제적 · 지리적 제반 장애를 제거하여 교육기회 제공

교육내용의 평등

- **과정적 평등관(조건적)**: 학교가 동일한 질적 수준을 유지하여 동질적인 교육 프로그램을 제공
- **결과적 평등관(보상적)**: 출발 단계가 열악한 학생에게 상대적으로 더 지원하여 결과적 차이를 줄임

해비거스트의 연구

교육의 확대를 통해 하류층 사람들의 직무수행능력이 향상되기 때문에 소득 격차 감소

보울스와 진티스

학교는 자본가의 요구에 맞는 기술 인력을 키우기 위해 존재 · 확장

카노이의 분석

교육수익률(교육의 경제적 가치)이 높을 때 교육기회는 중 · 상류층에게만 확대됨

라이트와 페론의 연구

- **교육으로 인한 수익**: 고용주 계급 > 관리자 계급 > 노동자 계급
- 교육이 하류층의 지위 향상에 영향을 주지 않음

01 교육평등관의 유형 기출 00, 01, 02 ,05, 06, 08, 13 중등 / 00, 03, 04, 05, 08, 10 초등

❶ 교육기회의 평등

(1) 허용적 평등관

① 교육기회에 대한 허용적 평등관은 법이나 제도상으로 누구에게나 교육기회가 허용되어야 한다는 관점이다.

② 근대 이전의 계급사회에서는 교육기회가 법적 · 제도적으로 제한적이었기 때문에 교육평등에 대한 요구는 가장 우선적으로 이러한 법적 · 제도적인 제약조건을 극복하고자 하는 것이었다.

③ 교육에 대한 계급, 성(性), 인종, 민족, 지역 간의 불평등을 없애기 위한 노력의 과정이 매우 오랫동안 지속되었다.

④ 허용적 평등관은 교육에 대한 접근 기회를 막고 있었던 관행, 법, 제도 등의 구조적 문제를 해결하려고 했던 교육평등에 대한 문제제기의 첫 번째 단계에 해당한다.

> **참고** 브라운 대 교육위원회 재판(Brown vs. Board of Education)
>
> 허용적 평등에 대한 중요한 사건이 1954년 미국에서 일어났다. 기존 미국교육에서 '분리하지만 평등하다!(separate but equal)'라고 주장하며 백인과 흑인이 다니는 학교를 분리하는 것을 정당화하였던 인종차별 논리를 폐기한 판례이다. 이 사건은 흑인들이 거주지 근처의 백인들이 다니는 학교에 다니지 못하고, 멀리 떨어진 흑인학교에만 다니도록 하지만 시설이나 교사진 등 환경요인에 차이가 없으며 교육기회가 평등하다고 주장했던 기존의 법률적 해석을 뒤바꾼 중요한 의미를 갖고 있다.

(2) 보장적 평등관

① 학교 진학을 가로막는 사회적 · 경제적 · 지리적 제반 장애를 제거하여 자유로운 진학이 가능할 때 진정한 교육평등이 실현될 수 있다는 주장이다.

② 법적 · 제도적 장벽이 철폐되어 누구나 학교를 다닐 수 있다고 하더라도 실제로 거주지 근처에 학교가 없거나, 경제적 여건이 어려워 학비를 부담할 수 없다면 교육기회를 자유롭게 누릴 수 없다.

③ 보장적 평등관을 실현시키기 위해 가장 먼저 도입한 정책은 '무상의무교육'이다.

④ 우리나라는 초 · 중학교 교육단계까지 무상의무교육을 통해 누구나 경제적인 어려움 없이 교육을 받을 수 있도록 보장한다.

　　📖 무상교육, 지역별 학교 설치, 장학금 제공 등

❷ 교육내용의 평등

(1) 과정적 평등관(조건 평등관)

① 개념

    ⊙ 취학한 학교가 동일한 질적 수준을 유지하며 동질적인 교육 프로그램을 학생에게 제공해야 한다는 관점이다.

       예 국제중학교의 경우, 동일한 수준의 중학교 교육이지만 일반 중학교에 비해 우수한 교사진, 수준 높은 교육내용과 교육환경 등을 제공하고 있다면 이는 교육조건, 교육내용, 교육과정 등에서 평등하다고 볼 수 없다.

    ⊙ 1974년에 도입된 평준화 정책의 핵심은 학교 간 여건, 시설, 교사진, 교육과정 등에서 차이를 최소화시켜 어떤 학교를 가더라도 균등한 교육을 받을 수 있도록 하겠다는 취지에 있다.

② 한계점

    ⊙ 콜맨(Coleman) 보고서(1966)

       ⓐ 콜맨은 소수민족의 자녀들이 다니는 학교들은 상당히 불평등한 조건을 가지고 있으며, 이러한 조건들이 교육기회의 평등에 위배된다고 보았다.

       ⓑ 불평등한 학교 자원이 노동계층 아동으로 하여금 중류계층 아동에 비해 효과적으로 학습할 수 없게 하고 있음을 드러내 보이기 위한 연구를 수행하였으며, 이를 기록한 보고서가 '콜맨 보고서'이다.

       ⓒ 이 보고서는 학업성적을 결정하는 제반 교육조건(학교 도서관, 교육과정, 교사의 능력 등)이 학교에 따라 어떻게 다르며, 이 조건의 차이가 학생의 실제 성적에 어떻게 반영되는지를 분석하였다.

       ⓓ 연구 결과 학교의 교육조건 차이는 학생들의 성적 차이와 관련이 없었으며, 오히려 학생의 가정배경과 친구집단이 학생의 성취에 훨씬 강한 영향을 미쳤다.

> **참고** **콜맨보고서에 대한 비판**
>
> 이 연구는 부모의 교육수준과 사회·경제적 배경이 학업성취의 중요 결정요인임을 믿어온 사람들에게는 재래의 상식을 연구로 확인하였다는 점에서 의미 있는 연구라고 할 수 있으나, 그럼에도 불구하고 연구방법에 있어 비판을 받는다. 횡단적 자료를 사용함으로써 전년도에 투입한 자원배분의 영향을 간과한 점, 한 교육구를 단위로 평균을 사용하여 교육구 내의 학교 대 학교의 차이를 무시한 점, 학교보다는 가정의 영향을 크게 받는 언어적 능력을 학업성취의 한 준거로 삼음으로써 학교가 미치는 영향력을 과소평가한 점, 자료수집 절차에서의 신뢰도 문제 등에 대해 비판받는다.

    ⓛ 젠크스(Jencks)의 연구

        ⓐ 젠크스에 의해 보고서가 다시 분석되었으며, 학교는 가정배경이 다른 학생들의 성적차를 없애는 데 있어서 영향을 미치지 못한다는 결과가 나왔다.

        ⓑ 젠크스는 학업성취에 영향을 주는 가장 큰 원인이 가정배경과 학생의 인지능력이라고 보았다.

        ⓒ 학교에 들어올 때 이미 각자의 가정환경에 의하여 기본적인 능력과 적성이 길러졌기 때문에, 서로 다른 가정배경을 가진 학생들의 성적 차이를 없애는 데 있어서 학교는 큰 영향을 미치지 못한다는 것이다.

(2) 결과적 평등관(보상적 평등관)

① 교육평등관의 마지막 단계라고 할 수 있는 결과적 평등관은 교육받은 결과가 동일해야 한다는 생각이다.

② 현실적으로 결과의 평등은 불가능하지만, 출발 단계에서부터 열악한 수준에 있는 학생에게 상대적으로 더 지원을 해야만 결과적 차이를 줄일 수 있다는 시각이다.

    예 장애를 안고 있는 학생과 일반학생이 같은 출발선상에서 출발하는 것이 공정할 수 없으며, 가정의 사회·경제적 배경이 열악한 학생은 기초학력이 부족할 수밖에 없다. 또한 가정으로부터의 지원과 관심을 제대로 받지 못하는 경우에는 이러한 격차가 점차 벌어지는 경향을 보이며, 도시에 비해 농·산·어촌에 거주하는 학생의 경우에도 교육환경이 열악하여 학업성취도 수준에서 열등한 위치에 놓일 수 있다.

③ **롤스(Rawls)의 『정의론』**: 롤스에 따르면 정의를 위해서는 '차등의 원칙', '기회 균등의 원칙'을 지켜야 한다. 기존 사회로부터 최소 수혜자에게 최대의 이익을 돌릴 수 있도록 분배를 차등화하는 방식, 즉 분배의 정의를 통해 기존의 불평등한 사회관계를 최소화해야 한다고 주장한다.

참고 롤스의 정의론

롤스에 따르면 사람들은 각기 다른 잠재능력을 가지고 각기 다른 환경의 가정에서 태어난다. 어떤 사람은 명석한 두뇌를 가지고 태어나고, 어떤 사람은 다소 모자라는 머리를 가지고 태어난다. 마찬가지로 어떤 사람은 여러 가지 환경조건이 훌륭한 가정에 태어나지만 어떤 사람은 불우한 가정에 태어난다. 누가 어떤 잠재능력을 가지고 어떤 가정에 태어나는가는 순전히 우연의 결과로, 마치 '자연의 복권추첨'과 같은 것이다. 그러므로 잠재능력을 잘 타고났거나 좋은 가정에 태어난 사람은 '복권'을 잘못 뽑아 불리해진 사람에게 어느 정도의 적선을 하는 것이 도리에 맞는다고 주장했다. 사회는 마땅히 그러한 방향으로 제반 제도를 수립해야 한다고 주장하며, 이러한 사상을 '보상적 평등주의(redemptive egalitarianism)'라고 한다.

④ 우리나라의 경우 교육평등에 대한 관심이 부족했으며, 특히 결과적 평등관에 입각한 보상주의적 정책은 거의 시행되지 못했다.

⑤ 교육복지 우선지원사업

ⓐ 2000년대에 들어오면서 빈곤, 양극화, 격차 등과 같은 사회문제에 대응하기 위한 다양한 대책들이 개발·시행되었는데, 2003년 실시되기 시작한 '교육복지 투자우선지역 지원사업(2011년도부터 교육복지 우선지원사업으로 명칭 변화)'이 대표적인 보상적 평등을 위한 교육정책이다.

ⓑ 가정의 초기 사회화 과정에서의 문제점이 아동의 학업성취도 격차를 불러일으키며, 이는 누적적으로 학습결손 현상으로 나타나 궁극적으로 계층 불평등의 재생산이 일어난다는 비판적 논의에 영향을 받은 정책이다.

ⓒ 저소득층 밀집 지역을 중심으로 저소득층 아동에게 요구되는 교육적 지원을 하고, 나아가 문화적·복지의 영역에 대한 지원까지 함께 제공함으로써 계층 불평등의 반복을 해소시켜 나가려는 적극적인 교육 불평등 해소방안의 하나이다.

ⓓ 이 사업을 통해 학교를 중심으로 지역사회 교육 네트워크를 구축함으로써 학교와 지역사회의 교육적 역량이 증진되는 효과를 거두었다는 평가를 받고 있다.

ⓔ 또한 학교 안팎에서 불리한 학생을 위한 다양한 지원 방안을 개발·적용함으로써, 이들의 학교 적응력이 향상되고 다양한 특기와 재능을 계발할 수 있게 되는 성과를 거두었다.

ⓕ 이러한 정책은 사회적 불평등을 보상한다는 측면을 갖고 있기도 하지만, 다른 한편으로는 역차별이라는 논란도 불러일으키고 있다.

⑥ 학교는 보충지도, 방과 후 프로그램, 등의 시행을, 교사는 SES(SocioEconomic Status)가 낮은 학생들에 대한 관심, 상담, 개별 보충지도 등을 제공할 수 있다.

⑦ 비판점: 우수한 학생들에 대한 역차별이 생길 수 있다.

요약정리 🔍
Zoom OUT 교육평등관의 발전

허용적 평등	• 능력에 따른 교육, 차별교육 폐지 • 인재군, 교육기회 제한, 사회배경 정당화
⇩	⇩
보장적 평등	• 취학을 가로막는 장애 요소 제거, 무상교육 • 계층 간 분배구조 해결 안 됨
⇩	⇩
과정적 평등	• 교육조건에서 평등 • 콜맨 보고서 – 가정배경과 친구집단이 영향
⇩	⇩
결과적 평등	• 실질적인 평등 • 보상적 평등주의

[그림 8-2] 교육평등관의 발전

❸ 사회개혁 평등관

(1) 자본주의 사회경제구조 비판

① 지금까지 살펴 본 교육평등관은 자본주의 사회의 경제구조를 전제한 것이다.

② 그러나 자본주의 구조 자체가 갖는 문제점으로 인해 불완전성을 가질 수밖에 없다는 비판들이 있다.

> **예** 계층 간 격차가 엄연히 상존하고, 교육기회 역시 불평등하게 분포할 수밖에 없다고 여긴다.

③ 따라서 교육평등을 실현하기 위해서는 자본주의 근본 구조의 변화가 먼저 선행되어야 한다는 주장이다.

(2) 마르크스주의적 시각

① 자본주의 체제에서의 불평등은 자본주의 내에서는 개선이 불가능하다고 본다.

② 따라서 자본주의 사회의 경제구조를 변화시킴으로써 교육평등을 실현할 수 있다고 생각한다.

③ 즉, 교육체제 내에서만 교육평등을 실현하기는 어려우며 사회체제의 변화가 필수적으로 일어나야만 진정한 교육평등이 가능하다고 전제한다.

02 교육평등과 사회평등

❶ 평등화론

(1) 기본 입장

① 현대사회에서 교육은 능력주의와 밀접히 관련되어 있다.

② 교육기회가 늘어나면서 교육기회의 평등화가 실현되고, 교육이 능력주의적 방식으로 작동하게 된다면 능력에 따른 사회적 상승이동(upward mobility)이 가능해짐으로써 사회적 불평등이 줄어들 것이다.

(2) 해비거스트(Havighurst)의 연구

① 해비거스트는 과학기술의 발전으로 직업 구조의 하류층이 줄어들고 중간과 상류층이 확대되는 방향으로 변화하는 한편, 교육의 확대를 통해 하류층 사람들이 직무수행능력이 향상되기 때문에 소득 격차가 줄어든다고 하였다.

② 이처럼 평등화론자들은 학교교육이 소득분배 구조를 재편성하고 직업구조를 변화시킴으로써 평등 사회를 이룩하는 데 견인차 역할을 할 수 있다는 믿음을 가지고 있었다.

개념확대 ⊕
Zoom IN

능력주의(meritocracy)
능력주의란 영어의 '메리토크라시(meritocracy)'에 해당되는 말로 '업적주의', '재능주의'라는 용어로 대체되어 사용되기도 한다. 메리토크라시란 어느 사회에서 구성원들의 교육이나 사회경제적 성취와 같은 사회적 재화나 가치의 분배가 또는 '생애기회'(life chance)의 분배가 사회적 배경(예 신분, 혈통, 계급, 성, 인종·민족, 지역 등)에 관계없이 개인이 갖고 있는 메리트, 즉 능력, 재능, 성품, 노력 등에 의해서 주로 경정되는 방식이나 원리 또는 그러한 원리나 방식이 바탕이 되어 있는 체제를 뜻한다. 능력주의는 귀속주의(aristocracy), 금권주의(plutocracy), 연장자 우선주의(gerontocracy) 또는 연고주의(성실주의, nepotism) 등과는 대조되는 의미이다. 이러한 용어들은 공통적으로 개인의 특성보다는 귀속적이고 비합리적인 사회적 배경에 의해서 부, 지위, 권력 등의 분배가 결정되는 방식이나 그것을 지지하는 입장에 해당된다. 과거 사회를 지배하였던 이러한 방식이나 입장이 가지고 있던 비민주성, 불평등성, 비합리성, 비능률성 등에 대한 비판적인 대안으로서 대두된 것이 바로 능력주의인 것이다.

❷ 불평등 재생산이론 기출 00, 12 중등 / 02, 03 초등

(1) 기본 입장

① 교육의 사회적 기능

ⓐ 순기능: 사회적 통합, 사회이동, 평등화, 진보 등 교육을 통해서 사회가 개선될 수 있다.

ⓑ 역기능: 교육이 기존의 불평등한 사회구조를 개선시키지 못할 뿐만 아니라 기득권층의 권익을 옹호하고 정당화·영속화시키는 도구적 기능을 수행한다.

② 평등화론이 교육의 순기능을 설명한 반면, 교육이 기존의 불평등을 재생산한다는 주장은 교육의 역기능을 강조한다.

③ 마르크스주의자의 입장

ⓐ 자본주의 사회는 근본적인 계급 모순으로 인해 부익부빈익빈 현상이 더욱 심화되며, 궁극적으로 계급 갈등이 정점에 이르러 계급혁명이 일어날 수밖에 없다고 주장한다.

ⓑ 이들은 현재의 자본주의 사회는 불평등하다는 전제로부터 논의를 출발한다.

ⓒ 궁극적인 사회변화의 동력은 계급모순을 해결하기 위한 경제영역에서부터 나온다고 파악하고, 교육은 자본주의 불평등 구조를 개선하는 데 무기력할 수밖에 없다고 여긴다.

ⓓ 교육은 기존의 사회적 불평등 구조에 어떠한 변화도 가져오지 못할 뿐만 아니라 좀 더 적극적으로 기존의 불평등을 재생산(reproduction)하며 때로는 불평등을 더욱 심화시킨다.

ⓔ 그것은 교육이 지배집단의 이익에 봉사하는 제도이기 때문이라고 본다.

④ 교육의 불평등 재생산이론은 경제 재생산이론과 문화 재생산이론을 포괄하는 내용이며, 궁극적으로 자본주의 모순이 해결되지 않고서는 학교교육을 통한 사회평등화는 불가능하다는 비관론적 시각을 갖고 있다.

(2) 보울스(Bowles)와 진티스(Gintis)

① 갈등이론에서 주장한 바와 같이 자본주의 체제하에서 해당 체제와 집단 관계를 유지하기 위해 학교가 존재한다.

② 학교는 자본가의 요구에 맞는 기술 인력을 키우기 위해 존재하고 확장되었다.

(3) 카노이(Carnoy)의 분석

① 카노이는 교육수익률 변화를 분석하여 교육이 지배계급의 이익에 봉사한다는 사실을 설명했다.

② 교육은 '가진 자'에게 봉사하고, '못 가진 자'에게는 도움을 주지 못한다고 주장한다.

③ 교육수익률과 교육의 관계

ⓐ 카노이는 교육수익률이 학교 발달 초기에는 낮았다가 취학률이 높아짐에 따라 상승하지만, 취학이 보편화하고 상급 학교가 발달하면서 다시 낮아진다는 사실을 착안하였다.

    ◯ 각 단계의 교육에서 수익률이 높을 때 학교에 다니는 사람들과, 수익률이 낮아지는 단계에 이르러서야 다니는 사람들의 계급 배경이 다르다는 것을 발견했다.

    ⓒ 교육수익률 변화에 따른 현상 분석

        ⓐ 특정 단계 교육수익률이 높을 때에는 교육기회가 제한되어 있고 경쟁이 치열해서 하류층은 다니기 어렵고 중·상류층이 다닌다.

        ⓑ 그러나 교육이 보편화되는 단계에 이르면 수익률이 낮아져서 경제적으로는 가치가 없지만, 최소한의 교육수준을 유지하기 위해 하류층도 그 교육을 받게 된다.

        ⓒ 이때 바로 한 단계 위의 학교교육이 수익률은 높지만, 기회가 제한되어 있고 경쟁이 심하기 때문에 하류층이 교육받기 어렵다.

        ⓓ 그러나 상급학교도 보편화 단계에 이르면 수익률이 낮아지는데, 하류층은 역시 최소한의 교육수준을 유지하기 위하여 다니기 시작하고 이와 똑같은 과정이 다시 상급의 교육에서 반복된다.

        ⓔ 요컨대, 교육수익률이 높을 때, 즉 교육의 경제적 가치가 높을 때에는 중·상류층이 다니면서 그 이득을 취하고, 하류층은 이득도 없이 뒤만 따라다닌다는 것이다.

(4) 라이트(Wright)와 페론(Perrone)의 연구

① 라이트와 페론은 갈등론적 이론을 경험적 연구를 통해 분명하게 입증하였다.

② 교육수준과 소득의 관계를 직업집단별, 성별, 인종별로 비교·분석함으로써 교육과 계급구조의 관계를 밝히려고 하였다.

③ 분석 결과

    ◯ 교육과 소득 관계가 가장 긴밀한 계급이 고용주 계급이며, 다음이 관리자 계급이고, 관계가 가장 약한 것은 노동자 계급이다.

    ◯ 교육으로 인한 수익은 노동자 계급보다 관리자 계급이, 관리자 계급보다 고용주 계급이 더 크며, 이러한 결과는 교육이 하류층의 지위 향상을 돕는다고 하는 평등화론자의 주장과 대립되는 것이다.

❸ 무관론

(1) 기본 입장

① 교육은 교육의 논리가 있으며, 사회평등화는 다른 논리에 의해 작동한다.

② 계층이동과 같은 사회구조의 변화는 교육의 논리와는 관련 없는 다른 요인들의 영향을 받는다는 전제를 받아들인다.

(2) 교육과 사회평등화와의 관계

교육에 대한 기능주의적 접근과 갈등론적 접근은 설명하는 관점은 다르지만 적어도 교육이 사회평등화와 관계가 있다는 전제는 동일했다면, 무관론은 교육과 사회평등은 아무런 관련이 없다고 주장한다.

참고 **사회적 양극화**

소득분배의 악화로 인해 소득분포가 최상위층과 최하위층, 즉 극단으로 집중되는 현상으로, 중산층의 몰락과 이들의 빈민층으로의 전락이 특징이다. 양극화는 더 이상 세대 내 사회이동과 세대 간 계층의 상승이동이 힘든 상황을 지칭한다. 특히 사회가 양극화될수록 빈곤층에서 중산층으로, 비정규직에서 정규직으로의 진입이 어려워지는 빈곤의 대물림 현상이 고착될 위험성을 갖는다. 사회적 불평등이 주로 사회 정의의 차원에서 문제가 된다면, 사회적 양극화는 사회 통합과 사회적 역동성을 저해하여 한 사회의 지속가능한 발전을 위협한다는 점에서 문제점의 심각성을 찾을 수 있다. 이러한 사회적 양극화는 불평등, 격차라는 개념과 내용은 비슷하지만 계층 간 분리, 단절 현상을 강조하는 개념으로 좀 더 구체적인 불평등의 양상을 드러낸다. 사회적 양극화의 중심에는 경제적 양극화가 있고, 이 현상은 양극화의 확대 재생산 및 심화 여부와 학교교육과 관련이 있다. 다시 말하면 이러한 양극화의 문제를 해결하는 방편으로 학교교육을 개선하는 것이 필요하다는 것을 강조한다.

요약정리 🔍
Zoom OUT 교육의 사회평등 기여론의 두 가지 관점

구분	내용
기능론적 관점	• 평등화론의 관점으로서 가정배경은 어느 정도 학교교육에 영향을 미치지만 사회적 지위에는 전혀 영향을 미치지 않음 • 학교교육이 사회적 지위에 많은 영향을 미침
갈등론적 관점	• 불평등 재생산론의 관점으로서 가정배경은 사회적 지위에 많은 영향을 미치고 학교교육에도 영향을 미침 • 학교교육은 지배계급에게 유리하게 되어있으므로 사회적 지위에도 영향을 미침

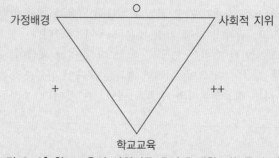

[그림 8-3] 학교교육의 사회이동 효과에 대한 기능론적 관점

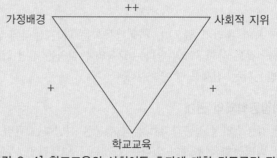

[그림 8-4] 학교교육의 사회이동 효과에 대한 갈등론적 관점

교육사회학 | PART 8 | 해커스임용 설보연 SANTA 교육학 2

Chapter 04 교육과 교육격차

설쌤의 Live Class 🎙

교육과 교육격차 챕터는 교육으로 발생하는 **교육격차의 원인**에 대해 다양한 **이론과 학자들의 주장**을 다루고 있습니다. 이론과 학자들이 주장하고 있는 개념과 용어를 정확히 파악하고 암기하기 바랍니다. 논술 기출문제에도 다루어진 바 있고, 평소 우리의 대화에서도 자주 거론되고 있는 내용이며 현재 교육 상황에서 주요한 이슈로 다루어지고 있는 만큼 논술뿐만 아니라 면접에서도 중요한 주제인 점 염두에 두며 학습해 보세요.

핵심 Tag🏷

문화실조론
학습에 영향을 주는 요인(가정변인, 인지양식, 언어능력, 학습동기)에 따라 학업성취가 다름

문화다원론
농촌과 도시, 하층과 상층 등의 다른 문화와 교육내용, 언어와 규범으로 인해 학업성취가 다름

콜맨의 사회적 자본과 학업성취
- 가정배경은 경제적 자본, 인간자본, 사회적 자본, 문화적 자본으로 구성됨
- 특히 사회적 자본(가정 내, 가정 밖)이 학업성취에 큰 영향을 미침

로젠탈과 제이콥슨의 피그말리온 현상
교사의 높은 기대는 학생의 학습풍토(학생의 학구적 규범 · 자아개념 · 무력감)와 직결되며 학업성취에 큰 영향을 미침

머튼의 자기충족예언
교사의 긍정적 기대는 학생들의 학업성취에 긍정적 영향을 미침

하그리브스의 학생 유형화 과정
모색 ⇨ 명료화 ⇨ 공고화

상징적 상호작용이론
개인의 능동적인 사고 과정, 행위의 선택, 타자와의 의사소통 관계 주목

브루코버의 사회체제 구성요인
학교의 분위기를 학교풍토의 개념으로 정리하고, 이것이 학업성취에 미치는 영향을 분석함

학교문화와 학업성취
- 콜맨의 학생문화: 학교에서 형성되는 대항적인 자신들의 문화는 학교에서의 생활과 태도 형성에 영향을 주어 성적에 영향을 미침
- 맥딜의 연구: 학생문화는 성적에 영향을 주기는 하지만 크지 않으며, 학생들의 지능지수, 사회 · 경제적 지위, 소망의 수준이 성적에 더 큰 영향을 미침

❶ 문화환경 결핍론

(1) 문화실조론 [기출] 14 중등

① **문화실조:** 가정의 문화적 자본과 활동이 부족하여 학교에서 학습하는 데 필요한 기초적인 소양을 갖추지 못한 상태를 일컫는 개념이다.

② 학교에서 가르치는 교육내용이 사회의 보편적인 문화(단일한 문화)가 반영된 것이라는 점에서 기능론의 입장을 취한다.

③ 이러한 교육내용을 소화하고 성취를 이루려면 언어능력, 인지양식, 학습동기, 사회규범 등의 문화적 능력이 필요한데, 가정의 문화적 환경으로 학업성취에 필요한 문화적 능력이 결핍되면 학업결손을 초래하게 된다고 본다.

④ **학업성취에 영향을 주는 요인**

　㉠ **가정변인:** 중산층 학부모의 높은 기대 수준, 미래지향적 가치관과 현재의 만족을 미래로 연기하는 능력 등의 영향으로 성취동기와 학업성취가 높아지는 것을 의미한다.

　㉡ **인지양식:** 중산층의 문화가 지니고 있는 분석적·종합적 인지양식은 높은 학업성취를 유발하는 반면, 하류층은 열등한 인지양식을 지니고 있어 낮은 성취를 보이게 된다.

　㉢ **언어능력:** 중산층 학생은 교육내용이 주로 다루는 분석적·논리적·설득적 언어를 사용함으로써 성취가 높은 반면, 하류층 학생은 감정적·충동적 언어를 주로 사용하여 낮은 성취를 보이게 된다.

　㉣ **학습동기:** 중류층 학생은 성취동기가 높아 비교적 높은 학업성취를 보이는 경향이 있다.

⑤ **학습결손 발생과정**

　㉠ 학교에 입학하기 전 가정에서 문화적 자극을 충분하게 받지 못한 학생은 지적 영양실조 상태가 되어 학습활동에 지장을 받게 된다.

　㉡ 문화적 소양이 부족한 학생들은 교수·학습과정에서 전달되는 메시지를 파악하는 데 어려움을 겪게 되고, 이러한 학생들은 학습내용을 제대로 이해하지 못할 뿐만 아니라 교사와 원활하게 의사소통을 할 수 없다.

　㉢ 결과적으로 이러한 학생들은 학업성적이 뒤떨어지게 되고, 학교생활 적응에도 어려움을 겪게 된다.

　㉣ 학습능력의 부족은 학년이 높아질수록 더 심각해지고 이들 상당수는 중도 탈락하거나 대학진학의 기회를 얻지 못하게 된다.

⑥ 문화실조론에서는 이러한 학업성취 격차를 취학 전 아동에게 기초학습능력을 길러주는 보상교육을 통해 해소할 수 있다고 본다.

⑦ 문화실조론에 대한 비판
　　㉠ 특정 집단의 문화를 사회의 보편적·정통적 문화로 규정하여 표준문화로 삼아 개념을 단정지었다.
　　㉡ 문화의 다양성을 인정하지 않고, 특정 문화를 우월한 것으로 보는 문화 우월주의를 전제하고 있다는 점에서 비판을 받고 있다.

(2) 문화다원론(문화상대론)

① 문화실조론이 기능론에 근거하고 있는 반면에, 문화다원론은 현상학, 해석학, 갈등론 등에 근거하고 있다.
② 문화다원론자는 문화에 우열이 없다고 보며, 농촌과 도시, 하층과 상층, 흑인과 백인은 문화가 다를 뿐이라고 본다.
③ 이들은 학업 격차의 원인을 문화와 교육내용, 언어와 규범 등에 익숙하지 않기 때문으로 보았다.
④ 학교가 특정 계층의 문화를 가르침으로써 그 문화와 다른 문화권을 향유하는 학생의 학업성취를 낮춘다고 주장한다.
⑤ 또한 자신이 익숙하지 않은 집단의 언어, 규범 등을 학교에서 다루고 있으며, 학교에서 쓰는 어휘군과 학교에서 요구되는 규범 등이 자신의 문화와 다르므로 낮은 성취를 낼 수밖에 없다는 것이다.
⑥ 문화다원론자는 학교의 교육과정이 특정 집단의 것으로 편향되지 않고, 여러 집단의 문화를 골고루 다루어 주어야 학습결손을 해결할 수 있다고 본다.

(3) 콜맨(Coleman)의 사회적 자본과 학업성취 기출 04, 08, 11 중등 / 00, 02, 09, 10, 11 초등

① 사회에 대한 관점- 폐쇄사회
　　㉠ 사회적 재화가 계층, 성, 인종, 지역 등과 같은 변수들의 귀속적 요인에 의해 배분된다.
　　㉡ 사회이동은 개인의 사회·경제적 배경이 사회이동에 강력한 영향을 미친다고 본다.
② 학교의 효과
　　㉠ 부모의 소득, 직업 지위, 교육수준 등이 높으면 자녀의 학업성취 수준도 높은 경향이 있으며, 특히 사회·경제적 지위와 학업성취 간에는 비교적 높은 상관관계를 나타낸다.
　　㉡ 학업성취의 수준을 결정하는 가장 중요한 요인은 가정환경이며, 학교는 가정환경에 따른 학업성취도 차이를 변화시킬 수 없다.
　　㉢ 학교 재정적 투자를 차별적으로 시도하더라도 계층 간 교육격차를 해소할 수 없다.
③ 콜맨은 학업성적에 영향을 미치는 요인으로 가정배경을 구성하는 자본인 '경제적 자본, 인간자본, 사회적 자본, 문화적 자본'을 제시했다.
　　㉠ 경제적 자본은 가족의 수입을, 인간자본은 부모의 학력을, 문화적 자본은 가족이 공유하고 있는 문화적 취향·습성을 의미한다.

ⓒ 그중에 사회적 자본은 가족을 기준으로 안과 밖의 자본으로 구분되며, 학업성취에 가장 큰 영향을 미친다.

구분	내용
가정 내 자본	• 부모가 자녀들에게 투자하는 시간과 노력으로, 부모와 자식 사이의 관계를 의미함 • 부모의 학습지원, 부모와 아이 간의 신뢰와 유대, 자녀의 교육에 대한 적절한 기대수준 등이 가정 내 사회적 자본의 역할을 하고 학업성취를 높임
가정 밖 자본	• 사회적 자본을 한 가정이 사회와 연결되는 관계로 이해함 • 부모의 사회적 활동과 각종 모임이나 조직에의 참여가 가족 밖에서 발견할 수 있는 가장 대표적인 사회적 자본임 예 어떤 이웃과 사느냐, 어떤 학교 또는 지역사회에 거주하며, 어떤 친구를 사귀고 어떤 단체에 가입하고 있는가 등

④ 가정이 다른 자본을 아무리 많이 가지고 있어도 사회적 자본으로 실행되지 않으면 아동의 교육적 성취에 적절한 영향을 미치지 못한다.

요약정리Q
Zoom OUT 콜맨의 가정배경을 구성하는 자본의 종류

종류		내용
경제적 자본		가족의 수입
인간자본		부모의 학력
문화적 자본		가족이 공유하고 있는 문화적 취향, 습성
사회적 자본	가정 내	부모가 자녀에게 투자하는 시간과 노력, 부모와 자식 간의 상호 관계
	가정 밖	한 가정이 사회와 연결되는 관계, 부모 인맥이나 지인과의 정보 교류

02 교육격차 설명이론

❶ 교사의 기대와 학업성취

(1) 로젠탈(Rosenthal)과 제이콥슨(Jacobson)의 피그말리온(pygmalion) 현상

기출 13 중등

① 교사의 기대와 평가는 수업량의 학생과의 상호작용의 차이, 수업자료의 차이 등에 의하여 학업성취와 직접적으로 연결되어 있다.

② 즉 교사의 높은 기대는 더 많고 더 좋은 수업을 만들고, 반대로 낮은 기대는 보다 낮은 수준의 수업과 주의집중을 가져온다.

③ 교사의 기대는 학생의 학습풍토(학생의 학구적 규범, 학구적 자아개념, 학구적 무력감)와 직결되며 학업성취에 깊은 영향을 주게 된다.

④ 피그말리온 효과(자성충족적 예언): 학생에 대한 교사의 태도나 신념이 학생에 대한 기대감에 영향을 주어 학생의 행동에 영향을 미치는 효과이다.

(2) 머튼(Merton)의 자기충족예언

① 한 예언이 형성되면 그 예언이 인간행동에 구속력을 가하여 예언 실현을 위한 강력한 수단이 된다는 것을 의미한다.

② 미래에 대한 기대가 실제 현실로 이루어지는 경향성을 지칭한다.

③ 자기충족예언은 긍정적일 수도 있고 부정적일 수도 있기 때문에 교사의 긍정적 기대는 학생들의 학업성취에 긍정적 영향을 미친다.

④ 교사는 아동의 가정 배경과 차림새에 따라 능력에 대한 기대를 달리한다.

⑤ 자신이 기대하는 바에 따라 아동 집단을 구분하여 각각 다르게 대한다.
  ㉠ 높은 능력 기대 집단에 속한 아동: 교사와의 상호작용 활발, 성적 향상
  ㉡ 낮은 능력 기대 집단에 속한 아동: 학급활동 참여가 줄고 성적이 낮아짐

(3) 하그리브스의 학생 유형화 과정

① 교사가 학생을 유형화하는 과정을 세 가지로 나누어 학생의 일탈행동이 형성되는 과정을 나타냈다.

② 하그리브스는 학생의 일탈행동이 구체적인 학교규칙의 위반으로 인한 것이라기보다는 교사가 학생의 행동을 규정하는 태도에 의하여 판단됨을 발견하였다.

③ 유형화 과정의 3단계
  ㉠ 모색 단계(speculation): 학생을 처음 보고 가정하는 단계이다.
  ㉡ 명료화 단계(elaboration): 학생에 대한 인상(긍정 또는 부정)을 명료화하는 단계이다.
  ㉢ 공고화 단계(stabilization): 학생을 범주화(착한 / 보통 / 나쁜 아이)하여 공고화하는 단계이다.

(4) 상징적 상호작용이론

① 거시적 관점이 간과한 개인의 능동적인 사고과정, 행위 선택, 타인과의 의사소통과정에 주목한 미시적 관점의 이론이다.

② 개인의 자아에 대한 의식은 타인의 자기 자신에 대한 반응에서 비롯된다.

③ 일단 일탈자로 낙인찍힐 경우 낙인찍힌 사람은 자기 자신에 대한 그릇된 의식을 갖게 된다.

④ 일탈은 결국 행동하는 사람과 그 사람을 보고 판단하는 사람 간의 상호작용의 결과물이다.

② 사회체제 구성요인 및 학교문화와 학업성취

(1) 브루코버(Brookover)의 사회체제 구성요인(학교풍토에 관한 연구)

① 학교의 분위기를 학교풍토의 개념으로 정리하고, 이것이 학업성취에 미치는 영향을 분석한 연구이다.

② 학교 사회체제 구성요소

　㉠ 학교의 사회·심리적 풍토: 학교구성원의 학교교육에 대한 신념, 기대, 규범, 평가, 감정, 분위기, 교사의 기대, 교사의 평가, 교사의 평가와 기대에 대한 학생의 지각, 학생의 무력 등 학교의 역사적 전통에서 파생되며 이러한 요소들은 학습격차에 영향을 미치게 된다.

　㉡ 학교 조직구조 및 운영방식: 학교의 행정적 조직으로부터 학급 내의 학습 집단 구성 형태까지 포함하는 개념이다.

　㉢ 수업실천 행위

　　ⓐ 학급 내에서 개인 또는 집단적으로 표출되는 의사소통방식, 행동 강화, 보상 방식, 규제나 평가, 수업자료 제공과 수업에 투입하는 시간 등과 관련된다.

　　ⓑ 교사의 기대와 평가, 이에 대한 학생의 지각, 학생의 무력 등과 같은 학교의 사회 심리적 풍토를 강조하며, 학습격차에 영향을 미친다.

③ 학생의 성취에 대한 학교 사회체제 모형

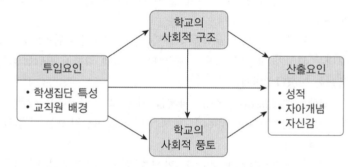

[그림 8-5] 학생의 성취에 대한 학교 사회체제 모형

요인	내용
투입요인	학생집단 특성, 교직원(교장, 교사, 행정직원) 배경
과정요인	학교의 사회적 구조와 풍토
산출요인	성적, 자아개념, 자신감 등의 학습 효과

④ 학교를 분석하기 위해 투입 – 과정 – 산출 모형(미시적 모형)을 도입했다.

⑤ **결론**: 학교구성원 상호 간의 역할 지각, 기대, 평가를 강조하였고 효과적인 학교의 특성으로는 교사의 높은 기대, 분명한 학습목표, 교장 및 교사의 강한 리더십이 필요하다.

(2) 학교문화와 학업성취

① 콜맨과 학생문화

㉠ 청소년들은 같은 또래끼리 학교에 모여 있기 때문에 성인사회의 문화와는 다른, 때로는 대항적인 자신들의 문화를 형성하고, 이러한 학생문화는 학교에서의 생활과 태도 형성에 영향을 주어 성적에 영향을 미친다고 보았다.

㉡ 미국의 고등학교 학생들은 대개 운동선수와 학생회장과 같은 인기를 가치 있게 여기고 학구적 활동은 작게 평가하기 때문에, 이들의 성적을 향상시키려면 비학구적 문화를 깨뜨리거나 약화시켜야 한다고 주장하였다.

㉢ 이러한 콜맨의 주장은 학생문화를 너무 부정적으로 본다는 비판을 받았다.

② 맥딜(Mcdill)의 연구: 콜맨의 연구 결과를 재검토하였으며, 학생문화는 성적에 영향을 주기는 하지만 그리 큰 것은 되지 않으며 학생들의 지능지수, 사회·경제적 지위, 소망의 수준이 학생문화보다 성적에 훨씬 큰 영향을 준다고 주장하였다.

참고 | 학습의 사회적 환경과 학업성취 격차

1. 가정 요인

① 학생들의 학업성취 격차는 가정의 사회계층에 따라 상당히 다르게 나타난다는 입장이다.

② 학생들은 소속된 계층에 따라 질적 및 양적으로 격차가 있는 교육환경에 처하게 된다.

③ 곧 가정의 경제적 조건, 문화적 환경에 따라 직접적으로는 교육 경비, 교육적 경험 등에서 차이가 있으며, 간접적으로는 교육적 포부 수준, 자아개념, 학습동기, 지능 등 심리적 성향의 발달도 다르게 나타난다.

④ **콜맨 보고서**: 부모의 소득, 직업 지위, 교육수준 등이 높으면 자녀의 학업성취 수준도 높은 경향이 있다. 특히, 사회·경제적 지위와 학업성취 사이에는 비교적 높은 상관관계가 보인다.

⑤ **문화실조론(보상교육론)**: 가정의 교육적 환경이 자녀들의 지적 성취에 큰 영향을 미친다는 사실을 밝힘으로써 생후 조건의 중요성을 부각하고 교육을 통한 성장발달 가능성을 확대하였다.

⑥ **문화다원론(문화상대주의)**: 문화에 우열이 없다고 보며 학교가 특정 계층의 문화를 가르침으로써 그 문화와 다른 문화권에서 살기 때문에 그에 익숙하지 않은 학생들의 학업성취를 낮게 낸다고 주장한다.

⑦ **번스타인의 언어적 상호 교섭**: 계층의 언어사용 형태가 학업성취의 차이를 가져온다. 중산계급의 대표적 언어양식인 정교화된 언어가 학교 교과서에 나오기 때문에 제한된 언어를 쓰는 노동계급의 학생들은 그 언어가 익숙하지 않아 학업성취가 낮다.

2. 학교 요인

① **학교의 교육조건**: 학교의 시설, 교구, 재정, 교사의 수와 질 등 교육에 투입되는 요인들의 총합이다.

② **교사의 기대효과**: 교사가 성적이 올라갈 것으로 기대하면 실제로 성적이 올라간다는 피그말리온 효과, 자기충족예언이 해당된다. 교사의 기대효과는 저학년일수록, 하류 계층일수록, 성적이 중간일수록 뚜렷하게 나타난다.

③ **학급의 규모**: 한 학급의 규모, 즉 한 반의 인원이 학생들의 학업성취에 영향을 준다.

④ **학생문화**: 학교에서의 생활과 태도 형성에 영향을 주어 성적에 영향을 미친다.

⑤ **학교풍토**: 학교의 분위기에 따라 학업성취에 영향을 준다.

1. 학업성취 격차의 원인

구분	내용
개인적 요인	• 지능은 단일요인 중 학업성취에 가장 큰 영향을 미치는 것 • 개인의 창의성, 노력, 포부수준 등이 포함
사회적 요인	• 교육과정과 유사한 문화적 환경을 가지고 있는 학생의 학업성취가 높음 • 사회계층은 교사의 기대효과를 통해 학업성취에 영향을 줌 • 사회 · 경제적 배경이 좋을수록 학생에 대한 기대가 높아지므로 학업성취에 영향을 미침

2. 학업성취 격차의 이론

구분	이론	내용
문화환경 결핍론	문화실조론	• **문화실조**: 가정의 문화적 자본과 활동 부족으로 인한 기초적 소양의 부재 • 학업성취에 영향을 주는 요인(가정변인, 인지양식, 언어능력, 학습동기)이 가정의 문화적 환경으로 인하여 결핍됨으로 학습결손 발생 • 취학 전 아동들에게 기초학습능력 향상을 위한 보상교육 실시를 통해 문제해결
	문화다원론	• 문화에 우월은 없으나 농촌과 도시, 하층과 상층, 흑인과 백인은 문화가 다름 • 학업 격차의 원인은 학교가 가르치는 특정 계층의 문화와 교육내용, 언어와 규범이 익숙하지 않기 때문임 • 학교의 교육과정이 특정한 집단이 아닌 여러 집단의 문화를 골고루 다루어야 함
	콜맨의 사회적 자본과 학업성취	• **학업성적에 영향을 미치는 요인**: 가정배경을 구성하는 경제적 자본, 인간자본, 사회적 자본, 문화적 자본 • **사회적 자본** − 가정 내 자본, 가정 밖 자본 − 가족을 기준으로 안과 밖의 자본으로 구분 − 학업성취에 가장 큰 영향을 미침

교사의 기대와 학업성취	로젠탈과 제이콥슨의 피그말리온 효과	• 학생에 대한 교사의 태도나 신념이 학생에 대한 기대감에 영향을 주어 학생의 행동에 영향을 미치는 효과 • 교사의 높은 기대는 더 좋은 수업을 만들고 반대로 낮은 기대는 보다 낮은 수준의 수업과 주의집중을 유발함
	머튼의 자기충족예언	• 한 예언이 형성되면 그 예언이 인간행동에 구속력을 가하여 예언 실현을 위한 강력한 수단이 됨 • 높은 능력 기대 집단에 속한 아동은 교사와 상호작용이 활발하고 성적이 향상됨 • 낮은 능력 기대 집단에 속한 아동은 학급활동 참여가 줄고 성적이 하락함
	하그리브스의 학생 유형화 과정	• 교사가 학생의 행동을 규정하는 태도가 중요 • **유형화 과정(3단계)**: 모색 ⇨ 명료화 ⇨ 공고화
	상징적 상호작용이론	행동하는 사람과 그 사람을 보고 판단하는 사람 간의 상호작용
사회체제 구성요인 및 학교문화 학업성취	브루코버의 사회체제 구성요인	• 학교를 분석하기 위해 '투입 – 과정 – 산출' 모형 도입 • 학교구성원 상호 간의 역할 지각, 기대, 평가를 강조 • 효과적인 학교의 특성으로는 높은 기대, 분명한 학습목표, 교장 및 교사의 강한 리더십이 필요
	콜맨과 학생문화	성인사회의 문화와는 다른 대항적인 자신들의 학생문화를 형성하고 이는 학업성취에 영향을 미침
	맥딜의 연구	학생문화보다는 학생들의 지능지수, 사회 · 경제적 지위, 소망의 수준이 학업성취에 영향을 미침

Chapter 05

교육과 비행·문화

설쌤의
Live Class 🎙️

교육과 비행·문화 챕터에서는 최근 사회적으로 가장 이슈가 될 수 있는 내용을 다루고 있습니다. 실제 교육 현장에서도 관심이 뜨거운 청소년 일탈문제, 다문화교육, 평생교육 등을 설명하는 이론은 2차 면접에서는 물론 교육학 논술에서도 언제든 충분히 나올 가능성이 있으므로 꼼꼼히 학습해야 합니다. 특히 청소년 일탈문제의 경우 실제 사례를 잘 생각해 보면서 사례를 접목해 학습하길 바랍니다.

핵심 Tag🏷️

윌러의 학교문화 구성요소
교육과정, 교사문화, 학생문화

일탈행동
사회집단 또는 사회체제 속에서 사회적·문화적으로 받아들여지고 있는 표준인 사회적 규범에서 이탈되거나 상반되는 행동

머튼의 사회긴장과 아노미 접근
자본주의 사회에서 중요한 돈을 획득하기 위한 제도적·합법적인 수단이 없기 때문에 도둑질이라는 일탈행동이 발생함

코헨의 비행 하위문화론
중산층의 지배문화에 대항적인 성격을 지닌 청소년의 하위 문화로 인해 일탈행동이 발생함

허쉬의 사회통제이론
청소년 비행은 관습적인 사회, 특히 부모와의 연대가 약화·파괴될 때 발생함

서더랜드의 차별적 접촉이론
범죄행위가 타인과 사회적 작용을 통해 학습됨

에이커스의 사회학습이론
사화구성원 간의 상호작용을 통해 학습된 일탈행동은 이에 대한 우호적인 정의를 통해 비행 정도를 강화시키고, 일탈행동을 증가시킴

벡커의 낙인이론
일탈행동을 한 사람에 대한 낙인을 통해 계속적인 일탈행동이 발생함

다문화교육

다양한 인종, 민족, 계층, 문화집단 학생들의 교육 불평등을 해소하고, 자기 문화에 대한 정체성을 기반으로 상호 이해를 촉진하여 인종적·민족적 갈등의 예방과 공존을 추구하며, 세계화 시대의 세계시민성을 가진 다문화적 시민을 육성하기 위한 교육

뱅크스의 다문화 교육과정과 방향

- 다문화 교육과정: 기여적 접근, 부가적 접근, 전환적 접근, 사회적 활동 접근
- 다문화교육의 방향: 내용 통합, 지식 구성 과정, 편견 감소, 평등한 교수법

베넷의 다문화교육

평등교육, 교육과정의 개혁, 다문화 능력의 배양

평생교육

요람에서 무덤까지 전 생애에 걸친 교육, 아래로부터의 학습 혁명, 랑그랑의 평생교육(앎과 삶)

허친스의 학습사회론

학습사회를 위해 자유교양교육을 받을 수 있는 사회제도의 마련과 자유교양교육의 기회를 제공해야 함

01 학교사회와 학교문화

❶ 학교의 사회적 체제

(1) 사회체제의 개념
① 사람들 간에 이루어지는 상호작용 관계의 지속적 체계를 뜻하는 것으로 '사회'라는 개념의 뜻과 유사하다.
② 모든 사회의 공통 구성요소로는 일반적으로 행위자, 활동, 지위와 역할, 가치와 규범, 상호작용 등이 있다.
③ 파슨즈(Parsons)는 사회체제를 구성하는 기본적 단위는 개인의 사회적 행동이라 규정하고, 행동자의 상호작용과정 체제가 바로 사회체제라고 정의한다.

(2) 학교 사회체제의 성격
① 관료적 특성
  ㉠ 학교체제는 군대나 감옥 등과 같은 강압적 조직이 아니라, 인간화 과정에 관여되는 규범적 조직이다.
  ㉡ 이원체제(dual syatem)적 특성: 학교는 공식조직과 비공식조직의 부분이 있을 뿐만 아니라, 전문적 교사집단의 교육활동과 관련된 전문적 조직과 이러한 교육활동을 지원하는 지원적 조직의 이원체제로 되어 있다.
  ㉢ 관료제는 권위와 위계에 의한 질서 확립, 과업의 전문화, 규칙과 절차의 강조, 문서화 등을 특징으로 하는 사회 조직체제이다.
  ㉣ 학교의 구성원은 나이, 성, 역할 등에 따라 위계적으로 분화되어 평교사, 부장교사, 교감, 교장으로 조직되며, 학생들도 1 · 2 · 3학년으로 구분된다.
  ㉤ 학교가 분명히 관료체제적 성격을 지니고 있지만, 학교조직의 궁극적인 목표가 인간교육이기 때문에 효율성뿐만 아니라 인간 상호 간의 인간다운 관계 속에서 그 목표가 성취될 수 있다는 점에서 관료체제의 적용에 신중을 기해야 한다.
② 사회적 특성
  ㉠ 사회체제로서의 학교는 상호 연관된 몇 개의 하위 체제로 구성되며, 이들 하위 체제 간의 상호 의존적인 특성을 지닌다.
  ㉡ 이러한 상호 관련성을 지닌 하위 체제들이 학교체제를 구성하며, 학교체제와 같은 다수의 사회체제가 모여 더 거대한 사회를 형성하게 된다는 점에서 사회체제는 '조직(organization)'이라는 개념으로 설명될 수 있다.
  ㉢ 학교에서 어떤 의사결정이 이루어질 경우, 이 의사결정은 단순히 학교 내부 문제가 아니라 학교 내외적인 요구와 관련된 경우가 많은 점에서 학교체제를 '개방체제(open system)'라고 할 수 있다.
③ 학교의 사회적 체제 구성: 학교사회는 비록 작은 단위이기는 하나 비교적 많은 구성원으로 조직되고, 공동의 목표를 달성하기 위해 형식적 · 비형식적 역할을 수행하면서 구성원의 다양한 욕구를 충족해 나가는 복잡한 상호작용 관계가 일어나는 하나의 사회체계이다.

② 학교문화

(1) 개념

① 학교구성원 간의 상호작용 과정에 의하여 조성되는 의식적 · 무의식적인 심리적 유대관계로, 비교적 장기간 지속되면서 구성원의 사고, 감정, 행위에 영향을 미치는 현상이다.

② 심리적 유대관계에 영향을 미치는 요소들에는 학교의 조직구조적 특성, 자연적 환경, 시설, 형식적 · 비형식적 규범, 행사와 활동, 구성원 개인이 갖는 능력, 동기, 태도와 같은 인성적 특성 등이 포함된다.

(2) 내용

① 월러(Waller)의 학교문화의 구성요소

  ㉠ 교육과정: 학교가 공적인 사회제도에 의해서 전달과 창조를 기대하는 문화를 말한다.

  ㉡ 교사문화: 교사의 전문적 지식, 도덕적 사명감, 생활태도 등이 포함된다.

  ㉢ 학생문화: 사회적 · 심리적 · 신체적인 미성숙자로서의 문화를 일컫는다.

② 학교문화의 내용

  ㉠ 학교문화는 사회 전체 문화의 영향으로 형성되며, 인간관계 양식, 관습도덕, 규범 등과 같은 문화요소는 전체 문화, 계층문화, 도시문화, 농촌문화 등과 같이 하나의 하위 또는 부분 문화(subculture)라고 할 수 있다.

  ㉡ 각 하위 문화는 전체 문화와 공통성을 가지면서도 독자성을 갖는다.

  ㉢ 사회체제로서의 학교는 내부적으로 볼 때 공식적으로 수행해야 할 역할과 체계가 있듯이 비공식적인 체계가 있다.

  ㉣ 비공식적인 체계는 공식적으로 설정된 교육과정, 규율 등과는 관련 없이 조직구성원 간에 공유하는 풍토적 특성을 의미한다.

  ㉤ 학교문화 또는 학교풍토는 특히 잠재적 교육과정(hidden curriculum)과 밀접한 관련이 있는데, 잠재적 교육과정은 동년배 집단문화를 형성하고 사회화 과정에서 중요한 역할을 담당한다.

(3) 학교문화의 영향

① 학교문화는 학생의 모든 교육활동에 큰 영향을 줄 뿐만 아니라 그들의 생활감정과 태도 형성에도 크게 공헌하고 있다.

② 학습에 대한 태도, 권위에 대한 태도, 옳고 그름에 대한 가치판단 등은 대부분 공식적 교육과정에서 유래되기보다는 그에 파급되는 학교문화에서 온다.

③ 교육체제를 형성하는 학교와 교실에서의 교사와 학생 간 상호작용은 학교문화와 밀접한 관련을 맺고 있다.

❸ 학교 사회학

(1) 해석적 관점

① 교육사회학자가 학교에 관심을 기울이기 시작한 것은 신교육사회학의 등장과 교육의 해석적 관점이 대두된 시점부터이다.

② 해석적 관점은 기존의 거시적 관점에 대한 비판과 보완의 성격을 가지고 있었다.

③ 이들은 기존 연구들이 학교와 교실을 진지하게 다루지 않았기 때문에 학교의 실체가 밝혀지지 않은 채 '암흑상자(black box)'로 남겨져 있다고 비판했고, 대신에 교육적 불평등이나 학업성취 등에 대한 적절한 이해는 학교와 교실에 대한 연구를 통해 보완될 수 있다고 생각하였다.

④ 주요 내용

    ㉠ 해석적 관점은 교육에 대한 미시적인 연구를 지칭하는 것으로 '행위자'의 의미 해석 과정을 중시한다.

    ㉡ 이러한 의미 해석을 상호작용을 통해 서로 나눔으로써 학교라는 '사회적 세계'를 주관적으로 구성한다.

    ㉢ 학교와 교실에 관한 많은 내용이 연구주제였으며, 특히 교사나 학생들에 의하여 사용되는 개념과 범주화, 교사와 학생의 상호작용, 교육적 지식의 성격 등이 주로 연구되었다.

(2) 학교의 사회적 성격

① 학교는 다양한 배경과 역할을 가지고 있는 사람들이 모여 있고, 특히 교사와 교사, 교사와 학생, 학생과 학생은 서로 사회적 관계를 맺고 있다.

② 학교는 수많은 공간(교실, 교무실, 운동장 등)과 영역들로 구성되어 있으며 기능에 따라 다양한 모습을 보이고 있다.

③ 학교규칙은 특정한 학습공간에서의 교육을 규정하는 원칙과 기준을 말하며, 일반적으로 '학칙'이나 '교칙'이라고도 부른다.

(3) 교사 – 학생 상호작용

① 교사는 학생이나 학교, 학습 상황에 대한 이해에 기초하여 다양한 판단을 하는 반면, 학생은 이러한 교사의 판단에 의존하게 된다.

② 교사는 교실에서 다양한 역할을 담당하며, 크게 행정가 역할과 교육자 역할로 구분된다.

③ 학생은 자신의 관심과 성격, 이해관계 등을 종합적으로 고려하고 교사 또는 다른 학생들과의 관계를 형성한다.

02 학생문화와 일탈행동

1 학생문화의 이해

(1) 개념

학생들이 공유하는 생활방식, 가치관, 취향, 행동양식 또는 행동규칙을 통칭하는 말이다.

(2) 학생문화의 특징

① 학생문화는 기성세대가 향유하고 있는 문화적 행태들을 유보하는 '유예적인 성격'을 갖고 있다.

② 학생은 전통적 훈육의 과정을 거치는 사람들로 규정하고, 전통적으로 부여되는 가치와 윤리적 판단, 습관 형성을 주된 교육목표로 삼아야 한다고 가정된다.

③ 학생문화는 친밀한 관계인 가정과 엄격한 규정에 따라 판단되는 사회체제의 중간 지대로서 수많은 실수와 경험이 허용된다.

④ 학생은 미성숙하다고 여겨짐에 따라 그들의 판단과 행동은 완전하다고 볼 수 없다.

⑤ 학생문화는 자기중심적인 태도와 공동체 중심적인 태도 사이의 복합적 시작을 갖도록 하며, 행위의 결과가 공동체에 어떤 영향을 미치는지 배우는 과정으로 인식된다.

⑥ 학교는 일상적인 교수·학습활동을 통해 학생 개인이 사회의 전통적 가치를 내면화하도록 기능하여 공동체의 구조와 본질이 재생산되거나 변화하기도 한다.

⑦ 학생문화는 대중문화를 생산하는 매스미디어에 강한 영향을 받으며 컴퓨터, 인터넷, 스마트폰과 같은 기술의 발달로 새로운 전기를 맞고 있다.

⑧ 학생문화에서도 주도하는 문화가 있는가 하면, 이에 속하지 못하고 주변을 배회하거나 주류 학생문화로부터 배제·소외되어 있는 주변 학생문화도 존재한다.

2 일탈행동 〔기출〕 14 중등

(1) 개념

① 사회집단 또는 사회체제 속에서 사회적·문화적으로 받아들여지고 있는 표준, 즉 사회적 규범에서 이탈되거나 또는 상반되는 행동을 말한다.

② 비행: 청소년의 도리나 도덕 법규에 어긋나는 행동을 말한다.

　㉠ 지위비행: 음주 및 흡연 등과 같이 성인이 하였을 경우 문제되지 않지만, 청소년이기에 문제되는 행동이다.

　㉡ 범죄비행: 형벌 법규에 규정된 범죄행위를 하는 행동이다.

③ 편류: 때때로 비행행동을 하나 어디까지나 일시적 현명이며, 다시 정상으로 되돌아오는 현상을 말한다.

〔기출〕 14 중등 추시

기출논제 Check ✓

다음은 A 고등학교의 최 교사가 작성한 성찰 일지의 일부이다. 일지 내용을 바탕으로 철수의 학교 부적응 행동의 원인을 청소년 비행이론에서 2가지만 선택하여 설명하시오.

(2) 비행의 개인적 원인론

① 유전적 접근: 개인의 유전적·생물학적 특성으로 인하여 비행이 발생한다고 설명한다.

② 심리학적 접근: 개인의 심리적·성격적·정신적 문제로 인하여 비행이 발생한다고 설명한다.

(3) 비행의 사회적 원인론

① 거시적 접근: 사회제도, 사회구조적 문제로 청소년 비행이 발생한다고 설명한다.

㉠ 머튼(Merton)의 사회긴장과 아노미 접근

ⓐ 자본주의가 급격하게 발달하는 과정에서 사회 해체가 일어나고 사회 규칙이 붕괴되는 무규범 상태인 '아노미(anomy)'가 발생한다.

ⓑ 머튼은 자본주의 사회에서는 돈이 사회적으로 중요한 문화목표인데, 하류층에 있는 학생의 경우 제도적으로 '돈'을 획득할 수 있는 수단, 즉 사회적·문화적 목표에 도달할 수 있는 합법적인 수단을 가지지 못했기 때문에 도둑질이라는 범죄를 저지를 수밖에 없다고 본다.

ⓒ 일탈범죄가 인간의 본성이라기보다는 사회체제에 근원을 두고 있다고 보는 머튼은 일탈범죄행위에 대한 사회적 압력과 긴장에 주목하였다.

ⓓ 머튼의 문제에 대한 접근은 한 사회에 있어 문화적으로 정의된 사회의 목표와 목표를 달성하는 수단을 분배·규제하는 규범 간의 차이에서 출발한다.

ⓔ 그 사회에서 중요시 여기는 목표를 성취할 만한 합법적인 수단을 갖지 못하는 괴리로 인해 범죄가 발생하는 것이다.

㉡ 코헨(Cohen)의 비행 하위문화론

ⓐ 하위문화는 한 사회보다 작은 집단의 가치와 규범의 체계라는 것을 전제로 한다.

ⓑ 코헨은 하나의 집단과 보다 큰 사회 간에 좌절된 상황 또는 갈등으로 인하여 비행이 발생한다고 본다.

ⓒ 하류 계층의 청소년들의 하위문화가 중산층의 지배문화에 대항적인 성격을 가지고 있다고 본다.

ⓓ 사회학적 배경으로 인해 중산층의 기준에 의한 지위를 얻기가 곤란한 하류 계층의 청소년들은 지위욕구불만을 가지게 되며, 이러한 불만을 해결하기 위하여 중산층의 기준을 버리고 자신들에게 유리한 새로운 준거 틀을 집단적으로 만든다는 것이다.

② 미시적 접근: 청소년이 속한 가족과 환경적 측면의 영향으로 비행이 발생한다고 설명한다.

㉠ 허쉬(Hirschi)의 사회통제이론 기출 09 중등

ⓐ 청소년 비행은 관습적인 사회, 특히 부모와의 연대가 약화·파괴될 때 발생된다.

ⓑ 자신을 규제하는 어떤 것이 깨짐으로써 비행문화가 나타난다.

ⓒ 규제의 종류

종류	내용
외적 규제	법에 의한 규제로, 청소년이 법을 두려워 해서 통제를 가함
내적 규제	심리적 요인에 의한 규제로, 부모의 기대를 저버리지 않고자 통제를 가함

ⓛ 서더랜드(Sutherland)의 차별적 접촉이론
ⓐ 범죄행위가 타인과 사회적 작용을 통한 사회화 과정에서 학습된다.
ⓑ 학습내용: 범죄행위 자체와 범죄행위에 대한 우호적 태도
ⓒ 에이커스(Akers)의 사회학습이론
ⓐ 서더랜드의 차별적 접촉이론과 반두라의 이론을 접목한 이론이다.
ⓑ 비행이나 일탈은 사회구성원 간의 상호작용을 통해 학습된다.
ⓒ 청소년이 일탈행동을 하거나 또는 비행에 허용적 정의를 가진 또래와 접촉하게 되면 일탈행동에 대한 우호적인 정의를 새롭게 배우게 된다.
ⓓ 일탈행동에 대한 우호적인 정의는 비행 정도를 강화시키고 그 청소년의 일탈행동을 증가시킨다.

③ 벡커(Becker)의 낙인이론(labeling)
㉠ 벡커는 '사회집단은 사회적 규범의 일탈로 간주하는 법을 제정함으로써 일탈자를 창조하고 이 규정을 특정인에게 적용함으로써 국외자(outsider)로 낙인을 찍는다.'라고 하였다.
㉡ 이러한 시각에서 볼 때 일탈행위는 범인 개인이 취한 행위의 성질을 의미하는 것이 아니라, 사회의 법규와 처벌의 행위를 취한 자에게 대하여 적용한 결과이다.
㉢ 어떤 사람을 일탈자로 낙인찍는 행위는 머튼이 말하는 일종의 자기충족예언으로 작용하여, 본래는 정상적이던 사람도 주위의 잘못된 인식·지각에 따라 실제 일탈자가 되거나 그렇게 될 가능성이 높아진다는 논리이다.
㉣ 범죄성은 어떤 타입의 행위 자체의 본질적인 특성에 의하여 결정되는 것이 아니라, 그런 행위에 관여한 사실이 발견된 자에게 사회인이 주는 지위이다.
㉤ 일탈자로 낙인을 찍는 과정 자체가 그 사람의 후속 행위를 또 다른 일탈행위로 결정하는 중요한 요인으로 작용한다.
⠿ 예 아무런 나쁜 의도를 가지지 않고 학교 유리창에 돌을 던진 어린이가 그 행위로 인하여 체포되고 입건되어 비행소년으로 취급되었다면, 그 자신이 대단히 나쁜 짓을 했다고 생각하게 되고 동시에 그는 지금까지 자신에 대하여 가졌던 가치 즉, 자아정체감이 부정적인 것으로 바뀌게 됨으로써 말썽꾸러기라고 낙인이 찍힌 또래하고만 사귀고 어울리게 되어 점차 정도가 더 심한 비행에 끼어들게 될 것이다.
㉥ 낙인의 주요 요인: 성, 인종, 외모, 경제적 배경
㉦ 낙인의 과정: 추측 ⇨ 정교화 ⇨ 고정화
ⓐ 추측: 교사가 처음 학생을 만나 첫인상을 전체적으로 형성하는 단계
ⓑ 정교화: 학생이 첫인상에서 보여준 것과 같은지를 확인하는 단계
ⓒ 고정화: 교사가 학생에 대해 분명하고 안정된 개념을 갖는 단계

개념확대 ⊕
Zoom IN

사회학습이론의 주요 개념
• **차별적 접촉**: 비행에 대한 긍정적 태도, 가치, 규범을 가지는 친구와의 접촉 및 상호작용을 말한다.
• **차별적 강화**: 비행 결과로 긍정적인 보상을 얻고 부정적인 처벌을 회피하면 행위가 강화된다.
• **정의**: 주어진 행위에 개인이 부여하는 태도, 의미를 말한다.
• **모방**: 타인의 행동을 관찰하고 그와 유사한 행동을 자신이 하게 되는 것이다.

1. 상징적 상호작용이론과 낙인이론

(1) 상징적 상호작용이론

① 사회 · 문화 현상에 대한 미시적 관점으로서 상징적 상호작용론은 거시적 관점이 간과한 개인의 능동적인 사고 과정과 행위의 선택 타인과의 의사소통과정에 주목한다.

② 사람은 언어와 문자 등 상징을 사용하여 서로 상호작용하며 그 과정에서 자신과 주위 사람들과의 관계를 깨닫고, 자신이 어떻게 행동할 것인가를 판단한다.

(2) 상징적 상호작용이론과 낙인이론의 관계

① 상징적 상호작용이론에 의하면, 개인의 자아에 대한 의식은 타인의 자기 자신에 대한 반응에서 비롯되며, 누군가가 일단 일탈자로 낙인이 찍히게 되면 그 사람은 자연히 자기 자신에 대한 그릇된 의식을 갖게 된다.

② 낙인자는 법을 더욱 위반하게 되고, 학교를 중퇴하게 되고, 자기는 성공하지 못할 것이라고 확신할 가능성이 커진다.

③ 즉, 개인이 정신병자 또는 전과자로 낙인찍힐 때 그는 그러한 칭호에 걸맞은 행동을 반복적으로 하기 쉽다.

④ 낙인이론에 따르면 일탈은 결국 행동하는 사람과 그 사람을 보고 판단하는 사람 간의 상호작용 결과물이다.

2. 자기충족예언과 낙인이론

(1) 자기충족예언(자성예언)

① 미래에 관한 기대가 실제 현실로 이루어지는 경향성을 지칭하는 것이다.

② 사람은 상황의 실제적 사실보다는 상황에 부여된 의미에 근거하여 행동을 보인다.

③ 자기충족예언은 부정적이거나 긍정적인 방향 모두 작용할 수 있다.

④ 로젠탈(Rosenthal) 효과

- 로젠탈은 교사에게 특정 집단의 학생들이 앞으로 수개월 이내에 성적이 향상될 잠재력을 가졌다고 보고하였으나 이는 사실과 무관하였다.

- 그러나 사실을 알지 못하는 교사는 그 학생들의 성적이 향상될 것을 기대하였고 이를 인식한 아이들의 성적은 실제로 향상되었다.

- 이처럼 학생들의 성적에 대한 교사의 기대 및 피드백이 실제로 성적의 상승을 야기한 효과를 로젠탈 효과라고 한다.

- 이것은 성적에 대한 긍정적인 자기충족예언이 어떻게 발생하는지를 밝혔다.

⑤ 피그말리온 효과(pygmalion effect)

- 학생에 대한 교사의 태도나 신념이 학생들에 대한 기대감에 영향을 줌으로써 이것이 다시 학생의 행동에 영향을 준다는 것이다.

  예 담임교사가 "너는 공부를 잘할 수 있는 우수한 학생이다."라는 기대는 그 학생에 대한 예언적 구실을 하여, 그 학생은 그 예언에 맞추려고 노력한다. 반면에 "너는 머리가 별수 없다."라는 기대가 전달된다면 그 학생은 일반적으로 그 예언에 맞추려 한다.

- 이러한 현상을 '자아충족예언'이라고 한다.

- 결국 학습자집단에 대해서 교사가 기대하는 방향이나 정도가 학생들의 교육 성취도에 영향을 미친다.

(2) 자기충족예언과 낙인이론의 관계
　① 부정적인 자기충족예언은 상황에 대한 잘못된 판단과 정의를 야기하여 처음의
　　잘못된 생각을 현실화시킨다고 본다.
　② 낙인효과는 개인이 주변의 부정적 평가나 편견에 노출될 경우 실제로 그 평가나
　　편견에 일치하는 방식으로 행동하여 결과적으로 기존의 부정적인 평가와 일치
　　하는 행동이나 상황이 발생하는 것을 말한다.

03 다문화사회와 다문화교육

❶ 다문화사회의 등장과 사회문제

(1) 다문화사회의 도래
　① '다문화현상', '다문화주의(multiculturalism)'는 특정 지역이나 공간의 실태
　　적 인구통계상 나타나는 인종적 · 문화적 · 민족적 다양성에 적용되는 일종의
　　이데올로기로 볼 수 있다.
　② 한국은 최근 급속하게 다문화사회로 진입하고 있으며 많이 유입되는 경로는
　　주로 이주민노동자, 결혼이주민, 탈북이주민이다.
　③ 한국은 오랫동안 순혈주의 전통에 익숙해져 있었기 때문에 외국인들이 많이
　　유입되고 다문화가정이 늘어나며 이들과 함께 공존해서 살아가는 것이 아직
　　은 낯선 경험이다.
　④ 특히 북미와 같이 국가 성립 초기부터 이민국으로 발전한 신대륙 국가들이나,
　　역사적으로 여러 민족이 어우러져 살아온 유럽과 비교했을 때 한국은 다문화
　　사회로 나아가는 데 짊어져야 할 숙제가 많다.
　　㉠ 18세기 이래로 꽤 오랜 기간 동안 한국인은 국민국가의 틀 안에서 사고하
　　　고 생활해왔으며 백의민족, 단일민족임을 강조해 왔다.
　　㉡ 법, 교육, 사회제도도 모두 그러한 전제 위에서 성립되고 운영되었다.
　　㉢ 지난 100년 동안 일제강점기와 해방, 경제성장기를 거치면서 '민족'이라는
　　　개념은 한국인의 정체성을 형성하고 한국사회가 발전하는 데 상당한 순기
　　　능을 담당해 온 것도 사실이지만, 이러한 사고는 다문화주의를 받아들이
　　　는 데 장애로 작용하고 있다.
　⑤ 한국인이 다문화사회에서 성숙된 시민의식을 갖고 여러 나라에서 온 이주민
　　과 어울려 살기 위해서는 민주시민으로서의 기본적 태도와 적극적인 노력이
　　필요하며, 이러한 노력은 보다 선진화된 인권의식의 고양과도 직결된다.

(2) 다문화사회의 사회문제

① 이주민 스스로의 갈등과 사회부적응 문제로 인하여 언어와 문화부적응에서 오는 스트레스와 갈등이 크다.

② 이주민의 자녀문제

    ⊙ 어머니가 외국인일 경우 한국어가 서툴러 자녀들과 언어소통을 잘못하기 때문에 자녀의 언어 및 인지발달에도 부정적 영향을 끼친다.

    ⓒ 이주민 자녀들은 학교에 진학했을 때 언어와 문화의 차이로 인해 학업성취도가 낮은 편이며, 이로 인해 집단에서 소외되거나 학습결손이 누적되어 일반 학생들에 비해 상급학교 진학률이 낮다.

    ⓒ 이들은 자신감을 상실하여 지나치게 소극적 또는 폭력적일 수 있다.

    ⓔ 성장과정에서의 자아정체성 문제와 함께, 방황, 가정과 사회에 대한 불만으로 이어질 가능성도 크다.

③ 다문화집단의 부적응은 개인적 차원뿐만 아니라 집단적 차원의 문제로 확대될 수 있다. 그들이 한국에 대한 부정적인 이미지를 갖게 되었을 때 사회의 비판세력이나 불만세력으로 자리 잡으면서 사회통합을 저해하는 요인이 된다.

❷ 다문화사회에서의 교육불평등 이론

(1) 문화실조론(동화주의)

① 지능이 유전에 의해 결정된다는 주장을 반박하고, 학업성취가 유전적으로 결정된다기보다 가정의 문화적 환경에 의해 영향을 받는다고 주장한다.

> 예 가정에서 문화적으로 자극을 제대로 받지 못한 학생은 언어발달이나 인지발달 등이 제대로 이루어지지 못한 상태에서 학교교육을 받게 되므로 교수과정에서 교수자의 언어를 제대로 파악하지 못하고 교수자와도 원활한 의사소통이 어려워 학교생활에 제대로 적응하지 못하고, 학업성취도에서도 낮은 성취를 하게 된다.

② 실조된 환경의 아동에게 체계적·조직적인 경험을 제공하여 지능의 저하를 막음으로써 빈곤의 악순환을 해결하고자 하는 노력으로 '헤드스타트 프로그램(head start program)'이 등장했다.

③ 문화실조론은 낮은 학업성취의 원인을 학교요인보다 가정의 문화적 환경요인에서 찾기 때문에 학교에 학업성취도의 실패에 대한 일차적 책임을 묻지 않는다.

④ 대신 가정의 문화적 환경의 문제를 시정하기 위해 빈곤가정의 결핍된 문화에 대한 보상교육 프로그램을 정부가 제공할 것을 주장한다.

⑤ 한계: 문화실조론은 기본적으로 단일문화주의, 동화주의 등 주류문화적 관점에서 문화에 대한 우열이 있음을 가정하고 있다는 점에서 많은 비판을 받았다.

개념확대 ⊕
Zoom IN

헤드스타트 프로그램

• **목적**: 지적·언어적·정서적·사회적으로 뒤떨어진 빈곤계층의 3~5세 사이의 유아들에게 언어적 기회와 다양한 경험, 적절한 행동모델을 제공하여 중류층 아동의 지적 수준으로 끌어올리는 것을 목적으로 한다.

• **영향**: 유아교육의 개혁이나 양적 확대뿐 아니라 교육내용과 방법에 있어서도 많은 변화를 가져왔고, 빈곤 타파에 일익을 담당하였다. 초기 헤드스타트는 빈곤계층 가정의 취학 전 유아들에게 아동발달 서비스를 제공하기 위한 6주간 실험용 여름 프로그램으로 시작되어 지금까지 미국 전역에 1,300만 빈곤계층 유아와 가정들을 지원해 왔으며 희망의 등대 역할을 수행하는 방대한 프로그램으로 성장하였다.

(2) 문화상대주의(다원주의)

① 문화란 하나의 기준에 의해 우열을 판단할 수 없기 때문에 문화실조라는 개념 자체가 성립될 수 없다고 주장한다.

② 문화실조론이나 보상교육정책은 소수집단의 문화를 주류집단의 문화로 대치 시키려는 동화주의적 발상에서 나온 것이라고 여긴다.

③ 주요 내용

ㄱ 문화란 각 민족마다 다르기 때문에 존중되어야 함에도 불구하고 교사나 학교체제는 주류집단의 문화나 경험을 중심으로 교수학습을 진행하고, 평가 하기 때문에 결국 소수집단 아동에게는 불리하게 작용할 수밖에 없다.

ㄴ '소수집단(minority)'은 한 사회 내에서 성, 연령, 인종 및 민족, 종교, 사 상, 경제력, 성적 취향 등 신체적·문화적 특성을 근거로 차별과 편견의 대상이 되는 집단으로 수적 의미를 뜻하는 것이 아니다.

ㄷ 문화상대주의에서는 소수 집단의 학습실패의 원인을 소수집단과 주류집단 의 문화 간, 학교와 가정의 문화 간 차이에서 찾는다.

ㄹ 교사는 소수집단의 문화나 경험에 대해서는 가치를 두지 않는 경향이 있 고, 민족과 인종 간 문화적 차이에 대해 이해가 부족하고 소수집단 출신에 대해 기대를 낮게 갖는다.

ㅁ 이러한 점이 소수집단의 학생들이 학교에서 잘 적응하지 못하고, 학업성 취도가 낮게 되는 요인이라고 주장한다.

ㅂ 문화상대주의를 받아들이고, 다문화주의를 실천하는 학교 분위기를 조성 하는 것이 다문화가정 자녀의 학교적응에 더 중요한 요인이라고 설명한다.

요약정리 Zoom OUT 다문화사회에서의 교육불평등 이론

구분	내용
문화실조론 (동화주의)	• 문화적 정체성을 포기하고, 주류 문화에 동화되거나 통합되도록 요구함 • 문화 용광로 ⇨ 하나의 문화로 합치도록 함 • 문화절대주의에 근거함
문화상대주의 (다원주의)	• 문화적 정체성을 유지하고, 공존을 허용 • 문화 샐러드그릇 ⇨ 다양한 가치를 인정하고 문화를 선택할 권리를 개인에게 부여 • 통합을 위한 교육과 다양성을 위한 교육의 균형을 추구함 • 문화상대주의에 근거함

(3) 오그부(Ogbu)의 문화적 전도현상

① 문화적 전도(cultural inversion): 특정 소수집단의 경우 주류집단의 특성 자체가 자신들에게 맞지 않는다고 판단하면서 받아들이지 않는 경향을 말한다.

> 📋 흑인의 경우에는 백인의 행동, 상징, 의미가 전혀 자신들에게는 적합하지 않기 때문에 백인의 문화를 거부한다.

② 오그부는 소수 민족집단의 저조한 학업성취도의 원인을 '문화 간 권력의 차이'로 인한 문화적 전도현상으로 설명한다.

③ 소수집단을 자발적 소수집단과 비자발적 소수집단으로 나누면서 학업성취의 실패는 주로 비자발적 집단의 경우에만 나타나는 현상이라고 설명한다.

④ 비자발적 소수집단의 특징

ㄱ. 비자발적 소수집단은 소수문화와 주류문화 간 본질적인 문제와 갈등으로 문화 및 언어의 경계를 넘어서는 데 어려움을 느끼게 되므로 문제는 계속해서 지속 및 확산된다.

ㄴ. 그러면서 2차적 문화격차는 억압받는 상황에서 억압에 대한 적응기제로 발전하게 된다.

ㄷ. 비자발적 소수집단은 주류집단과의 문화나 언어상의 차이를 극복해야 할 장애로 여기는 것이 아니라 오히려 자신들의 집단적 정체성이라고 받아들이기 때문에 주류집단 문화를 학습하거나 주류집단에 동화되려는 생각이 별로 없다.

ㄹ. 주류집단의 문화적 준거 틀을 받아들이면 소수집단으로서의 자신의 정체성이나 공동체 의식을 잃게 될까 걱정한다.

ㅁ. 또래집단 압력이 주류집단 문화 습득에 장애가 되기도 한다. 학업에 성공하고자 하는 학생들을 주류문화를 추종하는 부류로 인식하고, 이들 또래집단에서 소외시키면서 주류문화를 따르려는 학생들은 소수집단 내에서의 지지나 공동체감, 소속감의 상실을 감수해야 한다.

> 📋 미국에 이주한 일본인이나 한국인은 자발적으로 이주한 사람들이기 때문에 이주 초기에는 문화적 차이로 인해 다소 어려움을 겪기는 하지만 시간이 지남에 따라 1차적 문화격차를 순조롭게 극복한다. 하지만 자신들의 의지와 상관없이 강제적으로 정복당하거나 식민지의 경험을 가진 흑인집단이나 원주민의 경우에는 주류사회에의 동화를 거부당하면서 학교에서 계속적인 실패를 축적해 왔다. 그 후 이들의 문화는 주류문화와 접촉하면서 2차적 문화격차를 형성하는 가운데 주변적 또는 종속적인 지위로 전락하게 된다.

❸ 다문화교육

(1) 개념

① 다양한 인종, 민족, 계층, 문화집단 학생들의 교육 불평등을 해소한다.

② 자기 문화에 대한 정체성을 기반으로 상호 이해를 촉진하여 인종적·민족적 갈등의 예방과 공존을 추구한다.

③ 세계화 시대의 세계시민성을 가진 다문화적 시민을 육성하기 위한 교육이다.

(2) 다문화교육의 필요성

① 소수집단에 대한 교육 불평등의 해소
  ㉠ 인간적 차원에서 모든 인간에게 부여되어야 하는 인권, 교육권의 보장과도 관련된다.
  ㉡ 일반적으로 소수집단은 언어나 문화가 다르기 때문에 학교에서 사용하는 언어나 문화를 따라가기가 어려우므로 학업성취율도 낮다.
  ㉢ 낮은 경제적 지위에 머물고 있기 때문에 교육에 대한 지원이나 투자도 제대로 할 수 없어 고등교육기관에 진입하기도 어렵다.
  ㉣ 사회적으로 소위 돈도 많이 벌고 지위도 높은 직업을 갖기가 어렵고, 사회적 편견과 차별, 인권침해를 경험하면서 점차 자기정체감이나 존중감이 낮아진다.
  ㉤ 교육적 기회를 보완해 주고, 그들이 필요로 하는 지원을 해줌으로써 사회 구성원으로서 제대로 성장할 수 있도록 보살필 필요가 있다.

② 인종적 · 민족적 갈등의 예방과 공존 추구
  ㉠ 이주민에 대한 '차이'를 인정하지 않고 무조건 그들의 문화를 무시하면서 우리의 문화에 동화되도록 강요한다면, 이는 향후 인종 간 갈등과 문화적 충돌의 요인이 될 가능성이 높다.
  ㉡ 따라서 법적 · 제도적 차원에서도 이들이 자신의 문화를 유지하면서 한국 사회에서 잘 적응할 수 있도록 지원을 해주어야 한다.
  ㉢ 다양한 문화를 서로 존중하고 인정함으로써 더 큰 시너지 효과가 발생할 수 있다.

③ 세계화시대의 다문화적 시민 육성
  ㉠ 과거의 시민은 한 국가의 시민으로서 필요한 자질과 행동양식을 습득하면 되었지만 세계화된 현대사회에서 각 개인은 한 국가의 시민일 뿐만 아니라 동시에 세계의 시민이기도 하다. 따라서 세계시민으로서의 자세와 태도까지 갖추도록 해야 한다.
  ㉡ 다양한 문화와 민족이 공존하는 사회에서 세계시민으로서 역할을 제대로 수행하기 위해서는 다른 민족의 문화와 가치를 이해하고 편견 없이 받아들일 수 있는 자세, 나아가 사회에 존재하는 차별을 없애고자 하는 태도, 지구상에서 각 국가와 민족은 서로 돕고, 상호 의존적인 관계에서 살아가야 한다는 점을 인식하는 '세계시민성(world citizenship)'이 필요하다.
  ㉢ 다문화적 사회에서 요구되는 세계시민성의 주요 과제: 평등과 정의, 반편견, 상호 의존적 세계에 대한 인식 및 차이와 다양성에 대한 긍정적 태도 등을 함양하는 것이다.

(3) 다문화교육의 과제

① 이데올로기적 비판
  ㉠ 다문화와 관련된 각종 개념 및 지식에 대한 이데올로기적 비판이 필요하다.
  ㉡ 세계화된 상황에서 교육학적 대응이라는 관점에 기초하여 인식을 이끌고 지식을 산출하는 근본 가정과 정당화 방식에 대한 비판적 성찰을 해야 한다.

② 일반화된 대상으로 취급 지양
　㉠ 교육방법상의 문제로 이주민들을 아무런 욕구도 없는 다문화교육의 일반화된 대상으로 취급하지 말아야 한다.
　㉡ 일방적인 한국 적응교육에서 벗어나 그들의 문화를 최대한 존중해 주면서 그들이 바라는 내용이 무엇인지에 관심을 가져야 한다.
③ 인권 보장
　㉠ 특별한 대우나 무조건적인 은혜 베풀기식 정책은 장기적인 안목에서 바람직하지 않다.
　㉡ 일회성 또는 이벤트성 행사보다는 장기적·지속적인 차원에서 다문화교육이 시행되어야 한다.
④ 교육과정 및 프로그램의 전문화
　㉠ 다문화교육과 관련된 교육과정과 프로그램을 전문화시킴과 동시에, 다문화의 내용영역에 대해 다양한 변인을 준거로 발전시켜야 한다.
　㉡ 인종이나 민족적 문제에서 더 나아가 다양한 불평등의 요소, 특성, 종교, 장애, 세층 등을 고려하여 소수자들의 입장을 배려하고 궁극적으로는 평등한 사회를 구축하기 위한 교육이라는 식의 개념적 확장이 요구된다.

참고 다문화교육의 내용

요소	구체화	영역
문화	• 각 문화 간의 유사점과 차이점의 특성 알기 • 각 문화에 대한 이해 및 존중심 기르기 • 문화 간 긍정적 태도 발달시키기	• 지식·이해 • 가치·태도
협력	• 다양한 사람들과 상호작용 및 협동능력 증진하기 • 의사소통능력 기르기	기능
반편견	• 선입견, 편견, 고정관념에 대해 비판적으로 사고하기 • 문제 상황에 대한 대처능력 기르기	• 지식·이해 • 기능 • 가치·태도
정체성	• 긍정적 개념 기르기 • 개인의 정체성 및 집단정체감 형성	가치·태도
평등	• 국가, 민족, 성, 능력, 계층에 대한 긍정적 태도 갖기 • 인간의 평등 신념 형성하기	• 지식·이해 • 가치·태도
다양성	• 다양한 개인과 집단의 존재 인정 • 다양성을 존중하는 마음 갖기	가치·태도
인권	• 인간으로서 당연한 기본적인 권리 찾아보기 • 차별 배제하기	• 지식·이해 • 가치·태도

(4) 다문화교육 이론

① 뱅크스(Banks)의 다문화 교육과정과 방향

㉠ 개념: 교육기관의 구조를 바꾸어 모든 학생에게 평등한 교육기회를 제공하기 위한 교육철학이자 교육개혁운동이다.

㉡ 다문화교육의 목표

ⓐ 자기이해의 심화

ⓑ 주류 교육과정에 대한 제시

ⓒ 모든 학생들이 다문화사회에서 요구되는 지식, 기능, 태도 습득

ⓓ 다문화가정 자녀들의 인종적·신체적·문화적 특성으로 겪는 고통과 차별 감소화 콘텐츠를 통해 문화적 다양성을 통합적으로 활용하여 제시

㉢ 다문화 교육과정(접근법)

ⓐ 기여적 접근 – 교육과정 유지: 기존 교육과정의 구조를 유지한 채 소수집단이 주류 사화에 기여한 점을 부각하여 자긍심을 갖도록 하고자 소수집단의 영웅, 명절, 문화요소, 공예품 등을 교육과정에 삽입한다.

ⓑ 부가적 접근 – 교육과정 유지: 기존 교육과정의 구조를 유지한 채 소수집단에 관련된 내용(민족적 내용, 관점, 주제, 개념 등)을 교육과정에 부가하는 방식이다.

ⓒ 전환적(변혁적) 접근 – 교육과정 변화: 기존 교육과정의 근본적인 구조를 변혁하는 방식으로 다양한 인종과 문화에 대한 다양한 관점, 개념, 주제들을 생각해 볼 수 있도록 구조를 변형한다. 이러한 접근방법은 개념, 이슈, 주제, 현안, 문제를 조망하고 비판적 사고 및 정당화하는 기능을 발달시킨다.

ⓓ 사회적 활동 접근 – 교육과정 변화: 전환적(변혁적) 접근의 모든 요소를 포함하며 학생들이 중요한 이슈에 대해 의사결정을 내리고 실천하도록 요구하는 방식이다. 중요한 사회적 문제를 선택하고 해결하기 위하여 행동을 취하도록 한다(전환적 접근 + 실행).

㉣ 다문화교육의 방향(5가지 차원)

ⓐ 내용 통합: 다양한 집단과 구성원의 역사, 문화, 가치와 관련된 내용을 교육과정에 반영해야 한다.

ⓑ 지식 구성 과정: 암묵적인 문화적 관심 및 편견이 지식의 구성 과정에 영향을 미친다는 사실을 학생들에게 이해시키고 지식에 대한 비판적 해석 능력을 개발하도록 해야 한다.

ⓒ 편견 감소: 교수법과 자료를 활용하여 학생들이 다른 문화에 대해 긍정적이고 우호적인 태도 및 가치를 갖도록 한다.

ⓓ 평등한 교수법(공평한 교수법) 활용: 다양한 학생들에게 적합한 교수법을 사용해야 하고, 다양한 인종, 민족, 사회계층을 가진 학생들이 평등한 학업성취를 위한 교수법(문화감응교수)의 개발이 필요하다.

> 예 다양한 인종, 민족적으로 이질적인 집단을 구성하여 협동학습 시키는 전략

ⓔ 학교문화와 조직: 다양한 배경을 지닌 학생이 학교에서 교육적 평등과 문화적 능력을 경험할 수 있도록 학교문화와 조직을 재구성한다.

논술에 바로 써먹는
교육학 배경지식

학급 내 다문화 학생을 위한 다문화 교육의 방향을 뱅크스의 다문화 교육과정과 방향을 적용하여 생각해 보세요.

개념확대 ⊕
Zoom IN

평등한 학업성취를 위한 문화감응교수

다양한 배경의 학생들에게 평등한 교육을 실현하고자 하는 교수방식으로, 독특한 문화지식인 이전 경험, 준거 체제, 학습유형, 수행양식 등을 적극적으로 활용하여 그들의 학습경험을 더욱 효과적으로 만들고자 하는 교수방식을 말한다.

② 베넷(Bennet)의 다문화교육
    ㉠ 평등교육: 기회와 과정의 평등을 추구한다.
    ㉡ 교육과정의 개혁: 전지구적 · 다민족적 관점의 개혁을 말한다.
    ㉢ 다문화 능력의 배양: 문화적 다양성 이해 능력을 향상시킨다.
    ㉣ 사회정의를 향한 교육: 차별 및 편견을 깨기 위한 해결과정의 참여를 유도한다.
    ㉤ 다문화교육은 평등교육을 목표로 하며, 교육과정의 개혁을 통해 주류집단과 소수집단의 모든 사람이 다문화적 능력을 배양하여 사회정의 실현에 참여할 수 있도록 하는 교육이라고 주장하였다. 다시 말해, 다문화교육은 민족이나 성, 종교 등으로 인한 소수자에 대한 각종 차별은 바람직하지 못한 것이기 때문에 정의로운 사회를 만들고 평등과 민주주의를 고취하기 위한 하나의 교육적 개혁이라는 것이다.

(5) 다문화교육을 위한 교사의 역할
① 학습자료 및 수업 중 인종차별적 요소를 점검 · 개선할 수 있어야 한다.
② 높은 학업 성취와 안정된 학교생활을 할 수 있도록 가능성을 인정하고 격려한다.
③ 다문화교육을 실행할 수 있는 지식, 기능, 태도를 습득해야 한다.
④ 협동학습 다양한 교수전략을 통하여 다양한 배경의 학생들이 함께 학습할 수 있는 수업환경을 조성한다.
⑤ 다문화가정 학생이 만든 자료 및 과제물을 활용하거나 학생의 수행의 정도에 해당 학생의 시각으로 바라볼 수 있는 안목을 가져야 한다.

---

04 평생교육

❶ 개념

① 유네스코는 요람에서 무덤까지 전 생애에 걸친 교육의 통합과 '가정 – 학교 – 사회'의 수평적 교육통합을 전제로 하는 교육의 혁명적 이념으로 '평생교육'을 제시하였다.
② 위로부터 주어지는 교육이 아닌 '아래로부터의 학습혁명'을 강조한다.
③ 랑그랑(Lengrand)의 평생교육
    ㉠ 『평생교육(1965)』을 통해 평생교육은 학습자가 필요한 때면 언제든 접근할 수 있어야 한다고 주장하였다.
    ㉡ 앎과 삶이 통합된 학습의 지원을 강조한다.
    ㉢ 분절되었던 각 교육제도가 연계하고 통합하는 사회적 시스템의 필요성을 역설하였다.

② 평생교육 발달의 사회적 배경

(1) 지식정보화 사회

① 현대사회는 고도의 지식정보화 사회의 특징을 가지고 있다.

② 정보화 사회: 인간의 지적 창조력을 바탕으로 하는 고도의 지식산업사회, 물질, 재화 서비스가 아니라 아이디어 및 정보의 창출과 유통이 사회적 생산과 활동의 중심이 되는 사회를 말한다.

③ 지식의 폭발적 증대와 지식수명의 단축으로 미래사회의 청소년들이 배워야 할 하나의 보편적인 공통 교육과정을 구성하는 일은 점점 어려워지고 있다.

④ 생의 주기마다 필요로 하는 내용을 학습하도록 하는 평생교육은 정보화 사회와 동반관계에 있다.

(2) 국제개방화 시대

① 세계는 본격적인 지구촌 시대(globalization)를 맞이하고 있으며, 지구촌 전체가 국경 없이 하나의 권역으로 통합되는 본격적인 국제 개방화 시대이다.

② 국제경쟁력 강화를 위하여 국민 개개인의 대외경쟁력을 높이기 위한 교육인 국민의 인력자원개발이 매우 중요한 경쟁력 확보의 관건으로 대립되고 있다.

③ 이를 위해 학교는 물론 가정과 사회의 모든 교육기관이 교육력을 총 결집하는 총체적 교육의 시대가 요청되고 있다.

(3) 급변하는 직업세계

① 새로운 직종이 빠른 속도로 분화·확산되고 있으며 직업세계의 세분화·전문화가 일고 있다.

② 이러한 시대에는 변화하는 직업세계에 적응하고 대처하고 직업세계 속에서의 생존을 위한 전략으로 전문성을 기르기 위해 필연적으로 직업적 성취를 위한 계속적인 교육이 필요하다.

③ 평생교육에 대한 주요 접근 기출 11 중등

(1) 허친스(Hutchins)의 학습사회론

① 학습사회: 모든 사람이 언제, 어느 때라도 교육을 받을 수 있고 교육의 목표는 인간가치 실현에 두어야 하며, 모든 제도가 인간가치 실현을 지향하는 방향으로 가치 전환에 성공한 사회라고 규정한다.

② 허친스는 모두가 자유교양교육을 받을 수 있고 모든 사회제도가 자유교양교육의 기회를 제공해야 한다고 했다.

③ 허친스의 학습사회론은 고대 그리스를 이상으로 하는 인류의 고전적 교양주의에 바탕을 둔 것으로, 참신성은 있지만 구체성이 결여되어 있어 이상주의적이라고 할 수 있다.

(2) Faure 보고서

① '학습사회'라는 교육이념이 세상에 알려지게 된 것은 유네스코가 1971년에 발족시킨 교육발전 국제위원회가 1972년에 '존재를 위한 학습(learning to be)'이라는 제목의 보고서(faure report)를 출간하면서부터이다.

② 이 보고서는 평생교육의 이념과 실천적인 방향을 보다 구체화한 것으로서, 미래사회가 지향해야 할 교육 형태는 평생교육이어야 하며, 이를 실천하는 구체적인 방향으로의 학습사회 형성을 강조하고 있다.

③ 사회 전체가 학습사회로 화신해서 사회를 구성하는 모든 부문이 학습자원을 제공하고 교육활동에 참가해야 한다고 말한다.

④ Faure 보고서는 완전한 인간의 실현과 학습사회의 형성이라는 평생학습의 목적을 분명히 했던 점에 중요한 의의가 있다.

(3) 카네기 고등교육위원회

① 1973년 카네기 고등교육위원회는 '학습사회를 지향하여(Toward a learning society)'라는 제목으로 교육개혁을 주장하는 보고서를 출판했다.

② 카네기 고등교육위원회의 학습사회론에서는 인간가치실현이라는 교육목적에 대해서 공감을 표시하면서도, 생활의 중심을 노동에 두고 직업교육을 포함한 광의의 입장에서 학습사회론을 전개하고 있다.

(4) 들로어(Delors)의 4가지 학습기둥

① 학습:『그 안에 담긴 보물(1996)』을 통해 언제 어디서나, 누구나, 무엇이든, 어떠한 방식으로든, 배움을 주고받는 '학습사회'의 핵심구성체로 21C를 준비하는 4개의 학습기둥을 강조하였다.

② 4개의 학습기둥

구분	내용
존재하기 위한 학습	• 교육목표를 개인의 인격 완성에 두고, 개인의 인성을 잘 숙성시키고 도덕적 자율성 신장과 책임감을 함양하는 학습 • 스스로 전인적 발전을 위해 자기 문제를 스스로 파악하고, 해결하며, 책임질 수 있는 능력을 함양하는 학습
알기 위한 학습	• 개개인의 삶에 의미를 부여하는 생생한 살아 있는 지식 습득을 위한 학습 • 학습하는 방법에 대한 학습을 배워야 함
협동하기 위한 학습	• 개개인이 환경에 대한 창조적인 대응 능력을 습득하는 학습 • 직업훈련에 가까운 것으로, 다양한 직업세계에 대한 이해학습
함께 살기 위한 학습(더불어 살기 위한 학습)	• 개개인이 속한 공동체 속에서 나와 다른 사람이나 외국 사람과 조화롭게 삶을 영위할 수 있는 능력 • 다름을 인정하고, 다양성을 존중할 줄 아는 자세와 태도를 배우는 것

(5) OECD 교육혁신센터(CERI)의 순환교육 기출 13 중등

① 정규교육을 마친 성인이 언제든지 직업능력 향상과 갱신을 위한 교육을 받을
수 있도록 기존의 학교교육 시스템과 직업능력 계발교육을 유기적으로 통합한
유기체제이다.

예 유급 교육휴가제

② 성인의 생산성 증진과 지속적인 고용 가능성 지원을 위해 학습과 일 사이의
긴밀한 연계를 강조한다.

③ 학교의 학습과 일터의 학습이 상호 보완적으로 이루어진다.

④ 평생교육의 실현

(1) 평생교육 방향 기출 13 중등 / 10 초등

① 노울즈(Knowles)의 안드라고지(andragogy) – 아동중심 ⇨ 성인중심

㉠ 아동 청소년을 대상으로 하는 교육과 대비하여, 학습자의 자율성, 자기주
도성, 학습에서의 경험, 현장중심 학습을 중시하는 성인교육이다.

㉡ 학습자의 학습성향은 생활 · 과업 · 문제중심적이며, 학습자는 자신의 결정
과 삶에 대해 책임지려고 한다. 또한 학습자는 학습하기 전에 학습할 필요
가 있는지 알고자 한다.

개념확대⊕
Zoom IN 안드라고지의 특징

구분	안드라고지(성인 교육학)
학습자 경험의 역할	학습자 경험은 중요한 학습자원으로 존중
학습 주체	학습내용 및 방법 등을 학습자가 참여(학습자 중심)
수업 분위기	협동적 · 비형식적 · 협동적 수업 분위기
수업방법	사례연구, 역할극, 세미나, 현장방문연구, 집단토의 등

② 학습자중심

㉠ '교육은 곧 학교교육'이라는 편협한 교육관에서 탈피하여 학교교육과 학교
외 교육을 연계시키려는 노력이 필요하다.

㉡ 정보화사회는 사람들의 욕구가 다양하며 이를 개별적으로 충족시켜야 하
는데, 현행과 같은 집단적 학교교육만으로는 다양한 욕구 충족이 어렵다.

㉢ 따라서 여러 형태의 교육을 평생교육체제로 통합하여 구성원의 다양한 교
육적 욕구를 충족시킬 수 있는 방향으로 나아가야 한다.

㉣ 평생교육에서는 교수 · 학습에서 학습자가 중심적 위치를 차지해야 한다.

㉤ 그러기 위해서는 성숙한 개인으로서의 학습자가 자신이 배우기를 원하는
것을 원하는 장소와 방법에 따라 자유롭게 선택할 수 있도록 더 많은 자유가
허용되어야 한다.

③ 학습 다양성
  ㉠ 평생학습은 학교학습과는 달리 다양성을 특징으로 한다.
  ㉡ 학교와 달리 성인들이 중심이 된 학습에서는 학습자 집단이 연령, 학령, 직업, 과거 경험 등에 있어 이질적이며 그들의 요구가 서로 다르기 때문에 교육과정을 획일화하는 것은 바람직하지 못하며 거의 불가능하다.
  ㉢ 따라서 일반 교양교육뿐만 아니라 직업기술의 습득, 직업능률의 향상, 직업 적응교육 등 다양한 형태의 교육과정이 개설되어야 한다.
④ 교육기회의 개방
  ㉠ 한 개인은 일생동안 삶의 과정에서 필요한 내용을 학습하여 자신의 삶을 계속적으로 향상시키고 직업적 갱신을 위해서 교육을 받지 않을 수 없는 상황에 도래하였다.
  ㉡ 일생동안 교육을 받을 수 있도록 하기 위해서는 모든 교육의 기회가 개방되지 않으면 안 된다.
  ㉢ 인간은 누구나 자기가 배우고자 하는 것을 원하는 시기에 원하는 장소에서 배울 수 있도록 각종 교육의 기회는 개방되고 그 다양성이 확보되어야 한다.
  ㉣ 정보화 사회의 기술력을 이용하여 각종 미디어가 학습에 이용될 수 있다면 시간을 비롯한 학습부담 요건을 완화할 수 있을 것이다.

(2) 평생학습 방법

① 자기주도적 학습(self-directed learning)
  ㉠ 학습목표, 계획, 내용의 선정, 방법의 선택, 평가에 있어 학습자가 자율적으로 모든 것을 결정하고 실행에 옮기는 학습의 형태로, '자기결정학습'이라고도 불린다.
  ㉡ 학습자의 자율성·자발성·자주성 등을 바탕으로 한다.
  ㉢ 자기주도적 학습을 위해서 학교교육은 설명과 암기 위주의 교육에서 과감히 탈피하여 스스로 학습할 수 있는 능력을 배양하는 데 역점을 두어야 한다.
  ㉣ '학습하는 방법(how to learn)'과 학습능력을 길러주는 데 노력을 기울여야 한다.
  ㉤ 자기주도적 학습은 자신의 학습프로그램을 스스로 계획·통제할 기회를 갖는 것이므로 학습에 대한 대부분의 책임을 학습자에게 둔다.
② 전환학습(transformative learning) 기출 08 중등
  ㉠ 핵심요소: 경험, 비판적 성찰, 발달
  ㉡ 학습자 내부에서 발생하는 인지적 과정을 집중적으로 규명한다.
  ㉢ 자신을 구속하는 자기신념, 태도, 가치로부터 자신을 해방시킨다.

(3) 평생학습을 위한 학교의 역할

① 학교시설 개방을 통해 평생학습 교육의 장을 마련한다.

② 각 지역의 평생교육기관과의 유기적인 연계를 통하여 학점인정 및 예산확보, 프로그램 개발, 강사 초빙 등의 평생교육 활동을 지원한다.

③ 학교에서 실시할 수 있는 프로그램

　㉠ 기초 문해교육: 3R's 능력의 향상(읽고 쓰고 셈하기 등의 문해교육)

　㉡ 기능 문해교육: 현재 사회의 전반적인 문화 이해력 향상, 사회생활에서 불편을 느끼지 않을 수준의 의사소통 능력의 향상, 기본적인 삶을 영위할 수 있는 능력의 향상

(4) 평생학습과 관련된 제도 〔기출〕 12 중등 / 09, 12 초등

제도	내용
학습계좌제	국가의 총체적 인적 자원관리를 위한 장치로, 평생교육을 촉진하고 인적자원의 개발 및 관리를 위해 개인의 학습경험을 종합적으로 관리하는 제도
학습휴가제	국가 및 지방자치단체, 공공기관의 장, 각종 사업 경영자가 소속 직원의 평생학습 기회 확대를 위해 유·무급의 학습휴가를 실시할 수 있도록 하는 제도
학점은행제	학교 내외에서 이루어지는 다양한 학습활동을 학점으로 인정하여 학위취득을 가능하게 하는 제도
평생교육사	평생교육의 기획, 진행, 분석, 평가, 교수업무를 수행하는 전문 인력
전문인력정보은행	강사에 대한 인적 정보를 수집하여 제공 및 관리하는 제도

05 지역사회와 교육

❶ 워렌(Warren)의 지역사회 기능

(1) 경제적 기능

생산·분배·소비의 기능을 가리키는 것으로 주민들의 일상생활에 필요한 생산물을 공급하고 소비하는 기능이다.

(2) 사회화 기능

지역사회 내부의 다양한 하부 구조들은 중요한 교육적 기능을 수행하며, 구성원으로 하여금 그 지역사회에서 요구하는 가치관, 태도, 행동양식에 적응시킨다.

(3) 사회통제적 기능

① 구성원들로 하여금 지역사회가 갖는 규범에 동조하도록 하는 사회적 과정이다.
② 학교나 교회, 각종 기관이나 조직들을 사회통제적 기관이라고 할 수 있으며, 직간접적으로 지역민의 행동을 통제하게 된다.

(4) 사회참여 기능

지역사회의 여러 기관들은 구성원의 사회참여에 대한 욕구를 충족시키는 다양한 기회들을 제공한다.

(5) 상호 지원 기능

① 지역주민을 상부상조, 협동 등을 통해 상호 지원한다.
② 계나 품앗이 등이 상호 지원의 기능을 담당하였다.

❷ 지역사회교육(community education)

(1) 지역사회교육

① 지역사회수준에서 이루어지는 교육체제에 대한 종합적 접근이다.
② 최근 도시화로 인해 지역사회의 기능이 점차 소멸되고 있으며 이로 인해 지역사회의 교육적 기능도 사라지게 되었다.
③ 이에 지역사회의 교육적 기능을 되살리기 위해 시행되었다.

(2) 지역사회학교

① 지역사회의 문제해결을 위한 모든 시민의 교육적 필요에 봉사함에 있어 촉매 기관이 되어 여러 기관, 제도와의 협력 관계에 접근하는 교육과정이다.
② 주민참여를 통해 지역 사회를 개선, 발전시킴으로써 주민 각자의 자아실현은 물론 공동사회를 실현시키는 것을 목적으로 한다.

❸ 시민의 교육참여

(1) 의미

① 지역사회 교육운동은 지역사회의 문제를 자체적으로 찾아내고 해결하기 위한 교육프로그램을 운영하여 지역사회의 문제를 스스로 해결해 나간다.
② 아이들의 문제를 학교에만 일임하는 것이 아니라 가정과 지역사회가 함께 고민하고 교육에 참여해야 한다는 인식을 확산 · 실천하였다.

③ 의의
  ㉠ 학부모들의 의식 개혁을 통해 학교교육의 문제를 함께 해결해 나감으로써 참여하는 학부모를 길러내고 나아가 참다운 교육을 실천하기 위해 학교와 협력하는 모델을 보여주고 있다.
  ㉡ 아버지들이 교육문제에 관여하고 참여하기 시작하였다는 점은 우리나라 교육에서 양성평등적 사고가 길러지고 균형감 있는 교육이 가능하게 될 것이라는 점에서 매우 의미 있는 일이라고 볼 수 있다.
  ㉢ 시민들이 교육참여를 위해 성인들도 함께 학습에 참여함으로써 개개인의 성장을 가져오게 할 뿐만 아니라 지역사회의 전문자원으로 거듭나고 있다.
  ㉣ 결과적으로 시민교육운동을 위해서 성인 스스로 학습을 함으로써 민주시민적 역량을 키우게 되며 그 조직들은 지역사회의 변화를 주도하고 있다는 점에서 매우 고무적인 현상이다.

(2) 교육참여의 과제
① 각 교육주체들의 기본적 권리가 손상되지 않도록 서로 조심하고 배려해야 한다.
② 학부모의 교육권은 본질적으로 자녀를 양육, 보호, 교육하는 자연적 권리로서 교사의 교권 역시 존중해 주어야 한다는 점을 고려하면서 교사와 학생, 학부모, 지역사회가 함께 노력한다면 훨씬 바람직한 교육사회가 이루어질 수 있다.

참고 **지역사회 교육협의회**

1. 배경
학교가 교육의 본질적 기능을 수행하지 못하게 되고 학부모와 자녀 사이의 대화가 단절되면서 청소년 범죄, 자살, 폭력 등이 난무하게 되자 학교와 학생 사이, 학교와 학부형, 기타 교육기관 사이의 상호 의견교환과 협력이 이루어지게 하기 위해서는 학교가 담장을 낮추고 모두가 함께 성장할 수 있는 장소가 되어야 한다는 인식하에 1970년에 출발하였다.

2. 목적
① **공동체 의식의 강화**: 지역사회교육은 지역공동체의 강화를 위해 참여의 정신과 협동의 정신을 고취하기 위한 교육을 전개한다.
② **민주시민성의 배양**: 지역사회교육은 주민에게 민주적 생활방식을 습득하게 하고 자기 자신의 문제나 지역사회문제를 해결하기 위하여 이웃과 협력하고 나아가 올바른 시민으로서 갖추어야 하는 자질을 함양하게 한다.
③ **평생교육의 실현**: 지역사회교육은 지역주민이 평생 동안 학습할 수 있는 마을을 만들기 위해 노력했으며 학교교육을 받고 있는 젊은 학생뿐만 아니라 학교에 다니고 있지 않은 청소년, 유아, 성인 등에도 관심을 가진다.
④ **교육환경의 개선**: 지역사회교육은 지역사회 전체의 교육환경을 개선하기 위한 노력도 중시한다.
⑤ **합리적인 생활개선과 미풍양속의 보존**: 지역사회교육은 주민의 생활을 합리적으로 개선하고 건강관리, 건전한 가족관계 형성에 도움을 주며 미풍양속을 계승·발전시키는 데 노력한다.

01 _____는 학교교육의 기능 및 효과에 대해 낙관적인 견해를 갖고 교육이 인간의 모든 조건을 균등화시킴으로써 전체 사회의 균형을 도모하는 역할을 하고 있다고 믿는 반면, _____는 학교는 기존의 질서를 재생산함으로써 사회 불평등을 영속화시킨다고 본다.

01
기능주의, 갈등주의

02 보울스와 진티스의 _____에서 학교의 사회적 관계와 생산의 관계 간의 _____을 이루며 학교교육은 각 개인이 위계적 경제구조 속에서 경험하는 불평등하고 억압적 사회관계인 _____ 사회화를 가르친다고 주장하였다.

02
경제 재생산이론, 대응,
차별적

03 일리치와 라이머의 _____은 현대사회에서 교육이 학교제도에 의해 독점됨으로써 나타나는 반(反)교육적 현상을 비판하며, 교육이 본연의 모습과 기능을 되찾기 위해서는 현재와 같은 학교제도가 폐지되어야 한다고 주장한다. 프레이리의 _____은 교육을 통해 인간해방과 사회구조의 변혁을 추진하려는 실천적인 시도이며, _____은 학생을 스스로 각성할 수 있는 존재로 간주하고 자기와 세계를 객관화하여 성찰함으로써 자신을 억압하고 있는 구조적 모순을 타파하는 데 스스로 헌신하도록 한다.

03
탈학교론, 의식화 교육론,
문제제기식 교육

04 부르디외의 _____은 불평등한 계급관계를 재생산하는 데 있어서 문화의 매개 역할을 중요시한다. 학교교육에서 노동계급 학생들로 하여금 지배문화를 상식적이고 자연스러운 것으로 취급하게 만드는 교묘한 과정을 _____이라고 한다.

04
문화 재생산이론, 상징적 폭력

05 _____는 이데올로기를 주입하여 물리적인 힘이나 폭력에 의존하지 않고 피지배계급의 자발적 동의를 창출해내어 지도력을 확보하는 지배방식을 의미한다.

05
헤게모니

06 _____은 현재 사회의 불평등은 구조기능주의 이론이나 갈등주의 이론의 거시적 관점만으로는 해결하기 어려우며, 지식을 통한 사회적 통제와 지식이 조직 · 구성 · 분재되는 과정을 이해하고 그것을 변화시키거나, 학교 내부의 교육과정과 수업 진행과정 및 교사 – 학생관계를 세밀하게 탐구해야 하는 _____ 으로 연구하여 해결책을 강구해야 된다고 주장한다.

06
신교육사회학,
미시적 접근방법

07 구조적 · 거시적인 접근방식을 거부하면서 등장한 사회학적 관점이 _____ 방식이다. 이 접근에 입각한 교육현상에 대한 연구는 학교 내의 상호작용, 교육과정의 선택 및 조직, 학교조직 등과 같은 미시적인 것들이다.

07
해석적 접근

08 _____ 교육정책은 자유시장원리에 기초한 교육을 구현하여 교육의 시장화와 상품화를 강조한다. 우리나라 교육정책에서도 1995년 _____ 을 필두로 이러한 교육체제가 형성되기 시작하였다.

08
신자유주의, 5 · 31 교육개혁안

09 사회적 재화가 개인의 능력이나 노력 같은 성취적인 요인에 의해 배분되는 사회는 _____이며, 대표적 모형은 블라우와 던컨의 _____이다. 이 모형에 따르면 가정배경과 능력변인 중 _____이 현재의 직업에 상대적으로 큰 영향력을 발휘하고 있었다.

09
개방사회, 지위획득모형,
능력변인

10 _____은 산업사회에 있어 교육의 기능을 설명하기 위해 제시한 이론으로, 학교는 산업사회가 요구하는 기술자와 전문가를 양성하여 배출하는 기능을 통해 산업사회의 유지와 발전에 기여한다고 본다. _____은 학교교육의 시작과 그 팽창을 불러일으키는 원인은 자본주의 사회구조 자체에 내재해 있으며, 학교는 기존의 자본주의 사회가 유지 · 존속하는 데 필요한 교육받은 인력을 공급함으로써, 기존의 불평등한 사회구조를 재생산하는 기능을 수행한다고 주장한다.

10
기술기능이론, 마르크스이론

11 _____은 학력이 하나의 신분증 같은 역할을 수행하며, 이를 수단으로 하여 사회적 지위를 획득할 수 있기 때문에 사람들이 경쟁적으로 학력을 높이려는 노력을 경주함으로써 전반적인 학력수준이 상승한다고 본다. _____은 학교팽창에 대한 기존의 설명방식들이 주로 경제적인 요인을 거론하고 있는 것에 반해, 정치 단위인 국가의 이데올로기적 작용으로 학교팽창을 설명하고 있다.

11
지위경쟁이론, 국민통합론

12 _____은 정치·경제·사회·문화 등 국가발전과 교육의 관계를 연구하면서 교육이 발전에 최대한도로 공헌할 수 있도록 교육의 역할을 중시하는 학문 분야로서, 국가발전에 이바지하기 위한 교육을 말한다. _____의 주장은 많은 사람들에게 교육은 더 이상 소비가 아니라 경제발전을 위한 투자라는 인식을 심어주었다.

12
발전교육론, 인간자본론

13 교육기회에 대한 _____은 법이나 제도상으로 누구에게나 교육기회가 허용되어야 한다는 관점이다. _____은 취학한 학교가 동일한 질적 수준을 유지하며 동질적인 교육 프로그램을 학생들에게 제공해야 한다는 관점이다.

13
허용적 평등관, 과정적 평등관

14 _____의 연구 결과는 학교의 교육조건들은 성적 차이에 별다른 영향을 주지 못하며 그보다는 학생의 가정배경과 친구집단이 훨씬 강한 영향을 준다고 말한다. _____는 학업성취에 영향을 주는 가장 큰 원인이 가정배경과 학생의 인지능력이라고 말한다.

14
콜맨 보고서, 젠크스의 연구

15 교육평등관의 마지막 단계라고 할 수 있는 _____은 교육받은 결과가 동일해야 한다는 관점이다. 우리나라의 경우 2000년대에 들어오며 빈곤, 양극화, 격차 등과 같은 사회문제에 대응하기 위한 다양한 대책들이 개발·시행되었는데, 2003년에 실시되기 시작한 _____이 대표적인 보상적 평등을 위한 교육정책이라 할 수 있다.

15
결과적 평등관,
교육복지 우선지원사업

16 _____은 교육기회가 늘어나면서 교육기회의 평등화가 실현되고, 그러한 교육이 능력주의적 방식으로 작동하게 된다면 능력에 따른 사회적 상승이동이 가능해짐으로써 사회 불평등이 줄어들 것이라고 본다. _____은 경제 재생산이론과 문화 재생산이론을 포괄하는 내용이며, 궁극적으로 자본주의의 구조적 모순이 해결되지 않고서는 학교교육을 통한 사회평등화는 불가능하다는 비관론적 시각을 갖고 있다.

16
평등화론, 불평등 재생산이론

17 _____란 가정의 문화적 자본과 활동이 부족하여 학교에서 학습하는 데 필요한 기초적인 소양을 갖추지 못한 상태를 일컫는 개념이다. _____는 문화에 우열이 없다고 보며, 이들은 학업 격차의 원인을 문화, 교육내용, 언어와 규범 등에 익숙하지 않기 때문으로 보았다.

17
문화실조, 문화다원론자

18 _____는 학생들이 공유하는 생활방식, 가치관, 취향, 행동양식 또는 행동 규칙을 통칭하는 말이다. _____이란 사회학적으로 보면 사회집단이나 사회체제 속에서 사회적·문화적으로 받아들여지고 있는 표준인 사회적 규범에서 이탈되거나 또는 상반되는 행동을 말한다.

18
학생문화, 일탈행동

19 사회·문화 현상에 대한 미시적 관점으로서 _____은 거시적 관점이 간과한 개인의 능동적인 사고 과정, 행위의 선택, 타자와의 의사소통 과정에 주목한다. _____에 따르면 일탈은 결국 행동하는 사람과 그 사람을 보고 판단하는 사람 간의 상호작용 결과물이다.

19
상징적 상호작용론, 낙인이론

20 허친스의 _____란 모든 사람들이 언제, 어느 때라도 교육을 받을 수 있고, 교육의 목표는 인간가치 실현에 두어야 하며, 모든 제도가 인간가치 실현을 지향하는 방향으로 가치 전환에 성공한 사회라고 규정한다. _____은 교육활동과 다른 인생활동을 번갈아 가면서 행함으로써 사람들이 전 생애에 걸쳐 교육의 기회와 자원을 재분배하는 전략이다.

20
학습사회, 순환교육

12개년 기출분석 Big Data

2%
생활지도 및
상담

2024	2023	2022	2021	2020	2019

2018	2017	2016	2015	2015(추)	2014

2014(추)	2013
○	

설쌤의 Live Class

학교교육은 크게 교과교육과 생활지도를 두 축으로 이루어집니다. 특히 담임교사의 역할이 중시되는 우리나라 교육체제에서는 예비교사들의 생활지도 역량이 더욱 강조됩니다. 그럼에도 불구하고 교과교육 위주의 학교교육 및 예비교사 양성교육체제에서 생활지도는 제대로 된 준비도 없이 교사 개개인의 역량과 노력에 기대어 형식적으로 이루어지는 경우가 많습니다. 생활지도 및 상담 파트에서는 생활지도의 개념, 영역, 원리 등 개괄적 내용을 이해한 후에 진로이론, 청소년 비행이론, 상담이론의 흐름을 차례대로 살펴봄으로써 생활지도자 및 상담가로서의 교사 전문성을 높이고자 합니다. 특히 이 파트는 구체적인 사례들과 연결 지어 학습하는 것이 중요합니다. 각 이론을 학교현장과 연결 지어 이해한다면 학습한 내용을 내면화하는 데 도움이 될 것입니다.

PART 9
생활지도 및 상담

논술형 기출개념에는 ✿로, 객관식 기출개념에는 ✦로 표기하였습니다.

생활지도 및 상담 한눈에 구조화하기

Chapter 01 생활지도

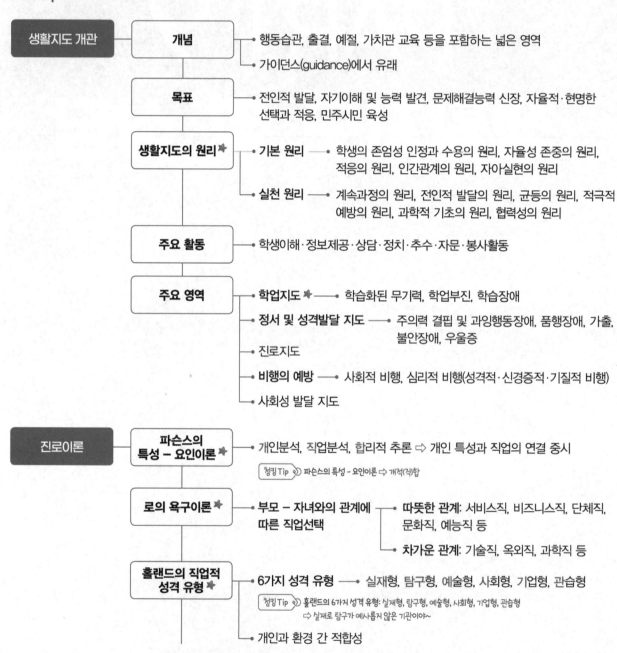

생활지도 개관

- **개념**
  - 행동습관, 출결, 예절, 가치관 교육 등을 포함하는 넓은 영역
  - 가이던스(guidance)에서 유래

- **목표**
  - 전인적 발달, 자기이해 및 능력 발견, 문제해결능력 신장, 자율적·현명한 선택과 적응, 민주시민 육성

- **생활지도의 원리 ✦**
  - **기본 원리** — 학생의 존엄성 인정과 수용의 원리, 자율성 존중의 원리, 적응의 원리, 인간관계의 원리, 자아실현의 원리
  - **실천 원리** — 계속과정의 원리, 전인적 발달의 원리, 균등의 원리, 적극적 예방의 원리, 과학적 기초의 원리, 협력성의 원리

- **주요 활동**
  - 학생이해·정보제공·상담·정치·추수·자문·봉사활동

- **주요 영역**
  - **학업지도 ✦** — 학습화된 무기력, 학업부진, 학습장애
  - **정서 및 성격발달 지도** — 주의력 결핍 및 과잉행동장애, 품행장애, 가출, 불안장애, 우울증
  - 진로지도
  - **비행의 예방** — 사회적 비행, 심리적 비행(성격적·신경증적·기질적 비행)
  - 사회성 발달 지도

진로이론

- **파슨스의 특성 – 요인이론 ✦**
  - 개인분석, 직업분석, 합리적 추론 ⇨ 개인 특성과 직업의 연결 중시
  - 청킹Tip 🔑 파슨스의 특성 – 요인이론 ⇨ 개적(직)합

- **로의 욕구이론 ✦**
  - 부모 – 자녀와의 관계에 따른 직업선택
    - **따뜻한 관계:** 서비스직, 비즈니스직, 단체직, 문화직, 예능직 등
    - **차가운 관계:** 기술직, 옥외직, 과학직 등

- **홀랜드의 직업적 성격 유형 ✦**
  - 6가지 성격 유형 — 실재형, 탐구형, 예술형, 사회형, 기업형, 관습형
  - 청킹Tip 🔑 홀랜드의 6가지 성격 유형: 실재형, 탐구형, 예술형, 사회형, 기업형, 관습형
    - ⇨ 실제로 탐구가 예사롭지 않은 기관이야~
  - 개인과 환경 간 적합성

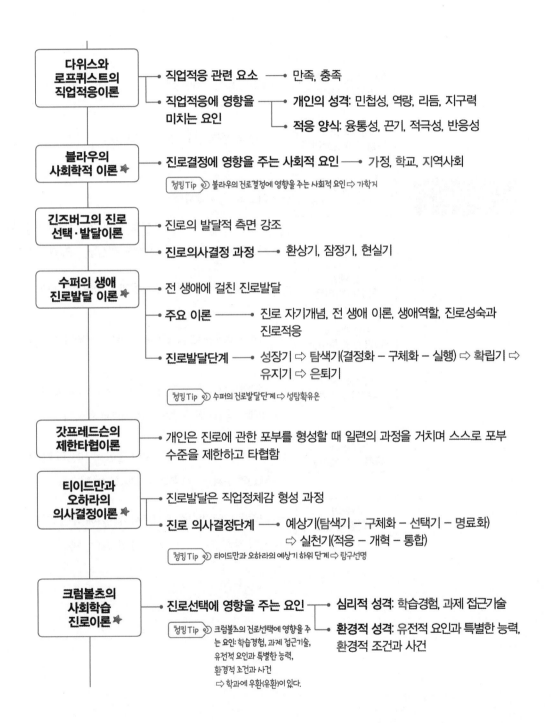

다위스와 로프퀴스트의 직업적응이론
- 직업적응 관련 요소 ── 만족, 충족
- 직업적응에 영향을 미치는 요인
  - 개인의 성격: 민첩성, 역량, 리듬, 지구력
  - 적응 양식: 융통성, 끈기, 적극성, 반응성

블라우의 사회학적 이론 ✽
- 진로결정에 영향을 주는 사회적 요인 ── 가정, 학교, 지역사회

  청킹Tip ▷ 블라우의 진로결정에 영향을 주는 사회적 요인 ▷ 가학지

긴즈버그의 진로 선택·발달이론
- 진로의 발달적 측면 강조
- 진로의사결정 과정 ── 환상기, 잠정기, 현실기

수퍼의 생애 진로발달 이론 ✽
- 전 생애에 걸친 진로발달
- 주요 이론 ── 진로 자기개념, 전 생애 이론, 생애역할, 진로성숙과 진로적응
- 진로발달단계 ── 성장기 ⇨ 탐색기(결정화 – 구체화 – 실행) ⇨ 확립기 ⇨ 유지기 ⇨ 은퇴기

  청킹Tip ▷ 수퍼의 진로발달단계 ▷ 성탐확유은

갓프레드슨의 제한타협이론
- 개인은 진로에 관한 포부를 형성할 때 일련의 과정을 거치며 스스로 포부 수준을 제한하고 타협함

티이드만과 오하라의 의사결정이론 ✽
- 진로발달은 직업정체감 형성 과정
- 진로 의사결정단계 ── 예상기(탐색기 – 구체화 – 선택기 – 명료화) ⇨ 실천기(적응 – 개혁 – 통합)

  청킹Tip ▷ 티이드만과 오하라의 예상기 하위 단계 ▷ 탐구선명

크럼볼츠의 사회학습 진로이론 ✽
- 진로선택에 영향을 주는 요인
  - 심리적 성격: 학습경험, 과제 접근기술
  - 환경적 성격: 유전적 요인과 특별한 능력, 환경적 조건과 사건

  청킹Tip ▷ 크럼볼츠의 진로선택에 영향을 주는 요인: 학습경험, 과제 접근기술, 유전적 요인과 특별한 능력, 환경적 조건과 사건 ▷ 학과에 우환(유환)이 있다.

PART 9

생활지도 및 상담 한눈에 구조화하기

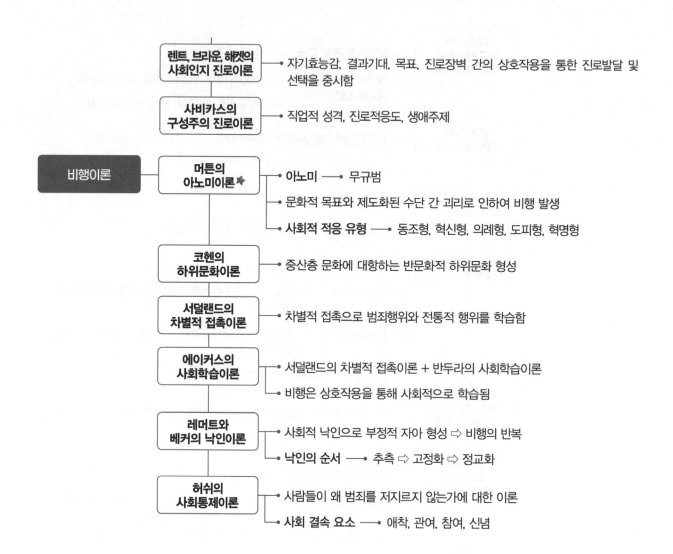

렌트, 브라운, 해켓의 사회인지 진로이론 — 자기효능감, 결과기대, 목표, 진로장벽 간의 상호작용을 통한 진로발달 및 선택을 중시함

사비카스의 구성주의 진로이론 — 직업적 성격, 진로적응도, 생애주제

비행이론

머튼의 아노미이론 ✔
- **아노미** — 무규범
- 문화적 목표와 제도화된 수단 간 괴리로 인하여 비행 발생
- **사회적 적응 유형** — 동조형, 혁신형, 의례형, 도피형, 혁명형

코헨의 하위문화이론 — 중산층 문화에 대항하는 반문화적 하위문화 형성

서덜랜드의 차별적 접촉이론 — 차별적 접촉으로 범죄행위와 전통적 행위를 학습함

에이커스의 사회학습이론
- 서덜랜드의 차별적 접촉이론 + 반두라의 사회학습이론
- 비행은 상호작용을 통해 사회적으로 학습됨

레머트와 베커의 낙인이론
- 사회적 낙인으로 부정적 자아 형성 ⇨ 비행의 반복
- **낙인의 순서** — 추측 ⇨ 고정화 ⇨ 정교화

허쉬의 사회통제이론
- 사람들이 왜 범죄를 저지르지 않는가에 대한 이론
- **사회 결속 요소** — 애착, 관여, 참여, 신념

Chapter 02 **학교상담과 상담이론**

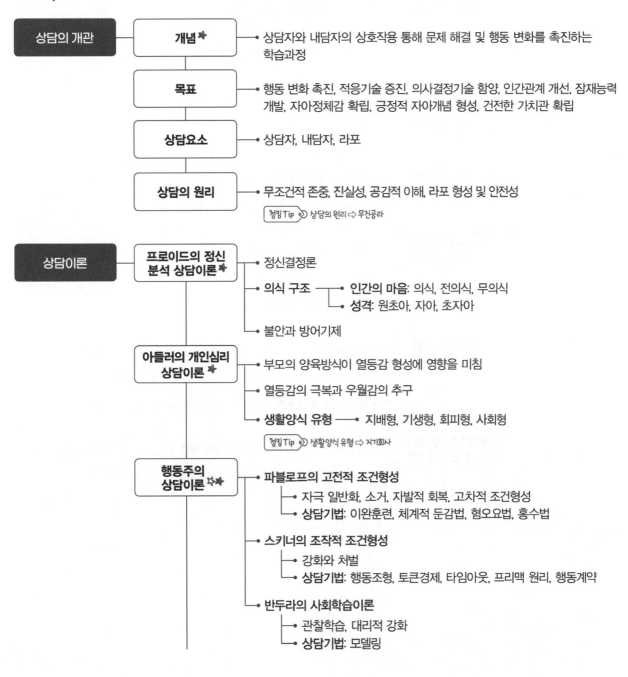

상담의 개관

개념 ✦
→ 상담자와 내담자의 상호작용 통해 문제 해결 및 행동 변화를 촉진하는 학습과정

목표
→ 행동 변화 촉진, 적응기술 증진, 의사결정기술 함양, 인간관계 개선, 잠재능력 개발, 자아정체감 확립, 긍정적 자아개념 형성, 건전한 가치관 확립

상담요소
→ 상담자, 내담자, 라포

상담의 원리
→ 무조건적 존중, 진실성, 공감적 이해, 라포 형성 및 안전성

청킹Tip 🐾 상담의 원리 ⇨ 무진공라

상담이론

프로이드의 정신 분석 상담이론 ✦
→ 정신결정론
→ **의식 구조** ── **인간의 마음**: 의식, 전의식, 무의식
　　　　　　　　　성격: 원초아, 자아, 초자아
→ 불안과 방어기제

아들러의 개인심리 상담이론 ✦
→ 부모의 양육방식이 열등감 형성에 영향을 미침
→ 열등감의 극복과 우월감의 추구
→ **생활양식 유형** ── 지배형, 기생형, 회피형, 사회형

청킹Tip 🐾 생활양식 유형 ⇨ 지기회사

행동주의 상담이론 ✿✦
→ **파블로프의 고전적 조건형성**
　　├→ 자극 일반화, 소거, 자발적 회복, 고차적 조건형성
　　└→ **상담기법**: 이완훈련, 체계적 둔감법, 혐오요법, 홍수법
→ **스키너의 조작적 조건형성**
　　├→ 강화와 처벌
　　└→ **상담기법**: 행동조형, 토큰경제, 타임아웃, 프리맥 원리, 행동계약
→ **반두라의 사회학습이론**
　　├→ 관찰학습, 대리적 강화
　　└→ **상담기법**: 모델링

생활지도 및 상담 한눈에 구조화하기

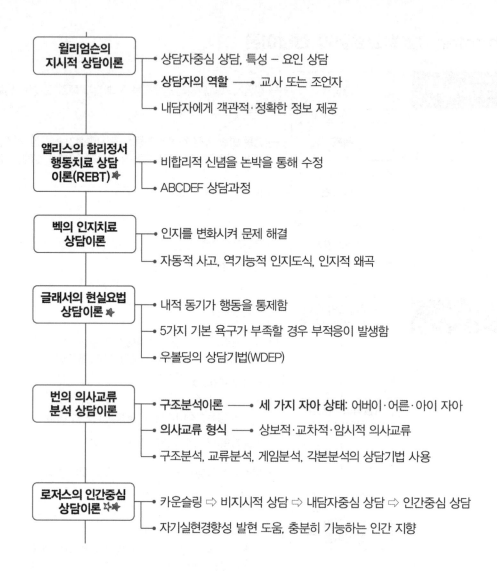

윌리엄슨의 지시적 상담이론
- 상담자중심 상담, 특성 – 요인 상담
- 상담자의 역할 —— 교사 또는 조언자
- 내담자에게 객관적·정확한 정보 제공

앨리스의 합리정서 행동치료 상담이론(REBT)✿
- 비합리적 신념을 논박을 통해 수정
- ABCDEF 상담과정

벡의 인지치료 상담이론
- 인지를 변화시켜 문제 해결
- 자동적 사고, 역기능적 인지도식, 인지적 왜곡

글래서의 현실요법 상담이론 ✿
- 내적 동기가 행동을 통제함
- 5가지 기본 욕구가 부족할 경우 부적응이 발생함
- 우볼딩의 상담기법(WDEP)

번의 의사교류 분석 상담이론
- 구조분석이론 —— 세 가지 자아 상태: 어버이·어른·아이 자아
- 의사교류 형식 —— 상보적·교차적·암시적 의사교류
- 구조분석, 교류분석, 게임분석, 각본분석의 상담기법 사용

로저스의 인간중심 상담이론 ✿✿
- 카운슬링 ⇨ 비지시적 상담 ⇨ 내담자중심 상담 ⇨ 인간중심 상담
- 자기실현경향성 발현 도움, 충분히 기능하는 인간 지향

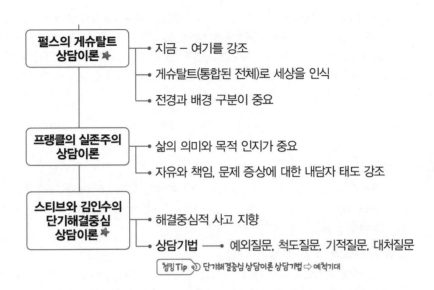

펄스의 게슈탈트 상담이론 ✦
- 지금 – 여기를 강조
- 게슈탈트(통합된 전체)로 세상을 인식
- 전경과 배경 구분이 중요

프랭클의 실존주의 상담이론
- 삶의 의미와 목적 인지가 중요
- 자유와 책임, 문제 증상에 대한 내담자 태도 강조

스티브와 김인수의 단기해결중심 상담이론 ✦
- 해결중심적 사고 지향
- **상담기법** — 예외질문, 척도질문, 기적질문, 대처질문

청킹 Tip 📌 단기해결중심 상담이론 상담기법 ➡ 예척기대

Chapter 01 생활지도

설쌤의
Live Class 🎤

넓은 의미에서 생활지도는 교과지도 이외의 모든 교육활동을 포함합니다. 이번 챕터에서는 **생활지도의 개념, 필요성, 목표, 원리, 주요 영역들**을 살펴보고, 특히 **진로선택과 비행의 원인**에 대한 이론들을 설명하고자 합니다. 특히 진로선택이론의 경우 진로선택, 진로발달, 사회학습 등 무엇을 강조하는지를 중심으로 하위 이론들을 구분하고 큰 흐름을 읽는다면 효과적으로 이해할 수 있을 것입니다.

핵심 Tag 🔎

생활지도
'가이던스(guidance)'의 번역어로, 학생 개개인이 자신과 자신의 주변 환경의 이해를 바탕으로 바람직한 방향으로 성장·발달하여 건강한 사회구성원이 되도록 안내하고 지도하며 도와주는 활동

홀랜드의 직업적 성격 유형
- 사람과 환경의 6가지 유형: 실재적, 탐구적, 예술적, 사회적, 설득적, 관습적
- 개인과 환경 간의 적합성이 직업선택 및 만족도에 영향을 미침

수퍼의 생애진로발달 이론
- 진로발달은 개인이 일생 동안 수행하는 일련의 발달과업이며 자아실현의 과정
- 진로발달을 설명하는 네 가지 측면: 진로 자기개념, 전 생애 이론, 생애역할, 진로성숙과 진로적응

크럼볼츠의 사회학습 진로이론
- 진로선택과정에서 개인과 환경이 상호작용하는 과정(학습)에 초점을 두고 개인이 환경과의 상호작용을 통해 무엇을 학습했는지에 강조점을 둠
- 진로결정에 영향을 주는 요인: 유전적 요인과 특별한 능력, 환경적 조건과 사건, 학습경험, 과제 접근기술

사비카스의 구성주의 진로이론
- 개인은 자신의 진로 관련 행동과 직업적 경험에 의미를 부여하며 스스로의 진로를 구성해감
- 상담자의 역할: 내담자가 자신에게 의미 있는 경험을 찾아내도록 촉진하고 돕는 것

01 생활지도 개관

❶ 개념 및 필요성

(1) 개념

① '생활지도'라는 용어는 학생들의 학업, 진로, 인성 등의 영역에 대한 발달, 의사결정, 문제해결 등의 과정을 돕는다는 의미의 단어 '가이던스(guidance)'의 번역어로 행동습관, 출결, 예절, 가치관 교육 등을 포함하는 넓은 영역을 다루고 있다.

ㄱ. 좁은 의미: 학생이 지니고 있는 여러 문제들을 이해하고 이를 해결할 수 있도록 돕거나 안내하는 것을 의미한다.

ㄴ. 넓은 의미: 학생의 생활 및 행동지도 등을 모두 포괄하며, 교과지도 외의 모든 교육활동을 포함한다.

② 생활지도란 학생 개개인이 자신과 자신의 주변 환경의 이해를 바탕으로 바람직한 방향으로 성장·발달하여 건강한 사회구성원이 되도록 안내하고 지도하며 도와주는 활동이다.

(2) 필요성

① **교육적 측면:** 학생이 학교생활에 잘 적응하고, 나아가 다원화되고 복잡한 사회에 잘 적응하도록 돕는다. 다양한 가치가 상존하는 복잡한 사회에서 학생이 접하는 문제를 해결해 나가기 위해 생활지도가 필요하다.

② **사회적 측면:** 급변하는 사회 환경에서 가치혼란이 예상된다. 따라서 현실적으로 풍부한 경험을 제공하고 사회의 적재적소에 알맞은 유능한 인재를 육성하고 공급하는 보고로서의 역할수행을 위한 생활지도가 필요하다.

③ **개인적 측면:** 학생의 잠재능력을 최대로 발휘할 수 있도록 도움으로써 개인의 행복과 발전은 물론 사회와 국가의 발전에도 기여할 수 있도록 지도해야 한다. 이를 통해 학생이 자기 자신을 발견하고 건전한 자아개념을 형성하도록 도와주며 스스로 문제를 해결하고 환경에 적응하여 자아실현을 할 수 있도록 생활지도가 필요하다.

❷ 생활지도의 목표 및 효과

(1) 목표

① **전인적 발달:** 성장과정에 있는 학생이 지적·정서적·사회적으로 통합된 발달을 이루도록 돕는다.

② **자기이해 및 능력 발견:** 학생이 스스로의 성격과 흥미, 적성 등을 파악함으로써 자신의 존재를 정확하게 이해하고 현재의 능력 및 잠재능력을 최대한 계발하도록 돕는다.

③ 문제해결능력의 신장: 다원화되고 복잡한 사회생활에서 직면하는 다양한 문제를 스스로 해결할 수 있도록 자기통제능력을 기르도록 돕는다.
④ 자율적 · 현명한 선택과 적응: 끊임없이 변화하는 사회와 인생과정 속에서 학생은 한 개인으로서뿐만 아니라 가정, 학교, 사회의 일원으로서 끊임없이 선택을 하며 살아간다. 따라서 타인에 의해 강요된 적응이 아니라 자율적으로 현명하게 선택하여 사회에 보다 만족스럽게 적응해 갈 수 있도록 돕는다.
⑤ 민주시민 육성: 사회의 일원으로서 건강한 성격과 원만한 대인관계를 통하여 개인이 지닌 자질과 역량을 발휘하여 그 사회에 기여할 수 있도록 돕는다.

(2) 효과

① 교사는 생활지도를 통해 학생을 보다 정확하게 이해함으로써 더욱 잘 지도할 수 있고, 학생의 행동을 분석 · 이해하는 학생지도 역량을 향상시킬 수 있다.
② 학교와 지역사회 간의 협력을 강화시키는 데 도움이 된다.
③ 교사와 학교의 연구 활동을 촉진시킨다.

3 생활지도의 원리 기출 05 중등 / 05 초등

(1) 기본 원리

원리	내용
학생의 존엄성 인정과 수용의 원리	학생 개개인의 가치와 존엄성을 믿고 이를 긍정적으로 수용 및 이해함
자율성 존중의 원리	학생이 자신의 문제를 파악하고 해결하는 데 있어 자신의 자율적 판단과 자발적 활동을 존중해야 함
적응의 원리	학생이 자신의 능력과 특성을 살려서 전반적인 생활에 잘 적응하고, 적극적인 삶의 주체가 될 수 있도록 도와주어야 함
인간관계의 원리	교사와 학생 사이의 진실한 인간관계가 중요함
자아실현의 원리	학생이 자신의 문제를 해결하고, 새로운 장래를 설계하고, 학교생활에 건전하게 적응할 수 있도록 지도하여 자아실현을 할 수 있도록 도와야 함

(2) 실천 원리

원리	내용
계속과정(계속성)의 원리	생활지도는 단발적인 것이 아니라 추수활동 등을 통한 지속적 · 계속적 과정임
전인적 발달(전인성)의 원리	생활지도의 중요 목표는 학생 개개인의 전체적 발달임
균등의 원리	생활지도의 대상은 전체 학생임
적극적 예방(적극성)의 원리	처벌보다는 지도를, 치료보다는 예방을 원칙으로 함

과학적 기초(과학성)의 원리	학생 생활지도 프로그램은 학교 교육계획의 통합된 일부이므로 과학적 방법에 기초한 연구와 판단에 근거해 학교의 요구와 환경 등 특수성을 고려하여 개발되어야 함
협력성의 원리	참되고 진정한 사랑에 기초하여 학생과 상호 협력에 의거한 지도를 중시함

❹ 생활지도의 대상 및 주요 활동

(1) 생활지도 대상

① 학교에서 생활지도는 종종 문제학생에 대한 특별한 지도를 의미한다. 여기서 문제학생이란 행동, 정서, 인지, 사회성, 학업, 학교 규칙 준수 등에서 정상적인 범위를 벗어나는 학생을 지칭한다. 이 경우 생활지도의 목표는 교정 또는 치료가 된다.

② 하지만 학생이 겪는 문제는 고정적이거나 영구적이지 않는다는 점에서 대다수 학생들은 문제를 일시적으로 경험할 수 있다는 '교육적인 관점'을 택할 때, 생활지도의 대상은 일부 특수한 학생이 아닌 모든 학생이라고 보아야 한다.

③ 생활지도는 모든 학생을 대상으로 문제가 발생하기 전 또는 심각해지기 전에 예방을 시도하는 '예방적 차원'의 활동을 반드시 수반한다.

(2) 주요 활동

① 학생이해활동(학생조사활동, student inventory service)
  ㉠ 교사는 개별 학생을 이해하기 위해 학생의 지적 능력, 성격, 태도, 가치관, 적성, 흥미, 가정환경 등을 조사한다.
  ㉡ 관찰법, 생활기록부 열람, 가정환경 조사서, 진단평가, 학부모 상담, 다양한 검사지 등을 통해 학생에 대한 정보를 습득할 수 있다.

② 정보제공활동(information service)
  ㉠ 학생에게 개인적 발달과 사회적응에 필요한 교칙, 학습법, 교육정보, 직업정보 등의 정보와 자료를 제공하는 것을 의미한다.
  ㉡ 진로교육, 특별활동, 현장체험학습, 지역사회와 연계한 소질계발활동 등을 통해 정보를 제공할 수 있다.

③ 상담활동(counseling service)
  ㉠ 학생이 자신을 이해하고 문제를 스스로 해결하는 능력을 키울 수 있도록 돕는 활동이다.
  ㉡ 담임교사와 전문상담교사가 학교에서 학생을 대상으로 상담활동을 전개한다.

④ 정치활동(placement service)
  ㉠ 학생을 적재적소에 배치하는 활동으로 학생이 자신의 소질, 능력, 적성 및 희망 진로를 정확하게 이해하여 학과, 진학, 취업과 관련하여 적합한 선택을 하도록 돕는 조직적인 활동을 뜻한다.
  ㉡ 교과목, 동아리 등의 교육과정상의 선택뿐만 아니라 학생 개인의 문제에서의 선택에서도 정치활동이 이루어질 수 있다.

개념확대 ⊕
Zoom IN

학생이해활동의 방법
• **관찰법**: 가장 기본적인 조사방법으로, 조사대상을 관찰함으로써 그에 대한 지식을 얻는 방법이다.
• **질문지법**: 조사대상에게 질문사항이 열거된 용지에 답하게 함으로써 조사대상에 대한 사실이나 의견 등을 물을 수 있다.
• **면접법**: 면대면 대화를 통해 언어적 수단을 매개로 조사대상에 대한 정보를 조사하는 방법이다.
• **검사법**: 지능검사, 흥미 또는 적성검사, 인성검사 등을 통해 조사대상에 대한 구체적인 정보를 측정하는 방법이다.
• **사례연구법**: 한 개인의 과거와 현재의 사실을 상세히 조사하여 개인이 가지고 있는 문제의 원인과 조건을 밝히는 방법이다.

⑤ 추수(追隨)활동(follow-up service)
  ㉠ 교육적 지도의 계속성의 살리는 활동으로, 생활지도를 받은 학생의 적응 정도를 확인하며 후속적인 생활지도를 계속적으로 하는 활동이다.
  ㉡ 상담 이후 학생에 대한 담임교사의 계속적인 관찰이나 졸업생을 상대로 하는 비정기적 상담 및 지도가 이에 포함된다.
⑥ 자문활동(consultation): 학생이 생활지도 과정에서 직면한 문제들을 효과적으로 해결하기 위해 전문적인 조언이나 협조를 구하는 것이다.
⑦ 교사 및 관련인사를 위한 봉사활동: 학생의 전인적 발달을 위해 교사가 필요로 하는 학생관련 자료 및 생활지도 관련 정보를 제공하며, 교사나 학교행정가 및 학부모가 직면하는 전문적인 도움을 필요로 하는 문제를 해결할 수 있도록 돕는 활동이 포함된다.

❺ 생활지도의 주요 영역

(1) 학업지도 [기출] 02 초등

① 개념
  ㉠ 학생이 자신의 학업문제를 효율적으로 해결하고 학업과제를 효과적으로 성취할 수 있도록 돕는 생활지도이다.
  ㉡ 학업문제는 시험불안, 집중력 부족, 학습방법 및 습관 문제 등을 포함한다.
② 학업 관련 변인
  ㉠ 인지적 요인
    ⓐ 지능: 지능은 학업 성취의 15~36% 정도를 설명한다는 연구결과에서 시사하듯, 지능검사를 수행하는 것은 학업 곤란의 원인 및 학습상의 강점과 약점을 찾아내어 학업계획을 세우는 데 도움이 될 수 있다. 지능 측정 시에는 웩슬러 지능검사(K-WISC, K-WAIS), 고대-비네검사, L-S식 진단성 지능검사, 종합능력 진단검사 등의 지능검사를 활용할 수 있다.
    ⓑ 학업기초능력: 성공적인 학업성취를 나타내기 위해서는 기초 학업능력이 있어야 하며, 이를 측정하기 위해 동일한 학년급 수준에서의 백분율로 학업수준을 나타내는 표준화된 학업성취검사를 활용할 수 있다.
    ⓒ 과목별 선행학습 수준: 각 과목별 선행학습의 정도가 얼마나 되는지를 파악할 필요가 있다. 각 과목별 선행학습 수준은 상담자가 해당 과목의 학습수준을 파악하기 어려울 경우, 부모와 교사의 협조를 얻어 간접적으로 파악할 수 있다.

ⓛ 정서적 요인

    ⓐ 학습에 대한 동기와 흥미: 학습동기는 개인으로 하여금 특정 과제를 학습하게 하는 추진력을 의미하며, 학습과정에 영향을 끼친다. 학습동기는 외적 조건에 의해 유발될 수도 있지만, 과제 자체의 흥미를 높이거나 학생의 자기효능감을 증진시킴으로써 내적 동기를 유발하는 것이 더욱 중요하다.

참고 학습동기 관련 이론

1. 귀인이론(attribution theory)

(1) 개관

① 자신이나 타인의 성공 또는 실패와 관련된 행동의 원인을 설명하는 방식에 대한 이론이다.

② 학생이 과제의 성패 원인을 어디서 찾는지는 이후 학습성취도에 영향을 미친다.

③ 과제의 성공이나 실패에 있어, 개인 외적이고 통제 불가능한 '과제의 난이도'나 '운'에서 원인을 찾기보다는, 개인 내적 요인 '능력'이나 '노력', 특히 '통제 가능한 노력'에서 원인을 찾는 것이 바람직하다.

(2) 네 가지 귀인 요소와 특징

귀인 요소	원인 소재	안정성	통제 가능성
능력	내적	안정적	불가능
노력	내적	불안정적	가능
운	외적	불안정적	불가능
과제 난이도	외적	안정적	불가능

2. 자기효능감(self-efficacy)

(1) 개관

① 학습자가 특정 과제를 수행할 때 자신이 '그것을 성공적으로 수행할 능력이 있는가'에 대한 신념을 의미한다.

② 특정 과제에 대해 자기효능감이 높으면 그 과제에 대해 적극적인 태도를 갖고 매달리지만, 자기효능감이 낮을 경우 그 과제를 회피하게 된다.

(2) 자기효능감 형성과 향상 전략

① 자기효능감 형성에 영향을 미치는 요소에는 '과거의 성공 경험, 대리 경험, 언어적 설득, 생리적·정서적 상태'가 있다.

② 과제의 성공이나 실패의 귀인 방식도 자기효능감에 영향을 미친다.

③ 교사는 학습자에게 적절한 난이도의 과제를 통한 성공을 경험할 수 있게 하고, 긍정적인 귀인을 할 수 있도록 도우며 학습자의 자기효능감을 향상시킬 수 있다.

학습화된 무기력*

- **개념:** 처음 과제를 시작할 때부터 성공에 대한 낮은 기대를 가지고 있으며, 어려움에 부딪히면 쉽게 포기하는 경향이 있고, 실패를 노력 부족과 같은 통제 가능한 원인으로 돌리기보다는 능력 부족으로 귀인하며, 성공을 자신의 능력이나 노력에 귀인하기 보다는 좋은 운이나 과제의 쉬움 같은 외적이고 통제 불가능한 원인으로 돌리며, 실패를 경험한 다음 미래의 성공에 대한 기대가 급속도로 낮아지는 특징을 보이는 것을 말한다.
- **원인:** 실패에 대한 참을성이 적거나 의존적 성격 등과 같은 학생의 개인적 특징에서 비롯되었을 수도 있고, 학생이 가진 잠재력을 과소평가하는 부모나 교사와의 상호작용을 통해 유래된 것일 수도 있다.
- **지원 전략**
  - 무기력에 빠진 학생이 정기적으로 성공 경험을 할 수 있게 하는 것이 중요하다.
  - 학생이 진지한 노력을 기울여 어떤 발전을 보일 때 그들의 노력을 인정하고 격려하며 계속적인 발전에 대한 기대감을 표시한다.
  - 학생에게 자신의 학습활동을 통제할 수 있다는 사실을 경험하게 하기 위해 학생에게 스스로 학업목표를 세우게 하고 자신의 향상을 평가하게 한다.
  - '서로 칭찬하기'와 같은 집단활동을 통해 무기력에 빠진 학생이 자신의 긍정적인 자질을 발견하고 동료들에게 인정받는 기회를 갖도록 한다.

* Butkowsky & WIllows, 1980

---

3. 목표지향성(goal orientation) 이론

(1) 개관

① 개인이 과제를 수행할 때 추구하는 목표인 '목표지향성'에 따라 개인의 인지적·행동적·정의적 측면의 차이가 생기고 이는 학업성취에 영향을 준다.

② 목표지향성은 숙달지향성과 수행지향성으로 구분할 수 있다.

(2) 숙달지향성과 수행지향성

① **숙달지향성:** 과제를 통한 기능과 지식의 숙달과 완성을 목표로 삼으며, 과제의 수행과정에 초점을 맞춘다.

② **수행지향성:** 과제의 성패나 경쟁을 중시하며, 과제의 결과에 관심이 있다.

구분	숙달지향성	수행지향성
성공의 준거	기능의 개선, 숙련 정도	높은 점수, 유능해 보이는 것
노력의 정도	심층적 정보처리	피상적 정보처리
선호하는 과제	도전적 과제	아주 쉽거나 어려운 과제
귀인 성향	노력 귀인	능력 귀인
능력에 대한 관점	노력에 따라 변함	타고난 것으로 변하지 않음

ⓑ **자아개념:** 자기 자신이 어떤 사람이라고 지각하는지 여러 가지 측면을 포함하고 내담자의 학업성취에 영향을 주며 학업성취에 의해 영향을 받는 요인이다. 학업성취와 관련된 자아개념은 '능력 자아개념'과 '성취 자아개념'이다.

- **능력 자아개념:** 학업에 관련된 잠재가능성에 대한 자신의 지각이다.
  - 예 나는 학교공부를 감당할 능력이 있다고 생각한다.
- **성취 자아개념:** 실제 학업성취의 결과에 대한 지각이다.
  - 예 나는 학교공부에서 실패자라고 생각한다.

ⓒ **정서적 갈등과 불안수준:** 정서적 갈등은 성적이 갑자기 하락하는 경우뿐만 아니라 전반적으로 성적이 저조한 경우나 점차 하락하는 경우에도 중요한 원인이 되었을 수 있다. 내담자가 정서적 갈등으로 인해 학업에 곤란을 겪지 않는지, 정서적 갈등의 내용과 원인은 무엇인지 확인할 필요가 있다.

ⓒ **학습방법 및 전략:** 학습방법은 학교에서의 학습방법과 가정에서의 학습방법으로 구분해 파악할 수도 있으며, 전반적 주의집중 전략으로부터 시작해서 노트 작성과 수업요령 및 시험 준비 및 응시요령, 전 과목에 공통적인 교과서 학습전략과 각 과목별로 독특한 학습전략, 요점정리 전략, 시간 관리 및 활용전략 등 다양한 방법에서 파악될 수 있다.

ⓔ **환경적 요인:** 상담자는 학생의 내적인 특성에 대한 점검과 더불어, 학생 주변의 환경들이 학업을 증진시킬 수 있는 방향으로 이루어져 있는지도 함께 파악하는 것이 도움이 된다. 학습에 중요한 환경적 요인으로는 가정, 학교, 또래, 지역사회 환경 등이 있다.

③ 학업부진의 지도
  ㉠ 학업부진아(underachiever): 지능에 비해 학력이 뒤떨어졌거나 학업성적이 부진하여 교과를 학습하는 데 필요한 최소한의 학습능력을 갖추지 못한 학습자를 의미한다.
  ㉡ 학업부진의 원인
    ⓐ 학습자 개인적 원인: 지능 문제나 장애, 극도의 긴장 등으로 인한 신체적 요인, 학습 흥미와 동기의 결여, 정서적 불안이나 주의산만 등의 성격·정서적 요인, 기초학력의 결함 등이 학업부진의 원인이 된다.
    ⓑ 학습 환경적 원인: 부모의 무관심이나 과잉관심 등의 가정환경 요인, 학교시설이나 교사의 교수방법 등과 같은 학교환경 요인이 학업부진의 원인이 된다.
  ㉢ 학업부진 지도방법
    ⓐ 진단: 지능검사나 학력검사 등을 통해 학업부진아를 진단한다.
    ⓑ 능력별 편성제: 학력 정도가 비슷한 학생끼리 학습할 수 있도록 학급을 편성하고 수준별 수업을 진행한다.
    ⓒ 보충지도제: 멘토링, 방과후수업 등을 통해 추가적으로 부족한 교과를 보충할 기회를 제공한다.
④ 학업부진 교육과 관련한 시사점
  ㉠ 학습부진 교육은 각 교육 주체(교사, 학부모, 학생)의 동의를 바탕으로 이루어져야 하지만, 가장 중요한 근거는 (담임)교사의 판단이어야 한다.
  ㉡ 학습부진 교육은 단위학교에서 '과외'로 하는 활동인 만큼, 책임 지우기나 채찍 위주의 감독보다는 우수 사례를 발굴하고 우수 교사에 대한 장려가 강조되어야 한다.
  ㉢ 학습부진 교육은 특수교육(특수학급 및 학습도움교실)과의 연계 서비스로 구축되어야 한다. 이는 통합교육 차원에서 특수교사가 일반교사를 지원하거나 협력적 자문을 제공할 수 있는 장이 되어야 한다는 것이다.
  ㉣ 학습부진과 학습장애는 개념적으로 구분되어야 한다. 학습부진은 매우 낮은 수준으로 나타나는 '증상'이며 원인을 진단하고 중재를 계획해야 할 시발점인 반면, 학습장애란 일종의 '진단명'이며 특수교육 대상이다.

(2) 정서 및 성격발달 지도

① 성격: 환경에 대한 개인의 적응을 특징짓는 비교적 일관성 있고 독특한 개인의 심리적 특징이다.
② 성격 결정 요인: 생물학적 요인과 환경적 요인의 상호작용에 의해 형성된다.
③ 성격 지도
  ㉠ 학생이 학교생활과 사회생활에 잘 적응할 수 있는 성격을 형성하고 발달할 수 있도록 지도한다.
  ㉡ 개인의 적응문제, 열등감이나 공격적 태도, 심리적 장애 등을 진단·지도하며, 성격이 건강하게 발달할 수 있도록 돕는다.

개념확대⊕
Zoom IN

학습장애
- **개념**: 특수교육의 한 영역으로서 정신지체, 정서장애, 환경 및 문화적 결핍과는 관계없이 듣기, 말하기, 쓰기, 읽기 및 산수능력을 습득하거나 활용하는 데 심한 어려움을 한 분야 이상에서 보이는 장애를 말한다.
- **원인**: 개인에 내재하는 지각장애, 지각 – 운동장애, 신경체계의 역기능 및 뇌손상과 같은 기본적인 정보처리과정의 장애 등이 있다.
- **특징**: 개인 내 차이, 즉 개인의 능력발달에서 분야별 불균형이 나타난다.
- **구분**
  - **발달적 학습장애**: 학생이 교과를 학습하기 전에 갖추어야 하는 신체적 기능(주의집중력, 기억력, 인지기능, 사고기능, 구어기능)을 포함한다.
  - **학업적 학습장애**: 학교에서 습득하는 학습기능(읽기, 쓰기, 셈하기, 작문)을 포함한다.

④ 성격검사법
  ㉠ 관찰법: 성격 이해의 가장 기본적인 방법으로, 교사가 학생의 행동을 관찰함으로써 학생의 성격적 특성을 이해한다.
  ㉡ 질문지법: 확인하고자 하는 내용의 질문지를 작성하고 조사대상자에게 제시하여 자기보고식으로 답변하게 하거나, 다른 사람이나 검사자가 판단하여 평정하게 하여 학생의 성격정보를 수집하는 것으로, MBTI, MMPI, 에니어그램 등이 대표적이다.
  ㉢ 사례연구: 학생의 특정 행동의 원인을 파악하기 위하여 학생의 성장과정 등을 분석하여 대상의 성격, 문제행동의 발생 원인, 환경에 대한 정보를 수집 · 분석한다.
  ㉣ 투사법: 자신의 감정이나 욕구에 따라서 외부 사건을 해석하려는 인간의 경향성을 이용하여, 대상에게 그림 등을 제시하고 이에 대한 반응을 통해 욕구, 원망, 신념 등을 이해하는 방법이다.
⑤ 아동과 청소년의 정서장애
  ㉠ 주의력 결핍 및 과잉행동장애(Attention – Deficit Hyperactivity Disorder)
    ⓐ 증상: 산만하고 어떤 일에 주의집중을 하지 못하고, 충동적이며 참을성이 없으며, 교실에서 잠시도 자리에 앉아 있지 못하고 이리저리 계속 돌아다니거나 책상을 마구 두드리거나 말을 쉴 새 없이 하는 등의 과잉행동을 보인다.
    ⓑ 치료: 약물치료와 행동치료를 병행할 수 있다. 약물치료는 아동의 과잉행동, 산만함, 주의력 결핍을 감소시키고 집중력을 증가시킨다. 또한 행동치료를 실시할 수도 있는데, 실패를 최소화하고 성공가능성을 최대화하도록 학습자료를 조직하고, 성공했을 때 즉각적인 피드백과 긍정적 보상을 사용하는 방식을 실시할 수 있다.
  ㉡ 품행장애(conduct disorder)
    ⓐ 증상: 공격적 · 반사회적인 행동을 보이는 것으로, 품행장애를 보이는 아동이나 청소년은 공격성, 권위나 규칙에 대한 불복종, 신체적 · 언어적 폭력성, 파괴적 행동을 보인다.
    ⓑ 치료: 아동의 외적 환경을 변화시킨다. 아동의 중요한 외적 환경의 하나인 부모를 품행장애 치료에 포함시키는 것이 매우 중요하며 가족치료가 권고된다.
  ㉢ 가출
    ⓐ 원인: 아동과 청소년은 가정에서 경험하는 어떠한 고통스럽고 괴로운 현실에서 도피하기 위해서 또는 자유를 만끽하고 쾌락을 즐기기 위해 가출한다.
    ⓑ 해결: 청소년보호기관, 전문상담기관 등 전문기관과 연계해 가출청소년을 지도 · 지원할 수 있다. 또한 부모가 청소년 가출의 원인인 경우 가출청소년 치료에 문제 부모를 포함시키는 것이 중요하다.

ⓔ 불안장애

ⓐ 증상: 과도한 민감성, 비현실적 공포, 지나친 수줍음과 불안정, 자신에 대한 강한 부적절, 수면장애, 학교에 대한 공포와 같은 증상들을 보이며, 일반적으로 타인에게 지나치게 의존해 불안과 공포로부터 벗어나려고 하는 시도를 하기도 한다.

- 분리불안장애: 분리불안장애를 보이는 아동은 부모나 자기 집과 같은 주요 애착대상에게서 분리되는 것에 대한 극도의 불안을 보인다.

- 과잉불안장애: 과잉불안장애를 보이는 아동과 청소년은 현실적으로 크게 걱정할 일이 없는데도 과도한 걱정이나 지속적 공포에 시달려, 두통, 소화장애, 현기증, 숨 막힘, 수면장애 등으로 나타난다.

ⓑ 치료: 약물치료가 점차 일반화되어가고 있으며 자기주장훈련, 사회기술 훈련, 체계적 둔감화 훈련 등의 인지·행동적 치료 역시 불안장애 치료에 효과적이다.

ⓜ 아동기 우울증

ⓐ 증상: 슬픔, 무관심, 활동 감소, 식욕감퇴, 신체적 고통 호소, 잦은 울음, 공격적 행동, 자살 등의 행동을 보이며 아동의 성장·발달을 저해한다.

ⓑ 원인: 부모의 우울증이 부모와 자녀 간의 상호작용이나 유전을 통해 전달될 수 있으며, 우울증은 긍정적인 사건을 외적·일시적인 요인에 귀인하고 부정적인 사건을 내적·안정적·총체적인 요인으로 귀인하는 인지적 왜곡이나 역기능적 사고 패턴과 연관되어 있기도 하다.

ⓒ 치료 시 유의할 점

- 정신장애를 가지고 있어 도움과 치료가 필요한 아동과 청소년은 그들 스스로 도움을 요청할 위치에 있지 못하다.

- 결손가정에서 자라는 아동과 청소년들은 심리적·정서적인 문제에 취약하다.

- 아동과 청소년의 심리치료에는 부모 치료도 필요하다.

- 부모교육을 통해 부모들이 자녀를 변화시키는 역할을 담당하도록 한다.

- 궁극적 치료는 가정에서 행해져야 한다.

(3) 진로지도

① 개념 및 필요성

㉠ 개념

ⓐ 진로: 개인의 나아갈 인생의 방향을 의미한다.

ⓑ 진로지도: 학생이 진로와 직업을 준비할 수 있도록 개인의 역량을 키우고 진로선택에 필요한 지식과 방법을 익히도록 하는 활동으로 진학지도와 직업지도를 모두 포함한다.

   ⓛ 필요성
    ⓐ 소년기의 발달적 특징: 청소년기는 보다 복잡한 조건과 상황 속에서 새로운 자아에 이르는 과정에서 자아탐색을 하며 정체감을 성공적으로 달성하는 시기라는 점에서 청소년기에 객관적 자기이해를 전제로 한 진로지도는 중요하다.
    ⓑ 노동시장 환경의 급속한 변화: 현대사회는 여러 방면에서 상상하기조차 힘들 정도로 변화를 거듭하고 있으며, 진로지도와 밀접하게 관련된 노동시장 및 직업세계 역시 급속하게 변화하고 있다는 점에서 청소년기에 이러한 변화를 정확하게 인식하고 준비하는 것은 중요하다.
    ⓒ 대학입시제도의 변화: 진로지도는 '진학상담'과 관련된다는 점에서 대학입시제도의 내용과 변화 방향을 면밀히 숙지하고 그에 상응한 진로지도방법을 적용하는 것이 중요하다.

  ② 진로지도의 목표와 내용
   ㉠ 진로지도 목표
    ⓐ 자신에 관한 보다 정확한 이해 승진: 직업의 종류에 따라 요구되는 능력과 적성, 기능, 역할이 다양하다. 따라서 자기에게 맞는 일과 직업을 선택하기 위해서는 무엇보다 자기의 가치관, 능력, 성격, 적성, 흥미, 신체적 특성 등에 대해 올바르게 이해하는 게 중요하다.
    ⓑ 직업세계에 대한 이해 증진: 직업의 전문화·고도화가 급속하게 진전되고, 직업의 종류와 일의 방법도 계속해서 변화하는 상황 속에서 일과 직업세계의 다양한 측면과 변화 양상 등을 올바르게 이해할 수 있도록 하는 일은 진로지도의 매우 중요한 목표이다.
    ⓒ 합리적 의사결정능력 증진: 진로지도의 최종 결과는 결국 어떤 '결정'이라는 형태로 나타난다는 점에서, 진로지도는 청소년들의 진로에 관한 의사결정과정에 초점을 두고 의사결정기술을 증진시키도록 조력하는 것을 중요한 목표로 삼아야 한다.
    ⓓ 정보탐색 및 활용능력의 함양: 진로지도 및 진로상담에서는 '정보제공'이 매우 큰 비중을 차지하고 있다는 점에서, 학생 스스로가 정보를 탐색할 수 있는 방법을 알려주고 실행해 옮겨보도록 안내한다면, 학생은 이러한 시도를 통해 자기가 필요한 정보를 스스로 수집해 활용하는 능력을 체득하게 될 것이다.
    ⓔ 일과 직업에 대한 올바른 가치관 및 태도 형성: 진로지도를 통해 학생은 올바른 직업관과 직업의식을 형성할 수 있어야 한다. 예컨대, 일 자체를 수단으로 여기는 생각에서 벗어나고, 직업 자체에 대한 편견을 버려야 하며, 성 역할에 대한 고정관념에서 벗어나도록 해야 한다.
   ㉡ 진로지도 내용
    ⓐ 자아이해와 사회적 역량 개발: 자아에 대한 이해는 긍정적인 자아개념 형성의 토대가 되고, 사회적 역량은 대인관계 및 의사소통역량을 통해 형성된다.

ⓑ **일과 직업 세계 이해**: 건강한 직업생활에는 건강한 직업의식이 필요하며, 사회변화에 따라 직업은 다양하게 변화한다는 점에서 직업 세계의 변화는 자신의 진로에 영향을 미칠 수 있다.

ⓒ **진로탐색**: 직업 정보를 탐색하는 것은 직업 이해에 필요하므로 자신의 진로탐색을 위해 진로를 공부할 필요가 있다.

ⓓ **진로 디자인과 준비**: 진로 의사결정능력은 진로에 장애가 되는 요인을 해결함으로써 길러진다.

③ 진로지도의 방법 및 적용

㉠ 진로지도 방법

ⓐ **교과학습을 통한 진로지도**: 해당 교과의 학습이 자기의 진로에서 어떠한 역할을 수행하는지 이야기하고, 그 교과를 전공한 사람이 어떤 부류의 직업에 종사하는지 설명하고, 그 교과를 통해 특정 직업에 대해 준비를 시킨다.

ⓑ **학급관리를 통한 진로지도**: 담임교사는 첫째, 조·종례시간을 통해 진로를 고민해볼 수 있도록 하고, 둘째, 창의적 체험활동 시간을 통해 진로탐색 프로그램을 집단상담 방식으로 운영할 수 있으며, 셋째, 교실 환경을 진로지도 방편으로 활용하는 등의 노력을 통해 진로지도를 할 수 있다.

ⓒ **학교행사를 통한 진로지도**: 진로의 날 행사, 진로주간 행사 등을 통해 자기이해와 각종 직업에 대한 이해도를 높여 현명한 진로를 추구할 수 있도록 한다.

ⓓ **진로정보 제공을 통한 진로지도**: 진로정보란 개인의 진로선택 및 적응을 위해 필요한 모든 지식과 이해에 관련된 정보를 의미하며, 다양한 방식으로 관련 자료를 수집하여 학생들에게 제공할 수 있다.

㉡ 진로상담 과정

ⓐ **접수면접**: 실제 상담 이전에 호소문제가 무엇인지, 상담기관에서 다룰 수 있는 문제 영역인지 확인하고, 실제 상담자와 연결 짓기 위한 기본 정보를 수집하기 위한 대화가 이루어지는 장이다. 이를 통해 내담자의 요구를 파악하고 후속적으로 이어질 진로상담의 방향을 결정한다.

ⓑ **관계 수립 및 내담자 분류**: 내담자와의 긍정적·협력적인 관계를 수립한 후 진로결정 정도에 따라 내담자 분류한다(진로결정자, 진로미결정자, 진로무결정자).

ⓒ **문제 평가 및 목표 설정**: 내담자가 호소하는 문제의 내용과 심각도, 내담자 상태 등을 통해 문제를 평가한 후 진로상담의 목표를 설정한다.

ⓓ **행동계획 수립 및 행동 실행을 위한 조력**: 내담자로 하여금 현실적 성과로 기대할 수 있는 것이 무엇인지 알게 하고 목표와 계획을 세우는 과정을 연습시키고, 내담자의 요구와 스타일에 따라 행동계획 과정을 개별화한다. 내담자와 상담하는 과정에서 나타나는 다양한 저항현상을 민감하게 알아차리고 극복할 수 있도록 적극적으로 개입한다.

ⓔ 종결 및 추수지도: 진로상담의 효과적 종결을 위해서는 진로상담 과정에서 다루어진 내용 검토, 진로상담 진행과정 점검, 진로문제를 다루는 내담자의 능력과 강점 강조, 내담자의 변화 평가, 남아있는 문제 논의, 상담 관계 종결에 대한 내담자의 정서 파악, 목표 달성의 정도 및 다음 단계에서 해야 할 일 검토 등이 이루어진다.

(4) 비행의 예방

① 비행(delinquency)의 개념
  ㉠ 청소년의 도리나 도덕, 법규에 어긋나는 행위를 의미한다.
  ㉡ '이상행동', '일탈행동', '부적응행동', '탈선행동'이라고 부르기도 한다.
  ㉢ 도덕적·윤리적·사회적 측면에서 지위에 걸맞지 않는 옳지 못한 행동을 모두 포괄한다.

② 비행의 유형
  ㉠ 지위비행과 범죄비행
    ⓐ 지위비행: 음주 및 흡연 등과 같이 성인이 하였을 경우 문제되지 않지만, 청소년이기 때문에 문제가 되는 행동이다.
    ⓑ 범죄비행: 형벌 법규에 규정된 범죄행위를 하는 경우이다.
  ㉡ 심리적 특징에 따른 분류
    ⓐ 사회적 비행: 비교적 심리적 문제가 적거나 없고 비행 하위 문화의 구성원으로서 저지르는 비행을 의미한다. 사회적 비행은 집단으로 저지르는 경우가 많고, 정상적인 사회·문화규범 준수를 통해 경험하지 못하는 자아존중감과 소속감을 비행행위를 통해 얻는 것이다.
    ⓑ 심리적 비행: 심리적 문제로 인해 발생하는 비행을 의미한다.
      • 성격적 비행: 행위자의 비사회적 성격구조에서 비롯되는 비행으로, 타인의 권리나 감정을 고려하지 못하며 자신의 행동을 조절하는 능력이 부족하다.
      • 신경증적 비행: 행위자가 자신의 욕구를 정상적인 방식으로 충족시킬 수 없는 경우에 그 욕구를 표현하는 방식으로 범하게 되는 비행으로, 주로 단독으로 급작스럽게 일어나며 상황적으로 촉발되는 경우가 많다.
      • 정신병적(기질적) 비행: 행위자가 조현병과 같은 질병이나 뇌의 손상과 같은 기질적 이상으로 인해 저지르는 비행을 말한다.

③ 비행 관련 요인

요인	내용
개인적 요인	낮은 자존감, 충동조절능력과 미래조망능력의 부족, 감정 인식 및 표현능력의 부족, 자기중심적 인지왜곡, 문제해결능력의 부족, 부적절한 대인관계 양상
가족 관련 요인	자애로운 양육·적절한 훈육 부족, 자녀 발달에 따른 관계조정 실패
학교 관련 요인	학교에 대한 낮은 애착, 학교활동의 낮은 성공도, 학교에서의 낙인
또래 관련 요인	친구관계를 통한 비행의 모방학습, 비행행동의 상호 강화

④ 비행의 예방
　　㉠ 비행의 예방은 개인, 집단, 가정, 학교, 종교, 경찰, 지역사회, 국가적
　　　차원에서 광범위하게 이루어질 수 있다.
　　㉡ 가정을 통한 관여: 부모의 잘못된 교육과 문제가족에 대한 가족상담 및
　　　치료서비스를 통해 청소년의 비행을 예방하도록 노력한다.
　　㉢ 학교를 통한 관여: 전인교육을 위하여 개별 학생의 개인적이고 특수한 문
　　　제에 관심을 가지고 지도하며 학생들이 교사·학교 상담 등을 활용할 수
　　　있도록 한다.
　　㉣ 지역사회를 통한 관여: 지역사회 내의 민간기관이나 주민단체들은 청소년의
　　　비행을 유발하는 사회 환경을 정화하는 노력을 기울인다.
⑤ 비행청소년의 상담 및 지도
　　㉠ 비행청소년 상담
　　　ⓐ 무조건적 존중: 내담자의 배경이나 능력이나 행동의 잘잘못에 관계없이
　　　　한 사람의 인간으로 존중하고 수용하는 것을 의미한다.
　　　ⓑ 공감적 이해: 해당 청소년이 그런 비행행위를 할 수밖에 없었던 이유와
　　　　과정, 배경, 그런 행위를 했기 때문에 또는 했음에도 불구하고 가지는
　　　　복잡한 생각과 느낌과 바람 등을 그 청소년의 입장에서 이해하는 것을
　　　　의미한다.
　　　ⓒ 한계 내의 자유롭고 안전한 분위기 형성: 비행청소년이 자유롭게 자신을
　　　　인식하고 표현할 수 있는 힘이 생성되려면 상담관계 속에서 무조건적
　　　　존중과 공감적 이해가 이루어지고 전달되어야 한다. 하지만 이러한 자
　　　　유롭고 편안한 분위기는 적정한 한계 내에서 이루어져야 한다.
　　　ⓓ 긍정적 측면의 인정과 활용: 변화의 동기가 별로 없는 내담자에게는
　　　　아무것도 변화시키려 하지 말고 그 사람의 대처·적응방식 중 긍정적
　　　　인 어떤 측면들을 지적하고 인정하거나, 즉각적으로 눈에 띄지는 않
　　　　지만 그 사람이 변화시키고자 할 의욕이 있을 만하고 변화의 가능성이 있을
　　　　만한 다른 문제를 찾아서 그 문제를 해결하라고 권한다.
　　　ⓔ 대인관계능력 증진 훈련: 욕구와 감정을 적절하게 표현하고 충동을 조절
　　　　하기, 행동에 대한 자기책임지기, 타인의 감정과 권리 존중, 타인을 배려
　　　　하고 인정하기, 자신을 적절하게 주장하고 타인의 부당한 요구를 거절
　　　　하기, 의견 조정하기, 시간 엄수하기, 정해진 시간 내에 일을 완수하기
　　　　등 대인관계와 사회생활에서 요구되는 기본적 태도와 능력의 훈련이
　　　　필요하다.
　　㉡ 부모 상담
　　　ⓐ 중요성: 비행문제의 해결을 위해서는 부모의 적극적 협조가 어떤 방식
　　　　으로든 매우 중요하다는 점에서 비행 상담은 부모 상담을 포함한다.
　　　ⓑ 부모 상담 시 부모 모두 상담에 참여할 수 있어야 하며, 부모와 함께
　　　　문제와 관련 요인의 이해, 문제해결의 가능성과 자원 탐색, 자녀를 대
　　　　하는 행동 변화, 가족 간 유대강화 등을 통해 문제의 해결을 돕는다.

(5) 사회성 발달 지도

① 사회성의 개념 및 사회성 지도

  ㉠ 사회성은 여러 의미를 동시에 가진 복합 개념이다.

  ㉡ 사회성의 첫째 의미는 혼자 고립되지 않고 타인들과 소통하면서 함께 사는 사교성 능력을 포함한다. 생활지도 입장에서는 비사교적 학생이 주로 지도의 관심 대상이 된다.

  ㉢ 사회성의 둘째 의미는 사회의식 및 이타성, 즉 사회의 한 구성원으로서 반드시 가져야 할 의식과 태도를 포함한다. 이런 의미의 사회성은 도덕교과와 사회교과에서 다뤄지기도 한다. 이 점에서 생활지도는 인성교육과 중첩되며 교과지도와 분리될 수 없다.

② 사회성 발달 조력 프로그램

  ㉠ 최근 교육청, 청소년 상담기관, 교사단체 등에서 다양한 생활지도 자료를 개발하여 보급해왔다.

  ㉡ 지도 자료의 형태 또한 인터넷, 서적 등의 텍스트 자료, 프로그램(의사소통 기술 향상 프로그램, 자기주장 훈련 프로그램, 학교폭력 예방 프로그램, 인터넷 중독 예방 프로그램 등) 등 다양하고, 이외에도 해당 전문가를 초빙하거나 지역의 상담기관과 연계하여 지도할 수 있다.

요약정리 🔍
Zoom OUT 생활지도 종합

구분	내용
개념	'가이던스(guidance)'의 번역어로, 학생 개개인이 자신과 자신의 주변 환경의 이해를 바탕으로 바람직한 방향으로 성장·발달하여 건강한 사회구성원이 되도록 안내하고 지도하며 도와주는 활동
목표	전인적 발달, 자기이해 및 능력의 발견, 자기지도를 통한 문제해결능력의 신장, 자율적이고 현명한 선택과 적응, 민주시민 육성
원리	• **기본원리**: 학생의 존엄성 인정과 수용의 원리, 자율성 존중의 원리, 적응의 원리, 인간관계의 원리, 자아실현의 원리 • **실천원리**: 계속과정의 원리, 전인적 발달의 원리, 균등의 원리, 적극적 예방의 원리, 과학적 기초의 원리, 협력성의 원리
주요 활동	학생이해(조사) 활동, 정보제공 활동, 상담활동, 정치활동, 추수활동, 자문활동, 교사 및 관련 인사를 위한 봉사활동
주요 영역	학업지도, 정서 및 성격발달 지도, 진로지도, 비행의 예방, 사회성 발달 지도

02 진로이론

개념확대 ⊕
Zoom IN 진로이론의 분류

구분	이론
진로선택이론	파슨스의 특성 – 요인이론
	로의 욕구이론
	홀랜드의 직업적 성격 유형
	다위스와 로프퀴스트의 직업적응이론
	블라우의 사회학적 이론
진로발달이론	긴즈버그의 진로선택 · 발달이론
	수퍼의 생애진로발달 이론
	갓프레드슨의 제한타협이론
	티이드만과 오히라의 의사결정이론
사회학습 진로이론	크럼볼츠의 사회학습 진로이론
	렌트, 브라운, 해캣의 사회인지 진로이론
새로운 관점	사비카스의 구성주의 진로이론

❶ 파슨스(Parsons)의 특성 – 요인이론(trait and factor theory) 기출 10 중등

(1) 개념

① 전제: 개인과 직업 간의 이해와 적절한 연결로 직업선택이 이루어진다. 즉, 개인의 특성과 직업의 요인이 밀접하게 연관될 때 직업적 성공 가능성이 크다.

② 초점: 개인의 특성과 직업을 구성하는 요인에 관심을 두고, 이들을 파악하고 두 요인 간의 연관성을 파악하는 데 초점을 둔다.

③ 개념: 개인의 직업선택을 위해서는 개인분석, 직업 요인을 확인하는 직업분석, 상담을 통한 개인과 직업을 연결시키는 합리적 추론 등의 과학적 측정방법을 통해 개인의 특성을 분석하고 이를 직업 특성에 연결시켜야 한다.

④ 대표적인 이론가로는 파슨스, 윌리엄슨(Williamson), 헐(Hull) 등이 있다.

논술에 바로 써먹는
교육학 배경지식

19C 말 미국에서는 급속하게 성장하는 도시로 몰려드는 이주민들의 요구에 부응할 수 있는 직업지도의 필요성이 대두되면서 진로이론이 처음 태동했습니다. 이후 1909년 파슨스가 자신의 실무 경험을 토대로 체계적 직업지도의 방법을 기술한 『Choosing a Vocation』에 소개된 직업선택의 원리가 최초의 진로이론으로 인정받고 있습니다. 이후 많은 진로이론이 소개되었는데, 이를 네 가지 시기로 구분하면 다음과 같습니다. 첫 번째 시기는 20C 초 직업지도운동으로 출발해 개인차에 초점을 두면서 개인의 특성에 맞는 진로대안을 선택하는 시기(진로선택이론), 두 번째 시기는 20C 중반 진로에 발달적 개념이 추가된 시기(진로발달이론), 세 번째 시기는 20C 말 진로에 대한 사회인지적 행동 관점의 등장으로 일과 진로 관련 경험적 · 정신적 · 동기적 · 행동적 과정이 진로발달 맥락에 통합되는 시기(사회학습 진로이론), 네 번째 시기는 구성주의 접근으로 생애주제, 관계, 이야기, 의미 형성 등을 강조하며 진로에 대해 구성주의적이고 담화적 접근을 해야 하는 시기(새로운 관점)로 나눌 수 있습니다.

(2) 특성과 요인

① 특성(trait)
- ㉠ 개인이 가지고 있는 고유한 특징으로, 개인의 적성, 흥미, 가치관, 성격, 포부 수준, 소유 자원 등을 포함한다.
- ㉡ 포함 요소
  - ⓐ 적성: 어떤 일을 성공적으로 수행할 가능성을 의미하며, 적성의 파악은 진학, 교육이나 훈련, 직업에서의 성공 가능성 예측에 있어 중요하다.
  - ⓑ 흥미: 개인이 호기심과 재미를 느끼는 것이며, 어떤 일을 하면서 느끼게 되는 즐거움, 행복감, 만족감 등을 뜻한다.
  - ⓒ 가치: 직업을 통해 이루고자 하는 목표와 연관되어 있으며, 일을 통해 얻고자 하는 것이다.
  - ⓓ 성격: 개인이 가지는 독특한 행동방식이며, 직업에서 요구되는 행동을 잘하는 사람은 그 직업에의 적응도가 높다.

② 요인(factor)
- ㉠ 특정 직무의 수행에서 요구하는 조건이며 직무내용의 특징이다.
- ㉡ 직업의 요인을 이해하기 위해서는 직업에 대해 정보를 수집하여 직업을 파악해야 한다.
- ㉢ 직업에 대한 정보는 자격 요건, 근무환경, 장·단점, 보수, 취업 기회, 직업 전망 등을 포함하며, 직무분석에서 직무의 정의, 직무의 흐름도, 직업명세서, 작업명세서 등을 통해 확인할 수 있다.
- ㉣ 우리나라의 국가직무능력표준(NCS; National Competency Standards) 등은 산업 현장에서 직무를 수행하기 위한 지식, 기술, 태도를 체계화한 것으로 특정 직무가 요구하는 역량에 대해 파악할 수 있다.

(3) 이론의 적용

① 진로상담 시작 – 변별진단(differential diagnosis)
- ㉠ 진로 무선택: 공식적 교육과 훈련을 끝마친 후에 어떤 직업을 갖고 싶은지 물었을 때 내담자는 자신의 선택 의사를 표현할 수 없고, 자신이 무엇을 원하는지조차 모른다고 대답한다.
- ㉡ 불확실한 선택: 내담자는 직업을 선택했고 또 그것을 직업 명칭으로 말할 수도 있지만, 자신의 결정에 대해 의심을 나타낸다.
- ㉢ 현명하지 못한 선택: 내담자의 능력과 흥미 간의 불일치, 내담자의 능력과 직업이 요구하는 것들 간의 불일치로 정의되며, 이 범주는 이러한 변인들의 가능한 모든 결합을 포함한다. 그렇지만 현명하지 못한 선택은 내담자가 충분한 적성을 가지고 있지 않은 직업을 결정함을 의미한다.
- ㉣ 흥미와 적성 간의 모순: 흥미를 느끼는 직업이 있으나 그 직업을 가질 능력이 부족한 경우, 적성이 있는 직업에는 흥미가 적고 흥미가 있는 직업에는 적성이 낮은 경우 등이 이에 속한다.

② 진로상담 과정 - 합리적 · 과학적 방법*

    ⊙ 분석: 여러 자료에서부터 태도, 흥미, 가족배경, 지식, 학교 성적 등에 대한 세부 자료를 수집한다.

    ⊙ 종합: 내담자의 독특성 또는 개별성을 탐지하기 위하여 사례연구나 검사 결과에 의해 자료를 수집 · 요약한다.

    ⊙ 진단: 내담자의 특성과 문제를 분류하고, 교육적 · 직업적 능력과 특성을 비교하여 문제의 원인을 찾아낸다.

    ⊙ 처방: 조정 가능성 및 문제의 가능한 결과를 판단하고, 이를 통해 내담자가 고려해야 할 대안적 조치와 조정사항을 찾는다.

    ⊙ 상담: 현재 또는 미래의 바람직한 적응을 위해 할 일을 함께 상의한다.

    ⊙ 추수지도: 새로운 문제가 발생했을 때 내담자가 바람직한 행동계획을 수행할 수 있도록 계속적으로 돕는다.

(4) 이론의 평가 및 시사점

① 시사점

    ⊙ 직업을 선택할 시 개인의 특성을 고려하도록 했다.

    ⊙ 특성 - 요인이론에 의해 강조된 표준화 검사도구와 직업세계 분석과정은 진로상담에 매우 유용한 역할을 한다.

② 한계

    ⊙ 특성 - 요인이론에서는 객관적 절차, 특히 심리검사를 통해 개인의 특성을 타당하고 신뢰성 있게 측정할 수 있다고 가정하는데, 이러한 검사도구에서 밝혀진 결과가 어떤 직업에서의 성공 여부를 정확하게 예언하지 못한다는 예언타당도의 문제가 있다.

    ⊙ 직업선택을 일회적인 행위로 간주하여 장기간에 걸친 인간의 직업발달을 도외시하고 있으며, 개인이 소지하고 있는 특성 간의 역동성 및 개인이 그 많은 요인 중에서 어느 것을 우선적으로 고려하느냐에 따라 직업선택이 달라질 수 있다는 점을 고려하지 못한다.

    ⊙ 특성 - 요인이론은 개인의 특성과 직업 간의 관계를 기술하지만, 개인의 특성이 어떻게 발달했는가, 개인이 왜 그러한 특성을 가지게 되었는가에 대한 설명이 부족하다.

    ⊙ 특성 - 요인이론은 개념적 단순함으로 인해 많은 상담자나 상담 프로그램에서 활용되고 있지만, 이론 자체적으로는 효율적인 진로상담을 위한 지침을 제공하지 못한다.

❷ 로(Roe)의 욕구이론(need theory) 기출 05, 11 중등 / 12 초등

(1) 배경 및 전제

① 배경: 매슬로우의 욕구이론을 기초로 하여 초기 인생경험과 직업선택과의 관계에 관한 가정을 발전시켰다.

---

*Williamson, 1939

개념확대 ⊕
Zoom IN

성공적 직업선택의 세 가지 요인
- **개인분석**: 개인의 특성, 자기 자신에 대해 이해한다.
- **직업분석**: 취업기회, 요구조건, 자격요건, 장 · 단점, 보수, 전망 등 직업 요인에 대해 확인한다.
- **합리적 추론(합리적 선택)**: 상담을 통해 개인과 직업을 연결시킨다.

② 전제

    ⊙ 개인이 가지고 있는 여러 가지 잠재적 특성 발달에는 한계가 있고, 한계의 정도는 개인에 따라 다르다.

    ⓒ 개인의 유전적 특성의 발달 정도와 발달 통로는 개인의 유일하고 특수한 경험에 영향을 받으며, 가정의 사회·경제적 배경과 사회·문화적 배경에 의해 영향을 많이 받는다.

(2) 개념 및 특징

① 개념

    ⊙ 개인의 욕구가 직업선택에 큰 영향을 미치며, 아동기에 가족 내 상호작용 속에서 경험한 것이 직업선택에 많은 영향을 미친다.

    ⓒ 로는 흥미에 기초해서 직업을 8가지 군집으로 나누고, 각 직업에서의 곤란도와 책무성을 고려하여 6가지 단계를 설정하였다.

    ⓒ 8가지 직업군과 6가지 단계

        ⓐ 8가지 직업군

직업군	내용
서비스직 (service)	• 타인을 위한 일을 하는 직군 • 타인의 욕구와 복지에 관심을 가짐 • 사회사업, 지도, 원조 등
비즈니스직 (business contact)	일대일 만남을 통해 상대방을 설득하여 공산품, 투자상품, 부동산 등을 판매하는 일
단체직 (organization)	• 기업, 조직, 효율적 기능과 관련되며 형식화된 인간관계를 맺음 • 사업, 제조업, 행정에 종사하는 관리직 화이트칼라
기술직 (technology)	• 대인관계보다 사물을 다루는 데 주요 관심이 있는 직군 • 상품과 재화의 생산, 유지, 운송과 관련된 직업, 공학, 기능, 기계 무역 관련 직업
옥외활동직 (outdoor)	• 대인관계를 중요시하지 않음 • 농산물, 수산자원, 지하자원, 임산물, 기타의 천연자원을 개발·보존·수확하거나 축산업 관련 직업
과학직 (science)	과학 이론을 특정한 환경에 적용하는 것과 관련된 직군
일반문화직 (general culture)	• 문화유산의 보존이나 전수와 관련이 있으며, 개인보다는 인류의 활동에 흥미가 있는 직군 • 교육, 언론, 법률, 성직, 언어학·인문학 과목 관련 직업
예술과 예능직 (arts and entertainment)	• 개인과 대중 또는 조직화된 집단과 대중 간의 관계가 중요함 • 창조적 예술, 연예와 관련된 특별한 기술을 사용하는 직업

ⓑ 6가지 단계

단계	직종	내용
1단계	고급 전문관리 (professional and managerial 1)	• 중요하고 독립적이며 다양한 책임을 지는 단계 • 박사급의 고등교육 수준을 가지고 있으며 정책을 만드는 데 참여함
2단계	중급 전문관리 (professional and managerial 2)	• 고급 전문관리보다는 더 좁은 영역에 대해 덜 중요한 책임을 가지는 단계 • 석사 이상 박사 이하의 교육수준을 가지고 있고 정책을 해석함
3단계	준 전문관리 (semiprofessional and small business)	• 타인에 대한 낮은 책임을 가지는 단계 • 고등학교나 기술학교 수준의 교육수준을 갖고 있고, 정책을 적용하거나 의사결정 함
4단계	숙련직 (skilled)	견습이나 다른 특수한 훈련과 경험을 필요로 하는 단계
5단계	반숙련직 (semiskilled)	숙련직보다는 낮은 수준의 훈련과 경험이 요구되며, 훨씬 더 적은 자율과 주도권을 가짐
6단계	비숙련직 (unskilled)	특수한 훈련이나 교육이 필요없으며, 간단한 지시를 따르거나 단순한 반복활동 정도의 단계

② 부모 – 자녀 관계에 따른 직업선택
  ㉠ 따뜻한 부모 – 자녀 관계: 부모님과의 따뜻한 관계를 통해 성장한 사람은 인간지향적인 성격을 형성하고 직업선택에서도 서비스직, 비즈니스직, 단체직, 문화직, 예능직 등을 선택한다.
  ㉡ 차가운 부모 – 자녀 관계: 부모님과의 차가운 관계를 통해 성장한 사람은 비인간지향적인 성격을 형성하고 직업선택에서도 기술직, 옥외직, 과학직 등을 선택한다.

참고 부모 - 자녀 관계의 유형

1. 정서집중형
 ① 과보호형: 자녀를 지나치게 보호하여 자녀가 부모에게 의존적이게 만든다.
 ② 요구과잉형: 자녀를 엄격하게 훈련시키고, 우수한 성적을 받아오기를 요구한다.

2. 회피형
 ① 무시형: 자녀와의 접촉과 부모로서의 책임을 회피하려고 하고, 자녀의 욕구 충족을 위해 노력하지 않는다.
 ② 거부형: 자녀에게 냉담한 태도를 가지며, 자녀의 선호도나 의견을 무시한다.

3. 자녀수용형
 ① 무관심형: 자녀를 수용적으로 대하지만, 최소한의 사랑으로 자녀를 대하며 자녀의 욕구나 필요에 민감하게 대응하지 않는다.
 ② 애정형: 온정적이고 자녀에게 관심을 기울이며 이성과 애정으로 자녀를 대한다.

(3) 이론의 평가 및 시사점

① 시사점
- ㉠ 성격과 직업 분류를 통합하였으며, 독특한 방식으로 직업을 분류하는 모델을 제시했다.
- ㉡ 부모 – 자녀 관계를 측정하는 알맞은 도구가 없다고 판단해 부모 – 자녀 관계 질문지(PCR I; Parent – Child Relations Questionnaire)를 개발했다.

② 한계
- ㉠ 실증적인 근거가 결여되어 있다. 로 자신도 본인의 이론이 비록 상반되는 증거는 밝혀지지 않았으나 추리적인 것이므로 해당 이론의 가정에 대한 직접적 증거가 거의 없음을 인정한다.
- ㉡ 이론 검증이 매우 어렵다. 왜냐하면 부모 – 자녀 관계는 로의 이론처럼 획일적이거나 단순하지 않기 때문이다.
- ㉢ 진로상담을 위한 구체적 절차를 제공하지 못한다. 비록 로는 실제적 적용에는 관심을 두지 않고 이론의 공식화에만 집중했다고 하지만, 실제적 적용성의 결여로 이론이 더 이상 발달하지 못했다.

❸ 홀랜드(Holland)의 직업적 성격 유형(RIASEC, Vocational Personality Types)
기출 08, 09, 10, 13 중등 / 12 초등

(1) 배경 및 가정

① 배경
- ㉠ 홀랜드는 제2차 세계대전 동안 군대에서 복무하면서 군인들의 직업 특성을 몇 개의 유형으로 설명할 수 있다는 생각을 했고, 그 후 연구를 통해 서로 다른 흥미를 가진 대학생들은 서로 다른 성격적인 특성을 갖는다는 확신을 했다.
- ㉡ 지금까지 직업심리학과 진로상담 분야에서 가장 큰 영향을 미친 이론으로 평가된다.

② 가정
- ㉠ 6가지 성격 유형: 실재적, 탐구적, 예술적, 사회적, 설득적, 관습적
- ㉡ 대부분의 사람들은 6가지 유형중 하나로 분류될 수 있으며, 6가지 종류의 각 환경에는 그 성격 유형에 일치하는 사람들이 머물고 있다.
- ㉢ 사람들은 자신의 능력과 기술을 발휘하고 태도와 가치를 표현하고 자신에게 맞는 역할을 수행할 수 있는 환경을 찾는다.
- ㉣ 개인의 행동은 성격과 환경의 상호작용에 의해 결정된다. 사람의 성격과 그 사람의 직업환경에 대한 지식은 진로선택, 직업 변경, 직업 성취 등에 대한 중요한 결과를 예측할 수 있게 해준다.

(2) 개념 및 특징

① 개념

ㄱ 사람들의 개인적 특성과 직업이 각각 6가지 유형으로 나뉘는데, 한 사람에게는 우세한 성격 유형이 있고, 그보다 덜 우세한 하위 유형 또는 성격 패턴이 있을 수 있다.

🄔 사회적·예술적·설득적 특성을 가진 사람은 SAE라는 하위 유형을 가진다.

ㄴ 개인과 직업 환경을 유형화할 때 유사한 유형끼리의 매칭이 진로선택이다.

ㄷ 홀랜드는 개인과 환경 간의 적합성(상호작용하는 개인과 환경의 관계가 서로 일치하는 정도)이 높을수록 직업만족도도 높아지며, 이에 따라 개인은 자신의 성격 유형과 일치하는 직업을 선택한다고 보았다.

② 홀랜드 이론의 육각형 모형과 유형별 직업 분야

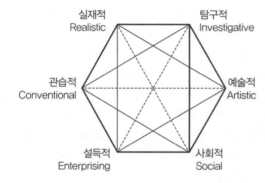

[그림 9-1] 홀랜드 이론의 육각형 모형

성격 유형	대표적인 직업 분야
실재적 (현실형, realistic)	• 도구나 기계를 사용하는 것을 선호하고 실내보다는 실외 또는 야외에서 신체를 활용한 구조화된 작업에 능숙함 • **기계 분야**: 직업 환경에서 실행/사물 지향 • **관련 직업**: 기계/전기 관련 기술자, 운동선수, 소방관, 중장비 기사, 목수, 군인, 운전사
탐구적 (investigative)	• 자연 및 사회적 현상을 관찰·분석하여 탐구하는 것을 좋아하고 지적 호기심이 많아 추리를 통한 문제해결을 선호함 • **연구·개발 분야**: 직업 환경에서 사고/아이디어 지향 • **관련 직업**: 경제·심리학자 등의 사회·경제 분야 학자, 과학 분야 학자 등
예술적 (artistic)	• 상상력이 풍부하고 개성을 추구하며 심미적인 활동을 선호함 • **예술 분야**: 직업 환경에서 창조/아이디어 지향 • **관련 직업**: 음악가, 화가, 디자이너, 문학가, 배우 등
사회적 (social)	• 사람들을 돕고 가르치며 어울리기를 좋아함 • **교육·상담 분야**: 직업 환경에서 자선/사람 지향 • **관련 직업**: 사회복지사, 상담가, 간호사, 교사, 성직자 등

성격 유형	대표적인 직업 분야
설득적 (기업형, enterprising)	• 도전적 · 경쟁적이며 리더십을 가지고 자신이 속한 조직이나 자신의 계획에 따른 특정 목표를 이루기 위해 열정적인 태도로 임함 • **경영 분야**: 직업 환경에서 관리/과제 지향의 특성 • **관련 직업**: 경영자, 기업 대표, 고위 관리자, 변호사, 영업사원 등
관습적 (conventional)	• 기존 체계를 따르는 것을 선호하고 구조화된 일을 하는 것을 선호함 • **사무 · 회계 분야**: 직업 환경에서 동조/자료 지향의 특성 • **관련 직업**: 회계사, 경리사무원, 의무기록사, 비서, 은행원 등

(3) 이론의 적용

① 우리나라에서 매우 다양한 진로상담 현장에서 활용되고 있다. 또한 각종 진로 집단 프로그램 개발에서 기초 이론으로서 어떤 이론보다도 많이 활용되고 있다.

② 로젠버그(Rosenberg)와 스미스(Smith)는 홀랜드 유형에 따른 진로상담 전략에 대해 언급했다. 예컨대 탐구형 내담자의 경우 상담자는 내담자로 하여금 컴퓨터를 이용한 안내시스템이나 워크북 같은 개입을 함으로써 그들의 진로 문제해결이나 의사결정을 도울 수 있다고 제안했다.

③ 상담 장면에서 홀랜드 검사의 결과 해석도 중요하지만, 검사에서 측정하고자 하는 바 또는 이론에서 가정하는 바에 근거하여 자신에 대한 이해를 높이는 것이 더 중요하다.

(4) 시사점 및 한계

① 시사점

㉠ 설명력이 높고 단순한 육각형 모형을 통해 조직적 · 구조적인 흥미 측정 및 해석이 이루어지도록 하는 데 큰 영향을 미쳤다.

㉡ 이를 바탕으로 VPI, SDS 등 매우 유용한 검사도구를 개발해왔다.

② 한계

㉠ 성격만이 편파적으로 강조되어 다른 중요한 개인적 · 환경적 요인이 도외시되었으며, 성격요인의 발달과정에 대한 설명이 결여되어 있다.

㉡ 사람들이 자신의 환경 및 자기 자신을 변화시킬 가능성이 있음에도 불구하고 이 점을 고려하지 않았다.

㉢ 진로상담에 적용할 수 있는 구체적 절차를 제공해 주지 못한다. 특히 상담자와 내담자와의 대면관계에서 사용할 수 있는 과정과 기법에 대한 설명이 없다.

❹ 다위스(Dawis)와 로프퀴스트(Lofquist)의 직업적응이론(theory of work adjustment)

(1) 배경

① 1964년에 장애인들을 대상으로 한 미네소타 직업재활 연구의 일부로 처음 발표된 내용을 이론적으로 정교화하여 발표했다.

② 이후 이론의 적용 대상을 확장하여 '개인 – 환경 조화이론'으로 수정되었다.

(2) 개념 및 특징

① 개념

ㄱ 직업적 선택보다 직업에서의 적응을 강조하는 이론이다.

ㄴ 크게 개인의 성격 구조와 양식을 설명하는 성격이론, 직업 환경의 구조와 양식을 설명하는 직업환경이론, 개인과 환경과의 조화에 대해 설명하는 직업적응이론으로 구분된다.

ㄷ 직업적응은 '개인이 직업 환경과 조화를 이루어 만족·유지하도록 노력하는 계속적·역동적인 과정'이라고 정의하며, 개인과 환경이 서로가 원하는 것을 충족시켜 줄 때 조화롭다고 할 수 있다. 즉, 개인은 환경이 원하는 기술 (skill)을 가지고 있고, 직업 환경은 개인의 욕구를 충족시켜 줄 강화인 (reinforcer)을 가지고 있을 때 조화로운 상태가 된다.

② 주요 개념

ㄱ 직업적응과 관련된 두 가지 중요한 개념으로 '만족(satisfaction)'과 '충족 (satisfactoriness)'이 있다. 개인 욕구의 만족과 직업 요구의 충족은 개인이 직업환경과의 조화를 얼마나 성공적으로 이루고 있는가를 나타내는 두 가지 지표로 볼 수 있다.

ⓐ 만족(개인의 환경에 대한 만족): 조화의 내적 지표로, 직업 환경이 개인의 욕구를 얼마나 채워주고 있는지에 대한 개인의 평가를 뜻한다. 즉, 개인의 욕구에 대한 직업의 강화가 적절하게 이루어질 때 만족이 높아진다고 가정된다.

ⓑ 충족(환경의 개인에 대한 만족): 조화의 외적 지표, 직업에서 요구하는 과제와 이를 수행할 수 있는 개인의 능력과 관련된 개념이다. 직업 환경이 요구하는 과업을 수행할 수 있는 기술(능력)을 개인이 가지고 있을 때 직업의 요구가 충족된다고 볼 수 있다.

ㄴ 개인과 환경의 적응과정에는 성격 유형과 적응 양식이 영향을 미친다.

ⓐ 성격 유형

성격 유형	내용
민첩성	업무에 있어서 정확성보다 속도를 중요시 여기는 성격적 특징
역량	작업자의 업무 처리능력과 활동 수준
리듬	멀티플레이 능력, 즉 활동의 다양성
지구력	환경과의 상호작용 시간과 활동 수준의 기간

ⓑ 적응 양식

적응 양식	내용
융통성 (유연성, flexibility)	작업 환경과 개인의 부조화를 참아내는 정도
끈기 (인내, perseverance)	자신에게 맞지 않는 환경에서 얼마나 오래 버틸 수 있는지의 정도
적극성 (activeness)	작업 환경과 개인을 좀 더 조화롭게 만들기 위한 노력의 정도
반응성 (reactiveness)	작업 환경의 변화에 따라 개인이 이에 적응하는 능력의 정도

ⓒ 직업을 통해 충족되는 개인의 욕구와 가치

구분	충족 기준
성취	나의 능력을 활용할 수 있으며, 일은 나에게 성취감을 줌
안락함	나는 언제나 일할 때 바쁘고, 혼자 일할 수 있고, 매일 다른 일을 할 수 있고, 보수가 좋고, 안정된 고용을 보장하며, 좋은 근무조건을 가지고 있음
지위	일은 발전의 기회를 제공하고, 나는 나의 일에서 인정을 받을 수 있으며, 사람들에게 할 일을 지시하고, 공동체 내에서 중요한 사람이 될 수 있음
이타주의	나의 동료들은 친해지기 쉬우며, 도덕적으로 잘못되었다는 기분을 느끼지 않고 일할 수 있음
안정성	회사는 공정하게 정책을 집행하고, 상사는 직원들을 지원하고 잘 훈련시킴
자주성	스스로 결정할 수 있고, 내 아이디어를 실행할 수 있음

ⓓ 개인은 자신과 환경과의 부조화 정도가 받아들일 수 없는 범위이면 적응행동 (적극적·반응적 행동)을 통하여 부조화를 줄이려는 노력을 한다. 노력의 결과 부조화의 정도가 받아들일 수 있는 범위로 줄어들면 개인 – 환경 간 적응이 이루어졌다고 보며, 부조화가 적응 범위를 넘어서면 개인은 이직을 고려한다.

(3) 시사점

① 직업적응이론은 진로상담 실제에 반영되었으며, 고용노동부의 직업적성검사 또한 이 이론을 바탕으로 개발되었다.

② 직업적응이론이 진로상담에서 효과적으로 활용되기 위해서는 개인의 특성에 대한 이해뿐만 아니라 직업 환경에 대한 구체적인 자료 제공이 필수적이다.

⑤ 블라우(Blau)의 사회학적 이론(sociology theory) 기출 10 중등

(1) 배경 및 전제
① 배경: 개인을 둘러싼 사회·문화적 환경이 개인의 행동에 영향을 미친다는 사회학적 관점을 진로이론에 적용한 이론이다.
② 전제
  ㉠ 직업선택과 발달에 가정, 학교, 지역사회 등의 사회적 요인이 영향을 미친다.
  ㉡ 사회계층에 따라 개인은 교육 정도, 직업포부 수준, 지능수준 등이 다르다.
  ㉢ 저소득층 가정의 자녀는 원하는 직업과 실제 가질 수 있다고 예상하는 직업 간의 차이가 큰데, 이는 자신이 원하는 직업에 접근하는 것을 주위 환경에서 허용하지 않을 것이라고 생각하고 체념하는 경우가 많기 때문이다.

(2) 개념 및 특징
① 개념: 개인이 속한 사회계층은 개인의 직업적 야망에 지대한 영향을 미친다. 이러한 현상은 사회계층 자체에 의한 것이라기보다는 사회계층에 따라 그 속에서 생활하고 있는 대다수 사람들의 사회적 반응, 교육받은 정도, 직업적 야망, 일반 지능수준 등을 결정하는 독특한 심리적 환경이 형성되고, 이것이 결과적으로 직업선택 및 발달에 영향을 미치게 된다.
② 진로선택에 영향을 주는 사회적 요인
  ㉠ 가정: 진로선택에 있어 부모가 가장 중요한 영향을 미치는 요인으로 가정의 사회·경제적 지위, 부모의 직업, 부모의 수입, 부모의 교육 정도, 주거지역, 주거양식, 가족 규모, 부모의 기대, 형제의 영향, 출생 순서, 가정의 가치관, 가정에 대한 개인의 태도 등이 해당한다.
  ㉡ 학교: 교사, 동료와의 관계와 영향, 학교의 가치 등이 해당한다.
  ㉢ 지역사회: 지역사회에서 개인이 주로 하는 일, 지역사회의 목적 및 가치관, 지역사회 내에서 특수한 경험을 할 수 있는 기회, 지역사회의 경제적 조건, 지역사회의 기술변화 등이 해당한다.

(3) 이론의 적용
① 진로상담 시 유의할 점: 개인의 진로발달에 영향을 미치는 사회적 요인들을 개괄적으로 파악해 진로상담에 임해야 한다.
② 밀러와 폼(1951)은 개인의 사회·경제적 요인을 중시하며, 이를 바탕으로 직업생애의 단계를 다섯 가지로 제시했다.

단계	내용
준비	일에 대한 방향이 서는 단계
시작	시간제 일의 경험과 형식교육을 포함하는 단계
시행	취업을 하고 만족스러운 직업을 찾을 때까지 몇 차례 변화를 시도
안정	직업세계와 지역사회에서 안정을 확립하는 단계
은퇴	일에서 물러나 다른 활동을 추구하는 단계

⑥ 긴즈버그(Ginzberg)의 진로선택 · 발달이론(theory of vocational choice)

(1) 배경 및 전제

① 배경

  ㉠ 긴즈버그는 진로를 발달적인 측면에서 바라본 제1세대 진로학자이다.

  ㉡ 실제 미국의 중상류층 아동과 청소년을 연구하여 진로를 발달적인 측면에서 바라본다는 결론을 도출했다.

② 전제: 직업에 대한 지식, 태도, 기능도 단계적으로 발달한다고 본다.

(2) 개념

① 이 이론의 핵심은 개인이 진로를 결정하는 과정은 자신의 흥미와 가치를 기회나 재능, 그러한 기회를 추구하는 데 소요되는 비용과 균형을 맞추는 과정이다.

② 진로의사결정은 일련의 과정이며, 진로의사결정 과정은 어릴 적부터 시작해 20대 초반까지 계속된다.

③ 진로의사결정 과정은 한 번 정해지면 되돌릴 수 없는 비가역적 과정이며 '환상기, 잠정기, 현실기'의 3단계 과정을 거치며 발달한다.

  ㉠ 환상기(6~10세): 이 시기의 아동은 일의 세계와 관련된 다양한 상상역할놀이를 한다. 이를 통해 자신의 욕구와 충동을 직업선택으로 동일시하며, 현실적인 조건이나 자신의 능력을 고려하지 않고 상상과 환상에 의해 직업을 선택하는 단계이다.

  ㉡ 잠정기(11~17세): 아동기에서 청소년기를 거치며 잠정적으로 진로선택을 하기 시작하는 단계이다. 이 시기의 청소년은 자신의 흥미, 능력, 가치를 고려하며 직업을 선택한다.

    ⓐ 흥미(interest, 11~12세): 자신이 좋아하는 것과 싫어하는 것, 흥미 등에 대해 보다 구체적인 결정을 하게 된다.

    ⓑ 능력(ability, 13~14세): 자신이 미래에 하고 싶은 직업 분야에서 구체적으로 어떤 능력이 요구되는지, 자신이 그 능력을 가지고 있는지에 대해 보다 잘 이해하게 된다.

    ⓒ 가치(value, 15~16세): 자신이 추구하는 개인적인 가치나 삶의 우선순위에 대해 고려하면서 미래의 진로에 대해 생각하게 된다. 특히 각 직업세계에 종사하는 사람들의 생활양식을 고려하게 되고, 그러한 직업인들의 생활양식과 가치관이 자신의 것과 잘 맞는지에 대해서도 숙고한다.

ⓒ 현실기(18~22세): 구체화·명료화된 직업선택 과정을 통해 실제 직업을 선택하는 단계이다.

    ⓐ 탐색(exploration): 자신이 이전 시기에 행했던 잠정적인 진로선택을 좁히기 위해 관심 직업을 탐색하기 시작한다.

        📝 장래희망을 과학자로 잠정 결정했던 이들은 이 시기에 과학 분야 내에서도 보다 구체적인 직업을 탐색한다.

    ⓑ 결정화(crystalization): 구체적인 진로 분야에 보다 헌신하면서 자신의 진로결정과 관련된 내적·외적 요소를 종합한다.

    ⓒ 구체화(specification): 자신의 진로결정을 보다 구체화하고 세밀한 계획을 세운다.

(3) 시사점 및 한계

① 진로발달단계를 아동과 청소년 시기로 국한시킨다는 한계가 있다.

② 이와 관련하여 긴즈버그는 이후 진로선택이란 일생에 걸쳐 발달하는 과정이라고 수정 발언했다.

❼ 수퍼(Super)의 생애진로발달 이론(career development) 〔기출〕 10, 12 중등

(1) 배경 및 전제

① 배경

    ㉠ 긴즈버그의 이론이 진로발달을 20대까지만 설명했던 반면, 수퍼는 진로발달이 전 생애에 걸쳐서 일어나는 것으로 보았다.

    ㉡ 수퍼는 진로발달과 직업선택을 구분해 진로발달에는 직업선택의 문제뿐만 아니라 일의 세계와 관련된 보다 다양한 삶의 영역과 역할을 포함한다고 보았다.

② 전제

    ㉠ 진로는 개인이 일생 동안 수행하는 일련의 발달과업이다.

    ㉡ 진로발달은 자아개념과 직업에 대한 인식에 의해 이루어진다.

(2) 개념 및 주요 이론

① 개념

    ㉠ 수퍼의 이론은 진로 자기개념, 전생애 이론(진로발달의 종단적 확장), 생애역할 이론(진로발달의 횡단적 확장), 진로성숙과 진로적응 등 네 가지 측면에 관한 이론이라고 설명할 수 있다. 즉, 진로발달은 자아개념과 직업에 대한 인식에 의해 이루어지며, 일련의 생애 단계로 표현될 수 있는 대순환적 개념이다.

    ㉡ 진로발달은 전 생애에 걸쳐 일어나는 연속적 과정으로 진로는 개인이 일생 동안 수행하는 일련의 발달과업이며 진로발달은 자아실현의 과정이다.

② 이론의 네 가지 측면
  ㉠ 진로 자기개념
    ⓐ 진로발달을 진로에 관한 자기개념의 발달이라고 보았다. 개인은 학교, 또래, 가정 등 다양한 사회적 관계 속에서 끊임없이 자신의 능력과 흥미를 확인하고 일에 대한 가치, 흥미, 태도를 형성하며, 이를 통해 자신에 대한 어떠한 개념을 갖게 된다.
    ⓑ 자아개념은 개인이 자신과 환경을 어떻게 바라보는가에 관한 것으로, 개인의 생물학적 특성, 사회적 역할, 타인의 반응에 대한 평가가 조합되어 '나는 이런 사람이다.'라고 결론을 내린 것이다.
    ⓒ 자기개념의 형성에는 개인적 요인(개인의 적성, 능력, 흥미, 가치, 지능 등), 환경적 요인(가정, 학교, 또래집단, 사회적 상황, 경제 상황, 노동 시장)이 복합적으로 작용한다.

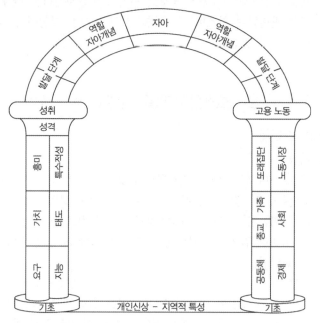

[그림 9-2] 수퍼의 진로 자기개념

  ㉡ 전 생애 이론
    ⓐ 진로발달은 전 생애적 과정이다. 개인은 일생 동안 일련의 발달과업에 직면하고 그 과정에서 자신이 원하는 모습의 사람이 되는 방식으로 발달과업을 수행한다.
    ⓑ 진로발달과정은 순환과 재순환이라는 개념으로 설명된다. 발달단계는 매우 유동적이기 때문에 연령에 따라 순차적인 단계를 거치는 것이 아니라 순차적으로 발달할 수도 있고, 하나 또는 그 이상의 단계를 재순환할 수도 있다.
    ⓒ 수퍼는 각 발달단계에서 발달과제를 적절히 수행하는 것을 '진로성숙(career maturity)'의 지표라고 하였다.

ⓓ 진로발달단계

단계	특성	하위 단계	특징
성장기 (0~14세)	일과 관련된 기본적 자기이해가 성장하는 시기	환상기	욕구가 지배적이고, 직업에 대한 호기심과 재미를 가지게 됨
		흥미기	좋아하는 일을 직업선택의 기준으로 삼고 자신과 직업에 대해 알아감
		능력기	직업선택에서 좀 더 현실적인 능력을 고려하기 시작함
탐색기 (15~24세)	진로에 대한 구체적 탐색을 통해 상급학교나 구직을 위한 의사결정을 하는 시기	결정화	진로탐색활동을 통해 욕구, 흥미, 능력, 가치, 직업의 현실적 요건을 종합하여 진로에 대한 선호를 더 명확히 함
		구체화	고려하는 직업 중 특정 직업을 좀 더 구체적으로 탐색해보고 준비함
		실행	선택한 직업을 얻기 위해 교육, 훈련 등을 통해 노력함
확립기 (25~44세)	직업 역할 속에서 자기 개념을 실행해 가는 시기	안정화	진입한 직종에 종사하며 직업에서 요구하는 일을 어느 정도 수행하여 직업을 안정적으로 유지함
		공고화	자신의 직업 분야에서 입지를 확고하기 만들기 위해 노력함
		발전	직업인으로서 인정받고 더 큰 책임을 맡음
유지기 (45~64세)	그동안의 직업생활을 유지하며 직업 세계에서 나타나는 변화와 발달에 적응하려고 노력하는 시기	유지	자신의 일을 좀 더 확고하게 안정화시킴
		갱신	새롭게 요구되는 기술, 지식을 얻음
		혁신	전문성을 향상시킴
은퇴기 (65세 이상)	지금까지 수행한 일의 속도를 줄이고 은퇴 이후의 삶을 준비하는 시기	쇠퇴	직업에서 일을 줄여나감
		은퇴계획	은퇴 이후의 삶을 계획함
		은퇴생활	은퇴 이후의 삶을 살아감

ⓒ 생애역할

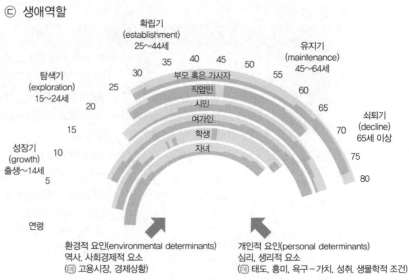

[그림 9-3] 생애진로무지개 모형

ⓐ 생애진로무지개 모형을 통해 전 생애 동안 이어지는 진로발달의 종단
적 과정뿐만 아니라 특정한 시기의 횡단에 발생할 수 있는 여러 생애역
할을 제시했다.

ⓑ 생애역할이란 자녀, 학생, 여가인, 시민, 직업인, 배우자, 주부, 부모,
은퇴자 등 개인이 삶에서 경험하는 여러 역할을 의미하며, 다양한 생애
역할들이 서로 조화를 이룰 때 개인은 행복하다.

ⓒ 한 개인은 일생의 어떤 특정한 시기에 사회적 관계 속에서 발생하는 다
양한 생애역할을 수행하는데, 어떤 특정 시기에 몇 가지 생애역할들이
중요하게 부각되면서 개인은 역할 간의 갈등을 겪고 이로 인해 진로문
제가 발생할 수 있다.

ⓓ 주요 생애역할은 한 개인을 둘러싼 주요 사회적 환경과 관련된다. 생애
역할과 관련하여 개인의 삶에서 중요한 환경은 가정, 학교, 지역사회,
직장 등이라고 할 수 있다.*

ⓔ 진로성숙과 진로적응

ⓐ 진로성숙(career maturity)이란 특정 단계의 진로발달 과업을 성공적
으로 성취하기 위한 심리적 자원으로, 태도 및 인지적 측면에서 청소년
이 주어진 과업을 적절하게 수행할 준비 정도를 평가하는 척도가 된다.

ⓑ 수퍼와 오버스트리트(Overstreet)는 각 발달단계별 학생들이 수행해야
할 발달과업을 구체적으로 제시해 학생들의 진로성숙도를 다섯 가지
차원에서 평가했다.

• 직업선택에 대한 태도
• 자신이 선호하는 직업에 대한 정보수집 정도 및 진로계획
• 선호 직업의 수준이나 관심 분야의 일관성 정보
• 흥미, 가치, 보상체계 등과 같은 개인의 특성이 적절히 분화·통합되
었는지의 정도
• 직업 선호의 현실성 정도

* 김봉환 외, 2018

ⓒ 다만, 아동 및 청소년기의 진로성숙이라는 선형적 평가기준을 성인에게 동일하게 적용할 수 없다는 점에서 성인기 진로발달을 설명하기 위해 '진로적응(career adaptability)'의 개념을 제안했다. 진로적응이란 끊임없이 변하는 일의 세계와 자신을 둘러싼 환경의 요구에 대처하는 준비 정도를 의미한다.

(3) 시사점 및 한계

① 시사점
  ㉠ 경험적 연구결과를 통해 도출된 많은 진로발달 개념들을 토대로 진로발달 수준을 체계적으로 파악할 수 있게 되었다.
  ㉡ 진로발달 단계별로 완수해야 할 진로성숙의 과제들을 구체적으로 제시함으로써 아동 및 청소년의 진로발달을 촉진하는 다양한 진로교육 프로그램의 개발과 보급에 크게 기여했다.

② 한계
  ㉠ 이론 자체의 포괄성 때문에 홀랜드 이론과 같이 경험 연구를 통해 쉽게 검증되기 어렵다.
  ㉡ 진로성숙이나 진로적응성과 같은 진로발달이론의 핵심 개념 또한 조작적 정의가 일관적이지 못하다.
  ㉢ 진로발달은 개인과 그를 둘러싼 환경과의 역동적 상호작용을 통해 변화하는 과정으로 객관적 검사로 개인 간 진로발달 정도를 상호 비교하는 것이 타당한지에 대한 문제가 제기될 수 있다.

❽ 갓프레드슨(Gottfredson)의 제한타협이론

(1) 배경

① 갓프레드슨은 진로와 관련된 포부가 어떻게 형성되는지를 발달적 관점에서 보고자 했다.
② 사회적 계급이나 인종에 관계없이 남녀 간 직업포부 수준이 다르게 나타나는 현상을 설명했다는 점에서 진로에 대한 발달적 관점과 사회적 관점을 동시에 취하고 있다고 볼 수 있다.

(2) 개념 및 특징

① 개념
  ㉠ 개인은 진로에 관한 포부를 형성할 때 일련의 과정을 거치며 스스로 포부 수준을 제한하고 타협한다.
  ㉡ 주로 아동기와 청소년기에 진로포부가 어떻게 축소·조정되는지에 초점을 두고 설명했다.
  ㉢ 진로포부가 어떻게 변화하는지를 일련의 인지발달단계를 통해 설명했다.

② 특징

단계	특징	내용
1단계 (3~5세)	규모와 힘 지향	• '크다' 또는 '작다'와 같이 개인을 단순한 용어로 분류하고 자신과 성인의 차이를 크기로 규정해 인식함 • 성인의 역할을 통해 직업을 인식함
2단계 (6~8세)	성 역할 지향	• '좋다 – 나쁘다', '부유하다 – 가난하다'와 같이 이분법으로 생각하는 경향이 있으며, 관찰 가능하고 구체적 특징에 근거해 사람이나 직업을 단순한 수준에서 구분함 • 성별과 관련된 자기개념을 불일치하는 것으로 보이는 직업을 배제하기 시작해, 이 시기의 아동은 '수용 가능한 성 유형 경계선'을 형성하기 시작함
3단계 (9~13세)	사회적 가치 지향	• 아동기에서 청소년기로 이행하는 단계로, 사회적 지위에 대한 개념을 형성함 • 자신의 능력수준을 벗어나는 직업을 배제하고(노력 가능한 수준의 경계선), 사회적 준거집단에서 수용되지 않는 직업 또한 배제하기 시작함(수용 가능한 수준의 경계선)
4단계 (14세 이상)	내적이며 고유한 자기 경향	• 1단계부터 3단계까지가 제한 단계였다면, 4단계는 타협 단계라고 할 수 있음 • 자기 자신을 보다 잘 이해하고 내적 반성능력이 향상됨 • 현재 자기개념과 잘 호응하는 직업을 탐색하게 되며, 이전 단계에서 수용 불가능한 직업 대안들을 제거해 나갔다면, 이 단계에서는 가장 수용 가능한 선택지가 무엇인지 구체화함

(3) 시사점 및 한계

① **시사점:** 진로포부의 형성을 진로선택의 하한선으로서의 경계 개념과 동기적 차원에서 노력의 상한선이라는 개념으로 설명했다.

② **한계:** 청소년의 진로포부를 제한하고 타협하게 하는 요인들과 이를 설명하는 원리들이 지나치게 일반적인 변인들에 해당한다.

❾ 티이드만(Tiedeman)과 오하라(O'hara)의 의사결정(발달)이론 기출 12 중등

(1) 개념

① 티이드만과 오하라는 진로발달을 직업정체감(vocational identity)을 형성해 가는 연속적 과정으로 간주한다.

② 연령에 관계없이 직업발달단계를 구분했다는 점에서, 단계는 문제에 따라 일생 동안 여러 번 반복될 수도 있다고 설명한다.

③ 진로 의사결정에 따른 직업의식의 발달을 설명한다.

개념확대 ⊕
Zoom IN

제한과 타협
• **제한**(circumscription): 성과 사회적 계급에 주로 근거해 개인이 수용하기 어려운 직업적 대안들을 제거하는 과정을 의미한다.
• **타협**(compromise): 취업 가능성과 같은 제한요인에 근거해 진로선택을 조정하는 과정을 의미한다.

(2) 진로 의사결정단계

단계	하위 단계	특징
예상기	탐색기	지향하는 목적을 전부 고려해 보고, 자신이 그만한 능력과 여건을 갖추고 있는지 스스로를 평가함
	구체화	자신이 선택할 수 있는 여러 방향과 그 방향을 취했을 때의 결과를 고려하여 자신의 가치관, 목적, 실용성 등에 따라서 적절한 한 가지를 선택하고자 함
	선택기	진로의 한 가지를 선택하고, 자신이 하고자 하는 것과 그렇지 않은 것을 분명하게 구분함
	명료화	자신의 선택을 신중하게 분석·검토하여 부족한 점을 찾음
실천기	적응	새로운 상황에서 인정을 받기 위해 자신의 한 부분을 수정함
	개혁	자신이 속한 집단에 영향력을 가지고 자신의 의견이나 주장을 행사함
	통합	집단의 요구와 개인의 요구 간에 균형이 이루어지고, 개인은 해당 집단에 소속된 일원으로서 새로운 자아개념을 형성함

❿ 크럼볼츠(Krumboltz)의 사회학습 진로이론(social learning theory)

기출 08 중등

(1) 배경 및 전제

① 배경
  ㉠ 반두라(Bandura)의 사회학습이론 및 강화이론, 행동주의 학습이론, 인지적 정보처리이론 등에 영향을 받았다.
  ㉡ 사회학습이론의 상호 결정론을 진로 의사결정에 적용해 진로상담에서 의사결정과 관련된 학습에 영향을 미치는 다양한 환경적 요인에 대해 설명했다.
② 전제
  ㉠ 개인의 성격과 행동은 타고난 정신과정을 통해서가 아닌 그의 학습경험을 통해 이해할 수 있다고 가정한다.
  ㉡ 인간은 환경에 의해 수동적으로 통제당하는 존재라기보다는 스스로 환경을 통제하기 위해 분투하는 지적인 문제해결자이다.

(2) 주요 개념

① 개념
  ㉠ 진로선택 과정에서 개인과 환경이 상호작용하는 과정(학습)에 초점을 두고 있는데, 개인이 환경과의 상호작용을 통해 무엇을 학습했는가에 중점을 둔다.
  ㉡ '사람들은 어떻게 해서 현재의 직업(진로)을 선택하게 되었을까?'라는 질문과 관련해 진로결정에 영향을 주는 요인을 '유전적 재능, 환경적 조건과 사건, 학습경험, 과제접근 기술'의 네 가지로 구분했다.

② 진로결정에 영향을 주는 요인

구분		요인
심리적 성격	개인이 생각과 행동을 통해 통제할 수 있는 것	학습경험
		과제 접근기술
환경적 성격	개인이 통제할 수 없는 것	유전적 요인과 특별한 능력
		환경적 조건과 사건

　㉠ 유전적 요인과 특별한 능력: 인종, 성별, 신체적 특징, 지능 등 개인의 진로를 제한할 수 있는 타고난 특질이다. 유전이 인간의 특성에 어느 정도 영향을 미치는지에 대해 정확하게 언급하고 있지는 않지만 능력의 개인차에 있어 유전이 작용할 가능성이 있다는 점을 인정한다.

　㉡ 환경적 조건과 사건: 취업 가능한 직종, 교육훈련이 가능한 분야, 사회정책, 천재지변, 기술 발달, 교육제도 등 개인 기술 개발, 활동, 진로 선호에 영향을 미치는 환경적 요인이다. 이러한 환경적 사건들은 때로 개인이 통제할 수 있는 것일 수도, 없는 것일 수도 있다.

　㉢ 학습경험: 사회학습 진로이론에서 가장 중요하게 간주되는 요인이다. 과거의 학습경험이 개인의 교육적 · 직업적 의사결정에 영향을 미치며, 도구적 학습과 연합적 학습을 모두 포함한다.

　㉣ 과제 접근기술: 개인이 환경을 이해하고 미래를 예견하는 능력(기술)으로 학습경험, 유전적 요인, 환경적 조건이나 사건의 상호작용 결과로 습득된 것이다. 문제해결기술, 일하는 습관, 정보수집능력, 인지적 과정 등을 포함한다. 이것은 요인이면서 동시에 결과에도 포함된다.

③ 진로결정 요인의 상호작용 결과

　㉠ 자기관찰 일반화: 자신의 수행, 흥미, 가치를 평가하는 자기진술을 의미한다.
　　⬤ 골을 여러 번 넣었거나 발이 빠른 학생은 이를 통해 자신이 축구를 잘한다고 일반화한다.

　㉡ 세계관 일반화: 학습경험의 결과로, 자신이 살고 있는 환경과 그 환경에서 어떤 일이 일어날 것인가를 예측하는 데 사용하는 일반화를 형성한다.
　　⬤ 상담이라는 직업은 '타고난 천성이 따뜻하고 붙임성이 있는 사람에게 맞다.'라고 생각할 수 있다.

　㉢ 과제 접근기술: 환경에 대처하고, 해석하고, 미래 사건에 대해 예견하는 인지적 능력, 수행능력, 감정적 경향성을 의미한다.

　㉣ 산출: 학습경험, 자기관찰 일반화, 세계관 일반화, 과제 접근기술의 결과로, 의사결정과 관련한 행위이다.

⓫ 렌트(Lent), 브라운(Brown), 해켓(Hackett)의 사회인지 진로이론
(SCCT; Social Cognitive Career Theory)

(1) 배경
① 사회학습이론을 직업심리학에 적용해 직업흥미가 어떻게 발달하고 진로선택이 어떻게 이루어지는지, 수행수준이 어떻게 결정되는지 등을 설명한다.
② 진로의사결정 과정과 관련된 사안들에 대해 개인 내적 요인에만 초점을 두었던 이론들의 한계점을 지적하며 맥락을 중요하게 고려하는 관점을 취한다.
③ 성, 인종, 사회계층과 같이 개인이 선택할 수 없는 인구학적 특성을 포함하는 개인 특성과 개인에게 이익과 불이익을 주는 환경적 배경이 개인의 진로발달 및 선택에 어떤 영향을 미치는지 설명하고자 하였다.

(2) 주요 개념
① 자기효능감(self-efficacy), 결과기대(outcome expectation), 목표(goal)의 세 가지 사회인지적 개념을 중심으로 이론을 구성했으며, 환경변인으로 '진로장벽'이라는 개념이 추가적으로 강조되었다.
　㉠ 자기효능감
　　ⓐ 어떤 정해진 수행을 해내기 위해 필요한 활동들을 조직화하고 실행해낼 수 있는 자신의 능력에 대한 개인의 판단을 의미한다.
　　ⓑ 자기효능감은 개인의 이전 수행성취도, 타인의 관찰을 통한 대리경험, 언어적 설득, 생리적 반응에 기인한다.
　　ⓒ 자기효능감은 진로 관련 행동에 있어서 어려움과 맞설 때 얼마나 노력하고, 밀고 나가고, 생각하고, 느끼는지를 결정할 뿐만 아니라, 개인이 어떤 활동과 환경을 선택할 것인가를 결정한다.
　㉡ 결과기대
　　ⓐ 행동의 결과로 얻게 될 어떤 것에 대한 기대를 말한다.
　　ⓑ 자기효능감과 결과기대는 모두 현실에 대한 '개인의 지각내용'이라는 점에서 실제와 다를 수 있지만, 진로 관련 의사결정과정에서 객관적 현실보다 행동을 더 크게 결정한다.
　㉢ 목표
　　ⓐ 목표는 어떤 특정 활동에 열중하거나 어떤 미래의 결과를 이루겠다는 것에 대한 결심을 의미한다.
　　ⓑ 진로에서 목표는 진로선택과 의사결정이론에서 두루 사용되고 있는데, 진로계획, 의사결정, 진로포부, 진로선택 등이 모두 목표에 해당된다고 할 수 있다.
　㉣ **진로장벽**: 진로를 선택하고 실행하는 과정에서 개인의 진로목표 실현을 방해하거나 가로막는 내·외적 요인들을 의미한다.
② 사회인지 진로이론의 진로행동모형은 핵심 개념들 간의 관계를 중심으로 흥미모형, 선택모형, 수행모형 등을 제안했다.

⑫ 사비카스(Savickas)의 구성주의 진로이론

(1) 배경 및 전제

① 배경

  ㉠ 수퍼의 진로발달이론을 현대적으로 확장한 것으로 '생애설계(life designing)'라는 새로운 패러다임으로 제시되었다.

  ㉡ 즉, 인식론적 구성주의에 기초하여 실재의 표상을 구성하는 것이 아니라 우리 스스로 실재를 구성해 나간다는 입장을 취한다.

  ㉢ 유기체적 세계관에서 맥락주의적 세계관으로 이행하여 진로발달은 내적 구조의 성숙보다는 환경(context)에의 적응과정을 통해 이루어지는 것이라고 본다.

② 가정

  ㉠ 개인이 자신의 진로 관련 행동과 직업적 경험에 의미를 부여하면서 스스로의 진로를 구성해간다.

  ㉡ 그렇기에 개인은 이미 존재하는 어떤 사실을 발견하는 것이 아니라 적극적으로 의미화하는 과정을 통해 진로행동을 이끌고 조절 · 유지할 수 있다.

  ㉢ 상담자의 역할은 내담자가 자신에게 의미 있는 경험을 찾아내도록 촉진하고 이를 통해 내담자 자신만의 진로이론을 만들어 갈 수 있도록 돕는다.

(2) 주요 개념

① 직업적 성격(vocational personality)

  ㉠ 진로와 관련된 각 개인의 능력, 욕구, 가치, 흥미 등을 의미한다.

  ㉡ 진로와 관련된 개인의 특성은 서로 다르고 진로상담 과정이 이러한 개인의 특성에 맞는 진로를 선택할 수 있도록 내담자를 돕는 과정이라는 점에서는 기존의 이론과 동일하지만, 구성주의 진로이론은 개인차를 바라보는 관점과 개인차에 맞는 진로대안을 찾아가는 과정에서 차이를 보인다.

    ⑩ 구성주의 상담이론에 기반을 둔 상담자도 개인차를 확인하기 위해 표준화된 직업흥미검사를 사용하는데, 그 결과를 내담자의 '진짜' 흥미라고 해석하지 않고, 하나의 가능성으로 보고 가설을 만드는 데 활용한다.

  ㉢ 자기개념이란 이미 존재하고 있는 자신의 고유한 특성에 대한 기술이 아니라 자기개념을 구성하기 위해 자신을 표현한 것이라는 관점이다.

② 진로적응도(career adaptability)

  ㉠ 구성주의 진로이론에서는 발달과정을 내부 구조의 성숙으로 보기보다는 환경에의 적응과정으로 개념화한다.

  ㉡ 진로적응도란 현재 당면한 진로발달과업, 직업 전환, 마음의 상처 등을 극복하는 데 필요한 개인의 준비도와 자원을 의미하는 심리적 구인이다.

ⓒ 진로적응도의 차원*

* Savickas, 2005
김봉환 외, 2018

질문	진로 문제	적응 차원	태도와 신념	역량	대처행동	관계 측면	개입
미래가 있는가?	무관심	관심	계획적인	계획하기	알아차리는 관여하는 준비하는	의존적	방향성을 잡는 활동
누가 내 미래의 주인인가?	미결정	통제	결정적인	결정하기	주장적인 훈육된 의도적인	독립적	의사결정 연습
미래에 대해 원하는 것이 무엇인가?	비현실성	호기심	궁금해 하는	탐색하기	실험적인 위험을 감수하는 질문하는	의존적	정보탐색 활동
할 수 있을까?	억제	자신감	효과있는	문제해결	지속하는 노력하는 근면한	동등한	자기 존중감 향상

ⓐ 진로적응도가 발휘되는 장면에 필요한 진로적응도의 차원과 전략에 따라 네 가지로 구분하고, 이를 각각 '관심(concern)', '통제(control)', '호기심 (curiosity)', '자신감(confidence)'이라고 명명했다.

ⓑ '적응 차원'의 내용에서 제시하는 진로적응도가 높은 사람은 자신의 미래에 대해 '관심'을 가지고, 자신의 직업적 미래에 대해 '통제력'을 갖고, 가능한 자신의 모습과 미래의 일에 대해 '호기심'을 갖고, 자신의 포부를 추구함에 있어 '자신감'을 키워 나가는 사람이다.

ⓒ '질문' 항목은 사회가 개인에게 촉진하는 질문으로, 이 질문에 잘 대처하지 못했을 때 '문제' 항목의 어려움을 각각 경험한다.

ⓓ '태도와 신념', '역량'을 진로적응도를 구성하는 요소로 제시한다. '태도'는 대처행동을 할 때 느끼는 감정적 측면을, '신념'은 행동을 이끌어 가는 능동성 측면을, '역량'은 이해력과 문제해결력을 포함하는 인지적 능력으로 진로 관련 선택과 그 수행에 필요한 자원을 의미한다.

ⓔ '대처행동'은 문제를 극복하고 적응을 촉진하는 행동의 특성을, '관계 측면'은 각 적응의 사회적 관계성을 나타낸다. '개입'은 문제를 극복하고 적응적 상태로 나아가기 위해 어떤 방향으로 조력해야 하는지를 제시한다.

③ 생애주제(life theme)

㉠ 직업선택을 통해 자기개념을 구체화하고 일을 통해 자신을 드러내는 진로 관련 행동의 이유로, 수퍼의 가정에 근거한다.

㉡ 각 개인은 저마다의 생애주제를 가지고 있고, 자신만의 고유한 생애주제를 활용하여 의미 있는 선택을 하고 직업인으로서의 역할에도 적응해 나간다.

구분	이론	개념
진로선택 이론	파슨스의 특성 – 요인이론	개인의 직업선택을 위해서는 개인분석, 직업분석, 합리적 추론 등의 과학적 측정방법을 통해 개인의 특성을 분석하고 이를 직업 특성에 연결시킴
	로의 욕구이론	개인의 욕구가 직업선택에 큰 영향을 미치며 아동기에 가족 내에서의 상호작용 속에서 경험한 것이 직업선택에 많은 영향을 미침
	홀랜드의 직업적 성격 유형	개인적 특성과 직업이 각각 6가지 유형으로 나뉘며(실재적, 탐구적, 예술적, 사회적, 설득적, 관습적) 유사한 유형끼리의 매칭이 진로선택임
	다위스와 로프퀴스트의 직업적응이론	직업에서의 적응을 강조하는 이론으로 개인 욕구의 만족과 직업 요구의 충족은 개인이 직업 환경과의 조화를 얼마나 성공적으로 이루고 있는가를 나타내는 직업적응의 지표임
	블라우의 사회학적 이론	사회적 요인들(가정, 학교, 지역사회)은 개인의 진로선택에 영향을 미침
진로발달 이론	긴즈버그의 진로선택 · 발달이론	진로의사결정은 자신의 흥미와 가치를 기회나 재능, 기회를 추구하는 데 소요되는 비용과 균형을 맞추는 과정으로 '환상기, 잠정기, 현실기'의 3단계 과정을 거치며 발달함
	수퍼의 생애진로발달 이론	진로발달은 전 생애에 걸쳐 일어나는 연속적 과정으로 진로는 개인이 일생 동안 수행하는 일련의 발달과업이며 진로발달은 자아실현의 과정임
	갓프레드슨의 제한타협이론	개인은 진로에 관한 포부를 형성할 때 일련의 인지발달단계(4단계)를 거치며 스스로 포부 수준을 제한 · 타협함
	티이드만과 오하라의 의사결정이론	진로발달은 예상기(탐색, 구체화, 선택, 명료화)와 실천기(적응, 개혁, 통합)를 거치며 직업정체감을 형성해 가는 연속적 과정임
사회학습 진로이론	크럼볼츠의 사회학습 진로이론	진로선택 과정에서 개인과 환경이 상호작용하는 과정(학습)에 초점을 두고 개인의 진로결정에 영향을 미치는 네 가지 개인적 · 환경적 요인들이 서로 어떻게 상호작용하는지 설명함
	렌트, 브라운, 해켓의 사회인지 진로이론	'자기효능감, 결과기대, 목표'라는 세 가지 사회인지적 개념 및 진로장벽이 개인의 진로발달과 선택에 어떤 영향을 미치는지 설명함
새로운 관점	사비카스의 구성주의 진로이론	개인은 자신의 진로 관련 행동과 직업적 경험에 의미를 부여하면서 스스로의 진로를 구성해나감

03 비행이론

① 머튼(Merton)의 아노미(anomie)이론 [기출 09 중등]

(1) 개념

① 아노미(anomie): '무규범' 또는 '규제의 결핍 상태'로 사회의 문화적 목표와 그 목표에 이르는 제도화된 수단 간의 괴리 때문에 사회구성원 다수의 규범의식이 약화되고, 규범이 정당성을 상실한 상태를 의미한다.
    ㉠ 문화적 목표: 사회가 문화적으로 인정하고 지향하는 목표를 의미한다.
    ㉡ 제도화된 수단: 문화적 목표를 성취하는 데 있어 제도적으로 인정된 합법적 수단을 의미한다.

② 부의 획득과 축적을 성공의 지표로 삼는 자본주의 사회에서, 특히 하류 계층의 사람들은 사회적 목표인 부와 그에 이르는 합법적 수단이 부재하다.

(2) 비행의 발생원인 및 과정

① 문화적 목표를 누구나 획득하고 싶어 하는데, 사회구조상 사회·경제적 지위가 높은 사람들은 이러한 목표를 추구할 기회가 더 많고, 하위 집단의 경우 이를 획득할 수 있는 기회가 제한되어 있다.

② 문화적 목표와 제도화된 수단이 일치하지 않는 아노미 상태인 경우에 비행이 발생한다.

📝 빈곤가정에서 태어나 사회구조적으로 매우 불리한 입장에 있는 학생들은 사회·경제적 배경으로 인해 그들이 원하는 지위를 성취할 기회가 상대적으로 제약되어 있기 때문에 그들의 목적을 비행과 범죄라는 수단을 통해 얻어내려고 한다.

(3) 사회적 적응 유형

적응 유형	문화적 목표	제도화된 수단	특징
동조형	있음	있음	• 상황을 단순히 수용하고 일반적으로 허용되는 전통적 방법을 통해 성공하기 위해 노력함 • 정상적 방법으로 목표를 달성하고자 노력하며 반사회적인 것은 아님
혁신형	있음	없음	• 하층민이 가장 많이 선택하는 일탈적 대응으로, 기존의 성공이라는 목표를 추구함에 있어 부당한 수단을 통해서라도 성공하려 함 • 범죄, 횡령, 탈세, 매춘, 강도, 절도 등 비합법적 수단들이 이에 해당함
의례형	없음	있음	문화적 목표를 거부하지 않지만, 사실상 포기하고 제도적 규범에 동조하며 조직의 목표보다는 절차적 규범이나 규칙만을 준수하는 무사 안일한 관료가 이에 해당함

논술에 바로 써먹는
교육학 배경지식

비행의 원인은 개인적 차원과 사회적 차원으로 구분할 수 있습니다. 개인적 차원은 범죄자는 태어날 때부터 정상인과 다른 유전인자를 가지고 태어나며, 비행은 개인의 생물학적 차원에서 그 원인을 찾을 수 있다고 주장하는 생물학적 접근과 비행은 개인의 인격이나 적응과 관련하여 발생한다고 주장하는 심리학적 접근으로 구분됩니다. 후술할 비행이론들은 모두 비행의 원인을 사회적 차원에서 분석한 결과들입니다.

개념확대 ⊕
Zoom IN

아노미*
사회적 규범이 동요·이완·붕괴됨에 따라 야기되는 사회적 혼란 상태 또는 구성원들의 욕구나 행위가 규제될 수 없는 상태를 의미한다. 어원은 그리스어 '아노미아(anomia)'로 무법, 무질서의 상태, 신의나 법의 무시를 뜻한다. 중세 이후 사용되지 않다가 뒤르껨에 의해 사회해체 현상을 기술하고 설명하는 데 유용한 핵심개념으로 부각되었다.
* 두산, 2001

적응 유형	문화적 목표	제도화된 수단	특징
도피형	없음	없음	알콜 중독, 약물남용, 정신질환 등의 도피적인 방법으로, 사회적으로 낙오되어 목표뿐만 아니라 목표달성 시도조차 포기함
혁명형 (반역형)	있거나 없음	있거나 없음	수단과 목표 모두를 거부하고 체제의 무력적 전복과 같이 완전히 새로운 것으로 대치하려 함

❷ 코헨(Cohen)의 하위문화이론(비행 하위문화론, subculture theory)

(1) 배경

① 1950~1960년대 청소년 갱들에 주목한 이론이다.
② 1950년대 미국사회에서는 중산층 문화가 먼저 형성되고 이러한 중산층 문화에 참여하지 못한 계층이 나름의 하위문화를 형성하면서도 중산층의 목표를 지향한다.
③ 따라서 중산층 지위라는 목표를 합법적 방법으로 성취할 수 없는 청소년은 신분좌절을 겪게 되고 비행집단으로 어울려서 비공식적 · 악의적 · 부정적 행위에 가담한다.
④ 사회 · 경제적 지위가 낮은 사람의 하위문화가 중산층 중심의 지배문화에 대해 저항적 · 반항적 성격을 띠며 범죄로 이어진다는 점을 강조했다.

(2) 개념

① 대부분의 비행행위는 집단 내에서 발생하며, 집단적으로 일어나거나 집단의 영향을 받은 개인에 의해 일어난다.
② 중산층 문화에 대항적인 성격을 띠는 하층 문화는 중산층 문화와는 다른 문화체계를 가지고 있다.
③ 중산층 문화가 행위의 준거가 되는 학교에서 하층 청소년들은 부적응과 좌절을 경험하며, 이들은 중산층이 되려는 노력을 포기하고 오히려 중산층 문화를 거부하는 문화를 형성하게 된다.
④ 그 결과, 머튼의 적응 유형 중 하나인 포기와 거부를 통한 반문화가 형성되고, 하위집단에서 비행을 잘 저지르게 하는 가치와 태도를 학습하고 비행을 합리화한다.
⑤ 비행은 대부분 하류층의 청소년들 사이에서 많이 발생한다.

(3) 특징

① 어떤 집단에 소속되고 그 집단으로부터 인정받으려는 욕구는 모든 인간에게 매우 중요한데, 지위 좌절을 겪는 하류층 청소년이 비행문화를 형성함으로써 지위 문제를 해결한다.

② 즉, 중산층의 지배규범을 거부하는 그들만의 하위문화를 형성하고 그들의 집단을 준거집단으로 상정함으로써 그 속에서 소속감을 느끼고 지위를 달성하려고 한다.

③ 문화적 혁신이 개인적인 현상이 아니라 집합적인 현상이라는 점에서 머튼의 이론과 구분된다.

③ 서덜랜드(Sutherland)의 차별적 접촉이론(differential association theory)

(1) 개념

① 사람들이 친밀한 그룹끼리 차별적으로 접촉하며 범죄행위와 전통적 행위를 학습한다.

② 교사에게 인정받지 못하거나 학업성취가 낮아 학교문화로부터 소외된 학생이 비행청소년과 어울리면서 일탈행동을 학습하고 비행을 저지른다는 이론이다.

③ 개인이 범죄행위를 사회화하는 과정을 문화적인 맥락에서 설명했다.

(2) 가정 및 가설

① 가정: 정상적 행동과 일탈행동은 모두 학습되며 가난한 지역에는 범죄를 조장하는 문화가 존재한다.

② 가설

㉠ 범죄행위는 학습되는 것이다.

㉡ 범죄행위의 학습은 사람들 간의 의사소통과정을 통해 일어난다.

㉢ 범죄행위의 학습은 주로 친밀한 집단 속에서 잘 일어난다.

㉣ 범죄행위가 학습될 때, 그 학습내용에는 범죄행위의 기술뿐 아니라 동기, 충동, 합리화, 법, 태도 등을 모두 포함한다.

㉤ 범죄 동기나 충동은 현행 법률을 긍정적으로 정의하는가 또는 부정적으로 정의하는가에 따라 학습된다.

㉥ 법 위반에 대해 비우호적인 인식보다 우호적인 인식이 앞서도록 학습된 사람은 비행으로 나아간다.

㉦ 차별적 교제는 만남의 빈도·기간·선호·강도 등에 따라 다양하게 나타난다.

㉧ 범죄적 또는 비범죄적 유형과 접촉하면서 범죄행위를 학습하는 과정은 일상생활 속에서 다른 행위의 학습과정에서 작용하는 기제들과 동일하다.

㉨ 범죄행위는 일반적인 욕구나 가치에 의해 일어나지만 그러한 욕구와 가치가 범죄행위의 본질적 성격을 특징짓지는 않는데, 이는 비범죄적 행위도 그와 동일한 욕구 및 가치에 의해 이루어지기 때문이다.

❹ 에이커스(Akers)의 사회학습이론(social learning theory)

(1) 배경

① 서덜랜드의 차별적 접촉이론에 반두라의 사회학습이론을 적용하여 발전시킨 이론이다.

② 공격적 행위와 관련해 반두라는 '공격적 행위가 취하는 특정 형태, 공격적 행위가 표현되는 빈도, 공격적 행위가 보여지는 상황, 공격을 위해 선택되는 특정 목표 등은 대개 사회학습요인에 의해 결정된다.'라고 했다.[*]

* 이윤호, 2015

(2) 개념

① 한 개인이 학습한 가치와 태도에 의해 행동을 결정하는 것과 마찬가지로 범죄행위가 친밀한 인격적 집단에서 의사소통을 통한 상호작용에 의해 학습된다고 본다.[*]

* Akers, 1989

② 즉, 비행이나 일탈은 사회구성원 간의 상호작용을 통해 학습된다.

③ 청소년이 일탈행동을 하거나 또는 비행에 허용적인 정의를 가진 또래와 접촉하게 되면 비행행동에 대한 우호적인 정의를 새롭게 배운다.

④ 비행행동에 대한 우호적인 정의는 비행 정도를 강화시키고 그 청소년의 비행행동을 증가시킨다.

(3) 주요 개념

① **차별적 접촉**: 비행에 대한 긍정적 태도, 가치, 규범을 가지는 친구와의 접촉이나 상호작용을 의미한다.

② **차별적 강화**: 비행의 결과로 긍정적인 보상을 얻고 부정적인 처벌을 회피하게 되면 그 행위는 강화된다.

③ **정의**: 주어진 행위에 개인이 부여하는 태도나 의미이다.

④ **모방**: 다른 사람의 행동을 관찰하고 그와 유사한 행동을 자신이 하게 되는 것을 의미한다.

❺ 레머트(Lemert)와 벡커(Becker)의 낙인이론(labeling theory)[*]

* 김주희, 2017

(1) 배경 및 전제

① **배경**: 낙인이론은 사회적으로 용인되는 행동의 기준이 사회적 제도나 체계에 의해 발생하는 것으로, 이러한 규준에 의해 범죄자가 되고 낙인찍히게 되는 것이라고 보는 관점이다.[*]

* Andrew & Bonta, 2010

② **전제**

㉠ 다른 이론들과는 다르게 비행청소년들이 다른 청소년들과 근본적인 차이가 있다는 가정을 부정한다.

㉡ 상징적 상호작용이론의 영향을 받아 개인은 타인이 자신을 어떻게 생각하는지에 의해 자아가 형성되고 이러한 내적 과정과 자아가 행동을 이끌게 된다.

(2) 개념 및 특징

① 개념

ㄱ 한 청소년이 무심코 저지른 사소한 비행으로 비행청소년이라는 사회적 낙인을 경험할 때 부정적 자아를 형성하고 비행을 반복하거나 더욱 심각한 비행을 저지르게 된다.

ㄴ 낙인은 개인을 전통적 기회와 사회로부터 고립시키고 합법적 기회를 제한하고, 낙인에 따른 교사의 차별적 기대는 학생의 자기지각에 영향을 준다.

ㄷ 비행청소년이라는 낙인이 붙으면 스스로 자신을 비행청소년이라고 생각하게 하여, 정상적 자아관념을 부정적으로 전환시킨다.

② 낙인의 순서

ㄱ 추측: 교사가 학생에 대한 첫인상을 형성하는 단계이다.

ㄴ 고정화: 첫인상이 그 학생의 행동과 일치하는지 확인하는 단계이다.

ㄷ 정교화: 학생에 대한 인상이 분명하고 안정화되는 단계이며, 평가가 고착화되는 단계이다.

❻ 허쉬(Hirschi)의 사회통제이론(사회유대이론, social control theory)

(1) 배경 및 전제

① 배경: 사람들이 왜 범죄를 저지르지 않는지에 대한 이론으로, 이를 통해 어떤 사람들은 왜 범죄를 저지르게 되는지까지 이해할 수 있다.

② 전제: 비행 성향에 있어서 비행청소년과 다른 청소년들은 차이가 없다. 오히려 사람들은 누구나 선천적으로 비행동기가 있으며 비행 성향이 비행의 동기가 될 수는 없다.

(2) 개념 및 특징

① 개념

ㄱ 모든 사람은 사회의 관습적인 요소에 집착하고, 관습적인 신념을 가지며, 관습적인 행동에 전념하고, 관습적인 일에 관여한다.

ㄴ 사회통제가 사람들로 하여금 범죄를 저지르지 못하게 하기 때문에 사람들은 사회적 규칙이나 규범에 순응한다.

ㄷ 청소년의 비행은 관습적인 사회, 특히 부모와의 연대가 약화되거나 파괴될 때 발생한다.

ㄹ 타인과의 유대는 타인에 대한 '애착, 관여, 참여, 신념'의 네 가지 요소로 되어있으며, '사회에 대한 애착이 높고, 관여를 하며, 참여를 하고, 사회의 도덕적 신념을 받아들이는 청소년'의 비행 가능성이 낮다.

② 네 가지 사회 결속 요소

요소	내용
애착 (attachment)	• 개인이 심리적 · 정서적 관심을 통하여 다른 사람이나 집단과 맺고 있는 유대관계 • 전통적인 사회체계와의 애착이 강할수록 비행을 저지를 가능성이 낮아짐 • 부모, 학교, 친구집단은 개인을 통제하는 주요한 사회체계임 • 가장 중요한 사회제도는 가족이며, 부모와의 연대가 약한 청소년들이 비행을 저지르기 쉬움
관여 (commitment)	• 규범 준수에 따른 사회적 보상에 얼마나 관심을 갖고 있는지에 관한 것 • 교육적 · 직업적 성취와 관련한 전통적 목표 추구에 몰두하는 것 • 전통적인 야망과 열망은 비행을 예방함
참여 (involvement)	• 개인이 전통적인 사회활동에 시간을 할애하는 정도 • 전통적인 활동, 특히 학교활동에 많이 참여하면 비행을 저지를 가능성이 낮아짐
신념 (belief)	• 개인이 사회의 전통적인 가치를 받아들이는 정도 • 범죄나 비행을 금지하는 규범을 수용하는 정도가 클수록 비행의 가능성이 낮아짐

요약정리 🔍
Zoom OUT 비행의 원인에 대한 이론

분류		설명
개인적	생물학적	개인의 유전적 · 생물학적 특성으로 인해 비행이 발생한다고 설명함
	심리학적	개인의 심리적 · 성격적 · 정신적 문제로 인해 비행이 발생한다고 설명함
사회적	거시적	사회제도, 사회구조적 문제로 인해 청소년 비행이 발생한다고 설명함 예 아노미이론, 하위문화이론
	미시적	학생이 속한 가족과 환경적 측면의 영향으로 비행이 발생한다고 설명함 예 사회통제(유대)이론, 사회학습이론, 차별적 접촉이론, 긴장이론, 낙인이론

학교상담과 상담이론

생활지도 및 상담

PART 9

해커스임용 설보연 SANTA 교육학 2

설쌤의
Live Class 🎙

상담은 학교 생활지도의 한 방법이지만 그 자체의 전문적 발전으로 인해 생활지도의 핵심 영역 및 방법으로 인정받고 있습니다. 이번 챕터에서는 다양한 상담이론을 살펴보려 합니다. **상담의 접근방법에 따른 상담이론들을 강조점과 함께 이해한다면** 보다 쉽게 이해할 수 있을 것입니다. 특히 각 이론에서 설명하는 **상담목표와 방법을** 학교 현장의 구체적 사례들과 함께 이해한다면 관련 개념들을 내면화할 수 있을 것입니다.

핵심 Tag⤵

상담
상담자와 내담자의 상호작용을 통해 문제를 해결하고 행동의 변화를 촉진하는 학습과정

라포
도움을 주고받는 상담자와 내담자 간의 신뢰관계

프로이트의 정신분석 상담이론
- 인간의 행동은 무의식에 존재하는 억압된 사건, 특히 유아기 경험에 의해 결정되며 인간의 원초적 욕구(리비도)가 인간의 행동에 영향을 미친다는 정신분석이론
- 인간의 마음은 '의식, 전의식, 무의식'으로 구성되어 이들이 역동적으로 작용하여 성격으로 자리매김하며, 이 성격은 다시 '원초아, 자아, 초자아'로 구성됨

행동주의 상담이론
- 인간의 외현적 행동변화를 중요시 하고 객관적이고 관찰 가능한 행동변화를 통해 내담자의 문제를 해결하고자 하는 상담이론
- 행동은 학습된 것이므로 부적응적 행동을 지속·강화하는 환경적 요인을 변화시키고자 함
- 대표 이론: 파블로프의 고전적 조건형성, 스키너의 조작적 조건형성, 반두라의 사회학습이론

앨리스의 합리정서 행동치료 상담이론(REBT)
- 정서적인 문제 해결을 위해 사고를 분석하고 역기능적 사고를 변화시키는 방법
- ABCDEF 상담과정

글래서의 현실요법 상담이론
기본 욕구가 제대로 충족되지 못할 때 부적응 행동이 나타난다는 점에서 인간의 다섯 가지 기본 욕구 충족을 위해 현실적·책임적·도덕적 행동 선택을 이끄는 접근방법

로저스의 인간중심 상담이론
내담자가 자신의 잠재력을 발견하고 자신과 객관적 현실에 대해 긍정적으로 인식할 수 있게 조력해야 한다고 믿는 내담자중심 상담이론

① 상담의 개념 및 특징 기출 02, 05 중등

(1) 상담과 학교상담의 개념

① 상담: 상담자와 내담자의 상호작용을 통하여 문제를 해결하고 행동의 변화를 촉진하는 학습과정이다.
② 학교상담: 학교에서 주로 학생을 대상으로 이루어지는 상담으로 학업, 진로, 비행, 성격 등에 대해 이루어진다.

개념확대 ⊕
Zoom IN 생활지도, 상담, 심리치료의 구분

생활지도	상담	심리치료
정보, 조언, 의사결정	행동과 태도의 변화	사고와 심리적 갈등	성격장애 (정신장애)

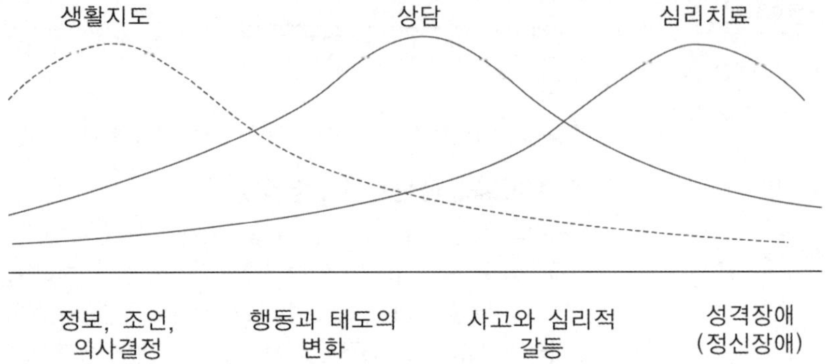

[그림 9-4] 생활지도, 상담, 심리치료의 구분*

상담은 생활지도의 여러 방법들 중 하나이다. 상담은 방법적으로 볼 때 개인면담에 의한 개인상담, 소집단이 모여서 하는 집단상담, 인터넷이나 메일 등을 매개로 한 사이버 상담 등을 들 수 있다. 상담은 생활지도 방법들 중에서 상당 수준 전문화된 방법으로 알려져 있다. 상담은 학교 생활지도의 한 방법으로 발전해왔지만 학교 이외의 기관에서도 발전하여 상담은 그 자체만으로도 하나의 학문체계로 성립할 만큼 독자적 이론체계를 발전시켰다. 몇몇 학자는 상담에서 다루는 문제의 종류와 생활지도에서 다루는 문제의 영역이 다르다고 본다. 예컨대, 이장호(1986)는 정보제공, 조언, 의사결정 등은 생활지도로 보았고, 행동이나 태도의 변화, 갈등해결 등은 상담의 영역으로 보고 있다. 즉, 생활지도에서는 정보제공이나 조언의 성격이 더 강하고, 상담에서는 변화나 문제해결 또는 치료의 성격이 강하다고 할 수 있다.*

* 김계현 외, 2005

* 정원식 · 박성수, 1978

(2) 상담의 특징

① 상담이 성립되려면 도움을 필요로 하는 내담자와 도움을 주는 상담자가 있어야 한다.
② 상담은 전문적으로 교육·훈련받은 상담자에 의해 제공되는 전문적 활동이다.
③ 상담은 상담자와 내담자의 관계에 기초를 둔 과정이다.
④ 상담은 의사결정과 문제해결에 관여한다.
⑤ 상담은 내담자로 하여금 새로운 행동을 학습하거나 새로운 태도를 형성하게 하는 것이다.
⑥ 상담은 내담자의 성장과 발전을 안내·조력한다.

❷ 상담의 목표 및 유형

(1) 상담 목표

① 행동 변화 촉진: 대부분의 상담이론은 내담자로 하여금 좀 더 생산적이고 만족스러운 삶을 살 수 있도록 내담자의 사고, 감정, 행동의 변화를 가져오는 것이다.
② 적응기술 증진: 청소년 내담자는 성장과정에서 여러 가지 변화를 경험하며 이에 적응해야 한다는 점에서, 내담자로 하여금 적응기술을 증진시키는 것을 목표로 한다.
③ 의사결정기술 함양: 대다수 청소년들은 합리적인 의사결정에 익숙하지 않고 즉각적·충동적인 결정을 내리는 경우가 많다는 점에서 내담자에게 합리적인 의사결정을 경험하도록 한다.
④ 인간관계 개선: 청소년기는 또래들과 어울리고 또래들의 가치와 규범을 따르며 또래들로부터 인정받기를 원하는 시기라는 점에서 다른 어느 시기보다 친구관계, 즉 인간관계가 생활에서 중요한 역할을 하게 된다.
⑤ 잠재능력 개발: 상담은 청소년들로 하여금 자신의 능력을 새롭게 발견하고 왜곡해서 지각했던 자신의 특성을 바르게 지각하도록 도와주어야 한다.
⑥ 자아정체감 확립: 자아정체감의 확립은 청소년기의 가장 중요한 발달과업이며 이를 성취하지 못하면 정체 위기를 경험하여 문제 상황에 빠지게 된다는 점에서 자아정체감을 확립하도록 돕는 것은 중요하다.
⑦ 긍정적 자아개념 형성: 문제행동을 보이는 많은 청소년들은 일반적으로 부정적 자아개념을 지니고 있으며 자신감이 부족하다는 점에서, 청소년들을 대상으로 상담할 때에는 그들로 하여금 긍정적 자아상과 자아개념을 형성해야 한다.
⑧ 건전한 가치관 확립: 청소년들은 특히 가치관의 혼란과 갈등을 많이 경험한다는 점에서 청소년들에게 올바른 가치관을 정립해 바람직한 삶의 태도를 가지고 생활하게 하는 것은 매우 중요하다.

(2) 상담 유형

분류 기준	유형
상담방식에 따른 분류	대면상담, 통신상담
상담형태에 따른 분류	개인상담, 집단상담, 가족상담

❸ 상담요소 및 상담윤리

(1) 상담요소
① 상담자: 상담에 관한 전문적인 훈련을 받아 전문적 지식과 기술을 습득하고, 적절한 자격을 인정받은 사람이다.
② 내담자: 도움이 필요한 사람이다.
③ 라포(상담관계, rapport): 도움을 주고받는 상담자와 내담자 간의 신뢰관계이다.

(2) 상담윤리
① 비밀 보장: 내담자는 상담자가 상담과정에서 나눈 이야기나 자신의 비밀을 보장할 것이라고 기대하며, 상담자 역시 이를 보장해야 한다.
② 내담자의 복지 우선: 상담자는 내담자의 복지와 이익을 증진시키고 내담자의 성장과 발달을 도모해야 한다.
③ 내담자 차별 금지: 상담자는 내담자의 나이, 인종, 성, 종교 등을 이유로 차별하지 말아야 한다.
④ 내담자의 권리와 자유 존중: 상담자는 내담자에게 상담의 목적과 목표, 기법, 절차, 한계, 잠재적 위험 등에 대해 충분히 설명하며, 내담자가 상담계획에 참여할 권리가 있고 상담서비스를 거부할 수 있다는 조언을 해주어야 한다.
⑤ 내담자와의 개인적 관계 금지: 상담자는 내담자와 친분적 · 금전적 · 사업적 · 사회적 · 성적 관계를 맺는 등 이중관계를 맺지 말아야 한다.

❹ 상담의 원리와 과정

(1) 원리
① 무조건적 존중: 상담자는 내담자의 행동이나 감정, 사고를 무조건적으로 존중하며, 내담자를 하나의 전체적인 인간으로 아끼고 사랑할 수 있어야 한다. 이를 위해 내담자를 위해 헌신하고, 내담자의 비밀을 보장해주고, 내담자에 대해 판단적 태도를 유보해야 한다.
② 진실성: 상담자는 자신의 생각을 솔직하게 드러내야 한다.
③ 공감적 이해: 내담자의 입장에서 그들의 내면세계를 이해해야 한다. 이를 위해 상담자는 먼저 자기의 틀을 벗을 수 있어야 하고, 다양한 인간의 감정을 이해할 수 있어야 하며, 내담자의 감정을 깊고 정확하게 경험하고 수용할 수 있는 능력이 있어야 한다.

④ 라포 형성(신뢰성) 및 안전성: 내담자는 상담자를 신뢰할 때 상담자에게 자신을 의뢰할 수 있으며, 내담자는 상담자와의 관계에서 안전함을 느낄 수 있어야 한다.

(2) 과정

① 문제의 이해와 촉진적 관계의 형성 단계: 내담자의 문제제시 및 상담의 필요성 인식, 촉진적 관계 형성
② 목표 설정과 문제해결의 노력 단계: 목표 설정과 구조화, 문제해결의 노력
③ 합리적 사고의 촉진 및 실천행동의 계획 단계: 자각과 합리적 사고의 촉진, 실천 행동의 계획
④ 평가 및 종결 단계: 상담의 종합적 평가

(3) 상담기법

① 경청: 상담자는 내담자의 언어적 메시지뿐만 아니라 비언어적 메시지까지 적극적으로 경청한다.
② 계속 반응: 상담자는 내담자가 이야기할 때, 계속적인 반응, 장단 맞추기 등을 통해 내담자에게 그의 이야기를 열심히 듣고 있음을 알리고 대화를 촉진하는 분위기를 형성한다.
③ 질문: 상담자는 적절한 질문을 통하여 내담자가 자신을 더 많이 개방하고, 더 많은 이야기를 구체적으로 하며, 그의 이야기를 명확히 이해하도록 한다.
④ 반영: 상담자가 내담자의 이야기에 담긴 내용과 감정을 다시 되돌려주며, 내담자가 자신의 내면을 탐색할 수 있게 한다.
⑤ 요약: 상담자가 상담내용의 일부나 전체를 정리해서 표현함으로써 내담자가 여러 상담 장면에 흩어져 있던 주제를 확인 · 종합할 수 있도록 돕는다.
⑥ 직면: 상담자가 내담자 행동의 모순, 불합리함, 말과 감정의 불일치, 말과 행동의 차이 등을 지적하며, 내담자가 자신의 모습을 되돌아보고 반성해볼 수 있게 한다.
⑦ 해석: 상담자가 내담자의 진술 중 표면적 내용 아래의 이면의 의미를 설명해주고 내담자가 자신의 모습과 행동의 의미를 좀 더 잘 이해할 수 있게 한다.
⑧ 자기개방: 상담자가 자신의 경험이나 감정을 내담자에게 노출하며 진실하고 솔직한 태도로 상담에 임한다는 것을 보여주는 것을 의미한다.
⑨ 명료화: 상담자가 내담자의 말의 내용에 담긴 의미를 정확히 이해하지 못했을 때, 상담자가 자신이 들은 바가 맞는지 확인하고 싶을 때, 질문 등을 통해 내담자가 전달하고자 하는 바의 의미를 분명하게 확인하는 기법이다.
⑩ 구조화: 상담의 방향과 방법을 내담자에게 알려주고, 상담의 방법과 한계에 대해 분명히 이해시키는 것이다.
⑪ 즉시성: 대인관계 문제에 있어서 과거에 벌어진 일 자체보다는 지금 – 여기에서 벌어지는 일에 직면하여 이를 중점적으로 다루는 것으로, 내담자의 과거의 경험 그 자체보다는 그 경험이 지금 현재 내담자에게 어떤 영향을 끼치고 있는지에 대해 초점을 맞추는 것이다.

기법	상황
계속반응	내담자: 그 친구와 사이는 그때부터 멀어지게 된 것 같아요. 상담자: 그래요. 내담자: 지금 생각해보면 많이 아쉬워요. 상담자: 그렇군요.
질문	상담자: 친구와 싸운 것은 작년이었니? 내담자: 네. 상담자: 무슨 일 때문에 싸운 거니?
반영	내담자: 그 친구가 너무 크게 화를 내니, 저는 당황해서 말을 할 수가 없었어요. 친구의 오해를 풀어주고 제가 잘못한 부분은 사과했어야 했는데, 아무 말도 할 수 없었어요. 그게 제일 잘못인 것 같아요. 상담자: 그 상황에서 말을 하지 못한 게 후회가 되는군요.
요약	상담자: 지금까지 이야기를 들어보면, 원래 친하게 지내던 친구와 오해로 인해서 멀어지게 되었고, 네가 먼저 사과했더라면 좋겠다고 생각하는 것 같군요.
직면	내담자: 이제 와서 그 친구와의 일을 이야기하는 게 무슨 소용이겠어요. 상담자: 그런데도 오늘 상담에서 네가 계속 그 친구와의 이야기를 하고 있는 이유는 무엇일까?
해석	상담자: 어쩌면 지금 반 친구들과의 사이가 좋지 않은 이유도 예전의 그 친구와 싸운 이유와 같다는 생각이 들기 때문이라고 볼 수 있겠네요.
자기개방	내담자: 계속 친구들이랑 싸우게 되는 것 같아 괴로워요. 저는 모두하고 친하게 지내고 싶은데, 안 되는 게 속상해요. 상담자: 나도 3학년 때 사람들이 나를 싫어하는 것 같은 경험을 했지. 너무 외롭고 속상하더라.
명료화	내담자: 친구들이 왜 나한테만 그렇게 하는지 마음에 안 들어요. 상담자: 내가 듣기엔 친구들이 너에게 말을 걸지 않아 화가 난다는 것인데, 맞니?

요약정리 🔍
Zoom OUT 상담의 개관

구분	내용
개념	상담자와 내담자의 상호작용을 통하여 문제를 해결하고 행동의 변화를 촉진하는 학습과정
목표	행동변화의 촉진, 적응기술의 증진, 의사결정기술의 함양, 인간관계의 개선, 잠재능력 개발, 자아정체감 확립, 긍정적 자아개념 형성, 건전한 가치관 확립
상담요소	상담자, 내담자, 라포
상담의 윤리	비밀 보장, 내담자의 복지 우선, 내담자 차별 금지, 내담자의 권리와 자유 존중, 내담자와의 개인적 관계 금지

상담원리	무조건적 존중, 진실성, 공감적 이해, 라포 형성
주요 상담기법	경청, 계속반응, 질문, 반영, 요약, 직면, 해석, 자기개방, 명료화, 구조화, 즉시성

02 상담이론

개념확대⊕
Zoom IN 접근방법에 따른 상담이론의 분류

접근방법	상담이론 구분	상담이론 예시
문제 중심적 접근	정신역동적 상담이론	• 프로이트의 정신분석 상담이론 • 아들러의 개인심리 상담이론
	행동주의 상담이론	• 파블로프의 고전적 조건형성 • 스키너의 조작적 조건형성 • 반두라의 사회학습이론(관찰학습이론)
	인지중심 상담이론	• 윌리엄슨의 지시적 상담이론 • 엘리스의 합리정서 행동치료 상담이론 • 벡의 인지치료 상담이론 • 글래서의 현실요법 상담이론 • 번의 의사교류분석 상담이론
	정서중심(인본주의) 상담이론	• 로저스의 인간중심 상담이론 • 펄스의 게슈탈트 상담이론 • 프랭클의 실존주의 상담이론
해결 중심적 접근	해결 중심적 단기상담	• 스티브와 김인수의 단기해결중심 상담이론

❶ 프로이트(Freud)의 정신분석 상담이론(pschoanalytic theory)

기출 05, 10 중등 / 03, 06, 07, 10 초등

(1) 배경 및 가정

① 배경

㉠ 현대 주요 상담이론, 심리치료이론의 모체로 프로이트에 의해 창시되었다.

㉡ 성격이론이자 인간본성의 철학이며 심리치료의 한 방법이다.

② 인간관

　　㉠ 인간을 결정적이고 부정적 존재(비합리적 존재)로 본다. 즉, 일생을 통해 삶의 모든 형태에 결정적인 영향을 미치는 성격이 어린 시절의 동물적이고 본능적 충동과 무의식적 동기에 의해 형성되고 결정된다고 본다.

　　㉡ 특히 성숙되지 않은 유아기에 본능적 욕구가 충족되는 과정에서 이를 통제·억제하는 부모와, 사회적 가치와 규범에 의해 경험할 수 있는 여러 심리적 충격이 성격의 무의식 부분으로 남아 성격발달을 저해하는 요소가 된다.

참고　프로이트의 성격발달단계

단계	연령	특징
구강기 (oral)	출생~1세	• 입과 입술, 혀가 주요 쾌락 추구의 기관임 • 너무 일찍 젖을 떼거나 너무 늦게까지 수유를 함으로써 욕구의 좌절 또는 과충족이 이루어졌을 때 구강기적 성 본능에 고착한 성격적 특성(의존적·탐욕적 태도, 지나치게 낙관적·비관적)이 형성될 수 있음
항문기 (anal)	1~3세	• 배변훈련의 시기로, 성 본능이 항문에 집중됨 • 배변훈련은 사회적 요구와 규범, 타인의 기대와 요구를 고려하게 되고 즉각적 욕구 만족을 지연시키는 자기통제력을 학습함 • 지나치게 엄격한 배변훈련을 받은 아동들은 강박적 성격을 형성할 수 있으며, 배변훈련에 적절한 시기에 이루어지지 않으며 충동적이고 난폭한 성격을 형성할 수 있음
남근기 (phalic)	4~5세	• 성적 본능이 성기 부위로 집중됨 • 남녀의 성을 인식하게 되면서 이성 부모에게 연정을 느끼고 동성 부모에게는 적대감을 가지는 오이디푸스 콤플렉스(남아) 또는 엘렉트라 콤플렉스(여아)를 가지게 됨 • 남아의 경우 거세불안, 여아의 경우 남근선망을 느끼고 결국 각각 아버지와 어머니와의 동일시를 통해 갈등을 해결하며, 부모의 가치규범과 도덕을 내면화함 • 남근기의 욕구가 제대로 충족되지 않는 경우에는 과도한 경쟁심이나 복종적 태도를 형성하게 됨
잠복기 (latent)	6~11세	• 성적 에너지는 새로운 지적 과제를 학습하고 사회적 가치와 기술을 습득하는 등의 외적 활동을 통해 승화됨 • 지적 활동이나 주위 환경에 대한 탐색이 활발함
생식기 (genital)	12세 이후	• 성기를 통한 리비도 만족을 추구함 • 성인으로서의 새로운 자아정체감을 형성함

(2) 개념 및 특징

　① 개념

　　㉠ 인간의 행동은 무의식에 존재하는 억압된 사건, 특히 유아기의 경험에 의하여 결정된다.

ⓒ 인간의 원초적 욕구는 성욕과 공격성이며, 이러한 욕구(리비도)가 인간의 행동에 영향을 미친다. 따라서 건강한 인간은 이러한 자신의 욕구를 알아차리고 자신의 행동을 의식적으로 선택할 수 있어야 한다.

ⓓ 유아기의 욕구 충족 및 좌절 경험을 겪게 되면 이후 그 욕구가 고착되어 성격 형성에 영향을 미친다.

② 주요 개념

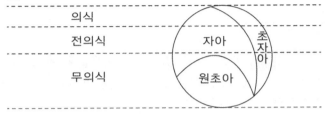

[그림 9-5] 정신분석의 의식 및 성격 구조

ⓐ 정신결정론(determinism): 인간의 행동은 결코 우연적인 것이 아니며 무의식에 있는 충동에서 그 원인을 찾을 수 있다는 것이다.

ⓑ 의식 구조: 프로이트는 인간의 마음이 '의식, 전의식, 무의식'으로 구성되어 이들이 역동적으로 작용하며 성격으로 자리매김한다고 보았다.

구분	내용
의식 (consciousness)	순간의 사고, 지각, 느낌, 기억 등 매 순간 느끼는 모든 경험과 감각
전의식 (subconsciousness)	• 의식의 수준은 아니지만 조금만 노력하면 곧 의식이 될 수 있는 상태로, 의식과 무의식 사이에 존재하는 영역 • 숨겨진 기억이나 잊혀진 경험들이 이에 해당됨
무의식 (unconsciousness)	가장 깊은 위치에 있으며 가장 강력하고 이해하기 어려운 수준으로, 개인의 행동을 지배하고 행동의 방향성을 결정함

ⓒ 정신 구조(성격 구조): 성격은 다시 '원초아, 자아, 초자아'로 구성된다. 건강한 성격은 심적 에너지가 원초아, 자아, 초자아 사이에서 균형 있게 분배·활용된다.

구분	내용
원초아 (id)	개인의 심리적 에너지의 원천이자 본능으로, 즉각적·충동적인 쾌락의 원칙을 따름
자아 (ego)	현실적·논리적 사고를 담당하고 원초아의 본능과 외부 세계를 중재·통제하는 역할을 하며, 현실의 원칙을 따르는 정신구조의 집행자
초자아 (superego)	양심과 도덕성을 관장하고 완전과 이상을 추구하며 양심의 원칙을 따름

ⓔ 불안과 방어기제
ⓐ 불안: 인간이 자신의 불안의 근원을 의식적으로 이해할 수 없을 때 불쾌하고 위협적인 사고와 감정을 경험한다.
ⓑ 방어기제: 인간이 이해할 수 없는 불안을 경험하고 이를 통제할 수 없을 때 자아를 보호하기 위해 무의식적으로 사용하는 대처방법이다.

개념확대 ⊕
Zoom IN 방어기제 유형

방어기제	내용
억압 (repression)	고통스러운 생각이나 감정을 기억에서 없애고 무의식으로 억누르는 것
부인 (denial)	고통스러운 현실을 인정하지 않는 것
투사 (projection)	스스로 용납하기 어려운 부끄럽거나 두려운 자신의 생각이나 욕망을 타인이나 외부 세계의 탓으로 돌리는 것
퇴행 (regression)	현재 심각한 곤경에 처했을 때, 이전의 발달단계로 후퇴하는 것
합리화 (rationalization)	받아들이기 힘든 현실에 그럴듯한 좋은 이유를 만들어내는 것
승화 (sublimation)	성 에너지나 공격 에너지를 사회적으로 인정되는 방법으로 전환시키는 것
치환 (displacement)	특정 대상에게 자신의 충동이나 감정을 해결할 수 없을 때, 상대적으로 손쉬운 다른 대상에게 그 감정을 풀어내는 것
반동 형성 (reaction formation)	위협적인 충동을 느낄 때, 아예 정반대되는 행동으로 충동을 표현하는 것
동일시 (identification)	열등감에 대한 방어적 반응으로 자신에게 중요한 인물들의 태도나 행동을 따라하고 그 사람과 자신을 동일시하는 것
지성화 (intellectualization)	자신의 감정과 충동을 추상적 사고과정을 통해 해소하여 불안을 막는 것

ⓜ 리비도(libido): 특정 신체부위에 집중되어 성적 충동 또는 공격적 충동을 해결하는 정신에너지이다.

(3) 상담목표
① 개인의 심리적 문제를 해결하기 위해 그의 무의식 세계에 억압되어 있는 갈등을 의식 수준으로 끌어올려 문제의 원인과 동기를 인식·통찰할 수 있도록 한다.
② 원초아, 자아, 초자아가 적절히 균형을 이루게 한다.

(4) 상담 절차

① **시작**: 자유연상, 꿈 분석 등의 기법을 통해 내담자의 가족력, 성격발달단계, 방어기제, 불안 등을 파악하고 내담자의 심리적 문제의 원인을 찾는다.

② **전이**: 내담자의 무의식적 갈등과 관련이 있는, 자신에게 중요했던 사람에 느꼈던 감정을 상담자에게 투사하며 억압되었던 욕구를 충족시키려 하면 내담자는 중립적인 태도를 유지하며 내담자의 전이 욕구를 좌절시킨다.

③ **훈습(working through)**: 상담자는 내담자가 그 문제를 반복적으로 경험하고 이를 스스로 극복할 수 있도록 반복 체험시킴으로써 자신의 증상이나 문제를 자각·통찰하고, 스스로 해결할 수 있도록 돕는다.

④ **해결**: 무의식의 문제들을 의식화하는 과정을 통해 미해결된 갈등에 대한 방어기제 현상이 규명되고, 자아가 통합되고 불안감이 감소된다.

(5) 상담기법

① **자유연상**: 내담자가 어떤 대상, 자극, 상황에 대하여 무엇이든 마음속에 떠오르는 대로 자신의 생각과 감정을 이야기하며 과거를 회상하고, 그 상황에서 느꼈던 다양한 감정을 표출한다.

② **저항 분석**: 저항이란 자아가 억압된 충동이나 감정이 드러나는 것에 대하여 불안을 느껴 무의식적으로 상담에 협조하지 않으려는 태도로, 상담자는 이러한 저항의 원인을 분석한다.

③ **꿈 해석**: 꿈은 '무의식에 이르는 왕도'이며, 꿈에 나타난 것과 그것의 상징적인 의미를 분석하여 내담자의 무의식의 내면을 통찰하여 문제의 원인을 밝힌다.

④ **전이 분석**: 내담자가 특정 인물에 대하여 가지는 애착, 증오, 질투, 수치 등의 감정을 상담자에게 투사하는 '전이'를 해석하여 전이감정을 해소하고 그 의미를 파악한다.

⑤ **해석**: 자유연상, 꿈, 저항, 전이 등을 분석하고 이것의 상징적 의미를 내담자에게 설명하여 자신의 부적응 행동에 대한 통찰을 얻게 하는 것이다.

❷ 아들러(Adler)의 개인심리 상담이론(Individual psychology) 기출 04 중등

(1) 배경 및 인간관

① **배경**
　　㉠ 아들러에 의해 창시된 상담이론으로 정신분석이론으로부터 발전한 이론이다.
　　㉡ 정신분석이론에서 성격이 어린 시절에 형성되는 것처럼, 개인의 생활양식이 어린 시절의 경험에 의해 형성된다고 보았다.

② **인간관**
　　㉠ 인간을 사회구성원이 되기 위하여 선천적으로 타고난 사회적 요구와 관심에 의해 동기가 유발되는 사회적 존재로 본다.
　　㉡ 인간에게는 현실 그 자체보다 현실을 어떻게 바라보고 어떤 의미를 부여하는지가 중요하다.

아들러의 출생 순위
아들러는 출생 순위에 따라 독특한 성격을 형성한다고 보았는데, 출생 순위에 따른 성격 유형을 살펴보면 아래와 같다.
- **첫째**: 생애 초기에 가족과 친족의 애정과 관심을 독차지 하지만 동생이 태어나며 '폐위된 왕'의 위치에 놓이게 되고, 동생에게 빼앗긴 사랑을 되찾지 못해 독립적이고 자율적인 성격이나 자기중심적이고 독단적인 성격을 형성한다.
- **둘째**: 부모의 사랑을 차지하기 위해 첫째와 경쟁하며, 따라서 첫째보다 더 빠른 발전을 보이기도 하고, 야망이 강하고 경쟁적인 성격을 형성한다.
- **막내**: 경쟁할 형제가 둘이나 있지만, 다른 형제들에 비해 사랑을 동생에게 빼앗기는 경험을 하지 않는다. 경쟁을 포기하고 부모나 형에게 전적으로 의존하는 성격을 형성하거나, 두 형제를 경쟁자로 인식하고 이기기 위해 야망이 강하고 성취욕이 강한 성격을 형성할 수 있다.
- **외동**: 경쟁할 형제가 없어 자기 중심적이고 의존성이 강한 응석받이가 되기 쉽다.

(2) 개념 및 특징

① 개념

  ㉠ 모든 인간은 열등감을 가지고 태어나며, 신체적 결함이나 형제 또는 부모와의 관계가 열등감에 영향을 준다.

  ㉡ 인간의 행동은 열등감에 대한 보상이며, 열등감은 이를 극복하고자 인간을 노력하게 만드는 동기가 된다.

  ㉢ 인간은 열등감을 극복하고 완전성을 이루어내기 위하여 현실적으로 불가능한 가상의 목표를 가지고 이를 달성하기 위해 행동한다.

② 주요 개념

  ㉠ 열등감의 극복과 우월감의 추구

    ⓐ 인간으로서 우리 모두는 타고난 본래의 열등감을 극복하기 위해 동기화되며, 우월감을 쟁취하려 애쓰는 존재이다.

    ⓑ 우리 모두 어린 시절의 작고 무기력한 상태에서 시작된 열등의식을 가지고 있으며, 성공이 가능한 생활양식을 발전시킴으로써 열등의식을 극복하려 한다.

  ㉡ 생활양식

    ⓐ 모든 사람들은 자신만의 생활양식을 가지고 있지만 어느 누구도 똑같은 생활양식을 갖고 있지는 않다.

      예 우월성과 완벽성을 추구함에 있어 어떤 사람들은 지적 능력을 발전시키는가 하면 또 어떤 사람들은 예술적 재능을 발전시키는 가운데 생활양식이 결정된다.

    ⓑ 우리 인간이 행하는 모든 행위는 태어나서 약 5년 동안 어린 시절 가족들과의 관계에서 학습된 것이며, 우리의 독특한 생활양식에 의해 영향을 받는다.

③ 문제행동의 원인 및 해결방안

  ㉠ 열등감(inferiority)

    ⓐ 모든 인간은 열등감을 가지고 있으며, 이를 극복하고 우월성을 추구하기 위해 열등감을 활용하면 건전한 생활양식과 심리적 건강을 가지게 된다.

    ⓑ 부모의 양육 방식에 따라서 인간이 병적 열등감을 갖게 되면 파괴적인 생활양식을 가지게 된다.

      예 폭력적인 영철이의 행동은 자신의 열등감을 극복하고 우월해지고자 하는 동기가 표출된 결과 자신을 알아주지 않는 주위 사람들에게 공격성을 나타냄으로써 자신도 중요한 사람이 될 것으로 여기는 문제행동이다.

    - **부모가 과보호로 아이를 양육할 시**: 아이는 스스로는 할 수 있는 것이 아무것도 없다는 자기 무가치감에 사로잡힌다.

    - **부모가 무관심으로 아이를 양육할 시**: 아이는 자신이 사랑받거나 인정받을 가치가 없다는 자기 무가치감에 사로잡힌다.

  ㉢ 해결방안: 내담자가 열등감을 극복하고 잠재력과 존엄성을 느끼도록 존중한다.

ⓛ 허구적(가상적) 목적 추구
　　ⓐ 인간은 목표지향적이기 때문에 스스로 계획을 세우고 목표를 이루기
　　　위해 행동한다.
　　ⓑ 이 중 현실적으로 실현 불가능한 허구적 목표도 존재하며, 이는 행동의
　　　동기가 된다.
　　ⓒ 허구적 목표를 잘못 추구하게 되면 신경증, 정신병, 도착증 등 정신병
　　　리적 행동의 원인이 된다.
　　ⓓ **우월성 추구**: 부족한 상황을 극복하고 완전성을 추구하며 지금보다 끊
　　　임없이 향상하려는 동기를 의미한다.
　　ⓔ **해결방안**: 비현실적인 삶의 목적을 현실적인 것으로 수정한다.
ⓒ 공동체감(사회적 관심) 부족
　　ⓐ 공동체감은 타인에 대한 관심과 공감을 의미하며, 정신건강의 척도이다.
　　ⓑ 심리적으로 건강한 사람은 높은 공동체감을 갖고, 추구하는 목표가
　　　사회적이며, 모든 사람의 복지를 증진하는 방향으로 노력한다.
　　ⓒ 공동체감이 부족하면 정신병리적 문제가 발생하고 파괴적 생활양식을
　　　형성한다.
　　ⓓ **활동 수준**: 다른 사람과 교류하는 에너지 수준으로, 활동 수준이 높으
　　　면 사교적이고 활발한 대인관계를 가진다.
　　ⓔ 생활양식
　　　• 개인의 독특한 행동 양상으로, 아동기의 경험에 대한 아동의 태도에
　　　　따라 각기 다르게 형성되며 4가지 유형으로 나뉜다.
　　　• 생활양식 유형

유형	공동체감	활동 수준	특징
지배형	낮음	높음	주장이 많고 공격적이고 적극적이며, 다른 사람의 입장을 고려하지 않음
기생형	낮음	낮음	타인에게 의존하고, 다른 사람들로부터 가능한 한 더 많은 것을 얻으려 함
회피형	낮음	낮음	실패를 두려워하고 생활과제를 회피하려 함
사회형	높음	높음	자신뿐만 아니라 다른 사람의 복지를 위해 협력하고자 함

(3) 상담

① 상담목표
　ⓐ 내담자가 사회에 기여할 수 있도록 사회적 관심을 계발하도록 돕는다.
　ⓑ 내담자가 열등감을 극복하고 잘못된 생의 목표와 생활양식을 이해·수정할
　　수 있도록 돕는다.

② 상담 절차
  ㉠ 관계 형성: 내담자와 적절한 상담관계를 맺는다.
  ㉡ 분석 및 사정: 내담자의 총체적 생활양식, 목표, 이것들의 영향 등을 파악하고 이해한다.
  ㉢ 해석을 통한 통찰 증진: 자신에 대해 깊이 이해할 수 있도록 돕는다.
  ㉣ 재정향(reorientation): 이해할 것을 실행할 수 있도록 한다.
③ 상담기법
  ㉠ 질문법: 개인의 대인관계와 가족관계를 묘사하는 데 사용하는 순환질문 등을 통해 내담자가 자신의 생활양식의 전반에 대해 이해할 수 있게 질문을 던지고 답을 하게 한다.
  ㉡ 버튼 누르기 기법: 좋은 기분 버튼, 나쁜 기분 버튼을 누른다고 상상하고 이에 따라 자신의 기분을 설정함으로써 자신의 기분은 내담자 스스로가 창조하는 것임을 깨닫도록 돕는다.
  ㉢ '마치 ~인 것처럼' 행동하기: 내담자가 원하는 행동을 가상의 장면에서 '마치 ~인 것처럼' 해보거나 바람직한 자신의 모습을 연기해봄으로써 실제로 그렇게 되도록 돕는다.
  ㉣ 과제의 설정과 이행: 바람직한 행동이나 목표를 설정하여 이를 꾸준히 실천할 수 있도록 한다.
  ㉤ 역설적 기법: 원하지 않는 행동, 바꾸고 싶은 행동을 의도적으로 해보도록 함으로써 그 행동에서 벗어날 수 있게 한다.

기출 14 중등 추시

기출논제 **Check** ☑

철수의 학교생활 적응을 향상시키기 위한 상담 기법을 행동중심 상담 관점에서 2가지 논하시오.

3 행동주의(behaviorism) 상담이론 기출 12, 14 중등 / 03, 11 초등

(1) 배경 및 인간관
① 배경
  ㉠ 행동주의 심리학은 왓슨(Watson), 스키너(Skinner) 등에 의해 주창되고 발전되었다.
  ㉡ 전통적으로 심리학은 인간의 의식세계를 연구하는 것이었는데, 왓슨과 스키너는 의식 자체는 관찰할 수 없기 때문에 과학적 연구대상이 될 수 없고, 행동은 겉으로 드러나는 것이어서 관찰 가능할 뿐만 아니라 심리학을 과학으로 발전시킬 수 있다고 주장했다.
② 인간관: 인간은 외부 자극에 반응하는 존재이다.

(2) 개념
① 외현적 행동의 변화를 중요시 여기고, 객관적이고 관찰 가능한 행동의 변화를 통해 내담자의 문제를 해결하고자 한다.
② 행동은 학습된 것이며, 부적응적 행동 역시 학습의 산물이다.
③ 부적응적 행동을 지속시키고 강화하는 환경적 요인을 변화시켜야 한다.

(3) 대표적 이론

① 파블로프(Pavlov)의 고전적 조건형성(classical conditioning)
   ㉠ 개념: 중성 자극을 무조건 자극과 연합하여 조건 반응으로 만드는 것이다.
   ㉡ 주요 내용
      ⓐ 자극 일반화(stimulus generalization): 조건형성이 되었을 때 조건 자극과 비슷한 다른 자극에도 조건 반응이 일어나는 것이다.
      ⓑ 소거(extinction): 조건형성 이후 무조건 자극이 제거되고 조건 자극만 계속 제시될 경우 반응이 점점 줄어들다가 더 이상 일어나지 않게 되는 것이다.
      ⓒ 자발적 회복(spontaneous recovery): 소거된 조건 반응이 일시적으로 다시 회복되어 나타나는 것이다.
      ⓓ 고차적 조건형성(higher order conditioning): 조건형성 이후 조건을 무조건 자극으로, 조건 반응을 무조건 반응으로 하여 또 다른 조건 반응을 형성하는 것이다.

② 스키너(Skinner)의 조작적 조건형성(operant conditioning)
   ㉠ 개념: 강화와 처벌을 제공함으로써 특정 반응을 증가 또는 감소시키는 것이다.
   ㉡ 주요 내용
      ⓐ 강화(reinforcement): 특정 행동의 반응 빈도를 증가시키는 것으로, 반응에 대해 선호 자극을 제공하여 반응의 빈도를 증가시키는 '정적 강화'와, 반응의 결과로 혐오 자극을 제거하여 반응 빈도를 증가시키는 '부적 강화'가 있다.
      ⓑ 처벌(punishment): 특정 행동의 반응 빈도를 감소시키는 것으로, 행동에 대해 혐오 자극을 제시하여 반응의 빈도를 감소시키는 '정적 처벌'과 반응의 결과 선호 자극을 제거함으로써 반응의 빈도를 감소시키는 '부적 처벌'이 있다.

③ 반두라(Bandura)의 사회학습이론(관찰학습이론, social learning theory)
   ㉠ 개념: 개인은 사회적 환경 속에서 모방을 통하여 학습한다.
   ㉡ 주요 내용
      ⓐ 관찰학습(observational learning): 다른 사람의 행동을 관찰함으로써 학습한다.
      ⓑ 대리적 강화(vicarious reinforcement): 다른 사람의 행동과 그에 대한 강화를 관찰하는 것이 관찰자에게도 강화로 작용한다.

(4) 상담

① 목표: 적응적 행동을 강화하고 부적응적 행동을 소거한다.
② 상담 절차
   ㉠ 변화의 대상이 되는 행동을 확인하고, 이를 구체적 · 객관적인 행동용어로 서술한다.

ⓛ 구체적인 목표행동의 기본 방향을 설정한다.

ⓒ 목표행동일 일어나도록 상담 상황을 조정하고, 강화가 될 수 있는 자극이나 사건을 확인한다.

ⓔ 바람직한 목표행동이나 그 행동에 접근하는 행동을 강화한다.

ⓜ 내담자의 행동적 변화를 기록하고 상담의 효과를 평가한다.

③ 상담기법

ⓞ 고전적 조건형성 원리

ⓐ 이완훈련(relaxation training): 긴장 수준과 스트레스 수준을 낮추어 스트레스를 극복하는 방법으로, 스트레스에 의한 부정적인 신체 증상을 줄이거나 방지하려는 데 목적이 있다.

ⓑ 체계적 둔감법(systematic desensitization)

• 약한 불안자극에서 출발하여 점점 강한 불안자극으로 옮겨가며 불안자극의 자극력을 감소시켜나가는 방법이다.

• 먼저 근육의 긴장 이완 훈련을 하고, 약한 불안을 유발하는 자극부터 강한 불안을 느끼게 하는 자극까지 위계를 매긴 불안 위계표를 작성한 후 근육이완법을 이용하여 불안 위계표에 따라 제시되는 불안자극에 이완할 수 있도록 연습하며 둔감화를 시행한다.

ⓒ 혐오요법(aversion therapy): 불쾌한 그림이나 전기충격 등과 같은 혐오자극과 벌을 사용하여 바람직하지 않은 행동을 소거한다.

ⓓ 홍수법(flooding): 불안자극에 장시간 노출하여 그 자극에 둔감해지도록 한다.

ⓛ 조작적 조건형성 원리

ⓐ 행동조형(shaping)

• 강화를 이용하여 목표행동을 점진적으로 형성해 나가는 것이다.

• 최종 목표행동과 유사한 행동이 나올 때 강화를 하고, 유사행동의 빈도가 늘어나면 강화를 중단하며, 최종 목표행동에 더 가까운 유사행동을 다시 강화하는 방식을 통해서 학생이 최종 목표행동에 도달하도록 하는 것이다.

ⓑ 토큰경제: 내담자가 바람직한 행동을 할 때마다 토큰을 제공하여 추후 내담자가 원하는 것을 사게 한다.

ⓒ 타임아웃(time – out): 처벌의 일종으로 떠드는 학생을 생각하는 의자에 앉히는 등 긍정적 강화로부터 격리시켜 부적절한 행동을 감소시킨다.

ⓓ 프리맥 원리(Premack principle): 공부하지 않는 아이에게 공부를 하면 게임을 하도록 해주는 것과 같이, 높은 확률로 일어날 행동을 강화물로 사용하여 일어날 확률이 적은 행동을 하도록 촉진하는 것이다.

ⓔ 행동계약(behavior contract): 자신의 문제를 이해하고 그것의 해결 방향에 대해 분명히 지각하고 있는 둘 이상의 사람들이 정해진 기간 내에 각자 해야 할 행동을 분명하게 명시하고 이를 지키자는 계약을 하는 것이다.

ⓒ 사회학습이론의 원리

    ⓐ 모델링(modeling): 동기화, 불안 감소 등을 위하여 다른 사람이 행동하는 것을 관찰하고 이를 활용하도록 한다.

❹ 윌리엄슨(Williamson)의 지시적 상담이론(상담자중심 상담, 특성 - 요인상담)

(1) 배경 및 인간관

① 배경
    ㉠ 상담이론으로서는 유일하게 진로상담을 기초로 출발한 이론이다.
    ㉡ 객관적인 측정과 그것에 근거한 예측을 함으로써 상담에 과학적인 접근을 시도하려고 했다.
    ㉢ 이를 위해 자료를 수집하여 종합·분석하고 나아가 내담자를 위하여 상담 프로그램을 계획했다.

② 인간관: 인간의 행동은 어떤 정의된 특성이나 요인의 연속선상에서 자리매김이 가능하고 측정도 가능하다는 것이다.

(2) 개념 및 특징

① 개념: 상담자가 교사 또는 조언자로서의 역할을 하며, 내담자에게 객관적이며 확실하고 정확한 정보들을 제공하여 이론이나 이치에 합당한 효과적인 결정과 선택을 할 수 있도록 돕는 접근방법이다.

② 특징
    ㉠ 상담은 내담자가 자신의 능력이나 흥미에 기반을 둔 결정을 내릴 수 없을 때 시작된다.
    ㉡ 상담자가 내담자의 문제해결을 조력하는 데 있어서 지적 과정을 중요시하며 상담자의 적극적 조언, 충고, 정보제공이 이루어진다.

(3) 상담

① 상담의 목표
    ㉠ 삶의 모든 측면에서 수월성을 촉진하는 것이다.
    ㉡ 즉, 자기이해를 넓히고 삶에서의 적절한 목표를 선택하며 합리적인 문제 해결방법을 활용해 자신의 발달을 도모함으로써 행복한 삶을 추구하는 것이다.

② 상담자의 역할 및 조건
    ㉠ 상담자는 내담자에 비해 연령, 성숙, 기술을 더 가지고 있기 때문에 내담자의 문제행동을 하나의 주제로 다루는 교사와 같다.
    ㉡ 상담자의 과제는 내담자에게 그들 자신과 환경에 대해 배우도록 가르치는 것이고, 내담자의 과제는 자기 자신을 이해하고 생산적인 삶을 달성하기 위해 이러한 학습을 합리적으로 활용할 수 있는 방법을 배우는 것이다.
    ㉢ 상담자는 인간에 대해 낙관적이어야 한다. 특히 인간은 자신의 능력을 활용할 수 있도록 배우기만 하면 문제를 해결할 수 있다는 신념을 가져야 한다.

③ 상담자의 과업
　　㉠ 분석: 내담자를 이해하기 위하여 다양한 자료를 수집하는 것이다.
　　㉡ 종합: 내담자의 강점과 약점을 알기 위해 자료를 요약·조직하는 것이다.
　　㉢ 진단: 문제의 원인과 특성에 대하여 상담자 나름의 결론을 내리는 것이다.
　　㉣ 예측: 상담자가 내담자의 장래 발전이나 진단의 의미를 예언하는 것이다.
　　㉤ 상담: 상담자와 내담자가 한 발짝씩 적응하고 또 재적응하며 나아가는 과정을 말한다.
　　㉥ 추수지도: 상담자가 내담자로 하여금 새롭게 발생하거나 재발하는 문제들을 다룰 수 있도록 도와줄 뿐만 아니라 상담의 효과를 평가할 수 있도록 도와준다.
④ 상담의 과정: 라포 형성 ⇨ 자기이해의 증진 ⇨ 행동 프로그램 계획 ⇨ 계획 실행 ⇨ 적절한 곳에 의뢰
⑤ 상담기법: 동조 강요, 환경 바꾸기, 적절한 환경 선택하기, 필요한 기술 학습하기, 태도 변화하기

❺ 앨리스(Allis)의 합리정서 행동치료 상담이론(REBT; Rational Emotive Behavior Therapy)

기출 02, 03, 10, 11 중등 / 03, 11 초등

(1) 인간관
① 인간은 합리적·비합리적 사고를 할 수 있는 이중적 존재이다.
② 인간은 비합리적 사고의 결과로 정서적 문제를 스스로 만들어 내는 존재이다.
③ 인간은 자신의 인지, 정서, 행동을 변화시킬 수 있는 존재이다.
④ 인간은 왜곡되게 생각하려는 경향이 있기 때문에 자신을 방해하는 존재이다.

(2) 개념 및 특징
① 개념
　　㉠ 개인의 인지과정에 초점을 맞춘 상담이론으로, 정서적인 문제를 해결하기 위해 사고를 분석하고 역기능적 사고를 변화시키는 것이 중요하다.
　　㉡ 부적응, 즉 개인의 정서문제나 문제행동의 원인을 사건 자체가 아니라 그 사건에 대한 비합리적인 신념 때문이라고 여긴다.
　　㉢ REBT: 인간을 이루는 세 가지 핵심 영역인 '합리(Rational), 정서(Emotive), 행동(Behavior)'이 상호작용하는 과정에서 인지가 정서와 행동에 영향을 준다.

② 주요 개념

　㉠ 비합리적 신념(irrational belief): 당위적 사고, 과장적 사고, 인간비하적 사고, 낮은 인내성 등의 특징을 가지는 정서장애의 원인이 되는 믿음체계이다.

　　📌 나는 반드시 모든 사람으로부터 사랑받고 인정받아야 한다, 인정받기 위해서는 모든 영역에서 완벽한 능력을 가져야 한다, 세상은 반드시 공평해야 하며 정의는 반드시 승리한다 등

　㉡ 논박(dispute): 내담자가 가지는 비합리적 신념에 도전하여 그 신념체계가 옳은 것인지 확인하도록 하는 것으로, 내담자의 비합리적 신념을 상담자가 반박하여 합리적 신념으로 수정하는 단계이다.

　㉢ ABCDEF 상담과정: 선행사건(Activating events) ⇨ 신념체계(Belief system) ⇨ 결과(Consequences) ⇨ 논박(Dispute) ⇨ 효과(Effect) ⇨ 감정(Feeling)

(3) 상담

① 상담목표

　㉠ 비합리적 신념을 합리적 신념으로 변화시켜 자기패배적 사고와 행동을 변화시키고, 합리적·생산적인 삶을 영위할 수 있도록 돕는다.

　㉡ 이를 통해 내담자가 정서적 건강과 성숙을 이룰 수 있도록 한다.

② 상담자의 주요 역할

　㉠ 상담자와 내담자는 상담목표를 서로 합의해서 설정해야 한다.

　㉡ 내담자의 비합리적 신념을 논박해 합리적 신념으로 바꾼다.

③ 상담 절차(ABCDEF 모형)

　㉠ 선행사건(Activating events): 시험 실패나 실직과 같은 개인의 정서적 혼란을 야기하는 사건이나 행위이다.

　㉡ 신념체계(Belief system): 선행사건의 환경적 자극에 대해 개인이 가지는 태도나 사고방식이며, 합리적 신념과 비합리적 신념으로 나뉜다.

　㉢ 결과(Consequences): 선행사건에 자신의 신념체계를 적용해 그 사건을 해석하면서 느끼는 정서적 결과이다.

　㉣ 논박(Dispute): 내담자가 가지는 비합리적 신념에 도전하여 그 신념체계가 옳은 것인지 확인하도록 하는 것이다.

　㉤ 효과(Effect): 논박의 결과로 획득하게 된 효과적·합리적 철학이며 이에 따라 나타나는 정서적·행동적 결과를 내담자가 깨달을 수 있도록 한다.

　㉥ 감정(Feeling): 비합리적인 신념이 합리적인 신념으로 대치된 후 느끼게 되는 자기수용적 태도와 긍정적 감정의 결과이다.

개념확대⊕
Zoom IN

상담자의 논박기법
- **인지적 기법**: 논박, 인지적 과제, 내담자 언어 변화
- **정서적 기법**: 무조건적인 수용, 수치심 공격하기, 유머, 역할연기
- **행동적 기법**: 조작적 조건형성, 체계적 둔감화, 이완훈련, 모델링

④ 상담기법
　㉠ 인지적 기법
　　ⓐ 논박: 내담자의 비합리적 생각과 언어를 합리적 생각과 언어로 재구성하는 것이다.
　　ⓑ 인지적 과제: 상담과정에서 자신의 문제와 비합리적 신념을 논박한 것을 일상생활에도 적용하는 과제를 부과한다.
　　ⓒ 내담자의 언어 변화시키기: '해야 한다.'는 '하고 싶다.'로, '~하면 끔찍할 것이다.'를 '~하면 좀 불편하겠다.'라고 변화시키는 등, 내담자가 자신의 언어 습관을 변화시키고 이에 따라 생각과 행동을 변화시킨다.
　㉡ 정서적 기법
　　ⓐ 인지·정서 심상: 부적절한 느낌을 상상하도록 하고 이를 적절한 느낌으로 바꾸어 상상하게 하며 부적절한 행동을 적절한 행동으로 바꾼다.
　　ⓑ 역할 연기: 문제 행동과 관련된 장면에서 행동을 연기해보며 그 장면과 관련된 불쾌감의 기저에는 비합리적 생각이 있다는 것을 확인하게 한다.
　　ⓒ 수치공격 연습: 내담자가 창피함을 느끼는 행동을 일부러 시켜봄으로써 내담자에게 타인은 생각만큼 자신에게 관심이 있는 게 아니며 그렇게 부끄러워할 필요가 없다는 것을 깨닫게 한다.
　㉢ 행동적 기법: 조작적 조건형성, 체계적 둔감화, 자기표현훈련 등 행동주의 치료기법을 적용한다.

❻ 벡(Beck)의 인지치료 상담이론(cognitive therapy)

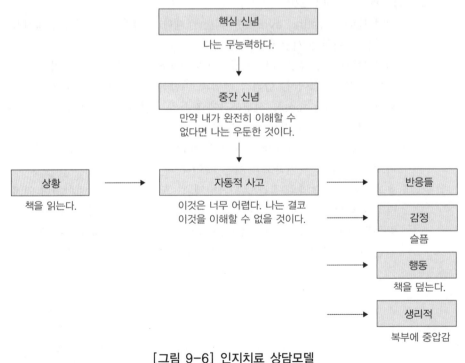

[그림 9-6] 인지치료 상담모델

(1) 주요 주장

① 인간은 자신의 인지, 정서, 행동, 과정을 변화시킬 수 있는 능력을 가진 능동적 존재이다.

② 개인의 문제는 현실에 대한 인지적 왜곡으로 인한 것이기 때문에, 인지를 변화시켜 심리적·행동적 문제를 해결할 수 있다.

(2) 주요 개념

① 자동적 사고(automatic thoughts): 특정 사건에 대해 즉각적으로 떠오르는 생각으로, 심리적 장애가 있는 사람은 자동적 사고가 왜곡되거나, 극단적이거나, 부정확하다.

② 역기능적 인지도식(dysfunctional cognitive schema)

　⊙ 인지도식: 개인이 세상을 살아오는 과정에서 자신의 삶에 관하여 형성한 이해의 틀이다.

　ⓒ 역기능적 인지도식: 현실 적응에 도움이 되지 않는 부정적 내용으로 구성된 인지도식이다. 역기능적 인지도식을 가진 사람은 자신, 세상, 자신의 삶에 대해 부정적인 해석을 가진다.

③ 인지적 왜곡(cognitive distortion)

　⊙ 역기능적 자동적 사고로, 추론과정에 있어 나타나는 체계적 오류이다.

　ⓒ 정보의 처리가 부정확하거나 비논리적·비현실적이다.

참고 인지적 왜곡의 종류

1. **이분법적 사고**: 사건의 의미를 이분법적으로 해석한다.
   ⓔ 1등을 하지 못하는 것은 실패하는 것이다.

2. **자의적 추론**: 어떠한 충분한 근거 없이 결론을 내리는 것이다.
   ⓔ 편지에 답장이 없다고, 그 사람이 자신을 싫어한다고 생각한다.

3. **과잉일반화**: 특수한 사건의 경험을 일반화시켜 그것과 무관한 상황에도 일반화된 결론을 적용시키는 것이다.
   ⓔ 한두 번 실연을 경험한 남자가 '난 여자를 사귀지 못할거야.'라고 생각한다.

4. **정신적 여과**: 특정한 사건에서 일부 정보만 선택적으로 받아들여 이것이 전체를 의미한다고 해석하는 것이다.
   ⓔ 발표 후 많은 친구들이 긍정적 반응을 보였음에도 한두 명의 부정적인 반응을 보고 발표가 망했다고 평가하는 것이다.

5. **극대화(의미확대)와 극소화(의미축소)**: 어떤 사건의 의미나 중요성을 실제보다 과장하거나 축소하는 것이다.
   ⓔ 친구의 칭찬은 듣기 좋으라고 한 말로 축소하고, 친구의 비판은 그 친구가 나에 대해 평소 가지는 태도라고 확대 해석한다.

(3) 상담

① 상담목표 및 절차

    ㉠ 상담목표: 내담자가 인지적 왜곡을 제거하고 문제행동에 바람직한 대안을 찾아 효과적으로 기능할 수 있도록 돕는다.

    ㉡ 인지치료의 상담 절차

1단계	내담자가 호소하는 심리적 문제를 구체화하여 내담자와 상의하여 상담목표로 정함

⇩

2단계	심리적 문제에 인지적 요인이 관련되어 있음을 내담자가 납득할 수 있도록 인지치료의 기본원리를 설득력 있게 설명함

⇩

3단계	내담자의 현재 삶에서 심리적 문제를 불러일으키는 환경적 자극과 자동적 사고를 내담자와 함께 탐색·조사함

⇩

4단계	환경적 자극에 대한 내담자의 해석 내용 즉, 자동적 사고의 현실적 타당성을 따짐

⇩

5단계	환경적 자극에 대한 보다 객관적이고 타당한 대안적 해석을 탐색해보고 이를 기존의 부정적인 자동적 사고와 대치함

⇩

6단계	환경적 자극을 왜곡되게 지각하도록 만드는 근원적인 역기능적 인지도식의 내용을 탐색하여 확인

⇩

7단계	역기능적 인지도식의 내용을 현실성·합리성·유용성 측면에서 검토

⇩

8단계	더욱 현실적이고 합리적인 대안적 인지를 탐색하여 내면화할 수 있도록 유도함

② 상담기법

    ㉠ 인지적 기법: 부정적인 자동적 사고를 관찰하고, 왜곡된 인지를 대신하여 현실지향적인 대안적 해석으로 대체한다.

    ㉡ 행동적 기법: 행동계획표를 작성하여 시간 단위로 자신의 행동을 기록하고, 기록된 자신의 행동을 평가하며 내담자 스스로 목표 달성을 하기 위해 점진적 과제를 수행한다.

⑦ 글래서(Glasser)의 현실요법 상담이론(reality therapy) 기출 05, 06, 13 중등

(1) 주요 주장

① 인간은 자신의 기본 욕구를 충족시키기 위해 자신의 환경을 통제하고 선택한다. 즉, 모든 행동은 인간의 선택에 의한 것이다.

② 인간은 행동을 선택할 때 자신의 욕구를 최대한으로 충족시키기 위해 자신을 통제한다.

③ 감정과 태도보다는 현재의 행동에 초점이 있으며, 과거나 미래보다는 현재가 중요하다.

④ 인간의 기본 욕구가 제대로 충족되지 못할 때 부적응 행동이 발생한다. 따라서 인간의 다섯 가지 욕구 충족을 위해 현실적·책임적·도덕적 행동 선택을 이끄는 상담이 필요하다.

(2) 주요 개념

① 선택이론
  ㉠ 파워의 통제이론을 발전시킨 것이다.
  ㉡ 인간은 다섯 가지 기본욕구를 충족하기 위해 자신의 행동을 선택한다.
  ㉢ 우울감 또한 상황에 의한 결과가 아니라 개인이 스스로 선택한 것이다.

② 5가지 기본 욕구: 기본 욕구가 충족되지 못할 경우 부적응이 발생한다.
  ㉠ 사랑과 소속감의 욕구: 인간이 가정, 학교, 직장 등에 소속되어 다른 사람과 관계를 맺고 사랑을 주고받고자 하는 욕구로 사랑, 우정, 돌봄, 관심, 참여 등이 이에 포함된다.
  ㉡ 힘과 성취의 욕구: 경쟁과 성취를 통해 자신이 중요한 존재로 인정받고 싶어 하는 욕구로 성취감, 존중, 인정, 기술 등이 이에 해당한다.
  ㉢ 자유의 욕구: 삶의 모든 방면에서 어떻게 삶을 영위할지 스스로 선택하고 자신의 생각과 견해를 자유롭게 표현하고자 하는 욕구로 선택, 독립, 자율성 등이 이에 해당된다.
  ㉣ 즐거움의 욕구: 새로운 것을 배우고 놀이 등을 통해 즐거움을 얻고자 하는 욕구로 흥미, 기쁨 학습, 웃음 등이 이에 해당한다.
  ㉤ 생존의 욕구: 생명을 유지하고 생식하고자 하는 욕구이다.

③ 전체 행동
  ㉠ 욕구를 만족시키기 위해 행하는 모든 행동으로 활동하기, 생각하기, 느끼기, 생리반응으로 구성된다.
  ㉡ 통제 정도에 있어 활동하기는 개인의 완전한 통제가 가능하지만, 생각하기, 느끼기, 생리반응으로 갈수록 통제가 어렵다.
  ㉢ 따라서, 통제 가능한 행동을 변화시켜 생각하기, 느끼기, 생리반응을 변화시킬 수 있다.

개념확대⊕
Zoom IN

파워의 통제이론
행동주의가 주장하듯 행동은 외적 자극에 따른 반응이 아니라 우리의 내적 동기가 행동을 통제한다고 보는 이론이다.

④ 3R: 3R이 부족할 경우 부적응이 발생한다.

　⊙ 책임(Responsibility): 인간은 자신의 행동에 대한 책임뿐만 아니라 자신의 욕구를 충족시킬 책임도 있다.

　ⓛ 현실(Reality): 자신의 현실을 정확히 직면하고, 현실세계의 여건을 받아들이고 현실세계를 통제하며 자신의 욕구를 충족시켜야 한다.

　ⓒ 옳고 그름(Right and wrong): 욕구 충족을 위한 합리적인 방법을 찾고 책임 있는 행동을 하기 위해서 사회제도, 도덕, 규범 등의 현실요건을 고려하고 타인의 욕구를 방해하지는 않는지를 판단해야 한다.

(3) 상담

① 상담목표

　⊙ 내담자가 자신의 욕구를 제대로 파악하고 이것을 제대로 달성할 수 있도록 조력하는 것을 상담의 목표로 한다.

　ⓛ 자신의 행동이 타인의 욕구를 방해하지 않는 선에서 효율적으로 자신의 욕구를 충족시키는 효율적인 삶의 통제자가 될 수 있도록 돕는다.

② 상담 절차: 우볼딩(Wubbolding)은 현실치료 상담기법으로 행동변화를 이끄는 구체적인 WDEP 절차를 제안하였다.

　⊙ 욕구 · 바람 탐색하기(Want)

　　ⓐ 상담자는 "당신이 가장 원하는 것은 무엇이고, 지금의 당신의 삶을 어떻게 바꾸고 싶습니까?"라고 질문한다.

　　ⓑ 내담자가 5가지 욕구와 관련하여 최상의 자기 모습이 어떤 모습인지를 확인한다.

　ⓛ 현재 행동 탐색하기(Doing)

　　ⓐ 상담자는 "그렇다면, 당신은 지금 무엇을 하고 있습니까?"라고 질문한다.

　　ⓑ 내담자가 전체행동(행동하고, 생각하고, 느끼고, 생리적인 반응을 보이는 모든 것)의 차원에서 무엇을 하고 있고, 어디로 이끌려 가고 있는지를 일깨운다.

　ⓒ 자신의 행동 평가하기(Evaluation)

　　ⓐ 상담자는 "당신의 지금 행동은 당신이 원하는 것을 얻게 되기에 도움이 되고 있습니까?"라고 질문한다.

　　ⓑ 내담자의 현재 행동이 자신이 원하는 것에 비추어 도움이 되고 있는지 확인하고 내담자가 자신의 현재의 행동들이 어떤 결과를 초래하는지를 직시하게 한다.

　ⓔ 계획하기(Planning and commitment)

　　ⓐ 상담자는 "그렇다면, 앞으로는 어떻게 하면 되겠습니까?"라고 질문한다.

　　ⓑ 내담자가 자신의 욕구를 충족시킬 수 있도록 현실의 행동을 개선하고 대안을 찾도록 돕는다.

③ 상담기법
　　㉠ 유머: 상담자는 내담자의 상황이 생각보다 심각하지 않다는 것을 깨닫게
　　　　해주기 위해 때에 따라 적절한 유머를 사용하여 내담자의 긴장을 완화시켜
　　　　준다.
　　㉡ 계약: 행동변화에 대한 내담자의 구체적인 계획을 문서로 작성하여 행동
　　　　변화를 구체적으로 인식시키고 구속력을 제공한다.
　　㉢ 역할 연기: 내담자가 대인관계에서 어려움을 겪거나, 새로운 행동을 실천
　　　　하고자 할 때 역할 연기를 통해 행동의 변화가 삶을 어떻게 달라지게 할지
　　　　를 경험하고 평가할 수 있도록 한다.
　　㉣ 과제: 상담 결과를 촉진하기 위해 새로운 행동, 현재 행동의 감소, 현재
　　　　행동의 기록 등을 다음 상담회기까지의 과제로 내준다.

참고 글래서가 제안한 상담과정과 기본 원칙

1. **개입**: 내담자와 원만한 관계를 형성하고 내담자가 원하는 것이 무엇인지를 알아본다.
2. **현재 행동에 초점**: 내담자의 바람과 현재 행동을 파악한다.
3. **자기평가**: 내담자가 현재의 행동이 자신의 바람을 달성하는 데 도움이 되는지를 스스로 평가할 수 있도록 한다.
4. **계획 수립**: 행동변화를 가져오기 위한 책임질 수 있는 행동을 계획한다.
5. **관여**: 계획이 성공할지 실패할지를 살피고 계획의 이행을 약속한다.
6. **변명의 불인정**: 계획을 이행하지 않은 것에 대하여 어떠한 변명도 인정하지 않는다.
7. **처벌 금지**: 내담자를 비난하거나 처벌하지 않는다.
8. **포기 금지**: 내담자를 포기하지 않고 지속적으로 조력한다.

8 번(Berne)의 의사교류분석 상담이론(상호교류분석, transactional analysis theory)

(1) 전제
① 인간은 자율적이고, 자유롭고, 선택할 수 있고, 책임질 수 있는 존재이다.
② 인간은 자신의 사고, 감정, 행동의 세 가지 차원을 조화롭게 통합할 수 있다.
③ '인간은 누구나 OK다.'라는 인간에 대한 긍정성과 성선설적 입장을 가진다.
④ 인간은 자신의 운명을 스스로 결정하고 변화시킬 수 있는 변화가능성을 지닌다.

(2) 개념
① 내담자의 성격을 구성하는 세 가지 자아 상태(PAC)와 타인과의 의사소통과정
　　(상보교류, 교차교류, 이면교류)을 분석함으로써 내담자의 자기통제력, 자율성,
　　책임감을 높이고 건전한 대인관계를 도와주는 상담이론이다.
② 상담기법으로 구조분석, 교류분석, 게임분석, 각본분석 방법을 취하며, 이를
　　통해 자기긍정 – 타인긍정의 생활자세 유형으로 나아갈 수 있도록 한다.

(3) 주요 이론

① **구조분석**

㉠ 자아 상태 모델의 관점에서 개인의 성격이나 일련의 교류들을 분석하여 자아 상태를 파악하는 것이다.

㉡ 자아의 세 가지 상태(PAC)

ⓐ 어버이 자아(Parent): 학습된 생활개념으로, 유아 시절 부모나 중요 인물들의 행동이나 태도로부터 영향을 받아 형성된 자아이다.

ⓑ 어른 자아(Adult): 사고적 생활개념으로, 객관적으로 현실을 파악하고 감정이나 정서가 배재된 자아이다.

ⓒ 어린이 자아(Child): 감정적 생활개념으로, 타인을 의식하지 않고 자유롭게 기능하고, 자기중심적이고, 쾌락을 추구하며, 자유롭게 감정을 표현하는 자아이다.

㉢ 자아 상태의 병리현상

ⓐ 혼합: 어른 자아가 어버이 자아나 어린이 자아와 뚜렷한 경계를 가지지 못한 상태이다.

ⓑ 배타: 자아의 경계가 지나치게 경직되어 심적 에너지가 이동하는 것이 불가능한 상태이다.

② **교류분석**

㉠ 교류란 인간이 생존하기 위해 반드시 필요한 접촉(stroking)을 주고받는 것으로, 이를 통해 인간은 인정받고 싶은 욕구를 충족한다.

㉡ 의사교류는 두 사람 사이에 일어나는 사회적 상호작용의 단위로, 두 사람의 각 자아 상태로부터의 자극과 반응에 따라 의사교류의 형태가 달라진다.

㉢ 의사교류 형식

ⓐ 상보적 의사교류

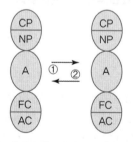

[그림 9-7] 상보적 의사교류

• 자극과 반응의 주고받음이 평행을 이루며, 갈등을 일으키지 않는 교류이다.

• 특정한 자아 상태에서 메시지를 보냈을 때 특정 자아로부터 예견되는 반응을 얻는다.

ⓑ 교차적 의사교류

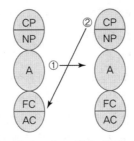

[그림 9-8] 교차적 의사교류

- 의사소통의 방향이 서로 어긋나는 의사교류이다.
- 상대방이 예상 외의 반응을 보여 갈등 및 불쾌감을 유발한다.
  🗨 "야, 나이에 맞게 행동해! 쓸데없이 시간 낭비하면 안 돼!"

ⓒ 암시적 의사교류

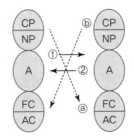

[그림 9-9] 암시적 의사교류

- 겉으로 표현되어 나타나는 사회적 자아와 실제로 내면에서 기능하는 심리적 자아가 서로 다른 의사교류 형태이다.
- 겉으로 드러난 메시지와 달리 대화 이면에 다른 동기를 감춘다.

③ 게임분석

㉠ 게임: 애정이나 자극을 충족시키기 위해 숨겨진 동기를 가진 암시적 의사교류의 일종이다.

㉡ 교류의 한쪽 또는 양쪽 모두에게 라켓 감정을 불러일으키는 역기능적 의사소통이다.

④ 각본분석: 내담자가 자신의 자아 상태에 통찰하여 자신의 각본을 이해하고 벗어날 수 있도록 하는 것이다.

(4) 주요 개념

① 스트로크: 스킨십, 칭찬, 표정, 몸짓, 웃음 등 심신이 성장하는 데 영향을 미치는 생물학적 자극으로, 인생 태도에 큰 영향을 미치며 긍정적 스트로크와 부정적 스트로크로 나뉜다.

② 라켓 감정: 어릴 때부터 어른들에게 스트로크를 받기 위해 발달시킨 감정습관으로, 본래의 감정을 표출하지 않고 허용되는 감정만을 느끼는 것이다.

③ 생활각본: 패자 각본, 승자 각본, 평범한 각본으로 구성된다.

④ 생활자세
　㉠ 인간의 각본에서 최초로 형성되는 각본 중에 하나로 자기, 타인, 세상에 대한 태도를 의미한다.
　㉡ 4가지 생활자세
　　ⓐ 자기긍정 – 타인긍정: 가장 바람직한 생활자세로, 아동의 정서적·신체적 욕구가 애정적이고 수용적인 방식으로 충족되면서 성장하면 자기긍정 – 타인긍정의 생활자세를 유지하고 승리자의 각본을 갖게 된다.
　　ⓑ 자기긍정 – 타인부정: 어린시절 부모에 의해 심한 상처나 학대를 당한 경우 반항심으로 형성되는 투사적 입장이며, 자기긍정 – 타인부정의 생활자세를 가진 사람은 불신, 증오, 비난, 양심 부재 등을 가질 수 있다.
　　ⓒ 자기부정 – 타인긍정: 생애 초기에 부모의 무조건적인 스트로크를 경험하며 자신은 무능하고 다른 사람의 도움 없이는 살아갈 수 없다는 좌절을 느낀 사람은 자기부정 – 타인긍정의 생활자세를 형성하고 자기비하, 자책, 죄의식, 우울, 열등감 등을 가지게 된다.
　　ⓓ 자기부정 – 타인부정: 아동이 성장하면서 스트로크가 심각하게 결핍되거나 극도로 부정적일 경우에는 자기부정 – 타인부정의 생활자세를 형성하고 이후 심한 정신적 문제를 가지게 될 수 있다.

(5) 상담
① 상담목표
　㉠ 내담자가 자신의 삶에 대한 책임성과 자율성을 가지고, 자신의 행동과 생활에 있어 긍정적 방향으로의 새로운 결정을 할 수 있도록 돕는다.
　㉡ 내담자가 조작적 게임 수행 또는 자기 패배적인 각본으로 된 생활양식을 버리고, 삶의 인식, 자발성, 친밀감이 있는 자율적 생활양식을 갖도록 한다.
② 상담 절차 및 기법
　㉠ 계약: 상담자와 내담자가 대화를 통해 상담목표를 설정하고, 상담자와 내담자의 능력과 한계를 설정하며, 각각의 제한점과 책임사항을 명시하는 과정이다.
　㉡ 구조분석: 내담자가 자신의 자아 상태가 제대로 기능하지 못하는 원인을 찾고 그것을 수정한다.
　㉢ 의사교류 분석: 내담자의 의사교류 유형을 알아보고 그것이 일으키는 인간관계 문제를 확인하여 이를 해결한다.
　㉣ 게임분석: 내담자에게 게임의 의미와 유형을 이해시키고, 내담자의 암시적 의사교류가 어떻게 형성·유지되는지 확인한다.
　㉤ 각본분석: 내담자에게 각본의 의미와 유형을 이해시키고, 내담자의 각본은 어떤 것인지와 이것이 문제행동과 어떻게 관련되는지 확인한다.
　㉥ 재결단: 내담자가 자율적이고 정상적인 자아 상태를 확인하고 긍정적인 생활자세로 돌아오는 단계이다.

⑨ 로저스(Rogers)의 인간중심 상담이론(Person - centered theory)

기출 01, 03, 13, 14 중등 / 02, 06 초등

기출 14 중등 추시

기출논제 Check ✅

철수의 학교생활 적응을 향상시키기 위한 상담 기법을 인간중심 상담 관점에서 2가지 논하시오.

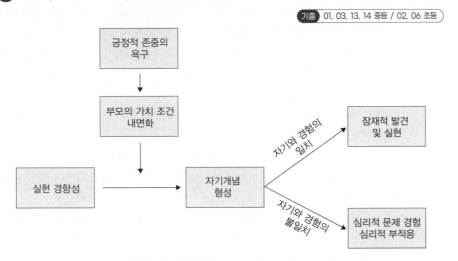

[그림 9-10] 로저스의 인간중심 상담모델

(1) 주요 주장

① 가정
  ㉠ 모든 인간은 긍정적이고 바람직한 방향으로 성장할 수 있는 잠재력을 가지고 있음을 전제한다.
  ㉡ 인간이 부적응행동을 선택하기 때문에 잠재능력을 충분히 발휘하지 못한다.

② 개념
  ㉠ 내담자가 자신의 잠재력을 발견하고 자신과 객관적 현실에 대하여 긍정적으로 인식할 수 있도록 조력해야 한다고 믿는 내담자중심 상담이론이다.
  ㉡ 심리치료가 아닌 '카운슬링(counseling)'이라는 용어를 처음 사용하였으며, 권위적·지시적이기 보다는 비지시적이고 내담자의 잠재력을 믿는다.
  ㉢ 비지시적 상담(indirective counseling)에서 내담자중심 상담(client - centered counseling)을 거쳐 인간중심 상담으로 이론이 발전했다.

참고 **지시적 상담과 비지시적 상담**

구분	지시적 상담	비지시적 상담
학자	윌리엄슨	로저스
인간관	• 인간은 선과 악을 모두 가진 존재 • 자신의 문제를 스스로 해결할 수 없는 나약한 존재	• 인간은 선한 존재 • 스스로의 문제를 해결할 수 있는 힘을 보유한 존재
상담목표	내담자의 문제를 종합·진단하여 조언 및 충고함	내담자가 스스로 자신의 문제를 직시하고 해결할 수 있도록 도움
이론의 의의	객관적 자료수집, 분석, 종합진단, 정보제공을 통해 내담자가 최선의 선택을 할 수 있도록 상담자가 적극적으로 개입하는 상담	수용적 관계에서 내담자의 주체성과 책임감을 강조하며, 내담자가 스스로 자신의 문제를 해결할 수 있도록 상담자는 보조적 역할을 하는 상담

(2) 주요 개념

① 유기체(organism): 신체, 정신, 정서를 모두 포함하는 전체로서의 개별적인 인간으로, 세상을 총합된 하나의 체계로서 인식하고 총체적으로 반응한다.

② 현상학적 장(phenomenal field): 내담자가 '지금 – 여기'에서 지각하고 경험하는 세계로, 주관적 · 사적인 경험세계이다.

③ 자기개념(self – image)
   ㉠ 현상학적 장에서 경험의 세계에서 분화된 자기에 대한 개념, 즉, 유기체의 자신에 대한 인식을 의미한다.
   ㉡ 사람은 타인과의 상호작용을 통해 자기개념을 발달시킨다.
   ㉢ 타인의 가치조건을 무비판적으로 수용할 때 왜곡된 자기개념이 형성된다.

④ 자기실현경향성
   ㉠ 유기체들이 현재의 상태에서 좀 더 발전하도록 잠재력을 발전시켜나가는 경향성을 의미하며, 모든 인간은 이러한 실현경향성을 선천적으로 가지고 태어난다.
   ㉡ 생활에서 직면하게 되는 고통이나 성장 방해요인을 극복할 수 있게 한다.

⑤ 충분히 기능하는 인간(fully functioning person): 자신의 잠재력을 인식하고 자신의 능력과 자질을 발휘하여 스스로에 대한 이해와 경험을 풍부하게 하는 방향으로 발전하는 사람을 의미한다.

⑥ 가치조건(conditions of worth)
   ㉠ 어린 시절 부모나 보호자로부터 긍정적 존중을 얻기 위해 노력한 결과로, 아이의 내면에 형성되어 사고와 행동에 영향을 미치는 가치이다.
   ㉡ 자신에게 의미 있는 가치가 아니라 타인의 기대에 따라 행동하며 인정받기 위해 받아들인 가치이다.

⑦ 자기와 경험의 불일치: 가치조건으로 인해 자기개념과 유기체적 경험 사이에 어긋남이 생기는 것으로, 개인을 부적응 상태에 빠트린다.

(3) 상담

① 상담목표
   ㉠ 내담자가 자기존중을 회복하고 왜곡된 자기개념을 수정하여 자기를 실현시킬 수 있도록 돕는다.
   ㉡ 충분히 기능하는 사람으로 변화할 수 있도록 돕는 것이다.

② 상담기법
   ㉠ 단순한 수용: 상황에 따라 내담자에게 최소한의 언어적 반응을 보이거나 고개만 끄덕이는 등의 비언어적 반응을 보이는 것이다.
   ㉡ 반영: 내담자가 표현한 감정과 태도를 다른 말로 다시 표현해주며, 상담자가 경청하고 자신을 이해하고 있다는 것을 알려준다.
   ㉢ 침묵: 내담자가 나름대로 생각할 시간을 가지도록 기다려주며, 내담자의 이야기에 관심을 가지고 집중해서 듣고 있다는 것을 드러낸다.

③ 상담자의 태도
  ㉠ 무조건적인 긍정적 존중(Unconditional positive regard): 상담자는 내담자에 대해 어떤 가치판단도 하지 않고 내담자의 존재 그 자체를 따뜻하고 긍정적인 태도로 수용하고 존중해야 한다.
  ㉡ 일치성(Congruence): 상담자가 자신의 감정이나 태도를 가식이나 왜곡 없이 인정 · 표현하며 내담자와의 관계에 온전히 진실되고 솔직해야 한다.
  ㉢ 공감적 이해(Empathic understanding): 상담자가 내담자의 이야기에 민감하게 받아들이고 이를 자신의 이야기처럼 정확히 이해하려는 노력을 해야 한다.

⑩ 펄스(Perls)의 게슈탈트(형태주의) 상담이론(gestalt therapy)

기출 07, 08, 11 중등

(1) 주요 주장
① 게슈탈트 상담은 인간이 자신이 속한 환경 속에서 자기 자신을 자각하고 지금 – 여기에서 온전히 자신을 신뢰하고 책임지는 것을 강조한다.
② 인간은 전체적으로 기능하며 통합된 부분들이 하나의 전체를 이루는 유기체이다.
③ 행동과 개인의 선택을 강조하고 매순간 느끼는 감정의 표현을 중요시한다.

(2) 주요 개념
① 지금 – 여기(here and now): 지나간 과거나 아직 오지 않은 미래보다 중요한 것은 현재이며, 현재에 대한 완전한 경험과 인식의 중요성이 강조된다.
② 게슈탈트(gestalt)
  ㉠ '전체'라는 뜻의 단어이며 구성요소의 단순 합 이상의 통합된 전체를 의미한다.
  ㉡ 인간은 특정 자극을 부분으로 인식하지 않고 의미 있는 전체나 형태, 즉 게슈탈트로 지각한다.
③ 전경과 배경(figure – ground)
  ㉠ 주어진 시점에서 관심의 초점이 되는 것이 전경, 관심 밖에 놓이는 부분이 배경이다.
  ㉡ 게슈탈트 형성은 중요한 욕구나 감정을 전경으로 떠올리는 것을 의미한다.
  ㉢ 사람들은 전경으로 떠오른 게슈탈트는 해소하여 배경으로 물러나게 하고, 또 다시 새로운 게슈탈트가 전경으로 떠오르면 이를 해소하며 끊임없이 게슈탈트의 형성과 해소의 순환과정을 반복한다.
  ㉣ 건강하지 못한 사람은 전경과 배경을 명확히 구분하지 못하고 매순간 자신에게 중요한 게슈탈트를 형성하는 데 어려움을 가진다.

④ 미해결 과제(unfinished business)
    ㉠ 사고, 감정, 반응이 미처 표현되지 않아 시간이 흐른 후에도 여전히 개인에 영향을 미치고 삶을 방해하는 과거의 감정이다.
    ㉡ 게슈탈트의 형성이나 해소가 제대로 이루어지지 않았을 때, 전경과 배경의 중간층에 남아있는 게슈탈트이다.
⑤ 알아차림(자각, awareness)
    ㉠ 개인 내면 또는 타인, 대상과의 접촉에서 자신의 욕구와 감정을 지각하고 게슈탈트로 형성하여 전경으로 떠올리는 것이다.
    ㉡ 형태주의 상담이론에서 알아차림은 긍정적 성장과 통합을 위한 핵심이다.
⑥ 접촉(contact with the environment)
    ㉠ 전경에 떠올린 게슈탈트를 해소하기 위하여 에너지를 통원하여 실제로 환경과 만나고 상호작용하는 것이다.
    ㉡ 접촉이 제대로 이루어지지 않을 경우 내사, 투사, 융합, 반전, 편향 등의 접촉경계 장애가 이루어진다.

참고 | 접촉경계 장애

1. **내사:** 타인의 관점을 무비판적으로 받아들여 자기 스스로의 인식을 방해하는 것이다.
   예 부모나 교사의 가치관을 무비판적으로 받아들이는 경우

2. **투사:** 자신이 받아들일 수 없는 부정적인 감정, 생각, 태도 등을 타인의 것으로 지각하는 것이다.
   예 실제로는 자신이 다른 사람을 질투하고 미워하면서, 그 사람이 자신을 질투하고 미워한다고 생각하는 경우

3. **융합:** 밀접한 관계의 타인을 자신과 구분하지 못하고, 타인의 의견이나 감정을 자신의 것으로 동일시하여 자신과 타인을 혼동하는 것이다.
   예 사랑하는 연인에게서 자신과 다른 점이 드러날 때 그 차이를 부정하거나 가볍게 여기는 경우

4. **반전:** 타인이나 환경에 대하여 하고 싶은 것 또는 타인이 자신에게 해주기를 바라는 것을 자기 자신에게 스스로 하는 것이다.
   예 자신을 돌봐주어야 할 부모가 너무 바쁘거나 무관심하여 부모에게 사랑을 받지 못한 아이가 스스로 자기 가슴을 쓸면서 자장가를 부르는 경우

5. **편향:** 감당하기 힘든 내적 갈등이나 외부 환경적 자극에 노출될 때, 자신을 보호하기 위해 자신이나 타인과의 직접적인 접촉을 피하는 것이다.
   예 요점도 없는 이야기를 장황하게 길게 하거나, 반대로 가만히 있으면서 상대방의 말에 반응하지 않는 경우, 또는 특정 문제가 드러날 때 재빨리 주제를 바꾸는 경우

(3) 상담

① 상담목표 및 절차

㉠ 내담자의 알아차림을 증진시키고, 지금 – 여기에서의 자신의 삶에 대한 올바른 접촉을 통해 게슈탈트를 잘 형성하고 해소할 수 있도록 조력한다.

㉡ 내담자가 자신의 삶에서 홀로 설 수 있을 때까지 성숙하고 성장할 수 있게 조력하는 것을 목표로 한다.

㉢ 내담자가 지금 – 여기에 대해 자각하게 하고, 내담자의 심리적 문제를 실험과 상담기법을 통해 경험하고 해결하여 자아통합과 실현이 이룰 수 있도록 한다.

② 상담기법

㉠ 자기각성 기법

ⓐ 욕구와 감정 지각: 내담자가 지금 – 여기에서의 욕구와 감정을 지각하고, 자신의 내면을 제대로 인식할 수 있도록 돕는다.

　　예 질문 형식: "지금 어떤 기분이신가요?", "지금 좀 화가 나시나 보네요?", "나는 ~하고 싶다 라는 문장을 세 개 정도 완성시켜 보세요."

ⓑ 신체 자각: 자신의 신체감각에 대해 자각하여 자신의 감정, 욕구, 무의식적 생각을 알아차릴 수 있게 돕는다.

　　예 질문 형식: "당신의 호흡을 느껴보세요.", "자신의 목소리를 잘 들어보시고 무엇이 느껴지는지 얘기해 보세요."

ⓒ 환경 자각: 환경, 사물, 상황, 타인 등의 주변 환경과 제대로 접촉하여 미해결 과제를 해결할 수 있도록 돕는다.

　　예 질문 형식: "방 안에 무엇이 보입니까?", "주변 사물들을 한 번 둘러보세요.", "눈을 감고 주변에서 들리는 소리에 귀를 기울여보세요."

ⓓ 언어자각: 내담자가 자신의 말에 책임을 질 수 있도록 하며, 상담자는 내담자가 무심코 내뱉은 언어를 자각하고 책임회피적 언어습관 등과 같은 부적응적인 내용을 수정하도록 돕는다.

　　예 '나는 할 수 없어요.'를 '나는 하지 않을 것이에요.'라고 수정한다.

㉡ 빈 의자 기법(empty chair)

ⓐ 두 의자를 준비한 후 한 의자에는 내담자가 앉고, 다른 한 의자에는 특정 타인이 앉아있다고 상상하면서 그와 대화를 나누게 한다.

ⓑ 상담 장면에 없는 특정 타인과 상호작용하고, 그 과정에서의 자신의 감정을 자각할 수 있도록 하기 위해 사용된다.

㉢ 실연

ⓐ 과거의 어떤 장면이나, 미래에 벌어질 수 있는 장면들을 현재 벌어지고 있다고 상상하면서 행동해보는 것이다.

ⓑ 직접 행동해봄으로써 지금까지 회피해온 행동을 실험을 해보거나, 지금까지는 알아차리지 못했던 자신의 감정이나 행동패턴을 발견할 수도 있다.

⓫ 프랭클(Frankl)의 실존주의 상담이론(logotherapy)

(1) 주요 주장

① 인간의 존재의미, 자유와 책임, 의지, 불안과 고립, 죽음을 중요하게 여긴다. 즉, 인간에게 가장 중요한 것은 삶의 의미와 목적을 아는 것이며, 삶의 의미를 깨닫지 못하고 자신의 존재에 대한 공허함을 느낄 때 문제적 행동이 일어난다고 가정한다.

② 인간의 가장 중요한 문제는 존재의미 상실로 인한 불안이고, 불안을 해결하기 위해서는 존재의미를 찾아야 한다.

③ 인간의 자유와 책임을 강조하며, 문제행동의 증상보다는 증상에 대한 내담자의 태도를 중요시 여긴다.

(2) 상담

① 상담목표

    ㉠ 내담자가 자신의 실존을 왜곡하지 않고 있는 그대로 인식하고, 자신을 신뢰하도록 돕고자 한다.

    ㉡ 내담자가 자각을 통해 존재의미와 삶의 목표를 찾고, 자신의 타고난 잠재력을 실현할 수 있도록 한다.

② 상담 절차

    ㉠ 증상 확인: 적절한 진단을 통해 내담자의 문제가 무엇인지 확인한다.

    ㉡ 의미 자각: 삶과 죽음, 일, 사랑, 고통의 의미에 대해 내담자가 자각하도록 한다.

    ㉢ 태도 수정: 내담자가 상담자와의 신뢰관계를 형성하고 자신의 삶에 대한 태도를 표현하면, 상담자는 객관적이고 무비판적으로 그러한 태도가 건강하지 못한 것인지, 심리적으로 어려움이 있는 것인지를 판단하고 그 태도를 내담자의 삶이나 생존에 긍정적인 것으로 수정할 수 있도록 조력한다.

    ㉣ 증상 통제: 태도의 수정이 이루어지면 내담자가 문제 증상을 약화시키거나 증상 자체를 통제할 수 있다는 사실을 받아들일 수 있도록 돕는다.

    ㉤ 삶의 의미 발견: 내담자가 의미 있는 활동과 경험을 할 수 있도록 도우며, 내담자가 삶의 의미를 발견하여 현재 생활에 대한 긍정적인 요인을 찾고 긍정적인 태도를 갖도록 돕는다.

③ 상담기법

    ㉠ 실존주의 상담은 상담기법보다는 상담의 철학과 인간관이 강조되며, 내담자가 자신의 존재의미를 찾을 수 있도록 돕는 어떤 기법이든 활용될 수 있다.

    ㉡ 역설적 의도: 지나친 주의나 의도는 불안을 더하여 이를 회피하도록 하기 때문에, 오히려 내담자가 두려워하는 행동을 더 하도록 하거나 두려운 내용이 빨리 일어나는 것을 소망하여 내담자가 그 불안에 직면하게 한다.

    ㉢ 탈숙고: 지나친 숙고는 자발성과 활동성에 방해가 되므로 자신 이외의 것에 대한 지나친 숙고를 상쇄시켜 내담자의 자발성과 활동성을 회복시킨다.

12 스티브(Steve)와 김인수의 단기해결중심 상담이론(solution-focused therapy)

기출 08 중등

(1) 주요 주장

① 부부 및 가족을 대상으로 상담하는 가족치료를 위해 개발되었으나 이제는 적용 범위가 확장되어 다양한 장면에서 사용된다.

② 문제를 분석하지 않고 현재와 미래에 초점을 두며, 상담을 오래 끌지 않고 생 각보다는 행동의 실천에 초점을 맞춘다는 특징이 있다.

③ 문제가 무엇이고 문제의 원인이 무엇인지를 파악하는 데 치중하는 문제중심 적 사고보다는 내담자가 원하는 해결이 무엇인지, 내담자에게 적절한 해결방 안은 무엇인지에 초점을 둔 해결중심적 사고를 지향한다.

④ 내담자는 자신의 삶에 대한 전문가이며, 자신의 삶에서 무엇이 변화되기를 원 하는지 생각할 힘을 가지고 있으며, 문제를 해결할 수 있는 힘과 자원을 가지 고 있다고 가정한다.

⑤ 얼마나 많은 또는 얼마나 큰 문제를 가지고 있는지 보다는 내담자가 문제를 해결할 능력이 있는지를 더 중요하게 여긴다.

⑥ 상담자는 내담자를 변화시키는 전문가가 아니라 내담자의 변화에 도움을 주 는 자문가이며, 문제를 해결하기 위해 내담자와 공동으로 노력한다.

(2) 상담

① 목표

㉠ 내담자가 자신이 문제해결의 능력을 가지고 있다는 것을 믿게 한다.

㉡ 구체적으로 원하는 목표를 세우고 이를 이룰 수 있도록 돕는 것을 목표로 한다.

② 상담 절차

㉠ 내담자와 관계를 형성하고, 구체적인 상담의 목표를 세운다.

㉡ 변화에 초점을 맞추며, 구체적으로 무엇이 나아졌는지 이끌어내고 이를 확장시키고 강화한다.

㉢ 상담을 통해 변화된 것을 돌아보고 상담을 종결한다.

③ 상담기법

㉠ **상담 전의 변화를 묻는 질문**: 지난 회기 상담 이후 지금까지의 변화에 대한 질문은 상담에 주요한 단서를 제공한다.

> 예 "지난 상담에서 지금까지 상황에 어떠한 변화가 있었나요?"

㉡ **예외질문**: 어떠한 문제에도 예외는 있기 마련이며 내담자가 문제로 생각 하는 행동이 일어나지 않은 상황이나 행동을 질문함으로써 내담자의 변화 성공 가능성을 강조한다.

> 예 "최근 문제가 일어나지 않은 때는 언제였고, 문제가 발생하지 않았던 것을 어떻게 알 수 있었습니까?"

㉢ **척도질문**: 내담자가 자신의 문제, 문제의 우선순위, 성공에 대한 태도 등 을 수치로 표현하여 내담자의 문제해결에 대한 태도를 정확하게 확인한다.

> 예 "1점은 문제가 가장 심각했던 상태, 10점은 문제가 다 해결된 상태라고 한다면, 지금의 당신의 상태는 몇 점입니까?"

개념확대 ⊕ Zoom IN

단기해결중심 상담의 기본 원칙

- 효과가 있다면 계속 더 하되, 만약 효과가 없다면 다른 방법을 시도 한다.
- 상담은 긍정적인 것, 해결책, 미래 에 초점을 맞출 때 원하는 방향 으로 변화가 촉진된다.
- 고민이나 문제를 정상적인 개념 으로 재진술하면 문제해결의 희 망과 가능성이 열린다.
- 상담자와 내담자는 모든 문제에 서 예외를 찾아낼 수 있으며, 예외 를 해결방법으로 사용할 수 있다.
- 모든 사람은 자신의 문제를 해결 할 자원을 지니고 있다.
- 변화는 항상 일어나고 있다.
- 작은 변화를 통해 큰 변화를 만 든다.

ⓐ **기적질문**: 문제와 떨어져 해결책을 상상하고 내담자가 변화하고 싶은 방향을 스스로 설명함으로써 문제에 대한 집착으로부터 벗어나게 한다.

> 📌 "자고 일어난 사이에 상담을 받으러 온 문제들이 모두 해결되었다고 상상해보세요. 무엇을 보고 그러한 기적이 일어났다는 것을 알 수 있겠습니까?"

ⓜ **대처질문**: 자신의 미래를 매우 절망적으로 바라보는 내담자에게 사용하며, 내담자가 자신이 문제해결의 가능성을 가진 존재라는 것을 일깨워준다.

> 📌 "그런 어려운 상황에서 어떻게 견딜 수 있었나요?"

참고 단기해결중심 상담이론에서의 내담자와 상담자의 관계 유형

1. **고객형 관계**
   ① 내담자는 자신이 문제가 있다는 것을 알고, 문제해결을 위해 적극적으로 노력한다.
   ② 내담자는 문제해결을 위해 자신의 노력이 필수적이라는 것을 안다.
   ③ 상담자는 내담자에게 문제가 무엇인지, 상담을 통해 어떤 도움을 받기를 원하는지, 내담자가 그간 어떤 노력을 시도해 보았는지 질문하고 신뢰관계를 형성한다.

2. **불평형 관계**
   ① 내담자는 자신이 문제 상황에 있다는 것을 알지만, 그것은 자신에게 문제가 있어서 그런 것이 아니며 다른 사람 때문이라고 생각한다.
   ② 내담자는 문제해결을 위해서는 자신이 아니라 다른 사람이 바뀌어야 한다고 믿는다.
   ③ 상담자는 내담자에게 문제의 책임을 다른 사람에게 전가할 경우, 문제가 해결되지 못한다는 것을 깨닫게 하고, 내담자가 문제에 대해 다른 관점에서 바라볼 수 있도록 도움으로써 신뢰관계를 형성한다.

3. **방문형 관계**
   ① 내담자는 문제를 인식하지 못하고 있지만, 가족이나 교사 등의 요구나 명령으로 자신의 의사와 관계없이 상담을 의뢰한다.
   ② 내담자는 문제해결에 대한 동기가 약하고 방어적인 태도를 취한다.
   ③ 상담자는 내담자의 말을 경청하고, 긴장을 풀고 거리감을 좁히며 상담을 시작할 수 있도록 관계를 형성한다.

요약정리 🔍
Zoom OUT 상담이론 종합

이론 구분	이론 예시	개념
정신역동적 상담이론	프로이트의 정신분석 상담이론	인간의 행동은 무의식에 존재하는 억압된 사건에 의해 결정되며 인간의 원초적 욕구(리비도)가 인간의 행동에 영향을 미침
	아들러의 개인심리 상담이론	모든 인간은 열등감을 갖고 태어나며 신체적 결함이나 형제부모와의 관계가 열등감에 영향을 주고, 인간의 행동은 열등감에 대한 보상이며 열등감은 인간을 노력하게 만드는 동기가 됨

행동주의 상담이론	파블로프의 고전적 조건형성	자극을 무조건 자극과 결합해 조건반응으로 만듦
	스키너의 조작적 조건형성	강화와 처벌을 통해 특정 반응을 증가·감소시킴
	반두라의 사회학습이론	모방(관찰학습, 대리적 강화)을 통해 개인이 사회적 환경 속에서 학습할 수 있도록 함
인지중심 상담이론	윌리엄슨의 지시적 상담이론	상담자가 교사 또는 조언자로서 내담자에게 객관적 이며 확실하고 정확한 정보들을 제공해 효과적인 결정과 선택을 할 수 있게 돕는 접근방법
	엘리스의 합리정서 행동치료 상담이론	개인의 인지과정에 초점을 맞춘 상담이론으로 정서적 문제를 해결하기 위해 사고를 분석하고 역기능적 사고를 변화시키고자 하는 접근방법
	벡의 인지치료 상담이론	개인의 문제는 인지적 왜곡으로 인한 것이기 때문에 인지적·행동적 기법을 통해 인지를 변화시켜 심리 적·행동적 문제를 해결하고자 하는 접근방법
	글래서의 현실치료 상담이론	인간의 부적응 행동은 기본 욕구 미충족으로 인한 것이라는 점에서 기본 욕구 충족을 위해 현실적· 책임적·도덕적 행동 선택을 이끌고자 하는 접근 방법
	번의 의사교류분석 상담이론	내담자의 성격을 구성하는 세 가지 자아 상태(PAC) 와 타인과의 의사소통과정(상보·교차·이면교류) 을 분석해 내담자의 자기통제력, 자율성, 책임감을 높여 건전한 대인관계를 도와주는 상담이론
정서중심 (인본주의) 상담이론	로저스의 인간중심 상담이론	내담자가 자신의 잠재력을 발견하고 자신과 객관적 현실에 대해 긍정적으로 인식할 수 있도록 조력해야 한다고 믿는 내담자중심 상담이론
	펄스의 게슈탈트 상담이론	인간이 자신이 속한 환경 속에서 자기 자신을 자각 하고 지금 – 여기에서 온전히 자신을 신뢰하고 책 임지는 것을 강조하는 상담이론
	프랭클의 실존주의 상담이론	인간의 자유와 책임을 강조하고 문제행동의 증상보 다는 증상에 대한 내담자의 태도를 중요시 여기는 상담이론
해결중심적 단기상담	단기해결중심 상담이론	문제를 분석하지 않고 현재와 미래에 초점을 맞춰 내담자가 원하는 해결이 무엇인지, 내담자에게 적 절한 해결방안은 무엇인지에 초점을 두는 상담이론

01 생활지도라는 용어는 학생들의 학업, 진로, 인성 등의 영역에 대한 발달, 의사결정, 문제해결 등의 과정을 돕는다는 의미의 단어 _____의 번역어로, 좁게는 학생이 가지고 있는 여러 문제를 이해하고 이를 해결할 수 있도록 돕거나 안내하는 것을, 넓게는 _____ 이외의 모든 교육활동을 의미한다.

01
가이던스, 교과지도

02 생활지도의 원리 중 _____의 원리는 생활지도의 중요한 목표는 학생 개개인의 전체적 발달에 있음을 강조한 원리이고, _____의 원리는 처벌보다는 지도를, 치료보다는 예방을 원칙으로 한다는 것을 강조한 원리이다.

02
전인적 발달, 적극적 예방

03 생활지도의 주요활동 중 학생이 자신의 소질, 능력, 적성에 적합한 선택을 돕는 조직적인 활동은 _____이고, 졸업생을 상대로 비정기적인 상담을 진행하는 것처럼 생활지도를 받은 학생의 적응을 확인하며 후속적인 생활지도를 계속적으로 하는 활동은 _____이다.

03
정치활동, 추수활동

04 학업지도와 관련해 _____은 처음 과제를 시작할 때부터 성공에 대한 낮은 기대를 가지고 있으며, 어려움에 부딪히면 쉽게 포기하는 경향이 있고, 실패를 노력 부족과 같은 통제 가능한 원인으로 돌리기보다는 능력 부족으로 귀인하며, 성공을 자신의 능력이나 노력에 귀인하기 보다는 좋은 운이나 과제의 쉬움 같은 외적이고 통제 불가능한 원인으로 돌리며, 실패를 경험한 다음 미래의 성공에 대한 기대가 급속도로 낮아지는 특징을 보이는 학생들을 지칭한다.

04
학습화된 무기력

05 성격검사법에서 학생의 특정 행동의 원인을 파악하기 위해 해당 학생의 과거 성장 과정 등을 분석하여 대상의 성격, 문제행동의 발생원인, 환경에 대한 정보를 수집·분석하는 방법은 _____이고, 자신의 감정이나 욕구에 따라 외부 사건을 해석하려는 인간의 경향성을 이용해 대상에게 그림 등을 제시하고 이에 대한 반응을 통해 그 대상의 욕구, 원망, 신념 등을 이해하는 방법은 _____이다.

05
사례연구법, 투사법 검사

06 아동과 청소년들은 다양한 정서적 장애를 겪는다. 그중에서 _____ _____는 산만하고 어떤 일에 주의집중을 하지 못하고, 충동적이며 참을성이 없고, 과잉행동, 즉 교실에서 잠시도 자리에 앉아 있지 못하고 이리저리 계속 돌아다니거나 책상을 마구 두드리거나 말을 쉴 새 없이 하는 등의 증상을 수반하는 정서적 장애로, 약물치료와 행동치료를 병행해 치료할 수 있다.

06
주의력 결핍 및 행동장애

07 진로지도는 학생이 진로와 직업을 준비할 수 있도록 개인의 역량을 키우고 진로선택에 필요한 지식과 방법을 익히도록 하는 활동을 의미한다. 정부는 내실 있는 진로지도를 위해 다양한 제도를 도입했는데 _____는 중학교 과정 중 한 학기 또는 한 학년을 학생들의 꿈과 끼를 키울 수 있도록 토론, 실습 등 학생 참여형으로 수업을 개선하고, 다양한 체험활동이 가능하도록 교육과정을 유연하게 운영하는 제도를 의미한다.

07
자유학기제

08 파슨스의 특성 – 요인이론에서 개인의 적성, 흥미, 가치관, 성격, 포부 수준, 소유 자원 등을 포함하는 개인의 고유한 특징은 _____이고, 특정 직무의 수행에서 요구하는 조건이며 직무내용의 특징은 _____이다.

08
특성, 요인

09 로의 욕구이론은 직업군의 선택은 유년시절 부모와의 관계에서 형성된 개인의 _____ 구조에 의해서 결정된다고 보았으며, 따뜻한 부모 – 자녀 관계에서 성장한 사람은 _____을 형성하고, 직업선택에 있어서도 서비스직, 비즈니스직, 단체직, 문화직, 예능직을 선택하게 된다고 보았다.

09
욕구, 인간지향적인 성격

10 홀랜드의 직업적 성격 유형에서 자연 및 사회적 현상을 관찰·분석하여 탐구하는 것을 좋아하고 지적 호기심이 많고 추리를 통한 문제해결을 선호하는 유형은 _____이고, 도전적이고 경쟁적이며 리더십을 가지고 자신이 속한 조직이나 자신의 계획에 따른 특정 목표를 이루기 위해 열정적인 태도로 임하는 유형은 _____이다.

10
탐구형, 기업형

11 다위스와 로프퀴스트는 직업적응과 관련된 두 가지 중요한 지표로서 _____과 _____을 들었다. _____은 조화의 내적 지표로 직업 환경이 개인의 욕구를 얼마나 채워 주고 있는지에 대한 개인의 평가를 뜻하며, _____은 조화의 외적 지표로 직업에서 요구하는 과제와 이를 수행할 수 있는 개인의 능력과 관련된 개념이다.

11
만족, 충족, 만족, 충족

12 블라우의 사회학적 이론은 개인을 둘러싼 사회·문화적 환경이 개인의 행동에 영향을 미친다는 사회학적 관점을 진로이론에 적용한 이론으로, 진로선택에서 가장 중요한 영향을 미치는 요인은 _____이다.

12
가정/부모

13 긴즈버그는 진로를 _____적 측면에서 바라봤다. 그는 진로의사결정은 일련의 과정이며, 진로의사결정 과정은 어릴 적부터 시작해 20대 초반까지 계속된다고 보았는데, 진로의사결정 과정은 _____, _____, _____의 3단계 과정을 거치며 발달한다고 주장했다.

13
발달, 환상기, 잠정기, 현실기

14 수퍼의 진로발달이론에서 개인이 자신과 환경을 어떻게 바라보는가에 관한 것으로, 개인의 생물학적 특성, 사회적 역할, 타인의 반응에 대한 평가가 조합되어 '나는 이런 사람이다.'라고 결론을 내리는 _____과 개인이 삶에서 경험하는 다양한 역할인 _____이 핵심 개념이다.

14
자아개념, 생애역할

15 갓프레드슨의 제한타협이론은 개인이 진로에 관한 포부를 형성할 때 일련의 과정을 거치면서 스스로 포부 수준을 _____하고 _____한다는 이론이다. 그중 _____은 성과사회적 계급에 근거하여 개인이 수용하기 어려운 직업적 대안하여 제거하는 과정을 의미하고, _____은 취업 가능성과 같은 제한요인에 근거해 진로선택을 조정하는 과정을 의미한다.

15
제한, 타협, 제한, 타협

16 티이드만과 오하라는 진로발달을 _____을 형성해 가는 연속적 과정으로 간주하고, 진로발달 단계를 예상기와 실천기로 구분해 진로발달이 '탐색기, 구체화, 선택기, 명료화, 적응, 개혁, 통합'의 단계를 거쳐 진행된다는 점을 설명했다.

16
직업정체감

17 크럼볼츠의 사회학습 진로이론에서 진로에 영향을 미치는 요인 중, 개인이 환경을 이해하고 미래를 예견하는 능력으로 학습경험, 유전적 요인, 환경적 조건이나 사건의 상호작용을 통해 발달하는 것은 _____이고, 진로결정 요인들의 상호작용 결과 중 학습경험과 자기관찰 일반화, 세계관 일반화, 과제 접근기술의 결과로서의 의사결정과 관련한 행위는 _____이다.

17
과제 접근기술, 산출

18 렌트, 브라운, 해켓은 사회학습이론을 직업심리학에 적용하여 직업흥미가 어떻게 발달하고 진로선택이 어떻게 이루어지는지, 수행수준이 어떻게 결정되는지 등을 설명하기 위해 _____, _____, _____라는 세 가지 사회인지적 개념을 중심으로 이론을 구성했으며, 환경변인으로 _____이라는 개념을 추가했다.

18
자기효능감, 결과기대, 목표,
진로장벽

생활지도 및 상담

PART 9

해커스임용 설보연 SANTA 교육학 2

19 사비카스의 _____ 진로이론은 수퍼의 진로발달이론을 현대적으로 확장한 것
으로 '생애설계'라는 새로운 패러다임으로 제시했다. 이 이론에 따르면 진로발달은
내적 구조의 성숙보다는 _____에의 적응과정을 통해 이루어지는 것이며, 개인
은 이미 존재하는 어떤 사실을 발견하는 것이 아니라 적극적으로 의미화하는 과정
을 통해 진로행동을 이끌고 조절·유지한다.

19
구성주의, 환경

20 머튼의 이론에서 _____는 '무규범' 또는 '규제의 결핍 상태'를 뜻하며, 사회의
문화적 목표와 그 목표에 이르는 _____ 간의 괴리 때문에 사회구성원
다수의 규범의식이 약화되고, 규범이 정당성을 상실한 상태이다.

20
아노미, 제도화된 수단

21 코헨의 하위문화이론은 대부분의 비행행위는 집단 내에서 발생하며, 집단적으로
일어나거나 집단의 영향을 받은 개인에 의해 일어난다는 이론이다. 그의 이론에 따
르면 _____ 문화가 행위의 준거가 되는 학교에서 _____ 청소년은 부적응과
좌절을 경험하며, 이들은 학교문화를 거부하는 반문화를 형성한다.

21
중산층, 하류층

22 서덜랜드의 차별적 접촉이론은 교사로부터 인정받지 못하거나 학업성취가 낮아서
학교문화로부터 소외된 학생들이 비행청소년들과 어울리면서 일탈행동을 _____
하고 비행을 저지른다고 하였고, 허쉬의 사회통제이론에서는 청소년의 비행이 관습
적인 사회, 특히 _____와의 연대가 약화되거나 파괴될 때 발생한다고 보았다.

22
학습, 부모

23 에이커스의 사회학습이론은 서덜랜드의 차별적 접촉이론에 반두라의 사회학습이론을
적용하여 발전시킨 이론이다. 이 이론은 한 개인이 학습한 가치와 태도에 의해 행
동을 결정하는 것과 마찬가지로 범죄행위가 사회구성원 간의 _____을 통해
학습된다.

23
상호작용

24 낙인이론은 _____이론에 근거하며, 한 청소년이 무심코 저지른 사소한 비행으로 비행청소년이라는 사회적 _____을 경험할 때 부정적 자아를 형성하고 비행을 반복하거나 더욱 심각한 비행을 저지르게 된다고 설명한다.

24
상징적 상호작용, 낙인

25 허쉬의 사회통제이론은 사람들이 왜 범죄를 저지르지 않는지에 대한 이론으로, 이를 통해 어떤 사람들은 왜 범죄를 저지르게 되는지까지 이해할 수 있다. 이 이론에 따르면 사회통제가 사람들로 하여금 범죄를 저지르지 못하게 하기 때문에 사람들은 사회적 규칙이나 규범에 순응하는데, 네 가지 사회 결속 요소로 _____, _____, _____, _____을 들 수 있다.

25
애착, 관여, 참여, 신념

26 상담은 상담자와 내담자의 상호작용을 통해 문제를 해결하고 행동의 변화를 촉진하는 학습과정이다. 상담를 하기 위해서는 상담자, 내담자, _____의 요소가 필수적인데, 상담요소 중 하나인 _____는 도움을 주고받는 상담자와 내담자 간의 신뢰관계를 의미한다.

26
라포, 라포

27 상담자의 상담 태도에서 _____은 상담자가 자신의 감정이나 태도를 가식이나 왜곡 없이 인정하고 표현하며 내담자와의 관계에 온전히 진실되고 솔직해야 한다는 것을 뜻하고, _____은 상담자는 내담자에 대해 어떤 가치판단도 하지 않고 내담자의 존재 그 자체를 따뜻하고 긍정적인 태도로 수용하고 존중해야 한다는 것이다.

27
일치성,
무조건적인 긍정적 존중

28 프로이트의 정신분석 상담이론에서 가장 깊은 위치에 있으며, 가장 강력하고 이해하기 어려운 수준으로 개인의 행동을 지배하고 행동의 방향성을 결정하는 것은 _____이고, 인간이 이해할 수 없는 불안을 경험하고 이를 통제할 수 없을 때 자아를 보호하기 위해 무의식적으로 사용하는 대처방법은 _____이다.

28
무의식, 방어기제

29 아들러의 개인심리 상담이론에서 부모의 양육방식에 따라 인간이 병적 _____을 갖게 되면 파괴적인 생활양식을 가지게 되며, 상담의 목표는 내담자가 사회에 기여할 수 있도록 _____을 계발하도록 돕는 것이다.

29
열등감, 사회적 관심

30 행동주의 상담이론은 인간은 외부 자극에 반응하는 존재라는 가정하에 상담의 목표를 객관적이고 관찰 가능한 _____를 통해 내담자의 문제를 해결하고자 하는 것으로 두는 상담이론이다. 이 이론에 따르면 인간의 행동은 _____된 것이기 때문에 부적응적 행동을 지속 또는 강화하는 환경적 요인을 변화시켜 감소시키거나 제거할 수 있다.

30
행동의 변화, 학습

31 윌리엄슨의 지시적 상담이론에서 상담자는 _____로서의 역할을 하며 내담자에게 객관적이며 확실하고 정확한 정보들을 제공해 무엇보다도 이론이나 이치에 합당한 효과적인 결정과 선택을 할 수 있게 돕는 접근방법이다.

31
교사/조언자

32 앨리스의 합리정서 행동(REBT)치료 상담이론에서 당위적 사고, 과장적 사고, 인간 비하적 사고, 낮은 인내성 등의 특징을 가지는 정서장애의 원인이 되는 믿음체계는 _____이며, 상담기법 중 내담자의 비합리적 생각과 언어를 합리적 생각과 언어로 재구성하는 것은 _____이다.

32
비합리적 신념, 논박

33 벡의 인지치료 상담이론에서 특정 사건 발생 시 즉각적으로 떠오르는 생각은 _____이고, _____은 현실 적응에 도움이 되지 않는 부정적 내용으로 구성된 인지도식을 말한다.

33
자동적 사고, 역기능적 인지도식

34 글래서의 현실요법 상담이론은 인간의 기본 욕구가 제대로 충족되지 못할 때 부적응 행동이 발생한다고 본다. 즉, 3R이 부족한 경우 부적응이 발생하는데, 이는 각각 _____, _____, _____ 을 의미한다. 따라서 인간의 욕구를 제대로 파악하고 이를 달성할 수 있도록 하기 위한 현실적·책임적·도덕적 행동 선택을 이끄는 상담이 필요하다.

34
책임, 현실, 옳고 그름

35 우볼딩의 WDEP 체계에서 두 번째 단계로서 내담자가 전체행동(행동하고, 생각하고, 느끼고, 생리적인 반응을 보이는 모든 것)의 차원에서 무엇을 하고 있고, 어디로 이끌려 가고 있는지를 일깨우는 것은 _____이고, 세 번째 단계로서 내담자의 현재 행동이 자신이 원하는 것에 비추어 도움이 되고 있는지를 확인하고 내담자가 자신의 현재의 행동들이 어떤 결과를 초래하는지를 직시하게 하는 것은 _____이다.

35
현재 행동 탐색하기,
자신의 행동 평가하기

36 번의 의사교류분석 상담이론에서 내담자의 성격을 구성하는 자아는 세 가지 상태가 있다고 본다. 이는 각각 _____ 자아, _____ 자아, _____ 자아인데, _____ 자아는 학습된 생활개념으로 유아 시절 부모나 중요 인물들의 행동이나 태도로부터 영향 받아 형성된 자아를, _____자아는 사고적 생활개념으로 객관적으로 현실을 파악하고 감정이나 정서가 배재된 자아를, _____자아는 감정적 생활개념으로 타인을 의식하지 않고 자유롭게 기능하고, 자기중심적이고, 쾌락을 추구하며, 자유롭게 감정을 표현하는 자아를 의미한다.

36
어버이, 어른, 어린이, 어버이,
어른, 어린이

37 번의 의사교류분석 중 _____은 자아 상태 모델의 관점에서 개인의 성격이나 일련의 교류들을 분석하여 자아 상태를 파악하는 것이며, _____은 내담자가 자신의 자아 상태를 통찰하여 각본을 이해하고 벗어날 수 있도록 하는 것이다.

37
구조분석, 각본분석

38 로저스의 인간중심 상담이론에서 _____은 유기체들이 현재의 상태에서 좀 더 발전하도록 잠재력을 발전시켜나가는 경향성을 의미한다. 상담의 목표는 내담자가 자기존중을 회복하고 왜곡된 자기개념을 수정하여 자신의 잠재력을 인식하고 자신의 능력과 자질을 발휘하여 스스로에 대한 이해와 경험을 풍부하게 하는 방향으로 발전하는 사람인 _____으로 변화할 수 있도록 돕는 것이다.

38
실현 경향성,
충분히 기능하는 사람

39 펄스의 게슈탈트 상담이론에서 _____는 사고, 감정, 반응이 미처 표현되지 않아 시간이 흐른 후에도 여전히 개인에 영향을 미치고 삶을 방해하는 과거의 감정을 의미한다. _____은 개인 내면 또는 타인, 대상과의 접촉에서 자신의 욕구와 감정을 지각하고 게슈탈트를 형성하여 전경으로 떠올리는 것이다.

39
미해결 과제, 알아차림

40 단기해결중심 상담이론의 상담기법에서 내담자가 자신의 문제, 문제의 우선순위, 성공에 대한 태도 등을 수치로 표현하여 내담자의 문제해결에 대한 태도를 정확하게 확인하기 위한 질문은 _____이고, 문제와 떨어져 해결책을 상상하고 내담자가 변화하고 싶은 방향을 스스로 설명함으로써 문제에 대한 집착으로부터 벗어나게 하기 위한 질문은 _____이다.

40
척도질문, 기적질문

본 교재 인강 · 무료 기출해설 특강
teacher.Hackers.com

회독 Check ✓

☐ **1 회독**　｜　☐ **2 회독**　｜　☐ **3 회독**

12개년 기출분석 Big Data

2%
교육사 및
교육철학

2024	2023	2022	2021	2020	2019

2018	2017	2016	2015	2015(추)	2014
			○		

2014(추)	2013

설쌤의 Live Class 🎙

교육사 및 교육철학 파트는 교육학 학습의 근간을 이루는 부분으로 교육학의 기본이 되는 분야입니다. 낮은 출제 빈도를 보이지만, 교육학 연구의 가장 기초가 되는 분야이므로 언제든 출제될 가능성이 있는 부분이라 할 수 있습니다. 교육철학의 경우는 주요 교육철학의 철학적 배경과 그것이 교육 현장을 설명하는 데 있어 어떻게 적용되는지에 대한 이해가 요구되며, 교육사의 경우 한국과 서양의 주요한 역사적 사건과 교육사상가에 대해 학습해야 합니다. 교육사 및 교육철학은 폭넓은 학습이 요구되는 만큼, 세세한 부분을 암기하는 데 집중하기보다는 각 교육사조의 공통점 및 차이점을 비교하며 학습하는 것이 필요합니다.

PART 10
교육사 및 교육철학

PART 10 교육사 및 교육철학 한눈에 구조화하기

Chapter 01 교육철학의 성격

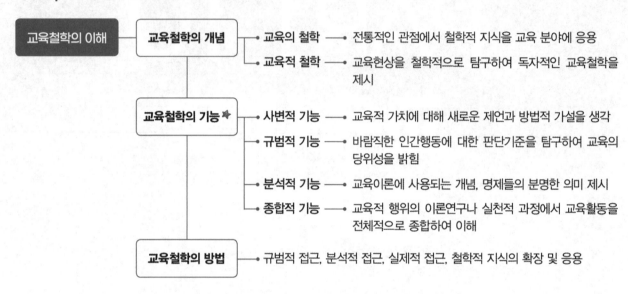

교육철학의 이해

교육철학의 개념
- **교육의 철학** → 전통적인 관점에서 철학적 지식을 교육 분야에 응용
- **교육적 철학** → 교육현상을 철학적으로 탐구하여 독자적인 교육철학을 제시

교육철학의 기능 ✿
- **사변적 기능** → 교육적 가치에 대해 새로운 제언과 방법적 가설을 생각
- **규범적 기능** → 바람직한 인간행동에 대한 판단기준을 탐구하여 교육의 당위성을 밝힘
- **분석적 기능** → 교육이론에 사용되는 개념, 명제들의 분명한 의미 제시
- **종합적 기능** → 교육적 행위의 이론연구나 실천적 과정에서 교육활동을 전체적으로 종합하여 이해

교육철학의 방법 → 규범적 접근, 분석적 접근, 실제적 접근, 철학적 지식의 확장 및 응용

Chapter 02 근대 이전의 교육철학

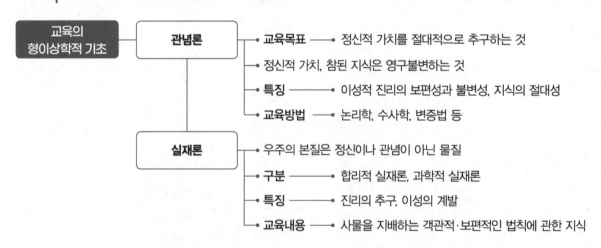

교육의 형이상학적 기초

관념론
- **교육목표** → 정신적 가치를 절대적으로 추구하는 것
- 정신적 가치, 참된 지식은 영구불변하는 것
- **특징** → 이성적 진리의 보편성과 불변성, 지식의 절대성
- **교육방법** → 논리학, 수사학, 변증법 등

실재론
- 우주의 본질은 정신이나 관념이 아닌 물질
- **구분** → 합리적 실재론, 과학적 실재론
- **특징** → 진리의 추구, 이성의 계발
- **교육내용** → 사물을 지배하는 객관적·보편적인 법칙에 관한 지식

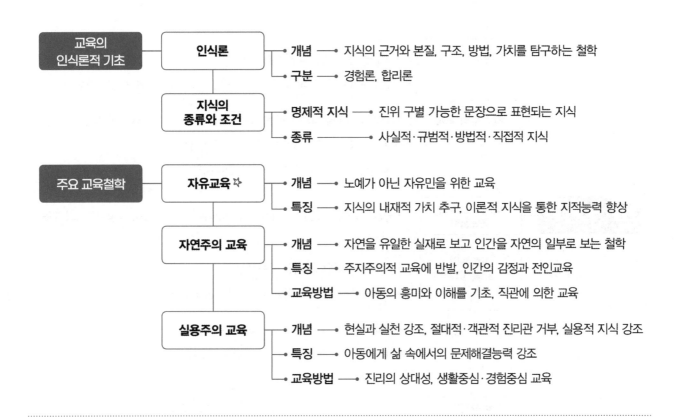

교육의
인식론적 기초 ─ **인식론** ─→ **개념** ─→ 지식의 근거와 본질, 구조, 방법, 가치를 탐구하는 철학
                        └→ **구분** ─→ 경험론, 합리론

              **지식의
              종류와 조건** ─→ **명제적 지식** ─→ 진위 구별 가능한 문장으로 표현되는 지식
                          └→ **종류** ──────→ 사실적·규범적·방법적·직접적 지식

주요 교육철학 ─ **자유교육** ✩ ─→ **개념** ─→ 노예가 아닌 자유민을 위한 교육
                          └→ **특징** ─→ 지식의 내재적 가치 추구, 이론적 지식을 통한 지적능력 향상

              자연주의 교육 ─→ **개념** ──→ 자연을 유일한 실재로 보고 인간을 자연의 일부로 보는 철학
                          ├→ **특징** ──→ 주지주의적 교육에 반발, 인간의 감정과 전인교육
                          └→ **교육방법** → 아동의 흥미와 이해를 기초, 직관에 의한 교육

              실용주의 교육 ─→ **개념** ──→ 현실과 실천 강조, 절대적·객관적 진리관 거부, 실용적 지식 강조
                          ├→ **특징** ──→ 아동에게 삶 속에서의 문제해결능력 강조
                          └→ **교육방법** → 진리의 상대성, 생활중심·경험중심 교육

Chapter 03 **근대 이후의 교육철학**

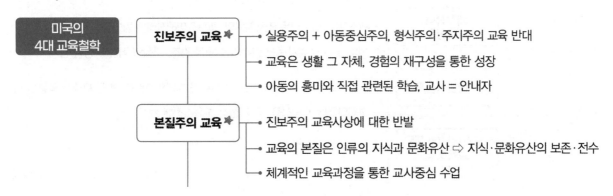

미국의
4대 교육철학 ─ **진보주의 교육** ✎ ─• 실용주의 + 아동중심주의, 형식주의·주지주의 교육 반대
                          • 교육은 생활 그 자체, 경험의 재구성을 통한 성장
                          • 아동의 흥미와 직접 관련된 학습, 교사 = 안내자

              본질주의 교육 ✎ ─• 진보주의 교육사상에 대한 반발
                          • 교육의 본질은 인류의 지식과 문화유산 ⇨ 지식·문화유산의 보존·전수
                          • 체계적인 교육과정을 통한 교사중심 수업

PART 10 교육사 및 교육철학 한눈에 구조화하기

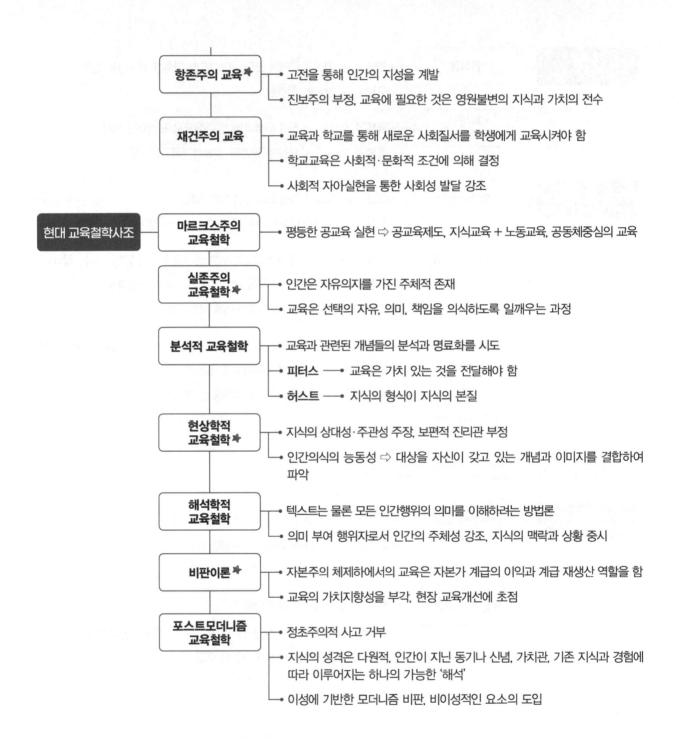

항존주의 교육 ✦
- 고전을 통해 인간의 지성을 계발
- 진보주의 부정, 교육에 필요한 것은 영원불변의 지식과 가치의 전수

재건주의 교육
- 교육과 학교를 통해 새로운 사회질서를 학생에게 교육시켜야 함
- 학교교육은 사회적·문화적 조건에 의해 결정
- 사회적 자아실현을 통한 사회성 발달 강조

현대 교육철학사조

마르크스주의 교육철학
- 평등한 공교육 실현 ⇨ 공교육제도, 지식교육 + 노동교육, 공동체중심의 교육

실존주의 교육철학 ✦
- 인간은 자유의지를 가진 주체적 존재
- 교육은 선택의 자유, 의미, 책임을 의식하도록 일깨우는 과정

분석적 교육철학
- 교육과 관련된 개념들의 분석과 명료화를 시도
- **피터스** ⟶ 교육은 가치 있는 것을 전달해야 함
- **허스트** ⟶ 지식의 형식이 지식의 본질

현상학적 교육철학 ✦
- 지식의 상대성·주관성 주장, 보편적 진리관 부정
- 인간의식의 능동성 ⇨ 대상을 자신이 갖고 있는 개념과 이미지를 결합하여 파악

해석학적 교육철학
- 텍스트는 물론 모든 인간행위의 의미를 이해하려는 방법론
- 의미 부여 행위자로서 인간의 주체성 강조, 지식의 맥락과 상황 중시

비판이론 ✦
- 자본주의 체제하에서의 교육은 자본가 계급의 이익과 계급 재생산 역할을 함
- 교육의 가치지향성을 부각, 현장 교육개선에 초점

포스트모더니즘 교육철학
- 정초주의적 사고 거부
- 지식의 성격은 다원적, 인간이 지닌 동기나 신념, 가치관, 기존 지식과 경험에 따라 이루어지는 하나의 가능한 '해석'
- 이성에 기반한 모더니즘 비판, 비이성적인 요소의 도입

Chapter 04 **서양교육사**

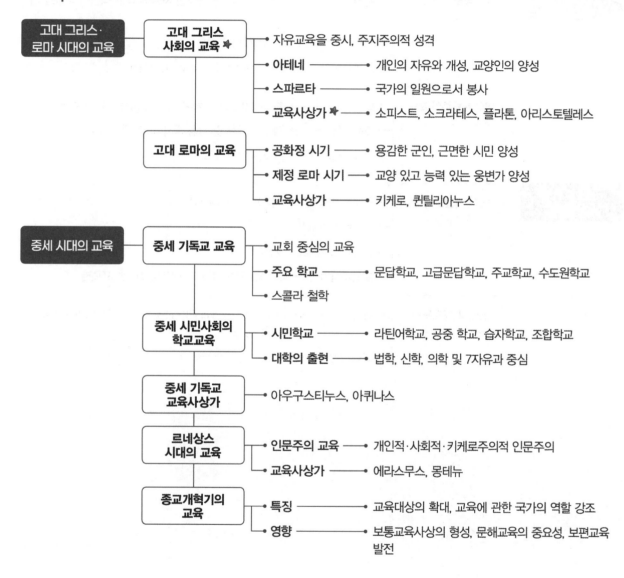

고대 그리스·
로마 시대의 교육

**고대 그리스
사회의 교육** ✱
- 자유교육을 중시, 주지주의적 성격
- **아테네** ── 개인의 자유와 개성, 교양인의 양성
- **스파르타** ── 국가의 일원으로서 봉사
- **교육사상가** ✱ ── 소피스트, 소크라테스, 플라톤, 아리스토텔레스

고대 로마의 교육
- **공화정 시기** ── 용감한 군인, 근면한 시민 양성
- **제정 로마 시기** ── 교양 있고 능력 있는 웅변가 양성
- **교육사상가** ── 키케로, 퀸틸리아누스

중세 시대의 교육

중세 기독교 교육
- 교회 중심의 교육
- **주요 학교** ── 문답학교, 고급문답학교, 주교학교, 수도원학교
- 스콜라 철학

**중세 시민사회의
학교교육**
- **시민학교** ── 라틴어학교, 공중 학교, 습자학교, 조합학교
- **대학의 출현** ── 법학, 신학, 의학 및 7자유과 중심

**중세 기독교
교육사상가**
- 아우구스티누스, 아퀴나스

**르네상스
시대의 교육**
- **인문주의 교육** ── 개인적·사회적·키케로주의적 인문주의
- **교육사상가** ── 에라스무스, 몽테뉴

**종교개혁기의
교육**
- **특징** ── 교육대상의 확대, 교육에 관한 국가의 역할 강조
- **영향** ── 보통교육사상의 형성, 문해교육의 중요성, 보편교육
발전

논술형 기출개념에는 ☆로, 객관식 기출개념에는 ✹로 표기하였습니다.

교육사 및 교육철학 한눈에 구조화하기

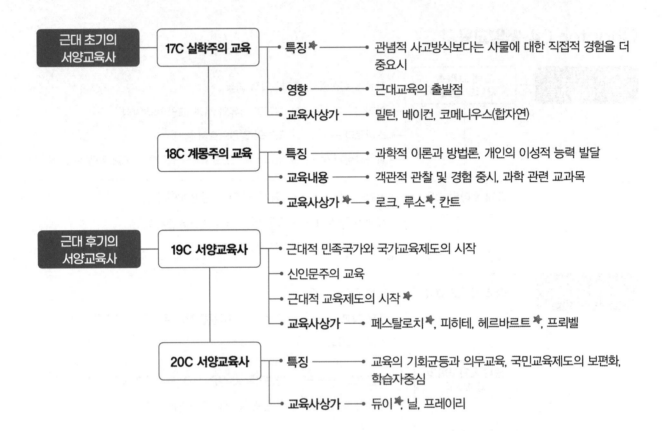

- 근대 초기의 서양교육사
  - **17C 실학주의 교육**
    - 특징 ✹ — 관념적 사고방식보다는 사물에 대한 직접적 경험을 더 중요시
    - 영향 — 근대교육의 출발점
    - 교육사상가 — 밀턴, 베이컨, 코메니우스(합자연)
  - **18C 계몽주의 교육**
    - 특징 — 과학적 이론과 방법론, 개인의 이성적 능력 발달
    - 교육내용 — 객관적 관찰 및 경험 중시, 과학 관련 교과목
    - 교육사상가 ✹ — 로크, 루소✹, 칸트
- 근대 후기의 서양교육사
  - **19C 서양교육사**
    - 근대적 민족국가와 국가교육제도의 시작
    - 신인문주의 교육
    - 근대적 교육제도의 시작 ✹
    - 교육사상가 — 페스탈로치✹, 피히테, 헤르바르트✹, 프뢰벨
  - **20C 서양교육사**
    - 특징 — 교육의 기회균등과 의무교육, 국민교육제도의 보편화, 학습자중심
    - 교육사상가 — 듀이✹, 닐, 프레이리

Chapter 05 한국교육사

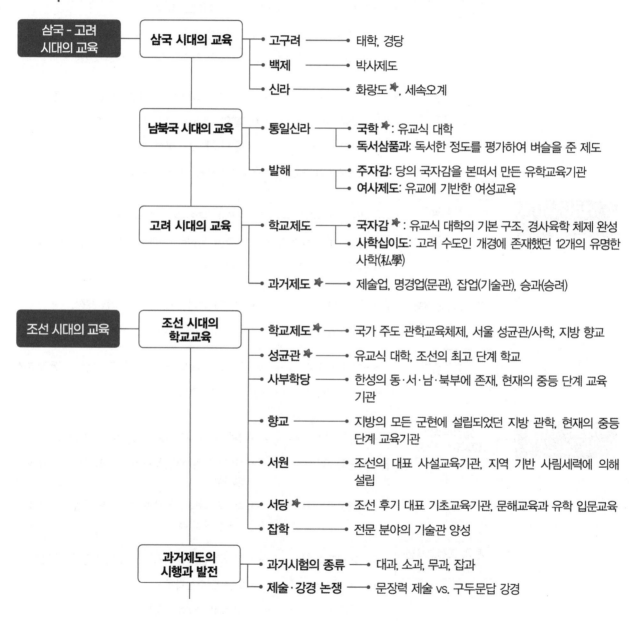

삼국 - 고려 시대의 교육

삼국 시대의 교육
- 고구려 ─── 태학, 경당
- 백제 ─── 박사제도
- 신라 ─── 화랑도 ✿, 세속오계

남북국 시대의 교육
- 통일신라
  - **국학** ✿: 유교식 대학
  - **독서삼품과**: 독서한 정도를 평가하여 벼슬을 준 제도
- 발해
  - **주자감**: 당의 국자감을 본떠서 만든 유학교육기관
  - **여사제도**: 유교에 기반한 여성교육

고려 시대의 교육
- 학교제도
  - **국자감** ✿: 유교식 대학의 기본 구조, 경사육학 체제 완성
  - **사학십이도**: 고려 수도인 개경에 존재했던 12개의 유명한 사학(私學)
- 과거제도 ✿ ─── 제술업, 명경업(문관), 잡업(기술관), 승과(승려)

조선 시대의 교육

조선 시대의 학교교육
- 학교제도 ✿ ─── 국가 주도 관학교육체제, 서울 성균관/사학, 지방 향교
- 성균관 ✿ ─── 유교식 대학, 조선의 최고 단계 학교
- 사부학당 ─── 한성의 동·서·남·북부에 존재, 현재의 중등 단계 교육기관
- 향교 ─── 지방의 모든 군현에 설립되었던 지방 관학, 현재의 중등 단계 교육기관
- 서원 ─── 조선의 대표 사설교육기관, 지역 기반 사림세력에 의해 설립
- 서당 ✿ ─── 조선 후기 대표 기초교육기관, 문해교육과 유학 입문교육
- 잡학 ─── 전문 분야의 기술관 양성

과거제도의 시행과 발전
- 과거시험의 종류 ─── 대과, 소과, 무과, 잡과
- 제술·강경 논쟁 ─── 문장력 제술 vs. 구두문답 강경

논술형 기출개념에는 ✿로, 객관식 기출개념에는 ✿로 표기하였습니다.

교육사 및 교육철학 한눈에 구조화하기

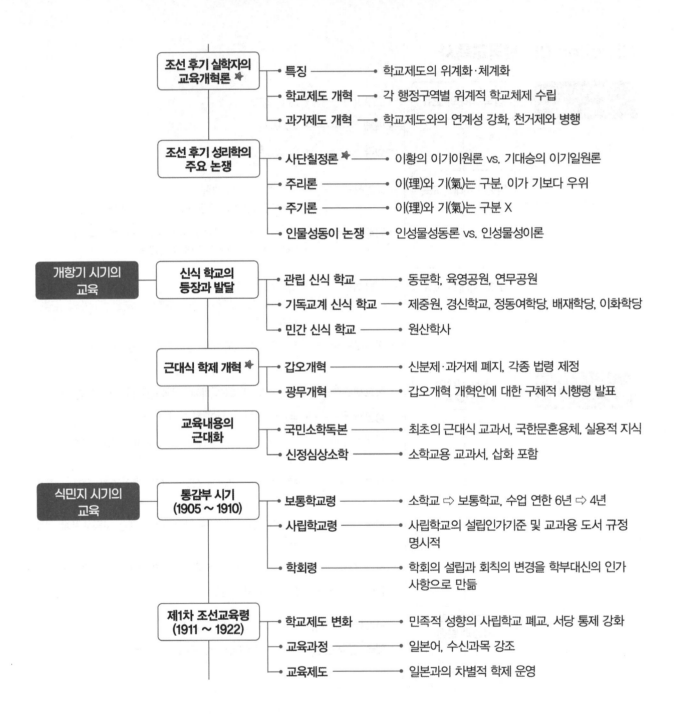

조선 후기 실학자의 교육개혁론 ✿	특징	학교제도의 위계화·체계화
	학교제도 개혁	각 행정구역별 위계적 학교체제 수립
	과거제도 개혁	학교제도와의 연계성 강화, 천거제와 병행
조선 후기 성리학의 주요 논쟁	사단칠정론 ✿	이황의 이기이원론 vs. 기대승의 이기일원론
	주리론	이(理)와 기(氣)는 구분, 이가 기보다 우위
	주기론	이(理)와 기(氣)는 구분 X
	인물성동이 논쟁	인성물성동론 vs. 인성물성이론

개항기 시기의 교육

신식 학교의 등장과 발달	관립 신식 학교	동문학, 육영공원, 연무공원
	기독교계 신식 학교	제중원, 경신학교, 정동여학당, 배재학당, 이화학당
	민간 신식 학교	원산학사
근대식 학제 개혁 ✿	갑오개혁	신분제·과거제 폐지, 각종 법령 제정
	광무개혁	갑오개혁 개혁안에 대한 구체적 시행령 발표
교육내용의 근대화	국민소학독본	최초의 근대식 교과서, 국한문혼용체, 실용적 지식
	신정심상소학	소학교용 교과서, 삽화 포함

식민지 시기의 교육

통감부 시기 (1905 ~ 1910)	보통학교령	소학교 ⇨ 보통학교, 수업 연한 6년 ⇨ 4년
	사립학교령	사립학교의 설립인가기준 및 교과용 도서 규정 명시적
	학회령	학회의 설립과 회칙의 변경을 학부대신의 인가 사항으로 만듦
제1차 조선교육령 (1911 ~ 1922)	학교제도 변화	민족적 성향의 사립학교 폐교, 서당 통제 강화
	교육과정	일본어, 수신과목 강조
	교육제도	일본과의 차별적 학제 운영

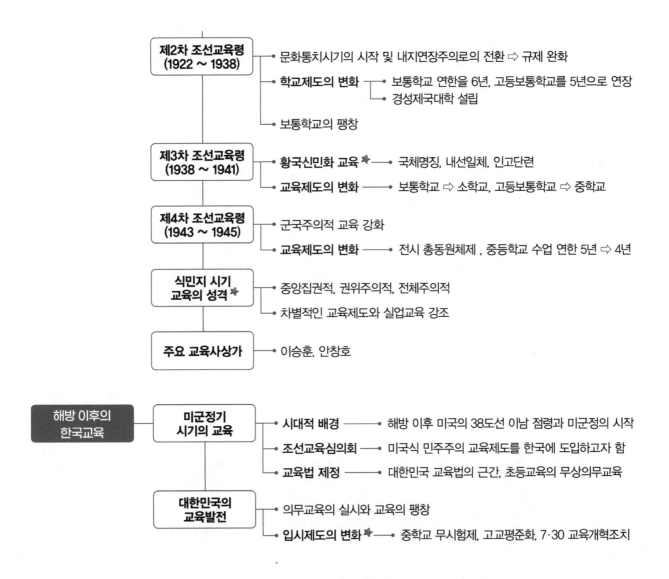

제2차 조선교육령 (1922 ~ 1938)
- 문화통치시기의 시작 및 내지연장주의로의 전환 ⇨ 규제 완화
- **학교제도의 변화**
  - 보통학교 연한을 6년, 고등보통학교를 5년으로 연장
  - 경성제국대학 설립
- 보통학교의 팽창

제3차 조선교육령 (1938 ~ 1941)
- **황국신민화 교육** ✿ ── 국체명징, 내선일체, 인고단련
- **교육제도의 변화** ── 보통학교 ⇨ 소학교, 고등보통학교 ⇨ 중학교

제4차 조선교육령 (1943 ~ 1945)
- 군국주의적 교육 강화
- **교육제도의 변화** ── 전시 총동원체제 , 중등학교 수업 연한 5년 ⇨ 4년

식민지 시기 교육의 성격 ✿
- 중앙집권적, 권위주의적, 전체주의적
- 차별적인 교육제도와 실업교육 강조

주요 교육사상가
- 이승훈, 안창호

해방 이후의 한국교육

미군정기 시기의 교육
- **시대적 배경** ── 해방 이후 미국의 38도선 이남 점령과 미군정의 시작
- **조선교육심의회** ── 미국식 민주주의 교육제도를 한국에 도입하고자 함
- **교육법 제정** ── 대한민국 교육법의 근간, 초등교육의 무상의무교육

대한민국의 교육발전
- 의무교육의 실시와 교육의 팽창
- **입시제도의 변화** ✿ ── 중학교 무시험제, 고교평준화, 7·30 교육개혁조치

교육철학의 성격

설쌤의
Live Class 🎙

교육철학의 성격을 다루는 첫 번째 챕터에서는 **교육철학의 개념과 기능, 방법**이 무엇인지 이해하면서 학습해야 합니다. 교육철학의 개념과 성격은 무엇을 어떻게 연구할 것인가에 따라 달라질 수 있으며 이는 이후 챕터에서 나오는 다양한 교육철학 및 사상을 이해하는 데 있어 중요한 길잡이가 될 수 있습니다.

핵심 `Tag` 🏷

 # 교육철학의 이해
교육의 철학, 교육적 철학

 # 교육철학의 기능
사변적 기능, 규범적 기능, 분석적 기능, 종합적 기능

 # 교육철학의 방법
규범적 접근, 분석적 접근, 실제적 접근, 철학적 지식의 확장과 응용

❶ 교육철학의 개념

(1) 교육의 철학(philosophy of education)

① '교육'이라고 지칭하는 인간의 활동을 철학적으로 탐구하는 학문이다.

② 교육철학의 목적은 교육활동의 내적 목적, 고유한 의미를 밝히는 것이다.

③ 교육의 철학은 전통적인 관점에서 철학적 지식을 교육 분야에 응용하는 것이다. 즉, 존재론, 인식론, 논리학, 가치론 등 기존 철학의 연구 분야를 교육에 응용하여 교육의 가능성, 교육과 지식, 교육목적과 윤리, 교육학의 개념과 논리적 근거 등을 연구한다.

(2) 교육적 철학(educational philosophy)

① 전통적인 철학에서 벗어나 교육철학을 독자적으로 성립시키려는 것이다.

② 교육현상을 과학적으로 탐구하려는 교육과학과 구분시키면서, 교육학의 인식론을 새롭게 정립하고자 한다.

③ 교육현상을 철학적으로 탐구하여 기존 철학과는 구별되는 독자적인 교육철학을 제시하고자 한다.

❷ 교육철학의 기능 기출 95, 04 중등

(1) 사변적 기능(speculative function)

① 교육적 가치에 대해서 새로운 제언과 방법적 가설을 생각하는 행위로, 사고에 의한 전체성과 체계성에 대한 연구를 의미한다.

② 부분적인 사실이나 경험보다는 체계적인 사고를 통하여 전체로서 종합하고 이해하는 철학적 입장을 말한다.

(2) 규범적 기능(prescriptive function)

① 바람직한 인간행동에 대한 판단기준을 탐구하고 제시함으로써 교육적 행위나 특성에 있어서 당위성을 밝히는 것이다.

② 어떤 규준, 준거와 같은 표준에 의해 교육적 행위 또는 그 실천의 만족도를 추구하는 것이다.

③ 가치판단, 행동판단, 심미적 감상에 대한 기준을 탐구하는 철학적 입장으로, '평가적 기능'이라고 불리기도 한다.

(3) 분석적 기능(analytic function)

① 언어의 의미를 분명히 하는 철학적 입장을 말하는 것으로, 사물의 설명이나 가치 표현에 사용되는 언어의 의미를 분석하는 철학적 기능이다.

② 표현되는 언어의 의미를 분명히 하는 것에 중점을 두며, 사고의 체계성을 세우는 일에 대해서는 소극적인 입장을 취한다.

③ 교육이론에 사용되는 개념, 술어, 명제들의 애매성을 제거하고 분명한 의미를 제시하고자 하는 기능이다.

④ 특정한 교육이론에 함의되어 있는 의도, 동기, 목적 등을 분석하여 드러내며, 이를 위해 특정한 교육이론이 어떤 철학적 가치관과 이론적 배경에서 성립되었는가를 분석하는 기능을 갖는다.

(4) 종합적 기능(integrating function)

① 교육적 행위의 이론연구나 실천적 과정에서 교육활동을 전체적으로 종합하여 이해하려고 하는 교육철학적 입장이다.

② 교육학을 하나의 종합과학이라 보는 입장에 있으며, 교육의 대상이 되는 인간을 설명하는 다양한 범주들(심리학, 사회학, 역사학, 생물학, 경제학 등)을 포괄적으로 고려하고자 한다.

요약정리 Q
Zoom OUT 교육철학의 기능

구분	특징	예시
사변적 기능	교육적 가치에 대해서 새로운 제언과 방법적 가설을 생각하는 행위	진보주의 교육의 21C적 해석
규범적 기능	• 바람직한 인간행동에 대한 판단기준을 탐구하고 제시함 • 가치판단, 행동판단, 심미적 감상에 대한 기준을 탐구하는 철학적 입장으로, '평가적 기능'이라고 불리기도 함	• 자유교양교육의 입장에서 본 교육평준화 정책 • 비판이론적 관점에서 본 입시정책
분석적 기능	• 교육이론을 구성하는 언어의 의미 분석 • 교육적 용어가 어떠한 가치관, 이론을 바탕으로 하는가를 분석	• 교육과 훈련의 개념분석 및 비교 • 현상학에서의 교육 '실천'의 의미 분석 • 교육평등에 있어 '평등'의 담론구조 분석
종합적 기능	교육적 행위의 이론연구나 실천적 과정에서 교육활동을 전체적으로 종합하여 이해하려고 하는 교육철학적 입장	다문화교육에 대한 교육철학적 입장과 교육정책 적용에 대한 함의

❸ 교육철학의 방법

(1) 규범적 접근

① 특정 교육사상이나 교육관의 이상적인 사회상이나 인간상에 비추어 교육의 목적과 방법에 대해 연구하는 방법이다.

② 규범적 접근방법의 주목적은 연구대상이 되는 특정 교육사상이나 교육관이 현실의 교육에 어떠한 시사점이 있는가를 탐구하는 데 있다.

(2) 분석적 접근

① 체계적·객관적인 학문을 위하여 교육철학의 개념과 사고과정의 명료화를 목적으로 한다.

② 일상생활에서 주로 사용되는 교육의 주요 개념이나 의미가 불분명하거나 모호하게 사용되는 경우 이를 논리적으로 정리하며, 나아가 교육현상에 관한 주요 주장을 명료화하고 정당화시키고자 하는 접근방법이다.

(3) 실제적 접근

① 교육현상 속의 다양한 사회·정치적 문제와 이와 관련한 교육적 담론들을 분석하는 작업을 통해 교육실천의 개선을 추구하는 교육철학적 접근방법이다.

② 구체적 교육현실을 비판적으로 연구하기 위해 다양한 철학적 방법론을 활용하여 교육의 실제를 개선시킬 수 있는 실천적 교육철학 정립을 주목적으로 한다.

(4) 철학적 지식의 확장 및 응용

① 철학적 이론을 교육문제의 해결을 위해 응용하여 교육이론을 체계화하거나 교육적 실천원리를 정리하는 접근방법이다.

② 주요 철학적 사조로부터 그 속에 함의된 교육학적 주장이나 원리를 발견하고 이를 통해 교육철학적 이론체계를 정립하려는 접근방법이다.

참고 | 교육철학 방법론의 구체적인 연구 양상

방법론	연구 양상
규범적 접근	공자의 교육사상 연구, 듀이의 교육사상 연구, 헤르바르트의 교육개념 등
분석적 접근	'학습'과 '훈련'의 개념적 차이, 교육과 이성적 사고와의 관련성 연구 등
실제적 접근	민주적 시민성과 교육의 역할, 다문화주의 속 학교교육의 방향 연구 등
철학적 지식의 확장 및 응용	정초주의 교육론과 반정초주의 교육론의 비교, 진보주의 교육관과 혁신학교 연구 등

Chapter 02

근대 이전의 교육철학

설쌤의
Live Class 🎙️

두 번째 챕터는 근대 이전의 전통적 교육철학에 대해 다루고 있습니다. 인간의 본성과 지식을 바라보는 관점에 따라 **관념론, 실재론, 자유교육, 실용주의 교육철학** 등으로 나눌 수 있으며, **각 교육철학적 사조의 개념과 특징**에 대해 중점을 두어 학습해야 합니다. 이를 통해 현재 우리 교육현실에서 이러한 교육철학적 관점들이 어떠한 시사점을 줄 수 있는지에 대해 생각해보는 연습을 하는 것이 필요합니다.

핵심 Tag🏷️

관념론적 교육관
- **교육관:** 도덕교육을 강조했으며, 도덕은 지식교육을 통해 발달함
- **교육철학적 특징:** 진리 탐구를 교육의 최우선 목적으로 보았으며, 지식의 절대성을 강조함

실재론적 교육관
- 인간의 의식이나 정신과는 관계없이 객관적으로 존재하는 사물이 있다고 보는 철학적 사고
- **교육철학적 특징:** 진리의 추구와 이성의 계발을 강조했으며, 사물에 대한 감각적 능력을 배양하고 사물에 내재하는 자연법칙을 탐구할 수 있는 능력을 기르는 것을 강조함

자유교육(자유교양교육)
- **개념:** 자유시민을 위한 교육이며 자유인으로서 교양을 중시함
- **특징:** 이론적 지식을 통한 인간의 지적능력 향상을 강조했으며, 지식교육을 통해 무지나 편견에서 벗어나 합리적·이성적 능력을 발달시키고자 함

실용주의 교육
- **개념:** 학습자의 실제 경험을 중시하며 경험과 교육과의 관계를 강조
- **특징:** 절대적·객관적 진리관을 부정하고, 교육내용은 학습자의 경험을 토대로 결정되어야 한다고 봄

01 교육의 형이상학적 기초

1 관념론(Idealism)

(1) 개념

① 고대 그리스 철학자 플라톤의 이원론적 세계관을 그 출발로 한다.
② 현실 너머의 이상적 세계의 존재를 인정하고, 이상적 세계를 '이데아(Ideas)'로 명명하였다.
③ 정신적 가치는 절대적인 가치가 되는 것이며, 이러한 절대적인 정신적 가치를 추구하는 것이 관념론의 교육목표이다.
④ 가치회의주의, 상대주의적 논의를 극복할 수 있다는 장점이 있으나, 현실세계와 동떨어진 논의로 흘러갈 수 있다는 단점이 있다.

(2) 관념론적 교육관

① 교육은 새로운 세대에게 정신적 가치를 깨닫게 하는 것을 중요 과제로 삼아야 하며, 참된 지식은 영구불변하는 것으로 정신적 가치 속에 있는 것이다.
② 인간교육에 있어 최우선 순위는 도덕교육에 있으며, 도덕은 지식교육을 통해 발달된다.
③ 아동은 교육을 통하여 동물적 위치에서 인격적 위치로 발전하는 것이다.
④ 가치는 경험으로부터 발견되기보다는 지식을 통한 이성적 탐구로 발견되기 때문에, 미성숙한 아동에게는 때로는 주입식 방법이 필요할 수 있다.

(3) 교육철학적 특징

① 진리 탐구를 교육의 최우선 목적으로 보았다. 진리 탐구를 통해 본질이 이루어진 사회가 되었을 때 인간이 행복해질 수 있다고 보았다.
② 이성적 진리의 보편성과 불변성을 주장했으며, 지식의 절대성을 강조한다.
③ 이성적 지식으로 밝혀낸 진리에 정신적 속성이 있다고 보았으며 현실을 초월한 궁극적 가치를 지향하였다.
④ 교육은 인간의 이성을 발달시켜 이데아를 인식해야 한다고 주장한다. 진리와 지식은 이데아를 나타내는 것이며, 일관성 있고 논리적·체계적이어야 한다고 본다.

(4) 교육방법 및 내용

① 이성의 훈련과 관련된 관념적 지식학습이 주된 내용을 이루었다.
② 논리학, 수사학, 변증법 등 이성적 사고방식의 훈련을 통해 학습할 수 있는 내용을 강조했다.
③ 학생의 흥미나 관심사보다는 교사에 의한 지식을 학습하는 방식을 통한 교사 위주의 수업을 강조한다.
④ 교육방법적으로는 회상설(상기설), 소크라테스의 대화법과 같이 인간 누구나 가지고 있는 이성을 끌어내는 방식을 추구한다.

❷ 실재론(Realism)

(1) 개념

① 우주의 본질은 정신이나 관념이 아니라 물질이라고 보는 철학적 견해로서, 아리스토텔레스(Aristotle)에서 비롯되어 아퀴나스(Aquinas), 베이컨(Bacon), 홉스(Hobbes), 로크(Locke), 밀(Mill), 화이트헤드(Whitehead) 등을 거치며 서양의 과학적 철학의 기초가 된 철학적 사상이다.

② 인간의 의식이나 정신과는 관계없이 객관적으로 존재하는 사물이 있다고 주장하는 철학적 사고이다.

③ 객관적으로 존재하는 사물은 이상적 대상에 해당하는 '형상(form)'과 감각적 대상에 해당하는 '질료(matter)'로 구성된다고 보았다.

④ 실재론적 사고에서는 사물을 지배하는 객관적이고 보편적인 법칙을 설명해 줄 수 있는 것을 지식이라고 보고 있다.

(2) 실재론의 철학적 구분

① 합리적 실재론

   ㉠ 물질세계는 그것을 관찰하는 인간의 마음으로부터 독립적으로 존재한다.

   ㉡ 합리적 실재론은 고전적 실재론과 종교적 실재론으로 구분되며, 모두 아리스토텔레스의 영향을 받았다.

      ⓐ **고전적 실재론**: 에피스테메(episteme), 즉 진정한 의미의 지혜라고 불릴 가치가 있는 순수한 지식을 탐구한다.

      ⓑ **종교적 실재론**: 물질과 정신은 최상의 지혜와 선으로서, 질서정연하고 합리적 우주를 창조한 신에 의하여 창조된 것이라 주장한다.

② 과학적 실재론

   ㉠ 15 ~ 16C 유럽에서 과학의 발달과 함께 새롭게 등장한 철학이다.

   ㉡ 회의적 · 경험적 성격을 갖고 있으며, 철학에 과학적 객관성과 엄밀성이 포함되어야 한다고 주장한다.

   ㉢ 인간 주변의 세계는 실재하는 물질로 구성되어 있으므로 이 세계의 속성을 파악하는 일은 과학의 과업이며, 철학은 과학적 탐구 결과를 통합하는 데 있다고 보았다.

(3) 교육철학적 특징

① 진리의 추구와 이성의 계발을 교육목적으로 보았으며, 사물에 대한 감각적 능력을 배양하고 사물에 내재하는 자연법칙을 탐구할 수 있는 능력을 기르는 것을 강조했다.

② 합리적 실재론에서 교육은 아동으로 하여금 주변의 객관적 세계를 인식할 수 있도록 교재의 핵심을 전달하는 데 있다.

③ 고전적 실재론자들은 교육목적이 아동이 지적으로 잘 조화된 인간으로 성장하도록 돕는 데 있다고 보았다.

④ 종교적 실재론자들은 교육의 목적을 개인으로 하여금 내세의 생활을 잘 준비하게 하는 것이라고 보았다.

⑤ 과학적 실재론에서는 교육의 목적을 주관적인 것을 배재하고 보다 많은 객관적 사실을 획득하고 축적하는 것이라고 보았다. 따라서 일반적 교양교육보다는 실생활에 유용한 교육을 강조했으며, 교과서 중심 교육보다는 관찰과 실험을 강조하였다.

(4) 교육방법 및 내용

① 교육내용은 과학적 지식이어야 하며, 현실에 필요한 지식을 중시한다.

② 특정한 기술이나 지식보다 사물을 지배하는 객관적·보편적인 법칙에 관한 지식을 중요시하여 서양 자유교양교육의 전통을 수립하였다.

③ 모든 객관적 실험에 의한 과학적 지식을 중시하고, 현실성이 높은 점은 장점이지만 교사중심의 주입식 교육, 창조적 이성의 역할에 대한 고민이 소홀하다는 점은 단점으로 지적된다.

02 교육의 인식론적 기초

❶ 인식론(Epistemology)

(1) 개념

① 지식에 관한 이론으로서 지식론 또는 지식철학을 말한다.

② 지식의 본질에 대한 철학적 용어로서 지식의 근거와 본질, 구조와 방법, 가치를 탐구하는 철학적 영역이다.

③ 형이상학적 관점에서 '존재'라는 것이 무엇인가에 관한 탐구라면, 인식론적 관점에서는 '지식'이라는 것은 무엇인가에 대한 탐구이다.

④ 인식론의 근거와 본질은 지식이며 따라서 '지식론' 또는 '지식철학'이라고 불리기도 한다.

⑤ 지식의 기원에 대한 관점으로 경험론, 합리론, 비판론으로 구분된다.

(2) 인식론의 철학적 구분

① 경험론: 인간의 모든 지식을 주관적 경험에 맞추어 설명하려는 입장으로서, 감각이 지식의 원천이라는 견해를 갖고 있다.

② 합리론: 감각이란 지식의 소재를 제공하는 데 불과하다고 보며, 지식은 감각이나 경험으로부터 독립된 인간의 '이성'이라고 보는 견해이다.

❷ 지식의 종류와 조건

(1) 명제적 지식

① '~라는 것을 안다(know that).'로 표현될 수 있는 지식으로, 명제가 진리임을 아는 지식이다.

② 어떤 사물이나 이론의 원리에 대하여 우리가 아는 것처럼 대체로 진위를 구별할 수 있는 문장으로 표현되는 지식을 말한다.

(2) 명제적 지식의 종류

① 사실적 지식: 사실적 지식 또는 종합적 진술로 표현되는 지식이다.

> 예 지구는 둥글다.

② 논리적 지식: 형식적 지식으로, 용어의 의미를 설명하고 논리적인 표현을 제공하는 지식이다.

> 예 미혼 성년의 남자는 총각이다.

③ 규범적 지식: 가치 또는 규범을 나타내는 지식이다.

> 예 민주주의는 바람직한 정치제도이다.

④ 방법적 지식

    ㉠ '~할 줄 안다(know how).'로 표현되는 지식으로, '과정적 지식'이라고도 한다.

    ㉡ 인간의 능력, 기능에 관계되는 것이므로 반드시 언어로 표현되지 않을 수 있으며, 그것을 표현하지 못한다고 해서 알지 못한다고 할 수는 없다.

⑤ 직접적 지식(knowledge by acquaintance)

    ㉠ 인간이 직접 경험으로 아는 지식이다.

> 예 노랑색이나 빨강색을 아는 것은 우리가 직접 그 색을 대함으로써 아는 것이기 때문에 다른 지식과는 구분된다.

    ㉡ 인간은 먼저 사물을 직접적으로 인식하다가 나중에 그것을 명제로 말할 수 있고, 그 대상을 알아보는 방법에 대해서도 말할 수 있는 경우가 있다.

    ㉢ 직접적 지식은 사실적 지식의 전제가 되기도 하고, 사실적인 지식의 종합은 직접적 지식을 초래하기도 한다.

    ㉣ 잠재적 교육과정 안에 내면화되는 앎의 내용은 이러한 직접적 지식으로부터 출발하는 경우가 많다.

03 주요 교육철학

❶ 자유교육(Liberal education) 기출 15 중등

(1) 개념

① 고대 그리스에서 처음 시작된 개념으로, 노예가 아닌 자유민을 위한 교육이었다.

② 자유교육(자유교양교육)이란 여가를 이용하여 자유인으로서 교양을 중시하는 교육으로, 자유를 올바르고 유익하게 사용할 수 있는 이성적 능력을 길러주는 교육을 의미한다.

③ 자유교육은 인간의 행동을 제약하는 무지에서 벗어나, 자유로운 시민이 되도록 길러준다는 의미에서 지식교육과 전인교육을 강조한다.

④ 교육의 내재적 가치를 추구하며, 인간의 정신을 도야시킬 수 있는 방법으로 여겨졌다.

⑤ 직업이나 전문적 기능을 가르치는 실용교육과는 대척점에 있다.

(2) 자유교육의 특징

① **지식의 내재적 가치 추구**: 지식은 그 자체로 가치있으며, 실재적 목적을 위해 추구해서는 안 된다고 보았다.

② 인간이 무지에서 해방되고 진정한 자유를 찾기 위해서는 이성의 계발이 필요하며 이를 위해 지식중심의 교육을 추구해야 한다고 보았다.

③ 지식교육을 통해 무지나 편견, 오류로부터 벗어나 합리적·이성적인 마음을 발달시키고자 하는 교육이다.

(3) 자유교육에 따른 일반교육과 전문교육

① 일반교육의 목적

  ㉠ 유능한 사회인이 될 수 있도록 여러 특성을 길러주는 것이며, 초·중등교육의 목적을 논할 때 강조된다.

  ㉡ 교육내용으로는 한 사회의 보편적 문화를 대상으로 하며, 교육이 실현하고자 하는 궁극적 이상은 이상적 시민의 양성을 통한 사회적 가치의 실현이라 볼 수 있다.

② 전문교육의 목적

  ㉠ 특정한 직업 등에 요구되는 특성을 길러주는 데 있다. 따라서 일반교육과는 달리 전문교육은 고등교육단계와 연관성이 깊다.

  ㉡ 전문교육은 특수한 분야의 지식과 문화를 대상으로 하며, 기능적 가치를 실현하려는 데 궁극적인 목적이 있다.

기출 15 중등

기출논제 Check ✓

다음은 A 중학교의 학교교육 계획서 작성을 위한 워크숍에서 교사들의 분임토의 결과의 일부를 교감이 발표한 내용이다. 이 내용을 바탕으로 A 중학교가 내년에 중점을 두고자 하는 교육 목적을 자유교육의 관점에서 논하시오.

교육사 및 교육철학

PART 10

해커스임용 설보연 SANTA 교육학 2

❷ 자연주의 교육(Naturalism)

(1) 특징

① 자연주의에서는 자연을 유일한 실재로 보고, 인간을 자연의 일부로 보는 철학으로 자연주의에서는 인간을 자연의 일부로 보아 아름답고 순수하며, 잠재적인 능력을 타고난다고 본다.

② 루소(Rousseau), 프뢰벨(Fröbel), 페스탈로치(Pestalozzi), 헤르바르트(Herbart)를 거쳐 진보주의 교육철학으로 연결되어 아동중심 교육사상의 기본적인 원리가 되었다.

③ 아동의 천부적인 잠재력과 개성이 자연의 법칙에 따라 자연스럽게 실현될 수 있도록 도와주는 것을 교육의 목적으로 본다.

④ 자연주의 교육은 계몽주의 교육의 주지주의적 경향, 인간의 합리성에 대한 믿음에 반발하면서 인간의 감정과 전인교육을 강조했다.

(2) 교육목적과 방법

① 자연주의 교육관에서는 아동을 자라나는 식물에 비유하였고, 교사는 식물의 성장을 도와주는 정원사에 비유하였다. 교사의 역할은 아동의 본성, 자연적 성질을 자유롭게 발전시켜야 한다는 입장이다.

② 자연주의에서는 아동의 흥미와 이해를 기초로 하여 자연과의 직접적인 접촉을 통한, 직관에 의한 교육을 중시하였다.

❸ 실용주의(Pragmatism) 교육

(1) 개념

① 20C 미국의 대표적인 철학사조로 발전하였으며 진보주의 교육사조의 기본이 되는 철학적 관점이다.

② 학습자의 실제 경험을 중시하며 경험과 교육과의 관계를 강조한다.

③ 현실과 실천을 강조하며 전통철학의 관념성 비판하였으며, 실용적인 지식이 중요하다고 보았다.

④ 현실 속 실제 경험이 실재라고 보았으며, 절대적·객관적 진리관을 거부하였다.

(2) 교육철학적 특징

① 기존 절대적 진리라 여겨졌던 지식을 학습하는 지식 위주의 교육에서 벗어날 것을 강조하였다.

② 아동에게 중요한 것은 변화하는 삶 속에서 일어나는 문제해결능력이라고 보았다.

③ 학교는 지식을 전달하는 장소가 아니라 아동의 경험을 반영하고 넓히는 장소라고 보았다.

(3) 교육방법 및 내용

① 진리의 상대성을 주장하며 영원불변하는 진리를 거부하였다.

② 교육내용은 학생들의 경험을 토대로 결정되어야 하며, 학생들의 참여와 주도적인 학습을 이끌어 내야 한다고 보았다.

③ 교육원리로 생활중심 교육, 아동중심 교육, 경험중심 교육 등을 주장하였다.

요약정리 🔍
Zoom OUT 주요 교육철학의 특징 비교

구분	자유교육	자연주의 교육	실용주의 교육
개념	• 노예가 아닌 자유민을 위한 교육 • 자유인으로서 교양을 중시하는 교육으로, 자유를 올바르고 유익하게 사용할 수 있는 이성적 능력을 길러주는 교육	• 자연을 유일한 실재로 보고, 인간을 자연의 일부로 보는 교육 • 진보주의 교육철학으로 연결되어 아동중심 교육 사상의 기본적인 원리	• 진보주의 교육사조의 기본이 되는 철학적 관점 • 학습자의 실제 경험을 중시하며 경험과 교육과의 관계를 강조 • 현실에서의 실천 강조와 더불어 실용적 지식의 중요성 강조
교육 목적	• 한 사회의 보편적 문화를 대상으로 하며, 교육이 실현하고자 하는 궁극적 이상은 이상적 시민의 양성을 통한 사회적 가치의 실현임 • 전문교육은 특수한 분야의 지식과 문화를 대상으로 하며, 기능적 가치를 실현하려는 데 궁극적 목적	아동의 천부적인 잠재력과 개성이 자연의 법칙에 따라 자연스럽게 실현될 수 있도록 도와주는 것	• 기존 절대적 진리라 여겨졌던 지식을 학습하는 지식 위주의 교육에서 벗어날 것을 강조 • 아동에게 중요한 것은 변화하는 삶 속에서 일어나는 문제해결능력 • 교육내용은 학생들의 경험을 토대로 결정되어야 하며, 학생들의 참여와 주도적인 학습을 이끌어 내야 한다고 봄

근대 이후의 교육철학

**설쌤의
Live Class** 🎙

세 번째 챕터에서는 근대 이후의 교육철학, 특히 20C부터의 주요 교육철학을 다루고 있습니다. 특히 가장 중요한 교육철학인 **진보주의 교육철학**에 대해서는 그 개념과 특징을 알아두는 것이 필요하며, 이후 **다양한 현대교육철학 사조**에 대해서도 그 개념과 함께 어떠한 **교육목적**을 갖고 있는지 서로 비교해보면서 그 특징을 이해하는 것이 필요합니다. 특히 각 교육철학마다 **인간의 이성과 지식에 관해 어떠한 입장을 갖고 있는지**를 파악한다면, 교육철학적 특징을 이해하는 데 도움이 될 것입니다.

핵심 `Tag`🔖

진보주의 교육
- **개념**: 실용주의에 기반하며, 교육은 항상 학습자의 발달과정에 기초해야 한다고 봄
- **특징**: 실용주의 철학에 따라 불변의 진리를 거부하고, 지식의 상대성을 추구하며, 학습자의 경험을 통한 성장이 교육의 핵심이라고 봄
- **비판**: 불분명한 교육목적, 실용적 지식에 대한 지나친 강조, 구체적 교육과정의 부재

본질주의 교육
- **개념**: 진보주의 교육에 대한 반발에서 시작되었으며, 인간이라면 누구나 알아야 할 본질적 요소가 있다고 봄
- **특징**: 교육의 역할은 과거의 문화적 전통이 지니고 있는 소중함과 가치를 인식하고 이를 보존하여 다음 세대에 전달하는 것
- **비판**: 학습자의 지적 창의성을 저해할 수 있으며, 교육의 대상인 근본적인 지식과 문화를 누가 어떻게 선정하는지에 대해 명확하게 제시하지 못함

피터스의 교육개념
- **규범적 기준**: 교육은 무엇인가 가치 있는 것을 추구하는 활동이어야 함
- **인지적 기준**: 교육은 지식, 이해, 폭넓은 인지적 안목을 길러주어야 함
- **과정적 기준**: 교육은 학습자의 의식과 자발성을 전제로 함

포스트모더니즘 교육철학
- 기존 모더니즘 교육의 이성중심주의적 경향을 거부
- 객관적 지식은 존재하지 않으며, 진리와 합리성의 기준은 논의와 비판적 검토를 통해 형성되는 인간의 주체적·협동적 노력의 산물

01 미국의 4대 교육철학

1 진보주의(Progressivism) 교육 [기출] 06 중등 / 12 초등

(1) 개념
① 20C 초반 미국의 대표적 교육철학으로, 20C 교육혁신운동의 중추적 역할을 수행해 왔다. 미국의 듀이(Dewey)가 주창한 실용주의(Pragmatism)철학에 의해 촉진되었으며, 전 세계적인 교육개혁운동에 큰 영향을 주었다.
② 진보주의는 영원성보다는 '변화'가 실재의 본질이라는 견해를 갖고 있으며, 따라서 교육은 항상 학습자의 발달과정에 기초해야 한다고 보았다.
③ 진보주의는 사회의 변화에 주목하였고, 따라서 교육도 항상 사회와 지식의 변화를 교육에 반영해야 한다는 입장을 가졌다.

(2) 교육철학적 특징
① 실용주의와 아동중심주의를 결합하였으며, 전통적인 형식주의, 주지주의 교육을 반대하였다.
② 민주주의적 교육이념, 학생의 창의적 활동, 생활 속의 교육, 학교와 사회의 밀접한 관계를 강조하였다.
③ 어린이의 긍정적 가능성을 신뢰하고 흥미에 따른 교육을 추구한다.
④ 실용주의 철학에 따라 불변하는 진리를 거부하고, 지식의 상대성을 추구한다.
⑤ 변화하는 삶 속에서 학생이 스스로 문제를 해결해 나갈 수 있는 능력 배양 추구를 교육의 목적이라고 보았다.
⑥ 교육은 생활의 준비가 아닌 생활 그 자체이며, 따라서 경험의 재구성을 통한 성장이 교육의 핵심이라고 보았다.

(3) 교육의 기본원리
① 교육은 생활의 준비가 아닌 생활 그 자체이며, 지적인 생활은 경험의 개조와 발달을 포함하기 때문에 아동은 자기 연령에 맞는 학습 상황을 가져야 한다.
② 학습은 아동의 흥미와 직접 관련되어야 한다.
　㉠ 아동은 자신의 문제를 해결해주거나 흥미와 관련된 것이라면 무엇이든지 배우려고 있는 본성이 있다.
　㉡ 교육은 성인의 입장에서가 아니라 배우는 아동의 입장에서 아동이 배우고자 하고 필요로 하는 것을 배워야 한다고 보았다.
　㉢ 아동의 욕구를 무조건 받아들이는 것이 아니라 아동의 욕구와 흥미를 이해할 줄 아는 교사로부터 지도와 안내를 필요로 한다고 주장하였다.
③ 교재를 가르치는 것보다 문제해결을 통한 학습이 우선해야 한다.
　㉠ 지식은 경험을 처리하기 위한 도구로서, 그 자체로 의미 있는 것이 아니라 지식을 가지고 어떠한 것을 행했을 때 의미 있는 지식이 된다고 보았다.
　㉡ 경험과 실험이 진보주의 학습방법의 핵심이다.

④ 교사의 역할은 지시가 아니라 안내이다.
　　㉠ 교사는 학습활동의 지휘자, 안내자, 협력자로서 중요한 존재이지만 권위적인 존재가 되어서는 안 된다.
　　㉡ 아동의 필요나 욕구가 그들의 학습내용을 결정하기 때문에 교사는 아동의 학습이 어려움에 빠지지 않도록 도와주는 역할을 갖는다.
⑤ 학교는 경쟁보다 협력을 장려해야 한다. 진보주의 교육자들은 경쟁이나 개인적 성공보다는 협력이 아동교육에 더 유용하다고 보았으며, '경험의 개조'로서의 교육이 사회적인 상태에 있는 인간성의 발달을 유도할 수 있다고 주장했다.
⑥ 학교 자체가 민주주의적인 환경을 갖추어야 민주주의를 가르칠 수 있다. 따라서 학교는 새로운 사회질서를 학생들에게 주입시키기보다는 학생의 자치권, 자유로운 토론, 모든 교육적 경험에 학생 참여를 증진시켜야 한다고 보았다.

(4) 진보주의 교육에 대한 비판

① 불분명한 교육목적: 진보주의 교육에서는 교육을 성장이나 적응, 개조 등으로 보았는데, 이는 지나치게 추상적이라는 비판을 받았다.
② 실용적 지식에 대한 지나친 강조: 상대적 진리관에 바탕을 둔 실용적 지식을 중시하는 경향은 지금까지 인류가 축적해 온 가치 있는 지식 및 문화를 경시하는 오류를 범하였다.
③ 구체적 교육과정의 부재: 아동의 욕구와 흥미에 대한 관심은 교육과정의 구체성 부실과 교사들의 태만을 초래하는 원인이 되었다.

개념확대⊕
Zoom IN 전통적 교육과 진보주의 교육 비교

전통적 교육	진보주의 교육
• 교재나 교사로부터의 학습, 즉 위로부터의 학습 중시 • 반복을 통한 기술과 기능의 습득 강조 • 고정된 교육목적, 교육방법 강조	• 학생 개개인의 개성 강조 • 경험을 통한 학습의 중요성 강조 • 현재 삶 속에서의 실용적 교육 강조 • 고정된 교육목적이나 방법보다는 교사와 학생이 각각 상황에 맞는 교육 강조

---

❷ 본질주의(Essentialism) 교육 `기출` `06 중등`

(1) 교육철학적 특징

① 본질주의는 1930년대 진보주의 교육사상에 대한 반발에서 시작되었다.
② 인간이라면 누구나 알아야 할 본질적인 요소가 있다고 보았으며, 교육의 본질은 이 본질적인 요소를 가르치는 것이라고 보았다.

③ 본질주의 교육에서 주장한 교육의 '본질'이란, 역사를 통해서 축적된 인류의 지식과 문화유산이다.

④ 교육의 역할은 과거의 문화적 전통이 가지고 있는 소중함과 가치를 인식하고 이를 보존하여 다음 세대에 전달하는 것이다.

⑤ 진보주의를 전적으로 반대하지는 않았으며, 진보주의가 교육에 끼친 공헌도 인정함과 동시에 진보주의 교육의 특정 측면에 대해 반대하는 입장을 취했다.

⑥ 특정한 철학적 기반을 갖고 있지는 않았고 하나의 교육운동으로 출발하였기 때문에 본질주의 교육학자들 간에도 견해가 일치되거나 조직된 견해를 제시하지는 못했다.

(2) 교육의 기본 원리

① 학습은 고된 훈련의 원리와 근면을 필요로 한다.
  ㉠ 아동의 흥미나 관심은 시시각각 변하므로 학습에 있어서 노력이 흥미보다 중요하다고 보았다.
  ㉡ 노력도 흥미를 가져올 수 있으며, 수준 높은 단계의 흥미는 처음부터 나타나는 것이 아니라 엄격한 훈련을 통해 유발시킬 수 있다고 주장했다.

② 교육의 주도권은 학생이 아니라 교사에게 있다.
  ㉠ 교사의 역할은 성인의 세계와 아동의 세계를 이어주는 중개자의 역할이다.
  ㉡ 교사는 지식과 경험에 의거하여 아동의 필요와 흥미를 더 잘 알 수 있으며, 이에 맞춘 교육을 제공할 수 있다.
  ㉢ 학습교재와 교육과정의 조직은 학습자의 흥미와 목표에 대해 잘 알고 있는 교사에 의해 조정되어야 한다고 보았다.

③ 교육과정의 본질은 선정된 교육내용을 자기 것으로 체화시키는 데 있다.
  ㉠ 아동이 학교에서 공부하는 목적은 존재하는 그대로의 세계를 알고자 하는 것이지 자신의 특정한 관점을 통해 세계를 해석하고자 함이 아니다.
  ㉡ 아동은 세계를 자기 마음대로 해석해서는 안 되고, 논리적·체계적으로 조직된 교재에 의해 지식을 받아들여야 한다.

④ 학교는 정신도야를 위한 전통적인 교수법을 적용해야 한다.

⑤ 인류가 축적해온 지식과 문화를 보존하고 전수하는 데는 교사에 의해 체계적으로 조직된 교육과정을 통한 교사중심 수업이 효과적이다.

(3) 본질주의 교육에 대한 비판

① 본질주의는 변화하는 문화에 대해서 지나치게 정적이다.

② 본질주의는 지식과 문화의 근본적인 것을 보존해야 한다고 주장했지만, 이러한 지식과 문화를 누가 선정하고 어떠한 기준으로 구분할 수 있는지 명확하게 제시하지 못했다.

③ 본질주의는 지적 진보성, 지적 창의성을 저해하는 결과를 가져올 수 있다.

③ 항존주의 교육(Perennialism) 기출 11 초등

(1) 특징

① 시·공간을 초월하여 항구적으로 불변하는 진리를 포함한 고전(古典)과의 대화를 통해 인간의 지성을 계발시키고자 하는 교육사상이다.

② 1930년대 진보주의를 전면적으로 부정하며, 실재의 지식과 가치에 대한 확고하고도 분명한 신념을 통해 교육에 필요한 것은 영원불변의 확실성이라고 주장한다. 사상적 기반은 고전적 실재론에서 찾을 수 있다.

③ 실재적 진리는 시·공간적 변화나 차이에 무관하게 동일하게 존재하므로 교육의 목적은 시대와 장소와 같은 특정한 조건과 상황에 관계없이 동일하다고 주장했다. 시공을 초월한 불변적·항구적·절대적 실재를 인정하고 절대적 원리를 충실히 이해할 것을 주장하였다.

④ 허친스(Hutchins), 아들러(Adeler) 같은 학자들이 유명하다.

(2) 교육의 기본 원리

① 인간의 본성은 어느 곳에서나 동일하기 때문에, 교육의 목적은 장소와 교육대상에 관계없이 동일해야 한다.

② 이성은 인간이 보유한 최고의 속성이기 때문에, 교육은 이성을 발전시켜 본능적 성질을 지배하는 데 사용되어야 한다.

③ 교육의 과업은 영원한 진리에 대한 지식을 전수하는 것에 있으며, 교육은 아동을 현실에 적응시키는 것이 아니라 영원한 실재적 진리에 적응시켜야 한다.

④ 교육은 생활의 모방이 아니다. 학교는 결코 실제 상황과 동일할 수 없으며, 아동이 진리와 문화적 유산을 습득하는 인위적 환경의 장소가 되어야 한다.

⑤ 아동은 이성의 계발에 필요한 기본적인 학습내용을 습득해야 하며, 과거의 훌륭한 고전을 공부함으로써 발견하는 진리가 사회에서 현재 유행하는 분야를 공부하는 것보다 훨씬 더 가치 있는 것이다.

⑥ 훈련을 통해 지성을 높이고 이성을 계발해야 하며, 이를 위해 3R's을 시작으로 어학, 역사, 수학, 자연과학, 철학과 같은 기본교과를 중시해야 한다.

⑦ 문학, 철학, 역사, 과학 분야에서 인간의 위대한 지적 유산이 담긴 고전저서를 읽어야 한다.

(3) 항존주의 교육에 대한 비판

① 교육과정을 고전과 일부 과목으로 협소화시켰다.

② 절대적이고 항구불변한 지식을 강조함으로써 교육을 현대 문명이 요구하는 비판적 정신과 사고하는 인간의 육성과는 거리가 멀게 만들었다.

④ 재건주의(Reconstructionism) 교육

(1) 특징

① 교육을 이상적인 국가의 수립 또는 사회 개조의 수단으로 바라보는 입장에서 출발하였다.

② 1929년 미국의 대공황을 겪은 뒤, 몇몇 교육학자들은 새로운 사회질서를 세우는 데 교육이 역할을 해야 한다고 생각하게 되었다.

③ 브라멜드(Brameld)를 비롯한 일부 재건주의자들은 교육과 학교를 통하여 새 사회질서를 학생들에게 교육시키고 보다 공정한 사회를 건설하는 데 앞장 설 것을 주장했다.

④ 교육은 현대 세계의 사회적 · 경제적 세력과 조화를 이루어야 하며, 새로운 사회질서의 창조에 도움이 되어야 한다고 보았다.

⑤ 교육의 목적과 수단은 문화적인 위기를 극복하는 방향으로 전환해야 한다고 보았다.

(2) 교육의 기본 원리

① 아동을 위한 학교교육은 사회적 · 문화적 조건에 의해 결정된다.
   ㉠ 진보주의 교육이 사회가 개인에 어떠한 영향을 미치는지에 대해서는 무관심하다고 비판하였다.
   ㉡ 교육은 사회적 자아실현이며, 개인은 사회적 자아실현을 통하여 자신의 사회성을 발전시키고 사회에 공헌할 수 있게 된다고 보았다.

② 교사는 새로운 사회의 필요성과 정당성을 학생에게 교육해야 하며, 그 과정은 민주적이어야 한다.
   ㉠ 새로운 사회 건설의 당위성에 대한 교사의 확고한 신념이 밑바탕이 되어야 한다.
   ㉡ 교사는 이 과정에서 중립적 · 객관적인 입장을 취해야 한다.

③ 교육의 목적이나 수단은 행동과학의 발견과 일치해야 하며 현재의 문화적 위기로 인한 요구를 충족시킬 수 있도록 재조직되어야 한다.

(3) 재건주의 교육에 대한 비판

① 새로운 사회질서를 수립하기 위한 교육의 설계를 누가 어떻게 해야 하는지에 대해 구체적으로 명시하지 못했다.

② 행동과학적 결과에 의해 교육의 목적과 방법이 재구성되어야 한다고 했지만, 현대 사회에서 요구되는 인간행동에 대해서 행동과학자들 역시 일치된 견해가 없다.

③ 교사의 중립적 · 객관적 입장을 강조했지만, 교육의 실제에 있어 교사는 특정 지식과 원리를 학생들에게 객관적인 입장에서 가르치는 것은 사실상 불가능하다.

구분	주요 교육철학적 특징	교사의 역할
진보주의	• 실용주의와 아동중심주의의 결합이며, 전통적인 형식주의, 주지주의 교육을 반대 • 교육의 목적을 변화하는 삶 속에서 학생들이 스스로 문제를 해결해 나갈 수 있는 문제해결능력의 추구라고 봄 • 교육은 생활의 준비가 아니라 생활 그 자체이며 따라서 경험의 재구성을 통한 성장이 교육의 핵심임	• 교사의 역할은 지시가 아니라 안내자 • 아동의 욕구를 무조건 받아들이는 것이 아니라 아동의 욕구와 흥미를 이해할 줄 아는 교사로부터 지도와 안내를 필요로 한다고 주장
본질주의	• 교육의 '본질'이란, 역사를 통해서 축적된 인류의 지식과 문화유산 • 교육의 역할은 과거 문화적 전통이 갖고 있는 소중함과 가치를 인식하고 이를 보존하여 다음 세대에 전달하는 것	• 교육의 주도권은 학생이 아니라 교사에게 있음 • 인류가 축적해온 지식과 문화를 보존 · 전수하는 데는 교사에 의해 체계적으로 조직된 교육과정을 통한 교사중심의 수업이 효과적이라 봄
항존주의	• 항구적으로 불변하는 진리를 포함한 고전(古典)학습을 통해 지성을 발달시켜야 한다고 봄 • 교육의 목적은 시대와 장소와 같은 특정한 조건과 상황에 관계없이 동일해야 함	• 영원한 진리에 대한 지식을 전수하는 것에 있으며, 교육은 아동을 현실에 적응시키는 것이 아니라 영원한 실재적 진리에 적응시켜야 함 • 문학, 철학, 역사, 과학 분야에서 인간의 위대한 지적 유산이 담긴 고전 저서를 학습시켜야 함
재건주의	• 아동을 위한 학교교육은 사회적 · 문화적 조건에 의해 결정됨 • 교육의 목적과 수단은 문화적 위기를 극복하는 방향으로 전환해야 함	• 교사는 새로운 사회의 필요성과 정당성을 학생들에게 교육해야 하며, 그 과정은 민주적이어야 함 • 교육의 목적이나 수단은 행동과학의 발견과 일치해야 하며 현재의 문화적 위기로 인한 요구를 충족시킬 수 있도록 재조직되어야 함

02 현대 교육철학사조

❶ 마르크스주의(Marxism) 교육철학

(1) 마르크스주의 사상의 특징
① 역사적·유물론적 입장을 취하며, 사회·문화적 변화는 경제적 변화의 결과 이다.
② 계급투쟁의 역사는 개별적 인간이 아닌 사회계급적 투쟁에 의해 이루어진다.
③ 기존 국가에서 사법부, 행정, 학교, 경찰과 같은 국가기구는 일반국민의 이익이 아닌, 지배계급의 이익을 위해 봉사한다.
④ 자본주의에 의해 발전된 생산력 증대가 오히려 노동자들을 소외시키고 있다.
⑤ 자본주의 하에서 사람들은 불평등하게 교육을 받고 있으며 교육은 자본가와 노동자의 계급불평등을 심화시키고 재생산하고 있다.

(2) 교육철학적 특징
① 평등한 공교육의 실현
  ㉠ 공교육제도를 통해 모든 아동에게 동일한 수준의 교육을 의무적으로 실시 해야 한다고 보았다.
  ㉡ 공교육제도는 교육이 특권층에게 편중되어 이들의 문화와 지식을 독점하는 것을 방지하고, 아동의 사회·경제적 배경과는 상관없이 전인적 발달을 실현하기 위한 제도적 장치이다.
② 지식교육과 노동교육의 결합
  ㉠ 교육과정 운영에 있어 지식교육과 노동교육을 결합하여 육체적인 노동에 대한 부정적 인식을 없애고자 했다.
  ㉡ 생산과정을 충분히 이해하는 생산자 교육이라는 의미에서 전인교육을 실시 하고자 하였다.
③ 공동체중심의 교육
  ㉠ 자본주의 사회의 개인주의를 지양하였다.
  ㉡ 학교교육을 경쟁중심에서 협동중심으로 바꾸려는 것이었다.

❷ 실존주의(Existentialism) 교육철학 기출 07, 09, 12 중등 / 06 초등

(1) 등장 배경
① 실존을 인간 존재의 본래적인 소재로 보고 그 구조를 밝히려는 철학사조이다.
② 19C와 20C의 특수한 역사적 상황을 반영하면서 출발한 철학사상이다.
③ 장기간의 경기침체, 양차세계대전, 과학·기술문명의 발달 등 개개인의 인간 성을 말살시키는 현대 산업사회의 비인간화에 대한 반항에서 출발했다.

④ 현대사회는 익명성 사회이고 인간의 개체성과 주체성이 말살되었으며, 그 속에서 인간은 진정한 나를 상실한 비본래적 삶을 살고 있다고 비판했다.

⑤ 실존은 주체적인 결단을 통한 실존적 존재이기에 인간은 서로 전혀 다른 존재이며 대체 불가능한 주체라고 보았다.

⑥ 합리주의, 실증주의 속의 인간 이성이 가진 필연성을 비판하였으며, 인간 자유의 비합리성을 자각하고 인간 자체의 존재, 즉 실존을 탐구하려는 것부터 출발한다.

⑦ 인간이 자유의지를 지닌 주체적 존재라는 점을 강조했으며, 따라서 인간의 선택과 책임을 중시한다.

(2) 교육목적

① 인간은 선택하는 행위자이자 자유로운 행위자이며, 동시에 책임지는 행위자로 보았다. 교육이란 선택의 자유, 선택의 의미, 그 선택에 대한 책임을 의식하도록 일깨우는 과정이다.

② 아동이 자신의 삶의 의미를 자가하고 자유의사에 따라 판단·선택한 것을 책임지는 주체적 존재가 되게 하는 것이다. 아동의 개성과 주체성을 존중하며, 자아실현적 인간 형성을 교육의 목적으로 삼았다.

(3) 교사관

① 교사는 학생의 독특한 개성에 관심을 두고 학생 개개인이 본래 자신의 의미를 찾고 인격적인 책임을 일깨우도록 도와주는 사람이다.

② 교사는 강압적이지 않은 방법으로 학생들이 자신의 실존을 발견할 수 있도록 도와야 한다.

③ 학생들의 독특함, 개성을 최대한으로 신장시키는 교사를 이상적으로 본다.

④ 교사는 학생들이 각자 위기를 겪을 때 그 위기를 회피하게 하기보다는 이러한 위기가 본질적으로 필요함을 인식하고 이를 통해 자신의 실존을 발견하게 한다.

⑤ 인간화 교육은 인간적인 교사에 의해서만 이루어질 수 있다.

⑥ 교사와 학생 간의 참된 관계의 중요성을 강조했으며, 이것이 교육과정보다 선행한다고 보았다.

(4) 교육과정

① 실존적 선택은 매우 개인적·주관적인 성격을 갖기 때문에 인문학과 예술을 특히 강조했다.

② 개인에게 의미를 갖는 어떤 교과도 정당화된다고 보았기에 교육과정은 매우 개방적인 성격을 가져야 한다고 주장했다.

③ 죽음, 좌절, 갈등, 고통, 공포, 성 등과 같은 어두운 측면 또한 교육내용으로 해야 한다고 보았다.

④ 삶의 좋은 측면뿐만 아니라 불합리한 측면도 인간교육에 포함시키려 했다는 점에서 의미가 있다.

⑤ 인간의 발달과정은 항상 연속적으로 이루어지지 않는다고 보고, 비연속성을 교육에 도입해야 한다고 보았다.

⑥ 비연속성의 원리인 단속성을 교육에 도입하여 각성, 충고, 모험, 상담, 만남, 모험 등을 교육적 계기로 삼아야 한다고 보았다.

(5) 주요 학자

① 부버(Buber)

 ㉠ 인간의 존재 방식을 '나 – 너(Ich und du)'의 관계 속 '나'와, '나 – 그것(Ich and es)'의 관계 속 '나'로 구분하여 설명하였다.

 ㉡ '나 – 너 관계'와 '나 – 그것 관계'는 두 개의 구분된 세계가 아니라, 내가 어떻게 세계를 대하는가에 따라 나와 세상이 맺는 관계의 성격이 결정된다.

 ㉢ 진정한 만남을 나 – 너의 관계 속에서 가능하다고 보았으며, 교육은 이러한 관계 속에서 인간의 본래적 모습인 실존을 찾는 일에 중점을 두어야 한다고 보았다.

참고   **부버 – 만남의 교육론**

나 – 너 관계	나 – 그것 관계
• 상호적이며 인격적 만남의 관계 • 진정한 만남이라 할 수 있으며 나와 너의 신뢰 속에서 서로가 대체불가능한 존재로 관계를 맺음 • 인간은 나 – 너 간의 관계 속에서 참다운 내면을 발견할 수 있다고 봄	• 상대방의 존재가 기능적인 관계 속에서 설정됨 • 기능적 관계 속에서 상대방은 언제든 다른 대상으로 대체될 수 있음

② 볼노브(Bollnow)

 ㉠ 교육은 인간의 영혼이 서로 부딪치며 각각의 인격 형성에 영향을 미칠 때 발생하는 변화라고 보았다.

 ㉡ "만남은 교육에 선행한다(Begegnung geht vor Bildung)."고 말했으며, 사람들 사이의 구체적인 관계 속에서 진실한 만남이 이루어진다고 보았다.

 ㉢ 교실 속에서 교사는 학생과 직접 실존적 만남을 경험하기도 하지만, 학생과 어떤 다른 현상과의 만남을 매개할 수도 있는 존재이기 때문에, 교사와 학생은 동등한 인간관계 속 실존적 만남을 추구해야 한다고 주장했다.

 ㉣ 교육현장에서 교사와 학생의 만남은 교사에 의해 계획되거나 예측될 수 없으며, 교사와 학생들 사이 인격의 상호작용이라고 보았다.

❸ 분석적 교육철학

(1) 등장 배경
① 논리학과 언어에 관심을 가지며 사고를 분명하게 만드는 것을 목적으로 했으며, 사고가 표현되는 통로인 언어 자체에 초점을 두었다.
② 그런 의미에서 분석철학은 언어분석철학이라 볼 수 있으며, 언어의 복잡성에서 철학을 포함한 다양한 영역들의 문제가 초래된다는 입장을 가지고 있다.

(2) 분석철학의 두 갈래
① 논리실증주의: 일상의 자연언어로는 언어 혼란의 문제 극복이 불가능하며, 기호논리학과 같이 엄밀한 인공언어를 통해 문제해결을 추구했다.
② 일상언어철학: 자연언어를 분석해서 그 의미를 명확하고 엄밀하게 함으로써 언어 혼란 문제의 극복을 시도했다.

(3) 교육철학적 특징
① 교육과 관련된 개념들의 분석과 명료화를 시도했으며, 교육, 지식, 수업, 교화, 적응, 학습, 사회화, 평가 등 다양한 개념들을 분석하고 명료화시켰다.
② 분석적 교육철학의 3가지 주요 방향
    ㉠ 교육과 관련된 개념(또는 용어)들에 주목하여 이들 간의 의미 관계에 대해 탐구했다.
    ㉡ 당시 영향력 있는 교육이론들 중에서 개념적으로 분명치 않은 점이나 철학적으로 모호한 주장들을 명확히 하고자 했다.
    ㉢ 기존의 일반 철학에서 이루어졌던 개념분석을 교육적인 이슈를 연구하는 데 적용하고자 했다.
③ 주요 학자로는 러셀(Russell), 비트겐슈타인(Wittgenstein), 라일(Ryle) 등이 있으며, 교육철학적 관점에서 분석철학을 응용한 사람으로는 피터스(Peters), 셰플러(Scheffler) 등이 있다.

(4) 피터스의 교육개념 분석
① 규범적 기준: 교육은 가치 있는 것을 전달함으로써 그것에 헌신하는 사람을 만들어야 한다.
    ㉠ '교육'이라고 불리는 여러 활동들은 '무엇인가 가치 있는 것'을 추구하는 활동이어야 한다.
    ㉡ '가치 있는 것'들이 구체적으로 어떤 내용을 담아야 하는지, 그것을 가치 있는 것이라고 말할 수 있는 근거는 무엇인지, 그 근거와 기준을 올바른 것이라 볼 근거는 무엇인지에 대해 논의해야 한다.
    ㉢ 교육은 무엇인가 가치 있는 것을 추구하는 활동이라 했을 때, 그 추구하는 가치가 더 중요한 가치를 훼손해서는 안 된다.

② **인지적 기준**: 교육은 지식, 이해, 폭넓은 인지적 안목을 길러주어야 하며 이런 것들은 무기력한 것이어서는 안 된다.

　㉠ 지식과 관련된 기준으로서 교육을 받았다고 말할 때 이에 해당되는 내용에 관한 지식에 관한 기준이다.

　㉡ 교육받은 사람이 갖추어야 할 지식은 단순한 기술, 무기력한 지식이어서는 안 된다.

　㉢ 폭넓은 인지적 안목을 갖출 수 있도록 하는 지식을 갖춰야 한다.

　㉣ 훈련(training)과 교육을 명확하게 구분하였으며, 훈련은 특정한 상황에 맞게 능숙해지는 것을 의미하며, 교육은 전문화된 기술이나 사고방식을 가르치는 것이 아니다.

③ **과정적 기준**: 교육은 교육받는 사람의 의식과 자발성을 전제로 해야 한다.

　㉠ 교육의 과정과 방법은 학습자의 자율성과 능동성을 존중해야 한다.

　㉡ 교육의 필요조건으로서, 그 과정에 참여하는 학생들이 무엇을 배우고 있는지, 도달해야 할 기준이 어떤 것인지를 파악해야 한다고 보았다.

(5) 허스트(Hirst)의 『지식의 성격과 자유교육』

① 허스트는 지식의 형식을 지식의 본질로 보았으며, 그 종류는 두 가지로 구분하였다.

　㉠ 첫째, 지식의 추구는 마음의 본질에서 비롯되는 활동이다.

　㉡ 둘째, 인간은 이성을 통하여 사물의 본질, 즉 변하지 않는 궁극적 실재를 알 수 있다는 것이다.

② 자유교육은 인간 본성의 발현을 자유롭게 하며, 이성을 오류와 환상 선입견 등과 같은 장애로부터 자유롭게 하고자 한다.

③ 인간의 마음을 자유롭게 하는 교과가 바로 '자유교과'라고 할 수 있다.

④ **지식의 형식이 갖는 네 가지 특징**

　㉠ 지식의 형식에는 각각 고유한 핵심적 개념이 있다.

　　예 자연과학에서 중력, 가속도, 수학의 미적분 등

　㉡ 지식의 형식은 이에 속하는 개념들이 유기적으로 연결되어 있고 그 결과 하나의 독특한 논리적 구조를 이룬다.

　㉢ 지식의 형식은 상징을 이용하여 만들어졌기 때문에 인간의 경험을 제대로 표현하고 있는지 검증할 수 있다.

　㉣ 지식의 형식은 각각에 해당하는 인간 경험을 제대로 표현하고 있는지를 검증하는 데 필요한 기준들과 함께, 해당 경험 영역을 탐구하는 데 필요한 기술과 기법들을 포함하고 있다.

⑤ 허스트는 이와 같은 지식의 형식 또는 학문으로 수학, 자연과학, 인간과학, 역사, 종교, 문학과 순수예술, 철학의 7가지를 제시했다.

⑥ 지식은 모두 지식의 형식들로 구분되며 지식을 배운다는 것은 지식의 형식을 배운다는 것을 의미한다.

(6) 의의와 한계

① 의의

　ⓒ 분석철학은 교육학에서 사용하는 용어와 개념들을 명료화함으로써 학문으로서의 교육학의 발전에 크게 기여하였다.

　ⓒ 교육적 활동에서 사용되는 용어 및 이론의 의미를 명료하게 분석함으로써 교육학의 과학화에 기여하였다.

　ⓒ 교육현장에서 사용되는 교육이론과 용어의 의미와 타당성을 분석함으로써 교육현장의 문제점을 분석하는 데 기여하였다.

② 한계

　ⓒ 언어의 사회적·역사적 배경에 대한 이해에 소홀했다.

　ⓒ 분석적 교육철학은 교육적 개념, 의미 등의 논리적 관계를 따지는 데 치중함으로써 그 개념이 등장하게 된 배경에 대한 이해에는 소홀한 측면이 있다.

　ⓒ 이미 만들어진 언어와 사상의 분석에 주력함으로써 창조적·생산적 측면이 적고 이론 편향적인 교육 현장에 기여하기 힘들다.

❹ 현상학(Phenomenology)적 교육철학 `기출` 10 중등

(1) 개념

① 인식 주체의 인식 과정을 탐구하여 의미부여 작용에 초점을 둔 철학을 말한다.

② 실증주의에 반발하여 등장했으며, 1960 ~ 1970년대에 후설, 하이데거, 메를로퐁티 등 프랑스와 독일의 현대철학자들에 의해 발전되었다.

③ 이들은 실증주의를 부정하며 지식의 상대성, 주관성, 가치추구성을 강조한다.

(2) 교육철학적 특징

① 지식의 상대성, 주관성을 주장하고 보편적 진리관을 부정한다. 인간이 구성해 낸 지식은 개인의 주관적 신념과 사회적·역사적 환경이 반영되어 있다.

② 인간의식이 능동성을 갖고 있다고 보며, 따라서 인간은 대상을 자신이 갖고 있는 개념과 이미지를 결합하여 파악한다.

③ 모든 외부의 대상물은 객관적 대상물이 아니라 인간의 의식작용에 의해 새롭게 구성되는데, 이를 '현상(phenomenon)'이라고 한다.

④ 인간이 대상에게 부여하는 의미는 구체적인 생활 속에서 경험을 통하여 획득된다고 보기 때문에 실제 생활 세계를 중시한다.

(3) 시사점

① 기존 교과서에 수록된 지식에 대한 새로운 인식 요구했다.

② 교육방법에 대한 재검토가 이루어지게 했으며, 현장학습 및 체험학습을 강조했다.

③ 아이즈너(Eisner)의 교육과정이론, 스프래들리(Spradley)의 문화기술연구, 랑에펠트(Langeveld)의 아동의 인간학 등에 영향을 미쳤다.

⑤ 해석학(Hermeneutics)적 교육철학

(1) 개념

① 텍스트는 물론 모든 인간행위의 의미를 이해하려는 방법론으로 언어, 의사소통, 대화에 관심을 두었다.

② 인간이 쓴 글, 인간의 행동과 말이 주변 사회적 환경과의 상호작용으로 형성된 것이기 때문에 그 속에 인간이 부여한 의미와 사회적·역사적 환경이 담겨 있다고 보았다.

③ 인간의 언어, 의사소통, 상호작용을 이해하는 것을 중시했다.

④ 주요 학자로는 독일의 하이데거(Heidegger), 가다머(Gadamer) 등이 있다.

(2) 교육철학적 특징

① 의미부여 행위자로서의 인간의 주체성을 강조했다.

② 지식의 맥락과 상황을 중시했다.

③ 텍스트 해석에서 사회나 집단의 문화적·역사적 맥락과 상황을 중시한다. 특히 해석자(학생, 교사)는 그가 해석하는 바에 대한 예비적 이해(선이해)를 가지고 해석한다.

④ 교사의 역할은 학생의 현재 지식과 관심에 비추어 텍스트에 접근하도록 유도하는 것이라 보았다.

⑤ 지식은 인간과 환경이 상호작용하여 구성된 것이라고 보고, 인간의 지식 속에 개인의 주관적 견해와 사회적·역사적 환경, 이데올로기가 포함된다는 해석적 접근을 시도하였다.

(3) 시사점

① 교육에 있어 대화의 중요성을 강조했다.

② 학교에서 다루는 교육과정이 객관적이고 보편적이라는 기존의 교육과정관을 비판적으로 분석하는 흐름이 등장하는 데 영향을 미쳤다.

⑥ 비판이론(Critical theory) 기출 09, 11 중등

(1) 개념

① 자본주의 체제하에서의 교육은 자본가 계급의 이익과 계급 재생산을 위해 존재한다고 비판하는 입장이다.

② 교육이 자본주의 생산체제를 유지하기 위해 학교의 교육과정에 자본가 계급의 이데올로기를 주입하여 학생들의 사고를 억압하고 삶을 구속함으로써 학생들을 몰개성적이고 획일적인 존재로 만들고 있다고 비판했다.

(2) 교육철학적 특징

① 인격적 목표와 사회적 목표를 동시에 추구한다.

② **인격적 목표**: 각자가 자신의 삶의 주체가 되고 개성을 실현하면서 인격을 성숙시키는 것이다.

③ **사회적 목표**: 자율적이고 의식화된 인간의 육성을 통하여 이상사회를 건설하는 것이다.

④ 비판적 교육철학은 사변적인 동시에 실천적인 학문이며, 인식과 행위의 가능성과 한계를 엄격하게 따진다.

(3) 교육방법

① 학교는 사회의 문제를 학교로 끌어들여 그에 대한 인식을 깊게 해야 한다고 보았다.

② 학습자의 흥미, 자유, 자치 등을 존중하여 학습자의 교육적 주체성 강조해야 한다고 보았다.

③ 갈등 현장에 대한 실제 학습을 중시했으며 농성, 데모, 파업 등 사회적 집단 행동을 직접 보게 하여 문제의 초점이 무엇인가를 스스로 따져보게 하는 일을 강조했다.

(4) 의의

① 실증주의 철학의 문제점을 비판하고 교육의 가치지향성 부각시켰다.

② 교육철학의 관심 영역을 학교 현장으로 돌림으로써 현장 교육개선에 기여했다.

③ 학교교육의 도구적 기능(계층의 재생산)을 철학적으로 규명하고자 노력했다.

④ 교육에 숨어있는 이데올로기적 전제를 드러냄으로써 교육의 자율성을 추구하는 데 공헌했다.

(5) 주요 학자

① 프레이리(Freire)

　㉠ 교육은 비판의식을 고양시켜야 한다고 보았으며, 지식을 머릿속에 넣기만 급급한 '은행저축식 교육'을 지양해야 한다고 주장했다.

　㉡ 교과과정을 문제 상황 중심으로 짜야 한다고 보았으며, 이를 통해 교육이 제도화된 가치들을 타파할 수 있도록 해야 한다고 주장했다.

　㉢ 교육철학적 특징

　　ⓐ 교육은 비판의식을 고양시켜야 한다.

　　ⓑ 지식을 머릿속에 넣기만 급급한 '은행저축식 교육'을 지양해야 한다.

　　ⓒ 자신들의 삶을 팔자로, 주어진 것으로 여기는 패배주의를 극복시켜 비인간화 구조를 지탱해 주고 있는 이데올로기에 대한 비판의식을 조직적으로 키워내야 한다.

1. 개념

① 브라질의 교육학자 프레이리에 의해 주장되었다.

② 교육이란 대화를 통해 인간이 자신과 자신의 세계를 새롭게 보고 그것을 변형시킬 수 있도록 함으로써 인간들이 보다 충만한 삶을 영위할 수 있게 하는 것이라고 보았다.

③ 기존의 교육을 은행저축식 교육이라고 비판했으며, 이에 대한 대안으로 문제제기식 교육을 주장했다.

2. 은행저축식 교육과 문제제기식 교육 비교

구분	은행저축식 교육	문제제기식 교육
교육목적	• 지배문화에 종속, 지배이데올로기의 유지·존속 • 사회구조의 유지(보수적)	• 현실에 대한 문제제기 및 비판 (의식화) • 자유와 해방을 위한 교육
학생관	미성숙자, 방관자, 수동적 존재	비판적 사고자, 자율적 존재
교사 – 학생관	주체 – 객체	주체 – 주체
교재(지식)	• 인식의 대상 • 공인된 제3자(국가)가 결정	• 대화의 매개체 • 교사와 학생이 결정
교육방법	수동적 전달, 비대화적	능동적 탐구, 대화적

② 하버마스(Habermas)

㉠ 2세대 비판이론가의 대표적인 학자이다.

㉡ 아도르노(Adorno)로 대표되는 1세대 비판이론가들이 보였던 근대문명에 대한 회의에서 벗어나 민주적 상호작용의 가능성, 의사소통적 합리성 등을 바탕으로 새로운 가능성을 제시하였다.

㉢ 목적합리적 행위와 의사소통적 행위를 구분해야 한다고 보았다.

구분	내용
목적합리적 행위	도구적 합리성으로, 목표를 이루기 위해 가장 효율적인 것을 추구하는 행위
의사소통적 행위	비록 목적을 달성하는 데 있어 최적의 효율성을 가진 방안은 아닐지라도, 최대한 모두가 동의하고 합의하는 방안을 찾는 것을 추구하는 행위

㉣ 교육은 사회구성원들이 의사소통적 행위를 추구하도록 해야 하며, 이를 통해 개인의 민주성과 주체성을 발달시켜야 한다고 보았다.

❼ 포스트모더니즘(Postmodernism) 교육철학

(1) 개념
① 계몽사상적 이성, 합리성을 거부하고 근대 사회를 지배했던 보편적 이론이나 사상의 해체를 주장하는 경향을 의미하는 것으로, 반합리주의(반이성주의)적 경향이 강하다.
② 지식이나 인간의식에 있어서 궁극적이고 절대적인 기초가 존재한다는 정초주의(foundationalism)적 사고를 거부하고, 반정초주의적 사고를 표방한다.

(2) 주요 논의
① 지식의 대상
  ㉠ 사고의 대상으로서의 지식은 외부에서 주어진 것이 아니라 사고하는 사람들의 속성과 밀접히 연결되어 있다.
  ㉡ 사고하는 사람이 어떠한 사람인가에 따라 모든 지식은 여러 가지 성격을 보일 수 있다.
  ㉢ 전통적인 인식론에서 쓰여 온 '주관'과 '객관'의 분리는 지식에 있어 적용될 수 없다. 즉, 지식을 '객관적으로' 판별하는 기준은 존재하지 않으며, 지식의 성격은 다원적이다.
  ㉣ 교육에 있어서, 지식은 인간이 지닌 동기, 신념과 가치관, 기존 지식과 경험에 따라 이루어지는 하나의 가능한 '해석'이다.
② 사고의 주체
  ㉠ 지식이라는 것은 사고의 주체, 즉 사람의 능동적인 노력이 없으면 존재할 수 없다.
  ㉡ 사람의 지적 활동이 먼저이고 지식의 생산은 그 다음이다.
  ㉢ 따라서 지식의 성격을 결정하는 데 있어 중요한 것은 사람의 역할이며, 사람의 역할은 시대와 장소에 따라 다양하게 나타날 수 있다.
  ㉣ 사람들이 어떤 동기, 관심, 목적, 신념 등을 갖고 있었는가에 따라 지식의 성격은 다양하게 나타난다.
  ㉤ 진리와 합리성의 기준은 결코 누군가에 의해 결정되거나 주어지는 것이 아니라 다양한 욕구와 이해, 관심과 신념을 가진 개인들 간의 논의와 비판적 검토를 통해 선택적으로 형성되는 인간의 주체적·협동적인 노력의 산물이다.

(3) 교육철학적 특징
① 모더니즘의 이성중심주의에 대한 비판에 주목하여 상대주의와 비이성주의를 강조하는 경향이 있다.
② 종래의 모더니즘이 지향했던 동일성과 주류문화에서 배제되었던 것에 관심이 있으며, 모더니즘의 비판정신과 민주주의적 입장을 계승하고 있다.

(4) 교육적 영향

① 인간의 이성에 기반한 모더니즘을 비판하고 비이성적인 요소를 교육에 새로이 도입하였다.

　⑩ 신체의 교육, 감성의 교육 등

② 공통의 이성에 근거한 공통의 진리를 부정했으며, 따라서 진리를 담은 교과서의 권위와 진리를 가르치는 교사의 역할이 변화해야 한다고 보았다.

③ 비이성적인 것으로 간주되어 배제된 비주류 문화를 교육의 대상으로 보아야 한다고 주장했다. 포스트모더니즘 교육은 민속, 전통문화, 무속 등의 다양한 하위 문화의 교육적 가치에 관심을 두었다.

④ 페미니즘, 생태주의, 환경문제, 다문화주의, 다원주의 등과 관련해서 새로운 논의들을 전개시켰다.

(5) 주요 학자

① 푸코(Foucault)

　㉠ 훈육론

　　ⓐ 지식과 권력이 결탁하고 있으며, 권력을 가진 지식인들이 생산한 지식(이데올로기)를 주입하여 자신들의 기득권을 유지하는 수단으로써 교육을 이용한다고 보았다.

　　ⓑ 권력은 새로운 지배방식으로써 교육을 선택하였고, 효율적인 통제를 위해 길들여진 인간 만들고자 한다고 보았다. 따라서 교육(= 훈육)은 '길들여진 인간을 만들어 내는 것'을 목적으로 하는 통제방식이다.

　　ⓒ 훈육이 사용되는 대표적인 장소는 감옥이나, 감옥뿐 아니라 길들여진 사회를 위해 군대, 학교, 회사, 공장 등에서도 훈육이 사용된다.

　　ⓓ 훈육을 위해 감시와 규범적 판단, 시험을 사용한다. 이에 학교 또한 구성원들을 한눈에 감시할 수 있는 판옵티콘(panopticon) 구조로 되어 있는 것이며, 정해진 규율체계에 따라 위반 시 처벌을 가하는 규범적 판단을 통해 구성원을 통제한다. 또한 시험은 사람들을 길들이는 수단이 된다.

　㉡ 판옵티콘 구조

　　ⓐ 학교는 교사가 학생 전체를 한눈에 감시할 수 있는 판옵티콘 구조로, 건물 안에 수용되어 있는 죄수들을 감시하기 위해 원형으로 축조된 감옥과 같은 구조를 갖는다.

　　ⓑ 학교는 학생을 감시하여 문제행동이 발생할 경우 즉시 훈육하고 처벌함으로써 체제를 일관되게 유지하며, 체제에 길들여진 인간을 육성하여 기득권을 해치지 않도록 한다. 또한 학교의 각종 검사와 시험은 드러나지 않는 방식으로 규율적 권력을 행사하여 학생을 규격화하고 기존 질서에 순응하게 한다.

　㉢ 시험: 모든 사람들을 동일한 사람과 다른 사람으로 구분하기 위해 계산 가능한 모습으로 분석하는 방법으로, 정상인과 비정상인을 구분하여 사람들로 하여금 기존의 규율 질서에 순응할 수 있도록 만드는 역할을 한다.

1. 현대 교육철학

구분	교육철학적 특징
마르크스주의	• 자본주의 사회에서 사람들은 계급에 따라 불평등한 교육을 받고 있으며, 교육은 자본가의 이익을 대변하고 자본가와 노동자 간의 계급 불평등을 심화시키고 있다고 비판 • 계급에 무관한 평등한 공교육의 실현을 통해 모든 아동에게 동일한 수준의 교육을 의무적으로 실시해야 한다고 주장 • 지식교육과 노동교육의 결합 강조 • 공동체중심의 교육을 강조했으며, 학교교육을 경쟁중심에서 협동중심으로 바꾸고자 함
실존주의	• 인간이 자유의지를 지닌 주체적 존재라는 점을 강조했으며, 따라서 인간의 선택과 책임을 중시 • 교육이란 선택의 자유, 선택이 의미, 그 선택에 대한 책임을 의식하도록 일깨우는 과정 • 교사는 학생의 독특한 개성에 관심을 두고 학생 개개인이 본래 자신의 의미를 찾고 인격적인 책임을 일깨우도록 도와주는 사람임 • 교사와 학생 간의 참된 관계의 중요성을 강조했으며, 이것이 교육과 정보다 선행한다고 보았음
분석철학	• 교육과 관련된 개념들의 분석과 명료화를 시도했으며 교육, 지식, 수업, 교화, 적응, 학습, 사회화, 평가 등 다양한 개념들을 분석하고 명료화 • **피터스**: 교육은 가치 있는 것을 전달함으로써 그것에 헌신하는 사람을 만들어야 함 • **허스트**: 지식의 형식이 지식의 본질이며, 지식의 추구는 마음의 본질에서 비롯된다고 봄 • 교육학에서 사용하는 용어와 개념들을 명료화함으로써 학문으로서의 교육학의 발전에 크게 기여하였으나, 개념이 등장하게 된 역사적 배경에 대한 이해에는 소홀한 경향이 있음
현상학	• 지식의 상대성 · 주관성을 주장하고, 보편적 진리관을 부정함 • 인간의식이 능동성을 갖고 있다고 보며, 따라서 인간은 대상을 자신이 갖고 있는 개념과 이미지를 결합하여 파악한다고 봄 • 인간이 대상에게 부여하는 의미는 구체적 생활 속에서 경험을 통해 획득된다고 보기 때문에 실제 생활세계를 중시

해석학	• 인간이 쓴 글, 인간의 행동과 말이 주변 사회적 환경과의 상호작용으로 형성된 것이기 때문에 그 속에는 인간이 부여한 의미와 사회적 · 역사적 환경이 담겨 있다고 봄 • 의미 부여 행위자로서의 인간의 주체성을 강조했으며, 지식의 맥락과 상황을 중시함 • 교사의 역할은 학생들의 현재 지식과 관심에 비추어 텍스트에 접근하도록 유도해야 한다고 보았음
비판이론	• 비판적 교육철학은 사변적인 동시에 실천적인 학문이며, 인식과 행위의 가능성과 한계를 엄격하게 따지는 것 • 갈등 현장에 대한 실제 학습을 중시했으며, 농성, 데모, 파업 등 사회적 집단행동을 직접 보게 하여 문제의 초점이 무엇인가를 스스로 따져보게 하는 일을 강조

2. 모더니즘 교육과 포스트모더니즘 교육 비교

구분	모더니즘 교육	포스트모더니즘 교육
교육내용	절대적 · 보편적 · 객관적 지식	상대적 · 다원적 · 주관적 지식
교육과정	지식 자체의 논리적 특성	지식의 사회적 · 문화적 맥락
교육방법	지식전달형, 객관적 지식의 강조	구성주의 학습
교육제도	공교육의 기능 강조	공교육의 재개념화

설쌤의
Live Class 🎙️

서양교육사를 다루는 네 번째 챕터에서는 서양교육의 사상과 제도가 역사적으로 어떻게 변모해왔는지에 대해 다루고 있습니다. 서양교육사 분야에서는 **시대별로 주요한 교육사상**에 대해 그 특징을 서로 비교하며 이해하고, 각각의 **교육사상이 현대에 어떠한 시사점을 줄 수 있는지** 생각하며 학습해 보세요.

핵심 `Tag`✍️

자유교육
- **개념**: 노예가 아닌 자유시민으로서의 능력을 기르는 교육으로, 지식 그 자체의 가치를 추구하는 것을 목적으로 하였으며 '교양교육', '일반교육' 등으로 불리기도 함
- **특징**: 실용주의 철학에 따라 불변하는 진리를 거부하고, 지식의 상대성을 추구하며, 학습자의 경험을 통한 성장이 교육의 핵심이라고 봄

소크라테스의 교육사상
- **교육목적**: 무지에서 벗어나 진리의 세계로 인도하는 것
- **교육방법**: 산파술(문답법)
- **교사관**: 학생에게 일방적으로 지식을 전달하는 존재가 아니라 대화와 공동의 사색을 통해 진리를 함께 추구해 나가는 동반자적 관계 강조

로크의 교육사상
- 백지설, 형식도야설의 이론적 근거
- **삼육론**: 체육론, 덕육론, 지육론 ⇨ 신사 양성을 위한 구체적 방안

루소의 교육사상
- 합자연의 원리, 흥미와 경험을 중시하는 아동중심 교육의 기틀 마련
- **교육의 원리**: 성장의 원리, 아동활동의 원리, 개별화의 원리

페스탈로치의 교육사상
- 합자연의 원리
- 3H(지적·정의적·신체적)로 조화로운 발달을 도모해야 하며, 인간을 도덕적 상태로 변화시키는 것이 교육의 목적
- **교육방법**: 직관의 3요소인 '수, 형, 어'의 교과를 통한 정신 도야
- **교육원리**: 노작교수의 원리, 직관교수의 원리, 자발성의 원리, 방법의 원리, 사회의 원리, 균형의 원리

헤르바르트의 교수이론
- **교육의 목적:** 도덕성 함양
- 아동의 다면적 흥미 중시
- **교수의 4단계:** 명료화, 연합, 조직, 방법

20C 현대 교육의 특징
- 교육의 민주화와 이를 통한 교육기회의 균등한 분배
- 학생중심 · 생활중심 · 활동중심 · 참여식 교수법의 등장
- 국가 주도하의 의무교육제도 확립
- 취학기회의 확대를 통한 교육의 기회 균등

01 고대 그리스·로마 시대의 교육

❶ 고대 그리스 사회의 교육 [기출] 03 중등 / 09 초등

(1) 사회·문화적 배경
① 고대 그리스의 시작은 대략 기원전 1200년부터 포에니 전쟁이 종료한 기원전 146년까지를 가리킨다.
② 고대 그리스 문화는 유럽 문화의 원류로, 철학·예술·과학 등 유럽 문화의 모든 것이 그리스 문화에서 그 기원을 얻었다고 할 수 있다.
③ 고대 그리스는 오리엔트의 문화유산을 계승한 토대 위에 독자적인 문화를 발전시켜 헬레니즘 문화를 창조했다. 헬레니즘 문화는 서양인이 형성한 최초의 문화인 동시에 서양 문명의 출발점이다.

(2) 고대 그리스 교육의 특징
① 고대 그리스 사회는 인문주의적 문화를 배경으로 개인의 자유로운 발전을 인정하고 전인적인 인간의 형성을 교육의 목표로 했으며, 서양교육의 역사적 근원이자 발단이라고 할 수 있다.
② 지적이고 도덕적이며 심미적인 능력까지 골고루 갖춘 총체적인 교육을 중시하였으며, 이러한 교육적 이상을 '파이데이아(Paideia)'라고 불렀다.
③ 파이데이아로 대표되는 전인교육(全人敎育)의 이상은 이후 서양에서 계속적으로 최고의 교육적 인간상으로 받아들여졌다.
④ 자유교육(liberal education)을 중시했다.
⑤ 자유교육의 성격
　㉠ 귀족주의적 성격: 자유교육은 자유시민이라는 특수계층을 위한 교육으로, 영어의 'school'은 '여가', '한가롭다'는 뜻의 그리스어 'schole'에서 유래하였다.
　㉡ 주지주의: 인간의 이성을 강조하고 지식습득의 중요성을 강조했다.
⑥ 개인적·시민적: 공동체의 일원으로서의 개인을 강조했으며, 시민으로서의 교육을 강조했다(아테네와 스파르타의 공통의 교육목적).

(3) 아테네 교육
① 개인의 자유와 개성을 중시하고 신체와 정신을 조화롭게 발달시킨 교양인, 즉 훌륭한 시민의 양성을 목표로 했으며, 체육(신체적인 발달)과 음악(내적인 형식)을 중시하였다.
② 가정이 교육의 주도권을 쥐었으며, 교육의 책임과 중심을 가정에 두었다.
③ 남아는 7세가 되면 파이다고고스(paidagogos, 어린이를 인도하는 사람, 노예교사)에게 맡겨졌으며, 이들이 아동의 교육을 보조하였다.
④ 여성을 위한 제도적인 교육기관은 없었으며, 집안에서 현모양처가 되기 위한 훈련을 받았다.

개념확대 Zoom IN

자유교육의 정의
자유시민으로서의 자유를 누리고 선용하는 능력을 기르는 교육으로, 실제적인 목적에서가 아니라 지식 그 자체의 가치를 목적으로 한 교육을 의미한다. 맥락에 따라 '교양교육', '일반교육'으로 번역되기도 한다.

개념확대 Zoom IN

주지주의(主知主義, Intellectualism)
인간의 지성 또는 이성이 의지나 감정보다 우위에 있다고 생각하는 철학적 관점이다. 감정을 상위에 두는 주정주의(主情主義)나 의지를 상위에 두는 주의주의(主意主義)와 대립된다. 대표적으로는 중세 스콜라 철학의 대표자인 아퀴나스를 들 수 있는데, 아퀴나스는 지성과 의지 중에서 지성의 절대적 우위를 주장했다.

개념확대 Zoom IN

파이다고고스
어원상 '아이들을 이끄는 사람'을 말하며, 이후 교육자 혹은 교수자의 어원이 되었다. 이들은 아이들의 일상을 보살피고 음악, 체육, 읽기, 쓰기, 셈하기와 같은 기초 단계 교육을 담당하였다.

⑤ 학파(學派): 수준 높은 교양, 철학, 문학 등의 교육이 이루어지는 교육기관을 말한다. 플라톤의 아카데미아, 아리스토텔레스의 리세움, 제논의 스토아 학파, 에피쿠로스의 에피쿠로스 학파, 이소크라테스의 수사(修辭) 학교 등이 대표적이다.

(4) 스파르타 교육

① 국가가 교육을 강력하게 통제하고 실시한 군국주의 교육의 최초 사례로 꼽히며, 국가는 그 자체로 하나의 병영이자 학교였다.

② 강한 자녀를 얻기 위한 우생학적 결혼 제도, 신생아 양육 여부의 국가 심사, 엄격한 가정교육, 남자에 대한 집단적 군사교육을 실시했다.

③ 여성교육의 목적은 강건한 아이를 낳고 자녀교육을 올바르게 담당할 수 있는 능력을 기르기 위한 것이었다.

④ 스파르타에서 교육은 개인을 전적으로 국가의 일원으로서 봉사하도록 하는 것이었으며 국가의 성원은 오로지 국가 존속에 헌신함으로써 존재할 수 있었다.

❷ 고대 그리스의 교육사상가 기출 04, 08, 12 중등 / 07, 08, 11 초등

(1) 소피스트(Sophist)

① 개관
  ㉠ 아테네 청년들을 대상으로 수사학, 정치학 등에 대한 교육을 담당했던 교사들로 기원전 5C 중반부터 집단을 형성하였다.
  ㉡ 비싼 수업료를 대가로 사회현상과 시사문제에 대한 단편적인 지식과 형식적인 변론능력을 가르쳤다. 일명 '지식의 상인'이라 불렸다.
  ㉢ 하나의 학파나 응집력 있는 집단을 형성한 것은 아니었으나, 주관주의적·상대주의적 사고경향을 가졌다.
  ㉣ 절대적 진리를 탐구하거나 학문을 연구하는 것보다는, 입신양명에 필요한 실제적·기술적인 지식을 가르치는 일을 주된 관심으로 삼았다.
  ㉤ 교육의 목적은 진리성이 아니라 사회적 통용성과 실제성에 두었고, 개인의 성공적인 생활을 위한 준비를 강조하면서 개인의 개성을 중시했다.
  ㉥ 대표적인 소피스트로는 프로타고라스, 고르기아스, 이소크라테스 등이 있다.

② 교육내용과 교육방법
  ㉠ 교육내용은 문법, 수학, 변증법, 역사, 물리학, 시사문제 등이었으며 공통 과목은 토론, 웅변, 수사학이었다.
  ㉡ 수사학과 변론술을 중심의 교육이었으며, 훌륭한 모델을 제시하고 그것을 모방하는 것을 중시했다.

③ 의의
  ㉠ 철학의 대상을 자연에서 인간으로 전환시켰다.
  ㉡ 가르치는 일을 하나의 '기술(art)'로 보고 교수방법에 대하여 최초로 진지한 사고와 실천을 시행했으며, 고대 그리스 교육에 질적 변화를 이루었다.

ⓒ 회의적이고 상대주의적인 시각에서 기존에 무조건 진리로 여겼던 관습과 신념에 대한 의심과 비판적 사고를 강조했다.

ⓔ 주관주의적·개인주의적 사상으로 아테네의 몰락을 가속화시켰다는 비판을 받는다.

(2) 소크라테스(Socrates, B.C. 479~B.C. 399)

① 생애와 활동

ⓐ 소피스트의 주관주의적·상대적인 학설에 반대하며 진리의 보편적·윤리적 기초를 강조했다.

ⓑ 인간은 보편적 진리를 파악할 수 있는 이성적 존재라고 보았으며, 대화를 통해 진리를 추구할 수 있다고 보았다.

ⓒ 참다운 지식(眞知, episteme)을 추구할 것을 주장하였으며, 근거 없는 '의견(doxa)'을 배격해야 한다고 보았다.

② 교육사상

ⓐ 모든 인간을 무지의 세계에서 벗어나 진리의 세계로 인도하는 것을 교육의 목적으로 삼았다.

ⓑ 인간이 가지고 있는 지식은 하나의 의견에 불과하며, 따라서 인간은 이성적 사고와 반성을 통해 영혼의 내면에 존재하는 '참다운 지식(眞知, episteme)'을 자각해야 한다고 보았다.

③ 주요 주장

ⓐ 보편적인 진리에 대한 인식이 반드시 실천으로 나타난다는 지행합일설을 주장하였다.

ⓑ "지식은 곧 덕이고, 덕은 곧 지식이다."라는 주지주의적 경향을 보였으며, 인간의 모든 악행은 결국 무지의 결과라고 보았다.

ⓒ 교육방법은 '산파술(産婆術)' 또는 '문답법'이라고 불리는 방법을 활용했다.

④ 교사관

ⓐ 교사의 역할은 암시와 자극을 통해 제자의 정신적 활동을 자극하는 데 있다.

ⓑ 교사를 학생에게 일방적으로 지식을 전달하는 존재가 아니라 대화와 공동의 사색을 통해 진리를 함께 추구해 나가는 동반자적 존재로 규정했다.

(3) 플라톤(Platon, B.C. 427~B.C. 347)

① 생애와 활동

ⓐ 아테네의 명문 귀족 출신으로 20세가 되던 해에 소크라테스를 알게 되고 그에게서 8년간 수학했다.

ⓑ 기원전 387년 아테네에 아카데미아를 세우고 80세의 나이로 사망할 때까지 연구와 저술을 통해 교육에 전념했다.

ⓒ 플라톤은 개인의 능력 수준에 따라 계층적으로 구분된 사회를 구상하고 각 계층의 수준에 맞는 교육을 주장했다.

ⓓ 인간 개개인의 정신이 사회와 국가의 공동체 생활의 질서와 하나가 되어 체계적으로 조직·유지되는 국가를 이상적으로 보았다.

개념확대⊕
Zoom IN

산파술(산파법, 문답법)
소크라테스가 사용한 교수법으로 교사가 학생이 스스로 답을 찾아가도록 이끄는 대화를 말한다. 소크라테스는 지식이나 진리를 터득하는 첫 걸음은 본인이 무지함을 자각하는 것이라 보았는데, 학생에게 계속 질문을 던짐으로써 학생들이 스스로 자신이 정확히 모르고 있음을 자각하게 하는 것이다.

② 사상적 특징
  ㉠ 철인통치론: 지혜를 사랑하며 지혜를 획득한 철학자가 왕이 될 때 이상국가의 실현이 가능해질 것이라고 보았으며, 지혜를 갖춘 자만이 이상국가의 통치자가 되어야 한다고 주장하였다.
  ㉡ 이데아론(Theory of Forms): 이데아(Idea)의 세계는 참으로 실재하는 세계이며, 경험의 세계에 있는 모든 개체는 이데아의 세계의 모방한 것에 지나지 않는다고 보았다.
  ㉢ 지식론: '지식'과 '의견'을 구분했으며, 지식은 실재에 관여하며, 의견은 현상에 관여하는 것이라고 보았다. 따라서 지식은 이데아를 인식하는 것이라고 주장하였다.
③ 플라톤의 교육사상
  ㉠ 동굴의 비유
    ⓐ 지상의 세계를 동굴로, 인간을 동굴에 갇힌 죄수로 비유했다.
    ⓑ 교육이란 쇠사슬에 묶인 채 동굴에 갇혀 동굴 벽에 비친 사물의 그림자만을 보며 그것을 참된 사물의 모습으로 잘못 알고 있는 인간으로 하여금 쇠사슬을 끊고 동굴 밖으로 안내해서 밝은 실재의 세계를 인식할 수 있도록 도와주는 것이라고 보았다.
  ㉡ 영혼 삼분설
    ⓐ 인간의 영혼은 '욕망(appetite, 절제의 덕 필요, 생산자)', '기개(spirit, 용기의 덕 필요, 군인)', '이성(reason, 지혜의 덕 필요, 통치자)'으로 나누어져 있다.
    ⓑ 이 세 가지가 모여 인간을 형성하며 절제·용기·지혜의 덕이 조화롭게 갖추어졌을 때 '정의(justice)'의 덕이 실현된다.
  ㉢ 상기설(想起說)
    ⓐ 인간의 영혼은 원래 이데아의 세계에 속하였으나, 신체와 결합하면서 이데아의 세계에 대한 모든 지식을 잃어버리게 된다.
    ⓑ 인간은 영혼의 이성적인 부분의 사유작용을 통해 잃어버린 이데아의 세계에 대한 기억을 상기해내고, 그를 통해 진리에 대한 앎에 이를 수 있다.
    ⓒ 학습에서 감각을 통한 확인은 필요하나 개념적 이해가 더 중요하다고 보았다.
④ 교육제도
  ㉠ 국가는 덕을 갖춘 개인을 양성하고 사회 질서를 유지하기 위해 국민을 교육해야 한다고 보았다.
  ㉡ 교육은 개인의 능력과 사회적 계급에 따라 요구되는 덕성에 따라 그 내용과 방법을 달리해야 한다고 보았다.
  ㉢ 20세까지 모든 시민에게 기본교육을 실시하고 그 후에 통치자 계급을 선발하는 교육제도를 구상했다.
  ㉣ 스파르타식의 훈련과 아테네식의 인격의 원만한 발달을 조화시키는 교육을 이상적으로 생각했다.

(4) 이소크라테스(Isokrates, B.C. 436~B.C. 338)

① 생애와 활동
  ㉠ 플라톤과 동시대에 활동했던 인물로, 수사학과 청소년교육을 강조하였다.
  ㉡ 플라톤이 절대 진리를 깨달은 철인에 의한 국가통치를 주장했다면, 이소크라테스는 수사학에 능한 웅변가로서의 정치인 양성을 중요시하였다.
  ㉢ 고대 그리스의 다른 소피스트 철학자들은 수사학을 출세의 도구로 여겼던 반면, 이소크라테스는 수사학을 인간도야의 학문으로 추구하였다.
  ㉣ 청소년 교육과 학교 수업의 영역에서 많은 영향을 주었다.

② 교육사상
  ㉠ 이소크라테스는 수사학을 인간의 영혼을 도야하는 가장 보편적이고 본질적인 형식의 학습이라고 여겼다.
  ㉡ 문학적 수사학을 정립하였으며, 정치 · 윤리 교육을 개발하기 위해 언어교육이 근본이 됨을 강조하였다.
  ㉢ 수사학적 관점에서 이소크라테스는 학교가 청소년들을 정신적 · 정치적으로 자유롭게 도야할 수 있도록 수사학을 교수학적 구조로 재구성하고자 하였다.
  ㉣ 이소크라테스는 수사학적 교육을 실천하고자 기원전 393년에 키오스에서 학교를 시작하였다. 수사학 학교에서는 집단적 수업을 하되, 교사와 학생들 사이에 인격적 사제관계를 중시하였다.
  ㉤ 이소크라테스의 학교는 다른 소피스트들의 학교와 세 가지 점에서 구분된다. 학생과 인격적 사제관계를 지속한다는 점, 어린이가 아닌 14~18세의 청소년에게 3~4년 동안의 지속적인 교육을 시행한다는 점, 철저하게 계획된 도야와 훈련 프로그램을 도입했다는 점이다.

(5) 아리스토텔레스(Aristoteles, B.C. 384~B.C. 322)

① 생애와 활동
  ㉠ 마케도니아 왕의 의사이며 의학과 자연과학의 저술가인 아버지에게서 영향을 받았다. 18세가 되던 해에 플라톤의 아카데미아에 들어갔다.
  ㉡ 알렉산더 대왕(B.C. 356~B.C.323)의 스승으로 초빙되어 그를 가르친 후, 50세가 되던 해 아테네로 돌아와 리세움(Lyceum)에 교육기관을 설립하였다.
  ㉢ 제자들과 더불어 산책, 토론, 강의를 했기 때문에 '소요학파'라고도 불린다.
  ㉣ 아리스토텔레스는 플라톤이 이상주의적이고 신비적 · 초월적인 사상을 주장한 것에 비해, 자연주의적 · 경험적 · 현실적인 사상을 주장하였으며, 관찰과 분석을 중시하였다.

개념확대 ⊕
Zoom IN

소요학파(逍遙學派, peripathos)
아리스토텔레스는 리케이온 근처 숲속 산책로를 따라 산보하면서 종종 철학적 사색을 하거나 제자들과 토론을 하였다. 이후 아리스토텔레스 학파를 지칭할 때 한적하게 유유히 산책하는 학문공동체라고 하여 소요학파라는 별칭이 붙게 되었다.

② 사상적 특징
  ㉠ 사물의 본질은 개개 사물에 내재하여 사물을 떠난 본질은 있을 수 없다는 목적론적 세계관을 주장했다.
  ㉡ 인간의 본성을 식물적인 것, 동물적인 것, 이성적인 것의 세 가지로 나누고, 인간의 존재 의의를 인간에게 고유한 기능인 이성을 실현하는 것이라고 보았다.
  ㉢ 인간이 최고의 목적으로 추구해야 할 것은 행복이며, 이를 위해서는 중용의 덕이 필요하다고 보았다.
③ 교육사상
  ㉠ 교육의 목적을 행복한 생활을 영위할 수 있는 인간의 육성으로 보았다.
  ㉡ 행복은 최고선으로, 과학과 철학을 통한 이성의 훈련을 통하여 가능하다고 주장했다.
  ㉢ 이성을 훈련하기 위해서는 지식을 추구해야 하며, 실용적인 목적을 떠나 오직 진리 자체를 목적으로 추구해야 한다고 주장하면서 자유교육의 이념을 이론화하였다.
  ㉣ 이성의 훈련을 통해 사물의 본질을 관조하는 것을 최고의 행복이라 여겼으며, 이를 완성시키는 것을 교육의 목적이라 보았다.
④ 교육제도
  ㉠ 초등, 중등, 고등 단계의 순서로 교육을 조직해야 한다고 보았다.
  ㉡ 우생학적 계획 및 국가의 간섭이 필요하다고 보았다.
  ㉢ 학교를 통해 도덕적 습관의 훈련과 이성적 능력의 계발에 초점을 두어야 한다고 주장했다.
⑤ 교육의 3단계
  ㉠ 인간 발달의 순서가 '신체적 성장 ⇨ 인간 영혼의 비이성적 부분인 감정 및 욕망 ⇨ 이성의 발달' 순으로 이어진다고 보았다.
  ㉡ 인간 발달의 순서에 따라 '신체교육 ⇨ 인격교육 ⇨ 지력교육'의 교육의 3단계를 주장하였다.
  ㉢ 초등교육에서는 육체적·도덕적 습관을 훈련시키고 중등학교에서는 회화, 체육, 음악 등을 통해 감정 및 정서를 훈련시키며, 고등교육에서는 수학, 논리학, 과학, 철학 등을 통해 이성적 훈련을 완성해야 한다고 주장했다.

❸ 고대 로마의 교육

(1) 사회·문화적 배경
① 도시국가로 출발한 로마는 왕정(B.C. 753 ~ B.C. 509), 이탈리아 통일 시기의 공화정(B.C. 509 ~ B.C. 27)을 거쳐 아우구스투스에 의해 제정(B.C. 27 ~ A.D. 476)을 거쳐 세계적인 제국으로 발전했다.
② 군주제(황제), 귀족제(원로원), 민주제(민회, 호민관)의 요소를 통합해서 운용한 정치체제로 운영되었다.

③ 그리스에게서 물려받은 헬레니즘과 기독교를 통해 이어받은 헤브라이즘을 융합시켜 그 나름의 독특한 문화를 전개시켰다.

④ 현실적이며 실용적인 성격의 문화였으며, 사회질서의 유지를 위해 법률을 정비하여 초기부터 제도적인 삶의 조직을 발전시켰고, 법치주의 사회를 추구했다.

(2) 공화정 시기 로마의 교육

① 교육의 목적은 용감한 군인과 근면하고 의무감이 강한 시민을 양성하는 것으로, 스파르타의 정신과 비슷하였다.

② 교육적 이상은 '그라비타스(gravitas)'로, 신(神)과 국가, 가정에 대해 의무를 다하는 인간을 기르는 것이었다.

③ 여전히 가장 중요한 교육의 장소는 가정으로 도덕적 품성의 형성을 위한 장소였으며, 가정교육의 중심은 어머니였다.

④ 기원전 3C부터 그리스 문화의 영향으로 학교교육이 발달하여, 초등학교인 루두스(Ludus)가 설립되었는데, 이 당시 루두스는 가정교육의 보조수단으로 인식되었으며, 제도적인 강제성이 느슨한 형태였다.

⑤ 중등학교에 해당하는 문법학교(Grammaticus)가 출현하여 9 ~ 12세 사이의 소년들을 대상으로 수사학 등을 가르치기 시작했다.

(3) 제정 로마 시기의 교육

① 교육목적은 국가와 사회에 봉사할 수 있는 지적인 인간, 즉 교양 있고 능력 있는 웅변가를 기르는 것이었다.

② 공화정 시대의 가정중심의 부모교육은 제정 시대에 와서 학교중심의 교사교육으로 전환되었다.

(4) 제도적 특징

① 5현제 시기(96 ~ 180)에 관료제도의 수립과 함께 학교는 초 · 중 · 고등학교의 3단계 형식으로 발전해 나갔다.

② 초등교육기관인 루두스와 중등 교육기관인 문법학교는 제정시대에 들어와 크게 확산되었다.

③ 문법학교에서는 고등교육을 받기 위한 예비과정으로서 3학(문학, 수사학, 논리학)과 4과(산술, 기하, 천문, 음악)를 일반 교양과목으로 가르쳤다(7자유과).

④ 고등 교육기관으로는 수사학교와 철학학교가 있었다.
　㉠ 수사학교(Rhetor): 수사학과 웅변술이 중시되었으며, 교양으로 라틴어와 그리스어 문법, 로마법, 자연과학 등을 가르쳤다.
　㉡ 철학학교(Center of Philosophy): 윤리학 · 변증법 · 논리학 · 법학 등의 인문학 교과목을 중심으로, 수학 · 물리학 · 의학 · 기계학 등의 자연과학 교과목도 가르쳤다.

❹ 로마의 교육사상가

(1) 키케로(Cicero, B.C. 106 ∼ B.C. 43)

① 로마의 정치가이자 웅변가로, 로마 교육에서 그리스적 영향을 대변하는 학자이자 교육사상가였다.

② 성선설의 인간관을 바탕으로 교육은 인간의 천부적인 소질과 본성을 완성시키는 것이라고 보았다.

③ 인간 정신의 최고의 기능은 이성에 있으며, 이성을 완전히 실현할 때 인간은 덕을 갖추고, 그를 통해 최고의 목적인 행복한 생활에 이를 수 있다고 여겼다.

④ 교육의 실제적인 목적은 인문주의적 교양을 지닌 웅변가의 육성이라고 보았으며, 웅변가의 소양으로 선천적인 소질, 문화일반에 대한 넓은 지식, 음성과 몸짓 훈련 등을 강조했다.

(2) 퀸틸리아누스(Quintilianus, A.D. 35 ∼ A.D. 96)

① 키케로의 인문주의적 웅변가 양성이라는 교육목적을 계승한 교육이론가이다.

② 퀸틸리아누스는 인간이 선천적으로 스스로 학습할 수 있는 능력을 갖고 태어난다고 보았으며, 이 선천적 능력을 개발시키는 것을 교육이라고 보았다.

③ 교육의 목적은 웅변가의 양성에 있었다.

> **참고** **웅변가**
>
> 변론에 탁월할 뿐만 아니라 도덕적으로 고결하며 정신적으로 뛰어난 사람을 말한다. 로마시대 웅변가의 자질로는 사물에 관한 지식, 어휘 실력과 단어를 적절하게 선택하는 능력, 태도의 우아성과 세련됨, 역사와 법률에 관한 지식, 좋은 기억력, 효율적인 제시법과 더불어 무엇보다 도덕적인 품성이 강조되었다.

④ 유아교육과 조기교육의 중요성을 강조했으며, 더불어 학습자 개인의 특성을 중시했다.

⑤ 교육에 있어 체벌을 반대했으며, 학교교육의 중요성, 특히 공립학교 체제가 갖는 장점을 강조했다.

요약정리
Zoom OUT 고대 그리스의 주요 교육사상가

구분	소크라테스	플라톤	아리스토텔레스
교육사상	• **교육목적**: 모든 인간을 무지의 세계에서 벗어나 진리의 세계로 인도하는 것 • 인간의 모든 악행은 결국 무지의 결과이며, 지식과 덕을 일치시킨 주지주의적 경향을 보임	• 교육은 개인의 능력과 사회적 계급에 따라 요구되는 덕성에 따라 그 내용과 방법을 달리해야 함 • 덕을 갖춘 개인을 양성하고 사회 질서를 유지하기 위해 국민을 교육해야 한다고 봄	• 인간의 행복은 과학과 철학을 통한 이성의 훈련을 통하여 가능하다고 봄 • 교육의 본질을 이성의 훈련에 있다고 보았으며, 완성된 인간으로서 자유인의 양성을 목적으로 봄

구분	소크라테스	플라톤	아리스토텔레스
교사관	교사의 역할은 일방적으로 지식을 전달하는 존재가 아니라 대화와 공동의 사색을 통해 진리를 함께 추구해 나가는 동반자적 존재	**철인으로서의 교사:** 참된 사물의 모습으로 잘못 알고 있는 인간을 쇠사슬을 끊고 동굴 밖으로 안내해서 밝은 실재의 세계를 인식할 수 있도록 도와주는 사람	• 교사는 인간이 타고난 본성인 이성을 실현시킬 수 있도록 해야 함 • 객관적·과학적인 방법으로 교육해야 함 • **3단계 교육:** 신체교육 ⇨ 도덕적 습관 형성 ⇨ 이성의 도야

02 중세 시대의 교육

❶ 중세 기독교 교육

(1) 교회 중심의 교육

① 11C 이전까지는 암흑시대라고 불리며, 오직 기독교 교리와 신앙만이 중시되던 시기로 수도원과 교회학교 교육만이 존재했다.

② 교회의 신앙교육과 교회 의식의 훈련이 강조되었다.

③ 그리스의 자유주의적·인문주의적인 교육과 로마의 실제적·사회적인 교육은 자취를 감추었고 종교적 단련과 수도를 중심으로 하는 교육이 이루어졌다.

④ 11C부터 인간과 지식, 이성에 대한 관심이 새롭게 소행하여 스콜라 철학이 발달했으며, 시민교육의 초기 형태가 등장하면서 중세 대학이 등장하기 시작했다.

(2) 중세 기독교 사회의 주요 학교

① 문답학교(입문자학교, catechetical school,)

㉠ 초등교육기관에 해당하며, 순수한 기독교 교화를 위한 교육기관이었다.

㉡ 일반 대중과 이교도를 기독교화하기 위한 교육을 위해 설립된 기관이다.

㉢ 기독교에 관련된 기본적인 지식과 기독교의 기본 교리를 가르쳤으며, 2~3년간의 교육을 받은 후 세례를 받고 정식으로 기독교인이 되었다.

② 고급문답학교(문답교사학교)

㉠ 문답학교의 교사와 지도자 양성을 목적으로 설립되었다.

㉡ 신학, 철학, 수사학, 천문학, 문학, 역사학 등을 교육내용으로 삼았다.

㉢ 로마, 아테네, 동방 알렉산드리아 등지에서 발달하였으며 수 세기 동안 기독교의 지적·신학적 활동의 중심지 역할을 하였다.

③ 주교학교(본산학교, 감독학교, Cathedral school)
  ㉠ 중세 기독교 학교 중 가장 수준 높은 고등교육을 담당하였던 교육기관이다.
  ㉡ 4~5C경 이탈리아와 스페인 등지에서 발생하여 중세 기독교 교리의 이론적 틀을 마련한 스콜라 철학의 중심지 역할을 하였으며, 11~12C에 전성기를 이루었다.
  ㉢ 주교나 감독이 거주하는 각 교구의 본산에 설립한 학교였다.
  ㉣ 교회의 지도자, 즉 성직자 양성을 설립목적으로 하였다.
  ㉤ 교육내용은 고등 수준의 신학, 철학, 수학, 문학, 예술 등이었으며, 학생은 기숙사에서 공동으로 생활하면서 교육을 받았다.
④ 수도원 학교(monastic school)
  ㉠ 수도사 양성을 목적으로 수도원 내에 설립한 학교이며, 학생들은 10세에서 18세까지 8년간 교육을 받았다.
  ㉡ 고등과정에서는 3학(trivium, 문학·수사학·논리학) 4과(quadrivium, 산술·기하·천문·음악)의 7자유학과를 가르쳤다.
  ㉢ 학생들은 기숙사에서 공동으로 생활하며 교육받았으며, 엄격하고 금욕적인 교육, 단식과 고행, 주입식 또는 간단한 문답식 교육에 의존하였으며, 명상·사색·침묵 등을 강조하였다.

참고 수도원 학교

1. 1~2C경 동방의 소아시아, 이집트 등지에서 처음 생겨났으며 3~4C경 유럽에 들어와 기독교도들에게 전파되면서 곳곳에 설립되었다.
2. 수도사들의 공동 집단소로 기독교 정신에 입각하여 신앙, 금욕, 은둔생활을 하기 위해 시작했다.
3. 수도원 학교는 7~10C경 전성기를 이루었으며, 종교개혁 전까지 서유럽에서 중요한 교육기관 역할을 하였다.
4. **성 베네딕트 수도원**
   529년 이탈리아 중부 몬테 카시노 산에 성 베네딕트가 수도원을 세우고 73개조의 계율을 만들어 수도원 생활을 시작한 최초의 기독교 수도원으로 수도생활의 원칙으로 순결, 가난, 복종을 강조하였다.

(3) 스콜라 철학(Scholasticism)

① 스콜라 철학의 성격
  ㉠ 11~15C까지 중세 유럽의 주교학교나 수도원 학교에서 활기를 띠었던 기독교 철학의 하나이며, 이성적이며 합리적인 토대 위에서 종교적인 삶을 이루고자 하는 철학적 경향성을 보인다.
  ㉡ 기독교적 교리에 학문적 체계와 철학적 근거를 부여하고, 나아가 지금까지의 독단적 신앙을 합리적 신앙으로 전환시켜 신앙의 권위를 회복하려는 운동이었다.
  ㉢ 11C에 대두하여 13C경에 절정을 이루었고 대학의 형성과 발전에도 크게 영향을 미쳤다.

ⓔ 주요학자로는 안셀무스(Anselmus, 1033~1109), 아벨라르두스(Abaelardus, 1079~1142), 아퀴나스(Thomas Aquinas, 1225~1274) 등이 있다.

② 스콜라 철학의 교육
ⓐ 신앙의 정당성을 지지하기 위한 이성적 능력의 개발과 기독교적 지식의 체계화를 교육목적으로 하였다.
ⓑ 교육방법으로는 단순한 믿음의 주입보다 지적 훈련을 강조하고 논쟁력의 개발과 지식체계의 숙달 등에 중점을 두었으며, 주로 문답과 토론 방식을 통해 학생들을 교육하였다.
ⓒ 그리스 철학을 포함하여 종교철학, 신학 및 변증법적 훈련을 주된 교육내용으로 삼았으며, 이러한 스콜라 철학의 교육방식은 중세 유럽의 대학교육과 이후 르네상스 인문주의에 많은 영향을 주었다.
ⓓ 신앙을 이성을 통해 논증하려고 했으며, 논리학의 발달을 가져와 개념의 세밀한 구분, 정교한 논리 전개를 강조했다.
ⓔ 스콜라 학파의 교육은 기독교 교리의 논증을 통한 지식의 체계화에 중점을 두었다.

❷ 중세 시민사회의 학교교육

(1) 시민학교의 성립배경과 종류

① 1096~1270의 십자군 전쟁의 결과 동서 간의 교류와 무역이 성행하면서 신흥 상업도시가 발달하였고, 상공업에 종사하는 신흥 시민계급이 출현하였다.
② 이들 시민들은 상인조합, 기술조합 등 조합(guild)을 결성하여 그들의 이익과 권리를 지키려 하였다.
③ 자신들의 실생활에 필요한 지식과 기술을 가르치기 위한 목적으로 조합을 통해 시민학교를 설립·운영하였으며, 이들 학교의 교사는 대부분 수도자들이었다.
④ 시민학교 종류는 상류층 자제들을 위한 학교인 라틴어 학교(Latin school, 독일), 공중 학교(public school, 영국)와 하층 계급 자제들을 위한 학교인 독일어 학교 및 습자학교(독일), 조합학교(영국) 등이 있었다.
⑤ 조합은 도제교육을 통해 운영되었는데, 도제교육은 중세에 가장 조직화된 직업 교육으로, 중세 초기의 개별적인 교육과 모방을 통한 직업교육에서 벗어나 조합에서 규정한 교육과정에 따라 기술을 습득하도록 제도화하였다.
⇨ 오늘날 독일 지역의 실업중등학교의 전신, 공립 중등교육의 시작

(2) 대학(university)의 출현

① 출현 배경
ⓐ 십자군 전쟁으로 인해 상공업과 도시가 발달하면서 시민사회가 출현하였다.
ⓑ 이들 도시에는 고대 그리스·로마 및 사라센 지역의 앞선 학문이 유입되었으며, 이 새로운 학문과 지식을 배우고 전하려는 젊은이들과 교사의 집단인 '조합(university)'이 형성되었다.

② 조직적 특징

　　㉠ 초기에는 학생 조합과 교수 조합이 각각의 안전과 권익을 위하여 조성되었다.

　　㉡ 시간이 흐르며 학생 조합과 교수 조합이 결합된 것으로 발전하여 '대학'이라는 말은 결국 학문 연구를 위한 교수와 학생의 단일 공동체를 의미하게 되었다.

③ 대학의 교육

　　㉠ 대학의 교육은 각 전문 분야에서 활약할 수 있는 인재 양성을 목적으로 하였으며, 강의식 교육과 원서강독, 번역 및 토론을 주된 교육방법으로 삼았다.

　　㉡ 각 대학의 인문학부는 교사 및 법학, 신학, 의학도의 예비교육을 목적으로, 7자유학과를 중심으로 철학, 자연과학 등을 가르쳤다.

　　㉢ 신학부는 성서와 『신학대전』 위주로 교육하였다.

　　㉣ 법학부는 로마법과 각 지역의 현행법 위주로 가르쳤다.

　　㉤ 의학부는 그리스와 사라센, 유대의 의서들을 가르쳤다.

④ 대학교육의 특징

　　㉠ 중세 대학은 교수와 학생에게 병역·세금·부역의 면제, 대학 관계자의 범죄행위에 대한 대학 자체의 재판권 인정 등의 특혜를 주었다.

　　㉡ 당시 확립된 대학의 학위수여권은 오늘날에도 사회로부터 인정받고 있는 대학의 고유 권한이다.

　　㉢ 고대 동·서양의 고등교육기관이 지배층의 자녀나 관리의 양성을 목표로 국가에서 설립하였던 반면, 중세 서양의 대학들은 학문 연구를 목적으로 교수와 학생이 자율적인 학문 공동체를 결성함으로써 비롯되었다.

　　㉣ 오늘날 대학과 같이 일정한 시험제도와 학위제도가 갖추어진 고등교육기관이라는 형태는 서양 중세의 대학에 기원을 두고 있다.

　　㉤ 당시 설립된 대표적인 대학으로는 이탈리아 볼로냐 대학교(1088), 프랑스의 파리 대학(1150), 영국의 옥스퍼드 대학(1167), 케임브리지 대학(1209) 등이 있다.

❸ 중세 기독교 교육사상가

(1) 아우구스티누스(Augustinus, 354~430)

① 초대 기독교회의 가장 대표적인 교부(敎父) 신학자로 기독교 교리를 최초로 체계화하였다.

② 북아프리카의 히포(Hippo)의 주교로 활동하면서 많은 저술을 남겼으며, 정통 교리의 옹호를 위해 노력하였다.

③ 주요 저서로는 『고백록』과 『신국론』이 있다.

④ 교육사상

　　㉠ 진리를 인식하도록 우리 마음을 조명하는 지성적인 빛은 신으로부터 오는 것이다(조명론).

    ⓒ 우리가 진리를 인식할 수 있는 것은 신의 작용이 있기 때문이며, 신은 우리 마음에서 우리를 가르치는 '내심의 교사'이다.
    ⓒ 진리의 인식은 우리의 내적 경험, 즉 이성적 인식 행위를 통해 가능하다.
  ⑤ 교사론
    ㉠ 교사는 학생이 자신의 잠재된 인식을 논리적 과정을 통해 명확하게 인식할 수 있도록 도와주는 안내자인 동시에 보조자의 역할을 해야 한다고 보았다.
    ⓒ 진정한 교사 및 완전한 교육은 신만이 이룰 수 있다고 보았다.

(2) 아퀴나스(Aquinas, 1225~1274)

 ① 기독교의 교리와 아리스토텔레스의 철학을 종합하여 스콜라 철학을 대성한 중세 기독교 최대의 신학자이다. 주요 저서로는 『신학대전』이 있다.
 ② 신앙과 이성의 조화를 강조했으며, 불변의 지식을 강조하는 항존주의(恒存主義, perennialism)의 철학적 배경이 되었다.
 ③ 교육사상
  ㉠ 이성과 신앙은 구분되어 있다고 보았으며, 인간의 이성만으로는 한계 이상으로 나아갈 수 없고 확실한 진리의 인식이 이루어지려면 계시(은총)의 도움이 필요하다고 보았다.
  ⓒ 자연계와 은총계, 국가와 교회, 육체와 영혼, 세속적인 덕과 종교적인 덕, 감각과 이성, 이성과 신앙은 각각 질료와 형상, 수단과 목적, 하위와 상위의 관계를 가진다.
  ⓒ 신의 존재, 영원성, 창조적 능력, 섭리 등은 이성으로 인식할 수 있으나, 신의 본질은 인간의 유한한 이성으로 인식될 수 없다고 보았다.
 ④ 교사론
  ㉠ 교사는 교사 자신의 지식을 적절한 방식으로 학생에게 제시하여 학생의 막연한 인식을 분명한 인식으로 바꾸어나가게 하는 존재이다.
  ⓒ 인간도 타인의 교사가 될 수 있으나, 오직 신만이 가장 훌륭하고 완전한 교사라고 보았다.

❹ 르네상스(Renaissance) 시대의 교육

참고 **르네상스 시대 교육의 특징**

1. 르네상스 운동의 배경
 ① 십자군 전쟁을 통해 사라센 지역과 비잔틴 문화가 서유럽 지역에 유입되기 시작하면서 새로운 학문에 대한 관심이 생겨나기 시작했다.
 ② 상업과 도시의 발달로 종교적·금욕적·내세지향적 경향의 쇠퇴와 그에 따른 세속적 관심이 증가하기 시작했다.
 ③ 사라센, 비잔틴 지역에서 연구되고 있던 고대 그리스, 로마 학문이 유입되면서 수도원과 수도원 학교에서 고대 그리스와 로마 고전에 대한 관심이 부활하였다.

④ 스콜라 철학자들을 중심으로 한 지적·분석적·비판적 태도의 발전이 이루어졌으며, 대학의 성립으로 활발해진 지적인 탐구심과 아리스토텔레스를 위시한 비기독교적 학자의 영향력이 증가하였다.

⑤ 인쇄술이 급격히 발전하면서 학문의 성장과 확산에 큰 영향을 주었다.

2. 르네상스 시대의 학문적 특징

① 중세 문화의 모든 영역에서 인간적인 측면의 추구를 통한 새로운 성취

    ㉠ 초기에는 그리스·로마의 고전 문화 영향을 받았으나 후기에는 이를 바탕으로 새로운 학문적 성과를 드러내기 시작했다.

    ㉡ 신성이 아닌 인간성을 바탕으로 하는 합리적이고 자유로운 인생관을 추구했다.

② 인문주의적 이념과 철학의 등장

    ㉠ 현실 긍정적, 낙관적인 태도, 자연주의, 개인주의, 쾌락주의, 현세주의적 태도를 추구했다.

    ㉡ 자유로운 행위의 주체로서의 개인의 가치를 존중하고 추구하였다.

③ 중세를 계승함과 동시에 중세보다 넓은 관점에서 세계를 이해하고 지식을 추구

    ㉠ 자연현상에 대한 관찰과 실험이 중시되고 지리적·천문학적 발견이 획기적으로 이루어졌다.

    ㉡ 새로운 과학적·지리적 발견을 통해 기독교적 해석의 범위를 넘어서는 세계관이 형성되었다.

(1) 인문주의 교육의 등장

① 자유롭고 조화로운 인간의 발달을 추구했다.

② 기존 중세 기독교 사회에서 강조한 신 중심의 내세 중심의 금욕적 인간관에서 현세 중심의 자연적 인간관을 강조했으며, 억압과 권위보다는 이성과 자유를 중시했다.

③ 미적 감각을 갖춘 인간의 형성을 강조했으며, 고대 그리스·로마 예술에 대한 학습을 강조했다.

④ 그리스어와 라틴어 등 고전을 읽기 위한 언어학습을 강조했다.

⑤ 학교의 변화

    ㉠ 대학에서 그리스어 강좌와 라틴어 강좌를 개설하기 시작했다.

    ㉡ 이탈리아의 궁정학교, 독일의 김나지움(Gymnasium), 프랑스의 콜레주(College)와 리세(Lycée), 영국의 퍼블릭 스쿨(Public school) 등 이 시기에 설립된 중등학교들은 전형적인 인문주의 교육을 실시했다.

⑥ 인문주의 교육의 양상

개인적 인문주의	사회적 인문주의	키케로주의적 인문주의
• 이탈리아를 중심으로 전개된 인문주의 교육 • 귀족적이며 소수 인사에 국한된 교육 • 지·덕·체와 개성의 발달 강조	• 독일, 네덜란드, 프랑스 등에서 활발하게 전개됨 • 개인의 행복이나 심미적 발달보다는 사회개혁과 인간 상호관계의 개선에 주안점	• 16세기에 나타난 형식화된 인문주의 • 자유교육의 이념을 실현하기 위해 고대 그리스, 로마의 언어와 문학을 학습하는 것을 목적으로 함

개념확대⊕ Zoom IN

키케로주의(Ciceronianism)

그리스·로마 고전에 포함된 사상이나 내면적 가치보다 단순히 형식적인 측면만을 모방하여 학습하는 것, 고전문학 중 키케로의 문장을 가장 뛰어난 것으로 보고 키케로의 작품이면 무조건 암송하고 인용해서 자신의 의사를 표현하는 데 몰두하게 되었기에 붙여진 명칭이다.

• 교육내용으로는 인문과학과 과학의 비중이 컸으며, 교과서나 문헌에 대한 학습이 활발하게 이루어지고 학생의 개성과 흥미가 중세시기 학교에 비해 중시되었음	• 사회적 · 종교적 · 도덕적 교육을 중시하였으며, 고전과 함께 성서가 교육내용으로 중시되었음	• 형식적 언어주의와 기교주의에 빠졌으며 귀족계층을 대상으로 하는 계층차별적인 정신운동이 되고 말았음

(2) 르네상스 시대의 주요 교육사상가

① 에라스무스(Erasmus, 1466(추정)~1536)

    ㉠ 지성을 갖춘 인간성의 발달을 교육의 목적으로 삼았다.

    ㉡ 인간 개인의 발달 원리를 자연(nature), 훈련(training), 실천(practice) 3단계로 제시하였다.

참고 **자연, 훈련, 실천**

1. 개념

① **자연(nature):** 인간 내면에 깊이 뿌리박고 있는 선해지려는 능력이나 성향을 말한다.

② **훈련(training):** 충고나 가르침에 따르도록 하는 것이다.

③ **실천(practice):** 자연의 선한 성향이 훈련을 통해 행위로 발전하는 것이다.

2. 자연, 훈련, 실천 간 관계

① 자연은 훈련을 필요로 하고, 실천은 훈련을 통하지 않는 한 잘못에 빠질 수 있다.

② 자연과 실천을 중개하는 훈련이야말로 이성을 가진 인간에게만 가능한 것이며, 따라서 훈련, 즉 교육은 인간을 인간답게 하는 가장 중요한 일이다.

    ㉢ 교육내용으로 성서문학과 고전, 그리스어와 라틴어를 강조했다.

    ㉣ 고대 그리스 로마의 고전은 인문주의적 교양을 갖춘 인간을 양성하기 위해서 필요하다고 주장했으며, 이를 위해 그리스, 라틴, 히브리어 교육을 고전을 이해하고 성서를 올바로 해석하기 위한 전제조건으로 여겼다.

    ㉤ 사물을 통한 학습을 교육방법으로 강조했으며, 지식을 사물을 통해 얻는 지식과 언어를 통해 얻는 지식으로 구분하였다.

    ㉥ 아동학습을 강조하여, 조기교육의 필요성, 유희 · 운동의 중요성을 주장했다.

    ㉦ 교사의 역할에 대해 교사의 첫째 임무는 어린이로부터 사랑받는 일이라고 여겼으며, 학생과 교사의 사랑에 기초를 둔 인간관계, 자유와 존경에 기초를 둔 인격적 관계를 교육의 기본으로 삼았다.

② 몽테뉴(Montaigne, 1533~1592)

    ㉠ 교육의 목적을 실생활에서 당면한 문제를 적절하게 판단 · 처리할 수 있는 실제적인 능력을 가지며 심신이 조화롭게 균형을 이룬 인간을 양성하는 데 있다고 보았다.

    ㉡ 교육은 심신 양면에서 온전한 신사를 양성하는 것이어야 한다고 여겼으며, 인간 고유의 지적 능력을 발달시키고 덕성을 함양시키는 교육을 강조했다.

© 당시의 고전 중심의 언어주의와 기억 중심의 지식교육을 강하게 비판하고, 서적보다 경험을 중시하였으며, 노작의 중요성을 강조하였다.

② 암기식 교육과 주지주의 교육을 배격하고 실용주의 교육과 경험주의 교육의 필요성을 역설했다.

⑩ 아동의 자발성을 존중하고 자유로운 교육을 해야 한다고 강조하였으며, 지나친 훈련과 체벌은 피하고 관용의 자세로 아동을 지도해야 한다고 보았다.

⑭ 집단교육인 학교교육은 개성을 살리기 어려우므로 이해력이 깊은 가정교사(tutor)가 하는 교육이 좋다고 주장했다.

⊘ 몽테뉴의 교육사상은 이후 로크의 신사(紳士) 교육과 루소의 자연주의 교육사상에 많은 영향을 주었다.

(3) 르네상스 교육의 한계

① 귀족중심 교육: 인문주의 교육은 기본적으로 당시 귀족계급을 위한 능력을 함양시키려는 교육이었으며 대중교육과는 거리가 있었다.

② 형식적 언어교육: 이른바 키케로주의로 대표되는 르네상스 시대의 고전 학습은 교육내용을 편협하게 했으며, 교육방법도 암기 위주의 교육으로 만드는 결과를 초래했다.

❺ 종교개혁기의 교육

(1) 종교개혁의 시대적 배경

① 가톨릭 교회의 부패와 잦은 전쟁으로 인해 국가의 재정이 고갈되어 갔으며, 재정문제를 놓고 교회와 국가 간의 갈등이 증폭되어 갔다.

② 인쇄술의 발달로 모국어로 된 성서가 보급되었다.

③ 종교개혁은 단순한 교회의 개혁이 아니라 지적 · 종교적 · 정치적 · 경제적인 영향이 복합되어 일어났고, 그 영향도 종교적 측면에만 그치는 것이 아니라 모든 사회적 측면으로 파급되었다.

> **참고** | **종교개혁운동**
>
> **1. 전개**
> 1517년 성 베드로 대성당 재건을 위한 교황 레오 10세의 면죄부 판매 ⇨ 루터의 95개조 반박문 ⇨ 1520년 루터 파문 ⇨ 독일이 루터 지지 세력과 반대 세력으로 나뉨 ⇨ 독일에서 파급된 종교개혁운동이 스위스의 츠빙글리와 칼뱅, 스코틀랜드의 녹스 등의 도움을 받아 전 유럽에 전파됨
>
> **2. 결과**
> 신교(protestant)가 북유럽의 루터주의(Lutheranism), 서유럽의 칼뱅주의(Calvinism), 영국의 국교주의(Anglicanism) 등으로 나타나게 되었다.

(2) 종교개혁기 교육의 특징

① 교육대상의 확대

ⓐ 루터나 칼뱅에 의해 일반 평신도에게까지 성서 보급이 확대되었다.

ⓑ 종교개혁기 시기에 일반 평민들에게까지 성경 보급과 학습을 확대시킨 일
은 이후 근대국가 성립시기에 있어 공교육(public education, 公教育)
등장의 배경이 되었다.

② 교육에 관한 국가의 역할 강조

ⓐ 루터의 종교개혁은 교육 및 학교의 권한과 운영의 책임을 교회로부터 국가
로 이관하는 결과를 낳았다.

ⓑ 이전까지 교육의 설립, 운영, 교육내용의 결정 등은 교회의 소관이었지만
종교개혁론자들은 중립적인 기구라 보았던 국가가 교육을 관리할 책임을
가져야 한다고 주장했다.

(3) 교육에 미친 영향

① 모든 국민에게 교육기회를 제공해야 한다는 보통교육사상의 형성에 영향을
주었다.

② 평신도 누구라도 스스로 성서를 읽고 의미를 체득해야 했기 때문에, 읽기와
쓰기라는 기초 문자 교육의 중요성이 제기되었다.

③ 교육 및 학교의 권한과 운영의 책임을 교회로부터 국가로 이관시키는 결과를
낳았다.

④ 공립학교의 제도화, 지방자치정부의 학교설립 의무화, 의무교육, 교육세
부과, 무상교육의 도입 등과 같이 오늘날 보편적 교육에 관한 아이디어들이
등장했다.

> **참고** 종교개혁기 보편교육 시도
>
> **1. 고타(Gotha) 교육령**
> 독일의 고타 공국에서 1642년에 공포한 교육령이다. 취학의 의무, 교과서의 무상 배부,
> 장학제도, 교과과정, 교수방법 등을 체계적으로 규정하였다. 취학의 의무와 취학에 대
> 한 부모의 의무를 규정한 세계 최초의 교육령이다.
>
> **2. 매사추세츠(Massachusetts) 교육령**
> 1642년 미국의 매사추세츠에서 공포된 교육령이다. 교육이 공교육제도의 형식을 취할
> 것, 부모나 고용주의 교육의 의무를 규정, 지방자치단체의 학교 설립 의무와 의무교육
> 감독권을 인정, 세금으로 무상교육제도를 실시할 것을 규정했다.

Zoom OUT 중세 시대의 교육 종합

구분	스콜라 철학	르네상스 교육	종교개혁기 교육
특징	• 기독교 교리를 이성적 · 논리적으로 설명하려는 것 • 신앙과 이성의 합치점을 찾고자 했음 • 이성적 · 논리적 사고방식의 발달을 불러옴	• 신 중심의 사고에서 벗어나 개인의 자유와 개성을 존중하기 시작함(개인적 인문주의) • 사회개혁과 인간 상호관계의 개선에 주안점을 둠(사회적 인문주의)	• 진보주의 교육사조의 기본이 되는 철학적 관점 • 학습자의 실제 경험을 중시하며 경험과 교육과의 관계를 강조 • 현실에서의 실천 강조와 더불어 실용적 지식의 중요성 강조
영향	• 이성과 논리를 통해 기독교 교리를 설명하고자 한 경향은 이후 르네상스 인문주의 교육의 시발점이 됨	• 고전 학습을 통한 사회개혁 중시 • 대학교육의 시작	• 보통교육사상의 시작 • 고타 교육령과 매사추세츠 교육령에 영향을 줌

03 근대 초기의 서양교육사

❶ 17C 실학주의 교육

(1) 실학주의(리얼리즘) 교육의 특징 [기출] 09, 13 중등

① 교육에 있어 관념적 사고방식보다는 사물에 대한 직접적 경험을 더 중요시했으며, 자연과학적 교과를 중시했다.

② 현실에 대한 객관적 이해와 적응에 많은 노력을 기울였다.

③ 15C 인문주의자들의 문학적 · 심미적인 성향과, 16C 종교개혁가들의 도덕적 · 목적지향적 성향에서 벗어나고자 했다.

④ 지식의 실용적 가치와 백과전서적 교육내용을 강조했다.

(2) 실학주의 교육의 영향

① 영국의 베이컨과 로크의 경험론의 기초가 되고, 체계적인 교육이론으로 조직되어 근대교육의 발전에 공헌하였다.

② 인간의 삶에 필요한 지식을 가르쳐 실생활에 유능한 인물 양성을 교육의 목적으로 했다.

③ 여행, 관찰, 탐구, 실험, 실습 등이 교육활동으로 자리를 잡았고, 그림, 도표, 지도와 지구본 등의 교구가 교육현장에서 본격적으로 사용되기 시작했다.

④ 실학주의는 교육방법에 있어서 근대교육의 출발점이라고 볼 수 있다.

Zoom IN

백과전서적 교육
현실생활에 관련된 교과영역을 모두 가르쳐야 한다는 사상을 바탕으로, 2 ~ 3개의 언어교과, 2 ~ 3개의 수학교과, 3 ~ 4개의 사회교과, 과학 · 철학 · 군사학 · 실과, 예의범절과 관련된 도덕교과 등 25 ~ 30개의 교과과정을 구성하였다.

(3) 실학주의 교육사상가

① 밀턴(Milton, 1608~1704)

    ⊙ 케임브리지 대학에서 공부했으며, 런던에서 귀족자제를 교육했다. 대표 저서로는 『실락원』, 『교육론』 등이 있다.

    ⓒ 인문적 실학주의와 감각적 실학주의에 바탕을 둔 교육사상을 주장하여, 영국에서 중세 이후의 종교적 교육관을 근세적인 것으로 전환시킨 인물로 평가받는다.

    ⓒ 밀턴의 교육사상은 인문주의에서 실학주의로 넘어가는 과도기적 특징을 갖는다.

    ⓔ 교육목적은 시민사회의 정치적 · 경제적 지배계층, 즉 시민혁명을 수행할 수 있는 신사와 신흥귀족을 육성하는 것으로 보았다.

    ⓜ 교육내용으로 일반교양과 정치를 중심으로 한 교육을 제안했다. 관념적 · 추상적인 교육보다 실제적인 교육내용을 강조했다.

    ⓗ 교육방법으로는 학생과 토론을 통해 내용을 이해시키도록 하는 토론식 수업과 전문가의 강연을 통해 지식을 습득시키는 방법을 강조했다.

    ⓢ 아카데미라는 이상적 교육기관을 구상했다. 이 아카데미는 중등학교와 대학교를 겸한 것으로 특권 계층의 자녀들이 수학하는 기관으로 구성되었다.

② 베이컨(Bacon, 1561~1626)

    ⊙ 낡은 관념과 스콜라식 삼단논법을 비판하고, 실험과 관찰을 통해 자연의 일반 법칙을 찾아내는 과학적 귀납법을 새롭게 주장했으며, 감각적 · 경험적 교육사상의 토대를 확립시켰다는 평가를 받는다.

    ⓒ 귀납법을 지식을 얻는 유일한 방법으로 보았으며, 학습지도의 방법 역시 귀납법을 사용해야 한다고 주장했다.

    ⓒ 지식을 관찰 · 실험 · 경험 등을 통해 이해해야 하며 서적에 있는 지식 중심 교수를 지양하고 체험을 통한 지식교육을 중시해야 한다고 보았다.

    ⓔ 자연법칙을 배워서 자연을 지배하는 힘을 갖게 하는 것을 교육의 목적이라 보았으며, 자연현상에 관한 지식은 실제적이고 실생활에 유용한 도구이며, 인간의 행복을 증진시키는 데 유익하다고 주장했다.

③ 코메니우스(Comenius, 1592~1670)

    ⊙ 교육은 외부로부터 무엇을 넣어주는 것이 아니라 인간이 태어날 때부터 가지고 있는 본성과 소질을 개발하여 표출하게 하는 것이라고 보았다.

    ⓒ 자연의 질서에 따른다는 기본 원리에 따라 교육방법과 교과내용을 조직하고, 체계적 교육이론을 제시하였다.

    ⓒ 저서인 『대교수학(大敎授學, The Great Didactic)』을 통해 교육의 목적을 지식을 통한 도덕성 함양과 신앙심을 통해 완전한 삶을 이룩하는 것으로 보았으며, 교육은 일부 상류층이 아닌 모든 인간을 위한 것이라고 보았다.

    ⓔ 합자연(合自然)을 교육의 기본 원리로 보고 감각을 중시하는 직관교육을 주장하였으며, 세계도회와 같은 시각자료를 중시하였다.

1. 코메니우스 교육사상의 기본 원리이다.
2. 자연이 그 형성 과정에서 보편적인 것이 먼저 오고 특수한 것이 나중에 오는 것처럼, 교육에서는 일반원리를 먼저 가르치고 세부·구체적인 것을 나중에 가르쳐야 한다.
3. 자연현상이 언제나 원인이 있고 시기와 순서가 있는 것처럼, 인간 발달의 학습도 각각의 시기와 순서에 따라서, 그리고 근원과 원인에 관련하여 가르쳐야 한다.
4. 자연이 그 형성 과정에서 재료가 먼저 있고 형태가 나중에 오는 것처럼, 추상적인 관념이나 기호를 통해 사물을 가르치기보다 사물에 대한 직접적인 관찰과 경험을 통해 가르쳐야 한다.

  ⓜ 교육내용에서 실용성을 주장하였으나 실제로는 고전교육을 강조하면서 인문주의적 한계를 완전히 탈피하지 못했다는 비판을 받았다.
  ⓗ 본성에 따른 감각적 교육을 서구 유럽에서 최초로 주장했다는 점에서 의미가 있으며, 코메니우스의 교육사상은 이후 루소, 페스탈로치, 프뢰벨 등에 많은 영향을 주었다.
  ⓢ 범지주의(汎知主義, pansophism)
    ⓐ 모든 사람에게 모든 지식을 가르쳐야 한다는 입장이다.
    ⓑ 신이 창조한 모든 사물은 하나이며, 이런 사물을 부분적으로 아는 것은 신을 불완전하게 아는 것이다. 따라서 신과 자연, 인생과 예술에 관한 모든 지식을 백과전서적으로 조직하여 모든 사람에게 가르침으로써 사람들의 지적 수준을 높여야 한다고 주장하였다.
    ⓒ '모친학교 ⇨ 초등학교 ⇨ 라틴어학교 ⇨ 대학'으로 이어지는, 범지적 교육과정에 의한 교육제도를 주장하였으며, 최초의 과학적 학교 단계론으로 불린다.

요약정리 Zoom OUT 실학주의 유형과 특징

구분	특징	학자
인문적 실학주의	• 종래의 인문주의와 마찬가지로 고전에 대한 연구를 중시하였으나, 고전을 실제적인 생활에 이용하고자 한다는 점에서 다름 • 고전 연구의 목적을 고전이 포함하고 있는 사회적·과학적·역사적 지식을 연구하는 데 둠	라블레, 밀턴
사회적 실학주의	• 고전에 바탕을 둔 교육을 배격하고 사회생활의 경험을 교육의 주요 내용으로 하는 교육사상 • 사회생활의 구체적인 경험을 통해 교양 있고 견문이 넓은 사회인, 즉 사회에 유익한 실무자이나 자신의 인생을 행복하게 살아나갈 수 있는 개인을 육성하려 함 • 교육내용으로는 자연과학을 가장 중시하였으며, 학습방법에서도 아동의 흥미를 존중한 실물 관찰과 경험을 강조함	몽테뉴

구분	특징	학자
감각적 실학주의	• 자연과학적 원리와 지식을 이용하여 교육을 향상시키고자 하는 최초의 교육과학운동이었으며, 이 점에서 과학적 실학주의라고 함 • '합자연(合自然)의 원리'에 따라 교육하고자 하였으며, 인간에 대한 과학적 이해를 바탕으로 과학적인 교육의 원리를 정립시키고자 함	라트케, 코메니우스

❷ 18C 계몽주의 교육

(1) 계몽주의 교육의 특징

① 개인주의, 합리주의적 사고, 경험론적 인식론, 자연주의 및 실증주의적 사고를 특징으로 하며, 중세 종교적 전통의 속박으로부터 벗어나 종교·도덕·정치 등의 제반 현상을 이성적으로 비판하고 모든 문제를 합리적으로 해결해야 한다고 주장했다.

② 교육의 일차적인 관심을 개인에 두었으며, 교육의 목적을 개인의 이성적 능력의 발달을 도모하는 것이라 보았다.

③ 교육에 있어 과학적 이론과 방법론을 중시했으며, 인간·사회·자연은 본질적으로 단순하며 미리 정해진 법칙에 따라 작용하는 정교하고 거대한 기계로 보았다.

④ 이성적 사유능력을 길러 종교·정치제도·사회구조 등에 내재하는 모든 종류의 권위로부터 자유로울 수 있는 인간을 기르는 것이다.

⑤ 교육의 주안점을 개인의 이성적 사유능력을 신장시켜 종교·정치제도·사회구조 등을 비판적으로 바라보는 능력을 함양시키는 데 두었다.

(2) 교육내용 및 방법

① 과학을 중심으로 한 교과목들에 비중을 두고, 교육방법에서도 객관적인 관찰·경험과 합리적 이성능력을 의존하는 방향으로 전개되었다.

② 교육을 통한 사회 개조 및 역사적 진보의 가능성을 확신했으며, 인간의 이성에 대한 신뢰와 교육만능론을 뒷받침하는 근거가 되었다.

(3) 계몽주의 교육의 영향

① 교육에서 과학적 교육이론과 방법론의 발전에 많은 영향을 끼치고, 자연과 경험을 중시하는 자연주의적 경향을 형성하였다.

② 유럽 각국에 끼친 영향

영국	프랑스	미국
• 초등단계에 해당하는 일요학교, 유아학교 등이 설립됨 • 18C 말 스미스(Smith)와 맬서스(Malthus)가 주장한 국가 주도의 보통교육에 영향을 줌	• 샬로테, 콩도르세 등에 의해 국가에 의한 국민교육과 무상 공교육을 원칙으로 한 보통교육제도 원리가 구체화됨 • 1882년 의무교육제도를 명시한 교육법 개정을 통하여 역사상 처음으로 무상 보통교육제도를 확립	• 교육은 각 주정부가 담당할 것을 원칙으로 하였으며, 국민을 위한 교육의 중요성을 강조하고 의무적으로 공립학교를 설치함 • 매사추세츠 주에서는 일찍부터 공교육체제를 정비하여 초 · 중등학교를 설립하고 시의 재정으로 학교를 운영함

(4) 계몽주의 교육사상가 [기출] 08 중등

① 로크(Locke, 1632~1704)

ㄱ 로크는 백지설을 주장하였는데, 인간은 태어날 때 백지 상태로 태어나며 모든 지식은 성찰의 산물로서 후천적으로 획득되는 것으로 보았다.

ㄴ 교육의 목적을 훈련을 통한 습관의 형성으로 이해했으며, 체육 · 덕육 · 지육을 통해 건전한 인격을 갖춘 신사(gentleman)를 양성해야 한다고 주장했다.

[참고] 삼육론

1. 개념
로크의 삼육론은 신사를 양성하기 위한 구체적인 방안이었다.

2. 종류
① **체육론**: 인간의 정신은 경험을 통하여 형성되고, 경험은 신체의 건강을 전제로 한다는 것을 역설하며 건강과 행복의 관련성을 강조했다.
② **덕육론**: 감각적 욕망을 억제하고 이성에 따라 행동할 수 있는 능력을 기르는 것으로 신사도에서 가장 중요한 것으로 여겼다.
③ **지육론**: 도덕심이 없는 사람에게 지식은 오히려 악용될 수 있기 때문에 덕이 지식에 앞서야 한다고 주장했다. 지육의 목적은 지식을 단순히 전수하는 것이 아니라 지식을 구하고자 하는 탐구심을 기르고 사고하는 습관을 기르기 위한 것으로, 교육내용은 백과전서적 지식을 주장했다.

ㄷ 경험을 통해 어떠한 학습도 가능하다고 보았으며, 교육의 가능성을 크게 확장시켰다.

ㄹ 교육을 통해 어떤 유형의 인간도 길러낼 수 있다는 교육만능론적 사고를 확산시켰다.

ㅁ 인간의 심적 능력을 훈련을 통해 단련시키고 발달시킬 수 있다는 로크의 이론은 형식도야설의 이론적 근거가 되었다.

개념확대 ⊕
Zoom IN

형식도야설(形式陶冶說)
• 신체훈련을 통해 근육을 단련시키듯 연습을 통해 인간의 심적 능력을 단련시킬 수 있다는 이론이다.
• 인간 정신능력을 개별적으로 개발한 뒤 그것을 합함으로써 인간 형성이 가능하다고 한 능력심리학에 기반을 두고 있으며, 전이 능력을 강조한다.
• 형식도야설은 내용보다 형식을, 결과보다 과정을 중시하는 특징을 갖는다.

개념확대 ⊕
Zoom IN

루소의 교육의 원리
루소는 교육의 원리로 '성장의 원리,
아동활동의 원리, 개별화의 원리'를
주장하며 아동의 흥미와 경험을
중시하는 아동중심 교육의 기틀을
마련하였다.

② 루소(Rousseau, 1712~1778) [기출] 05, 07 중등 / 06 초등

　⊙ 자연과 사회에 대한 이분법적 이해, 즉 자연은 선하고 사회는 악하다는 근본
　　명제에서 출발하며, 인간의 본성은 그 자체로서 선하며 완전하다는 성선
　　설적 관점에서 출발한다.

　ⓛ 개인의 자연적인 본성을 잘 보전하고 사회적 제약으로부터 벗어나 자기 자
　　신의 삶을 살아가는 자연인의 육성을 교육목적으로 했다.

　ⓒ 루소에 있어 자유인은 야만인이 아니라 자신에게 주어진 천부적인 본성의
　　법칙에 따라 통제되고 지도되는 인간을 의미하며, 자연인의 육성을 위해
　　교육은 외부적인 강제에 의해서가 아니라 자연적 성장과정에 맡겨져야 한
　　다고 보았다.

　ⓔ 완전한 교육은 자연, 인간, 사물에 의한 교육이 일치하는 것으로 이를 위
　　해서는 인간 및 사물에 의한 교육을 자연에 의한 교육에 되도록 일치시켜
　　야 한다고 주장했다(합자연 원리에 의한 교육).

　ⓜ 교육은 아동의 흥미와 적성에 따라 이루어져야 하며, 교사는 아동의 자연
　　스런 성장이 구속받지 않도록 보호하고 지켜줘야 한다고 주장했다.

　ⓗ 루소의 교육사상은 종래의 교사 중심의 권위적이며 지식 위주의 주입식
　　교육의 전통적 교육의 틀을 탈피하여 아동의 흥미와 경험을 중시하는 아동
　　중심주의 교육의 기틀을 마련했으며, 19C 새교육운동과 20C 미국의 진보
　　주의 교육이론의 형성에 큰 영향을 미쳤다.

[참고] **루소의 교육단계**

1. 유년기(1 ~ 5세)
① 신체교육단계로, 체육이 중요시된다. 유아의 신체를 구속하지 말고 자유롭게 움직일
　수 있도록 방임함으로써 신체의 발달을 도와야 한다.
② 유아들의 잘못을 인위적·강제적으로 교정하기보다는 잘못이 자연적으로 교정될 때
　까지 기다리는 것이 좋다.
③ 인격형성의 기초가 되는 시기로써 이때 어머니의 가정교육이 중요하다.

2. 아동기(5 ~ 12세)
① 신체와 감각의 훈련이 중요한 단계로, 도덕적 훈련은 자연에 맡겨 자신의 행동의
　결과를 경험하게 해야 한다.
② 아동기의 소극적 교육은 '덕이나 진리'를 가르쳐주는 것이 아니라 경험과 체험을 통
　해 자연스럽게 체득하도록 해야 한다.
③ 아동은 이 시기에 잘못된 관념에 물들지 않도록 사회로부터 격리된 자연적 환경 속
　에서 교육받아야 한다.

3. 소년기(12 ~ 15세)
① 지육이 중요한 단계로, 기성사회의 지식을 일방적으로 전달하는 것이 아니라 자신의
　경험 속에서 스스로 배우고 발견할 수 있도록 해야 한다.
② 이 시기에 소년은 지적 호기심이 생겨나는 단계이며, 소년이 자신의 경험 속에서 스
　스로 배우고 발견할 수 있도록 해야 한다(발견학습).
③ 로빈슨 크루소만이 독서의 대상으로 허용되며, 사물과 세계만이 교육대상이 될 수
　있도록 독서는 금지된다.

④ 정신적 훈련과 신체적 훈련의 조화를 위해 노작활동이 제시되며, 인간의 의무로서 일과 직업에 대한 안내가 이루어진다.

4. 청년기(15 ~ 20세)
① 덕육을 중요시해야 하는 단계이며, 인생의 도덕적 · 종교적 · 사회적 기초를 형성할 수 있도록 하는 시기이다.
② 도덕적 인성의 훈련은 타인과의 접촉, 교사의 모범, 역사적 위인들의 교훈을 통해서 이루어지도록 하고, 종교교육은 18세 이후에 하며, 남성과 여성의 역할 및 사회관계를 배우도록 한다.

③ 칸트(Kant, 1724~1804)
　㉠ 칸트는 '목적적 존재로서의 인간관', 즉 인간은 그 자체가 수단이 아닌 목적이며, 목적으로 존중되어야 할 인간은 교육을 통해 인간성의 완성을 이룰 수 있다고 보았다.
　㉡ 인간성의 완성, 모든 인간이 존중받는 최선의 세계, 즉 휴머니즘이 실현된 세계를 구현해 나가는 것이 교육의 목적이 되어야 한다고 주장했다.
　㉢ 칸트는 인간은 태어난 그대로 자립이 불가능하기 때문에 교육을 필요로 한다고 보았으며, 교육을 통해서만 인간다운 존재가 될 수 있다고 보았다.

> **참고** 범애주의(philanthropinism) 교육사상
>
> #### 1. 개념
> ① 18C 말 ~ 19C 초반에 인류애의 실현을 목표로 기독교적 박애주의 사상을 주창한 사상적 기조이다.
> ② 주요 학자로는 바제도우(Basedow) 등이 있으며, 이 운동은 이후 페스탈로치의 교육사상에 많은 영향을 주었다.
>
> #### 2. 교육개혁운동
> ① 범애주의는 독일과 스위스를 중심으로 루소의 교육사상을 실천하고자 했던 교육개혁운동이며 신체단련, 모국어학습, 노작 등 실제적 도움이 되는 교육내용을 위주로 하였다.
> ② 놀이, 여행과 같은 직접경험, 실물과 그림에 의한 개념학습, 회화 위주의 언어교육 등을 강조하였으며, 종교나 계층과 관계없이 모든 어린이들이 학교에 다닐 수 있도록 해야 한다고 주장하였다.
> ③ 계몽주의자들과 마찬가지로 교회가 아닌 국가가 학교를 관리할 것을 주장하였다.
>
> #### 3. 범애학교
> ① 범애학교는 부자의 자제에게는 수업료를 받고 일반교육을 실시하였으며, 가난한 학생들에게는 '조수'라는 이름 아래 약간의 급료를 지급하고 교사가 될 때까지 훈련시켜 양성하는 것이 특징이었다.
> ② 고전학습의 양은 되도록 줄이고, 인체, 식물, 동물, 광물 등의 자연과학적 지식을 주로 교육내용으로 하였으며, 실물과 모형을 통해 가르쳤다.
> ③ 자연주의 교육원리에 따라 운영되었으며, 18세까지의 학생을 수용하는 형태의 기숙학교였다.

❶ 19C 서양교육사

(1) 근대적 민족국가와 국가교육제도의 시작

① 민족 단위의 국민국가가 형성되고 국가들마다 직접 학교를 설립하여 국가에 충성하고 봉사할 수 있는 국민을 양성하고자 하였다.

② 민족국가의 출현으로, 모든 국민을 대상으로 하는 보통, 공민, 의무교육의 필요성이 대두되었다.

③ 국가주의 교육사상은 국가가 교육을 지원하고 관리하는 공교육제도와 의무교육제도의 발달에 가장 큰 영향을 주었다.

(2) 신인문주의 교육

① 교육을 지식을 주입시키는 인위적인 과정이 아니라 인간의 본성 속에 선천적으로 있는 능력을 계발하는 것으로 보았다.

② 교육학의 기초로서 심리학 연구가 활발히 전개되어 실험교육학, 발달심리학, 아동심리학 등이 차례로 나타났다.

③ 교사의 일방적인 주입과 훈련을 강조하는 전통적인 교육에서 탈피하여 아동의 흥미와 과학적인 학습방법을 통해 교육하고자 했던 19C의 새로운 교육 운동이다.

   ㉠ 교실의 분위기와 교수방법, 교수훈련을 개선하고 교육의 본질에 관한 새로운 이해를 형성하는 데 기여했다.

   ㉡ 무시되었던 아동에 대한 이해와 연구가 시작되었으며 아동에 대한 실제적인 경험자료를 바탕으로 교육실천이 이루어졌다.

   ㉢ 기존 교육이 중등교육이나 고등교육에 관심을 두는 반면, 19C에는 초등교육에 새로 관심을 집중하였다.

④ 페스탈로치(Pestalozzi), 헤르바르트(Herbart), 프뢰벨(Fröbel) 등은 심리학의 발달을 교육의 실제와 이론에 적용하는 데 크게 공헌하였다.

⑤ 르네상스 인문주의와의 차이점

   ㉠ 교육에서 신인문주의는 르네상스 시기에 등장하였던 인문주의와 기본적인 특징은 같으나, 주정주의적(主情主義的) 입장에서 고전문화를 해석하고 중시하는 데서 차이가 있다.

   ㉡ 르네상스 인문주의가 라틴 문화의 형식만을 모방하여 형식적 언어주의와 키케로주의에 빠졌던 것과 달리, 신인문주의에서는 그리스 문화의 정신과 내용 속에 깃들어있는 세계관과 인생관을 올바로 인식하고, 그를 통해 참된 인간성의 실현을 추구하는 교육을 이루고자 하였다.

(3) 근대적 교육제도의 시작 [기출] 05 중등

① 영국 교육제도의 변화

- ⊙ 산업혁명으로 큰 공장이 많이 설립되어 부녀자와 나이 어린 노동자가 취업 하면서 비숙련공의 교육, 소년 노동자의 취업에 따르는 교육, 부녀자의 취업에 따른 유아교육 등의 문제가 사회적으로 심각하게 제기되었다.
- ⓛ 빈민 구제를 위한 자선적 성격의 교육기관들이 등장하기 시작했으며, 교육 제도를 갖추는 데 많은 도움을 주었다.
- ⓒ 자선학교는 중·상류 계층의 기부금으로 운영되었으며, 빈민 아동을 대상 으로 하는 초등교육을 중심으로 발전하였다.

② 프랑스 교육제도의 변화

- ⊙ 19C 초 나폴레옹의 통치하에서 중앙집권적인 교육행정체제를 갖추기 시 작했다.
- ⓛ 전국을 17개의 대학구로 나누고 교육행정과 학교제도의 기초를 확립하였 으며 1828년 교육부를 만들어 교육제도 전반을 관리하도록 했다.
- ⓒ 서민층의 유아들을 돌보기 위한 유아보육기관이 교회나 자선단체에 의해 18C 말부터 설립되기 시작했으며, 1881년에 유치원(l'école maternelle)이 법률로 인정되었다.
- ② 1882년 의무교육이 법률로 제정되었으며, 6 ~ 13세까지를 의무교육의 연한 으로 규정했다.

③ 미국 교육제도의 변화

- ⊙ 잭슨 대통령 시기(1829~1837)에 노동자 계급의 교육적 요구를 받아들여 초등단계의 공교육제도를 확장하기 시작했다.
- ⓛ 펜실베이니아 주에서 1834년 무상학교법(free school law)에 따라 공립 무상학교가 시행되었으며, 다른 주에서도 공립학교의 무상주의를 주 교육 법에 규정하기 시작했다.
- ⓒ 취학의무제가 추진되었으며, 1852년 매사추세츠 주의 교육법에 명시되면 서 시작되었다.

(4) 19세기의 주요 교육사상가

① 페스탈로치(Pestalozzi, 1746~1827) [기출] 06 중등 / 10 초등

- ⊙ 스위스 출생이며 1774년 노이호프에 빈민학교를 설립하여 빈민 아동들과 고아들을 교육하였다. 이후 79세가 되어 은퇴할 때까지 여러 지역을 돌며 고아원과 빈민학교, 농장 등을 경영하며 교육가로서의 삶을 살았다.
- ⓛ 루소와 마찬가지로 인간의 자연적 본성은 선한 것이라는 입장을 취하고 교 육에서 합자연의 원리를 주장하였으며, 루소의 자연주의 교육관을 좀 더 구체화시켜 적용하고자 했다.
- ⓒ 인간을 도덕적 상태로 변화시키는 것, 즉 인간이 자신의 고유한 결단으로 인격의 도야와 완성을 추구해 나갈 수 있도록 하는 것을 교육의 목적으로 보았으며, 이는 삼육(三育, 3H; Head 지적 능력, Heart 정의적 능력, Hand 신체적 능력)을 조화롭게 발달시키는 것을 의미한다.

개념확대 ⊕
Zoom IN

미국의 공립무상교육

- 미국의 근대적 의무교육제도의 시작은 1852년 매사추세츠 주의 교육법에서 출발했으며, 이후 미국의 다른 주에서도 매사추세츠 주의 예를 따라 의무교육제도를 공포하였다.
- 그러나 19C의 의무교육제도는 각 주마다 연간 12주간의 의무교육제를 규정하는 것이 보통이었으며, 오늘날과 같은 초·중등학교에 이르기까지의 완전한 의무 무상교육제는 20C 초에 이르러서 이루어지게 되었다.

② 인간의 조화로운 발달을 위해 수(數)·형(形)·어(語)를 교육의 내용으로 가르쳐야 한다고 보았으며, 사물을 파악하는 것은 직관적으로 해야 한다고 보았다.

⑩ 인간은 평등하고 교육을 통해 누구나 발전될 수 있으므로 누구에게나 교육의 기회가 주어져야 하며, 특정한 신분이나 직업을 가진 인간을 만들기보다는 인간성을 충분히 실현시키는 것을 목표로 삼아야 한다고 주장했다.

⑪ 빈민교육을 강조하면서 그들의 경제적 자립을 도와 개인의 행복한 삶을 이루도록 돕는 민중교육의 이념을 제기하였다.

⑫ 교육방법 및 교육원리

ⓐ 노작교수의 원리: 작업 및 수공업 활동을 통한 교육뿐만 아니라 신체적 발달을 위한 정신적 활동까지 포함한다.

ⓑ 직관교수의 원리: 아동의 자발적 활동을 중시하고 물체와 경험을 통한 직관적 교육이다.

ⓒ 합자연의 원리: 루소의 교육사상을 수용한 것이며 자발성의 원리와 방법의 원리를 하위 원리로 제시하였다.

• 자발성의 원리: 아동의 자연적 욕구를 발전시키는 것이며 주입식 방법이 아닌 계발식 방법을 통해 발전시켜야 한다.

• 방법의 원리: 모든 교육활동을 무율(無律)-타율(他律)-자율(自律)로 전개되는 인간성의 전개 단계에 따라서 진행한다.

ⓓ 사회의 원리: 개성의 존중과 함께 사회생활의 교육적 의의를 강조한다.

ⓔ 균형의 원리(조화의 원리): 도덕적·윤리적, 지능적·정신적, 신체적·기능적인 인간의 선천적인 세 가지 능력을 조화롭게 발전시키는 삼육을 통한 전인적 발달을 이루어야 한다.

⑬ 페스탈로치 교육의 의의

ⓐ 민중교육의 이념을 제시하였으며, 이후 진보주의 교육철학에 큰 영향을 주었다.

ⓑ 루소로부터 차용한 자연주의 교육이념을 실제 교육방법으로 구현하는 데 큰 역할을 하였으며, 이는 현대 교육심리학에 기초한 각종 교수법의 개발에 큰 자극이 되었다.

ⓒ 아동중심주의 교육을 보편화시키는 데 중요한 역할을 하였으며, 현대 유아교육의 기초가 되는 자발성의 원리, 개별화의 원리, 사회화의 원리를 확립시켰다.

② 피히테(Fichte, 1762~1814)

㉠ 국가의 위기를 극복하기 위한 길은 교육뿐임을 강조하며 국민교육을 주창하고 교육을 통한 인간성의 개조와 교육의 개혁을 주장했다.

㉡ 교육의 목적을 인간성을 고양하며 협동적인 상호작용을 통하여 도덕적·사회적 자기형성을 성취하도록 하는 것으로 보았다.

ⓒ 국가적 목적을 위해 개인의 모든 것을 희생하는 것이 아니라 개인과 국가의 이상적 상호 관계를 규정함으로써 양자를 통일하려 하였다.

ⓔ 옛 교육은 교회의 산물이었으나 새로운 교육은 국가의 사업으로서 운영되는 교육이어야 한다고 보았으며(죄인으로서의 어린이 ⇨ 어린이의 의지적 활동 존중), 새로운 교육은 어린이의 시야를 넓혀 바른 지식을 얻게 하고 근로의 정신과 습관을 길러 구성원으로서의 현실적 역할을 충실히 수행할 수 있도록 해야 한다고 보았다.

ⓜ 1807년 독일에 교육국이 신설되는 등 교육 실제에 크게 영향을 미쳤으며 학교제도의 정비와 발전을 가져왔다.

③ 헤르바르트(Herbart, 1776~1841) [기출] 10 중등

ⓐ 교육의 목적을 도덕성의 함양에 두었으며, 도덕적 품성은 다섯 가지 기본 이념이 서로 결합되어 실현된다고 보았다.

참고 ┃ 헤르바르트의 다섯 가지 도덕적 품성(5도념)

1. 내적 자유의 이념

내적 의지에 실천하는 자유가 도덕적 통찰과 합치된 상태로, 칸트의 실천이성과 비슷한 개념이다.

2. 완전성의 이념

고대 그리스 철학의 균형과 조화 개념에서 차용했으며, 하나의 의지가 강인함, 충실성, 조화 등의 조건을 구비한 완전한 상태를 갖췄음을 의미한다.

3. 호의의 이념

하나의 의지가 다른 사람의 의지에 대해 최선을 다하는 것으로, 사람들이 타인의 의지를 배려하면서 행동을 하는 것을 의미한다.

4. 정의의 이념

처벌이나 상벌에 대한 교육적 대응을 의미하며, 일정한 의지에 따른 행동에 대해 그에 상응하는 보상 또는 처벌이 뒤따라야 한다는 것이다.

5. 권리의 이념

재산 또는 사회제도와 관련된 것으로 타인의 의지를 자신의 의지와 같은 수준에서 존중하는 것을 의미한다.

ⓑ 윤리학과 심리학을 기초로 하여 하나의 독립된 학문으로서 과학적 교육학을 수립하였다.

ⓒ 교육의 목적을 윤리학에서 구하고 교육방법의 원리를 심리학에서 찾아야 한다고 보았으며, 과학적인 학문으로서 교육학의 독립적 영역을 구축하는 데 크게 기여했다.

ⓓ 후대 교육학자들에게 큰 영향을 주었으며, 헤르바르트 학파라 불리는 학자들을 양성했다.

ⓜ 교육방법

단계	방법
관리	• 교수의 전 단계로 아동의 자연적·맹목적인 욕망과 충동을 통제하여 일정한 질서를 유지하기 위한 교육방법 • 교수나 훈육이 효과적으로 이루어질 수 있는 바탕을 마련하는 것으로, 아동에게 작업을 시키거나 명령과 금지, 위협과 벌, 권위와 사랑 등 외적인 수단을 사용하는 방법이 있음
교수 (수업)	교육목적을 달성하기 위한 최선의 방법으로 개인의 사고를 형성하고 감정과 의지를 일으키고 도덕적 품성을 육성하기 위한 교육방법
훈육	• 직접적으로 도덕적 품성을 도야하는 방식 • 교수가 교재라는 매개체를 통하여 도덕적인 품성을 도야하는 반면, 훈육은 매개체 없이 직접적으로 아동의 내심에 영향을 끼쳐 그 심정과 성격을 도야하는 교육활동 • 훈육의 방법에서 가장 중요한 것은 교사의 모범임

ⓗ 아동의 다면적 흥미를 중시하였으며, 교수 4단계설을 통해 구체적인 교수 이론을 정립하였다.

참고 헤르바르트의 교수 4단계

1. **명료화**
   ① 아동에게 주제를 명료하게 제시하는 단계이다.
   ② 아동이 대상에 몰입하고 새로운 개념과 문제를 명확히 인식하도록 하는 것이다.

2. **연합**
   ① 아동이 새로운 주제를 이전에 배운 것들과 관련지어 해석·이해할 수 있도록 하는 단계이다.
   ② 교사가 새로 가르치는 내용은 아동이 이미 학습한 내용과 반드시 관련이 있어야 하며, 새로 가르치려는 내용을 아동이 이해할 수 있는 방식으로 부단히 아동의 기존 지식과 관련지어 해석함으로써 그것을 이해할 수 있도록 노력해야 한다.

3. **조직(계통)**
   ① 새로 배운 내용을 기존의 지식체계 내에서 적절히 자리 잡도록 하는 것이다.
   ② 새로 배운 내용의 구성요소를 명확하게 구분하고, 그것을 기존의 지식과 관념체계에 일관되게 조직하도록 해야 한다.

4. **방법**
   ① 새로 얻은 지식과 주제를 활용하여 새로운 문제에 적용할 수 있는 능력을 기르는 연습의 과정이자 새로운 내용을 올바르게 배웠는가를 확인하기 위한 과정이다.
   ② 교사는 아동이 연습과정을 경험할 수 있는 학습상황을 제시하고 아동은 교사가 제공하는 문제를 풀어보는 연습과정을 통하여 자신이 학습한 일반적인 원리를 얼마나 이해하고 있는지를 확인할 수 있다.

④ 프뢰벨(Fröbel, 1782~1852)
　　㉠ 독일 튀링겐 지방의 한 산촌에서 목사의 아들로 태어났으며, 페스탈로치의
　　　교육사상에 큰 영향을 받았다.
　　㉡ 인간과 교육의 사명은 인간에게 내재한 신성을 충분히 발휘해 나감으로써
　　　본래적인 선을 추구하며 신성한 삶을 살아갈 수 있도록 하는 데 있다고 보
　　　았다.
　　㉢ 인격의 원만한 발달을 위해서는 아동의 초기 경험이 중요하다고 주장했다.
　　㉣ 유치원 교육의 목적을 유아들이 지니고 있는 본성을 자기활동을 통해 자연
　　　스럽게 표현하고 발달시키는 것으로 보고, 다양한 놀이를 통해 아동의 신
　　　체를 튼튼하게 만들고 감각기관을 연습시키며 관찰력과 활동성을 길러주
　　　어야 한다고 보았다.
　　㉤ 유아교육의 원리
　　　ⓐ 발달순응의 원리: 인간은 신이 준 내부로부터의 고유한 질서에 따라
　　　　발달하므로, 규정적·명령적 교육으로 어린이의 본성에 따른 자연스러운
　　　　발달을 간섭해서는 안 된다.
　　　ⓑ 자기활동의 원리: 교육은 아동의 창조적인 자기활동을 도와주어야 한다.
　　　ⓒ 놀이의 원리: 어린이에게 놀이는 단순히 신체나 손발의 감각을 키우는
　　　　것만이 아니고 정신과 감정의 도야를 이루기 위한 것이다.
　　　ⓓ 노작의 원리: 노작은 인간 생명의 창조적이며 본질적인 활동으로 어떤
　　　　활동을 위한 수단이 아니라 그 자체가 목적인 활동이다.

❷ 20C 서양교육사

(1) 사회·문화적 배경
① 정치적 측면에서는 민주주의가 발전·확산되었으며, 개인주의의 확산도 함께
　이루어졌다.
② 그동안 교육에서 소외되었던 계층들, 특히 여성, 소수민족 등의 지위가 향상
　되었다.
③ 경제적 측면에서는 자본주의의 발달과 산업화의 가속화 등으로 인해 물질만
　능주의 현상을 낳았고 빈부격차를 비롯한 사회갈등이 심화되고 있다.
④ 과학기술적 측면에서는 과학기술과 의술의 발달로 인류의 평균수명이 점점
　연장되고 있다.
⑤ 문화적 측면에서는 문화적 다원주의가 확산되면서 대중문화가 크게 발전하였다.
⑥ 상대주의와 허무주의의 확산으로 기존 규범과 전통이 붕괴되기 시작했다.

(2) 20C 현대 교육의 특징
① 교육의 기회균등과 의무교육의 확충, 남녀공학 등이 국가의 대표적인 정책이
　되었다.
② 학교교육을 중심으로 한 국민교육제도의 보편화가 이룩되었다.

③ 교육기회의 균등한 분배가 확산되었다.

④ 교육의 질적 향상이 이루어졌으며, 대부분의 국가에서 의무교육이 시행되었다.

⑤ 아동중심주의 교육 및 학습자중심 교육으로의 변화가 이루어졌다.

    ㉠ 20C 전반 미국에서 전개된 진보주의 교육운동에 의해 본격적으로 추진되었다.

    ㉡ 기본 원칙은 학습자의 인격과 자유를 보장하고 아동의 자율적 판단능력을 함양하여 성숙한 인간으로 육성하는 데 있다.

    ㉢ 지식교육을 하는 데 있어서도 아동의 흥미와 관심의 존중이라는 방법론적 원칙을 받아들이게 되었다.

(3) 20C 교육사상가

① 듀이(Dewey, 1859~1952) [기출] 03, 06 중등 / 12 초등

    ㉠ 실용주의 철학에 입각하여 진보주의 교육이론을 전개했다.

    ㉡ 교육은 '계속적인 경험의 재구성'이며, '끊임없는 성장의 과정'이라고 보았다.

    ㉢ 교육은 미래의 삶을 준비하기 위한 수단이 아니라, 그 자체가 의미 있는 삶의 활동으로 아동의 계속적인 성장을 도와주는 과정이라고 주장했다.

    ㉣ 교육에 있어 아동의 개인적 특성에 대한 이해를 강조하면서도 인간의 성장 발달은 사회적으로 구성되는 과정이라고 보았으며, 교육의 과제는 개인의 특성과 사회적 목적을 조화시키는 데 있다고 보았다.

    ㉤ 학교는 아동의 다양한 능력과 흥미가 조화롭게 표현될 수 있는 공간이어야 한다고 보았다.

    ㉥ 교육방법의 기본 원리로서 아동의 흥미와 경험을 바탕으로 한 창의적 문제해결능력의 함양을 강조했다.

② 닐(Neill, 1883~1973)

    ㉠ 1924년 영국의 레이스턴에 서머힐 학교(Summerhill School)라는 실험학교를 설립하여 운영하였다.

[참고] 서머힐 학교

1. 아이들에게 진정한 자유를 허용하며 행복한 생활을 보장하는 학교를 만드는 것을 목표로, 학교를 아이들의 요구에 맞추어 운영하였다.
2. 운영방식에서는 모든 것을 어린이의 자유로운 선택과 결정에 맡겼다.
3. 남에게 방해가 되지 않는 한 자기가 하고 싶은 일을 마음대로 할 수 있으며 일체의 강제나 억압을 배제했다.
4. 학교생활에 필요한 최소한의 규칙은 학생과 교직원이 동일한 한 표를 행사하는 학교 총회에서 결정한다.

    ㉡ 인생의 궁극적인 목적과 교육의 목표는 행복의 발견과 그 준비에 있다고 보았다.

    ㉢ 어린이의 본성은 선하다는 확고한 신념을 갖고, 행복은 내적 건강과 균형, 생에 대한 충족감 등을 뜻한다고 보았다.

③ 프레이리(Freire, 1921~1997)
  ㉠ 인간의 사회적 목표는 각 개인이 자유로운 행동인으로서 세계를 인간화하는 것이며, 교육은 자유로운 행동인이 될 수 있도록 도와주는 활동이라고 보았다.
  ㉡ 인간은 자신의 의지와 행동에 따라 세계를 변화시킬 수 있는 존재로 보았다.
  ㉢ 의식의 발달 4단계
    ⓐ 본능적 의식 단계: 문제의식이 없는 상태이다.
    ⓑ 반본능적 주술적 의식 단계: 상황을 주어진 것으로 받아들인다.
    ⓒ 반자각적 의식 단계: 대중적 의식 단계로, 심리 조작이 쉽게 가능하다.
    ⓓ 비판적 의식 단계: 비인간적 사회구조에 대한 격렬한 비판의식과 변화를 위한 의지와 실천 노력을 보인다.
  ㉣ 의식화의 단계 발전을 이루기 위해서는 문제제기식 교육과 학습이 필요함을 주장했다.
  ㉤ 일상적인 사회현실에 대해 교사와 학생이 동등한 자격으로 자유롭게 대화와 토론을 실시할 수 있는 문제제기식 교육을 주장했으며, 종래의 교육을 은행예금식 교육이라 비판하였다.

요약정리 Zoom OUT 19 ~ 20C 주요 교육사상가 정리

구분	주요 관점	교육목적	교육방법
루소	• 자연주의 • 성선설적 관점	자연인의 육성	• **유년기**: 신체적 발달 • **아동기**: 신체와 감각의 훈련, 체육 강조 • **소년기**: 지육 강조, 경험 속에서 스스로 배우게 해야 함 • **청년기**: 인생의 도덕적, 종교적·사회적 기초를 다지는 단계, 덕육 중시
페스탈로치	• 자연주의 • 성선설 • **교육내용**: 수, 형, 어 • 빈민교육을 강조	인격도야를 통해 인간을 도덕적 상태로 변화시키는 것	• 노작교수의 원리 • 직관교수의 원리 • 합자연의 원리 • 생활공동체의 원리 • 균형의 원리
헤르바르트	• 주지주의 • 과학적 교육학 수립	5도념의 계발을 통한 도덕성의 함양	• 명료화 • 연합 • 조직 • 방법
듀이	• 실용주의 철학 • 진보주의 교육이론	• 아동의 계속적인 성장 • 개인의 특성과 사회적 목적의 조화	• 경험을 통한 학습 • 문제해결학습 • 프로젝트법(킬패트릭) • 협력학습

Chapter 05

한국교육사

설쌤의
Live Class 🎙️

한국교육사를 다루는 다섯 번째 챕터에서는 한국교육의 사상과 제도가 역사적으로 어떻게 변해 왔는지에 대해 다루고 있습니다. 한국교육사에서는 과거제도나 학교제도와 같은 **중요한 교육 제도의 변화와 시대별 주요 교육사상**에 초점을 두며 이해해 봅시다. 이러한 교육사상의 특징을 이해하고 **현대에 어떠한 시사점을 줄 수 있는지** 생각하며 학습해 보세요.

핵심 Tag

과거제도

- 고려와 조선은 과거제도를 통해 개인의 혈통이 아닌, 학업 성취를 기준으로 관료를 선발함
- 관료 선발에 있어 중앙정부가 관학의 교육과정과 시험 과목 및 유형, 내용을 관장함
- 지배 엘리트인 관료를 세습으로 보장하지 않고 능력을 존중하는 과거시험 제도로 다양한 계층에서 관료를 선발하고자 함

조선 전기 학교제도의 특징

- 서울에 성균관(成均館)과 사학(四學)을, 지방에는 부·목·군·현마다 향교(鄕校)를 설치
- 지방관의 7가지 주요 임무인 수령칠사(守令七事)에 학교흥(學校興) 조항을 넣어, 지방관들 에게 각 담당 지역의 교육을 진흥시키도록 함

조선 후기 실학자들의 교육개혁론

- 학교제도와 과거제도 간의 연결성 강화
- 이상적인 선발제도는 학교교육에 기반한 추천, 즉 공거(貢擧) 제도라고 주장
- 시험제도인 과거제(科擧制)와 추천제도인 천거제(薦擧制)를 병행하는 절충적인 관료선발제도 개혁안 제시

조선 후기 성리학의 주요 논쟁

- 사단칠정론
- 주리론, 주기론
- 인물성동이 논쟁

01 삼국 - 고려 시대의 교육

❶ 삼국 시대의 교육

(1) 고구려의 교육

① 372년(소수림왕 2년)에 중국의 전진(前秦)으로부터 불교와 유학을 받아들이고, 373년(소수림왕 3년)에 율령(律令)을 반포하여 고대국가체제를 완성하였다.

② 주요 교육기관으로는 태학(太學)과 경당(經堂)이 있었다.

③ 태학
  ㉠ 372년에 설립했는데, 고구려의 중앙교육기관이며 우리나라 역사상 최초의 유교식 학교이다.
  ㉡ 주로 유학 경전을 가르쳤으며, 학생들은 주로 왕족이나 중앙의 귀족 자제들이었다.

④ 경당
  ㉠ 민간에 설립되어 평민 자제들에게 교육을 실시했던 민간교육기관이다.
  ㉡ 문·무를 모두 가르쳤던 교육기관이다.
  ㉢ 주요 교육내용으로는 『시경』, 『서경』, 『주역』, 『예기』, 『춘추』를 비롯한 오경(五經)과 역사서, 문선(文選)을 비롯한 문학서였다.

(2) 백제의 교육

① 백제는 학교제도에 관한 기록은 존재하지 않지만, 박사제도가 존재했으며 왕인, 고흥 등의 박사가 존재했다는 것으로 보아 유교식 학교가 존재했을 가능성이 높다.

② 오경박사: 한나라에서 유래한 제도로 유학교육의 주 교재였던 오경을 전공한 박사이다.

③ 전업박사: 천문, 지리, 의학, 율학 등 유학 이외의 여러 전문기술을 담당했다.

(3) 신라의 교육

① 사회적 변화
  ㉠ 내물마립간(356~402) 시기에 김씨 가문의 왕위 독점계승을 확립했다.
  ㉡ 지증왕(500~514) 시기에 국호를 '신라'로 확정했으며 최고지도자 칭호를 '왕'으로 정했다.
  ㉢ 법흥왕 7년(520년)에 율령을 반포했으며, 법흥왕 14년(527년)에 불교를 공인하면서 고대국가체제를 완성했다.

② 화랑도 기출 11 중등
  ㉠ 진흥왕 37년(576년)에 등장한 신라 시대의 인재양성제도이다.
  ㉡ 문·무를 겸비한 인재를 양성하고 선발하고자 했으며, 원광의 세속오계를 교육이념으로 했다.

개념확대 ⊕
Zoom IN

불교의 교육론과 훈습(薰習)
· 불교에서 훈습은 윤회 이론에 입각해 몸에 배어 있는 습관을 가리키는 용어이다.
· 훈습은 크게 진실된 것(眞)인 정법훈습(淨法薰習)과 그릇된 것(忘)을 뜻하는 염법훈습(染法薰習)으로 나뉜다.
· 원효는 훈습을 지혜와 감각 간의 상호작용을 통해 본래의 청정한 마음으로 돌아가는 과정으로 이해하였으며, 부처와 중생 간에는 본질적인 차이가 없다고 보았다.
· 원효 이후, 불교의 교육에서 훈습은 깨달음을 향해 나아가는 과정으로 누구나 부처가 될 수 있다는 주장을 뒷받침하는 방법론으로 발전하였다.

(4) 고대 교육에서 유학과 불교

① 고대 시기에서는 불교의 승려가 최고 지식인이자 교육자로 추앙받았다.

② 7세기 전반부터 신라에서 불교는 국가적인 종교로, 유학은 세속적 학문으로 간주되었다.

③ 통일신라시대 국학의 설립과 독서삼품과의 설립은 불완전한 형태이지만 유교적 관료체제를 시도했음을 보여준다.

❷ 남북국 시대의 교육

(1) 통일신라의 교육

① 국학(國學) 기출 11 중등

ㄱ 신라가 삼국통일 이후 설립한 유교식 대학이며 신문왕 2년(684)에 설립되었다.

ㄴ 신문왕 이후 경덕왕 6년인 747년에 지방의 9주(州)에도 주학(州學)을 설립하면서 본격적인 틀을 갖추게 되었다.

ㄷ 국학의 교육은 시(모시)·서(상서)·역(주역)·예(예기)·춘추(춘추좌씨전)를 다루는 오경을 중심으로 하고 있다.

ㄹ 국학에는 주로 15~30세의 젊은이들이 입학했으며, 이들 중에서는 이미 관직을 갖고 있는 사람도 있었다.

② 독서삼품과

ㄱ 신라의 국학에는 원성왕 4년인 788년 독서삼품출신과(讀書三品出身科, 약칭 독서삼품과)라는 제도가 도입되었다.

ㄴ 이 제도는 국학 재학생들을 대상으로 독서한 정도를 평가하여 벼슬을 주는 것이었는데, 당시로서는 매우 획기적인 제도였지만 기존 골품제 속에서 제대로 시행되지는 못한 것으로 보인다.

(2) 발해의 교육

① 주자감(冑子監)

ㄱ 당의 국자감을 본따서 만든 발해의 유학교육기관이다.

ㄴ 주로 왕실이나 귀족 집안의 자제들이 교육을 받았다.

ㄷ 당의 국자감, 신라의 국학과 비슷한 시스템을 갖추었으며, 오경을 중심으로 하는 전통적 유학교육과정을 운영하였다.

② 여사제도

ㄱ 여사(女師)는 발해에서 여성교육을 전담한 교사를 말하며, 왕실여성들의 교육을 주로 담당하였다.

ㄴ 발해의 여성교육에서는 보편적인 유교 덕목인 육행(六行)과 여성으로서의 특수한 덕목인 삼종(三從)이 함께 강조되었다.

© 발해의 여사제도는 우리 역사상 가장 먼저 등장한 여사제도이며, 문왕의 둘째 딸인 정혜공주(貞惠公主, 738~777)와 넷째 딸인 정효공주(貞孝公主, 757~792)의 묘비명에 '일찍이 여사에게서 가르침을 받아 능히 그와 같아지려고 했고, 매번 한나라 반소(班昭, 45~117?)를 사모하여 시서(詩書)를 좋아하고 예악(禮樂)을 즐겼다.'라는 기록에서 확인할 수 있다.

③ 고려 시대의 교육

(1) 고려시대의 학교 제도

① **국자감(國子監)** `기출` 03, 04 중등 / 07 초등
 ㉠ 고려의 국자감은 성종 11년(992)에 창설되었으며, 기존 학교에 문묘(文廟)를 추가하여 유교식 대학의 기본 구조를 갖추었다.
 ㉡ 문종(1046~1083)에 이르러 기존 국자학·태학·사문학의 유학 3학부에 율학·서학·산학의 잡학 3학부를 추가하여 경사육학(京師六學) 체제를 완성했다.

② **사학십이도(私學十二徒)**
 ㉠ 고려의 수도인 개경에 존재했던 '십이도(十二徒)'라고 불린 12개의 유명한 사학(私學)을 일컫는 말이며 문종 9년(1055) 최충이 사숙(私塾)을 열어 후진을 양성한 것이 시초가 되었다.
 ㉡ 사학십이도에서 교육한 내용은 국자감과 거의 같았지만, '하과(夏課)'라는 특이한 제도를 운영하였다. 하과는 여름에 개최하는 특별학습과정이며, 시를 짓는 능력을 배양하기 위한 과정이었다.
 ㉢ 최충이 설립한 구재학당이 가장 유명했으며, '문헌공도'라고 불리기도 했다.

(2) 고려시대의 과거제도 `기출` 03 중등

① 고려의 과거제도는 광종 9년(958), 쌍기의 건의로 처음 시행되었다.
② 고려의 과거제도는 문관을 선발하던 제술업, 명경업과 기술관을 선발하는 잡업, 승려를 선발하던 승과로 분류된다.
③ 고려는 관료선발에 있어 출신 집안을 따지는 음서가 강하게 작용했다는 점에서 완벽한 관료제 사회라고 보기에는 어렵다.

개념확대 ⊕
Zoom IN

국자감의 운영방식
- 국자학은 문무관 3품 이상 관료의 자제, 태학은 문무관 5품 이상의 자제, 사문학은 문무관 7품 이상의 자제를 입학시켰다.
- 학생 수는 각각 300명을 하였으며 연령순으로 재학시켰다.
- 주역, 주례, 예기, 모시(시경), 상서(서경), 춘추좌씨전, 춘추공양전, 춘추곡량전을 각각 한 가지 경서로 삼아 가르치도록 했으며, 논어와 효경은 공통필수과목으로 했다.
- 수업 연한은 효경과 논어는 1년, 상서와 춘추공양전, 춘추곡량전은 각 2년 반, 주역과 모시, 주례, 의례는 각 2년, 예기와 춘추좌씨전은 각 3년으로 정했다.

④ 고려 시대 과거제도

종류		시험과목	시험 방식
문관선발시험	제술업	오경의, 시, 부	작문(作文)
	명경업	오경	
전문기술관 선발시험	명법업	율령	첩경(帖經), 구문(口問), 파문(破文), 의리(義理)
	명산업	구장, 철술, 삼개, 사가	
	명서업	설문, 오경자양, 서품, 진서, 행서, 전서, 인문	
	의업	소문경, 갑을경, 본초경	
	주금업	맥경, 유연자방, 침경	
	지리업	신집지리경, 지리결경, 지경경	
승려 선발 시험	교종	화엄경, 십지론	–
	선종	전등록, 염송	

⑤ 과거시험의 종류

　㉠ 제술업

　　ⓐ 진사과로 불렸으며, 고려 시대 내내 가장 중시되고 우대받던 시험이다.

　　ⓑ 시·부 중심의 문장 능력 시험: 문장력은 관료선발에 있어 가장 중요하게 여겨지는 능력이었다.

　　ⓒ 각 지방에서 1차 시험을 시행했으며, 여기에 합격한 사람들이 개경으로 올라와 2차 시험을 치러 최종합격자를 선발했다(명경업도 동일한 방식으로 시행함).

　　ⓓ 좌주·문생제도: 과거급제자들이 시험관인 지공거를 은문(恩門) 또는 좌주(座主)라 부르며 문하생을 자처한 것을 말한다.

　　ⓔ 좌주와 문생이 학벌을 형성하여 요직을 독점하는 폐단이 발생하여 후대에 비판을 받았다.

　㉡ 명경업

　　ⓐ 오경[모시(시경), 상서(서경), 주역, 예기, 춘추]를 시험과목으로 하였다.

　　ⓑ 첩경(경서에 대한 암송 능력 시험)과 구문(끊어 읽기, 뜻풀이 중시) 중심의 시험방식을 채택했다.

　　ⓒ 합격자들의 실제 문장력에 대한 평이 좋지 않아 제술업에 비해 합격자 대우가 좋지 못했다.

　㉢ 잡과(雜科): 기술직 관료를 선발하는 시험으로 명법업, 명산업, 명서업, 의업, 주금업(의업보조), 지리업 등으로 나누어 선발했다.

　㉣ 승과(僧科): 교종과 선종이 나뉘어 선발했으며 시험과목으로는 교종은 화엄경, 십지론으로 시험했고 선종은 전등록, 염송으로 선발했다.

02 조선 시대의 교육

❶ 조선 시대의 학교교육

(1) 학교제도의 시행과 발전 `기출` `05 중등`

① 조선 전기는 중앙집권적 정치·사회제도가 정비된 시기라고 말할 수 있으며, 국가 주도의 관학(官學) 교육체제가 정비되었다.

② 관학 중심 교육체제는 중앙인 서울에는 성균관(成均館)과 사학(四學)을 중심으로, 지방에는 부·목·군·현마다 향교(鄉校)를 설치하여 운영된다.

③ 지방관의 7가지 주요 임무인 수령칠사(守令七事)에 학교흥(學校興) 조항을 넣어, 지방관들에게 각 담당 지역의 교육을 진흥시키도록 했다.

④ 양반 관료 중심의 사회: 고려에서 조선으로 변화하면서, 기존 음서제도는 관료 선발의 기능을 거의 상실하게 되었다. 따라서 과거의 중요성이 이전 시대보다 크게 높아졌으며, 관학 교육기관뿐 아니라 여러 형태의 사적 교육기관의 설립이 활발하게 이루어졌다.

(2) 성균관 `기출` `02, 04 중등 / 05 초등`

① 설립 목적
   ㉠ 성균관은 조선 태조 7년(1398)에 현재 서울 종로구 명륜동에 설립되었다.
   ㉡ 성균(成均)은 '어긋남을 바로잡고, 지나치고 모자라는 것을 고르게 한다.'는 뜻이다.
   ㉢ 유교식 대학이며, 조선의 최고 단계 학교이다.

② 학교 구조
   ㉠ 성균관은 크게 문묘(文廟)와 학당(學堂)으로 구성되어 있으며, 문묘가 앞에 있고 학당이 뒤에 있는 전묘후학의 구조를 갖고 있다.
   ㉡ 문묘는 공자를 정점으로 하는 유학을 계승해 온 중국과 우리나라의 여러 성현을 모신 사당으로, 공자를 모신 대성전과 동·서의 양무(兩廡)로 구성되어 있다.

③ 학사 일정 및 규정
   ㉠ 정원: 성균관은 정원이 200명으로 경국대전(經國大典)에 규정되어 있다. 입학 자격은 기본적으로 소과(小科) 입격자이며, 결원 시 사학(四學)생도 또는 공신의 자제 중 일정한 시험을 거쳐 선발하였다.
   ㉡ **교관(教官)**: 성균관의 총책임자로, 오늘날 대학 총장에 해당하는 직책은 정3품 대사성(大司成)이며, 이 밖에 종3품 사성(司成) 2인, 정4품 사예(司藝) 3인, 정5품 직강(直講) 4인, 정6품 전적(典籍) 13인 등이 유생들의 교육을 담당하였다.

ⓒ 학령(學令): 성균관 유생들이 공부하며 지켜야 할 수칙으로, 학령은 그 제정 시기와 주체는 확실하지 않으나, 조선 초기부터 시행된 성균관 교육에 관한 최고의 법령이다. 성균관의 학령에 따른 규칙은 다른 관학인 사학과 향교에도 똑같이 적용되었다.

ⓔ 성균관의 교육내용은 사서오경, 근사록, 성리대전, 자치통감 등이다.

ⓜ 성균관의 수학 연한은 별도로 정해져 있지 않았으며, 대과(大科)에 급제하면 그것이 곧 졸업을 의미하였다.

ⓗ 출석 규정: 출석 점수인 원점(圓點)이 300점이 되면, 대과 초시(初試)의 하나인 관시(館試)에 응시할 자격을 주었다. 이는 성균관 입학생들에게 부여된 특혜였다.

ⓢ 자치 활동: 성균관 유생들은 재회(齋會)라는 자치조직을 통해 집단적인 의사 표시를 드러내곤 했다. 재회의 대표를 '장의(掌議)'라고 불렀는데, 이들은 집단상소인 유소(儒疏), 단식투쟁인 권당(捲堂), 성균관을 떠나는 공관(空館) 등의 방식을 통해 집단적 의사를 표시하였다.

ⓞ 성균관 교육 진흥을 위해, 국가에서는 유생들을 대상으로 각종 특별시험을 시행하기도 하였다.

(3) 사부학당(四部學堂)

① 한성의 동·서·남·북부에 설립되었던 학당이다.

② 지방의 향교와 비슷한, 현재의 중등 수준의 교육기관이라 볼 수 있다.

③ 정원은 4개 학당을 합쳐 총 400명이며, 유생들이 교대로 야간에 글을 읽도록 하는 분번야독(分番夜讀)제로 운영되었다.

④ 사학은 성균관처럼 학생들이 상시로 기숙하는 학교는 아니었으며, 정원 내의 일정 수만 교대로 머물며 공부하던 학교였다.

(4) 향교(鄕校)

① 향교는 전국의 부(府)·목(牧)·군(郡)·현(縣)에 '일읍일교(一邑一校)'의 원칙에 따라 설치된 지방 관학이다.

② 조선 전기에 이르러 전국의 모든 군·현에 한 곳씩 설치되었는데, 대략 330개 정도로 설립된 것으로 보인다.

③ 향교는 지역에 따라 규모의 차이는 있지만 성균관과 마찬가지로 문묘와 학당을 축으로 한 묘학제로 건립되었다.

④ 향교의 정원은 목 이상의 지역은 90명, 도호부는 70명, 군은 50명, 현은 30명으로, 『경국대전』상의 전국 향교 교생 총 정원은 15,070명 정도이다.

⑤ 향교의 재정은 국가에서 지급하는 학전(學田)과 노비를 주된 재원으로 하였다. 그러나 모든 교생들을 일시에 수용하기에는 어려워서, 서울의 사학과 마찬가지로 교대로 번을 나누는 방식으로 운영되었다.

(5) 서원(書院)

① 16C 중반, 지역 기반의 사림세력에 의해 설립된 조선의 사설교육기관이다.
② 우리나라 최초의 서원은 백운동서원으로 중종 38년(1543)에 풍기 군수 주세붕(1495~1554)에 의하여 건립되었다.
③ 서원은 건립과 사액 과정이 지방관과 지역민 간의 상호 협력을 통해 이루어졌다.
④ 성균관·향교처럼 서원도 제향 공간인 사당(祠堂)과 강학 공간인 강당(講堂)을 중심으로 건립되었으며, 학규(學規) 혹은 원규(院規)라는 자체적인 규정을 갖추고 있었다.
⑤ 서원의 교육과정은 소학과 가례를 출발점으로 하여 유학경전인 사서오경을 근본으로 삼아 구성되었다.
⑥ 서원의 등장·발달은 위로부터 수립되어 온 조선 전기까지의 국가교육체제를 아래로부터 보완해 나가는 역할의 새로운 학교 시스템의 등장을 의미한다.

(6) 서당 [기출] 01, 05 초등

① 조선 후기 대표적인 기초교육기관으로, 한자를 해득하는 문해교육과 초보적 수준의 유학 입문교육을 담당했다.
② 민간에서 자유롭게 설립할 수 있었던 사적 교육기관이었으며, 향촌 사회에 뿌리를 둔 기층 교육기관이었다.
③ 문해교육과 유학 입문교육을 위주로 한 기초 교육기관이었다.
④ 조선 시대의 향교가 군·현 단위까지 확산된 관학교육기관이라면, 서당은 그 아래의 단위인 면·리 단위까지 보급된 교육기관이었다.
⑤ 향교만으로 충족시키기 어려웠던 지역의 교육적 수요를 일정 부분 충족시키는 역할을 하였다.
⑥ 기존 관학교육에서 소외되었던 서민층을 포괄하는 교육기관이었다.

(7) 잡학(雜學)

① 조선 전기에도 고려와 마찬가지로 여러 전문 분야의 기술관을 양성하는 교육 체제를 갖추었다.
② 잡학교육기관은 크게 역학, 의학, 음양학, 산학, 율학 등으로 나뉘며, 각 분야 마다 모두 실무 부서에서 직접 운영하였다.

② 과거제도의 시행과 발전

(1) 조선 과거제도의 시행 방식 [기출] 07 중등

① 조선 시대의 과거제도는 관료선발시험으로 크게 대과(大科), 소과(小科), 무과(武科), 잡과(雜科)로 나누어진다.
② 과거는 3년마다 치러지는 정규시험인 식년시(式年試)와 부정기적으로 시행된 과거 시험인 증광시(增廣試), 별시(別試), 알성시(謁聖試), 정시(庭試), 춘당대시(春塘臺試) 등이 있었다.

개념확대⊕
Zoom IN

조선 후기 주요 학교제도 개편안

1. **향학사목(鄕學事目)**
   • 1659년(효종 10)에 송준길이 작성한 학교제도 개편안이다.
   • 한 고을 내의 서당 교육은 해당 지역 수령이 관할하도록 했다.
     – 도 단위에서는 감사·도사·교양관이 관할 고을을 순행하며 서당교육을 지원하도록 했다.
     – 서당을 지방 교육체제의 일부로 편입시키려는 시도였다.
     – 면·리에 흩어져 공부하는 서당의 학생들을 군·현 단위의 향교나 서원에 모아 시험을 보았다.
     – 향촌서당과 그 상위의 향교·서원을 제도적으로 연계하려는 노력이다.

2. **권학절목(勸學節目)**
   • 732년(영조 8)에 조현명이 작성했으며, 향촌 서당을 기반으로 한 조선 후기 지방교육체제 개편안이다.
   • 향학사목과 마찬가지로 향촌 서당을 국가교육제도로 편입시키고자 하였다.
   • 학교의 위계와 행정구역의 위계를 결합시키고자 한 개편안이다.
   • 도훈장·면훈장 제도를 두어, 면·리 단위의 기초 교육을 진흥시키고자 했으며, 기존의 향교와 서원을 통해 면 단위 이하 지역의 교육을 관리하고자 했다.

(2) 과거시험의 종류

① 대과(大科)

㉠ '문과(文科)'라고도 일컬으며, 대과는 초시, 회시, 전시의 3단계로 구성되었다. 초시는 성균관에서 치르는 관시(館試), 서울에서 치르는 한성시(漢城試), 지방에서 치르는 향시(鄕試)로 구분된다.

㉡ 지역별로 시행되는 초시에서 총 240명을 선발하고 이들을 서울로 모아서 치르는 회시에서는 33명을 선발하였다. 마지막 전시는 33명을 대상으로 하여 왕이 직접 시험문제를 출제하였다.

참고 대과의 시험절차 및 과목

1. 대과의 시험절차

초시(初試)	지역별로 시행, 총 240명 선발, 도별로 선발인원이 정해져 있음
회시(會試)	서울에서 시행, 총 33명 선발, 33명 선발시 지역균형 고려 X
전시(展試)	순위시험, 갑과 3명(1~3등), 을과 7명(4~10등), 병과 23명(11~33등)의 순위를 정하고, 왕이 직접 문제를 출제함

조선시대 대과는 1차 시험인 초시와 2차 시험인 회시에서 각각 초장, 중장, 종장을 모두 통과해야 마지막 단계인 전시에 이를 수 있었다. 따라서 전시에 이르기까지 7단계를 모두 통과해야 하는 고된 시험일정이었다.

2. 대과시험의 과목

구분	초장(初場)	중장(中場)	종장(終場)
초시(初試)	사서오경에 대한 의의(疑義) 및 논(論) 중 2편	부(賦)·송(頌)·명(銘)·잠(箴)·기(記) 중 1편과 표(表)·전(箋) 중 1편	책(策) 1편
회시(會試)	경전에 대한 배송강경	위와 같음	위와 같음
전시(展試)	제시된 문제에 대한 대책(對策) 제술		

① **의의(疑義)**: 특정 주제에 대해 논설문 형식으로 자신의 의견을 피력하는 의(疑)와 논제의 의미를 설명하는 데 중점을 두는 글인 의(義)를 말한다.

② **부(賦)**: 문학적 글쓰기 양식의 하나로, 현대문학의 산문시와 가장 가깝다. 운율과 성조, 글자 수의 제한이 강하게 요구되는 율시나 절구와는 달리 좀 더 자유로운 양식의 시 쓰기 양식이다.

③ **표(表)**: '표문(表文)'이라고도 하며, 외교문서에 쓰이던 글쓰기 양식의 하나이다.

④ **전(箋)**: '전문(箋文)'이라고도 하며, 왕이나 태자에게 올리는 글의 양식이다. '사륙변려체'라는 양식을 지켜야 하며, 국가의 각종 기념일을 축하하는 목적으로 쓰인 글의 양식이다.

⑤ **명(銘), 잠(箴)**: 한문 문체 형식 중에서 주로 자신을 경계하거나 남의 업적을 찬양하는 것을 내용으로 한다. 명(銘)은 시와 비슷하게 4자를 한 구로 서술하는 방식이고 잠(箴)은 산문양식에 더 가깝다.

⑥ **기(記)**: 한문 문체의 한 가지로 사실을 객관적으로 관찰하여 그대로 적는 것에 목적을 두는 글이다. 인물이나 사건, 사물을 포괄하며 현대문학의 수필이나 기념문에 가장 가깝다.

② 소과(小科)
  ⊙ 관료를 선발하는 시험인 대과에 대비하여 '소과' 또는 '사마시(司馬試)'라 불렸던 생원시와 진사시는 합격자들에게 성균관 입학 자격을 주는 시험이었다.
  ⓛ 소과는 각각 1차 시험인 초시(初試)와 2차 시험인 복시(覆試)로 치러졌다. 초시는 각 지역별로 치러지고, 복시는 초시 합격자들을 서울로 모아 시행했다.
  ⓒ 소과의 시험과목은 생원시의 경우 오경의(五經義)와 사서의(四書疑) 2편이다.
    ⓐ 오경의는 오경에서 제시된 구절의 뜻을 서술하는 것이고, 사서의는 사서 중 제시된 구절의 의문점에 대해 논한 것이다.
    ⓑ 진사시는 부(賦) 1편과 시(詩) 1편을 짓는 것으로 평가하였다. 생원시가 경전에 대한 이해도를 시험하는 것이라면 사서의는 문장력을 시험하는 것이라 볼 수 있다.
  ② 소과의 시험 절차 및 과목

구분		생원시	진사시
시험 단계	초시(初試)	지역별로 시행함. 생원, 진사 각각 700명 선발	
	복시(覆試)	서울에서 시행. 생원, 진사 각각 100명 선발	
시험과목		오경의(五經義) 1편, 사서의(四書疑) 1편	부(賦) 1편, 고시(古詩) 1편
시험시기		초시는 가을, 복시는 다음 해 봄에 시행	

  * 소과의 2차시험은 초시와 같은 과목을 치르기 때문에 회시(會試)라는 용어가 아닌 복시(覆試)라는 용어를 사용한다.

③ 무과
  ⊙ 무관을 선발하던 시험이며, 문과와 동일하게 초시, 회시, 전시의 3단계로 시행했다. 초시의 경우 각 지역에서 총 190명을 선발했고, 회시에서 최종적으로 28명을 선발하였다.
  ⓛ 시험과목으로는 초시의 경우 활쏘기, 기사(騎射, 말을 타고 달리면서 활쏘기), 기창(騎槍, 말을 타고 달리면서 창술), 격구(擊毬) 등의 무예에 대한 실기 시험이었으며, 회시에서는 유학의 경서와 무학에 관한 경서에 대해 외워서 답하는 강경시험을 치렀다.
  ⓒ 마지막 전시에서는 말을 타고 하는 기격구(騎擊毬)와 지상에서 하는 보격구(步擊毬)로 순위를 가렸다.

④ 잡과
  ⊙ 전문 기술관을 선발하는 시험으로 역과, 의과, 음양과, 율과 등 4종류의 시험이 있었다.
  ⓛ 잡과는 초시와 회시 2단계로 나누어 해당 부서의 관리하에 시험이 시행되었으며, 문·무과와 달리 전시가 없었다.

(3) 제술 · 강경 논쟁

① 문과 시험과 관련하여 대과 중 초시, 초장의 시험방식을 사서오경에 대한 구두문답 형식인 강경(講經)으로 할 것인지, 아니면 문장력을 시험하는 제술(製述)시험으로 할 것인지에 관한 논쟁이었다.

② 조선사회가 추구했던 이상적 인재를 선발하는 방식으로 논술인 제술이 적합한가 문답시험인 강경이 적합한가에 대한 논쟁이었으며, 상당히 오랫동안 지속되었다.

③ 결론은 제술우위론의 승리로 끝나 초시의 초장은 제술로 시행하되, 강경우위론자들의 의견도 일부 받아들여져 초시의 두 번째 과목인 중장은 강경으로 시행되게 되었다.

개념확대⊕
Zoom IN 조선시대 과거제도에서의 제술 · 강경 논쟁

제술우위론	강경우위론
• 강경 위주로 과거를 운영하면 시험 기간이 지나치게 길어져 관리상 난점이 있음 • 시험관이 응시자를 알아보고 채점하는 폐단이 있음 • 제술을 잘 하기 위해서는 경서를 이해해야 하지만, 강경은 문장을 공부할 이유가 없음	• 문장 위주의 시험은 경서에 대한 정확한 이해에 앞서 문장력에 치중하게 할 위험이 있음 • 문장 위주의 시험에서는 응시자들이 예상되는 문제를 중심으로 모범답안을 암기하고 적당히 준비할 수 있음 • 고려시대 과거가 문장력을 지나치게 강조해서 응시생들이 경서에 대한 지식이 얕아짐

(4) 조선 후기 과거제도의 변화 – 비정기 과거시험의 등장

① 기존 과거시험은 3년에 1회 정기적으로 시행되었는데, 조선 후기에 들어오면서 이러한 정규 과거시험과 달리 비정기적으로 시행된 과거시험의 수가 증가하기 시작했다.

② 정기적으로 시행된 과거시험을 '식년시(式年試)', 식년시가 아닌 모든 시험을 '별시(別試)'라고 부른다.

③ 증광시를 제외하고는 시험 절차가 식년시에 비해 간소화되었다.

④ 조선은 후기로 가면서 비용을 줄이면서 식년시보다는 훨씬 간편하게 시행할 수 있는 시험을 선호하였으며, 유생들 역시 상대적으로 쉽게 준비할 수 있는 시험을 선호하였다.

⑤ 후기로 갈수록 과거에 응시하고자 하는 유생들의 수가 증가했으며, 조정에서는 향교, 성균관에서 우수한 성적을 거둔 학생들에게 과거시험에 특혜를 부여하기 시작했다.

개념확대⊕
Zoom IN

조선 후기 주요 비정기 과거시험
• **증광시(增廣試):** 나라의 큰 경사가 있을 때 실시했던 비정기 과거시험이다. 초시, 복시, 전시 등 절차는 식년시와 같았다.
• **정시(庭試):** 궁궐 앞 뜰(전정)에서 시행했던 시험이다. 중종 때부터 정식 과거시험의 한 종류로 승격되었다. 초시와 복시만 행해졌다.
• **알성시(謁聖試):** 왕이 성균관 문묘에 행차한 것을 기념하여 실시했던 비정기 과거시험이다. 성균관에 등록된 유생들을 주 대상으로 하기 때문에 하루에 시험일정을 마치는 경우가 많았다.

❸ 주요 교육사상가

(1) 이황 [기출] 08, 12 중등

① 조선을 대표하는 성리학자이며 성학십도 등 다양한 저술을 남겼다.

② 인간과 사물의 본성은 본연지성(本然之性)과 기질지성(氣質之性)으로 나뉜다고 보았다.

　　㉠ 본연지성: 인간이 선천적·도덕적으로 타고난 성품이며 보편적인 본성. 이(理)에서 비롯되며 흠이 없고 순수한 본성이다.

　　㉡ 기질지성: 성리학에서 본연지성과 대비되는 후천적인 성질로, 기(氣)에서 비롯된다고 봤으며 주변 환경에 따라 달라질 수 있는 성질이라 보았다.

③ 이황은 본연지성을 강조하였으며, 따라서 교육의 목적을 인간의 선한 본성과 도덕성을 회복하는 것으로 보았다.

④ 거경궁리(居敬窮理): 성리학에서 학문수양에 요구되는 실천방법 또는 태도이다. 궁리는 사물의 이치를 익히는 것이고, 거경은 궁리에 임할 때 요구되는 마음 자세를 의미한다.

(2) 이이 [기출] 11, 12 중등

① 이황과 더불어 조선을 대표한 성리학자이다.

② 이황과는 달리 기(氣)를 강조했으며 주기론적 관점을 보였다.

③ 실제 인간의 본성은 이(理)와 기(氣)를 동시에 갖고 있지만, 기질은 사람마다 다르게 나타나기 때문에 교육에 있어 중요한 것을 이 기질을 잘 다루는 것이라 보았다.

④ 주요 저서로 성학집요, 격몽요결, 학교모범 등을 남겼다.

❹ 조선 후기 실학자들의 교육개혁론 [기출] 03, 06, 07 중등 / 01, 09, 12 초등

(1) 교육개혁론의 특징

① 학교제도의 조직과 운영을 국가의 행정조직에 따라 위계적으로 일치시키고 체계화시킬 것을 주장했다.

② 각 지역에 교육을 체계적으로 보급하고 이를 지원·관리하는 것을 국가의 중요한 책무의 하나로 규정했다.

③ 국가가 주도하는 체계적인 학교제도의 수립을 통하여 국가교육체제를 완성하고자 한 것이다.

④ 모든 교육단계에서 사(士)와 민(民)의 구별이 없는 만민평등의 교육을 주장한 것은 아니다.

(2) 실학자들의 학교제도 개혁론

① 반계 유형원(1622~1673)

  ⊙ 방상(坊庠)·향상(鄕庠)에서 출발하여 읍학(邑學)·4학(四學), 영학(營學)·중학(中學)을 거쳐 태학(太學)으로 이어지는 4단계의 위계적 학교체제 수립을 제안했다.

  ⊙ 각 단계의 학교는 오늘날의 초등학교와 중학교, 고등학교, 대학교에 해당한다.

② 담헌 홍대용(1731~1783)

  ⊙ 『담헌서』의 〈임하경륜〉에서 전국의 행정구역을 9개의 도(道)와 81개 군(郡), 729개의 현(縣), 6,561개의 면(面)을 두는 식으로 개편하고, 면에서 도에 이르기까지 모두 학교를 설치하고 각각 교관을 두는 방안 제시했다.

  ⊙ 8세 이상의 모든 아동에게 교육의 기회를 개방하도록 해야 한다고 주장했다.

  ⊙ 각 행정구역별로 위계적인 학교체제를 수립할 것을 제안했다.

③ 정약용(1762~1836)

  ⊙ 홍대용과 마찬가지로 행성조직과 일치하는 위계직 학교제도의 수립 제안했다.

  ⊙ 가장 밑의 부락, 즉 취(聚)에서부터 그 위의 방(坊)과 수(遂)·부(部)로 단계적으로 이어지는 행정구역의 위계에 따라 교육제도를 체계화하는 방안 제시하였다.

(3) 실학자들의 과거제도 개혁론

① 공통적인 특징

  ⊙ 학교제도와 과거제도를 긴밀히 연결시켜야 한다고 주장했다.

  ⊙ 학교와 과거 중 우선시되어야 하는 것은 학교라고 생각했으며, 가장 이상적인 관료선발제도는 학교교육에 기반을 둔 추천, 즉 공거(貢擧)제도라는 것이 실학자들의 일반적인 생각이었다.

  ⊙ 시험제도인 '과거제(科擧制)'와 추천제도인 '천거제(薦擧制)'를 병행하는 절충적인 관료선발제도 개혁안을 제시했다.

② 실학자들의 과거제도 개혁론

  ⊙ 유형원: 덕행[성품과 행실이 바른 현자(賢者)]과 도예[학술과 재능이 있는 능자(能者)]를 기준으로 인재를 선발해야 한다.

  ⊙ 정약용: "덕행을 근본으로 삼고, 경술을 그 다음으로 하고, 문예를 끝으로 삼아야 한다."고 하여 덕행을 중시하였다. 과거시험 과목과 관련하여 우리나라의 역사를 과거의 시험과목으로 삼아야 한다고 주장했다.

구분	공통점	차이점
유형원	• 학교와 과거제도의 연결성 강화 주장 (향교나 성균관에서 우수한 성적을 거둔 학생에게 과거제도 가산점 부여)	방상·향상에서 출발하여 읍학·4학, 영학·중학을 거쳐 태학으로 이어지는 4단계의 위계적 학교체제 수립을 제안
홍대용	• 가장 이상적인 관료 선발제도는 학교교육에 기반을 둔 공거 제도 추천 • 과거제와 천거제를 병행할 수 있는 절충적인 인재선발제도 제시 • 신분제도인 양천제를 부정하지는 않음.	• 면에서 도에 이르기까지 모두 학교를 설치하고 각각 교관을 두는 방안 제시 • 각 행정구역별로 위계적인 학교체제를 수립할 것을 제안
정약용	⇨ 실학자들의 교육기회평등은 양인 계층에게만 해당하는 것	중국의 역사만이 아닌, 우리나라의 역사를 과거의 시험과목으로 삼아야 한다고 주장

⑤ 조선 후기 성리학의 주요 논쟁

(1) 사단칠정론(四端七情論) 기출 01 중등

① 사단칠정 논쟁의 전개
  ㉠ 이황과 기대승 사이에서 벌어진 조선시대를 대표 철학 논쟁의 하나이다.
  ㉡ 이황: 이와 기는 서로 구분되어 모두 발현하는 것으로 보았으며, 이는 사단에, 기는 칠정으로 연결시켰다.
  ㉢ 기대승: 이와 기는 별도의 것이 아니라 보았으며, 따라서 사단과 칠정 역시 배타적으로 발생하는 별개의 것이 아니라고 보았다.

② 사단칠정 논쟁의 의의
  ㉠ 사단을 칠정과 대립되는 것으로 본 이황의 이기이원론(理氣二元論)과 사단을 칠정에 포함되는 것으로 본 기대승의 이기일원론(理氣一元論) 사이에서 시작한 논쟁이며, 조선 성리학에서 주리론과 주기론의 분화가 이루어지는 계기가 되었다.
  ㉡ 이황의 견해는 성혼(1535~1598)과 더불어 주리론으로 발전하였고, 기대승의 견해는 율곡 이이의 견해와 더불어 주기론으로 발전하였다.

개념확대 ⊕
Zoom IN

사단칠정의 개념
• **사단(四端)**: 인간의 본성인 측은지심, 수오지심, 사양지심, 시비지심으로 네 가지 선한 마음을 일컫는다.
• **칠정(七情)**: 희, 노, 애, 구, 애, 오, 욕의 일곱 가지 감정으로 선할 수도 있고 악할 수도 있는 인간적 감정을 가리킨다.

(2) 주리론과 주기론(이기론)

① 주리론(主理論)
ㄱ 이황과 성혼이 발전시켰으며, 이(理)와 기(氣)는 구분된다는 입장을 취한다.
ㄴ 이와 기 중에서 가치론적으로 이가 기보다 우위에 있다고 주장하며, 이 둘은 서로 섞일 수 없다는 이기불상잡(理氣不相雜)의 논리에 기초하고 있다.
ㄷ 공부방법으로는 거경(居敬)을 강조했으며, 경(敬)은 초월적이고 절대적 진리이며 하늘의 이치이기 때문에 인간이 반드시 따라야 하는 천리(天理)이다.
ㄹ 공부의 목적으로는 위기지학(爲己之學)을 강조했다.

② 주기론(主氣論)
ㄱ 기대승과 이이가 발전시켰으며, 이와 기는 개념적 구분일 뿐 별도로 구분되는 실체가 아니라고 주장하는 이기불상리(理氣不相離)의 논리에 기초한다.
ㄴ 사단은 도의(道義)를 위하여 발현한 도심(道心)이며, 칠정은 구체적 현상 속에서 발현한 인심(人心)의 총체라 보았다.
ㄷ 사단은 칠정 중에서 순수하게 선한 측면을 가리키는 개념이라 보았다.
ㄹ 공부방법으로는 성(誠)을 강조했으며, 성(誠)은 하늘의 이치인 천리(天理)를 깨우치기 위한 인간의 진실된 마음과 노력을 가리킨다.

개념확대 ⊕
Zoom IN 주리론과 주기론 비교

구분	주리론	주기론
핵심 주장	• **이기호발설**: 이와 기는 모두 발현함 • **사단**: 이의 발현(선한 것) • **칠정**: 기의 발현(악한 것)	• **기발이승일도설**: 사단과 칠정은 별개가 아니라 기의 발현으로 생겨나는 두 측면임 • **칠정**: 발현된 마음의 총체 • **사단**: 칠정 중에서 순수하게 선한 것
강조점	도덕적 삶의 당위성, 절대성, 보편성 강조	도덕적 삶을 위한 인간의 노력과 수양을 강조
문제점	• 이와 기는 섞일 수 없다는 개념적 구분을 마치 이와 기가 별도로 작용하는 두 개의 실체로 일반화시켰다는 비판을 받음 • 성리학의 일반적 이, 기의 인식과는 차이가 있음	사단을 기의 발현이나 칠정의 일부라는 논지는 도덕의 절대성보다는 상대성에 더 가까운 근거가 될 수 있음

③ 주리론과 주기론 논쟁의 의의
ㄱ 조선 성리학의 특징을 정리하는 이론으로 발전하였다.
ㄴ 조선 후기 붕당 정치에서 각 붕당의 이론적 기반을 제공했다.
ㄷ 중국의 성리학과는 다른 조선만의 독자적 이론체계를 갖춘 성리학으로 발전하게 되었다.
ㄹ 주리론은 이후 위정척사와 독립운동에 영향을 주었으며, 주기론은 실학사상과 개화사상에 영향을 주었다.

(3) 인물성동이(人物性同異) 논쟁

① 논쟁의 개관
   ⊙ 우암 송시열(1607 ~ 1689)의 제자인 수암 권상하(1641 ~ 1721)의 제자 외암 이간과 남당 한원진 사이에서 7년여(1709 ~ 1715)동안 벌어진 논쟁이다.
   ⓛ 200여 년간 지속되었던, 조선 후기 성리학의 대표적 논쟁이다.

② 주요 논점과 교육적 의의
   ⊙ 주된 논점은 사람의 본성인 인성(人性)과 동물의 본성인 물성(物性)이 동일한가에 대한 여부였다.
   ⓛ 사람의 본성과 동물의 본성이 같다고 본 인성물성동론을 주장한 사람들은 이간을 비롯한 서울·경기 지역의 낙론계열 학자들이고, 인성과 물성이 다르다고 본 인성물성이론을 주장한 사람들은 호론계열 학자들이다.
   ⓒ 교육에 대한 관점에서 보면, 인성물성동론은 모든 인간의 본성을 동일하기 때문에 교육의 가능성에 대해 긍정적으로 보는 반면, 인성물성이론의 경우 성인(聖人)과 보통사람 사이에는 타고난 차이가 있고 이 차이는 교육으로 극복되기 어렵다는 입장을 취한다.

개념확대 🔍
Zoom IN 인성물성동론과 인성물성이론 비교

구분	인성물성동론	인성물성이론
주요학자	• 이간 • 낙론계열 학자들(서울·경기)	• 한원진 • 호론계열 학자들(충청)
핵심 주장	• 사람과 사물의 본성은 같음 • 본성은 순수하고 선하며, 인간의 본성은 서로 차이가 없음	• 사람과 사물의 본성은 다름 • 본성은 선과 악이 섞여 있으며, 인간의 본성은 서로 차이가 있음
강조점	도덕성의 원천은 획득과정과 무관하게 존재함	도덕성은 따로 존재하는 것이 아니라 수양과 교육을 통해 길러짐
교육에 대한 입장	• 모든 인간, 즉 성인에서 일반 평민의 본성은 동일함 • 교육의 필요성과 가능성을 긍정적으로 봄	• 성인과 보통사람 사이에는 타고난 기질의 차이가 있음 • 교육의 가능성에는 한계가 있음

❶ 신식 학교의 등장과 발달

(1) 관립 신식 학교의 등장

① 동문학
  ㉠ 서양어를 구사할 통역관 양성 목적으로 1882년 말경에 설립된 최초의 신식 관립 외국어 교육기관이었다.
  ㉡ 1886년 육영공원 설립 후 폐교되었다.

② 육영공원
  ㉠ 정부가 미국의 도움을 받아 설립한 엘리트 양성을 위한 관립 신식 학교였다.
  ㉡ 교육내용에 영어는 물론 농·공·상·의학 등의 다양한 서양 신학문이 포함되었다.
  ㉢ 좌원과 우원으로 나누어 좌원에는 과거 급제자를 비롯해 젊은 현직 관료들이 주로 입학하였고, 우원에는 전통교육을 받던 양반 자제들이 주로 입학했다.
  ㉣ 1894년 갑오개혁으로 관립외국어학교가 개교하면서 폐교되었다.

③ 연무공원
  ㉠ 1888년에 신식 무관을 양성하기 위한 목적으로 설립한 학교이다.
  ㉡ 1894년 갑오개혁 때에 사관학교로 발전하였고, 이듬해에 다시 무관학교로 개편되어 대한제국 시기의 신식무관 양성기관으로 자리 잡게 되었다.

(2) 기독교계 신식 학교의 등장

① 제중원(濟衆院)
  ㉠ 1885년 미국 북장로교의 선교사 알렌(Allen)이 고종의 위촉으로 설립한 광혜원(廣惠院)으로 출발했다.
  ㉡ 1899년 4월 우리나라 최초의 의학교인 제중원 의학교로 정식 인가를 받았으며, 이후 세브란스 의학교로 발전했다.

② 경신학교
  ㉠ 연희전문학교의 전신이다.
  ㉡ 광혜원에서 화학과 물리학을 가르치던 언더우드(Underwood)가 1886년 서울 정동의 자택 부속 건물을 이용하여 고아원 형식의 언더우드 학당을 설립했다.

③ 정동여학당
  ㉠ 1887년 미국 북장로교의 여의사이자 선교사인 엘러스(Ellers)가 제중원 사택에 세운 여자 고아원을 기반으로 시작했다.
  ㉡ 기숙학교로 한글과 한자의 문자교육과 성경공부 중심의 기독교 교육을 병행했다.
  ㉢ 1895년 연동여학교로 교명을 바꾸고, 1909년 정신여학교로 교명을 변경한 후 장로교 계열의 대표적인 여학교로 발전했다(현 정신여자고등학교).

④ 배재학당(培材學堂)

　⊙ 1886년 미국의 북감리회 선교부 선교사 아펜젤러(Appenzeller)가 세운 사숙(私塾)에서 출발했다.

　ⓒ 동문학의 폐교로 인해, 관직에 나아가기 위하여 영어를 공부하고자 하는 보통의 조선인들이 아펜젤러의 사숙에서 공부하기 시작했다.

⑤ 이화학당(梨花學堂)

　⊙ 아펜젤러와 함께 서울에 온 미국 감리교 선교사 스크랜턴 부인(Scranton)이 1886년에 설립한 우리나라 최초의 여학교이다.

　ⓒ 초기에는 여학생들에게 특별한 교육을 제공하지 않고 다만 일상생활 속에서 기독교적 규범을 익히도록 하는 데 중점을 두었다.

　ⓒ 1890년대부터는 여학생들에게 한글을 가르치고 미국인 선교사들에 의해 찬송가와 성경에 대한 기초적인 교육을 시행하였다.

(3) 민간 신식 학교 - 원산학사(元山學舍)

① 1883년(고종 20) 개항지인 함경도 원산에 설립된 중등학교이다.

② 덕산 · 원산의 주민들과 원산상회소, 원산 감리 정현석 등의 정부 관료 및 원산 감리서 소속 외국군인등으로부터 기금을 모아 설립했다.

③ 문예반과 무예반으로 나누어 운영되었다.

④ 문예반은 매월 초에 월별고사를 부과하여 최우수자 1명을 소과 초시 합격자 명단에 포함시켰다.

⑤ 무예반은 병서를 숙달한 뒤 사격을 익혀 매월 월별고사를 부과하여 연말에 최우수자 2명을 뽑아 병조에 보고하여 임관시켰다.

⑥ 문예반과 무예반 공통으로 실제 생활에 유용한 산수 · 격치(格致) · 기기(機器) · 농업 · 양잠 등을 가르쳤다.

⑦ 1894년 갑오개혁 이후에 문예반만으로 구성된 '원산소학교'로 개편되었다가, 일제강점기에는 '원산보통학교', '원산제일국민학교'로 교명이 변경되었다.

(4) 개항 초기 신식 학교의 의의 및 한계

① 1880년대 이후 조선 정부가 신식 학교를 세워 영어와 신학문 등을 도입하였다.

② 동도서기론(東道西氣論)을 사상적 기반으로 하여, 실용적 기술을 도입하는 데 치중했다.

③ 신식 교육의 주요 내용은 외국어 교육이었으며, 기존 유교식 교육체제의 틀은 그대로 유지되었다.

④ 초등 - 중등 - 고등 단계의 학교체제로 체계화를 갖추지는 못했다.

⑤ 교육 기회의 보편화를 불완전하나마 추구하였다.

⑥ 인간의 기본적 권리로서의 교육이라는 인식에까지는 이르지 못했다.

❷ 근대식 학제 개혁 _{기출} 03 중등

(1) 갑오개혁(1894)과 교육개혁

① 군국기무처의 개혁 추진
  ㉠ 과거제도를 폐지하고, 선거조례(選擧條例)와 전고국조례(銓考局條例)를 제정하여 의정부의 총리 대신 및 각 아문의 대신들에게 주임관과 판임관 임용권을 부여했다.
  ㉡ 오랫동안 조선 사회의 폐단으로 지목되어 왔던 신분제를 폐지했으며, 과거제도를 폐지하고 근대식 학교 설립을 통해 새로운 교육제도를 시행하였다.

② 학무아문고시 발표(1894년 9월)
  ㉠ 군국기무처 개혁안에 따라 의정부 아래에 내무, 외무, 법무, 군무, 탁지, 공무, 농상무, 학무아문이 설치되었다.
  ㉡ 학무아문은 『학무아문고시』를 발표하여 소학교와 사범학교를 설립할 것을 명시했다.
  ㉢ 근대교육제도를 도입하면서 초등교육단계에서 고등교육단계까지 갖추고자 한 시도이다.

③ 홍범 14조의 반포(1895년 1월)
  ㉠ 한국 최초의 근대적 헌법이다.
  ㉡ 순한글체, 순한문체, 국한문 혼용체의 세 가지 형태로 작성하여 반포했다.
  ㉢ 자주독립의 확립, 왕위 세습, 조세 법률주의와 예산편성, 입법과 국민의 생명과 재산 보호, 선진 외국의 학예와 문화 수입, 광범위한 인재 등용을 주요 골자로 하였다.

> **참고** 갑오개혁과 홍법 14조
>
> **1. 갑오개혁**
> 고종 31년인 1894년 7월부터 1896년 2월까지 추진되었던 일련의 개혁운동으로, 동학 농민운동을 진압한 뒤 일본의 지원을 받아 수립된 군국기무처의 주도로 진행된 근대적 개혁이다.
>
> **2. 홍범 14조의 교육 관련 강령**
>   ① **제11조**: 널리 자질이 있는 젊은이를 외국에 파견하여 학술과 기예(技藝)를 익히도록 한다.
>   ② **제14조**: 사람을 쓰는 데 문벌(門閥)을 가리지 않고 널리 인재를 등용한다.

④ 고종의 교육입국조서 반포(1895년 2월)
  ㉠ 근대적인 국민 교육제도 수립 의지를 국가적 차원에서 선포했다.
  ㉡ 홍범 14조의 제11조, 제14조의 내용을 좀 더 구체적으로 언급하였으며, 이후 이를 위한 제도와 법령의 정비가 본격적으로 추진되었다.
  ㉢ 교육이 국가 보존의 가장 중요한 요건이라 언급하고 있으며, 기존의 유학 교육을 비판하고 실용적 교육을 추구할 것을 말하고 있다.
  ㉣ 교육의 3대 강령으로 지, 덕, 체를 강조하였다.

⑤ 근대적 학교제도 수립을 위해 각종 법령 제정

ⓐ 법관양성소 규정: 1895년 3월

ⓑ 한성사범학교 관제: 1895년 4월

ⓒ 외국어학교 관제: 1895년 5월

ⓓ 소학교령: 1895년 7월

⑥ 개혁의 한계

ⓐ 을미사변(1895), 아관파천(1896) 등의 정치적 혼란으로 인해 대한제국 시기 이전까지 개혁의 실제 효과는 크지 못했다.

ⓑ 1895년에 한성사범학교, 외국어학교, 소학교 등이 설치되었으나 기타 중학교나 실업학교, 전문학교 등은 아직 설립되지 못했다.

(2) 광무개혁(1897)과 교육개혁

① 고종이 1897년 러시아 공사관에서 환궁한 뒤 시행한 근대적 개혁이다.

② 1899년(광무 3)에 교육개혁에 관한 조서 발표되었다.

③ 갑오개혁 당시 추진했던 여러 교육 관련 개혁안에 대한 구체적인 시행안이 발표되었다.

④ 광무개혁 중 교육관련 개혁안

일시	제정 법률	비고
1899년 2월 13일	의학교관제	3년 과정 의학교 설립
1899년 2월 24일	중학교관제	심상과 4년, 고등과 3년으로 구성된 중학교 설립
1899년 5월 17일	상공학교관제	상업과와 공업과로 나누어 4년 과정의 상공학교 설립
1900년 6월 29일	외국어학교규칙	1895년 외국어학교관제 세부사항 규정
1900년 8월 11일	광무학교관제	광업 교육에 관한 광무학교 설립
1904년 4월 25일	농상공학교관제	기존의 상공학교를 농상공학교로 개편

❸ 교육내용의 근대화

(1) 『국민소학독본』

① 1895년 7월에 학부(學部, 현 교육부)에서 편찬한 최초의 근대식 교과서이다.

② 국한문 혼용체로 서술되었으며, 초등 단계 교재라고 보기에는 한자의 난이도가 높았다.

③ 간행 과정과 취지를 설명한 서문이 없어, 누가 어떻게 간행했는지에 대한 정보가 없다.

④ 조선의 역사와 관련된 서술의 비중이 높고, 실용적 지식을 추구했다.

⑤ 학생들이 역사적으로 자국과 타국을 구별하고, 자국에 대한 자긍심을 통해 근대적 주체로 성장하는 것을 목적으로 하였다.

(2) 『신정심상소학』
① 1896년 2월, 당시 학부에서 편찬한 소학교용 교과서이다.
② 애국충군의 이념 속에서 국민 양성을 목적으로 하였다.
③ 특히 우화의 차용 비율이 높게 나타난다.
④ 다양한 삽화가 교과서에 등장하며, 삽화를 그린 최초의 근대식 교과서이다.

04 식민지 시기의 교육

❶ 통감부 시기의 교육(1905~1910)

(1) 보통학교령
① 소학교를 보통학교로 변경시키면서 수업연한을 기존 6년에서 4년으로 단축시켰다.
② 보통학교로의 전환은 기존 소학교보다 격이 낮은 학교로 만드는 규정이었다.
③ 일제강점기 동안 조선인이 다니는 보통학교와 일본인이 다니는 소학교를 엄격히 구분한 사실에서, 교명 변경과 수업연한 단축은 식민지적 차별교육의 신호탄이었다.
④ 교원을 교장 · 교감 · 훈도 · 부훈도 등으로 구분하고 이들 모두에게 면허증 소지를 의무화하였다.
⑤ 교감의 경우 일본인 교사가 겸임하여 학교 운영 및 교수법을 지도하도록 명시하였다.

(2) 사립학교령
① 사립학교의 설립 인가기준과 교과용 도서 규정에 초점을 맞춘 법령이다.
② 일제의 국권 침탈에 맞서 교육구국운동의 차원에서 전국 각지에 설립되었던 사립학교들이 실시하던 민족교육을 억제하기 위한 목적이었다.

(3) 학회령
① 학보의 발간과 다양한 교육사업을 통하여 민족운동을 전개하던 여러 학회의 활동에 제약을 가하기 위한 목적으로 제정된 법령이다.
② 학회의 설립과 회칙의 변경을 학부 대신의 인가 사항으로 만들고 매년 학회의 회장으로 하여금 학회의 운영 상황을 보고하도록 하는 등 학회의 자율적 활동에 제약을 가하는 내용을 담고 있었다.

(4) 식민지 교육제도의 기반 마련

① 일제강점기 식민지 교육체제의 바탕이 마련된 시기이다.

② 조선에 거주하는 일본인과 조선인의 학제가 서로 달랐으며, 조선인에게는 고등 단계의 교육 대신 '시세와 민도에 적합한 교육'을 강조하여 저급한 교육을 강조하였다.

(5) 근대식 교육개혁 성과의 부정

① 개항 이후 추진되어 온 근대식 교육개혁의 성과가 부정되고 왜곡되었다.

② 갑오개혁 이후 세워진 관립전문학교들과 수많은 민간사립학교들이 폐교되거나 일제의 식민지 교육체제로 편입되었다.

③ 기존 부국강병을 위한 교육에서 낮은 단계의 실업교육이 강조되는 교육체제로 전환되어 갔다.

❷ 제1차 조선교육령(1911~1922)

(1) 학교제도의 변화

① 제1차 조선교육령과 함께 보통학교규칙을 비롯한 각급 학교의 규칙이 공포되었다.

② 사립학교규칙(1911)과 개정사립학교규칙(1915) 등이 시행되면서, 상당수의 민족적 성향의 사립학교가 폐교되었다.

③ 사립학교규칙의 엄격한 적용을 피해 서당으로 변신하여 민족교육을 실시하던 일부 사립학교를 탄압하고자 서당규칙(1918)이 공포되었다.

④ 서당의 교재를 일정 범위로 한정하고 기타 서적을 가르치지 못하게 하는 등 서당에 대한 통제를 강화하고 서당 내 민족교육을 억제하기 위한 목적으로 제정되었다.

(2) 교육과정

① 학교 교과목으로는 일본어가 가장 많은 시수를 갖고 있었다.

② 역사와 지리과목의 교과내용을 통제하고 수신과목을 강조하는 등 식민정책에 순응하는 인간을 육성하고자 했다.

③ **보통학교의 교과목**: 수신, 국어(일본어), 조선어 및 한문, 산술, 이과, 창가, 체조, 도화, 수공, 재봉, 농업, 상업

④ '시세와 민도에 적합한 교육'을 명목으로 저급한 실업 교육을 강조하였다.

(3) 교육제도의 특징

① 식민지 조선에 일본보다 저급의 학제를 수립하여 차별적 교육을 실시하는 데 초점을 맞추고 있었다.

② 서당은 점점 쇠퇴하여 1920년대 이후 대표적인 초등교육기관의 지위를 보통학교에 물려주게 되었다.

③ 1910년 이전 근대식 학교는 모두 폐지되었으며, 새롭게 설립한 조선인 학교의 명칭과 수업연한 모두 일본보다 격을 낮추었다.

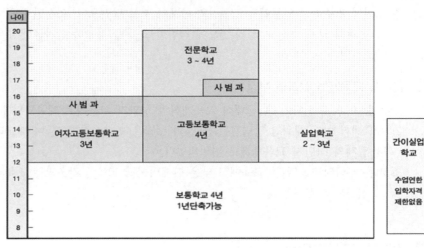

[그림 10-1] 제1차 조선교육령에 의한 학제

③ 제2차 조선교육령(1922~1938)

(1) 문화통치시기의 시작 및 내지연장주의(內地延長主義)로의 전환
① 1919년 3.1 운동을 계기로 그동안의 무단통치를 일부 완화하여 문화통치로 전환하였다.
② 기존의 조선교육령을 개정하여 제2차 조선교육령을 공포하였다.
③ '일시동인(一視同仁, 모든 사람을 하나로 보아 똑같이 사랑함)'의 취지에 따라 그 간의 차별을 철폐하고 내지(일본)와 동일한 제도를 조선하게 적용하겠다는 것이었다.
④ 조선어 교육을 제한적으로 허용했다.

(2) 학제 변화
① 보통학교와 고등보통학교의 수업연한을 각각 6년과 5년으로 연장하여 일본 내 학제와의 차별을 일부 완화하였다.
② 종합대학인 경성제국대학을 조선에 설립하면서 조선인들에게 고등교육의 기회를 일부 개방하였다.

(3) 보통학교의 팽창
① 당초 '3면 1교' 정책에서 제2차 조선교육령 시기에는 '1면 1교' 정책으로 전환하였다.
② 보통학교의 팽창은 식민지 교육체제를 구축하고자 했던 일본 총독부의 의도와 교육기회의 확대를 원했던 조선인의 보통학교 증설 요구가 복합적으로 나타난 결과였다.

③ 보통학교의 연한을 기존 4년에서 6년으로 확대하여 일본의 소학교(6년제)와 차별을 완화하고자 했다.

④ 보통학교 숫자가 증가하면서 서당보다 보통학교의 숫자가 많아지게 되었다.

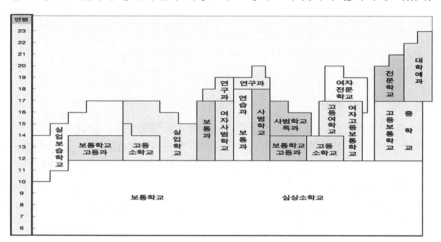

[그림 10-2] 제2차 조선교육령에 의한 학제

④ 제3차 조선교육령(1938~1941)

(1) 황국신민화 교육 [기출] 03 중등

① 1937년 7월 중일전쟁을 개시하고 식민 지배 정책을 전시체제 중심으로 전환하면서, '황국신민화' 정책 및 '내선일체'의 이념을 강화하는 제3차 조선교육령을 반포했다.

② 전시총동원을 위한 군국주의적 · 전체주의적 교육을 강화했다.

③ 국체명징, 내선일체, 인고단련의 방침 아래 '황국신민화' 교육이 강행되었다.

④ 학교의 학생은 물론 일반인도 조회를 비롯한 각종 의식과 행사 시에 '황국신민서사'를 낭독하도록 했다.

⑤ 학교 내에서의 조선어 사용 및 교육이 금지되었고, 기독교계 학교에도 신사참배를 강요했다.

(2) 교육제도의 변화

① 조선과 일본의 초등교육기관을 소학교로, 중등교육기관을 중학교와 고등여학교로 그 명칭을 통일했다.

② 명칭은 통일되었으나 보통교육기관의 민족 별학(別學) 체제는 기본적으로 유지되었다.

⑤ 제4차 조선교육령(1943~1945)

(1) 군국주의적 교육 강화

① 황국의 도에 기초한 국민의 연성(鍊成: 다듬어 만듦)을 교육목표로 삼았다.
② 1943년 1월, 총독부는 1946년에 의무교육제도를 실시한다는 계획이 발표되었지만, 1945년 일본의 패전으로 실시하지 못했다.
③ 학병제를 실시하여 군국주의적 교육을 강화했다.

(2) 교육제도의 변화

① 전시 총동원체제 구축을 위해 전시학도체육훈련실시요강(1943.4.26.), 학도전시동원체제확립요강(1943.10.12.), 학도근로령(1944.8.23.), 전시교육령(1945.5.22.) 등 일련의 교육정책이 추진되었다.
② 1943년 일본 내의 중학교령, 고등여학교령, 실업학교령을 중등학교령(1943.1.21.)으로 통폐합하고 중등학교의 수업연한을 5년에서 4년으로 단축했다.

⑥ 식민지 시기 교육의 성격 〔기출 06 중등 / 01 초등〕

① 고도로 중앙집권적, 권위주의적, 전체주의적 국가교육제도(파시즘적 교육제도)였으며, 교사임용, 교육과정, 학교 규율, 학교 운영 모두가 총독부에 의해 규정되었다.
② 교육팽창과 관련해서는 민중 참여에 의존함에도 불구하고 민중들이 교육의 목적과 내용, 방법 결정에 참여하는 것은 철저하게 봉쇄되었다.
③ 보통학교 증설은 용인되었으나, 중등교육 이상의 교육 기회는 대단히 제한적이었으며, 실업교육이 강조되었다.
④ 식민지 조선의 학교제도(보통학교 ⇨ 고등보통학교)와 일본인의 학교제도(소학교 ⇨ 중학교 ⇨ 고등학교)를 구분하고, 고등보통학교와 고등학교를 같은 위계로 두지 않는 차별적인 학교제도를 운영하였다.

요약정리 🔍
Zoom OUT 식민지기 학제 변화

구분		제1차 조선교육령 (1911 ~ 1922)	제2차 조선교육령 (1922 ~ 1938)	제3차 조선교육령 (1938 ~ 1941)	제4차 조선교육령 (1943 ~ 1945)
학제	고등	전문학교 (3 ~ 4년)	전문학교 (3 ~ 4년)	전문학교 (3 ~ 4년)	전문학교 (3 ~ 4년)
	중등	• 고등보통학교 (4년) • 여자고등보통 학교(3년) • 실업학교 (2 ~ 3년)	• 고등보통학교(5년) • 여자고등보통학교 (4년) • 실업학교(3 ~ 5년) • 사범학교(6년)	• 중학교(5년) • 고등여학교 (2년) • 실업학교 • 사범학교	• 중학교(5년) • 고등학교(2년) • 실업학교 • 사범학교

학제	초등	보통학교 (4년 또는 6년)	보통학교(6년)	• 심상소학교(6년) • 고등소학교(2년)	국민학교(6년)
교육특색		• 사립학교 통제 • 역사, 지리과목 제외	• 내선일체 • 조선어 정규과목 • 실과치중 교육	조선어를 수의과 목으로 변경	• 이과교육 강화 • 교육의 군사체 제화 • 학병제 실시 • 교련수업 강화
정책		무단통치기	문화통치기	황국신민화	

❼ 식민지 시기 주요 교육사상가

(1) 이승훈(李昇薰, 1864~1930)

① 생애

㉠ 1864년 평안남도 정주 출생이며, 호는 남강(南岡)이다.

㉡ 1907년 정미7조약이 체결되자 1907년 12월에 향교재산의 일부를 기증받아 중학교 과정에 해당하는 오산학교(五山學校)를 설립하였다.

㉢ 1919년 민족대표 33인의 한 사람으로 투옥되었으며, 1923년 동아일보 사장을 역임한 뒤 고향으로 돌아가 오산학교에서 일하며 일생을 마쳤다.

② 교육사상

㉠ 민족정신을 강조하였으며, 고난의 민족, 버림받은 민족의 생활을 향상시키기 위해서는 개인의 근면함이 뒷받침되어야 한다고 보았다.

㉡ 경(敬), 애(愛), 성(誠)을 강조하였으며, 이는 끊임없는 자기헌신을 통한 교육으로 가능하다고 보았다.

㉢ 교육을 통해 민중의 무지를 깨우치고, 민족성을 개조하는 일이 민족을 근대화시키는 것이 중요하다고 보았다.

(2) 안창호(安昌浩, 1878~1938)

① 생애

㉠ 평안남도 강서 출생이며, 호는 도산(島山)이다.

㉡ 1898년에 독립협회에 가입했으며, 만민공동회를 개최하였으며, 1902년에 미국으로 건너가, 공립협회(共立協會)를 조직하여 민족교육을 추진하였다. 이후 1906년에 귀국해 신채호, 양기택 등과 신민회(新民會)를 조직하여 민족계몽을 추진하였다.

㉢ 1907년 평양에 대성학교(大成學校)를 설립했으며 실력양성운동을 전개하기 시작하였다. 이후 임시정부에 참여하였으며, 흥사단을 조직하여 꾸준히 실력양성을 통한 민족개조와 독립운동을 추진하였다.

㉣ 그의 핵심적인 사상적 기반은 민족혁신과 민족개조이며, 이는 자아혁신과 자기개조에 의해서만이 가능하다고 보았다.

ⓜ 자아혁신은 인격의 혁신이며 도산의 4대정신(무실, 역행, 충의, 용감)을 통해 이룰 수 있으며, 자기개조는 스스로의 주인정신을 통해서 이룩할 수 있다고 주장하였다.

② 교육사상
　㉠ 교육입국사상
　　ⓐ 안창호의 핵심적인 사상이며, 힘을 길러 실력을 양성해야 독립을 할 수 있다고 보았다.
　　ⓑ 안창호가 말하는 '힘'은 무력이나 경제력만을 의미하는 것이 아니라, 사회의식적 성장까지도 포함하는 것이며, 민족으로서의 각성 역시 해당한다.
　㉡ 인격수양과 자아혁신
　　ⓐ 도산은 교육에 있어 인격수양을 강조하였으며, 이를 위해 흥사단을 조직하였다. 흥사단은 인격수양을 위해 조직한 청년단체였으며, 무실·역행·충의·용감의 정신을 실천하는 것을 목표로 하였다.
　　ⓑ 지식을 바탕으로 한 교과교육은 인격교육과 분리할 수 없으며, 인격교육이 가장 중요한 요소라고 믿었다. 인격교육에 있어 중요한 본질은 '성실'이며, 교육목적은 건전한 인격을 지닌 애국심 갖춘 국민을 양성하는 데 있었다.
　　ⓒ 도산은 인재양성을 위한 교육의 필요성을 강조하면서, 저마다 성인(聖人)을 목적으로 인격을 수양하면 훌륭한 사람이 될 수 있다고 믿는 자아혁신을 주장했다. 이러한 자아의 혁신이 민족혁신으로 이어진다고 믿었다.
　㉢ 교육평등
　　ⓐ 교육평등은 도산이 주창한 대공주의(大公主義)의 핵심적 요소이다. 대공주의는 민족주의자들이 추구하던 자주독립이라는 목표 속에 평등개념을 수용하여 정치·경제·교육에 있어 평등한 국가와 국가 간 평등한 질서 구축을 주창한 사상이다.
　　ⓑ 도산은 교육평등이 갖춰지지 못하면, 전근대적 신분제에 의한 불평등이 교육에 의해 지속될 것이라 보고, 교육평등이 사회정의 실현에 필수적 요소라고 보았다.

05 해방 이후의 한국교육

❶ 미군정기 시기의 교육

(1) 시대적 배경

① 해방 이후, 한반도의 38선 이남은 미국이 점령하게 되면서 미군에 의한 미군정이 시작되었다.

② 미군정은 질서 유지를 위해 기존 일제 식민지 시대의 행정기관과 인력을 그대로 유지하였다.

③ 영어에 능통했던 미국 유학파 출신 엘리트들이 새롭게 미군정에 등용되었다.

④ 교육제도 및 교육 전반에 걸쳐 미국의 영향력이 강화되는 시작이 되었다.

(2) 조선교육심의회

① 1945년 9월, 미군정의 위촉으로 90여명의 교육자들로 구성되었다.

② 교육이념, 교육제도, 교육행정, 초등교육, 중등교육, 직업교육, 사범교육, 고등교육, 교과서, 의학교육 등 10개 분과가 존재했다.

③ 오천석, 백낙준, 김활란 등을 비롯해 주로 미국유학 경험이 있는 사람들로 구성되었으며, 미국식 민주주의 교육을 한국에 도입하고자 하였다.

(3) 교육법 제정

① 1948년 제정된 제헌헌법 16조에 교육을 받을 권리를 교육에 관한 헌법상의 가장 중요한 기본권의 하나로 명시되었다.

② 1949년 12월 31일 「교육법」(법률 제86호)으로 제정·공포되었다.

③ 우리나라 교육제도의 근간을 형성하고, 모든 교육활동에 있어서 근본 규범으로서 역할을 수행하였다.

④ 1949년 제정된 최초의 교육법은 총칙(제1장), 교육구와 교육위원회(제2장), 교육세와 보조금(제3장), 교원(제4장), 교육기관(제5장), 수업(제6장), 학과와 교과(제7장), 교과용도서(제8장), 장학과 장학금(제9장), 벌칙(제10장), 부칙으로 구성되어 있었다.

개념확대 ⊕
Zoom IN

제헌헌법 제16조
모든 국민에 대하여 균등하게 교육을 받을 권리를 보장하고, 적어도 초등교육은 무상의 의무교육으로 한다.

② 대한민국의 교육발전

(1) 의무교육의 실시와 교육의 팽창

① 해방과 함께 해외에 흩어져 있던 사람들의 귀환으로 인하여 인구가 급격히 증가하였다.

② 1946년 미군정기에 실시된 의무교육제의 실시로 초등학생의 수가 급증하였다.

③ 교실과 교원 확보 문제가 대두되었으며, 특히 중학교 입학난이 심화되었다.

④ 정부가 국공립학교를 통해 교육기회를 확대하기보다는 사립학교 허가를 통해 수요를 맞추고자 하였다.

⑤ 중등학교교육의 기회확대를 불러왔으며, 중·고등학교 취학률이 급격한 증가하면서 사학(私學)에 대한 의존도가 높아지게 되었다.

(2) 입시제도의 변화 `기출 04 초등`

① 1969년 중학교 무시험제

ㄱ 입시과열문제를 해결하기 위해 1968년 11월 교육법 개정을 통해 중학교 입시시험을 폐지했다.

ㄴ 1969년 서울을 시작으로 1971년 전국적으로 적용되었다.

ㄷ 1950년대 초등학생의 증가로 인한 구조적 문제를 해결하기 위함이었다 (1955년 294만 명 ⇨ 1965년 495만 명).

② 고교평준화제도(1974)

ㄱ 기존의 고등학교 입학시험제도를 폐지했으며, 1974년 서울, 부산을 시작으로 전국적으로 확대되었다.

ㄴ 고등학교 유형이 선발시기로 구분되게 되었다(전기/후기).

ㄷ 전기에 배치된 실업계 고등학교는 인문계 고등학교 진학에 실패한 취학인구를 수용하였다.

ㄹ 고등학교 입시전형이 학교단위 개별 전형에서 시·도 단위 전형제도로 변화하였다.

③ 7·30 교육개혁조치(1980)

ㄱ 1980년 국가보위비상대책위원회에 의해 과열과외 현상을 해소하기 위해 시행한 조치이며, 정식 명칭은 '교육정상화 및 과열과외해소방안'이다.

ㄴ 1981년부터 대학입학본고사를 폐지하도록 했으며, 고등학교 내신성적과 예비고사 성적만으로 대학입학자를 선발하도록 했다.

ㄷ 대학 졸업정원제를 실시하였으며, 동시에 대학진학의 문호를 넓혀 대학입학인원을 대폭 확대하였다.

ㄹ 대학 문호개방의 일환으로 방송통신대학교 설립과 교육대학교 4년제 승격 등을 추진하였다.

본 교재 인강 · 무료 기출해설 특강
teacher.Hackers.com

01 _____은 보편적이고 변하지 않으면서도 이성적인 진리를 상정하는
입장을 갖고 있으며, 지식의 절대성을 강조한다. 따라서 교육은 인간의 _____을
발달시켜 이데아를 인식하도록 하는 활동으로 이해될 수 있다. 소크라테스의 대화
법이나 플라톤의 상기설 등은 이러한 생각을 드러내는 예시라고 할 수 있다.

01
관념론적 교육론, 이성

02 자유교육(자유교양교육)에서는 지식의 _____를 추구하며 이론적 지식을
통한 인간의 지적능력 향상을 강조했다.

02
내재적 가치

03 자연주의에서는 아동의 _____를 기초로 하여 자연과의 직접적인 접촉을 통한
_____에 의한 교육을 중시하였다.

03
흥미, 직관

04 미국의 _____은 생활의 준비가 아니라 생활 그 자체이며 따라서 경험
의 재구성을 통한 성장이 교육의 핵심이라고 보았다.

04
진보주의 교육

05 포스트모더니즘 교육철학에서는 지식이나 인간의식에 있어서 궁극적이고 절대적인
기초가 존재한다는 정초주의(foundationalism)적 사고를 거부하고, _____
적 사고를 표방한다.

05
반정초주의

06 소크라테스는 모든 인간을 무지의 세계에서 벗어나 진리의 세계로 인도하는 것을 교육목적으로 삼았으며, _____ 또는 문답법이라고 불리는 방법을 차용했다.

06
산파술

07 르네상스 시대에 들어오면서 대학에서 그리스어 강좌와 라틴어 강좌를 개설하기 시작했으며, 이 시기에 설립된 중등학교들은 전형적인 _____ 교육을 실시했다.

07
인문주의

08 루터의 종교개혁은 교육 및 학교의 권한과 운영의 책임을 교회로부터 국가로 이관하는 결과를 낳았으며, 모든 국민에게 교육기회를 제공해야 한다는 _____의 형성에 영향을 주었다.

08
보통교육사상

09 루소의 _____ 교육관은 개인의 자연적인 본성을 잘 보전하고 사회적 제약으로 부터 벗어나 자기 자신의 삶을 살아가는 자연인의 육성을 교육목적으로 했다.

09
자연주의

10 헤르바르트는 교육의 목적을 _____에서 구하고 교육방법의 원리를 _____에서 찾아야 한다고 보았으며, 과학적인 학문으로서 교육학의 독립적 영역을 구축하는 데 크게 기여했고, 교수 4단계설 _____을 통해 구체적인 교수 이론을 정립하였다.

10
윤리학, 심리학,
명료화 – 연합 – 조직 – 방법

교육사 및 교육철학

PART 10

해커스임용 설보연 SANTA 교육학 2

11 고려와 조선의 인재선발시험인 _____는 개인의 혈통이 아닌 학업적 능력으로 관료를 선발하고자 한 시험이었으며, 관료 선발에 있어 중앙정부가 학교의 교육 과정과 시험과목 및 유형, 내용을 관장하였다.

11
과거제도

12 조선시대 최고 교육기관은 _____이며, 문묘가 앞에 있고 학당이 뒤에 있는 전묘후학의 구조를 갖고 있다.

12
성균관

13 조선시대 과거제도에서 제술·강경 논쟁은 조선 사회가 추구했던 이상적 인재를 선발 하는 방식으로 문장력을 시험하는 _____이 적합한가, 구두문답인 _____이 적합한가에 대한 논쟁이었다.

13
제술, 강경

14 조선 후기 실학자들은 공통적으로 학교가 과거보다 우선시되어야 한다고 보았으 며, 학교제도를 국가의 행정조직에 따라 위계적으로 일치시키고 체계화시킬 것을 주장했다. 또한 가장 이상적인 인재 선발방식으로는 과거제도보다는 _____를 주장하였다.

14
공거제

15 이황은 공부의 방법으로 _____을 강조했으며, 공부의 목적으로 높은 벼슬이나 출세를 목적으로 하는 _____을 비판하고, 자기수양을 통한 인격완성의 _____을 강조했다.

15
거경, 위인지학, 위기지학

16 주리론과 주기론은 조선 성리학의 특징을 정리하는 이론으로 발전하였으며, _____은 이후 위정척사와 독립운동에, _____은 실학사상과 개화사상에 영향을 주었다.

16
주리론, 주기론

17 인물성동이 논쟁에서 교육에 대한 관점을 보면, _____은 모든 인간의 본성은 동일하기 때문에 교육의 가능성에 대하여 긍정적으로 보는 반면, _____의 경우 성인(聖人)과 보통사람 사이에는 타고난 차이가 있고 이 차이는 교육으로 극복되기 어렵다는 입장을 취한다.

17
인성물성동론, 인성물성이론

18 개항 초기 신식학교들은 영어와 신학문 등을 새로운 교과로 도입하였으며, _____을 사상적 기반으로 하여 실용적 기술을 도입하고자 했다. 주요 교육내용으로는 _____이었으며, 교육기회의 보편화를 불완전하게나마 추구하였다.

18
동도서기론, 외국어교육

19 조선총독부는 보통학교령을 통해 기존의 소학교를 _____로 개명시켰으며, 소학교보다는 격이 낮은 학교로 취급하였다.

19
보통학교

20 3차 조선교육령 시기는 국체명징, 내선일체, 인고단련의 방침 아래 _____ _____이 강행되었으며, 전시총동원을 위한 군국주의적이고 전체주의적 교육을 강화하였다.

20
황국신민화 교육

2024~2013학년도 중등 임용시험 교육학 과목의 논술형 기출문제를 실제 형식 그대로 수록하였으며, 자유롭게 답안을 구성할 수 있는 초안 작성 용지도 함께 수록하였습니다. 실제 시험 상황을 상상하면서 실전처럼 문제를 풀어보며 실전 감각을 익혀보세요.

교육학 기출문제를 풀기 전에 아래 사항을 확인하세요.

☐ 휴대전화의 전원을 꺼주세요.

☐ 번지지 않는 검정색 펜을 준비하세요.

☐ 초안 작성 용지를 활용하여 간략히 개요를 짠 후,
   교육학 답안지에 답안을 작성하세요.

   * 답안지는 해커스임용 홈페이지(teacher.Hackers.com)의 '[학습자료실] – [과년도 기출문제]'
     에서 다운받으실 수 있습니다.

부록 1

2024~2013학년도
교육학 기출문제

교 육 학

1차 시험	1교시	1문항 20점	시험 시간 60분

다음은 20○○학년도 중등신규임용교사 연수에서 신임 교사와 교육 전문가가 나눈 대담의 일부이다. 이 내용을 읽고 '학습자 맞춤형 교육지원을 위한 교사의 역량'을 주제로 교육과정, 교수전략, 교육평가, 교육행정을 구성 요소로 하여 서론, 본론, 결론을 갖추어 논하시오. [20점]

··· (상략) ···

사 회 자 : 지금까지 세 분의 교육 전문가를 모시고 학습자 맞춤형 교육을 준비하는 학교 현장의 최근 동향과 정책을 들어 봤습니다. 이제, 선생님들께서 궁금한 점을 질문하시면 해당 교육 전문가께서 추가 설명을 해 주시겠습니다.

교 사 A : 제가 교육실습을 나갔던 학교는 학생의 신체 활동을 장려하기 위해 '1인 1운동 맞춤형 동아리'를 운영했어요. 그랬더니 의도치 않게 몇몇 학생은 교우 관계가 좋아져서 봉사활동까지 같이 하는 반면, 일부 학생은 너무 친해져서 자기들끼리만 어울리는 문제가 생겼어요. 이렇게 의도치 않게 생긴 현상은 교육과정 측면에서 어떻게 설명할 수 있을지 궁금했습니다.

··· (중략) ···

교 사 B : 강연 중에 교사의 온라인 수업 역량도 강조하셨는데, 온라인 수업을 위한 콘텐츠를 개발하거나 실제 온라인 수업을 운영할 때 교사가 특별히 더 신경 써야 할 점을 추가로 말씀해 주실 수 있을까요?

전문가 C : 네. 온라인 수업은 대면 수업보다 학습자가 상호작용을 하는 데 어려움이 많이 있지요. 따라서 온라인 수업에서 학습자가 할 수 있는 다양한 유형의 상호작용을 고려하여 콘텐츠를 개발하고 온라인 수업을 운영해야 학습 목표를 효과적으로 달성할 수 있을 것입니다.

교 사 D : 강연을 듣고 학습자 맞춤형 교육에서 평가가 중요하다는 것을 잘 이해할 수 있었습니다. 추가적으로, 학생의 능력 수준을 고려한 평가 유형과 검사 방법을 소개해 주실 수 있을까요?

전문가 E : 네. 예를 들어, 평가 유형으로는 능력참조평가를, 검사 방법으로는 컴퓨터 능력적응검사(Computer Adaptive Testing: CAT)를 고려해 볼 수 있습니다. 특히, 컴퓨터 능력적응검사는 단순히 컴퓨터를 이용하여 검사를 실시하고 채점하는 방법에서 더 발전된 특성이 있습니다. 교육 환경의 변화에 따라 학습자 맞춤형 교육이 강조되는 추세이므로 오늘 소개한 평가 유형과 검사 방법에 관심을 가지면 좋을 듯합니다.

교 사 F : 그렇다면, 학습자 맞춤형 교육의 구체적 내용을 학교 교육과정에 반영하려면 학교 내에서 어떠한 논의 과정을 거쳐야 하나요?

전문가 G : 여러 과정이 있습니다만, 학교 교육과정 운영 방법에 대해 법에서 규정한 대로 학교운영위원회의 심의나 자문을 거쳐야 합니다. 이를 위해서는 먼저 학생과 교사의 의견 수렴 과정을 거치는 것이 좋겠습니다.

··· (하략) ···

〈배 점〉

• 논술의 내용 [총 15점]
  - 교사 A의 궁금한 점을 설명할 수 있는 교육과정 유형에 근거하여 학습 목표 설정, 교육 내용 구성, 학생 평가 계획 시 교사가 고려해야 할 점 각 1가지 [3점]
  - 전문가 C가 언급한 온라인 수업에서 학습자 상호작용의 어려운 점 1가지, 온라인 수업에서 학습자 상호작용의 유형 3가지와 유형별 서로 다른 기능 각 1가지 [4점]
  - 전문가 E가 학습자 맞춤형 교육을 위해 제시한 평가 유형의 적용과 결과 해석 시 유의점 2가지, 단순히 컴퓨터를 이용하는 검사 방법과 구별되는 컴퓨터 능력적응검사(Computer Adaptive Testing)의 특성 2가지 [4점]
  - 전문가 G가 언급한 학교운영위원회의 법적 구성 위원 3주체, 이러한 3주체 위원 구성의 의의 1가지, 위원으로 학생 참여의 순기능과 역기능 각 1가지 [4점]

• 논술의 구성 및 표현 [총 5점]
  - 논술의 내용과 '학습자 맞춤형 교육 지원을 위한 교사의 역량'의 연계 및 논리적 형식 [3점]
  - 표현의 적절성 [2점]

초 안 작 성 용 지

교 육 학

1차 시험	1교시	1문항 20점	시험 시간 60분

다음은 ○○고등학교에서 작성한 '학교 운영 자체 평가 보고서' 중 전년도에 비해 학교 교육 만족도가 높아진 항목에 대한 분석 결과의 일부이다. 만족도 조사 결과 그래프, 서술식 응답, 분석 내용을 읽고 '학생, 학부모, 교사의 의견을 반영한 학교 교육 개선'이라는 주제로 교수전략, 교육평가, 교육과정, 학교 조직을 구성 요소로 하여 서론, 본론, 결론을 갖추어 논하시오. [20점]

학생 만족도 조사 결과
Q. 수업 내용과 과제의 수준이 적절하다.
(*5점 리커트 척도)

• 어려운 과제도 해결할 자신이 생겼어요.
• 공부하기 전에 목표를 설정하는 연습을 했던 것이 도움이 되었어요.

분석 내용

수업 내용과 과제의 수준에 실질적인 변화가 없었지만, 학생들의 만족도가 높아졌다. 이는 사회인지이론에서 제시한 자기효능감과 자기조절을 증진하기 위해 노력한 결과로 분석된다. 특히 자기효능감 형성에 영향을 미치는 숙달 경험과 대리 경험을 학생들에게 제공하고, 자기조절을 촉진하기 위해 학생들 스스로 목표 설정 및 계획 단계를 실행하도록 한 것이 효과적이었다. 향후 학생들의 자기효능감 향상을 위해 적절한 교수전략을 지속적으로 모색하고, 자기조절 과정에서 목표 설정 및 계획 단계 이후로 나아가도록 지원할 필요가 있다.

학생 만족도 조사 결과
Q. 학교에서 시행하는 평가는 적절하다.
(*5점 리커트 척도)

• 수업 중 퀴즈, 질문이 학습에 도움이 되었어요.
• 시험 문제가 수업에서 배운 것과 약간 다른 것 같아요.

분석 내용

수업 진행 중에 퀴즈, 질문과 같은 형성평가 방법을 적절하게 적용한 점이 학생들의 평가 만족도를 높인 것으로 분석된다. 학생들이 이러한 평가로 인해 부담감을 느끼지 않도록 형성평가에 대해 잘 설명한 것이 효과가 있었다. 한편, 학생 의견 중 검사의 타당도에 대한 의견도 있었다. 교육 현장에서는 정기고사에서의 평가 방법도 중요하므로, 앞으로 평가 문항 개발 시 교육과정에 따라 수업 중에 가르친 부분을 점검하여 타당도를 높일 수 있는 방안을 모색해야 한다.

학부모 만족도 조사 결과
Q. 학교 교육과정이 잘 편성·운영된다.
(*5점 리커트 척도)

• 우리 아이가 다양한 과목과 활동을 경험할 수 있어 좋았어요.
• 학문적 지식을 좀 더 많이 다루어 주셨으면 합니다.

분석 내용

우리 학교에서는 듀이(J. Dewey)의 경험중심 교육과정 이론에 근거하여 과목을 다양화하고 경험을 통한 학습이 가능하도록 하였다. 이 점이 학부모의 만족도를 높이는 데 영향을 주었을 것으로 분석된다. 한편, 학생들이 지식에 더 중점을 두고 학습하기를 희망하는 학부모의 의견이 있었다. 이를 반영하여 학생들의 교과 학습에 도움을 줄 수 있도록 교육과정의 내용 체계를 보완할 필요가 있다. 다음 학년도에는 학문적 지식을 강조한 브루너(J. Bruner)의 교육과정 이론을 바탕으로 교육내용을 선정·조직하는 방안을 보다 체계화하여 균형 잡힌 교육과정을 편성·운영해야 할 것이다.

교사 만족도 조사 결과
Q. 학교 운영에 대해 전반적으로 만족한다.
(*5점 리커트 척도)

• 기본에 충실해야 한다는 생각이 학교 문화로 자리 잡았습니다.
• 학교 구성원 간의 약속이 더 잘 지켜지도록 노력해야 합니다.

분석 내용

학교 운영 전반에 대한 교사의 만족도가 전년도에 비해 상승했다. 학교의 외부 환경 변화와 내부 구성원의 변동이 있었음에도 불구하고 함께 이루어낸 성과였다. 이는 교사의 서술식 응답에서 볼 수 있듯이 기본에 충실한 학교 문화가 형성되었고, 학교 구성원 간 공동의 약속이 준수된 결과라 할 수 있다. 즉, 베버(M. Weber)가 제시한 관료제 이론의 특징 중 하나인 '규칙과 규정'이 학교 조직에 잘 적용된 것으로 판단된다. 앞으로도 이러한 결과가 유지될 수 있도록 '규칙과 규정'의 순기능을 강화하고 역기능을 줄여야 할 것이다.

〈배 점〉

• 논술의 내용 [총 15점]
  - 평가 보고서에서 자기효능감 형성에 영향을 미친다고 분석한 요인에 따른 교수전략 2가지, 자기조절 과정에서 목표 설정 및 계획 단계 이후의 지원 방안 2가지 [4점]
  - 평가 보고서에서 언급한 형성평가를 교사 측면에서 활용할 수 있는 방안 2가지, 평가 보고서에서 제안한 타당도의 명칭과 이 타당도의 확보 방안 1가지 [4점]
  - 평가 보고서에서 학교 교육과정 편성·운영의 만족도를 높인 것으로 분석한 교육과정 이론의 장점 2가지, 학교 교육과정을 보완하기 위해 제안한 교육과정 이론의 교육내용 선정·조직 방안 2가지 [4점]
  - 평가 보고서에서 언급한 관료제 이론의 특징 중 '규칙과 규정'이 학교 조직에 미치는 순기능 2가지, 역기능 1가지 [3점]
• 논술의 구성 및 표현 [총 5점]
  - 논술의 내용과 '학생, 학부모, 교사의 의견을 반영한 학교 교육 개선'의 연계 및 논리적 형식 [3점]
  - 표현의 적절성 [2점]

초 안 작 성 용 지

다음은 ○○중학교에서 학교 자체 특강을 실시한 교사가 교내 동료 교사와 나눈 대화의 일부이다. 이 내용을 읽고 '학교 내 교사 간 활발한 정보 공유를 통한 교육의 내실화'라는 주제로 교육과정, 교육평가, 교수전략, 교원연수에 대한 내용을 구성요소로 하여 서론, 본론, 결론을 갖추어 논하시오.

김 교사: 송 선생님, 제 특강에 관심을 가져 주셔서 감사합니다. 선생님은 올해 우리 학교에 발령받아 오셨으니 도움이 필요하시면 말씀하세요.

송 교사: 정말 감사합니다. 그동안은 교과 간 통합에 주로 관심을 가져왔는데, 김 선생님의 특강을 들어 보니 이전 학습 내용과 다음 학습내용이 자연스럽게 연결되어야 한다는 수직적 연계성도 중요한 것 같더군요. 그래서 이번 학기에는 교과 내 단원의 범위와 계열을 조정할 계획입니다. 선생님께서는 교육과정을 어떻게 재구성하시는지 함께 이야기할 수 있을까요?

김 교사: 그럼요. 제가 교육과정 재구성한 것을 보니 드릴 테니 보시고 다음에 이야기해요. 그런데 교육 활동에서는 학생에 대한 이해가 중요하잖아요. 학기 초에 진단은 어떤 방식으로 하려고 하시나요?

송 교사: 이번 학기에는 선생님께서 특강에서 말씀하신 총평(assessment)의 관점에서 진단을 해 보려 합니다.

김 교사: 좋은 생각입니다. 그리고 우리 학교에서는 평가 결과로 학생 간 비교를 하지 않으니 학기 말 평가에서는 다양한 기준을 활용해 평가 결과를 해석해 보실 것을 제안합니다.

송 교사: 네, 알겠습니다. 이제 교실 수업에서 사용할 교수전략을 개발해야 하는데 딕과 캐리(W. Dick & L. Carey)의 체제적 교수설계모형을 적용하려고 해요. 이 모형의 교수전략개발 단계에서 개발해야 할 교수전략이 무엇인지 생각 중이에요.

김 교사: 네, 좋은 전략을 찾으시면 제게도 알려 주세요. 그런데 우리 학교는 온라인 수업을 해야 될 상황이 생길 수도 있어요. 제가 온라인 수업을 해 보니 일부 학생들이 고립감을 느끼더군요. 선생님들이 온라인 수업을 하는 데 필요한 정보를 공유하는 학교 게시판이 있어요. 거기에 학생의 고립감을 해소하는 데 효과를 본 테크놀로지 기반의 교수학습 활동을 정리해 올려 두었어요.

송 교사: 네, 온라인 수업을 하게 되면 활용할게요. 선생님 덕분에 좋은 정보를 많이 얻을 수 있어 좋네요. 선생님들 간 활발한 정보 공유의 기회가 더 많아지길 바랍니다.

김 교사: 네. 앞으로는 정보 공유뿐만 아니라 교사들 간 실질적인 협력도 있었으면 해요. 이를 위해 학교 중심 연수가 활성화되면 좋겠어요.

〈배 점〉

- **논술의 내용 [총 15점]**
  - 송 교사가 언급한 교육과정의 수직적 연계성이 학습자 측면에서 갖는 의의 2가지, 송 교사가 계획하는 교육과정 재구성의 구체적인 방법 2가지 [4점]
  - 송 교사가 총평의 관점에서 학생을 진단할 수 있는 실행 방안 2가지 제시, 송 교사가 활용할 수 있는 평가 결과의 해석 기준 2가지를 각각 그 이유와 함께 제시 [4점]
  - 송 교사가 교실 수업을 위해 개발해야 할 교수전략 2가지 제시, 송 교사가 온라인 수업에서 학생의 고립감 해소를 위해 활용할 수 있는 구체적인 교수학습 활동 2가지를 각각 그에 적합한 테크놀로지와 함께 제시 [4점]
  - 김 교사가 언급한 학교 중심 연수의 종류 1가지, 학교 중심 연수를 활성화하기 위해 학교 차원에서 지원할 수 있는 구체적인 방안 2가지 [3점]

- **논술의 구성 및 표현 [총 5점]**
  - 논술의 내용과 '학교 내 교사 간 활발한 정보 공유를 통한 교육의 내실화'의 연계 및 논리적 형식 [3점]
  - 표현의 적절성 [2점]

초 안 작 성 용 지

다음은 ○○ 고등학교에 재직하고 있는 김 교사가 대학 시절 친구 최 교사에게 쓴 이메일의 일부이다. 이 내용을 읽고 '학생의 선택과 결정의 기회를 확대하는 교육'이라는 주제로 교육과정, 교육평가, 수업설계, 학교의 의사결정을 구성요소로 하여 서론, 본론, 결론을 갖추어 논하시오.

보고 싶은 친구에게

… (중략) …

학생의 선택과 결정의 기회를 확대하기 위해 우리 학교가 학교 운영 계획을 전체적으로 다시 세우고 있어. 그 과정에서 나는 교육과정 운영, 교육평가 방안, 온라인 수업설계 등을 고민했고 교사 협의회에도 참여했어.

그동안의 교육과정 운영을 되돌아보니 운영에 대한 나의 관점이 달라진 것 같아. 교직 생활 초기에는 국가 교육과정의 내용을 있는 그대로 실행하는 관점으로 교육과정을 운영해 왔어. 그런데 최근 내가 새롭게 관심을 가지게 된 관점은 교육과정을 교사와 학생이 함께 생성하는 교육적 경험으로 보는 거야. 이 관점으로 교육과정을 운영하는 방안을 찾아봐야겠어.

오늘 읽은 교육평가 방안 보고서에는 학생이 주체가 되는 평가가 학습에 도움이 된다는 내용이 담겨 있었어. 내가 지향해야 할 평가의 방향으로는 적절한데 그 내용이 구체적이지는 않더라. 학생이 스스로 자신을 평가하게 하면 어떠한 효과를 거둘 수 있을지, 그리고 내가 수업에서 이러한 평가를 어떻게 실행할 수 있을지 더 자세히 알아봐야겠어.

… (중략) …

요즘 온라인 수업을 하게 되었어. 학기 초에 학생의 일반적인 특성과 상황은 조사를 했는데 온라인 수업과 관련된 학생의 특성과 학습 환경에 대해서도 추가로 파악해야겠어. 그리고 학생이 자신만의 학습 목표를 설정하고 학습의 주체가 되는 수업을 어떻게 온라인에서 지원할 수 있을지 고민하다가, 학습 과정 중에 나와 학생뿐만 아니라 학생들 간에도 소통이 이루어지도록 토론 게시판을 활용하려고 해.

교사 협의회에서는 학교 운영에 학생들의 요구를 반영하는 방안에 대해 논의했어. 다양한 의사결정 방식들이 제안되었는데 그중 A 안은 문제를 확인한 후에 목적과 세부 목표를 설정하고, 가능한 대안들을 모두 탐색하고, 각 대안에 따른 결과를 예측하고 비교해서 최적의 방안을 찾는 방식이었어. B 안은 현실적인 소수의 대안을 검토하고 부분적으로 수정해서 현재의 문제 상황을 조금씩 개선해 나가는 방식이었어.

많은 논의를 거친 끝에 B 안으로 결정했어. 나는 B 안에 따른 구체적인 방안을 다음 협의회 때 제안하기로 했어.

… (하략) …

〈배 점〉

- **논술의 내용 [총 15점]**
  - 교육과정 운영 관점을 스나이더 외(J. Snyder, F. Bolin, & K. Zumwalt)의 분류에 따라 설명할 때, 김 교사가 언급한 자신의 기존 관점의 장점과 단점 각각 1가지, 새롭게 관심을 가지게 된 관점에 적합한 교육과정 운영 방안 2가지 [4점]
  - 김 교사가 적용하고자 하는 평가 방식이 학생에게 줄 수 있는 교육적 효과 2가지, 이 평가를 수업에서 실행하는 방안 2가지 [4점]
  - 김 교사가 온라인 수업을 위해 추가로 파악하고자 하는 학생 특성과 학습 환경의 구체적인 예 각각 1가지, 김 교사가 하고자 하는 수업에서 토론 게시판을 활용하여 학생을 지원할 수 있는 구체적인 방안 2가지 [4점]
  - A 안과 B 안에 해당하는 의사결정 모형의 단점 각각 1가지, 김 교사가 B 안에 따라 학생들의 요구를 반영하기 위해 제안할 수 있는 구체적인 방안 1가지 [3점]
- **논술의 구성 및 표현 [총 5점]**
  - 논술의 내용과 '학생의 선택과 결정의 기회를 확대하는 교육'의 연계 및 논리적 형식 [3점]
  - 표현의 적절성 [2점]

초 안 작 성 용 지

교 육 학

1차 시험	1교시	1문항 20점	시험 시간 60분

오늘날과 같은 초연결 사회에서는 다수의 사람이 소통하면서 협력하는 것이 중요하다. 이러한 시대적 추이를 반영하여 ○○고 등학교에서는 토의식 수업 활성화를 위한 교사협의회를 개최하였다. 다음은 여기에서 제안된 주요 의견을 정리한 것이다. 그 내용은 지식관, 교육내용, 수업설계, 학교문화의 변화 방향에 관한 것이다. 이를 바탕으로 '토의식 수업 활성화 방안'이라는 주제로 서론, 본론, 결론을 갖추어 논하시오.

구분	주요 의견
A 교사	• 토의식 수업을 활성화하려면 먼저 지식을 보는 관점의 변화가 필요함 • 교과서에 주어진 지식이 진리라는 생각이나, 지식은 개인이 혼자 만드는 것이라는 생각에서 벗어나는 것이 중요하며, 이와 관련하여 비고츠키(L. Vygotsky)의 지식론이 많은 시사점을 줄 수 있음 • 이 지식론의 관점에서 보면, 교사와 학생의 역할도 기존의 강의식 수업에서의 역할과는 달라질 필요가 있음
B 교사	• 교육과정 분야에서는 교육내용의 선정과 조직방식에 대한 교사의 전문성이 강화될 필요가 있음 • 교육내용 선정과 관련해서는 '영 교육과정'에 관심을 가지는 것이 도움이 됨 • 교육내용 조직과 관련해서는 생활에 필요한 문제를 토의의 중심부에 놓고 여러 교과를 주변부에 결합하는 방식을 활용할 필요가 있음
C 교사	• 토의식 수업이 활발하게 이루어지기 위해서는 수업방법과 학습도구도 달라져야 함 • 수업방법 측면에서는 학생이 함께 다양한 관점에서 문제를 탐색하며 해답을 찾아가는 데 있어서 정착수업(Anchored Instruction)을 활용할 수 있음 • 학습도구 측면에서는 학생이 상호 협력하여 지식을 생성하기 위해 인터넷에서 수집한 정보를 공유하고, 공동으로 수정, 추가, 편집하는 데 위키(Wiki)를 이용할 수 있음(예: 위키피디아 등) 　– 단, 위키를 활용할 때 발생할 수 있는 문제점에 유의해야 함
D 교사	• 학교문화 개선은 토의식 수업 활성화를 위한 토대가 됨 • 우리 학교의 경우, 교사가 학생의 명문대학 합격이라는 목표 달성에 필요한 수단으로 간주되는 학교문화가 형성되어 있어 우려스러움 • 이런 학교문화에서는 활발한 토의식 수업을 기대하기 어려움

─────〈배 점〉─────

• 논술의 내용 [총 15점]
　– A 교사가 언급한 비고츠키 지식론의 명칭, 이 지식론에서 보는 지식의 성격 1가지와 교사와 학생의 역할 각각 1가지 [4점]
　– B 교사가 말한 '영 교육과정'이 교육내용 선정에 주는 시사점 1가지, B 교사가 말한 교육내용 조직방식의 명칭과 이 조직방식이 토의식 수업에서 가지는 장점과 단점 각각 1가지 [4점]
　– C 교사의 의견에서 제시된 토의식 수업을 설계할 때 활용할 수 있는 정착수업의 원리 2가지, 위키를 활용할 때 발생할 수 있는 문제점 2가지 [4점]
　– 스타인호프와 오웬스(C. Steinhoff & R. Owens)가 분류한 학교문화 유형에 따를 때 D 교사가 우려하는 학교문화 유형의 명칭과 학교 차원에서 그러한 학교문화를 개선하는 방안 2가지 [3점]

• 논술의 구성 및 표현 [총 5점]
　– 논술의 내용과 '토의식 수업 활성화 방안'의 연계 및 논리적 형식 [3점]
　– 표현의 적절성 [2점]

초 안 작 성 용 지

교 육 학

1차 시 험	1교시	1문항 20점	시험 시간 60분

다음은 ○○ 중학교 김 교사가 모둠활동 수업 후 성찰한 내용을 기록한 메모이다. 김 교사의 메모를 읽고 '수업 개선을 위한 교사의 반성적 실천'이라는 주제로 학습자에 대한 이해, 교육과정의 편성과 운영, 평가도구의 제작, 교사의 지도성에 대한 내용을 구성요소로 하여 논하시오.

#1 평소에 A 학생은 언어 능력이 뛰어나고 B 학생은 수리 능력이 우수하다고만 생각했는데, 오늘 모둠활동에서 보니 다른 학생을 이해하고 도와주면서 상호작용을 잘 하는 두 학생의 모습이 비슷했어. 이 학생들의 특성을 잘 살려서 모둠을 이끌도록 하면 앞으로 도움이 될 거야. 그런데 C 학생은 모둠활동에 참여하는 것을 좋아하지 않았지만 자신의 감정과 장단점을 잘 이해하는 편이야. C학생을 위해서는 자신의 강점을 살릴 수 있는 개별 과제를 먼저 생각해 보자.

#2 모둠활동에 적극적으로 참여하지 못한 학생들이 몇 명 있었지. 이 학생들은 제대로 된 학습경험을 갖지 못한 것이 아닐까? 자신의 학습경험에 대하여 어떻게 느꼈을까? 어쨌든 모둠활동에 관해서는 좀 더 깊이 고민해봐야겠어. 생각하지 못했던 결과가 이 학생들에게 나타날 수도 있고……

#3 모둠을 구성할 때 태도나 성격 같은 정의적 요소도 반영해야겠어. 진술문을 몇 개 만들어 설문으로 간단히 평가하고 신뢰도는 직접 점검해보자. 학생들이 각 진술문에 대한 반응을 등급으로 선택하면 그 등급 점수를 합산할 수 있게 해주는 척도법을 써야지. 설문 문항으로 쓸 진술문을 만들 때 이 척도법의 유의점은 꼭 지키자. 그리고 평가를 한 번만 실시해서 신뢰도를 추정해야 할 텐데 반분검사신뢰도는 단점이 크니 다른 방법으로 신뢰도를 확인해 보자.

#4 더 나은 수업을 위해서 새로운 지도성이 필요하겠어. 내 윤리적·도덕적 기준을 높이고 새로운 방식으로 학생들을 대하자. 학생들의 혁신적·창의적 사고에 자극제가 될 수 있을 거야. 학생들을 적극 참여시켜 동기와 자신감을 높이고 학생 개개인의 욕구에 특별한 관심을 가지며 잠재력을 계발시켜야지. 독서가 이 지도성의 개인적 신장 방안이 될 수 있겠지만, 동료교사와 함께 하는 방법도 찾아보면 좋겠어.

〈배 점〉

- **논술의 내용 [총 15점]**
  - #1과 관련하여 가드너(H. Gardner)의 다중지능이론 관점에서 A, B 학생의 공통적 강점으로 파악된 지능의 명칭과 개념, 김 교사가 C 학생에게 제공할 수 있는 개별 과제와 그 과제가 적절한 이유 각 1가지 [4점]
  - #2와 관련하여 타일러(R. Tyler)의 학습경험 선정 원리 중 기회의 원리로 첫째 물음을 설명하고 만족의 원리로 둘째 물음을 설명, 잭슨(P. Jackson)의 잠재적 교육과정의 개념을 쓰고 그 개념에 근거하여 김 교사가 말하는 '생각하지 못했던 결과'의 예 제시 [4점]
  - #3에 언급된 척도법의 명칭과 이 방법을 적용하기 위하여 진술문을 작성할 때 유의할 점 1가지, 김 교사가 사용할 신뢰도 추정 방법 1가지의 명칭과 개념 [4점]
  - #4에 언급된 바스(B. Bass)의 지도성의 명칭, 김 교사가 학교 내에서 동료교사와 함께 이 지도성을 신장할 수 있는 방안 2가지 [3점]
- **논술의 구성 및 표현 [총 5점]**
  - 서론, 본론, 결론 형식의 구성 및 주제와의 연계성 [3점]
  - 표현의 적절성 [2점]

초 안 작 성 용 지

교 육 학

1차 시험	1교시	1문항 20점	시험 시간 60분

다음은 A 중학교 학생들의 학업 특성 조사 결과에 관해 두 교사가 나눈 대화 중 일부이다. 대화의 내용은 1) 교육과정, 2) 수업, 3) 평가, 4) 장학에 관한 것이다. 1)~4)를 활용하여 '학생의 다양한 특성을 고려하는 교육'이라는 주제로 논하시오.

박 교사 : 선생님, 우리 학교 학생의 학업 특성을 보면 학습흥미와 수업참여 수준
이 전반적으로 낮아요. 그리고 학업성취, 학습흥미, 수업참여의 개인차
가 크다는 것이 눈에 띄네요.

김 교사 : 학생의 개인별 특성이 그만큼 다양하다는 것을 의미하겠죠. 우리 학교
교육과정도 이를 반영해야 하지 않을까요?

박 교사 : 그렇습니다. 그런데 교육과정을 개발하는 과정에서 학생의 개인별 특성
을 중시하는 의견과 교과를 중시하는 의견 간에 차이가 있습니다. 이를
조율하기 위해서는 시간이 걸리겠지만 적절한 논쟁을 거쳐 합의에 이르
는 심사숙고의 과정이 필요합니다.

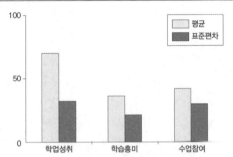

[그림] A 중학교 학생들의 학업 특성
(* 3가지 변인의 점수는 서로 비교 가능한 것으로
가정함)

김 교사 : 네, 그렇다면 학생의 다양한 특성을 반영하기 위한 수업방법으로 어떤
것이 있을까요?

박 교사 : 우리 학교 학생에게는 학습흥미와 수업참여를 높이는 수업이 필요할 것 같아요. 제가 지난번 연구수업에서 문제를 활용한
수업을 했는데, 수업 중에 학생들이 무엇을 해야 하는지 모르는 것 같았어요. 게다가 제가 문제를 잘 구성하지 못했는지
별로 흥미를 보이지 않더라고요. 문제를 활용하는 수업에서는 학생의 역할을 안내하고 좋은 문제를 개발하는 것이 중요하다는
것을 알게 되었어요.

김 교사 : 그렇군요. 이처럼 수업이 학생의 다양한 특성을 반영하게 되면 평가의 방향도 달라질 필요가 있습니다. 앞으로의 평가에서는
학생의 능력, 적성, 흥미에 적합한 목표를 설정하고 그에 따라 수업과 평가가 이루어지는 것도 의미가 있어 보입니다.

박 교사 : 동의합니다. 그러기 위해서는 평가결과를 해석하고 판단하는 기준도 달라질 필요가 있습니다. 예컨대 학생의 상대적 위치
가 어느 정도인지를 판단하기보다는 미리 설정한 학습목표에 도달했는지 여부를 중시하는 평가유형이 적합해 보입니다.

김 교사 : 네, 저도 그렇게 생각합니다. 그리고 말씀하신 유형 외에 능력참조평가와 성장참조평가도 제안할 수 있겠네요.

박 교사 : 좋은 생각입니다.

김 교사 : 그런데 저 혼자서 학생의 다양한 특성을 고려해서 교육과정을 개발하고 수업을 설계하고 평가하는 것은 힘들어요. 선생님
과 저에게 이 문제가 공동 관심사이니, 여러 선생님과 경험을 공유하고 협력해서 피드백을 주고받는 것이 좋겠어요.

──────〈배 점〉──────

• 논술의 내용 [총 15점]
 – 박 교사가 제안하는 워커(D. F. Walker)의 교육과정 개발 모형의 명칭, 이 모형을 교육과정 개발에 적용하는 이유 3가지 [4점]
 – 박 교사가 언급한 PBL(문제중심학습)에서 학습자 역할 2가지, PBL에 적합한 문제 특성과 그 특성이 주는 학습효과 1가지 [4점]
 – 박 교사가 제안한 평가유형의 명칭과 이 유형에서 개인차에 대한 교육적 해석 1가지, 김 교사가 제안한 2가지 평가유형 개념 [4점]
 – 김 교사가 언급하는 교내 장학 유형의 명칭과 개념, 그 활성화 방안 2가지 [3점]

• 논술의 구성과 표현 [총 5점]
 – 논술은 서론, 본론, 결론으로 구성하고 [1점], 주어진 주제와 연계할 것 [2점]
 – 표현이 적절할 것 [2점]

초 안 작 성 용 지

교 육 학

1차 시험	1교시	1문항 20점	시험 시간 60분

다음은 신문 기사의 일부이다. 이를 바탕으로 '2015 개정 교육과정의 실질적 구현 방안'이라는 주제로 서론, 본론, 결론의 형식을 갖추어 단위 학교 차원에서의 교육기획, 교육과정 내용의 조직, 학생 참여 중심 수업과 그에 따른 평가의 타당도를 논하시오.

○ ○ 신문	2016년 ○○월 ○○일

교육부 『2015 개정 교육과정』 발표 이후, 학교 현장의 준비는?

교육부는 핵심역량을 갖춘 창의융합형 인재 양성을 위한 『2015 개정 교육과정』을 발표하였다. 개정 교육과정에 따르면, 학교 교육에서는 인문 · 사회 · 과학기술에 대한 기초 소양 함양을 위한 교육과정을 마련하고, 학생 참여 중심의 수업을 진행하며, 배움의 과정을 평가하는 방향으로 나아가야 한다는 것이다. 새 교육과정을 적용하기 위해 노력하고 있는 중 · 고등학교 현장의 목소리를 들어보았다.

◆ 교육기획의 중요성 부각
　A 교장은 단위 학교에서 새 교육과정이 체계적으로 운영되도록 돕는 교육기획(educational planning)을 강조하였다.

"새 교육과정은 교육의 핵심인 교수 · 학습 활동의 중심을 교사에서 학생으로 이동시키는 근본적인 전환을 강조하고 있습니다. 저는 실질적 의미에서 학생 중심 교육이 우리 학교에 정착할 수 있도록 모든 교육활동에 앞서 철저하게 준비할 생각입니다."

◆ 학생 참여 중심 수업 운영
　C 교사는 학생 참여 중심의 교수 · 학습을 준비하기 위해서 교사연수 프로그램에 참여하고 있다고 말했다.

"저는 구성주의 학습환경 설계에 관한 연수에 참여하고 있습니다. 문제 중심이나 프로젝트 중심의 학습 활동을 실행하기 위해서는 적합한 학습 지원도구나 자원을 학생들에게 제공해야 한다는 것을 알게 되었고, 학습 활동 중에 교사가 수행해야 할 역할에 대해서도 이해하게 되었습니다."

（학교 현장의 목소리）

◆ 교육과정 재구성 확대
　개정 교육과정의 취지에 따른 교과 내용 재구성에 대해, B 교사는 다음과 같이 말했다.

"교사는 내용 조직의 원리를 제대로 파악할 필요가 있습니다. 저는 몇 개의 교과를 결합해 교육과정을 편성 · 운영해 보려고 합니다. 각 교과의 내용이 구획화되지 않도록 교과 교사들 간 협력을 강화하고자 합니다. 이러한 시도는 교육과정 설계에서 교과 간의 단순한 연계성 이상을 의미합니다."

◆ 학생 평가의 타당도 확보
　학생 중심 수업에서의 평가와 관련하여 D 교사는 다음과 같이 말했다.

"학생 참여 중심 수업에서도 평가의 타당도는 여전히 중요합니다. 타당도에는 준거 타당도와 구인 타당도 등이 있습니다. 그러나 저는 이원분류표를 작성해 평가가 교육목표에 부 합하는지를 확인하는 방법으로 타당도를 높이는 방안을 고려하고 있습니다."

〈배 점〉

- **논술의 내용 [총 15점]**
  - A 교장이 강조하고 있는 교육기획의 개념과 그 효용성 2가지 제시 [4점]
  - B 교사가 채택하고자 하는 원리 1가지와 그 외 내용 조직의 원리 2가지(연계성 제외) 제시 [4점]
  - C 교사가 실행하려는 구성주의 학습 활동을 위한 학습 지원 도구 · 자원과 교수 활동 각각 2가지 제시 [4점]
  - D 교사가 고려하고 있는 타당도의 유형과 개념 제시 [3점]
- **논술의 구성 및 표현 [총 5점]**
  - 논술의 내용과 '2015 개정 교육과정의 실질적 구현 방안'의 연계 및 논리적 형식 [3점]
  - 표현의 적절성 [2점]

초 안 작 성 용 지

교 육 학

1차 시험	1교시	1문항 20점	시험 시간 60분

다음은 A중학교에 재직 중인 김 교사가 작성한 자기개발계획서의 일부이다. 김 교사의 자기개발계획서를 읽고 예비 교사 입장에서 '교사가 갖추어야 할 역량'이라는 주제로 교육과정 및 평가 유형, 학생의 정체성 발달, 조직 활동에 대한 내용을 구성 요소로 하여 서론, 본론, 결론의 형식을 갖추어 논하시오.

[자기개발계획서]

구분	개선사항
수업 구성	• 학생의 경험을 중시하는 교육과정을 실행할 것 • 학생의 흥미, 요구, 능력을 토대로 한 활동을 증진할 것 • 학생이 관심을 가지는 수업 내용을 찾고, 그것을 조직하여 학생이 직접 경험하게 할 것 • 일방적 개념 전달 위주의 수업을 지양할 것
평가 계획	• 평가 시점에 따라 적절한 평가 방법을 마련할 것 • 진단평가 이후 교수·학습이 진행되는 중간에 평가를 실시할 것 • 총괄평가 실시 전 학생의 학습 진전 상황에 관한 정보를 수집·분석할 것
진로 지도	• 진로를 결정하지 못한 학생의 경우 성급한 진로 선택을 유보하게 할 것 • 학생에게 다양한 진로를 접할 수 있는 충분한 탐색 기회를 제공할 것 • 선배들의 진로 체험담을 들려줌으로써 간접 경험 기회를 제공할 것 • 롤모델의 성공 혹은 실패 사례를 제공할 것
학교 내 조직 활동	• 학교 내 공식 조직 안에서 소집단 형태로 운영되는 다양한 조직 활동을 파악할 것 • 학교 구성원들의 욕구 충족을 위한 자발적 모임에 적극 참여할 것 • 활기찬 학교생활을 위해 학습조직 외에도 나와 관심이 같은 동료 교사들과의 모임 활동에 참여할 것

〈배 점〉

• 논술의 구성 요소 [총 15점]
  – '수업 구성'에 나타난 교육과정 유형의 장점 및 문제점 각각 2가지 [4점]
  – 김 교사가 실시하려는 평가 유형의 기능과 효과적인 시행 전략 각각 2가지 [4점]
  – 에릭슨(E. Erikson)의 정체성 발달이론에 제시된 개념 1가지(2점)와 반두라(A. Bandura)의 사회인지학습이론에 제시된 개념 1가지(1점) [3점]
  – '학교 내 조직 활동'에 나타난 조직 형태가 학교 조직과 구성원에 미치는 순기능 및 역기능 각각 2가지 [4점]
• 논술의 구성 및 표현 [총 5점]
  – 논술의 구성 요소와 '교사가 갖추어야 할 역량'과의 연계 및 논리적 형식 [3점]
  – 표현의 적절성 [2점]

초 안 작 성 용 지

교 육 학

1차 시험	1교시	1문항 20점	시험 시간 60분

다음은 A중학교의 학교교육계획서 작성을 위한 워크숍에서 교사들의 분임 토의 결과의 일부를 교감이 발표한 내용이다. 이 내용을 바탕으로 A중학교가 내년에 중점을 두고자 하는 1) 교육 목적을 자유교육의 관점에서 논하고, 2) 교육과정 설계 방식의 특징, 3) 학습 동기 향상을 위한 학습 과제 제시 방안, 4) 학습조직의 구축 원리를 각각 3가지씩 설명하시오.

이번 워크숍은 우리 학교의 교육에서 드러난 몇 가지 문제점을 확인하고, 개선 방안을 제시하는 방식으로 진행되었습니다. 주요 내용을 말씀드리면 다음과 같습니다.

먼저, 교육 목적에 관한 문제점과 개선 방안입니다. 우리 학교는 학생들의 합리적 정신을 계발하기 위해 지식 교육을 추구해 왔습니다. 그런데 지난해 도입된 국어, 수학, 영어 교과에 대한 특별 보상제 시행으로 이들 교과의 성적은 전반적으로 상승하였지만, 학교가 추구하고자 한 것과 달리 반별 경쟁에서 이기거나 포상을 받기 위한 것으로 교육 목적이 왜곡되는 경향이 있었습니다. 이러한 교육 목적의 왜곡으로 인하여 교사는 주로 문제풀이식 수업이나 주입식 수업을 하게 되었고, 학생들은 여러 교과에 스며 있는 다양한 사고 방식을 내면화하지 못하는 결과가 초래되었습니다. 이러한 문제점을 보완하기 위하여 내년에는 교육 개념에 충실한 지식 교육, 즉 자유교육(liberal education)의 이상을 구현하는 데 중점을 두고자 합니다.

다음으로, 교육과정 설계 방식 및 수업 전략에 관한 문제점과 개선 방안입니다. 교육과정 설계 방식 측면에서, 종전의 방식은 평가 계획보다 수업 계획 중심으로 설계되어 있어서 교사가 교과의 학습 목표에 비추어 학생들이 배우는 내용을 올바르게 이해하였는지를 확인하는 데 한계가 있었습니다. 교사는 계획한 진도를 나가기에 급급한 나머지, 학생들의 학습 결손을 예방하지 못하였습니다. 내년에는 학생들의 학습 목표 달성 정도를 확인하는 데 유용한 교육과정 설계를 하고자 합니다. 또한 수업 전략 측면에서 볼 때, 수업에 흥미를 잃어 가는 학생들이 있음에도 불구하고 교사는 학생들의 학습 동기를 높일 수 있는 전략을 적극적으로 사용하는 데 소홀했습니다. 수업 상황에서 학생들이 배워야 할 학습 과제 그 자체는 학생들에게 흥미로울 수도 있고 그렇지 않을 수도 있습니다. 교사가 수업에 흥미를 잃은 학생들에게 학습 과제를 어떻게 제시하느냐에 따라 학습 동기를 높일 수 있습니다. 내년에는 이들의 학습 동기를 향상할 수 있는 학습 과제 제시 방안을 마련하는 데 관심을 기울이고자 합니다.

내년에 우리 학교는 교육 개념에 충실한 지식 교육을 하고, 학생들의 학업 성취와 학습 동기를 향상하는 데 좀 더 세심한 관심을 가져야 할 것입니다. 이 일의 성공 여부는 교사가 변화의 주체로서 자발적인 노력을 얼마나 기울이느냐에 달려 있습니다. 그래서 우리 학교는 교사 모두가 교육 활동에 능동적으로 참여하여, 지식과 학습 정보를 서로 공유하면서 지속적으로 변화해 가는 학습조직(learning organization)을 구축하고자 합니다.

─────────〈배 점〉─────────

- 논술의 내용 [총 16점]
  - 자유교육 관점에서의 교육 목적 논술 [4점]
  - 교육과정 설계 방식의 특징 3가지 설명 [4점]
  - 학습 동기 향상을 위한 학습 과제 제시 방안 3가지 설명 [4점]
  - 학습조직의 구축 원리 3가지 설명 [4점]
- 답안의 논리적 구성 및 표현 [총 4점]

초 안 작 성 용 지

교 육 학

1차 시험	1교시	1문항 20점	시험 시간 60분

다음은 A고등학교 초임 교사들을 대상으로 진행한 학교장의 특강 내용 중 일부를 발췌한 부분이다. 발췌한 특강 부분은 학교에 대한 이해 차원에서 1) 학교 교육의 기능과 2) 학교 조직의 특징, 수업에 대한 이해 차원에서 3) 수업 설계와 4) 학생평가에 대한 내용이다. 이를 바탕으로 1)~4)의 요소를 활용하여 '다양한 요구에 직면한 학교 교육에서의 교사의 과제' 라는 주제로 서론, 본론, 결론의 형식을 갖춰 논하시오.

여러분들도 잘 아시겠지만 최근 우리 사회는 학교가 다양한 역할을 수행하도록 요구하고 있습니다. 이에 따라 선생님들께서는 학교 및 수업에 대한 기본적인 이해가 필요하다고 생각합니다.

먼저 교사로서 우리는 학교 교육의 기능을 이해해야 합니다. 지금까지 학교는 학생들이 사회 구성원으로서 올바로 성장할 수 있는 보편적 가치와 규범을 가르쳐 왔습니다. 그러나 최근 사회는 학교 교육에 다양한 요구를 하게 되면서 학교가 세분화된 직업 집단의 교육 요구를 충족시켜 주기를 원하고 있고, 학교 교육의 선발ㆍ배치 기능에 다시 주목 하고 있습니다. 그러므로 여러분은 학교 교육의 선발ㆍ배치 기능을 이해하는 한편, 이것이 어떤 한계를 갖는지도 생각해야 할 것입니다.

이와 함께 학교에 대한 사회의 요구에 효율적으로 대응하기 위해서 학교장을 포함한 모든 학교 구성원들은 서로의 행동 특성을 이해해야 합니다. 이를 위해서 학교 조직의 특징을 먼저 파악해야 합니다. 학교라는 조직을 합리성의 측면에서만 파악하면 분업과 전문성, 권위의 위계, 규정과 규칙, 몰인정성, 경력 지향성의 특징을 갖는 일반적 관료제의 틀로 설명할 수 있습니다. 그러나 교사들의 전문성이 강조되는 교수ㆍ학습의 측면에서 보면 학교 조직은 질서 정연하게 구조화되거나 기능적으로 분명하게 연결되어 있지 않은 이완결합체제(loosely coupled system)의 특징을 지닙니다. 따라서 우리는 관료제적 관점과 이완결합체제의 관점으로 학교 조직의 특징을 이해할 필요가 있습니다.

한편, 사회가 학생들에게 새로운 역량을 요구하고 있고, 이를 키우기 위해 교사는 다양한 수업을 설계할 수 있어야 합니다. 제가 경험했던 많은 교사들은 다양한 수업을 시도해 보고자 하는 열정은 높았지만 새로운 수업 방법이나 모 형을 활용하여 수업을 설계하거나 수업 상황에 맞게 기존의 교수ㆍ학습지도안을 적용하는 데 어려움을 느꼈습니다. 다양한 교수체제설계 이론과 모형이 있지만 분석, 설계, 개발, 실행, 평가의 과정은 일반적이라고 생각합니다. 이 중 분석과 설계는 다른 과정의 기초가 되기 때문에 중요합니다. 수업 요소들이 서로 어떻게 관련되어 있는지 파악하여 여러분의 수업에 적용해 보시기 바랍니다.

수업 설계를 잘 하는 것 못지않게 수업 결과를 평가하는 것 또한 중요합니다. 여러분이 어떤 평가 기준을 활용하느냐에 따라 평가 유형이 달라질 수 있습니다. 자칫하면 평가로 인해 학생들 사이에 서열주의적 사고가 팽배하여 서로 경쟁만 하는 문제가 발생할 수 있습니다. 이를 보완할 수 있는 평가 유형에 대해 고민해 볼 필요가 있습니다.

⟨배 점⟩

- **논술의 내용 [총 15점]**
  - 기능론적 관점에서 학교 교육의 선발ㆍ배치 기능 및 한계 각각 2가지만 제시 [4점]
  - 학교 조직의 관료제적 특징과 이완결합체제적 특징 각각 2가지만 제시 [4점]
  - 일반적 교수체제설계에서 분석 및 설계 과정의 주요 활동 각각 2가지만 제시 [4점]
  - 준거지향평가의 개념을 설명하고, 장점 2가지만 제시 [3점]
- **논술의 구성 및 표현 [총 5점]**
  - 논술의 내용과 '학교 교육에서의 교사의 과제'와의 연계 및 논리적 형식 [3점]
  - 표현의 적절성 [2점]

초 안 작 성 용 지

교 육 학

| 1차 시험 | 1교시 | 1문항 20점 | 시험 시간 60분 |

다음은 A중학교 초임 교사인 박 교사와 경력 교사인 최 교사의 대화 내용이다. 다음 대화문을 바탕으로 학생들이 수업에서 소극적으로 행동하는 문제를 2가지 관점(① 잠재적 교육과정, ② 문화실조)에서 진단하고, 수업에 소극적인 학생들의 학습 동기를 유발하기 위한 방안을 3가지 측면(① 협동학습 실행, ② 형성평가 활용, ③ 교사지도성 행동)에서 각각 2가지씩만 논하시오.

박 교사 : 선생님께서는 교직 생활을 오래 하셨으니 학교의 일상적인 업무뿐만 아니라 가르치는 일에서도 큰 어려움이 없으시죠? 저는 새내기 교사라 그런지 아직 수업이 힘들고 학교 일도 낯섭니다.

최 교사 : 저도 처음에는 선생님과 마찬가지로 교직 생활이 힘들었지요. 특히 수업 시간에 반응을 잘 보이지 않으면서 목석처럼 앉아 있는 학생이 있을 때는 어떻게 해야 할지 모르겠더군요.

박 교사 : 네, 맞아요. 어떤 학급에서는 제가 열심히 수업을 해도, 또 학생들에게 질문을 던져도 몇몇은 그냥 고개를 숙인 채 조용히 있습니다. 심지어 어떤 학생은 수업 시간에 아예 침묵으로 일관하기도 하고, 저와 눈도 마주치지 않으려고 해요. 또한 가정 환경이 좋지 않은 몇몇 학생은 다양한 문화적 경험을 가질 기회가 상대적으로 부족해서 그런지 수업에 관심도 적고 적극적으로 참여하지도 않는 것 같아요.

최 교사 : 선생님의 고충은 충분히 공감해요. 그렇다고 해서 수업 시간에 학생들을 그대로 방치해서는 안 됩니다. 교육적으로 바람직하지 않아요.

박 교사 : 그럼 수업에 소극적인 학생들을 적극적으로 참여시킬 수 있는 동기 유발 방안을 고민해 보아야겠네요. 이를 테면 수업방법 차원에서 학생들끼리 서로 도와 가며 학습하는 형태로 수업을 진행하면 어떨까요?

최 교사 : 그거 좋은 생각이네요. 다만 학생들끼리 함께 학습을 하도록 할 때는 무엇보다 서로 도와주고 의존하도록 하는 구조가 중요하다는 점을 유의해야겠지요. 그러한 구조가 없는 경우에는 수업활동에 열심히 참여하지 않는 학생들이 많아진다는 문제가 발생할 수 있어요.

박 교사 : 아, 그렇군요. 그런데 선생님, 요즘 저는 수업방법뿐만 아니라 평가에서도 고민거리가 있어요. 저는 학기 중에 수시로 학업 성취 결과를 점수로 학생들에게 알려 주고 있는데요. 이렇게 했을 때 성적이 좋은 몇몇 학생 들을 제외하고는 나머지 학생들은 자신의 성적을 보고 실망하는 것 같아요.

최 교사 : 글쎄요, 평가결과를 선생님처럼 그렇게 제시할 수도 있겠죠. 하지만 학습 동기를 유발하기 위해서는 평가를 어떻게 활용하느냐가 중요해요.

박 교사 : 그렇군요. 그런데 제가 보기에는 학생들의 수업 참여 정도가 교사의 지도성에 따라서도 다른 것 같아요.

최 교사 : 그렇죠. 교사의 지도성 행동에 따라 달라질 수 있죠. 그래서 교사는 지도자로서 학급과 학생의 상황을 고려하여 학생들의 학습동기를 불러일으킬 수 있는 지도성을 발휘해야겠지요.

박 교사 : 선생님과 대화를 하다 보니 교사로서 더 고민하고 노력해야겠다는 생각이 듭니다.

최 교사 : 그래요, 선생님은 열정이 많으니 잘하실 거예요.

───────〈배 점〉───────

• 답안의 논리적 구성 및 표현 [총 5점]
• 논술의 내용 [총 15점]
  − 잠재적 교육과정 관점에서의 진단 [3점]
  − 문화실조 관점에서의 진단 [3점]
  − 협동학습 실행 측면, 형성평가 활용 측면, 교사지도성 행동 측면에서의 동기 유발 방안 논의 [9점]

초 안 작 성 용 지

교 육 학

1차 시험	1교시	1문항 20점	시험 시간 60분

다음은 A고등학교의 최 교사가 작성한 성찰일지의 일부이다. 일지 내용을 바탕으로 철수의 학교 부적응 행동의 원인을 청소년 비행이론에서 2가지만 선택하여 설명하고, 철수의 학교생활 적응을 향상시키기 위한 상담 기법을 2가지 관점(① 행동중심 상담, ② 인간중심 상담)에서 각각 2가지씩만 논하시오. 그리고 최 교사가 수업 효과성을 높이기 위하여 선택한 2가지 방안(① 학문중심 교육과정 이론에 근거한 수업 전략, ② 장학 활동)에 대하여 각각 논하시오.

일지 #1 2014년 4월 ○○일 ○요일

우리 반 철수가 의외로 반 아이들과 잘 지내지 못하는 것 같아 마음이 쓰인다. 철수와 1학년 때부터 친하게 지냈다는 학급 회장을 불러서 이야기를 해 보니 그렇지 않아도 철수가 요즘 거칠어 보이는 동네 친구들과 어울려 다니는 모습을 자주 보게 되어 학급 회장도 걱정을 하던 중이라고 했다. 그런 데다 철수가 반 아이들에게 괜히 시비를 걸어 싸움이 나게 되면, 그럴 때마다 아이들이 철수를 문제아라고 하니까 그 말을 들은 철수가 더욱 더 아이들과 멀어지고 제멋대로 행동한다고 한다. 오늘도 아이들과 사소한 일로 다투다가 갑자기 소리를 지르고 물건을 던지고는 교실에서 나가 버렸다고 한다. 행동이 좋지 않은 친구들과 몰려다니며 그 아이들의 행동을 따라 해서 철수의 행동이 더 거칠어진 걸까? 1학년 때 담임선생님 말로는 가정 형편이 그리 넉넉하지 않고 부모님이 철수에게 신경을 쓰지 못함에도 불구하고 행실이 바른 아이였다고 하던데, 철수가 왜 점점 변하는 걸까? 아무래도 중간고사 이후에 진행하려고 했던 개별상담을 당장 시작해야겠다. 그런데 철수를 어떻게 상담하면 좋을까?

일지 #2 2014년 5월 ○○일 ○요일

중간고사 성적이 나왔는데 영희를 포함하여 몇 명의 점수가 매우 낮아서 답안지를 확인해 보았다. OMR카드에는 답이 전혀 기입되어 있지 않거나 한 번호에만 일괄 기입되어 있었다. 아이들이 시험 자체를 무성의하게 본 것이다. 점심시간에 그 아이들을 불러 이야기를 해 보니 학교에서 배우는 내용이 대학 진학을 하지 않고 취업할 본인들에게는 전혀 쓸모없이 느껴진다고 했다. 특히 오늘 내 수업 시간에 휴대전화만 보고 있어서 주의를 받았던 영희의 말이 아직도 귀에 생생하다. "저는 애견 미용사가 되려고 하는데, 생물학적 지식 같은 걸 배워서 뭐 해요? 내신 관리를 해야 하는 아이들조차 어디 써먹을지도 모르는 개념을 외우기만 하려니까 지겹다고 하던데, 저는 얼마나 더 지겹겠어요."라고 말하는 것이었다. 학교에서 배우는 기초 지식이나 원리가 직업 활동의 근간이 되기도 한다는 것을 어떻게 아이들이 깨닫게 할 수 있을까? 내가 일일이 다 설명해 주지 않아도 아이들이 스스로 교과의 기본 원리를 찾을 수 있게 하려면 어떤 종류의 과제와 활동이 좋을까? 이런 생각들로 머릿속이 복잡하던 중에, 오후에 있었던 교과협의회에서 수업 전문성 개발을 위한 장학 활동을 몇 가지 소개받았다. 이제 내 수업에 대해 차근차근 점검해 봐야겠다.

───────〈배 점〉───────

- 답안의 논리적 구성 및 표현 [총 5점]
- 논술의 내용 [총 15점]
  - 청소년 비행이론 관점에서의 설명 [3점]　　　　　　- 행동중심 상담 관점에서의 기법 논의 [3점]
  - 인간중심 상담 관점에서의 기법 논의 [3점]　　　　- 학문중심 교육과정 이론에 근거한 수업 전략 논의 [3점]
  - 교사 전문성 개발을 위한 장학 활동 논의 [3점]

초 안 작 성 용 지

교 육 학

| 1차 시험 | 1교시 | 1문항 20점 | 시험 시간 60분 |

다음은 박 교사가 담당학급의 쌍둥이 남매인 철수와 영희의 어머니와 상담을 실시한 사례이다. 박 교사가 ㉠에서 말했을 법한 영희의 IQ에 대한 올바른 해석에 기반을 두고 영희의 문제를 해결하고자 할 때, '기대×가치 이론'과 Maslow의 '욕구위계이론'을 각각 활용하여 영희가 학습동기를 잃게 된 원인과 그 해결 방안을 논하시오.

어머니 : 선생님, 얼마 전에 외부 상담기관에서 받은 철수와 영희의 지능검사 결과에 대해 상의하고 싶어서 왔어요. 철수는 IQ가 130이라고 나왔는데 자기가 생각한 것보다 IQ가 높지 않다며 시무룩해 있네요. 영희는 IQ가 99로 나왔는데 자신의 IQ가 두 자리라고 속상해하고, 심지어 초등학교 때부터 늘 가지고 있던 간호사의 꿈을 포기한다면서 그동안 학교 공부는 철수보다 오히려 성실했던 아이가 더 이상 공부도 안 하려고 해요.

박 교사 : 그런 일이 있었는지 몰랐습니다. 사실 IQ의 의미에 대한 자세한 설명 없이 검사 점수만 알려주게 되면 지금 철수나 영희처럼 IQ의 의미를 오해하는 경우가 많습니다. 아이들은 물론이고 일반 어른들도 IQ의 개념을 정확히 이해하기는 좀 어렵거든요.

어머니 : 선생님, 그러면 아이들에게 어떻게 이야기해 주어야 할까요? 영희의 IQ가 두 자리라면 문제가 있는 건가요?

박 교사 : 10부터 99까지가 다 두 자리인데, IQ가 두 자리라고 무조건 문제가 있는 것은 아닙니다.

어머니 : 그럼, 영희의 IQ는 대체 어느 정도인가요?

박 교사 : _____㉠_____

어머니 : 아, 그렇군요. 더 높았으면 당연히 좋겠지만 그렇게 실망할 일은 아니네요. 그럼, 철수의 IQ는 어떤가요?

박 교사 : 철수의 IQ 130은 철수의 지능검사 점수가 자기 또래 학생들 중에서 상위 2% 정도에 해당한다는 것을 말해줍니다. 따라서 철수가 매우 높은 수준의 지능을 가지고 있다는 것을 알 수 있습니다. 철수가 시무룩해 할 이유가 전혀 없는 것이죠.

어머니 : 그렇군요. 하여튼 요즘음 영희 때문에 걱정인데, 수업 시간에는 잘하고 있나요? 선생님이 보시기에는 어떤가요?

박 교사 : 사실 영희의 경우에는 학습에 더 신경을 써야 할 것으로 보입니다. 그저께 실시했던 중간고사를 채점하는 중인데, 영희의 성적이 많이 떨어졌더라고요. 오늘 어머님의 말씀을 듣고 보니 그 이유를 알겠네요.

───────〈배 점〉───────

- 논술의 체계 [총 5점]
- 논술의 내용 [총 15점]
  - IQ의 해석 [3점]
  - 기대×가치 이론에 따른 원인 및 해결 방안 [6점]
  - 욕구위계이론에 따른 원인 및 해결 방안 [6점]

초 안 작 성 용 지

부록 2

키워드
찾아보기

키워드 찾아보기

키워드 찾아보기

부록 2

해커스임용 설보연 SANTA 교육학 2

본 교재 인강 · 무료 기출해설 특강
teacher.Hackers.com

참고문헌

- 강명희, 정재삼, 조일현, 이정민, 임규연, 소효정, 이화여자대학교 교육공학과(2017), 교육방법 및 교육공학, 파주: 교육과학사.
- 강현석, 이지은, 전호재(2015),문이과 통합형 교육과정 개정의 요구조사에 나타난 교육과정적 의미 탐색. 교육문화연구, 21(5), 5-38.
- 교육부(2014), 인성교육 비전 수립을 위한 정책연구, 서울: 진한엠앤비.
- 교육부(2018), 도덕과 교육 총론.
- 교육50년사편찬위원회(1998), 교육50년사, 교육부.
- 김계현(2002), 카운슬링의 실제, 서울: 학지사.
- 김계현 외(2009), 학교상담과 생활지도, 서울: 학지사.
- 김국헌(2016), 교육학개론, 서울: 교육과학사.
- 김대현 외(2015), 교육과 교육학, 서울: 학지사.
- 긴대현(2017), 교육과정의 이해, 학지사.
- 김대석, 성정민(2020), 쉽게 풀어 쓴 교육과정과 수업의 이해와 실천, 박영스토리.
- 김민한, 이상현, 강기수(2006), 교육사 교육철학 강의, 학문사.
- 김봉환 외(2018), 진로상담, 서울: 학지사.
- 김석우 · 최태진(2007), 교육연구방법론, 서울: 학지사.
- 김석우(2009), 교육평가의 이해, 서울: 학지사.
- 김석우, 최태진, 박상욱(2015), 교육연구방법론, 서울: 학지사.
- 김신일(2015), 교육사회학, 서울: 교육과학사.
- 김신일(2019), 교육사회학(5판), 서울: 교육과학사.
- 김아영(2004), 신 교육사회학, 서울: MJ미디어.
- 김아영(2010), 학업동기: 이론, 연구와 적용, 서울: 학지사.
- 김영수, 주영주, 강명희, 조일현, 이정민(2011), 21세기 교사를 위한 교육방법 및 교육공학, 파주: 교육과학사.
- 김재복(1996), 교육과정의 내용조직 유형에 관한 연구, 교육과정연구, 14(3), 73-93.
- 김재춘(2016), 교육과정: 이론과 실제를 겸비한 인재 양성 지도서, 서울: 교육과학사.
- 김재춘(2021), 세 가지 관점으로 본 교육과정 이야기, 교육과학사.
- 김태호(2004), 학생생활지도와 상담, 서울: 학지사.
- 김희수, 최정선, 홍성훈(2014), 이해하기 쉽게 쓴 교육학 개론, 서울: 동문사.
- 문교40년사편찬위원회(1988), 문교40년사, 문교부.
- 문승한, 서동기, 정다운(2014), 교육방법 및 교육공학, 진주: 경상대학교출판부.
- 박성익, 임철일, 이재경, 최정임(2011), 교육방법의 교육공학적 이해, 파주: 교육과학사.
- 박성익, 임철일, 이재경, 최정임, 임정훈, 정현미, 송해덕, 장수정, 장경원, 이지연, 이지은(2012), 교육공학의 원리와 적용, 파주: 교육과학사.
- 박숙희, 염명숙(2013), 교수 – 학습과 교육공학, 서울: 학지사.
- 박승배(2019), 교육과정학의 이해(2판), 서울: 학지사.
- 박은숙, 송윤희, 유정아(2015), 교육방법 및 교육공학, 서울: 학지사.
- 박의수, 김동기, 김철주, 배장오, 유제민, 이희숙, 전경희(2016), 교육학개론, 고양: 서현사.
- 박종배, 조화태(2010), 교육사, 한국방송통신대학교출판문화원.
- 박철홍(2016), 듀이의 자연관에 비추어 본 '성장으로서 교육'의 의미와 교육사적 의의, 교육사상연구, 30(4), 45-68.
- 박현정(2005), 다변량 통계방법의 이해, 서울: 학연사.

- 백근수(2011), 대안학교의 특성과 교육적 효과에 관한 연구, 전북대학교 대학원 박사학위 논문.
- 백순근(2000), 수행평가의 원리, 서울: 교육과학사.
- 백순근(2004), 학위논문 작성을 위한 교육연구 및 통계분석, 서울: 교육과학사.
- 백순근, 김경진(2004), 역동적 평가를 활용한 수업이 유아의 수 개념 학습에 미치는 영향, 교육심리학연구, 18(1), 145-165.
- 백순근(2007), 교육측정의 이론과 실제, 서울: 교육과학사.
- 백순근(2009), (밝은 미래를 위한 교육학적 담론) 백교수의 백가지 교육 이야기, 서울: 교육과학사.
- 백순근(2016), 학생 참여형 수업 활성화를 위한 과정중심평가 시행 방안, 교육부와 한국교육정보원이 2016년 12월 14일 서울교육문화회관에서 개최한 '행복교육실현 원격교육연수원 역량 강화 워크숍' 자료집, pp, 11-25.
- 백순근(2017), 고등학생용 여섯 가지 핵심역량 측정도구 개발 및 타당화 연구, 교육평가연구, 30(3), 363-395.
- 백순근(2018), 학위논문 작성을 위한 교육연구 및 통계분석, 서울: 교육과학사.
- 백순근(2019), 교육평가의 이론과 실제, 서울: 교육과학사.
- 백지연, 강현석(2017), 백워드 설계 2.0 버전에 의한 중학교 도덕과단원 개발 및 적용, 중등교육연구, 65(1), 25-64.
- 서울대학교 교육연구소(1997), 한국교육사, 교육과학사.
- 서장원(2008), 전인교육 실현을 위한 초등체육에의 통합적 접근, 건국대학교 대학원 박사학위 논문.
- 서정화 외(2011), 교육인사행정론, 서울: 교육과학사.
- 성열관(2012), 교수적 실천의 유형학 탐색: Basil Bernstein의 교육과정 사회학 관점, 교육과정연구, 30(3).
- 성태제(2011), 현대 기초통계학 이해와 적용, 서울: 학지사.
- 성태제, 강대중, 강이철, 곽덕주, 김계현, 김천기, 김혜숙, 송해덕, 유재봉, 이윤미, 이윤식, 성태제, 시기자(2014), 연구방법론, 서울: 학지사.
- 성태제 외(2018), 최신 교육학개론, 서울: 학지사.
- 성태제(2019), 현대교육평가(5판), 서울: 학지사.
- 소경희(2017), 교육과정의 이해, 교육과학사.
- 신현석, 안선회(2015), 학습사회의 교육행정 및 교육경영, 서울: 학지사.
- 오욱환(2015), 교육사회학의 이해와 탐구, 서울: 교육과학사.
- 오천석(2014), 한국신교육사, 교육과학사.
- 온정덕, 변영임, 안나, 유수정(2018), 교실 속으로 간 이해중심 교육과정, 서울: 살림터.
- 유승우, 임형택, 권충훈, 이성주, 이순덕, 전희정(2013), 교육방법 및 교육공학, 파주: 양서원.
- 윤광보, 김용욱, 최병옥(2011), 교육방법과 교육공학의 이해, 파주: 양서원.
- 윤정일, 송기창, 조동섭, 김병주(2010), 교육행정학원론, 서울: 학지사.
- 윤정일, 송기창, 조동섭, 김병주(2015), 교육행정학원론(6판), 학지사.
- 이돈희(1983) 교육철학개론, 교육과학사.
- 이병승, 우영효, 배제현(2019), 쉽게 풀어 쓴 교육학, 서울: 학지사.
- 이신동, 조형정, 장선영, 정종원(2012), 알기쉬운 교육방법 및 교육공학, 파주: 양서원.
- 이웅, 홍후조(2018), 최신교육학개론, 서울: 학지사.
- 이인숙, 한승연, 임병노(2010), 교육공학·교육방법, 서울: 문음사.
- 이종재, 이차영, 김용, 송경오(2012), 한국교육행정론, 서울: 교육과학사.
- 이종태(2000), 대안교육과 대안학교, 민들레.
- 이해주, 성기선, 유성상(2014), 교육사회학 서울: 출판문화원.
- 임연기, 최준렬(2021), 교육행정 및 경영 탐구(5판). 공동체.
- 전남련(2016), 인성교육론, 서울: 한수한정선
- 정태수(1996), 한국교육기본법제 성립사, 예지각
- 조상식, 박종배, 한기철(2016), 교육철학 및 교육사, 교육과학사.
- 주삼환 외(2015), 교육행정 및 교육경영, 서울: 학지사.
- 진동섭 외(2005), 한국 학교조직 탐구, 서울: 학지사.
- 진동섭, 이윤식, 김재웅(2007), 교육행정 및 학교경영의 이해, 서울: 교육과학사.

- 진동섭, 이윤식, 김재웅(2018). 교육행정 및 학교경영의 이해(3판), 교육과학사.
- 차경수, 최중옥 외 3명(2010), 교육사회학의 이해, 서울:양서원.
- 차우규(2006), 이상적인 도덕과 수업을 위한 교사의 역할, 윤리교육연구, 11, 1-21.
- 채서일(2010), 사회과학조사방법론, 서울: 비엔엠북스.
- 최혜림(2013), 연구중심대학의 교육과 연구의 관계에 대한 탐색적 연구, 서울대학교 대학원 석사학위 논문.
- 한국교육평가학회(2004), 교육평가용어사전, 서울: 학지사.
- 한유경, 임현식, 김병찬, 김성기, 정제영, 이희숙, 임소현, 김은영, 윤수경, 이윤희, 김화영, 김경애, 정현주(2018), 교육행정 및 교육경영, 학지사.
- 홍후조(2011), 알기 쉬운 교육과정(2판), 서울: 학지사.
- B, Phillips(1971), Social Research, New York: Macmillan.
- Boyd, W. (1965), The history of western education, New York: Barnes and Noble. Revised and Enlarged by EJ King, 이홍우(역)(2008), 서양교육사. 교육과학사.
- Boyd, W.(1966), The history of Western education (Revised by EJ King). London, UK: Adam & Charles Black, 이홍우(역)(2008), 서양교육사. 교육과학사.
- Çam, Z., Seydoogullari, S., Çavdar, D., & Çok, F.(2012), Classical and Contemporary Approaches for Moral Development, Educational Sciences: Theory and Practice, 12(2), 1222-1225.
- Creswell, J. W.(1994), Research Design: Qualitative and Quantitative Approaches.
- Csikszentmihalyi, M.(1993), The evolving self: A psychology for the third millennium (Vol. 5), New York: HarperCollins Publishers.
- Drake, S. M., & Burns, R. C.(2004), Meeting standards through integrated curriculum. ASCD.
- Eccles, J. S., & Wigfield, A.(2020), From expectancy-value theory to situated expectancy-value theory: A developmental, social cognitive, and sociocultural perspective on motivation, Contemporary Educational Psychology, 61, 101859.
- Guy-Evans, O.(2020), Bronfenbrenner's ecological systems theory, Retrieved March, 25, 2021.
- J. W. Creswell(2015), 질적 연구방법론, 서울: 학지사.
- Kerlinger F. N.(1986), *Foundations of behavioral research*, NY: Holt, Rinehart and Winston.
- McMilan, J. H.(2007), Formative classroom assessment: The key to improving student achievement, In McMillan, J. H. *Formative classroom assessment: Theory into practice*(ed), NY: Teachers College Press.
- Miller, M. D., Linn, R. L., & Ground, N. E.(2009), *Measurement and assessment in teaching*, Prentice Hall.
- Nakamura, J., & Csikszentmihalyi, M.(2014), The concept of flow, In Flow and the foundations of positive psychology (pp. 239-263), Springer, Dordrecht.
- Ornstein, A. & Hunkins, F.(2004), Curriculum: Foundations, Principles, and Issues, (4th ed.), Boston: Allyn & Bacon.
- Skaalvik, E. M., & Skaalvik, S.(2010), Teacher self-efficacy and teacher burnout: A study of relations, Teaching and teacher education, 26(4), 1059-1069.
- Thousand Oaks, CA: Sage.
- Tschannen-Moran, M., & Hoy, A. W.(2001), Teacher efficacy: Capturing an elusive construct, Teaching and teacher education, 17(7), 783-805.
- Wigfield, A., & Eccles, J. S. (2000), Expectancy-value theory of achievement motivation, Contemporary educational psychology, 25(1), 68-81.

해커스임용

설보연 SANTA
Succeed, Achieve, aNd Teach All

교육학 2

개정 2판 1쇄 발행	2024년 1월 2일
지은이	설보연
검수자	장은수, 음효진, 홍혜인, 김모영, 최지원, 김우영, 강미라
펴낸곳	해커스패스
펴낸이	해커스임용 출판팀
주소	서울특별시 강남구 강남대로 428 해커스임용
고객센터	02-566-6860
교재 관련 문의	teacher@pass.com
	해커스임용 사이트(teacher.Hackers.com) 1:1 고객센터
학원 강의 및 동영상강의	teacher.Hackers.com
ISBN	979-11-6999-132-2 (13370)
Serial Number	02-01-01

교원임용 교육 1위,
해커스임용 **teacher.Hackers.com**

해커스임용

- 임용 합격을 앞당기는 전문 교수님의 **본 교재 인강**
- 풍부한 **무료강의·학습자료·최신 임용 시험정보** 제공
- **모바일 강좌** 및 **1:1 학습 컨설팅 서비스** 제공

이제 **해커스임용 강의**를
더욱 편리하고 스마트하게 수강하자!

해커스 ONE
통합 앱

지금 바로! 구글 플레이와 앱스토어에서
해커스 ONE 다운로드 받기

01 관심분야 설정과 빠른 수강 신청

02 간편해진 강좌 수강과 학습 관리

03 과목별 교재 구매

04 최근 본 콘텐츠 & 새로운 소식